Aktuell '93
Das Lexikon

t

250 000 Daten
zu Themen unserer Zeit

9. Jahrgang

Harenberg Lexikon-Verlag

© Harenberg Lexikon-Verlag
in der Harenberg Kommunikation
Verlags- und Mediengesellschaft mbH & Co. KG,
Dortmund 1992
Herausgeber: Bodo Harenberg
Chefredaktion: Petra Zwickert
Redaktion: Christian Adams (ad), Henning Aubel (au), Johannes
Ebert, Simone Harland (sim), Ingrid Hüchtker (IH), Udo Kramer (udo),
Christine Lorenz (lo), Andreas Schieberle (AS), Andreas Schmid,
Martina Schnober (MS), Ruth Singer (Si)
Redaktionsassistenz: Angelika Köwitsch
Bildredaktion: Christine Wolf
Herstellung: Annette Retinski
Satz: D&L Reichenberg, Bocholt
Druck: westermann druck GmbH, Braunschweig
Redaktionsschluß: 31. 7. 1992

ISBN: 3-611-00253-4

Aktuell '93

Lexikon A–Z

Bundesländer

Staaten der Welt

Anhang

Register

Inhaltsverzeichnis A – Z

Das Inhaltsverzeichnis weist den Weg zu allen Stichwörtern im Lexikon, das ausführliche Register steht am Ende des Lexikons. Übersichtsartikel sind blau hervorgehoben, tabellarische Übersichten in Daten und Zahlen sind kursiv markiert.

4

6

Abkürzungsverzeichnis

Abs. — Absatz
AG — Aktiengesellschaft
animist. — animistisch
ARD — Arbeitsgemeinschaft öffentlich-rechtlicher Rundfunkanstalten der BRD
Art. — Artikel
Az. — Aktenzeichen
BGB — Bürgerliches Gesetzbuch
BRT — Bruttoregistertonnen
BSP — Bruttosozialprodukt
buddhist. — buddhistisch
bzw. — beziehungsweise
C — Celsius
ca. — cirka
cal — Kalorien
CDU — Christlich-Demokratische Union
christl. — christlich
COMECON — Rat für gegenseitige Wirtschaftshilfe
ČSFR — Tschechoslowakei
CSU — Christlich-Soziale Union
CVP — Christlich-Demokratische Volkspartei (Schweiz)
DAG — Deutsche Angestellten-Gewerkschaft
DGB — Deutscher Gewerkschaftsbund
d. h. — das heißt
DKP — Deutsche Kommunistische Partei
DM — Deutsche Mark
Dr. — Doktor
DRK — Deutsches Rotes Kreuz
ECU — Europäische Währungseinheit
EG — Europäische Gemeinschaft
eig. — eigentlich
engl. — englisch
e. V. — eingetragener Verein
FDP — Freie Demokratische Partei
FPÖ — Freiheitliche Partei Österreichs
franz. — französisch
GG — Grundgesetz
ggf. — gegebenenfalls
GmbH — Gesellschaft mit beschränkter Haftung

griech. — griechisch
h — Stunde
ha — Hektar
hl — Hektoliter
i. d. R. — in der Regel
IG — Industriegewerkschaft
inkl. — inklusive
insbes. — insbesondere
ital. — italienisch
J — Joule
Jh. — Jahrhundert
k. A. — keine Angabe
kath. — katholisch
kBit — Kilobit
Kcal — Kilokalorien
Kfz — Kraftfahrzeug
kJ — Kilojoule
km — Kilometer
km/h — Kilometer pro Stunde
KPdSU — Kommunistische Partei der Sowjetunion
kW — Kilowatt
l — Liter
lat. — lateinisch
LKW — Lastkraftwagen
MAD — Militärischer Abschirmdienst
Mbit — Megabit
MdB — Mitglied des Bundestags
MdL — Mitglied des Landtags
mg — Milligramm
MHz — Megahertz
min — Minute
Mio — Million
MJ — Megajoule
mm — Millimeter
moslem. — moslemisch
Mrd — Milliarde
MW — Megawatt
NATO — North Atlantic Treaty Organization
NRW — Nordrhein-Westfalen
NPD — Nationaldemokratische Partei Deutschlands
OECD — Organisation für wirtschaftliche Zusammenarbeit und Entwicklung

OPEC — Organisation Erdöl exportierender Länder
öS — Österreichische Schilling
ÖVP — Österreichische Volkspartei
Pf — Pfennig
PKW — Personenkraftwagen
Prof. — Professor
protest. — protestantisch
rd. — rund
russ. — russisch
sec — Sekunde
SED — Sozialistische Einheitspartei Deutschlands
sfr — Schweizer Franken
SKE — Steinkohleeinheit
sog. — sogenannt
span. — spanisch
SPD — Sozialdemokratische Partei Deutschlands
SPÖ — Sozialdemokratische Partei Österreichs
SPS — Sozialdemokratische Partei der Schweiz
StGB — Strafgesetzbuch
SVP — Schweizer Volkspartei
TÜV — Technischer Überwachungs-Verein
u. a. — unter anderem/und andere
UdSSR — Sowjetunion
UKW — Ultrakurzwelle
UNO — Vereinte Nationen
USA — Vereinigte Staaten von Amerika
usw. — und so weiter
u. U. — unter Umständen
v. Chr. — vor Christus
VEB — Volkseigener Betrieb
VR — Volksrepublik
W — Watt
z. B. — zum Beispiel
ZDF — Zweites Deutsches Fernsehen
ZK — Zentralkomitee
z. T. — zum Teil
z. Z. — zur Zeit

A

ABC-Waffen

Sammelbegriff für → Atomwaffen, → Biologische Waffen und → Chemische Waffen. Bis Mitte 1992 traten die Atommächte China und Frankreich dem Vertrag über die Nichtverbreitung von Nuklearwaffen bei, dem Mitte 1992 insgesamt 147 Staaten angehörten. Rußland will, unterstützt von den USA, langfristig als einziger Nachfolgestaat der Sowjetunion Atomwaffen besitzen. Mitte 1992 einigten sich die 39 Teilnehmerstaaten der → Genfer Abrüstungskonferenz auf einen Vertragsentwurf, der ein internationales Verbot von chemischen Waffen vorsieht. Biologische Waffen wurden mit der Genfer Konvention 1975 weltweit geächtet. Auf einer Konferenz der fünf ständigen Mitglieder des → UNO-Sicherheitsrats im Mai 1992 verpflichtete sich China erstmals, keine Materialien, Dienstleistungen und Technologie zu exportieren, die der Herstellung von A. dienen.

Inspektionen der → UNO nach dem Golfkrieg ergaben 1991, daß der Irak an geheimen Programmen zur Herstellung von nuklearen und biologischen Waffen arbeitete. Deutsche Unternehmen sollen zu 80% an der irakischen Giftgasproduktion beteiligt gewesen sein (→ Rüstungsexport).

Abfallabgabe

Bundesumweltminister Klaus Töpfer (CDU) legte Ende 1991 einen Gesetzentwurf für eine A. vor, die 1993 in Deutschland eingeführt werden soll. Die A. soll dazu beitragen, Abfall zu vermeiden und das → Recycling von Müll auszuweiten. Sie setzt sich zusammen aus einer sog. Vermeidungsabgabe für jede Tonne produzierten Müll und einer Deponieabgabe, die pro Tonne Abfall fällig werden soll, der auf Deponien gebracht wird. Töpfer rechnet für 1993 mit Einnahmen von rd. 5 Mrd DM aus der A. für den Bundeshaushalt. 40% des Geldes soll für die Sanierung von →

Höhe der geplanten Abfallabgabe

Abfallart	Abgabenhöhe[1] (DM/t)	
	produzierter Müll	deponierter Müll
Giftmüll	100	75 – 100
Industrie- und Massenabfälle	25	50
Hausmüll u. hausmüllähnliche Gewerbeabfälle	–	25
Bauschutt, Erdaushub, Straßenaufbruch	–	15

1) Geplante Einführung 1993; Quelle: Bundesumweltministerium

Altlasten in den ostdeutschen Bundesländern verwendet werden. Deutsche Haushalte würden nach Schätzungen Töpfers durch die A. mit rd. 10 DM jährlich belastet.

Die Vermeidungsabgabe beträgt nach Töpfers Entwurf zwischen 25 DM/t für Industrie- und Massenabfälle und 100 DM/t für → Giftmüll, die Deponieabgabe zwischen 15 DM/t für Erdaushub und Straßenaufbruch und 100 DM/t für Giftmüll. Die A. soll bis 2002 verdoppelt werden. Die Sätze der A. in den ostdeutschen Bundesländern sollen bis zum Jahr 2000 den westdeutschen angeglichen werden. Eine Minderung der A. ist für Unternehmen vorgesehen, die in Maßnahmen zur Reduzierung von Müll investieren. Die Abfälle aus der Braunkohleverstromung und der Aluminiumherstellung werden von der A. durch eine Härteklausel ausgenommen, was Umweltverbände wegen des großen Müllaufkommens in diesen Bereichen kritisierten.

Abfallbeseitigung

In Deutschland fallen jährlich rd. 250 Mio t Abfall an, darunter 40 Mio t Hausmüll. Von den 4415 Hausmülldeponien in Westdeutschland (1975) mußten bis 1991 ca. 4100 geschlossen werden, weil ihre Kapazitäten erschöpft waren. In Ostdeutschland konnten 1992 aufgrund von Umweltgefährdungen nur ca. 120 der etwa 11 000 Deponien genutzt werden. Da Deponieraum Mitte 1992 knapp und teuer war und der Neubau von Müllverbrennungsanlagen politisch nur schwer durchsetzbar ist, legte Bundesumweltminister Klaus Töpfer (CDU) Mitte 1992 einen Gesetzentwurf vor, der

Abfallmenge in Westdeutschland

Abfallart	Menge* (Mio t/ Jahr)
Bauschutt, Erdaushub, Straßenaufbruch	120
Industrie- und Massenabfälle	80
Hausmüll, hausmüllähnlicher Gewerbeabfall	31
Giftmüll	10

* Westdeutsche Bundesländer 1991; Quelle: Bundesumweltministerium

Die größten Hausmüllerzeuger

Land	Müll je Einw. (kg/Jahr)
USA	864
Finnland	608
Dänemark	469
Niederlande	467
Schweiz	427
Japan	394
Westdeutschland	375
Großbritannien	353
Ostdeutschland	350
Spanien	322
Schweden	317
Griechenland	314
Belgien	313
Frankreich	304
Italien	301
Portugal	231
Österreich	228

Quelle: OECD

9

Die Mitte 1992 gestartete Anti-Abfall-Kampagne in Nordrhein-Westfalen weist auf die lange Lebensdauer von Plastik und die Fülle von Kunststoffprodukten hin.

Mikroorganismen zur Abfallbeseitigung
Das deutsche Bundesforschungsministerium stellt für die Jahre 1992–1997 rd. 50 Mio DM für die biologische Abfallbeseitigung zur Verfügung. Es soll u. a. erforscht werden, wie die biologische Bodensanierung, die Beseitigung von Müll und Schadstoffen durch Bakterien, beschleunigt werden kann. Die Sanierung dauerte Mitte 1992 abhängig von der Verschmutzung des Bodens und der Anzahl und Art der Bakterien bis zu zwei Jahre. Zudem sollen biologische Werkstoffe entwickelt werden, so daß Müll biologisch abbaubar wird.

Vermeidung und Verwertung von Müll Vorrang vor Deponierung und Verbrennung einräumt. Mit der 1991 in Kraft getretenen Verordnung zur Verringerung des → Verpackungsmülls werden erstmals Hersteller verpflichtet, genutzte Verpackungen zurückzunehmen und zu recyceln. Weitere Verordnungen zur A. lagen Mitte 1992 als Gesetzentwurf vor oder waren in Planung.

Müllmenge: Jeder Westdeutsche produziert jährlich im Durchschnitt rd. 374,6 kg Müll. In Ostdeutschland stieg die Abfallmenge wegen des Zusammenbruchs des Sero-Systems (Sekundärrohstoffe) zum → Recycling von Wertstoffen und der aufwendigeren Verpackungen von Westwaren von 175 kg/Person (1989) auf ca. 350 kg (1991).

Maßnahmen: Umweltminister Töpfer plante Mitte 1992 die Einführung einer Rücknahme- und Recyclingpflicht für → Elektronikschrott, → Altpapier und Autos (→ Autorecycling). Der Anteil von → Mehrwegflaschen an Getränkeverpackungen soll durch Recycling-Quoten gesteigert werden. Entsorgungskosten sollen durch eine → Abfallabgabe erhöht werden.

Ab 1992 gilt in NRW ein Abfallgesetz, das den Vorrang des Recyclings vor anderen Entsorgungsmöglichkeiten vorschreibt. Die Gemeinden können die Bürger verpflichten, wiederverwertbare Abfälle wie Glas und Papier zu Sammelcontainern zu bringen. Die Müllabfuhrgebühren können je nach Abfallmenge, meist berechnet nach der Größe der Mülltonne, festgesetzt werden. NRW strebte an, die Hausmüllmenge um 15% bis 2002 zu verringern. In baden-württembergischen Gemeinden begann 1991/92 ein Modellversuch, bei dem die Gebühren abhängig vom Gewicht des Mülls berechnet werden. Für die Haushalte werden sog. Abfallkonten geführt, so daß jeder Kunde sein Wegwerfverhalten prüfen kann.

Siedlungsabfall: Anfang 1992 legte Töpfer den Entwurf für eine Technische Anleitung (TA) Siedlungsabfall vor, die Ende 1992 in Kraft treten soll. Der Müll muß bestimmte Kriterien erfüllen, bevor er deponiert wird. Maximal 10% des Abfallgewichts darf auf organische Substanzen wie Pappe, Lebensmittelreste usw. entfallen. Damit sollen biologischchemische Prozesse verhindert werden, bei denen Schadstoffe entstehen, die u. a. ins Grundwasser gelangen können (→ Trinkwasserverunreinigung). Ab 1993 soll deshalb voraussichtlich eine Pflicht zur Kompostierung des organischen Mülls eingeführt werden. Da der Abfall trotz Getrenntsammlung vermutlich mehr als 10% organische Stoffe enthält, müßte er vor einer Deponierung verbrannt werden. Dies wurde Mitte 1992 von Umweltschutzverbänden als umweltbelastend abgelehnt.

Abgasgrenzwerte

Zulässige Höchstmengen an Schadstoffen in Kfz-Abgasen zur Verminderung der → Luftverschmutzung. Die Umweltminister der EG-Staaten beschlossen im Oktober 1991 die stufenweise Einführung von schärferen A. für LKW zwischen 1992 und 1995. Erstmals ist eine Begrenzung des Rußpartikelausstoßes von LKW vorgesehen.

Mitte 1991 einigten sich die EG-Umweltminister auf die Einführung strengerer A. für PKW ab Juli 1992.
PKW: Die EG unterscheidet bei der Einführung strengerer A. zwischen Vorschriften für neue Motorenmodelle, sog. Typen, und den Werten für die neue Serienproduktion. Für alle neuen PKW-Typen liegen ab Juli 1992 die Grenzwerte für Kohlenmonoxid (CO) bei 2,7 g/km, für Kohlenwasserstoffe und Stickoxide (NOx) bei 0,97 g/km und für Rußpartikel (Dieselmotoren) bei 0,14 g/km. Für die Serienproduktion gelten diese A. ab 1993. Die beschlossenen A. können nur mit einem → Katalysator-Auto erreicht werden.
LKW: Die Begrenzung von Abgasen tritt für neue LKW-Typen im Juli 1992 in Kraft, für die Serienproduktion im Oktober 1993. Der Rußpartikelausstoß bei LKW-Typen mit einer Leistung von mehr als 85 kW wird auf 0,36 g/kWh (Serie: 0,4 g/kWh) begrenzt; LKW mit weniger Leistung dürfen bei den Rußpartikel-Emissionen 70% über diesem Wert liegen. Ab Oktober 1995 werden die A. für LKW-Typen und Serienproduktion erneut verschärft. Der Ausstoß von Rußpartikeln z. B. wird auf 0,15 g/kWh begrenzt.

Abgassonderuntersuchung

(ASU), in Deutschland seit 1985 (neue Bundesländer seit 1991) für PKW mit Benzinmotor vorgeschriebene Überprüfung des Schadstoffausstoßes. Fahrzeuge, die → Abgasgrenzwerte übersteigen, müssen neu eingestellt werden, um die → Luftverschmutzung zu vermindern. Ab Mitte 1993 sollen auch → Katalysator-Autos und Diesel-Kfz, die bis dahin von der A. befreit waren, regelmäßig zu einem Abgastest. Für Autos ohne Katalysator ist die A. jährlich vorgeschrieben.
Katalysator-Autos und Dieselautos sollen erstmals drei Jahre nach der Erstzulassung, später alle zwei Jahre zur A. Bei Katalysator-Autos werden Zündzeitpunkt und Leerlaufdrehzahl überprüft und der Kohlenmonoxidgehalt der

Abgasgrenzwerte für LKW in der EG

Schadstoffe	Grenzwerte (g/kWh)		
	LKW-Typen ab 1992	LKW-Serie ab Oktober 1993	LKW-Typen und Serie ab 1995
Kohlenmonoxid	4,5	4,9	4,0
Kohlenwasserstoffe	1,1	1,23	1,1
Stickoxide	8,0	9,0	7,0
Rußpartikel	0,36[1]	0,4[1]	0,15[1]

1) Für LKW mit einer Leistung von mehr als 85 kW; Quelle: Bundesumweltministerium

Abgase gemessen. Bei Dieselautos wird der Rußausstoß bei Vollgas im Stand gemessen (→ Dieselruß). Lastwagen über 3,5 t müssen jährlich zur A. Die Emissionen werden ebenfalls bei Vollgas im Stand überprüft.
Das Umweltbundesamt (Berlin) kritisierte das Prüfverfahren bei Benzinmotoren als unzureichend, da nur der Kohlenmonoxidgehalt im Abgas gemessen werde, nicht jedoch der Anteil an Stickoxiden, der bei defektem Katalysator steige. Die Werte müßten unter Vollast geprüft werden.
Die 34 000 in Deutschland zugelassenen Werkstätten führten 1991 rd. 90% der A. durch (Gebühreneinnahmen: rd. 1 Mrd DM).

Nur ein Drittel der Autos bestand Abgastest sofort
Der TÜV Deutschland stellte 1991 fest, daß 65,5% der von ihm getesteten Autos zuviel Schadstoffe ausstießen. 5,5% der PKW mußten in eine Werkstatt, um die Mängel abzustellen. Bei 60% reichte es, bei der Prüfung die Einstellung zu korrigieren, um den Ausstoß zu senken.

Abitur

Die SPD bereitete Anfang 1992 einen Gesetzentwurf vor, der das A. als alleinige Hochschulzugangsberechtigung abschafft. Bewerber ohne A. sollen zum Studium zugelassen werden, wenn sie mindestens 24 Jahre alt sind und über mehr als vier Jahre Berufserfahrung verfügen. Bis 1994 wird in den ostdeutschen Bundesländern Sachsen, Mecklenburg-Vorpommern, Sachsen-Anhalt und Thüringen eine zwölfjährige Schulzeit bis zum A. erprobt (andere Bundesländer: 13 Schuljahre), wie sie in der DDR galt (→ Schulzeitverkürzung). Der Deutsche Philologenverband (DPhV, Bonn) forderte Anfang 1992, den Hochschulzugang nur nach Abschluß eines 13jährigen Bildungsgangs zuzulassen. Mit zunehmender Zahl der Abiturienten (Anteil an einem Jahrgang 1991: rd. 30%, 1960: rd. 5%) verlor das A. als Auswahlkriterium für den Zugang

ASU auch in Ungarn
Ab 1992 müssen auch ungarische PKW auf ihren Schadstoffausstoß geprüft werden. Die Fahrer sind verpflichtet, im Auto die sog. Umweltkarte mitzuführen, auf das Ergebnis des jährlichen Abgastests festhält.

Rußland will Anti-Satelliten-Waffen abrüsten
Der russische Präsident Boris Jelzin bot den USA Anfang 1992 ein gemeinsames Verteidigungssystem anstelle des US-amerikanischen Programms für eine Raketenabwehr im Weltraum (SDI) an. Rußland erklärte sich bereit, ein Abkommen über eine Vernichtung und ein Verbot von Waffen abzuschließen, die Satelliten zerstören können. Seit 1985 verhandeln die USA und die Sowjetunion in Genf über Weltraumwaffen. Die USA wollten ihr SDI-Programm 1992 zur Abwehr gegen sowjetische Atomwaffen im Weltall auf ein nichtnukleares Verteidigungssystem gegen Angriffe mit konventionellen Raketen umstellen.

zu höheren Berufspositionen an Wert. Hochschullehrer forderten 1992 neue Auswahlverfahren für das Universitätsstudium.

Die SPD-Regierung von Schleswig-Holstein beschloß Anfang 1992 wie in Niedersachsen und Bremen, ab dem Wintersemester 1992/93 den Hochschulzugang ohne A. zu genehmigen. Berufstätige, die eine hohe berufliche Qualifikation nachweisen (z. B. den Abschluß der Meisterprüfung mit der Note zwei oder einen guten Abschluß der Berufsausbildung), dürfen das Fach studieren, für das sie aufgrund ihrer Ausbildung Vorkenntnisse haben. Eine Kommission aus Hochschuldozenten, Lehrern und Vertretern aus der Wirtschaft entscheidet über die Aufnahme. Das schleswig-holsteinische Kultusministerium wies Anfang 1992 darauf hin, daß die Erweiterung der Zugangsmöglichkeiten die Attraktivität der beruflichen Bildung erhöhe.

Der DPhV warnte angesichts des erleichterten Hochschulzugangs vor einer weiteren Überfüllung der → Hochschulen. Während von 1985 bis 1991 die Zahl der Studienanfänger mit A. gesunken sei, habe die Zahl der Zugänger aus anderen Bildungswegen als der gymnasialen Oberstufe zugenommen. Ihre Qualifikationen entsprächen nicht dem A.-Standard. → Bildungspolitik

Abrüstung

Rußland und die USA beschlossen im Juni 1992, ihr Arsenal an → Strategischen Waffen auf 3500–3000 Gefechtsköpfe für jede Seite bis zum Jahr 2003 zu reduzieren. Die Staaten der → GUS hatten sich zuvor verpflichtet, die von den USA bzw. den NATO-Staaten mit der Sowjetunion 1990/91 geschlossenen Verträge über die Verringerung der strategischen Atomwaffen (→ START) und der konventionellen Rüstung in Europa (→ KSE) einzuhalten. Weißrußland, die Ukraine und Kasachstan wollen ihre → Atomwaffen bis Ende dieses Jahrhunderts abbauen. Die → NATO kündigte Ende 1991 an, ihre Nuklearwaffen in

Europa um 80% zu verringern (→ Kurzstreckenwaffen). Der → Nordatlantische Kooperationsrat forderte die GUS auf, ihre Streitkräfte aus Polen und den baltischen Staaten abzuziehen (→ Truppenabbau). Anfang 1992 vereinbarten 25 Staaten der → KSZE, ihren Luftraum für gegenseitige militärische Kontrollflüge zu öffnen (→ Offener Himmel).

Im Januar 1992 kündigten die USA und Rußland an, einseitig auf Modernisierung bzw. Produktion von Trägersystemen für Atomsprengköpfe zu verzichten. Sinkende → Rüstungsausgaben zwangen zu Kürzungen bei der Anschaffung kostenträchtiger Waffensysteme (→ Stealth-Bomber → Jäger 90) und veranlaßten die Rüstungsindustrie zur Verlagerung ihrer Produktion in den zivilen Sektor (→ Rüstungskonversion). Die fünf ständigen Mitglieder des → UNO-Sicherheitsrats verabredeten Ende 1991, ihre → Rüstungsexporte in Konfliktregionen einzuschränken, einigten sich jedoch Mitte 1992 nicht auf eine Reduzierung der Waffenausfuhren in die Nahoststaaten.

Abtreibungspille

(RU 486), Präparat zum medikamentösen → Schwangerschaftsabbruch. Die A. ist bis zum 42. Tag nach der Befruchtung der Eizelle einsetzbar und bewirkt in 96% der Anwendungen innerhalb von 48 Stunden eine Fehlgeburt. Diese Methode ist komplikationsloser als ein operativer Eingriff (z. B. Absaugen). Mit der A. wurden in Frankreich von 1988 bis 1992 in etwa 800 Abtreibungskliniken rd. 100 000 Schwangerschaftsabbrüche durchgeführt. Im September 1991 wurde die A. in Großbritannien zugelassen, in Dänemark, Schweden und der Schweiz wurde sie 1991/92 klinisch erprobt. In Deutschland war sie weiterhin umstritten. Ihr Hersteller, die Hoechst-Gruppe, sah mit der Entscheidung des Bundestags vom Juni 1992 für die Fristenlösung im Abtreibungsrecht einen gesellschaftlichen Konsens über Schwangerschaftsabbruch

in Deutschland gegeben. Sie will die Zulassung der A. erst beantragen, wenn sichergestellt ist, daß die A. nur an autorisierte Kliniken ausgegeben wird. **Wirkung:** Die A. blockiert das Schwangerschaftshormon Progesteron, so daß die befruchtete Eizelle sich nicht in der Gebärmutterschleimhaut einnisten kann. Ein 48 Stunden später verabreichtes Wehenmittel verursacht die Abstoßung der Eizelle. Seit Mitte 1991 wird eine Abtreibung mit A. nur noch bei Nichtraucherinnen bis 35 Jahre durchgeführt, da das Wehenmittel zu Herzkranzgefäßverengungen führen kann, zu denen Raucherinnen und ältere Frauen i. d. R. eher neigen.
Gegner: Die CDU/CSU-Bundestagsfraktion lehnte eine Zulassung der A. in Deutschland Mitte 1992 ab. Abtreibungsgegner forderten das Verbot der A. Sie befürchteten, daß diese relativ schmerzlose, weniger belastende Methode den Verzicht auf Verhütungsmittel bewirken und die Zahl der ungewollten Schwangerschaften und Abbrüche steigen könnte.
Befürworter: Abgeordnete der Bundestagsfraktionen SPD, FDP und PDS/Linke Liste, die Gesundheitsminister und die Frauenministerinnen der Länder sprachen sich dafür aus, den Hersteller der A. aufzufordern, die Zulassung des Medikaments beim Bundesgesundheitsamt zu beantragen, weil der Abbruch mit A. die verträglichste Methode der Abtreibung sei.
Der A.-Entwickler, Etienne-Emile Baulieu, setzt sich für die Einführung der A. insbes. in den → Entwicklungsländern ein, wo jährlich 200 000 Frauen an unsachgemäß durchgeführten Abtreibungen stürben.

Agrarpolitik

Die Landwirtschaftsminister der → EG einigten sich trotz nationaler Eigeninteressen im Mai 1992 auf eine Reform der umstrittenen A. ab 1993. Die EG-Politik beruht darauf, daß die Gemeinschaft den Bauern die Abnahme ihrer Erzeugnisse zu einem festgelegten Preis garan-

Agrarüberschüsse der EG

Erzeugnis	EG-Produktion (Mio t)			Überschußproduktion[1] (%)		
	1989	1990[2]	1991[2]	1989	1990[2]	1991[2]
Magermilchpulver	1,5	1,8	1,7	139	164	148
Getreide	161,5	168,8	178,9	121	120	128
Zucker	15,0	15,9	14,7	125	137	124
Butter	2,0	2,0	1,8	115	122	116
Rind- und Kalbfleisch	7,8	8,3	8,6	101	110	115
Milch	122,2	120,2	117,1	112	113	111
Geflügelfleisch	6,3	6,5	6,7	105	105	105
Eier	5,1	5,0	5,0	102	102	103
Schweinefleisch	14,5	14,7	14,4	103	105	102

1) Anteil der Erzeugung am Verbrauch in der EG; 2) vorläufige Zahlen; Quelle: Agrarbericht 1992

tiert, und führt dadurch zu landwirtschaftlicher Überproduktion. Kern der Reform ist ein teilweiser Ersatz der Garantiepreise durch direkte Einkommensbeihilfen an die Landwirte, von denen keine Überproduktions-Anreize ausgehen. Die Reform soll dazu beitragen, ein Scheitern der Verhandlungen zur Welthandelsrunde des → GATT zu verhindern, mit dem die Gefahr von Handelskonflikten in der → Weltwirtschaft wüchse (→ Protektionismus). Insbes. die USA und Australien warfen der EG vor, mit ihren subventionierten Erzeugnissen die Absatzchancen der eigenen Bauern zu vermindern, und verlangten Kürzungen der europäischen Subventionen.
Reform: Die → EG-Kommission setzte 1992 Senkungen der Garantiepreise durch. Beim international besonders umstrittenen Getreide werden die Preise bis 1995/96 um rd. 30% annähernd auf das Weltmarktniveau gesenkt, bei Rindfleisch um 15%. Außerdem müssen Betriebe über 15 ha, um die Einkommensbeihilfen zu erhalten, 15% ihrer Anbaufläche stillegen. Deutschland hatte sich vor allem gegen die Pläne gewandt, weil es durch die Preissenkungen die Existenz bäuerlicher Familienbetriebe gefährdet sieht. Frankreich war insbes. daran interessiert gewesen, die Subventionen für landwirtschaftliche Exporte zu erhalten. Großbritannien und die Niederlande mit ihrem großen Anteil an konkurrenzfähigen Agrarfabriken befürworteten einen starken Abbau des Preisstützungssystems.

Ray MacSharry, EG-Agrarkommissar
* 29. 4. 1938 in Sligo/Irland, irischer Politiker (Konservative Partei). 1979–1981 irischer Landwirtschaftsminister, 1982 und 1988 Finanzminister. Ab 1989 EG-Kommissar für Landwirtschaft und ländliche Entwicklung (Amtszeit bis Ende 1992).

13

Aids

Größenstruktur der EG-Agrarbetriebe

Land	Anteil der Betriebe (%)[1]			
	bis 10 ha	10–20 ha	20–50 ha	über 50 ha
Griechenland	89,4	7,6	2,5	0,5
Portugal	87,5	7,2	3,4	1,9
Italien	84,8	8,7	4,6	1,9
Spanien	72,3	12,3	9,4	6,0
Deutschland [2]	47,0	22,1	24,8	6,1
Belgien	45,8	24,5	23,9	5,8
Niederlande	43,3	25,0	27,3	4,4
Irland	31,3	29,2	30,5	9,0
Frankreich	29,2	19,1	32,8	18,1
Luxemburg	28,8	12,4	32,5	26,2
Großbritannien	25,9	15,3	25,4	33,3
Dänemark	18,0	25,3	39,4	17,2

1) Letztverfügbarer Stand: 1987; 2) ohne Ostdeutschland; Quelle: NZZ, 7. 2. 1991

Entwicklungsländer: Die A. der Industrieländer EG, USA und Japan führt seit den 80er Jahren gleichzeitig zu Überproduktion an Nahrungsmitteln und → Hunger. Die Lebensmittel würden zur Ernährung der Weltbevölkerung ausreichen, die Überschüsse entstehen jedoch überwiegend in Industrieländern, wo sie u. U. vernichtet werden. Eine verbilligte oder kostenlose Lieferung an die → Entwicklungsländer behindert dort den Aufbau der Landwirtschaft, die oft der wichtigste Wirtschaftszweig ist. Gegenüber den subventionierten Produkten der Industriestaaten sind die Erzeugnisse dieser Länder nicht konkurrenzfähig.

Grundlagen: Ziele der A. sind Sicherung der → Einkommen der 11 Mio Bauern in der EG und die Erhaltung bäuerlicher Familienbetriebe. Da die von der EG-Kommission jährlich festgelegten Garantiepreise über Weltmarktniveau lagen, wurden jährlich rd. 10 Mrd ECU (21 Mrd DM) Exportsubventionen aufgewendet, um Ausfuhren zu verbilligen. Einfuhren aus Nicht-EG-Ländern wurden mit Zollabgaben verteuert bzw. in der Menge beschränkt.

Unwirksamkeit: In schrumpfenden Branchen wie der Landwirtschaft besteht im Gegensatz zu den EG-Zielen die Tendenz, über → Fusionen zu konkurrenzfähigeren größeren Betriebseinheiten überzugehen. Trotz der A. ging daher die Zahl der in der Landwirtschaft Tätigen in der EG von Mitte der 70er Jahre bis Anfang der 90er Jahre um ein Drittel zurück, der Anteil sog. Agrarfabriken nahm zu. Die EG wendet jährlich über die Hälfte des → EG-Haushalts für die A. auf (1992: 35,3 Mrd ECU, 72,4 Mrd DM), aber nur die Hälfte davon erreicht die Bauern, der Rest ist für Lagerung, Überschußvernichtung und Exportsubventionierung erforderlich. → Subventionen übersteigen den Wert der landwirtschaftlichen Produktion; in Deutschland betragen z. B. 1992 die Subventionen von EG und Bund zusammengenommen 33,1 Mrd DM und die Nettowertschöpfung der → Landwirtschaft 20,0 Mrd DM.

Aids

(Acquired Immune Deficiency Syndrome, engl.; erworbenes Immunschwäche-Syndrom), der Weltgesundheitsorganisation (WHO, Genf) waren weltweit 484 148 Fälle von A. bekannt (Stand: April 1992), die Dunkelziffer wurde auf rd. 2 Mio geschätzt, die Zahl der Infizierten auf rd. 15 Mio. Bis zum Jahr 2000 rechnete die WHO mit einem Anstieg der Zahl der infizierten Menschen auf rd. 40 Mio, von denen etwa 90% in den wirtschaftlich unterentwickelten Ländern leben würden.

Ausbreitung: Täglich infizieren sich nach Angaben der WHO weltweit 5000 Menschen an A. In den USA, wo Anfang 1992 die meisten Infektionen gemeldet waren, hat A. nach Einschätzung des Seuchenkontrollzentrums Center for Disease Control (Washington) epidemische Formen angenommen. Während sich 1980–1989 rd. 100 000 Menschen infizierten, waren es 1989–1992 mehr als doppelt soviel (rd. 210 000). In Afrika waren Anfang 1992 rd. 6 Mio Menschen mit dem A.-Virus infiziert. Im Anfangsstadium der Ausbreitung von A. in Südostasien waren 1992 bereits 1 Mio Infizierte gemeldet, die meisten davon in Thailand und Indien. In Japan verdoppelte sich die Zahl der Infizierten von 1990 bis 1991, in China stieg sie im gleichen Zeitraum um 43%. In Europa wird der

Agrar-Subventionen international

Land	Zuschüsse*(%)
Schweiz	78
Japan	68
Schweden	59
EG	48
Österreich	46
Kanada	41
USA	30
Australien	11
Neuseeland	5

* Stand: 1990; Anteil der Subventionen am Wert der landwirtschaftlichen Produktion; Quelle: OECD

14

Die weltweite Verbreitung von Aids

Land	Aidskranke	Stand
Europa	60 195	
Frankreich	16 552	30. 9. 1991
Italien	10 584	30. 9. 1991
Spanien	10 101	30. 9. 1991
Deutschland	6 968	30. 9. 1991
Großbritannien	5 065	30. 9. 1991
Schweiz	2 086	30. 9. 1991
Niederlande	1 857	30. 9. 1991
Rumänien	1 557	30. 9. 1991
Belgien	896	30. 9. 1991
Dänemark	870	30. 9. 1991
Amerika	252 977	
USA	202 843	30. 11. 1991
Brasilien	21 023	31. 8. 1991
Mexiko	8 720	30. 10. 1991
Kanada	5 246	31. 7. 1991
Haiti	3 086	31. 12. 1990
Dominik. Republik	1 535	30. 6. 1991
Kolumbien	1 483	31. 3. 1991
Venezuela	1 201	31. 3. 1991
Argentinien	1 019	31. 3. 1991
Trinidad u. Tobago	785	31. 3. 1991

Land	Aidskranke	Stand
Afrika	129 066	
Tansania	27 396	31. 8. 1991
Uganda	21 719	31. 12. 1990
Zaïre	14 762	31. 12. 1990
Malawi	12 074	31. 10. 1990
Kenia	9 139	31. 5. 1990
Côte d'Ivoire	8 297	30. 6. 1991
Zimbabwe	7 411	30. 6. 1991
Rwanda	5 100	31. 3. 1991
Sambia	4 690	31. 5. 1991
Burundi	3 305	31. 8. 1990
Asien	1 254	
Japan	405	31. 8. 1991
Israel	153	30. 6. 1991
Thailand	119	31. 8. 1991
Indien	85	30. 9. 1991
Philippinen	53	28. 8. 1991
Ozeanien	3 189	
Australien	2 813	30. 9. 1991
Neuseeland	274	18. 6. 1991
Papua-Neuguinea	37	1. 7. 1991
Polynesien	27	19. 8. 1991

Quelle: Weltgesundheitsorganisation (Genf)

Aids bedroht Afrikas wirtschaftliche und soziale Strukturen
In Afrika war 1992 jeder 40. Erwachsene mit der Immunschwächekrankheit Aids infiziert. In der Landwirtschaft und im Bergbau, den wichtigsten Wirtschaftsbereichen der afrikanischen Länder südlich der Sahara, machte sich 1992 bereits ein Mangel an Arbeitskräften bemerkbar. Die Kosten für die Versorgung der Kranken überstieg die Gesundheitsetats der Länder, in manchen Krankenhäusern waren 1992 etwa 85% der Betten mit Aids-Patienten belegt.

höchste Anstieg der Erkrankungen für Mitte der 90er Jahre erwartet.
Betroffene: Weltweit war 1991/92 ein Anstieg der Zahl infizierter Frauen zu verzeichnen. In den USA erhöhte sich ihre Zahl um ein Drittel im Vergleich zum Vorjahr, in einigen mittelamerikanischen Staaten um das Vierzigfache. In Afrika war die Hälfte der Infizierten Frauen. Diese Zunahme führte zu einem Anstieg der Zahl infizierter Neugeborenener (1992 weltweit: rd. 500 000). Bis zum Jahr 2000 erwartete das Kinderhilfswerk der Vereinten Nationen UNICEF (New York) weltweit rd. 10 Mio infizierte Kinder.
Bis April 1992 waren in Deutschland 51 309 mit dem A.-Virus infizierte Menschen registriert (geschätzter Anteil der Frauen: 15%). Seit 1981 ist die Krankheit in 8007 Fällen ausgebrochen, 4011 Menschen waren an A. gestorben. Hauptbetroffene waren Homosexuelle und Drogenabhängige.
Ansteckung: A. wird durch Blut und Körperflüssigkeiten wie Sperma und Scheidenflüssigkeit übertragen. Etwa 75% aller A.-Infizierten steckten sich

laut WHO bei heterosexuellen Kontakten an (→ Sextourismus).
Eine Ende 1991 in Rwanda abgeschlossene Studie belegte erstmals, daß sich Kinder mit dem A.-Virus auch durch Muttermilch infizieren können.
Bis 1992 waren 180 Bluter in Deutschland an A. gestorben, die sich durch ein Medikament zur Blutgerinnung infiziert hatten (→ Blutkonserven).
Behandlung: Bis 1992 konnte A. nicht geheilt werden. Ende 1991 ließ die kanadische und die US-amerikanische Arzneimittelaufsichtsbehörde ein zweites A.-Medikament zu (DDI), ein drittes (DDC) stand kurz vor der Zulassung. Beide stärken ebenso wie AZT das Immunsystem der Erkrankten. AZT verdoppelt die Lebenserwartung des Patienten nach Ausbruch der Krankheit i. d. R. auf zwei Jahre.
Bis Anfang 1992 war das Immunsystem von 120 Erkrankten stabil, die ab Oktober 1991 an der Universitätsklinik in Frankfurt/M. mit dem Mittel L 697,661 behandelt wurden. A.-Viren vermehren sich, indem sie den Organismus zwingen, Kopien von ih-

Frauen tragen höheres Aids-Risiko
Eine Frau, die mit einem Aids-infizierten Mann zusammenlebt, trägt ein 20fach höheres Risiko, sich an der Immunschwächekrankheit anzustecken, als ein Mann, dessen Partnerin mit Aids infiziert ist. Dies ergab eine über sechs Jahre durchgehende Studie der Universität von Kalifornien in San Francisco Anfang 1992. Von 307 Frauen mit einem infizierten Mann steckte sich jede fünfte an. Lediglich ein Mann von 72 hatte sich im gleichen Zeitraum bei seiner Frau mit Aids infiziert.

15

Die größten Flugzeughersteller

Unternehmen (Land)	Umsatzanteil* (%)
Boeing (USA)	53
Airbus Industrie (Europa)	28
McDonnell Douglas (USA)	14
Übrige	5

Gesamtumsatz ca. 40 Mrd Dollar (61 Mrd DM) 1990; Quelle: First Boston Corporation

nen herzustellen. AZT führt zur Produktion von fehlerhaften Kopien, L 697,661 verhindert die Kopienbildung.

Impfstoffe: Ende 1991 gelang Forschern des Paul-Ehrlich-Instituts (Langen) die Entwicklung eines Impfstoffs, der Rhesusaffen gegen A. immunisiert. Der Stoff aus abgetöteten Affen-A.-Viren, die nicht identisch sind mit A.-Viren bei Menschen, rief eine hohe Zahl von Antikörpern im Blut der Affen hervor, die injizierte Viren zerstörten. Bei Versuchen an neun europäischen Instituten erwies sich ein Impfstoff aus zerlegten Viren bei verschiedenen Versuchstieren als erfolgreich. Die Wissenschaftler vermuteten 1992, daß die Impfstoffe auch beim Menschen wirken könnten. Die Erprobung am Menschen ist zulassungspflichtig.

In den USA wurden Mitte 1991 Erkrankte mit einem gentechnisch manipulierten Eiweißstoff (gp 160) geimpft, der ihr Immunsystem stabilisierte.

Die Entwicklung eines Impfstoffs ist problematisch, weil die herkömmliche Art der Impfung mit abgetöteten Krankheitserregern eine A.-Infektion hervorrufen kann, wenn nur ein Virus im Körper überlebt. Zudem waren bis 1992 rd. 200 verschiedene Bauweisen des A.-Virus bekannt, gegen die ein Impfstoff gleichzeitig wirken muß.

Krankheitsbild: Mediziner gingen 1992 davon aus, daß durchschnittlich zehn bis elf Jahre vergehen, bis A. bei einem Infizierten ausbricht. A.-Kranke leben mit durchschnittlich 13,3 Monaten mehr als dreimal so lang wie 1984, was auf verbesserte medizinische Versorgung zurückzuführen ist. In den USA, Afrika und Asien traten ab 1990 bei A.-Kranken verstärkt Tuberkulose-Infektionen (Tbc) auf, die als ausgerottet galten. In den USA und Afrika wird eine tödlich verlaufende Tbc registriert, bei der bisher bekannte Medikamente wirkungslos sind. Tbc wird durch Einatmen der Viren übertragen.

☐ Deutsche Aids-Hilfe e. V., Nestorstraße 8-9, D-1000 Berlin 31
☐ Deutsche Aids-Stiftung „Positiv leben", Pipinstraße 7, D-5000 Köln 1

Airbus

(engl.; Luftbus), europäisches Verkehrsflugzeug, das mit staatlicher Unterstützung von Firmen in Frankreich, Deutschland, Großbritannien und Spanien gebaut wird. Im April 1992 waren die USA mit einer 1989 eingereichten Klage vor dem Allgemeinen Zoll- und Handelsabkommen → GATT gegen die → Subventionen der CDU/CSU/FDP-Bundesregierung für die deutsche A. GmbH erfolgreich. Der dritte Absturz eines A.-Modells A 320 im Januar 1992 warf erneut Fragen nach der Flugsicherheit dieses Typs auf. Die Entwicklung eines Großraumflugzeugs A 350 mit 700 Sitzplätzen beginnt 1996. Das A.-Konsortium bestätigte 1992 Hamburg als festen Endmontagestandort für A.-Flugzeuge neben dem französischen Toulouse. Dort soll neben dem A 321 auch der geplante A 319 gebaut werden.

Handelskonflikt: Flugzeugkäufe werden weltweit i. d. R. in Dollar bezahlt. Die meisten A.-Flugzeuge sind zu einem → Dollarkurs von 2 DM kalkuliert worden. Der Dollar sank jedoch Anfang der 90er Jahre auf Werte zwischen 1,60 und 1,70 DM, so daß der erzielte Erlös die geplanten Einnahmen unterschritt. Die Subventionen waren zum Ausgleich für den sinkenden Dollarkurs an die Muttergesellschaft der Deutschen A., Daimler-Benz AG (Stuttgart), gegangen (1991: 380 Mio DM). Rückwirkend zum 15. 1. 1992 mußte die Bundesregierung die Wechselkursgarantien für die A.-Produktion zurücknehmen. Nach den GATT-Regeln handelt es sich bei den Hilfen um unerlaubte Exportsubventionen, die einer Übernahme der Unternehmensverluste durch den Staat gleichkommen und den Wettbewerb mit den US-amerikanischen Flugzeugherstellern verzerren.

Absturz: Beim dritten Absturz eines A 320 (nach 1988 und 1990) kamen bei Straßburg neun Menschen ums Leben. Obwohl Untersuchungen ergaben, daß für die Abstürze Pilotenfehler verantwortlich waren, gab es erneut Kritik von der französischen Pilotengewerkschaft

(COMETEC) an der computergestützten Flugsteuerung des A 320.

Neue Flugzeuge: Der A 350 soll etwa 2000 in Dienst gestellt werden und der Boeing 747 (Jumbo-Jet, rd. 500 Sitzplätze) Konkurrenz machen. Das A.-Konsortium beschloß Anfang 1992, mit dem A 319 ein Flugzeug für 130 Passagiere zu entwickeln.

Unternehmen: Der A. wird von dem Konsortium Airbus Industrie (Toulouse/Frankreich) gebaut. Es besteht aus den Firmen Aérospatiale (Frankreich, 37,9%), Deutsche Airbus GmbH (Deutschland, 37,9%), British Aerospace (Großbritannien, 20%) und Casa (Spanien, 4,2%). Nach dem Wegfall der staatlichen Wechselkursgarantien kündigte die Bundesregierung Mitte 1992 an, ihre 20%ige Beteiligung am deutschen A.-Unternehmen Ende 1992, vier Jahre früher als geplant, an den Hauptanteilseigner Daimler-Benz kostenlos abzutreten. Das A.-Unternehmen verzeichnete 1991 erstmals einen Gewinn (421 Mio DM).

AKP-Staaten

→ Lomé-Abkommen

Aktien

→ Börse

Alkoholismus

Häufigste Suchterkrankung in Deutschland. Die Zahl der behandlungsbedürftigen Alkoholiker schätzte die Deutsche Hauptstelle gegen die Suchtgefahren (Hamm) 1992 auf 2,5 Mio. Hinzu kommt eine schwer zu ermittelnde Dunkelziffer, da der Beginn von Alkoholabhängigkeit nicht exakt zu bestimmen ist. Als Ursachen für A. gelten die Angst der Menschen, in der zunehmend leistungsorientierten Gesellschaft überfordert zu sein, der Verlust des Arbeitsplatzes und fehlende Zukunftsperspektiven. Ein Behandlungskonzept der Psychiatrischen Klinik in Tübingen zur ambulanten Betreuung Abhängiger erzielte 1991/92 erste Erfolge. Die Psychiatrische Klinik

der Universität Berlin startete im März 1992 eine Studie zur A.-Behandlung.

Konsum: Nach Angaben des Bundesverbandes der Deutschen Spirituosenindustrie (Bonn), auf dessen Mitglieder etwa 80% der deutschen Alkoholikaproduktion entfallen, erhöhte sich der Absatz 1991 gegenüber dem Vorjahr um 9%, was vor allem mit starker Nachfrage aus Ostdeutschland nach westdeutschen Getränken begründet wurde. A. schädigt nahezu alle menschlichen Organe und begünstigt zahlreiche Erkrankungen, z. B. → Krebs. Wenn Frauen täglich mehr als 20 g reinen Alkohols zu sich nehmen (das entspricht etwa 0,5 l Bier oder 0,2 l Wein) und Männer mehr als 60 g, ist mit gesundheitlichen Schäden zu rechnen.

Tübinger Konzept: Seit Mitte der 70er Jahre werden Alkoholiker in Tübingen sechs Wochen stationär und anschließend ein Jahr lang ambulant psychosozial behandelt. Erhebungen über Behandlungserfolge bei Patienten, die ihre Therapie vor rd. zehn Jahren begonnen hatten, ergaben 1991, daß 50% der Behandelten abstinent lebten, 30% hatten ihren Alkoholkonsum nicht verringert. Vier Jahre nach der herkömmlichen sechsmonatigen stationären Behandlung ohne anschließende psychosoziale Betreuung lebten dagegen nur 40% der Patienten abstinent.

Berliner Studie: Die Mediziner gingen davon aus, daß jahrelanger Alkoholmißbrauch den Hirnstoffwechsel verändert, so daß positive Gefühle nur noch nach Alkoholgenuß empfunden werden. Mit der Verabreichung des Stoffes, der im Gehirn Wohlbefinden auslöst (Dopamin), versuchen die Ärzte, den Kreislauf zu durchbrechen.

Allergie

Überempfindlichkeit des menschlichen Organismus gegenüber körperfremden Stoffen (Allergene). Zu den Stoffen, die am häufigsten eine A. verursachen, gehören Haus- und Blütenstaub, Lebensmittel, Kosmetika und → Arzneimittel. Die weltweit wachsende Zahl

Babys stillender Mütter trinken Alkohol mit
Etwa 3% des Alkohols, den Mütter kurz vor dem Stillen trinken, nehmen Babys mit der Muttermilch auf. Nach einer Studie US-amerikanischer Mediziner von Ende 1991 schmecken die Säuglinge den Alkohol, mögen den Geschmack aber nicht. Alkohol führe zu einer verminderten Produktion von Muttermilch und hemme das Einschießen der Milch in die Brust. Die Babys müßten daher stärker saugen, um satt zu werden. Dies verursache ein verändertes Schlafverhalten, die Babys nickten tagsüber häufiger ein und schliefen nachts nicht durch.

Steuereinnahmen aus Alkoholkonsum in Deutschland 1991

Getränk	Einnahmen (Mrd DM)
Branntwein	5,6
Bier	1,7
Schaumwein	1,0

Quelle: Statistisches Bundesamt

Bierkonsum pro Kopf in Deutschland

Jahr	Verbrauch[1] (l)
1960	95,6
1965	122,3
1970	141,1
1975	147,9
1980	145,7
1985	145,5
1990	143,3
1991	142,8[2]

1) Bis 1990: Westdeutschland; 2) vorläufige Zahl; Quelle: Statistisches Bundesamt

Allergiker in den USA fordern duftfreie Zonen
In den USA neigten 1992 Schätzungen zufolge rd. 15% der Bevölkerung zu hochgradiger Umweltempfindlichkeit (Multiple Chemical Sensitivity, MCS). Atemstörungen, Benommenheit, Hautreizungen und Migräne zählen zu den Symptomen. Ausgelöst werden die Allergien durch Chemikalien, insbes. aber durch künstliche Aromen z. B. in Parfüms und Klimaanlagen. Etwa 200 Selbsthilfeorganisationen MCS-Kranker wurden bis 1992 in den USA gegründet, die für parfümfreie Zonen eintraten.

der Allergiker wird seit den 80er Jahren auf die steigende → Luftverschmutzung, → Wasserverschmutzung und Verunreinigung der Lebensmittel mit Umweltgiften zurückgeführt. Nach Angaben des Allergiker- und Asthmatikerbundes (Mönchengladbach) litt 1991 ein Drittel der deutschen Bevölkerung (rd. 25 Mio) an einer A.; etwa 30% von ihnen hatten A. der Atemwege (z. B. Heuschnupfen, Asthma). Nach Ansicht der Bundesanstalt für Arbeitsschutz (Dortmund) wird sich die Zahl der berufsbedingten A. in den 90er Jahren wegen der steigenden Zahl neu entwickelter Stoffe im Arbeitsumfeld erhöhen.

Krankheitsbild: Eine A. wird durch Berühren, Einatmen oder Essen des für den Körper unverträglichen Stoffes (Allergen) ausgelöst und führt zu einer übersteigerten Immunreaktion (Ab-

wehrmaßnahme) mit Symptomen wie Schleimhautreizung von Nase und Augen, Hautkrankheiten, Störungen des Verdauungssystems und Asthma.

Berufskrankheit: Hauptbetroffene von A. im Beruf sind Bäcker, Friseure sowie das Bau- und Metallgewerbe. Von 700 zwischen 1982 und 1989 zugelassenen Stoffen (z. B. → Chemikalien) lösten 18% A. aus. Durchschnittlich tritt die A. sieben bis zehn Jahre nach dem ersten Kontakt mit dem Stoff auf.

Therapie: Als wirksamste Therapie gegen A. empfahlen Mediziner auf dem Berliner Allergie-Symposium Ende 1991 eine sog. Hyposensibilisierung (auch Desensibilisierung), bei der dem Patienten in regelmäßigen Abständen das Allergen injiziert wird. Das Immunsystem des Körpers wird an das Allergen gewöhnt, bis sich die allergische Reaktion verringert oder ausbleibt. Die Therapie kann bis zu acht Jahren dauern, ist aber nicht immer erfolgreich. Die Kosten der Behandlung übernimmt i. d. R. die Krankenkasse.

[1] Allergiker- und Asthmatikerbund e. V., Hindenburgstraße 110, D-4050 Mönchengladbach

Blütezeit allergieverursachender Pflanzen

	Febr.	März	April	Mai	Juni	Juli	Aug.	Sept.
Haselnuß								
Erle								
Weide								
Ulme								
Pappel								
Birke								
Esche								
Buche								
Eiche								
Ruchgras								
Robine								
Segge								
Wiesenfuchsschwanz								
Wiesenrispengras								
Roggen								
Wiesenhafer/Goldhafer								
Schwingel								
Knäuelgras								
Spitzwegerich								
Trespe								
Kamm+Lieschgras								
Rohr- Glanzgras								
Lolch, Raygras								
Glatthafer								
Honiggras								
Linde								
Weizen								
Straußgras								
Holunder								
Goldrute								

Vor-/Nachblüte   Hauptblüte   © Harenberg

Allfinanz-Unternehmen

Institute, die Leistungen von → Banken, → Versicherungen und Bausparkassen anbieten. Anfang der 90er Jahre wollten zahlreiche Unternehmen durch → Fusionen, Gründung von Tochtergesellschaften oder Zusammenarbeit ihr Angebot erweitern, um auf dem für 1993 geplanten → Europäischen Binnenmarkt konkurrenzfähig zu sein (→ Spareinlagen). Tabelle → S. 19

Alpen

Die Funktion der A. als Trinkwasserspeicher, Klimaregulator und Erholungsgebiet ist durch → Luftschmutzung, → Waldsterben, Bodenerosion und Massentourismus bedroht. Im bayerischen A.-Raum ist die Hälfte der Gemeinden durch Lawinen bedroht. Die Umweltminister der A.-Staaten Deutschland, Frankreich, Italien, Liech-

Allfinanz-Gruppen in Deutschland

Gruppe	Bank	Versicherung	Bausparkasse
Deutsche Bank	Deutsche Bank	Deutsche Bank Leben (T)	Deutsche Bank Bauspar (T)
Allianz/Dresdner Bank	Dresdner Bank (B)	Allianz (B) Hamburg-Mannheimer (K)	Dresdner Bauspar (T)
Commerzbank	Commerzbank	DBV (B)	Leonberger Bausparkasse (B)
Aachener und Münchener	BfG (B)	Aachener und Münchener Versicherung Volksfürsorge (B)	Mehrere Bausparkassen (K)
Öffentlich-rechtliche Institute	Sparkassen, Landesbanken	Provinzial (K)	Landesbausparkassen (K)
Genossenschaften	Volksbanken, Raiffeisenbanken, Genossenschaftszentralen	R+V (K)	Schwäbisch Hall (K)
Wüstenrot	Wüstenrot Bank (T)	Wüstenrot Leben (T)	Bausparkasse Wüstenrot
BHW	BHW-Bank (T)	BHW Leben (T) Mehrere Versicherungen (K)	BHW (Beamten-Heimstätten-Werk)

(T) = Tochterunternehmen; (K) = Kooperation; (B) = Beteiligung; Stand Mitte 1992

tenstein, Schweiz und Österreich sowie Vertreter der EG unterzeichneten bei der zweiten internationalen A.-Schutzkonferenz in Salzburg/Österreich im November 1991 eine Konvention, in der eine ökologisch orientierte Entwicklung für das höchste Gebirge in Mitteleuropa völkerrechtlich verbindlich festgelegt wird.

Konvention: Die Vertragsstaaten verpflichteten sich in dem Abkommen zu einer grenzüberschreitenden Zusammenarbeit mit dem Ziel, den Lebens-, Wirtschafts-, Kultur- und Erholungsraum A. zu schützen und im Interesse der ansässigen Bevölkerung zu erhalten. Sie beschlossen die Einrichtung einer A.-Konferenz, die alle zwei Jahre tagen soll, und eines Ständigen Ausschusses, der die Umsetzung des Abkommens vorantreiben soll. Die Konvention stellt eine Rahmenvereinbarung dar, die durch sog. Durchführungsprotokolle konkretisiert werden soll. 1991/92 wurde u. a. an Protokollen zu → Naturschutz und Landschaftspflege, Verkehr und Tourismus gearbeitet. Die Unterzeichnerstaaten gingen Ende 1991 davon aus, daß das erste Durchführungsprotokoll frühestens 1993 verabschiedet werden kann. Umweltschutzorganisationen, z. B. Robin Wood, bezeichneten die Konvention Ende 1991 als unzureichend und forderten eine raschere Einigung auf konkrete Schutzmaßnahmen für die A.

Belastungen: Der → Tourismus ist mit rd. 60 Mio Wochenausflüglern, 40 Mio Feriengästen und bis zu 30 Mio Skifahrern jährlich der größte Belastungsfaktor für die A. Für die rd. 133 000 km Skipisten wurden Hänge gerodet und planiert, so daß der Regen den Boden abtragen kann. Die Skifahrer pressen den Schnee zu einer luftdichten Decke zusammen. Deshalb bleibt der Boden im Frühjahr länger gefroren als gewöhnlich, und das Wachstumsperiode der Pflanzen verkürzt sich. Der → Alpentransitverkehr ist der zweite wesentliche Belastungsfaktor. In den über 1000 m hoch gelegenen österreichischen A.-Regionen werden nach einer Untersuchung der Wiener Universität von 1992 jährlich 9199 t Kohlenmonoxid und 147 t Stickoxide emittiert, von denen 40% aus dem Alpentransitverkehr stammen.

Zusatzprotokolle zur Alpenkonvention

Bereich	Vorsitz der Arbeitsgruppe
Naturschutz und Landschaftspflege[1]	Deutschland
Berglandwirtschaft[2]	Italien
Verkehr[2]	Schweiz
Tourismus und Freizeit[2]	Frankreich
Raumplanung[2]	Frankreich
Bergwald[2]	Österreich
Energie[2]	Italien
Bodenschutz[2]	Deutschland

1) 1992 inhaltlich abgeschlossen, noch nicht ratifiziert;
2) Verabschiedung des Protokolls für 1993 geplant

Olympische Spiele schädigten die Alpen
Die Internationale Alpenschutzkommission CIPRA (Vaduz/Liechtenstein) kritisierte im Februar 1992, daß bei der Vorbereitung der Olympischen Winterspiele in Albertville/Frankreich 1992 Umweltsünden in bisher nicht bekanntem Ausmaß begangen worden seien. Laut CIPRA wurden insgesamt 1 Mio m^3 Erde abgetragen oder weggesprengt, 33 ha Wald gerodet, 330 000 m^2 Fläche versiegelt und 42 Wasserreservoirs für Trinkwasser und Schneekanonen angelegt. Die CIPRA forderte, daß Kandidaten für Wintersport-Großveranstaltungen künftig die Umweltverträglichkeit des Projekts nachweisen müssen.

Land	Güter (Mio t)	
	Schiene	Straße
Schweiz	19,6	4,2
Frankreich	7,2	22,9
Österreich	6,3	14,4
Insgesamt	33,1	41,5

Stand: 1990; Quelle: Eidgenössisches Verkehrs- und Energiewirtschaftsdepartement

Medienverhalten älterer Menschen
Die Hamburger Anstalt für neue Medien stellte in einer Untersuchung von 1991 fest, daß der Medienkonsum von Senioren den anderer Altersgruppen übertrifft. 90% der über 65jährigen sehen täglich fern, davon 71% länger als zwei und 27% länger als vier Stunden. 80% der Senioren lasen täglich Zeitung, 75% schalteten einmal am Tag das Radio ein. Favoriten unter den Fernsehanbietern bei den Senioren waren die öffentlich-rechtlichen Sender. Besonders beliebte Sendungen waren die Nachrichten, Talk-Shows, Musik- und Unterhaltungssendungen.

Alpentransitverkehr

Der Anteil von LKW am Güterverkehr über die → Alpen lag 1990 bei 56% (1970: 22%). Lärm und Abgase der LKW belasteten die Umwelt entlang der Transitstrecken. Österreich und die Schweiz schlossen 1991/92 mit der → EG Abkommen, die den Güterverkehr begrenzen und von der Straße auf die Schiene verlagern sollen. Sie treten voraussichtlich zum 1. 1. 1993 in Kraft. Der Vertrag zwischen Österreich und der EG sieht die Senkung des vom A. ausgehenden Schadstoffausstoßes bis 2003 um 60% vor. Das Abkommen mit der Schweiz bestätigt das dort geltende Fahrverbot für LKW über 28 t.

Österreich: Am A. interessierte Transportunternehmen erhalten ab 1993 ein Punktekontingent. Für jede Transitfahrt werden Punkte abgezogen, deren Anzahl sich nach dem Schadstoffausstoß bemißt. Bis Ende 1993 soll die Emission von Stickoxiden um 12% gesenkt werden. Berechnungsgrundlage sind die 1,264 Mio Fahrten von LKW aus EG-Ländern durch Österreich von 1991 (deutscher Anteil: 38%). Österreich verpflichtete sich, bis 1996 in sein Schienennetz 5,7 Mrd DM zu investieren, um den → Kombinierten Verkehr zu fördern. Der Großteil des A. durch Österreich (rd. 75%) läuft über die Brenner-Autobahn. Ende 1992 soll der Plan für einen ca. 55 km langen Eisenbahntunnel zwischen Innsbruck/Österreich und Franzensfeste/Italien vorliegen (Kosten: rd. 12 Mrd DM). Nach der voraussichtlichen Eröffnung 2005 sollen durch den Tunnel jährlich 4,5 Mio Personen und 13,5 Mio t Güter befördert werden.

Schweiz: Im September 1992 wird eine Volksabstimmung über den Bau der sog. Neuen Eisenbahn-Alpentransversale (NEAT) abgehalten. Das Referendum wurde u. a. von der Umweltschutzpartei → GPS wegen der hohen Kosten des Projekts (rd. 24 Mrd sfr, 27 Mrd DM) und dem mit der neuen Verbindung erwarteten Anstieg des Verkehrs angestrengt. Die NEAT beinhaltet den Bau zweier Eisenbahntunnel unter dem Gott-

hardgebirge (Länge: 49,3 km) und dem Lötschberg (28 km). Von der Zustimmung zu dem Bauprojekt hängt ab, ob die Schweiz den 1991 mit der EG ausgehandelten Transitvertrag einhalten kann, der vorsieht, daß die Schweiz ihre Kapazitäten für Kombinierten Verkehr bis 2003 mehr als verdreifacht. Der Vertrag erlaubt Ausnahmen vom Fahrverbot für LKW über 28 t, wenn die Kapazitäten im Kombinierten Verkehr überlastet sind.

Alter

Die Lebenserwartung der Bürger in Westdeutschland stieg seit Beginn der 70er Jahre bis 1991 um ca. fünf Jahre auf 72,2 Jahre (Männer) bzw. 78,7 Jahre (Frauen). Im Jahr 2030 wird der Bevölkerungsanteil der über 60jährigen nach Schätzungen des Statistischen Bundesamts auf 24,4% steigen (1992: 16,5%). Die Entwicklung geht mit einem erhöhten Bedarf an Pflegeeinrichtungen und -personal einher. Mit dem Ziel, die Finanzierung der Rentenversicherung über das Jahr 2000 hinaus sicherzustellen, obwohl weniger Beitragszahler mehr Renten zahlen müssen, trat 1992 die → Rentenreform in Kraft. Bundesfamilienministerin Hannelore Rönsch (CDU) stellte für 1992 erstmals einen sog. Bundesaltenplan auf (Volumen 1992: 5 Mio DM), der dazu beitragen soll, daß Senioren bis ins hohe A. selbständig leben können.

Pflege: Etwa die Hälfte der 1,65 Mio Pflegebedürftigen waren 1991 Senioren; von den rd. 500 000 Krankenhausbetten in Deutschland waren ca. 200 000 ständig mit über 65jährigen Patienten belegt. Die Deutsche Gesellschaft für Geriatrie (Düsseldorf) bemängelte 1992, daß für die Altersheilkunde nur rd. 4000 Klinikbetten bereit stünden. Mit Rehabilitationsmaßnahmen wären rd. 95% aller 80–93jährigen nicht auf Pflege angewiesen. Etwa 70% der Senioren in Heimen erhielten 1991 → Sozialhilfe, da die Unterbringungskosten mit rd. 3000–5000 DM/Monat ihr Einkommen überstiegen (→ Pflegeversicherung).

Rentenversicherung: Der Verband Deutscher Rentenversicherungsträger (Frankfurt/M.) rechnete 1991 damit, daß 2040 in Deutschland 100 Beitragszahler die Renten von 102 Ruheständlern zahlen müßten (1990: 48 Rentner). Mit der Rentenreform, die u. a. längere Lebensarbeitszeiten vorsieht, soll der Beitragssatz im Jahr 2010 auf 21,4% des Bruttoeinkommens (1992: 17,7%) begrenzt werden. Nach altem Recht wäre er dem Bundesarbeitsministerium zufolge bis auf 25,5% des Bruttoeinkommens gestiegen (→ Sozialabgaben).

Neue Alte: Jeder vierte der 55–70jährigen in Westdeutschland zählt nach einer 1991 veröffentlichten Studie zu den sog. neuen Alten, die über ein Haushaltseinkommen von rd. 5000 DM im Monat verfügen, gern reisen und soziale Kontakte pflegen. Demgegenüber verfügten ca. 25% der Rentnerhaushalte nur über ein Nettoeinkommen von unter 1250 DM. Besonders betroffen von Armut waren alleinstehende ältere Frauen (→ Mindestrente), die häufig auch über Einsamkeit klagten.

Altenhilfe: Der Bundesaltenplan sieht u. a. den Aufbau von Senioren-Büros vor, die nach Rönschs Vorstellungen z. B. ehrenamtliche Tätigkeiten für Senioren vermitteln. Die Mittel aus dem Bundesaltenplan sollen zudem dazu beitragen, hilfs- und pflegebedürftige Menschen beim selbständigen Leben zu unterstützen und die Lebensverhältnisse von Senioren in Ostdeutschland denen in Westdeutschland anzugleichen. Die Ausgaben des Familienministeriums für die Förderung von Maßnahmen für Senioren verdoppelten sich von 1991 bis 1992 auf 28,85 Mio DM.

Alternative Vereinte Nationen

→ UNPO

Altersübergangsgeld

Leistung der → Bundesanstalt für Arbeit (BA, Nürnberg) für Arbeitslose ab 55 Jahren in den ostdeutschen Bundesländern. Das A. wird aus den Einnahmen der → Arbeitslosenversicherung gezahlt. 1991 gab die BA für die Finanzierung von A. rd. 2,7 Mrd DM aus. Ende 1991 bezogen 376 000 Ostdeutsche A., die durchschnittliche Höhe des A. betrug 1297 DM (inkl. Kranken- und Rentenversicherung). Die Frist, bis zu der A. beantragt sein muß, wurde im Juni 1992 bis Ende 1992 verlängert. Das A. löste 1990 die Regelung über den → Vorruhestand in der ehemaligen DDR ab und soll zum Abbau der → Arbeitslosigkeit beitragen. Die Höhe des A. beträgt 65% des letzten durchschnittlichen Nettoarbeitslohns (zum Vergleich: Arbeitslosengeld für Erwerbslose mit Kind: 68%). Die Höchstbezugsdauer von A. beträgt fünf Jahre.

Das Arbeitsamt kann einen Antrag auf A. ablehnen, wenn in der Region für die bisherige Tätigkeit des Antragstellers ein deutlicher Arbeitskräftemangel besteht. A. wird der allgemeinen Nettoeinkommensentwicklung angepaßt.

ⓘ Alle Arbeitsämter

Altlasten

Ablagerungen von Abfällen und kontaminierte Industriestandorte, von denen eine Bedrohung der menschlichen Gesundheit und der Umwelt ausgeht. Die Schadstoffe aus A. tragen zur → Bodenverschmutzung, → Luftverschmutzung und → Trinkwasserverunreinigung bei. 1991 waren in Westdeutschland 48 377 Verdachtsflächen auf A. erfaßt, in Ostdeutschland 27 877. Das Umweltbundesamt (UBA, Berlin) schätzte Anfang 1992, daß in Ost- und Westdeutschland zudem je rd. 30 000 unbekannte A.-Flächen existierten. Die Sanierung der A. kostet den Länderwirtschaftsministern zufolge in den alten Bundesländern zwischen 16 Mrd DM und 120 Mrd DM, in den neuen Ländern zwischen 36 Mrd DM und 270 Mrd DM. Da die Verursacher der A. meist nicht mehr ausfindig gemacht werden können, müssen Bund, Länder und Kommunen die Kosten der Sanierung tragen.

Hannelore Rönsch, Bundesfamilienministerin
* 12. 12. 1942 in Wiesbaden, deutsche Politikerin (CDU). 1969–1972 Kreisvorstandsmitglied der Jungen Union in Wiesbaden, 1972–1983 Kommunalpolitikerin in Wiesbaden, 1983 MdB, ab 1990 stellvertretende Vorsitzende der hessischen CDU, ab 1991 Bundesministerin für Familie und Senioren.

Altlasten der Wismut AG Ende 1991 legte die ehemals sowjetische Wismut AG, die in der früheren DDR Uranbergbau betrieb, dem Bundeswirtschaftsministerium ein Sanierungskonzept für die Altlasten auf dem Gelände des Unternehmens vor. Etwa 3000 radioaktiv und durch Schwermetallablagerungen verseuchte Halden müssen saniert werden. Die Kosten wurden auf 13 Mrd–15 Mrd DM geschätzt.

Verdachtsflächen auf Altlasten in Deutschland

Bundesland	Flächen*
Baden-Württemberg	40 000
NRW	15 000
Rheinland-Pfalz	14 130
Sachsen	10 261
Sachsen-Anhalt	9 387
Mecklenburg-Vorpommern	8 500
Brandenburg	8 000
Niedersachsen	7 100
Thüringen	6 575
Schleswig-Holstein	5 359
Saarland	4 700
Berlin	4 300
Bremen	4 100
Bayern	3 800
Hessen	3 180
Hamburg	1 914

* Schätzung 1992; Quelle: Umweltbundesamt (Berlin)

Erfassung: Mitte 1991 wurde in Deutschland ein System zur A.-Feststellung aus der Luft entwickelt. Aus Flugzeugen werden Fotos aufgenommen, die auch ultraviolettes und infrarotes Licht aufzeichnen. Strahlen, die durch die Wärme bei chemischen und biologischen Umsetzungsprozessen entstehen und für A. charakteristisch sind, werden registriert.

Finanzierung: 40% der Einnahmen (insgesamt: rd. 5 Mrd DM) aus der von Bundesumweltminister Klaus Töpfer (CDU) für 1993 geplanten → Abfallabgabe sollen für die Sanierung von A. in Ostdeutschland ausgegeben werden. Firmen schreckten Mitte 1992 davor zurück, in den neuen Ländern zu investieren, weil sie die Kosten für die Beseitigung von A. tragen müssen. Bis April 1992 konnten sich Unternehmen, die sich in Ostdeutschland ansiedelten, von einer A.-Sanierung freistellen lassen, die Kosten übernahm der Bund.

Rüstung: Im Zuge des → Truppenabbaus wurden 1991/92 auf ehemaligen militärischen Standorten A. entdeckt, u. a. Bodenverunreinigungen und Grundwassergefährdungen durch Mineralöle und Treibstoffe. Die ehemalige Sowjetunion verpflichtete sich 1990, die Kosten für Sanierungsmaßnahmen auf den von ihr militärisch genutzten Flächen zu übernehmen. Der Wert der von sowjetischer Seite errichteten Gebäude (rd. 10,5 Mrd DM) soll mit den von der Armee verursachten Umweltschäden verrechnet werden. Experten schätzten Mitte 1992, daß die Kosten der Sanierung höher liegen. Sie vermuteten, daß der Gemeinschaft Unabhängiger Staaten (→ GUS), die die Nachfolge der ehemaligen UdSSR antrat, keine ausreichenden Mittel für die Zahlung von Schadenersatz zur Verfügung stünden. Auf dem Gelände der Bundeswehr und der Nationalen Volksarmee wurden bis Ende 1991 ca. 1480 A.-Verdachtsflächen ermittelt.

Sanierung: Mit giftigen Rückständen belastete Flächen wurden Anfang der 90er Jahre mit folgenden Verfahren behandelt:

▷ Bei thermischen Verfahren wird der abgetragene Boden bis zu 1200 °C erhitzt; gelöste giftige Rückstände werden aufgefangen

▷ Bei der Bodenwäsche spült eine Flüssigkeit aus dem abgetragenen Boden Schadstoffe heraus, die eine Wasserreinigungsanlage auffängt

▷ Die kostengünstige biologische Bodensanierung arbeitet mit Bakterien, die sich von Schadstoffen ernähren und sie im Boden abbauen

▷ Zur Einkapselung von A. werden Oberfläche und Seiten einer Deponie, oft auch die Unterseite, durch Abdeckungs- und Dichtwandsysteme abgeschottet.

Das Abtragen von verseuchtem Boden und die Lagerung auf Deponien für → Giftmüll wird in den 90er Jahren durch den knapper werdenden Deponieraum teurer (→ Abfallbeseitigung). Einkapselung und Deponierung gelten nicht als Sanierung, weil die Schadstoffe nicht aus dem Boden gelöst werden. Da es in Deutschland bis Mitte 1992 keine Grenzwerte für die Belastung des Bodens mit einzelnen Substanzen gab, die eine einheitliche Bewertung der Gefährlichkeit von A. erleichtern würden, wurde der Grad der Reinigung oft an der späteren Nutzung des Geländes orientiert. Ein Bodenschutzgesetz und eine technische Anleitung A. befanden sich Mitte 1992 in Planung.

Altpapier

Anfang 1992 plante Bundesumweltminister Klaus Töpfer (CDU) die Einführung einer A.-Verordnung in Deutschland, die Zeitungs- und Zeitschriftenverlage verpflichten soll, Druckerzeugnisse zurückzunehmen. Ziel der Verordnung ist das verstärkte → Recycling von A. Der Verband Deutscher Papierfabriken (Bonn) bezifferte den Anteil von A. an der Papierproduktion 1991 auf ca. 50% (rd. 6,1 Mio t). 5 Mio t A. wurden nach Schätzung des Bundesumweltministeriums auf Deponien gelagert oder verbrannt. Das Umweltbundesamt (Berlin) ging 1991 davon aus, daß jährlich zusätzlich ca. 0,7 Mio t A. verwertet werden könnten, die Umweltorganisation → Greenpeace bezifferte die wiederverwertbare Menge 1991 auf 1,8 Mio t. Die Verordnung stellt es Verlegern und Händlern wie beim → Verpackungsmüll frei, wie sie das A. zurücknehmen. Das Umweltministerium schlug u. a. den Anschluß an die privatwirtschaftlich organisierte Entsorgungsgesellschaft Duales System Deutschland vor. Die Verlage kritisierten die geplante Verordnung, weil sich gegenüber den elektronischen Informationsmedien eine Wettbewerbsverschlechterung aufgrund der mit der Verordnung einhergehenden Verteuerung der Presseproduktion ergeben würde, die gegen den im GG verankerten Gleichheitsgrundsatz verstoße. Sie befürchteten Umsatzeinbußen. Der Verbrauch von A. (Anteil am Zeitungspapier: 60–70%, am Zeitschriftenpapier: ca. 6%) sei aus technischen Gründen kaum zu erhöhen, da eine Zeitung nicht nur aus A. hergestellt werden könne. Bei Zeitschriften würde die Werbewirtschaft auf hochwertigem Papier mit geringem A.-Anteil bestehen. Der Bundesverband Deutscher Zeitungsverleger (Bonn) verwies Anfang 1992 darauf, daß die Rücknahmepflicht für A. das Monats-Abonnement für eine Tageszeitung voraussichtlich um 3–4 DM verteuern würde.

Alzheimersche Krankheit

Schleichender Abbau der Gehirnsubstanz durch Ablagerungen. A. tritt i. d. R. nach dem 60.–70. Lebensjahr auf, die vermutlich veerbte A. (rd. 5–10% der Fälle) ab dem 40.–50. Lebensjahr. Die Krankheit macht sich durch Nachlassen des Gedächtnisses bemerkbar, es folgen Störungen des Denkvermögens, der Orientierungsfähigkeit und der Sprache. Im fortgeschrittenen Stadium wird der Kranke bettlägrig, weil auch Teile des Gehirns ausfallen, die Körperbewegungen steuern. Im Unterschied zur altersbedingten Gedächtnisschwäche mündet A. in eine allgemei-

ne Geistesverwirrung und führt zum Tod. Das Gefühl für den Verlust an geistigem Vermögen bleibt i. d. R. lange erhalten und ruft u. a. Depressionen hervor. In Deutschland litten 1992 nach Angaben des Kieler Instituts für Gesundheits-System-Forschung rd. 800 000 Menschen an der nach dem Neurologen Alois Alzheimer (1864–1905) benannten Krankheit. **Ursachen:** 1992 wurden mehrere Ursachen für A. in Betracht gezogen:

▷ Mediziner des Instituts für Molekulare Biologie der Universität Heidelberg machten ein Bruchstück (Beta-A4-Amyloid) aus einem natürlich im Gehirn vorkommenden Eiweißmolekül verantwortlich. Bei der A. wird vermutlich das Beta-A4-Amyloid aus dem Molekül gelöst; außerhalb der Zellwand blockiert es die Zellkommunikation und den Reparaturmechanismus des Moleküls.

▷ Untersuchungen des Heidelberger Instituts für Pathochemie ergaben 1992, daß ein Mangel an Glucose (Traubenzucker) für A. verantwortlich sein könnte, da Glucose Voraussetzung für die Funktion der Nervenzellen im Gehirn ist.

▷ Zudem wurde der Mangel an einem sog. Botenstoff (Acetylcholin) im Gehirn in Betracht gezogen, der für die korrekte Reizübermittlung zwischen den Nervenzellen sorgt.

1991 bewiesen britische Forscher erstmals, daß A. auch vererbt werden kann. Bei Alzheimerkranken zweier stark von A. betroffenen Familien lokalisierten sie eine Erbgutveränderung (sog. Gendefekt). Der Gendefekt trat bei einem Bestandteil der Nervenzellen im Gehirn auf (sog. Amyloid-Vorläufer-Protein), der korrekte Signalübermittlung zwischen den Zellen bewirkt. **Arzneimittel:** Bis Mitte 1992 war A. nicht heilbar. Vom Auftreten der ersten Symptome bis zum Tod vergehen zwischen drei und zehn Jahren. Mitte 1992 beantragte die Hoechst AG (Frankfurt/M.) in den USA und Großbritannien die Zulassung eines Medikaments

Altpapier bei der Papierproduktion in Westdeutschland

Jahr	Verwendetes Altpapier (Mio t)
1980	3,2
1981	3,3
1982	3,3
1983	3,5
1984	4,0
1985	4,3
1986	4,4
1987	4,6
1988	5,0
1989	5,3
1990	5,8
1991*	6,1

* Schätzung; Quelle: Verband Deutscher Papierfabriken (Bonn)

Alzheimer-Mäuse in den USA zur Forschung gezüchtet
1991 gelang es US-amerikanischen Forschern, durch gentechnische Veränderungen Mäuse zu züchten, denen die Alzheimersche Krankheit übertragen werden konnte. Bis dahin waren ausschließlich Menschen und selten auch Affen von der Krankheit betroffen, bei der Gehirnzellen durch Ablagerungen abgebaut werden. Die Forscher hofften, mit den Versuchstieren die Ursache für A. herauszufinden und eine geeignete Therapie entwickeln zu können.

(Mentane), das die Gedächtnisleistung der A.-Kranken verbessern und das Fortschreiten der Krankheit verlangsamen soll. Anfang 1992 wurde an 3000 A.-Patienten in den USA ein Medikament getestet (Tacrine), das jedoch nur zu geringfügigen Verbesserungen des geistigen Zustands der Patienten führte und mit schweren Nebenwirkungen wie Leberschäden verbunden war.

Amadeus

Computer-Reservierungssystem in europäischen Reisebüros. Über A. konnten Mitte 1992 Angebote von 370 Reise- und Verkehrsunternehmen, darunter Fluglinien, Mietwagen- und Hotelfirmen sowie Bahnunternehmen gebucht werden. Der Ausstieg der skandinavischen Fluglinie SAS als 25%iger Anteilseigner von A. 1991 erfolgte wegen der stark gestiegenen Kosten des Projekts von ursprünglich geschätzten 600 Mio DM auf 1,8 Mrd DM 1992. Seit 1991 sind die Luftfahrtgesellschaften Lufthansa (Deutschland), Air France (Frankreich) und Iberia (Spanien) zu je einem Drittel Anteilseigner von A. Als möglicher Partner war Mitte 1992 das Reservierungssystem Worldspan im Gespräch.
Eine Kooperation zwischen A. und der US-amerikanischen Firma Sabre, dem größten Reservierungssystem der Welt, scheiterte im Oktober 1991 an unterschiedlichen Vorstellungen über die Aufteilung des europäischen Marktes zwischen den beiden Firmen.
Für Informationen und Buchungen mit A. stehen über 18 600 Terminals bei Fluggesellschaften und 31 500 Terminals bei 12 500 europäischen Reisebüros zur Verfügung, das entspricht 65% aller Reisebüros.

Amalgam

Vor allem als Zahnfüllung verwendete grauschwarze Legierung von Quecksilber mit unterschiedlichen Anteilen an Silber, Kupfer, Zink und Zinn. Das giftige Schwermetall Quecksilber lagert sich z. T. im Organismus ab und steht im Verdacht, → Allergien, Sehstörungen, Kopfschmerzen, Magenbeschwerden, Nierenschäden und Störungen des Nervensystems zu verursachen. Das Bundesgesundheitsamt (BGA, Berlin) empfahl Anfang 1992, A. nur noch eingeschränkt für Zahnfüllungen zu verwenden. Selbsthilfeorganisationen von Patienten, die ihre Leiden auf A.-Füllungen zurückführten, forderten ein Verbot des Stoffes in Deutschland, wie es seit 1985 in der UdSSR und seit 1988 in Japan besteht. Sie appellierten an die Krankenkassen, die Kosten für Füllungen aus Ersatzstoffen wie Kunststoff und Keramik zu übernehmen.
Quecksilberaufnahme: Nach Angaben des BGA besteht kein gesundheitliches Risiko, solange das Quecksilber in A.-Füllungen gebunden ist. Kleine Mengen des Schwermetalls werden jedoch z. B. beim Kauen, Zähneknirschen und Zähneputzen sowie beim Legen und Entfernen von A.-Füllungen freigesetzt. Patient und Praxispersonal atmen die Partikel ein, so daß sie über die Lunge in die Blutbahn gelangen und sich im Körper ablagern können. Die Belastung des menschlichen Organismus mit Quecksilber beträgt laut Weltgesundheitsorganisation (WHO, Genf) pro Tag durchschnittlich 17 Mikrogramm (1 Mikrogramm = 1 Millionstel Gramm), aus der Nahrung, insbes. aus Fisch, gelangen lediglich 2,6 Mikrogramm Quecksilber in den Körper.
Einschränkung: Das BGA empfahl, A. nur noch für die Zahnfüllungen zu verwenden, für die es keine qualitativ gleichwertigen alternativen Füllstoffe gibt. Dem Druck, dem z. B. Backenzähne beim Kauen ausgesetzt sind, würden Ersatzstoffe nicht standhalten. Während der Schwangerschaft und bei Kindern bis zu drei Jahren soll A. nicht mehr eingesetzt werden.
Gegner: Jährlich werden in Deutschland rd. 20 t Quecksilber in A.-Füllungen verarbeitet. Kritiker wiesen darauf hin, daß im Staub von Praxisräumen Quecksilberanteile gemessen worden seien, die um das 3000fache über in Ver-

gleichsräumen gemessenen Konzentrationen lägen. Die Finanzierung der zehnmal teureren Gold- oder Keramikeinlagen und sechsmal teureren Porzellanfüllungen sei letztlich billiger als die Behandlung von quecksilberbedingten Gesundheitsschäden.

Befürworter: Befürworter sahen bis Mitte 1992 keinen Beweis für die schädigende Wirkung von A. erbracht. Nach Angaben der Deutschen Gesellschaft für Zahn-, Mund- und Kieferheilkunde (Düsseldorf) steht zudem kein gleichwertiger Ersatzstoff zur Verfügung. Kunststoff- und Keramikfüllungen schrumpften mit der Zeit und hielten ebenso wie Porzellan der Belastung beim Kauen nicht stand. Die haltbare Goldmasse sei starr, so daß dem Zahn mehr Substanz genommen werden muß als bei formbaren A.-Füllungen. Die Mehrkosten für Füllungen aus Ersatzstoffen schätzte der Bundesverband der Allgemeinen Ortskrankenkassen (Bonn) auf 14 Mrd DM/Jahr.

Amnesty International

(ai), unabhängige Organisation zur Unterstützung politischer Gefangener und zum Schutz der → Menschenrechte. A. wendet sich insbes. gegen Folter und die Todesstrafe. A. dokumentierte für 1991 Menschenrechtsverletzungen wie Folter und politisch motivierte Morde in 142 Ländern.

Mitte 1992 war die Todesstrafe in den Verfassungen von rd. 90 Staaten verankert, in 21 Ländern wurde die Todesstrafe bei besonderen Vergehen (Militär-, Kriegsrecht) verhängt. 44 Staaten hatten die Todesstrafe abgeschafft (1989: 35).

Die 1961 gegründete Menschenrechtsorganisation (Sitz: London) bestand 1992 aus 6000 Gruppen in rd. 70 Ländern. 1992 hatte die Sektion in Deutschland (Sitz: Bonn) 12 606 Mitglieder. Generalsekretär der deutschen Organisation ist seit August 1990 Volkmar Deile (Stand: Mitte 1992).

ⓘ ai, Sektion der Bundesrepublik Deutschland, Heerstraße 178, D-5300 Bonn 1

Analphabetismus

Fehlende oder unzureichende Lese- und Schreibkenntnisse bei Menschen, die nicht mehr schulpflichtig sind. 1992 gab die Organisation der Vereinten Nationen für Erziehung, Wissenschaft und Kultur (UNESCO, Paris) die Zahl der Analphabeten im Alter von 15 bis 60 Jahren weltweit mit rd. 1 Mrd an. Der A. habe Anfang der 90er Jahre leicht abgenommen, rd. 95% der Analphabeten lebten in → Entwicklungsländern. Gründe für A. sind überfüllte Klassen, fehlende Lehrer und mangelndes Lehrmaterial sowie frühzeitiges Verlassen der Schule und unregelmäßiger Schulbesuch aus wirtschaftlicher Not.

Das Bundesministerium für wirtschaftliche Zusammenarbeit sah 1992 rd. 1,4% seines Etats für die Förderung der Grundbildung in Entwicklungsländern vor (→ Entwicklungspolitik). Mit 112 Mio DM sollen u. a. Schulbauten, Lehrplanentwicklung und Lehrerausbildung finanziert werden.

In Industrienationen sind nach Schätzungen der UNESCO rd. 42 Mio Menschen von A. betroffen. Es handelt sich meist um sog. funktionale Analphabeten, die zwar über Grundkenntnisse im Lesen und Schreiben verfügen, jedoch die schriftsprachlichen Anforderungen des Alltags nicht bewältigen können. In Deutschland leben zwischen 600 000 und 3 Mio Analphabeten.

ANC

(African National Congress, engl.; Afrikanischer Nationalkongreß), Oppositionsbewegung in Südafrika, die 1990 als Partei zugelassen wurde. Der ANC will der schwarzen Bevölkerungsmehrheit (ca. 70%) gleiche Rechte wie der weißen Minderheit in einem demokratischen Südafrika verschaffen (→ Apartheid). Der von Nelson Mandela geführte ANC initiierte im Juni 1991 eine Protestkampagne, um die weiße Minderheitsregierung zur Einsetzung einer Übergangsregierung zu zwingen, an der auch Schwarze beteiligt sind. Der

Jeder zehnte US-Amerikaner ist Analphabet Studien ergaben Anfang der 90er Jahre, daß mindestens 23 Mio US-Amerikaner gar nicht oder nur bedingt lesen können. Besonders betroffen seien ledige Mütter, Arbeitslose und Menschen ohne Schulabschluß. Im Juli 1991 beschloß die Regierung, bis 1996 rd. 1,1 Mrd Dollar (1,7 Mrd DM) für Leseförderung und Erwachsenenbildung auszugeben.

Nelson R. Mandela, ANC-Präsident
* 18. 7. 1918 in Umtata (Transkei)/Südafrika, südafrikanischer Politiker und Bürgerrechtler. 1944 Eintritt in den Widerstand der schwarzen Bevölkerung gegen die Apartheid, seit 1961 Kampf im Untergrund, 1962–1990 in Haft. Seit Juli 1991 ANC-Präsident und Nachfolger von Oliver Tambo.

Andenpakt

Mandela genießt größten Respekt
Eine im Mai 1992 veröffentlichte Studie des Humanwissenschaftlichen Instituts in Kapstadt/Südafrika ergab, daß Nelson Mandela, Vorsitzender des Afrikanischen Nationalkongresses (ANC), bei Wahlen von 52% der Südafrikaner aller Rassen zum Präsidenten des Landes bestimmt würde. Der amtierende Präsident Frederik Willem de Klerk bekäme nur 16% der Stimmen. Mit 9,6% der Stimmen könnte der Führer der Inkatha-Bewegung, Mangosuthu Buthelezi, rechnen.

ANC brach im Juni 1992 die Verfassungsgespräche ab mit der Begründung, daß die Regierung unter Frederik Willem de Klerk die Gewalt unter Schwarzen schüre. Bei dem Massaker von Boipatong vom Juni 1992 hätten die Sicherheitskräfte die Anhänger der Schwarzenbewegung → Inkatha Freiheitspartei (IFP) unterstützt. Der ANC konkurriert mit der IFP um politischen Einfluß und die Vorherrschaft unter den rd. 23 Mio Schwarzen. Von 1990 bis Mitte 1992 starben bei den Auseinandersetzungen zwischen Anhängern des ANC und der Inkatha rd. 7000 Menschen.

Verfassungsgespräche: Der ANC knüpfte eine Wiederaufnahme der Gespräche u. a. an die Bedingung daß die Regierung eine internationale Kommission zur Untersuchung der Gewalt in den Schwarzensiedlungen einsetzt. ANC und Regierung konnten sich bis Mitte 1992 nicht einigen, wie die Rechte der weißen Minderheit berücksichtigt werden sollen. Die Regierung verlangte ein politisches Vetorecht, während der ANC die Belange der Weißen über einen Katalog von Minderheitsrechten garantieren möchte. Der ANC forderte die Durchführung von freien Wahlen bis Mitte 1993. ANC und Regierung beschlossen bei den Gesprächen, die vier nominell unabhängigen sog. Homelands (engl.; Heimatländer) Transkei, Bophuthatswana, Venda und Ciskei wieder Südafrika einzugliedern.

Kurskorrektur: Im Juni 1992 verabschiedete der ANC ein Grundsatzprogramm, das erstmals für eine soziale Marktwirtschaft eintritt. Der ANC, der sich Anfang der 90er Jahre von einer Widerstands- und Guerillaorganisation zu einer legalen politischen Kraft entwickelte, will die zuvor geforderte generelle Verstaatlichung der Wirtschaft nur noch in Einzelfällen durchführen. Die Privatwirtschaft soll u. a. durch die Einführung von Antimonopolgesetzen gefördert werden. Der ANC tritt dafür ein, im Zuge der Apartheidpolitik zwangsumgesiedelten Schwarzen ihr Land zurückzugeben bzw. sie finanziell zu entschädigen.

Andenpakt

1968 gegründeter Zusammenschluß der lateinamerikanischen Länder Bolivien, Kolumbien, Ecuador, Peru und Venezuela. Ihr Ziel ist, die Industrialisierung und Entwicklung der Region zu fördern. Seit dem 1. 1. 1992 sind die Zölle zwischen den Mitgliedstaaten des A. aufgehoben, für Ecuador und Peru ab Juli 1992. Es gelten einheitliche Regeln für den Handel mit Drittländern, z. B. werden Importe in die A.-Staaten mit 5% (Rohstoffe) bis 20% (Fertigprodukte) Zoll belegt. Ab 1994 soll der Höchstzoll 15% betragen. Direkte staatliche Subventionen für Exporte werden Ende 1992 eingestellt. Die Freihandelszone wurde drei Jahre früher als ursprünglich vorgesehen verwirklicht, um ähnliche wirtschaftliche Erfolge zu erzielen, wie im entstehenden gemeinsamen Markt der südlichen Länder Südamerikas (→ Mercosur).
Der Handel innerhalb des A. – in den 80er Jahren durchschnittlich rd. 10% des Gesamthandels der A.-Mitglieder – wurde bis 1992 durch bürokratische Vorschriften erschwert. Haupthandelspartner der A.-Staaten waren 1990 die USA und Japan. In den Staaten des A. leben rd. 90 Mio Bürger.

Antarktisvertrag

1961 in Kraft getretenes Abkommen zur Förderung der wissenschaftlichen Forschung im Südpolargebiet und zur Nutzung der Region für friedliche Zwecke. Im September 1991 unterzeichneten die 40 Mitgliedstaaten des A. in Madrid/Spanien ein Zusatzabkommen zum

Wirtschaftsdaten der Andenpaktländer

Land	Wirtschaftswachstum Veränderung (%)	Rang	Inflation Zunahme (%)	Rang	Handelsbilanz Saldo (Mio Dollar)	Rang
Bolivien	2,6	3	16,5	1	− 25	5
Ecuador	1,5	4	47	4	+ 1 002	3
Kolumbien	4,1	2	32,4	2	+ 1 906	2
Peru	− 4,1	5	7 650	5	+ 392	4
Venezuela	4,5	1	36,5	3	+ 10 822	1

Stand: 1990; Quelle: Bundesstelle für Außenhandelsinformation

A., das den Abbau von Bodenschätzen in der Antarktis ab 1991 für 50 Jahre untersagt. Im Oktober 1991 wiesen die Mitgliedstaaten des A. weitere Antarktisregionen als Schutzgebiete aus. In dem Madrider Abkommen wird die Erhaltung der Antarktis für die Forschung zum ausdrücklichen Ziel erklärt. Die Polarregion reagiert auf globale Veränderungen empfindlicher als andere Klimazonen. Jede Umweltveränderung kann das Ökosystem der Antarktis stören; wegen der dort herrschenden niedrigen Temperaturen werden z. B. umweltgefährdende Stoffe wie → FCKW nur langsam abgebaut (→ Ozonschicht). An der bis zu 4000 m dicken Eisschicht lassen sich Informationen über den Klimawandel seit mehreren 100 000 Jahren ablesen. Wissenschaftler halten es für wahrscheinlich, daß das antarktische Eis wegen des hohen Kohlendioxidgehalts der Atmosphäre und der daraus resultierenden globalen Temperaturerhöhung im Jahr 2100 z. T. geschmolzen sein wird (→ Klimaveränderung). Hierdurch würde das Ökosystem Antarktis beeinträchtigt und die weltweiten Süßwasserreserven verringert. Das Inlandeis der Antarktis machte zu Beginn der 90er Jahre rd. 80% der Süßwasservorräte der Erde aus. In der Antarktis werden die Grundlagen für die Nahrungskette in den Ozeanen gebildet: Algen, kleine Krebse und Fische kommen in ungleich höherer Zahl als in anderen Meeren vor.

Antisemitismus

Vorurteile, politische Bestrebungen und gewaltsame Ausschreitungen gegen Juden oder jüdische Einrichtungen. Anfang der 90er Jahre wurde in Europa eine Zunahme des A. beobachtet. Nach Angaben der israelischen Regierung verstärkten sich während des Auflösungsprozesses der Sowjetunion 1991 die antisemitischen Tendenzen in Osteuropa. In Rußland, der Ukraine und den baltischen Staaten sowie in Rumänien und Polen würden Juden von Befürwortern und Gegnern der Reform-

politik für die wirtschaftlichen Schwierigkeiten verantwortlich gemacht. In Westeuropa, z. B. in Frankreich, Italien und Deutschland, wurden 1991/92 jüdische Friedhöfe und Gedenkstätten zerstört oder mit NS-Parolen und Hakenkreuzen beschmiert. 1989–1991 wurden allein auf dem Zentralfriedhof in Wien 73 jüdische Gräber verwüstet. Die Stuttgarter Staatsanwaltschaft erhob im August 1991 Anklage gegen vier Personen, die im Verdacht stehen, im Herbst 1990 jüdische Friedhöfe in Baden-Württemberg verwüstet zu haben. Den zwischen 20 und 23 Jahre alten mutmaßlichen Tätern wurde Volksverhetzung, Verunglimpfung des Andenkens Verstorbener und Störung der Totenruhe vorgeworfen. Das Auftreten von A. steht i. d. R. in einer Wechselbeziehung mit Aktivitäten rechtsextremer Parteien und Gruppierungen (→ Rechtsextremismus). 1990 waren in Deutschland 32 300 Personen in rechtsextremen Parteien organisiert. Eine im Auftrag des Nachrichtenmagazins Der Spiegel vorgenommene Umfrage vom Januar 1992 ergab, daß 13% aller Deutschen antisemitisch eingestellt sind.

Apartheid

(afrikaans; Trennung), Rassentrennung zwischen Weißen und Farbigen, die in der südafrikanischen Verfassung festgeschrieben ist. Im März 1992 sprachen sich bei einer Volksbefragung 68,7% der weißen Wähler für die Fortsetzung der Reformpolitik von Präsident Frederik Willem de Klerk aus, der die A. abschaffen will. Der Afrikanische Nationalkongreß (→ ANC) setzte im Juni 1992 die Verfassungsgespräche mit der Regierung aus, weil er der Regierung Parteinahme bei den gewaltsamen Auseinandersetzungen zwischen rivalisierenden Schwarzen-Gruppen vorwarf. Die Gespräche sollten die Voraussetzungen für eine neue Verfassung schaffen, die allen Bürgern gleiche Rechte zusichert. Mitte 1992 war abzusehen, daß die Chancengleichheit für alle Rassen erst in Jahrzehnten erreicht sein wird. Die Schwarzen hatten keine politische Vertretung im Parlament. Beobachter rechneten damit, daß frühestens Mitte 1993 freie Wahlen in Südafrika stattfinden werden. Infolge der geringeren staatlichen Ausgaben für Schulen in schwarzen Wohngebieten und des beschränkten Zugangs zu den Universitäten war die schwarze Bevölkerungsmehrheit (ca. 70%) Anfang der 90er Jahre im Vergleich zur weißen Minderheit (ca. 18%) schlechter ausgebildet. 1991 waren 6 Mio von rd. 28 Mio Schwarzen in Südafrika arbeitslos. Zwei Drittel der Schwarzen lebten 1991/92 in zehn reinen Wohngebieten für Schwarze, sog. Homelands (engl.; Heimatländer), die 13% der Landesfläche einnehmen. Die Situation der im Zuge der A.-Politik in die Homelands umgesiedelten Schwarzen war 1991/92 von → Armut, fehlenden Arbeitsplätzen und dem daraus resultierenden Zwang zur Wanderarbeit in den Städten geprägt (→ ANC).

APEC

(Asian-Pacific Economic Cooperation, engl.; asiatisch-pazifische wirtschaftliche Zusammenarbeit), Diskussionsforum von 15 Staaten des asiatisch-pazifischen Raums, das erstmals 1989 in Canberra/Australien stattfand. Ziel der APEC, deren Mitglieder (u. a. USA und Japan) rd. 40% des Welthandels betreiben, ist die Zusammenarbeit in den Bereichen Handel, Investitionen und Energie. Im November 1991 nahmen die Volksrepublik China, Taiwan und Hongkong erstmals an einer APEC-Tagung der Außenminister teil.
Auf diesem dritten APEC-Treffen in Seoul/Korea-Süd wurde vor allem über den Abbau von Handels- und Investitionshemmnissen zwischen den APEC-Staaten beraten. Der Vorschlag der sechs Mitgliedstaaten der → ASEAN, die gleichzeitig der APEC angehören, zur Gründung einer ostasiatischen Wirtschaftsgemeinschaft wurde abgelehnt.

Handel Deutschlands mit der Arabischen Liga 1991

Land	Einfuhr (Mio DM)			Ausfuhr (Mio DM)		
	1991	1990[1]	Veränderung (%)	1991	1990[1]	Veränderung (%)
Ägypten	447,4	462,6	− 3,3	1814,8	1940,9	− 6,5
Algerien	1873,7	1600,5	+ 17,1	1220,4	1529,4	− 20,2
Bahrain	24,2	12,6	+ 92,1	243,0	179,3	+ 35,5
Dschibuti	0,4	0,1	+ 300,0	14,6	9,5	+ 53,7
Irak	3,8 [2]	116,7	− 96,7	22,0 [3]	1276,7	− 98,3
Jemen[4]	592,4	798,3	− 25,8	165,4	142,7	+ 15,9
Jordanien	38,4	43,1	− 10,9	286,5	249,3	+ 14,9
Katar	25,2	60,0	− 58,0	267,0	145,2	+ 83,9
Kuwait	7,4	182,8	− 96,0	452,9	556,0	− 18,5
Libanon	24,6	29,1	− 15,5	380,1	245,2	+ 55,0
Libyen	3537,5	3541,8	− 0,1	1147,9	1226,1	− 6,4
Marokko	953,6	847,7	+ 12,5	995,2	1008,0	− 1,3
Mauretanien	20,3	6,6	+ 207,6	59,9	58,9	+ 1,7
Oman	12,7	26,3	− 51,7	273,0	200,7	+ 36,0
Saudi-Arabien	2073,3	1873,7	+ 10,7	4023,8	2740,7	+ 46,8
Somalia	0,6	0,7	− 14,3	5,4	27,4	− 80,3
Sudan	56,8	57,9	− 1,9	163,9	158,7	+ 3,3
Syrien	1201,0	1003,7	+ 19,7	456,7	424,6	+ 7,6
Tunesien	1237,1	953,9	+ 29,7	1211,0	1037,8	+ 16,7
Vereinigte Arabische Emirate	323,8	326,8	− 0,9	1719,2	1852,4	− 7,2
Insgesamt	12454,2	11944,8	+ 4,3	14922,7	15009,6	− 0,6

1) Die Jahresergebnisse 1990 beziehen sich auf den Gebietsstand der BRD vor dem 3. 10. 1990; 2) zurückgeschickte deutsche Waren, die wegen des Embargos nicht mehr in den Irak ausgeliefert konnten; 3) Hilfslieferungen in Übereinstimmung mit den UNO-Resolutionen von 1990; 4) Daten beziehen sich bis April 1990 auf Jemen-Nord, ab Mai 1990 auf das vereinigte Jemen; Quelle: Statistisches Bundesamt

Die APEC arbeitet ohne Sitz und Sekretariat. Beschlüsse müssen einstimmig gefaßt werden. Im November 1991 lagen Aufnahmeanträge von Indien, Mexiko, Argentinien, Ecuador, Chile und Papua-Neuguinea vor. Die nächste APEC-Konferenz soll 1993 in Bangkok/Thailand stattfinden.

Arabische Liga

Zusammenschluß von 20 arabischen Staaten und der → PLO, die politische, militärische, wirtschaftliche und kulturelle Kooperation anstreben. Die A. kritisierte die → Wirtschaftssanktionen, die im April 1992 vom → UNO-Sicherheitsrat gegen das A.-Mitglied Libyen verhängt wurden. Die USA, Großbritannien und Frankreich warfen Libyen vor, in Terroranschläge gegen zwei Flugzeuge über dem schottischen Lockerbie und Niger verwickelt zu sein, bei denen 1988 und 1989 insgesamt 440 Menschen getötet wurden. Die A. vertrat die Auffassung, daß die UNO-Sanktionen gegen Libyen den Frieden in Nordafrika gefährdeten und forderte eine Verhandlungslösung.
Der Sitz der 1945 gegründeten A. befindet sich seit 1991 in Kairo/Ägypten. Die Zentrale der A. war 1979 nach Tunis/Tunesien verlegt worden, weil Ägypten mit Israel einen Friedensvertrag abgeschlossen hatte, den die A.-Mitglieder ablehnten. Generalsekretär ist der frühere ägyptische Außenminister Esmat Abdel Meguid (Stand: Mitte 1992). Tabelle → S. 28

Arbeitsbeschaffungsmaßnahmen

(ABM), Arbeitsplätze, die für begrenzte Zeit (i. d. R. ein Jahr) von der → Bundesanstalt für Arbeit (BA, Nürnberg) finanziert und an Arbeitslose vergeben werden. Behinderte, Ältere, Personen ohne Berufsabschluß und Langzeitarbeitslose, die schwer vermittelbar sind, werden bei der Vergabe von A. bevorzugt. Ziel ist, A. in Dauerarbeitsplätze umzuwandeln. Die Mittel für A. wurden

ABM in Deutschland

Jahr	Teilnehmer[1]	Ausgaben[1] (Mio DM)
1980	41 300	947
1981	38 500	901
1982	29 200	869
1983	44 700	1177
1984	71 000	1724
1985	87 000	2177
1986	102 400	2710
1987	114 700	3177
1988	114 900	3432
1989	96 900	3070
1990	83 400	2425
1991	83 000[2]	2539[2]
	183 300[3]	5515[3]

1) Bis 1990 nur Westdeutschland, jeweils im Jahresdurchschnitt; 2) alte Bundesländer; 3) neue Bundesländer; Quelle: Bundesanstalt für Arbeit (Nürnberg)

1992 für Westdeutschland um rd. 560 Mio DM gekürzt (Ausgaben 1991: rd. 2,5 Mrd DM), weil Defizite der BA abgebaut werden sollten. Da 1993 der Bundeszuschuß für die BA wegfallen soll, sind weitere Kürzungen bei A. geplant. Die BA erwartete einen Rückgang der Beschäftigtenzahl in A. und einen Anstieg der → Arbeitslosigkeit.
Einsparungen: Im September 1991 wurden die Lohnzuschüsse der BA für A. in Ostdeutschland von 100% auf maximal 90% (Westdeutschland: 50–75%) gekürzt, die restlichen 10% des Lohns müssen die Träger der A. zahlen. 1993 sollen voraussichtlich 300 000 A. in Ostdeutschland gefördert werden (1992: ca. 400 000, Kosten: rd. 10 Mrd DM). Ende 1991 waren rd. 380 000 Arbeitslose in den neuen Ländern in A. beschäftigt. Die → Arbeitszeit in A. soll ab 1993 auf 80% der tariflichen Arbeitszeit begrenzt werden. Ziel der BA ist es, die Löhne in A. zu senken, um Mittel einzusparen.
Finanzierung: In westdeutschen Arbeitsamtsbezirken, in denen die Arbeitslosenquote um 30% über dem Durchschnitt liegt, kann die Lohnkostenerstattung zwischen 90% und 100% betragen. In Ostdeutschland beträgt der Lohnkostenzuschuß bis Ende 1992 aufgrund der hohen Arbeitslosigkeit und Mittelknappheit der Kommunen, die

Arbeitsbereiche von ABM in Ostdeutschland 1991

Bereich	ABM-Stellen (%)*
Baugewerbe, Abriß-, Sanierungsarbeiten	30
Landschaftspflege	26,9
Soziale Dienste	15,4
Büroarbeiten	10,7
Sonstiges	17

* Anträge in den Monaten Juli und August, Anteil an allen ABM; Quelle: Bundesanstalt für Arbeit (Nürnberg)

NRW fördert stärkere Beteiligung von Frauen an ABM

Im März 1992 traf die nordrhein-westfälische Gleichstellungsministerin Ilse Ridder-Melchers (SPD) mit dem Landesarbeitsamt eine Vereinbarung, nach der Frauen mindestens ihrem Anteil an der Arbeitslosigkeit entsprechend an Arbeitsbeschaffungsmaßnahmen (ABM) beteiligt werden sollen. 1991 habe der Frauenanteil an ABM in NRW der Ministerin zufolge 43,1% betragen, während ihr Anteil an der Arbeitslosigkeit bei 46,4% gelegen habe.

Höchstanspruchsdauer für den Bezug von Arbeitslosengeld

Alter (Jahre)	Maximale Anspruchsdauer (Monate)
bis 42	12
42–44	18
44–49	22
49–54	26
ab 54	32

Arbeitgeber sollen Arbeitslosengeld erstatten

Das Bundesarbeitsministerium legte Mitte 1992 einen Gesetzentwurf vor, der Arbeitgeber verpflichten soll, der Bundesanstalt für Arbeit (Nürnberg) das Arbeitslosengeld zwei Jahre lang zu erstatten, wenn sie einen mindestens 57 Jahre alten Arbeitnehmer entlassen. Die Erstattung darf jedoch keine unzumutbare Belastung für den Betrieb darstellen. Mit der Änderung soll verhindert werden, daß Arbeitgeber ältere Arbeitnehmer vorzeitig entlassen, die 32 Monate lang Arbeitslosengeld erhalten und danach in Rente gehen können.

häufig Träger von A. sind, unabhängig von der Arbeitslosenquote 90%. Ab September 1991 werden die Sachkosten für A. in Ostdeutschland bis zu einer Höhe von maximal 15% bezuschußt (vorher: 30%). In Westdeutschland werden Sachkosten nicht erstattet.

Ausgestaltung: Die Arbeit in A. muß zusätzlich und gemeinnützig sein. Die Schaffung von Dauerarbeitsplätzen im privaten und öffentlichen Sektor darf durch A. nicht behindert werden. 20% der Arbeitszeit in A. können Arbeitnehmer seit Januar 1992 für die → Berufliche Fortbildung nutzen.

Kritik: Die Arbeitgeberverbände kritisierten Ende 1991, daß Arbeitnehmer in A. 100% des Tariflohns erhalten, während zahlreiche ostdeutsche Unternehmen nur niedrigere Löhne zahlen könnten. Das führe zu einer Bevorzugung von A. durch die Arbeitnehmer. Zudem würden in A. in Ostdeutschland entgegen der gesetzlichen Regelung Arbeiten ausgeführt, die von Unternehmen übernommen werden könnten.

Lohnkostenzuschuß: Angesichts der hohen Arbeitslosigkeit in Ostdeutschland kritisierten SPD und DGB die Kürzung des Lohnkostenzuschusses und forderten die Ausweitung der A. Bei der Finanzierung von A. entstünde im Gegensatz zur Zahlung von Arbeitslosengeld oder Sozialhilfe ein Wertzuwachs für die Volkswirtschaft, weil die Arbeitnehmer → Sozialabgaben zahlen und zum Aufbau der Wirtschaft beitragen würden. Die Kosten für 100 000 A. lagen der BA zufolge 1991 bei rd. 1,2 Mrd DM im Jahr, für Arbeitslosengeld und -hilfe hätte die BA ca. 800 Mio DM aufwenden müssen.

Arbeitslosenversicherung

Pflichtversicherung für Arbeitnehmer in Deutschland gegen die materiellen Folgen der → Arbeitslosigkeit. Aus der A. werden Versicherten u. a. Arbeitslosengeld und -hilfe sowie Kurzarbeiter- und Schlechtwettergeld gezahlt. Finanziert wird die A. zu gleichen Teilen aus Beiträgen von Arbeitnehmern und

Arbeitgebern. Der Beitragssatz zur A. wurde 1992 von 6,8% auf 6,3% des monatlichen Bruttoverdienstes gesenkt (→ Sozialabgaben). Die Beitragsbemessungsgrenze, aus der sich der Höchstbeitrag zur A. berechnet, wurde 1992 von 6500 DM brutto monatlich auf 6800 DM (Westdeutschland) bzw. von 3400 DM auf 4800 DM (Ostdeutschland) heraufgesetzt.

Finanzen: Die → Bundesanstalt für Arbeit (BA, Nürnberg), die Träger der A. ist, ging für 1992 von rd. 1,4 Mio Empfängern von Arbeitslosengeld, darunter rd. 770 000 in Ostdeutschland, und 1,35 Mio Kurzarbeitern aus (neue Länder: 1,2 Mio). Die BA rechnet für 1992 mit Einnahmen in Höhe von rd. 80,5 Mrd DM aus der A. Die CDU/CSU/FDP-Bundesregierung beschloß im Juni 1992, die Bundeszuschüsse für die BA (1992: rd. 4,9 Mrd DM) für 1993 zu streichen. Haushaltsdefizite müßten u. a. durch eine Erhöhung der Beiträge zur A. ausgeglichen werden.

Arbeitslosengeld: 1991 erhielten im Jahresdurchschnitt 54% der arbeitslos Gemeldeten (1 405 200 Personen) Arbeitslosengeld. Die Höhe des Arbeitslosengelds beträgt bei Erwerbslosen mit Kind 68% des während der letzten drei Monate einer Beschäftigung durchschnittlich bezogenen Nettolohns, sonst 63%. Nach Berechnungen der BA bekamen die Arbeitslosengeldempfänger monatlich durchschnittlich 1422 DM. Anrecht auf den Bezug von Arbeitslosengeld haben Erwerbslose, die in den letzten drei Jahren mindestens 360 Tage beitragspflichtig gearbeitet haben. Personen, die zwei Jahre Beiträge gezahlt haben, erhalten ein Jahr Arbeitslosengeld. Die maximale Anspruchsdauer ist nach dem Alter der Erwerbslosen gestaffelt.

Arbeitslosenhilfe: 16% der arbeitslos Gemeldeten (415 300 Personen) erhielten 1991 Arbeitslosenhilfe. Die durchschnittliche Höhe der Arbeitslosenhilfe überstieg mit 1433 DM/Monat das Arbeitslosengeld, weil rd. 50% der Arbeitslosengeldempfänger Ostdeutsche waren. Die niedrigere Bemessungsgrundlage in den neuen Ländern verringert die durchschnittlich gezahlte Leistung in Deutschland. 94% der Empfänger von Arbeitslosenhilfe waren Westdeutsche.

Bedürftige Erwerbslose, die innerhalb der letzten zwölf Monate Arbeitslosengeld bezogen oder mindestens 150 Tage beitragspflichtig gearbeitet haben, haben Anspruch auf die Unterstützung (Höhe der Arbeitslosenhilfe: 58% bzw. 56% des letzten Nettodurchschnittsgehalts). Bei der Berechnung der Arbeitslosenhilfe wurden bis 1992 Unterhaltsansprüche gegen Verwandte ersten Grades berücksichtigt, auch wenn kein Unterhalt gezahlt wurde. Das Bundessozialgericht (Kassel) sah 1991 in dieser Regelung eine Benachteiligung von Arbeitslosen mit Verwandten (Az.: 11 RAr 125/90). Darauf trat im Januar 1992 der Paragraph des Arbeitsförderungsgesetzes, der bei der Berechnung der Arbeitslosenhilfe fiktive Unterhaltsleistungen einschloß, außer Kraft. Nur wenn Arbeitslose Unterhalt beziehen, kann die Leistung gekürzt werden.

Arbeitslosigkeit

→ Übersichtsartikel S. 32

Arbeitsplatzgifte

→ Arbeitsschutz

Arbeitsschutz

Maßnahmen zur Sicherung der Beschäftigten am Arbeitsplatz vor gesundheitsschädlichen Einflüssen und zur Verhütung von Unfällen. In Deutschland ist der A. durch Gesetze geregelt (z. B. Arbeitsstoffverordnung, Mutterschutzgesetz, Gesetz über → Nachtarbeit), in der EG sind Mindestbedingungen für den A. in der Europäischen → Sozialcharta festgelegt. Die Deutsche Forschungsgemeinschaft (DFG, Bonn) gibt jährlich die sog. MAK-Werte-Liste (MAK, maximale Arbeitsplatzkonzentration) heraus, die 1991 Angaben über rd. 480 Stoffe und

Unterstützung von Arbeitslosen in Deutschland

Jahr [1]	Zahl der Arbeitslosen (Mio) [2]	Davon erhielten (%):		
		Arbeitslosengeld	Arbeitslosenhilfe	keine Leistungen
1981	1,27	54,9	13,3	31,8
1982	1,83	50,5	15,9	33,6
1983	2,26	44,9	21,5	33,6
1984	2,27	37,9	26,4	35,7
1985	2,30	36,3	26,8	36,9
1986	2,28	35,9	27,0	37,1
1987	2,28	37,4	25,9	36,7
1988	2,24	42,2	23,6	34,2
1989	2,04	43,6	24,4	32,0
1990	1,88	42,5	23,0	34,5
1991	2,73	51,5	15,2	33,3

1) Bis 1990 nur Westdeutschland; 2) Jahresdurchschnitt; Quelle: Bundesanstalt für Arbeit

ihre höchstzulässige Konzentration am Arbeitsplatz enthielt. Der DGB und die SPD forderten Ende 1991 eine Reform des A.-Rechts. Ab Januar 1993 gelten einheitliche Sicherheitsanforderungen in der EG für A.-Kleidung.

Reform: SPD und DGB zufolge sollen alle den A. betreffenden Regelungen in einem Arbeitsumweltgesetzbuch zusammengefaßt werden. Der Gewerkschaftsbund schlug Mitte 1992 u. a. folgende Änderungen vor:

▷ Für den Umgang mit gefährlichen Stoffen müßten niedrigere Grenzwerte eingeführt werden, die Belastungen der Arbeitnehmer durch ihr Privatleben berücksichtigen

▷ Auch für das Heben von Gewichten, die Temperatur am Arbeitsplatz und für die → Strahlenbelastung aus elektromagnetischen Feldern

Arbeitsunfälle und Berufskrankheiten in Deutschland

Unfallart	Anzahl 1990 Westdeutsche Länder	Veränderung (%) [1]	Anzahl 1990 Ostdeutsche Länder
Arbeitsunfälle	1 672 480	+ 4,4	158 486
Wegeunfälle	187 835	+ 8,4	42 633
Berufskrankheitsverdacht	57 437	+ 6,0	k. A.
Davon mit tödlichem Ausgang:			
Arbeitsunfälle	1 558	+ 2,8	262
Wegeunfälle	714	− 3,8	212
Berufskrankheiten	275	− 8,3	k. A.
Erstmals entschädigt			
Arbeitsunfälle	43 027	− 1,9	k. A.
Wegeunfälle	8 410	− 3,5	k. A.
Berufskrankheiten	4 452	+ 1,2	k. A.

1) Gegenüber 1989; Quelle: Bundesanstalt für Arbeitsschutz (Dortmund)

Erwerbslosenzahl übersteigt Drei-Millionen-Grenze

Ihren Höchststand seit Bestehen der Bundesrepublik erreichte die Arbeitslosigkeit im Januar 1992 mit 3,2 Mio Erwerbslosen, davon 1,34 Mio in den neuen Bundesländern. Im Jahresdurchschnitt 1991 sank in Westdeutschland die Zahl der Arbeitslosen gegenüber 1990 um rd. 200 000 auf 1,69 Mio (Arbeitslosenquote: 6,3%), während sich die Zahl der Erwerbslosen in Ostdeutschland um 395 500 auf 1,04 Mio im Dezember 1991 erhöhte (Quote: 10,3%). Das Bundeswirtschaftsministerium prognostizierte für 1992 einen Anstieg der Arbeitslosenzahl für beide Teile Deutschlands (insgesamt: rd. 3,2 Mio). Das Deutsche Institut für Wirtschaftsforschung (DIW, Berlin) errechnete Anfang 1992 für Ostdeutschland eine Arbeitslosenquote von 35%, wäre der Arbeitsmarkt nicht durch die staatlichen Maßnahmen zum → Vorruhestand, zur → Beruflichen Fortbildung, zur Arbeitsbeschaffung (→ Arbeitsbeschaffungsmaßnahmen, ABM), → Kurzarbeit und durch die rd. 400 000 Personen, die täglich nach Westdeutschland zu Arbeitsplätzen pendeln, entlastet worden.

Ostdeutsche Wirtschaft im Umbruch: Das Institut für angewandte Wirtschaftsforschung (IAW, Berlin) ging Ende 1991 davon aus, daß die Arbeitslosenzahl in Ostdeutschland erst ab 1995 abnimmt, doch auch 2000 würden voraussichtlich noch ca. 500 000 Menschen erwerbslos sein. Der Anstieg der Arbeitslosigkeit resultierte 1991 aus der Stillegung und Rationalisierung von Betrieben bei der Umstellung der Plan- auf die Marktwirtschaft, dem Rückgang des Handels mit den ehemaligen Haupthandelspartnern, den Staaten → Osteuropas (→ Osthandel), sowie dem Auslaufen von Sonderregelungen, z. B. zur Kurzarbeit zum 31. 12. 1991. Etwa 47% aller ostdeutschen Industriearbeitsplätze gingen seit der Vereinigung der beiden deutschen Staaten im Oktober 1990 verloren. Die ungeklärten Eigentumsverhältnisse an Immobilien (→ Eigentumsfrage) verzögerten → Investitionen von Unternehmen. Mitte 1992 waren rd. 6,9 Mio Personen in Ostdeutschland erwerbstätig bei einer Erwerbspersonenzahl von ca. 8 Mio. Die → Bundesanstalt für Arbeit (BA, Nürnberg) schätzte, daß Investitionen von 1300 Mrd DM bis 2000 nötig sind, damit 7 Mio Arbeitsplätze erhalten werden können; die Erwerbspersonenzahl werde aber voraussichtlich bei 7,8 Mio liegen.

Auch im Westen Anstieg erwartet: Nachdem seit 1988 die Zahl der Arbeitslosen in Westdeutschland von 2,24 Mio bis 1991 auf 1,69 Mio zurückgegangen war, prognostizierten die führenden deutschen Wirtschaftsinstitute für 1992 einen Anstieg der Arbeitslosenzahl zwischen 200 000 und 300 000. Als Grund führten sie einen zu erwartenden Konjunktur-Abschwung (→ Konjunktur-Entwicklung) wegen der rückläufige Nachfrage nach Gütern des privaten → Verbrauchs und der zurückgehenden Exporte an (→ Außenwirtschaft).

Hohe Kosten für den Staat: Auf rd. 36 000 DM im Jahr belaufen sich einer Studie des Instituts für Arbeitsmarkt- und Berufsforschung der Bundesanstalt für Arbeit von 1991 zufolge die Kosten und Mindereinnahmen, die den öffentlichen Haushalten pro Arbeitslosem entstehen. Bei 200 000 weiteren Erwerbslosen 1992 hätte die Rentenversicherung Mindereinnahmen von rd. 1 Mrd DM zu erwarten, und die BA müßte rd. 2,4 Mrd DM zusätzlich u. a. für Arbeitslosengeld und -hilfe aufbringen. Als Alternative zur Zahlung von Lohnersatzleistungen forderten die Gewerkschaften, die Mittel der BA für ABM nicht zu kürzen, sondern aufzustocken, weil auch in ABM ein Wertzuwachs für die Volkswirtschaft entstünde.

Frauen und Ältere besonders betroffen: In Westdeutschland überstieg die Arbeitslosenquote von → Frauen 1991 mit 7% die der Männer mit 5,8%; in Ostdeutschland waren 58% der Erwerbslosen Frauen. Als Gründe für die höhere Frauenarbeitslosigkeit nannte die BA u. a. die niedrigeren Qualifikationen von Frauen und die Festlegung auf wenige Berufe. 39% der Erwerbslosen in den alten Bundesländern waren älter als 45 Jahre. In den neuen Bundesländern betrug der Anteil der Frauen über 55 Jahre und der Männer über 60 Jahre an den Erwerbslosen nur 3%, da ein Großteil der Älteren die Regelungen zum Vorruhestand (→ Altersübergangsgeld) in Anspruch nahm. Besonders betroffen von Erwerbslosigkeit waren in Westdeutschland zudem Personen mit gesundheitlichen Einschränkungen (→ Behinderte). Das Beschäftigungsprogramm der BA für Erwerbslose, die über ein Jahr lang ohne Beschäftigung waren, verringerte die Zahl der Langzeitarbeitslosen 1988–1991 um rd. 30% auf 455 000.   (sim)

Arbeitslosigkeit in Daten und Zahlen

Arbeitslosigkeit international

Land	Arbeitslosenquote (%)				
	1980–1987	1988	1989	1990	1991
Belgien	11,3	10,2	8,6	7,8	8,3
Dänemark	8,2	6,4	7,7	8,0	8,6
Deutschland[1]	6,1	6,3	5,6	4,8	4,3
Frankreich	9,0	9,9	9,4	9,1	9,7
Griechenland	7,0	7,6	7,4	7,0	7,0
Großbritannien	10,2	8,5	7,1	7,1	9,4
Irland	14,5	17,3	15,7	14,5	16,1
Italien	9,1	10,8	10,6	9,8	10,3
Niederlande	10,3	9,3	8,5	7,5	7,0
Portugal	7,8	5,7	5,0	4,5	3,8
Spanien	18,0	19,3	17,0	16,1	15,9
USA	7,6	5,5	5,3	5,5	6,7

1) Westdeutschland; Quelle: Statistisches Amt der EG

Arbeitslose in Westdeutschland

Jahr	Arbeitslose				
	Insgesamt	Frauen	50–65 Jahre	Ausländer	Über ein Jahr
1988	2 241 556	1 042 783	520 392	269 531	684 670
1989	2 037 781	967 978	519 204	232 512	591 306
1990	1 883 147	915 404	516 596	202 975	513 405
1991	1 689 365	791 688	504 116	208 094	454 894

Quelle: Bundesanstalt für Arbeit (Nürnberg)

Dauer der Arbeitslosigkeit in Westdeutschland

Jahr	Dauer (Monate)		Wiederbeschäftigungsquote (%)[1]		
	Männer	Frauen	Männer	Frauen	Insgesamt
1988	6,3	7,5	72,3	60,3	68
1989	6,3	7,4	62,0	54,8	59
1990	6,3	7,2	57,2	49,6	54
1991	6,4	7,1	51,0	46,1	49

1) Anteil der Arbeitslosen, die ihre Erwerbslosigkeit durch Aufnahme einer Beschäftigung beendeten; Quelle: Bundesanstalt für Arbeit (Nürnberg)

Entwicklung am westdeutschen Arbeitsmarkt

Jahr	Arbeits-lose (1000)	Kurz-arbeiter (1000)	Offene Stellen (1000)	Arbeits-losenquote (%)
1980	889	137	308	3,8
1985	2304	235	110	9,3
1987	2229	278	171	8,9
1989	2037	108	223	7,9
1990	1883	56	314	7,2
1991	1689	145	331	6,3

Quelle: Bundesanstalt für Arbeit (Nürnberg)

Arbeitslose in Ostdeutschland

Monat 1991	Arbeitslose			
	Insgesamt	Frauen	Ältere Arbeitnehmer[1]	Ausländer
Januar	757 162	414 950	22 016	11 203
März	808 349	446 523	22 696	12 736
Juli	1 068 639	625 493	24 377	15 281
September	1 028 751	617 492	25 026	15 405
Oktober	1 048 527	641 366	25 044	15 262
November	1 030 719	631 132	25 742	15 032
Dezember	1 037 709	634 710	25 784	15 576

1) Männer über 60, Frauen über 55 Jahre; Quelle: Bundesanstalt für Arbeit (Nürnberg)

Arbeitsmarkt in Ostdeutschland 1991

Bundesland	Erwerbs-personen (1000)	Arbeits-lose	Arbeits-losen-quote (%)	Kurzarbei-terquote (%)	ABM[1]
Berlin/Ost	714	87 045	12,2	9,8	14 972
Brandenburg	1 367	141 172	10,3	18,0	33 857
Mecklenburg-Vorpommern	1 030	128 303	12,5	17,7	25 894
Sachsen	2 598	237 465	9,1	18,9	60 481
Sachsen-Anhalt	1 616	167 127	10,3	19,8	35 650
Thüringen	1 457	151 725	10,4	21,0	37 877
Insgesamt	8 822	912 838	10,3	18,3	208 732

1) Arbeitsbeschaffungsmaßnahmen; Quelle: Bundesanstalt für Arbeit (Nürnberg)

Entwicklung der Arbeitslosigkeit in Westdeutschland

Bundesland	Arbeitslosenquote (%)										
	1981	1982	1983	1984	1985	1986	1987	1988	1989	1990	1991
Schleswig-Holstein	6,4	9,1	10,5	10,7	11,1	10,9	10,3	10,0	9,6	8,7	7,3
Hamburg	5,0	7,4	10,2	11,2	12,3	13,0	13,6	12,8	11,7	10,5	8,7
Niedersachsen	6,8	9,5	11,3	11,9	12,3	11,5	11,4	11,2	10,0	9,4	8,1
Bremen	7,2	10,1	13,1	13,8	15,2	15,5	15,6	15,3	14,6	13,5	10,7
Nordrhein-Westfalen	6,4	8,6	10,6	10,7	11,0	10,9	11,0	11,0	10,0	9,0	7,9
Hessen	4,3	6,2	7,6	7,4	7,2	6,8	6,7	6,4	6,1	5,7	5,1
Rheinland-Pfalz	5,4	7,1	8,5	8,3	8,6	8,3	8,1	7,6	6,9	6,3	5,4
Saarland	8,1	9,7	11,8	12,7	13,4	13,3	12,7	11,9	11,0	9,7	8,6
Baden-Württemberg	3,3	4,8	5,9	5,6	5,4	5,1	5,1	5,0	4,5	4,1	3,7
Bayern	5,1	6,9	8,1	7,8	7,7	7,0	6,6	6,3	5,7	5,1	4,4
Berlin/West	5,8	8,7	10,4	10,2	10,0	10,5	10,5	10,8	9,8	9,4	9,4
Bundesgebiet/West	5,5	7,5	9,1	9,1	9,3	9,0	8,9	8,7	7,9	7,2	6,3

Quelle: Bundesanstalt für Arbeit (Nürnberg)

Pflanzen sichern Arbeitsschutz

Biologen des John C. Stennis Space Centers in Mississippi/USA wiesen Ende 1991 darauf hin, daß Pflanzen die Luft von gesundheitsgefährdenden Giftstoffen befreien können. In zahlreichen Büros wird die Luft durch Chemikalien in Möbeln, Farben, Lacken u. a. so stark belastet, daß Arbeitnehmer unter Ekzemen, Augenbrennen, Allergien und Atemnot leiden. Die Wissenschaftler vermuteten, daß die Pflanzen und Mikroorganismen in der Blumentopferde zur Zersetzung der Chemikalien beitragen. Efeu z. B. soll das krebserregende Benzol (u. a. enthalten in Lösungsmitteln) unschädlich machen.

Tarifliche Jahresarbeitszeit in der Industrie 1991

Land	Arbeitsstunden/ Jahr
Japan[1]	2 119
Portugal	1 935
USA	1 904
Schweiz	1 864
Griechenland	1 840
Irland	1 810
Luxemburg	1 792
Spanien	1 790
Schweden	1 784
Großbritannien	1 769
Italien	1 764
Frankreich	1 763
Belgien	1 737
Norwegen	1 718
Finnland	1 716
Österreich	1 714
Niederlande	1 709
Dänemark	1 672
Deutschland[2]	1 643

1) 1990; 2) Westdeutschland; Quelle: Bundesvereinigung der Deutschen Arbeitgeberverbände (Köln)

($\rightarrow$ Elektro-Smog) müßten Grenzwerte eingeführt werden.

Arbeitsunfälle: In den westdeutschen Bundesländern stieg die Zahl der Arbeitsunfälle 1990 gegenüber 1989 um 4,4% auf 1,67 Mio. Die Zahl der Anzeigen auf Verdacht einer Berufskrankheit erhöhte sich um 6% auf 57 437. Die Ausgaben der gesetzlichen Unfallversicherungsträger für Arbeitsunfälle stiegen um 9,5% auf 15,6 Mrd DM an. Der DGB schätzte die Zahl der Arbeitnehmer, die wegen unzureichendem A. zu Frühinvaliden werden, auf 200 000 im Jahr. Der Gewerkschaftsbund ging von 50 000 bis 100 000 Krebstoten jährlich aus, deren Krankheit durch giftige Stoffe am Arbeitsplatz verursacht wurde. Nach Schätzungen der Bundesanstalt für A. (Dortmund) entstehen insbes. für die Kranken- und Rentenversicherungsträger jährlich in Westdeutschland Folgekosten durch Arbeitsunfälle und Berufskrankheiten in Höhe von ca. 88 Mrd DM.

MAK-Werte-Liste: Die MAK-Werte der DFG gelten in Deutschland für gesunde Personen im erwerbsfähigen Alter bei einer Arbeitszeit von 40 Stunden wöchentlich, nicht jedoch vorbehaltlos z.B. für Schwangere und ältere Arbeitnehmer. Die Einhaltung der Werte wird von den Gewerbeaufsichtsämtern kontrolliert. 1991 legte das Bundesarbeitsministerium erstmals einen Grenzwert für Dieselmotor-Emissionen von 0,2 mg/m^3 Luftvolumen am Arbeitsplatz fest, die in der MAK-Werte-Liste 1990 als krebserzeugend eingestuft worden waren.

Arbeitszeit

Die durchschnittliche tarifliche A. pro Jahr in der westdeutschen Industrie sank 1991 gegenüber 1990 um acht auf 1643 Stunden; damit war die A. pro Jahr 1991 in Westdeutschland die kürzeste weltweit. Die durchschnittliche A. pro Woche betrug ca. 38,14 Stunden (1990: 38,27 Stunden), in Ostdeutschland 40,22 Stunden. Als erster deutscher Industriezweig verkürzt die Metallindu-

Arbeitnehmer mit unregelmäßiger Arbeitszeit in Westdeutschland 1991

Arbeitszeitform	Arbeitnehmer (%) im Bereich		
	Industrie	Dienstleistungen	Öffentl. Dienst
Samstagsarbeit	16	30	18
Sonntagsarbeit	5	14	12
Überstunden	28	12	7
Regelmäßige Schichtarbeit	5	9	25

Quelle: Deutsches Institut für Wirtschaftsforschung (Berlin)

strie die A. bis 1995 auf 35 Stunden pro Woche. In Westdeutschland arbeiteten 1991 rd. 4,4 Mio Bürger (17,8%) regelmäßig oder gelegentlich an Sonn- und Feiertagen. Der DGB prognostizierte 1992 eine steigende Tendenz zur Wochenendarbeit. Die Arbeitgeber setzten sich für eine Flexibilisierung der A. ein, um längere Maschinenlaufzeiten zu ermöglichen. Die Gewerkschaften befürworteten flexible A., wenn sie den Interessen der Arbeitnehmer entspreche. Anfang 1992 hob das Bundesverfassungsgericht (Karlsruhe) das Verbot der $\rightarrow$ Nachtarbeit für Arbeiterinnen auf. Die EG-Arbeitsminister beschlossen im Juni 1992 Mindestvorschriften für die A. ($\rightarrow$ Sozialcharta, Europäische).

Flexibilisierung: In rd. 10% aller Betriebe in Westdeutschland gab es 1991 flexible A. Dazu zählt auch die sog. Gleitzeit, die in 50% aller Großbetriebe existierte. Der Chemiekonzern Bayer (Leverkusen) führte 1992 nach einer einjährigen Probezeit ein neues Schichtsystem ein, nachdem sich 65% der Beschäftigten für das neue A.-Modell ausgesprochen hatten. Bei herkömmlicher Schichtarbeit arbeiten die Arbeitnehmer je eine Woche in Früh-, Spät- und Nachtschicht und haben danach eine Woche frei. Im Bayer-Modell arbeitet ein Arbeitnehmer maximal drei Nachtschichten hintereinander; er muß allerdings innerhalb von fünf Wochen an zwei Wochenenden arbeiten. Als Ausgleich erhält er in drei von fünf Wochen zusammenhängende längere Zeiträume frei. Durch die Einführung dieses Modells wurde die A. bei vollem Lohnausgleich stärker verkürzt als im Tarifvertrag festgelegt war.

EG: Die von den EG-Arbeitsministern beschlossene Richtlinie begrenzt die wöchentliche A. auf maximal 48 Stunden. Den Arbeitnehmern wird eine Ruhezeit von mindestens elf Stunden täglich und einmal wöchentlich 35 Stunden zusammenhängende Freizeit gewährt. Zudem wurde ein bezahlter Mindesturlaub von drei Wochen pro Jahr festgelegt, der bis 1999 auf vier Wochen heraufgesetzt werden muß.

Ariane

Von der europäischen Raumfahrtbehörde → ESA entwickelte Trägerrakete für den Transport von Nutzlasten, → Satelliten, → Raumsonden u. a. in den Weltraum. A. 5, eine neue Version der Rakete, soll 1995 zu ihrem ersten Versuchsflug starten sowie die wiederverwendbare → Raumfähre Hermes und das Weltraumlabor Columbus (→ Raumstation) zur Jahrtausendwende ins All befördern. Gegenüber A. 4 liegt die maximale Nutzlast von A. 5 (6,8 t) um rd. 60% höher. Die Entwicklungs-, Bau- und Betriebskosten von A. 5 schätzte die → ESA Ende 1991 auf rd. 11,4 Mrd DM. An der Entwicklung der A. 5 ist Frankreich mit 47,7% und Deutschland mit 22% beteiligt. 1991/92 hatte A. auf dem Weltmarkt für Satellitenbeförderung einen Anteil von etwa 50%; sie konkurrierte mit Trägerraketen aus den USA, der GUS, China und Japan.
Bis April 1992 absolvierte die A. 50 Starts, von denen 44 erfolgreich waren. Die A.-Flüge werden von dem 1980 gegründeten Unternehmen Arianespace organisiert, einer Aktiengesellschaft, an der französische Firmen die Mehrheit der Anteile halten. Mitte 1992 lagen 33 Aufträge für Satellitenstarts in Höhe von 4,5 Mrd DM vor. 1991 war der Umsatz von Arianespace um rd. 50% auf 5,9 Mrd Francs (2 Mrd DM) gestiegen. Die Raketen starten vom europäischen Raketenzentrum Kourou/Französisch-Guayana. Am Entwicklungs- und Bauprogramm von A. 5 arbeiteten Mitte 1992 rd. 5000 Wissenschaftler und Ingenieure in etwa 100 Unternehmen.

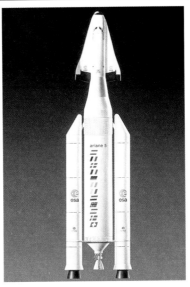

Hochleistungsbooster für Ariane 5
Im Gegensatz zur Trägerrakete Ariane 4, deren erste Stufe vier Triebwerke und bis zu vier zusätzliche Feststoffraketen (sog. Booster) umfaßt, sind zum Start von Ariane 5 lediglich ein Triebwerk und zwei Booster notwendig. Diese sind etwa 60 m hoch und enthalten je 230 t Treibstoff. Etwa 155 t Flüssigsauerstoff und Flüssigwasserstoff enthält das Raketentriebwerk. Beim Start von Ariane wird eine Leistung erzeugt, die 1,5mal dem Schub der Triebwerke des Überschallflugzeugs Concorde entspricht. Im europäischen Raumfahrtzentrum Kourou/Französisch-Guayana begann Anfang 1992 an einem neuen Teststand mit einem 50 m hohen Turm und einer Basis aus hitzefestem Beton die Erprobung der Booster.

Armut

Zwei Arten von A. werden unterschieden: Absolute A. ist durch das körperliche Existenzminimum definiert. Relative A. bestimmt sich aus dem Wohlstandsgefälle einer Gesellschaft und wird als ökonomische, soziale und kulturelle Erscheinung definiert. In absoluter A. lebten 1991 nach Angaben der Weltbank (Washington) rd. 1,1 Mrd Menschen. Die absolute A.-Grenze lag laut Weltbank bei 420 Dollar (641 DM) Jahreseinkommen. Arme in → Entwicklungsländern waren besonders von → Hunger oder mangelhafter → Ernährung betroffen.
Welt: Das Entwicklungsprogramm der → UNO (UNDP) prognostizierte 1991 einen Anstieg der Zahl in absoluter A. lebender Menschen auf 1,3 Mrd bis 2000. 1990 lebte über die Hälfte der Armen in Asien (731 Mio); im Jahr 2000 werden der Weltbank zufolge aufgrund des starken Bevölkerungswachstums und der schlechten wirtschaftlichen Lage des Kontinents die meisten Armen Afrikaner sein. → Entwicklungspolitik

Wirtschaftsreformen ziehen Armut nach sich
1992 lebten rd. 80% der russischen Bevölkerung in Armut. Die schrittweise Freigabe von Preisen für Nahrungsmittel, Dienstleistungen und Energie seit Anfang 1992 führte dazu, daß die Arbeitnehmer mit ihren Gehältern im Durchschnitt nur noch ein Drittel der Grundbedarfs an Lebensmitteln bezahlen konnten.

Armut in Entwicklungsländern

Region	Jahreseinkommen unter 420 Dollar					
	Personen (Mio)			Bevölkerungsanteil (%)		
	1985	1990	2000	1985	1990	2000
Südasien	532	562	511	51,8	49,0	36,9
Schwarzafrika	184	216	304	47,6	47,8	49,7
Ostasien	182	169	73	13,2	11,3	4,2
Lateinamerika	87	108	126	22,4	25,5	24,9
Naher Osten und Nordafrika	60	73	89	30,6	33,1	30,6
Insgesamt	1 051	1 133	1 107	30,5	29,7	24,1

Quelle: Weltentwicklungsbericht 1992

USA: Nach Statistiken der US-amerikanischen Regierung mußte 1990 nahezu jeder siebte US-Bürger (rd. 33,6 Mio) mit einem Einkommen unter der A.-Grenze von 6652 Dollar (10 158 DM) Jahreseinkommen leben. Der Armenanteil war bei schwarzen US-Amerikanern am höchsten (31,9%). 26,2% der US-Bürger hispanischer Herkunft lebten in A. sowie 10,9% der Weißen. Die Zahl der Armen nahm 1991 zum Vorjahr u. a. aufgrund der wirtschaftlichen Rezession um 5,5% zu. Ende 1991 erhielt fast jeder zehnte US-Amerikaner staatliche Unterstützung in Form von Lebensmittelmarken.

EG: 1992 gab die EG-Kommission die Zahl der Armen in Mitgliedstaaten mit rd. 55 Mio (17% der Bevölkerung) an. Arm ist nach dieser Definition, wer weniger als die Hälfte des in dem jeweiligen Land durchschnittlichen Einkommens verdient. Ein Aktionsprogramm der EG gegen A. ist mit 55 Mio ECU (113 Mio DM) ausgestattet (Laufzeit: 1989–1994) und hilft u. a. → Obdachlosen und alleinerziehenden Müttern.

Deutschland: Die A.-Grenze lag Anfang 1992 bei 530 DM monatlichem Nettoeinkommen. Nach Schätzungen des Deutschen Gewerkschaftsbundes (Düsseldorf) waren 1991 rd. 4,2 Mio Menschen auf → Sozialhilfe angewiesen, davon 200 000 in den ostdeutschen Bundesländern. Ursachen für Verarmung sind u. a. → Arbeitslosigkeit und steigende → Mieten.

Arte

→ Kulturkanal

Farne in Deutschland vom Aussterben bedroht
Biologen der Ruhr-Universität Bochum zufolge war Mitte 1992 die Hälfte aller Farnpflanzen in Deutschland in ihrer Existenz gefährdet. Etwa 12% der Farne, Schachtelhalme und Bärlappgewächse seien akut vom Aussterben bedroht. Das Bundesumweltministerium stellte der Ruhr-Universität 1995 rd. 730 000 DM für einen Fundortkatalog über die Bestände an Farnpflanzen zur Verfügung. Besonders gefährdete Pflanzen sollen im botanischen Garten der Universität ausgesät werden, um den Bestand zu sichern.

Artenschutz

Maßnahmen zum Schutz, zur Pflege und zur Wiederansiedlung verdrängter oder vom Aussterben bedrohter Tier- oder Pflanzenarten. Als Ursachen für das Artensterben gelten insbes. die Umweltverschmutzung und -zerstörung, die den natürlichen Lebensraum von Tieren und Pflanzen bedrohen (→ Umweltschutz). Nach Angaben der UNO werden jeden Tag 100–300 der geschätzten 10 Mio Arten ausgerottet. Im März 1992 beschloß die internationale Konferenz der Staaten des Washingtoner A.-Abkommens in Kioto/Japan die Erweiterung der Liste gefährdeter Tier- und Pflanzenarten. Die UNO-Umweltkonferenz in Rio de Janeiro/Brasilien verabschiedete Mitte 1992 eine Konvention zum Erhalt der biologischen Vielfalt ohne die USA. Gefährdete Tier- und Pflanzenarten sollen u. a. durch den Umweltschutz sowie Nachzüchtungen und Aufbewahrung in Genbanken vor dem Aussterben bewahrt werden.

Washingtoner Abkommen: Auf der Konferenz in Kioto wurden 45 Arten, darunter der Schwarzbär aus Nordamerika und drei tropische Bäume, erstmals unter den Schutz des Abkommens gestellt, der Handel mit 35 weiteren Arten wurde verboten. Die Zulassung eines kontrollierten Elfenbeinhandels, wie sie fünf afrikanische Länder forderten, wurde abgelehnt. Die an der Konferenz teilnehmenden Entwicklungsländer kritisierten die Industriestaaten, weil deren Forderung nach stärkerem A. die Ausnutzung der Ressourcen und somit das Wirtschaftswachstum in den weniger industrialisierten Ländern behindern würde.
Als 114. Staat trat die ČSFR in Kioto dem Washingtoner A.-Abkommen bei. Das A.-Abkommen stellt rd. 8000 Tier- und ca. 40 000 Pflanzenarten unter Schutz. Die nächste A.-Konferenz soll 1994 in den USA stattfinden.

Umweltgipfel: Die Konvention verpflichtet insbes. die → Entwicklungsländer, ihre genetischen Ressourcen durch umweltpolitische Maßnahmen zu schützen, weil rd. 50% aller Tier- und Pflanzenarten in den → Tropenwäldern dieser Länder zu finden sind. Die Industriestaaten sollen die Entwicklungsländer finanziell und technologisch unterstützen. Die Konvention beschränkt den ungehinderten Zugang zu genetischem Material. Da Tiere und Pflanzen als Allgemeingut angesehen wurden, hatten die Industriestaaten Zugriff auf die Genressourcen der Entwicklungsländer, ohne sie finanziell entschädigen zu müssen. Eine gentechnische Verbesserung von Pflanzen und Tieren (u. a. die Resistenz von Pflanzen gegen Krankheiten) konnte z. B. in den USA als Patent angemeldet werden, so daß gentechnisch veränderte Tiere und Pflanzen verkauft werden konnten. Die USA lehnten die Konvention ab, weil sie Einschränkungen für die heimische Wirtschaft befürchteten.

Genbanken: 90% des Genmaterials der vor allem in Industriestaaten eingerichteten → Genbanken stammte 1992 aus den Entwicklungsländern. Die Entwicklungsländer hatten nur geringe finanzielle Mittel für die Genforschung zur Verfügung. Sie befürchteten eine verstärkte Abhängigkeit von den Industriestaaten, wenn sie gentechnisch verbesserte Pflanzen und Tiere mit Erbmaterial aus ihren Ländern von den Industriestaaten kaufen müßten, um z. B. bessere Ernteerträge zu erzielen.

Arzneimittel

Die CDU/CSU/FDP-Bundesregierung führte 1989 eine → Gesundheitsreform durch, um Kostensteigerungen im Gesundheitswesen einzudämmen. Die G. sah sog. Festbeträge für A. vor. Bei Verordnung eines Medikaments wird der gesetzlich festgesetzte Betrag für dieses A. von den → Krankenversicherungen erstattet. Die Rezeptgebühr von 3 DM in West- und 1,50 DM in Ostdeutschland entfällt. Die Bundesgesundheitsminister Horst Seehofer (CSU) Mitte 1992 geplante Fortführung der Gesundheitsreform ab 1993 umfaßt u. a. eine Selbstbeteiligung der Versicherten an

den Kosten von A. und eine Senkung der Herstellerabgabepreise für A. ohne Festbetrag. Mitte 1992 plante die EG-Kommission die Einrichtung eines EG-Zulassungsverfahrens für A., die ab 1993 auf dem → Europäischen Binnenmarkt angeboten werden sollen.

Festbeträge: Ab 1. 7. 1992 gelten in Deutschland Festbeträge für 29 A., die aus vergleichbaren Wirkstoffen bestehen. Sie betreffen Medikamente gegen Bluthochdruck, Asthma und Heuschnupfen. Sie sollen die Krankenkassen jährlich um 15 Mio DM, die Patienten wegen der entfallenden Rezeptgebühr um rd. 6 Mio DM entlasten. Zuvor waren Festbeträge für wirkstoffgleiche Medikamente festgesetzt worden.

Selbstbeteiligung: Nach Seehofers Plänen sollen Patienten mit 10%, mindestens 3 DM, höchstens 10 DM, an den Kosten für Medikamente beteiligt werden. Dies soll auch für A. mit Festbetrag gelten. Die ursprünglich zum 1. 7. 1993 geplante Einführung einer Zuzahlung in Höhe von 15% für Präparate ohne Festbetrag entfällt.

Verordnungsbegrenzung: Ärzten soll eine Obergrenze für die Zahl an Verordnungen von A. sowie von Hilfsmitteln wie Brillen und Kuren vorgegeben werden. Bei Überschreitung der Obergrenze drohen dem verordnenden Arzt Honorarabzüge.

Preisabschlag: Der Herstellerabgabepreis für A. ohne Festbetrag soll zum 1. 1. 1993 gesetzlich um 5% gesenkt und für zwei Jahre festgeschrieben werden. Für 1992 soll die Pharmaindustrie die Preise auf dem Niveau von Mitte 1992 halten (Stichtag: 1. 5.), anderenfalls droht zum Jahresende eine 6–7%ige Senkung.

Negativliste: Im Oktober 1991 veröffentlichte das Bundesgesundheitsministerium eine sog. Negativliste mit rd. 2400 Medikamenten, die als unwirtschaftlich gelten oder deren therapeutischer Nutzen nicht nachgewiesen ist. Die Krankenversicherungen erstatten die Kosten für diese A. nicht mehr. Bei Verordnung auf Wunsch des Patienten muß er die Kosten selbst tragen.

Die teuersten Arzneimittel in der EG

Land	Abweichung vom Durchschnitt[1]
Dänemark	+ 43
Niederlande	+ 34
Irland	+ 30
Großbritannien	+ 25
Deutschland[2]	+ 11
Belgien	+ 1
Italien	– 4
Luxemburg	– 5
Griechenland	– 14
Spanien	– 16
Frankreich	– 36
Portugal	– 42

Stand: 1990; 1) EG-Durchschnitt = 100; 2) alte Bundesländer; Quelle: Bundesvereinigung Deutscher Apothekerverbände

Bundeskartellamt will Re-Import-Arzneimittel durchsetzen
Im März 1992 untersagte das Bundeskartellamt den drei größten deutschen Pharmagroßhandelsunternehmen, die Aufnahme von sog. Re-Import-Produkten in ihr Angebot zu verweigern. Dies verstoße gegen den Gleichbehandlungsgrundsatz von Anbietern. Re-importierte Arzneimittel werden entweder in Deutschland hergestellt oder ins Ausland exportiert oder im Ausland von Tochtergesellschaften deutscher Pharmakonzerne produziert. Die Mittel werden im Ausland i. d. R. preiswerter als im Inland. So daß Großhändler sie hiesigen Abnehmern zu einem günstigeren Preis als identische Inlandsprodukte anbieten können. Bei verstärkter Abgabe von Re-Import-Präparaten könnten Krankenkassen lt. Gesundheitsministerium jährlich 500 Mio DM sparen.

Arzneimittel in Daten und Zahlen

Arzneimittelmarkt in Westdeutschland

Jahr	Lebenshaltungskosten		Gewerbliche Produkte		Human-pharmazeutische Arzneimittel			
					Insgesamt		Apothekenverkauf	
	Index	Veränd. (%)	Index	Veränd. (%)	Index	Veränd. (%)	Index	Veränd. (%)
1980	100,0	+ 5,4	100,0	+ 7,5	100,0	+ 4,8	100,0	+ 5,2
1985	121,0	+ 2,2	121,8	+ 2,2	120,3	+ 2,9	121,8	+ 3,1
1986	120,7	− 0,2	118,2	− 3,0	121,8	+ 1,2	123,6	+ 1,5
1987	121,0	+ 0,2	115,6	− 2,2	122,8	+ 0,8	124,6	+ 0,8
1988	122,4	+ 1,2	116,9	+ 1,2	124,1	+ 1,1	126,2	+ 1,3
1989	125,8	+ 2,8	120,9	+ 3,4	126,3	+ 1,7	128,6	+ 1,9
1990	129,2	+ 2,7	123,0	+ 1,7	126,3	+ 0,0	128,4	− 0,2
1991	133,9	+ 3,5	125,8	+ 2,4	127,9	+ 1,3	129,9	+ 1,2

Quelle: Bundesverband der Pharmazeutischen Industrie

Pharma-Lieferanten für Deutschland

Land	Umsatz[1] (Mio DM)			
	1988[2]	1989	1990	1991
Schweiz	1 071,1	1 136,1	1 191,4	1 528,6
Frankreich	618,5	684,4	811,1	1 043,6
Großbritannien	584,6	613,0	643,7	935,5
USA	386,6	537,0	602,2	716,9
Belgien-Luxemburg	302,6	324,7	359,7	479,8
Italien	308,6	355,4	375,2	434,6
Niederlande	308,2	331,4	341,4	430,7
Schweden	217,0	268,9	288,0	411,8

1) Bis 1990 Westdeutschland; 2) Wegen der Harmonisierung der Außenhandelsstatistik durch Angleichung der Nomenklatur zwischen EG, USA und Japan ist ein Vergleich mit den Vorjahren nicht möglich; Quelle: Bundesverband der Pharmazeutischen Industrie

Abnehmer deutscher pharmazeutischer Erzeugnisse

Land	Umsatz[1] (Mio DM)			
	1988[2]	1989	1990	1991
Japan	1 122,5	1 145,3	1 100,6	1 289,5
Schweiz	586,5	673,9	863,0	1 115,6
Italien	918,7	982,2	1 022,8	935,5
Frankreich	561,5	706,3	800,5	798,7
Großbritannien	699,3	740,7	689,3	778,8
USA	626,3	682,1	650,1	776,6
Österreich	568,7	594,9	650,4	719,7
Niederlande	644,1	601,0	576,6	650,7

1) Bis 1990 Westdeutschland; 2) Wegen der Harmonisierung der Außenhandelsstatistik durch Angleichung der Nomenklatur zwischen EG, USA und Japan ist ein Vergleich mit den Vorjahren nicht möglich; Quelle: Bundesverband der Pharmazeutischen Industrie

Außenhandel der deutschen pharmazeutischen Industrie

Jahr	Import (Mio DM)	Veränderung[1] (%)	Export (Mio DM)	Veränderung[1] (%)	Exportüberschuß (Mio DM)	Veränderung[1] (%)	Exportquote[2] (%)
1985	6 078	+ 15,8	9 726	+ 11,2	3 648	+ 4,4	47,2
1986	5 785	− 4,8	9 607	− 1,2	3 822	+ 4,8	46,5
1987	5 896	+ 1,9	9 921	+ 3,3	4 025	+ 5,3	46,4
1988	4 937	− [3]	9 373	− [3]	4 436	− [3]	40,7
1989	5 605	+ 13,5	10 085	+ 7,6	4 480	+ 1,0	41,5
1990	6 081	+ 8,5	10 559	+ 4,7	4 478	− 0,1	41,2
1991[4]	7 682	− [4]	12 067	− [4]	4 385	− 2,1	−

1) Gegenüber dem Vorjahr; 2) Anteil des Exports an der Produktion; 3) Wegen der Harmonisierung der Außenhandelsstatistik durch Angleichung der Nomenklatur zwischen EG, USA und Japan ist ein Vergleich mit den Vorjahren nicht möglich; 4) Außenhandelswerte für das Jahr 1991 beziehen sich auf das Gebiet der gesamten Bundesrepublik, einschließlich der fünf neuen Bundesländer. Da für 1990 nur Werte für die ehemalige Bundesrepublik (elf Bundesländer) vorliegen, ist die Ermittlung von Veränderungsraten nicht möglich; Quelle: Bundesverband der Pharmazeutischen Industrie

EG: Das von der EG-Kommission geplante Zulassungsverfahren soll lediglich für biotechnisch hergestellte A. gelten, z. B. Insulin. Die nationalen Behörden sollen die Zulassung von neuentwickelten human- und veterinärmedizinischen Medikamenten im eigenen Land prüfen und Beipackzettel überwachen. Den Empfehlungen einer nationalen Behörde sollen die anderen folgen. Bei Bedenken gegen ein Präparat kann die nationale Behörde eine Prüfung veranlassen und ggf. die Zulassung verweigern.

Ende 1991 beschloß der Ministerrat bereits Regelungen, die den Großhandelsvertrieb von Medikamenten in EG-Mitgliedstaaten ermöglichen sowie eine einheitliche A.-Etikettierung und die EG-weite Unterscheidung von A. in verschreibungspflichtige und freie Medikamente vorsehen.

Ärzteschwemme

Während in den 80er Jahren die über dem Bedarf liegende Zahl von Medizinern beanstandet wurde, die jährlich ihre Approbation (staatliche Genehmigung zur Ausübung der ärztlichen Tätigkeit) erlangten, kritisierten das Bundesgesundheitsministerium und die → Krankenversicherungen 1992, daß sich zu viele Ärzte niederließen. Die steigende Zahl niedergelassener Ärzte verursache wachsende Ausgaben der Krankenkassen für Arzthonorare. Die Ärztevereinigung Marburger Bund wies Ende 1991 darauf hin, daß in Deutschland rd. 19 000 Ärzte an Krankenhäusern fehlten, um den → Pflegenotstand zu beseitigen. Die CDU/CSU/FDP-Bundesregierung plante 1992 eine Fortführung der 1989 gestarteten → Gesundheitsreform zur Kostensenkung im Gesundheitswesen, die u. a. ab 1993 eine Beschränkung der Niederlassungsfreiheit von Ärzten vorsieht.

Ärztezahl: Die Zahl der Mediziner stieg 1991 gegenüber dem Vorjahr um rd. 3% auf 244 238, von denen lt. Bundesärztekammer (Köln) 94 798 als niedergelassene Ärzte in eigenen Praxen (1990 in Westdeutschland: 75 251) oder, insbes. in Ostdeutschland, in Gemeinschaftspraxen tätig waren.

Entwicklung: Nach Prognosen des Bundesverbandes der Betriebskrankenkassen (BKK, Essen) wird sich die Zahl der niedergelassenen Ärzte in den 90er Jahren um jeweils 3% erhöhen. Bei voraussichtlich gleichbleibender Patientenzahl und steigenden Kosten für Praxiseinrichtung und technische Geräte könne der Arzt dazu verleitet werden, mehr Leistungen als für die Gesundheit der Patienten erforderlich zu erbringen und abzurechnen, so daß die Kassenausgaben weiter stiegen.

Zulassungsbeschränkung: Nach dem Entwurf von Bundesgesundheitsminister Horst Seehofer (CSU) soll die Niederlassung von Ärzten beschränkt werden (ab 1999 gesetzlich geregelt). Die Zulassung soll mit dem 65. Lebensjahr des Arztes enden.

Nach Ansicht der Bundesärztekammer und der Ärztevereinigung Hartmannbund (Bonn) sind wachsende Ausgaben der Krankenversicherungen für ärztliche Leistungen nicht auf die Zahl der behandelnden Ärzte, sondern auf die wachsende Lebenserwartung der Patienten (1990: 76 Jahre) und damit einhergehende größere Behandlungsbedürftigkeit zurückzuführen (→ Alter). Zudem steigere die Anschaffung der für optimale Diagnose und Behandlung erforderlichen Geräte die Behandlungskosten und schlage sich auch in Honorarforderungen nieder.

Asbest

Biegsame, gegen Hitze und schwache Säuren widerstandsfähige Faser, die insbes. für feuerfeste Kleidung und Isoliermaterial verwendet wird. A.-Zement zeichnet sich durch eine hohe Druck- und Biegefestigkeit aus. Das Einatmen der mikroskopisch kleinen spitzen A.-Fasern verursacht nach Jahren bösartige Lungen- und Bauchfelltumore (→ Krebs). Import, Produktion und Anwendung von A. sind ab 1995 in Deutschland verboten. Der Einsatz von Spritz-A. ist seit 1979 in der BRD untersagt. In Ostdeutschland sind nach Schätzungen des Umweltbundesamtes (UBA, Berlin) rd. 2 Mio Wohnungen, die in Plattenbauweise errichtet wurden, mit A. verseucht. Die Kosten der A.-Sanierung in Deutschland wurden Mitte 1992 auf ca. 40 Mrd DM geschätzt. Insgesamt sollen in den ostdeutschen Ländern ca. 500 Mio m^2 A.-Zementplatten verbaut worden sein (alte Länder: rd. 900 Mio m^2[2]). A. kann in den Plattenbau-Wohnungen nach Ansicht des UBA jedoch nur bei Reparaturarbeiten oder bei Verwitterung der Platten freigesetzt werden. Sanierungsbedarf sieht das UBA bei den sog. Sokalitplatten, die schwach gebundenen A. enthalten. Diese Platten wurden in der ehemaligen DDR vor allem bei Bürobauten verwendet. 1992 wurde erstmals ein Sanierungsverfahren eingesetzt, bei dem A. mit Acrylharz umhüllt wird.

Niedergelassene Ärzte in Deutschland

Jahr	Ärzte[*]
1975	52 913
1980	59 777
1985	67 363
1986	68 696
1987	70 277
1988	72 000
1989	74 040
1990	75 251
1991	94 798

[*] Bis 1990 Westdeutschland; Quelle: Bundesärztekammer (Köln)

Ärzteversorgung in Industriestaaten

Land	Ärzte pro 10 000 Einw.[*]
Belgien	33
Westdeutschland	29
Schweden	29
Frankreich	26
USA	23
Kanada	22
Japan	16
Italien	13

[*] Stand 1988; Quelle: OECD

Asbest im Palast der Republik
Für den Bau des Palasts der Republik 1976 in Berlin wurden 720 t Spritzasbest verwendet, obwohl die Verwendung des krebserregenden Baumaterials in der ehemaligen DDR bereits ab 1969 verboten war. Im Großen Saal des Palasts wurden 1991 Konzentrationen von 93 000 Asbestfasern pro m^3 Luft gemessen. Als Richtwert für die Gesundheitsgefährdung gelten in Deutschland 400–500 Fasern pro m^3 Luft. Das Bundesfinanzministerium schätzte die Kosten für die Sanierung auf rd. 200 Mio DM.

**Die wichtigsten auslän-
dischen Investoren in
der ASEAN**

Land	Investitionen (Mio Dollar)
Japan	5 829
EG	2 663
USA	1 435

Stand: 1989; Quelle: EG-Kommission

ASEAN

(Association of South East Asian Nations, engl.; Vereinigung südostasiatischer Nationen), 1967 in Bangkok/Thailand gegründeter Zusammenschluß von sechs Staaten zur politischen, wirtschaftlichen und sozialen Zusammenarbeit. Im Januar 1992 vereinbarten die ASEAN-Länder die schrittweise Errichtung einer Freihandelszone (AFTA, ASEAN Free Trade Area) innerhalb von 15 Jahren ab 1993. Das Abkommen soll Südostasiens wirtschaftliche Position gegenüber dem → Europäischen Binnenmarkt und dem entstehenden → Nordamerikanischen Freihandelsabkommen verbessern.

Die Übereinkunft sieht zunächst Zollsenkungen für 15 Produktgruppen (ohne Rofstoffe und Agrarerzeugnisse) vor. Allerdings steht es jedem Mitgliedstaat frei, Produkte aus dem Abkommen auszuklammern. Die AFTA soll den Handel innerhalb der ASEAN fördern, der 1991

rd. 10% aller Exporte aus ASEAN-Ländern ausmachte (zum Vergleich EG: rd. 60% der Exporte).

Ende 1991 strebten die kommunistisch regierten Staaten Vietnam und Laos die Aufnahme in die westlich orientierte ASEAN an. Zwischen China und den ASEAN-Staaten begannen 1991 regelmäßige Konsultationen.

Der ASEAN gehören die → Schwellenländer Indonesien, Thailand, die Philippinen, Singapur, Malaysia sowie seit 1984 Brunei an (Gesamteinwohnerzahl der ASEAN-Staaten 1990: rd. 330 Mio, EG: 343 Mio). Sitz des ASEAN-Sekretariats ist Jakarta/Indonesien. Generalsekretär der ASEAN ist Rusli Nooa (Indonesien, Amtszeit: 1989–1992).

Astra 1 C

Direktstrahlender Rundfunksatellit, der 16 Kanäle zur Ausstrahlung von Hörfunk- und Fernsehprogrammen bereitstellt. A. soll 1993 seinen Betrieb als dritter Satellit der luxemburgischen privaten Betreibergesellschaft Société Européenne des Satellites (SES) aufnehmen. Er steht im Weltall auf der gleichen Position wie Astra 1 A (seit 1988) und Astra 1 B (seit 1991) mit ebenfalls jeweils 16 Kanälen. Pro Kanal können ein Fernseh- und bis zu acht Hörfunkprogramme ausgestrahlt werden. Für 1994 plante die SES den Start von Astra 1 D (Kosten pro Satellit: 330 Mio DM), der Programme des → HDTV (High Definition Television, engl.; Hochauflösendes Fernsehen) in Kinoqualität übertragen soll.

Die Signale der Astra-Satelliten können europaweit von 32 Mio Haushalten über → Kabelanschluß oder mit einer → Parabolantenne empfangen werden (Durchmesser: 60 cm, Kosten inkl. Zusatzgerät zur Entschlüsselung der Satellitensignale 1992: ab 500 DM).

1992 strahlten Astra 1 A und 1 B 27 Fernseh- und 18 Hörfunkprogramme aus, 13 bzw. sieben davon waren deutschsprachig. Etwa 95% der Satellitenfernsehzuschauer in Europa sahen Astra-Programme.

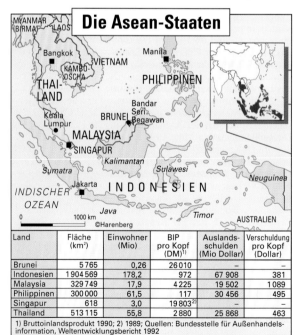

Die Asean-Staaten

Land	Fläche (km²)	Einwohner (Mio)	BIP pro Kopf (DM)[1]	Auslandsschulden (Mio Dollar)	Verschuldung pro Kopf (Dollar)
Brunei	5 765	0,26	26 010	–	–
Indonesien	1 904 569	178,2	972	67 908	381
Malaysia	329 749	17,9	4 225	19 502	1 089
Philippinen	300 000	61,5	117	30 456	495
Singapur	618	3,0	19 803[2]	–	–
Thailand	513 115	55,8	2 880	25 868	463

1) Bruttoinlandsprodukt 1990; 2) 1989; Quellen: Bundesstelle für Außenhandelsinformation, Weltentwicklungsbericht 1992

Gesetze lösen das Problem der Zuwanderung nicht

Die seit Ende der 80er Jahre andauernde Debatte um das deutsche Asylrecht drehte sich 1991/92 vor allem um die Einschränkung des Art. 16 GG, der politisch Verfolgten ein Recht auf Asyl garantiert. Während sich CDU und CSU von der Grundgesetzänderung eine Abnahme der Asylbewerberzahl erhofften, bezweifelte die SPD, daß sie zur Lösung des Problems beiträgt. 1991 stellten 256 000 Flüchtlinge in Deutschland Asylanträge (1990: 193 000, 1989: 121 000). Asylbewerber und → Ausländer wurden von Teilen der Bevölkerung zunehmend als Sündenböcke für innenpolitische Probleme wie → Wohnungsnot und → Arbeitslosigkeit verantwortlich gemacht. Die Asylpolitik war 1991/92 beherrschendes Thema der Wahlkämpfe. Unter dem Eindruck der Erfolge rechtsextremer Parteien bei Landtagswahlen (→ Wahlen) beschlossen CDU/CSU, FDP und SPD gemeinsam ein Gesetz zur Beschleunigung von Asylverfahren.

Zuwanderung hat viele Ursachen: Ausländer, die nach Deutschland einreisen, erhalten ein befristetes Visum (meist drei Monate). Nur wenn sie nachweisen, daß sie in ihrer Heimat politisch verfolgt werden, wird ihnen Asyl gewährt. Die gestiegenen Asylbewerberzahlen sind darauf zurückzuführen, daß Zuwanderer aus Osteuropa und Entwicklungsländern verstärkt den Asylweg beschreiten, weil sie in ihrer Heimat in wirtschaftlicher Not sind (→ Hunger). Auch vor dem Bürgerkrieg fliehende Jugoslawen, die 1991 mit 75 000 Personen die größte Gruppe stellten, beantragen Asyl. Flüchtlingsvertreter wiesen 1991/92 darauf hin, daß eine Gesetzesänderung nicht verhindern könnte, daß → Flüchtlinge nach Deutschland kommen. Der Zuwanderungsdruck könne nur vermindert werden, wenn die Ursachen der Fluchtbewegungen bekämpft würden.

Genfer Konvention garantiert Bleiberecht: Das Bundesamt für die Anerkennung ausländischer Flüchtlinge (Zirndorf) entschied 1991 über rd. 8% der Anträge positiv (rd. 20 500). 16,5% der abgelehnten Bewerber wurden anerkannt, nachdem sie gegen den Beschluß des Bundesamtes geklagt hatten. Eine Ablehnung führt nicht zwingend zur Abschiebung. In 60% der Fälle garantiert die Genfer Flüchtlingskonvention von 1951 den Menschen ein Bleiberecht, wenn ihnen im Heimatland Gefahr für Leib und Leben droht.

Asylverfahren werden beschleunigt: Am 1. 7. 1992 trat ein Gesetz in Kraft, das die Verweildauer von Asylbewerbern in Deutschland verkürzen soll. In offensichtlich unbegründeten Fällen soll das Verfahren in etwa sechs Wochen abgeschlossen sein. Die Länder sind verpflichtet, zentrale Lager für Asylbewerber einzurichten. Anträge können nur noch beim Bundesamt in Zirndorf gestellt werden, nicht mehr bei der örtlichen Ausländerbehörde. Binnen zwei Wochen entscheidet das Bundesamt, ob der Antrag offensichtlich unbegründet ist. Der Asylbewerber hat eine Woche Zeit, Klage zu erheben (vorher: im Regelfall drei Monate). Bestätigt ein Verwaltungsgericht das Votum des Bundesamtes, kann der Flüchtling sofort abgeschoben werden. Das Gesetz wurde von Flüchtlingsvertretern, Rechtsexperten und Grünen kritisiert, weil es für Asylbewerber unmöglich sei, fristgerecht einen Rechtsbeistand zu finden.

Union will Grundgesetz ändern: Die Unionsparteien wollen das Recht auf Asyl nicht mehr prüfen, wenn in einem EG-Mitgliedstaat bereits ein Asylantrag abgelehnt worden ist. Außerdem soll kein Asylrecht genießen, wer aus einem Drittstaat einreist, in dem ihm keine politische Verfolgung oder Abschiebung droht. Die CDU/CSU begründete die Änderung u. a. mit der Harmonisierung des Asylrechts in der EG (→ Schengener Abkommen). Kritiker wandten ein, daß auch nach dem Wegfall des Art. 16 GG ein Flüchtling nach rechtsstaatlichem Prinzip einen Anspruch auf individuelle Prüfung seines Falls habe. Außerdem könne eine europäische Einigung nur auf Grundlage der Genfer Flüchtlingskonvention erzielt werden.

SPD fordert Einwanderungsquoten: Nach Vorstellung der SPD und von Teilen der FDP sollten Einwanderungsquoten für sog. Wirtschaftsflüchtlinge festgelegt werden. Nur so könne verhindert werden, daß Menschen fälschlicherweise angeben, sie würden politisch verfolgt, um nach Deutschland einreisen zu können. Die Grünen lehnten Zuwanderungsbeschränkungen ab.   (IH)

Zweifel an Reaktorsicherheit nach Unfällen im Osten

Das Reaktorunglück im russischen Sosnowi Bor im März 1992, bei dem radioaktives Gas in die Atmosphäre gelangte, verstärkte die Furcht vor weiteren Unfällen in osteuropäischen Atomkraftwerken. Von den 57 Reaktoren gelten vor allem die 15 des veralteten Typs RBMK, zu denen auch der Reaktor in Sosnowi Bor gehört, als Sicherheitsrisiko. Das Europäische Parlament forderte Anfang 1992 ihre sofortige Stillegung. Der von Experten befürchtete größte anzunehmende Unfall (GAU) mit einer unkontrollierten Kernschmelze konnte in Sosnowi Bor durch Abschalten des Reaktors zwar verhindert werden, dennoch stufte die Internationale Atomenergie-Agentur (IAEA, Wien) den Unfall wegen der erhöhten → Strahlenbelastung als schweren Zwischenfall ein. Die CDU/CSU/FDP-Bundesregierung schloß aufgrund der hohen Sicherheitsstandards ähnliche Zwischenfälle in deutschen Kernkraftwerken aus und befürwortete den Ausbau der Kernenergie, weil Atomkraftwerke kein → Kohlendioxid ausstoßen, das zu globalen → Klimaveränderungen beitrage. SPD und Grüne warnten dagegen vor ungeklärten Risiken durch die Strahlenbelastung und die ungesicherte → Entsorgung (→ Endlagerung).

In Osteuropa ticken Zeitbomen: Die Risiken der RBMK-Reaktoren sind seit Mitte der 80er Jahre bekannt: 1986 kam es im 1992 stillgelegten Kraftwerk von Tschernobyl (Ukraine) zum schwersten Unglück des Atomzeitalters, bei dem das Reaktorgebäude zerstört wurde und große Mengen radioaktiver Substanzen in die Atmosphäre gelangten. 1991/92 waren aus dem Atomkraftwerk im bulgarischen Kosloduj wiederholt Störfälle gemeldet worden, bei denen radioaktive Gase in die Umgebung abgegeben wurden. Die bulgarische Regierung wies 1992 Forderungen der IAEA zurück, den Reaktor sofort abzuschalten, weil er einen erheblichen Beitrag zur Stromerzeugung leiste (rd. 25%). Bei RBMK- und den neueren WWER-Reaktoren in Osteuropa stellte die IAEA Mängel wie Materialverschleiß, schlecht geschultes Personal, unterdimensionierte Notkühlsysteme, unzureichende Sicherheitssysteme, mangelhaften Schutz vor Bränden und äußeren Einwirkungen sowie veraltete Steuereinrichtungen fest. Störfälle in osteuropäischen Kernkraftwerken Anfang der 90er Jahre seien z. T. nicht gemeldet worden.

Kernkraft soll Versorgung sichern: Für die Stromversorgung Osteuropas war die Kernkraft 1991/92 von großer Bedeutung. Sie trug 12% zur Stromversorgung in der GUS bei, 36% in Bulgarien und 51% in Ungarn. In den Staaten der GUS soll die Kernkraftkapazität bis zum Jahr 2000 von 25 000 MW 1991 mit modernen Kraftwerken auf 43 000 MW erweitert werden.

Grüne und SPD wiesen darauf hin, daß bei einem wirtschaftlicheren Energieeinsatz in Osteuropa auf Atomkraftwerke verzichtet werden könne. Der Energieeinsatz je produzierter kWh war dort 1991 doppelt so hoch wie in Westeuropa.

Nachrüstung kostet Milliarden: Die EG-Kommission schätzte den Finanzbedarf für die Nachrüstung der WWER-Reaktoren auf westlichen Sicherheitsstandard Anfang 1992 auf 13 Mrd bis 16 Mrd DM. Die Stillegung der RBMK-Reaktoren würde lt. Bundeswirtschaftsministerium 15 Mrd bis 20 Mrd DM erfordern. 1991 stellte die EG rd. 108 Mio DM für Reaktoren in der GUS bereit. Westliche Staaten vereinbarten Anfang 1992 in der sog. Europäischen → Energiecharta zwar Maßnahmen zur Verbesserung der Reaktorsicherheit in Osteuropa und der GUS, konnten sich aber bis Mitte 1992 nicht auf ein Finanzierungsprogramm einigen.

Risiken deutscher Kernkraft umstritten: Während Atomkraftwerksbetreiber Unfälle in der Größenordnung der Tschernobyl-Katastrophe in Deutschland ausschlossen, hielt das Öko-Institut (Freiburg/Br.) einen GAU für möglich. Westliche Kraftwerke seien z. B. nicht für Belastungen nach Kernschmelzunfällen ausgelegt.

Die Bundesregierung sah 1992 im Bau von Atomkraftwerken anstelle z. B. von Kohlekraftwerken ein Mittel, die Kohlendioxidemission bis 2005 um 20–30% gegenüber 1987 zu verringern. SPD und Grüne forderten dagegen einen Ausstieg aus der Atomenergie. Die SPD räumte jedoch Anfang 1992 eine Übergangsfrist von zehn bis 20 Jahren bis zur Abschaltung aller Kernkraftwerke ein (Anteil an der Stromerzeugung 1991: rd. 27,5%). Die Energieversorgungsunternehmen bestanden 1991 auf einen Konsens der großen Parteien in der Atomenergie, damit neue Bauvorhaben nicht durch wechselnde Regierungen behindert werden. (udo)

Atomtests

Zündung von nuklearen Sprengkörpern, um → Atomwaffen zu erproben. Frankreich will 1992 keine A. durchführen (1991: sechs Versuche). Großbritannien und China testeten von Mitte 1991 bis Juli 1992 jeweils einen Atomsprengkopf, die USA führten sieben A. durch. Die Sprengkraft des chinesischen A. war mit rd. 1000 kt die höchste seit 1976. Rußland hatte Mitte 1992 nicht über die Wiederaufnahme von A. entschieden. Im Oktober 1991 war vom sowjetischen Präsidenten Michail Gorbatschow ein einjähriges Moratorium verfügt worden. Der russische Präsident Boris Jelzin schlug den USA Anfang 1992 Gespräche über eine Begrenzung der A. vor. Das ehemalige sowjetische Atomtestgelände Semipalatinsk/Kasachstan soll für die Zerstörung von Atomwaffen genutzt werden. Die USA erklärten Mitte 1992, daß sie auf A. nicht verzichten werden. 1990 ratifizierten die Parlamente der USA und der Sowjetunion zwei Abkommen von 1974 und 1976, die A. auf eine Stärke von 150 kt herkömmlichen Sprengstoffs begrenzen. Das Atomteststoppabkommen von 1963 verpflichtet die Unterzeichnerstaaten, keine A. in der Atmosphäre, im Weltraum und unter Wasser durchzuführen. Die Atommächte Frankreich und China gehörten bis Mitte 1992 nicht zu den Unterzeichnern des Vertrags, führten jedoch seit 1975 bzw. 1981 nur unterirdische A. durch. Frankreich nutzt für seine A. das Moruroa-Atoll im Südpazifik, die USA und Großbritannien das Atomtestgelände im US-Staat Nevada und China das Wüstengebiet von Lop Nor.

Atomwaffen

→ Übersichtsartikel S. 44

Ausländer

1991 lebten 5,6 Mio A. in Deutschland (ca. 6,5% der Bevölkerung), davon rd. 120 000 in der ehemaligen DDR. Etwa 75% der A. stammen aus Griechenland,

Cornelia Schmalz-Jacobsen, Ausländerbeauftragte
* 11. 11. 1934 in Berlin, deutsche Politikerin (FDP). 1972–1985 Münchener Stadträtin, 1985–1988 Senatorin für Jugend und Familie in Berlin/West, 1988–1991 FDP-Generalsekretärin, ab August 1991 Ausländerbeauftragte der Bundesregierung.

Italien, Jugoslawien, Marokko, Portugal, Spanien, Türkei und Tunesien. Am höchsten war der A.-Anteil in Europa 1990 in der Schweiz mit 164 von 1000 Einwohnern (Deutschland: 78 von 1000). 1991/92 waren A., insbes. → Asylbewerber, in Deutschland zunehmend Opfer von Gewalttaten (→ Rechtsextremismus → Skinheads). Im Dezember 1991 vereinbarten die EG-Mitgliedstaaten, bis 1994 ein kommunales Wahlrecht für A. aus EG-Ländern einzuführen (→ EG-Bürgerschaft).

Zuwanderung: Die Zahl der Einwanderer in den alten Bundesländern hat einer Studie der Organisation für wirtschaftliche Zusammenarbeit und Entwicklung (OECD, Paris) vom Herbst 1991 zufolge seit 1980 jedes Jahr um rd. 24% zugenommen. 1986–1991 war Deutschland in der OECD das Land mit der größten A.-Zuwanderung.

Arbeitskräfte: 1991 stellte die Bundesanstalt für Arbeit (Nürnberg) rd. 180 000 Arbeitserlaubnisse für neu eingereiste A. aus. Der größte Teil sind sog. allgemeine Arbeitserlaubnisse, die nur erteilt werden, wenn ein Arbeitsplatz nicht von einem Deutschen oder bereits in Deutschland lebenden A. besetzt werden kann. Nach Angaben des Instituts

Ausländer in Düsseldorf unverzichtbar
In einem Szenario ließ der Sozialdezernent von Düsseldorf Anfang 1992 errechnen, welche wirtschaftliche Bedeutung Ausländer für Düsseldorf haben. Die Beamten kamen zu dem Schluß, daß es in der nordrhein-westfälischen Landeshauptstadt ohne Ausländer zu wirtschaftlichen Einbrüchen kommen würde. Die fehlenden Konsumenten würden sich mit einem Umsatzrückgang von rd. 10% bemerkbar machen. Etwa 15% der Lohnsteuer fiele aus. Die Stellen ausländischer Arbeitnehmer könnten nur zu einem Bruchteil mit arbeitslosen Deutschen besetzt werden. Bei Reinigungsberufen z. B. sind in Düsseldorf 30% Ausländer, im städtischen Fuhramt 15% der Beschäftigten und im Düsseldorfer Großunternehmen Mannesmann 40 % der Belegschaft.

Ausländische Schulabgänger

Abschluß 1990	Jugendliche	Anteil an Abgängern (%)
Hauptschule	315 000	15,1
Mittlere Reife	164 000	6,5
Abitur	46 000	2,4
Ohne Abschluß	15 000	21,8

Quelle: Statistisches Bundesamt (Wiesbaden)

Atomwaffen

Kooperation und Abrüstung gegen nukleare Gefahr

Die USA und Rußland einigten sich im Juni 1992 auf die bis dahin umfangreichste Reduzierung → Strategischer Waffen, die bis zum Jahr 2003 auf 3000–3500 Sprengköpfe verringert werden sollen. Der Abrüstungsvertrag vom Juli 1991 hatte den USA rd. 9500 und der UdSSR 6500 Gefechtsköpfe erlaubt (Quelle: SIPRI; → START). Rußland, auf dessen Territorium 1991/92 rd. 80% des Atompotentials der Gemeinschaft Unabhängiger Staaten (→ GUS) stationiert waren, wird als einziger Nachfolgestaat der Sowjetunion Atommacht. Alle taktischen Atomwaffen (Reichweite unter 5500 km) wurden bis Mitte 1992 zur Vernichtung nach Rußland gebracht. Eine umweltgerechte Entsorgung der zu demontierenden Waffen war Anfang der 90er Jahre weitgehend ungeklärt (→ Rüstungsmüll). Sowjetischen Wissenschaftlern, die für Entwicklung und Bau von Atomwaffen zuständig waren, sollen in einem Internationalen Zentrum berufliche Alternativen geboten werden, um ihre Abwerbung für Atomprogramme insbes. in Entwicklungsländern zu verhindern.

Radikale Abrüstung, aber kein Verzicht: In mehreren Abrüstungsinitiativen erklärten die USA und die Sowjetunion bzw. Rußland, die Modernisierung oder Produktion von Interkontinentalraketen und Langstreckenbombern einzustellen. Beide Seiten wollen zudem auf ihre landgestützten taktischen Atomwaffen verzichten (→ Kurzstreckenwaffen). Während Rußland die Abschaffung aller Atomwaffen befürwortet, wollen die USA ihr Arsenal nicht vollständig abbauen. Die → NATO betrachtet ihr Nuklearpotential als oberste Sicherheitsgarantie der Allianz gegen einen militärischen Angriff. Frankreich verzichtete im Juni 1992 auf die Stationierung neuer Kurzstreckenraketen. Großbritannien will seine seegestützten taktischen Atomwaffen abbauen, hielt jedoch an der Modernisierung seiner strategischen Atomwaffen fest.

Abrüstung kostet Geld und Arbeitsplätze: Die USA stellten Mitte 1992 die Herstellung von Atomwaffen ein. Sieben der elf Produktionsstätten sollen geschlossen werden, die übrigen sollen die Wartung der vorhandenen Waffen übernehmen. Das Personal wird bis 2005 auf etwa 20 000 halbiert. Mitte 1992 schätzte das US-Energieministerium die Ausgaben für die Beseitigung des ato-maren Mülls und die Aufbereitung des verseuchten Bodens in den Rüstungsfabriken in den folgenden 30 Jahren auf rd. 150 Mrd–200 Mrd Dollar (229 Mrd–305 Mrd DM).

Die russische Regierung ging Anfang 1992 davon aus, daß 2000–3000 sowjetische Nuklearspezialisten in dem in der GUS entstehenden Internationalen Zentrum arbeiten werden, an dem sich die USA und die EG jährlich mit je 25 Mio Dollar (38 Mio DM) beteiligen (Finanzbedarf: 100 Mio Dollar, 152 Mio DM). Die Wissenschaftler sollen insbes. in der → Rüstungskonversion und im Energie-, Umwelt- und Gesundheitssektor eingesetzt werden. Zudem werden ihre Kenntnisse bei der Verschrottung und Wartung der Atomwaffen benötigt. 1991/92 waren in der Atomwaffenindustrie der GUS rd. 100 000 Arbeitnehmer beschäftigt.

Rußland übernimmt sowjetische Atomwaffen: Weißrußland, die Ukraine und Kasachstan kündigten im Mai 1992 an, den Atomwaffensperrvertrag, der seine Mitglieder zur friedlichen Nutzung von Atomenergie und Nichtverbreitung von Atomwaffentechnik verpflichtet (Mitte 1992: 147 Unterzeichner), als Nicht-Nuklearstaaten zu unterzeichnen und die strategischen Waffen bis Ende des Jahrhunderts zu zerstören bzw. Rußland zu übergeben. Mitte 1992 lagerten in Weißrußland, der Ukraine und Kasachstan noch rd. 2400 Sprengköpfe strategischer Waffen. Sie unterstehen dem zentralen Kommando der GUS-Streitkräfte in Moskau. Die Entscheidungsgewalt über einen Einsatz hat der russische Präsident.

Gefahr einer Verbreitung nicht gebannt: Aufgrund internationalen Drucks, insbes. der USA, trat China Anfang 1992 dem Atomwaffensperrvertrag bei. Korea-Nord öffnete seine Atomanlagen für Inspektionen der IAEA. Frankreich unterzeichnete im Juni 1992 als letzte der fünf offiziellen Atommächte den Sperrvertrag. Mitte 1992 arbeiteten etwa elf weitere Staaten heimlich an Atomwaffenprogrammen. Anfang 1992 räumte Pakistan ein, über die Fähigkeiten und das technische Wissen für den Bau von Nuklearwaffen zu verfügen. Der Irak zerstörte im Mai 1992 unter der Aufsicht von UNO-Inspektoren sein wichtigstes Atomforschungszentrum.   (au)

der Deutschen Wirtschaft (Köln) von 1992 sind ausländische Arbeitnehmer auf dem deutschen Arbeitsmarkt unverzichtbar. Sie übten oft Tätigkeiten aus, für die sich keine deutschen Arbeitnehmer finden lassen, z. B. im Hotel- und Gaststättengewerbe, in der Metallverarbeitung und im Baugewerbe. Außerdem zahlten A. wegen des hohen Anteils junger Arbeitskräfte in die Rentenversicherung mehr Geld ein, als sie erhielten. **Wahlrecht:** In Deutschland muß für das kommunale Wahlrecht für A. das → Grundgesetz geändert werden. Im Juli 1991 hatte das Bundesverfassungsgericht (Karlsruhe) entschieden, daß ein kommunales Wahlrecht für alle A., wie es in Bremen und Hamburg geplant war, dem Grundgesetz widerspricht. Ausländervertreter und die Grünen kritisierten 1992, daß das kommunale Wahlrecht für EG-Bürger zu einer Diskriminierung von A. aus Nicht-EG-Staaten führe.

Außenwirtschaft

Wirtschaftliche Beziehungen eines Staates mit dem Ausland. Die deutsche Leistungsbilanz wies 1991 erstmals seit zehn Jahren ein Defizit auf, es belief sich auf 34,3 Mrd DM; 1990 erwirtschaftete die Bundesrepublik noch einen Überschuß von 77,4 Mrd DM. In der Leistungsbilanz werden Handel, Dienstleistungen (z. B. Tourismus) und Übertragungen (unentgeltliche Leistungen wie Überweisungen an internationale Organisationen) zusammengefaßt. Für 1992 erwarteten die führenden Wirtschaftsforschungsinstitute in ihrem Frühjahrsgutachten einen Rückgang des Leistungsbilanzdefizits auf 17 Mrd DM. **Leistungsbilanzdefizit:** Hauptgrund für das Defizit in der deutschen Leistungsbilanz 1991 war hohe Nachfrage in Ostdeutschland nach ausländischen Gütern. Hinzu kam der Beitrag zum Golfkrieg zwischen Irak und Kuwait Anfang des Jahres (11,5 Mrd DM). **Importe:** Der Überschuß in der Handelsbilanz ging 1991 auf 20,8 Mrd DM zurück (BRD 1990: 105,4 Mrd DM). Maßgeblich war der Anstieg der Im-

Die Zahlungsbilanz der Bundesrepublik Deutschland

Position	Wert (Mrd DM)[1]		
	1989	1990	1991[2]
Leistungsbilanz			
Ausfuhr	641,0	662,0	666,2
Einfuhr	506,5	556,7	645,4
Saldo der Handelsbilanz	+134,6	+105,4	+ 20,8
Ergänzungen/Transithandel	– 1,1	– 0,7	+ 1,3
Einnahmen	190,1	213,9	230,0
Ausgaben	181,9	205,6	228,1
Saldo der Dienstleistungsbilanz	+ 8,2	+ 8,4	+ 1,8
Fremde Leistungen	20,4	21,8	21,8
Eigene Leistungen	54,4	57,5	79,9
Saldo der Übertragungsbilanz	– 34,0	– 35,6	– 58,1
Saldo der Leistungsbilanz	+107,6	+77,4	– 34,3
Kapitalbilanz			
Direktinvestitionen	– 13,9	– 33,6	– 30,8
Deutsche Anlagen im Ausland	– 26,5	– 36,1	– 34,4
Ausländische Anlagen im Inland	+ 12,6	+ 2,5	+ 3,7
Wertpapiere/Schuldscheine	– 10,3	– 7,4	+ 38,1
Kredite der Banken	+ 13,0	– 20,2	– 27,7
Kredite öffentlicher Stellen	– 4,3	– 5,5	– 2,5
Sonstiges	– 7,7	– 1,7	– 4,8
Saldo des langfristigen Kapitalverkehrs	– 23,3	– 68,5	– 27,7
Banken	– 56,7	+ 0,7	+ 39,6
Wirtschaftsunternehmen	– 51,6	– 20,4	+ 11,9
Öffentliche Hand	– 4,6	– 6,2	– 4,6
Saldo des kurzfristigen Kapitalverkehrs	–112,9	– 26,0	+ 46,8
Saldo der Kapitalbilanz	–136,2	– 94,5	+ 19,1
Restposten	+ 9,5	+ 28,0	+ 15,5
Ausgleichsposten	– 2,6	– 5,1	+ 0,5
Saldo der Zahlungsbilanz	– 21,6	+ 5,9	+ 0,8

1) ab Juli 1990 inkl. Ostdeutschland; 2) vorläufig; Quelle: Deutsche Bundesbank

porte auf 645,4 Mrd DM (BRD 1990: 556,7 Mrd DM). Insbes. stieg die Einfuhr von Autos um 40%, wovon der größte Teil in Ostdeutschland zugelassen wurde (→ Auto-Branche). Die meisten Einfuhren stammten 1991 mit 52% aus der EG (→ EG-Konjunktur). **Exporte:** Die deutschen Ausfuhren stiegen 1991 geringfügig auf 666,2 Mrd DM (BRD 1990: 662,0 Mrd DM). Wichtige Ursache war geringes Wirtschaftswachstum in den Industriestaaten (→ Weltwirtschaft). Insbes. der Auto-Export ging zurück. Während 1989 ca. 50% der deutschen PKW-Produktion exportiert wurde, betrug die Export-Quote 1991 noch rd. 40%. Die ostdeutschen Ausfuhren wurden dadurch erschwert, daß die von einer Wirtschaftskrise belasteten Staaten → Osteuropas mit einem Anteil von rd. 70% wichtigste

Außenhandel in Daten und Zahlen

	Deutschland[1] 1990 Wert (Mrd DM)	Anteil (%)	1991[2] Wert (Mrd DM)	Anteil (%)	Westdeutschland 1990 Wert (Mrd DM)	Anteil (%)	1991[2] Wert (Mrd DM)	Anteil (%)	Ostdeutschland 1990 Wert (Mrd DM)	Anteil (%)	1991[2] Wert (Mrd DM)	Anteil (%)
Deutscher Außenhandel nach Ländergruppen												
Ursprungsländer					**Deutsche Einfuhr**							
Westliche Industriestaaten	460,2	80,2	525,5	81,4	454,5	82,6	521,6	82,3	5,7	24,8	3,9	34,9
EG-Länder	289,3	50,4	335,2	51,9	286,6	52,1	332,9	52,5	2,7	11,7	2,3	20,8
EFTA-Länder	76,4	13,3	82,1	12,7	74,3	13,5	80,9	12,8	2,1	9,3	1,1	10,2
USA	37,2	6,5	43,0	6,7	37,0	6,7	42,9	6,8	0,2	1,0	0,1	1,0
Kanada	4,6	0,8	4,8	0,8	4,5	0,8	4,8	0,8	0,1	0,2	0,0	0,1
Entwicklungsländer	67,5	11,8	74,8	11,6	66,2	12,0	74,1	11,7	1,3	5,6	0,7	6,1
OPEC-Länder	14,2	2,5	15,3	2,4	14,1	2,6	15,0	2,4	0,1	0,4	0,2	2,1
Staatshandelsländer	45,0	7,8	44,8	6,9	29,6	5,4	38,2	6,0	15,4	67,4	6,6	59,0
Europa	36,6	6,4	33,0	5,1	21,8	4,0	26,4	4,2	14,9	65,0	6,5	58,0
Asien	8,4	1,5	11,9	1,8	7,8	1,4	11,7	1,9	0,6	2,4	0,1	1,0
Insgesamt	573,5	100	645,4	100	550,6	100	634,1	100	22,9	100	11,3	100
Bestimmungsländer					**Deutsche Ausfuhr**							
Westliche Industriestaaten	554,3	81,4	550,2	82,6	549,2	85,4	545,8	84,2	5,1	13,4	4,5	25,0
EG-Länder	353,4	51,9	360,0	54,0	350,4	54,5	357,0	55,1	2,9	7,7	3,0	16,6
EFTA-Länder	106,4	15,6	103,7	15,6	104,9	16,3	102,6	15,8	1,5	4,0	1,1	5,9
USA	47,0	6,9	41,7	6,3	46,9	7,3	41,6	6,4	0,1	0,4	0,1	0,8
Kanada	4,7	0,7	5,0	0,7	4,7	0,7	5,0	0,8	0,0	0,1	0,0	0,1
Entwicklungsländer	67,2	9,9	72,7	10,9	65,0	10,1	71,3	11,0	2,1	5,6	1,4	7,8
OPEC-Länder	218,6	2,7	21,6	3,2	18,2	2,8	21,3	3,3	0,4	1,0	0,3	1,6
Staatshandelsländer	58,0	8,5	42,2	6,3	27,5	4,3	30,1	4,6	30,5	80,1	12,1	67,4
Europa	53,3	7,8	37,9	5,7	23,5	3,6	26,0	4,0	29,8	78,3	11,9	66,5
Asien	4,7	0,7	4,3	0,6	4,0	0,6	4,1	0,6	0,7	1,8	0,2	1,0
Insgesamt	680,9	100	666,2	100	642,8	100	648,2	100	38,1	100	18,0	100
Deutscher Außenhandel nach Waren												
					Deutsche Einfuhr							
Nahrungsmittel, Tiere	47,7	8,3	53,6	8,3	46,4	8,4	53,2	8,4	1,3	5,7	0,4	3,6
Getränke und Tabak	5,7	1,0	6,6	1,0	5,4	1,0	6,5	1,0	0,3	1,4	0,1	0,8
Rohstoffe	31,0	5,4	28,6	4,4	29,5	5,4	28,1	4,4	1,4	6,2	0,5	4,6
Mineralische Brennstoffe, Schmiermittel usw.	51,1	8,9	53,6	8,3	45,5	8,3	49,4	7,8	5,6	24,3	4,2	37,3
Tierische und pflanzliche Öle, Fette und Wachse	1,6	0,3	1,6	0,2	1,5	0,3	1,6	0,3	0,0	0,1	0,0	0,1
Andere chemische Erzeugnisse	51,0	8,9	54,2	8,4	49,7	9,0	53,6	8,4	1,4	5,9	0,6	5,4
Bearbeitete Waren	102,2	17,8	106,7	16,5	98,3	17,8	105,1	16,6	3,9	17,1	1,6	13,9
Maschinenbauerzeugnisse und Fahrzeuge	184,7	32,2	226,2	35,0	178,1	32,3	223,1	35,2	6,6	29,1	3,1	27,2
Verschiedene Fertigwaren	84,6	14,7	102,7	15,9	83,1	15,1	102,0	16,1	1,5	6,5	0,7	6,2
Andere Waren und Verkehrsvorgänge	14,0	2,4	11,7	1,8	13,1	2,4	11,6	1,8	0,8	3,6	0,1	1,0
Insgesamt	573,5	100	645,4	100	550,6	100	634,1	100	22,9	100	11,3	100
					Deutsche Ausfuhr							
Nahrungsmittel, Tiere	26,4	3,9	29,2	4,4	25,1	3,9	27,6	4,3	1,3	3,4	1,6	8,9
Getränke und Tabak	3,8	0,6	4,2	0,6	3,7	0,6	4,2	0,6	0,1	0,1	0,1	0,3
Rohstoffe	12,3	1,8	12,5	1,9	11,7	1,8	12,1	1,9	0,6	1,6	0,4	2,3
Mineralische Brennstoffe, Schmiermittel usw.	9,0	1,3	8,2	1,2	8,2	1,3	7,9	1,2	0,8	2,2	0,3	1,6
Tierische und pflanzliche Öle, Fette und Wachse	1,6	0,2	1,5	0,2	1,5	0,2	1,5	0,2	0,0	0,0	0,0	0,0
Andere chemische Erzeugnisse	85,7	12,6	84,7	12,7	81,7	12,7	82,2	12,7	4,0	10,4	2,5	14,1
Bearbeitete Waren	118,5	17,4	113,3	17,0	113,5	17,7	110,9	17,1	5,0	13,2	2,4	13,3
Maschinenbauerzeugnisse und Fahrzeuge	337,5	49,6	326,4	49,0	317,2	49,4	317,4	49,0	20,2	53,2	9,0	50,0
Verschiedene Fertigwaren	77,3	11,3	74,5	11,2	71,7	11,2	73,0	11,3	5,6	14,6	1,5	8,6
Andere Waren und Verkehrsvorgänge	8,9	1,3	11,6	1,7	8,4	1,3	11,5	1,8	0,5	1,3	0,2	0,9
Insgesamt	680,9	100	666,2	100	642,8	100	648,2	100	38,1	100	18,0	100

1) Werte beziehen sich auch für ganz 1990 auf Gesamtdeutschland; 2) Vorläufiges Ergebnis; Quelle: Statistisches Bundesamt

Handelspartner blieben (→ Osthandel) → Rüstungsexport.

Kapital: 1991 wurden in Deutschland weiter hohe Abflüsse im langfristigen Kapitalverkehr (z. B. Investitionen im Ausland, Kauf ausländischer Wertpapiere) verzeichnet (27,7 Mrd DM), die durch Geldimporte im kurzfristigen Kapitalverkehr (insbes. durch Banken) ausgeglichen wurden (46,8 Mrd DM).

Beurteilung: Für die → Konjunktur-Entwicklung gilt Gleichgewicht zwischen Ex- und Importen als Ziel. Bei Ausfuhr-Überschuß werden zwar Einnahmen erzielt, exportabhängige Wirtschaft gefördert und das → Bruttosozialprodukt erhöht. Andererseits verlassen Güter das Land, die der eigenen Bevölkerung nicht mehr zur Verfügung stehen, und das Ungleichgewicht kann Strafmaßnahmen anderer Staaten nach sich ziehen (→ GATT → Protektionismus). Der Abfluß von Kapital aus Industrieländern gilt als erwünscht, soweit er dazu beiträgt, → Entwicklungsländern beim Aufbau ihrer Wirtschaft zu helfen. → Wirtschaftssanktionen

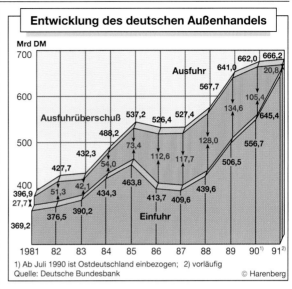

Entwicklung des deutschen Außenhandels

Mrd DM

1) Ab Juli 1990 ist Ostdeutschland einbezogen; 2) vorläufig
Quelle: Deutsche Bundesbank   © Harenberg

Aussiedler

Aus Ost- und Südosteuropa nach Deutschland übergesiedelte deutschstämmige Personen, ihre nichtdeutschen Ehegatten und deren Kinder. 1991 sank die Zahl der A. um 44% gegenüber dem Vorjahr auf 221 995. Etwa zwei Drittel aller A. waren → Rußlanddeutsche. Die Zahl der A. aus Polen und Rumänien nahm jeweils um zwei Drittel ab. Von Januar bis Mai 1992 kamen insgesamt 13 000 A. weniger nach Deutschland als im gleichen Zeitraum 1991. Im Juni 1992 kündigte Bundesfinanzminister Theo Waigel (CSU) die Streichung der Leistungen für A. nach dem Arbeitsförderungsgesetz ab 1993 an. Darunter fallen z. B. das Eingliederungsgeld, die Finanzierung von Sprachkursen und Weiterbildungsmaßnahmen. Waigel rechnete für 1993 mit einer Einsparung von 3 Mrd DM.

Rückgang: Die Abnahme der A.-Zahlen führte das Bundesinnenministerium vor allem auf das seit 1990 geltende Aufnahmeverfahren zurück, bei dem A. den Aufnahmeantrag in ihrer Heimat stellen müssen. Ein weiterer Grund seien die wirtschaftlichen Hilfen im Wert von 200 Mio DM, die 1991 von der CDU/CSU/FDP-Bundesregierung für Deutsche in Aussiedlungsgebieten geleistet wurden. In einem Ende 1991 vorgelegten Bericht vertrat das bayerische Staatsministerium für Sozialordnung die Auffassung, die Abnahme der A.-Zahlen sei lediglich auf einen Rückstau der Anträge durch das neue Antragsverfahren zurückzuführen. Die in der Heimat gestellten Anträge müssen an das Bundesverwaltungsamt (Köln) weitergeleitet werden. In der Kölner Behörde seien im Herbst 1991 noch 73,4% der seit 1990 eingegangenen Anträge unerledigt gewesen.

Einwanderungsquoten: SPD und Grüne forderten Anfang 1992, den Zuzug von A. zu beschränken. Die stellvertretende SPD-Vorsitzende Herta Däubler-Gmelin sprach sich dafür aus, 1992 höchstens 100 000 A. aufzunehmen. Für die einzelnen Aussiedlungsgebiete sollten Einwanderungsquoten

Herkunftsgebiete der Aussiedler

Land	Aussiedler 1991		Aussiedler 1990	
	Anzahl	Anteil (%)	Anzahl	Anteil (%)
Ehemalige Sowjetunion	147 320	66,7	147 950	37,3
Polen	40 129	17,8	133 872	33,7
Rumänien	32 178	14,5	111 150	28,0
Sonstige	2 368	1,0	4 150	0,9

Quelle: Bundesinnenministerium

festgelegt werden. SPD und Grüne setzten sich für eine Änderung des Art. 116 GG ein, in dem festgelegt ist, daß Deutscher ist, wer seine Deutschstämmigkeit nachweisen kann. Sie schlugen vor, die Staatsbürgerschaft nach dem Geburtsland zu regeln. Wer in Deutschland geboren ist oder deutsche Eltern hat, sollte deutscher Staatsbürger sein. Deutschstämmige sollten für die Zuerkennung der deutschen Staatsbürgerschaft die gleichen Bedingungen erfüllen wie → Ausländer. CDU, CSU und FDP sprachen sich für eine Beibehaltung des Art. 116 GG aus.

Auto-Branche

Die deutsche Automobilindustrie steigerte 1991 mit 5,02 Mio Fahrzeugen den Produktionsrekord von 1990 (4,98 Mio) erneut. Die Zahl der Neuzulassungen

Edzard Reuter, Vorstandsvorsitzender von Daimler-Benz
* 16. 2. 1928 in Berlin, deutscher Industriemanager. 1964 Eintritt bei Daimler-Benz, ab 1976 Vorstandsmitglied. 1987 Vorsitzender. Daimler-Benz AG war 1991 mit 95,0 Mrd DM Umsatz und 379 300 Beschäftigten größtes deutsches Industrieunternehmen.

Ferdinand Piëch, designierter Vorstandsvorsitzender von VW
* 17. 4. 1937 in Wien, österreichischer Industriemanager. 1988 Vorstandsvorsitzender von Audi. 1992 als Nachfolger von Carl H. Hahn zum Vorstandsvorsitzenden der VW AG bestimmt, 1991 zweitgrößtes deutsches Industrieunternehmen.

Eberhard von Kuenheim, Vorstandsvorsitzender von BMW
* 2. 10. 1928 in Juditten (heute Polen), deutscher Berufung zum BMW-Vorstandsvorsitzenden. 1992 erstmals höhere Produktionsprognosen für BMW als für Mercedes, dem Hauptkonkurrenten in der Auto-Spitzenklasse.

lag bei 4,67 Mio Kfz, davon 3,84 Mio in den westdeutschen Bundesländern (Anstieg gegenüber 1990: 13,3%). Grund für den Produktionszuwachs war der Nachholbedarf in den ostdeutschen Bundesländern und in Osteuropa. Der europäische Automarkt wird ab 1992 vor japanischen Importen geschützt.

Rekord: Bei einem weltweiten Rückgang des Kraftfahrzeugbaus um 4% steigerten die deutschen Hersteller 1991 die Produktion gegenüber dem Vorjahr um 1%. In der deutschen Autoindustrie waren 1991 rd. 787 000 Arbeitnehmer beschäftigt (2,2% der Erwerbstätigen), der Umsatz betrug 217 Mrd DM (1990: 206 Mrd DM). Bis 1994 rechneten die Hersteller mit einer sinkenden Nachfrage in Ostdeutschland und begannen, Stellen abzubauen (Arbeitsplatzabbau 1991: 10 000).

Importe: 1991 stammten in Deutschland 35% aller PKW von ausländischen Herstellern (1990: 33%). In Ostdeutschland wurden 1991 mehr ausländische als deutsche Modelle neu zugelassen (57%). Die wichtigsten Herkunftsländer der importierten Autos waren Japan und Frankreich. Der Export in Deutschland hergestellter Autos ging 1991 um 16% auf 2,18 Mio zurück. → Außenwirtschaft

Osteuropa: Eine Studie der britischen Unternehmensberatung DRI/Mc Graw Hill sagte 1992 eine Vergrößerung des PKW-Marktes in den osteuropäischen Staaten Bulgarien, Jugoslawien, ČSFR, Ungarn, Polen und Rumänien um rd. ein Drittel auf jährlich 1,5 Mio verkaufte Autos voraus. 1991 stammten 34,4% der dort verkauften PKW aus heimischer Produktion (1988: 55,9%), 43,8% waren importierte Gebrauchtwagen (1988: 4,6%), und 21,8% wurden als Neuwagen aus westlichen Ländern importiert (1988: 39,6%).

Die Autoproduktion in diesen Staaten nahm zwischen 1988 und 1991 aufgrund von Schwierigkeiten bei der Umstellung von der Plan- auf die Marktwirtschaft und der steigenden Einfuhren aus dem Westen um 27% ab (1991: rd. 640 000 PKW).

Weiter auf Seite 50

Auto in Daten und Zahlen

Meistverkaufte PKW-Modelle in Deutschland 1991

Rang	Modell	Verkaufte Autos		
		Ins-gesamt	Alte Länder	Neue Länder
1	VW Golf	353 705	310 052	43 653
2	Opel Kadett	261 308	198 442	62 866
3	VW Passat	210 921	193 594	17 327
4	Opel Vectra	185 736	157 520	28 216
5	Mercedes 200-300 E	144 960	142 094	2 866
6	Audi 80/90	137 909	119 503	18 406
7	Ford Escort	131 707	105 381	26 326
8	Ford Fiesta	130 923	103 238	27 685
9	BMW 3er	125 472	118 931	6 541
10	VW Polo	123 079	101 087	21 992

Quelle: Kraftfahrtbundesamt (Flensburg)

PKW-Verkehr in Osteuropa

Land	PKW (Mio)	Autos je 1000 Einw.	Straßennetz (1000 km)
Ehemalige Sowjetunion	13,23	46	–
Polen	4,85	127	360,9
Jugoslawien	3,34	141	122,6
ČSFR	3,12	200	73,1
Ungarn	1,85	177	105,4
Bulgarien	1,27	141	36,9
Rumänien	0,85	37	72,8
Zum Vergleich:			
Deutschland[1]	26,91	429	500,2
Japan	32,62	256	1 110,0
USA	141,25	572	6 237,3

Stand: 1989; 1) alte Bundesländer; Quellen: Statistisches Bundesamt, International Road Federation (Genf)

Meistverkaufte ausländische PKW-Modelle 1991

Rang	Modell	Verkaufte Autos		
		Ins-gesamt	Alte Länder	Neue Länder
1	Renault 19	97 262	53 318	43 944
2	Renault Clio	82 279	58 248	24 031
3	Toyota Corolla	52 870	37 959	14 911
4	Fiat Uno	51 302	42 767	8 535
5	Mazda 323	49 957	40 819	9 138
6	Peugeot 205	46 472	37 581	8 891
7	Fiat Panda	43 071	36 034	7 037
8	Seat Ibiza	42 950	21 117	21 833
9	Honda Civic Shuttle	40 173	32 776	7 397
10	Mitsubishi Colt/Lancer	39 055	23 076	15 979

Quelle: Kraftfahrtbundesamt (Flensburg)

Produktion und Export in Europa 1991

Land	PKW (Mio)		Export
	Produktion	Neu-zulassungen	
Deutschland	5,0	4,16	2,4
Frankreich	3,6	2,03	2,2
Spanien	2,1	0,89	1,5
Italien	1,9	2,34	0,8
Großbritannien	1,5	1,59	0,7

Quelle: Verband der Automobilindustrie (Frankfurt/M.)

Absatz von PKW in Deutschland 1991

Hersteller	Neu-zulassungen	Veränderung zu 1990 (%)	Marktanteil (%)
VW/Audi	1 013 480	30,4	24,3
Opel	717 100	37,0	17,2
Ford	426 454	41,9	10,3
Mercedes-Benz	291 536	11,5	7,0
BMW	231 616	21,5	5,6
Renault	222 617	108,2	5,4
Fiat	194 699	82,1	4,7
Peugeot	183 417	116,2	4,4
Nissan	151 157	63,4	3,6
Toyota	113 389	19,7	2,7
Mazda	112 965	13,5	2,7
Seat	94 725	119,7	2,3
Mitsubishi	88 117	19,3	2,1
Honda	62 831	15,6	1,5
Ingesamt	4 160 000	27,1	

Quelle: Kraftfahrtbundesamt (Flensburg)

Weltautomobilmarkt

Region	1991	1992[1]	1993[1]	Veränderung 1991 zu 1993 (%)
Produktion				
EG	12 826	12 866	13 464	+ 5,0
West-Europa	13 103	13 179	13 815	+ 5,4
USA	5 733	6 238	6 702	+ 17,0
Japan	9 753	9 618	9 882	+ 1,3
Korea-Süd	1 128	1 268	1 429	+ 26,7
Insgesamt	34 266	34 958	37 053	+ 8,1
Verkauf				
EG	12 580	12 440	12 582	0,0
West-Europa	13 526	13 391	13 584	+ 0,4
USA	8 373	8 695	9 805	+ 17,1
Japan	4 868	4 674	4 814	– 1,1
Korea-Süd	745	836	919	+ 23,3
Insgesamt	34 202	34 649	36 746	+ 7,4

1) Schätzungen; Quelle: Financial Times, 8. 6. 1992

49

Schwachpunkte beim TÜV-Test 1991

Mangel	Beanstandete Autos (%)	
	5 Jahre alt	10 Jahre alt
Rost	–	20,7
Handbremse	5,7	15,5
Ölverlust	5,7	16,4
Fußbremse	5,5	9,7
Auspuff	5,3	9,1
Bereifung/Räder	4,8	–
Abblendlicht	4,7	9,4

Quelle: TÜV Deutschland

Schranken gegen Japan: Ein 1992 zwischen Japan und der EG-Kommission abgeschlossenes Abkommen sieht eine bis 1999 gültige sog. freiwillige Selbstbeschränkung japanischer Hersteller beim Export von Autos in die EG vor. 1992 sollen 6% weniger Fahrzeuge eingeführt werden als 1991 (Einfuhr 1991: 1,25 Mio). Japanische Hersteller dürfen, einschließlich ihrer Produktion in EG-Staaten, 1999 höchstens einen Anteil von 16% am EG-Automarkt einnehmen (1991: 11,3%). Das europäisch-japanische Abkommen verstößt nach Meinung von Kritikern gegen die Regeln des Zoll- und Handelsabkommens → GATT. → Protektionismus

EG-Industrieförderung: Der deutsche EG-Kommissar Martin Bangemann (FDP) löste Mitte 1992 mit seinem Vorschlag, der europäischen A. Mittel aus dem EG-Sozialfonds zur Weiterbildung ihrer Arbeitskräfte zur Verfügung zu stellen, eine Kontroverse aus. Er begründete seinen Vorschlag mit den überlegenen Produktionsverfahren japanischer Autofirmen (→ Lean Production) und der großen Bedeutung der Branche für die EG-Wirtschaft. Etwa 10% aller Erwerbstätigen sind nach Angaben Bangemanns von der A. abhängig. Der europäische Sozialfonds diente 1992 vor allem der Bekämpfung der bestehenden Arbeitslosigkeit.

EG-weite Betriebserlaubnis: Ab 1993 wird es in der EG eine einheitliche Betriebserlaubnis für Kfz geben. Fahrzeuge mit Betriebserlaubnis können ohne weiteres Verfahren in allen Mitgliedstaaten zugelassen werden. In insgesamt 44 Richtlinien wurden technische Vorschriften, z. B. für Reifen, Scheiben und Abmessungen, vereinheitlicht.

Die EG-Kommission forderte im Mai 1992 die A. auf, für die Angleichung der PKW-Verkaufspreise in den Mitgliedsländern zu sorgen. Anfang der 90er Jahre kostete ein Auto in Deutschland oder Spanien bis zu 40% mehr als das gleiche Modell in einem anderen EG-Land.

Autofreie Stadt

Die Einschränkung des → Autoverkehrs durch teilweise oder völlige Sperrung von Stadtzentren für PKW soll Stadtbewohner von Lärm, → Luftverschmutzung und Verkehrsstaus befreien. 1992 plante Lübeck, das seit Ende 1989 tageweise die A. testete, sein historisches Zentrum ab Mitte 1993 als erste deutsche Stadt zur ständigen A. zu machen. Die Innenstadt von Straßburg/Frankreich ist ab Anfang 1992 eine A. In Amsterdam/Niederlande stimmten 1992 bei einer Volksbefragung 52,9% für die Umwandlung in eine A. Bundesverkehrsminister Günther Krause (CDU) sprach sich 1992 gegen A. aus.

Mitte 1992 versuchten deutsche Stadtverwaltungen mit verschiedenen Maßnahmen, Autos aus den Innenstädten fernzuhalten:
▷ Nürnberg hob die Parkgebühren in der Innenstadt von 1 DM pro Stunde auf 5 DM an
▷ Berlin und Hamburg sperrten Einkaufsstraßen an den vier verkaufsoffenen Samstagen vor Weihnachten
▷ Aachen verbot Autos samstags die Zufahrt zum Zentrum.

In Lübeck begrüßten 85% der Bürger die Wochenendsperrung, 77% der Autofahrer waren mit der Regelung zufrieden. Der deutsche Einzelhandel befürchtete von A. Umsatzeinbußen, da Kunden aus dem Umland ausbleiben würden. Der Deutsche Städtetag (Köln) forderte den Ausbau des → Öffentlichen Nahverkehrs als Voraussetzung für A. → Fahrrad → Verkehrs-Leitsystem

Autoarme Zone für die Münchner Innenstadt vorgeschlagen
Nach den Vorstellungen des Autoherstellers BMW soll das Zentrum Münchens zur autoarmen, sog. blauen Zone werden. Tagsüber dürften nur Anwohner, Beschäftigte mit eigenem Stellplatz, Hotelgäste, Lieferwagen und Rettungsfahrzeuge in die Zone fahren. Für das 5,3 km² große Gebiet soll Tempo 30 gelten. Rund um die blaue Zone sind 14 Tiefgaragen vorgesehen, von denen City-Busse im Zwei-Minuten-Takt zu U- und S-Bahnstationen fahren.

Autonome Gruppen

Politisch motivierte Gruppierungen ohne festgefügte Organisationsform, die das bestehende Gesellschaftssystem ablehnen und Gewalt gegen Personen und Sachen billigen. Das Bundesinnenministerium rechnete Anfang 1992 vermehrt mit Gewaltaktionen von A. gegen Rechtsextremisten. A. würden sich zunehmend in antifaschistischen Zirkeln oder sog. Selbstschutzgruppen organisieren. Ende 1991 hatten sich sog. Autonome Antifaschisten an Überfällen auf Repräsentanten der rechtsextremistischen und Neonazi-Szene beteiligt (→ Rechtsextremismus).

Autorecycling

(recycling, engl.; Wiederverwertung), Aufbereitung und Rückführung von Schrottfahrzeugen in die industrielle Fertigung. A. soll die Müllmenge senken und → Rohstoffe sparen (→ Recycling). Technisch problematisch war 1991/92 v. a. die Trennung der Werkstoffe. Die von Bundesumweltminister Klaus Töpfer (CDU) 1991 angekündigte Verordnung zur umweltverträglichen Entsorgung von Autos lag Mitte 1992 nicht vor. Die fünf größten deutschen Autohersteller verpflichteten sich 1991 zur kostenlosen Rücknahme ihrer neuen Modelle.

Autowracks: Anfang der 90er Jahre wurden in den westdeutschen Bundesländern jährlich rd. 2,3 Mio PKW stillgelegt (EG: 14 Mio PKW). Ein Auto bestand zu 75% aus wiederverwertbarem Schrott und zu 25% aus Nichtmetallen. Pro Jahr wurden rd. 400 000 t nichtmetallischer Müll aus PKW auf Deponien gebracht (16% des Kunststoffmülls in den westdeutschen Bundesländern; → Abfallbeseitigung).

Kunststoffe: Seit Ende der 60er Jahre wird in der Autoproduktion ein steigender Anteil von Kunststoffen verwendet, da diese Werkstoffe leichter als Metall sind und somit den Kraftstoffverbrauch der Fahrzeuge senken. Nach einer Schätzung des Umweltbundesamtes (Berlin) wird sich der Anteil von Kunststoffen im Auto bis zum Jahr 2000 auf 15–20% erhöhen (1990: rd. 12%). Das → Kunststoffrecycling stellt eines der größten Probleme des A. dar, weil diese Materialien häufig als Gemisch nicht gekennzeichneter Sorten vorliegen, das sich nur zu minderwertigen Produkten verarbeiten läßt.

Technische Verfahren: Bei dem herkömmlichen Verfahren der Schrottbetriebe werden wiederverkäufliche Teile wie Batterien ausgebaut und u. a. als Ersatzteile genutzt. Der Rest wird in Shredderanlagen, einer Art Reißwolf, zerkleinert und mit Hilfe von Elektromagneten sortiert. Etwa ein Viertel des geshredderten Materials wird als sog. Siedlungsabfall zum Preis von 100 DM/t auf Müllhalden deponiert. Die geplante Verordnung sieht vor, Shreddermüll wegen des hohen Gehalts an gesundheitsschädlichem PCB (Polychlorierte Biphenyle) als → Giftmüll zu verbrennen (Kosten: 650 DM/t). Beim sog. Totalrecycling werden Karosserien mit den Plastikteilen in Hochtemperaturöfen verbrannt.

Demontage: 1991/92 wurden in Deutschland Pilotanlagen für die Demontage von Autos erprobt. Die Kunststoffteile eines PKW werden möglichst sortenrein an Zulieferbetriebe zurückgegeben, die sie zu neuwertigen Autoteilen umarbeiten. Ziel ist, nur die Karosserie zu shreddern.

Bestandteile eines Autowracks

Material	Gewicht (kg)
Eisen und Stahl	710
Gummi	90
Kunststoffe	60
Glas	30
Aluminium	22
Blei	10
Kupfer/Messing	6
Zink	5
Sonstiges	67

Quelle: Bundesumweltministerium

Recycling von Katalysatoren lohnt sich
Katalysatoren zur Reinigung von Autoabgasen kosteten in Deutschland 1992 zwischen 1000 DM und 2000 DM. Unternehmen, die sich auf die Wiedergewinnung der katalytisch wirkenden Substanzen Platin und Rhodium spezialisiert haben, kaufen die wabenförmigen Katalysatoren werden zunächst zu Pulver vermahlen, aus dem die Edelmetalle in Reinform hervorgehen. Der Wert des aus einem Katalysator zurückgewonnenen Platins und Rhodiums beträgt zwischen 57 DM und 60 DM. 1990 wurden 84% der weltweiten Rhodiumproduktion für Katalysatoren verwendet.

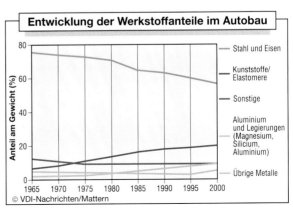

Entwicklung der Werkstoffanteile im Autobau

Anteil am Gewicht (%)

— Stahl und Eisen

Kunststoffe/Elastomere

— Sonstige

Aluminium und Legierungen (Magnesium, Silicium, Aluminium)

— Übrige Metalle

1965 1970 1975 1980 1985 1990 1995 2000
© VDI-Nachrichten/Mattern

Trotz Alternativen kein Nachlassen des PKW-Booms

In Deutschland wurden 1991 mit rd. 37 Mio Autos 411 Mrd km Fahrtstrecke zurückgelegt, 2% mehr als 1990. Das Anwachsen von Auto- und → LKW-Verkehr verschärfte die von ihnen ausgehenden Umweltbelastungen (→ Luftverschmutzung), verursachte Staus und erhöhte die Unfallgefahr (→ Verkehrssicherheit). Die z. T. verbilligten und durch verkürzte Fahrtzeiten verbesserten Transportangebote der → Bundesbahn und des → Öffentlichen Nahverkehrs konnten den Pkw-Boom nicht stoppen. Während die CDU/CSU/FDP-Bundesregierung ebenso wie die → Auto-Branche das Ziel verfolgten, Verkehrs- und Umweltprobleme durch verbesserte Technik (→ Abgasgrenzwerte) und Straßenbau zu lösen, traten Bürgerinitiativen und Umweltorganisationen für die Verringerung des Autoverkehrs ein.

Ostdeutsche ziehen nach: Nach der Vereinigung der deutschen Staaten verdoppelte sich die Fahrzeugdichte in Ostdeutschland nahezu. Mitte 1989 kamen auf 1000 Einwohner 228 PKW (Westdeutschland: 479), Mitte 1992 schätzte das Statistische Bundesamt den Bestand auf 415 PKW pro 1000 Einwohner (Westdeutschland: 492). Anfang der 90er Jahre verfügte jeder fünfte Haushalt in Westdeutschland über mindestens zwei Autos, doch war jeder vierte Haushalt, vor allem Rentner, ohne PKW. Fast 30% der Bürger über 18 Jahre hatten keinen Führerschein. Das Bundesverkehrsministerium sagte 1992 ein Anwachsen der Autozahl in Deutschland auf über 45 Mio PKW für 2010 voraus.

272 000 Fußballplätze für parkende Autos: Das Münchner Sozialforschungsinstitut Socialdata ermittelte 1991, daß ein Privatauto pro Tag durchschnittlich nur 40 min genutzt wird. 97% des Tages stehen die PKW ungenutzt. Der sog. ruhende PKW-Verkehr nahm in Deutschland rd. 2000 km^2 in Anspruch. Die Hälfte aller mit dem Auto zurückgelegten Wege waren kürzer als 5 km.

Schranken für den Umweltfeind: Nach Berechnungen des Bundes für Umwelt und Naturschutz Deutschlands (BUND, Bonn) verursacht der Autoverkehr ein Fünftel aller Umweltschäden. Autoabgase sind wesentlich für das Entstehen von → Smog und den → Treibhauseffekt verantwort-lich. Der Anteil des Straßenverkehrs am Ausstoß von giftigem Kohlenmonoxid betrug Anfang der 90er Jahre 74%, bei → Stickoxiden 68%, bei Kohlenwasserstoffen 52% und bei → Kohlendioxid 18%. Zur Begrenzung der Umweltschäden wurden 1991/92 verschiedene Maßnahmen vorgeschlagen oder zugesagt:

▷ Die Auto-Branche verpflichtete sich, bis 2005 die klimaschädlichen Emissionen von Kohlendioxid aus Autos um 25% zu senken. Dies soll vor allem mit einer Reduzierung des Kraftstoffverbrauchs (Durchschnitt 1989: 10,1 l/100 km) erreicht werden

▷ Verbesserte → Verkehrs-Leitsysteme sollen Staus und damit unnötige Abgase vermeiden

▷ Altwagen sollen durch → Autorecycling wiederverwertet werden, um → Rohstoffe zu sparen und die Müllmenge zu reduzieren. Die größten deutschen Autohersteller gaben 1991 eine Rücknahmegarantie für neue Modelle

▷ Bundesumweltminister Klaus Töpfer (CDU) schlug vor, die → Kfz-Steuer künftig nach den Emissionen und der verbrauchten Kraftstoffmenge des Wagens zu bemessen

▷ Der öffentliche Nahverkehr wurde durch günstigere Netzkartenangebote attraktiver gestaltet (→ Regio-Umweltkarte → Jobtickets), um insbes. Städte vom Autoverkehr zu entlasten (→ Autofreie Stadt)

▷ Mitte 1992 gab es in 24 deutschen Städten Initiativen zum → Car Sharing, bei dem mehrere Autofahrer einen Wagen teilen.

Reduzierung der Abgase: Eine Modellrechnung der Prognos AG (Basel/Schweiz) im Auftrag des Bundesverkehrsministeriums ergab, daß eine verdreifachte Mineralölsteuer über den höheren Benzinpreis zu Fahrverzicht führen und damit den Kohlendioxidausstoß im Autoverkehr bis 2005 um 20% senken würde. Die Einführung eines → Tempolimits von 120 km/h auf Autobahnen und 80 km/h auf Landstraßen würde 8% Kohlendioxid einsparen. → Elektroautos sind eine umweltfreundlichere Alternative zu den mit Erdölprodukten betriebenen Autos, wenn sie mit Strom gespeist werden, der aus erneuerbaren → Energien, z. B. aus →Sonnenenergie, gewonnen wurde. In Deutschland wurde Mitte 1992 die Einführung einer → Straßengebühr diskutiert.   (Si)

B

BAföG

Das Bundesausbildungsförderungsgesetz regelt die finanzielle staatliche Unterstützung der Ausbildung von Schülern und Studenten in Deutschland. Ab Herbst 1992 werden die Leistungen für Schüler und Studenten angehoben. In den alten Bundesländern steigt die Höchstförderung für nicht bei den Eltern wohnende Studenten um 50 DM auf 940 DM, in den neuen Bundesländern um 165 DM auf 855 DM. Ende 1991 erhielten etwa 420 000 Schüler und Studenten in den alten (1990: 328 000) und rd. 180 000 in den neuen Bundesländern BAföG. Bundesbildungsminister Rainer Ortleb (FDP) führte den Anstieg der BAföG-Empfänger in den alten Bundesländern darauf zurück, daß BAföG ab 1991 zu 50% als Zuschuß gewährt wird und nicht wie 1983–1990 als Volldarlehen. Der Bundeshaushalt 1992 sieht 2,7 Mrd DM für die Förderung vor.

Neue Bundesländer: Der im Juli 1992 um 40 DM erhöhte Grundbedarfssatz von 540 DM für Studierende an ostdeutschen Hochschulen entspricht der westdeutschen Regelung. Die Miet- und Krankenversicherungszuschläge sollen bis Herbst 1993 den westdeutschen Sätzen angepaßt werden.

Einkommensgrenze: Ob ein Kind Anspruch auf BAföG hat, richtet sich nach der Höhe des Elterneinkommens, von dem Steuern, Sozialversicherung und BAföG-Freibeträge abgerechnet werden. Die sog. relativen Freibeträge betrugen bis Mitte 1992 50% für die Eltern und 5% für jedes Kind. Im Herbst 1992 und 1993 werden sie um jeweils ca. 3% angehoben.

Auslandsstudium: Ortleb kündigte Mitte 1992 an, daß B.-Empfänger für ein Studium im Ausland ab 1993 höhere Zuschüsse zum deutschen BAföG-Satz erhalten. Dadurch wird der Satz höheren Lebenshaltungskosten im Ausland angepaßt. In Europa werden ab 1993 in Island mit 490 DM monatlich die höchsten Zuschläge gezahlt.

BAföG-Ausgaben in Deutschland

Jahr	Ausgaben (Mio DM)[1]	
	Schüler	Studenten
1980	1 670	1 996
1982	1 621	2 006
1984	455	1 838
1986	413	1 816
1988	459	1 778
1990	507	2 010
1991	944	2 976

1) Inkl. neue Bundesländer ab 1991; Quelle: Bundesminister für Bildung und Wissenschaft

BAföG-Höchstsätze für Schüler und Studenten

Ausbildungsstätte	Höchstsatz (DM)[1]			
	Alte Länder		Neue Länder	
	Bei den Eltern wohnend	Auswärts[2]	Bei den Eltern wohnend	Auswärts[2]
Weiterführende allgemeinbildende Schulen, Berufsfachschulen (10. Klasse), Fach- und Fachoberschulen (ohne abgeschlossene Berufsausbildung)	–	665	–	590
Zumindest zweijährige Berufsfachschul- und Fachschulklassen (ohne abgeschlossene Berufsausbildung)	330	665	310	590
Abendhaupt- und Abendrealschulen, Berufsaufbauschulen, Fachoberschulen (mit abgeschlossener Berufsausbildung)	590	785	560	710
Fachschulen (mit abgeschlossener Berufsausbildung), Abendgymnasien, Kollegs	600	830	560	765
Höhere Fachschulen, Akademien, Hochschulen[3]	710	940	660	855

1) Ab 1. 7. 1992; 2) inkl. Härteleistung bei höheren Mietkosten; 3) inkl. Krankenversicherungszuschuß; Quelle: Bundesminister für Bildung und Wissenschaft

Bahnreform

→ Eisenbahn AG, Deutsche

Baltikum

Nach dem Putsch in der ehemaligen UdSSR vom August 1991 wurden die drei baltischen Republiken Litauen, Lettland und Estland international als unabhängige Staaten anerkannt. Mitte 1992 waren sie Mitglieder in der → UNO, in der → KSZE und im → Nordatlantischen Kooperationsrat. Im Frühjahr 1992 begann Rußland mit dem Abzug der ehemaligen Sowjetarmee (rd. 140 000 Soldaten) aus dem B. Die baltischen Länder befanden sich 1991/92 in einer Wirtschaftskrise, die u. a. durch die Umstellung von der Plan- zur Marktwirtschaft bedingt war.

Truppenabzug: Der Baltische Rat, ein 1990 gegründetes Kooperationsorgan der drei Ostseerepubliken, forderte die Gemeinschaft Unabhängiger Staaten (→ GUS) 1991/92 auf, die Truppen der ehemaligen Sowjetarmee vollständig aus dem B. abzuziehen, da diese als Besatzungsmacht empfunden würden. In Litauen sprachen sich im Juni 1992 bei einem Referendum 69% der Bevölkerung für einen → Truppenabbau bis Anfang 1993 aus. Die russische Regierung will den Truppenabzug etappenweise bis 2000 durchführen, weil es an Wohnraum für die zurückkehrenden Soldaten fehle. Die baltischen Staaten planten die Aufstellung eigener Streitkräfte.

Abhängigkeit von der GUS: Ein Hauptproblem des B. bestand 1991/92 in der wirtschaftlichen Abhängigkeit von den Ländern der GUS. Die baltischen Staaten bezogen bis Anfang der 90er Jahre rd. 90% ihres Energiebedarfs sowie fast alle Rohstoffe aus der früheren Sowjetunion. Mit dem Auflösungsprozeß der UdSSR 1991 und dem Ende der im sowjetischen Planwirtschaft ausgeprägten Arbeitsteilung zwischen den Republiken verlor das B. einen Großteil seiner Handelskontakte. Zudem wickelten die GUS-Mitglieder ihren Handel seit dem 1. 1. 1991 mit frei

umtauschbaren Währungen wie dem Dollar ab, die dem B. und der GUS nur in begrenztem Maße zur Verfügung standen. Die baltischen Länder konnten die Defizite nur in geringem Umfang durch Kooperation untereinander ausgleichen, da sie infolge der Arbeitsteilung in der ehemaligen UdSSR ähnliche wirtschaftliche Strukturen aufwiesen (z. B. Landwirtschaft).

Westorientierung: Das B. war 1991/92 vorrangig an Handelskontakten zu westlichen Staaten interessiert. Die → EG schloß im Mai 1992 Handelsabkommen mit den baltischen Staaten, die den Ländern u. a. durch die Aufhebung von Mengenbeschränkungen den Zugang zum EG-Markt erleichtern. Die baltischen Länder streben langfristig eine EG-Mitgliedschaft an. Im Dezember 1991 trafen die USA ein Abkommen mit dem B., das günstige Bedingungen für den Export in die USA beinhaltet (sog. Meistbegünstigungsklausel). Die Mitglieder des Nordischen Rats (Dänemark, Finnland, Island, Norwegen und Schweden) beschlossen im März 1992, von 1991 bis 1994 insgesamt 560 Mio Finnmark (855 Mio DM) für Investitionen im B. bereitzustellen. Das B. vereinbarte im September 1991 bzw. März 1992 mit Frankreich und Großbritannien die Rückgabe von Goldreserven in Höhe von insgesamt rd. 350 Mio DM, die die beiden Länder im Zweiten Weltkrieg für die baltischen Staaten in Verwahrung genommen hatten.

Banken

Zunehmende Konkurrenz förderte 1991/92 weltweit Bestrebungen der Kreditinstitute, ihre Wettbewerbsposition zu stärken, insbes. durch eine Ausweitung des Angebots (→ Allfinanz-Unternehmen) und → Fusionen. In Deutschland wurde die Diskussion um die Begrenzung der Bankenmacht fortgesetzt.

Wettbewerb: Innerhalb der EG versuchten die B. durch Fusionen und die Vereinbarung von Kooperationen ihre Stellung auf dem → Europäischen Bin-

---

Die größten Banken der Welt 1991

Bank	Bilanzsumme (Mio Dollar)
1. Dai-Ichi Kangyo (Japan)	770,4
2. Sumitomo (Japan)	756,8
3. Sakura (Japan)	749,2
4. Fuji (Japan)	731,7
5. Mitsubishi (Japan)	711,0
6. Sanwa (Japan)	706,7
7. Industrial Bank of Japan	538,9
8. Crédit Agricole (Frankreich)	474,7
9. Crédit Lyonnais (Frankreich)	472,9
10. Deutsche Bank	449,1

Quelle: Süddeutsche Zeitung, 5. 6. 1992

54

nenmarkt zu verbessern, der ab 1993 Niederlassungsfreiheit für B. auch außerhalb ihres Heimatlandes vorsieht. Die ca. 200 Sparkassen in den ostdeutschen Bundesländern bauten Zentralinstitute in Kooperation mit westdeutschen Sparkassenzentralen (Landesbanken) auf. In den USA bemühte sich die Regierung Mitte 1992, den rd. 13 000 B. eine Ausweitung ihrer Betätigung zu ermöglichen; Ende 1991 war eine entsprechende Bankenreform am Widerstand des Kongresses gescheitert. Die B. sollen zur Stärkung ihrer internationalen Wettbewerbsfähigkeit insbes. das Recht erhalten, Wertpapier- und Versicherungsgeschäfte zu tätigen und sich USA-weit niederzulassen.

Macht: In Deutschland forderte die SPD 1991/92, die Beteiligung von B. an anderen Unternehmen auf 5% zu beschränken. B.-Vertreter sollten höchstens fünf statt zehn Aufsichtsratsposten bekleiden dürfen. Ferner sollte B. die Ausübung des Stimmrechts in Aktiengesellschaften im Namen ihrer Kunden, deren Aktien sie verwalten (Depotstimmrecht), nur noch auf deren ausdrückliche Weisung erlaubt sein. Auch die FDP forderte ab Ende der 80er Jahre Beschränkungen der Bankenmacht in Deutschland.

Zahlungsverkehr: Im deutschen Zahlungsverkehr nahm 1991/92 die Tendenz zur Automatisierung weiter zu (→ Electronic Banking). Beim bargeldlosen Einkaufen konkurrierten → Electronic Cash, das schecklose Bezahlen im Ein-

Hilmar Kopper, Vorstandssprecher der Deutschen Bank * 13. 3. 1935 in Oslanin (Westpreußen), deutscher Bankmanager. Von der Banklehre an bei der Deutschen Bank. Vorstandsmitglied des größten deutschen Kreditinstituts ab 1977, Vorstandssprecher ab 1989.

zelhandel mit der Eurocheque-Karte, und → Kreditkarten miteinander. Die CDU/CSU/FDP-Bundesregierung plante, zur Behinderung der → Geldwäsche unrechtmäßiger Gewinne insbes. aus dem illegalen Drogenhandel die Kontrolle über größere Bargeldgeschäfte zu verschärfen.

Kredit und Anlage: Ein neues Produkt im deutschen Geldanlagegeschäft insbes. mit Großkunden ist ab 1991 das → Commercial Paper. Für → Sparbücher soll ab 1993 die gesetzliche Kündigungsfrist entfallen. Durch die Neuregelung der deutschen → Zinsbesteuerung müssen die B. ab 1993 von den → Spareinlagen der Kunden insgesamt 30% Kapitalertragsteuer ans Finanzamt abführen. Die deutschen B. wandten sich 1991/92 gegen die Bestrebungen der → Postbank, über Spareinlagen und den Zahlungsverkehr hinaus auch weitere Bankleistungen anzubieten. → Börse → Ökobank → Schuldnerberater → Versicherungen

Ombudsmann schlichtet Streitigkeiten mit Banken
Zum 1. 7. 1992 wurde der bayerische Richter Leo Parsch vom Bundesverband deutscher Banken zum ersten sog. Ombudsmann ernannt. Seine Aufgabe ist es, Streitigkeiten zwischen Kunde und Bank möglichst außergerichtlich beizulegen. Seine Schiedssprüche sind für die Banken verbindlich. Die Institution des Ombudsmannes (schwedisch: Treuhänder) als unabhängiger Kontrolleur wurde aus Skandinavien übernommen.

Die fünf deutschen Großbanken im Vergleich

Position (Konzern)	Deutsche Bank 1991	1990	Dresdner Bank 1991	1990	Wert (Mrd DM) Commerzbank 1991	1990	Bayer. Vereinsbank 1991	1990	Hypo-Bank [1] 1991	1990
Bilanzsumme	449,1	400,2	294,8	283,3	226,7	216,0	226,6	205,9	193,1	174,6
Kredite	299,7	273,3	228,3	213,7	157,9	146,5	176,6	159,5	147,4	129,9
Fremde Mittel	405,7	361,2	274,0	264,2	213,0	203,6	147,3	133,8	125,3	116,8
Eigenmittel	18,3	15,6	10,8	10,1	8,4	7,6	6,3	5,3	5,9	5,3
Zinsüberschuß	10,6	9,1	5,4	4,7	4,2	3,4	2,9	2,6	2,8	2,4
Provisionsüberschuß	3,8	3,6	2,0	1,8	1,3	1,3	0,9	0,9	0,5	0,5
Verwaltungsaufwand	2,8	2,3	1,3	1,2	1,0	0,9	2,7	2,5	2,0	1,8
Teilbetriebsergebnis	4,8	4,5	2,2	2,0	1,4	1,4	1,2	1,0	1,2	1,0
Steuern	2,0	1,4	0,7	0,6	0,5	0,5	0,4	0,4	0,4	0,4
Jahresüberschuß	1,4	1,1	0,7	0,9	0,5	0,6	0,4	0,4	0,4	0,3

1) Bayerische Hypotheken- und Wechselbank; Quelle: Aktuell-Recherche

Kostenlawine wegen Beamtenpensionen
In Westdeutschland müssen im Jahr 2000 nach einer Schätzung der Schweizer Prognos AG 62 Mrd DM für Beamtenpensionen ausgegeben werden. Die Zahl der pensionierten Beamten stieg nach Berechnungen des Statistischen Bundesamts von 1974 bis 1990 um 21% auf 638 000 mit zunehmender Tendenz in den 90er Jahren, wenn stark besetzte Beamtenjahrgänge die Pensionsgrenze erreichen. Im öffentlichen Dienst gab es 1990 rd. 1,26 Mio Versorgungsempfänger.

Beamte

Angehörige des öffentlichen Dienstes, die zu ihrem Arbeitgeber (Bund, Länder und Kommunen) in einem besonderen Treueverhältnis stehen. In Deutschland ist das Berufsbeamtentum vom → Grundgesetz (Art. 33, Abs. 5) geschützt. 1991/92 wurde in Deutschland kritisiert, daß sich B. nicht an der Finanzierung der Sozialausgaben (z. B. für Arbeitslose und Krankenkassen) beteiligen, sowie das starre Laufbahnprinzip und die Versorgung der B. in Frage gestellt, weil diese unabhängig von der persönlichen Leistung sind. Zudem wurde bemängelt, daß B. Aufgaben wahrnehmen, die auch Privatpersonen ohne hoheitsrechtliche Machtbefugnisse übertragen werden könnten, z. B. bei → Bundespost, → Bundesbahn und im Schuldienst. Der Deutsche Gewerkschaftsbund (DGB) forderte Ende 1991, B., Angestellte und Arbeiter insbes. bei der Bezahlung gleichzustellen. Ein Gesetz, das EG-Bürgern die Berufung in das B.-Verhältnis erlaubt, soll 1992 verabschiedet werden (→ Europäischer Binnenmarkt). Ausländer konnten bis dahin nur B. werden, wenn dafür ein dringendes dienstliches Bedürfnis bestand.

Personal: Die öffentlichen Arbeitgeber beschäftigten 1990 nach Angaben des Statistischen Bundesamtes rd. 1,63 Mio vollzeit- und 179 000 teilzeitbeschäftigte B. (gesamter öffentlicher Dienst:

4,67 Mio Arbeitnehmer). Etwa 80% der B. beim Bund (559 000) arbeiteten bei Post und Bahn.

Ostdeutschland: Mitte 1992 waren nach Angaben des Bundesinnenministeriums rd. 14 000 westdeutsche B. des Bundes und etwa 8000 B. der Länder in der ostdeutschen Verwaltung beschäftigt (→ Justiz, ostdeutsche). Die Mitarbeiterzahl in den Vermögensämtern soll auf 4000 verdoppelt werden. Ein Bundesbeamter, der in die neuen Länder entsendet wurde, erhält seit Ende 1991 eine zusätzliche Aufwandsentschädigung von 1200 DM bis 1750 DM pro Monat. Die Bundesländer haben ähnliche Regelungen für ihre Bediensteten. Ehemalige Staatsbedienstete der DDR werden, wenn sie nicht 1991 nach Ablauf einer Wartezeit von sechs oder neun Monaten entlassen wurden (sog. Warteschleife) und öffentliche Aufgaben wahrnehmen, in das B.-Verhältnis übernommen.

Einkommen: Das verfügbare Jahreseinkommen eines Haushalts, dem ein Beamter angehört, lag nach Berechnungen des Statistischen Bundesamtes 1990 bei rd. 66 800 DM (Angestellte: 59 100, Arbeiter: 47 500). Bund und Länder einigten sich Ende 1991 darauf, B. in Großstädten mit hohen → Mieten als Bestandteil des Gehalts eine Ballungsraumzulage zu zahlen; über die Höhe bestand noch keine Einigung. Die Innenminister der Länder hatten monat-

Ruhegehälter für Beamte in Ostdeutschland
Anfang 1992 legte der Bundesrat einen Gesetzentwurf zur finanziellen Entlastung der neuen Bundesländer vor, nach dem die Pensionen für Beamte, die mindestens 50 Jahre alt sind und bis zum 31. 12. 1992 nach Ostdeutschland versetzt wurden, zwischen dem bisherigen und letzten Dienstherrn geteilt werden. Bislang hatte der letzte alte Versorgungsbezüge zu zahlen.

Die höchsten Verdienste in Deutschland

Gehaltsstufe bei Beamten	Beamte	Jahresnettoeinkommen (DM) öffentl. Dienst	Industrie	Banken
A 5 Einfacher Dienst Schreibkraft	34 400	32 200	34 970	34 460
A 8 Mittlerer Dienst Sachbearbeiter	38 660	35 890	41 820	40 330
A 11 Gehobener Dienst Amtmann	48 020	43 460	49 090	46 350
A 13 Höherer Dienst Realschullehrer	57 040	47 400	51 450	48 190
A 14 Höherer Dienst Oberstudienrat	66 030	59 300	57 830	49 880
B 2 Höherer Dienst Leitender Direktor	87 140	71 920	102 400	96 350
B 11 Höherer Dienst Staatssekretär	165 090	–	177 720	173 340

Stand 1992; Quelle: Towers, Perrin, Forster und Crosby (TPF & C); Wirtschaftswoche, 28. 2. 1992

56

Beamtengehälter im Vergleich

Berufsgruppe	Jahresnettoeinkommen (DM)	
	Haushalt	Einzelperson
Selbständige	155 000	56 200
Beamte	66 800	24 400
Angestellte	59 100	24 800
Arbeiter	47 500	17 300
Nichterwerbs-tätige	35 200	20 600

Stand: 1990; Quelle: Statistisches Bundesamt

lich 150 DM vorgeschlagen. Bis dahin konnte B. zum Ausgleich für Mehrbelastungen in Großstädten über 500 000 Einwohner eine einmalige Zulage von 5000 bis 8000 DM gezahlt werden (→ Wohnungsnot).
Rechte und Pflichten: B. haben in Deutschland die Verpflichtung, für die freiheitlich-demokratische Grundordnung einzutreten, und sind unkündbar, wenn sie nicht auf Zeit, Probe oder Widerruf angestellt werden. B. dürfen nicht streiken und zahlen keine → Sozialabgaben. 60–70% der Krankheitskosten werden von der staatlichen Beihilfe übernommen (→ Krankenversicherung). Die Pension der B. ist im Gegensatz zu den Renten nicht steuerfrei. Das Gehalt der B. richtet sich nach der Besoldungsgruppe (einfacher, mittlerer, gehobener, höherer Dienst) und nach der Dienstzeit.

Befristete Arbeitsverträge

(auch Zeit-Arbeitsverträge), nach dem bis 1995 befristeten Beschäftigungsförderungsgesetz Einstellungen auf Zeit, die in Deutschland für eine Dauer von 18 bzw. 24 Monaten bei neugegründeten Unternehmen abgeschlossen werden dürfen. Mit der Verlängerung des → Erziehungsurlaubs von 18 Monate auf drei Jahre im Januar 1992 wurde die Laufzeit von B. für diese Fälle auf maximal 36 Monate verlängert.
B. dürfen nur bei berechtigtem Interesse eines Unternehmens abgeschlossen werden, z. B. im Fall von Personalengpässen, bei denen absehbar ist, daß die Arbeitnehmer nur für einen begrenzten Zeitraum benötigt werden. Falls mehrere B. nacheinander abgeschlossen

wurden und ein Arbeitsgericht feststellt, daß für den Abschluß eines B. kein Grund mehr vorlag, muß dem B. in ein reguläres Arbeitsverhältnis mit Kündigungsschutz umgewandelt werden. Während eines B. kann der Arbeitgeber nicht kündigen.

Behinderte

In Westdeutschland waren 1991 rd. 5,3 Mio Menschen als Schwerbehinderte (ab einem Grad der Erwerbsunfähigkeit von 50%) anerkannt oder ihnen gleichgestellt; in Ostdeutschland stellten 1991 rd. 500 000 der 1,2 Mio B. aus der ehemaligen DDR einen Antrag auf Anerkennung als Schwerbehinderte nach dem westdeutschen Schwerbehindertengesetz. Die → Arbeitslosigkeit von Schwerbehinderten in den alten Bundesländern konnte 1991 gegenüber dem Vorjahr nur um 3,5% abgebaut werden (arbeitslose Schwerbehinderte im Jahresdurchschnitt: 116 800), während die Arbeitslosigkeit insgesamt um 10,4% zurückging. Deutsche B.-Organisationen forderten 1992 die Aufnahme eines Diskriminierungsverbots von B. ins GG. Die EG-Kommission legte Ende 1991 einen Richtlinienvorschlag über die Einführung von Mindestvorschriften für behindertengerechte öffentliche Verkehrsmittel vor.
Arbeitslosigkeit: 6% aller Arbeitsplätze müssen in Deutschland von B. belegt werden, sonst wird eine Ausgleichsabgabe von 200 DM/Monat je unbesetztem Platz an den zuständigen Landschaftsverband fällig. B.-Organisationen forderten 1992 eine Verdopplung der Ausgleichsabgabe, weil etwa 70% der Arbeitgeber in Westdeutschland ihrer Pflicht zur Einstellung von B. nicht nachkamen; nach dem Schwerbehindertengesetz hätten 324 000 Arbeitsplätze mit B. besetzt werden müssen. Zudem kritisierten die Verbände, daß die Betriebe die Ausgleichsabgabe steuerlich absetzen könnten. Der Verband der Kriegs- und Wehrdienstopfer, Behinderten und Sozialrentner (VdK, Bonn) forderte, daß ein Betrieb, der

Behinderte und Rundfunkgebührenbefreiung
Das Bundessozialgericht (Kassel) entschied Anfang 1992, daß Behinderte nur dann von der Zahlung der Rundfunkgebühren befreit werden, wenn ihre Erwerbsfähigkeit ständig um mindestens 80% gemindert ist und sie wegen ihrer Behinderung nicht an öffentlichen Veranstaltungen teilnehmen können (Az. 9 RVs 15/89). Die Richter wiesen damit eine Klage eines Behinderten ab, der nach einem Schlaganfall die Befreiung von den Gebühren beantragt hatte.

Befristete Arbeitsverträge in der EG 1990

Land	Befristete Verträge (%)[1]
Spanien	29,8
Portugal	18,6
Griechenland	16,6
Deutschland	10,9
Dänemark	10,8
Frankreich	10,4
Irland[2]	8,6
Niederlande[2]	8,5
Belgien	5,3
Großbritannien	5,2
Italien	5,2
Luxemburg	3,3
EG	10,4

1) Anteil an allen Arbeitsverträgen; 2) 1989; Quelle: Statistisches Amt der EG

Umschulung hilft Behinderten bei Arbeitssuche
In Deutschland waren Behinderte 1991 überproportional von Arbeitslosigkeit betroffen. Für Behinderte, die nach Eintritt ihrer gesundheitlichen Beeinträchtigung nicht in ihren Beruf zurückkehren können, ist eine Umschulung notwendig. Eine Studie der Arbeitsgemeinschaft deutscher Berufsförderungswerke (Hamburg) von 1992 belegt, daß 85% aller behinderten Umschüler 1991 ein Jahr nach Abschluß ihrer beruflichen Fortbildung einen Arbeitsplatz gefunden hatten. In den 21 Berufsförderungswerken in den westdeutschen Bundesländern können sich jährlich etwa 42 000 Personen umschulen lassen.

mindestens 20% Schwerbehinderte beschäftigt, deren Löhne als Betriebskosten steuerlich geltend machen kann.

Grundgesetz: Der Reichsbund der Kriegs- und Wehrdienstopfer, Behinderten, Sozialrentner und Hinterbliebenen e. V. (Bonn) will die Gleichberechtigung der B. im GG derjenigen von Mann und Frau gleichsetzen. Die Diskriminierung von B. soll nach dem Vorbild der USA, Kanadas und Frankreichs verboten werden, wo die Benachteiligung mit Geld- und Freiheitsstrafen geahndet werden kann.

Ostdeutschland: In den neuen Bundesländern fördert der Bund die Einrichtung von sieben Berufsförderungswerken und 30 000 Arbeitsplätzen in B.-Werkstätten 1991/92 mit rd. 2,2 Mrd DM. Acht Berufsausbildungswerke für junge B. sind geplant. Der VdK kritisierte, daß Anfang 1992 erst 100 000 der 500 000 Antragsteller als Schwerbehinderte anerkannt seien, weil die Ämter personell unterbesetzt wären. Diese B. könnten ihre durch das Schwerbehindertengesetz garantierten Rechte nicht wahrnehmen.

EG: In der EG sind rd. 10% der Bevölkerung B. Nach der Ende 1991 vorgeschlagenen Richtlinie der EG-Kommission sollen B. im → Öffentlichen Nahverkehr u. a. die Hilfe einer Begleitperson kostenlos in Anspruch nehmen können.

Belt-Überbrückung

→ Ostsee-Überbrückung

Berufliche Fortbildung

Inner- und außerbetriebliche Maßnahmen zur beruflichen Weiterqualifizierung werden in Deutschland von der → Bundesanstalt für Arbeit (BA, Nürnberg), von Unternehmen, → Gewerkschaften, Kirchen und anderen Organisationen angeboten. Mit B. sollen die Chancen der Erwerbslosen auf dem Arbeitsmarkt verbessert und die → Arbeitslosigkeit abgebaut werden. 1992 plante die BA, in den ostdeutschen Bun-

Berufliche Fortbildung in Deutschland

Jahr[1]	Teilnehmer[2]	Kosten (Mio)[3]
1980	247 000	2436
1981	279 500	3270
1982	265 500	3324
1983	306 200	3035
1984	353 100	3158
1985	409 300	3431
1986	530 000	4422
1987	596 400	5615
1988	565 600	5909
1989	489 900	5385
1990	574 000	6255
1991	593 904[4]	6688[4]
	892 145[5]	4735[5]

1) Bis 1990 Westdeutschland; 2) an Maßnahmen der Bundesanstalt für Arbeit; 3) inkl. Einarbeitungszuschuß; 4) Westdeutschland; 5) Ostdeutschland; Quelle: Bundesanstalt für Arbeit (Nürnberg)

desländern mit 700 000 rd. 22% weniger Maßnahmen der B. als 1990 zu fördern (Kosten: 11,2 Mrd DM). In Westdeutschland will die BA 1992 37% weniger Maßnahmen im Jahresdurchschnitt (rd. 373 000) finanzieren als 1991 (Kosten: ca. 8,3 Mrd DM). Die Ausgaben der BA für B. für 1993 sollen um rd. 1,5 Mrd DM gekürzt werden, da voraussichtlich der Bundeszuschuß für die BA gestrichen wird. In → Arbeitsbeschaffungsmaßnahmen (ABM) ist ab 1992 die Teilnahme an B. möglich.

Die Ausgaben von Arbeitgebern für B. betragen je nach Schätzung zwischen 28 Mrd DM und 38 Mrd DM im Jahr. Die Erwerbstätigen geben jährlich u. a. für Bildungsurlaub ca. 2,5 Mrd DM aus.

Die Arbeitgeber befürchteten 1991/92 aufgrund der rückläufigen Zahl von Auszubildenden (→ Lehrstellenmarkt) einen Fachkräftemangel und forderten verstärkte B., um die Qualifikationen der Arbeitnehmer auf dem neuesten Stand zu erhalten.

Bei Fortbildung und Umschulung zahlt die BA ein Unterhaltsgeld in Höhe von 65% des letzten durchschnittlichen Nettolohns. Arbeitgeber kritisierten 1992, daß Erwerbslose in ABM 100% des Lohns erhalten; in Ostdeutschland führe dies dazu, daß Arbeitslose ABM gegenüber B. bevorzugten, obwohl sie ihre Chancen auf dem Arbeitsmarkt durch Qualifizierung eher verbesserten.

Beschäftigungsgesellschaften

Für Kurzarbeiter und Erwerbslose gegründete Auffangunternehmen, die Qualifizierungsmaßnahmen anbieten und → Arbeitsbeschaffungsmaßnahmen (ABM) organisieren. B. sollen das Einkommen der Arbeitnehmer sichern, berufliche Qualifizierung bieten und den Übergang in ein Dauerarbeitsverhältnis ermöglichen. Die → Bundesanstalt für Arbeit (BA, Nürnberg) finanziert die Maßnahmen in B. Träger sind i. d. R. Kommunen, Bildungsträger und Großbetriebe, die B. für ihre entlassenen Belegschaften gründen. In Ostdeutschland wurden nach Schätzungen des Deutschen Industrie- und Handelstages (DIHT, Bonn) bis März 1992 rd. 350 B. gegründet, die überwiegend ABM anbieten (ca. 150 000).

Die BA zahlt ab September 1991 nur noch 90% statt 100% der Lohnkosten für Arbeitnehmer in ABM in den B. Die restlichen 10% müssen vom Träger der B. aufgebracht werden, wenn er nicht glaubhaft machen kann, daß er die Mittel nicht aus eigener Kraft finanzieren kann.

Bei ABM in B. erhalten die Arbeitnehmer 100% des Tariflohns. Der DIHT kritisierte Anfang 1992, daß die Arbeitnehmer in B. kein Interesse hätten, in ein Privatunternehmen zu wechseln, das niedrigere Löhne zahlt.

Beschleunigungsgesetz

Ende 1991 in Kraft getretenes Gesetz, das die Planungszeit für den Neubau von Verkehrswegen in Ostdeutschland auf drei bis fünf Jahre verkürzen soll (bisher: rd. 15 Jahre). Das B. soll durch die schnelle Verbesserung der Infrastruktur günstige Voraussetzungen für den wirtschaftlichen Aufschwung in Ostdeutschland schaffen. Es ist befristet bis Ende 1995 (bei Schienenwegen bis Ende 1999). Bundesverkehrsminister Günther Krause (CDU) befürwortete im Januar 1992, auch für Bauvorhaben in Westdeutschland ein beschleunigtes Planungsrecht einzuführen.

Regelungen: Laut B. bestimmt das Bundesverkehrsministerium die Streckenführung von neuen Bundesverkehrswegen. Es muß sich mit den betroffenen Bundesländern lediglich in Verbindung setzen, deren Zustimmung ist nicht mehr erforderlich.

Die Länder müssen das Raumordnungsverfahren, d. h. die Überprüfung der Folgen der neuen Trasse für die Region, spätestens sechs Monate, nachdem sie den Entwurf des Bundesverkehrsministeriums erhalten haben, abschließen. In Westdeutschland werden für ein Raumordnungsverfahren mindestens sechs Monate angesetzt. Das B. sieht vor, die Öffentlichkeit nicht wie sonst im Rahmen des Raumordnungsverfahrens, sondern erst während des Planfeststellungsverfahrens einzubeziehen (Prüfung des Bauvorhabens unter Berücksichtigung aller öffentlichen und privaten Interessen), wenn die Details des Projekts festgelegt werden. Die in Planfeststellungsverfahren üblichen Fristen wurden in B. gekürzt, und zusätzliche Zeitgrenzen wurden eingeführt. Das Planfeststellungsverfahren kann nach dem B. durch eine Plangenehmigung ersetzt werden, wenn der Bau keine Rechte Dritter berührt.

Klagen erlaubt das B. nur beim Bundesverwaltungsgericht. Dort herrschen Anwaltszwang und beträchtliche Wartezeiten. Bei technischen Großprojekten ist normalerweise als erste Instanz ein Oberverwaltungsgericht anzurufen. Auch haben im Geltungsbereich des B. Anfechtungsklagen keine aufschiebende Wirkung.

Kritik: Der Umweltausschuß des Bundesrats, SPD und Bündnis 90/Grüne sowie Umweltschutzorganisationen sprachen sich gegen das B. aus, da die innerhalb der Behörden begründeten Verzögerungsursachen nicht ausgeräumt, die Bürgerbeteiligung und der → Naturschutz aber erheblich beeinträchtigt würden. Zudem widerspreche unterschiedliches Planungsrecht dem Anspruch auf Angleichung der Lebensverhältnisse in Ost- und Westdeutschland. → Verkehr → Reichsbahn

Betreuung

Zum Januar 1992 trat in Deutschland ein Gesetz in Kraft, das die Entmündigung abschafft und die Vormundschaft bei Entmündigung durch individuelle B. ersetzt. Bei B. wird im Gegensatz zur Entmündigung die Geschäftsfähigkeit bei Geisteskrankheit oder -schwäche, Verschwendung und Suchtkrankheiten nicht beschränkt. In den westdeutschen Bundesländern standen Ende 1991 rd. 250 000 Volljährige unter Vormundschaft oder Gebrechlichkeitspflegschaft, auf die das B.-Gesetz angewendet wird. Sie waren bis 1992 rechtlich Kindern gleichgestellt.

Die Höchstdauer der B. wird auf fünf Jahre beschränkt; soll sie verlängert werden, müssen die Voraussetzungen erneut gerichtlich geprüft werden. Die Vormünder, die sich oft nur formal um die Entmündigten kümmerten, sollen durch Sozialarbeiter in sog. B.-Vereinen und ehrenamtliche Betreuer ersetzt werden. Die CDU/CSU/FDP-Bundesregierung erhofft sich durch diese Regelung ein Anwachsen der Betreuerzahl. Die B.-Vereine werden von den Bundesländern finanziert.

Das Diakonische Werk kritisierte 1992, daß die Zwangssterilisation geistig → Behinderter mit dem B.-Gesetz gegenüber der Entmündigung zwar erschwert, aber nicht verboten worden sei. Die Gerichte müssen ab 1992 innerhalb von zehn Jahren in jedem Einzelfall prüfen, ob eine B. aufgehoben oder verlängert wird. Dies gilt, wenn Personen weniger

als zehn Jahre entmündigt waren. Das Diakonische Werk forderte eine schnellere Überprüfung, weil es davon ausging, daß zahlreiche B. unberechtigt bestünden. Viele Personen, deren B. wahrscheinlich aufgehoben würden, würden voraussichtlich vor dem Gerichtsurteil sterben, da 90% der Pflegschaften nach dem Entmündigungsgesetz Alterspflegschaften waren.

Bevölkerungsentwicklung

Der rasche Bevölkerungsanstieg in → Entwicklungsländern hielt 1991/92 mit durchschnittlich 2,1% pro Jahr an, während in Industrieländern die Bevölkerungszahl nur leicht wuchs (0,6%). In Deutschland stieg die Bevölkerungszahl 1991 durch Zuwanderung auf 80,4 Mio. Maßnahmen zur Planung von Zahl und Zeitpunkt von Geburten in einer Familie wurden in Entwicklungsländern gefördert, um den Bevölkerungsanstieg zu bremsen und → Hunger und → Armut zu bekämpfen.

Weltbevölkerung: Mitte 1992 betrug die Weltbevölkerung nach Schätzung der UNO rd. 5,48 Mrd Menschen. Täglich stieg die Bevölkerungszahl um rd. 250 000. Für das Jahr 2001 rechnet die UNO mit rd. 6,4 Mrd Menschen, bis 2025 mit 8,5 Mrd. Bis 2050 wird sich die Weltbevölkerung nahezu verdoppelt haben. In zehn Staaten der Erde lebten 1991 mehr als 100 Mio Einwohner. Das bevölkerungsreichste Land war China mit 1,1 Mrd Einwohnern.

Entwicklungsländer: Die UNO erwartete 1991 die stärkste Bevölkerungszunahme für den afrikanischen Kontinent. Bis zum Jahr 2020 werde sich die Zahl der Afrikaner verdoppeln. Zu den Entwicklungsländern mit den höchsten Wachstumsraten gehörten 1992 nach Angaben der Weltbank (Washington) Rwanda, Kenia und Jemen. Das Bevölkerungswachstum ist in Städten höher als auf dem Land. UNO-Experten stellten in Ländern, in denen die Bevölkerungszunahme nachließ, ein überdurchschnittliches Wirtschaftswachstum fest (z. B. Korea-Süd; → Schwellenländer).

Weiter auf Seite 62

Bildung für Frauen fördert Familienplanung Statistiken der UNO zeigen einen engen Zusammenhang zwischen dem Bildungsniveau der Frauen und dem Erfolg von Familienplanungsprogrammen in einem Land. Frauen mit besserer Schulbildung bekommen im allgemeinen weniger Kinder, weil sie häufiger Verhütungsmittel benutzen. In Zimbabwe z. B. bringen Frauen, die nie die Schule besuchten, durchschnittlich sieben Kinder zur Welt. Frauen, die über höhere Schulbildung verfügen, haben weniger als vier Kinder.

Entwicklung der Weltbevölkerung 1990–2025

Gebiete und Regionen	Bevölkerung (Mio)		
	1990	2000[1]	2025[1]
Afrika	642,1	866,6	1 596,9
Asien	3 112,7	3 712,5	4 912,5
Europa	498,4	510,0	515,2
Lateinamerika	448,1	538,4	757,4
Nordamerika	275,9	294,7	332,0
Ozeanien	26,5	30,1	38,2
Entwicklungsländer	4 085,6	4 996,7	7 150,3
Industrieländer	1 206,6	1 264,1	1 353,9
Welt insgesamt	5 292,2	6 260,8	8 504,2

1) Schätzung; Quelle: UNO-Bevölkerungsbericht 1992

Bevölkerung in Daten und Zahlen

Bevölkerungsentwicklung in ausgewählten Ländern

Land	Bevölkerung (Mio) 1990	2025	Wachstum 1990–1995 (%)	Geburten pro 1000 Einwohner	Kindersterblichkeit pro 1000 Geburten	Benutzung von Verhütungsmitteln (%)	Geburten pro Frau	Ausgaben für Gesundheit/Bildung (%)[1]	Lebenserwartung (Jahre)
Europa									
Belgien	9,8	9,4	0,0	13	8	81	1,6	10,7	76
Deutschland	77,6	70,9	−0,1	11	7	77	1,5	10,7	76
Bulgarien	9,0	8,9	0,1	13	14	76	1,9	8,6	73
Dänemark	5,1	4,9	0,1	11	8	63	1,7	13,2	75
Finnland	5,0	5,1	0,2	13	6	80	1,8	11,8	76
Frankreich	56,1	60,4	0,4	13	7	68	1,8	12,0	77
Großbritannien	57,2	59,7	0,2	13	8	83	1,8	10,2	76
Irland	3,7	5,0	0,9	16	7	60	2,2	14,4	74
Italien	57,1	53,0	0,0	10	9	78	1,3	9,8	77
Niederlande	15,0	16,8	0,6	12	7	76	1,6	13,8	77
Norwegen	4,2	4,5	0,3	13	8	71	1,8	14,0	77
Österreich	7,6	7,3	0,0	12	8	71	1,5	11,6	76
Polen	38,4	45,1	0,5	15	16	75	2,1	8,6	71
Portugal	10,3	10,9	0,3	12	12	66	1,6	8,4	75
Schweden	8,4	8,6	0,2	15	6	78	1,9	15,9	78
Schweiz	6,6	6,8	0,2	12	7	71	1,7	9,8	78
Spanien	39,2	42,3	0,4	11	8	59	1,5	7,5	76
Tschechoslowakei	15,7	17,2	0,3	14	12	95	2,0	7,9	72
Ungarn	10,6	10,2	−0,1	12	15	73	1,8	6,6	71
Afrika									
Ägypten	52,4	90,4	2,2	31	66	38	4,0	7,0	60
Äthiopien	49,2	126,6	3,0	51	132	−[2]	7,5	5,5	48
Kenia	24,0	79,1	3,7	45	67	27	6,5	9,1	59
Nigeria	108,5	280,9	3,3	43	98	5	6,6	1,7	52
Somalia	7,5	18,7	2,4	48	126	−[2]	6,8	0,8	48
Südafrika	35,3	65,4	2,2	33	66	48	4,3	5,4	62
Amerika									
Argentinien	32,3	45,5	1,2	20	29	−[2]	2,8	3,4	71
Brasilien	150,4	245,8	1,9	27	57	66	3,2	5,1	66
Chile	13,2	19,8	1,6	22	17	−[2]	2,5	6,8	72
Kanada	26,5	31,9	0,8	14	7	73	1,7	13,9	77
Mexiko	88,6	150,1	2,0	27	39	53	3,3	4,4	70
USA	249,2	299,9	0,7	17	9	74	1,9	9,9	76
Asien									
Bangladesch	115,6	235,0	2,7	35	105	31	4,6	2,6	52
China	1139,1	1512,3	1,4	22	29	71	2,5	4,1	70
Indien	853,1	1442,4	2,1	30	92	34	4,0	4,4	59
Irak	18,9	50,0	3,4	42	65	15	6,2	5,4	63
Israel	4,6	6,9	1,5	22	10	−[2]	2,8	8,3	76
Japan	123,5	127,5	0,4	11	5	56	1,6	10,0	79
Pakistan	122,6	267,1	2,9	42	103	8	5,8	2,4	56
Türkei	55,9	87,7	1,9	28	60	63	3,5	3,1	67
Ozeanien									
Australien	16,9	23,0	1,2	15	8	76	1,9	10,8	77
Neuseeland	3,4	4,1	0,8	16	10	70	2,0	12,2	75
Papua-Neuguinea	3,9	7,3	2,3	36	57	−[2]	5,1	8,0	55

1) Anteil am Bruttosozialprodukt; 2) keine Angaben; 3) 1986; Quelle: Weltbevölkerungsbericht der Vereinten Nationen 1992, Weltentwicklungsbericht 1992

Bildschirmtext

Bildschirmtext mit Mietgeräten
Teilnehmer des Kommunikationsdienstes Bildschirmtext, bei dem Texte, Daten und Grafiken mit der Telefonleitung übertragen und auf einem Bildschirm sichtbar gemacht werden, konnten die erforderlichen Geräte 1992 auch bei der Telekom mieten. Die Monatsmiete z. B. für ein Multikom-Gerät ohne integriertes Telefon betrug zwischen 29,81 DM und 35,80 DM. Beim Kauf des Gerätes zahlte der Teilnehmer zwischen 595 DM und 995 DM.

Neues Videotelefon in den USA
Mitte 1992 sollen in den USA erstmals Bildtelefone angeboten werden, die bewegte, farbige Bilder mit einer am Telefon installierten Videokamera über die herkömmliche Telefonleitung übertragen (sog. Videotelefon, Kosten 1992: 1500 Dollar, 2300 DM). In Deutschland wurden Ton und Bild beim Bildtelefon 1992 als digitalisierte Signale über ISDN übertragen.

Familienplanung: In vielen Entwicklungsländern stehen der Familienplanung finanzielle, soziale und religiös-kulturelle Vorbehalte entgegen. Um das Bevölkerungswachstum zu begrenzen, wurden Anfang der 90er Jahre rd. 1,3% der westlichen Entwicklungshilfe für Maßnahmen der Familienplanung vergeben (→ Entwicklungspolitik). Das Kinderhilfswerk UNICEF bezifferte 1992 den Anteil der unerwünschten Schwangerschaften in Entwicklungsländern auf ein Drittel (→ Abtreibungspille). Bei Abtreibungen, häufig das letzte Mittel der Familienplanung, stürben jährlich 150 000 Frauen.

Deutschland: Ohne die Zuwanderung von u. a. 220 000 → Aussiedlern wäre in Deutschland 1991 die Bevölkerungszahl, wie in allen EG-Staaten außer Irland, gesunken. In den ostdeutschen Bundesländern ging 1991 aufgrund der sozial und wirtschaftlich unsicheren Lage sowie wegen der Abwanderung junger Menschen die Zahl der Geburten gegenüber dem Vorjahr um 38,8% zurück, in Westdeutschland um 0,3%. Die Lebenserwartung von Deutschen ist seit Anfang der 70er Jahre um fast fünf Jahre auf durchschnittlich 75,5 Jahre gestiegen (→ Alter). Nach Schätzungen des Statistischen Bundesamts (Wiesbaden) wird der Anteil der über 60jährigen an der Bevölkerung bis 2030 auf 34,9% (24,4 Mio) steigen (1992: 20,5%, 16,5 Mio). Die Verschiebung der Altersstruktur wird die Finanzierung der sozialen Sicherungssysteme erschweren (→ Rentenreform).

Bildschirmtext

(Btx), Kommunikationssystem, bei dem Texte, Daten und Grafiken mit der Telefonleitung übertragen und mit einem Zusatzgerät (sog. Decoder) auf einem Bildschirm sichtbar gemacht werden können. In Deutschland bietet die → Telekom B. an, über die Mitte 1992 rd. 3000 Unternehmen Informationen für 315 000 Teilnehmer verbreiteten (1991: 270 000 B.-Teilnehmer in West- und 200 in Ostdeutschland).

Kosten: Der B.-Anschluß verbindet den Teilnehmer mit einer B.-Zentrale. Mitte 1992 betrug die Anschlußgebühr für B. 65 DM, die monatliche Zugangsgebühr zu den Zentralen 8 DM. Für Informationen (bis 8 min Dauer), die der Kunde bei der Telekom abfragte, zahlte er 1992 den Tarif eines Ortsgesprächs (23 Pf); private Unternehmen berechneten pro abgefragter B.-Seite bis zu 9,99 DM. Das Absenden einer Mitteilung kostete 40 Pf/Seite.

Empfang: Der an die B.-Buchse angeschlossene Decoder wandelt die B.-Signale in Fernsehsignale um, die als Buchstaben, Zahlen oder Grafiken auf dem Bildschirm sichtbar werden. 1992 wurden u. a. internationale Börsenkurse, Reiseangebote und Gesundheitsinformationen wie Impftermine über B. verbreitet. Kunden konnten mit B. Reisen buchen und Bankgeschäfte abwickeln (→ Electronic Banking).

Geräte: Von der Telekom angebotene Geräte, z. B. Multitel, umfassen Telefon, Decoder, Farbbildschirm und Bedienungstastatur (Kosten 1992: 1998 DM). B.-Geräte ohne integriertes Telefon, z. B. Multikom, kosteten zwischen 595 DM und 995 DM.

Das Btx-TV-Set (Kosten 1992: 298 DM), das aus Decoder und kabelloser Infrarottastatur ähnlich der TV-Fernbedienung besteht, kann an den eigenen Fernseher angeschlossen werden, wenn dieser über eine Euro-AV-Scartbuchse verfügt (i. d. R. alle ab 1985 hergestellten Geräte).

Für den B.-Empfang per PC wird eine Diskette benötigt, die den Empfang und das Absenden von B.-Signalen mit PC steuert. Den zugehörigen Decoder vermietete die Telekom 1992 für 8 DM pro Monat.

Bildtelefon

Im Februar 1992 startete die → Telekom bundesweit einen Betriebsversuch mit 500 B.-Geräten. Bis 1995 sollen 50 000–80 000 B.-Teilnehmer gewonnen werden. Ab April 1992 führte die Telekom Versuche mit Unternehmen in sechs europäischen Ländern sowie mit B.-Herstellern in den USA und Japan für grenzüberschreitendes B. durch. B. wird über das digitale Daten- und Fernmeldenetz (→ ISDN) übertragen. Mitte 1992 kostete ein ISDN-Anschluß 130 DM, die monatliche Grundgebühr betrug 74 DM. Für ein B.-Gespräch zahlte der Kunde 46 Pf/Einheit.

Im Betriebsversuch 1992 konnten Kunden bei der Telekom ein B. für 38 500 DM kaufen oder gegen eine monatliche Gebühr von 980 DM (jeweils plus Mehrwertsteuer) mieten. Bis Mitte der 90er Jahre soll der Kaufpreis auf 2000 DM gesenkt werden. Die drei B.-Modelle bestehen jeweils aus Monitor mit Kamera, Telefon, Tastatur und einem Gerät zur Verschlüsselung von Sprache und Bild in digitalisierte Signale sowie zu deren Entschlüsselung (sog. Codec). Die übertragenen Bilder sind in der Qualität mit Videokameraaufnahmen vergleichbar. Mit B.-Geräten können auch Teilnehmer angewählt werden, die lediglich über ein herkömmliches Telefon verfügen.

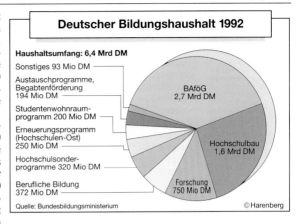

Deutscher Bildungshaushalt 1992

Haushaltsumfang: 6,4 Mrd DM

Sonstiges 93 Mio DM

Austauschprogramme, Begabtenförderung 194 Mio DM

Studentenwohnraumprogramm 200 Mio DM

Erneuerungsprogramm (Hochschulen-Ost) 250 Mio DM

Hochschulsonderprogramme 320 Mio DM

Berufliche Bildung 372 Mio DM

Quelle: Bundesbildungsministerium

BAföG 2,7 Mrd DM

Hochschulbau 1,6 Mrd DM

Forschung 750 Mio DM

© Harenberg

Bildungspolitik

Die CDU/CSU/FDP-Bundesregierung erhöhte den Bildungsetat 1992 um 4,5% auf 6,45 Mrd DM gegenüber 1991. Schwerpunktmäßig werden die Mittel für → Hochschulen (rd. 1,6 Mrd DM) und zur Ausbildungsförderung (→ BAföG; rd. 2,7 Mrd DM) ausgegeben. Die im Schuljahr 1991/92 begonnene Umstrukturierung des ostdeutschen Bildungssystems führte zur Entlassung von etwa 20 000 Lehrern (→ Lehrerarbeitslosigkeit). Ende 1991 erkannten die Kultusminister das ostdeutsche → Abitur an, das nach zwölfjähriger Schulzeit vergeben wird (→ Schulzeitverkürzung). Die Hochschulrektoren forderten Ende 1991, den Hochschulzugang durch → Numerus clausus und Eingangstests zu erschweren, um der Überfüllung der Hochschulen entgegenzuwirken. Eine Unternehmensberatungsfirma stellte Ende 1991 einen zusätzlichen Bedarf von 25 000 Lehrern

an den Schulen von NRW fest, um Unterrichtsausfall zu verhindern.

Ostdeutsches Schulsystem: In den CDU-regierten neuen Ländern wurde im Schuljahr 1991/92 das westdeutsche Bildungssystem prinzipiell übernommen. Die Gesamtschule ist nicht als Regelschule vorgesehen, kann aber als Versuchsschule eingerichtet werden. In Thüringen, Sachsen und Sachsen-Anhalt werden Haupt- und Realschule zu einem Schultyp zusammengefaßt, in dem nach der siebten Klasse differenziert wird. Ein Zweig führt zur sog. Berufsreife nach neun Schuljahren (Hauptschulabschluß), der andere zum qualifizierten Sekundarabschluß (mittlere Reife). Mecklenburg-Vorpommern führte als einziges ostdeutsches Bundesland die Hauptschule als Regelschule ein.

Brandenburg: Das von SPD, FDP und Bündnis 90 regierte Brandenburg gliedert sein System nach Schulstufen: Auf eine sechsjährige Grundstufe folgt eine vierjährige Sekundarstufe, an die sog. Oberstufenzentren anschließen. Die Sekundarstufe umfaßt neben dem Gymnasium die Gesamtschule und die Realschule.

NRW: Die Regierung in NRW kündigte Ende 1991 auf Empfehlung der Unternehmensberatungsfirma Kienbaum (Düsseldorf) den Abbau von Qualifizierungsmaßnahmen und von Ermäßigungsstunden (z. B. für die Stunden-

Rainer Ortleb, Bundesbildungsminister
* 5. 6. 1944 in Gera, Dr. rer. nat., deutscher Politiker (FDP). 1968 Mitglied der LDPD, 1984 Professur für Informatik und Schiffstechnik an der Universität Rostock, 1990 Vorsitzender des Bundes Freier Demokraten in der DDR, August 1990 stellvertretender Vorsitzender der FDP, Januar 1991 Bundesminister für Bildung und Wissenschaft.

Biochip

planung) für Lehrer während der Unterrichtszeit an. Außerdem war geplant, die durchschnittliche Klassengröße der nordrhein-westfälischen Schulen von 19,5-28 Schülern (je nach Schulart) um einen Schüler anzuheben und die Wochenstundenzahl um eine Stunde auf maximal 30 Stunden pro Woche zu verringern. Die Ankündigung ähnlicher Reformen in den Ländern Berlin, Hessen, Niedersachsen und Rheinland-Pfalz Anfang 1992 führte wie in NRW zu Protesten von Eltern und Lehrern, die eine Minderung der Unterrichtsqualität befürchteten.

Biochip

Aus gentechnisch hergestellten Eiweißmolekülen (Proteinen) zusammengesetzter Computerbaustein. B. können auf kleinerem Raum Daten speichern als → Chips aus Silizium, da die Eiweißmoleküle nur wenige Nanometer (Milliardstel eines Meters) groß sind. B. sollen Chips aus dem teuren Rohstoff Silizium ersetzen. Ein Nachteil von B. war Anfang der 90er Jahre die kurze Lebensdauer der verwendeten Eiweiße von mehreren Stunden. 1992 wurden in den USA und in Deutschland Prototypen eines B. vorgestellt, die mit optischen Schaltern aus dem Eiweiß Bacteriorhodopsin arbeiten.
Bacteriorhodopsin kann aus den im Salzwasser lebenden Halobakterien gewonnen werden. Das Eiweiß wird herausgelöst und in Glas oder durchsichtigen Kunststoff gegossen. Wenn das Molekül Bacteriorhodopsin von Licht getroffen wird, verändert es seine chemische Struktur. Diese Strukturveränderung kann als Schalter genutzt werden. Informationen können als binäre Zahlenfolge codiert werden, ein Zustand bedeutet eins, der zweite null (→ Bit → Digitaltechnik). Mit Laserlicht werden die digitalen Daten in den B. eingeschrieben. Ein zweiter Laserstrahl mit einer anderen Wellenlänge, der die Eiweißmoleküle nicht beeinflußt, tastet die Strukturen ab und liest die Informationen. → Optoelektronik

Biogas

Brennstoff, der bei der bakteriellen Zersetzung von organischen Abfällen entsteht. B. gehört zu den Erneuerbaren → Energien. 1991 erzeugten in Deutschland 38 B.-Anlagen der Stromversorgungsunternehmen 109 Mio kW Strom und 43 private Anlagen rd. 80 Mio kW Strom. Dies entspricht einer Steigerung von rd. 90% gegenüber 1988. Würde der gesamte Müll, der in Deutschland auf Deponien gelagert wird, zur Herstellung von B. genutzt, ließe sich nach Angaben der Vereinigung Deutscher Elektrizitätswerke (Frankfurt/M.) bis zum Jahr 2010 die Stromerzeugung aus B. um 1,3 Mrd kW steigern. Dies entspricht etwa einem Fünftel der Leistung aller deutschen Atomkraftwerke 1991. Die Herstellung von B. aus Gülle stellte 1991/92 eine sinnvolle Verwertungsmöglichkeit eines landwirtschaftlichen Nebenprodukts dar, das aus Gründen des Umweltschutzes nur noch begrenzt als Dünger genutzt werden darf.
In Deutschland wurden 1991 in der Großviehhaltung rd. 300 Mio t Gülle produziert, davon allein 100 Mio t aus den ostdeutschen Ländern. Mehr als die Hälfte der Gülle aus den neuen Ländern darf nicht als Dünger eingesetzt werden, weil sie zu stark mit Schadstoffen belastet ist, die ins Grundwasser gelangen könnten. Bei der Gülleaufbereitung wird neben B. ein umweltschonender Dünger gewonnen. Anlagen für die Herstellung von B. gelten als unwirtschaftlich, wenn die Kosten nur mit Preisen für Strom, → Erdgas oder → Erdöl verglichen werden. Erst wenn die Kosten für die Umweltverschmutzung durch diese Energieträger mit den Vorteilen des B. aus Gülle verrechnet werden, ist B. konkurrenzfähig.

Bio-Lebensmittel

Nahrungsmittel, bei deren Herstellung auf umweltschädliche Verfahren und giftige Zusatzstoffe verzichtet wird. Umwelteinflüsse wie die → Luftverschmutzung beeinflussen B. jedoch unabhängig von den Anbaumethoden. In den EG-Staaten trat im Juni 1992 eine Verordnung in Kraft, nach der pflanzliche Produkte nur mit den Begriffen „biologisch" oder „ökologisch" gekennzeichnet werden dürfen, wenn sie nach den von der EG festgelegten Regeln über ökologische → Landwirtschaft angebaut wurden. Bis dahin war die Bezeichnung „aus biologischem Anbau" in Deutschland rechtlich nicht geschützt. Da B. der Universität Stuttgart-Hohenheim zufolge im Handel 1991/92 um rd. 90% teurer waren als konventionell erzeugte Nahrungsmittel, wurden herkömmliche Erzeugnisse als B. verkauft.

Das deutsche Bundeslandwirtschaftsministerium gab 1991 an, daß der Jahresgewinn eines Biobauern mit 46 260 DM um rd. 23,7% höher lag als der eines Landwirts, der konventionellen Anbau betrieb. In Westdeutschland stieg die Zahl der Bauernhöfe, die ökologischen Landbau betreiben, im Zeitraum 1989–1991 von 2700 auf 5800. Ende 1991 wurde ca. 0,5% der landwirtschaftlichen Nutzfläche von sog. Biobauern bewirtschaftet.

Die EG-Verordnung sieht folgende Anbauvorschriften vor, um den Verbraucher vor ungerechtfertigt als B. deklarierten Produkten zu schützen:
▷ Gedüngt werden darf nur mit organischen Materialien wie Kompost. Ausnahmen sind mineralische Dünger, die auf einer sog. Positiv-Liste festgelegt werden
▷ Schädlinge, Krankheiten und wildwachsende Pflanzen u. a. nur durch wechselnde Fruchtfolge, mechanische Bodenbearbeitung, Förderung von Nützlingen und Abflammen bekämpft werden. Wenn die Ernte bedroht ist, dürfen biologische Pflanzenschutzmittel eingesetzt werden
▷ Der Anbau und die Verarbeitung sollen durch staatliche und private Kontrollstellen überwacht werden.
Für tierische Erzeugnisse erarbeitete die EG-Kommission Mitte 1992 eine Sonderregelung.

Biologische Waffen

(auch B-Waffen), lebende Organismen (Viren und Bakterien) oder von ihnen abstammende Gifte, die bei Lebewesen Krankheit oder Tod verursachen und zu militärischen Zwecken eingesetzt werden. Die 3. Überprüfungskonferenz der Genfer Konvention von 1972, die Herstellung, Verbreitung und Lagerung von B. verbietet, Forschung zum Schutz vor B. jedoch erlaubt, beschloß Ende 1991 gegen den Widerstand der USA die Einsetzung eines Komitees, das Maßnahmen zur B.-Kontrolle ausarbeiten soll. Die USA halten Kontrollen für wirkungslos, weil nicht zwischen ziviler und militärischer Produktion unterschieden werden könne. Ende 1991 gab der Irak zu, bis Herbst 1990 u. a. mit Milzbranderregern experimentiert zu haben. Etwa zehn weitere Staaten sollen nach Geheimdienstinformationen B. entwickeln.

Bis Mitte 1992 waren der Genfer Konvention 118 Staaten beigetreten. 49 vereinbarten seit 1986 vertrauensbildende Maßnahmen. Diese beinhalten einen regelmäßigen Austausch von Informationen über Laboratorien, die besonderen Sicherheitsvorschriften unterworfen sind, sowie über Ausbrüche von Infektionskrankheiten und Vergiftungen. Eine für alle Mitgliedstaaten verbindliche Liste von Stoffen, die zur Herstellung von B. benutzt werden können, wurde von den Unterzeichnern der Konvention Mitte 1992 erarbeitet.

Die → Gentechnik eröffnet nach Meinung des Zentralinstituts für Molekularbiologie (Berlin) die Möglichkeit, mit Hilfe manipulierten Erbguts künstliche Gifte auf natürlicher Basis und Impfstoffe zum Schutz vor eigenen B. in großer Menge zu produzieren.

Bionik

(Kurzwort für Biologie und Technik), Wissenschaftszweig, der natürliche Funktionen und Strukturen, z. B. Organe von Lebewesen, erforscht, auf ihre Nutzbarkeit prüft und die Ergebnisse

Großes Interesse an Bio-Lebensmitteln
Einer Untersuchung der Zeitschrift natur vom Januar 1992 zufolge haben 64% der Bevölkerung in den alten Bundesländern und 67% in den neuen Ländern Interesse an Produkten aus biologisch kontrolliertem Anbau. Tatsächlich kauften jedoch nur 6% der Befragten häufig und 29% manchmal Bio-Lebensmittel. Zwei Drittel der Befragten lehnten den Kauf von Bio-Produkten wegen zu hoher Preise ab.

B-Waffentests in der Sowjetunion
Im Mai 1992 verbot Rußlands Präsident Boris Jelzin die Produktion biologischer Waffen. 1979 war nach Informationen der russischen Regierung in der Stadt Swerdlowsk (Ural) eine Milzbrandepidemie ausgebrochen, die mindestens 66 Menschen das Leben kostete. In dem mikrobiologischen Forschungszentrum des sowjetischen Verteidigungsministeriums war als Bestandteil von Versuchen mit bakteriologischen Waffen mit dem Bazillus experimentiert worden.

Bioniker entwerfen Flugzeug mit Haifisch-Schuppen

Nach dem Prinzip der Bionik, bei der Funktionsweisen der Natur technisch umgesetzt werden, entwickelten Wissenschaftler 1992 für einen US-amerikanischen Chemiekonzern eine aufklebbare Folie für Flugzeugrümpfe. Die sog. Ribletfolie ahmt das längsgerillte Oberflächenrelief von Haifisch-Schuppen nach. Mit dieser Plastikhaut ausgestattete Flugzeuge sparen 1–2% Treibstoff, etwa 150 000 l im Jahr.

Verpackungsmaterial aus Pflanzenstärke

Die Firma Storopack (Metzingen) plante 1992, Verpackungsmaterial, das in Versandkartons Gegenstände vor Transportschäden schützt, aus Pflanzenstärke herzustellen. Die herkömmlichen sog. Verpackungschips bestehen aus Kunststoff. Als Grundstoff für das neue Verpackungsmaterials dienen Kartoffeln, Reis und Mais. Dieses Bioplastik verrottet auf Müllkippen.

Europäischer Markt für Biosensoren 1995

Land	Umsatz* (Mio Dollar)
Deutschland	24,0
Frankreich	17,8
Großbritannien	16,2
Italien	12,0
Skandinavien	9,2
Niederlande	8,5
Sonstige	20,0

*Prognose; Quelle: Frost & Sullivan (London)

technisch umsetzt. Anfang der 90er Jahre galt B. als → Grundlagenforschung. In Deutschland wurde B. vor allem an den Universitäten Saarbrücken und Berlin erforscht.

Nach dem Vorbild der Natur wurden Anfang der 90er Jahre folgende technische Entwicklungen gestaltet:
▷ Bei der Windenergieanlage Berwian in Berlin sind die Rotoren wie Vogelflügel geformt
▷ Berliner Bioniker entwickelten für das → Verkehrs-Leitsystem Prometheus ein Computerprogramm, das der Abstandsregelung in Mücken- und Vogelschwärmen nachempfunden ist
▷ Für den Schiffs- und Flugzeugbau wird die aerodynamische Form von Haifischflossen nachgebildet
▷ → Neuro-Computer sind ähnlich aufgebaut wie menschliche Nervensysteme.

Bioplastik

(eig. Biopolymer), Kunststoff, der aus → Nachwachsenden Rohstoffen hergestellt wird oder biologisch abbaubar ist. B. trägt dazu bei, die Abfallmenge zu reduzieren (→ Abfallbeseitigung) und die Rohstoffreserven zu schonen, weil es im Unterschied zu herkömmlichen Kunststoffen weitgehend unabhängig von Erdöl produziert werden kann. Mitte 1992 waren in Deutschland zwei Sorten B. auf dem Markt: Biopol für Shampooflaschen und Biocell 163 als Hülle für Grablichter. Der Preis für Biopol betrug 50 DM/kg (für herkömmliche Kunststoffe z. B. Polyethylen: rd. 2 DM/kg). Cellulose, Bakterienferment, Stärke und Pflanzenöl sind Hauptrohstoffe für B., das unter Einfluß von Licht, Luft und Feuchtigkeit auf Deponien oder in Kompostierungsanlagen innerhalb von 15 Wochen weitgehend zerfällt. B. eignet sich vor allem als Werkstoff für kurzlebige Erzeugnisse wie Verpackungsmaterial, war jedoch Mitte 1992 nicht universell einsetzbar, da der Kunststoff u. a. bei einer Berührung mit Alkohol zersetzt wird.

Biosensoren

Meßfühler aus organischen Materialien, z. B. aus Eiweißen, Zellen oder Mikroorganismen. Anfang der 90er Jahre dienten B. zur Identifizierung und Mengenbestimmung chemischer und biologischer Substanzen in der Medizin, Umwelt- und → Biotechnik. B. arbeiten bis zu zehnmal schneller und bis zu zwanzigmal genauer als herkömmliche chemische Analysen. Weltweit wird an B. geforscht, die auf rd. 200 verschiedene Substanzen reagieren. 1992 angebotene B. konnten folgende Nachweise erbringen:
▷ Frische bei Fleisch und Fisch
▷ Rückstände von → Pestiziden in Wasser, Boden und in der Luft
▷ Konzentration von Glucose, Harnstoff und Milchsäure im Körper.
Ende 1992 wurden in den Niederlanden B. patentiert, die Diabetikern eingepflanzt werden und den Anteil von Zucker (Glucose) im Blut messen. Bei → Diabetes liegt ein Mangel an dem Hormon Insulin vor, das den Zuckerhaushalt im Körper reguliert. Der B. soll weiterentwickelt werden, so daß er an eine miniaturisierte Insulinpumpe (→ Mikromaschinen) angeschlossen werden kann. Steigt der Glucosespiegel an, aktiviert der B. mit einem Signal die Pumpe.
Am Berliner Institut für Molekularbiologie wurde Anfang der 90er Jahre an B. geforscht, die Rauschgiftmoleküle in der Luft erkennen und in der Zollfahndung eingesetzt werden sollen sowie an B., die Munitionsrückstände im Boden aufspüren.
B. bestehen aus winzigen Elektroden oder Transistoren mit einer organischen Erkennungsschicht, die auf den nachzuweisenden Stoff abgestimmt ist. Kommt diese Erkennungsschicht mit dem gesuchten Stoff in Berührung, findet eine chemische oder physikalische Reaktion statt. Die Reaktion löst ein physikalisches Signal aus, z. B. einen Stromfluß. An der Stärke des Stromflusses kann die Menge des aufgespürten Stoffes abgelesen werden.

Biosphere II

(engl.; Biosphäre II), Versuchsanlage in der Sonorawüste nahe Tucson (Arizona)/USA, in der das ökologische System der Erde (= Biosphäre I), hermetisch abgeschlossen von der Außenwelt, nachgebildet wird. Im September 1991 bezogen acht Forscher aus den USA, Großbritannien und Belgien für zwei Jahre B. Sie untersuchen, wie das geschlossene, technisch unterstützte Ökosystem funktioniert und ob sich ein ökologisches Gleichgewicht längerfristig künstlich aufrechterhalten läßt. Die Wissenschaftler erhoffen sich Aufschlüsse über die Ursachen von Umweltkrisen wie der → Klimaveränderung. Die Kosten für den Bau und die Einrichtung von B. betrugen bis Mitte 1992 rd. 150 Mio Dollar (230 Mio DM). Finanziert wurde die Versuchsanlage von der privaten Gesellschaft Space Biosphere Ventures. In B. wurden die Klimazonen der Erde nachgebildet. Das 140 000 m² große Gewächshaus beherbergt ca. 3800 Tier- und Pflanzenarten. Die Forscher versorgen sich selbst und recyceln Abfälle. Energie liefert ein mit → Biogas betriebenes Kraftwerk mit einer Leistung von 5,2 MW. Computer erfassen und kontrollieren alle meßbaren ökologischen Daten. Die Erkenntnisse aus dem Versuch sollen u. a. für den Aufbau von Raumstationen genutzt werden.

Biotechnik

Nutzung von natürlichen oder gentechnisch veränderten Kleinstlebewesen (Mikroorganismen) sowie Zell- und Gewebekulturen für technische Prozesse. B. gilt als Schlüsseltechnologie des 21. Jh., war aber Anfang der 90er Jahre noch vielfach im Entwicklungsstadium. Als wichtigster Bereich der B. galt Mitte 1992 die → Gentechnik.
Anwendungsbereiche: Anfang der 90er Jahre wurde B. für folgende Aufgaben eingesetzt:
▷ Pharmazie: Manipulation von Mikroorganismen zur Arzneimittelproduktion
▷ Umweltschutz: Säuberung verseuchter Böden mit Bakterien (→ Altlasten)
▷ Chemie: Produktion von biologisch abbaubaren, sog. sanften → Chemikalien und von → Bioplastik durch Bakterien.
Traditionell wird B. zur Herstellung von Wein, Bier und Joghurt genutzt.
Weltmarkt: Biotechnisch hergestellte Pharmazeutika erzielten 1991 einen Umsatz von 1,9 Mrd Dollar (2,9 Mrd DM), der nach Prognosen der Unternehmensberatung A. D. Little (Wiesbaden) bis 1995 um rd. 26% steigen soll. Das Umsatzvolumen für B. in Landwirtschaft, Umweltschutz und Lebensmittelindustrie von 15 Mrd Dollar (23 Mrd DM) soll weltweit bis 2000 auf 90 Mrd Dollar (140 Mrd DM) steigen.
EG: Von 1990 bis 1994 läuft in der EG das Forschungsprogramm BRIDGE, an dem sich seit 1992 die Staaten der Freihandelszone EFTA beteiligen. Es fördert die → Grundlagenforschung in der B. mit insgesamt 330 Mio DM. Zur Schaffung eines einheitlichen Rechtsschutzes für biotechnische Produkte bereitete die EG-Kommission Mitte 1992 eine Richtlinie zur Patentierung von gentechnisch veränderten Lebewesen vor, z. B. von Bakterien (→ Transgene Tiere).
Deutschland: Das Bundesministerium für Forschung und Technologie fördert B. 1990–1994 mit 1,5 Mrd DM. Ein Ende 1991 vorgestelltes Förderungsprogramm bezuschußt Projekte, die sich mit Bioplastik, → Biosensoren und Bodensanierung befassen.
USA: Die US-Bundesregierung beschloß Anfang 1992 eine Richtlinie, die den Marktzutritt für biotechnische Produkte erleichtern soll. Für die Genehmigung biotechnischer Produkte müssen keine speziellen Nachweise der gesundheitlichen Unbedenklichkeit und der Umweltverträglichkeit mehr vorgelegt werden. Umweltschützer kritisierten die Richtlinie, da die Risiken bei der Verbreitung gentechnischer Produkte nicht abzusehen seien (→ Novel Food).

U-Boote suchen Bakterien für die Biotechnik
Mit 43 Mio Dollar (66 Mio DM) fördert Japan bis 1995 die Erforschung von Meeresbakterien. Diese Mikroben verfügen über seltene Eigenschaften, die biotechnisch nutzbar gemacht werden sollen. Drei U-Boote spüren die Kleinstlebewesen am Meeresgrund auf. In einem Labor, das die Druckverhältnisse des Ozeans imitiert, werden die Bakterien gezüchtet und anschließend verändert. Ende 1991 fanden die japanischen Forscher in 1600 m Tiefe eine Mikrobenart, die Mineralöl verdauen kann und dabei eine Substanz produziert, die Öl in winzige Tröpfchen zerlegt und biologisch abbaubar ist.

Biotreibstoff

Kraftstoffe, die ganz oder teilweise aus Pflanzen oder pflanzlichen Abfällen gewonnen werden (→ Nachwachsende Rohstoffe). Zu B. gehören Biodiesel und Bioalkohol. 1991/92 war umstritten, ob B. ein umweltfreundlicherer Treibstoff als aus Mineralöl hergestellter Diesel ist, weil bei dessen Verbrennung ebenfalls Schadstoffe entstehen. Der Verkaufspreis für Rapsöl, den verbreitetsten B., lag 1992 in Deutschland mit rd. 1,40 DM/l um rd. 30 Pf höher als für herkömmlichen Dieselkraftstoff. Ohne die Mineralölsteuerbefreiung und die im Rahmen der EG geleisteten Subventionen für den Anbau von Raps würde B. rd. 2,30 DM/l kosten (Produktionskosten für herkömmlichen Diesel: 40 Pf/l). Die CDU/CSU/FDP-Bundesregierung fördert 1991–1993 mit rd. 5 Mio DM Forschungsvorhaben zu B., weitere 2,9 Mio DM investiert die Industrie.

Gewinnung: Biodiesel wird aus ölhaltigen Pflanzen wie Raps oder Nüssen gewonnen und kann in reiner Form im sog. Elsbett-Motor, einem Verbrennungsmotor, der auf den Pflanzenölbetrieb umgestellt wurde, verwendet werden. Durch Beigabe von Methanol hergestelltes Rapsmethylester (RME) eignet sich auch als Treibstoff für herkömmliche Dieselmotoren.

Ökobilanz: Bei der Verbrennung von B. entsteht nur so viel → Kohlendioxid, wie die Pflanze, aus der B. gewonnen wird, zuvor der Luft entzogen hat. Eine Untersuchung des Bundesforschungsministeriums von 1991 ergab, daß bei der Verbrennung von reinem Rapsöl die Stickoxidemissionen um rd. 10% verringert werden. Dagegen liegt der Ausstoß u. a. von Rußpartikeln und Aldehyden dreimal so hoch wie bei Dieselkraftstoff. Bei der Verwendung von RME verringern sich die Kohlenwasserstoffemissionen um rd. 45%, während der Ausstoß von Kohlenmonoxid und Stickoxiden um 10–15% steigt.

Probleme: Bei Temperaturen unter 0 °C lassen sich mit reinem Rapsöl betriebene Motoren nur noch schwer zünden; sie müssen unter diesen Bedingungen mit Dieselkraftstoff gestartet und gefahren werden. Bei RME treten die Startschwierigkeiten ab –5 °C auf. Bei der Verbrennung von B. entsteht ein unangenehmer Abgasgeruch.

Anwendung: 1992 förderten u. a. Bayern, Baden-Württemberg, Hessen und Schleswig-Holstein Projekte, bei denen B. in landwirtschaftlichen, gewerblichen und kommunalen Fahrzeugen eingesetzt wird. Im niedersächsischen Leese bietet seit Anfang 1992 eine öffentliche Tankstelle RME an.

Birdie

(engl.; Vögelchen), Telefondienst der → Telekom, der es ermöglicht, mit einem schnurlosen Handgerät in Taschenrechnerformat im Umkreis von 50 m (in Gebäuden) bis 200 m um eine Vermittlungsstation (B.-Stationen) zu telefonieren. Anrufe können mit B. nicht empfangen werden. 1992 führte die Telekom Betriebsversuche in Münster (seit 1990) und München (seit 1991) fort und startete den ersten grenzüberschreitenden Versuch zwischen Kehl und Straßburg/Frankreich. 1992 betrug die monatliche Grundgebühr für B. 8,80 DM. Für eine eigene Heimstation zahlte der Teilnehmer zusätzlich 15 DM/Monat. Über eine B.-Station vermittelte Anrufe kosteten 39 Pf/Einheit (Ortsgespräche zum Normaltarif), die über die Heimstation geführten Telefonate 23 Pf/Einheit. Die Gesprächsgebühren werden mit der Telefonrechnung abgebucht. B.-Geräte kosten bei geregeltem Betrieb voraussichtlich 300 DM.

Bit

(binary digit, engl; Zweierschritt, Binärzeichen), kleinste Informationseinheit in Datenverarbeitung und Nachrichtentechnik. Eine Schreibmaschinenseite umfaßt rd. 15 000 Bit. Das Minimum an Information ist die Ja- oder Nein-Entscheidung, die technisch durch Stromimpulse (Stromfluß oder

Ziffern und Buchstaben im binären Code

Ziffer	Binärzahl	Buchstabe	Binärcode
0	00000	A	110001
1	00001	B	110010
2	00010	C	110011
3	00011	D	110100
4	00100	E	110101
5	00101	F	110110

Mit Kombinationen aus den Ziffern 0 und 1 lassen sich sämtliche Ziffern und Zahlen darstellen. Auf diesem binären Code beruhen Informatik und Nachrichtentechnik.

kein Stromfluß) bzw. Lichtblitze ausgedrückt und graphisch durch die Ziffern 0 und 1 dargestellt wird. Zur Bildung eines Zeichens (Buchstabe oder Ziffer) werden meist acht Bit zu einem Byte kombiniert. Ein Byte ist die kleinste adressierbare Einheit in einem → Computer. Die Speicherkapazität von → Chips und anderen Speichermedien wird meist in Bit angegeben.

Blindenlesegerät

Vorlesesystem, das gedruckte und maschinengeschriebene Texte in gesprochene Sprache umsetzt. 1991 bot eine US-amerikanische Firma erstmals ein B. an, das ohne → Personalcomputer betrieben werden kann und keine Blindenschriftkenntnisse voraussetzt (Kosten: rd. 25 000 DM). Ein Scanner (engl.; Abtaster) erfaßt die Schriftzeichen zeilenweise und leitet sie an die künstliche Sprachausgabe weiter. Für das Abtasten einer DIN-A4-Seite benötigt der Scanner durchschnittlich 60–90 sec.

Blockfreie Staaten

Zusammenschluß von 101 bündnisfreien Ländern und zwei Befreiungsbewegungen (SWAPO, → PLO), der 1955 mit dem Ziel gegründet wurde, Unabhängigkeit von den Machtblöcken → NATO und Warschauer Pakt zu erhalten. Die Mitglieder der B. beschlossen im September 1991 in Accra/Ghana, den Kampf gegen → Hunger und → Armut in den → Entwicklungsländern zu ihrer Hauptaufgabe zu machen, nachdem ihre ursprüngliche Zielsetzung mit dem Ende des Ost-West-Konflikts überholt sei. Argentinien trat im September 1991 aus der Bewegung der B. aus. Die Mitglieder der B. forderten in Accra eine Demokratisierung der → UNO. Die Entwicklungsländer müßten z. B. stärker im → UNO-Sicherheitsrat vertreten sein. Im Februar 1992 sprachen sich die Außenminister der B. in Larnaka/Zypern dafür aus, mit der Gruppe der 77 zu kooperieren. Sie wurde 1967 zur Interessenvertretung der Entwicklungsländer gegründet. Die Gipfelkonferenz der B. findet i. d. R. alle drei Jahre statt. Als Tagungsort für die 10. Konferenz der B. im September 1992 ist Jakarta/Indonesien vorgesehen. Sprecher der B. ist das Staatsoberhaupt oder ein Diplomat des gastgebenden Landes (1992–1995: Nana Sutristna/Indonesien).

Blutkonserven

Steril abgefülltes und mit gerinnungshemmenden Flüssigkeiten versehenes Blut für Transfusionen. In Deutschland überstieg nach Angaben des Deutschen Roten Kreuzes (Bonn) der Bedarf an B. von rd. 3,6 Mio Blutspenden auch 1991 die geleisteten Spenden von etwa 2,8 Mio. Der Bedarf wird u. a. mit importierten B. gedeckt. Während deutsche B. seit 1985 vor der Ausgabe an Kliniken auf Erreger von z. B. Hepatitis und → Aids untersucht und Viren abgetötet werden müssen, werden importierte B. nur von den Krankenhäusern geprüft. Nach einem Urteil des Bundesgerichtshofs (BGH, Karlsruhe) von Anfang 1992 müssen Patienten vom Arzt auf die Risiken bei Fremdblutübertragungen und die Alternative einer Eigenblutübertragung hingewiesen werden. Ende 1991 wurde bekannt, daß zahlreiche Bluter und andere Patienten Mitte der 80er Jahre in Frankreich mit Aids- und Hepatitis-Viren verseuchte B. erhielten. Das Pariser Untersuchungsgericht warf dem Nationalen Zentrum für Bluttransfusionen (CNTS, Paris) vor, wissentlich verseuchte B. verkauft zu haben.

Tierblut als Ersatz für Spenderblut aus Konserven
Weltweit untersuchten Pharmahersteller 1992 die Möglichkeit, Tierblut als Ersatz für menschliches Blut aus Konserven zu verwenden. Anfang 1992 ließ die US-amerikanische Arzneimittelaufsichtsbehörde klinische Tests mit Rinderblut zu. Weitere Experimente wurden mit gentechnisch verändertem Schweineblut gemacht. Tierblut hat gegenüber Blutkonserven den Vorteil, daß es frei von z. B. Aids-Viren oder Hepatitiserregern ist.

**Bodennutzung in
Westdeutschland**

Nutzung	Fläche (1000 ha)
Landwirtschaft	13 488,1
Wald	7 400,5
Siedlungen und Verkehr	3 045,2
Andere Nutzung	415,4
Insgesamt	24 349,2

Quelle: Statistisches Bundesamt (Wiesbaden)

Frankreich: Die Zahl der über B. mit Aids infizierten Patienten wurde 1991/92 auf 7000–10 000 geschätzt, rd. 400 000 Personen wurden mit den Transfusionen Hepatitis-Viren übertragen. B. werden in Frankreich ausschließlich vom CNTS ausgegeben, das Blut aus französischen Spenden und importierte B. anbietet. In Deutschland infizierten sich vor Einführung der B.-Kontrolle 1985 etwa die Hälfte der 4000–6000 Bluter, die ein aus Blutplasma gewonnenes gerinnungshemmendes Medikament (PPSB) erhielten, mit dem Aids-Virus.

Infektionsrisiko: In Deutschland enthielt in den 90er Jahren nur noch eine von 50 000 bis 100 000 B. Aids-Erreger. Mediziner wiesen darauf hin, daß mit den bislang verwendeten Testverfahren für B. lediglich die Antikörper gegen den Aids-Virus, nicht aber der Erreger selbst im Blut aufgespürt werden könne. Bis sich die Aids-Antikörper im Blut bildeten, vergehe aber eine unbestimmte Zeit von einer Woche bis zu sechs Monaten. Ärzte der Deutschen Aids-Hilfe (Bonn) setzten sich Anfang 1992 dafür ein, B. direkt vor der Übertragung erneut auf Viren zu untersuchen. Die Zahl der Spender, deren Blut die Pharmaindustrie zur Herstellung von gerinnungshemmenden Arzneimitteln verwendet, solle so gering wie möglich gehalten werden.

Bodenverschmutzung

Die Verunreinigung von Erdreich durch Schadstoffe u. a. aus der → Luftverschmutzung, → Altlasten und Müll auf Deponien (→ Abfallbeseitigung). Etwa 40% der gesamten Fläche Ostdeutschlands waren Mitte 1992 in ihren ökologischen Funktionen u. a. durch großflächigen Einsatz von → Pestiziden in der → Landwirtschaft und den Braunkohletagebau beeinträchtigt (→ Braunkohle). Das Umweltbundesamt (Berlin) schätzte die Zahl der Altlasten in Deutschland Anfang 1992 auf rd. 135 000. Bundesumweltminister Klaus Töpfer (CDU) legte im Mai 1992 den

**Bahn plant
Pendelzug zwischen
Bonn und Berlin**
Die Deutsche Bundesbahn will ab 1993 einen sog. Bürozug zwischen Bonn und Berlin pendeln lassen, der für Regierungsbeamte und Abgeordnete reserviert ist. Der Zug soll aus vier Waggons bestehen und einmal täglich pendeln. Für die Fahrgäste sollen Arbeitsplätze mit Computerterminals eingerichtet werden. Mitte 1992 stand die Entscheidung der Bundesregierung über die Kostenübernahme aus.

Entwurf für ein Bodenschutzgesetz vor, das als Grundlage für eine Technische Anleitung (TA) Boden dienen soll, die Grenzwerte für Schadstoffe festlegt. Jährlich fallen nach Berechnungen des Bundesumweltministeriums durch die B. in Deutschland Folgekosten zwischen 22 Mrd und 60 Mrd DM u. a. für die Sanierung von Böden und die Entgiftung des durch Schadstoffe im Boden verunreinigten Grundwassers an (→ Trinkwasserverunreinigung). Umweltschutzorganisationen kritisierten, daß die Rechnung des Umweltministeriums z. B. die B. durch den schwefelhaltigen sog. sauren Regen nicht einbeziehe. Die tatsächlichen Kosten lägen deshalb höher als die vom Umweltministerium errechnete finanzielle Belastung.

In Töpfers Entwurf muß der Nachweis einer konkreten Gefahr für den Boden, anders als beim Ordnungsrecht, nicht mehr vorliegen, damit behördliche Maßnahmen (z. B. vorläufige Stillegung einer Anlage) ergriffen werden können, der Verdacht auf B. soll genügen. Die Bundesländer sollen zudem die B. vollständig erfassen.

Bodyflying

(body, engl.; Körper/to fly, engl.; fliegen), Anfang 1992 wurde bei Zürich/Schweiz die erste europäische Anlage für den Freizeitsport B. eröffnet. In dem sog. Airodium erzeugt ein Propeller einen nach oben gerichteten, 160 km/h schnellen Luftstrom, von dem sich die Bodyflyer in die Höhe tragen lassen. Durch Ausbreiten von Armen und Beinen verändert der Flieger seine Flugbahn. Ein Stahlnetz verhindert, daß der Flieger in den Ventilator gerät. Ein Flug kostete rd. 35 DM.

Bonn/Berlin

Entgegen dem Bundestagsbeschluß vom 20. 6. 1991, den Umzug von Bundestag und -regierung von Bonn in die Hauptstadt Berlin innerhalb von vier Jahren abzuschließen, wird Berlin voraussichtlich erst 1998 Deutschlands Regierungs- und Parlamentssitz. Anfang 1992 beschlossen der Ältestenrat des Bundestags und das Bundeskabinett Umzugspläne mit einem Zeitrahmen von mindestens sechs Jahren.

Ministerien: Das Kabinett entschied Ende 1991, daß die Bundesministerien Äußeres, Inneres, Justiz, Finanzen, Wirtschaft, Arbeit und Sozialordnung, Verkehr, Familie und Senioren, Frauen und Jugend sowie Wohnungsbau ihre Hauptabteilungen nach Berlin verlagern sollen; die untergeordneten Abteilungen bleiben in Bonn. Die anderen acht Ministerien richten in der Hauptstadt nur Verbindungsstellen ein. Außerdem sollen das Bundeskanzleramt sowie das Presse- und Informationsamt der Bundesregierung nach Berlin ziehen.

Bonn: 13 900 (65%) der Arbeitsplätze bei Bundesregierung und -verwaltung bleiben in Bonn erhalten, das Verwaltungszentrum werden soll. Der Bundesrat behält seinen Sitz in Bonn. Die Föderalismuskommission von Bundestag und Bundesrat, die über die Neuaufteilung der Bundesbehörden zwischen alten und neuen Bundesländern berät, schlug Mitte 1992 vor, z. B. den Bundesrechnungshof (Frankfurt/M.), das Bundeskartellamt (Berlin) und das Bundesversicherungsamt (Berlin) nach Bonn zu verlegen. Die Bundesregierung beabsichtigte Mitte 1992 zudem, für eine Verlagerung von UNO-Behörden, z. B. des Entwicklungsprogramms der UNO (UNDP), nach Bonn zu werben. Das neue Parlamentsgebäude und die Bauten für Bundesverwaltung und Abgeordnetenbüros (Schürmann-Bauten) werden bis 1997 fertiggestellt. Die Stadt wird nach Schätzungen einer Bundestagskommission 55 000 Einwohner (rd. 19%) bis 1998 verlieren.

Berlin: Bundestag und Bundesregierung wollen gleichzeitig ihren Sitz verlegen. Für das Bundeskanzleramt soll ab 1993 ein Neubau am Spreebogen errichtet werden. Der Bundestag wird in das Reichstagsgebäude einziehen, das umgebaut werden soll. Bis 1998 sollen für die Bundesbeamten 14 000 Wohnungen in Berlin gebaut werden.

Geplanter Umzug von Bundesbehörden[1]

Behörde	Alter Sitz	Neuer Sitz
Archiv für die deutsche Einheit	–	Leipzig/Sachsen
Bundesamt für Ernährung und Forstwirtschaft	Frankfurt/Hessen	Bonn/NRW
Bundesamt für Seeschiffahrt	Hamburg	Hamburg; Außenstelle: Rostock/Mecklenburg-Vorpommern
Bundesanstalt für Wasserbau	Karlsruhe/Rheinland-Pfalz	Thüringen
Bundesarbeitsgericht	Kassel/Hessen	Erfurt/Thüringen
Bundesaufsichtsamt für Kreditwesen	Berlin	Bonn/NRW
Bundesaufsichtsamt für Versicherungswesen	Berlin	Bonn/NRW
Bundesinstitut für Berufsbildung	Berlin	Bonn/NRW
Bundeskartellamt	Berlin	Bonn/NRW
Bundesrechnungshof	Frankfurt/Hessen Außenstelle: Berlin	Bonn/NRW; Außenstelle: Brandenburg
Bundesversicherungsamt	Berlin	Bonn/NRW
Bundesversicherungsanstalt für Angestellte	Berlin	Brandenburg, Mecklenburg-Vorpommern, Thüringen
Bundesverwaltungsgericht	Berlin	Leipzig/Sachsen
Deutsche Gesellschaft für Ernährung	Berlin	Bonn/NRW
Deutscher Entwicklungsdienst	Berlin	Bonn/NRW
Deutsches Patentamt (Außenstelle)	Berlin	Thüringen
Deutsche Stiftung für internationale Entwicklung	Berlin	Bonn/NRW
Landwirtschaftliche Berufsgenossenschaft	Berlin	Mecklenburg-Vorpommern
Oberbundesanwaltschaft	Berlin	Leipzig/Sachsen
Strafsenat des Bundesgerichtshofs	Berlin	Leipzig/Sachsen
Umweltbundesamt	Berlin	Sachsen-Anhalt
Wasser- und Schiffahrtsdirektion Ost	Berlin	Sachsen-Anhalt
Zentralstelle für Arbeitsvermittlung	Frankfurt/Hessen	Bonn/NRW
Zentralstelle der Postbank	Darmstadt/Hessen	Bonn/NRW
Zentrum für Telekommunikation	Berlin	Sachsen

Stand: Juni 1992; 1) Vorschläge der Föderalismuskommission von Bundestag und Bundesrat

Im April 1992 begann der städtebauliche Wettbewerb für den Spreebogen. Der Architektenwettbewerb für den Umbau des Reichstagsgebäudes startete im August 1992. Das Bundesbauministerium schätzte Anfang 1992 die Baukosten auf mindestens 10 Mrd DM.

In Berlin wird bis zum Jahr 2010 u. a. wegen der Verlagerung des Regierungssitzes in die Hauptstadt mit dem Zuzug von 1 Mio Menschen gerechnet.

Kritik: Politiker aller Parteien wandten ein, die Pläne entsprächen nicht dem Bundestagsbeschluß von 1991, da durch die Aufteilung der Ministerien zwei Regierungssitze entstünden. Auch die Umzugskosten wurden kritisiert. Die Schätzungen für Neu- und Umbauten, Verkehrsverbindungen und Ausgleichsmaßnahmen für die Region Bonn schwankten Mitte 1992 zwischen 40 Mrd und 90 Mrd DM.

Bordell-GmbH

Unternehmen, in dem Prostituierte ohne Zuhälter in einer Anstellung mit sozialer Absicherung arbeiten. Die Prostituierten-Selbsthilfegruppe Hydra (Berlin) plante für Mitte 1992 die Gründung der ersten B. in Deutschland, nachdem die erforderlichen 50 000 DM Kapitaleinlage für die Eintragung ins Handelsregister aufgebracht waren. Bis Mitte 1992 war die Tätigkeit der → Prostitution rechtlich nicht geschützt; Prostituierte mußten aber ihr vom Finanzamt geschätztes Einkommen versteuern.
Die Angestellten der B. sollen zwischen einer freiberuflichen Tätigkeit und einem festen Arbeitsverhältnis wählen können, das Arbeitslosen-, Renten- und Krankenversicherung einschließt. Sie behalten ihre Einnahmen bis auf Sozialabgaben und Steuern für sich.

Börse

Handelsplatz für Wertpapiere, insbes. Aktien und Festverzinsliche (auch Obligationen, Renten, Schuldverschreibungen). Angesichts rückläufiger Umsätze und einiger Affären plante die deutsche CDU/CSU/FDP-Bundesregierung 1992 eine B.-Reform, um die Wettbewerbsfähigkeit insbes. gegenüber London und Paris zu fördern. Die B.-Aufsicht soll verschärft, Verstöße sollen strafbar werden (→ Insider). Das geplante Gesetz soll den rechtlichen Rahmen für ein Elektronisches Handelssystem (EHS) unter dem Dach einer Deutsche Börse AG in Frankfurt/M. schaffen (→ Computerbörse).
Der Wertpapierhandel in Deutschland ging 1991 gegenüber 1990 mit einem Umsatz von 3448,8 Mrd DM um 4,8% leicht zurück (1990: 3623,9 Mrd DM). Am stärksten war der Rückgang bei Aktien mit 25,3% (Umsatz 1991: 1358,3 Mrd DM, 1990: 1819,6 Mrd DM). Der Umsatz mit Festverzinslichen dagegen stieg von 1804,5 Mrd DM auf 2090,5 Mrd DM und erreichte gegenüber Aktien einen Umsatzanteil von 60% (1990: 50%). Dazu trugen die starke → Staatsverschuldung bei, die in Form öffentlicher Anleihen aufgenommen wird (Umsatz 1991: rd. 1900 Mrd DM), sowie die hohen Zinsen (→ Leitzinsen), die Schuldverschreibungen für Anleger attraktiv machen.
70,4% der Umsätze im deutschen B.-Handel wurden 1991 in Frankfurt/M. getätigt, der Rest an sieben weiteren Regionalbörsen. Mitte 1992 war eine neue Regionalbörse in Leipzig geplant. Daneben existiert in Frankfurt/M. ab 1990 die Deutsche Terminbörse (DTB). In London, wo die Hälfte des europäischen B.-Handels abgewickelt wird, stieg das Handelsvolumen 1991 auf 451 Mrd ECU (925 Mrd DM) gegenüber 430 Mrd ECU (882 Mrd DM) 1990. Zu Anfang der 90er Jahre waren in Deutschland nur 5,5% des privaten Geldvermögens (→ Spareinlagen) in Aktien angelegt (USA: 21%). → Dollarkurs → Zinsbesteuerung

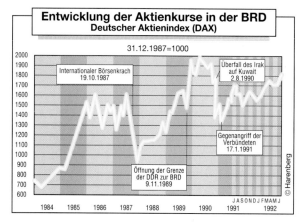

Entwicklung der Aktienkurse in der BRD
Deutscher Aktienindex (DAX)

31.12.1987=1000

Internationaler Börsenkrach 19.10.1987

Überfall des Irak auf Kuwait 2.8.1990

Gegenangriff der Verbündeten 17.1.1991

Öffnung der Grenze der DDR zur BRD 9.11.1989

© Harenberg

1984 1985 1986 1987 1988 1989 1990 1991 1992

Börse in Daten und Zahlen

Aktienkursentwicklung nach Branchen in Deutschland 1991

| Branche | Index des Statistischen Bundesamts (Ende 1980 = 100) | | | | | |
| | Höchststand | | Tiefststand | | Jahresende | |
	Index	Datum	Index	Datum	Index	Ände-rung (%)[1)
Chemische Industrie	276,2	31. 5.	214,8	8. 1.	249,1	+13,4
Eisen und Stahl	289,8	17. 6.	225,5	15. 1.	237,0	+ 1,1
Maschinenbau	193,1	21. 6.	141,2	20. 12.	145,3	– 17,4
Fahrzeugbau	409,7	21. 6.	273,6	15. 1.	365,9	+ 23,4
Elektrotechnik	332,3	25. 6.	277,9	15. 1.	299,9	+ 1,7
Bauindustrie	754,1	5. 6.	501,9	15. 1.	529,2	– 1,5
Warenhäuser	301,6	17. 6.	236,4	26. 3.	263,0	+ 2,7
Großbanken	266,7	6. 6.	216,2	15. 1.	249,2	+ 7,4
Versicherungen	643,3	19. 2.	523,5	9. 10.	556,4	– 1,2
Investitionsgüter	324,5	25. 6.	250,3	15. 1.	281,5	+ 4,7
Verbrauchsgüter	269,4	17. 6.	228,3	23. 12.	231,6	– 6,4
Nahrung und Genuß	379,1	16. 7.	332,3	20. 12.	340,1	– 4,7
Industrie	301,3	17. 6.	241,7	15. 1.	266,2	+ 4,4
Gesamtindex	318,3	17. 6.	259,2	15. 1.	285,7	+ 4,1

1) Zum Vorjahresendstand; Quelle: Statistisches Bundesamt

Aktienbesitzer in Deutschland

| Besitzer | Anteil am Aktienbesitz (%) | | | | |
	1960	1970	1980	1985	1990
Private Haushalte	27	28	19	18	17
Unternehmen	44	41	45	43	42
Öffentliche Haushalte	14	11	10	9	5
Ausland	6	8	11	13	14
Banken	6	7	9	8	10
Versicherungen	3	4	6	9	12
Insgesamt	100	100	100	100	100

Quelle: Deutsche Bundesbank

Absatz festverzinslicher Wertpapiere in der BRD

| Wertpapiere | Absatz (Mrd DM) | | | | |
	1987	1988	1989	1990	1991
Pfandbriefe	– 1,8	– 5,2	4,0	– 3,9	4,8
Kommunalobligationen	6,0	0,1	0,5	– 0,2	21,4
Schuldverschreibungen von Spezialbanken	8,5	– 2,9	9,0	70,5	59,2
Sonstige Bankschuld-verschreibungen	15,8	– 3,0	39,0	70,4	46,3
Bankpapiere insgesamt	28,4	– 11,0	52,4	136,8	131,7
Industrieobligationen	– 0,0	– 0,1	0,3	– 0,1	0,7
Anleihen der öffentlichen Hand	59,8	46,2	25,6	83,6	87,0
Inländische Rentenwerte	88,2	35,1	78,4	220,3	219,3
Ausländische Rentenwerte	24,8	54,7	40,8	25,2	12,4
Insgesamt	113,0	89,8	119,2	245,4	231,8

Quelle: Deutsche Bundesbank

Neue Börsenunternehmen (BRD 1991)

Unternehmen	Branche	Aus-gabe-kurs (DM)	Erster Börsen-tag
DePfa-Bank	Bank	400	12. 3.
Lindner Holding KGaA	Baugewerbe	500	20. 3.
Quante AG	Nachrichten-technik	380	22. 3.
Steffen AG	Möbel	430	4. 6.
Gebr. März AG	Nahrungsmittel	415	17. 6.
Eifelhöhen Klinik AG	Krankenhaus	150	27. 6.
Barmag AG	Maschinenbau	325	4. 7.
Volksfürsorge Holding	Versicherung	800	19. 7.
Aachener und Münchener Leben	Versicherung	1600	19. 8.
Cordier	Papierhersteller	215	11. 9.
Kögel Fahr-zeugwerke AG	Kfz-Hersteller	270	13. 9.
Kaufring	Warenhäuser	200	1. 10.
Reinhold & Mahla	Bausektor	390	9. 10.
Turbon Inter-national AG	EDV	340	25. 10.
Möbel Walther AG	Möbel	470	13. 11.
Otto Reichelt AG	Lebensmittel	360	5. 12.
Friedr. Grohe AG	Bauzulieferer	355	9. 12.

Quelle: Commerzbank

Die umsatzstärksten Aktien (BRD 1991)

| Unternehmen | Umsatz (Mrd DM) | | |
	1991[1)	1990	1989
Siemens	145,6	175,9	91,8
Deutsche Bank	116,9	154,4	94,8
Daimler-Benz	114,5	120,8	43,2
Volkswagen	77,6	128,8	80,9
Bayer	55,3	57,6	48,0
VEBA	48,7	75,7	41,8
BASF	32,4	40,9	41,1
Mannesmann	31,9	49,5	37,1
Allianz Holding	31,0	37,9	23,4
RWE	28,7	39,8	29,6
Thyssen	25,9	43,4	45,8
Hoechst	23,5	36,9	37,2
Commerzbank	22,2	32,8	31,5
Dresdner Bank	20,1	44,2	33,2
Hoesch	19,3	23,5	25,6
VIAG	18,3	22,7	21,1
Schering	17,6	19,8	17,4
BMW	17,6	22,5	16,3
Preussag	15,4	16,6	13,7
MAN	14,2	17,8	14,7

1) Januar bis November; Quelle: Arbeitsgemeinschaft der Deutschen Wertpapierbörsen, Commerzbank

Kumpel sanieren Tagebaue
Die Mitteldeutsche Strukturförderungsgesellschaft (MBS, Bitterfeld) beschäftigte Mitte 1992 für zwei Jahre rd. 5300 ehemalige Arbeiter des ostdeutschen Braunkohletagebaus für die Rekultivierung stillgelegter Abbaugebiete. Die Sach- und Personalkosten von rd. 1,8 Mrd DM übernahmen die Bundesanstalt für Arbeit (Nürnberg), Sachsen und Sachsen-Anhalt.

Braunkohle

Hinter dem Mineralöl war B. 1991 mit einem Anteil von 17% am Energieverbrauch wichtigster Energieträger in Deutschland (Anteil alte Länder: 8%; neue Länder: 62%), obwohl die B.-Förderung um rd. 22% auf 279 Mio t sank. Hauptursache für den Rückgang war die Umstrukturierung des ostdeutschen Energiemarkts zugunsten von → Erdgas und → Erdöl. Der geringe Heizwert der ostdeutschen B. und die unrentablen Abbaumethoden – die Pro-Kopf-Produktion in den neuen Ländern unterschritt die im Westen 1991 um 40% – führten 1991 zur Stillegung von 16 der 37 ostdeutschen Tagebaue. Die stark schwefelhaltige umweltschädliche ostdeutsche B., in der DDR Hauptenergieträger für die Raumheizung und Stromerzeugung, darf ab 1995 nicht mehr für die Wohnungsbeheizung eingesetzt werden (→ Luftverschmutzung). Die mit der Privatisierung beauftragte Treuhandanstalt (Berlin) bot Mitte 1992 die rentabelsten Tagebaue in der Lausitz und bei Bitterfeld zum Verkauf an. Die westdeutsche Rheinbraun AG plante 1992 einen Tagebau beim niederrheinischen Erkelenz, der die Umsiedelung von 11 800 Menschen notwendig machen würde.

Produktion: Während die Förderung im Westen 1991 um 4% auf 112 Mio t zunahm, sank sie im Osten um 81 Mio t auf 168 Mio t. Die von der Treuhandanstalt mit einer Wirtschaftlichkeitsstudie beauftragte Unternehmensberatungsfirma McKinsey (Düsseldorf) prognostizierte Anfang 1992, daß die ostdeutsche Produktion bis zur Jahrtausendwende auf rd. 90 Mio t sinken wird. Die Treuhandanstalt plante auf Empfehlung McKinseys Mitte 1992, den Betrieb von sechs Tagebaugebieten fortzusetzen, zwei in der Bitterfelder Region und vier in der Lausitz. Von 1989 bis 1991 wurden rd. 65 000 Bergleute entlassen. Von den verbleibenden 70 000 im Bergbau Beschäftigten werden 40 000–50 000 bis 2000 ihren Arbeitsplatz verlieren.

Privatisierung: Westdeutsche Energieversorgungsunternehmen (vor allem die Rheinbraun AG) legten der Treuhandanstalt Mitte 1992 ein Konzept zur Privatisierung des Lausitzer Tagebaus vor. Die Lausitzer Braunkohle AG (Laubag) und die Energiewerke Schwarze Pumpe (Espag) sollten in eine neue Gesellschaft, die Braunkohlewerke Brandenburg-Sachsen AG (BBS), überführt werden, an der die Rheinbraun AG einen Anteil von 51% hätte. Die Gesellschaften erklärten sich bereit, dauerhaft überlebensfähige Tagebaue und Veredelungsbetriebe zu übernehmen. Die Treuhandanstalt hatte Anfang 1992 den Gesamtkauf der Abbaugebiete in der Lausitz und bei Bitterfeld gefordert. Interessenten hatten den Kauf der Bitterfelder Tagebaue aufgrund des geringen Brennwertes der Bitterfelder B. abgelehnt. Rheinbraun kündigte Mitte 1992 ein Sanierungskonzept für das Bitterfelder Abbaugebiet an.

Altlasten: Mitte 1992 war unklar, ob der Bund oder die Länder Sachsen, Sachsen-Anhalt und Brandenburg die Kosten von 20 Mrd–30 Mrd DM für die Beseitigung der → Altlasten des Braunkohletagebaus und die Rekultivierung zerstörter Landschaften in Ostdeutschland übernehmen. Unsanierte Flächen waren 1992 unverkäuflich. In stillgelegten Gruben lagert z. B. giftiger Industriemüll, der entsorgt werden muß. Durch den Tagebau sind rd. 1,2% der Fläche der neuen Länder verwüstet.

Landschaftszerstörung im Bitterfelder Braunkohlerevier in Ostdeutschland

Niederrhein: Die Rheinbraun AG plante 1992 den Abbau in einem 66 km² großen Areal (Garzweiler II). Bei einem Kohlevorrat von 1,6 Mrd t würden bis 2030 jährlich etwa 40 Mio–50 Mio t gefördert. Der Bund Umwelt und Naturschutz Deutschland (BUND) befürchtete, daß Grundwasserabsenkungen durch den Tagebau zu einer Zerstörung der Feuchtgebiete im nahen Naturschutzgebiet Maas-Schwalm-Nette führen könnten. Bürger der betroffenen Orte protestierten gegen die Umsiedlung. Die SPD-Landesregierung von NRW forderte eine Verkleinerung der Abbaufläche, so daß lediglich 4000 Menschen umziehen müßten. Außerdem machte sie eine Genehmigung des Tagebaus davon abhängig, daß der Schadstoffausstoß (→ Kohlendioxid) bei der Energieerzeugung mit B. über die gesetzlichen Grenzwerte hinaus vermindert wird.

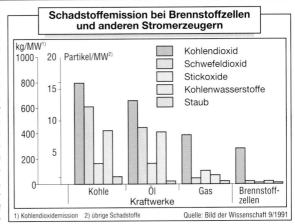

Schadstoffemission bei Brennstoffzellen und anderen Stromerzeugern
1) Kohlendioxidemission 2) übrige Schadstoffe   Quelle: Bild der Wissenschaft 9/1991

Brennstoffzelle

Wie in einer Batterie wird in einer B. durch die Reaktion eines Brennstoffs mit Sauerstoff (Oxidation) chemische Energie in elektrische Energie umgewandelt. Anders als eine Batterie entlädt sich eine B. nicht, da ihr ständig Brennstoff zugeführt wird. Kraftwerke, die mit B. arbeiten, eignen sich für die dezentrale Stromversorgung zu Spitzenbedarfszeiten. B. werden für die Umwandlung des unbegrenzt in der Natur vorkommenden Energieträgers → Wasserstoff in Strom benötigt. Bei der Energieerzeugung durch B. ist der Schadstoffausstoß gering (Brennstoffe: Erdgas, → Erdgas, Kohlegas etc.). Der Wirkungsgrad (Verhältnis zwischen eingesetzter und genutzter Energie) der B. liegt zwischen 30 und 80% und damit höher als vergleichbare Kohlekraftwerke (Wirkungsgrad: maximal 45%). Ende 1991 gründeten zehn Hersteller von B., u. a. Fuji Electric, Toshiba (beide Japan) und Mannesmann (Düsseldorf), den World Fuel Cell Council (engl.; Welt-B.-Rat) mit dem Ziel, die Verbreitung der hauptsächlich in Versuchsfahrzeugen eingesetzten Technik zu fördern.

Funktionsweise: Die B. besteht wie eine Batterie aus zwei Metallelektroden und einem Elektrolyten (z. B. Schwefelsäure oder Kalilauge), der die Elektroden umgibt. Die Spannung der B. wird konstant gehalten, indem kontinuierlich brennbare Gase und Luft als Oxidationsmittel zugeführt werden.
Anwendung: Mitte 1992 wurden sog. Nieder-, Mittel- und Hochtemperaturzellen getestet, die sich in der Betriebstemperatur bei der Stromerzeugung unterscheiden. Die größten Wirkungsgrade von maximal 80% erzielten 1992 Mittel- (Betriebstemperatur: 200 ºC) und Hochtemperaturzellen (650–1000 ºC), wenn die bei der Stromerzeugung entstehende Wärme als Heizenergie genutzt wurde. Seit Ende der 80er Jahre arbeiten Kraftwerke mit Mitteltemperaturzellen in Mailand/Italien, Osaka/Japan und New York.
Herstellung: Die Massenproduktion der seit dem Ende des 19. Jh. bekannten B. scheiterte bis Ende der 80er Jahre an ungelösten Fertigungs- und Materialproblemen. Für die Herstellung der Elektroden müssen hitzeresistente Edelmetalle (z. B. Platin) verwendet werden, die nur begrenzt vorkommen und teuer sind. Durch die Verwendung des kostengünstigen neuen → Werkstoffes Keramik könnte die B. in den 90er Jahren wettbewerbsfähig werden.

Strom aus der Brennstoffzelle in Darmstadt
Ab 1993 soll ein Teil der Darmstädter Bevölkerung Strom und Heizwärme aus Brennstoffzellen beziehen. Die mit Erdgas betriebenen Brennstoffzellen, die nach dem Prinzip einer Batterie arbeiten, aber durch ständige Brennstoffzufuhr nicht ihre Spannung verlieren, erzeugen weniger Schadstoffe als vergleichbare Kohlekraftwerke. Die Finanzierung des Projekts Hessische Brennstoffzelle (rd. 2 Mio DM) teilen sich das Land und die Hessische Elektrizitätswerke AG. Die Energieerzeugungskosten werden rd. fünfmal höher liegen als bei konventionellen Kraftwerken.

Bruttosozialprodukt

(BSP), Meßgröße für die Gesamtleistung einer Volkswirtschaft. Als B. wird der Geldwert aller Güter und Dienstleistungen bezeichnet, die innerhalb eines Zeitraums erzeugt wurden. Das deutsche B. belief sich 1991 auf 2803,3 Mrd DM (1990: 2659,0 Mrd DM). Davon wurden 2615,2 Mrd DM in West- und 193,1 Mrd DM in Ostdeutschland erarbeitet. Der Anstieg zum Vorjahr (Wirtschaftswachstum) belief sich 1991 real (bereinigt um die → Inflation) auf 0,2% (1990: 2,6%). In Westdeutschland betrug das Wirtschaftswachstum 3,1%, in Ostdeutschland ging das B. um real 30,3% zurück. Für 1992 rechneten die führenden deutschen Wirtschaftsforschungsinstitute in ihrem Frühjahrsgutachten mit einer Zunahme des B. von 1,5% (Westdeutschland: 1,0%, Ostdeutschland: 10,5 %; → Konjunktur-Entwicklung).

Aussagekraft: In die Berechnung des B. gehen nur Güter und Leistungen ein, deren Wert statistisch erfaßbar ist. Unberücksichtigt bleiben z. B. Leistungen, die durch unbezahlte Hausarbeit in Privathaushalten und durch → Schwarzarbeit erbracht werden, ebenso Kosten, die der Natur durch Umweltschäden entstehen; Leistungen zur Schadensbeseitigung tragen sogar zur Steigerung des B. bei. Das Statistische Bundesamt (Wiesbaden) führt 1991/92 eine Befragung von ca. 6400 Privathaushalten durch, mit der es den Wert ermitteln will, der in privaten Haushalten erarbeitet wird und den es auf 30–50% des B. schätzt. Das Amt arbeitete 1992 auch an einer Erfassung von Umweltschäden durch die Wirtschaft in einem → Ökosozialprodukt.

Zusammensetzung: Das B. entsteht durch die Wertschöpfung der Unternehmen in den verschiedenen Wirtschaftszweigen. Den Hauptanteil trugen in Westdeutschland 1991 die Industrie mit 29,8% und Dienstleistungsunternehmen wie Banken, Versicherungen etc. mit 29,5% bei. Handel, Verkehr und Telekommunikation leisteten 13,7%, Landwirtschaft, Energieversorgung und Bergbau zusammen 4%. Das Sozialprodukt wird als sog. Volkseinkommen an private Haushalte als → Einkommen für unselbständige Arbeit und an Unternehmen als → Unternehmensgewinne verteilt und von diesen für privaten → Verbrauch oder → Spareinlagen bzw. für → Investitionen verwendet. Die Höhe des B. wird außerdem durch Im- und Exporte (→ Außenwirtschaft) sowie durch → Subventionen und durch die Besteue-

Das Bruttosozialprodukt in Westdeutschland

Posten	1987	1988	1989[1]	1990[1]	1991[1]
Entstehung des Sozialprodukts (Mrd DM)					
Landwirtschaft, Forstwirtschaft und Fischerei	30,2	33,7	38,0	38,4	32,2
Energie- und Wasserversorgung und Bergbau	68,7	67,8	69,7	71,6	74,0
Verarbeitendes Gewerbe (Industrie und Handwerk)	624,7	652,4	689,6	740,2	780,3
Bauwirtschaft	101,7	106,3	114,3	129,7	145,5
Handel, Verkehr, Telekommunikation	279,5	294,7	311,1	333,1	359,2
Dienstleistungsunternehmen (Banken, Versicherungen etc.)	548,6	592,8	633,3	694,4	771,5
Unternehmen zusammen (bereinigte Zahl)	1571,1	1662,8	1767,6	1913,0	2059,3
Staat	225,8	231,9	238,5	252,8	271,2
Private Haushalte	49,3	51,7	53,9	58,4	64,3
Bruttowertschöpfung aller Wirtschaftsbereiche	1846,2	1946,4	2060,0	2224,1	2394,8
Bruttoinlandsprodukt	1990,5	2096,0	2220,9	2403,1	2599,3
Saldo der Erwerbs- und Vermögenseinkommen zwischen In- und Ausland	+12,5	+12,0	+24,3	+22,4	+15,9
Bruttosozialprodukt zu Marktpreisen	2003,0	2108,0	2245,2	2425,5	2615,2
Verteilung des Sozialprodukts (Mrd DM)					
Einkommen aus unselbständiger Arbeit	1124,7	1169,4	1221,9	1313,9	1417,4
Einkommen aus Unternehmertätigkeit und Vermögen	425,3	466,2	512,4	557,5	578,9
Volkseinkommen	1550,0	1635,5	1734,3	1871,6	1996,2
Verwendung des Sozialprodukts (Mrd DM)					
Privater Verbrauch	1108,0	1153,7	1209,6	1299,2	1379,1
Staatsverbrauch	397,3	412,4	418,8	443,1	469,4
Investitionen in Ausrüstungen	169,4	182,5	204,9	234,5	263,8
Investitionen in Bauten	216,4	227,4	246,5	275,0	306,0
Vorratsinvestitionen	−0,6	+10,3	+20,7	+8,1	+9,1
Inländische Verwendung	1890,5	1986,3	2100,5	2260,0	2427,3
Außenbeitrag[2]	+112,5	+121,7	+144,7	+165,6	+187,9
Ausfuhr	637,5	687,9	787,9	881,8	1009,1
Einfuhr	525,0	566,1	643,2	716,2	821,1
Bruttosozialprodukt zu Marktpreisen	2003,0	2108,0	2245,2	2425,5	2615,2

1) Vorläufige Ergebnisse; 2) Inkl. Waren- und Dienstleistungsverkehr mit Ostdeutschland; Quelle: Deutsche Bundesbank, Statistisches Bundesamt

rung beeinflußt (→ EG-Steuerharmonisierung). Als Bruttoinlandsprodukt (BIP) wird der innerhalb der Grenzen Deutschlands erarbeitete Teil des B. bezeichnet.

Buchmarkt

In Deutschland erhöhte sich der Umsatz des Buchhandels (Buchhandlungen und Verlage) 1991 im Vergleich zum Vorjahr um 11,9% auf 14,3 Mrd DM (Anstieg 1990: 12,3%). 1991/92 richteten ausländische Konzerne in Deutschland die ersten sog. Medienhäuser ein, in denen sie neben Büchern u. a. Unterhaltungselektronik und → Computer anbieten. In Westdeutschland setzte sich der Trend zu Großverkaufsflächen fort, in Ostdeutschland wurden erste Großflächen geplant. Die mit der → Privatisierung der ehemals volkseigenen Betriebe beauftragte Treuhandanstalt schloß Mitte 1992 den Verkauf von früheren Volksbuchhandlungen und -verlagen bis auf Ausnahmen ab.

Umsätze Westdeutschland: Nach Angaben des Börsenvereins des Deutschen Buchhandels (Frankfurt/M.) steigerten die Verlage ihre Umsätze 1990 insbes. wegen großer Nachfrage in Ostdeutschland um 11,8% im Vergleich zu 1989 (+7,9%). Der verbreitete Buchhandel erzielte einen Umsatzzuwachs von 6% (1989: +5,9%). Dabei setzte sich der Trend zur Konzentration fort. Ein Drittel des Umsatzes wurde von rd. 60 Unternehmen erlöst.

Medienhäuser: Im November 1991 eröffnete der britische Konzern Virgin Enterprises in Berlin und Frankfurt/M. sog. Megastores (1700 m²). Die französische Medienkette Fnac richtete im Dezember 1991 in Berlin ein Medienhaus ein (3200 m²). In den Medienhäusern stellen Bücher lediglich 10% (Virgin) bzw. 30% (Fnac) des Angebots. Für 1992 waren weitere Häuser in Hamburg (Virgin) und Düsseldorf (Fnac) geplant. 1992 betrieb Virgin 19 Medienhäuser in Europa, Australien und Japan. Fnac hatte bis Anfang 1992 bereits 35 Megastores in Frankreich und Belgien einge-

richtet. Deutsche Buchhandlungen befürchteten, gegenüber den finanzstarken Konzernen und deren breitem Warenangebot nicht konkurrenzfähig zu sein.

Großflächen: Nach einer Erhebung des Branchenmagazins Buchreport stieg die Zahl der Großverkaufsflächen im westdeutschen Buchhandel 1991 gegenüber dem Vorjahr um 20%. Ende 1991 gab es 18 Buchhandlungen mit mehr als 2000 m² Angebotsfläche (1990: 15). Für 1992 war die zweite große Buchhandlung in Ostdeutschland neben dem Leipziger Mehring-Haus (2000 m²) mit 960 m² Angebotsfläche in Brandenburg, eine weitere von 1500 m² für 1993 in Dresden geplant. Hintergrund des Trends zu Großflächen ist einerseits zunehmende Konzentration auch im Handel, andererseits das Ziel, mit breitem Präsenzangebot Publikum anzuziehen.

Privatisierung: Der ehemalige Volksbuchhandel blieb zu rd. 75% in der Hand ostdeutscher Investoren, lediglich ein Viertel ging an westliche, die z. T. mit ostdeutschen kooperieren. Marissal (Hamburg) ist z. B. an drei ostdeutschen Buchhandlungen in Greifswald, Güstrow und Schwerin beteiligt. Ende 1991 bildeten sich neben der Thurn-und-Taxis-Kette Buch und Kunst (Dresden) mit 50 Geschäften weitere Filialketten, z. B. die Havelländische Buchhandelsgesellschaft mbH mit zehn, Ex Litteris mit neun Filialen.

Die Verlagshäuser waren durch hohen kostenintensiven Personalstand und fehlendes Kapital verschuldet. Der überwiegende Teil der 52 ehemals volkseigenen Verlage wurde an westdeutsche Interessenten verkauft, nur wenige Häuser gingen in Konkurs (z. B. Verlag der Nation, Berlin). Westdeutsche Verlage, die aus einem ostdeutschen Stammhaus hervorgegangen waren, schlossen sich i. d. R. mit dem Stammhaus zusammen. Bei Mitte 1992 noch nicht privatisierten Verlagshäusern waren i. d. R. die Besitzverhältnisse noch nicht geklärt, was den Verkauf verzögerte. Buchmarkt in Daten und Zahlen → S. 78
Literaturpreise → S. 654

Die größten deutschen Buchhandlungen 1991

Buchhandlung (Ort)	Umsatz (Mio DM)
Karstadt (Essen)	150
Hugendubel (München)	145
Bouvier (Bonn)	115*
Montanus aktuell (Hagen)	109
Kaufhof (Köln)	100
Herder (Freiburg/Br.)	87
Buch und Kunst (Dresden)	85
Hertie (Frankfurt/M.)	73
Schweizer Sortiment (München)	70*
J. F. Lehmanns (Regensburg)	65*

Schätzung; Quelle: Buchreport 15/1992

Die größten Buchhandlungen in Österreich 1991

Firma (Ort)	Umsatz (Mio DM)
Librodisk (Wien)	45,0
Landesverlag (Wels)	33,6
Styria (Graz)	27,0
Wolf-Gruppe (Wien)	25,8
Tyrolia (Innsbruck)	23,5

Quelle: Buchreport 15/1992

Die größten Buchhandlungen der Schweiz 1991

Firma (Ort)	Umsatz (Mio DM)
Hogrefe & Huber (Bern)	27,3
Orell Füssli (Zürich)	26,0
Stauffacher (Bern)	22,5*
Jäggi (Basel)	17,7
Buch Shopping (Hagendorf)	13,0

Schätzung; Quelle: Buchreport 15/1992

Buchmarkt in Daten und Zahlen

Buchproduktion in Deutschland nach Sachgebieten

Sachgebiete	Titel 1990				davon: Taschenbuchtitel			
	Erst-auflage	Neu-auflage	Gesamt	Anteil (%)	Erst-auflage	Neu-auflage	Gesamt	Anteil (%)
Allgemeines, Buch u. Schrift	1 049	151	1 200	1,9	92	28	120	1,1
Philosophie, Psychologie	2 075	978	3 053	5,0	412	420	832	8,1
Religion, Theologie	2 385	1 000	3 385	5,5	227	186	413	4,0
Sozialwissenschaften	9 841	3 137	12 978	21,3	414	370	784	7,6
Mathematik, Naturwissenschaften	2 699	643	3 342	5,5	101	78	179	1,7
Angewandte Wissenschaften, Medizin, Technik	6 125	2 504	8 629	14,1	292	253	545	5,3
Kunst, Kunstgewerbe, Fotografie, Musik, Spiel, Sport	3 683	1 057	4 740	7,8	320	265	585	5,7
Sprach- und Literaturwissenschaft	2 206	411	2 617	4,3	232	207	439	4,3
Geographie, Geschichte	6 368	2 174	8 542	14,0	338	250	588	5,7
Kinder- und Jugendliteratur	2 306	1 277	3 583	5,9	332	478	810	7,9
Belletristik	6 042	2 904	8 946	14,7	2 620	2 387	5 007	48,6
Insgesamt	44 779	16 236	61 015	100,0	5 380	4 922	10 302	100,0

Quelle: Buch und Buchhandel in Zahlen 1991

Entwicklung der Buchtitelproduktion in Deutschland

Jahr	Titelzahl	Verhältnis Erstauflage: Neuauflage	Anteil der Taschenbücher (%)
1961	23 132	77:23	4,6
1962	22 615	79:21	5,2
1963	25 673	80:20	6,7
1964	26 228	80:20	5,9
1965	27 247	84:16	4,9
1966	23 777	85:15	5,4
1967	30 683	82:18	6,5
1968	32 352	84:16	4,8
1969	35 577	84:16	5,8
1970	47 096	82:18	8,4
1971	42 957	84:16	8,3
1972/73[1]	93 498	85:15	7,4
1974	49 761	83:17	9,5
1975	43 649	81:19	11,4
1976	46 763	80:20	12,7
1977	48 736	80:20	13,0
1978	53 137	81:19	12,4
1979	62 082	81:19	12,0
1980	67 176	81:19	11,6
1981	59 168	80:20	14,6
1982	61 332	79:21	14,0
1983	60 598	79:21	14,5
1984	51 733	77:23	16,3
1985	57 623	78:22	14,2
1986	63 679	79:21	14,7
1987	65 680	74:26	17,4
1988	68 611	74:26	18,1
1989	65 980	73:27	16,5
1990	61 015	73:27	16,9

1) Für die Jahre 1972 und 1973 liegen keine Einzelwerte vor; Quelle: Buch und Buchhandel in Zahlen 1991

Die Buch-Hits in Deutschland 1991

Platz	Belletristik	Sachbuch
1	Die Muschelsucher (Rosamunde Pilcher)	Du kannst mich einfach nicht verstehen (Deborah Tannen)
2	September (Rosamunde Pilcher)	Das Schwert des Islam (Peter Scholl-Latour)
3	Salz auf unserer Haut (Benoîte Groult)	Der Mossad (Victor Ostrovsky/Claire Hoy)
4	Die Säulen der Erde (Ken Follett)	Sorge dich nicht, lebe! (Dale Carnegie)
5	Ayla und das Tal der Gro-ßen Mutter (Jane Auel)	Eine italienische Familie (Franca Magnani)
6	Das Parfum (Patrick Süskind)	Nicht ohne meine Tochter (Betty Mahmoody/William Hoffer)
7	Der Fisch ohne Fahrrad (Elizabeth Dunkel)	Jesus – der erste neue Mann (Franz Alt)
8	Schwarzer Tee mit drei Stück Zucker (Renan Demirkan)	Der Vertrag (Wolfgang Schäuble)
9	Im Frühling singt zum letztenmal die Lerche (Johannes Mario Simmel)	Die Schweiz wäscht weißer (Jean Ziegler)
10	Abaelards Liebe (Luise Rinser)	Kursbuch Gesundheit (Verena Corazza u. a.)
11	Langoliers (Stephen King)	Tatort Politbüro (Peter Przybylski)
12	Scarlett (Alexandra Ripley)	Mann, bist du gut! (Joachim H. Bürger)
13	Polski Blues (Janosch)	. . . an Rußland muß man einfach glauben (Gabriele Krone-Schmalz)
14	Die Verteidigung der Kindheit (Martin Walser)	Die deformierte Demokra-tie (Hans Apel)
15	Die Unsterblichkeit (Milan Kundera)	Um Gott und Gold (Siegfried Fischer-Fabian)

Quelle: Der Spiegel, 1. 1. 1992

Bundesanstalt für Arbeit

(BA), deutsche Bundesbehörde in Nürnberg, zu deren Aufgaben die Arbeitsvermittlung und Berufsberatung, die Organisation der → Arbeitslosenversicherung und die Förderung der → Beruflichen Fortbildung gehört. Der Haushalt der B. für 1992 sieht Ausgaben von 87,3 Mrd DM vor (1991: 71,9 Mrd DM). Für die Deckung des erwarteten Defizits von 6,7 Mrd DM steht ein Bundeszuschuß zur Verfügung (4,9 Mrd DM). Zudem sollen Mittel für → Arbeitsbeschaffungsmaßnahmen (ABM) in Westdeutschland gekürzt (ca. 0,5 Mrd DM) und Sparmaßnahmen u. a. in der Verwaltung ergriffen werden. Die CDU/CSU/FDP-Bundesregierung legte im Juni 1992 einen Gesetzentwurf vor, nach dem der Bundeszuschuß für die B. für 1993 wegen der → Staatsverschuldung gestrichen werden soll. Kürzungen sollen insbes. bei ABM und Bildungsmaßnahmen vorgenommen werden. Deutschland kündigte im Juli 1992 das Abkommen der Internationalen Arbeitsorganisation (Genf), das eine gewerbsmäßige Arbeitsvermittlung verbietet.

Haushalt: Bei 29,1 Mio Beitragszahlern zur Arbeitslosenversicherung 1992 (davon 5,8 Mio in Ostdeutschland) ging der B. von 80,5 Mrd DM Einnahmen aus. Aus den neuen Bundesländern erwartete die B. Beitragszahlungen von rd. 10 Mrd DM, plante aber ca. 45 Mrd DM an Ausgaben ein.

Arbeitsvermittlung: Nach dem Arbeitsförderungsgesetz darf in Deutschland nur die B. Arbeitskräfte vermitteln.

Heinrich Franke, Präsident der Bundesanstalt für Arbeit * 26. 1. 1928 in Osnabrück, deutscher Ingenieur. 1965–1984 CDU-Bundestagsabgeordneter, 1982–1984 Parlamentarischer Staatssekretär im Bundesarbeitsministerium, ab 1984 Präsident der Bundesanstalt für Arbeit (Nürnberg).

Leistungen der Bundesanstalt für Arbeit

Jahr	Empfänger[1] (1000)			
	Arbeits-losengeld	Arbeits-losenhilfe	Unterhalts-geld	Kurzarbei-tergeld
1985	836	617	135	235
1986	800	601	155	197
1987	834	577	189	278
1988	947	528	222	208
1989	888	496	267	107
1990	799	433	274	56
1991	1405	415	119	1761

1) Bis 1990 nur Westdeutschland; Quelle: Bundesanstalt für Arbeit (Nürnberg)

Der Bundesgerichtshof (BGH, Karlsruhe) entschied jedoch Ende 1991, daß das Arbeitsvermittlungsmonopol der B. gegen das im GG festgelegte Grundrecht auf freie Berufswahl verstoße, soweit das Monopol Personalberatungsgesellschaften die Vermittlung von Führungskräften verbietet (Az. IV ZR 87/90). Führungskräfte würden jedoch bereits hauptsächlich von den Gesellschaften vermittelt, und dies werde von der B. geduldet. Bundeswirtschaftsminister Jürgen Möllemann (FDP) hatte Ende 1991 die Zulassung von privaten Vermittlern gefordert.

Anfang 1992 bestätigte das Bundessozialgericht (BSG, Kassel) das Vermittlungsmonopol der B. für Arbeitnehmer, die nicht als Führungskräfte einzustufen sind (Az. 11 RAr 25/90). Die Arbeitsvermittlung für diese Arbeitnehmer müsse in einem Sozialstaat kostenlos und öffentlich bleiben. Bei Personalberatungsgesellschaften zahlt der Arbeitgeber die Vermittlung.

Haushalt der Bundesanstalt für Arbeit

Jahr	Ausgaben (Mrd DM)
1980	21,7
1981	28,2
1982	33,4
1983	32,6
1984	29,4
1985	29,7
1986	31,9
1987	36,0
1988	40,8
1989	39,8
1990	43,9
1991	71,9
1992	87,3*

* Geplant; Quelle: Bundesanstalt für Arbeit (Nürnberg)

Bundesanstalt für Arbeitsmedizin

Anfang 1992 wurde in Berlin die B. gegründet, die dem Bundesarbeitsministerium untersteht. Die Bundesbehörde ging aus der Akademie für Sozialhygiene der ehemaligen DDR hervor. Sie untersucht Arbeitsplätze hinsichtlich der Auswirkungen auf die Gesundheit der Erwerbstätigen und soll dazu beitragen, den → Arbeitsschutz zu verbessern. Der Etat der B. 1992 beträgt 18 Mio DM. Direktor war Mitte 1992 Fritz-Klaus Kochan.

Ausgaben der Bundesanstalt für Arbeit in Ostdeutschland 1992

Aufgabe	Ausgaben (Mrd DM)
Arbeitslosengeld und -hilfe	12,6
Berufliche Fortbildung	11,2
Arbeitsbeschaf-fungsmaßnahmen	10,0*
Kurzarbeitergeld	5,2

* Inkl. 3 Mrd DM aus dem Gemeinschaftswerk Aufschwung Ost; Quelle: Bundesanstalt für Arbeit (Nürnberg)

Heinz Dürr, Chef der Deutschen Bundesbahn * 16. 7. 1933 in Stuttgart, deutscher Unternehmer und Manager. Inhaber eines Stuttgarter Industriebetriebs. 1980–1990 Vorstandsvorsitzender des Elektrokonzerns AEG, Einleitung einer Sanierung. Ab Jan. 1991 Vorstandsvorsitzender der Deutschen Bundesbahn, ab Sept. 1991 auch der ostdeutschen Reichsbahn.

Bundesbahn, Deutsche

(DB), das westdeutsche Eisenbahn-Unternehmen erwartete für 1992 eine Fortsetzung seines Verlustanstiegs auf ca. 7 Mrd DM (1991: 5,3 Mrd DM). Die Schulden erreichten nach Angaben des Vorstandsvorsitzenden Heinz Dürr Ende 1991 mit 37,9 Mrd DM annähernd die doppelte Höhe des Umsatzes. Zu einer Sanierung plante die CDU/CSU/FDP-Bundesregierung Mitte 1992 die Umwandlung der B. und der ostdeutschen → Reichsbahn von Behörden in eine privatrechtliche Deutsche → Eisenbahn AG (→ Privatisierung). Zudem prüfte die Regierung die private Finanzierung von Schienen und Straßen (→ Privatautobahn). Die B. begann mit dem Verkauf verlustbringender Nebenstrecken (sog. Regionalisierung) und erhöhte die Preise.

Regionalisierung: Die B. plante 1992 einen weitgehenden Rückzug aus dem Schienennahverkehr, der nach ihren Angaben 1991 ein Defizit von rd. 4,5 Mrd DM verursachte. Ende 1991 verkaufte die B. 159 km Strecke für 1 DM an ein Unternehmen, das sich im Besitz von Niedersachsen befindet. Die B. argumentierte, daß ein ortsansässiges Unternehmen flexibler auf die regionalen Bedürfnisse reagieren könne. Im April 1992 verkaufte die B. auch die erste ihrer insgesamt 18 Bahnbus-Gesellschaften.

Preise: Anfang 1992 erhöhte die B. ihre Preise pro km von 22 auf 23 Pf in der zweiten und von 33 auf 34,5 Pf in der ersten Klasse. Die Reichsbahnpreise stiegen gleichzeitig von 12 auf 14 bzw. von 18 auf 21 Pf.

Pläne: Die B. plante bis 2000 den Aufbau eines 2000 km umfassenden

Wichtige Preise der Deutschen Bundesbahn

Fahrkarten	Preis pro Person (DM)				Bedingungen
	2. Klasse		1. Klasse		
	ohne Benutzung von ICE-Zügen	mit Benutzung von ICE-Zügen	ohne Benutzung von ICE-Zügen	mit Benutzung von ICE-Zügen	
Fahrpreis pro km					
Erste Person	rd. 0,23		rd. 0,345		Keine
Weitere Personen[1]		streckenabhängig unterschiedlich		streckenabhängig unterschiedlich	Zweite Person fährt mind. 203 km; weit. Pers. 51 km
Kinder[2]	rd. 0,115		rd. 0,1725		keine
Paß-Inhaber					Familien-, Interrail-, Junior-, Senioren- oder Taschengeldpaß bzw. BahnCard
Sparpreis					
Erste Person	190	220	285	330	Pauschalpreis für Hin- und Rückfahrt auf einer beliebigen Strecke an einem Wochenende oder über ein Wochenende hinaus innerhalb eines Monats
Weitere Personen[1]	95	110	143	165	
Kinder[2]	48	55	72	83	
Supersparpreis					
Erste Person	140	180	210	270	Pauschalpreis für Hin- und Rückfahrt auf einer beliebigen Strecke an einem Samstag oder über ein Wochenende hinaus innerhalb eines Monats außer freitags und sonntags
Weitere Personen[1]	70	90	105	135	
Kinder[2]	35	45	53	68	
Zuschlag für die Benutzung von IC-, EC-Zügen					
Erwachsene	6	nicht erforderlich	6	nicht erforderlich	Aufschlag 2 DM bei Lösen nach Antritt der Fahrt
Kinder[2]	3		3		
Zuschlag für die Benutzung von IR-, FD-, D-Zügen bis 51 km					
Erwachsene	3	nicht erforderlich	3	nicht erforderlich	Aufschlag 2 DM bei Lösen nach Antritt der Fahrt
Kinder[2]	1,50		1,50		

Stand: Mitte 1992; 1) bis 5 1/2 Teilnehmer; als halbe Teilnehmer zählen Kinder; 2) 4–11 Jahre, darunter kostenlos; Quelle: Deutsche Bundesbahn

→ Schnellbahnnetzes, um ihre Wettbewerbsfähigkeit gegenüber → Autoverkehr, → LKW-Verkehr und → Luftverkehr zu verbessern. Auf Nebenstrecken will sie die Reisegeschwindigkeit u. a. durch den Einsatz des → Pendolino erhöhen. Zur Zusammenarbeit mit LKW-Unternehmen ist ein Ausbau des → Kombinierten Verkehrs geplant. Ihre Kundenfreundlichkeit will die B. mit dem elektronischen Auskunftssystem → EVA verbessern.

Bundesbank, Deutsche

Zentralbank (auch Notenbank) der BRD mit Sitz in Frankfurt/M. Hauptaufgabe der B. ist die Sicherung der Währungsstabilität, d. h. die Bekämpfung von → Inflation. Um diesen Auftrag unbeeinflußt erfüllen zu können, ist die B. unabhängig von Weisungen der Bundesregierung. Weiterhin gibt die B. die Banknoten aus, regelt den Geldumlauf und die Kreditversorgung der Wirtschaft und sorgt für die Abwicklung des Zahlungsverkehrs (→ Banken). Die B. hält die → Leitzinsen ab 1989 auf hohem Niveau, um Preissteigerungen entgegenzuwirken. Im Juni 1992 beschloß der Deutsche Bundestag die von der CDU/CSU/FDP-Bundesregierung geplante Neuorganisation, darunter die Verringerung der Zahl der Niederlassungen im Bundesgebiet (Landeszentralbanken, LZB), die zwischen Bund und Ländern umstritten war.

Politik: Mit den hohen Zinsen sollen kreditfinanzierte Ausgaben verteuert und Preiserhöhungen durch steigende Nachfrage verhindert werden. Die B. kritisierte insbes. die erhöhte → Staatsverschuldung. Sie wies auch auf die preissteigernde Wirkung von Verbrauchsteuer-Erhöhungen Mitte 1991 und der geplanten Heraufsetzung der → Mehrwertsteuer ab 1993 hin.

Kritik: Hohe Zinsen gefährden die → Konjunktur-Entwicklung und den Abbau der → Arbeitslosigkeit, wenn kreditfinanzierte → Investitionen zurückgehen. Die USA kritisierten die hohen

Helmut Schlesinger, Präsident der Deutschen Bundesbank
* 4. 9. 1924 in Penzberg (Bayern), Dr. oec. publ., deutscher Finanzfachmann. Ab 1952 bei der Deutschen Bundesbank. Direktoriums-Mitglied ab 1972, Vizepräsident 1980–1991. Ab August 1991 Präsident der Deutschen Bundesbank.

Hans Tietmeyer, Vizepräsident der Deutschen Bundesbank
* 18. 8. 1931 in Metelen (Westfalen), Dr. rer. pol., deutscher Politiker (CDU). 1962–1982 im Bundeswirtschafts-, 1982–1989 im Bundesfinanzministerium. Ab 1990 Bundesbank-Direktor, Vizepräsident ab August 1991.

deutschen Zinsen, weil sie ausländisches Kapital anziehen, das die USA zur Überwindung ihrer Rezession benötigten. Die führende Rolle der DM in Europa hindert auch andere EG-Staaten daran, ihre Zinsen zu senken (→ Europäische Währungsunion).

Struktur: Bis zum Beitritt der DDR zur BRD Ende 1990 war die B. in jedem der elf Bundesländer mit einer LZB vertreten. Der Zentralbankrat, das Entscheidungsgremium der B., bestand Mitte 1992 aus dem Direktorium (Präsident, Vizepräsident, bis zu acht weitere Direktoren) sowie den elf LZB-Chefs. Zur Betreuung der neuen Bundesländer diente eine vorläufige Verwaltungsstelle in Berlin. Der Bundesrat, die Vertretung der Länder, forderte, daß die B. in jedem der 16 Länder eine Hauptverwaltung haben müsse, damit Einfluß und Posten der Länder gewahrt bleiben. Das B.-Direktorium, die Bundesregierung und der Bundestag setzten ihren Plan durch, die Zahl der LZB durch Zusammenlegungen auf neun wirtschaftlich annähernd gleich große Hauptverwaltungen zu verringern und die Zahl der Direktoren um zwei auf acht zu verkleinern. Ziel war, Entscheidungen im Zentralbankrat zu vereinfa-

BahnCard nach Vorbild des Schweizer Halbpreis-Abonnements
Zum Oktober 1992 planen die deutschen Bahnen die BahnCard zum Preis von 220 DM (Studenten, Rentner u. a.: 110 DM, Jugendliche: 50 DM), mit der ein Jahr lang Fahrkarten der 2. Klasse zum halben Preis erworben werden können. Die Bahnen erwarten für 1993 Mehreinnahmen von 230 Mio DM durch erhöhte Nachfrage, bis Mitte der 90er Jahre sollen 5 Mio BahnCards verkauft werden. Ziele sind der Ausbau des Kundenstamms, die Vereinfachung des Tarifsystems und die Präsentation der Bahn als umweltfreundliches Verkehrsmittel. Das 1986 eingeführte Schweizer Halbtaxabo kostete Mitte 1992 pro Jahr 125 sfr (139 DM).

Geplante Bundesbank-Hauptverwaltungen

Baden-Württemberg
Bayern
Berlin, Brandenburg
Bremen, Niedersachsen, Sachsen-Anhalt
Hamburg, Mecklenburg-Vorpommern, Schleswig-Holstein
Hessen
Nordrhein-Westfalen
Rheinland-Pfalz, Saarland
Sachsen, Thüringen

Quelle: Bundesfinanzministerium 1992

Gewinne der Deutschen Bundesbank

Jahr	Gewinn (Mrd DM)
1980	8,8
1981	13,1
1982	11,3
1983	11,8
1984	13,2
1985	12,9
1986	7,8
1987	0,3
1988	11,5
1989	10,3
1990	9,1
1991	15,2

Quelle: Deutsche Bundesbank

Bundesgrenzschutz für UNO-Friedenstruppen
1991/92 beschloß die CDU/CSU/FDP-Bundesregierung die Beteiligung des Bundesgrenzschutzes (BGS) an UNO-Friedenstruppen in der West-Sahara und in Kambodscha. 15 Beamte gehören der 300 Mann starken Polizeieinheit der UNO-Friedenstruppen in der Westsahara (MINURSO) an. Die Polizisten sollen u. a. die Wahllokale für das Referendum schützen, in denen die Bevölkerung über die Unabhängigkeit der von Marokko annektierten ehemaligen spanischen Kolonie entscheidet. In Kambodscha verstärken 75 BGS-Beamte das Polizeikontingent der UNO-Truppen (UNTAC), die den Waffenstillstand zwischen den Bürgerkriegsparteien und die Durchführung von freien Wahlen überwachen soll.

chen und Kosten zu sparen. Sie wiesen darauf hin, daß Geldpolitik eine gesamtwirtschaftliche und nicht länderspezifische Aufgabe sei. Wenn Ende der 90er Jahre eine → Europäische Zentralbank zur Überwachung der europäischen Währung → ECU gegründet wird, bleibt der B. als Aufgabe die Abwicklung des Zahlungsverkehrs.
Gewinn: Die B. erzielte 1991 mit 15,2 Mrd DM ihren bis dahin höchsten Gewinn. Der Bund erhält davon 14,5 Mrd DM. 7,5 Mrd DM sollen zur Verringerung der Staatsverschuldung verwendet werden, 7 Mrd DM kommen dem Bundes-Haushalt zugute (→ Haushalte, Öffentliche). Der Gewinn stammte vor allem aus Zinseinnahmen, die u. a. durch Zinserhöhungen aufgrund der wachsenden Staatsverschuldung zunahmen. Er wäre noch höher ausgefallen, wenn die B. nicht wegen des gesunkenen → Dollarkurses den Wert ihrer Dollar-Bestände niedriger angesetzt und die Differenz als Verlust verbucht hätte.
Leitung: Präsident der 1957 gegründeten B. ist ab August 1991 Helmut Schlesinger. Er ist Nachfolger des zurückgetretenen Karl Otto Pöhl, der seit 1980 amtierte. Vizepräsident wurde Hans Tietmeyer, der Schlesinger 1993 ablösen soll, wenn dieser die nach B.-Gesetz zulässige Altersgrenze von 68 Jahren erreicht. → Falschgeld → Internationaler Währungsfonds

Bundesgrenzschutz

(BGS), deutsche Polizei, die dem Bundesinnenministerium untersteht. Zu den Aufgaben des B. gehören u. a. die Sicherung der Staatsgrenze sowie der Schutz von Bundesorganen und Bundesministerien. Spezialeinheiten des B. (GSG 9) können auch zur Terrorismusbekämpfung eingesetzt werden. Nach dem Grenzschutzgesetz vom 23. 1. 1992 wird den Bundesländern erlaubt, zur Entlastung ihrer eigenen Polizei dem B. die Zuständigkeit für die Überwachung der Flughäfen zu übertragen. Zudem wurde die Polizei der Deutschen → Bundesbahn aufgelöst und

zum 1. 4. 1992 in den B. eingegliedert. NRW erhob im Juli 1992 vor dem Bundesverfassungsgericht Klage gegen die Erweiterung der Polizeibefugnisse, weil der Bund damit unzulässig in Länderkompetenzen eingreife. Zur Erfüllung seiner Aufgaben fehlten dem B. nach Berechnungen des Bundesinnenministeriums Mitte 1992 rd. 4000 Beamte (rd. 29 000 Planstellen).
Aufgaben: Am 1. 10. 1992 übernimmt der B. die Sicherheitskontrollen auf dem Flughafen Frankfurt/M. (Einsatz von 230 Beamten); für den Großflughafen München 2 ist der B. seit der Eröffnung im Mai 1992 zuständig (550 Beamte). In den neuen Bundesländern hatte der B. die Aufgaben der Bahnpolizei und die Überwachung der Flughäfen mit der deutschen Vereinigung am 3. 10. 1990 übernommen. Anfang 1992 wurde der B. auch zur Sicherung der sog. grünen Grenze zur ČSFR eingesetzt; bis dahin war dies Aufgabe der bayerischen Grenzpolizei.
Personal: Etwa 95% der 2700 Bahnpolizisten wechselten zum B. Wegen des Personalbedarfs sollen zudem 1992/93 ca. 500 Zeitsoldaten der → Bundeswehr nach Ablauf ihrer Dienstzeit vom B. übernommen werden. Etwa 2500 Angehörige des von der letzten DDR-Regierung 1990 gegründeten und vom B. übernommenen Grenzschutzes (Personalstärke: 5500 Mann) sollen wegen Tätigkeit für die frühere DDR-Volkspolizei aus dem B. ausscheiden. Etwa 80% der rund 1000 ehemaligen DDR-Paßkontrolleure, die dem Ministerium für Staatssicherheit (→ Stasi) unterstanden, will das Innenministerium nicht weiter beschäftigen. Für den B. sind im Haushalt 1992 rd. 1,9 Mrd DM vorgesehen (1991: 1,7 Mrd DM).
Organisation: Nach dem Muster der Länderpolizeien wird die organisatorische Trennung von Grenzschutzkommandos für Polizeiaufgaben und Grenzschutzverwaltung aufgegeben und die regionale Führung des B. in fünf Grenzschutzpräsidien, Bad Bramstedt, Berlin, Bonn, Kassel und München, zusammengefaßt.

Bundesnachrichtendienst

(BND, Pullach), deutscher Geheimdienst, zu dessen Aufgaben die Beschaffung und Auswertung geheimer politischer, militärischer, wirtschaftlicher und wissenschaftlich-technischer Informationen aus dem Ausland gehören. Der B. untersteht unmittelbar dem Bundeskanzleramt. Im Mai 1992 trat ein Gesetz in Kraft, das die Bundesregierung verpflichtet, die Abgeordneten der Parlamentarischen Kontrollkommission (PKK) umfassend über Vorgänge von besonderer Bedeutung bei den Nachrichtendiensten B., → Verfassungsschutz und Militärischer Abschirmdienst der Bundeswehr (MAD) zu informieren.

Parlamentarische Kontrolle: Das Gesetz erweitert die Kompetenzen der PKK in verschiedenen Punkten:

▷ Die Kommission darf die Haushalts- und Wirtschaftspläne der Nachrichtendienste prüfen

▷ Die PKK erhält das Recht, Akten der Geheimdienste einzusehen und Mitarbeiter zu Befragungen vorzuladen

▷ Angehörige der Nachrichtendienste dürfen sich z. B. mit Beschwerden an die PKK wenden

▷ Post von Parlamentariern darf nicht kontrolliert werden, wenn sich die Maßnahme der Nachrichtendienste gegen Dritte richtet. Maßnahmen gegen Bundestagsabgeordnete muß die PKK zustimmen. Bei Straftatverdacht erlaubt das sog. G-10-Gesetz den Nachrichtendiensten Eingriffe in das Brief-, Post- und Fernmeldegeheimnis.

Die Sitzungen der Kontrollkommission sind geheim. Wenn zwei Drittel der PKK-Mitglieder (insgesamt acht Abgeordnete) zustimmen, darf ein Geheimvorgang jedoch öffentlich bewertet werden.

Aufgaben: BND-Präsident Konrad Porzner und der Koordinator für die Geheimdienste im Bundeskanzleramt, Bernd Schmidbauer (CDU, seit Dezember 1991), setzten sich Anfang 1992 dafür ein, den B. nach der Auflösung des Warschauer Pakts vermehrt mit der Überwachung des illegalen Rüstungs- und Technologietransfers (→ Rüstungsexport), des Handels mit → Drogen und der → Geldwäsche einzusetzen. Bis 1998 sollen 10% des BND-Personals (1992: rd. 7000 Mitarbeiter) abgebaut werden.

Bundespost

Seit Mitte 1989 ist die Deutsche B. durch die Postreform in die Unternehmen → Postbank, → Postdienst und → Telekom unterteilt. Die Unternehmen sind staatliche Verwaltungen, die von Vorstandsvorsitzenden geleitet werden. Die Rechtsaufsicht liegt beim Bundesministerium für Post und Telekommunikation. Die CDU/CSU/FDP-Regierungskoalition beschloß im Juli 1992, das Postunternehmen Telekom teilweise zu privatisieren.

Privatisierung: Das Unternehmen soll in eine Aktiengesellschaft umgewandelt werden (Aktienanteil der B.: voraussichtlich 51%). Voraussetzung ist eine Änderung von Art. 87 und 33 GG, die mit Zweidrittel-Mehrheit im Bundestag beschlossen werden muß. Die Artikel schreiben u. a. die bundeseigene Verwaltung für die Unternehmen und die Beschränkung der Aktivitäten auf Deutschland fest, die internationale Geschäftstätigkeit ausschließt. Der Anteilsverkauf soll u. a. den Finanzbedarf der Unternehmen z. B. für Investitionen in Ostdeutschland decken. Die

BND verschiebt heimlich Panzer Im Oktober 1991 wurde von der Hamburger Polizei ein geheimer Waffentransport aufgedeckt, der für Israel bestimmt und vom Bundesnachrichtendienst (BND) organisiert war. Das Rüstungsmaterial, darunter ein Schützenpanzer, Luftabwehrgeschütze und Radaranlagen, war als landwirtschaftliches Gerät deklariert. Wegen Verdachts auf Verstoß gegen deutsche Rüstungsexportgesetze wurden Ermittlungsverfahren eingeleitet. Zwischen Oktober 1990 und Oktober 1991 hatte der BND zehn von 15 Waffenlieferungen organisiert. Die BRD und Israel schlossen 1967 ein Abkommen, das eine leihweise Überlassung von Militärgütern zur technischen Auswertung erlaubt.

Konrad Porzner, BND-Präsident
* 4. 2. 1935 in Larrieden, deutscher Politiker (SPD). 1975–1980 und 1983–1990 parlamentarischer Geschäftsführer der SPD-Fraktion im Bundestag, Januar–Juli 1981 Berliner Finanzsenator, 1981–1982 Staatssekretär im Bundesministerium für wirtschaftliche Zusammenarbeit, ab 1990 Präsident des Bundesnachrichtendienstes (Pullach).

Christian Schwarz-Schilling, Bundespostminister
* 19. 11. 1930 in Innsbruck, Dr. phil., deutscher Politiker (CDU). Ab 1976 Abgeordneter des Deutschen Bundestags und Vorsitzender der CDU-Medienkommission, ab 1982 Bundespostminister.

Richard Freiherr von Weizsäcker, Bundespräsident
* 15. 4. 1920 in Stuttgart, Dr. jur., deutscher Politiker (CDU). 1964–1970 und 1979–1981 Präsident des Evangelischen Kirchentags, 1969–1981 Mitglied des Deutschen Bundestags, 1981–1984 Regierender Bürgermeister von Berlin, ab 1984 Bundespräsident (bis 1994).

SPD-Opposition im Bundestag und die Gewerkschaften plädierten dafür, die B. als öffentliches Unternehmen zu belassen und das Dienstrecht der Angestellten den Unternehmensbedürfnissen anzupassen.
Finanzausgleich: Wegen unterschiedlicher Einnahmen der Postunternehmen wurde 1989 ein Finanzausgleich vereinbart. Die Telekom als finanzstärkstes Unternehmen gleicht die Defizite der Schwesterunternehmen aus (1991: rd. 2,5 Mrd DM). Telekom-Vorsitzender Helmut Ricke erwartete, die Verluste für 1992 nicht mit Gewinnen ausgleichen zu können. Zur Deckung des Finanzbedarfs plante die B. daher eine Kreditaufnahme von 20 Mrd DM.
Ablieferungen: Die Einnahmen der B. sollen ab 1996 der Umsatzbesteuerung unterliegen. Bis dahin müssen jährlich 10% der Betriebseinnahmen an Bund und Länder abgeführt werden (sog. Ablieferungen). 1991 und 1992 muß die B. als Vorauszahlung auf die Ablieferungen 1994 und 1995 je 2 Mrd DM an den Bund abführen, der die Zahlungen 1991 zur Deckung des Finanzbedarfs der deutschen Vereinigung gefordert hatte. Ende 1991 erklärte sich Bundesfinanzminister Theo Waigel (CSU) bereit, auf die Ablieferungen aus Einnahmen in Ostdeutschland 1992 bis 1995 zu verzichten. Die Telekom wird voraussichtlich um 1,7 Mrd DM weniger belastet, der Postdienst um 1 Mrd DM und die Postbank um 100 000 DM.

Bundespräsident

Das deutsche Staatsoberhaupt wird für fünf Jahre von der Bundesversammlung gewählt (bestehend aus Mitgliedern des → Bundestags und einer gleichen Anzahl von Mitgliedern, die von den Landtagen bestimmt werden). Der B. nimmt vorwiegend repräsentative Aufgaben wahr, vertritt den Bund völkerrechtlich und prüft die Verfassungsmäßigkeit von Gesetzen. B. ist seit 1984 Richard von Weizsäcker (CDU). 1989 wurde er für eine zweite Amtszeit wiedergewählt.

Im Juni 1992 kritisierte von Weizsäcker die deutschen Politiker, weil sie ihre Arbeit kurzfristig an Wahlerfolgen ausrichteten. Der deutsche Parteienstaat sei von Machtversessenheit geprägt. Zudem bemängelte er, die CDU/CSU/FDP-Bundesregierung habe nicht frühzeitig auf die Kosten der deutschen Vereinigung hingewiesen. Er forderte einen durch Vermögensabgaben finanzierten Lastenausgleich.

Bundesrat

Föderatives Verfassungsorgan in Deutschland, durch das die Bundesländer bei der Gesetzgebung und Verwaltung des Bundes mitwirken. Seit Gründung der fünf ostdeutschen Bundesländer 1990 erhöhte sich die Mitgliederzahl im B. von 45 auf 68. Die Länder mit mehr als 7 Mio Einwohnern (Baden-Württemberg, Bayern, Niedersachsen und Nordrhein-Westfalen) haben seitdem sechs statt fünf Stimmen. Die Mitglieder des B. werden von den Landesregierungen bestellt und abberufen. Die von der SPD, z. T. in Koalitionen geführten Länder verfügten 1992 über eine Mehrheit von 37 Stimmen. Beschlüsse kann der B. mit einer absoluten Mehrheit von 35 Stimmen fassen. Den Ländern ist nur eine geschlossene Stimmabgabe erlaubt. Der B. entschied 1991, seinen Sitz vorerst in der alten Hauptstadt Bonn zu belassen; der Beschluß soll in den folgenden Jahren überprüft werden (→ Bonn/Berlin). Turnusgemäß wird Berndt Seite (CDU), Ministerpräsident von Mecklenburg-Vorpommern, als B.-Vorsitzender am 1. 11. 1992 vom saarländischen Ministerpräsidenten Oskar Lafontaine (SPD) abgelöst. Ihm folgt im November 1993 Bremens Regierungschef Klaus Wedemeier (SPD). Eine im Januar 1992 eingesetzte gemeinsame Verfassungskommission von B. und → Bundestag berät Änderungen des → Grundgesetzes. Ihre Beschlüsse müssen mit Zweidrittel-Mehrheit gefaßt werden. Die Länder wollen in der geänderten Verfassung ihre Gesetzge-

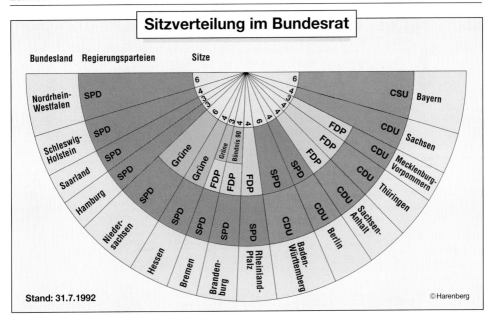

Sitzverteilung im Bundesrat

Bundesland   Regierungsparteien   Sitze

Nordrhein-Westfalen — SPD
Schleswig-Holstein — SPD
Saarland — SPD
Hamburg — SPD
Niedersachsen — SPD
Hessen — SPD
Bremen — SPD
Brandenburg — SPD
Rheinland-Pfalz — SPD
Baden-Württemberg — CDU
Berlin — CDU
Sachsen-Anhalt — CDU
Thüringen — CDU
Mecklenburg-Vorpommern — CDU
Sachsen — CDU
Bayern — CSU

Grüne — Bündnis 90 — FDP

Stand: 31.7.1992   © Harenberg

bungskompetenz gegenüber dem Bund stärken. Hoheitsrechte sollen nur noch mit Zustimmung des B. auf die EG übertragen werden.

Wichtigste Funktion des B. ist die Zustimmung zu Bundesgesetzen, die Länderkompetenzen berühren. Gegen andere Bundesgesetze kann der B., der auch das Recht zur Gesetzesinitiative hat, Einspruch erheben, jedoch vom Bundestag überstimmt werden.

Bundestag, Deutscher

Parlament und oberstes gesetzgebendes Verfassungsorgan in Deutschland. Der erste gesamtdeutsche Bundestag wurde am 2. 12. 1990 gewählt. Die Zahl der Abgeordneten erhöhte sich mit der deutschen Vereinigung von 519 auf 622. Mit 319 Mandaten stellen CDU und CSU die stärkste Parlamentsfraktion. Die SPD hat 239 Sitze inne, die FDP 79. Den 17 bzw. acht Mandatsträgern von PDS und Bündnis 90/Grüne verweigerte der B. den Fraktionsstatus. Die nächsten → Wahlen zum B. sind für den 16. 10. 1994 geplant. Der Sitz des B. wird voraussichtlich erst 1998 von Bonn nach Berlin verlegt und nicht, wie 1991 vom B. beschlossen, bis 1995 (→ Bonn/Berlin). Im Gespräch war Mitte 1992 eine Verkleinerung des B. und eine Verlängerung der Legislaturperiode. Der B. beschloß im Dezember 1991, seine Abgeordneten auch gegen ihren Willen auf eine Tätigkeit für die → Stasi zu überprüfen, wenn konkrete Hinweise vorliegen. Eine Überprüfung aller Abgeordneten, wie sie Bündnis 90/Grüne und PDS gefordert hatten, findet nicht statt.

Umzug: Im Oktober 1992 soll der in Bonn neugebaute Plenarsaal eröffnet werden (Baukosten: 256 Mio DM). In Berlin wird der Bundestag in das noch umzubauende Reichstagsgebäude einziehen (geschätzte Kosten: 1 Mrd DM). **Parlamentsreform:** Im März 1992 schlugen Politiker von FDP und SPD vor, die Legislaturperiode des B. von vier auf fünf Jahre zu verlängern und die Zahl der Abgeordneten zu verringern. Das Parlament könne dann ko-

Rita Süssmuth, Bundestagspräsidentin * 17. 2. 1937 in Wuppertal. Prof. Dr. phil., deutsche Politikerin (CDU). 1985–1988 Bundesministerin für Jugend, Familie, Frauen und Gesundheit, ab 1986 Mitglied des CDU-Präsidiums, ab 1987 MdB, ab 1988 Bundestagspräsidentin.

Beamte im Bundestag

Fraktion	Anteil (%)
SPD	48,5
CDU/CSU	31,0
FDP	27,0
Insgesamt	37,0

Quelle: Institut der Deutschen Wirtschaft (Köln)

Im Bundestag gerügte Ausdrücke seit 1949

Ausdruck	Anzahl
lügen	52
heucheln	30
verleumden	24
Lümmel	14
Demagoge/ Volksverhetzer	12
Dummkopf/ Dummschwätzer	12

Quelle: Das Parlament, 3. 4. 1992

Verfassungsbeschwerden gegen Gerichtsurteile 1991

Entscheidungen	Beschwerden
Zivilgerichte	1631
Strafgerichte	786
Verwaltungsgerichte	712*
Sozialgerichte	147
Finanzgerichte	120
Arbeitsgerichte	96

* Davon 273 Asylverfahren; Quelle: Bundesverfassungsgericht

stengünstiger arbeiten, und der Zeitraum zwischen zwei Wahlen, in dem ohne Rücksicht auf Wahltermine Politik gemacht werden könnte, würde verlängert. Außerdem verringere sich die Anzahl der Wahlen, was der Wahlmüdigkeit der Bevölkerung entgegenwirke. Die CDU/CSU sprach sich Mitte 1992 gegen die Reform aus.

Petitionen: 20 430 Eingaben von Bürgern sind 1991 an den Petitionsausschuß des B. gerichtet worden (1990: 16 497, 1989: 13 607). Mehr als die Hälfte der Eingaben beschäftigten sich mit Problemen, die mit der Vereinigung Deutschlands zusammenhängen, z. B. → Rehabilitierung von zu Unrecht in der DDR Inhaftierten und → Eigentumsfragen in Ostdeutschland. 30% der Petitionen kamen aus Ostdeutschland. 22,8% der Eingaben betrafen Arbeits- und Sozialfragen, 18,5% Steuern und Finanzen.

Diäten: Im Herbst 1991 beschloß der B. gegen die Stimmen von Bündnis 90/Grüne und PDS eine Erhöhung der zu versteuernden → Diäten um 4,8% und der steuerfreien Kostenpauschale um 5,9% rückwirkend zum 1. 7. 1991. Nach Berechnung des B. entstehen durch die Erhöhung 1991 Mehrausgaben von 4,2 Mio DM und 1992 von 8,2 Mio DM.

Roman Herzog, BVG-Präsident * 5. 4. 1934 in Landshut, Prof. Dr. jur., deutscher Jurist. Ab 1970 Mitglied der CDU, 1978–1980 Minister für Kultus und Sport und 1980–1983 Innenminister in Baden-Württemberg, 1983–1987 Vizepräsident des Bundesverfassungsgerichts (Karlsruhe), ab 1987 Präsident des BVG.

Bertold Sommer, BVG-Richter * 13. 9. 1937 in München, deutscher Jurist. 1969–1972 und 1976–1979 wissenschaftlicher Mitarbeiter am Bundesverfassungsgericht, 1972–1976 Richter am Oberwaltungsgericht Berlin und 1979–1991 am Bundesverwaltungsgericht, im Juli 1991 zum BVG-Richter gewählt.

Bundesverfassungsgericht

(BVG), Verfassungsorgan der Rechtsprechung in Deutschland (Sitz: Karlsruhe). Das BVG (16 Richter in zwei Senaten) entscheidet über die Vereinbarkeit von Bundes- oder Landesrecht mit dem → Grundgesetz und von Landesrecht mit Bundesrecht (Normenkontrolle) sowie über Streitigkeiten zwischen Bundesorganen oder zwischen Bund und Ländern (Organstreitigkeiten). Am stärksten beansprucht wird das Gericht durch Verfassungsbeschwerden von Personen, die sich durch die öffentliche Gewalt in ihren Grundrechten verletzt fühlten. 95,8% der 1991 neu eingegangenen 4077 Verfahren (5,6% aus den ostdeutschen

Bundesländern) waren Verfassungsbeschwerden. Von 1951 bis 1991 waren rd. 2,5% der 80 384 Beschwerden erfolgreich. Im Mai 1992 kündigte der damalige Bundesjustizminister Klaus Kinkel (FDP) ein Gesetz an, das eine Zurückweisung aussichtsloser Verfassungsbeschwerden erleichtert. Das BVG will nur noch über solche Beschwerden entscheiden, die ungeklärte Verfassungsfragen enthalten, wenn die Rechtsprechung des BVG von anderen Gerichten noch nicht vollständig übernommen wurde oder bei denen offensichtliche Verletzungen von Grundrechten vorliegen. Der Präsident des BVG, Roman Herzog, befürchtete Anfang 1992 einen weiteren Anstieg insbes. von Verfassungsbeschwerden, wenn die Gerichtsbarkeit in den neuen Bundesländern ausgebaut sei und zur Entlastung der ostdeutschen Rechtsprechung vermehrt Einzelrichter statt Richterkollegien urteilen würden (→ Justiz, ostdeutsche). 1992/93 soll das BVG Urteile fällen über den → Kohlepfennig, das Abtreibungsstrafrecht (→ Schwangerschaftsabbruch), die Strafbarkeit der Spionage von ehemaligen Angehörigen der →

Stasi und das Vermittlungsmonopol der → Bundesanstalt für Arbeit für Führungskräfte. Anfang 1992 hob das BVG das Nachtarbeitsverbot für Arbeiterinnen in den alten Bundesländern auf (→ Nachtarbeit).

Bundeswehr

Die CDU/CSU/FDP-Bundesregierung verabschiedete Anfang 1992 Planungsrichtlinien für die Streitkräfte und Rüstung bis 2005, die eine Reduzierung von 495 000 auf 370 000 Soldaten bis Ende 1994 vorsieht (→ Truppenabbau). Die zwölfmonatige → Wehrpflicht wird beibehalten. Bei den Rüstungsausgaben ist 2005 Einsparungen in Höhe von 43,7 Mrd DM geplant. Eine von der Bundesregierung und SPD-Opposition angestrebte Änderung des → Grundgesetzes soll der B. einen Einsatz außerhalb der NATO erlauben. Im März 1992 trat Bundesverteidigungsminister Gerhard Stoltenberg (CDU) wegen unzulässiger Lieferungen von Militärmaterial an die Türkei zurück. Sein Nachfolger wurde CDU-Generalsekretär Volker Rühe.
Rüstung: Zu den Einsparungen tragen insbes. ein Verzicht auf Waffensysteme bei, die zur Anschaffung vorgesehen waren, und eine Verringerung ihrer Stückzahlen. Jährlich sollen für die Beschaffung von Rüstungsgütern durchschnittlich etwa 30% weniger Geld als 1992 (rd. 13,2 Mrd DM) ausgegeben werden (Anteil am Verteidigungsbudget: 25,2%). Die SPD forderte weitere Kürzungen und den vollständigen Verzicht auf den → Jäger 90.
Personal: Die B. will bis 1995 die Anzahl der Zeit- und Berufssoldaten um rd. 23% senken. Jährlich sollen etwa 140 000 Reservisten zu Wehrübungen eingezogen werden; Offiziere und Unteroffiziere sollen eine begrenzte Zeit nach ihrem Ausscheiden aus der B. alle zwei Jahre für jeweils zehn Tage einberufen werden. Zudem werden bis 2000 etwa 23% der 200 000 Zivilstellen abgebaut. Das Personal des Verteidigungsministeriums wird um 20% auf

4000 verringert. Das sog. Personalstärkegesetz vom 20. 12. 1991 erlaubt Offizieren, Unteroffizieren wie auch Zivilbeamten der B.-Verwaltung, sich vorzeitig in den Ruhestand versetzen zu lassen. Das Ministerium erwartet, daß 6800 Offiziere und Berufsunteroffiziere sowie 2300 Zivilbeamte einen Antrag stellen. Sollte die angestrebte Zahl nicht erreicht werden, wird das Pensionsalter für Berufssoldaten von 1993 bis 1998 um ein Jahr gesenkt. Zudem erhalten sie die Möglichkeit, sich bei der B. als Soldaten auf Zeit weiter zu verpflichten.
Von den 370 000 B.-Angehörigen sollen etwa 255 000 dem Heer, 82 000 der Luftwaffe und 32 000 der Marine angehören. Etwa drei Viertel der Verbände werden erst im Kriegsfall mit Soldaten aufgefüllt (sog. Kaderung).
NVA-Angehörge: In den ersten fünf Monaten nach der Übernahme in die B. wurden von den ehemals 32 000 Offizieren der Nationalen Volksarmee der DDR (NVA) rd. 20 000 entlassen (85% auf eigenen Antrag). 6200 erhielten 1991 Zweijahresverträge; 4500 sollen nach Plänen des Verteidigungsministe-

Volker Rühe, Bundesverteidigungsminister
* 25. 9. 1942 in Hamburg, deutscher Politiker (CDU). 1968–1976 Lehrer in Hamburg, 1970–1976 Abgeordneter in der Hamburger Bürgerschaft, ab 1976 MdB, 1982–1986 stellvertretender Vorsitzender der CDU/CSU-Bundestagsfraktion, 1989–1992 CDU-Generalsekretär, ab April 1992 Bundesminister der Verteidigung.

Klaus Naumann, Generalinspekteur
* 25. 5. 1939 in München, deutscher General. 1958 Eintritt in die Bundeswehr, 1972–1973 und 1979–1980 Referent im Bundesverteidigungsministerium, 1981–1982 Dezernent im Militärausschuß der NATO, 1986–1991 Abteilungsleiter im Führungsstab der Streitkräfte, ab Oktober 1991 Generalinspekteur der Bundeswehr.

Bundeswehr übernimmt NVA-Waffen

Systeme und Geräte	Stückzahl
Kampfpanzer	2 396
Gepanzerte Gefechtsfahrzeuge	7 620
Artillerie	5 095
Raketen und Ausrüstung	5 512
Kampfflugzeuge	446
Kampfhubschrauber	87
Transportflugzeuge	62
Transporthubschrauber	101
Kampfschiffe	69
Spezialschiffe	122
Handwaffen	1 209 699
Insgesamt	1 231 209

Bundeswehr rüstet ab
Der im November 1990 unterzeichnete Vertrag über konventionelle Streitkräfte in Europa (KSE) verpflichtet die Bundeswehr bis 1994 zur Abrüstung von 3000 Panzern, 6150 gepanzerten Gefechtsfahrzeugen, 2000 Artilleriegeschützen, 164 Kampfflugzeugen und 51 Kampfhubschraubern. Das Bundesverteidigungsministerium will vor allem Rüstungsmaterial der ehemaligen Nationalen Volksarmee der DDR (NVA) ausmustern. Ein Fünftel des Geräts soll an andere Staaten verkauft, 80% von Privatunternehmen zerstört werden (Kosten: ca. 260 Mio DM).

riums bis 1994 als Zeit- oder Berufssoldaten übernommen werden.

Stationierung: Langfristig werden nach Plänen des Verteidigungsministeriums 116 der 720 Bundeswehrstandorte in Westdeutschland, insbes. in Niedersachsen, Rheinland-Pfalz und Hessen, geschlossen. 93 verringern ihr Personal um mindestens die Hälfte. Das ursprüngliche Konzept des Verteidigungsministeriums vom Mai 1991, 213 B.-Standorte zu schließen, wurde aufgrund von rd. 1400 Einsprüchen vor allem aus den Ländern und Kommunen geändert.

UNO-Einsatz: Die SPD trat Mitte 1992 für eine ausschließliche Beteiligung deutscher Streitkräfte an → UNO-Friedenstruppen, den sog. Blauhelm-Missionen, sowie an unbewaffneten humanitären Aktionen ein. Die Bundesregierung befürwortete darüber hinaus militärische Einsätze der B., z. B. im Rahmen von UNO, → KSZE und → WEU. Mitte 1992 gehörten 140 Sanitäter der B. zum Kontingent der UNO-Friedenstruppen in Kambodscha.

Wehrbeauftragter: In seinem Bericht an den Deutschen Bundestag Anfang 1992 stellte der Wehrbeauftragte Alfred Biehle eine vermehrte Unzufriedenheit unter den Soldaten fest, weil diese von der B.-Führung unzureichend über die Reform der B. informiert worden seien. Biehle bemängelte, daß die Politik Fragen der Soldaten nach dem Sinn und Auftrag der Streitkräfte weitgehend unbeantwortet ließe. Dies habe u. a. zu Motivationsverlust in der Armee geführt. 1991 gab es mit 9864 Eingaben an den Wehrbeauftragten die zweithöchste Zahl an Petitionen in der Geschichte des Amtes.

Bündnis 90/Grüne

Bündnis 90 und die ostdeutschen Grünen stellen seit den Bundestagswahlen vom Dezember 1990, für die sie ein Wahlbündnis geschlossen hatten, acht Bundestagsabgeordnete (Stimmenanteil in den ostdeutschen Ländern: 6%). Das Bündnis 90 (Mitgliederzahl: 3000, Stand: Mitte 1992) ging Anfang 1990

aus fünf Bürgerbewegungen hervor, die Grünen wurden in der ehemaligen DDR Ende 1989 gegründet und sind seit Dezember 1990 mit den westdeutschen → Grünen in einer Partei zusammengeschlossen (Mitgliederzahl insgesamt: 40 000, Stand: Mitte 1992). Auf der Bundesdelegiertenkonferenz in Berlin im Mai 1992 sprach sich das Bündnis 90 für die Gründung einer gemeinsamen Partei mit den Grünen bis Ende 1993 aus. In den neuen Bundesländern war B. 1992 nur in Mecklenburg-Vorpommern nicht im Landtag vertreten. Dort und in Brandenburg waren beide Parteien getrennt zur Wahl angetreten. In Brandenburg ist das Bündnis 90 in einer sog. Ampelkoalition mit SPD und FDP an der Regierung beteiligt.

Parteigründung: Kritiker des geplanten Zusammenschlusses mit den Grünen befürchteten, daß das wichtigste Ziel des Bündnis 90, die Interessen der ostdeutschen Bürger zu vertreten, untergeht, weil die westdeutschen Mitglieder zahlenmäßig überlegen wären. Außerdem wurden ökosozialistische Positionen der Grünen kritisiert, die dem Eintreten des Bündnis 90 für die Marktwirtschaft widersprächen. Sachsen war Mitte 1992 das einzige Bundesland, in dem sich Bündnis 90 und Grüne zu einer Partei zusammengeschlossen hatten.

Gruppenstatus: Das B. forderte 1992 mehr Rechte für seine Arbeit im Bundestag. Die Abgeordnetengruppe besitzt keinen Fraktionsstatus, weil sie nicht die erforderlichen 5% der Bundestagsabgeordneten stellt. Sie hat entsprechend ihrer Größe weniger Redezeit als die Fraktionen und erhält die Hälfte der finanziellen Mittel, die Fraktionen zustehen. Die Abgeordneten haben nicht das Recht, eine namentliche Abstimmung im Parlament zu beantragen und dürfen für Enquete-Kommissionen des Bundestages keine Mitglieder benennen.

Positionen: Schwerpunkt der politischen Arbeit des B. war 1991/92 die Forderung nach einer Aufarbeitung der SED-Vergangenheit und nach einer Veröffentlichung aller nicht personenbezogenen Akten der → Stasi. Außerdem

Der Name Bündnis 90 soll erhalten bleiben
Auf seiner Bundesdelegiertenkonferenz in Berlin im Mai 1992 beschloß das Bündnis 90 zwei Namensvorschläge für die künftige gemeinsame Partei mit den Grünen: Bündnis 90/ Die Grünen und Bündnis für Demokratie, Ökologie und Menschenrechte. Über den endgültigen Namen für den Parteizusammenschluß bis 1993 soll mit den Grünen verhandelt werden. Der Name Bündnis 90 soll Bestandteil des neuen Parteinamens sein.

kritisierte B. die Arbeit der → Treuhandanstalt, der es eine Verschleppung der → Privatisierung volkseigener Betriebe vorwarf. Die Politiker von B. setzten sich für eine Ausweitung der DDR-Regelung des → Schwangerschaftsabbruchs auf ganz Deutschland ein und plädierten für ein Einwanderungsgesetz, in dem die Zuwanderung von → Ausländern mit Quoten geregelt wird. Ferner sprachen sie sich für eine Volksabstimmung über das geänderte → Grundgesetz aus.

Konstruktion einer Autokarosserie am Computerbildschirm mit CAD/CAM

C

CAD/CAM

(Computer Aided Design/Computer Aided Manufacturing, engl.; computerunterstützte Konstruktion/computerunterstützte Herstellung), Entwurf und Fertigung von Produkten mit Hilfe von Rechnern. CAD/CAM ist ein wichtiger Teilbereich der → Fabrik der Zukunft. Durch den Einsatz von CAD/CAM kann die Entwicklungszeit von Produkten um rd. 60% verkürzt werden. In den alten deutschen Bundesländern waren Ende 1991 etwa 54 000 CAD/CAM-Systeme installiert (Ende 1990: rd. 50 000). Die deutschen Hersteller rechneten 1991 mit jährlichen Zuwachsraten von rd. 16%.

1991/92 konnte CAD/CAM für folgende Aufgaben eingesetzt werden:
▷ CAD ermöglicht die Konstruktion komplizierter Bauteile und die Simulation von Einsatzbedingungen am Bildschirm
▷ CAM steuert Arbeitsvorgänge, die von Fertigungsstraßen ausgeführt werden, und kontrolliert die automatische Materialversorgung.
Die computerunterstützte Konstruktion erfolgt von Arbeitsplatzrechnern aus, sog. Workstations (engl.; Arbeitsstation), oder über Software für herkömmliche Personalcomputer.

Car Sharing

(engl.; sich ein Auto teilen), Mitte 1992 gab es 28 Organisationen in 24 deutschen Städten, deren rd. 2000 Mitglieder statt ein eigenes Auto zu unterhal-

Wachstum bei CAD/CAM mit Datenbank
Mit einem Wachstum von 20% jährlich rechnen Hersteller 1992 beim sog. Objektmanagement, einer Software, die computerunterstütztes Design und die Konstruktion mit Hilfe von Computern (CAD/CAM) mit Datenbanken verknüpft. Bei der Konstruktion sind Zusatzinformationen zugänglich, die z. B. für die Kalkulation oder spätere Arbeitsorganisation wichtig sind.

Die größten deutschen Car-Sharing-Initiativen

Rang	Name/Stadt	Gründung	Mitglieder	Autos	Gebühren (DM)				Kaution (DM)
					pro Stunde	pro km	Aufnahme	Beitrag	
1	Stattauto Berlin	8/1988	520	43	4,--	0,25	100	10	1000
2	Stadtteil E-Mobil Ludwigsburg	5/1992	200	20	7,50	0,30	–	–	–
3	Stadtauto Bremen	11/1990	140	10	2,50	0,40	100	10	1000
4	Stadtteil Auto Aachen	11/1990	110	7	3,50	0,25	–	–	800
5	AutoMobil Gemeinschaft Freiburg/Br.	4/1991	72	7	2,50	0,30	–	2	800
6	Car Sharing Genossenschaft Deutschland Frankfurt/M.	11/1991	70	10	3,--	0,35	250	–	1100
7	Stattauto Hamburg	4/1991	50	4	3,--	0,20	50	10	1000
	Stadtauto Düsseldorf	6/1991	50	5	3,--	0,35	–	5	1000
	Stadtauto Braunschweig	6/1992	50	4	4,--	0,30	300	10	650
8	Stadtteil Auto Hannover	2/1992	40	3	2,50	0,42	25	10	1000

Stand: Mitte 1992; Quelle: Öko-Test 6/1992

ten, PKW mit anderen teilen. Bis Ende des Jahres wollten acht weitere Initiativen mit C. beginnen. Die Zusammenschlüsse sollen den → Autoverkehr und damit die Belastung der Umwelt reduzieren (→ Luftverschmutzung). C. ist nach Schätzungen einer Schweizer C.-Genossenschaft für Fahrer billiger, die jährlich weniger als 10 000 km mit dem Fahrzeug zurücklegen. Die erste und größte C.-Initiative in Deutschland (Stattauto Berlin, gegründet 1988) zählte Anfang 1992 rd. 520 Mitglieder und verfügte über 43 Autos.

Die im November 1991 gegründete bundesweite Car Sharing Genossenschaft (Frankfurt/M.) soll C.-Mitgliedern die Nutzung von Fahrzeugen in anderen Städten ermöglichen.

Im Oktober 1991 wurde der Dachverband European Car Sharing (Luzern/Berlin) gegründet, dem 18 C.-Vereine und Organisationen aus Deutschland, der Schweiz und Schweden angehören (Stand: März 1992).

Mitglieder einer C.-Initiative bezahlen beim Eintritt eine Aufnahmegebühr (rd. 100 DM), hinterlegen eine Kaution und entrichten einen Monatsbeitrag von rd. 10 DM. Gegen einen Stundentarif von durchschnittlich 3 DM–4 DM können sie ein Fahrzeug benutzen. Zusätzlich sind rd. 30 Pf/km zu entrichten. Der Fahrer bestellt das Fahrzeug über eine Telefonzentrale, das er von einem festen Standplatz abholen kann. Der Schlüssel und die Fahrzeugpapiere sind in einem Tresor in der Nähe des Standplatzes deponiert.

CD

(Compact Disc), optische Speicherplatte, auf der Daten digital gespeichert (→ Digitaltechnik) und mit einem Laserstrahl abgetastet werden. Die Vorteile von CDs gegenüber anderen Datenträgern (z. B. Magnetband, Schallplatte) liegen in abnutzungsfreiem Abspielen, hoher Speicherkapazität und der Datensicherheit. Mitte 1992 wurden in Deutschland erstmals sog. magnet-optische CDs (→ MO-CD) vorgestellt, die beliebig oft bespielt werden können. Die leistungsfähigsten CDs, auf denen Ton- und Bildsignale sowie Grafiken und Texte gespeichert werden können, sind die ab Mitte 1992 in Deutschland erhältlichen sog. CD-Interaktiv (CD-I). Der Umsatz mit CDs in Deutschland stieg 1991 um 10,8 % auf rd. 4 Mrd DM. Der größte Anstieg (rd. 400%) wurde 1989–1991 beim Absatz des Datenspeichers CD-ROM (Read Only Memory, engl.; nur lesbarer Speicher) verzeichnet.

CD-I: Ein Textabschnitt kann z. B. durch einen Filmbeitrag, eine Grafik oder ein Tonbeispiel veranschaulicht werden. Bilder werden auf einem Bildschirm wiedergegeben, Musik über die Stereoanlage (→ Multimedia).

CD-ROM: Vor allem für die Speicherung von Text, aber auch von Bildern werden CD-ROM verwendet. Sog. CD-ROM XA besitzen eine gegenüber herkömmlichen CD-ROM erweiterte Speicherkapazität für Tonaufnahmen (rd. 16 h). CD-ROM verfügen über zehnmal mehr Speicherplätze als Magnetbänder: Mitte 1992 konnte eine

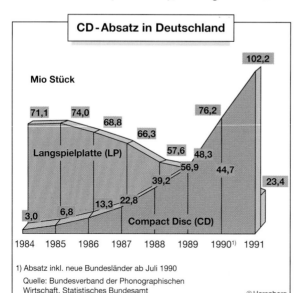

CD-Absatz in Deutschland

Mio Stück

Langspielplatte (LP)

Compact Disc (CD)

71,1 74,0 68,8 66,3 76,2 102,2
57,6 48,3 56,9 44,7 23,4
39,2
3,0 6,8 13,3 22,8

1984 1985 1986 1987 1988 1989 1990[1] 1991

1) Absatz inkl. neue Bundesländer ab Juli 1990

Quelle: Bundesverband der Phonographischen Wirtschaft, Statistisches Bundesamt

© Harenberg

Digitale Datenspeicher in der Unterhaltungselektronik

Name	Speicherung von	Speichermedium	Aufnahme-/ Wiedergabe- qualität	Preis	Spielzeit/ Aufnahme- kapazität	Format	Gerät (Preis)	Marktreife
CD-I	Ton, Bild u. Schrift; vor allem Spiele und Lehr- material	Compact Disc nicht wieder- bespielbar	Ton: CD-Qualität Bild: TV-Qualität	30–100 DM pro CD	Video: rd. 72 min Ton: max. 16 h[1]	12 cm Durch- messer	CD-I-Player (rd. 1500 DM)	Mitte 1992
CD- ROM	Text	Compact Disc nicht wieder- bespielbar	–	ab ca. 100 DM	ca. 300 000 Seiten	12 cm Durch- messer	Data Discman (rd. 1000 DM) oder Computer mit CD-Laufwerk	1990/91
DAT	Ton	Magnetband	Reduktion von Da- ten, die mensch- liches Gehör nicht wahrnehmen kann	22–29 DM pro Kassette	max. 120 min	ca. 73 x 54 mm	DAT-Rekorder (1500 – 2000 DM)	Anfang 1992
DCC	Ton	Magnetband	Datenreduktion wie bei DAT	22–25 DM pro Kassette	ca. 90 min	100 x 65 mm	DCC-Rekorder für DCCs und Kompaktkasset- ten (rd. 800 DM)	Anfang 1992
Foto CD	Fotos her- kömmlicher Kleinbild- Kameras	Compact Disc einmal bespiel- bar	Auflösung viermal größer als bei HDTV	30 DM für Leer-CD und 24 Auf- nahmen	100 Fotos	12 cm Durch- messer	Foto-CD-Player für Foto-CDs und Music-CDs (rd. 900 DM)	Mitte 1992
Laser- Disc	Bewegte Bilder und Ton	Compact Disc nicht wiederbe- spielbar	Ton: CD-Qualität Bild: TV-Qualität	50–100 DM	ca. 60 min	max. 30 cm Durch- messer	Laser-Disc-Player für Laser-Discs und Musik-CDs (rd. 1000 DM)	1990
Mini- Disc	Ton	Mehrfach bespiel- bare Compact Disc; magnet-op- tischer Speicher	Datenreduktion wie bei DAT und DDC	12–15 DM	72 min	6,4 cm Durch- messer	Mini-Disc-Player (rd. 1500 DM)	Ende 1992
MO-CD	Ton	Mehrfach bespiel- bare Compact Disc; magnet-op- tischer Speicher	CD-Qualität, Auf- nahme ohne Daten- reduktion	30–35 DM	72 min	12 cm Durch- messer	MO-Rekorder für Aufnahme und Wiedergabe von MO-CDs und Wie- dergabe von Mu- sik- und Foto-CDs (ab 1000 DM)	1993

1) Bei geringer Tonqualität; Quelle: Aktuell-Recherche

CD-ROM die Textmenge von rd. 300 000 Schreibmaschinenseiten spei- chern. Die Sicherheit der auf CD ge- speicherten Daten wird nicht durch elektromagnetische Felder (wie bei Magnetbändern) beeinträchtigt. Die Lebensdauer von CDs aus Kunststoff, die mit Metall beschichtet sind, wird auf etwa 100 Jahre geschätzt. 1991 wurden rd. 250 000 CD-ROM in Deutschland verkauft.

CDU

(Christlich-Demokratische Union), mit rd. 750 000 Mitgliedern (Stand: Mitte 1992) nach der SPD zweitgrößte politi- sche Partei in Deutschland. Nach den Landtagswahlen 1991/92 in Bremen, Baden-Württemberg und Schleswig- Holstein blieben die CDU-regierten Länder im → Bundesrat in der Minder- heit. Die CDU war Mitte 1992 an sechs Landesregierungen beteiligt. In der vom Parteivorsitzenden Helmut Kohl geführten CDU/CSU/FDP-Bundesre- gierung herrschten 1991/92 u. a. Mei- nungsverschiedenheiten um die straf- rechtliche Verfolgung von → Schwan- gerschaftsabbruch. Die CDU baute ihre Schulden bis Ende 1990 auf 49 Mio DM ab (1989: 76 Mio DM).

Wahlergebnisse: Die CDU mußte bei den Landtagswahlen am 5. 4. 1992 in Baden-Württemberg 9,5 Prozentpunkte Stimmeinbußen hinnehmen, blieb je- doch mit 39,6% stärkste Partei und bil- dete mit der SPD eine große Koalition.

Ostdeutsche CDU-Abgeordnetengruppe gebildet
Im Juni 1992 wählten die 63 ostdeutschen CDU-Bundestagsabgeordneten eine eigene Vertretung, mit dem Ziel, die Interessen der neuen Länder besser zur Geltung zu bringen. Sprecher der Ost-Parlamentarier war Bundesverkehrsminister Günther Krause. Die Gruppierung forderte, daß ein ostdeutscher Staatsminister im Bundeskanzleramt die Zuständigkeit für alle Ostdeutschland betreffenden Fragen übernehmen solle.

In Schleswig-Holstein gelang es der CDU nicht, ihren Stimmenanteil wesentlich zu steigern (Zunahme: 0,5 Prozentpunkte). Mit 33,8% blieb sie die größte Oppositionspartei. Die Bürgerschaftswahlen am 29. 9. 1991 in Bremen brachten für die CDU einen Stimmenzuwachs von 7,3 Prozentpunkten auf 30,7%; sie blieb in der Opposition (→ Wahlen).

Parteiprogramm: Ab Ende 1990 entwarf die CDU ein neues Grundsatzprogramm, das spätestens 1994 verabschiedet werden und das Ludwigshafener Parteiprogramm von 1978 ablösen soll. Nach dem Rücktritt von Lothar de Maizière von allen politischen Ämtern im September 1991 wurde Reinhard Göhner Vorsitzender der Grundsatzkommission, die Ende 1992 den Entwurf des Programms vorlegen will.

Parteiführung: Ende 1991 löste Bundesinnenminister Wolfgang Schäuble den Fraktionsvorsitzenden der CDU im Bundestag, Alfred Dregger, nach neunjähriger Amtszeit ab. Erster Parlamentarischer Geschäftsführer wurde Jürgen Rüttgers.

Peter Hintze trat im April 1992 die Nachfolge von Volker Rühe als Generalsekretär der CDU an. Rühe wurde

Wolfgang Schäuble, Vorsitzender der CDU-Bundestagsfraktion
* 18. 9. 1942 in Freiburg/Br., Dr. jur., deutscher Politiker (CDU). Seit 1972 Bundestagsmitglied, 1984–1989 Minister für besondere Aufgaben und Chef des Kanzleramts, 1989–1991 Innenminister, ab 1991 Fraktionsvorsitzender.

Peter Hintze, CDU-Generalsekretär
* 25. 4. 1950 in Bad Honnef, deutscher Politiker (CDU). 1984–1990 Bundesbeauftragter für den Zivildienst, seit 1990 Mitglied des Bundestages, 1991 Staatssekretär im Frauenministerium, ab 1992 Nachfolger von Volker Rühe als CDU-Generalsekretär.

nach dem Rücktritt von Gerhard Stoltenberg Bundesverteidigungsminister. Zu seinen Aufgaben zählte Hintze die Verjüngung der Partei (Durchschnittsalter 1991: 52 Jahre) und die Erhöhung des Frauenanteils an Mitgliedern (1991 in Westdeutschland: 23%).

Für die zurückgetretenen de Maizière und Klaus Reichenbach wurden auf dem Dresdener Parteitag im Dezember 1991 Angela Merkel zur stellvertretenden Parteivorsitzenden und Christine Lieberknecht zum Präsidiumsmitglied gewählt. Drei der fünf Landesverbände der CDU in Ostdeutschland hatten Mitte 1992 westdeutsche Vorsitzende (Brandenburg, Sachsen, Sachsen-Anhalt).

Entschuldung: Den Schulden der CDU von rd. 76 Mio DM standen Ende 1989 33 Mio DM Vermögenswerte gegenüber. Der damalige CDU-Generalsekretär Rühe wies Anfang 1992 Vorwürfe der SPD zurück, die Bundespartei hätte sich unrechtmäßig aus Mitteln der ostdeutschen Parteiorganisationen saniert. Rühe betonte, die Schulden seien durch höhere Spenden und Wahlkampfkostenerstattung sowie durch Einsparungen beim Personal und bei Wahlkampfausgaben abgebaut worden. → Parteienfinanzierung

Streitpunkte: Ein fraktionsübergreifender Gruppenantrag zur Einführung einer Fristenregelung beim Schwangerschaftsabbruch führte Mitte 1992 zu Spannungen in der CDU/CSU-Bundestagsfraktion. Die den Gruppenantrag unterstützenden Abgeordneten beriefen sich auf ihre Gewissensfreiheit, während seine Gegner die Einhaltung der Fraktionsdisziplin forderten, wonach eine Fristenregelung abzulehnen sei. Unterschiedliche Standpunkte in der Frage der → Pflegeversicherung, bei der die CDU für eine gesetzliche Arbeitnehmerversicherung eintrat, während die FDP eine private Vorsorge befürwortete, und beim Asylrecht (→ Asylbewerber), das die CDU durch eine Grundgesetzänderung zu verschärfen beabsichtigte, belasteten das Koalitionsklima zusätzlich.

Chekker

Öffentlicher Mobilfunkdienst (→ Mobilfunk) der → Telekom, bei dem die Kunden mit Funkgeräten über eine Entfernung von bis zu 100 km miteinander kommunizieren können. C. wird insbes. von Unternehmen mit Außenstellen genutzt und soll den herkömmlichen Betriebsfunk ersetzen, der mit einer Reichweite von 10–15 km nur für innerbetriebliche Kommunikation zur Verfügung stand. Anfang 1992 waren in Deutschland insgesamt 13 C.-Funknetze eingerichtet, weitere zehn waren geplant. Anfang 1992 waren 10 080 C.-Geräte bei der Telekom angemeldet. Bis Mitte 1992 hatte die Telekom 28 Lizenzen an private Unternehmen vergeben, die Funkdienste analog zu C. in Konkurrenz zur Telekom anbieten.
C. hat gegenüber dem herkömmlichen privaten Betriebsfunk insbes. die folgenden Vorteile:
▷ Der Teilnehmer nutzt das öffentliche Funknetz, ihm entstehen keine Kosten für Einrichtung und Wartung z. B. eines Sendemastes.
▷ Die Gespräche werden gleichmäßig auf die verfügbaren Kanäle verteilt (sog. Bündelfunktechnik). Freiwerdende oder vorübergehend nicht genutzte Frequenzen werden sofort anderweitig vergeben, so daß Wartezeiten auf eine der nur begrenzt verfügbaren Frequenzen entfallen.
Mitte 1992 kostete das Gerät für die C.-Zentrale 3400–3800 DM, ein C.-Funkgerät rd. 2500–3500 DM. Für die Anmeldung des Funkgerätes bei der Telekom zahlte der Kunde 65 DM, die monatliche Gebühr pro Endgerät, mit der auch alle Gespräche abgegolten waren, betrug 52 DM (ab 10. Gerät: 47 DM).

Chemikalien

Von den bekannten rd. 50 Mio C. sind etwa 100 000 von industrieller Bedeutung. Der Umgang mit C. wird in Deutschland durch die MAK-Werte-Liste (MAK, maximale Arbeitsplatzkonzentration; → Arbeitsschutz) und

Wolfgang Hilger, Vorstandsvorsitzender Hoechst AG
* 16. 11. 1929 in Leverkusen, Prof. Dr. rer. nat., deutscher Industriemanager. Ab 1958 Mitarbeiter bei der Hoechst AG (Frankfurt/M.), 1974 bis 1985 Vorstandsmitglied, ab 1985 Vorstandsvorsitzender des 1991 größten Chemie-Unternehmens in Deutschland.

Jürgen Strube, Vorstandsvorsitzender BASF AG
* 19. 8. 1939 in Bochum, Dr. jur., deutscher Industriemanager. Ab 1969 bei der BASF AG (Ludwigshafen), 1974–1985 bei BASF in Brasilien, 1985–1989 Mitglied des Vorstands, ab 1990 Vorstandsvorsitzender des zweitgrößten deutschen Chemie-Konzern 1991.

Manfred Schneider, Vorstandsvorsitzender Bayer AG
* 21. 12. 1938 in Bremerhaven, Dr. rer. pol., deutscher Industriemanager. Ab 1966 Mitarbeiter bei der Bayer AG (Leverkusen), 1987–1992 Mitglied im Bayer-Vorstand , ab April 1992 Vorstandsvorsitzender des 1991 drittgrößten deutschen Chemie-Konzerns.

das C.-Gesetz geregelt. Anfang 1992 setzte der Deutsche Bundestag eine Enquete-Kommission ein, die Chancen und Risiken der Chemie im Hinblick auf die Umwelt bewerten soll. Die deutsche Chemie-Industrie rechnete für 1992 mit einem Umsatzwachstum von 2%. Das Europäische Parlament erließ Ende 1991 eine Verordnung, die eine Untersuchung auf ökologische Unbedenklichkeit und Giftigkeit von C. vor ihrer Zulassung auch auf sog. Altstoffe ausdehnt. Altstoffe sind C., die vor Erlaß des C.-Gesetzes der Europäischen Gemeinschaft 1981 in einem Mitgliedstaat auf dem Markt waren.
Altstoffe: Von den rd. 100 000 Altstoffen in der EG galten 1991/92 ca. 15 000 als gefährlich. In einer ersten Phase sollen Firmen Daten über C. erheben, die in Mengen von mehr als 1000 t jährlich hergestellt werden. Die Untersuchung einer C. dauert der Chemie-Industrie zufolge ca. zwei Jahre und kostet 200 000–500 000 DM.
Chemische Industrie: Der Verband der Chemischen Industrie (VCI, Frankfurt/M.) bezifferte den Jahresumsatz der deutschen Chemie-Industrie 1991 auf 167 Mrd DM (1990: 160 Mrd DM). Von 1984 bis 1990 wuchs der Umsatz

Die größten Chemiekonzerne der Welt 1990

Unternehmen/ Land	Umsatz (Mio DM)
Hoechst/D	44 862
Bayer/D[1]	40 106
BASF/D[1][2]	38 479
ICI/GB	37 169
Du Pont/USA[2]	36 074
Procter and Gamble/USA[3]	34 528
Dow Chemical/ USA	32 032
Eastman Kodak/ Sterling Drug/USA	30 631
Unilever/NL[3]	24 892
Rhône-Poulenc/ Frankreich	23 391

1) Ohne 50%-Beteiligungen; 2) ohne Rohstoffe; 3) nur Chemie; Quelle: Verband der Chemischen Industrie (Frankfurt/M.)

Die größten deutschen Chemiekonzerne 1991

Grunddaten	Hoechst		BASF		Bayer	
	Wert (Mio DM)	Ver-änderung (%)[1]	Wert (Mio DM)	Ver-änderung (%)[1]	Wert (Mio DM)	Ver-änderung (%)[1]
Umsatz	47 186	+ 5,2	46 626	0	42 401	+ 1,8
davon: Ausland	35 542	+ 6,3	30 348	− 1	33 204	+ 1,8
Ergebnis der Betriebstätigkeit	− 2 781	− 12,5	2 180	− 20,9	3 178	− 10,5
Jahresüberschuß	1 357	− 20,0	1 056	− 4,9	1 853	− 2,6
Steuern vom Ertrag	1 205	− 20,7	1 054	− 35,6	1 353	− 7,5
Ausschüttung	698	− 7,5	684	− 7,7	838	+ 0,8
Gewinn vor Steuern	2 562	− 20,3	2 110	− 23,2	3 206	− 4,8
Rücklagenzu-weisung der AG	120	− 20,0	200	− 33,3	200	− 4,8
Eigenkapital	13 969	+ 7,5	14 635	+ 2,0	16 705	+ 4,7
Anlagevermögen	16 583	+ 7,8	16 971	+ 8,2	15 383	− 1,1
Flüssige Mittel	2 470	− 6,5	5 157	− 13,5	3 465	+ 8,0
Verbindlichkeiten und Rück-stellungen[2]	16 727	+ 2,7	6 594	+ 0,6	14 490	− 6,7
Cash-Flow[3]	4 790	− 2,4	4 765	− 5,2	5 492	+ 2,3
Sachinvestitionen und immaterielle Werte	3 705	+ 4,9	4 977	+ 7,2	3 047	− 16,6
Abschreibungen	2 898	+ 13,2	3 444	+ 5,4	2 683	+ 4,2
Forschungs-aufwand	2 869	+ 6,8	2 063	− 0,3	3 007	+ 9,8

1) Gegenüber 1990; 2) ohne Pensionsrückstellungen; 3) Kennzahl für die Ertragskraft, setzt sich zusammen aus dem Gewinn, den Abschreibungen und bestimmten Rückstellungen (insbes. für Pensionen); Quelle: Frankfurter Allgemeine Zeitung, 18. 4. 1992

Milde Strafen im Giftgas-Prozeß
Das Mannheimer Landgericht verurteilte Ende 1991 drei Angestellte einer süddeutschen Firma wegen Beihilfe zum Verstoß gegen das deutsche Außenwirtschaftsgesetz zu Freiheitsstrafen zwischen zehn und 16 Monaten. Die Angeklagten wurden für schuldig befunden, sich Mitte der 80er Jahre an Konzeption und Bau der libyschen Giftgasfabrik in Rabta beteiligt zu haben. Der Vorsitzende Richter wies darauf hin, daß sich die Manager erst nach der Verschärfung der Außenhandelsbestimmungen 1985 strafbar gemacht hätten, als ein Teil der Planungen für die Anlagen schon abgeschlossen gewesen seien.

der Chemie-Industrie im Jahr durchschnittlich um 4%. Den Rückgang auf 3% (1991) begründete der VCI u. a. mit der schlechten Konjunktur-Lage auf wichtigen Absatzmärkten wie den USA. Während die Zahl der Beschäftigten in der westdeutschen Chemie-Industrie 1991 um 0,5% auf 595 000 zunahm, sank sie in den ostdeutschen Ländern von ca. 330 000 (1990) auf rd. 123 000 (1991). Die Chemie-Unternehmen schätzten, daß in Ostdeutschland 1992 weitere 30 000–40 000 Arbeitsplätze wegfallen, in Westdeutschland bei gleichbleibender → Konjunktur-Entwicklung rd. 20 000 Stellen.

Chemische Waffen

(auch C-Waffen), chemische Substanzen, die wegen ihrer giftigen Wirkung auf Menschen, Tiere und Pflanzen für militärische Zwecke verwendet werden. Im Juni 1992 einigten sich die 39 Teilnehmer der → Genfer Abrüstungskonferenz der UNO nach neunjährigen Verhandlungen auf ein Verbot, C. zu entwickeln, herzustellen und zu lagern. Der Einsatz von C. ist durch das Genfer Protokoll von 1925 geächtet. Unter UNO-Aufsicht wurde Ende 1991 die Vernichtung der irakischen C. aufgenommen (rd. 700 t Nerven- und Hautgifte, ca. 45 000 Geschosse); sie soll Mitte 1993 abgeschlossen sein. Im April 1992 begann in Darmstadt der Prozeß gegen neun Mitarbeiter deutscher Unternehmen, die zwischen 1982 und 1988 illegal Anlagen zur Produktion von C. in den Irak geliefert haben sollen (→ Rüstungsexport).
Dem Abkommen zufolge müssen alle C. innerhalb von zehn Jahren vernichtet werden. Der → GUS wurde eine Fristverlängerung von fünf Jahren gewährt, um ihr Arsenal (rd. 40 000 t, USA: 25 000 t) umweltgerecht zu entsorgen. Chemische Reizstoffe wie CS- oder Tränengas werden nicht verboten, dürfen jedoch nicht als Mittel der Kriegführung eingesetzt werden.
Der Vertrag, dessen Unterzeichnung für Januar 1993 geplant ist, wird von internationalen Inspektorenteams überwacht, die Routinekontrollen bei der chemischen Industrie durchführen und die Einhaltung von Exportkontrollen für Chemikalien überprüfen. Bei Verdacht auf Verstoß gegen die Konvention hat jeder Unterzeichner zudem das Recht, spätestens fünf Tage nach vorheriger Ankündigung auf dem Territorium eines anderen Staats Inspektionen durchzuführen.

Chip

(engl.; Plättchen, auch Halbleiter), elektronischer Baustein eines → Computers, der Informationen speichert oder als miniaturisierter Rechner (Mikroprozessor) Steuerfunktionen wahrnimmt. Weltweit steigerten die Hersteller ihre Umsätze bei Halbleitern 1991 um 8,1% auf 54,6 Mrd Dollar (83,4 Mrd DM). Japan behielt seine führende Stellung auf dem Weltmarkt und erhöhte seine Umsätze um 7% auf 20,93 Mrd Dollar (31,96 Mrd DM). Den steigenden Forschungskosten für die Verbesserung der Speicherfähigkeit und Rechengeschwindigkeit von C. standen 1992 sinkende Preise aufgrund der Wettbewerbssituation gegenüber. Als Markt der Zukunft gelten anwendungsspezifische C., sog. ASICs für spezielle Funktionen. C. werden in den 90er Jahren in fast allen Produkten der Hochtechnologie eingesetzt. Neue Materialien und Produktionstechniken sollen C. leistungsfähiger machen und die Herstellerkosten deutlich senken (→ Optoelektronik).

Anwendungsgebiete: C. wurden Anfang der 90er Jahre u. a. in folgenden Bereichen eingesetzt:

▷ In der → Telekommunikation regeln C. in → Telefonkarten den Zugang zum Telefonnetz (→ Chipkarten)

▷ Die Medizintechnik setzt C. z. B. zur Steuerung von Herzschrittmachern ein

▷ In der Fertigungstechnik steuern C. u. a. Werkzeugmaschinen und → Roboter

▷ Bei Autos kontrollieren C. die automatische Einspritzung des Benzins und die Bremskraft (Anti-Blockier-System).

Umsätze: Der französische C.-Hersteller SGS-Thomson (Paris) prognostizierte Anfang 1992 einen weiteren Anstieg des Weltumsatzes auf 95 Mrd Dollar (145 Mrd DM) bis 1996. Der Anteil der asiatisch-pazifischen Region werde insgesamt von 14% auf 17% ansteigen, während der von Japan (1991: 38%), den USA (27%) und Europa (18%) leicht abnehmen wird.

Wettbewerb: Die Entwicklungskosten für eine neue C.-Generation betragen rd. 1 Mrd DM. Die Preise für C. sanken Anfang der 90er Jahre innerhalb von zwölf bis 18 Monaten um rd. 25%. Daher erlitten Firmen, die später als ihre Konkurrenz mit einer neuen C.-Generation auf den Markt kommen, z. T. große Verluste. Die C.-Hersteller rechneten 1992 mit einer Vervierfachung

Steigende Umsätze auf dem Chipmarkt

Land/Region	Umsätze (Mrd Dollar)				
	1991	1992[1]	1993[1]	1994[1]	1995[1]
Japan	20,93	20,72	23,33	24,99	26,73
USA	15,38	17,00	19,36	21,04	22,67
Westeuropa	10,11	10,90	12,16	13,15	14,05
Asien/Pazifik	8,18	9,71	11,32	12,66	13,94
Insgesamt	54,60	58,33	66,17	71,86	77,39

1) Prognose; Quelle: Semiconductor Association (USA)

der Speicherkapazität von C. alle drei Jahre (Mitte 1992: 16-Mbit-C.).

Kooperationen: Im EG-Forschungsprojekt Jessi, an dem 1992 rd. 100 Firmen beteiligt waren, werden europäische Forschungsprogramme in der → Mikroelektronik zusammengefaßt. 1992 wurden rd. 30% der Mittel für die Entwicklung von ASICs ausgegeben. Siemens-Nixdorf, der größte europäische C.-Hersteller, der weltweit größte Computerkonzern IBM (USA) und der drittgrößte japanische Elektronikkonzern Toshiba vereinbarten im Juli 1992 die gemeinsame Produktion eines 256-Mbit-C. bis 2000 (Entwicklungskosten: rd. 1,5 Mrd DM). Siemens und IBM hatten bereits 1990 die Kooperation bei der Entwicklung eines 64-Mbit-C. bis 1995 vereinbart. Erstmals will damit ein deutsches Unternehmen zu einem Zeitpunkt, der auch von japanischen Unternehmen angekündigt wurde, eine neue C.-Generation auf den Markt bringen. Für die Produktion eines 16-Mbit-C. errichteten Siemens-Nixdorf und IBM im französischen Corbeil-Essones 1992 eine Fabrik (Kosten: rd. 1 Mrd DM).

Miniaturisierung: Voraussetzung für die Erhöhung der Speicherkapazität von C. ist die Miniaturisierung der Schaltkreise. Physikalischen Grenzen der Verkleinerung können durch dreidimensionale Strukturen auf der C.-Oberfläche umgangen werden. Der Einsatz von Silizium als Grundmaterial setzt der Verkleinerung Grenzen, da in den mikroskopisch kleinen Schaltkreisen und Leitungsbahnen die Hitzeentwicklung bei sehr hohen Schaltgeschwindigkeiten so stark zunimmt, daß der C. zerstört wird.

Siemens gibt Plan für Chip-Fabrik in Dresden auf
Mitte 1992 beschloß der Elektronikkonzern Siemens, den Plan zum Bau eines neuen Werks in Dresden (Kosten: rd. 1,5 Mrd DM) aufzugeben, nachdem Bundesforschungsminister Heinz Riesenhuber (CDU) die Förderung des Projekts durch öffentliche Mittel abgelehnt hatte. Neue Chip-Generationen sollen an bestehenden Standorten, insbes. in Regensburg und Villach, hergestellt werden.

Ab Mitte der 90er Jahre wollen japanische und US-amerikanische C.-Produzenten dünne Schichten aus Reinstdiamanten anstelle von Silizium als Grundmaterial von C. einsetzen. Diamanten (auch Gallium-Arsenid) leiten die in integrierten Schaltkreisen entstehenden Temperaturen schneller ab als andere Materialien.

Durch optische Signalübertragung (→ Optoelektronik) könnten elektrische Leiterbahnen auf C. ersetzt werden (→ Optischer Computer). Dadurch könnte die Rechengeschwindigkeit eines C. um ein Vielfaches beschleunigt werden.

Chipkarten

Plastikkarten mit eingebautem Mikroprozessor (Kleinstcomputer bzw. → Chip). C. wurden 1992 insbes. in folgenden Gebieten eingesetzt:

▷ Bedienung von Geldautomaten und Kontoauszugsdruckern
▷ Bargeldloses Bezahlen an elektronischen Kassen (→ Electronic Cash)
▷ Benutzung von öffentlichen Telefonen (→ Telefonkarten)
▷ Prüfung der Zugangsberechtigung zu Gebäuden und Computern.

Im Vergleich zu Magnetstreifenkarten, die bis 1992 insbes. im bargeldlosen Zahlungsverkehr eingesetzt wurden, gelten mit einer vom Benutzer veränderbaren Identifikationsnummer ausgestattete C. als fälschungssicherer. C. haben außerdem eine größere Speicherkapazität (20 kByte) als Magnetstreifenkarten (0,35 kByte, → Bit). Bei den C. werden zwei Arten unterschieden:

▷ Einfache Speicherkarten haben eine kurze Lebensdauer und erfüllen nur eine Funktion; Telefonkarten z. B. können mit einem Guthaben für Telefongespräche geladen werden. Nach Verbrauch des Guthabens verliert die Karte ihren Wert
▷ Sog. Smart Cards (engl.; schlaue Karten) können für die Übernahme mehrerer Funktionen programmiert werden. Eine einzelne Karte kann z. B. als Schlüssel, Kreditkarte und

Fahrkarte dienen. Ihr Speicher kann mehrfach beschrieben werden.

Im bargeldlosen Zahlungsverkehr werden C. als → Kreditkarten eingesetzt. Während beim Gebrauch von Magnetstreifenkarten das Einverständnis der Bank für das Einziehen des Geldbetrags über Standleitung eingeholt werden muß (online), ist in C. der Kreditrahmen gespeichert (offline).

Cholera

(cholé, griech.; Galle), schwere Infektionskrankheit mit Erbrechen, Durchfall und schnellem Kräfteverfall. 1992 breitete sich die im Januar 1991 nach 100 Jahren erstmals wieder in Lateinamerika aufgetretene C. infolge mangelnder Hygiene bei der Trinkwasserversorgung und Abwässerentsorgung sowie fehlender medizinischer Behandlung über Süd- und Mittelamerika aus. 1991 wurden der Weltgesundheitsorganisation (WHO, Genf) weltweit 568 546 C.-Erkrankungen gemeldet (etwa 70% davon in Süd- und Mittelamerika, rd. 17 000 Menschen starben an der Infektion. Die WHO schätzte die Kosten, die aus der Behandlung der Kranken, Ausfällen im Tourismus und Umsatzeinbußen im Außenhandel entstehen, weil Handelspartner u. a. Fisch aus Angst vor Ansteckung zurückwiesen, allein für Peru Mitte 1992 auf 1000 Mrd Dollar (1500 Mrd DM).

Betroffene Länder: In Süd- und Mittelamerika waren nur Paraguay und Uruguay bis Mitte 1992 nicht betroffen. Etwa ein Drittel der Erkrankungen wurde in Afrika gemeldet, wo die Seuche immer wieder auftritt.

Übertragung: Der C.-Erreger (Vibrio Cholerae) vermehrt sich im Darm und wird ausgeschieden. Die Übertragung erfolgt durch mit Ausscheidungen ver-

Cholera-Ausbreitung 1991

Kontinent	Erkrankte	Tote
Amerika	358 966	3 228
Afrika	134 953	12 618
Asien	12 658	2 50

Quelle: Weltgesundheitsorganisation (Genf)

unreinigtes Trinkwasser und durch Nahrungsmittel, die damit in Berührung kamen. Innerhalb von einem bis vier Tagen nach Aufnahme des Erregers bricht die Krankheit aus.

Ursachen: Neben der→Trinkwasserverunreinigung und mangelnder Abwässerentsorgung waren 1992 Ernährungsgewohnheiten für die Ausbreitung der C. verantwortlich. In Lateinamerika wird z. B. Fisch oft roh verzehrt.

Maßnahmen: Im März 1992 beschlossen die Gesundheitsminister von neun südamerikanischen Staaten, gemeinsam gegen die C. vorzugehen. Medizinisches Personal soll ausgetauscht und die Maßnahmen gegen die C. sollen koordiniert werden. Kurzfristig eingeleitete Maßnahmen wie Hygienevorschriften, die eine Ausbreitung der C. vermeiden sollten, waren erfolglos (→ Analphabetismus → Armut). Zu besiegen ist die Seuche in Lateinamerika der WHO zufolge nur, indem ihre Ursachen mit dem Bau von sanitären Anlagen bekämpft werden (geschätzte Kosten: 5000 Mrd Dollar, 7600 Mrd DM).

Behandlung: Der hohe Flüssigkeitsverlust des Körpers muß schnell durch Fusionen mit steriler Salzlösung ausgeglichen werden. Gegen die C.-Erreger werden Antibiotika verabreicht. Bei medizinischer Versorgung des Kranken läßt die C. nach zwei bis drei Tagen nach. Eine dauerhafte Immunität gegen die C. wird nicht entwickelt.

Impfung: Ab März 1992 wurde in Chile ein gentechnisch hergestellter Impfstoff getestet, der lebende Erreger enthält, die durch die gentechnische Veränderung nur eine abgeschwächte Infektion hervorrufen und längeren Schutz gegen C. gewährleisten sollen. Bis 1992 wurden fünf Impfstoffe aus abgetöteten Erregern eingesetzt, die rd. neun Monate schützten.

Clownschule

1991 von Künstlern in Hannover gegründete Privatschule zur Ausbildung von Clowns. Ziel der ersten deutschen C. ist es, den Clownnachwuchs zu sichern und das künstlerische Niveau der Berufsgruppe zu heben. Im Herbst 1992 will die C. erstmals eine einjährige Grundausbildung anbieten. Die monatlichen Kosten für die Teilnahme belaufen sich auf 600 DM.

Bewerber für die C. müssen sich über ein Auswahlseminar qualifizieren, eine künstlerische Vorbildung ist nicht erforderlich. Zu den Ausbildungsinhalten gehören neben den Hauptfächern Clownerie und Komik die Bereiche Schauspiel, Tanz und Rhythmus.

⧉ Schule für Clown, Komik und Theater, Waldstr. 17, D-3000 Hannover 1

CoCom

(Coordinating Committee for Multilateral Strategic Export Controls, engl.; Koordinationsausschuß für mehrseitige strategische Ausfuhrkontrollen), 1949 eingerichtetes Gremium mit Sitz in Paris, das den Export militärisch verwertbarer Waren aus den westlichen Industriestaaten einschränkt. Seine Beschlüsse sind Empfehlungen und werden erst durch die Umsetzung in nationales Recht gültig. Die 17 Mitglieder des C. sind die Staaten der → NATO (mit Ausnahme von Island) sowie Japan und Australien. Ausfuhrbeschränkungen bestehen vor allem für Produkte der Hochtechnologie, die in osteuropäische Staaten oder in → Entwicklungsländer verkauft werden. Ab 1. 9. 1991 ist eine neue C.-Liste für den West-Ost-Handel gültig, die nur noch rd. ein Drittel der Produkte der vorherigen Liste umfaßt.

Die Streichungen sollen den → Osthandel erleichtern. Von Exportkontrollen befreit wurden z. B. Flugzeugtriebwerke und Personalcomputer. Im Februar 1992 beschloß C., für Ungarn als erstem Land die ehemaligen Warschauer Paktes alle C.-Bestimmungen aufzuheben. Bedingung für den freien Zugang Ungarns zu westlicher Technologie war, daß es eigene Ausfuhrkontrollen einrichtete.

Nach dem Ende des Ost-West-Konfliktes wird C. verstärkt bei der Kontrolle

CoCom-Staaten kooperieren mit ehemaligen Sowjetrepubliken
Im Juni 1992 beschlossen die 17 westlichen Mitgliedstaaten des Koordinationsausschusses für die Ausfuhrkontrolle von militärisch verwendbaren Gütern (CoCom), mit den ehemaligen Sowjetrepubliken zusammenzuarbeiten. Ziel ist, die Ausfuhrbeschränkungen für Hochtechnologie aufzuheben und den Export militärisch verwendbarer Güter an Dritte zu verhindern. Im Herbst 1992 soll die erste gemeinsame Sitzung der früheren Gegner stattfinden.

**Karlheinz Kaske,
Vorstandsvorsitzender
von Siemens**
* 19. 4. 1928 in Essen,
Dr.-Ing., deutscher Indu-
striemanager. Ab 1980
Vorstandsvorsitzender der
Siemens AG, 1990 Mit-
begründung des größten
europäischen Computer-
konzerns durch Fusion
der Siemens Computer
AG und Nixdorf AG (Um-
satz 1991: 12,1 Mrd DM),
1991 Initiator des Joint
Ventures von Siemens
mit dem Anlagen- und
Maschinenhersteller Ško-
da (ČSFR).

**Heinrich von Pierer,
designierter Vorsitzen-
der von Siemens**
* 26. 1. 1941 in Erlangen,
Dr. jur., deutscher Indu-
striemanager. 1969 Eintritt
in die Siemens AG, 1989
Mitglied des Zentralvor-
stands, 1991 stellvertre-
tender Vorsitzender des
Vorstands, Juli 1992 Er-
nennung zum Vorstands-
vorsitzenden von Siemens
ab Oktober 1992 (Umsatz
1991: 73 Mrd DM,
402 000 Mitarbeiter).

98

von → Rüstungsexporten in Entwicklungsländer tätig. Seit November 1990
unterliegen 53 Länder außerhalb Osteuropas C.-Beschränkungen. Dazu gehören u. a. die fernöstlichen Staaten
Kambodscha, Indien und Pakistan, bei
denen der Verdacht besteht, daß die ge-
lieferten Güter für Rüstungszwecke
(z. B. zur Herstellung von → Atomwaffen) verwendet oder weiterverkauft
werden.

Commercial Paper

(CP, engl.; Inhaberpapier), Mittel der
Geldbeschaffung für Unternehmen.
Der sog. Emittent gibt im Rahmen
eines mit einer → Bank geschlossenen
Vertrages festverzinsliche Wertpapiere
mit kurzen Laufzeiten von sieben Tagen bis zu zwei Jahren heraus, die von
der Bank an Anleger verkauft werden.
Das ausgebende Unternehmen kann bis
zu einem vereinbarten Höchstbetrag in
einem festgelegten Zeitraum wie bei
einem Überziehungskredit immer wieder neue Schuldverschreibungen aufle-
gen. C.-Programme sind für die Emit-
tenten eine i. d. R. preisgünstigere Alternative zu Bankkrediten. Käufer sind
meist Versicherungen, Investmentfonds
oder staatliche Stellen. Sie erhalten
Zinsen, die Banken bekommen Gebühren. C. wurden in Deutschland nach
der Abschaffung der Genehmigungs-
pflicht für die Ausgabe von Wertpapieren 1991 erstmals ausgegeben. Bis Ende des Jahres wuchs der Markt auf 17
Mrd DM, für 1992 sagte die Deutsche
Bank ein weiteres Anwachsen auf 40
Mrd DM voraus. Weltweit wurden
1991 C. im Wert von ca. 900 Mrd
Dollar (1400 Mrd DM) gehandelt.

Computer

Die Weiterentwicklung von C. zielte
1992 auf die Erhöhung der Speicherkapazität und Rechengeschwindigkeit.
Als Markt der Zukunft sahen C.-Her-
steller 1992 die Integration von Ton,
bewegten Bildern und Text, von Telekommunikation, Unterhaltungselek-

tronik und herkömmlichen Rechner-
funktionen, in sog. multimedialen C.
(→ Multimedia). 1991 verzeichnete die
Branche erstmals seit 1983 weltweit
Umsatzeinbußen bei der Hardware von
8% im Vergleich zum Vorjahr (Umsatz
1991: 109,7 Mrd Dollar, 167,5 Mrd
DM). Auch der größte C.-Hersteller
der Welt, IBM (USA), war von einem
Umsatzrückgang um 6,1% auf 64,79
Mrd Dollar (99 Mrd DM) betroffen.
Mit Umsatzzuwächsen rechneten die
Hersteller 1992 bei der → Software
(Umsatzzuwachs 1991: 15%). Der EG-
Markt wurde 1991 von C.-Technik aus
den USA und Japan dominiert.
Technische Entwicklungen: Die C.-
Forschung konzentrierte sich 1992 u. a.
auf folgende Bereiche:
▷ Rechner mit parallel arbeitenden
Prozessoren (→ Parallelcomputer)
oder leistungsstarken Zentralpro-
zessoren (Supercomputer)
▷ Datenübertragung durch optische
Signale (→ Optoelektronik → Optischer Computer)
▷ C., die menschliche Fähigkeiten
wie das Verstehen natürlicher Spra-
che, Entscheiden, Sehen oder Lernen nachahmen können (→ Über-
setzungscomputer → Neuro-Computer → Expertensysteme → Fuzzy
Logic)
▷ Dreidimensionale Computersimu-
lationen (→ Virtuelle Realität)
▷ → Chips, die Rechenleistungen von
mehreren Mrd Rechenoperatio-
nen/sec durchführen können
▷ Berührungsempfindliche Bildschirme, auf denen Informationen
und Befehle handschriftlich eingegeben werden können (→ Notepad-
Computer)
▷ Miniaturisierung von C. (→ Laptop
→ Palmtop-Computer).
Weltmarkt: Das Marktforschungsunternehmen Dataquest (USA) führte den
Umsatzrückgang 1991 auf die zu-
rückgehende Nachfrage aufgrund einer
weltweiten Rezession und auf den
Preisverfall (rd. 20% im Vergleich zum
Vorjahr) durch die zunehmende Konkurrenz aus Fernost (z. B. Korea-Süd)

zurück. Umsatzwachstum wurde nur bei Supercomputern (+6%) und bei Arbeitsplatzrechnern (+14%) verzeichnet. Fast zwei Drittel der neuen EDV-Anlagen in den EG-Staaten stammten 1991 von den US-amerikanischen Firmen IBM, DEC und unisys.
Stellenabbau: Die Siemens-Nixdorf AG (SNI) – größter deutscher C.-Produzent – erzielte in ihrem ersten Geschäftsjahr 1991 einen Verlust von 380 Mio DM. Bis Ende 1992 will der Konzern 3000 Arbeitsplätze abbauen und 600 Mio DM einsparen.
IBM Deutschland will aufgrund von Umsatzeinbußen 1992 rd. 1000 von 30 000 Mitarbeitern in Deutschland entlassen (geplanter Stellenabbau weltweit: etwa 20 000 von 350 000 Mitarbeitern). Der Absatz von IBM-Großrechenanlagen, Hauptgeschäftsfeld des Konzerns, sank von 6181 (1990) auf 4468 (1991). Großrechner wurden 1991 zunehmend von leistungsfähigeren → Netzwerken aus → Personalcomputern und Arbeitsplatzrechnern abgelöst.

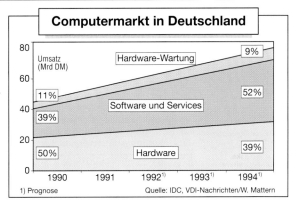

Computermarkt in Deutschland
Quelle: IDC, VDI-Nachrichten/W. Mattern

Computerbörse

Wertpapierhandel zwischen Marktteilnehmern, die über Bildschirme und Netzwerke zur Datenfernübertragung miteinander in Verbindung treten und nicht wie an der traditionellen → Börse (sog. Präsenzbörse) gleichzeitig in einem Raum anwesend sind. In Deutschland plante Mitte 1992 die Börse Frankfurt/M., über die rd. zwei Drittel des deutschen Wertpapierhandels abgewickelt würden, ab 1994–1996 ein Elektronisches Handelssystem (EHS) unter dem Dach einer zu gründenden Deutsche Börse AG einzuführen. Ziel war, den Börsenhandel weiter zu konzentrieren und die Wettbewerbsfähigkeit gegenüber dem Ausland, insbes. London, zu verbessern. Ferner sollten Kosten und Geschwindigkeit verbessert werden. C. und Präsenzbörsen sollten voraussichtlich zunächst nebeneinander bestehen. Die Nachfrage sollte dann entscheiden, ob die C. die tradi-

tionelle Börse vollständig ersetzt oder ob sie diese nur unterstützt.
Mitte 1992 konkurrierten insbes. die folgenden Computerprogramme um ihren Einsatz im EHS:
▷ IBIS (Integriertes Börsenhandels- und Informationssystem), entworfen von Großbanken
▷ BOSS (Börsen-Order-Service-System), geplant von der Frankfurter Wertpapierbörse (vorgesehene Einführung für Teile des Frankfurter Handels: Oktober 1992)
▷ MIDAS (Marketmaker Information and Dealing System, engl.; Marktmacher-Informations- und Handelssystem) von den freien Kursmaklern.
Die übrigen sieben deutschen Wertpapierbörsen, sog. Regionalbörsen, und die Kursmakler bemühten sich Mitte 1992, neben den federführenden → Banken an der Deutsche Börse AG beteiligt zu werden. Die Kursmakler, deren Aufgabe es ist, Wertpapierpreise amtlich festzustellen, fürchteten, daß die Banken sie vom Markt drängen wollten. Im Termingeschäft wurde der elektronische Handel an der Deutschen Terminbörse (DTB) in Frankfurt/M. bereits im April 1991 mit dem System IBIS eröffnet. Handelszeiten waren Mitte 1992 von 8.30 Uhr bis 17.00 Uhr (Präsenzbörse: 10.30–13.30 Uhr). Am Computerhandel nahmen nur Banken und Makler teil.

Die neun deutschen Wertpapierbörsen
Berlin
Bremen
Düsseldorf
Frankfurt/M.
Hamburg
Hannover
München
Stuttgart
Deutsche Terminbörse (Frankfurt/M.)
Stand: Mitte 1992

Computer-Kriminalität

1991 wurden in Deutschland 7178 Fälle von Manipulation (→ Computer-Viren), Diebstahl und unautorisierter Vervielfältigung von Programmen (→ Software) sowie unbefugten Eindringens in → Datenbanken angezeigt. Durch Manipulation von Daten insbes. im bargeldlosen Zahlungsverkehr entstanden rd. 80% der Schädigungen. Das Beratungsunternehmen für Computer-Sicherheit Ernst & Young (USA) schätzte Anfang 1992, daß US-amerikanische Industrieunternehmen und Regierungsstellen jährlich rd. 1 Mrd Dollar (1,5 Mrd DM) durch C. verlieren. Anfang der 90er Jahre wurden Verfahren zur Verbesserung der Datensicherheit weiterentwickelt.

Fehlende oder mangelhafte Sicherheitsvorkehrungen zum Schutz der Programme in Personalcomputern, die 1991 zunehmend in Computernetze eingebunden waren, erleichtern das unbefugte Eindringen in → Netzwerke. Die Verschlüsselung der Daten, der Gebrauch von Paßwörtern und die Verwendung von → Chipkarten als Zugangsberechtigung zu Gebäuden waren 1992 gebräuchlichste Methoden zum Schutz vor unautorisierter Benutzung. Sie können ergänzt werden durch Verfahren der sog. biometrischen Identifikation, die sich Mitte 1992 noch im Forschungsstadium befanden:

▷ Der Computer identifiziert die Stimme des Benutzers
▷ Ein Lichtstrahl tastet Adern auf der Rückseite des Auges ab; der Rechner erkennt die Person an der individuellen Anordnung der Blutgefäße. Eine mögliche Gefährdung des Auges war 1992 größtes Problem der Technik
▷ Der Anwender berührt den Bildschirm mit den Lippen, deren Muster der Rechner erkennt. Die Identifikation wird jedoch durch Make-up, Hautrisse etc. erschwert.

1991 wurde in Deutschland das Bundesamt für Sicherheit in der Informationstechnik (Bonn) geschaffen. Zu seinen Aufgaben gehört u. a. die Überprüfung von Rechnern in staatlichen Einrichtungen und Privatunternehmen auf Abstrahlsicherheit. Ungeschützte Datenverarbeitungsanlagen geben elektromagnetische Wellen an ihre Umwelt ab, aus denen Unbefugte mit elektronischen Aufzeichnungsgeräten Informationen entnehmen können.

Computer-Viren

In Computer eingeschleuste zerstörerische Programme, die sich einem biologischen Virus vergleichbar vervielfältigen. C. können die → Software (Betriebssystem und Anwendungsprogramme) einer EDV-Anlage verändern und den Datenbestand vernichten. Anfang 1992 waren weltweit rd. 500 C. bekannt (Anfang 1991: rd. 320), rd. ein Drittel stammte aus Bulgarien. Das Bundesministerium für Forschung und Technologie finanziert von 1991 bis 1994 die Forschungsprojekte REMO und Korrekte Software, mit denen der Schutz von Computern vor dem Befall mit C. verbessert werden soll, mit etwa 14 Mio DM.

Der Programmierer von C. bestimmt Zeitpunkt und Umfang der Störung.

Schutz vor Computer-Viren
Zum Schutz vor dem Verlust gespeicherter Daten durch Computer-Viren empfahl das Bundesamt für Sicherheit in der Informationstechnik (Bonn) Mitte 1992 folgende Maßnahmen: Die Anfertigung von Sicherheitskopien auf schreibgeschützten Disketten, den Erwerb von Software nur bei vertrauenswürdigen Händlern und den Verzicht des Einsatzes von Disketten, deren Herkunft unbekannt ist. Neue Software sollte vor der Benutzung mit Hilfe von Erkennungsprogrammen auf Viren untersucht werden.

Die gefährlichsten Computer-Viren

Name	Wirkung	Herkunftsland
Disc Killer	Löscht alle Daten nach 48 h Speicherung	Taiwan oder USA
Dunkler Rächer	Zerstört Register des Speichers	Bulgarien
Frodo	Benannt nach der Hauptfigur aus J. R. R.Tolkiens „Herr der Ringe", löscht Speicher an Frodos Geburtstag (22. 9.)	unbekannt
Jahrtausend-Virus	Zerstört befallene Software am 1. 1. 2000	USA
Michelangelo	Überschreibt am 6. 3. (Geburtstag des italienischen Künstlers) Festplatten mit sinnlosen Zeichen	Niederlande oder Schweiz
Siamesische Zwillinge	Löscht Computerfestplatte	Bulgarien

Quelle: Aktuell-Recherche

Ein Codewort, eine Zahlenkombination oder ein Stichtag aktiviert C., die sich durch fortlaufendes Kopieren vermehren. Die Verbreitung von C. geschieht häufig über die Betriebs- und Anwendungssoftware von → Personalcomputern. Die Benutzer übertragen C. meist unbeabsichtigt mit infizierten Disketten. Durch die Vernetzung von Computern werden C. auch über Leitungen (→ Netzwerk → Datenfernübertragung) verbreitet. Das Marktforschungsinstitut Dataquest (USA) schätzte, daß 1992 rd. 30% der Personalcomputer von C. befallen waren. Computerexperten führten die große Zahl von C. aus Bulgarien Mitte 1992 darauf zurück, daß das ehemalige Ostblockland keine gesetzliche Grundlage für die Bekämpfung der zunehmenden → Computer-Kriminalität habe. Westliche Software-Hersteller ließen vor allem aufgrund der niedrigen Löhne ihre Programme in Bulgarien entwickeln. Mitte 1992 war es nicht möglich, das Vorhandensein von C. in Datenverarbeitungsanlagen mit Sicherheit auszuschließen. Virenerkennungsprogramme suchen in gefährdeten Dateien einer Diskette nach Spuren von C. Diese Programme sind bei unbekannten Virentypen unwirksam und bei C., die ihre Form verändern. Einige Virenarten können durch sog. Wächter- und Desinfektionsprogramme zerstört werden.

Corporate Identity

(CI, engl.; Unternehmenspersönlichkeit), Bezeichnung für Bemühungen von Unternehmen, durch Erscheinungsbild (Corporate Design, CD), Verhalten (Corporate Behaviour, CB) und Verlautbarungen (Corporate Communication, CC) ein unverwechselbares Image aufzubauen. Ziele von C. sind u. a. Erschließung neuer Märkte oder Einführung neuer Produkte, positive Beeinflussung der öffentlichen Meinung und Motivation oder Anwerben von Mitarbeitern. Eine Ende 1991 von einer Londoner Beratungsfirma durchgeführte Befragung von 225 Managern in Europa ergab, daß C. im Hinblick auf den → Europäischen Binnenmarkt große Bedeutung zugemessen wird. Dieser gehe mit der Erschließung ausländischer Märkte und der Notwendigkeit internationaler Wiedererkennbarkeit einher.

Bei der Zielgruppe der C. wies die Studie nationale Unterschiede aus: Während deutsche Unternehmen mit C. insbes. potentielle bzw. bestehende Kunden sowie ihre Mitarbeiter erreichen wollen, zielen britische Firmen auf Geldgeber und Kapitaleinleger, französische sowie skandinavische Unternehmen auf Regierungsstellen und österreichische auf Bürgerinitiativen. Als Hindernis bei der Entwicklung einer internationalen C. nannten 49% kulturelle Unterschiede in den Ländern.

CSU

(Christlich-Soziale Union), bayerische Partei mit christlich-konservativem Selbstverständnis. Die Schwesterpartei der → CDU, mit der sie im Deutschen → Bundestag eine gemeinsame Fraktion bildet, hat rd. 185 000 Mitglieder (Stand: Mitte 1992). Auf dem Münchener Parteitag vom November 1991 wurde Bundesfinanzminister Theo Waigel mit 92,6% der Delegiertenstimmen als Parteivorsitzender (seit 1988) wiedergewählt. Im März 1992 legte der Vorstand ein neues Parteiprogramm vor, das Ende des Jahres das Programm von 1976 ablösen soll. In dem Entwurf hält die CSU an der Möglichkeit einer bundesweiten Ausdehnung fest. Sie spricht sich u. a. für eine Stärkung des Föderalismus in Europa und die Ausdehnung marktwirtschaftlicher Prinzipien auf den Umweltschutz aus.

Ziele: Die CSU befürwortet eine Abgabe der Industrie für umweltbelastende Emissionen und Stoffe, lehnt ein → Tempolimit auf deutschen Autobahnen jedoch ab. In der Debatte über eine Reform des Abtreibungsstrafrechts trat die CSU im Gegensatz zur FDP und Teilen der CDU für das sog. Indikationenmodell ein, das einen

Theo Waigel, CSU-Vorsitzender
* 22. 4. 1939 in Oberrohr (Schwaben), Dr. jur., deutscher Politiker (CSU). 1980–1982 wirtschaftspolitischer Sprecher der CDU/CSU-Bundestagsfraktion, 1982–1989 Vorsitzender der CSU-Landesgruppe im Bundestag, ab 1988 Parteivorsitzender, ab 1989 Bundesfinanzminister.

Parteipräsidium der CSU

Funktion/Name
Parteivorsitz Theo Waigel
Stellvertreter Mathilde Berghofer- Weichner Edmund Stoiber Gerold Tandler Jürgen Warnke
Generalsekretär Erwin Huber
Geschäftsführer Erich Schmid
Schatzmeister Kurt Faltlhauser Otto Wiesheu
Schriftführer Ursula Männle Werner Schnappauf
Weitere Wolfgang Bötsch Ingo Friedrich Peter Gauweiler Alois Glück Gerda Hasselfeldt Markus Sackmann Max Streibl

**Carlo Schmid,
CVP-Präsident**
* 11. 3. 1950 in Heiden (Appenzell), Schweizer Jurist und Politiker (CVP). Ab 1980 Mitglied des Ständerats, der kleinen Kammer des Schweizer Parlaments, ab 1984 Landammann des Halbkantons Appenzell-Innerrhoden. Januar 1992 Nachfolger von Eva Segmüller als Präsident der CVP.

Schwangerschaftsabbruch nur unter bestimmten Voraussetzungen, die vom Arzt überpüft werden, erlaubt. Im Unterschied zur FDP befürwortete die Partei eine gesetzliche → Pflegeversicherung. Die CSU setzte sich für eine Einschränkung des Grundrechts auf Asyl ein. → Asylbewerber aus Staaten, in denen sie politisch nicht verfolgt werden, sollen an der deutschen Grenze zurückgewiesen werden. In der Außenpolitik plädierte die Partei für eine Beteiligung der → Bundeswehr an militärischen Einsätzen der UNO.

Finanzen: In ihrem Rechenschaftsbericht Ende 1991 wies die CSU für 1990 Einnahmen in Höhe von 91 Mio DM aus. 36 Mio DM erhielt die Partei aus der Wahlkampfkostenerstattung, 39,2 Mio DM aus Spenden. Größte Einzelspender waren die Unternehmen Daimler-Benz und BMW (→ Parteienfinanzierung).

Regierungsbeteiligung: In der CDU/CSU/FDP-Regierung stellte die Partei Mitte 1992 mit Waigel, Horst Seehofer (Gesundheit), Ignaz Kiechle (Landwirtschaft) und Carl-Dieter Spranger (Wirtschaftliche Zusammenarbeit) vier Minister. Die CSU regiert in Bayern seit 1966 mit absoluter Mehrheit (Wahl vom 14. 10. 1990: 54,9%).

CVP

(Christlich-Demokratische Volkspartei), Schweizer Partei mit christlichem Selbstverständnis. Die CVP stellt seit 1959 gemeinsam mit FDP, SPS und SVP die Schweizer Regierung, den Bundesrat. Bei den Wahlen zum Nationalrat 1991, der ersten Kammer des Schweizer Parlaments, erlitt die CVP die höchsten Verluste der Regierungsparteien. Sie erhielt 17,8% der Stimmen (Stimmenrückgang: 2,2 Prozentpunkte) und 36 Mandate (1987: 42). CVP-Mitglieder in der Regierung blieben Arnold Koller (Justizressort) und Flavio Cotti (Innenminister). Aufgrund der Wahlniederlage trat im Oktober 1991 CVP-Präsidentin Eva Segmüller zurück. Die Delegiertenversammlung

wählte Anfang 1992 Carlo Schmid zu ihrem Nachfoler sowie erstmals unter Anwendung einer → Frauenquote, die ein Drittel weibliche Mitglieder vorsieht, ein neues Präsidium.

Die CVP unterstützte die Beitritte der Schweiz zum → Internationalen Währungsfonds und zur → Weltbank, die im Mai 1992 in einem Volksentscheid beschlossen wurden, und zur → EG. Sie stimmte einem neuen Verfassungsartikel zu, der → Gentechnik unter der Bedingung des Schutzes der Menschenwürde zuläßt und begrüßte die Einführung des Zivildienstes.

D

D2-Mac

(Mac, Multiplexed analogue components, engl.; gleichzeitig sendende analoge Bestandteile), normierte Übertragungssystem für farbige Fernsehbilder, das die in Europa verwendeten Fernsehnormen PAL (Phase Alternation Line, engl.; zeilenweise Phasenveränderung) und Secam (Système en couleur avec mémoire, franz.; Farbsystem mit Speicherung) ablösen soll. D2-Mac gilt als Vorstufe zur Fernsehnorm HD-Mac, die ab 1995 hochauflösendes Fernsehen, → HDTV, ermöglichen soll. Ende 1991 verabschiedete der EG-Ministerrat eine Richtlinie, die zur Durchsetzung der D2-Mac als TV-Übertragungsnorm in Europa ab 1995 beitragen soll. Programmanbieter und Verbraucherverbände in Deutschland kritisierten die Richtlinie, weil sie lediglich dem Schutz der Gerätehersteller vor Konkurrenz aus Japan diene, wo HDTV seit 1990 mit der Norm Muse ausgestrahlt wird.

Vorteile: D2-Mac verbessert den Fernsehempfang, schwache und flimmernde Bilder werden vermieden, der Ton ist weniger störanfällig. Zudem ermöglicht die Norm größere Fernsehbilder, für die 1991 erstmals in Deutschland Geräte mit dem Seitenverhältnis 16 : 9

(bis dahin: 4 : 3) angeboten wurden.
Die Geräte sollen für den Empfang von
HDTV mit nochmals verbesserter Bildqualität und einer der → CD vergleichbaren Klangqualität umgerüstet werden
können.
Empfang: In Deutschland werden die
Satellitenprogramme der öffentlich-
rechtlichen Sender, Eins plus und 3sat,
sowie die größten privaten Programme,
RTL plus und SAT 1, in D2-Mac über
den Fernsehsatelliten → TV-Sat 2 der
Telekom ausgestrahlt. Voraussetzung
zum Empfang von Programmen in D2-
Mac sind → Parabolantenne plus Decoder zum Entschlüsseln der Satellitensignale (Preis des Decoders 1992: 500
DM) und ein querformatiger Fernseher.
Mit üblicher Antenne kann D2-Mac
nicht empfangen werden (→ Terrestrische Frequenzen). Über → Kabelanschluß sind Programme in D2-Mac
mit konventionellen Geräten in herkömmlicher Qualität zu empfangen, da
die Signale bei der Einspeisung ins Kabelnetz in PAL-Norm umgesetzt werden. Bis 1992 bestand kein großes Interesse am Empfang von in D2-Mac
ausgestrahlten Programmen, da die
Bildqualität lediglich auf querformatigen Bildschirmen verbessert war. Mitte
1992 sahen 95% aller Satellitenfernsehteilnehmer Sendungen in PAL,
nur 2% verfügten über Parabolantenne
und Decoder für den Empfang von Programmen in D2-Mac.
EG-Richtlinie: Fernsehanbieter und Satellitenbetreiber, die ab 1995 ihre Dienste anbieten, müssen Programme in
D2-Mac produzieren bzw. verbreiten.
Die parallele Ausstrahlung in PAL oder
Secam ist zulässig. Für bestehende Programme wird die Ausstrahlung in D2-
Mac empfohlen, da bei der Verbreitung
in PAL auf dem querformatigen Bildschirm an den Seiten schwarze Streifen
entstehen. Hersteller müssen Fernsehgeräte mit querformatigem Bildschirm
ab 1994 mit einem eingebauten Decoder zum Empfang von D2-Mac-Pro-
grammen ausstatten, herkömmliche
Fernseher und Videorekorder sollen an
einen externen Decoder anschließbar

Fernsehnormen im Überblick

Norm	Bildzeilen	Verbreitungsgebiet
PAL	625	Westeuropäische Länder, ohne Frankreich
Secam	625	Frankreich und in abgewandelter Form in osteuropäischen Ländern
D2-Mac	625	EG
HD-Mac	1250	EG ab ca. 1995 für hochauflösendes TV
Muse	1125	Japan ab 1990 für hochauflösendes TV

Quelle: Aktuell-Recherche

angeboten werden. Beim Empfang von
D2-Mac-Programmen entstehen auf
dem üblichen Fernsehbildschirm we-
gen des unterschiedlichen Formats am
oberen und unteren Rand schwarze
Streifen.
Kritik: Der überwiegende Teil der
Haushalte empfing 1992 Fernsehen mit
der üblichen Antenne. Die generelle
Einführung von D2-Mac zwingt nach
Ansicht öffentlich-rechtlicher und pri-
vater Anbieter die Zuschauer, ein neues
Gerät mit europäischem Standard oder
einen Decoder zu kaufen, weil sie mit
dem herkömmlichen Fernseher kein
Programm mehr empfangen könnten.

D-2-Mission

Bemannter Weltraumflug unter deutscher Leitung in Zusammenarbeit mit
den Raumfahrtbehörden → ESA und
→ NASA, bei den wissenschaftliche
Experimente unter den Bedingungen
der Schwerelosigkeit durchgeführt
werden sollen. Im Februar 1993 werden
zwei deutsche und fünf US-amerikanische Astronauten mit der → Raumfähre Columbia und dem europäischen
Weltraumlabor Spacelab an Bord zu
einem neuntägigen Flug ins Weltall
starten (Kosten: rd. 850 Mio DM). Geplant sind 90 biologische, medizinische, materialwissenschaftliche und
technische Experimente der →
Grundlagenforschung.
Die ursprünglich für 1988 geplante D.
wurde nach der Explosion der US-amerikanischen Raumfähre Challenger
(1986) mehrfach verschoben. Ein erster
Forschungsflug unter deutscher wissenschaftlicher Leitung, die D-1-Mis-
sion, fand 1985 statt.

**Ein Jahr Training
für D-2-Mission**
Die Deutsche For-
schungsanstalt für Luft-
und Raumfahrt (DLR,
Köln) nominierte im Ja-
nuar 1992 die deutschen
Physiker Hans Schlegel
und Ulrich Walter als
Astronauten für die D-2-
Weltraummission. Ihnen
untersteht die Durchfüh-
rung der wissenschaft-
lichen Experimente im
Raumlabor Spacelab. Die
zweiköpfige Ersatzmann-
schaft wird sich an der
Betreuung des Fluges
vom Boden aus beteili-
gen. Das Training mit
ihren US-amerikanischen
Kollegen dauert ein Jahr.

**Wolfgang Wild,
DARA-Generaldirektor**
* 20. 9. 1930 in Bayreuth,
Prof. Dr., deutscher Phy-
siker. Ab 1961 Professor
für theoretische Physik an
der Technischen Uni-
versität München, von
1986 bis 1989 Staatsmini-
ster für Wissenschaft und
Kunst in Bayern, danach
Generaldirektor der Deut-
schen Agentur für Raum-
fahrtangelegenheiten
(DARA).

**DARA startet wiederver-
wendbaren Satelliten**
Der von deutschen Raum-
fahrtunternehmen gebau-
te Satellit ASTRO-SPAS
wird im Februar 1993 von
einer US-Raumfähre im
Weltraum ausgesetzt und
nach zweitägigem Einsatz
wieder um ihr zur Erde
zurückgebracht. Mit Hilfe
seines Teleskops soll der
Satellit Informationen über
verglühende Sterne sam-
meln. ASTRO-SPAS wird
von der deutschen Raum-
fahrtagentur DARA finan-
ziert (Kosten für Bau und
Flug: 115 Mio DM).

DARA

(Deutsche Agentur für Raumfahrtan-
gelegenheiten), 1989 gegründete privatrechtliche Organisation mit Sitz in
Bonn. Die DARA ist für die Planung
und Durchführung deutscher Programme zur → Raumfahrt sowie für die
Koordination zwischen Bundesregierung und Industrie in Fragen der
Weltraumforschung zuständig. Die
Haushaltsmittel für die Raumfahrt
(1992: rd. 1,8 Mrd DM) werden von der
DARA verwaltet. An der → D-2-Missi-
on Anfang 1993 (Kosten: ca. 850 Mio
DM) beteiligt sich die DARA zu 70%.
Aus Kostengründen entschied das Bundesforschungsministerium Mitte 1992,
die geplante Raumfahrtkooperation mit
Japan bei der Entwicklung einer wie-
derverwendbaren Raumkapsel nicht zu
verwirklichen. Ende 1991 vereinbarte
die DARA mit der sowjetischen Akademie der Wissenschaften, deutsche
Wissenschaftler am Flug einer →
Raumsonde zum Mars zu beteiligen.
Etwa 45 Mio DM bezahlte die DARA
für die Mission eines deutschen Astronauten im März 1992 zur russischen →
Raumstation Mir. Der Finanzplan für
die deutsche Raumfahrt bis 1995 wies
Mitte 1992 eine Lücke von rd. 1,1 Mrd
DM auf, die auch durch die Erhöhung
der jährlichen Aufwendungen für die
Raumfahrt um 2,5% ab 1993 nicht ausgeglichen werden kann. Die SPD forderte Ende 1991 u. a. einen Verzicht
auf die → Raumfähre Hermes (deutscher Anteil: 27%) und eine Überprüfung der deutschen Beteiligung an dem
Forschungslabor Columbus (Anteil:
38%). Dies wurde von der CDU/
CSU/FDP-Bundesregierung abgelehnt,
weil ein deutscher Ausstieg aus den
Projekten der europäischen Raumfahrtbehörde → ESA das Gesamtprogramm
gefährden würde. Die finanzielle Förderung des deutschen Raumtransport-
systems → Sänger (1988–1992: rd. 194
Mio DM) soll nicht über 1992 hinaus
fortgesetzt werden.
Die Bundesregierung will bis 2000 rd.
11,3 Mrd DM für die ESA-Projekte

ausgeben, etwa ein Drittel weniger als
Ende 1991 zwischen den ESA-Partnern
vereinbart. 35% des gesamten Welt-
raumetats entfallen auf die bemannte
Raumfahrt. Generaldirektor der DARA
ist seit 1989 Wolfgang Wild (Stand:
Mitte 1992).

DAT

(Digital Audio Tape, engl.; Digitalton-
band), Tonträger, der durch die Technik
der Digitalaufzeichnung (→ Digitaltechnik) die herkömmliche Musikkassette in Aufnahme- und Wiedergabequalität übertrifft und kleiner ist
(73 x 54 mm). DAT hat eine Spieldauer
von 60 min bzw. 90 min (Preis 1992:
22 DM bzw. 29 DM). DAT-Rekorder
kosteten 1992 ab 1000 DM. Der Absatz
von DAT und Rekordern war 1991/92
wegen der hohen Anschaffungskosten
weiterhin schleppend. Für Ende 1992
kündigten der japanische Unterhaltungselektronikkonzern Sony und der
niederländische Hersteller Philips mit
der → Mini-Disc und der → DCC (Digital Compact Cassette) weitere digitale Tonträger mit entsprechenden Rekordern an.
DAT-Rekorder erreichen in der Wiedergabe eine der → CD (Compact Disc)
vergleichbare Klangqualität. Sie erlauben ein einmaliges Überspielen von
CD auf DAT, die Kopie von einem DAT
zu einem anderen ist ausgeschlossen.
Der Kopierschutz soll Einbußen beim
Geschäft mit der CD verhindern.

Data Discman

(auch elektronisches Buch), Abspielgerät für Daten- und Musik-CDs. Das
etwa handflächengroße Gerät wurde
Ende 1991 erstmals zum Preis von rd.
1000 DM in Deutschland angeboten.
Der D. besteht aus einem CD-Laufwerk
und einem Tastenfeld, mit dem der Benutzer Informationen von der → CD
(Durchmesser: 8 cm; herkömmliche
CD: 12 cm) abruft. Innerhalb von drei
bis zehn Sekunden erscheint die Information auf dem Flüssigkristallbild-

schirm des D. Mitte 1992 waren auf CDs für den D. u. a. Nachschlagewerke und Adreßverzeichnisse gespeichert. Diese nicht wiederbespielbaren CD-ROM (Read Only Memory, engl.; nur lesbarer Speicher) besitzen eine Speicherkapazität von 200 Mbyte (Textmenge von rd. 100 000 Din-A4-Seiten). Musik-CDs können über einen Kopfhörer abgehört werden.

Datenbanken

Von Behörden oder privatwirtschaftlichen Unternehmen betriebene Anlagen, in denen Informationen aus verschiedenen Wissensgebieten gespeichert sind. D. ermöglichen eine schnelle und umfassende Informationsbeschaffung. Weltweit wurden Mitte 1992 rd. 5037 Online-D. (engl.; direkt mit dem Benutzer verbunden) von etwa 650 Betreibergesellschaften angeboten (1991: rd. 4500). In Deutschland waren 1991 etwa 2100 D. über 64 Betreiber (hosts, engl.) verfügbar.
Anwendung: Die Benutzer rufen bei Online-Verbindungen die Informationen über einen → Computer ab, der an Einrichtungen zur → Datenfernübertragung angeschlossen ist (→ Netzwerk). Informationen aus D. können auch schriftlich abgefragt oder als optische Speicherplatten (→ CD) bezogen werden. Bibliographische D. enthalten Angaben zu Fachliteratur (Kurzfassungen von Publikationen und im Text auftauchende Schlagworte). In Volltext-D. sind die Veröffentlichungen mit vollständigem Text gespeichert. Bei Wirtschaftsdiensten werden u. a. Börsenkurse und Firmeninformationen abgerufen.
Recherche: Durch die Vielfalt der D.-Systeme erfordert eine erfolgreiche Recherche rd. sechs Monate Einarbeitungszeit. Nutzerzahlen und -stunden stiegen vor allem in den USA kontinuierlich (1974: 0,75 Mio Recherchen; 1991: 34,5 Mio). Sog. Information Broker (broker, engl.; Vermittler) können gegen eine Gebühr mit der Recherche beauftragt werden.

Wichtige EG-Datenbanken

Datenbank	Informationen
CELEX	Verordnungen, Beschlüsse, Entscheidungen der EG; Urteile des EG-Gerichtshofs; Gesetzentwürfe der EG-Kommission
COMEXT	Außenhandel zwischen EG-Staaten und rd. 200 Drittländern; Ein- und Ausfuhrstatistiken
CRONOS	Statistiken über Außenhandel, Bevölkerung, Energie, Forschung, Finanzen, Verkehr etc. der EG-Staaten
EABS	Ergebnisse der EG-Forschungsprojekte; neue Energiequellen, Umweltforschung, neue Technologien etc.
ECDIN	EG-Vorschriften für die Klassifizierung, Verpackung und Auszeichnung gefährlicher Substanzen
ENREP	Umweltforschungsprojekte in der EG
EUREKA	High-Tech-Projekte; Vertragsmodi, Finanzierung, Partnersuche
INFO '92	Beschreibung von Einzelmaßnahmen zur Verwirklichung des Binnenmarktes, aktueller Stand der Rechtsprechung
PERINORM	Geltende Industrienormen in Deutschland, Frankreich und Großbritannien
TED	Ausschreibungen aus mehr als 80 Ländern (EG, EFTA, AKP-Staaten)
WWC	Bilanzen der 2000 größten Industrie-, Handels- und Dienstleistungsunternehmen

Quelle: EG-Kommission

Datenfernübertragung

(DFÜ), Übertragung von Informationen zwischen → Computern und → Datenbanken (→ Netzwerk) an verschiedenen Orten mit Techniken der → Telekommunikation. Seit Ende 1991 in Deutschland erhältliche, mit Funksendern ausgestattete tragbare Computer (→ Laptop) können Daten und Programme über den → Mobilfunk der Post (Modacom) und über das Amateurfunknetz (Packet Radio) übermitteln. Bis Ende 1993 soll in den alten Bundesländern das Integrierte Service- und Datennetz (→ ISDN) der Deutschen → Bundespost, das für die Übertragung von Texten, Daten, Sprache und Bildern geeignet ist, flächendeckend eingesetzt werden (Übertragungskapazität: 64 000 Bit/sec).
Übertragungsdienste: Mitte 1992 wurde für die D. vor allem das Datex-Netz (Data Exchange Service, engl.; Datenaustauschdienst) der Post genutzt, bei dem es zwei Vermittlungsprinzipien gibt:
▷ Das Datex-L-Netz (Übertragungskapazität 9600 Bit/sec) arbeitet mit der sog. Leitungsvermittlung, d. h. die Daten werden als Einheit direkt übertragen

Datenfernübertragung für schnellen Wissenstransfer
Im Wissenschaftsnetz der Hochschulen (WIN) waren Mitte 1992 die Rechner von 165 deutschen Forschungseinrichtungen miteinander verbunden. Wichtigste Funktion des WIN ist die Übertragung von Wissenschaftsdaten (z. B. Forschungs- und Testergebnisse). Einrichtungen, die keine Hochleistungsrechner besitzen, können Rechnerleistungen entfernter Forschungsinstitute nutzen. Mitte 1992 war das WIN mit 21 europäischen Datennetzen verbunden. Das Bundesforschungsministerium förderte die Datenkommunikation zwischen den Hochschulen in Deutschland 1991 mit 11 Mio DM.

Alfred Einwag, Datenschutzbeauftrager
* 18. 3. 1928 in Ebern bei Bamberg, deutscher Jurist. Ab 1956 im Bundesinnenministerium, 1974 Leiter der Unterabteilung für Allgemeine Angelegenheiten von Polizei und Bundesgrenzschutz, 1983 Leiter der Abteilung Innere Sicherheit. 1988–1993 Bundesbeauftragter für den Datenschutz.

⊳ Das Datex-P-Netz (Übertragungskapazität 48 000 Bit/sec) arbeitet mit der sog. Paketvermittlung, d. h. der Teilnehmer wählt einen sog. Knotenpunkt an, der die Informationen zerlegt; wird eine Leitung für kurze Zeit frei, übermittelt der Dienst einen Teil der Daten.

Datenfunk: Die mobilen Laptops für den Datenfunk werden meist zur Kommunikation z. B. von Außendienstlern mit der Firmenzentrale genutzt. Bei Modacom (Mobile Datenkommunikation), das Mitte 1992 im Rhein-Ruhr-Wupper-Gebiet getestet wurde, werden die Informationen vom Sender des Laptops an eine Post-Antenne übermittelt und von dort über Datenleitungen an Firmen weitergegeben, die an das Datex-P-Netz angeschlossen sind.

Umrüstung: Jeder Personalcomputer kann für die D. ausgerüstet werden. Ein sog. Modem (Abkürzung für Modulation/Demodulation) wandelt digitale (→ Digitaltechnik) in analoge Signale (bei Telefonleitungen) um.

Anwendungsmöglichkeiten: Journalisten können Texte weltweit per Telefon überspielen; eine erneute Datenerfassung ist nicht notwendig. Zwischen den Niederlassungen einer Firma können Datenbestände übertragen werden. Internationale → Datenbanken können für die Recherche genutzt werden.

Datenschutz

Schutz des Bürgers vor dem Mißbrauch der Daten, die private oder öffentliche Institutionen über ihn sammeln. Abgeordnete der CDU/CSU/FDP-Bundesregierung und der SPD forderten Mitte 1992 eine Grundgesetzänderung, die zur Bekämpfung der organisierten → Kriminalität die Abhörmöglichkeiten der Polizei erweitern sollte. Im März 1992 leitete die Staatsanwaltschaft Ludwigshafen Ermittlungen gegen den Chemiekonzern BASF ein, der während der 70er und 80er Jahre persönliche Daten von Mitarbeitern des Werks an die Polizei weitergegeben haben soll. Alfred Einwag, Bundesbeauftrager für den D., bemängelte Anfang 1992, daß die → Telekom Anweisungen der D.-Verordnung für Telediensteunternehmen vom Juli 1991 nur unzureichend oder mit Verzögerung umgesetzt habe. Die Abstimmung im Europäischen Parlament über ein von der EG-Kommission vorgelegtes D.-Gesetz in den Staaten der EG wurde im März 1992 auf unbestimmte Zeit vertagt, nachdem etwa 200 Änderungsanträge von den Mitgliedstaaten gestellt worden waren.

Abhörrecht: Die Abgeordneten forderten, daß Behörden im Zuge ihrer Ermittlungen die Wohnungen von Verdächtigen schwerer Straftaten, ihrer Anwälte und von Personen im Umfeld mit Richtmikrophonen und Wanzen abhören dürfen. Einwag lehnte die Grundgesetzänderung ab, weil der sog. große Lauschangriff die im GG gesicherten Persönlichkeitsrechte unbeteiligter Bürger verletze.

BASF: Der rheinland-pfälzische Innenminister Walter Zuber (SPD) bestätigte im März 1992, daß zwischen 1971 und Februar 1992 die BASF der Polizei monatlich rd. 300 Karteikarten mit persönlichen Daten von Arbeitnehmern übermittelte. Jährlich seien aufgrund dieses Datentransfers 20–25 Mitarbeiter verhaftet worden.

Teledienste: Einwag wies darauf hin, daß die Telekom entgegen der D.-Verordnung aus Antragsformularen den Hinweis gestrichen habe, daß Daten an die Postreklame AG weitergegeben würden. Daher fehle auch der Hinweis, daß gegen diese Weitergabe Einspruch möglich sei. Ferner seien Kunden nicht darauf hingewiesen worden, daß ihre Daten nicht nur ins Telefonbuch, sondern z. B. auch ins Btx-System eingetragen werden.
Teilnehmer des digitalen ISDN-Telefonnetzes (→ ISDN) können nach der D.-Verordnung beantragen, daß alle Daten (z. B. Telefonnummern der Gesprächsteilnehmer, Datum) gelöscht werden, sobald die Rechnung zugestellt worden ist. Auf Antrag werden die letzten Ziffern nicht gespeichert.

Europa: Einwag kritisierte den Entwurf der EG-Kommission, weil z. B. Berufsverbände und Vereine, die keine kommerzielle Datenverarbeitung betreiben, nicht von der Richtlinie erfaßt werden. Die EG-Richtlinie unterscheide zudem nicht zwischen D. im öffentlichen und privaten Bereich wie das deutsche D.-Gesetz. Einwag wies darauf hin, daß der Zugang zu Daten z. B. des Bundeskriminalamts strenger reglementiert werden müsse als der zu Daten eines Handwerksbetriebs.

Bundesdatenschutzbeauftragter: Der Nachfolger von Einwag nach Ende seiner Amtszeit am 30. 5. 1993 wird nicht wie zuvor vom Bundespräsidenten ernannt, sondern auf Vorschlag der Bundesregierung vom Deutschen Bundestag für fünf Jahre gewählt. Seit Mitte 1991 legt der Datenschutzbeauftragte einen Tätigkeitsbericht nicht mehr jährlich, sondern alle zwei Jahre vor. Anfang 1993 erscheint der 14. Tätigkeitsbericht.

DCC

(Digital Compact Cassette, engl.; digitale Kompaktkassette), Tonträger, der herkömmliche Musikkassetten durch die Technik der Digitalaufzeichnung in der Klangqualität übertrifft (→ Digitaltechnik). Auf DCC-Rekordern können auch herkömmliche Kassetten abgespielt werden. Der niederländische Elektronikkonzern Philips und das japanische Unternehmen Matsushita kündigten gemeinsam DCC und Rekorder für Ende 1992 an (voraussichtlicher Preis der Leerkassette: 12 DM, Rekorder: 1000 DM). Ebenfalls ab Ende 1992 will der japanische Konzern Sony einen digitalen Tonträger anbieten, die → Mini-Disc. Die Hersteller planten Anfang 1992, DCC und Mini-Disc gemeinsam zu verbreiten, um einen teuren Konkurrenzkampf wie bei Einführung der Videosysteme VHS (Matsushita) und Beta (Sony) in den 80er Jahren zu vermeiden. DCC haben das gleiche Format wie die übliche Musikkassette. DCC-Geräte

weisen sowohl digitale als auch konventionelle Rekorderelektronik auf. Ihr Tonkopf ist geteilt. Eine Hälfte leitet die digitalen Musiksignale auf dem Magnetband der DCC an die entsprechende Rekorderelektronik weiter, die andere liest die analogen Musiksignale, die über den konventionellen Rekorderteil wiedergegeben werden. Bespielte DCC (voraussichtlicher Preis: 20–25 DM) sind mit einem Kopierschutz gesichert, der Überspielen lediglich vom Originalband beliebig oft zuläßt. Kopien von Kopien sind dagegen durch sich verstärkende Störgeräusche und Fehler, die im Originalband nicht zu hören sind, unbrauchbar. Beim Überspielen von → CD (Compact Disc) wird die Datenmenge wegen des geringeren Fassungsvermögens von DCC und Mini-Disc verringert. Nach Angaben der Hersteller sind von der Reduktion lediglich die Musiksignale betroffen, die das menschliche Gehör i. d. R. nicht wahrnimmt.

Delphin-Sterben

An den Küsten des Mittelmeers wurden bis Ende 1991 rd. 300 verendete Delphine angeschwemmt. Die Stiftung Europäisches Naturerbe (SEN) schätzte die Zahl der im Meer gestorbenen Tiere auf das 30fache. Für das D. machen Wissenschaftler die → Wasserverschmutzung und das sog. Morbili-Virus verantwortlich, das 1988 ein Robben-Sterben in der Nordsee verursacht hatte. Die SEN ging davon aus, daß → PCB und Quecksilber im Meerwasser das Immunsystem der Säugetiere schwächen und sie anfällig für Krankheiten werden. Zudem befürchteten die Naturschützer, die Krankheit könne auf andere Walarten übergreifen, weil nur wenige Delphine geimpft werden konnten.

Denkmalverfall

Geschädigt werden historische Bauwerke vor allem durch Luftschadstoffe wie Stickoxide und Schwefeldioxid so-

DCC und Mini-Disc als Nachfolger der Musikkassette
Die digitalen Tonträger DCC und Mini-Disc, die annähernd CD-Klangqualität ermöglichen, sollen die konventionellen Musikkassetten und Rekorder ersetzen. Nach Angaben des DCC-Herstellers Philips verfügte 1992 jeder Haushalt in den Industrieländern durchschnittlich über 60 Musikkassetten, weltweit wurden rd. 1 Mrd Kassettenrekorder genutzt.

Massaker an Delphinen
Auf den zu Dänemark gehörenden Färöer-Inseln findet jährlich in den Sommermonaten eine Jagd auf Delphine statt. 1991 wurden rd. 3000 Delphine von der Inselbevölkerung, die sich auf Traditionen aus dem 17. Jh. beruft, mit Harpunen und Messern getötet. Nur rd. 7% des Fleisches wird zu Lebensmitteln verarbeitet, der Rest wird ins Meer geworfen.

Vom Verfall bedrohte Baudenkmäler in den neuen Bundesländern

Gebäudeart	Anteil (%)
Wohnbauten	85
Schlösser und Burgen	65
Kirchliche Bauten	55
Öffentliche Gebäude	50

Quelle: Bundesinnenministerium

Desertifikation

**Denkmalschutz
in den neuen Bundesländern**

Programm	Jahr	Mittel[1] (Mio DM)
Schutz kultureller Bausubstanz	1991	50
	1992	70
Städtebaulicher Denkmalschutz	1991/92	je 180[2]
	1993/94	je 80
Schutz nationaler Kulturdenkmäler	1991	3
	1992	6
Angewandte Forschungsprojekte	1992 bis 1994	11,2

1) Bundesmittel; 2) davon 100 Mio DM aus dem Gemeinschaftswerk Aufschwung Ost;
Quelle: Bundesinnenministerium

EG fördert Sanierung von Baudenkmälern
Die EG-Kommission stellte 1992 insgesamt 3 Mio ECU (6 Mio DM) zur Erhaltung von historischen Baudenkmälern in Europa bereit. Zu den geförderten Projekten gehörten der Wiederaufbau der Alsterarkaden in Hamburg, die 1989 bei einem Brand beschädigt worden waren, und von historischen Bauwerken in Breisach am Rhein. In Dresden soll die Eingangshalle des Hauptbahnhofs erneuert, im brandenburgischen Lückau ein Handelshaus aus dem 18. Jh. wiederhergestellt werden.

wie durch Schimmelpilze und Bakterien (→ Luftverschmutzung). Sie zersetzen die mineralischen Bindemittel der Steine, die porös werden. In den alten Bundesländern waren nach Einschätzung des Bundesinnenministeriums 1992 rd. 2% der Bausubstanz vom Verfall bedroht. In den neuen Ländern waren 1991 rd. 18% der Gebäude unter Denkmalschutz – in manchen historischen Stadtkernen z. T. bis zu 65% – ohne kurzfristige Sicherung akut gefährdet. Für Sanierungsmaßnahmen in den ostdeutschen Ländern waren 1992 mit rd. 157 Mio DM mehr als die Hälfte des Gesamtetats (rd. 272 Mio DM) vorgesehen.

Desertifikation

(lat.; Verwüstung), die vom Menschen verursachte Ausdehnung wüstenartiger Regionen betrifft die Randzonen bereits vorhandener Wüsten in den → Entwicklungsländern, aber auch Gebiete in den USA und Europa. Nach Angaben des Umweltprogramms der UNO (UNEP) von 1992 gehen in insgesamt 100 Ländern jährlich 60 000 km² durch D. verloren, bei weiteren 200 000 km² Acker- und Weideland wird davon ausgegangen, daß sich die landwirtschaftliche Nutzung nicht mehr lohnt (zum Vergleich die Fläche Deutschlands: 356 910 km²). Nach Schätzungen der UNEP verursacht D. jährlich wirtschaftliche Verluste in Höhe von 26 Mrd DM. Um diese Ent-

wicklung einzudämmen, seien jährlich 3,5 Mrd DM notwendig. 1992 lebten 850 Mio Menschen in Gebieten, die durch D. gefährdet sind. In einigen Ländern wird durch Wiederaufforstung versucht, D. zu stoppen.
Ursachen: Als Ursachen für D. gelten vor allem die Abholzung von Wäldern und die Ausweitung der Landwirtschaft zur Ernährung der stark wachsenden Bevölkerung (→ Bevölkerungsentwicklung). In den Trockenregionen der Erde laugt intensiver Ackerbau den Boden aus, und zu große Viehherden vernichten die Vegetation, so daß der Boden von Wind und Regen abgetragen werden kann. Neue Weideflächen werden durch Vernichtung des vorhandenen Baumbestands geschaffen. Allein der Bestand der → Tropenwälder verringert sich nach Angaben der Ernährungs- und Landwirtschaftsorganisation der UNO (FAO) von 1991 jährlich um 17 Mio ha.
China: Die starken Überschwemmungen in Nordchina vom Juli 1991 lassen sich u. a. auf die jahrzehntelange Abholzung von Wäldern in dieser Region zurückführen. Allein an den Ufern des Jangtsekiang, des längsten chinesischen Flusses, gibt es 560 000 km² Erosionsfläche. Um das Vordringen innerasiatischer Wüsten, z. B. der Wüste Gobi, aufzuhalten, wird in China auf einer Länge von 7000 km und einer Breite von rd. 1700 km Wald aufgeforstet. Die CDU/CSU/FDP-Bundesregierung unterstützt das Projekt von 1984 bis 1995 mit 14 Mio DM.
Aralsee: In der ehemaligen Sowjetunion ist der Aralsee wegen starker Bewässerung der umliegenden Baumwollplantagen vom Austrocknen bedroht. Das Gewässer verkleinerte sich innerhalb von rd. drei Jahrzehnten von 68 000 km² (1960) auf rd. 39 000 km² (1991). 1991 lag der Aralsee nur noch etwa 40 m über dem Meeresspiegel (1960: 53,4 m). 24 Fischarten starben aus, weil sich der Salzgehalt des Sees von 9 g auf 28 g pro Liter Wasser verdichtete. In der Umgebung des Aralsees starben 140 von 178 Tierarten aus.

Verbreitung der Desertifikation

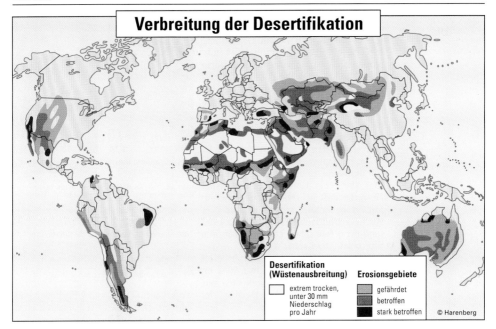

**Desertifikation
(Wüstenausbreitung)**   **Erosionsgebiete**

☐ extrem trocken,
unter 30 mm
Niederschlag
pro Jahr

■ gefährdet
■ betroffen
■ stark betroffen   © Harenberg

Deutsche Sprache

Die weltweite Bedeutung der D. nahm 1991/92 zu. Die wirtschaftliche Verflechtung der → EG mit → Osteuropa, wo die D. als Fremdsprache etwa die gleiche Bedeutung hat wie Englisch, wuchs. Nach Angaben des Goethe-Instituts (München) lernten Anfang der 90er Jahre weltweit 18 Mio–20 Mio Menschen in der Schule die D. als Fremdsprache, davon zwei Drittel in Osteuropa. Der deutsche Bundeskanzler Helmut Kohl (CDU) forderte Ende 1991, die D. müsse in der EG neben Englisch und Französisch Arbeitssprache werden. Nach der Vergrößerung der BRD durch die DDR 1990 um 17 Mio Einwohner ist die D. für ca. 80 Mio Europäer in der EG Muttersprache (Englisch: 60 Mio, Französisch: 59 Mio), in ganz Europa sprechen 120 Mio–140 Mio Bürger Deutsch.

Neun der 65 europäischen Sprachen, darunter die D., waren 1992 als EG-Amtssprachen zugelassen, in die alle Dokumente übersetzt wurden. Arbeitssprachen werden die von den EG-Bediensteten im Arbeitsalltag am meisten gesprochenen Sprachen genannt. Kritiker wiesen darauf hin, daß durch die zusätzliche Verwendung der D. als Arbeitssprache die Verständigungsprobleme in der EG weiter anstiegen und daß der Gebrauch einer Sprache nicht durch Beschlüsse bestimmt werde. → Europäische Regionalsprachen

DGB

(Deutscher Gewerkschaftsbund), gewerkschaftlicher Dachverband mit rd. 11 Mio Mitgliedern in Deutschland, der sich aus 16 Einzelgewerkschaften zusammensetzt (Sitz: Düsseldorf; Vorsitzender: Heinz-Werner Meyer). Zu den Zielen des DGB gehörten 1992 die Anpassung der → Einkommen in Ostdeutschland an das Westniveau, die generelle Erhöhung der Löhne, eine stärkere Mitsprache der Arbeitnehmer im Hinblick auf die → Arbeitszeit und die

**Die neun Amtssprachen
der Europäischen
Gemeinschaft**

Dänisch
Deutsch
Englisch
Französisch
Griechisch
Italienisch
Niederländisch
Portugiesisch
Spanisch

Stand: Mitte 1992

Verringerung von Gesundheitsgefährdungen am Arbeitsplatz (→ Arbeitsschutz → Mitbestimmung). Anfang 1992 beschloß der DGB, bis 1994 Eckpunkte einer organisatorischen Reform zu erarbeiten, z. B. die Zahl der Einzelgewerkschaften zu verringern, und bis 1996 ein neues Grundsatzprogramm zu entwerfen. Ziel der Reformen ist es, neue Mitglieder insbes. unter den Angestellten zu gewinnen und die Einzelgewerkschaften zu stärken. Die IG Chemie, Papier, Keramik und die IG Bergbau und Energie vereinbarten im Mai 1992, bis 1996 zur drittstärksten Gewerkschaft im DGB zu fusionieren, mit dem Ziel, mehr Einfluß im Dachverband zu erhalten. Im Mai 1992 fand im öffentlichen Dienst der größte Streik seit 1974 statt.

Monika Wulf-Mathies, ÖTV-Vorsitzende
* 17. 3. 1942 in Wernigerode, Dr. phil., deutsche Gewerkschafterin. 1971 bis 1976 leitende Stellung im Bundeskanzleramt (Sozial- und Gesellschaftspolitik), 1976 bis 1982 Mitglied im Hauptvorstand der Gewerkschaft Öffentliche Dienste, Transport und Verkehr (ÖTV), ab 1982 ÖTV-Vorsitzende.

Heinz-Werner Meyer, DGB-Vorsitzender
* 24. 8. 1932 in Hamburg, deutscher Gewerkschafter. 1948 bis 1954 Bergmann, 1952 Eintritt in die IG Bergbau und Energie. 1975 bis 1985 Abgeordneter für die SPD im NRW-Landtag, von 1985 bis 1990 Vorsitzender der IG Bergbau und Energie, ab 1990 Vorsitzender des DGB.

Mitgliederstruktur: Während Arbeiter in Deutschland 1991 zu etwa 50% im DGB organisiert waren, gehörten nur 22% der Angestellten dem DGB an, der mit der Deutschen Angestellten-Gewerkschaft (DAG) um Mitglieder konkurriert. Der Anteil der Angestellten an den Erwerbstätigen lag hingegen bei rd. 50%. Der DGB ging 1992 davon aus, daß die traditionellen Forderungen der Gewerkschaften nicht ausreichend auf die Arbeitssituation von Angestellten eingingen. Im neuen Grundsatzprogramm soll stärker auf individuelle Formen der Arbeitszeit wie Gleitzeit und → Teilzeitarbeit eingegangen werden. Auch neuartige Beschäftigungsverhältnisse wie → Teleheimarbeit will der DGB akzeptieren. Zudem strebte der DGB 1992 eine stärkere Zusammenarbeit mit der DAG an.

Sozialleistungen: Der DGB kritisierte Mitte 1992 die Pläne von Bundesfinanzminister Theo Waigel (CSU), zur Begrenzung der → Staatsverschuldung die Bundeszuschüsse an die → Bundesanstalt für Arbeit (Nürnberg) ab 1993 zu streichen. Der Abbau von → Arbeitsbeschaffungsmaßnahmen z. B. würde vor allem in Ostdeutschland zu einem Anstieg der Arbeitslosigkeit beitragen. Zudem wandte sich der DGB gegen eine Einführung von → Karenztagen, die vom CDU-Wirtschaftsrat 1992 vorgeschlagen wurde.

Mitglieder in den Einzelgewerkschaften des DGB 1991

Gewerkschaft	Mitglieder (1000)			Organisationsgrad[1] (%)
	Westdeutschland	Ostdeutschland	Insgesamt	
IG Metall	2 730	700	3 430	45
Gewerkschaft öffentliche Dienste, Transport und Verkehr	1 250	700	1 950	k. A.
IG Chemie, Papier, Keramik	676	300	976	50
IG Bau-Steine-Erden-Umwelt	463	330	793	30
Gewerkschaft Handel, Banken und Versicherungen	405	300	705	15
IG Bergbau und Energie	323	220	543	92
Deutsche Postgewerkschaft	479	60	539	74
Gewerkschaft der Eisenbahner Deutschlands	312	120	432	77
Gewerkschaft Nahrung-Genuß-Gaststätten	275	130	405	45
Gewerkschaft Textil-Bekleidung	250	90	340	48
Gewerkschaft Erziehung und Wissenschaft	189	130	319	18
Gewerkschaft Holz und Kunststoff	153	100	253	46
IG Medien	185	30	215	46
Gewerkschaft der Polizei	163	30	193	72
Gewerkschaft Gartenbau, Land- und Forstwirtschaft	44	60	104	25
Gewerkschaft Leder	43	20	63	56
DGB insgesamt	7 940	3 320	11 260	

1) Anteil der gewerkschaftlich organisierten Arbeitnehmer an den Beschäftigten der jeweiligen Branche in Westdeutschland; Quelle: Wirtschaftswoche, 13. 12. 1991

Zusammenschlüsse: Der Vorsitzende der Gewerkschaft Handel, Banken und Versicherungen, Lorenz Schwegler, forderte 1992, die Zahl der Gewerkschaften im DGB auf sieben bis zehn mit etwa gleicher Mitgliedsstärke zu reduzieren, damit zwischen den Gewerkschaften ein Gleichgewicht herrsche. Auch könnten mitgliedsstarke Organisationen ihre Forderungen besser durchsetzen. Die Mitgliedschaft in einer Gewerkschaft solle nach der Branche, in der ein Arbeitnehmer tätig ist und nicht wie 1992 nach seiner Tätigkeit festgelegt werden, um die Konkurrenz der Einzelgewerkschaften um Mitglieder auszuschließen.

Streik: Der zehntägige Streik der Gewerkschaft Öffentliche Dienste, Transport und Verkehr (ÖTV) endete mit einem Tarifabschluß über 5,4% Lohnerhöhung zuzüglich Sonderzahlungen für die unteren Lohngruppen, 9,5% hatte die ÖTV gefordert.

Sonde von weniger als 1 mm Durchmesser, die auf einem → Chip befestigt ist und mit Hilfe einer Spritze unter die Haut des Unterarms gepflanzt wird. Ein dünner Draht übermittelt den gemessenen Zuckerwert zu einem Empfangsgerät vergleichbar einer Armbanduhr am Handgelenk des Patienten, wo der Wert abgelesen werden kann. Bei bedrohlich hohen oder niedrigen Zuckerwerten ertönt ein akustisches Signal. Bis 1992 war eine ständige Kontrolle für den Patienten unmöglich, er konnte nur mit aufeinanderfolgenden Messungen den Blutzuckergehalt feststellen.

☐ Deutscher Diabetiker-Bund e. V., Danziger Weg 1, D-5000 Lüdenscheid

Diabetes keine Zivilisationskrankheit Diabetes wird nach Ansicht von Teilnehmern des elften Internationalen Symposions Diabetes mellitus in Regensburg fälschlicherweise als Zivilisationskrankheit betrachtet. Wesentlicher Faktor für die Erkrankung seien Erbanlagen. Zudem spielten Virus-Infektionen und eine Reihe unerforschter Ursachen eine Rolle. Die Mediziner wiesen allerdings darauf hin, daß Übergewicht und Inaktivität der Patienten das Krankheitsbild des Diabetes negativ beeinflussen.

Diäten

Aufwandsentschädigungen für Parlamentarier, deren finanzielle Unabhängigkeit sichergestellt werden soll. Über

Diabetes

(eig. Diabetes mellitus, auch Zuckerkrankheit), Störung des Fett-, Kohlehydrat- und Eiweißstoffwechsels, die durch die Zerstörung von insulinbildenden Zellen in der Bauchspeicheldrüse (Typ-I-D.) ausgelöst wird oder im Alter durch zunehmende Resistenz des Körpers gegen eigenproduziertes Insulin (Typ-II-D., auch Alters-D.) entsteht. D. führt u. a. zu einer Erhöhung des Blutzuckers (Glucose), einer Steigerung der Harnmenge und in seiner gefährlichsten Form zum lebensbedrohenden Zuckerkoma. Spätfolgen können Schäden an Augen und Nieren sein. Nach Schätzungen litten in Deutschland 1992 rd. 3,5 Mio–4 Mio Menschen an D. Schwerpunkt der D.-Forschung war 1991/92 u. a. die Herstellung eines in den Körper des Patienten einzupflanzenden → Biosensors, der den Zuckergehalt des Blutes ständig mißt.

Seit Anfang 1992 wird in der Universität Neuenburg/Schweiz ein Biosensor getestet. Das Gerät besteht aus einer

Diäten in Europa

Land	Entschädigung (DM/Monat)		
	Versteuerte Diäten	Rang	Steuerfreie Kostenpauschale
Belgien	7400[1]	6	[2]
Dänemark	7300	7	8600–21450[2]
Deutschland	10128	3	5765
Finnland	7000–8330[3]	8	2130–2910[4]
Frankreich	11100	1	8000
Griechenland	4000[1]	19	800–1000[4]
Großbritannien	6500	11	5460
Irland	6500[5]	10	68–115[1]
Island	5100	16	26–52[6,7]
Italien	10400	2	330[8]
Liechtenstein	keine	20	6300
Luxemburg	6500[1]	9	keine
Niederlande	7850	5	1200–2000[6,9]
Norwegen	5400	15	40-80[6]
Österreich	8100–10200[5]	4	1300–2600[4]
Portugal	6200	12	3500
Schweden	5600	14	55–63[6]
Schweiz	5000	18	2400[10]
Spanien	5100	17	k. A.
Türkei	6000	13	3000

Stand: Ende 1991; 1) Hälfte zu versteuern; 2) Pauschale pro Jahr, abhängig von Entfernung zum Parlamentssitz; 3) abhängig von Dauer der Parlamentszugehörigkeit; 4) abhängig von Entfernung zum Parlamentssitz; 5) 1570 DM steuerfrei; 6) pro Sitzungstag, abhängig von Entfernung zum Parlamentssitz; 7) zusätzlich 1300 DM für Wohnung am Parlamentssitz; 8) pro Sitzungstag; 9) zuzüglich Übernachtungsgeld in Den Haag von 660–1660 DM pro Monat steuerfrei; 10) zuzüglich Übernachtungs- und Verzehrgeld in Bern von 250 DM pro Tag steuerfrei; Quelle: Das Parlament, 15./22. 11. 1991

Diäten

Hamburg kippt Altersversorgung für Senatoren

Im Juni 1992 nahm die Hamburger Bürgerschaft die 1987 von ihr selbst beschlossenen Pensionserhöhungen für Regierungsmitglieder zurück. Eine Anrechnung von vorangegangenen Mitgliedschaften in Parlamenten und von Tätigkeiten im öffentlichen Dienst bei der Bestimmung des Ruhegehalts sollen nicht mehr möglich sein. Die Regelung von 1987 hatte eine Aufstockung der Rentenanwartschaften von 47% auf 62% der Bezüge nach vier Amtsjahren vorgesehen.

Abgeordnetendiäten in Deutschland

Parlament	Versteuerte Diäten (DM/Monat)	Rang	Zahlung (DM/Monat)		
			Steuerfreie Kostenpauschale	Altersversorgung[1]	Mitarbeiterpauschalen[2]
Baden-Württemberg	6 539	8	2 522	4 904	2 487
Bayern[3]	8 700	3	4 711	6 525	4 586
Berlin	4 790	13	1 300	3 592	keine Zuschüsse
Brandenburg	4 875	12	1 500	3 656	1 200
Bremen[3]	4 037	15	692	3 028	keine Zuschüsse
Bund	10 128	2	5 765	7 596	11 600
Hamburg	keine	17	1 920	keine	2 572
Hessen[3]	10 660	1	850	7 995	2 500
Mecklenburg-Vorpommern	3 500	16	1 600	2 625	2 150
NRW	7 230	7	2 083	5 422	4 134
Niedersachsen[3]	8 200	4	1 800	6 150	950
Rheinland-Pfalz[4]	7 460	6	1 950	5 595	1 041
Saarland	7 475	5	1 760	5 606	keine Zuschüsse
Sachsen[3]	4 550	14	1 800	3 412	2 400
Sachsen-Anhalt[3]	4 996	10	1 800	3 747	1 500
Schleswig-Holstein	6 360	9	1 600	4 770	1 130
Thüringen[3]	4 900[4]	11	2 400–3 550	3 675	keine Zuschüsse

Stand: Dezember 1991; 1) Höchstrente; 2) Höchstbeträge; 3) ab 1. 1. 1992; 4) zusätzlich 13. Monatsgehalt; Quelle: Der Spiegel, Das Parlament, Aktuell-Recherche

Die teuersten Parlamentarier in Europa

Land	Ausgaben pro Wahlberechtigtem (DM/Jahr)
Dänemark	4,60
Schweden	4,60
Norwegen	3,70
Österreich	3,60
Belgien	3,51
Großbritannien	2,51
Frankreich	2,48
Italien	2,36
Portugal	2,23
Deutschland	1,98
Griechenland	1,74
Niederlande	1,54
Spanien	0,97

Stand: November 1990; Quelle: Deutscher Bundestag

die Erhöhung der D. beschließen die Parlamente. Die Höhe von D., Ministergehältern und Pensionszahlungen zog Mitte 1992 öffentliche Kritik auf sich. Im Juni 1992 beschloß der Deutsche → Bundestag, eine unabhängige Expertenkommission zur Überprüfung der Abgeordnetenbezüge einzusetzen. Im Mai 1992 zog das Hamburger Parlament (Bürgerschaft) ein D.-Gesetz zurück, das im November des Vorjahres von der Bürgerschaft mit den Stimmen der Regierungspartei SPD und der CDU-Opposition beschlossen worden war. Öffentliche Proteste und Kritik aus allen Parteien, die sich insbes. an der Anhebung der D. für die Fraktionsvorsitzenden um das Dreieinhalbfache entzündet hatten, veranlaßten den Senat im Dezember 1991 zum Einspruch gegen das Gesetz.

Bundestag: Der Prüfungsauftrag der elfköpfigen Kommission unter Leitung des Präsidenten des Bundesarbeitsgerichts, Otto Rudolf Kissel, erstreckt sich auf die gesamten finanziellen Leistungen an die Bundestagsabgeordneten, einschließlich der Pensionsansprüche und Übergangsgelder, die aus dem Bundestag ausgeschiedenen Parlamentariern und ehemaligen Bundesministern befristet gezahlt werden. Zudem wurden die Experten beauftragt, alternative Verfahren zur D.-Bewilligung auszuarbeiten. Der Kommission gehören u. a. Juristen, Gewerkschafter und Arbeitgebervertreter an. Parlamentarier sind nicht vertreten. Bundestagsabgeordnete aus SPD, CDU und CSU sprachen sich im Juni 1992 dafür aus, die D. ein Jahr lang nicht zu erhöhen. Mitte 1992 erhielt jeder Abgeordnete des Bundestags D. in Höhe von 10 128 DM pro Monat und eine steuerfreie Kostenpauschale von monatlich 5765 DM.

Hamburg: Die gescheiterte Hamburger D.-Regelung sah vor, die steuerfreien Bezüge in Höhe von 1920 DM monatlich, die den Abgeordneten für die ehrenamtliche Wahrnehmung ihrer Bürgerschaftsmandate gezahlt wurden, auf zu versteuernde 3900 DM (zuzüglich 600 DM steuerfrei) zu erhöhen. Fraktionsvorsitzende und Parlamentspräsident D. in Höhe von 19 500 DM (bis dahin: 5760 DM) pro Monat sowie nach dreieinhalbjähriger Amtszeit und fünfjähriger Parlamentszugehörigkeit vom 55. Lebensjahr an eine monatliche

Rentenzahlung in Höhe von rd. 10 500 DM erhalten. Zudem sollte den Parlamentariern die Abgeordnetentätigkeit in früheren Legislaturperioden auf die Pensionsansprüche angerechnet werden.

Dienstleistungshaftung

Ersatzpflicht des Dienstleisters für Schäden, die einem Kunden aufgrund nicht ordnungsgemäßer Leistung entstanden sind. Dem EG-Parlament lag Mitte 1992 eine von der EG-Kommission vorgeschlagene Richtlinie zur Harmonisierung der D. in den EG-Staaten zur Entscheidung vor. Die Neuregelung der D. muß anschließend von den EG-Mitgliedstaaten in nationales Recht übernommen werden. Der Entwurf sieht eine umgekehrte Beweislast ähnlich wie bei der Produkthaftung in der EG vor, d. h. der Dienstleistende muß seine Unschuld beweisen, falls ein Kunde Schaden erleidet. Vertragsklauseln, in denen die Haftung des Dienstleisters ausgeschlossen wird, sollen verboten werden.
Nach deutschem Recht muß dem Schädiger ein Verschulden nachgewiesen werden. Der Deutsche Industrie- und Handelstag (Bonn) und der Bundesverband der Deutschen Industrie (Köln) forderten Anfang 1992 eine Sonderregelung für Berufe, in denen keine Erfolgsgarantie möglich ist, z. B. bei Heilberufen. Außerdem kritisierten sie die Verjährungsfrist von 20 Jahren für D. im Baugewerbe als zu lang. In diesem Zeitraum könne nicht mehr zweifelsfrei bewiesen werden, ob ein Bauschaden durch unsachgemäßes Arbeiten entstanden sei.

Dieselruß

Schadstoff im Abgas von Diesel-Kfz, der aus einem Kohlenstoff-Kern (sog. Rußkern) und angelagerten Kohlenwasserstoffen besteht. D. ist in Deutschland als krebserregend eingestuft und belastet die Umwelt (→ Luftverschmutzung). Eine vom Bundesforschungsministerium mit 4 Mio DM geförderte Untersuchung ergab 1992, daß das Einatmen von D. in hohen Konzentrationen zu Tumoren in der Lunge führt, wobei die giftige Wirkung insbes. vom Rußkern ausgeht. Anfang der 90er Jahre verursachte der Verkehr in Deutschland rd. 70 000 t D. jährlich, davon stammten 30% aus PKW.
Von Januar 1989 bis Juli 1992 neuzugelassene Diesel-PKW erhielten in Deutschland rd. 550 DM Steuererleichterung pro Fahrzeug, wenn sie weniger als 0,08 g/km D. ausstießen (→ Kfz-Steuer). 1990 war die Förderung für alle Dieselautos aufgrund der Umweltbelastung aufgehoben worden. Ab Anfang 1993 gilt in der EG ein Zulassungsgrenzwert für D. von 0,15 g/km. Der Schwefelgehalt in Dieselkraftstoff soll von 0,3% bis Oktober 1994 auf 0,2% und bis Oktober 1996 auf 0,05% gesenkt werden. Unter dem Einfluß von Schwefeldioxid erhöht sich die giftige Wirkung von D. Schwefeldioxid ist wesentlicher Bestandteil von → Smog. Zur Reduzierung von D. standen 1992 verschiedene Verfahren zur Verfügung:

▷ Durch Hinzufügung von chemischen Stoffen (z. B. Ferrocen) zum Kraftstoff verbrennen die Rußpartikel fast vollständig

▷ Mit D.-Filtern, die Rußpartikel auffangen, ließ sich der Ausstoß von Rußteilchen nach Angaben des Umweltbundesamtes (Berlin) bereits 1991 auf 0,04 g/km reduzieren

▷ Der sog. Oxidations-Katalysator verbrennt die den Rußkern umgebenden Kohlenwasserstoffe.

Digital Audio Broadcasting

(DAB, audio, lat.; ich höre/to broadcast, engl.; senden), Hörfunk, dessen Signale digital von Funktürmen verbreitet werden. D. übertrifft herkömmlichen Hörfunk an Reichweite und erreicht eine der → CD vergleichbare Wiedergabequalität (→ Digitaltechnik). Im Gegensatz zum → Digital Satellite Radio (DSR), für dessen Empfang → Parabolantenne oder → Kabel-

Haftung bei Pauschalreisen
Zum 1. 1. 1993 tritt in der EG eine Richtlinie über Pauschalreisen in Kraft. Sie regelt die Gestaltung von Reiseverträgen und die Haftung bei Pauschalreisen. Für körperliche Schäden des Reisenden haftet der Reiseveranstalter unbeschränkt, falls sie durch eine unsachgemäße Dienstleistung des Veranstalters entstanden sind. Reiseunternehmen haben die Pflicht, Kunden vor Vertragsabschluß ausreichend über das Ziel und den geplanten Verlauf der Reise zu informieren. Das schließt eine Informationspflicht über gesundheitliche Risiken, z. B. über im Reiseland verbreitete Krankheiten, ein.

Dieselruß von LKW kann auf der Rolle gemessen werden
Das Institut für Fahrzeugtechnik der TU Berlin stellte 1992 einen neuen Prüfstand für LKW vor, auf dem der Anteil von Dieselruß im Abgas kontrolliert werden kann. Die Laster werden auf Rollen gestellt, so daß Messungen bei Vollgas möglich sind. 1992 wurde die Abgasprüfung von LKW meist bei einer Fahrt auf der Straße bei gezogener Bremse vorgenommen, um volle Belastung zu simulieren. Der für 1 Mio DM gebaute Prüfstand ist umweltfreundlicher, weil die Messung schneller durchgeführt werden kann.

anschluß notwendig sind, kann D. auch mit einem Autoradio oder einem tragbaren Gerät empfangen werden. Die an der Entwicklung beteiligten 147 europäischen Firmen kündigten Ende 1991 die bundesweite Ausstrahlung von D. für 1995 an (Kosten bis 1992: 80 Mio DM). Voraussetzung für D. ist ein Radio, das die digitalisierten Tonsignale entschlüsselt (Preis 1995: voraussichtlich 1000 DM).

Störungen, die sich beim herkömmlichen Hörfunk dadurch ergeben, daß einzelne über den Sendeturm verbreitete Schallwellen durch bauliche oder geographische Gegebenheiten abgelenkt werden, entstehen bei D. nicht. Die digitalisierten Tonsignale werden für die Übertragung über Schallwellen durcheinandergewürfelt. Das Radio setzt die Signale zusammen und filtert Störgeräusche heraus.

D. hat gegenüber herkömmlichem Hörfunk weitere Vorteile:
▷ D.-Programme sind bundesweit auf der gleichen Frequenz zu empfangen, beim Autofahren entfällt das Neueinstellen des Senders
▷ Neben den Programmen werden weitere Informationen verbreitet, z. B. Verkehrshinweise, die per Knopfdruck abgerufen werden können
▷ Es können etwa dreimal so viele Hörfunkprogramme über UKW (87–108 MHz) ausgestrahlt werden, weil D. eine geringere Frequenzbreite beansprucht als der herkömmliche Hörfunk.

Von 1995 bis 2010 sollen Hörfunkprogramme in Deutschland parallel über UKW-Frequenzen und als D. verbreitet werden. Ab 2010 soll D. die Ausstrahlung über UKW-Frequenzen schrittweise ersetzen.

Digital Audio Tape
→ DAT

Digital Compact Cassette
→ DCC

Digital Satellite Radio

(engl.; digitales Satellitenradio, DSR), Hörfunkprogramme, die über → Satellit in → Digitaltechnik ausgestrahlt werden. DSR übertrifft herkömmlichen Hörfunk an Reichweite und erreicht eine der → CD vergleichbare Wiedergabequalität, wenn die Programme auch in Digitaltechnik produziert werden. Voraussetzung für den Empfang ist ein → Kabelanschluß oder eine Parabolradioantenne und ein Hörfunkgerät, das die Satellitensignale entschlüsselt (sog. Satelliten-Tuner, Kosten 1992: 600–2500 DM). Ende 1991 waren die 16 für DSR auf den Satelliten Kopernikus und → TV-Sat 2 bereitgestellten Kanäle an öffentlich-rechtliche und private Anbieter vergeben. Etwa 80 000 Hörer konnten nach Angaben des Zentralverbands Elektrotechnik- und Elektronikindustrie (ZVEI, Frankfurt/M.) Mitte 1992 in Deutschland DSR empfangen, 80% von ihnen über Kabelanschluß.

Gegenüber herkömmlichem Hörfunk zeichnet sich DSR durch weitere Vorteile aus:
▷ Die Lautstärke für Musik und Sprache kann getrennt eingestellt werden
▷ Programme können nach Stichwort, z. B. Pop, klassische Musik, Nachrichten, angewählt werden
▷ In einem Anzeigenfeld erscheinen die Senderkennungen und geben die Programmherkunft an.

DSR-Anbieter senden vorwiegend Kulturprogramme, darunter auch sog. Spartenprogramme für eine bestimmte Zielgruppe. Das Münchener Radio Xanadu bietet z. B. seit Ende 1991 Rockmusik aus den 60er und 70er Jahren, Radio Klassik (Hamburg) sendet seit 1990 überwiegend klassische Musik, und Radioropa (Daun/Eifel) strahlt seit 1990 ein 24-stündiges Informationsprogramm aus (→ Nachrichtenkanal).

Ab Mitte 1992 sind in Österreich 16 Hörfunkprogramme als DSR zu empfangen, in der Schweiz wurden je 16 DSR-Programme aus Deutschland und der Schweiz angeboten.

Digitaltechnik

Teilbereich der Informationsverarbeitung und Elektronik, der sich mit der Zerlegung von Informationen (Sprache, Bilder, Daten, Licht- und Schallwellen) in kleinste Nachrichteneinheiten befaßt. D. bildet die Voraussetzung für die elektronische Speicherung, Verarbeitung und Übertragung von Informationen (→ Mikroelektronik). In der Unterhaltungselektronik wird D. bei der Aufnahme und Übermittlung von Sprache und Bild genutzt. Ab Ende 1992 sind beliebig oft wiederbespielbare → CDs erhältlich (→ MO-CD → Mini-Disc).
Die Umwandlung von Informationen in digitalisierte Signale erfolgt über einen sog. Analog/Digitalwandler, der z. B. Spracheinheiten erfaßt und sie je nach Größe, Stärke und Anzahl mit einem Zahlenwert belegt. Dieser Wert wird in ein Zahlensystem übertragen, d. h. bei binärer Codierung in eine Zahlenfolge von Null und Eins umgesetzt. Das Binärsystem (→ Bit) stellt eine ideale Grundlage für die elektronische Datenverarbeitung dar, da es mit lediglich zwei Ziffern auskommt, die von einem → Computer (→ Personalcomputer) als Spannung bzw. keine Spannung entschlüsselt werden können.

Dioxin

Sammelbegriff für eine Gruppe von chemisch verwandten Stoffen (Dibenzoparadioxine), deren giftigster das sog. Seveso-D. ist (2,3,7,8-Tetrachlordibenzoparadioxin, kurz TCDD). D. kann schwere Hautschäden (sog. Chlorakne) verursachen. Ob D. die Entstehung von Krebs begünstigt, war Mitte 1992 nicht geklärt. D. entsteht bei chemischen Prozessen, z. B. bei der Herstellung von Pflanzen- und Holzschutzmitteln, bei der Chlorbleiche von Zellstoff und bei Verbrennung (→ Chemikalien → PCB). Ab Mitte 1992 darf verbleites Benzin in Deutschland keine D. erzeugenden Brom- und Chlorverbindungen mehr enthalten, um den Ausstoß von D. in PKW-Abgasen zu verringern. Die Umweltminister von Bund und Ländern planten Anfang 1992 die Einführung von Richtwerten für D. in Böden.

Schädlichkeit: Mitte 1992 gingen Wissenschaftler von der Theorie aus, daß D. ein sog. Promoter für → Krebs sei, d. h. die Krankheit zwar nicht auslöse, aber bereits geschädigte Zellen zum Wuchern anregen könne. Das Bundesgesundheitsamt (BGA, Berlin) hielt die Aufnahme von 1 Pikogramm (pg = 0,000 000 000 001 g) pro kg Körpergewicht am Tag für vertretbar. Die Bundesbürger würden täglich im Schnitt 1,3 pg pro kg Körpergewicht zu sich nehmen. D. reichert sich im Fettgewebe des Menschen an und hat eine Halbwertzeit von sieben bis zehn Jahren, in der die Hälfte des Stoffs aus dem Körper ausgeschieden wird.

Richtwerte: Richtwerten liegt die Annahme zugrunde, daß eine Menge, die bei Ratten Krankheitssymptome auslöst, für den Menschen unbedenklich ist, wenn sie 1000fach niedriger dosiert ist. Während das BGA 1992 empfahl, die landwirtschaftliche Nutzung von Böden ab dem Wert von 5 Nanogramm D. (ng = 0,000 000 001 g) pro kg Boden einzuschränken, planten die Umweltminister der Länder die Einführung eines Richtwerts von 40 ng. Beträgt die D.-Belastung zwischen 5 und 40 ng pro kg Boden, soll die Nutzung nur beschränkt werden, wenn die angebauten Nahrungsmittel stark mit D. belastet sind. Ab 100 ng D. pro kg Boden müßten Schutz- und Sanierungsmaßnahmen wie Bodenaustausch und Versiegelung des Bodens ergriffen werden. Die Umweltminister beriefen sich auf eine Studie des Landes NRW von 1991, nach der Pflanzen über den Boden nur geringe Mengen von D. aufnehmen würden. Die Belastung von Nahrungsmitteln mit D. erfolge zumeist über den Staubniederschlag aus Verbrennungsanlagen.
Umweltverbände kritisierten die Höhe der Richtwerte. Anstatt belastete Böden zu sanieren, würden die Richtwerte

Biologische Abbaumethoden für Dioxin
Mikrobiologen und Chemiker der Universitäten Hamburg und Bielefeld gingen 1991/92 davon aus, daß Dioxine, die vermutlich beim Menschen das Wachstum von Krebstumoren begünstigen, von Mikroorganismen in Böden abgebaut werden. Erste Erfolge hatten sie 1992 mit der Sanierung von Böden, die nichtchlorierte Substanzen wie Dibenzodioxin enthielten. Das Bundesforschungsministerium förderte die biologische Sanierung dioxinbelasteter Böden und Abwässer von 1987 bis Mitte 1992 mit rd. 5,1 Mio DM.

Jan Hoet, Documenta-Leiter
* 23. 6. 1936 in Leuven/
Belgien, Professor für
Kunst und Ästhetik. 1969
Professor für Kunstge-
schichte an der Universi-
tät Gent, ab 1975 Direktor
des Museums van Hee-
gendagse Kunst (Gent).
Ab 1989 Documenta-
Direktor.

*„Mann zum Mond wan-
delnd" nennt der US-
Amerikaner Jonathan
Borofsky sein Exponat vor
dem Hauptgebäude der
Ausstellung moderner
Kunst, Documenta 9, dem
Fridericianum in Kassel.*

an die 1991/92 bestehende Belastung angepaßt. Hessen und Niedersachsen wollten einer Erhöhung der Richtwerte nicht zustimmen.

Müllverbrennung: Ab 1996 dürfen Alt-anlagen in Deutschland nur noch 0,1 ng D. pro m³ Abgas ausstoßen, bis dahin sind 10 ng/m³ Abgas erlaubt. Neue An-lagen müssen den Grenzwert für D. be-reits ab Ende 1990 einhalten.

Documenta

Ausstellung internationaler zeitgenös-sischer Kunst, die seit 1954 im Abstand von vier bis fünf Jahren in Kassel aus-gerichtet wird. Die D. 9 findet vom 13. 6. bis 20. 9. 1992 unter der Leitung des Belgiers Jan Hoet statt, Professor der Kunst und Ästhetik sowie Direktor des Museums van Heegendagse Kunst in Gent/Belgien.

186 Künstler, vor allem aus den USA (46) und Deutschland (26), stellen ihre Werke an acht Orten in Kassel unter dem Motto „Vom Kunstwerk zum Be-trachter zur Kunst" aus. Zentrum der D. ist das Fridericianum, daneben sind Ex-ponate im Freien zu sehen. Der Aus-stellungsetat der bis dahin größten und teuersten D. betrug 15,6 Mio DM. Er soll über Eintrittsgelder (6 Mio DM), vom Bund, dem Land und der Stadt (insgesamt 6,7 Mio DM) sowie Spon-soren und Mäzenen finanziert werden. Kritiker bemängelten Hoets Vorge-hensweise, Werke aller Stilrichtungen und Bereiche der Kunst auszustellen. So sei lediglich eine willkürliche Ansammlung von rd. 1000 Werken entstanden.

Dollarkurs

Die Wert-Entwicklung der US-ameri-kanischen gegenüber anderen Währun-gen blieb Anfang der 90er Jahre be-deutsam für die → Weltwirtschaft, weil der größte Teil des Welthandels und -kapitalverkehrs in Dollar abgewickelt wurde. Ende Juni 1992 entsprach ein Dollar rd. 1,50 DM.

D.-Schwankungen hatten Anfang der 90er Jahre insbes. folgende Gründe:

▷ Zinsunterschiede zwischen USA und Ausland; niedrige Zinsen, mit denen die USA zur Konjunkturbe-lebung kreditfinanzierte Investitio-nen begünstigen wollen, veranlas-sen Kapitalanleger zum Dollarver-kauf, wenn sie in anderen Ländern, wie 1991/92 insbes. in Deutschland, höhere Zinsen erzielen können (→ Leitzinsen); zurückgehende Nach-frage senkt den D.

▷ Überschuß der Einfuhren gegen-über den Ausfuhren der USA; ein fallender D. trägt zum Ausgleich bei, da die Preise von US-amerika-nischen Waren für ausländische Käufer sinken und so zu erhöhter Nachfrage beitragen können

▷ Zurückgehende Nachfrage der in-ternationalen Zentralbanken nach dem Dollar als Reservewährung zu-gunsten von DM und japanischem Yen trägt zu fallendem D. bei; mit abnehmender Bedeutung der USA als Handelsmacht ging der Dollar-anteil an den Reserven auf 60% zurück (Mitte der 70er Jahre: 80%)

▷ Zu erhöhter Nachfrage und damit steigendem D. führen traditionell internationale Krisen; die Rolle der USA als weltstärkste Militärmacht fördert Kapitalanlagen in der US-Währung (sog. Kapitalflucht)

Schwache Offensive gegen den Betrug im Sport

Dopingvergehen im deutschen Leistungssport wurden 1992 von Verbänden und Politikern mit schärferen Strafen und Kontrollen bekämpft. Das deutsche Nationale Olympische Komitee (NOK) beschloß Ende 1991, gedopte Sportler für die → Olympischen Spiele zu sperren; Ärzte, Trainer und Funktionäre, die am Doping beteiligt waren, sollen lebenslang von der Teilnahme an den Spielen ausgeschlossen werden. Zum 1. 1. 1992 führte der Deutsche Sportbund (DSB, Frankfurt/M.) ein Doping-Kontrollsystem ein, das für 1992 rd. 4000 Kontrollen von Athleten im Training vorsieht (Kosten: rd. 2,5 Mio DM). Vor allem ostdeutsche Sportler, Ärzte und Trainer sowie Funktionäre wurden mit Dopingvorwürfen konfrontiert.

Konsequenzen aus der Vergangenheit: Die Dopingkommission des DSB unter Vorsitz von Manfred von Richthofen empfahl den Fachverbänden Ende 1991 die Entlassung von 43 Trainern, Ärzten und Funktionären aus Ostdeutschland, die an Doping beteiligt gewesen sein sollen. Nach Angaben der Kommission wurde in der DDR z. B. in den Sportarten Eisschnellauf, Gewichtheben, Kanu, Leichtathletik, Radfahren, Schwimmen und Skilanglauf im ganzen Land und systematisch gedopt. Der Bundesausschuß Leistungssport richtete Mitte 1991 an die Fachverbände die Empfehlung, Dopingvergehen von Sportlern und Vereinstrainern, die vor dem 1. 1. 1991 begangen wurden, nicht zu ahnden. Die Amnestie solle die Aufdeckung früherer Vergehen und einen ehrlichen Neubeginn ermöglichen.

Verbände ergreifen schärfere Maßnahmen: Neben dem NOK beschlossen u. a. die Verbände für Schwimmen, Gewichtheben und Leichtathletik, strenger gegen Dopingsünder vorzugehen. Der Deutsche Leichtathletik-Verband (DLV) führte Anfang 1992 einen Athleten-Paß für jeden Olympiateilnehmer ein, in dem Dopingtests und eingenommene Medikamente verzeichnet werden müssen. Mehrere Spitzenathleten wurden wegen Dopings von internationalen Wettbewerben ausgeschlossen. Sponsoren distanzierten sich von Sportlern, die im Verdacht standen, durch die unerlaubte Einnahme von teilweise gesundheitsschädlichen pharmazeutischen Mitteln, wie dem männlichen Hormon Testosteron, ihre Leistung gesteigert zu haben.

Gerichte entscheiden über Karrieren: Betreuer und Sportler, die sich zu Unrecht mit Dopingvorwürfen konfrontiert fühlten, strengten 1991/92 Gerichtsverfahren an. Die Läuferinnen Katrin Krabbe, Grit Breuer und Silke Möller erwirkten auf dem verbandsinternen Rechtsweg, daß der DLV eine wegen der Manipulation von Urinproben gegen sie verhängte Sperre aufhob. Der Freispruch war umstritten, weil er vor allem mit Verfahrensfehlern bei der Kontrolle begründet wurde. Der DSB diskutierte daraufhin die Einrichtung eines zentralen Dopingschiedsgerichts, das ehrenamtliche Instanzen ablösen soll.

Kontrollsystem mit Mängeln: Die 4000 für 1992 vorgesehenen Tests von Sportlern werden zu 60% aus Bundesmitteln bezahlt, den Rest finanzieren die Sportverbände. Mit der Durchführung beauftragte der DSB erstmals das Privatunternehmen German Control. Dies soll die Neutralität der Kontrolleure sichern. Kritiker bemängelten, daß die Überprüfung würde oft unterlaufen, etwa wenn Trainingslager unangemeldet verlegt werden. Zudem werde häufig bei der Abgabe der Proben manipuliert oder mit Substanzen gedopt, die von den herkömmlichen Routinetests nicht nachgewiesen werden können.
Das Internationale Olympische Komitee (IOC) führte bei den Sommerspielen in Barcelona etwa 2000 Urintests durch. Es verzichtete 1992 auf den Dopingnachweis mit Hilfe von Blutproben, weil die Vergleichbarkeit der Testergebnisse für Menschen verschiedener Hautfarben geprüft werden müsse. Das neue Verfahren soll verläßlicher sein als Urintests und spätestens 1996 eingesetzt werden. Athleten hatten sich aus religiösen Gründen gegen die Entnahme von Blutproben ausgesprochen.

Politik schreitet ein: Der Bundestag hatte von November 1991 bis März 1992 rd. 5 Mio DM der für 1992 vorgesehenen Sportfördermittel (184 Mio DM) zurückgehalten, bis die Verbände schlüssige Konzepte gegen Doping vorlegen. Ende 1991 hatte der Sportausschuß des Parlaments entschieden, den Verbänden die Förderung zu entziehen, die sich weigern, Kontrollen im Training durchzuführen. Die Doping-Kontrollkommission des DSB legt dem Ausschuß ab 1992 vierteljährlich einen Bericht über ihre Tätigkeit vor. (Si)

Entwicklung des Dollarkurses

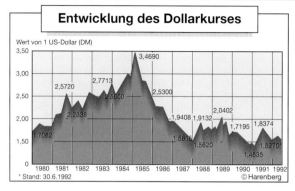

Wert von 1 US-Dollar (DM)

* Stand: 30.6.1992
© Harenberg

mauer soll ab ca. 2000 jährlich 84 Mrd kWh erzeugen, das entspricht etwa einem Achtel der Energieproduktion Chinas von 1991 (geschätzte Baukosten: rd. 10 Mrd DM). Wissenschaftler und Abgeordnete der betroffenen Provinz kritisierten, daß der Dammbau zur Überflutung von 28 700 ha Ackerland führen wird. Es müßten rd. 1,13 Mio Menschen umgesiedelt werden.

Dritte Welt

→ Entwicklungsländer

▷ Weltweite Spekulationsgeschäfte und subjektive Erwartungen von Käufern und Verkäufern beeinflussen die D.-Entwicklung in unvorhersagbarer Weise.
Die Finanzminister und Zentralbankpräsidenten der westlichen Industrieländer bemühten sich in den 80er und 90er Jahren bei extremen Schwankungen des D. um eine Stabilisierung durch den Kauf oder Verkauf von Dollar-Beständen. → Bundesbank, Deutsche → ECU → Europäische Währungsunion → Internationaler Währungsfonds

Drogen

→ Übersichtsartikel S. 119

Drogen-Soforttherapie

Ende 1991 in Dortmund gestartetes Modellprojekt, bei dem Drogensüchtige, die sich zum Entzug entschlossen haben, am gleichen Tag eine Therapie antreten. Bis dahin mußten entzugsbereite Abhängige einen Antrag auf Therapie stellen, sich am Therapieplatz vorstellen und monatelang mehrmals wöchentlich an Beratungen teilnehmen, bevor sie den Entzug beginnen konnten. Der Abhängige sollte in dieser Zeit seinen Willen zum Ausstieg beweisen. Lediglich 40% der Bewerber traten die Therapie schließlich an. Die auch „Therapie sofort" genannte, auf zwei Jahre befristete D. für rd. 60 Abhängige wird vom Landschaftsverband Westfalen-Lippe und dem nordrhein-westfälischen Gesundheitsministerium mit rd. 2,1 Mio DM finanziert. Für 1992 war ein weiteres D.-Projekt im Kölner Raum geplant.
Im Gesundheitsamt von Dortmund entscheiden ein Arzt, ein Sozialarbeiter und ein Krankenversicherungsexperte über die Aufnahme der Süchtigen in die D. Nach der Entgiftung wird der Süchtige zu einer Therapie in ein Krankenhaus vermittelt. Bis Mitte 1992 überstieg die Zahl der Bewerber die in der D. zur Verfügung stehenden Plätze um ein Vielfaches.

Doping

→ Übersichtsartikel S. 117

Drei-Schluchten-Damm

Die chinesische Regierung plante 1992 den Bau eines Staudamms am Oberlauf des Jangtsekiang, der den Fluß zu einem Stausee von 600 km Länge mit 39 Mrd m^3 Wasserinhalt aufstauen wird (Assuanstausee/Ägypten: 550 km Länge). Der Damm soll den Strom zwischen den bis zu 1000 m hohen Klippen der als Naturschönheit bekannten Drei Schluchten in der Provinz Szetschuan aufstauen und die Region vor Überschwemmungskatastrophen schützen, die allein 1991 rd. 1500 Menschenleben forderten. Das geplante Wasserkraftwerk (→ Wasserkraft) in der Stau-

Drogen-Soforttherapie von jungen Abhängigen genutzt
Das in Dortmund gestartete Modellprojekt Drogen-Soforttherapie, bei dem entzugsbereiten Drogensüchtigen sofort eine Therapie vermittelt wird, wurde bis Mitte 1992 überwiegend von jungen Abhängigen bis 25 Jahren wahrgenommen. Diese Gruppe wird nach Angaben der Mitarbeiter des Projekts nicht erreicht, bei denen zwischen Bewerbung um den Platz und Antritt der Therapie oft Monate vergehen.

Drogen
Freigabe weicher Rauschmittel umstritten

Konsum und Handel von Drogen breiteten sich 1991/92 in nahezu allen Staaten der Welt aus. Etwa 50 Mio Menschen nahmen regelmäßig Rauschgift. Die Länder Osteuropas entwickelten sich nach Erkenntnissen des Suchtstoffkontrollrats der UNO zu Transitländern und Umschlagplätzen des internationalen Rauschgifthandels, dessen Umsatz 1992 auf 900 Mrd–1450 Mrd DM geschätzt wurde. Eine Stabilisierung des Drogenmißbrauchs registrierte die UNO 1991 in den USA und einigen Staaten Westeuropas, in den Niederlanden sogar einen Rückgang der Zahl der Süchtigen. In Deutschland trat 1992 ein Gesetz gegen die Anlage von Gewinnen aus dem Drogenhandel in Kraft. Die Freigabe weicher Drogen, z. B. Haschisch, und die kontrollierte Abgabe von harten Drogen wie Heroin an Süchtige wurde kontrovers diskutiert. Die Ausgabe des nicht bewußtseinsverändernd wirkenden Ersatzrauschmittels → Methadon an ausgewählte Abhängige sollte erleichtert werden.

Weniger Süchtige in den Niederlanden: Obwohl Besitz, Handel und Konsum von Drogen in den Niederlanden gesetzlich untersagt sind, wird seit 1976 Kauf, Besitz und Einnahme weicher Drogen sowie Besitz und Konsum harter Drogen für den eigenen Bedarf nicht strafrechtlich verfolgt. Von 1982 bis 1992 verringerte sich die Zahl der harten Drogen Abhängigen z. B. in Amsterdam um rd. 50% auf etwa 6000. Die Zahl der Straftaten, die zur Finanzierung der Drogen von Süchtigen begangen werden (sog. Beschaffungskriminalität), sank kontinuierlich.

Erstmals über 2000 Drogentote in Deutschland: 1991 stieg die Zahl der Opfer harter Drogen um rd. 38% auf den Höchststand von 2026 an. Nach polizeilichen Angaben konsumierten 11 685 Menschen 1991 erstmals harte Drogen (1990: 10 013). Einerseits ist nach Untersuchungen der Kölner Bundeszentrale für gesundheitliche Aufklärung der Anteil Jugendlicher zwischen zwölf und 25 Jahren, die Erfahrungen mit illegalen Drogen haben, von 1973 bis 1990 von 36% auf 24% gesunken. Andererseits registrieren Drogenberatungsstellen eine wachsende Zahl von Konsumenten, die verschiedene Rauschgifte gleichzeitig in immer stärkeren Dosen nehmen. Die Zahl der Drogenabhängigen bezifferte die Hammer Hauptstelle gegen die Suchtgefahren 1992 auf 1,5 Mio–2,5 Mio. Davon nahmen rd. 100 000 harte Drogen. Zu den Suchtstoffen zählen außerdem Alkohol (→ Alkoholismus) und → Arzneimittel.

Gesetz gegen Anlage von Drogengeldern: Der Bundesrat verabschiedete im Juni 1992 ein Gesetz, das die Anlage von sog. schmutzigen Geldern aus dem Rauschgifthandel zur Straftat erklärt. → Geldwäsche wird mit bis zu fünf Jahren Freiheitsentzug bzw. Geldstrafen geahndet. 1992 soll zudem über einen Gesetzentwurf zum Aufspüren illegaler Gewinne entschieden werden. Danach sollen Banken bei Verdacht auf Geldwäsche Auftraggeber von Überweisungen ab 30 000 DM und Bareinzahlungen ab 50 000 DM identifizieren.

Haschisch legale oder illegale Droge: Ein Richter des Lübecker Landgerichts beantragte Anfang 1992 die verfassungsgerichtliche Prüfung, ob weiche Drogen wie Haschisch und Marihuana zu den illegalen Drogen zählen oder den legalen Rauschmitteln Alkohol und Nikotin gleichzustellen sind. Der Richter wies darauf hin, daß jährlich in Deutschland 40 000 Menschen an alkoholbedingten Erkrankungen sterben, Hasch aber nur geringe körperliche Auswirkungen habe und allenfalls eine psychische Abhängigkeit auslösen könne. Befürworter der Freigabe wollten die Konsumenten nicht kriminalisieren und in das Milieu harter Drogen drängen. Gegner befürchteten zunehmenden Drogenkonsum.

Kontrollierte Abgabe von harten Drogen: Der Hamburger Bürgermeister Henning Voscherau (SPD) schlug 1992 vor, daß Ärzte in Modellversuchen Süchtige kontrolliert mit Heroin versorgen sollten. Die Bundestagsfraktion der SPD forderte 1992 Straffreiheit von Besitz und Konsum eines Wochenvorrats Heroin für Abhängige. Die CDU/CSU/FDP-Bundesregierung lehnte die kontrollierte Abgabe harter Drogen ab, weil kein Zusammenbruch des Schwarzmarkts, sondern steigender Drogenmißbrauch erreicht würde. Die Schweiz plante 1992, an rd. 500 Süchtige unter ärztlicher Kontrolle Heroin oder Methadon auszugeben, um die Ausbreitung von → Aids und Beschaffungskriminalität zu verringern.   (MS)

E

ECU

(European Currency Unit, engl.; Europäische Währungseinheit; écu, franz.; Taler), vorgesehene Währung in der ab 1997–1999 geplanten → Europäischen Währungsunion (EWU). Der 1979 zusammen mit dem Europäischen Währungssystem (EWS) geschaffene ECU diente bis 1992 insbes. als Rechengröße der europäischen Zentralbanken (→ Bundesbank, Deutsche). Daneben wuchs die Bedeutung des noch nicht als Bargeld ausgegebenen ECU für den privaten Markt. Mitte 1992 entsprach ein ECU rd. 2,05 DM.

Europawährung: Der ECU war 1992 eine sog. Korbwährung, deren Wert sich aus Anteilen der EG-Währungen zusammensetzte, bemessen nach dem wirtschaftlichen Gewicht der Staaten. Im Herbst 1994 wollen die EG-Länder die Zusammensetzung des alle fünf Jahre (zuletzt September 1989) überprüften Korbs endgültig festsetzen. Mit Beginn der EWU soll der ECU seinen Charakter der Korbwährung verlieren und von der → Europäischen Zentralbank als EG-Währung ausgegeben werden, die alle nationalen europäischen Währungen ersetzt.

Gestaltung: Als Name der Europawährung war 1992 Ecu vorgesehen. Alternativvorschläge waren Franken, die Gestaltung auf einer Seite als Ecu, auf der anderen als nationale Währung, und nationale Währungsbezeichnungen mit dem Zusatz Euro, z. B. Euro-Mark.

Bedeutung: Die Bank für Internationalen Zahlungsausgleich (BIZ, Basel/Schweiz) stufte den ECU 1992 als viertwichtigste Währung im internationalen Geschäft der → Banken nach Dollar (→ Dollarkurs), DM und japanischem Yen ein. In ECU wurden Anleihen (festverzinsliche Wertpapiere) aufgelegt, Geld gehandelt und Kredite vergeben. Auch internationale Unternehmen nutzten den ECU. Daneben war es möglich, ECU-Bankkonten zu führen und Schecks auf ECU auszustellen. Als Korbwährung war der Kurs des ECU relativ stabil. Er schwankte z. B. weniger stark als der Dollarkurs. Die Kursbewegungen einzelner EG-Währungen beeinflussen den gesamten Korb nur wenig oder gleichen sich sogar aus.

EFTA

(European Free Trade Association, engl.; Europäische Freihandelsassoziation), zweitgrößtes Wirtschaftsbündnis in Westeuropa nach der → EG, dem Mitte 1992 Finnland, Island, Liechtenstein, Norwegen, Österreich, Schweden und die Schweiz angehörten. Die EFTA bemühte sich 1991/92, ihre Beziehungen zu → Osteuropa auszubauen. Auf der anderen Seite schloß sie 1992 mit der EG den Vertrag zum Europäischen Wirtschaftsraum (→ EWR), der ihr die Teilnahme am → Europäischen Binnenmarkt der EG ab 1993 ermöglicht. Vier EFTA-Staaten hatten darüber hinaus bis Mitte 1992 die Mitgliedschaft in der EG beantragt.

EG: Den Beitritt zur EG, der ein Verlassen der EFTA beinhaltet (wahrscheinlicher Zeitpunkt: 1996) beantragten Österreich (1989), Schweden (1991), Finnland (1992) und die

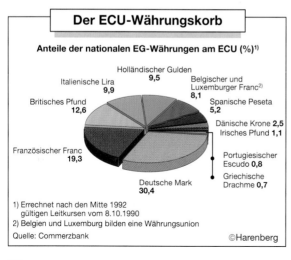

Der ECU-Währungskorb

Anteile der nationalen EG-Währungen am ECU (%)[1]

Holländischer Gulden 9,5
Italienische Lira 9,9
Belgischer und Luxemburger Franc[2] 8,1
Britisches Pfund 12,6
Spanische Peseta 5,2
Dänische Krone 2,5
Irisches Pfund 1,1
Französischer Franc 19,3
Portugiesischer Escudo 0,8
Griechische Drachme 0,7
Deutsche Mark 30,4

1) Errechnet nach den Mitte 1992 gültigen Leitkursen vom 8.10.1990
2) Belgien und Luxemburg bilden eine Währungsunion

Quelle: Commerzbank
©Harenberg

Deutscher Handel mit der EFTA

Jahr	Wert (Mio DM)		
	Einfuhr aus der EFTA	Ausfuhr in die EFTA	Ausfuhr-überschuß
1983	51 363	67 497	16 134
1984	56 711	75 905	19 194
1985	61 513	86 256	24 743
1986	55 656	86 610	31 153
1987	56 277	88 354	32 077
1988	60 398	94 359	33 961
1989	67 768	104 966	36 046
1990	76 436	106 403	29 967
1991[1]	82 085	103 697	21 613

1) Vorläufige Zahlen; Quelle: Bundeswirtschaftsministerium

Schweiz (1992). In Norwegen wurde dieser Schritt für den Herbst 1992 erwartet, nur Island und Liechtenstein hatten Mitte 1992 kein Interesse an einem EG-Beitritt.

Osteuropa: Einem Freihandelsabkommen mit der ČSFR ab Mitte 1992, nach dem fast alle Güter außer landwirtschaftlichen Erzeugnissen bis zum Jahr 2002 freien Zugang zum EFTA-Markt bekommen, sowie der Türkei ab April 1992 sollen Verträge mit Ungarn und Polen sowie Israel folgen. Die Abkommen stellen diese Staaten praktisch EFTA-Mitgliedern gleich. Mit Rumänien und Bulgarien wurde zunächst nur eine engere Zusammenarbeit vereinbart, ebenso mit Estland, Lettland und Litauen sowie Slowenien. Mit Jugoslawien brach die EFTA aufgrund des herrschenden Bürgerkrieges jede Zusammenarbeit ab.

Organisation: Generalsekretär der 1960 gegründeten EFTA ist ab 1988 der Österreicher Georg Reisch. Sitz des EFTA-Sekretariats ist Genf/Schweiz (Stand: Mitte 1992).

EG

(Europäische Gemeinschaft), Staatenbündnis, dem Mitte 1992 die zwölf westeuropäischen Länder Belgien, Dänemark, Deutschland, Frankreich, Griechenland, Großbritannien, Irland, Italien, Luxemburg, Niederlande, Portugal und Spanien angehörten. Anfang 1993 soll zwischen den EG-Staaten der → Europäische Binnenmarkt mit frei-

em Verkehr für Personen, Waren, Dienstleistungen und Kapital in Kraft treten. Ende des Jahrtausends soll eine → Europäische Währungsunion hinzukommen. Eine von den Staats- und Regierungschefs der EG, dem sog. Europäischen Rat, beschlossene → Europäische Union auf politischem Gebiet lag 1992 den nationalen Gesetzgebern zur Zustimmung vor. Angesichts der Wirtschaftskraft der EG bemühten sich andere europäische Länder um verbesserten Zugang zum EG-Markt, insbes. die Europäische Freihandelsassoziation → EFTA und die Staaten → Osteuropas. Da zum Jahresende eine fünfjährige Finanzvereinbarung ausläuft, begannen 1992 Auseinandersetzungen zwischen den EG-Staaten um die künftige Finanzierung des → EG-Haushalts.

Westeuropa: EFTA und EG schlossen Anfang 1992 den Vertrag über den Europäischen Wirtschaftsraum (→ EWR), der den EFTA-Staaten ab 1993 die volle Teilnahme am Europäischen Binnenmarkt gestatten soll. Die EFTA-Mitglieder Schweden (1991), Finnland (1992) und Schweiz (1992) beantragten nach Österreich (1989) darüber hinaus die Mitgliedschaft in der EG. Die norwegische Regierung plante für den November 1992 einen Beitrittsantrag. Weitere Mitgliedsanträge lagen Mitte 1992 aus Malta und Zypern (beide 1990) vor.

Osteuropa: Mit der ČSFR, Polen und Ungarn schloß die EG im Dezember 1991 Assoziationsabkommen (sog. Europa-Verträge), die bis Ende der 90er Jahre schrittweise freien Handel und freien Zugang zum Europäischen Binnenmarkt vorsehen und den Beitritt vorbereiten sollen. Die Länder wollten noch 1992 Mitgliedsanträge stellen. Mit den übrigen Staaten Osteuropas führte die EG 1992 Gespräche über die Zusammenarbeit. Ein Mitgliedsantrag der assoziierten Türkei von 1987 wurde 1990 bis auf weiteres abgelehnt, weil Demokratie und Wirtschaft nicht weit genug entwickelt seien, gegen die → Menschenrechte verstoßen werde und der Konflikt um Zypern ungelöst sei.

Georg Reisch, EFTA-Generalsekretär * 23. 5. 1930 in Wien/Österreich, Dr. jur., österreichischer Diplomat und Wirtschaftspolitiker. Ab 1956 mehrfache Tätigkeit im österreichischen Landwirtschafts- und Außenministerium sowie im internationalen diplomatischen Dienst. Ab April 1988 Generalsekretär der EFTA.

Frans Andriessen EG-Außenkommissar * 2. 4. 1929 in Utrecht/Niederlande, niederländischer Politiker (Christdemokratische Partei). 1977–1979 Finanzminister. Ab 1981 EG-Kommissar, ab 1989 zuständig für Außenbeziehungen, Handelspolitik und Zusammenarbeit mit den anderen europäischen Staaten (Amtszeit bis Ende 1992).

Erweiterung der EG

ISLAND
NORWEGEN
FINNLAND
SCHWEDEN
IRLAND
DÄNE-
MARK
GROSS-
BRITANNIEN
NIEDER-
LANDE
BELGIEN
DEUTSCH-
LAND
POLEN
LUX.
FRANKREICH
LIECH.
ÖSTER-
REICH
CSFR
SCHWEIZ
UNGARN
PORTU-
GAL
SPANIEN
ITALIEN
GRIECHEN-
LAND
TÜRKEI*
MALTA
ZYPERN

0 500 km

EG-Staaten
EG-assoziierte Staaten
EG-Aufnahme-Anträge
EFTA-Staaten
EFTA-Freihandelsabkommen
*EG-Aufnahme vorläufig abgelehnt
Stand: Mitte 1992

© Harenberg

Führerscheinversicherung in Deutschland verboten
In Deutschland wird es auch nach der Verwirklichung des Europäischen Binnenmarktes 1993 keine Versicherung für Autofahrer geben, denen der Führerschein entzogen wurde. In der Schweiz, in Frankreich, Großbritannien und Spanien wird diese Dienstleistung seit den 80er Jahren angeboten. Verliert der Versicherte seinen Führerschein, wird ihm z. B. ein Taxi oder ein Chauffeur zur Verfügung gestellt. Das Bundesaufsichtsamt für das Versicherungswesen (Berlin) erklärte im Januar 1992, es verstoße gegen die öffentliche Ordnung, sich gegen die Folgen einer Straftat versichern zu können.

Erweiterung: Die EG will ab 1993 über Mitgliedsanträge entscheiden. Ein von der → EG-Kommission, dem ausführenden Organ der EG, 1991 empfohlener Beitritt Österreichs sowie weiterer, insbes. EFTA-Staaten könnte aufgrund des langwierigen Aufnahmeverfahrens frühestens 1995/96 erfolgen. Mit der Aufnahme weiterer Staaten wurde für den Beginn des neuen Jahrtausends gerechnet. Einen Beitritt müssen der Außenminister der EG-Staaten einstimmig beschließen, anschließend muß das → Europäische Parlament mit absoluter Mehrheit zustimmen. Bedingungen für die Mitgliedschaft sind die Wahrung der pluralistischen Demokratie und der Menschenrechte.
Organisation: Mit der Bezeichnung EG werden ab 1967 (Fusionsvertrag) die Europäische Wirtschaftsgemeinschaft (EWG) von 1958, die Europäische Gemeinschaft für Kohle und Stahl (EGKS, auch Montanunion) von 1951 und die Europäische Atomgemeinschaft (Euratom) von 1957 zusammengefaßt. Beschlüsse werden vom EG-Ministerrat (auch Rat) gefaßt, den jeweils zuständigen Ministern der Mitgliedstaaten. Der Vorsitz wechselt halbjährlich zwischen den EG-Staaten in alphabetischer Reihenfolge nach der Schreibweise in der Landessprache. 1993 liegt der Vorsitz nacheinander bei Belgien und Dänemark. Die EG-Kommission schlug Mitte 1992 vor, statt des wechselnden Vorsitzes eine EG-Regierung mit einem Präsidenten an der Spitze zu schaffen, der vom Europäischen Parlament auf Vorschlag der nationalen Regierungen gewählt wird. Die EG hatte Mitte 1992 keinen festen Sitz, Arbeitsorte waren Brüssel/Belgien, Luxemburg und Straßburg/Frankreich. → EG-Konjunktur

EG-Bürgerschaft

Nach dem Inkrafttreten des im Februar 1992 unterzeichneten Vertrags zur → Europäischen Union wird jeder Staatsangehörige eines Mitgliedslandes der → EG die juristisch neugeschaffene E. besitzen. Der Vertrag tritt in Kraft, wenn er in allen Mitgliedstaaten ratifiziert worden ist, frühestens 1993. Mit der E. sind folgende Rechte verbunden: Im EG-Ausland lebende Bürger haben an ihrem Wohnsitz das kommunale Wahlrecht. EG-Bürger stehen in Dritt-Staaten unter dem Schutz der Vertretungen anderer EG-Mitglieder, wenn ihr eigener Staat dort nicht präsent ist. Jeder EG-Bürger kann sich mit einer Petition an das → Europäische Parlament wenden. Dort wird das Amt eines Bürgerbeauftragten eingeführt, an das die Bürger Beschwerden über Organe oder Institutionen der EG richten können.

EG-Führerschein

Spätestens zum 1. 7. 1996 treten in Deutschland, einer EG-Richtlinie vom Juni 1991 entsprechend, neue Vorschriften für Führerscheine in Kraft. Der in allen EG-Staaten einzuführende E. ersetzt die deutschen Führerscheinklassen 1 bis 5 durch die Klassen A (Motorräder), B (PKW), C (LKW), D

(Busse) und E (Fahrzeuge mit großen Anhängern). Die vorgeschriebenen Mindestanforderungen für die Prüfung werden von den geltenden deutschen Bestimmungen weitgehend erfüllt; andere Länder müssen ihre Prüfungsordnungen verschärfen. Die EG-Mitgliedstaaten werden durch die Richtlinie verpflichtet, ab 1. 7. 1996 in EG-Ländern ausgestellte Führerscheine unbefristet anzuerkennen. Bei einem grenzüberschreitenden Umzug muß der Führerschein nicht mehr in ein Dokument des neuen Landes umgetauscht werden. Fahranfänger müssen die Führerscheinprüfung in dem Land ablegen, in dem sie ihren Wohnsitz haben.

Die Klassen des EG-Führerscheins

Klasse	Fahrzeuge
A	Krafträder mit oder ohne Beiwagen
B	Kfz mit einer zulässigen Gesamtmasse von nicht mehr als 3500 kg und mit nicht mehr als 8 Sitzplätzen außer dem Führersitz (auch mit Anhänger bis 750 kg Gesamtmasse)
C	Kfz – ausgenommen jene der Klasse D – mit einer zulässigen Gesamtmasse von mehr als 3500 kg (auch mit Anhänger bis 750 kg Gesamtmasse)
D	Kfz zur Personenbeförderung mit mehr als 8 Sitzplätzen außer dem Führersitz (auch mit Anhänger bis 750 kg Gesamtmasse)
E	Kfz der Klasse B, C oder D mit Anhänger mit einer zulässigen Gesamtmasse von mehr als 750 kg

EG-Fusionskontrolle

Überprüfung von → Fusionen und Übernahmen, die den grenzüberschreitenden Handel in der EG betreffen. Die → EG-Kommission kann ab September 1990 Unternehmenszusammenschlüsse untersagen, wenn eine marktbeherrschende Stellung begründet oder verstärkt wird, die wirksamen Wettbewerb auf dem gemeinsamen Markt erheblich behindert. Bis Mitte 1992 behandelte die Kommission ca. 80 Fälle, eine Übernahme wurde untersagt.
Die EG-Kommission ist für die Beurteilung von Fusionen bei Erfüllung der drei folgenden Bedingungen zuständig:
▷ Der Weltumsatz der beteiligten Unternehmen liegt zusammen über 5 Mrd ECU (10,3 Mrd DM)
▷ Der Umsatz mindestens zweier Unternehmen innerhalb der EG übersteigt 250 Mio ECU (510 Mio DM)
▷ Es erzielt nicht jedes der Unternehmen mehr als zwei Drittel seines Umsatzes in nur einem Land.
Anderenfalls sind die nationalen Wettbewerbsbehörden zuständig (Deutschland: Bundeskartellamt, Berlin). Bis Ende 1993 will der EG-Ministerrat eine Herabsetzung der Umsatzschwelle auf 2 Mrd ECU (4,1 Mrd DM) prüfen. Die E. ergänzt das Wettbewerbsrecht der EG. Die EG-Kommission hatte zu-

vor bereits die Aufgaben, unerlaubte Absprachen über Preise, Mengen und andere Konditionen zu untersagen (Kartellverbot, Art. 85 EWG-Vertrag), den Mißbrauch marktbeherrschender Stellung zu verhindern (Mißbrauchsaufsicht, Art. 86) und staatliche → Subventionen zu überwachen (Art. 92–94). Ab 1993 soll zudem die Vergabe öffentlicher Aufträge auf dem → Europäischen Binnenmarkt liberalisiert werden.

EG-Haushalt

Einnahmen und Ausgaben der → EG. Bis zum Auslaufen der seit 1987 geltenden Finanzvereinbarung Ende 1992 müssen sich die EG-Staaten auf eine Finanzplanung für 1993–1997 einigen. Die → EG-Kommission schlug Anfang 1992 vor, den jährlichen E. von 66,6 Mrd ECU (136,5 Mrd DM; 1992) bis 1997 schrittweise auf real (bereinigt um die → Inflation) 87,5 Mrd ECU (179,4 Mrd DM) zu erhöhen. Umstritten war insbes. die von der Kommission vorgesehene Aufstockung der Mittel für die ärmeren EG-Mitglieder im Rahmen der → Regionalförderung von 18,6 Mrd ECU (38,1 Mrd DM; 1992) auf real 29,3 Mrd ECU (60,1 Mrd DM) bis 1997. Mehr als die Hälfte der EG-Ausgaben sind für die → Agrarpolitik festgelegt.
Ausgaben: Die Mittel der Regionalförderung sollen dazu beitragen, Griechenland, Irland, Portugal und Spanien an die höhere Wirtschaftskraft der übrigen EG-Staaten heranzuführen, damit

Fusionen und Übernahmen in der EG

Zeitraum	Fusionen* (Anzahl)
1982/83	117
1983/84	155
1984/85	208
1985/86	277
1986/87	303
1987/88	383
1988/89	492
1989/90	622

*Durch die 1000 größten Industrieunternehmen; Quelle: EG-Kommission

Sir Leon Brittan, EG-Wettbewerbskommissar
* 25. 9. 1939 in London, britischer Politiker (konservative Partei). Von 1983 bis 1985 britischer Innenminister, von 1985 bis 1986 Handels- und Industrieminister. Ab Anfang 1989 EG-Kommissar, zuständig für Wettbewerbspolitik und Finanzinstitutionen (Amtszeit bis Ende 1992).

EG-Haushaltsplanung bis 1997

Verwendungszweck	Ausgaben (Mrd DM)[1]					
	1992	1993	1994	1995	1996	1997
Agrarpolitik	72,1	72,1	76,5	77,8	79,2	80,8
Regionalförderung	37,9	43,4	46,4	50,9	55,3	59,8
Sonstiges	25,9	27,3	29,9	31,8	34,7	37,9
Insgesamt	135,9	142,8	152,7	160,5	169,3	178,5

1) Planungen der EG-Kommission von Anfang 1992 in Preisen von 1992;
Quelle: EG-Kommission

**Beiträge zum
EG-Haushalt 1992**

Land	Netto-Beitrag* (Mrd ECU)
Deutschland	9,0
Großbritannien	3,0
Frankreich	1,5
Niederlande	0,1
Dänemark	– 0,5
Italien	– 0,6
Luxemburg	– 0,7
Portugal	– 1,1
Belgien	– 1,6
Irland	– 2,4
Spanien	– 2,9
Griechenland	– 3,9

* Gezahlte minus erhaltene
Mittel; Quelle: EG-Kommission

sie mit gleichen Voraussetzungen am → Europäischen Binnenmarkt teilnehmen können. Die wohlhabenderen EG-Staaten kritisierten, daß die → Subventionen für die Infrastruktur der ärmeren Randstaaten bisher keine meßbaren Erfolge gehabt hätten. Umstritten war auch eine geplante Subventionierung der europäischen Industrie mit jährlich rd. 3,5 Mrd ECU (7,2 Mrd DM). Für die Agrarpolitik waren 1992 rd. 35,3 Mrd ECU (72,4 Mrd DM) vorgesehen.

Einnahmen: Die EG finanzierte sich Mitte 1992 hauptsächlich aus den folgenden vier Quellen:

▷ Ein Anteil von 1,4% am Aufkommen der → Mehrwertsteuer in den EG-Ländern (1992: 55% des E.)

▷ Jährlich neu festgelegte Beiträge, die sich nach dem → Bruttosozialprodukt (BSP) der Mitgliedstaaten bemessen (23%)

▷ Zoll-Einnahmen (19%)

▷ Abgaben auf den Import landwirtschaftlicher Erzeugnisse aus Nicht-EG-Staaten, sog. Agrarabschöpfungen, und auf die EG-Zuckerproduktion (zusammen 4%).

Als Obergrenze für die gesamten Eigenmittel der EG, die der Gemeinschaft von ihren Mitgliedstaaten zur Verfügung gestellt werden, war ein Anteil von 1,2% des gemeinsamen BSP der Mitgliedsländer festgelegt. Die EG-Kommission will diese Grenze bis 1997 schrittweise auf 1,375% anheben. Das aus der Mehrwertsteuer stammende Aufkommen am E. soll auf 50% sinken, der Anteil der BSP-Beiträge auf 35% steigen, weil da BSP die wirtschaftliche Leistungsfähigkeit besser widerspiegelt. Der deutsche EG-Haushaltskommissar Peter Schmidhuber (CSU) schlug 1991 die Einführung einer → EG-Steuer als erste eigene Einnahmequelle für die EG vor. Hauptbeitragszahler der EG war 1992 mit rd. 40 Mrd DM Deutschland. Daneben zahlten 1992 noch Großbritannien und Frankreich mehr an die EG als sie von ihr erhielten. Die drei Länder wandten sich gegen eine Erhöhung der EG-Eigenmittel und sprachen sich statt dessen für Einsparungen bei den Ausgaben aus. → Haushalte, Öffentliche

Die wichtigsten Organe der EG

Stand: Mitte 1992   © Harenberg

EG-Kommission

Ausführendes Organ der → EG. Wichtigste Aufgaben der E. waren 1992/93 die Vorbereitung des → Europäischen Binnenmarkts und der → Europäischen Währungsunion. Für Ende 1992 wurde bei den Gesprächen über eine → Europäische Union auf politischer Ebene eine Entscheidung der Staats- und Regierungschefs der EG (Europäischer Rat) erwartet, ob die Amtszeit zumindest eines Teils der E. (Mitte 1989–Ende 1992) bis Ende 1994 verlängert wird. Damit würde eine Anpassung an die Legislaturperiode des → Europäischen Parlaments erreicht, das zu diesem Zeitpunkt neu gewählt wird. Ferner soll der Europäische Rat entscheiden, ob die Zahl der EG-Kommis-

Die 17 EG-Kommissare (Amtszeit: 1989–1992)

Name	Herkunftsland	Zuständigkeitsbereich
Jacques Delors (Präsident)	Frankreich	Generalsekretariat, Juristischer Dienst, Währungsangelegenheiten, Sprecher der Kommission
Frans H. J. J. Andriessen	Niederlande	Außenbeziehungen, Handelspolitik, Europäische Zusammenarbeit
Martin Bangemann	Deutschland	Binnenmarkt, Industrie, Beziehungen zum Europäischen Parlament
Leon Brittan	Großbritannien	Wettbewerbspolitik, Finanzinstitutionen
Antonio Cardoso e Cunha	Portugal	Personalfragen, Verwaltung, Übersetzerdienst, Energie und Euratom, Klein- und Mittelbetriebe, Handwerk, Handel, Tourismus
Henning Christophersen	Dänemark	Wirtschaft und Finanzen, Koordination der Strukturfonds, Statistisches Amt
Jean Dondeldinger	Luxemburg	Audiovisuelle Fragen, Kultur, Information, Kommunikation, „Europa der Bürger", Amt für Veröffentlichungen
Ray MacSharry	Irland	Landwirtschaft, Ländliche Entwicklung
Manuel Marin	Spanien	Entwicklungspolitik, Fischerei
Abel Matutes	Spanien	Mittelmeerländer, Beziehungen zu Südamerika, Nord-Süd-Beziehungen
Karel van Miert	Belgien	Verkehr, Kredite und Investitionen, Verbraucherschutz
Bruce Millan	Großbritannien	Regionalpolitik
Filippo Maria Pandolfi	Italien	Wissenschaft, Forschung, Entwicklung, Telekommunikation, Informationsindustrie, Innovation, Gemeinsame Forschungsstelle
Vasso Papandreou	Griechenland	Beschäftigung, Soziale Angelegenheiten, Beziehungen zwischen den Tarifpartnern, Erziehung, Ausbildung
Carlo Ripa di Meana[1]	Italien	Umwelt, Nuklearsicherheit, Zivilschutz
Peter M. Schmidhuber	Deutschland	Haushalt, Finanzkontrolle
Christiane Scrivener	Frankreich	Steuern, Zollunion

1) Ab Juli 1992 kommissarisch übernommen von Karel van Miert; Quelle: Aktuell-Recherche

sare von 17 auf zwölf (einer je Mitgliedstaat) verringert wird; bis dahin hatten die fünf größten Länder je zwei Vertreter entsandt. Mit der Verkleinerung würden die Zuständigkeiten klarer festgelegt. Die Kommissare werden von der Regierung ihres Heimatlandes für vier Jahre ernannt, sind aber nicht an deren Weisungen gebunden.
Die Hauptaufgaben der 1967 geschaffenen E. sind die Ausarbeitung von Vorschlägen an den EG-Ministerrat (das beschlußfassende Organ der EG) und die Ausführung seiner Beschlüsse. Sie kann mit Verordnungen geltendes Recht setzen. Präsident der E. (Sitz: Brüssel/Belgien) ist ab 1985 der Franzose Jacques Delors. Im Juni 1992 verlängerte der Europäische Rat seine Amtszeit bis Ende 1994.

EG-Konjunktur

Entwicklung der gesamtwirtschaftlichen Lage in den Staaten der → EG. Die E. war 1992 von geringem Wirtschaftswachstum bei einem von der → EG-Kommission als zu hoch betrachteten Stand der → Arbeitslosigkeit und → Inflation gekennzeichnet. Strukturschwächste Länder waren Griechenland, Irland, Portugal und Spanien.
Die Kommission sagte in ihrem Jahreswirtschaftsbericht 1991/92 ein leichtes Wachstum des → Bruttosozialprodukts um real (bereinigt um Preiserhöhungen) 2,25% 1992 und 2,5% 1993 gegenüber dem Vorjahr im EG-Durchschnitt voraus. 1991 war die Zuwachsrate gegenüber 1990 von 2,8% auf 1,3% gesunken; in Deutschland belief sich das Wirtschaftswachstum 1991 auf 0,2% (→ Konjunktur-Entwicklung). Die E. wurde durch eine Stagnation der → Weltwirtschaft beeinträchtigt.
Die Arbeitslosenzahl in der EG nahm 1991 im Verhältnis zu 1990 infolge des geringen Wachstums um 880 000 (7,3%) auf rd. 13 Mio zu, die durchschnittliche Arbeitslosenquote stieg dadurch von 8,3% auf 8,9% (Deutschland 1991: 6,7%). Auch 1992 wird nach den Prognosen der EG-Kommission mit mindestens 9% ein hoher Anteil der erwerbsfähigen Bevölkerung in der EG von Arbeitslosigkeit betroffen sein.
Die durchschnittliche Inflationsrate sank 1991 in der EG auf 4,8% (1990:

Jacques Delors, Präsident EG-Kommission
* 20. 7. 1925 in Paris, Prof., französischer Politiker (Sozialistische Partei). 1979–1981 Abgeordneter des Europäischen Parlaments. 1981–1984 französischer Wirtschafts- und Finanzminister. Ab 1985 Präsident der EG-Kommission (Amtszeit bis Ende 1994).

125

EG-Konjunktur in Daten und Zahlen

Wirtschaftswachstum in den EG-Staaten

Land	Reales Wirtschaftswachstum im Vergleich zum Vorjahr (%)				
	1987	1988	1989	1990	1991
Belgien	2,2	4,2	4,0	3,7	2,7
Dänemark	− 0,6	− 0,2	1,2	2,0	2,0
Deutschland	1,5	3,7	3,8	2,6	0,2
Frankreich	1,9	3,8	3,7	2,8	1,4
Griechenland	− 0,1	3,9	3,5	− 0,1	1,0
Großbritannien	4,6	4,6	2,2	1,5	− 1,9
Irland	4,8	1,4	5,0	4,4	1,3
Italien	3,0	3,9	3,0	2,0	1,0
Luxemburg	2,0	3,0	3,5	3,4	3,0
Niederlande	1,3	2,7	4,0	3,9	2,2
Portugal	4,6	4,0	5,5	4,4	2,7
Spanien	5,5	5,2	5,1	3,5	2,5
EG	2,8	3,8	3,4	2,8	1,3

Quellen: Bundesstelle für Außenhandelsinformation, Statistisches Bundesamt der BRD

Arbeitslosigkeit in den EG-Staaten

Land	Arbeitslosenquote (%)				
	1987	1988	1989	1990	1991
Belgien	11,9	10,3	9,3	8,7	9,4
Dänemark	7,5	6,5	9,2	9,5	10,3
Deutschland	8,9	8,7	7,9	6,2	6,7
Frankreich	10,5	10,0	9,4	8,9	9,8
Griechenland	7,5	7,7	7,5	7,2	8,6
Großbritannien	10,5	8,4	7,0	6,5	8,1
Irland	17,7	17,6	15,6	13,7	15,8
Italien	12,1	10,8	12,1	11,2	10,9
Luxemburg	1,7	1,4	1,4	1,3	1,4
Niederlande	6,6	9,3	7,4	6,5	6,1
Portugal	7,9	5,7	5,1	5,1	3,9
Spanien	20,5	19,3	17,1	16,2	16,0
EG	10,4	9,7	8,9	8,3	8,9

Quellen: Bundesstelle für Außenhandelsinformation, Statistisches Bundesamt der BRD

Inflation in den EG-Staaten

Land	Inflationsrate (%)				
	1987	1988	1989	1990	1991
Belgien	1,6	1,6	4,5	4,3	3,2
Dänemark	4,4	4,6	4,8	2,6	2,7
Deutschland	0,2	1,3	2,8	2,3	4,7
Frankreich	3,2	3,0	3,6	3,4	3,0
Griechenland	15,6	14,0	13,7	20,4	18,3
Großbritannien	3,8	7,8	7,8	9,5	6,2
Irland	3,1	2,1	4,0	3,4	3,0
Italien	5,1	5,0	6,3	6,5	6,4
Luxemburg	0,0	2,0	5,2	3,5	2,6
Niederlande	− 0,2	0,8	1,6	2,3	3,4
Portugal	9,4	11,3	12,8	13,6	14,3
Spanien	5,4	6,3	7,1	7,5	6,8
EG	3,4	3,6	5,1	5,7	4,8

Quellen: Bundesstelle für Außenhandelsinformation, Statistisches Bundesamt der BRD

5,7%), in Deutschland wurde ein Anstieg auf 4,7% (1990: 2,3%) bei steigender Tendenz verzeichnet. Die Kommission beurteilte die auch für 1992 bei 5% erwartete Erhöhung der Verbraucherpreise in der EG als zu hoch. Bedingung für den Eintritt eines Landes in die ab 1997–1999 geplante → Europäische Währungsunion ist, daß die Inflation höchstens 1,5% über dem Durchschnitt der drei stabilsten Länder liegt. Eine Belebung des Handels wird für 1993 durch die Schaffung des → Europäischen Binnenmarkts und des → EWR erwartet.

EG-Steuer

Abgabe der Bürger oder Unternehmen an die → EG. Angesichts steigenden Finanzbedarfs für den → EG-Haushalt schlug der deutsche EG-Haushalts-Kommissar Peter Schmidhuber (CSU) als erste eigene Einnahmequelle der EG die Einführung einer E. vor, wenn Ende 1997 die ab 1993 geltende EG-Finanzvereinbarung ausläuft. Eine E. könnte dann dazu beitragen, Streitigkeiten zwischen den Mitgliedstaaten über die Höhe ihrer Zahlungen an den EG-Haushalt zu vermeiden. Die von Schmidhuber erstmals im Mai 1991 angeregte E. wurde bei den Haushaltsberatungen 1991/92 nicht verwirklicht. Lt. Schmidhuber könnte die E. in einem Zuschlag auf die Einkommen-, die Körperschaft- oder die Mineralölsteuer bestehen (→ EG-Steuerharmonisierung). Die E. soll vom → Europäischen Parlament erhoben werden.

Peter M. Schmidhuber, Haushalts-Kommissar der EG
* 15. 12. 1931 in München, deutscher Politiker (CSU). 1965–1969 und 1972–1978 MdB. Von 1978 bis 1987 bayerischer Staatsminister für Bundesangelegenheiten und Bevollmächtigter beim Bund. Ab 1987 EG-Kommissar, ab 1989 zuständig für Haushalt und Finanzkontrolle (Amtszeit bis Ende 1992).

EG-Steuerharmonisierung

Angleichung der Abgaben für den privaten → Verbrauch von Gütern und Dienstleistungen in den EG-Staaten für den → Europäischen Binnenmarkt. Bei den allgemeinen Verbrauchsteuern soll ab 1993 ein Mindestsatz von 15% sowie ein vereinheitlichtes Erhebungsverfahren gelten, ab 1997 ist eine Angleichung der Sätze geplant (→ Mehrwertsteuer). Bei den speziellen Verbrauchsteuern einigte sich der EG-Ministerrat Mitte 1991 auf Mindestsätze für die Belastung von Mineralöl, Alkohol und Tabak. In Deutschland sollen ab 1993 sog. Bagatellsteuern auf Leuchtmittel (Glühbirnen), Salz, Zucker und Tee entfallen. Mitte 1992 wurde in der EG auch diskutiert, ob eine Angleichung der Körperschaftsteuer (→ Unternehmensteuerreform) und der → Zinsbesteuerung erforderlich ist.

Ziel: Die Verbrauchsteuern (auch indirekte Steuern) sollen vereinheitlicht werden, damit auf dem Binnenmarkt die Warenkontrollen an den Grenzen abgeschafft werden können, ohne daß der Wettbewerb der Händler durch unterschiedlich hohe Steuerbelastung verfälscht wird. Die Grenzkontrollen waren erforderlich, weil Waren mit den Sätzen des einführenden Landes besteuert wurden, indem der Zoll die zuvor erhobenen Steuern des ausführenden Landes erstattete und die Abgaben des Bestimmungslandes erhob.

Spezielle Verbrauchsteuern: Ab 1993 soll zwischen privater Einfuhr und gewerblichem Handel unterschieden werden. Im gewerblichen Handel wird zunächst weiter nach dem Bestimmungslandprinzip versteuert. Bis Ende 1996 soll eine Angleichung der Steuersätze erreicht werden. Private Verbraucher dürfen Kraftstoff, Alkohol und Tabak aus EG-Ländern für den eigenen Bedarf einführen. Bei 800 Zigaretten, 60 l Sekt und 10 l Spirituosen wurde die Grenze für den Verdacht auf gewerblichen Handel gezogen. Die Erhebung von speziellen Verbrauchsteuern auf Mineralöl, Alkohol und Tabak be-

gründet die → EG-Kommission mit verkehrs-, energie-, umwelt- und gesundheitspolitischen Zielen (→ Ökosteuern → Energiesteuer).

Mineralöl: Die EG einigte sich auf folgende Mindestsätze je l Mineralöl:
▷ Verbleites Benzin: 0,337 ECU (0,691 DM); Deutschland Mitte 1992: 0,92 DM
▷ Unverbleites Benzin: 0,287 ECU (0,588 DM); Deutschland: 0,82 DM
▷ Diesel: 0,245 ECU (0,502 DM); Deutschland: 0,5415 DM
▷ Heizöl: Keine Einigung; Deutschland: 0,08 DM
▷ Schweres Heizöl: 13 ECU (27 DM) je t; Deutschland: 30–55 DM.
Griechenland und Dänemark handelten eine zweijährige Übergangsregelung mit niedrigeren Steuersätzen aus.

Alkohol: Wein und Sekt müssen nicht besteuert werden. Bier wird mit 1,87 ECU (3,83 DM) je Prozent Alkohol belastet. Für Brauereien, die weniger als 20 Mio l jährlich erzeugen, gilt ein um 50% ermäßigter Satz. Größere Brauereien werden geringfügig stärker als zuvor belastet. In Deutschland existierte Mitte 1992 eine Bier- und eine Sekt-, aber keine Weinsteuer.

Tabak: Für Zigaretten gilt eine Mindestabgabe von 57% des Einzelhandelspreises. Spanien wurde eine zweijährige Übergangszeit eingeräumt. In Deutschland wird keine Preiserhöhung erforderlich.

Bagatellsteuern: Die Bagatellsteuern tragen ihren Namen wegen des geringen Ertrages für die öffentlichen → Haushalte. Dem Bund entgehen jährlich rd. 500 Mio DM, die durch erwartete Mehreinnahmen bei der Branntweinsteuer in Ostdeutschland ausgeglichen werden sollen (zum Vergleich: Einnahmen aus der Mineralölsteuer 1991: 47 266 Mio DM). → EG-Steuer

Eigenbedarf

Kündigungsgrund bei Mietwohnungen, der vom Vermieter geltend gemacht werden kann, wenn er oder seine Familienmitglieder eine vermietete Woh-

Christiane Scrivener, EG-Steuerkommissarin * 1. 9. 1925 in Mulhouse/ Frankreich, französische Wirtschaftspolitikerin. 1958–1978 wirtschaftspolitische Tätigkeit in Frankreich. 1979 Wahl ins Europäische Parlament als Mitglied der Liberalen Fraktion. Ab 1989 EG-Kommissarin, zuständig für Steuern und Zollunion (Amtszeit bis Ende 1992).

Gesundheitliche Situation von Mietern beschränkt Eigenbedarf Das Landgericht Koblenz entschied 1991, daß ein Vermieter seinen Anspruch auf Kündigung einer Wohnung wegen Eigenbedarfs nicht geltend machen kann, wenn der Auszug dem Mieter oder dessen Mitbewohnern gesundheitlich schaden könnte (Az. 12 S 385/89). Eine Vermieterin beanspruchte eine Wohnung, die seit 1976 von zwei Frauen mit ihren pflegebedürftigen Müttern bewohnt wurde. Ein ärztliches Gutachten ergab, daß ein Umzug für die Pflegebedürftigen eine gravierende Verschlechterung des Gesundheitszustands zur Folge hätte.

127

Eigentumsfrage

Mißbrauch von Eigenbedarf
Mietervereine schätzten 1992, daß bei rd. 50% aller Wohnungskündigungen in Deutschland, bei denen Vermieter Eigenbedarf als Kündigungsgrund angeben, kein Verwandter des Vermieters in die Wohnung einzieht. Die Eigentümer würden hingegen häufig Miet- in Eigentumswohnungen umwandeln oder sie zu einem höheren Preis weitervermieten. Die Mieter, die eine Wohnung wegen Eigenbedarfs räumen müssen, können nach Aussage der Mietervereine nur selten gerichtlich gegen den Besitzer vorgehen. Den Vermietern sei meist kein böser Wille nachzuweisen, wenn Verwandte bestätigen, daß sie in die Wohnung ziehen wollten, es sich jedoch anders überlegt haben.

nung beziehen möchten. Die Bundesregierung aus CDU, CSU und FDP beschloß im Mai 1992, das Verbot der Kündigung wegen E. in Ostdeutschland bis Ende 1995 zu verlängern; der Bundesrat sah in einem Gesetzentwurf vom Juni 1992 eine Verlängerung bis 1997 vor. Das Bundesverfassungsgericht (BVG, Karlsruhe) entschied Anfang 1992, daß ein Vermieter, der wegen E. kündigt, seine Wohn- und Eigentumsverhältnisse offenlegen muß (Az. BvR 1319/91). Das Recht des Vermieters auf die sog. informationelle Selbstbestimmung, das sich aus dem Persönlichkeitsrecht des GG ableitet, werde durch das berechtigte Informationsinteresse des Mieters eingeschränkt.

Dem Einigungsvertrag zufolge ist in Ostdeutschland bis Ende 1992 eine Kündigung wegen E. ausgeschlossen, wenn ein Mietvertrag vor dem 3. 10. 1990 bestand. Nur wenn ein Vermieter glaubhaft macht, daß eine Verweigerung des E. ihn härter trifft als der Wohnungswechsel den Mieter, wird der Kündigung wegen E. stattgegeben.

Die Entscheidung des BVG stützte sich auf eine Beschwerde eines in München in einem kleinen Zimmer lebenden Wohnungsbesitzers, der E. für seine Münchner Eigentumswohnung geltend machte, in 75 km Entfernung jedoch ein Haus besaß. Die Klage wegen E. wies das BVG nicht ab, weil das Haus zu weit von München entfernt läge, der

Eigentümer hätte seine Wohnsituation aber wegen eventueller Einspruchsmöglichkeiten darlegen müssen.

In NRW, Bremen und Berlin wurde 1991 die Kündigungsfrist wegen E. bei Umwandlung von Miet- in Eigentumswohnungen von drei auf fünf Jahre verlängert, um Mietern Zeit zur Wohnungssuche einzuräumen. In Bayern und Schleswig-Holstein galt diese Regelung Mitte 1992 für Ballungsgebiete.

Eigentumsfrage

→ Übersichtsartikel S. 129

Einkommen

Die Bruttolohn- und -gehaltssumme je Arbeitnehmer, die sich nach Abzug der → Sozialabgaben von den Bruttoeinkommen aus unselbständiger Arbeit ergibt, belief sich in Deutschland 1991 auf durchschnittlich 3290 DM pro Monat (Westdeutschland: 3720 DM, Ostdeutschland: 1660 DM). Die Bruttoeinkommen aus unselbständiger Arbeit in Westdeutschland stiegen 1991 gegenüber 1990 mit 7,9% stärker als die Bruttoeinkommen aus Unternehmertätigkeit und Vermögen mit 3,8% (→ Unternehmensgewinne). Für 1992 rechneten die führenden deutschen Wirtschaftsforschungsinstitute in ihrem Frühjahrsgutachten mit einem Anstieg der Bruttoeinkommen aus unselb-

Einkommens-Entwicklung in Deutschland

Einkommen	Deutschland			Westdeutschland			Ostdeutschland		
	1990	1991	1992[1]	1990	1991	1992[1]	1990	1991	1992[1]
Volkseinkommen (Mrd DM)	2084,3	2164,9	2307,5	1871,6	1996,2	2092,5	212,7	168,7	215,0
Bruttoeinkommen aus Unternehmertätigkeit und Vermögen (Mrd DM)	603,0	562,9	592,0	557,7	578,9	594,5	45,4	− 16,0	− 2,5
Anstieg zum Vorjahr (%)	3,0	− 6,7	5,0	8,8	3,8	2,5	− 37,7	k. A.	k. A.
Bruttoeinkommen aus unselbständiger Arbeit (Mrd DM)	1481,3	1602,0	1715,5	1313,9	1417,4	1498,0	167,4	184,7	217,5
Anstieg zum Vorjahr (%)	7,1	8,2	7,0	7,5	7,9	5,5	4,2	10,3	17,5
Bruttolohn- und -gehaltssumme (Mrd DM)	1212,7	1309,7	1406,0	1069,8	1154,2	1221,0	142,8	155,5	185,0
Nettolohn- u. -gehaltssumme (Mrd DM)	856,4	893,8	950,5	743,0	778,7	817,5	113,3	115,1	133,0
Sozialleistungen und sonstige Einkommensübertragungen (Mrd DM)	422,0	485,9	528,0	378,9	405,1	428,0	43,1	80,8	100,0
Verfügbares Einkommen (Mrd DM)	1675,8	1809,2	1937,0	1508,8	1597,7	1678,0	166,9	211,4	259,0

1) Prognose der führenden deutschen Wirtschaftsforschungsinstitute in ihrem Frühjahrsgutachten 1992; Quelle: Statistisches Bundesamt, Deutsches Institut für Wirtschaftsforschung (DIW, Berlin)

Eigentumsfrage
Koalition hält am Prinzip Rückgabe vor Entschädigung fest

2,5 Mio Anträge auf Rückgabe von Eigentum lagen den Vermögensämtern in Ostdeutschland Mitte 1992 vor. Die Verwaltung hatte nur 4,4% aller seit 1990 angemeldeten Ansprüche von Alteigentümern geprüft, die von den DDR-Behörden enteignet worden waren. Die Regelung der ungeklärten Eigentumsfragen wird nach Schätzung des Bundesministeriums für Justiz mindestens bis zum Jahr 2000 dauern (→ Justiz, ostdeutsche). Vertreter der Wirtschaft und ostdeutsche Politiker kritisierten das im Einigungsvertrag festgeschriebene Prinzip der Rückgabe vor Entschädigung als größtes Hemmnis für → Investitionen. Im April 1992 verabschiedete die CDU/CSU/FDP-Bundesregierung einen Gesetzentwurf, der Investitionen erleichtern soll.

Vorfahrtregelung wird nachgebessert: Nach der ersten Vermögensrechtsänderung vom März 1991 werden Grundstücke an Alteigentümer zurückgegeben, wenn diese es fordern. Damit jedoch keine Investitionen verhindert werden, gilt die sog. Vorfahrtregelung: Für investive Zwecke, insbes. Schaffung von Arbeitsplätzen, dürfen → Treuhandanstalt und Kommunen Grundstücke auch dann verkaufen, wenn ein Alteigentümer Ansprüche angemeldet hat. Da sich das Verfahren, bei dem das Vermögensamt den Investitionsvorrang bestätigen muß, als zu kompliziert erwies, wurde die Vorfahrtregelung im April 1992 ausgeweitet und bis 1995 verlängert (vorher: bis Ende 1992). Einwände gegen den Verkauf eines Grundstücks muß der Eigentümer künftig binnen zwei Wochen vortragen. Eigene Investitionspläne muß er nach weiteren vier Wochen vorlegen. Außerdem können Rückgabeansprüche nur noch bis zum 31. 12. 1992 angemeldet werden. Die Vorfahrtregelung gilt künftig auch im Wohnungsbau, sofern Wohnungen saniert werden.

Unklare Besitzverhältnisse der Kommunen: 1992 gingen bei der Treuhandanstalt täglich rd. 2000 Anträge von ostdeutschen Kommunen auf Übertragung von Grundstücken ein, die ehemals im Besitz volkseigener Betriebe waren. Etwa 500 000 Grundstücke müssen den Gemeinden zugeordnet werden, damit diese ihre Bauplanungen vorantreiben können. Zur Beschleunigung von Investitionen beschloß die Bundesregierung im Juni 1992, daß Gemeinden für ihre Bauplanungen Sammelverfügungen aussprechen können. Dadurch können die Rückgabeansprüche mehrerer Alteigentümer mit einem Verwaltungsakt abgelehnt werden.

Entschädigungsgesetz bis Ende 1992 erwartet: Ein Gesetzentwurf der Bundesregierung sah Mitte 1992 einen Fonds vor, aus dem Eigentümer entschädigt werden, die ihren Besitz nicht zurückerhalten. Das bis Mitte 1992 geltende Wahlrecht zwischen Entschädigung und Rückgabe soll wegfallen. Die Entschädigung soll den 1,3fachen Einheitswert von 1935 betragen, einer Bemessungsgrundlage für die Grundsteuer, die ca. einem Drittel des heutigen Werts entspricht. Der Fonds soll u. a. durch eine Vermögensabgabe finanziert werden. Die Abgabe, deren Höhe Mitte 1992 nicht feststand, müssen jene Eigentümer zahlen, die ihr Eigentum zurückbekommen haben. Die Bundesregierung schätzte die Höhe der Entschädigungszahlungen auf 15 Mrd–20 Mrd DM. In der Summe sind Ausgleichsleistungen für die Alteigentümer enthalten, die in der sowjetischen Besatzungszeit 1945–1949 enteignet worden sind, die jedoch nach Beschluß des Bundesverfassungsgerichts vom April 1991 keinen Anspruch auf Rückgabe haben.

Ostdeutsche Bevölkerung verunsichert: Wegen der unklaren Eigentumsverhältnisse fürchteten 1991/92 viele ostdeutsche Hausbesitzer, ihr Haus verlassen zu müssen. Zwar legt der Einigungsvertrag fest, daß Häuser nicht zurückgegeben werden, wenn sie von den jetzigen Bewohnern rechtmäßig erworben wurden. Doch die Mehrheit der Besitzer war nicht im Grundbuch eingetragen, sondern verfügte nur über ein Nutzungsrecht. Wer sein Haus vor dem 18. 10. 1989 (Rücktritt des DDR-Staatschefs Erich Honecker) rechtmäßig gekauft hat, ist vor Rückgabeforderungen geschützt (sog. Stichtagsregelung). Der Bundesrat sprach sich im Mai 1992 dafür aus, auch nach dem Stichtag redlich gekaufte Häuser von einer Rückgabe auszuschließen. Der deutsche Mieterbund und ostdeutsche Politiker kritisierten das Prinzip Rückgabe vor Entschädigung und die Stichtagsregelung, weil sie den sozialen Frieden in Deutschland bedrohten. (IH)

Eisenbahn AG, Deutsche

Entwicklung der Lohnquote in Westdeutschland

Jahr	Quote* (%)
1970	68,0
1980	75,8
1981	76,8
1982	76,9
1983	74,6
1984	73,4
1985	73,0
1986	72,1
1987	72,6
1988	71,5
1989	70,5
1990	70,2
1991	71,0

Anteil der Bruttoeinkommen aus unselbständiger Arbeit am Volkseinkommen; Quelle: Statistisches Bundesamt

ständiger Arbeit von 5,5% und einer Zunahme der Bruttoeinkommen aus Unternehmertätigkeit und Vermögen um 2,5% gegenüber 1991.

1992: Angesichts der Kosten des wirtschaftlichen Aufbaus in Ostdeutschland für die öffentlichen → Haushalte und der sich abschwächenden → Konjunktur-Entwicklung forderten die CDU/CSU/FDP-Bundesregierung und Arbeitgeber die → Gewerkschaften 1992 zur Zurückhaltung bei den Tarifverhandlungen auf. Die E. der Arbeiter und Angestellten werden 1992/93 durch zunehmende → Inflation und eine geplante Erhöhung der → Mehrwertsteuer belastet. In Ostdeutschland kommt die Streichung von → Subventionen für Güter des privaten → Verbrauchs hinzu, insbes. → Mieten.

Verteilung: Zwischen 1987 und 1990 waren die Unternehmens- und Vermögenseinkommen in Westdeutschland mit jahresdurchschnittlich 9,4% stärker gestiegen als die E. aus unselbständiger Arbeit (5,3%). Der Anteil der Einkommen aus unselbständiger Arbeit (sog. Lohnquote) am Volkseinkommen (→ Bruttosozialprodukt), der 1987–1990 von 72,6% auf 70,2% gesunken war, stieg 1991 wieder auf 71,0%. Für Ostdeutschland rechneten die Institute für 1992 mit einem Anstieg der Bruttoeinkommen aus unselbständiger Arbeit um 17,5% gegenüber dem Vorjahr (Anstieg 1991: 10,3%).

Löhne und Gehälter: Unter Berücksichtigung der Inflation (real) erhöhten sich die Löhne der Arbeiter in Westdeutschland 1991 im Vergleich zu 1990 um 1,5%, die Gehälter der Angestellten um 2,1%. Der Bruttomonatsverdienst der Arbeiter in der Industrie stieg 1991 für Männer durchschnittlich auf 3867 DM (1990: 3685 DM). → Die Bruttomonatsverdienste der männlichen Angestellten nahmen auf 5788 DM zu (1990: 5469 DM). → Frauen hatten 1991 als Arbeiterinnen einen Bruttomonatsverdienst von 2737 DM (1990: 2581), als Angestellte von 3884 DM (1990: 3649 DM). → Arbeitslosigkeit → Arbeitszeit → Spareinlagen

Eisenbahn AG, Deutsche

(DEAG), Arbeitstitel einer privatrechtlichen Aktiengesellschaft, die aus dem Zusammenschluß von Deutscher → Bundesbahn und → Reichsbahn entstehen soll. Die Schaffung einer E. ab 1994 ist Ziel einer Bahnreform, die CDU/CSU/FDP-Bundesregierung Mitte 1992 plante. Durch Umwandlung von einer Behörde in ein gewinnorientiertes Unternehmen sollen Verluste und erforderliche Bundeszuschüsse verringert und Wettbewerbsfähigkeit der Bahn gegenüber → Autoverkehr, → LKW-Verkehr, → Luftverkehr und Schiffsverkehr verbessert werden. Für die → Privatisierung ist eine Zweidrittelmehrheit im Bundestag zur Änderung des Art. 87 GG erforderlich, der Mitte 1992 für Bahn und Post das öffentliche Dienstrecht vorschrieb.

Finanzbedarf: Die Bahnreform folgt den Empfehlungen einer unabhängigen Gutachter-Kommission. Die Kommission errechnete für die Jahre 1991–2000 einen Finanzbedarf (Verluste plus Bundeszuschüsse) der Bahnen von 417 Mrd DM, der durch die Reform um 160 Mrd DM verringert werden könne. Der Vorstandsvorsitzende der beiden deutschen Bahnen, Heinz Dürr, erwartete bei Durchführung der Reform für das Jahr 2000 einen Gewinn von 6 Mrd DM nach Zahlung von 10 Mrd DM Steuern.

Wettbewerb: Die Marktanteile der Bundesbahn gingen im Güterverkehr von 1960 bis Anfang der 90er Jahre von 44 auf 23%, im Personenverkehr von 16 auf 6% zurück (→ Verkehr). Die Bundesbahn hatte in den 80er Jahren wiederholt bemängelt, daß sie als Unternehmen anders als die anderen Verkehrsmittel für Bau und Instandhaltung ihrer Verkehrswege selbst aufkommen muß. Sie ermittelte, daß sie ohne die Belastungen durch Schienen und Anlagen Gewinne erwirtschaften könne und forderte vom Bund die Übernahme dieser Kosten. Anfang der 90er Jahre waren alle Parteien zur Förderung der Bahn bereit, da sie zur Entlastung der Straßen beitragen könne, umweltschonender, energiesparender und sicherer sei als der Autoverkehr.

Bahnreform: Die Kommissions-Vorschläge sehen ähnlich wie bei der Deutschen → Bundespost eine Dreiteilung der E. vor. Die Anteile der nach den Plänen der Bundesregierung 1997 zu gründenden drei selbständigen AG für den Personenverkehr, den Güterverkehr und den Fahrweg sollen in Bundeshand bleiben, bis Gewinne erzielt werden, und dann ggf. an Privatanleger verkauft werden (frühester Zeitpunkt: 2002). Die Fahrweg AG soll dadurch Einnahmen erzielen, daß die Bahnunternehmen Gebühren für die Nutzung der Anlagen zahlen. Als Name war Mitte 1992 statt E. auch Deutsche Bahn AG im Gespräch.

Reformargumente: Die Bahnen befürworteten die Reform insbes. aus folgenden Gründen:

▷ Verluste und Schulden vermitteln der Öffentlichkeit ein schlechtes Bild von der Bahn

▷ Gemeinden, die aus gemeinwirtschaftlichen Gründen für die Erhaltung verlustbringender Strecken im Nahverkehr eintreten, müßten der E. diese Leistungen bezahlen, da Sozialpolitik Aufgabe des Staates und nicht eines Unternehmens sei

▷ Da die Bahn als Behörde wichtige Entscheidungen vom Ministerium genehmigen lassen muß, verzögerten sich z. B. Investitionen und Stellenbesetzungen

▷ Das öffentliche Dienstrecht verhindere durch eine formale Rechtfertigungspflicht für jede Beförderung und Bezahlung eine Entlohnung nach der Leistung

▷ Die Gewinnorientierung motiviere die Mitarbeiter, da sie wüßten, daß ihr Arbeitsplatz vom Erfolg des Unternehmens abhängt

▷ Die Befreiung vom öffentlichen Dienstrecht erhöhe den Handlungsspielraum der Mitarbeiter.

Kritik: Der Deutsche Beamtenbund war gegen eine Abschaffung des Beamtentums bei der Bahn (→ Beamte). Der Deutsche Industrie- und Handelstag

Finanzbedarf der deutschen Bahnen

Jahr	Verluste und Bundeszuschüsse[1]		
	Deutsche Bundesbahn	Deutsche Reichsbahn	Bahnen zusammen
1991	18	9	27
1992	21	10	31
1993	18	12	30
1994	19	14	33
1995	21	16	37
1996	24	17	41
1997	29	18	47
1998	32	20	52
1999	34	21	55
2000	41	23	64
1991–2000	257	160	417

1) Ohne Bahnreform; Quelle: Bericht der unabhängigen Kommission Bundesbahn, Dezember 1991

bemängelte, daß die Kommission vor allem ökonomische Kriterien berücksichtigt habe, weniger aber politische Ziele wie den Einsatz der Bahn zur Entlastung des Verkehrs und der Umwelt oder die sinnvolle Verteilung von Verkehrswegen. Ferner wurde darauf hingewiesen, daß eine Bezahlung gemeinwirtschaftlicher Leistungen durch die Gemeinden auch an eine Behörde möglich wäre. Eine Ausweisung von Verlusten durch Bau und Instandhaltung der Verkehrswege könne auch durch eine rechnerische Abtrennung des Bereichs Fahrweg vermieden werden. Es wurde bezweifelt, daß die Umgestaltung die Kosten verringere, die der Bund ohnehin tragen müsse, wenn er die Bahn fördern wolle. Der eigentliche Sinn von Privatisierungen, ein verbessertes Angebot bei niedrigeren Preisen für die Kunden, werde nicht erreicht, da es zu keinem echten Wettbewerb von Bahnunternehmen untereinander komme. Die Teilung verschlechtere die Zusammenarbeit bei der Bahn. → Straßengebühr

Ekranoplan

(russ.; Flugzeug, das den Bodeneffekt nutzt), fliegendes Transportschiff mit den Ausmaßen eines Verkehrsflugzeuges. Das E. fliegt auf einem Luftkissen ca. 1,8 m über dem Wasser, kann aber zum Ausweichen vor Hindernissen

Bahnreisen im internationalen Vergleich

Land	Jährliche Bahnfahrten pro Einw.
Japan	64
Schweiz	48
Ostdeutschland	36
Luxemburg	30
Dänemark	27
ČSFR	26
Polen	25
Österreich	21
Deutschland	21
Ungarn	18
Westdeutschland	17
Niederlande	16
Frankreich	15
Belgien	14
Großbritannien	13
Schweden	9
Italien	7
Spanien	5
Griechenland	1

Stand: 1989; Quelle: Internationaler Eisenbahnverband

auch auf 600 m Höhe steigen. Es nutzt den sog. Bodeneffekt: Bei Flügen in geringer Höhe preßt das Flugzeug die Luft zwischen seiner Unterseite und Wasser oder Erdboden zusammen; die komprimierte Luft trägt dazu bei, das Flugzeug zu tragen. Luftkissenboote wie die Fähren zwischen Frankreich und Großbritannien, die ebenfalls den Bodeneffekt nutzen, können im Unterschied zum E. nicht fliegen. Die russischen Entwickler wollen das E. ab 1993 als Flugfähren und -frachttransporter vermarkten. Als Einsatzgebiet sind Inselstaaten wie Indonesien geeignet, Großbritannien hatte Interesse. Mit 370 km/h verkehrt das E. 15mal schneller als Schiffe und drei- bis fünfmal schneller als Luftkissenboote. Das Luftkissen verringert den sog. induzierten Widerstand, der beim Fliegen die Hälfte des Luftwiderstandes ausmacht, auf 30% des Wertes bei Flugzeugen. Dadurch verbraucht das E. weniger Energie als gleich große Flugzeuge und Schiffe und kann mit gleicher Treibstoffmenge 50% mehr Fracht befördern als ein Flugzeug. Das Luftkissen wird beim Start von zwei vorne angebrachten Düsen aufgebaut. Beim Flug wird das E. durch Propeller hinten auf dem Leitwerk angetrieben.

E-Lampe

(elektronische Lampe), energiesparende Glühlampe, die Licht mit Hilfe elektromagnetischer Wellen produziert. Die Betriebskosten einer E. liegen um 20% unter denen von Leuchtstoffsparlampen (70% unter Glühlampen). Mitte 1992 stellte die US-amerikanische Firma Intersource Technologies eine E. mit einer Lebensdauer von etwa 20 000 Stunden vor (Leuchtstoff-Sparlampen: rd. 8500 h, herkömmliche Glühbirnen: rd. 1000 h). Eine 25-W-E., die in jede Lampenfassung paßt, gibt ungefähr soviel Licht ab wie eine 100-W-Glühlampe. Die E. wird voraussichtlich ab 1993 in den USA zum Preis von rd. 15 Dollar (23 DM) verkauft.

In der E. erzeugt ein Sender Radiowellen, die eine Gasmischung in Schwingung versetzen. Es entsteht ultraviolettes, unsichtbares Licht, das wiederum eine Phosphorschicht zum Leuchten bringt, die auf der Innenseite des Schutzglases aufgedampft ist.

Electronic Banking

(engl.; elektronische Erledigung von Bankgeschäften), Angebot von Leistungen der → Banken mit Unterstützung der elektronischen Datenverarbeitung. Den Kreditinstituten dient E. zur Rationalisierung. Privatkunden können Bankleistungen unabhängig von Schalteröffnungszeiten in Anspruch nehmen und Zeit sparen.

E. wurde 1992 in Deutschland insbes. auf folgenden Gebieten eingesetzt:

▷ Im Zahlungsverkehr können sich Kunden an Geldausgabeautomaten und Kontoauszugsdruckern selbst bedienen

▷ An Bankautomaten können ausländische Währungen gekauft, Daueraufträge eingegeben, Schecks und andere Formulare bestellt werden

▷ In Selbstbedienungszentren stehen Automaten für den Zahlungsverkehr bereit sowie Terminals, über die Informationen abgerufen werden können, z. B. Börsenkurse, Zinssätze, Immobilienangebote

▷ Kunden können an elektronischen Kassen im Einzelhandel, 1992 insbes. an Tankstellen, ihre Einkäufe bargeldlos ohne Scheck mit der Eurocheque-Karte bezahlen (→ Electronic Cash)

▷ Geschäftskunden wird die Abwicklung des Zahlungsverkehrs (z. B. Überweisungen, Lastschriften) über Magnetbänder oder Disketten angeboten

▷ Zur Beratung ihrer Firmenkunden greifen Banken auf Computerprogramme (z. B. zur Bilanzanalyse) und → Datenbanken zurück

▷ Mit → Personalcomputern und → Bildschirmtext können die Bankkunden beim sog. Home Banking (engl.) ihre Bankgeschäfte von zu Hause aus führen. Unberechtigte Zugriffe auf Konten versuchen die Kreditinstitute durch die Ausgabe von Kundenkarten und persönlichen Geheimzahlen zu verhindern. → Chipkarten

Electronic Cash

(engl.; elektronisches Bargeld; auch eccash), bargeld- und scheckloses Bezahlen im Einzelhandel mittels Eurocheque-Karte (ec-Karte). Die Karte wird in eine elektronische Kasse eingegeben, der Kunde unterschreibt die Quittung, und der Rechnungsbetrag wird von seinem Bankkonto abgebucht. Mitte 1992 gab es in Deutschland ca. 10 000 E.-Kassen, davon 80% bei Tankstellen, und ca. 30 Mio ec-Karten-Inhaber. Eine weitere Verbreitung des E.-Systems wurde durch Uneinigkeit zwischen → Banken und Handel über die Kostenverteilung verzögert. Daher wurde zunächst ein kostengünstigeres E.-Verfahren getestet.
Verfahren: Beim ursprünglichen E.-Verfahren gibt der Kunde wie beim Geldautomaten über eine Tastatur eine vierstellige Geheimzahl (PIN, Persönliche Identifikations-Nummer) ein. In der Kasse werden die Angaben im Magnetstreifen der Karte gelesen, und über Standleitung zu einem Zentralrechner der Banken werden Kontodeckung, Geheimzahl und Sperrvermerke geprüft, bevor der Rechnungsbetrag bei der Bank des Kunden dem Konto belastet und bei der Bank des Händlers dem Konto gutgeschrieben wird.
Vereinfachung: Beim vereinfachten Verfahren, wie es die Bekleidungs-Kaufhauskette Peek & Cloppenburg 1990 einführte, wird auf PIN und Überprüfung über Standleitungen verzichtet. Wie beim Eurocheque kontrolliert der Kassierer ec-Karte und Unterschrift, der Rechnungsbetrag wird später per Lastschrift vom Bankkonto des Kunden eingezogen. Ein Abgleich mit einer Sperrkartei für ec-Karten ist möglich. Es entfallen die Kosten für die Standleitungen, dagegen ist der Schutz vor Mißbrauch geringer, da die Unterschrift auf gestohlenen Karten gefälscht werden kann.
Händler: Der Einzelhandel verspricht sich von E. eine Verringerung des diebstahlgefährdeten Bargeldverkehrs und der Verwendung von → Kreditkarten, die ihn bei jeder Bezahlung eine Umsatzprovision von 3–6% kosten und bei denen die Gutschrift nur einmal monatlich statt sofort erfolgt. Der Handel betrachtet insbes. die von den Banken berechneten Kosten für E. als zu hoch: Für die elektronische Kasse hatte der Händler einen Kaufpreis von rd. 3000 DM oder eine monatliche Mietgebühr von ca. 100 DM zu zahlen. Die monatlichen Gebühren für die Standleitungen beliefen sich auf ca. 300–550 DM. Die Banken verlangten 0,3% vom Umsatz, mindestens 15 Pf je Buchung für die Prüfung und Genehmigung der Zahlung (Tankstellen: 0,2% bzw. 8 Pf). Der Handel errechnete eine Gesamtbelastung seines Umsatzes von ca. 1–2% durch das E.-Verfahren.
Banken: Die Kreditinstitute erwarteten von E. eine Verringerung des für sie teuren Bargeldgeschäfts (Kassenhaltung, Diebstahlvorsorge etc.).
Kunden: Für den Käufer war E. Mitte 1992 gebührenfrei. Ein E.-Zahlungsvorgang erforderte mit durchschnittlich 10 sec weniger Zeit als eine Scheckzahlung. Kosten entstehen jedoch für die Belastung der Rechnungsbeträge auf dem Bankkonto. Ferner besteht die Gefahr, daß Kaufgewohnheiten des Verbrauchers unbemerkt gespeichert und weitergegeben werden können (→ Datenschutz). → Chipkarten

Elektroautos

Mit Elektromotoren ausgerüstete Kfz, die von wiederaufladbaren Batterien mit Antriebsenergie versorgt werden. E. erzeugen während der Fahrt keine Abgase (→ Luftverschmutzung) und sind bei niedrigen Geschwindigkeiten nahezu lärmfrei. 1992 gab es in Deutschland keine Großserienproduk-

Bargeldloses Bezahlen international mit Electronic Debit Cash
Die deutschen Banken planten, ab Ende 1992 neue Eurocheque-Karten mit einer zusätzlichen Funktion auszugeben. Mit EDC-Karten (Electronic Debit Cash, engl.; elektronisches Soll-Bargeld) können Kunden auch im westeuropäischen Ausland bargeldlos und ohne Scheck, durch Unterschrift oder Eingabe einer Geheimzahl, bezahlen. Die rd. 30 Mio Eurocheque-Karten in Deutschland sollen schrittweise gegen die neuen EDC-Karten umgetauscht werden. Die Gebühren werden voraussichtlich erhöht (Jahrespreis 1992 i. d. R. 10–20 DM).

Probefahrten von Elektroautos auf der Insel Rügen
Mit 20 Mio DM fördert das Bundesforschungsministerium ab 1992 einen dreijährigen Modellversuch mit Elektroautos. Auf der Ostseeinsel Rügen soll die Praxistauglichkeit von Elektroautos getestet und eine ökologische Gesamtbilanz einschließlich Energieverbrauch und Lärmbelastung ermittelt werden. Beteiligt sind 62 Fahrzeuge von vier Autoherstellern sowie Batterien von acht Firmen.

Computer enthalten Schätze
Jährlich fallen in Deutschland rd. 10 000 t Computerschrott an, der ab 1994 wiederverwertet werden soll. Aus 1 t Computerschrott lassen sich bis zu 200 kg Kupfer, 3 kg Silber, 1 kg Gold sowie 300 g Paladium gewinnen. Probleme bei der Wiederverwertung bereitet die Trennung der Materialien. Während die Trennung von Kunststoffen und Kupfer in Kabeln unproblematisch ist, entstehen bei der Verdampfung von Kunststoffen in edelmetallhaltigen Leiterplatten giftige Gase, die in Filteranlagen aufgefangen werden müssen.

tion von E. Hauptschwierigkeit war, Batterien mit hoher Speicherkapazität bei möglichst niedrigem Gewicht herzustellen. Die bisher längste Strecke ohne aufzuladen legte Mitte 1992 mit 547 km ein in der Schweiz gebautes E. zurück (Durchschnittsgeschwindigkeit: 55 km/h). E. waren nach Untersuchungen des TÜV Rheinland von 1991 nur dann umweltfreundlicher als mit Benzin betriebene Autos, wenn der Strom aus Erneuerbaren → Energien stammte. Im November 1991 beschloß die CDU/CSU/FDP-Bundesregierung, E. für fünf Jahre von der → Kfz-Steuer zu befreien, um deren Entwicklung und Verkauf zu fördern.

Angebot: Mitte 1992 boten in Deutschland rd. 15 Firmen E. an, die mit einer Batterieladung eine Reichweite zwischen 60 und 120 km hatten und rd. 65 km/h Spitzengeschwindigkeit erreichten. Ein zweisitziges E. kostete zwischen 21 000 DM und 32 000 DM.

Nachfrage: Der Verband der Automobilindustrie (Frankfurt/M.) sagte 1992 für E. einen geringen Anteil am Automarkt voraus. Vor allem aufgrund ihrer geringen Reichweite seien sie lediglich für den Stadtverkehr, als Zweitauto sowie für Kurorte gut geeignet. Eine Studie im Auftrag des Bundesverkehrsministeriums ergab, daß 1991 rd. 5 Mio der 37 Mio Privatfahrzeuge durch E. ersetzbar waren, weil sie für Kurzstrecken und als Zweitwagen verwendet wurden.

Batterien: Ab 1994 soll in Deutschland eine Natrium-Schwefelbatterie in Serie produziert werden, die etwa die vierfache Leistung einer herkömmlichen Blei-Säure-Batterie bei gleichem Gewicht liefert. Die Natrium-Schwefel-Batterie ist tausendmal wiederaufladbar und hat eine Lebensdauer von 150 000 km. Bei 98% der Werkstoffe ist nach Angaben des Herstellers → Recycling möglich.

Umweltbelastung: Anfang der 90er Jahre wurde in Deutschland Strom zu rd. 60% aus fossilen Brennstoffen, wie → Kohle und → Erdöl, erzeugt. Bei E., die nicht mit → Sonnenenergie betrie-

ben wurden, verlagerte sich deshalb der Schadstoffausstoß lediglich von den Autos zu den Kraftwerken. Der Energieverbrauch eines E. ist etwa genauso hoch wie der eines konventionell angetriebenen PKW, wenn der bei der Verstromung eintretende Energieverlust berücksichtigt wird.

Ausland: Mit gesetzlichen Maßnahmen will der US-Bundesstaat Kalifornien den Anteil von E. am → Autoverkehr steigern. Ab 1998 müssen Hersteller 2% der PKW mit emissionsfreiem Antrieb, d. h. mit Elektromotoren, anbieten. Im Jahr 2003 soll der Anteil bei 10% liegen. Das japanische Handels- und Industrieministerium plante, mit Hilfe von Subventionen und Steuervorteilen die Zahl der E. von 1000 (1990) auf 200 000 im Jahr 2000 zu erhöhen.

Elektronik-Schrott

Ab 1994 sollen Handel und Hersteller in Deutschland zur kostenlosen Rücknahme und Entsorgung ausgedienter Elektrogeräte verpflichtet werden. Der Großteil des E. (rd. 800 000 t jährlich) einschließlich giftiger Stoffe gelangte bis Mitte 1992 als Sperrmüll auf Hausmülldeponien (Anteil am Hausmüll 1991: rd. 3,75%). Der Gesetzentwurf von Bundesumweltminister Klaus Töpfer (CDU), der Mitte 1992 dem Bundesrat vorgelegt wurde, sieht vor, daß die im E. enthaltenen Stoffe (überwiegend Kunststoffe und Metalle) wiederverwertet werden (→ Recycling → Abfallbeseitigung). Die Rücknahmeverpflichtung besteht auch, wenn kein neues Gerät gekauft wird, soll aber auf Geräte aus dem geschäftseigenen Sortiment beschränkt bleiben.

Das Bundesumweltministerium schätzte Anfang 1992, daß die E.-Menge bis 2005 um 5–10% zunehmen werde. Der Elektronikkonzern IBM Deutschland ging Mitte 1992 davon aus, daß rd. 85% der Materialien im E., vor allem Stahl und Eisen (rd. 50%) sowie Edelmetalle (rd. 30%) wie Kupfer, Gold oder Platin, wiederverwertet werden können. Giftige Stoffe (z. B. PCB in

Kondensatoren, Cadmium-Sulfid auf den Bildröhren, schwermetallhaltige Kunststoffe etc.), die einen Anteil von rd. 0,3% am E. haben, sollen als Sondermüll (→ Giftmüll) entsorgt werden. Probleme sahen Hersteller Mitte 1992 bei der Trennung der Materialien. Sortenreinheit ist jedoch Voraussetzung für die Wiederverwertung.

Elektronische Tageszeitung für Blinde

(ETAB), Tageszeitung, die mit einem → Personalcomputer (PC) und einem Vorleseprogramm in gesprochene Sprache umgesetzt wird. Die Zeitung wird per → Datenfernübertragung an die Stiftung Blindenanstalt (Frankfurt/M.) übermittelt und auf einer Diskette gespeichert, die der Empfänger per Post einen Tag nach Erscheinen der Zeitung erhält. Die Stiftung Blindenanstalt verbreitet ab Mai 1992 täglich drei überregionale deutsche Tageszeitungen als E. Sie plante Mitte 1992, den Empfang von E. auch mit → Kabelanschluß und PC zu ermöglichen.
Für die Verbreitung der E. über Kabelanschluß will die Stiftung die Zeitungsdaten an einen Fernsehsender weiterleiten. Der Sender soll die in digitalisierte Zeichen übertragene Zeitung ausstrahlen. Beim Nutzer entschlüsselt der Decoder die Zeichen, speist sie in den PC ein und wandelt sie in gesprochene Sprache um (Kosten für Decoder, PC und Vorleseprogramm 1992: rd. 4000 DM).

Elektro-Smog

Umgangssprachliche Bezeichnung für elektromagnetische Strahlung, die bei Produktion, Transport und Verbrauch von technisch erzeugter Energie in die Umwelt gelangt. Das Bundesamt für Strahlenschutz (BfS, Salzgitter) ging 1992 davon aus, daß E. sich schädlich auf die menschliche Gesundheit auswirkt (sog. Elektro-Streß). Das BfS forderte im Januar 1992, die zulässigen Grenzwerte für elektromagneti-

Elektronische Bauteile aus ausgedienten Geräten werden von Hand für die Wiederverwertung sortiert

sche Felder von 20 000 Volt/m auf 2500 Volt/m zu senken.
E. wird u. a. durch Hochspannungsleitungen, Fernseh-, Radar- und Mikrowellen sowie durch elektrische Hausgeräte erzeugt. Das BfS warnte im Februar 1992 vor den Gesundheitsrisiken durch Hand- und Autotelefone (→ Mobilfunk). Es empfahl, einen Sicherheitsabstand von etwa 50 cm zu der im Hörer eingebauten Antenne einzuhalten.
Alte und kranke Menschen reagieren besonders empfindlich auf E. Personen, die am Arbeitsplatz längere Zeit stärkerem E. ausgesetzt sind, werden u. U. für Elektro-Streß sensibilisiert. Die Beschwerden reichen von Kopfschmerzen und Müdigkeit über Herz- und Kreislaufstörungen bis hin zu Krebserkrankungen. Das BfS betonte Anfang 1992, daß bei den bestehenden Grenzwerten für elektromagnetische Felder insbes. Menschen mit Herzschrittmachern gesundheitlich gefährdet sein könnten, da diese wegen der am Körper getragenen Batterien ohnehin ständig E. ausgesetzt seien.
Alle Funktionen eines Organismus werden durch den elektro-chemischen Austausch von Informationen zwischen und in den Zellen gesteuert. Es wird angenommen, daß E. den Informationsaustausch stören bzw. verändern kann. Elektromagnetische Felder durchdringen Wände und Metalle. Ge-

Baustopp wegen Elektro-Smog
Das Verwaltungsgericht Düsseldorf untersagte der Telekom im Juni 1992 den Bau eines Funkturms im Düsseldorfer Stadtteil Angermund. Zur Begründung erklärte das Gericht, daß eine Gesundheitsgefährdung der Anwohner durch die elektromagnetische Strahlung des Funkturms nicht ausgeschlossen werden könne. Anfang 1992 hatten bereits in Niedersachsen und Hessen Klagen von Anwohnern die Inbetriebnahme von Funktürmen verhindert.

gen den innerhalb einer Wohnung entstehenden E. empfehlen Wissenschaftler, vor allem in häufig genutzten Räumen nur wenige Elektrogeräte aufzustellen, in Bettnähe keine elektrischen Leitungen zu verlegen und sog. automatische Netzfreischalter einzubauen, die beim Abschalten des letzten elektrischen Geräts den gesamten Stromkreis unterbrechen.

Emscher Park

Ökologische und ökonomische Umgestaltung der industriell geprägten Emscherregion im nördlichen Ruhrgebiet. Der E. umfaßt 17 Städte mit insgesamt 2 Mio Einwohnern und einer Fläche von 800 km^2. Er soll Resultat einer auf zehn Jahre angelegten Internationalen Bauausstellung sein, die erstmals nicht nur eine Stadt, sondern eine Region neu gestaltet. 1994 ist voraussichtlich der erste Bauabschnitt beendet, 1999 soll der E. fertiggestellt sein.
Der E. wird von NRW und den beteiligten Städten finanziert. Bis Mitte 1992 waren rd. 2 Mrd DM bewilligt.
Es sind insgesamt 76 Bauprojekte geplant, die sich auf die folgenden fünf Bereiche verteilen:

▷ Ökologische Umgestaltung des Emscherabwässerkanals
▷ Ausbau des Ufergeländes des Rhein-Herne-Kanals zum Freizeitpark
▷ Erhalt von Industriedenkmälern
▷ Anlage von Gewerbe-, Dienstleistungs- und Technologieparks
▷ Wohnungsmodernisierung in Zechensiedlungen und Entwicklung neuer Wohnformen.
Internationale Bauausstellungen finden in unregelmäßigen Abständen statt. Die NRW-Regierung entschied 1989, ihren Strukturplan für die Emscherregion mit einer Bauausstellung zu verbinden.

Endlagerung

Unbefristete Lagerung radioaktiver Abfälle. E. ist die letzte Stufe der → Entsorgung kerntechnischer Anlagen. Mitte 1992 gab es weltweit keine Anlage zur E. hochradioaktiver Abfälle (z. B. Plutonium). Anfang 1992 wurde der Weiterbau des deutschen Endlagers für hochradioaktive Abfälle in Gorleben (Niedersachsen) gestoppt, nachdem bei Bohrungen im Erkundungsschacht des ehemaligen Salzbergwerks Wasser durchsickerte. Verzögerungen beim Planfeststellungsverfahren verschoben die Inbetriebnahme des Endlagers Schacht Konrad für schwach- und mittelradioaktive Abfälle bei Salzgitter (Niedersachsen) von 1992 auf Mitte der 90er Jahre. Mitte 1992 hob das Bundesverwaltungsgericht (Berlin) die vorläufige Stillegung (Ende 1991) des einzigen deutschen E. von schwach- und mittelradioaktiven Abfällen bei Morsleben im Bundesland Sachsen-Anhalt auf. Die CDU/CSU/FDP-Bundesregierung plante 1992 die Privatisierung der E.
Hochradioaktiver Abfall: Das World Watch Institute (USA) prognostizierte Anfang 1992, daß in den 26 Kernenergie erzeugenden Staaten frühestens 2003 Endlager für hochradioaktive Abfälle in Betrieb genommen werden. Bis dahin muß er in Zwischenlagern vorübergehend gelagert werden (→ Zwi-

Gewerbeneuansiedlung im Emscher Park

▲ Dienstleistungspark	▲ Handwerkerpark
● Technologiepark	● Freizeitpark
■ Wissenschaftspark	© Harenberg

schenlagerung). Weltweit werden bis zum Jahr 2000 rd. 190 000 t hochradioaktiven Abfalls für die E. anfallen, davon rd. 40 000 t in den USA, 30 000 t in den Staaten der GUS, 20 000 t in Frankreich und 9000 t in Deutschland. 94% des Abfalls von Kernkraftwerken besteht aus Uran-238, 1,5% aus Plutonium, das in rd. 24 000 Jahren rd. die Hälfte seiner radioaktiven Strahlung verliert (Halbwertzeit; → Strahlenbelastung). In Endlagern aufbewahrte Substanzen dürfen lt. Atomgesetz weder durch Grundwasser, Luft oder tektonische Verschiebungen in den biologischen Kreislauf zurückkehren. Salzstöcke und Gesteinsformationen sind vermutlich seit Jahrmillionen stabil.

Gorleben: Wegen des Zuflusses einer Lauge unterhalb der Schachtsole in ca. 320 m Tiefe wurden die Bauarbeiten im Februar 1992 eingestellt. Die Lauge könnte Metallfässer mit radioaktivem Abfall zersetzen. Während das Bundesamt für Strahlenschutz (BfS, Salzgitter) die Risse im Innern des Salzstocks auf zu behebende bautechnische Probleme zurückführte, vermuteten Gutachter der Universität Kiel tektonische Verschiebungen, die bis zum Endlager reichen, als Ursache. Die Landesregierung (Grüne/SPD) hielt daher das ehemalige Salzbergwerk für nicht für die E. geeignet.

Schacht Konrad: Bei Salzgitter sollten bis zum Jahr 2000 rd. 95% der mittel- und schwachradioaktiven Abfälle in Deutschland endgelagert werden. Etwa 250 000 Einwendungen gegen die Lagerstätte waren bis Februar 1992 bei der Landesregierung eingegangen.

Morsleben: Das Bezirksgericht Magdeburg hatte die Stillegung des Endlagers damit begründet, daß die Betriebsgenehmigung vom April 1986 des Amts für Atomsicherheit und Strahlenschutz der DDR nicht rechtmäßig auf das BfS übergegangen sei. Das Bundesverwaltungsgericht erkannte dagegen die Rechtswirksamkeit der Genehmigung an, obwohl sie nach DDR-Recht ohne Beteiligung der Öffentlichkeit erteilt worden sei.

Endlagerung von Kernabfall in OECD-Staaten

Land	Hochradioaktive Abfälle[1]	Schwach-[2] und mittel-[3] radioaktive Abfälle
Belgien	Untersuchung der Tonformationen unter dem Kernforschungszentrum Mol für die Endlagerung	Ab 1995 oberflächennahe Lagerung schwach- und mittelradioaktiven Abfalls geplant
Deutschland	Seit 1983: Erkundungsuntersuchungen im Salzbergwerk Gorleben (Niedersachsen)	Mitte 1992: Planfeststellungsverfahren für die Endlagerung im Salzbergwerk Konrad bei Salzgitter (Niedersachsen). Endlager Morsleben Mitte 1992 wieder in Betrieb genommen
Finnland	Standortsuche für Endlagerung in Granit	Ende 1992 soll bei Olkluoto ein Endlager in Betrieb genommen werden
Frankreich	Moratorium bis 2005 für die Suche eines Standorts in Granit, Tonschiefer, Ton und Salz	Oberflächennahe Lagerung von rd. 500 m^3 schwach radioaktiven Abfällen im Centre de la Manche bei La Hague seit 1970 (Stillegung: voraussichtlich 1992). Ab Mitte 1992 oberflächennahe Lagerung im Centre de l'Aube bei Paris
Großbritannien	Standortsuche für die Lagerung von Abfall in Glasblöcken und Stahlröhren	Oberflächennahe Lagerung von schwachradioaktivem Abfall
Japan	Untersuchung von Standorten in geologischen Formationen	Oberflächennahe Lagerung von schwachradioaktivem Abfall
Kanada	Konzept für Endlagerung in Granit im kanadischen Schild	Oberflächennahe Lagerung schwachradioaktiver Abfälle in Ontario, Anlage für Endlagerung mittelradioaktiver Abfälle 1992 in Bau
Niederlande	Konzept für Endlagerung in Salz, Standort noch nicht benannt	Ab 1996 Lagerung von schwach- und mittelradioaktivem Müll in Borsele
Schweden	Erste Standortuntersuchungen in Granit und Salz	Endlagerstätte für schwach- und mittelradioaktive Abfälle bei Forsmark
Schweiz	Standortsuche für Lagerung in Gesteinsformationen	Lagerung in Gesteinsformationen bei Bois de la Glaivaz, Oberbauenstock und Piz Pian Gran geplant
Spanien	Standortsuche für Lagerung in Granit und Salz	Lagerung von schwach- und mittelradioaktivem Abfall bei Sierra Albarrana Mitte 1992 geplant
USA	Nuclear Waste Policy Act von 1982 sieht Endlagerung im vulkanischen Tuff in Yucca Mountain (Nevada) vor	Oberflächennahe Lagerung schwachradioaktiver Abfälle, z. B. in Beatty (Nevada). Ab 1993 sollen in Carlsbad (New Mexico) Abfälle aus der US-Waffenproduktion endgelagert werden

1) Mitte 1992; 2) leicht kontaminierter Abfall, ungefähr tausendmal geringere Strahlung als mittelradioaktiver Abfall; 3) ungefähr tausendmal geringere Strahlung als hochradioaktiver Abfall; Quelle: OECD, Aktuell-Recherche

Privatisierung: Die Bundesregierung plante 1991/92, daß die Endlager in Deutschland nicht vom Staat, sondern von privaten Unternehmen betrieben werden sollen und lediglich staatlicher Kontrolle unterliegen. Dadurch soll der Bund von Kosten entlastet und die Betreiber von Kernkraftwerken selbst für die Entsorgung verantwortlich gemacht werden. Der Bund für Umwelt und Naturschutz Deutschland (BUND, Bonn) wies darauf hin, daß die Privatisierung

Land	Importe (%)[1]
Luxemburg	99,7
Portugal	96
Italien	85
Belgien	77
Irland	71
Spanien	66
Griechenland	65
Frankreich	56
Deutschland[2]	54
Dänemark	50
Niederlande	23
Großbritannien	4

Stand: 1990; 1) Anteil am Verbrauch; 2) Westdeutschland; Quelle: eurostat

die Mitbestimmung von Bürgern und untergeordneten Behörden bei den Genehmigungsverfahren einschränken würde, weil bei privaten Projekten nur noch Bund und Länder über die Genehmigung entscheiden.

Energie-Binnenmarkt

Anfang 1992 verabschiedete die EG-Kommission einen Richtlinienentwurf über die Vollendung des → Europäischen Binnenmarkts für Elektrizität und Gas bis Ende 1992. Der E. soll den Wettbewerb zwischen den europäischen Energieerzeugern fördern. Bereits ab Mitte 1991 sind Betreiber von Strom- und Gasleitungen in der EG verpflichtet – in Deutschland die Kommunen –, bei freien Kapazitäten Gas und Strom aus Nachbarländern gegen Gebühren durch ihr Netz zu leiten. Ab 1993 sollen Großkunden aus der Industrie direkten Zugang zum internationalen Leitungsnetz erhalten; sie können den kostengünstigsten Anbieter auswählen. Die deutschen Energieversorgungsunternehmen (EVU) fürchteten Wettbewerbsnachteile im E. gegenüber Staatsunternehmen.

Liberalisierung: Bis 1993 sollen nationale Reglementierungen, die den Handel mit Strom und Gas hemmen, abgebaut und nationale Beihilfen für die Energieerzeugung eingestellt werden. Die EVU der EG müssen der Kommission zweimal jährlich die → Stromtarife mitteilen, die für Stromabnehmer europaweit veröffentlicht werden. Den Mitgliedstaaten wird der Einsatz von inländischen Energiequellen in einer Höhe von maximal 20% des Strombedarfs garantiert. Strom aus Erneuerbaren → Energien darf vorrangig ins Netz eingespeist werden. Staatliche Beihilfen sind für umweltfreundliche Produktionsanlagen (→ Fernwärme) unter 25 MW (Versorgung von etwa 30 000 Haushalten) gestattet.

Direkter Netzzugang: Ab 1993 sollen etwa 500 Großkunden innerhalb der EG mit einem jährlichen Verbrauch von 25 Mio m³ Gas oder 100 GWh (Gi-

gawattstunden, 1 GWh = 1 Mio kWh) Elektrizität direkten Zugang zu Strom- und Gasleitungen erhalten.

Das Rheinisch-Westfälische Institut für Wirtschaftsforschung (RWI, Essen) kritisierte Anfang 1992, daß nur Großverbraucher, nicht aber Privathaushalte von der Anbieterwahl und günstigeren Tarifen profitieren könnten.

Kritik: Umweltschutzorganisationen befürchteten, daß mit dem verschärften Wettbewerb verbundene Preissenkungen für Energie den Energieverbrauch erhöhen und zu größeren Umweltbelastungen führen (→ Energiesteuer). Die Vereinigung Deutscher Elektrizitätswerke (VDEW, Frankfurt/M.) führte die unterschiedlichen Energiepreise in Europa nicht auf mangelnden Wettbewerb, sondern auf nationale Sonderregelungen zurück. In Deutschland erhöhten z. B. Umweltschutzauflagen und Sonderabgaben für heimische Energieträger (→ Kohlepfennig) den Strompreis. Der französische Monopolist, die Electricité de France, biete die niedrigsten Preise innerhalb der EG wegen staatlicher → Subventionen.

Energiecharta, Europäische

Im Dezember 1991 unterzeichneten 45 Länder, darunter die Staaten der → GUS, die ehemaligen Mitgliedstaaten des Warschauer Pakts sowie die westlichen Industriestaaten, die E. Hauptziel der E. ist die Zusammenarbeit bei der umweltfreundlichen Nutzung der Energieressourcen vor allem in den ehemaligen Sowjetrepubliken und die Anbindung von Osteuropa an das westeuropäische Energieleitungssystem. Die westlichen Industrieländer bieten Technologie und Investitionen gegen Energielieferungen aus Osteuropa. Die EG-Kommission rechnete Mitte 1992 mit einem Investitionsaufwand von rd. 1000 Mrd DM bis zum Jahr 2000 für die Sanierung von Leitungssystemen und Förderanlagen, den Ausbau neuer Fördergebiete von Rohstoffen und die Verbesserung der Reaktorsicherheit (→ Atomenergie) in Osteuropa.

Energieträger und Stromerzeugung in den Staaten der GUS 1991

Länder	Elektrizität		Erdöl		Erdgas		Kohle	
	Produktion (Mrd kWh)	Veränderung[1] (%)	Förderung (Mio t)	Veränderung[1] (%)	Förderung (Mio t)	Veränderung[1] (%)	Förderung (Mio t)	Veränderung[1] (%)
Aserbaidschan	23,3	+1	11,7	−6	8,6	−13	−	−
Armenien	9,5	−8	−	−	−	−	−	−
Weißrußland	38,7	−2	2,1	+0,3	0,3	−1	−	−
Kasachstan	79,1	−2	26,6	+3	7,9	+11	130,0	−0,7
Kirgisien	14,0	+6	0,1	−8	0,1	−13	3,5	−7
Moldawien	13,0	−16	−	−	−	−	−	−
Rußland	1046,0	−1	461,0	−1	643,0	+0,4	353,0	−11
Tadschikistan	17,5	−3	0,1	−25	0,1	−17	0,3	−34
Turkmenien	14,9	+2	5,4	−3	84,3	−4	−	−
Usbekistan	54,1	−4	2,8	+0,8	41,9	+3	5,9	−8
Ukraine	275,8	−7	4,9	−6	24,4	−13	136,0	−18
Insgesamt	1586,0	−2	512,0	−10	810,0	−0,5	629,0	−10

1) Gegenüber 1990; Quelle: Süddeutsche Zeitung, 26. 3. 1992

Westliche Unternehmen sollen helfen, die seit 1988 sinkende Erdölförderung in den Staaten der GUS, vor allem in Rußland, zu steigern. 1991 gingen dort durch Abfackeln, Leckagen, ineffizienten Transport und unerlaubte Abzweigungen rd. 20% der gesamten Ölfördermenge (rd. 800 Mrd m³) verloren. Rußland verfügte Mitte 1992 über rd. 6% der Weltöl- und über 40% der Weltgasreserven (→ Erdgas) und war 1991 größter ausländischer Gas- und Öllieferant Deutschlands.

Energien, Erneuerbare

Energie aus wiederverwertbaren bzw. unerschöpflichen Energieträgern, deren Umwandlung in Sekundärenergie (z. B. Elektrizität) i. d. R. nur zu geringen Umweltbelastungen führt. Die Vorkommen der 1992 gebräuchlichsten Energieträger → Kohle, → Erdöl, → Erdgas und Uran sind begrenzt; ihre Verwendung als Brennstoff ist mit Belastungen der Umwelt wie → Luftverschmutzung und → Waldsterben sowie mit Risiken bei der → Atomenergie verbunden. Im Jahr 2010 könnten in Deutschland (alte Bundesländer) 4–6% mehr Energie in Form von Elektrizität (Anteil an der Stromerzeugung 1991: rd. 4%) und als Wärme aus E. (Anteil 1991: rd. 5%) erzeugt werden als 1991, prognostizierten das Deutsche Institut für Wirtschaftsforschung (DIW, Berlin) und das Fraunhofer-Institut für Systemtechnik 1991 (ISI, Karlsruhe). Voraussetzungen für den Anstieg seien Subventionen und steigende Preise für fossile Brennstoffe, damit E. wettbewerbsfähig werden. Strom aus E. kostete 1991 etwa 0,2–2 DM/kWh, aus fossilen Brennstoffen rd. 4,5–10 Pf/kWh. Zu den E. gehören:

▷ → Wasserkraft
▷ → Erdwärme
▷ Meeresenergie (→ Meereswärme, Gezeiten- und Wellenenergie)
▷ Abwärme von Kraftwerken (→ Fernwärme)
▷ → Sonnenenergie
▷ Energie aus Biomasse (→ Biogas, → Biotreibstoff, → Klärschlamm)
▷ → Windenergie
▷ → Wasserstoff.

DIW und ISI stellten fest, daß in Deutschland 1991 bei den wärmeerzeugenden Systemen Solarkollektoren zur Schwimmbadbeheizung und Gebrauchswassererwärmung zu konkurrenzfähigen Preisen Energie erzeugten. Wärmepumpen und Biogasanlagen standen an der Schwelle zur Wirtschaftlichkeit.

Das Stromeinspeisungsgesetz von 1991, das Stromversorgungsunternehmen verpflichtet, Kleinerzeugern Strom aus E. mit 75–90% des Tarifs zu vergüten, den die Endverbraucher zah-

Energiepolitik

Einsatzchancen erneuerbarer Energien in Deutschland bis 2005[1]

Energiesystem	Technisches Potential[2] (TWh/a)[3]				Wirtschaftliches Potential[4] (TWh/a)			
	Strom		Wärme		Strom		Wärme	
	1989	2005	1989	2005	1989	2005	1989	2005
Fotovoltaik	20–100	20–100	–	–	0	0	–	–
Windenergie	200–250	200–250	–	–	<1	1–4	–	–
Wasserkraft	24–35	24–35	–	–	24	24	–	–
noch ungenutzt	6–17	6–17	–	–	6	6	–	–
Biomasse	3–5	3–5	57–80	57–80	<1	1–3	0,6	21–27
Mülldeponie- u. Klärgas	7	7	21	20–22	1,3	2–3	6	7–11
Solarkollektoranlagen	–	–	51–104	51–104	–	–	0–4	1–6
Solare Nahwärme- systeme	–	–	122	122	–	–	0	11
Wärmepumpen	–	–	122	103	–	–	0	8

1) Alte Bundesländer; 2) unter technischen Gesichtspunkten maximal realisierbare Energieerzeugung; 3) Terawattstunden pro Jahr (Mrd kWh/Jahr); 4) als wirtschaftlich gelten nur Systeme, deren Anschaffungs- und Betriebskosten maximal gleich hoch sind wie bei konventionellen Konkurrenzsystemen; Quelle: Stromthemen Extra Nr. 52, 1991

Kraftwerksleistung in den neuen Bundesländern

Energie- träger	Leistung (MW)
Braunkohle	12 400
Wasserkraft	1 700
Gas	1 000

Quelle: Stromthemen 3/1992

len, erhöhte den Anreiz, Energie aus E. zu produzieren. Die Betreiber erhalten 16–17 Pf/kWh (vorher: rd. 9 Pf/kWh). Kleine Wasserkraftwerke (bis 500 kW) sowie kleine und mittelgroße Windenergieanlagen konnten dadurch wettbewerbsfähig Strom erzeugen. Durch staatliche Fördermittel konnte der Preis für Strom aus Sonnenenergie Mitte 1992 auf rd 60 Pf/kWh herabgesetzt werden (Erzeugerkosten: 2–4 DM/kWh). → Energiepolitik

Energiepolitik

Bis 1995 wollen die deutschen Energieversorgungsunternehmen (EVU) rd. 27 Mrd DM in die öffentliche Stromversorgung der neuen Bundesländer investieren. Nachdem bis Mitte 1992 rd. 160 ostdeutsche Kommunen gegen den → Stromvertrag zwischen westdeutschen Stromkonzernen und der Regierung der DDR (1990) Verfassungsklage eingereicht hatten, wollten die EVU die Investitionen aufschieben. Der Bundesminister für Wirtschaft, Jürgen Möllemann (FDP), plante 1991/92 durch → Energiesparen, die Reduzierung der Energieerzeugung mit fossilen Brennstoffen (→ Kohle, → Erdöl) und die Förderung von Erneuerbaren → Energien zur Senkung des Ausstoßes von → Kohlendioxid um 25–30% bis 2005 beizutragen (→ Luftverschmutzung → Klimaveränderung). Die CDU/CSU/FDP-Bundesregierung plädierte 1992 für den Ausbau der von Kohlendioxid-Emissionen freien → Atomenergie. Ab 1993 soll im → Energie-Binnenmarkt der Handel mit Strom und → Erdgas in der EG liberalisiert werden.

Neue Bundesländer: Bis Mitte der 90er Jahre wollen die EVU ostdeutsche Kraftwerke (Gesamtleistung: 15 100 MW) westlichen Umweltschutzbestimmungen und technischem Standard anpassen. Der Wirkungsgrad (Verhältnis von eingesetzter und genutzter Energie) vor allem von Braunkohlekraftwerken lag z. T. um zwei Drittel niedriger als bei modernen westlichen Kraftwerken (Wirkungsgrad: 45%). Von 52 Kraftwerksblöcken (Steinkohle und Braunkohle) werden 44 stillgelegt, weil die Nachrüstung mit Anlagen für die Entstickung und Entschwefelung sich bei den veralteten Kraftwerken (z. T.

Energieverbrauch in Deutschland

Energieträger	Anteil am Energieverbrauch (%)			
	Alte Länder		Neue Länder	
	1991[1]	1990	1991[1]	1990
Mineralöl	41,2	40,9	24,3	15,8
Steinkohle	18,6	18,9	4,2	4,2
Erdgas	18,1	17,5	10,1	8,5
Atomenergie	11,6	12,0	–	1,9
Braunkohle	8,0	8,2	61,7	68,8
Wasserkraft	1,2	1,3	0,1	0,1
Sonstige (Brennholz u. ä.)	1,2	1,2	0,2	0,2

1) Vorläufige Zahlen; Quelle: Arbeitsgemeinschaft Energiebilanzen 12/1991

Energieverbrauch in Daten und Zahlen

Friedhelm Gieske, Vorstandsvorsitzender der RWE Energie AG * 12. 1. 1928 in Schwege bei Osnabrück, deutscher Industriemanager. Ab 1972 ordentliches Vorstandsmitglied der Rheinisch-Westfälischen Elektrizitätswerke (Essen), ab 1989 Vorstandsvorsitzender der RWE Energie AG (Umsatz 1991: 49,9 Mrd DM, Beschäftigte: 102 600).

Klaus Piltz, Vorstandsvorsitzender der VEBA AG * 16. 10. 1935 in Stuttgart, deutscher Industriemanager. Ab 1975 Vorstandsmitglied und ab 1989 -vorsitzender der VEBA AG (Düsseldorf), des größten deutschen Energieunternehmens (Strom, Öl, Chemie), Umsatz 1991: 60 Mrd DM, Beschäftigte: 106 900.

Baujahr 1912, 1914) nicht lohnt. Die EVU planten den Neubau von Kraftwerken für Steinkohle (Leistung: 4000 MW) und Braunkohle (3000 MW).

Energieprogramm: Der Bundeswirtschaftsminister nannte folgende Ziele für die E. bis Mitte der 90er Jahre:

▷ Der Anteil von Braun- und Steinkohle an der Energieerzeugung (1991: 56%) soll durch den Abbau von → Subventionen (→ Jahrhundertvertrag → Kohlepfennig) verringert werden

▷ Eine → Energiesteuer, die nach dem Kohlendioxidausstoß bei der Verbrennung des Energieträgers bemessen wird, soll zur Minderung der Luftverschmutzung beitragen

▷ Die nationale E. wird in die internationale E. eingebunden (→ Energiecharta, Europäische).

Als Voraussetzung für den Ausbau der Kernkraft forderten die EVU 1992 einen Konsens der großen Parteien, damit Atomprojekte nicht durch wechselnde Regierungen und Koalitionen behindert werden. Die SPD kritisiert das Festhalten an der Atomenergie trotz ungesicherter → Entsorgung und Risiken der → Strahlenbelastung.

Energieverbrauch pro Kopf in ausgewählten Ländern

Land	Energieverbrauch (kg Öleinheiten) 1990	1965	Energieeinfuhr (% der Warenausfuhr) 1990	1965
Algerien	1 956	226	2	–
Brasilien	915	286	14	14
Dänemark	3 618	2 911	6	8
Deutschland[1]	3 491	2 478	7	13
Finnland	5 650	2 233	10	11
Frankreich	3 845	2 468	10	16
Griechenland	2 092	615	14	29
Großbritannien	3 646	3 483	7	13
Indien	231	100	24	8
Italien	2 754	1 568	13	16
Japan	3 563	1 474	16	19
Jugoslawien	2 409	898	21	7
Kanada	10 009	6 007	5	7
Korea-Süd	1 898	237	12	18
Nicaragua	261	172	6	6
Österreich	3 503	2 060	7	10
Philippinen	215	160	17	12
Schweden	6 347	4 162	7	12
Schweiz	3 902	2 501	4	8
Singapur	5 685	2 214	15	17
Somalia	64	11	8	9
Spanien	2 201	901	19	31
Thailand	352	80	10	11
USA	7 822	6 535	16	8

1) Alte Bundesländer; Quelle: Weltentwicklungsbericht 1991

Welt-Energieverbrauch nach Primärträgern

Primärenergie	Verbrauch (Mio t Öleinheiten) 1991	1987	Anteil am Gesamtverbrauch (%) 1991	1987
Erdöl	3 141	2 940	40,2	39,4
Kohle	2 186	2 386	28,0	31,9
Erdgas	1 770	1 555	22,7	20,8
Kernenergie	514	404	6,5	5,4
Wasserkraft	196	184	2,5	2,5
Insgesamt	7 807	7 469	100,0	100,0

Quelle: BP (Hamburg)

Welt-Primärenergieverbrauch 1979–2000

Region	1979 Mrd t SKE[1] (Anteil)	1985 Mrd t SKE (Anteil)	2000 Mrd t SKE (Anteil)
Osteuropa, UdSSR[2], China	2,8 (31,8%)	3,1 (33,0%)	4,0 (35,7%)
Nordamerika	2,8 (31,8%)	2,7 (28,7%)	2,5 (22,3%)
Westeuropa	1,6 (18,2%)	1,5 (16,0%)	1,3 (11,6%)
Süd- und Ostasien, Australien, Ozeanien	0,9 (10,2%)	1,1 (11,7%)	1,8 (16,1%)
Mittel- und Südamerika	0,4 (4,6%)	0,5 (5,3%)	0,9 (8,0%)
Afrika und Naher Osten	0,3 (3,4%)	0,5 (5,3%)	0,7 (6,3%)
Welt insgesamt	8,8 (100,0%)	9,4 (100,0%)	11,2 (100,0%)

1) SKE = Steinkohleeinheiten;　2) GUS; Quelle: ESSO AG, Institut der Deutschen Wirtschaft

Sauberste Energiequelle heißt rationelle Nutzung

Die fossilen Energieträger → Kohle, → Erdgas und → Erdöl hatten 1991 weltweit den größten Anteil an der Energieerzeugung (79%). Der Ausstoß von → Kohlendioxid bei ihrer Verbrennung wird als Hauptursache für globale → Klimaveränderungen angesehen, daneben tragen Stickoxide und Schwefeldioxid wesentlich zur → Luftverschmutzung bei. Auf der UNO-Konferenz für Umwelt und Entwicklung in Brasilien im Juni 1992 forderten die Entwicklungsländer eine Energiesparwirtschaft zum Schutz von Umwelt und knappen Ressourcen von den westlichen Industrieländern, die 1991 bei einem Bevölkerungsanteil von 15% rd. 51% der Energie verbrauchten. Das Bundeswirtschaftsministerium plante Mitte 1992, Sparprogramme in Deutschland von 1993 bis 1998 mit 7,5 Mrd DM zu fördern. Größte Sparmöglichkeiten werden bei den Haushalten gesehen, die 1991 rd. 25% der Energie vor allem für die Beheizung verbrauchten (Anteil der Industrie am Verbrauch: rd. 30%, Verkehr: rd. 28%). Die EG plante 1992, mit einer → Energiesteuer umweltschädliche Energieträger zu verteuern und dadurch den Verbrauch zu senken.

Energieverbrauch nimmt weiter zu: Die Internationale Energieagentur (IEA, Paris) ging Ende 1991 davon aus, daß der Weltenergiebedarf von 1989 bis 2005 um 43% steigt. Der Verbrauch der Entwicklungsländer werde aufgrund des Bevölkerungswachstums und der zunehmenden Industrialisierung mit 94% am stärksten zunehmen, gefolgt von Osteuropa (Anstieg: 42%). Obwohl der Anteil der fossilen Brennstoffe an der Erzeugung lt. RWE Energie AG (Essen) auf 71% sinken wird, werden die Kohlendioxidemissionen wegen des insgesamt steigenden Verbrauchs um rd. 50% zunehmen. Die Vorräte fossiler Brennstoffe könnten etwa bis 2025 den Bedarf decken.

Spielraum für optimierte Energieerzeugung: In Kraftwerken, die nach dem Prinzip der Kraft-Wärme-Kopplung arbeiten, wird die Abwärme bei der Stromerzeugung zur Erhitzung von Wasser genutzt, das als → Fernwärme in Haushalte transportiert wird. Durch die doppelte Nutzung wird der Energiegehalt von Brennstoffen besser ausgenutzt und der Schadstoffausstoß reduziert. Der Wirkungsgrad dieser Kraftwerke beträgt bis zu 80% (→ Kombikraftwerke). Die ungenutzte Energie, die 1991 aus Industriebetrieben und Kraftwerken entwich, entspricht rd. 30% der Energie, die insgesamt jährlich in Deutschland verbraucht wird.

Großes Sparpotential bei Haushalten: Mitte 1992 legte die CDU/CSU/FDP-Bundesregierung den Entwurf einer neuen Wärmeschutz- und Heizungsanlagenverordnung vor, der vorsieht, durch Wärmeschutz und moderne Heizanlagen bei Neubauten den durchschnittlichen Wärmeenergieverbrauch um 30–50% zu senken. Anfang der 90er Jahre konnte in sog. Niedrig-Energie-Häusern der durchschnittliche Heizenergieverbrauch eines Haushalts je m^2 von 25 l Öl pro Jahr auf 7 l Öl gesenkt werden. 70% der Einsparungen konnten allein durch verbesserte Wärmedämmung erzielt werden (→ Null-Energie-Haus).

Verkehrsvermeidung statt Ausbau: Die Bundesregierung schätzte 1991, daß im → Autoverkehr und → Luftverkehr 50% Energie eingespart werden könnten. Der Bund für Umwelt und Naturschutz forderte 1991 → Tempolimits und die Verlagerung des → Verkehrs vom privaten Pkw auf die Schiene. Die → Auto-Branche setzte dagegen auf eine Reduktion des Energieverbrauchs im Individualverkehr (→ Elektroautos) durch neue Motorentechnik und einen verbesserten Verkehrsfluß (→ Verkehrs-Leitsysteme).

Kommunen fordern dezentrale Versorgung: Die dezentrale Energieversorgung, d. h. die Versorgung kleiner Bereiche durch kommunal verwaltete Kleinkraftwerke, würde nach Ansicht vieler Gemeinden zum Energiesparen beitragen, weil diese höhere Wirkungsgrade als zentrale Großkraftwerke erreichen. Zudem würden die Transportwege verkürzt, auf denen Energie verloren geht. Großkraftwerke (über 500 MW) lieferten 1991 rd. 65% des deutschen Stroms. Für die dezentrale Versorgung könnten vor allem Erneuerbare → Energien genutzt werden. In rd. 600 Städten und Gemeinden der alten Bundesländer laufen 1994 Verträge mit Stromkonzernen aus, die eine zentrale Versorgung vorsahen; rd. ein Drittel der Kommunen plante 1991, eigene Stadtwerke zu gründen (→ Stromvertrag). (udo)

Energiesteuer

(auch Klimaschutzsteuer), Verbrauchsteuer auf Energien wie → Atomenergie oder Abgabe auf fossile Energieträger (→ Erdöl, Kohle), die → Kohlendioxid (CO_2) erzeugen (CO_2-Abgabe). CO_2 ist Mitverursacher des → Treibhauseffekts und der → Klimaveränderung. Die E. ist eine → Ökosteuer. Im Dezember 1991 einigten sich die Umwelt- und Energieminister der EG grundsätzlich auf die Besteuerung von Energie, allerdings nicht auf die Ausgestaltung einer E. Die Einführung einer E. machte die EG Mitte 1992 von der Anwendung ähnlicher Maßnahmen in den anderen Industriestaaten abhängig. Die E. soll dazu beitragen, den Ausstoß von Kohlendioxid in der EG bis 2000 auf den Stand von 1990 zu senken und danach weiter zu reduzieren.

Vorschläge: Die EG-Kommission hatte dem Ministerrat Ende 1991 eine kombinierte Steuer aus Abgaben auf Energien und CO_2 vorgeschlagen:

▷ Für die Energie (den Brennwert) eines Fasses Rohöl (159 l) soll der Verbraucher ab 1993 eine E. von 3 Dollar (4,60 DM) zahlen, die bis 2000 auf 10 Dollar (15 DM) steigt

▷ Jeder Energieträger, der CO_2 freisetzt, soll mit einer Abgabe abhängig von seinen jeweiligen Emissionen belegt werden. Die Abgabe soll von 10 DM/t ausgestoßenem CO_2 (1993) auf 37 DM/t CO_2 (2000) steigen. Besteuert würden die Industrie, Kraftwerke und der private Energieverbrauch

▷ Industriezweige mit hohem Energieverbrauch wie die Stahlindustrie sollen Steuerermäßigungen erhalten, damit sie international konkurrenzfähig bleiben

▷ Erneuerbare → Energien werden nicht besteuert.

Die CO_2-Steuer soll u. a. für die Förderung umweltfreundlicher Energieträger eingesetzt werden. Die Kommission schätzte, daß sich durch die E. bis 2000 die Preise für Benzin um 5,9%, für Erdgas um 11,9% und für Kohle um 60,6%

erhöhen würden. Andere Steuern sollen ermäßigt werden, um die zusätzlichen Ausgaben auszugleichen.

Kritik: Spanien und Portugal verlangten Mitte 1992, daß sie von einer E. befreit blieben. Die Verteuerung von Energie würde ihr Industriewachstum und damit die Anpassung an den industriellen Standard der anderen EG-Staaten hemmen. Portugal begründete seine Ablehnung zudem damit, daß es nur 1,2% der jährlichen CO_2-Emissionen in der EG produziere (deutscher Anteil: rd. 34%). Länder mit einem hohen Anteil von Atomenergie an der Stromerzeugung wie Frankreich drängten 1992 auf eine alleinige Besteuerung der CO_2-Emissionen. Die CDU/CSU/FDP-Bundesregierung lehnte dies ab, weil Deutschland 1991 rd. 28% seines Energiebedarfs durch die Kohlendioxid freisetzende Kohle deckte.

Entmündigung

→ Betreuung

Entsorgung

In der → Atomenergie die Wiederaufarbeitung und Lagerung abgebrannter Brennelemente aus kerntechnischen Anlagen. Nach deutschem Atomgesetz muß bei Betrieb eines Atomkraftwerks die E. gesichert sein. Folgende Arten der E. werden unterschieden:

▷ Verbrauchte Brennelemente werden in einer Konditionierungsanlage durch Verpackung auf die direkte → Endlagerung vorbereitet

▷ In einer Wiederaufarbeitungsanlage wird aus abgebranntem Brennmaterial der noch nutzbare Brennstoff zur Stromerzeugung zurückgewonnen. Der radioaktive Abfall (rd. 3–4%) wird endgelagert.

Wiederaufarbeitung: 1991 beschloß die CDU/CSU/FDP-Bundesregierung, den im Atomgesetz festgeschriebenen Vorrang der Wiederaufarbeitung zugunsten der direkten Endlagerung aufzugeben. Ende 1991 wurde die einzige deutsche Wiederaufarbeitungsanlage

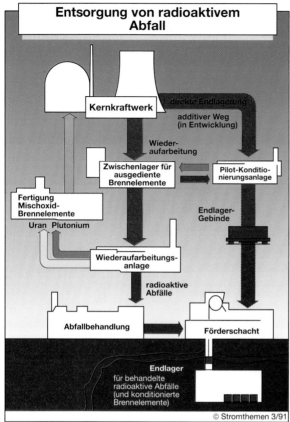

Entsorgung von radioaktivem Abfall

Kernkraftwerk

direkte Endlagerung

additiver Weg (in Entwicklung)

Wieder-aufarbeitung

Zwischenlager für ausgediente Brennelemente

Pilot-Konditio-nierungsanlage

Fertigung Mischoxid-Brennelemente

Uran Plutonium

Endlager-Gebinde

Wiederaufarbeitungs-anlage

radioaktive Abfälle

Abfallbehandlung

Förderschacht

Endlager für behandelte radioaktive Abfälle (und konditionierte Brennelemente)

© Stromthemen 3/91

Hanau still, in dem diese Plutoniumreste zu sog. Mischoxid-Brennelementen (MOX-Brennelemente) für Atomreaktoren verarbeitet wurden. Arbeiter waren Mitte 1991 bei zwei Störfällen im Werk radioaktiv verseucht worden. Fischer lehnte die von Bundesumweltminister Klaus Töpfer (CDU) angeordnete Wiederinbetriebnahme ab. Töpfer wies auf das Sicherheitsrisiko durch die Lagerung von halbfertigen MOX-Brennelementen hin. Im Februar 1992 klagte Töpfer vor dem Bundesverfassungsgericht wegen der Verletzung seines Weisungsrechts.

Endlagerung: Mitte 1992 existierte weltweit kein Endlager für hochradioaktive Abfälle. Das Genehmigungsverfahren für ein deutsches Endlager in Gorleben (Niedersachsen) war Mitte 1992 nicht abgeschlossen.

Zwischenlagerung: Brennelemente, die wegen fehlender Kapazitäten weder endgelagert noch wiederaufgearbeitet werden können, werden vorübergehend meist in Wasserbecken in Kernkraftwerken aufbewahrt (→ Zwischenlagerung).

Entwicklungsländer

→ Übersichtsartikel S. 145

Entwicklungspolitik

Die deutsche staatliche Entwicklungshilfe blieb Anfang der 90er Jahre mit einem Anteil von 0,4% am Bruttosozialprodukt hinter den von der UNO geforderten 0,7% zurück. Der Etat des Ministeriums für wirtschaftliche Zusammenarbeit sah für 1992 rd. 8,2 Mrd DM Ausgaben vor (1991: 7,96 Mrd DM). 1993 sollen sie um 3% auf 8,5 Mrd DM steigen. Die Verteilung der Mittel wurde mit Bedingungen an die Empfängerländer verknüpft. Die wirtschaftliche Abhängigkeit der → Entwicklungsländer von Industriestaaten hielt Anfang der 90er Jahre, nach rd. drei Jahrzehnten E., unvermindert an.

Etat: Etwa zwei Drittel seiner Mittel vergibt das Entwicklungshilfeministe-

bei Karlsruhe stillgelegt. Sie war in den siebziger Jahren als Pilotanlage für ein geplantes Werk in Wackersdorf (Bayern) in Betrieb genommen worden, dessen Bau 1989 aufgrund von Bürgerprotesten gestoppt wurde. 1991 wurde ein Großteil deutscher Abfälle zur Wiederaufarbeitung nach Großbritannien und Frankreich transportiert.

Plutonium: Das bei der Wiederaufarbeitung in Frankreich und Großbritannien anfallende hochradioaktive Plutonium muß von deutschen Kernkraftwerk-Betreibern zurückgenommen werden. Mitte 1991 legte der Umweltminister von Hessen, Joschka Fischer (Grüne), das Brennelementewerk in

Entwicklungsländer
Menschen auf der Südhalbkugel kämpfen ums Überleben

Nach dem Ende des Ost-West-Konfliktes eröffneten sich Anfang der 90er Jahre neue Möglichkeiten zur Zusammenarbeit zwischen Entwicklungsländern und Industriestaaten (→ Entwicklungspolitik). Die rd. 170 Teilnehmerländer der UNO-Konferenz für Umwelt und Entwicklung im Juni 1992 in Rio de Janeiro/Brasilien gestanden sich das Recht auf Entwicklung bei möglichst niedriger Umweltbelastung zu (sog. Rio-Deklaration). In den rd. 140 von der OECD als Entwicklungsland eingestuften Staaten leben drei Viertel der Menschheit, aber nur ein Fünftel der weltweiten Wirtschaftsleistung wird dort produziert. Bürgerkriege, mangelhafte Wirtschaftspolitik und Dürrezeiten führten insbes. in Afrika zu → Hunger und → Armut sowie zum Anwachsen der Zahl von → Flüchtlingen. Zahlreiche Entwicklungsländer bauten zu Beginn der 90er Jahre Mehrparteiensysteme und marktorientierte Wirtschaftsordnungen auf (z. B. Angola, Nepal, Paraguay).

Geringer Anteil am Welthandel: Entwicklungsländer drängten 1991/92 besonders auf den Abschluß des Zoll- und Handelsabkommens → GATT über die Öffnung der Märkte, weil sie sich die Steigerung ihres Anteils am Welthandel erwarteten (Anfang der 90er Jahre: rd. 25%). Sinkende Preise für ihre Erzeugnisse (→ Rohstoffe), Einfuhrhindernisse der Industrieländer (→ Protektionismus) und ein geringer Anteil am Weltmarkt für hochpreisige Industriegüter (3,1%) führten für 1990 zu einem Außenhandelsdefizit der Entwicklungsländer von 24,3 Mrd Dollar (37,1 Mrd DM). Einen deutlichen Exportanstieg verzeichneten die ostasiatischen → Schwellenländer.
Mit regionaler Wirtschaftszusammenarbeit wollen Entwicklungsländer insbes. in Lateinamerika und Asien Anfang der 90er Jahre ihren Warenverkehr fördern und die Abhängigkeit von Industrieländern abbauen (→ ASEAN → Andenpakt → Mercosur). Deutschland importierte 1991 Waren im Wert von 86,4 Mrd DM aus Entwicklungsländern und war damit nach den USA und Japan drittgrößter Abnehmer.

Verschuldung bleibt auf hohem Stand: 1991 waren die Entwicklungsländer mit 1351 Mrd Dollar (2063 Mrd DM) im Ausland verschuldet (Abnahme zum Vorjahr: 4%). Afrikanische Staaten wiesen darauf hin, daß Zins- und Tilgungszahlungen von Entwicklungsländern an Industriestaaten 1991 mit 154 Mrd Dollar (235 Mrd DM) rd. zweieinhalbmal höher gewesen seien als die erhaltene Entwicklungshilfe (staatliche Entwicklungshilfe aller OECD-Länder: rd. 58 Mrd Dollar, 89 Mrd DM). Die → Schuldenkrise zwingt viele Entwicklungsländer zu Sparmaßnahmen und intensiver Ausbeutung ihrer Rohstoffe, die ebenso wie die Ausweitung der Landwirtschaft Umweltschäden zur Folge hat (→ Desertifikation → Tropenwälder). Die Einschränkung staatlicher Leistungen im Bildungs- und Gesundheitswesen geht oft zu Lasten der ärmeren Bevölkerungsschichten. → Ureinwohner

Problemkontinent Afrika: Die OECD zählte Anfang der 90er Jahre alle afrikanischen Staaten außer der Republik Südafrika zu den Entwicklungsländern. 29 Staaten gehörten den von der UNO als am wenigsten entwickelt eingestuften Ländern an (sog. Least Developed Countries). Anfang 1992 waren 30 Mio Afrikaner akut vom Hungertod bedroht. Die → Bevölkerungsentwicklung wird nach Berechnungen der Weltbank zu einer Verdoppelung der Einwohnerzahl von rd. 500 Mio (1992) bis zum Jahr 2010 auf 1 Mrd führen (Verdoppelung weltweit: 2050). Das Volkseinkommen in Schwarzafrika fiel in den 80er Jahren um 2,2% pro Jahr; das Pro-Kopf-Bruttosozialprodukt lag 1990 mit 470 Dollar (718 DM) um 240 Dollar (366 DM) niedriger als der Durchschnitt aller Entwicklungsländer.

Frauen-Benachteiligung hemmt Entwicklung: Internationale Entwicklungshilfeorganisationen messen Frauen bei der Überwindung von Hunger und Armut eine bedeutende Rolle zu. Nach Berechnungen der Weltbank wird z. B. in Afrika 70% der Nahrung von Frauen produziert. Sie treten jedoch selten als wirtschaftlich und politisch Handelnde auf, da sie in vielen Staaten z. B. kein Recht auf Eigentum haben und besonders von → Analphabetismus betroffen sind. Schätzungen der UNO zufolge erhält nur ein Zehntel der Frauen in Entwicklungsländern Kredite. Entwicklungsprojekte, bei denen Kredite an Frauen vergeben wurden, zeigten, daß diese sinnvoller investiert und zuverlässiger zurückzahlen. (Si)

Öffentliche Entwicklungshilfe aus OECD-Staaten 1991

Land	Wert (Mrd Dollar)	Veränderung zu 1990 (%)[1]	Anteil am BSP (%)[2]
USA	11,5	+1,2	0,20
Japan	11,0	+21,3	0,32
Frankreich	9,5	+1,3	0,80
Deutschland	6,8	+7,6	0,40
Großbritannien	3,2	+20,9	0,32
Italien	2,9	–14,6	0,25
Kanada	2,6	+5,3	0,45
Niederlande	2,5	–3,5	0,88
Schweden	2,1	+4,4	0,92
Norwegen	1,2	–0,6	1,14
Dänemark	1,2	+2,5	0,96
Spanien	1,2	+53,8	0,23
Australien	1,1	+10,6	0,38
Finnland	0,9	+6,4	0,76
Belgien	0,8	–10,2	0,41
Schweiz	0,8	+6,7	0,32
Österreich	0,5	+28,5	0,34
Portugal	0,2	k. A.	0,28

1) Nominell; 2) Bruttosozialprodukt;
Quelle: OECD-Bericht zur Entwicklungszusammenarbeit 1992

Carl-Dieter Spranger, Entwicklungshilfeminister
* 28. 3. 1939 in Leipzig, deutscher Politiker (CSU). 1972 MdB, seit 1976 innenpolitischer Sprecher der CSU-Fraktion, seit 1977 Mitglied des CSU-Landesvorstands in Bayern, 1982–1991 parlamentarischer Staatssekretär im Innenministerium, seit Januar 1991 Bundesminister für wirtschaftliche Zusammenarbeit.

rium für bilaterale, ein Drittel für multilaterale Entwicklungshilfe (z. B. im Rahmen der EG). Von den für bilaterale Hilfe vorgesehenen Geldern sollen 1992 rd. 2,9 Mrd DM für Kapitalhilfe (Darlehen und Zuschüsse) verwendet werden, 1,15 Mrd DM für technische Zusammenarbeit (z. B. Lieferung von Ausrüstung, Aus- und Fortbildung von Fachkräften). Asien und Afrika erhalten jeweils rd. 40% der deutschen Entwicklungshilfe, für → Osteuropa sind 45 Mio DM geplant. Hilfsorganisationen und die SPD-Opposition kritisierten die Unterstützung angesichts von → Hunger, → Armut und der → Bevölkerungsentwicklung als zu gering. Auch liege die Etatsteigerung des Ministeriums 1992 (2,4%) unter der des gesamten Bundeshaushalts (3%).

Vergabekriterien: Bundesentwicklungshilfeminister Carl-Dieter Spranger (CSU) kündigte im Oktober 1991 an, die Vergabe von Entwicklungshilfegeldern stärker davon abhängig zu machen, ob im Empfängerland die → Menschenrechte beachtet würden, die Bevölkerung politische Rechte genieße, ob Rechtssicherheit und eine marktorientierte Wirtschaftsordnung gewährleistet seien und ob die Regie-

rungspolitik darauf ausgerichtet sei, die Entwicklung des Landes zu fördern. Insbes. Staaten mit überhöhten Rüstungsausgaben sollen weniger Entwicklungshilfe erhalten. Als Folge der neuen Vergabekriterien müssen nach Angaben des Ministeriums 1992 fünf der zehn größten Empfängerländer von deutscher Kapitalhilfe Einbußen gegenüber dem Vorjahr hinnehmen (z. B. Indien: – 81 Mio DM; Volksrepublik China: – 40 Mio DM; Pakistan: – 30 Mio DM). Die betroffenen Länder kritisierten das Vorgehen als unzulässigen Versuch der Einmischung und Bevormundung.

Internationale Entwicklungshilfe: Entwicklungsländer erhielten 1991 rd. 58 Mrd Dollar (89 Mrd DM) aus öffentlichen Mitteln der Industrieländer. Norwegen, das mit einem Entwicklungshilfeanteil von 1,14% am Bruttosozialprodukt Rang 1 im OECD-Vergleich einnahm, sowie Dänemark, Schweden, die Niederlande, Frankreich und Finnland überschritten die 0,7%-Marke der UNO (Deutschland belegte Rang 9).

Bilanz: Die Kreditanstalt für Wiederaufbau (Frankfurt/M.), die im Auftrag der Bundesregierung die Entwicklungsdarlehen und -zuschüsse abwickelt, veröffentlichte Ende 1991 ihren ersten Ergebnisbericht. Von 110 geprüften Projekten, die insgesamt mit 2,2 Mrd DM gefördert wurden, waren nach den Kriterien der Kreditanstalt (z. B. Mindestverzinsung von 6% des eingesetzten Kapitals) rd. drei Viertel erfolgreich. Bei der Hälfte dieser Projekte war zweifelhaft, ob sie nach dem Förderungsende dauerhaft fortgeführt würden.

Grenzen: Ziel von E. ist wirtschaftliches Wachstum und die Verbesserung des Lebensstandards in den ärmeren Ländern der Erde. Die Wirksamkeit von E. wurde Anfang der 90er Jahre von der Verschuldung der Entwicklungsländer und den für sie ungünstigen Bedingungen in den Weltwirtschaftsbeziehungen begrenzt (→ GATT → Protektionismus). Die Exporterlöse wurden zu großen Teilen für den Schuldendienst aufgebracht (→ Schuldenkrise). Großprojekte der E. wirkten sich häufig schädlich auf die Umwelt aus. Nichtstaatliche Entwicklungsorganisationen warnten vor der Nachahmung westlicher Fortschrittsmodelle, die zur Gefährdung der ökologischen Grundlagen der Menschheit beitragen (→ Klimaveränderung → Tropenwälder) und die traditionellen Lebensformen in den Entwicklungsländern zerstörten (→ Ureinwohner).

Erdgas

Energieträger aus einem Gemisch verschiedener Gase (Methan-Gehalt: 80–95%). Der Schadstoffausstoß bei der Energieerzeugung mit E. ist geringer als bei anderen fossilen Brennstoffen (→ Kohle, → Erdöl). Der Anteil von E. am Energieverbrauch der alten deutschen Bundesländer stieg von 1,5% (1964) auf 18,1% (1991). Ein Drittel der westdeutschen Wohnungen wurde 1991 mit E. beheizt (neue Länder: 8%).
Verbrauch: Deutschland importierte 1991 etwa zwei Drittel seines E.-Bedarfs (rd. 59,4 Mrd m³), ein Drittel wurde aus heimischen Quellen gedeckt. Größte ausländische Lieferanten waren die → GUS (Anteil: 34%), die Niederlande (29%) und Norwegen (13%).
Reserven: Die Staaten der GUS und Osteuropas verfügten Anfang 1992 über rd. 75% der Weltvorräte an E. (64 Mrd t SKE). Die größten Reserven Westeuropas lagern unter der Nordsee. Experten schätzten den Umfang der Mitte 1992 zum großen Teil noch unerschlossenen Lagerstätten in der Nordsee auf 7 Mrd–10 Mrd m³.
Schadstoffe: Das Battelle-Institut (Frankfurt/M.) stellte 1991 fest, daß beim E.-Transport in Pipelines in Deutschland rd. 0,7% der Gasmenge entweichen. Weltweit gelangen durch Verluste bei Förderung, Lagerung und Transport jährlich etwa 30 Mio t Methan in die Atmosphäre (rd. 8% des gesamten Methanhalts), das neben →

Die größten Erdgasvorräte 1991

Region/Land	Ressourcen (Mrd t SKE)[1]	
	Gewinnbar	Insgesamt
Afrika	10,6	11,6
Fernost/Pazifik (inkl. China)	10,3	14,1
GUS/Osteuropa	64,0	143,7
Kanada	3,6	10,2
Mittelamerika	2,5	2,1
Mittel- und Nahost	45,2	49,1
Südamerika	5,7	7,1
USA	6,2	21,0
Westeuropa	6,3	10,4

1) Steinkohleeinheiten; Quelle: Ruhrgas AG (Essen)

Kohlendioxid als Hauptverursacher des → Treibhauseffekts gilt.
Bei der Verbrennung von E. entweicht rd. 50% weniger Kohlendioxid als bei der Ölverfeuerung (30% weniger als bei Kohle). Mit E. befeuerte Kraftwerke geben kein Schwefeldioxid ab und liegen bei den Stickstoff-Emissionen rd. 50% unter den Werten von Kohlekraftwerken (→ Luftverschmutzung).

Erdöl

Energieträger aus einem Gemisch verschiedener Kohlenwasserstoffe. Trotz der Krisen in den größten Förderregionen – der Golfkrieg im arabischen Raum und die politisch-wirtschaftlichen Umwälzungen in der ehemaligen Sowjetunion (→ GUS) – sank die weltweite E.-Produktion 1991 lediglich um 2% auf 3,11 Mrd t. In der ehemaligen UdSSR nahm die Fördermenge um 6,5% gegenüber 1990 ab. Dennoch war sie 1991 mit 529 Mio t größter Produzent. Die 13 Staaten der Organisation Erdöl exportierender Länder, → OPEC, produzierten 1991 zusammen 1,2 Mrd t und steigerten ihren Anteil an der Welt-E.-Förderung um 0,6 Prozentpunkte auf 38,5%. Der kriegsbedingte Produktionsausfall im Irak (−85,2%) und Kuwait (−83,7%), die 1990 zu den 20 größten Förderern zählten, wurde z. T. durch Saudi-Arabien ausgeglichen, das seine Förderung um 27,3% auf rd. 410 Mio t steigerte. Bis 2010 wird E. lt. EG-Kommission der wichtigste Energieträger bleiben.

Klaus Liesen, Vorstandsvorsitzender der Ruhrgas AG * 15. 4. 1931 in Köln, Dr. jur., deutscher Industriemanager. Ab 1963 bei der Ruhrgas AG (Essen), 1976 Vorstandsvorsitzender des 1991 viertgrößten deutschen Energieversorgungsunternehmens mit rd. 10 100 Beschäftigten (Umsatz: 15,3 Mrd DM).

Die größten Erdgasförderer 1991

Land	Anteil* (%)
GUS	37
USA	23
Kanada	5
Saudi-Arabien	5
Niederlande	4
Algerien	3
Großbritannien	3
Indonesien	3
Deutschland	1
Mexiko	1
Norwegen	1
Rumänien	1

* An der Welt-Erdgasförderung; Quelle: Ruhrgas AG (Essen)

Weltreserven von Erdöl 1991

Region	Reserven Menge (Mrd t)	Anteil (%)	Förderungs- anteil (%)
Mittlerer Osten	89,9	66,8	26,1
Mittel-/Südamerika	16,5	12,3	12,5
UdSSR und Osteuropa	8,0	6,0	17,0
Afrika	8,0	5,9	10,8
Ferner Osten	6,0	4,4	10,5
Nordamerika	4,3	3,2	16,4
Westeuropa	1,9	1,4	6,7
Insgesamt	134,6	100,0	100,0

Quelle: Shell Nachrichten 2/1992

Die größten Rohöl- lieferanten für Deutschland 1991

Förderland	Menge (Mio t)
Sowjetunion	14,02
Großbritannien	13,99
Libyen*	12,27
Norwegen	8,70
Saudi-Arabien*	7,77
Nigeria*	6,79
Venezuela*	5,56
Syrien	4,98
Algerien*	4,60
Iran*	2,62

* OPEC-Mitglieder; Quelle: Bundesministerium für Wirtschaft

GUS: In der Europäischen → Energie- charta vereinbarten westliche Indu- striestaaten und die Länder Osteuropas Anfang 1991 die gemeinsame Gewin- nung von → Rohstoffen. Mit westlicher Hilfe soll vor allem die E.-Förderung und -Verarbeitung in Rußland (90% der E.-Produktion der GUS) gesteigert werden. Für E.-Lieferungen aus Osteu- ropa wollen die Industrieländer Tech- nologie anbieten. Die britische Bera- tungsfirma ICF Ressources Inc. schätz- te 1991, daß sich die E.-Exporte Osteu- ropas bis 2000 auf 115 Mio t verdop- peln. Seit der Vereinigung der beiden deutschen Staaten im Oktober 1990 ist die ehemalige UdSSR größter E.-Liefe- rant Deutschlands.
Verbrauch: 1991 wurden in Deutsch- land 188,5 Mio t E. verbraucht. In den alten Bundesländern stieg der Ver- brauch von 160,6 Mio t (1990) auf 168,5 Mio t, in den neuen Ländern um 13% auf 20 Mio t. Der Anstieg in den neuen Bundesländern war beim Ver-

brauch von Heizöl mit 87% (3,2 Mio t) am größten.
Für die 90er Jahre wird weltweit wegen der steigenden Nachfrage in den Ent- wicklungsländern und in → Osteuropa mit erhöhtem Verbrauch gerechnet.
Preise: Die Preise je Barrel (engl.; Faß mit 159 l) Rohöl schwankten zwischen rd. 16,7 Dollar (26 DM) im Januar 1992 und rd. 20 Dollar (31 DM) im Ju- ni 1992. Damit verfehlten die OPEC- Staaten den von ihnen Mitte 1991 an- gestrebten Preis von 21 Dollar je Barrel (32 DM). Im April 1992 verabredeten die OPEC-Länder eine Reduzierung ih- rer Fördermenge auf 22,98 Mio Barrel pro Tag (vorher: 24,2 Mio Barrel).
Reserven: Anfang 1992 verfügten die OPEC-Länder über rd. 67% der nach- gewiesenen E.-Reserven (rd. 135 Mrd t). Die größten Vorkommen liegen in Saudi-Arabien (35,2 Mrd t), Kuwait (13,0 Mrd t) und Irak (13,4 Mrd t). Die größten europäischen E.-Vorräte mit rd. 1 Mrd t gehörten Norwegen.

Erdwärme

(auch geothermische Energie), natür- liche Wärmeenergie aus tiefen Erd- schichten, die als Heizenergie oder zur Stromerzeugung genutzt werden kann (→ Energien, Erneuerbare). Die in der Erdkruste bis in 300 m Tiefe gespei- cherte Energie reicht aus, um den Ener- giebedarf der Menschheit für 100 000 Jahre zu decken. Das Bundesministe- rium für Forschung und Technologie (BMFT) förderte die E.-Nutzung 1992 mit 3 Mio DM. Bis Mitte der 90er Jah- re soll im baden-württembergischen Bad Urach in deutsch-französisch-bri- tischer Gemeinschaftsarbeit eine Pilot- anlage (Kosten: rd. 500 Mio DM) zur Stromerzeugung aus E. gebaut werden. 1991 produzierten Heizkraftwerke in Mecklenburg-Vorpommern und Bran- denburg mit 22 MW (Wärmeenergie für rd. 3900 Haushalte) etwa zwei Drit- tel der Gesamtenergie aus E. in Deutschland. In Westdeutschland wur- de E. 1992 vorwiegend in Thermal- quellen für Heilbehandlungen genutzt.

Die größten Erdölförderer 1991

Rang	Land	Menge (Mio t) 1991	1990	Verän- derung (%)
1	UdSSR (GUS)	515	569	– 9,5
2	USA	418	410	+ 2,0
3	Saudi-Arabien	409	321	+ 27,4
4	Iran	166	156	+ 6,4
5	Mexiko	155	147	+ 5,4
6	China	139	138	+ 0,7
7	Venezuela	122	111	+ 9,9
8	Vereinigte Arabische Emirate	118	102	+ 15,7
9	Nigeria	96	91	+ 5,5
10	Norwegen	93	82	+ 13,4

Quelle: Petroleum Economist, 1/1992

Sanierung: Die Betreiber von E.-Heizkraftwerken in den neuen Bundesländern hielten die Förderung von E. für nicht ausreichend. Rd. 20 Mio DM Zuschuß wären notwendig, um korrodierende Leitungssysteme gegen widerstandsfähige Titan-Rohre auszutauschen, Elektrowärmepumpen durch umweltfreundlichere und energiesparende Gaswärmepumpen zu ersetzen und die Wärmeisolierung von Rohren zu verbessern.

Heizenergie: In den Ländern Mecklenburg-Vorpommern und Brandenburg werden in rd. 1500 m Tiefe geschlossene Heißwasservorkommen angebohrt, deren Temperaturen (30–130 °C) nur zur Erzeugung von Heizenergie, jedoch nicht zum Antrieb von Dampfturbinen für die Stromerzeugung ausreichen (mindestens 180 °C). Die Wärmeenergie des an die Oberfläche gepumpten Wassers wird in einem sog. Wärmetauscher auf einen Kreislauf mit Wasser übertragen, das über ein Rohrsystem (→ Fernwärme) in die Heizungen der Haushalte gelangt. Das Tiefenwasser, das aufgrund seines hohen Mineralgehalts (Salzanteil: 250–350 g/l) nicht direkt in die Wohnungen geleitet werden kann, wird wieder in die Erde zurückgepumpt. Bei der Abkühlung des geförderten Wassers sondern sich große Mengen Salz ab, da das kältere Wasser nicht mehr die gleiche Menge des Minerals lösen kann. Salz führt zu Korrosionsschäden.

Strom: In Bad Urach soll im sog. Hot-Dry-Rock-Verfahren heißes Gestein in 5–6 km Tiefe angebohrt werden. Durch die Bohrstellen wird kaltes Wasser geleitet, vom heißen Gestein erhitzt und an die Oberfläche zurückgeleitet, wo es Dampfturbinen zur Elektrizitätsgewinnung antreibt und von dort an die Haushalte verteilt wird.

Tiefenwasser-Vorkommen: Im Alpenvorland, im niederrheinischen Becken und im Oberrheingraben werden Vorkommen von heißem Tiefenwasser vermutet. Nach Schätzungen des Niedersächsischen Landesamts ließe sich allein im Alpenvorland aus dem

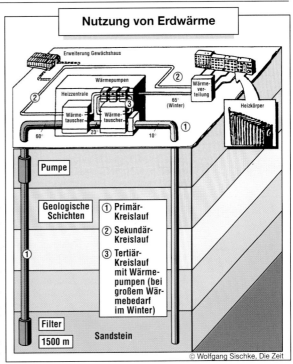

Nutzung von Erdwärme

Erweiterung Gewächshaus
Wärmepumpen
Heizzentrale
Wärme-verteilung
65° (Winter)
Heizkörper
Wärme-tauscher
Wärme-tauscher
60°   23°   10°
Pumpe
Geologische Schichten
① Primär-Kreislauf
② Sekundär-Kreislauf
③ Tertiär-Kreislauf mit Wärmepumpen (bei großem Wärmebedarf im Winter)
Filter
1500 m   **Sandstein**

© Wolfgang Sischke, Die Zeit

Tiefenwasser 27 000 MW Heizleistung gewinnen. Durch die Nutzung dieses Reservoirs könnten 730 Mio t Heizöl ersetzt und alle Gebäude zwischen dem Bodensee und Passau rd. 200 Jahre beheizt werden.

Ernährung

Erstmals seit acht Jahren ging 1991 die weltweite Nahrungsmittelproduktion um 1,4% gegenüber dem Vorjahr zurück. Nach Angaben der UNO-Ernährungsorganisation FAO (Rom) waren Mitte 1992 rd. 550 Mio Menschen weltweit ständig unterernährt (→ Hunger). In 24 Staaten der Erde, insbes. in den → Entwicklungsländern, herrschten Hungersnöte, während in den Industrieländern ein Nahrungsmittelüberangebot bestand. Für neuartige, z. B. gentechnisch veränderte Lebensmittel soll nach einem Verordnungsentwurf der

Heizkraft aus der Erde
In Erding bei München werden ab Mitte 1993 ein Krankenhaus und eine Wohnsiedlung mit heißem Wasser aus rd. 2400 m Tiefe beheizt. Das Vorkommen war Anfang der 80er Jahre bei der Suche nach Erdöl und Erdgas von einer Mineralölfirma entdeckt worden.

Erziehungsgeld

Nahrungsmittelverbrauch im Vergleich

Land	Verbrauch (tägliche Kalorienzahl/Kopf)					
	Weizen	Reis	Gemüse	Kartoffeln	Früchte	Fleisch
Deutschland	521,6	25,6	52,9	143,6	169,9	879,7
Japan	302,9	700,9	66,5	187,6	48,7	296,5
Österreich	465,2	42,9	46,5	118,7	143,9	760,2
Schweiz	588,1	46,1	56,8	87,4	165,6	672,4
USA	563,9	79,4	65,7	74,6	72,9	764,2

Quelle: Food Consumption Statistics 1979–1988, Paris 1991

EG-Kommission vom Juli 1992 ein einheitliches Zulassungsverfahren in den EG-Mitgliedstaaten eingeführt werden (→ Novel Food).

Weltversorgung: Die weltweite Getreideernte verringerte sich 1991 im Vergleich zum Vorjahr um 4%, was insbes. auf die um 25% gegenüber der Rekordernte des Vorjahres verringerten Erträge der ehemaligen Staaten der Sowjetunion zurückgeführt wurde. Vor allem in den Städten der UdSSR-Nachfolgestaaten herrschte Nahrungsmangel. Die bis dahin ständig vom Hunger betroffene afrikanische Sahelzone konnte Ernteüberschüsse erzielen.

EG: Nach dem Verordnungsentwurf sollen neuartige Lebensmittel mit einem wissenschaftlichen Gutachten versehen bei der EG-Kommission angemeldet werden, die Lebensmittel- bzw. Gesundheitsbehörden der Mitgliedsländer darüber informieren soll. Wenn keine Einwände gegen das Nahrungsmittel bestehen, soll es nach Ablauf von drei Monaten europaweit angeboten werden. Anderenfalls soll ein wissenschaftliches Prüfverfahren eingeleitet werden.

Deutschland: 1991 hatten 43% der Männer und 48% der Frauen in Westdeutschland Übergewicht. Andererseits nahmen rd. 50% der westdeutschen Frauen von 15 bis 20 Jahren zu wenig

Nahrung zu sich und waren häufig von Vitamin- und Mineralstoffmangel betroffen. Junge Frauen gelten zudem als Hauptrisikogruppe für abnormes Eßverhalten wie Eß-Brech-Sucht (Bulimie) und Magersucht. Nach Angaben des Statistischen Bundesamts (Wiesbaden) ging der Verbrauch von Fett und Zucker in der Bundesrepublik seit den 70er Jahren um 36% bzw. 31% zurück. Parallel dazu erhöhte sich der Absatz von sog. Light-Produkten, bei denen der Anteil von Fett und Zucker verringert bzw. Zucker durch andere Süßstoffe ersetzt wurde.

Auswirkungen: Falsche E. begünstigt rd. ein Viertel der diagnostizierten Zivilisationskrankheiten wie → Herz-Kreislauf-Erkrankungen und → Karies. E.-Wissenschaftler riefen deshalb zur Verringerung des Fett-, Alkohol- und Zuckerverbrauchs auf. Sie warnten vor übermäßigem Konsum von in Salz konservierten oder geräucherten Lebensmitteln, die Bluthochdruck und → Krebs erzeugen können.

Erziehungsgeld

Staatliche Leistung in Deutschland, die nach der Geburt eines Kindes dem Elternteil gezahlt wird, der das Kind betreut. Ab 1993 wird die Höchstdauer für den Bezug für E. von 18 auf 24 Monate verlängert (gültig für nach dem 31. 12. 1992 geborene Kinder); der → Erziehungsurlaub wurde zum Januar 1992 auf drei Jahre verlängert. Auf das E. wird ab 1993 das Mutterschaftsgeld, das von den Krankenkassen acht Wochen nach der Geburt eines Kindes gezahlt wird, nicht angerechnet, wenn die Mutter Teilzeitarbeit leistet oder Arbeitslosengeld bzw. -hilfe erhält. Auch Väter nichtehelicher Kinder, die mit dem Kind zusammenleben, können ab 1993 E. beziehen. E. beträgt für das erste halbe Jahr nach der Geburt 600 DM. Der Bund gab 1991 für E. rd. 5,8 Mrd DM aus, 96% der Eltern nahmen E. in Anspruch.

Die Nettoeinkommensgrenze, bis zu der E. nach dem sechsten Lebensmonat

Erziehungsgeldausgaben in Deutschland

Jahr	Ausgaben[1] (Mio DM)
1986	1 654
1987	3 121
1988	3 322
1989	4 042
1990	4 500
1991[2]	5 800
1995[3]	11 000

1) Angaben bis einschließlich 1990 für Westdeutschland; 2) vorläufige Angaben; 3) geschätzt; Quelle: Bundesministerium für Arbeit und Soziales

Ernährung in Westdeutschland

Nahrungsmittel	Verbrauch/Monat[1] (kg)		
	1970	1980	1990
Wein, Bier	14,1[2]	19,7[2]	18,5[2]
Fleisch, Wurst	9,5	12,3	9,6
Butter, Margarine	4,5	3,7	2,9
Zucker	2,6	2,2	1,8

1) Haushalt mit vier Personen; 2) l; Quelle: Statistisches Bundesamt

150

eines Kindes in voller Höhe weitergezahlt wird, liegt bei Verheirateten mit einem Kind bei 29 400 DM im Jahr, bei Alleinerziehenden bei 23 700 DM/Jahr (Stand: Mitte 1992). Mit jedem weiteren Kind erhöhen sich die Grenzen um 4200 DM/Jahr. Wird die Nettoeinkommensgrenze überschritten, bis zu der E. in voller Höhe weitergezahlt wird, verringert sich das E. um 40 DM je 1200 DM, die über der Grenze liegen. Die SPD forderte Anfang 1992 eine Erhöhung der seit 1986 unveränderten Einkommensgrenzen um 20%. E. wird unabhängig von einer vorherigen Erwerbstätigkeit gezahlt und nicht auf Arbeitslosen- oder → Sozialhilfe angerechnet. Die zusätzlichen Kosten des Bundes für E. werden sich nach Angaben des Bundesfamilienministeriums 1994 auf rd. 800 Mio DM, 1995 auf ca. 2,7 Mrd DM belaufen. Die gesamten Ausgaben für 1995 werden auf rd. 11 Mrd DM geschätzt. Mitte 1992 zahlten Bayern, Berlin und Baden-Württemberg nach Ablauf der Höchstbezugsdauer ein vom Bund unabhängiges E. für mindestens ein Jahr. Die Höhe dieses E. ist einkommensabhängig und beträgt zwischen 400 und 600 DM. Rheinland-Pfalz zahlt ein sog. Familiengeld.

Erziehungsurlaub

Freistellung vom Arbeitsplatz, die in Deutschland einem Elternteil nach der Geburt eines Kindes gesetzlich ermöglicht wird. Der E. soll dazu beitragen, Kindererziehung und Berufstätigkeit zu verbinden; der Anteil der Männer am E. lag 1991 bei 1,4%. Die Dauer des E. wurde 1992 von 18 auf 36 Monate verdoppelt (gültig für nach dem 31. 12. 1991 geborene Kinder). Der Kündigungsschutz während des E. verlängert sich ebenfalls auf drei Jahre. Väter und Mütter können sich dreimal ablösen, vorher war nur ein einmaliger Wechsel möglich. Auch Väter von nichtehelichen Kindern, die mit dem Kind zusammenleben, dürfen ab 1992 E. nehmen, wenn die Mutter zustimmt.

Einkommensgrenzen beim Erziehungsgeld

Kinder	Jahresnettoeinkommensgrenzen[1] (DM) für			
	volles Erziehungsgeld[2]		gemindertes Erziehungsgeld[3]	
	Ehepaar	Alleinerziehende	Ehepaar	Alleinerziehende
1	29 400	23 700	46 200	40 500
2	33 600	27 900	50 400	44 700
3	37 800	32 100	54 600	48 900
4	42 000	36 300	58 800	53 100

1) Ab dem siebten Lebensmonat eines Kindes; 2) 600 DM monatlich; 3) 40 DM monatlich, bei höherem Einkommen kein Erziehungsgeld mehr; Quelle: Bundesfamilienministerium

Ab 1992 ist die Mitgliedschaft in der gesetzlichen → Krankenversicherung während des E. beitragsfrei (vorher: nur bei Bezug von → Erziehungsgeld). Wenn durchgehend Erziehungsgeld (maximal zwei Jahre) gewährt wird, besteht auch eine beitragsfreie Mitgliedschaft in der Arbeitslosenversicherung. Im E. kann nur in Ausnahmefällen gekündigt werden (z. B. bei Firmenschließungen); eine Entlassung muß von der obersten Landesbehörde für den Arbeitsschutz genehmigt werden. Eine Teilzeitbeschäftigung (→ Teilzeitarbeit) ist nur bei dem früheren Arbeitgeber bis zu einer Höchstgrenze von 19 Stunden in der Woche möglich. Arbeit-

Erziehungsurlaub in der EG

Land	Gesetzliche Regelung
Belgien	Kein gesetzlicher Erziehungsurlaub; Eltern können sich jedoch mit Garantie auf ihren Arbeitsplatz unabhängig vom Alter des Kindes unbezahlt von der Arbeit freistellen lassen
Dänemark	Nach 14 Wochen Mutterschaftsurlaub zehn Wochen gesetzlicher Erziehungsurlaub bei 90% des Gehalts
Deutschland	36 Monate gesetzlicher Erziehungsurlaub mit Kündigungsschutz und 18monatiger Zahlung (ab 1993: 24 Monate) von Erziehungsgeld in Höhe von bis zu 600 DM
Frankreich	Unbezahlter gesetzlicher Erziehungsurlaub bis zu zwei Jahren
Griechenland	Je drei Monate unbezahlter Urlaub für Väter und Mütter von Kindern bis 2 1/2 Jahren
Großbritannien	Kein gesetzlicher Erziehungsurlaub
Irland	Kein gesetzlicher Erziehungsurlaub
Italien	Sechs Monate gesetzlicher Erziehungsurlaub bei 30% des Gehalts
Luxemburg	Bis Mitte 1992 kein gesetzlicher Erziehungsurlaub; Regierung beabsichtigt, zweijährigen unbezahlten Erziehungsurlaub einzuführen
Niederlande	Kein gesetzlicher Erziehungsurlaub
Portugal	Unbezahlter gesetzlicher Erziehungsurlaub bis zu zwei Jahren
Spanien	Kein gesetzlicher Erziehungsurlaub, aber gemäß Arbeitsgesetz das Recht für Eltern, ihren Arbeitstag zu verkürzen oder einen unbezahlten Urlaub bis zu drei Jahren zu nehmen

Stand: Januar 1992; Quelle: Bundesinstitut für Bevölkerungsforschung (Wiesbaden)

Mitglieder der ESA

Belgien
Dänemark
Deutschland
Finnland[1]
Frankreich
Großbritannien
Irland
Italien
Kanada[2]
Niederlande
Norwegen
Österreich
Schweden
Schweiz
Spanien

1) Assoziiertes Mitglied;
2) Kooperationsvertrag

Jean-Marie Luton, ESA-Generaldirektor
* 4. 8. 1942 in Chamiliè-res/Frankreich, Dr. Ing., französischer Physiker. Ab 1974 am französischen Zentrum für Weltraumstudien (CNES), ab 1989 als Generaldirektor, seit 1990 Vorsitzender der europäischen Weltraumbehörde ESA (Amtszeit bis 1994).

geber können ab 1992 → befristete Arbeitsverträge über die gesamte Dauer des E. abschließen (sonst: maximal 24 Monate), um den fehlenden Arbeitnehmer zu ersetzen.

Die Bundesvereinigung der Arbeitgeberverbände (Köln) kritisierte die Verlängerung des E., weil sie die Personalprobleme in den Betrieben verschärfe. Die SPD bemängelte, daß Erziehungsgeld nicht für den gesamten E. gewährt wird (1992: 18 Monate, 1993: 24 Monate). Auch die beitragsfreie Mitgliedschaft in der Arbeitslosenversicherung gelte im dritten Jahr des E. nur, wenn die Bundesländer Landeserziehungsgeld zahlten. Dies gewährten Mitte 1992 Baden-Württemberg, Bayern, Berlin und Rheinland-Pfalz.

Erziehungszeit

Zeitraum nach der Geburt eines Kindes, der seit 1986 in Deutschland demjenigen Elternteil bei der Rentenberechnung angerechnet wird, der sich der Kindererziehung widmet. In Ostdeutschland gilt bis 1997 die in der ehemaligen DDR gültige Regelung, daß die E. auch angerechnet wird, wenn der erziehende Elternteil berufstätig war. Mit der E. wird die rentenrechtliche Gleichbehandlung von Erwerbstätigkeit und Kindererziehung angestrebt. Mit der → Rentenreform 1992 wurde die E. für ab 1992 geborene Kinder von zwölf auf 36 Monate erhöht. Im Juli 1992 forderte das Bundesverfassungsgericht (BVG, Karlsruhe) den Abbau der Benachteiligung von nicht berufstätigen Erziehenden, z. B. durch Verminderung der Rente für kinderlose Personen, verlangte aber keine völlige Gleichstellung von Kindererziehung und Rentenbeitragszahlungen, wie sie von den Klägern gefordert worden war (Az. BvR 873/90, 761/91). Eine Frist für gesetzliche Änderungen setzte das BVG nicht.

Dem Elternteil werden je Kind maximal 36 Beiträge zur Rentenversicherung auf der Basis von 75% des Durchschnittseinkommens der Arbeiter und Angestellten angerechnet. Dies entsprach Mitte 1992 einem monatlichen Rentenzuschuß von rd. 32 DM/Kind. Nach dem Urteil des BVG vom Juli 1992 war es nicht verfassungswidrig, die Jahrgänge vor 1921 schrittweise 1987–1990 in die Anrechnung der E. einzubeziehen. Bei komplexen Gesetzesreformen seien Stichtage üblich.

⊡ Alle Rentenversicherungsträger

ESA

(European Space Agency, engl.; Europäische Weltraumbehörde), 1975 gegründete Weltraumorganisation mit 13 Mitgliedsstaaten (Sitz: Paris). Ziel der ESA ist eine europäische Kooperation in der Weltraumforschung und -technik. Ende 1991 beschlossen die ESA-Mitglieder, den Haushalt der Behörde 1992 um 5% auf 2,3 Mrd ECU (4,6 Mrd DM, deutscher Anteil: rd. 1,2 Mrd DM) zu kürzen und zur Verringerung der Kosten in der → Raumfahrt stärker mit Japan und der Gemeinschaft Unabhängiger Staaten (GUS) zusammenzuarbeiten. Eine Entscheidung über den Bau der → Raumfähre Hermes und das Forschungslabor Columbus (→ Raumstation) soll Ende 1992 getroffen werden. Der Generaldirektor der ESA, Jean-Marie Luton/Frankreich, sprach sich Anfang 1992 für den Vorrang der unbemannten Raumfahrt aus.

Die Kosten für Hermes, Columbus und die Trägerrakete → Ariane beliefen sich nach Berechnungen der ESA bis 2005 auf 44,5 Mrd DM (deutscher Anteil: 16,9 Mrd DM). Von 1987 bis 1991 hatten sich die geschätzten Entwicklungsaufwendungen für Hermes um 41% auf rd. 15,1 Mrd DM und für Columbus um 14% auf etwa 10,4 Mrd DM erhöht. Die ESA-Staaten schlugen Ende 1991 jährliche Etateinsparungen von 10 Mrd DM vor. Mitte 1992 wurde in der ESA diskutiert, von Hermes und der frei fliegenden Columbus-Forschungplattform lediglich Technologie-Modelle zu bauen, mit denen Weltraumflüge simuliert werden könnten. Die Aktivitäten der ESA erstrecken sich auf die wissenschaftliche Erforschung des Weltraums, die Erdbeobachtung und die Telekommunikation mittels → Raumsonden und → Satelliten sowie auf den Raumtransport und die Betreibung von Laboratorien im All. Der Ministerrat, das höchste Entscheidungsgremium der ESA, trifft sich einmal pro Jahr; den Ratsvorsitz für 1991/92 führt Spanien.

ETA

(Euzkadi ta Azkatazuna, baskisch; Das Baskenland und seine Freiheit), Untergrundorganisation im spanischen Baskenland, deren militärischer Flügel mit Waffengewalt für ein autonomes Baskenland kämpft. Zwischen Anfang 1989 und Mitte 1992 starben rd. 120 Menschen bei Terroranschlägen. Im Juli 1992 bot die ETA der Regierung eine zweimonatige Waffenruhe unter der Voraussetzung an, daß die 1988 abgebrochenen Verhandlungen wieder aufgenommen werden. Die Regierung knüpfte neue Gespräche an die Bedingung, daß die ETA endgültig auf Gewaltakte verzichtet. Im März 1992 verhaftete die französische Polizei drei führende ETA-Mitglieder.
Der politische Arm der 1959 gegründeten ETA ist die radikale separatistische Partei Herri Batasuna (baskisch; Volkseinheit). Seit den Wahlen zum baskischen Regionalparlament vom Oktober 1990 repräsentiert sie mit 13 von 75 Sitzen rd. ein Fünftel der baskischen Wählerschaft.
Im Dezember 1991 forderten 70 inhaftierte ETA-Terroristen die Separatistenorganisation auf, den bewaffneten Kampf einzustellen. Sie bezeichneten weitere Anschläge als Hindernis für eine politische Lösung.

Ethik-Fonds

Gesellschaften, die das Kapital ihrer Kunden in Aktien bzw. festverzinslichen Wertpapieren von Unternehmen anlegen, die nach Fondsmeinung ethisch einwandfreie Geschäfte tätigen.

Dazu zählen sie i. d. R. Betriebe, die im Umweltschutz tätig sind, mit ihren Produkten eine gesunde Lebensweise fördern oder ihren Mitarbeitern gute Sozialleistungen bieten. Abgelehnt werden insbes. die Waffenproduktion oder eine Tätigkeit im Bereich Atomenergie. In Deutschland war Mitte 1992 ein auf Umweltschutz spezialisierter E., ein sog. Öko-Fonds, zugelassen (seit Ende 1990). Das Bundesaufsichtsamt für das Kreditwesen (BAK, Berlin) bemängelte bei anderen Bewerbern, daß die Anlagegrundsätze unklar formuliert seien und Kunden sich nicht zutreffend informieren könnten, wie ihr Geld angelegt wird.
Verbreitet waren E. Anfang der 90er Jahre in den USA und Großbritannien; in den USA betrug das Volumen der E. 1991 rd. 650 Mrd Dollar (990 Mrd DM). Neben dem Öko-Fonds (Volumen 1992: rd. 30 Mio DM) waren in Deutschland Mitte 1992 vier in Luxemburg ansässige Fonds zugelassen.
Die Bezeichnung ethisch wird vom BAK abgelehnt, da sie nicht objektiv nachprüfbar sei und andere Investmentfonds abwerten könne. Ein zusätzliches Problem besteht für E. darin, daß Unternehmen oft an anderen Firmen beteiligt und zudem i. d. R. in verschiedenen Bereichen tätig sind, die nicht alle gutgeheißen werden. → Börse → Ökobank

Eureca

(European retrievable carrier, engl.; europäischer rückholbarer Träger), von der US-amerikanischen → Raumfähre Atlantis wurde im Juli 1992 mit E. das erste unbemannte Forschungslabor (Gewicht: rd. 4,5 t) auf eine Erdumlaufbahn gebracht, das nicht an eine → Raumstation angedockt ist und mit einem Raumgleiter wieder zur Erde zurückgebracht wird. An Bord von E., das im Auftrag der europäischen Raumfahrtagentur → ESA gebaut wurde (Kosten: ca. 500 Mio DM), werden Versuche unter den Bedingungen der Schwerelosigkeit durchgeführt. Mit

ETA vertritt nur eine Minderheit
Eine Meinungsumfrage ergab Anfang 1992, daß 57% der Basken für einen souveränen baskischen Staat eintreten. Das Vorgehen der Untergrundorganisation ETA, die mit Terroranschlägen für die Unabhängigkeit des Baskenlands kämpft, wird von ihnen jedoch nicht gutgeheißen. Nur 15% der Basken billigten den ETA-Mitgliedern zu, Idealisten zu sein. Eine Minderheit von 6% bezeichnete den bewaffneten Kampf als geeignete Methode, um die staatliche Trennung von Spanien zu erlangen.

In Deutschland tätige Öko-Fonds

Fonds	Sitz
CS Oeko-Protec	Luxemburg
Focus Umwelt	Deutschland
HCM-Eco Tech	Luxemburg
HCM-Umwelt	Luxemburg
KD Fonds Öko-Invest	Luxemburg

Stand: Mitte 1992; Quellen: Wirtschaftswoche, Handelsblatt

Euro-Betriebsrat

Eurecas erster Flug ins Weltall
An Bord der europäischen Raumplattform Eureca sollen Mitte 1992 u. a. Eiweißkristalle gezüchtet werden, die nur in Schwerelosigkeit hergestellt werden können. Das Kristallwachstum wird über Videokameras, die ihre Bilder zur Erde senden, beobachtet. Ziel der Experimente ist es, die genaue Struktur der Eiweißmoleküle zu erkennen, um die Produktion von Medikamenten vereinfachen und beschleunigen zu können.

Länderübergreifende Betriebsräte in Unternehmen der EG

Land / Unternehmen
Deutschland
Bayer (Chemie)
Volkswagen (Auto)
Frankreich
BSN (Nahrungsmittel)
Bull (Computer)
Société Nationale Elf Aquitaine (Öl)
Schweiz
Nestlé (Nahrungsmittel)

dem Raumträger bietet sich eine kostensparende Alternative zu bemannten Forschungslabors an.

Auf seiner ersten Weltraummission, die sechs Monate dauern wird, werden an Bord von E. 65 Experimente aus den Bereichen Bio- und Materialwissenschaften durchgeführt, die von Videokameras beobachtet werden. Zudem soll ein treibstoffsparendes Raketentriebwerk getestet werden. Bis 2002 sind insgesamt zehn Flüge geplant.

Euro-Betriebsrat

Informations- und Konsultationsgremium der Arbeitnehmer in multinationalen Konzernen in der EG. Der E. soll im → Europäischen Binnenmarkt die Interessen der Arbeitnehmer in den Unternehmen vertreten; die Grundrechte der Arbeitnehmer in der EG sind in der Europäischen → Sozialcharta festgelegt. Die EG-Kommission legte 1991 einen Richtlinienentwurf zur Gründung von E. vor. Wenn der Ministerrat zustimmt, müssen die EG-Staaten die Richtlinie in nationales Recht umwandeln. Der → DGB kritisierte 1991/92, daß der E. als Konsultations- und Informationsorgan keine Rechte zur → Mitbestimmung bekäme. Dem Europäischen Gewerkschaftsinstitut zufolge existierten Anfang 1992 in zwölf multinationalen Unternehmen freiwillige Vereinbarungen, die Arbeitnehmern Konsultationsrechte zusichern.

Richtlinie: In Firmen, die mindestens 1000 Beschäftigte und mindestens zwei Niederlassungen in wenigstens zwei Mitgliedstaaten haben, die wiederum jeweils mindestens 100 Mitarbeiter beschäftigen, soll ein E. gegründet werden können. Der E. soll auf Verlangen der Arbeitnehmer oder der Konzernleitung eingesetzt werden. Er soll je nach Größe des Betriebs aus wenigstens drei bis maximal 30 Arbeitnehmervertretern bestehen und sich mindestens einmal im Jahr treffen. Er soll Mindestinformations- und Konsultationsrechte erhalten, die alle Vorgänge mit schwerwiegenden Folgen für die Arbeitneh-

mer betreffen (z. B. Verlegung eines Produktionsabschnitts in ein anderes Land). Ein Einspruch des E. soll keine aufschiebende Wirkung für die Entscheidung der Konzernleitung haben.

Kritik: Während die Bundesvereinigung der Deutschen Arbeitgeberverbände (Köln) die Einführung von E. Mitte 1992 ablehnte, weil sie befürchtete, daß Entscheidungen blockiert oder verzögert würden, ging der Entwurf den deutschen → Gewerkschaften nicht weit genug. Die Mitarbeiterzahl für die Gründung eines E. sei zu hoch angesetzt. Zudem könnten dem E. Informationen vorenthalten werden, ohne daß die Unternehmensleitung rechtliche Sanktionen befürchten müsse.

Eurokorps

Militärischer Verband, der von den Staaten des Verteidigungsbündnisses Westeuropäische Union (→ WEU) aufgestellt werden soll. Vorgesehen ist, das E. zur Verteidigung der Mitglieder von WEU und → NATO, zur Aufrechterhaltung und Wiederherstellung des Friedens, z. B. im Auftrag der → UNO oder → KSZE, und zu humanitären Zwecken einzusetzen. Deutschland und Frankreich beschlossen im Mai 1992 die Bildung eines gemeinsamen Armeekorps (rd. 35 000–40 000 Soldaten) bis 1995, das aus vorhandenen nationalen Verbänden gebildet wird und Kern des E. sein soll.

Solange für das E. kein Einsatzauftrag vorliegt, bleiben die Verbände unter nationalem Kommando. Das E. soll einem Rat der beteiligten Regierungen und einem gemeinsamen Komitee unterstellt werden, das für die militärische Koordinierung zwischen den Streitkräften und die Beziehungen zur NATO, WEU und internationalen Organisationen zuständig ist. Das E. wird nicht der → Europäischen Union zugeordnet. Großbritannien und die Niederlande lehnten es Mitte 1992 ab, sich an dem E. zu beteiligen; die USA forderten eine Unterstellung des E. unter NATO-Oberbefehl.

Euronews

(news, engl.; Nachrichten), aus Informationssendungen bestehendes Fernsehprogramm, das ab 1993 als → Satellitenfernsehen europaweit ausgestrahlt werden soll. Veranstalter des → Nachrichtenkanals sind elf Mitglieder der Union Européenne de Radiodiffusion (UER) aus nationalen Rundfunkanstalten von EG-Staaten. Die jährlichen Kosten für E. betragen voraussichtlich 100 Mio DM. Sie sollen von den beteiligten Anbietern (rd. 50 Mio DM), von europäischen Institutionen (rd. 20 Mio DM), z. B. dem Europäischen Parlament, und mit Einnahmen aus der → Fernsehwerbung (rd. 15 Mio–30 Mio DM) finanziert werden. Die deutschen Mitglieder der UER, ARD und ZDF, hatten bis Mitte 1992 nicht über die Teilnahme an E. entschieden.

Das 18stündige Programm von E. soll parallel in Englisch, Französisch, Italienisch, Spanisch und Deutsch gesendet werden. Zehn Stunden der täglichen Sendezeit sollen mit Eigenproduktionen der UER-Mitglieder, u. a. mit Nachrichten und Magazinen, gefüllt werden. In den restlichen acht Stunden sollen Nachrichtensendungen europäischer Länder ausgestrahlt werden, deren Rundfunksender nicht über einen eigenen Satelliten verfügen. Sitz von E. ist Lyon/Frankreich.

Europäische Aktiengesellschaft

(SE, Societas Europaea, lat.), in allen Staaten der → EG gültige Rechtsform für Unternehmen. Die E. soll länderübergreifende Aktivitäten auf dem ab 1993 geplanten → Europäischen Binnenmarkt erleichtern. Unternehmen können jedoch auch die weiterbestehenden nationalen Rechtsformen nutzen. Als erste europäische Rechtsform

Wichtige Unternehmensrechtsformen in Deutschland

Rechtsform	Haftung für Verbindlichkeiten	Mindest-kapital	Geschäftsführung und Vertretung nach außen	Beschließendes/ Überwachendes Organ	Entsprechung im Europäischen Gesellschaftsrecht
Einzelkaufmann	Geschäftsvermögen und Privatvermögen des Kaufmanns	Nicht erforderlich	Kaufmann	–	–
Personengesellschaften					
Offene Handelsgesellschaft (OHG)	Gesellschaftsvermögen und Privatvermögen der Gesellschafter	Nicht erforderlich	Gesellschafter	–	Europäische Wirtschaftliche Interessenvereinigung (EWIV)
Kommanditgesellschaft (KG)	Vollhaftende Gesellschafter (Komplementäre): Privatvermögen); Teilhaftende Gesellschafter (Kommanditisten): Bis zur Höhe ihrer Kapitaleinlage; Gesellschaftsvermögen	Nicht erforderlich	Vollhaftende Gesellschafter (Komplementäre)	–	–
Gesellschaft mit beschränkter Haftung und Co Kommanditgesellschaft (GmbH & Co KG)	Grundsätzlich wie KG; Vollhaftender Gesellschafter ist hier jedoch die GmbH, die nur mit ihrem Gesellschaftsvermögen haften kann	KG: Nicht erforderlich; GmbH: 50 000 DM	Geschäftsführer der GmbH	KG: – GmbH: Gesellschafterversammlung/ u. U. Aufsichtsrat	–
Kapitalgesellschaften					
Gesellschaft mit beschränkter Haftung (GmbH)	Gesellschaftsvermögen	50 000 DM	Geschäftsführer	Gesellschafterversammlung/ u. U. Aufsichtsrat (Pflicht ab 2000 Arbeitnehmer)	(Einpersonen-GmbH) Europäische Aktiengesellschaft
Aktiengesellschaft (AG)	Gesellschaftsvermögen	100 000 DM	Vorstand	Hauptversammlung/ Aufsichtsrat	Europäische Aktiengesellschaft
Genossenschaften					
Eingetragene Genossenschaft (eG)	Genossenschaftsvermögen; u. U. Privatvermögen der Genossen	Nicht erforderlich	Vorstand	Generalversammlung/Aufsichtsrat	Europäische Genossenschaft

Grundsätzliche Regelungen; Stand: Mitte 1992

bestand Mitte 1992 die → EWIV (seit 1989). Für 1993 war ferner eine europaweite Regelung für GmbH mit nur einem Gesellschafter geplant. Mitte 1992 lagen Vorschläge der EG-Kommission für weitere europäische Unternehmensformen vor: Europäische Genossenschaften, Gegenseitigkeitsgesellschaften (z. B. Versicherungen), Vereine und Stiftungen. Zur → Mitbestimmung der Arbeitnehmer entwarf die EG-Kommission 1991 gesonderte Richtlinien, da eine Einigung der EG-Staaten auf die europäischen Rechtsformen wegen nationaler Vorbehalte an dieser Frage zu scheitern drohte.

Die E. soll z. B. deutschen GmbH und AG Fusionen mit Firmen in anderen EG-Staaten ermöglichen (→ EG-Fusionskontrolle). Zur Gründung ist ein Kapital von 100 000 ECU (205 000 DM) erforderlich. Das Mindestkapital einer AG in Deutschland lag Mitte 1992 bei 100 000 DM, einer GmbH bei 50 000 DM.

Unternehmen sollen als E. auf Vorschlag der EG-Kommission zwischen drei Modellen zur Mitbestimmung der Arbeitnehmer wählen dürfen:

▷ Beteiligung der Arbeitnehmer im Verwaltungsorgan oder Aufsichtsrat nach deutschem Vorbild

▷ Vertretung in einem gesonderten Organ wie in Frankreich

▷ Vertragliche Vereinbarungen zwischen Unternehmensleitung und Arbeitnehmern (britisches Modell).

Letzter Sprecher einer europäischen Minderheitensprache
1992 lebte am türkischen Marmara-Meer der ca. 85jährige Tevfik Esenc als letzter Sprecher des Ubyk. Ubyk ist die Sprache der Ende des 19. Jh. aus dem Nordkaukasus in Rußland ausgewanderten Ubychen. Die ca. 16 000–75 000 Ubychen gaben ihre Sprache auf und nahmen das verwandte Abchasisch an. Mit dem Tod des letzten Sprechers wird auch das über keine Schriftsprache verfügende Ubyk aussterben.

Regionalsprachen in der EG[1]

Staat	Minderheitensprachen
Belgien	Deutsch
Dänemark	Deutsch
Deutschland	Dänisch, Nordfriesisch, Ostfriesisch
Frankreich	Baskisch, Bretonisch, Deutsch, Flämisch, Katalanisch, Korsisch, Okzitanisch
Großbritannien	Gälisch, Kornisch, Schottisches Gälisch, Walisisch
Irland	Irisch
Italien	Albanisch, Deutsch, Französisch, Friaulisch, Griechisch, Katalanisch, Kroatisch, Ladinisch, Okzitanisch, Romanes, Sardisch, Slowenisch
Luxemburg	Luxemburgisch
Niederlande	Friesisch
Spanien	Baskisch, Galizisch, Katalanisch

1) Enthalten in einem europäischen Forschungsprojekt zum Spracherwerb bei Minderheitssprachen; Quelle: Fryske Akademy (Leeuwarden/Niederlande)

Die EG-Staaten dürfen je zwei der drei Modelle für ihr Land ausschließen (→ Sozialcharta, Europäische). Der Aufbau einer E. ist durch Neugründung oder Umwandlung bestehender Unternehmen möglich.

Europäischer Binnenmarkt
→ Übersichtsartikel S. 157

Europäische Regionalsprachen

(auch Minderheitensprachen), zur Förderung der z. T. vom Aussterben bedrohten E. in der EG wurden für 1990–1993 die von der EG-Kommission geförderten Forschungsprogramme MERCATOR und EMOL eingerichtet. Ein Ende 1991 in Italien verabschiedetes Gesetz sieht vor, daß alle Minderheitensprachen und Dialekte (z. B. Sardisch, Katalanisch) im offiziellen Gebrauch mit dem Italienischen gleichberechtigt sind, sofern sie von mindestens 15% der Bewohner in der Region gerochen werden. 1990 verabschiedete das Europäische Parlament eine Resolution, die eine Förderung der E. Katalanisch in Spanien zum Ziel hat. Neun der ca. 65 Sprachen in Europa waren 1992 als Amtssprachen der EG zugelassen. MERCATOR ist ein Verbund 15 regionaler Forschungsstellen zur Information über Minderheitensprachen und -kulturen in der EG. Mit EMOL soll eine Übersicht über die Lehrerausbildung in den E. aufgestellt werden. → Deutsche Sprache

ⓘ Fryske Akademy, Doelestrijtte 8, NL-8911 DX Ljouwert/Leeuwarden

Europäischer Gerichtshof

(EuGH), oberstes Organ der Rechtsprechung in der → EG. Im November 1991 räumte der E. den Bürgern der Europäischen Gemeinschaft erstmals die Möglichkeit ein, EG-Recht direkt gegen den eigenen Staat durchzusetzen (Urteil vom 19. 11. 1991, RS C-6/90 und C-9/90).

Schlagbäume der EG sollen 1993 abgebaut werden

Wenn bis Ende 1992 die Abschaffung der Personen- und Warenkontrollen an den Binnengrenzen der → EG gelingt, wird ab 1993 der freie Verkehr von Personen, Waren, Dienstleistungen und Kapital in den zwölf Staaten der Gemeinschaft in Kraft treten. Die Umsetzung der 1985 im sog. Weißbuch der → EG-Kommission unter ihrem Präsidenten Jacques Delors festgelegten 282 Maßnahmen zur Verwirklichung des Binnenmarkts in nationales Recht war Mitte 1992 weit fortgeschritten. Die Kommission rechnete jedoch damit, daß mit dem Start des Binnenmarkts einzelne EG-Bestimmungen noch nicht in allen Mitgliedstaaten angewandt werden. Durch den Vertrag zum Europäischen Wirtschaftsraum (→ EWR), der ebenfalls 1993 in Kraft treten soll, nehmen auch die sieben Staaten der westeuropäischen Wirtschaftsgemeinschaft → EFTA nahezu gleichberechtigt am Binnenmarkt teil.

Abbau der Grenzkontrollen: Die EG-Kommission kündigte an, alle Mitgliedstaaten vor dem → Europäischen Gerichtshof in Luxemburg zu verklagen, die nach Ende 1992 noch systematische Kontrollen an den Grenzen vornehmen. Großbritannien beharrte Mitte 1992 darauf, auch weiterhin Personenkontrollen durchzuführen, u. a. um den Zuzug von → Asylbewerbern zu kontrollieren (→ Schengener Abkommen). Privatpersonen dürfen ab 1993 für den eigenen Bedarf ohne Zollbeschränkungen in anderen EG-Ländern (Dänemark erst 1996) einkaufen und die Waren einführen. Wenn jedoch bei polizeilichen Stichproben festgestellt wird, daß beim Grenzübertritt bestimmte Mengen verbrauchsteuerpflichtiger Waren wie Alkohol, Tabak und Kraftstoff überschritten wurden (z. B. 10 l Spirituosen, 60 l Sekt, 800 Zigaretten), wird gewerblicher Handel vermutet, der im Bestimmungsland zu versteuern ist.

Staaten verzichten nicht auf Einnahmen: Die Unterscheidung zwischen privater Einfuhr und gewerblichem Handel wurde getroffen, weil sich die EG-Staaten im Rahmen der → EG-Steuerharmonisierung nicht auf einheitliche Sätze bei den Verbrauchsteuern einigen konnten, die nun bis 1996 erreicht werden sollen. Beim Kauf von Autos und für den Versandhandel müssen Privatpersonen die Umsatzsteuer nach wie vor im Heimatland entrichten. Im gewerblichen Handel soll die Verrechnung der → Mehrwertsteuer nach Abschaffung von Grenzkontrollen vom Zoll auf die Finanzämter übertragen werden, die über ein 20 Mio DM teures Computer-Netzwerk europaweit zusammenarbeiten sollen.

Freie Wahl des Wohnsitzes: Ab Juli 1992 dürfen sich neben Erwerbstätigen auch z. B. Rentner, Pensionäre und Studenten mit Familienangehörigen an einem Ort ihrer Wahl in der EG niederlassen, sofern sie ausreichende finanzielle Mittel und Krankenversicherungsschutz nachweisen. Als ausreichend sind Mittel anzusehen, die dem Satz der → Sozialhilfe oder Grundsicherung des Aufenthaltslandes entsprechen. Die Aufenthaltserlaubnis wird auf zunächst fünf Jahre ausgestellt.

EG-weite öffentliche Ausschreibungen: Öffentliche Bau- und Lieferaufträge müssen ab 1993 grundsätzlich EG-weit ausgeschrieben werden. Für Wasser- und Energieversorgung, Verkehr und Telekommunikation sowie Dienstleistungsaufträge gelten Sonderregelungen. Das Gesamtvolumen öffentlicher Aufträge in der EG wird auf ca. 800 Mrd ECU (1640 Mrd DM) pro Jahr geschätzt. Durch den verstärkten Wettbewerb sollen die öffentlichen Haushalte Kosten einsparen.

Vereinheitlichte Normen: Mit der Vereinheitlichung von insgesamt 3200 Industrienormen bis 1993 wurden mehrere Normeninstitute beauftragt. Der Wegfall unterschiedlicher nationaler Schutzvorschriften für Gesundheit, Umwelt und andere Verbraucherbelange soll die Wettbewerbsmöglichkeiten für Unternehmen in anderen Ländern verbessern.

Sorgen vor der Festung Europa: In den USA, Japan und → Entwicklungsländern wurde 1992 befürchtet, der Europäische Binnenmarkt könne durch → Protektionismus, z. B. verschärfte Außenkontrollen, den Marktzugang für außereuropäische Waren und Dienstleistungen erschweren (→ GATT). Die Staaten Osteuropas und weitere europäische Länder bemühten sich, ihre Beziehungen zur EG zu verbessern und der Gemeinschaft beizutreten. → Außenwirtschaft → EG-Konjunktur → Europäische Währungsunion (AS)

Ole Due, Präsident Europäischer Gerichtshof
* 10. 2. 1931 in Kopenhagen/Dänemark, dänischer Richter. 1955 Eintritt ins dänische Justizministerium, ab 1978 Richter. Ab 1982 Richter am Europäischen Gerichtshof in Luxemburg, Präsident ab 1988.

Egon Alfred Klepsch, Präsident des Europäischen Parlaments
* 30. 1. 1930 in Bodenbach/Elbe, Dr. phil., deutscher Politiker (CDU). 1965–1980 MdB, Mitglied des Europäischen Parlaments ab 1973. Nach einer Abstimmungsniederlage 1982 Präsident von 1992 bis 1994 aufgrund einer Absprache mit den Sozialisten.

Italien wurde zu Schadensersatz verurteilt, weil es eine EG-Richtlinie nicht fristgerecht in nationales Recht umgesetzt hatte. Nach einer Richtlinie von 1980 mußten für den Fall der Zahlungsunfähigkeit des Arbeitgebers finanzielle Ausgleichsmaßnahmen zugunsten der Arbeitnehmer eingerichtet werden. Geklagt hatten Arbeitnehmer, die durch Konkurs ihrer Firmen den Arbeitsplatz verloren und ihre letzten Gehälter nicht mehr erhalten hatten. Ihnen wurde vom E. ein Anspruch auf Schadensersatz bestätigt. Bedingung für die Klage von Bürgern ist, daß die EG-Richtlinie Einzelpersonen Rechte einräumt, deren Ausmaß aus dem Richtlinientext hervorgeht, und daß der Schaden durch Pflichtverletzung der Regierung enstanden ist.
Die Entscheidungen des 1953 eingerichteten E. in Luxemburg sind unanfechtbar. Seine 13 Richter und sechs Generalanwälte werden für sechs Jahre von den Mitgliedsländern ernannt. Präsident ist ab 1988 der Däne Ole Due. Im September 1989 nahm ein Gericht Erster Instanz der EG (GEI) in Luxemburg seine Arbeit auf. Seine zwölf Mitglieder, die als Richter oder Generalanwälte tätig werden, sollen den E. entlasten. Gegen seine Entscheidungen sind Rechtsmittel vor dem E. zulässig.

Europäisches Parlament

Vertreter der Völker in der → EG. Im Rahmen der Verhandlungen über die Schaffung einer → Europäischen Union auf politischer Ebene erweiterte der Europäische Rat (die Staats- und Regierungschefs der EG-Staaten) im Dezember 1991 geringfügig die Befugnisse des E. Die Ernennung der → EG-Kommission, des ausführenden Organs der EG, durch die Regierungen der Mitgliedstaaten bedarf danach der Zustimmung des E., und durch die Einrichtung eines Vermittlungsausschusses wurde ihm gegenüber dem EG-Ministerrat, dem beschlußfassenden Organ der EG, ein Mitentscheidungsrecht auf den Gebieten Verbraucher-

und Umweltschutz, Forschung und Europäischer Binnenmarkt eingeräumt. **Demokratie:** Insbes. Deutschland, Belgien und Italien befürworteten zur Stärkung der Demokratie in den europäischen Organen weitergehende Rechte des E. in der Gesetzgebung. Großbritannien und Dänemark dagegen wollten die Rechte der nationalen Parlamente in Europa-Fragen stärken. **Abgeordnetenzahl:** Das E. schlug im Juni 1992 dem Europäischen Rat vor, die Abgeordnetenzahl von 518 nach der nächsten Wahl zum E. im Sommer 1994 auf 567 zu erhöhen. Deutschland soll 18 zusätzliche Mandate bekommen. Diese deutsche Forderung nach dem Beitritt der DDR zur BRD im Oktober 1990 war bis dahin am Widerstand der anderen Länder gescheitert. Ostdeutschland war durch 18 sog. Beobachter ohne Rede- und Stimmrecht vertreten. Andere Länder sollen bis sechs zusätzliche Sitze erhalten. Bis dahin hatten Deutschland, Frankreich, Großbritannien und Italien je 81 Sitze. Für beitrittswillige Länder wurden 85 weitere Sitze reserviert. **Aufgaben und Rechte:** Das E. hat über die 1991 verliehenen Befugnisse hinaus bei der Gesetzgebung das Recht zur Stellungnahme zu den Vorschlägen der EG-Kommission. Mit absoluter Mehrheit kann es Vorschläge des Ministerrats ablehnen. Das E. stellt den → EG-Haushalt fest und kann den Entwurf des Ministerrats ablehnen. Es kontrolliert die EG-Kommission und kann sie durch einen Mißtrauensantrag mit absoluter Mehrheit zum Rücktritt zwingen. Erweiterung und Assoziierungsabkommen der EG sind von der Zustimmung des E. abhängig. Das E. äußert sich für Europa in Fragen der → Menschenrechte. **Organisation:** Das seit 1958 bestehende E. wird ab 1979 alle fünf Jahre direkt gewählt. Bei der dritten Direktwahl im Juni 1989 lag die Wahlbeteiligung bei 58,5%. Die Abgeordneten arbeiteten Mitte 1992 in neun länderübergreifenden Fraktionen zusammen, neun Abgeordnete waren fraktionslos.

Die Fraktionen im Europäischen Parlament

Fraktion	Herkunftsland												
	D	F	GB	I	E	NL	B	GR	P	DK	IRL	L	Insgesamt
Sozialistische Fraktion	31	22	46	14	27	8	8	9	8	4	1	2	180
Europäische Volkspartei (Christdemokraten)	32	6	33	27	17	10	7	10	3	4	10	3	162
Liberale und Demokratische Fraktion	4	13	–	3	6	4	4	–	9	3	2	1	49
Die Grünen	7	8	–	7	1	2	3	–	1	–	–	–	29
Vereinigte Europäische Linke (Italienische Kommunisten u. a.)	–	–	–	22	4	–	–	1	–	1	–	–	28
Europäische Rechte	6	10	–	–	–	–	1	–	–	–	–	–	17
Sammlungsbewegung der Europäischen Demokraten (Gaullisten u. a.)	–	13	–	–	2	–	–	1	–	–	–	–	16
Koalition der Linken (Französische Kommunisten u. a.)	–	7	–	–	–	–	–	3	3	–	1	–	14
Regenbogen-Fraktion (Regionalparteien u. a.)	1	1	1	3	2	–	1	–	–	4	1	–	14
Fraktionslose	–	1	1	5	1	1	–	–	–	–	–	–	9
Insgesamt	81	81	81	81	60	25	24	24	24	16	15	6	518

Stand: Mitte 1992; Quelle: Europäisches Parlament

Das E. hatte Mitte 1992 keinen endgültigen Sitz, seine Arbeitsorte waren Luxemburg, Straßburg/Frankreich und Brüssel/Belgien. Präsident des E. ist aufgrund einer Absprache zwischen christdemokratischer und sozialistischer Fraktion ab Januar 1992 (Amtszeitende: 1994) der Deutsche Egon Klepsch (CDU) als Nachfolger des spanischen Sozialisten Enrique Barón.

Europäische Union

→ Übersichtsartikel S. 160

Europäische Währungsunion

→ Übersichtsartikel S. 161

Europäische Zentralbank

(EZB), Organ der → EG, das für die Geldpolitik der Gemeinschaft verantwortlich ist. Die E. soll zwischen Mitte 1996 und Mitte 1998 eingerichtet werden, ein halbes Jahr vor Beginn der → Europäischen Währungsunion, um diese vorzubereiten. Hauptaufgabe der E. ist die Sicherung der Währungsstabilität, d. h. die Bekämpfung der → Inflation. Mitte 1992 waren als Sitz der künftigen E. u. a. die Städte Bonn, Frankfurt/M., Luxemburg und London im Gespräch.

Aufgaben: Die E. ist unabhängig von Weisungen nationaler Regierungen und der EG-Organe, damit sie das Ziel der Preisstabilität unbeeinflußt verfolgen kann. Ein wichtiges Instrument ist die Festlegung der → Leitzinsen. Die E. gibt den → ECU als Europa-Währung aus. Sie darf den öffentlichen → Haushalten keine Kredite zur Deckung von Defiziten zur Verfügung stellen, weil damit neues Geld geschaffen und der Geldwert verringert wird. Die nationalen Zentralbanken (auch Notenbanken), z. B. die Deutsche → Bundesbank, werden der E. unterstellt. Ihre Aufgabe im sog. Europäischen Zentralbanksystem (EZBS) bleibt die Abwicklung des Zahlungsverkehrs.

Entwicklung: 1994 soll als Vorläufer der E. ein Europäisches Währungsinstitut (EWI) gegründet werden. Bis zur Gründung des EWI arbeiten die Präsidenten der EG-Notenbanken im Ausschuß der EG-Notenbank-Gouverneure zusammen. Er wurde 1964 gegründet, dient der Zusammenarbeit der Zentralbanken und tagt in Basel/Schweiz. Zum Vorsitzenden wurde im September 1991 als Nachfolger des als Bundesbank-Präsident zurückgetretenen Karl Otto Pöhl der Gouverneur der dänischen Zentralbank, Erik Hoffmeyer, gewählt (Amtszeit bis Ende 1992).

Die politische Stellung der EG-Zentralbanken

Land	Stellung zur Regierung
Belgien	Zwang zur Zusammenarbeit
Dänemark	weitgehend unabhängig
Deutschland	unabhängig
Frankreich	weisungsgebunden
Griechenland	weisungsgebunden
Großbritannien	weisungsgebunden
Irland	weitgehend unabhängig
Italien	weisungsgebunden
Niederlande	unabhängig
Portugal	teilweise unabhängig
Spanien	Unabhängigkeit angekündigt

Quelle: Wirtschaftswoche, 1. 11. 1991

Weiter auf Seite 162

159

Politische Einheit fiel Kompromissen zum Opfer

Die Außen- und Finanzminister der EG-Staaten unterzeichneten im Februar 1992 den Maastrichter Vertrag zur Gründung der Europäischen Union. Ihr Ziel ist die Einigung der Mitgliedstaaten auf politischem, sozialem und wirtschaftlichem Gebiet (→ Europäischer Binnenmarkt → Europäische Währungsunion). Der Vertragsabschluß wurde von den Regierungen als bedeutendster Reformschritt seit dem Bestehen der → EG bezeichnet, obwohl das Abkommen in der Sozial- und in der Außenpolitik sowie bei der Demokratisierung der Gemeinschaftsentscheidungen hinter den zu Beginn der etwa einjährigen Verhandlungen gestellten Zielen zurückbleibt. Im Juni 1992 nahm die irische Bevölkerung den Vertrag an, während er in Dänemark scheiterte (50,7% Gegenstimmen). Der Europäische Rat, die Staats- und Regierungschefs der Mitgliedsländer, beschloß, die nationalen Ratifizierungsverfahren ungeachtet dessen fortzusetzen und den Vertrag möglichst wie geplant 1993 in Kraft treten zu lassen. Als erste Staaten ratifizierten Luxemburg und Belgien im Juli 1992 den Maastrichter Vertrag.

Aufwertung der EG: Ab spätestens 1. 1. 1999 sieht der Maastrichter Vertrag die Einführung der Europäischen Währungsunion mit der gemeinsamen Währung → ECU vor. Weitere Vereinbarungen verleihen der EG neue Zuständigkeiten und ändern Entscheidungsverfahren:
▷ Die Nationalstaaten übertragen der Gemeinschaft Kompetenzen z. B. bei Fragen der Umwelt, der Industriepolitik, im Gesundheitswesen und beim Verbraucherschutz
▷ Das → Europäische Parlament soll nach Inkrafttreten des Vertrages über Gesetzesvorlagen aus eng abgesteckten Bereichen, u. a. bei den Themen Binnenmarkt, Forschung und Technik sowie Umwelt- und Verbraucherschutz, mitentscheiden können. Hierfür wird ein Vermittlungsausschuß nach deutschem Vorbild zwischen dem EG-Ministerrat der Fachminister der Mitgliedstaaten und dem Parlament eingerichtet
▷ Die Ernennung der Mitglieder der → EG-Kommission, des ausführenden Organs der EG, durch die Regierungen der Mitgliedstaaten muß vom Europäischen Parlament genehmigt werden

▷ Ein sog. Kohäsionsfonds, aus dem wirtschaftlich schwächere Staaten Zahlungen zur Förderung des Umweltschutzes und des Verkehrsnetzes erhalten, wird bis Ende 1993 eingerichtet (→ Regionalförderung)
▷ Die seit Anfang der 70er Jahre in der Europäischen Politischen Zusammenarbeit (EPZ) abgestimmte Außenpolitik der EG-Staaten wird zur Gemeinsamen Außen- und Sicherheitspolitik (GASP) erweitert. Für einen Beschluß über eine gemeinsame Aktion reicht die Mehrheit der Stimmen, wenn zuvor alle Staaten auf ihr Vetorecht verzichtet haben. Gemeinsame Aktionen sollen zunächst in Fragen der → KSZE, der Abrüstung, der Nichtverbreitung von ABC-Waffen und der Rüstungskontrolle durchgeführt werden
▷ Die → WEU (Westeuropäische Union) soll Teil der Europäischen Union sein und sicherheitspolitische Entscheidungen der EG-Staaten vorbereiten und ausführen
▷ Die → EG-Bürgerschaft wird eingeführt. Sie sieht u. a. das kommunale Wahlrecht für im EG-Ausland lebende Bürger vor
▷ Die EG-Staaten werden verstärkt in der Innen- und Rechtspolitik, insbes. bei Asyl- und Einwanderungsfragen (→ Schengener Abkommen), und bei der Verfolgung internationaler Kriminalität zusammenarbeiten (→ Europol)

Europa der Regionen: Die Gemeinschaft soll nur mit Problemen betraut werden, die nicht auf einer niedrigeren Ebene gelöst werden können (Subsidiaritätsprinzip). Ziel ist, Entscheidungen möglichst bürgernah zu treffen. Die Regionen und Gemeinden werden künftig mit einem beratenden Gremium, dem → Regionalausschuß, in Brüssel vertreten sein.

Enttäuschung über Kompromisse: Kritiker aus der SPD, den deutschen Grünen und EG-Abgeordnete bemängelten insbes., daß die Verbesserung der Stellung des Europäischen Parlaments zu gering ausgefallen sei. Auch die weitreichenden Sonderregelungen für Großbritannien, das sich nicht zu einer gemeinsamen Sozialpolitik (→ Sozialcharta, Europäische) verpflichtete und eine Ausstiegsklausel aus der Währungsunion für sich erwirkte, wurden beanstandet. (Si)

Deutsche Mark weicht dem Europa-Geld spätestens 1999

Die Staats- und Regierungschefs der EG beschlossen im Dezember 1991 im Rahmen der Verhandlungen über eine → Europäische Union auf politischer Ebene einen Zweistufenplan, der die Abschaffung der nationalen Währungen und ihren Ersatz durch eine Europa-Währung spätestens 1999 vorsieht. Zur Europäischen Währungsunion (EWU) soll das Europäische Währungssystem (EWS) mit seiner Rechnungseinheit → ECU weiterentwickelt werden. Wenn die nationalen Gesetzgeber dem Plan zustimmen, wird 1994 ein Europäisches Währungsinstitut (EWI) zur Vorbereitung der Währungsunion gegründet. Zwischen Mitte 1996 und Mitte 1998 soll eine → Europäische Zentralbank (EZB) eingerichtet werden, die ein halbes Jahr später die neue europäische Währung herausgibt. Die EG-Kommission errechnete, daß den europäischen Unternehmen Anfang der 90er Jahre durch die unterschiedlichen Währungen jährlich Kosten von ca. 30 Mrd DM entstehen.

Grundlage Europäisches Währungssystem: Das seit 1979 bestehende EWS hat stabile Wechselkurse zwischen den EG-Währungen zum Ziel. Die Mitglieder vereinbarten sog. Leitkurse, von denen die Marktwerte maximal 2,25% nach oben oder unten abweichen dürfen (Großbritannien, Portugal, Spanien Mitte 1992: 6%). Bei größeren Schwankungen müssen die Zentralbanken (auch Notenbanken) durch Währungskäufe oder -verkäufe eingreifen. Können die vereinbarten Kurse trotzdem nicht gehalten werden, müssen sich die EWS-Mitglieder auf ein Realignment (engl.; Neuordnung) einigen. Portugal trat dem EWS im April 1992 bei, Griechenland gehörte ihm Mitte 1992 als letzter EG-Staat noch nicht an.

Vorbereitung der Währungsunion ab 1994: Die EWS-Leitkurse wurden ab 1979 alle fünf Jahre überprüft, die letzte Neuordnung fand im September 1989 statt. 1994 sollen die Wechselkurse der EG-Währungen untereinander endgültig festgelegt werden. Mitglieder des 1994 einzurichtenden EWI sind die nationalen Zentralbanken, z. B. die Deutsche → Bundesbank. Aus dem EWI soll die Europäische Zentralbank hervorgehen, die in der Europäischen Währungsunion für die Sicherung des Geldwertes, d. h. die Bekämpfung der Inflation, zuständig ist. Die nationalen Zentralbanken werden im Europäischen Zentralbanksystem (EZBS) der EZB unterstellt sein.

Europa-Währung spätestens 1999: Wenn eine Mehrheit der Mitgliedstaaten bei einer erstmals 1996 durchgeführten Überprüfung die folgenden Bedingungen erfüllt, können die Staats- und Regierungschefs der Europäischen Gemeinschaft beschließen, die EWU ab 1997 für diese Staaten einzuführen:

▷ Die jährliche → Staatsverschuldung aller öffentlichen → Haushalte beträgt höchstens 3% des → Bruttosozialprodukts (BSP), und die Summe aller bestehenden staatlichen Schulden übersteigt nicht 60% des BSP

▷ Die → Inflation liegt höchstens 1,5% über dem Durchschnitt der drei stabilsten Mitgliedsländer, und die langfristigen Zinsen (→ Leitzinsen) übersteigen den Durchschnitt der drei stabilsten Länder um nicht mehr als zwei Prozentpunkte

▷ Der Kurs der Währung im EWS wurde zwei Jahre nicht verändert.

Mitte 1992 erfüllten nur Dänemark, Frankreich und Luxemburg diese Bedingungen, ein deutscher Beitritt würde an Staatsverschuldung und Inflation scheitern. Falls die Voraussetzungen bei weiteren Überprüfungen bis Ende 1997 nicht für eine Mehrheit erfüllt sind, tritt die Währungsunion Anfang 1999 auch für eine Minderheit in Kraft. Großbritannien handelte den Vorbehalt aus, der EWU nicht beitreten zu müssen.

Wie soll die Europa-Währung heißen? Der deutsche Bundesfinanzminister Theo Waigel (CSU) schlug im Mai 1992 vor, anstelle des vorgesehenen Namens Ecu die Bezeichnung Franken für die europäische Währung zu verwenden. Im Dezember 1991 hatte Waigel angeregt, die europäischen Münzen und Geldscheine auf einer Seite als Ecu, auf der anderen als nationale Währung, z. B. DM, zu gestalten. Der wirtschaftspolitische Sprecher der Liberalen im Europäischen Parlament, Rüdiger von Wechmar (FDP), schlug im Januar 1992 vor, die nationalen Währungsbezeichnungen weiterzuverwenden und nur mit dem Zusatz Euro zu versehen, z. B. Euro-Mark. → Dollarkurs   (AS)

Catherine Lalumière, Generalsekretärin des Europarats
* 3. 8. 1935 in Rennes/Frankreich, Dr. jur., französische Juristin und Politikerin (Sozialistische Partei). Nach Tätigkeit als Universitätslehrerin 1981–1983 Ministerin für Verbraucherfragen, ab 1983 Staatssekretärin. 1989 Wahl zur Generalsekretärin des Europarats bis 1994.

Organisation: Dem Rat als Entscheidungsorgan der E. sollen die Präsidenten der nationalen Zentralbanken und ein sechsköpfiges Direktorium angehören, das aus dem Präsidenten, dem Vizepräsidenten und vier weiteren Mitgliedern besteht. → Dollarkurs → Internationaler Währungsfonds

Europa-Jäger

→ Jäger 90

Europarat

Organisation für die Zusammenarbeit der europäischen Staaten. Der E. strebt die Stärkung der pluralistischen Demokratie und der → Menschenrechte an. Er ist ein Forum für internationale Gespräche und bemüht sich um die Ausarbeitung von Abkommen auf wirtschaftlichem, sozialem, kulturellem und wissenschaftlichem Gebiet. Bis Anfang 1992 hatte der E. 142 Abkommen, sog. Konventionen, verabschiedet. Sie sind in den Ländern verbindlich, in denen sie ratifiziert wurden. Die Bundesrepublik Deutschland ist 90 Konventionen beigetreten. Seit dem Aufbau von Demokratien in → Osteuropa ist die Zusammenarbeit mit den Staaten des ehemaligen Warschauer Paktes ein Schwerpunkt des E. Mitte 1992 gehörten ihm 27 Staaten an. Das Mitgliedsrecht erhalten Länder, die ihren Bürgern Demokratie, die Einhaltung der Menschenrechte und den Schutz von Minderheiten garantieren. Die Aufnahme der drei Staaten des → Baltikums wurde bis Ende 1992 erwartet. Estland, Lettland, Litauen sowie Albanien, Kroatien, Rumänien, Rußland und Slowenien waren Mitte 1992 Gäste des E. Gäste können zu Vollversammlungen und Ausschußsitzungen der parlamentarischen Versammlung Abordnungen entsenden, die jedoch kein Stimmrecht haben. Wegen des Krieges in Jugoslawien entzog der E. dem Land Ende 1991 den Gästestatus. Das Entscheidungsorgan des E. ist das Komitee der Außenminister der Mitgliedstaaten. Die parlamentarische Versammlung, zu der 204 Abgeordnete aus den nationalen Parlamenten entsandt werden (Deutschland: 18), diskutiert internationale Fragen. 1992 hatte der E. einen Etat von rd. 270 Mio DM. Der 1949 als erste politische Institution Europas gegründete E. mit Sitz in Straßburg/Frankreich ist kein Organ der → EG. Als Generalsekretärin ist für 1989 bis 1994 die Französin Catherine Lalumière gewählt.

Europol

(Europäische Polizei, auch europäisches kriminalpolizeiliches Zentralamt), die Regierungschefs der → EG beschlossen im Dezember 1991 die Errichtung von E. zur grenzüberschreitenden Verfolgung von Straftaten. Vor allem der Handel mit → Drogen und die organisierte → Kriminalität sollen bekämpft werden. Ende 1992 soll eine Zentralstelle für den Informationsaustausch bei Rauschgiftvergehen, Eurodrug (drug, engl.; Droge), in Straßburg/Frankreich die Arbeit aufnehmen. Später soll die Kooperation auf andere Delikte erweitert werden. Nach 1994 soll entschieden werden, ob E. als Organisation mit eigenen Mitarbeitern eingerichtet wird und die Befugnis zu selbständigen Operationen (z. B. Ermittlungen, Verhaftungen) erhält.

EVA

(Elektronische Fahrplan- und Verkehrsauskunft), Informationssystem der Deutschen → Bundesbahn und der Deutschen → Reichsbahn über Verkehrsverbindungen. Ab November 1991 kann EVA nicht mehr nur von der Bahn und von Reisebüros abgefragt werden, sondern auch von Kunden, entweder an Selbstbedienungsgeräten im Bahnhof oder über → Bildschirmtext (Btx) zu Hause oder im Büro. Mit EVA will die Bahn Wartezeiten am Schalter oder am Telefon sowie das langwierige Nachschlagen im Kursbuch vermeiden helfen.

EVA kann über Btx von Besitzern eines → Personalcomputers mit Hilfe eines Zusatzgeräts zum Preis von 19 DM gelesen werden oder auch auf einem Fernsehbildschirm mit Hilfe eines Zusatzgeräts zum Preis von 298 DM. Für eine Abfrage (kostenlos) müssen Abfahrt- und Zielort sowie gewünschter Reisetermin eingegeben werden, das System nennt binnen 6 sec die fünf schnellsten Verbindungen. Auch Sonderwünsche wie umsteigefreie Verbindungen werden berücksichtigt. Ferner können Plätze reserviert, Taxis und Mietwagen bestellt werden etc. (Gebühr Mitte 1992: 30 Pf).

EVA enthielt Mitte 1992 Bahn-, Bus- und Schiffsverbindungen in Deutschland, Österreich und Luxemburg sowie wichtige europäische Fernverbindungen. Eine europaweite Ausdehnung war angestrebt. Bei Bahn und Reisebüros ist EVA seit Ende 1989 in Betrieb.

ⓘ Kommunikations- und Vermarktungsgesellschaft der Bahn, Hainer Weg 37–53, 6000 Frankfurt/M. 70

EWIV

(Europäische Wirtschaftliche Interessenvereinigung), erste in allen Staaten der EG gültige Unternehmensrechtsform. Die 1989 eingeführte EWIV ermöglicht insbes. Kleinunternehmen und Personen aus verschiedenen EG-Staaten die Zusammenarbeit auf einzelnen Gebieten (z. B. Einkauf, Forschung). Die Gesellschafter haften wie bei der deutschen Offenen Handelsgesellschaft (OHG) unbeschränkt und einzeln für die gesamten Verbindlichkeiten. Die Gründung erfordert kein Mindestkapital. Geschäftsführung und Vertretung nach außen können, anders als bei der OHG, einem angestellten Geschäftsführer übertragen werden. → Europäische Aktiengesellschaft

EWR

(Europäischer Wirtschaftsraum), Abkommen zwischen den 19 Staaten der westeuropäischen Wirtschaftsbündnisse → EG und → EFTA, das den freien Verkehr von Waren, Personen, Dienstleistungen und Kapital vorsieht. Der im Mai 1992 unterzeichnete EWR-Vertrag soll Anfang 1993 gemeinsam mit dem → Europäischen Binnenmarkt der EG in Kraft treten und ermöglicht den EFTA-Staaten die nahezu gleichberechtigte Teilnahme. Bis dahin müssen alle nationalen Parlamente und das → Europäische Parlament den Vertrag gegenzeichnen. Für zahlreiche Bereiche wurden aufgrund nationaler Vorbehalte mehrjährige Übergangsvorschriften und Sondervereinbarungen getroffen. Die meisten EFTA-Staaten sahen den EWR als Zwischenstufe zu einem EG-Beitritt. Der EWR umfaßt 380 Mio Menschen, auf ihn entfallen 40% des Welthandels (→ Weltwirtschaft).

Bestimmungen: Der freie Personenverkehr beinhaltet grundsätzlich das Recht, in jedem EWR-Staat zu arbeiten oder selbständig tätig zu werden, Diplome sind EWR-weit gültig. Insbes. auf Betreiben der Schweiz bleiben bei der Niederlassungsfreiheit jedoch für eine fünfjährige Übergangsfrist Beschränkungen möglich. Mit Österreich und der Schweiz traf die EG Sondervereinbarungen zum → Alpentransitverkehr. Weitere Sonderregelungen wurden für die Bereiche Landwirtschaft und Fischerei vereinbart. Die EFTA-Staaten brauchen zudem die → Agrarpolitik der EG nicht zu übernehmen. Die EG handelte aus, daß die relativ wohlhabenden EFTA-Staaten den EG-Ländern Griechenland, Irland, Portugal und Spanien zur → Regionalförderung günstige Darlehen in Höhe von insgesamt 1,5 Mrd ECU (2 Mrd DM) und Zuschüsse von 0,5 Mrd ECU (1 Mrd DM) gewähren.

Organe: Die EFTA-Staaten gründen zur Erfüllung der EWR-Verpflichtungen drei Organe, die z. T. EG-Institutionen entsprechen:

▷ Der Ständige Ausschuß der EFTA-Staaten, das politische Entscheidungs- und Verwaltungsgremium, dient der Ausarbeitung gemeinsamer EFTA-Positionen in EWR-Angelegenheiten und tritt i. d. R. in

EVA verzeiht auch Schreibfehler
Die Elektronische Verkehrs- und Fahrplan-Auskunft EVA hilft auch Bahnreisenden weiter, denen die genaue Schreibweise eines Ortes nicht bekannt ist. Wird ein Name in falscher Rechtschreibung eingetippt, schlägt das System dem Auskunftsuchenden ähnlich lautende Ziele vor. Als weitere Hilfe können sämtliche Bahnhöfe einer Stadt angezeigt werden.

Existenzgründungen

Existenzgründungen in der Bundesrepublik Deutschland

Jahr	Unternehmens-gründungen* (1000)
1980	177,7
1981	214,8
1982	269,5
1983	296,7
1984	310,0
1985	309,8
1986	302,3
1987	307,2
1988	326,2
1989	336,8
1990	481,6
1991	533,3

Ab 1990 inkl. Ostdeutschland; Quelle: Institut für Mittelstandsforschung (Bonn)

Brüssel/Belgien zusammen (EG-Entsprechung: EG-Ministerrat)

▷ Die Überwachungsbehörde kontrolliert u. a. das Funktionieren des Wettbewerbs und → Subventionen. Sie besteht aus sieben Personen mit vierjähriger Amtszeit, ihr Sitz ist Genf/Schweiz, sie tagt aber auch mitunter in Brüssel (Entsprechung: → EG-Kommission)

▷ Der Gerichtshof ist in erster Linie für Klagen zuständig, die EWR-Funktionen in den EFTA-Ländern betreffen. Er besteht aus sieben, für sechs Jahre ernannten Richtern (Entsprechung: → Europäischer Gerichtshof).

Die Verhandlungen über den 1984 grundsätzlich vereinbarten EWR begannen nach einem Vorschlag des EG-Kommissions-Präsidenten Jacques Delors von 1989 im Juni 1990. Seit 1973 bestanden Freihandelsabkommen zwischen EFTA und EG. → Außenwirtschaft → GATT

▷ Als ERP-Darlehen (European Recovery Program, engl.; Europäisches Wiederaufbauprogramm) werden zinsgünstige Kredite bis 300 000 DM mit Laufzeit bis zu 20 Jahren (Westdeutschland: 15 Jahre), davon bis zu drei Jahre tilgungsfrei, vergeben; 95% der Antragsteller für ERP-Kredite kamen 1991 aus Ostdeutschland.

Die Ausgleichsbank bewilligte 1991 rd. 104 100 (1990: 38 400) Förderkredite mit einem Umfang von 8,6 Mrd DM (1990: 3,1 Mrd DM) für E. in Ostdeutschland (→ Investitionen).

Nach Angaben von Creditreform stellt drei Jahre nach Geschäftsbeginn ca. jedes dritte neugegründete Unternehmen in Deutschland den Betrieb wieder ein (→ Insolvenzen). Die meisten E. in Ostdeutschland erfolgten in den Bereichen Handel, Handwerk und Bauwirtschaft. → Fusionen und Übernahmen → Treuhandanstalt

🕮 Industrie- und Handelskammern, Banken

Existenzgründungen

(auch Unternehmensgründungen), im Jahr 1991 wurden in Deutschland rd. 533 000 Unternehmen gegründet (1990: 482 000), 142 000 (110 000) davon in Ostdeutschland. Die Wirtschaftsauskunftei Creditreform wies im April 1992 darauf hin, daß von den ostdeutschen Neugründungen nur ca. 180 000 wirtschaftlich tätig seien, weil zahlreiche Kleinunternehmen wie Imbißstände ihren Betrieb eingestellt hätten, ohne sich beim Gewerberegister abzumelden. Für 1992 erwartete Creditreform rd. 50 000 Neugründungen.

Die CDU/CSU/FDP-Bundesregierung fördert E. in Ostdeutschland insbes. mit dem Eigenkapitalhilfe- und dem ERP-Programm, die von der bundeseigenen Deutschen Ausgleichsbank (Bonn) vergeben werden:

▷ Zur Eigenkapitalhilfe werden zinsverbilligte Kredite bis 1 Mio DM mit einer Laufzeit bis zu 20 Jahren, davon zehn Jahre tilgungsfrei, gewährt

Europäischer Markt für Expertensysteme 1992

Bereich	Anteil[1] (%)
Hardware-Vertrieb	40
Beratung	20
Hardware-Entwicklung	16
Software-Entwicklung	14
Software-Vertrieb	8
Aus- und Weiterbildung	3

1) geschätzter Anteil am Gesamtumsatz von rd. 1,5 Mrd DM; Quelle: VDI-Nachrichten, 27. 9. 1991

Expertensysteme

(auch wissensbasierte Systeme), → Computerprogramme, die über Faktenwissen auf einem Spezialgebiet verfügen und Problemlösungen eigenständig erarbeiten können. Die Entwicklung von E. ist Teilbereich der Forschung über → Künstliche Intelligenz. Das Marktforschungsinstitut Ovum (Frankreich) rechnete mit einem Umsatz von 1,5 Mrd Dollar (2,3 Mrd DM) für 1992 auf dem europäischen Markt für E. (1988: 354 Mio Dollar, 541 Mio DM). 1991/92 wurden wissensbasierte Systeme vorwiegend in der computergestützten Konstruktion (→ CAD/CAM), der Fertigungssteuerung und im Bereich der medizinischen Diagnostik eingesetzt.

Der Benutzer gibt an das E. ein Problem weiter, an dessen Lösung unterschiedliche Bereiche des Computers beteiligt sind:

▷ Die Wissensbasis ist oft mit einer → Datenbank vernetzt. Sie stellt Fakten und Lösungswege bereit

▷ Das Schlußfolgerungssystem verknüpft Daten und Regeln und erarbeitet Problemlösungen

▷ Das Wissenserwerbssystem kann vom Benutzer notwendige Zusatzinformationen fordern, die an die Wissensbasis weitergeleitet werden

▷ Das Informationssystem erläutert dem Benutzer, wie das E. zu einem Ergebnis gekommen ist.

Anfang der 90er Jahre versuchten vor allem japanische Wissenschaftler, bei der Entscheidungsfindung eines Computers nichtsystematisiertes Wissen einzubeziehen und menschliche Denkstrukturen zu simulieren. Sie bedienten sich der Theorie der → Fuzzy Logic (engl.; unscharfe Logik), die neben wahr und falsch auch die Aussage nicht ganz falsch zuläßt.

Extremismus

Der deutsche → Verfassungsschutz versteht unter E. verfassungsfeindliche Aktionen und Bestrebungen. Zu den extremistischen Vereinigungen gehören terroristische Gruppen wie die → Rote Armee Fraktion (RAF). Das Bundesinnenministerium rechnete Ende 1991 mit einem weiteren Niedergang des Linksextremismus und vor allem in Ostdeutschland mit einer Zunahme des → Rechtextremismus. 1991 registrierte das Bundeskriminalamt (BKA, Wiesbaden) 338 Brandanschläge und 219 Gewaltakte, die gegen → Asylbewerber und → Ausländer gerichtet waren und bei denen ausländerfeindliche oder rechtsextremistische Motive vermutet wurden (→ Skinheads). Anfang 1992 kam es als Reaktion auf Angriffe der türkischen Armee auf kurdische Siedlungen und Stellungen der terroristischen Kurdischen Arbeiterpartei (PKK) in Südostanatolien und an der Grenze zu Irak zu gewalttätigen Übergriffen von → Kurden auf türkische Einrichtungen in Deutschland.

Linksextreme Gruppen verloren 1991 einen Großteil ihrer Mitglieder. Der Deutschen Kommunistischen Partei (DKP) gehörten nach Erkenntnissen des Verfassungsschutzes rd. 8000 Personen an (Mitte der 80er Jahre: rd. 40 000 Mitglieder). Anarchistische und trotzkistische Gruppierungen hätten seit den 80er Jahren etwa drei Viertel ihrer Mitglieder verloren (Mitglieder Ende 1991: ca. 18 000).

Von den rd. 43 000 ausländischen Extremisten, die sich 1991 in der BRD aufhielten, waren nach Angaben des Verfassungsschutzes ca. 30 000 türkische Staatsbürger. Die Sicherheitsbehörden gingen davon aus, daß für die Anschläge Anhänger der PKK verantwortlich waren. Die illegale PKK und ihre legalen Basisorganisationen wie die sog. Kurdistan-Komitees verfügten in Deutschland Anfang 1992 über rd. 3500 Mitglieder.

F

Fabrik der Zukunft

(auch CIM, Computer Integrated Manufacturing, engl.; computerintegrierte Herstellung), Bezeichnung für Konzepte zur computergesteuerten Verknüpfung aller Vorgänge in einem Unternehmen. CIM umfaßt den Prozeß vom Auftragseingang bis zum Vertrieb. Das Bundesforschungsministerium förderte 1992 das Projekt Humanzentrierte CIM, in dem soziale, organisatorische, technische und wirtschaftliche Aspekte untersucht werden, mit 6,4 Mio DM. Anforderungen an die Mitarbeiterqualifikation erhöhen sich durch F. (→ Lean Production). Das Volkswagenwerk (Wolfsburg) errechnete 1991 Kostensenkungen von 15–35% durch CIM, 50% Ausschußverringerung und 50–80% geringere Auftragsverzögerungen.

Produktionsablauf: Voraussetzung einer F. ist ein Computernetzwerk, das die fortlaufende Verwendung der einmal eingegebenen Daten, den Zugang verschiedener Produktionsbereiche zu diesen Daten und eine weitgehend automatische Steuerung des Betriebsab-

Revolutionäre Zelle löst sich auf
Eine linksextremistische Gruppierung, die zu den Revolutionären Zellen gehört, gab in einem Brief an die Zeitschrift Konkret Anfang 1992 ihre Selbstauflösung bekannt, weil sie in der Gesellschaft keine ausreichende Unterstützung für gewaltsame Auseinandersetzungen sehe. Das Bundesamt für Verfassungsschutz bewertete das Schreiben als authentisch. Dies sei das erste Auflösungsschreiben einer linksextremen Gruppe seit 1980, als die terroristische Bewegung 2. Juni ihre Aktivitäten eingestellt habe.

Fahrrad

Fahrräder in Westdeutschland

Jahr	Zahl (Mio)
1965	21
1970	24,5
1975	26,5
1980	30
1985	35
1990	42

Quelle: Verband der Fahrrad- und Motorindustrie (Bad Soden)

Schweizer Fahrradtruppe sattelt um
Die Fahrrad-Einheit der Schweizer Armee wurde 1992 anläßlich ihres 100. Geburtstags mit neuen Fahrzeugen ausgestattet. Die Armeeräder zum Stückpreis von 2000 sfr (2216 DM) verfügen über hydraulische Felgenbremsen, eine siebenfache Übersetzung und sind geländegängig. Zuvor benutzte die 3500 Mann starke Spezialtruppe ein Modell aus dem Jahr 1905 ohne Licht und Übersetzung. Die Armee nennt als Vorzüge der Radsoldaten deren lautloses, von Kraftstoffnachschub unabhängiges Vorankommen und ihre im Vergleich zu motorisierten Verbänden höhere Mobilität.

laufs ermöglicht (→ Netzwerk). Anfang der 90er Jahre wurden in deutschen Unternehmen unterschiedliche Planungs-, Entscheidungs- und Produktionsebenen zu CIM verknüpft:

▷ Computerunterstützte Entwicklung neuer Produkte (CAE, Computer Aided Engineering, engl.)
▷ Entwurf und Fertigung von Produkten mit elektronischen Bildschirmsystemen; gespeicherte Konstruktionsdaten können direkt in Fertigungsprogramme umgesetzt werden (→ CAD/CAM)
▷ Computerunterstützte Systeme zur Planung, Steuerung und Überwachung der Produktion (PPS)
▷ Vollautomatische Erfassung von Betriebs- und Maschinendaten (BDE/MDE)
▷ Einsatz von → Robotern in der Montage
▷ Automatisierte Transportsysteme, die den innerbetrieblichen Materialfluß steuern
▷ Computerunterstützte Qualitätsprüfung (CAQ, Computer Aided Quality Control, engl.).

Computer regeln die → Datenfernübertragung zu Zulieferern.

Probleme: In Deutschland waren Anfang der 90er Jahre nicht alle Komponenten zum Aufbau einer F. erhältlich. Unternehmen richteten zunächst sog. Automatisierungsinseln ein, die zu CIM verknüpft werden können. Hindernis auf dem Weg zur F. war auch die unzureichende Kommunikationsfähigkeit (Kompatibilität) der Computersysteme untereinander (→ OSI).

Fahrrad

Das F. galt Anfang der 90er Jahre als Verkehrsmittel der Zukunft. In den Industrieländern nimmt die Verkehrsdichte und die → Luftverschmutzung durch den → Autoverkehr zu, in → Entwicklungsländern ist das F. für die arme Bevölkerung das einzige bezahlbare Verkehrsmittel. 1991 wurden in Deutschland 6 Mio F. verkauft (ein Drittel des EG-Marktes), der Anteil importierter F. stieg auf 41% (1989: 29%). 1991 fand in Friedrichshafen (Baden-Württemberg) die erste Messe für F. in Europa statt.

Förderung: Länder und Kommunen in Europa förderten 1991/92 den F.-Verkehr mit unterschiedlichen Maßnahmen:

▷ Kopenhagen/Dänemark stellte rd. 5000 Räder zur kostenlosen Ausleihe an F.-Stationen gegen Pfand bereit
▷ In Hessen müssen Bauherren ab Mitte 1992 Abstellplätze für F. schaffen, Abgaben für fehlende Autostellplätze können von den Kommunen für den Bau von Radwegen verwendet werden
▷ Bremen führte sog. Fahrradstraßen ein, die von Radfahrern in beiden Richtungen, von Autos nur als Einbahnstraße benutzt werden dürfen

Bahn: Ab Mitte 1992 bot die Deutsche Bundesbahn erstmals die Möglichkeit, F. in Intercity-Zügen und im InterRegio-Netz mitzunehmen. Das Angebot war zunächst auf vier Intercitys, einen EuroCity-Zug und sieben InterRegio-Linien begrenzt. Das Unternehmen plante, bis 1995 auf allen InterRegio-Linien Züge mit Radabteilen einzusetzen (acht Stellplätze). Das Verschicken von F. als Reisegepäck verteuerte die Bahn zum 1. 6. 1992 auf allen Strecken von 9,50 DM auf 21 DM.

Sicherheit: Eine Untersuchung der Technischen Hochschule Darmstadt wies 1991 erhebliche Mängel an F. auf. Von 500 F. verfügte nur ein Viertel über die von der Straßenverkehrszulassungsordnung vorgeschriebene Aus-

Transport von Fahrrädern mit der Bundesbahn

Zugart	Preis (DM)	Einschränkungen
FD- und Schnellzüge	8,40	Fahrradsymbol im Fahrplan
InterCity und EuroCity	8,40	Reservierungspflicht für Rad und Reisende, nur IC 534, IC 632, IC 633, IC 635, EC 22/23
InterRegio	8,40	Reservierungspflicht für Rad und Reisende, nur Linien 12, 17, 19, 20, 26, 27, 28
Nahverkehr	5,– (bis 100 km) 8,40 (über 100 km)	Regional unterschiedliche Regelungen für Fahrten innerhalb von Verkehrsverbünden
Fahrräder als Reisegepäck	21,–	Versand eine Woche vor Reise empfohlen

Stand: Mitte 1992; Quelle: Deutsche Bundesbahn

166

Die deutsche Fahrrad-Branche

Jahr	Stück (Mio)[1]		
	Produktion	Export	Import
1986	4,00	0,86	0,47
1987	3,74	0,73	0,58
1988	3,88	0,74	0,69
1989	4,40	0,73	0,97
1990[1]	4,81	0,73	1,65
1991[1]	4,56	0,56	2,45

1) Westdeutschland; Quelle: Verband der Fahrrad- und Motorradindustrie (Bad Soden)

stattung. In Deutschland verunglückten 1990 etwa 67 000 Radfahrer ($\rightarrow$ Verkehrssicherheit). Die Hälfte der dabei entstandenen Kopfverletzungen hätte nach Ergebnissen der Medizinischen Hochschule Hannover durch das Tragen eines Helms verhindert werden können.

Trends: Die große Nachfrage nach sog. Mountain-Bikes (engl.; Bergräder) hielt 1991/92 an. Hersteller boten zudem Lasträder an, die mit besonders stabilen Rahmen und Gepäckträgern zum Transport von bis zu 100 kg Lasten geeignet sind. Für ein Lastrad zahlte der Kunde 1991/92 zwischen 600 DM und 1700 DM.

📖 Allgemeiner Deutscher Fahrrad-Club (ADFC), Am Dobben 91, D-2800 Bremen 1

Fahrsmart

(smart, engl.; intelligent), Buchungssystem zur bargeldlosen Nutzung von Nahverkehrsmitteln, das in einem bis 1993 befristeten Pilotprojekt in Lüneburg und Oldenburg getestet wird. Eine Plastikkarte mit eingebautem Mikroprozessor ($\rightarrow$ Chipkarte) ersetzt den herkömmlichen Fahrausweis. Die Verkehrsbetriebe sparen Personal- und Gerätekosten ein, die beim Fahrkartenverkauf entstehen. Zudem erhalten sie Daten über Fahrverhalten und Streckennutzung. Die Kosten des vom Bundesforschungsministerium geförderten Projekts betragen 11 Mio DM. In Oldenburg nahm seit Beginn des Probebetriebs im September 1991 bis Februar 1992 rd. ein Zehntel der Fahrgäste am bargeldlosen Zahlungsverfahren teil.

Bei Fahrtantritt und -ende wird die F.-Karte, auf der die Kundennummer gespeichert ist, in ein Lesegerät gesteckt. Ein im Bus installierter Rechner registriert Uhrzeit und Wegstrecke. Einmal monatlich werden die Kosten im Zentralrechner addiert und mit den Tarifen für Monats-, Wochen- oder Mehrfahrtenkarten verglichen. Die Verkehrsbetriebe berechnen dem Kunden die für ihn günstigste Alternative.

Falschgeld

Das Bundeskriminalamt (BKA, Wiesbaden) registrierte 1991 eine Zunahme der Zahl der Geldfälschungen in Deutschland (insbes. DM und Dollar) um rd. 34% gegenüber dem Vorjahr. Nach Angaben der Deutschen $\rightarrow$ Bundesbank wurden 1991 im Zahlungsverkehr ca. 6600 falsche Banknoten im Wert von 775 400 DM festgestellt (1990: 4200 Stück, 326 800 DM), davon wurde rd. die Hälfte mit Farbfotokopierern hergestellt. Leitete das BKA 1990 erst 635 Ermittlungsverfahren gegen Kopierer ein, waren es 1991 schon 4651 bei weiter steigender Tendenz 1992. Die Fälschungen nahmen aufgrund technisch weiterentwickelter Kopiergeräte zu, obwohl die Bundesbank 1990–1992 eine neue Serie von Banknoten mit verbesserten Sicherheitsmerkmalen herausgab.

25% der vom BKA ermittelten Hersteller bzw. Verbreiter von Farbkopierfälschungen nutzten das F. zur Beschaffung von $\rightarrow$ Drogen. Falsche DM-Noten werden lt. BKA hauptsächlich von organisierten Banden in den Niederlanden, Großbritannien, Israel, Libanon und Osteuropa hergestellt. 1991/92 überwogen falsche Geldscheine zu 100 DM. Als Folge der Ausgabe neuer Banknoten rechnete das BKA damit, daß vermehrt F. aus alten Beständen in Umlauf kommt. Es wurde erwartet, daß dieses Geld vor allem in Ostdeutschland und Osteuropa in Verkehr gebracht wird, wo die Bevölkerung mit den deutschen Geldscheinen weniger vertraut ist. Grafik $\rightarrow$ S. 168

Mit der Telefonkarte den Bus bezahlen
Ab Mitte 1992 sollen Kieler Fahrgäste die Busfahrkarte mit Telefonkarten der Telekom bezahlen können. Die Plastikkarten im Wert von 12 DM oder 50 DM werden, wie in Telefonzellen, anstelle von Münzen in den Fahrkartenautomaten gesteckt, der den Preis des gewählten Tickets von der Karte abzieht. Zunächst werden zwei Buslinien mit den Automaten ausgestattet. Später soll der Fahrpreis statt von den Karten über die Telefonrechnung abgeführt werden.

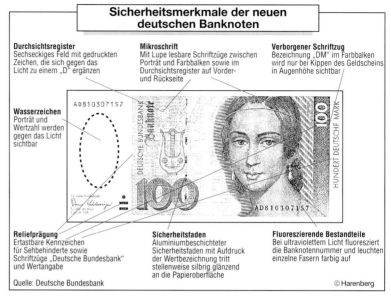

Sicherheitsmerkmale der neuen deutschen Banknoten

Durchsichtsregister
Sechseckiges Feld mit gedruckten Zeichen, die sich gegen das Licht zu einem „D" ergänzen

Mikroschrift
Mit Lupe lesbare Schriftzüge zwischen Porträt und Farbbalken sowie im Durchsichtsregister auf Vorder- und Rückseite

Verborgener Schriftzug
Bezeichnung „DM" im Farbbalken wird nur bei Kippen des Geldscheins in Augenhöhe sichtbar

Wasserzeichen
Porträt und Wertzahl werden gegen das Licht sichtbar

Reliefprägung
Ertastbare Kennzeichen für Sehbehinderte sowie Schriftzüge „Deutsche Bundesbank" und Wertangabe

Sicherheitsfaden
Aluminiumbeschichteter Sicherheitsfaden mit Aufdruck der Wertbezeichnung tritt stellenweise silbrig glänzend an die Papieroberfläche

Fluoreszierende Bestandteile
Bei ultraviolettem Licht fluoresziert die Banknotennummer und leuchten einzelne Fasern farbig auf

Quelle: Deutsche Bundesbank

© Harenberg

Familienplanung

→ Bevölkerungsentwicklung

Chip-Produktion ohne FCKW
Der Computerkonzern IBM Deutschland verzichtete ab Januar 1992 bei der Fertigung von Computer-Chips auf die Ozonschicht zerstörende FCKW (Fluorchlorkohlenwasserstoffe). FCKW werden bei der Herstellung von Computer-Bauteilen als Reinigungsmittel verwandt.

FCKW

(Fluorchlorkohlenwasserstoffe), Kohlenwasserstoffe, in denen Wasserstoff durch Fluor- und Chloratome ersetzt sind. FCKW sind mitverantwortlich für die Zerstörung der → Ozonschicht, für den → Treibhauseffekt und die → Klimaveränderung. Weiche teilhalogenierte FCKW, die mindestens ein Wasserstoffatom enthalten, schädigen die Ozonschicht in geringerem Maß als die harten vollhalogenierten FCKW, in de-

nen alle Wasserstoffatome durch Fluor und Chlor ersetzt sind. FCKW werden als Kühlmittel und in der Kunststoffproduktion eingesetzt. Die EG-Staaten beschlossen Anfang 1992, das Produktions- und Verbrauchsverbot für harte FCKW um zwei Jahre auf Ende 1995 vorzuziehen. Die USA untersagten Anfang 1992 die Produktion ab 1996 (vorher: 2000), Japan und Kanada schlossen sich dem Verbot ab 1996 an. Die → Entwicklungsländer planten Mitte 1992 einen Ausstieg aus der FCKW-Produktion bis 2010.

Ozonschicht: Die Ozonschicht schützt die Erde vor der energiereichen ultravioletten Strahlung der Sonne, die zellschädigend wirkt und → Krebs auslösen kann. Umweltverbände forderten Mitte 1992, das Verbot weltweit auf weiche FCKW und die den FCKW verwandten Halone auszudehnen, die vor allem in Feuerlöschern enthalten sind. Auch mit dem 1992 beschlossenen beschleunigten Ausstieg aus der FCKW-Herstellung werde sich die Ozonschicht erst Mitte des 21. Jh. auf dem Niveau von 1970 regenerieren, da

Verbot von FCKW in Deutschland

Jahr	Verbot der Verwendung bzw. Herstellung
1991	Harte und weiche FCKW in Spraydosen, Verpackungen, Geschirr aus Schaumstoff, harte FCKW in Montageschäumen
1992	Harte FCKW in Kühl- und Kältemitteln in Großanlagen, Schaumstoffen (Ausnahme: Dämmstoffe), Reinigungs- und Lösemitteln
1993	Weiche FCKW in Montageschäumen
1994	Harte FCKW in mobilen Kühl- und Kältemittelgroßanlagen
1995	Harte FCKW in Dämmstoffen, Kühl- und Kältemittelkleinanlagen
2000	Weiche FCKW in Kühl- und Kältemittel, Schaum- und Dämmstoffen

Quelle: Bundesumweltministerium

FCKW eine Lebensdauer von rd. 50 bis 100 Jahren besitzen.

Reduzierung: Nach Schätzungen des deutschen Bundesumweltministeriums werden 1992 weltweit rd. 1 Mio t FCKW produziert, davon in der EG ca. 300 000 t, in Deutschland 60 000 t. In der EG soll die FCKW-Herstellung bis Ende 1993 im Vergleich zum Basisjahr 1986 um 85%, in den USA bis Ende 1992 um 50% verringert werden.

Um die Entwicklungsländer bei der Umstellung ihrer FCKW-Produktion auf andere Stoffe zu unterstützen, sicherten die Industriestaaten ihnen Anfang 1992 finanzielle Hilfen zu. Aus dem Fonds des Montrealer Protokolls, dessen Unterzeichner sich 1987 zum FCKW-Ausstieg verpflichteten, standen ca. 200 Mio Dollar (305 Mio DM) für diesen Zweck zur Verfügung.

Deutschland: In Deutschland ist ab Mitte 1991 bereits der Verkauf von Spraydosen und Verpackungen, die FCKW enthalten, untersagt. Eine Verordnung regelt in Stufen das Verbot von FCKW und Halonen bis 1995. Die FCKW-Produktion ging 1991 gegenüber 1986 um rd. 50% auf 64 000 t zurück. Der Inlandsverbrauch von FCKW wird nach Schätzungen des Verbands der Chemischen Industrie (Frankfurt/M.) 1992 gegenüber 1986 um 70% auf rd. 20 000 t zurückgehen.

Probleme: Bis Mitte 1992 war keine Substanz bekannt, die über die gleichen Eigenschaften wie FCKW verfügte. FCKW sind vielseitig einsetzbar, preiswert, ungiftig und brennen nicht. Viele Stoffe, die als Ersatz für FCKW getestet oder bereits genutzt wurden, tragen auch zum Treibhauseffekt bei. Nicht gelöst war Mitte 1992 zudem das Problem, daß FCKW bis ins 21. Jh. aus aufgeschäumten Kunststoffen entweichen, u. a. aus Altautos auf Schrottplätzen und Kühlschränken auf Deponien. In Deutschland fallen jährlich zwischen 2,5 Mio und 3 Mio Kühlgeräte als Müll an. Auch die Entsorgung von FCKW aus Altgeräten, die an den Handel zurückgegeben werden, war Mitte 1992 nicht gesichert.

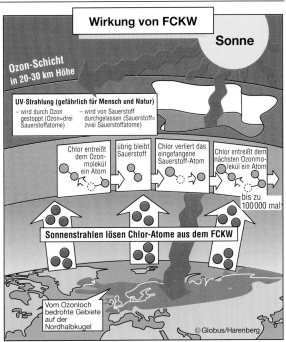

Wirkung von FCKW

Sonne

Ozon-Schicht in 20-30 km Höhe

UV-Strahlung (gefährlich für Mensch und Natur)
– wird durch Ozon gestoppt (Ozon=drei Sauerstoffatome)
– wird von Sauerstoff durchgelassen (Sauerstoff= zwei Sauerstoffatome)

Chlor entreißt dem Ozonmolekül ein Atom | übrig bleibt Sauerstoff | Chlor verliert das eingefangene Sauerstoff-Atom | Chlor entreißt dem nächsten Ozonmolekül ein Atom

bis zu 100 000 mal

Sonnenstrahlen lösen Chlor-Atome aus dem FCKW

Vom Ozonloch bedrohte Gebiete auf der Nordhalbkugel

© Globus/Harenberg

FDP

(Freie Demokratische Partei), liberale Partei in Deutschland mit rd. 154 000 Mitgliedern (Stand: Ende 1991), davon rd. 69 000 in den alten und rd. 85 000 in den neuen Bundesländern. Sie bildet seit 1982 mit der CDU/CSU die Bundesregierung. Der Rücktritt von Bundesaußenminister Hans-Dietrich Genscher führte zum Streit innerhalb der FDP um dessen Nachfolge, die Klaus Kinkel – zuvor Bundesjustizminister – im Mai 1992 antrat. Auf dem Bundesparteitag in Suhl (Thüringen) im November 1991 wurde Otto Graf Lambsdorff mit 67% der Stimmen als Parteivorsitzender wiedergewählt. Die FDP lehnte Anfang 1992 einen pauschalen Verzicht auf das Vermögen (rd. 20 Mio DM) der an der Staatsführung der DDR beteiligten liberalen Parteien LDPD und NDPD ab, die sich im August 1990 mit der FDP zusammenschlossen.

Ergebnisse der FDP bei den Landtagswahlen 1991/92

Wahl	Stimmen-anteil (%)
Baden-Württem-berg (5. 4. 1992)	5,7
Bremen (29. 9. 1991)	9,5
Hamburg (2. 6. 1991)	5,4
Hessen (20. 1. 1991)	7,4
Rheinland-Pfalz (21. 4. 1991)	6,9
Schleswig-Hol-stein (5. 4. 1992)	5,6

Parteiführung: Lambsdorff erzielte bei seiner Wiederwahl zum Parteivorsitzenden auf dem Parteitag in Suhl das schwächste Ergebnis seit 1988 (Stimmenanteil: 52,8%). Der Parteivorstand bestätigte im Mai 1992, daß Lambsdorff wie geplant bis Juni 1993 im Amt bleiben werde, nachdem führende Mitglieder der FDP (z. B. Burkhard Hirsch) Neuwahlen gefordert hatten. Sie warfen Lambsdorff u. a. vor, ohne Rücksprache mit der Fraktion Irmgard Schwaetzer als Genscher-Nachfolgerin nominiert zu haben. Gerhart Baum und weitere Mitglieder vom sozialliberalen Flügel kritisierten zudem den wirtschaftsliberalen Kurs des Parteivorsitzenden. Der aus Halle (Sachsen-Anhalt) stammende Uwe-Bernd Lühr wurde auf Vorschlag von Lambsdorff zum Generalsekretär gewählt.

Zentrale Themen: Mitte 1992 näherte sich die FDP in der Frage der → Pflegeversicherung den CDU-Plänen für eine gesetzliche Versicherung an. Die FDP, die zuvor eine private Vorsorge favorisierte, forderte, daß die Belastung der Betriebe durch Beiträge (→ Sozialabgaben), durch Steuervergün-

Otto Graf Lambsdorff, FDP-Vorsitzender
* 20. 12. 1926 in Aachen, Dr. jur., deutscher Politiker (FDP). 1951 Beitritt zur FDP, ab 1972 Abgeordneter im Deutschen Bundestag, 1984 Rücktritt als Bundeswirtschaftsminister (ab 1977), 1987 Verurteilung im Parteispendenprozeß u. a. wegen Steuerhinterziehung, ab 1988 Bundesvorsitzender der FDP.

Uwe-Bernd Lühr, FDP-Generalsekretär
* 17. 3. 1949 in Halle/Saale, Diplomökonom, deutscher Politiker (FDP). 1967 Beitritt zur LDPD (DDR), ab Juli 1990 Bürgermeister in Halle, bei der Bundestagswahl 1990 einziger direkt gewählter FDP-Bundestagsabgeordneter (34,5% der Erststimmen), 1991 Wahl zum Generalsekretär mit 57% der Stimmen.

Sitze der FDP (Schweiz) im Parlament

Jahr	Sitze im	
	National-rat	Stän-derat
1983	54	14
1987	51	14
1991	44	18

Quelle: Statistisches Jahrbuch der Schweiz

stigungen oder den Wegfall bezahlter Feiertage kompensiert werden müsse. Die FDP forderte in der Wirtschafts- und Sozialpolitik den Abbau von → Subventionen, eine Privatisierung der Deutschen → Bundesbahn und Einsparungen bei Sozialleistungen.

In der Frage der Neuregelung des → Schwangerschaftsabbruchs trat die FDP im Gegensatz zur Mehrheit der CDU/CSU für die sog. Fristenregelung ein, die Straffreiheit bei Abtreibungen bis zur zwölften Woche nach obligatorischer Beratung sichert.

Parteivermögen: Die Unabhängige Kommission zur Überprüfung der Vermögen der DDR-Parteien (Berlin) sperrte der FDP im August 1991 rd. 1,5 Mio DM, die aus dem Verkauf von Zeitungsverlagen der früheren DDR-Liberalen stammten. Die FDP wies darauf hin, daß das Eigentum der Ostliberalen nach rechtsstaatlichen Grundsätzen erworben worden sei.

Regierung: Im Bundeskabinett waren Mitte 1992 fünf Minister der FDP vertreten: Neben Kinkel Jürgen Möllemann (Wirtschaft), Sabine Leutheusser-Schnarrenberger (Justiz), Rainer Ortleb (Bildung) und Irmgard Schwaetzer (Wohnungsbau). Die FDP war in allen Bundesländern im Parlament vertreten. In Sachsen-Anhalt, Mecklenburg-Vorpommern und Thüringen stellt die FDP die Landesregierung mit der CDU. In Rheinland-Pfalz koaliert sie mit der SPD. Nach Landtagswahlen in Bremen im September 1991 (Stimmenanteil: 9,5%) bildete die FDP mit SPD und Grünen die zweite sog. Ampelkoalition (seit Ende 1990 auch in Brandenburg).

FDP (Schweiz)

(Freisinnig-demokratische Partei), liberal-konservative Partei, die seit 1959 gemeinsam mit SPS, CVP und SVP die eidgenössische Regierung bildet. Präsident der 150 000 Mitglieder starken Partei ist seit 1989 Franz Steinegger (Stand: Mitte 1992). Bei den Nationalratswahlen vom Oktober 1991 blieb die

FDP mit 44 Sitzen (21% der Stimmen) stärkste Partei im Nationalrat, erlitt aber die stärksten Stimmenverluste seit Einführung des Verhältniswahlrechts 1919 (Rückgang gegenüber 1987: 1,9 Prozentpunkte). Bei den Wahlen zum Ständerat, der sog. kleinen Kammer des Schweizer Parlaments, vom November 1991 gewann die FDP vier Sitze (18 von 46) hinzu.

Bei den Nationalratswahlen verzeichnete die FDP die größten Stimmenverluste im dichtbesiedelten Mittelland (z. B. Genf, Zürich, Bern, St. Gallen) sowie im Tessin und Schaffhausen.

Anfang 1992 setzte sich die FDP für eine Neudefinition der Schweizer Neutralität ein. Die Schweiz solle zwar militärisch neutral bleiben, sich aber politisch und wirtschaftlich an Maßnahmen gegen Aggressoren beteiligen (z. B. das UNO-Embargo gegen den Irak im Golfkrieg 1991). Sollten die EG-Staaten ein System für die kollektive Sicherheit aufbauen (→ WEU), könne sich die Schweiz nicht ausschließen.

In der Sozialpolitik setzte sich die FDP für ein gleichberechtigtes Zusammenspiel von Sozialhilfe, Sozialfürsorge und Selbstvorsorge ein. Die Wirtschaftsleistung könne durch Deregulierung auf dem Arbeitsmarkt gesteigert werden. Das Leistungsprinzip solle vor allem im Schul- und Ausbildungssystem größere Bedeutung erhalten.

Fernsehen

In Deutschland konnten sich 1991/92 öffentlich-rechtliche Sender im Wettbewerb um die Publikumsgunst gegen private Anbieter behaupten. 1992 warben alle F.-Anbieter mit veränderten Programminhalten um Zuschauer. Bei der Übertragung der Olympischen Spiele in Albertville/Frankreich im Februar 1992 nutzten ARD und ZDF erstmals die durch den Rundfunkstaatsvertrag (1991) eröffnete Möglichkeit, finanzielle Unterstützung von Firmen in Anspruch zu nehmen (→ Sponsoring), die bis dahin nur Privatsendern erlaubt war. Ende 1991 verabschiedete der EG-Ministerrat eine Richtlinie zur Durchsetzung der Übertragungsnorm → D2-Mac ab 1994.

Einschaltquoten: Öffentlich-rechtliches F. konnten 1991/92 alle deutschen Haushalte empfangen, rd. 75% zusätzlich → Privatfernsehen. Die tägliche Einschaltdauer stieg in Westdeutschland 1991 im Vergleich zu 1990 um 4 min auf 160 min; ARD und ZDF verloren durchschnittlich jeweils 4 min Einschaltdauer, die Privatsender RTL plus und SAT 1 gewannen 5 min bzw. 3 min. Ostdeutsche Bürger sahen 1991 (Erhebungszeitraum: Juli bis November) durchschnittlich 180 min/Tag fern (ARD: 36 min, ZDF: 34 min, RTL plus: 27 min, SAT 1: 26 min). Das F. der DDR, DFF, das Ende 1991 aufgelöst wurde, empfingen ostdeutsche Zuschauer durchschnittlich 12 min/Tag.

Publikumsmagnet bei den öffentlich-rechtlichen Sendern war nach deren Angaben die Berichterstattung vom Golfkrieg Anfang 1991 und über den Putsch in der UdSSR im August 1991 gegen Präsident Michail Gorbatschow. Einschaltquoten und Dauer bestimmen u. a. die Attraktivität eines Senders für Werbekunden (→ Fernsehwerbung).

Frühstücksfernsehen: Seit Mitte 1992 veranstalten ARD und ZDF in Konkurrenz zu RTL plus und SAT 1 ein gemeinsames Frühstücksfernsehen von 6 bis 9 Uhr als Informationsprogramm (RTL plus und SAT 1 1992: täglich rd. 1,8 Mio bzw. 1,2 Mio Zuschauer). Neben Nachrichten zu jeder halben Stunde werden Reportagen, Korrespondentenberichte und Verbrauchertips gesendet. Zunächst soll das Programm keine Werbung enthalten.

Verändertes Programm: Anfang 1992 plante die ARD, ihr Vorabendprogramm durch eine Mischung aus publikumswirksamen Serien und Informationsprogrammen attraktiver zu gestalten, u. a. war eine zusätzliche 10–15minütige „Tagesschau" um 18.30 Uhr geplant. Ferner sollen die ARD-Regionalprogramme ab 1993 bundesweit zeitgleich ausgestrahlt werden.

Weiter auf Seite 173

Pro 7 zeigt die meiste Gewalt im Fernsehen
Wöchentlich wurden auf deutschen Fernsehbildschirmen nach Untersuchungen der Universität Utrecht/Niederlande 1992 etwa 4000 Menschen umgebracht. Die meisten der 500 TV-Mordszenen pro Woche waren in Krimis und Serien aus den USA enthalten. In Relation zur Länge des eigenen Programms strahlte Pro 7 mit einem Anteil von 12,7% die meisten Gewaltszenen aus (Tele 5: 11,7%; RTL plus: 10,7%; SAT 1: 7,3%). ZDF- und ARD-Programme weisen durchschnittlich 7,2% bzw. 6,7% Gewaltszenen auf. Von den täglich 70 Fernsehmorden werden 20 in Pro 7 begangen.

„Einschlafquoten" beim Fernsehen steigen
1992 schlief jeder achte Bundesbürger nach einer Studie des BAT-Freizeitforschungsinstituts (Hamburg) am Vorabend der Befragung vor dem Fernseher ein (1991: jeder 14. Zuschauer). Der Anteil einer oder andere Nebenbeschäftigungen fernsehens war im Vergleich zum Vorjahr auf 38% gesunken. Je höher das Bildungsniveau, desto eher betrachtet das Publikum Fernsehen als Begleitmedium zu einer anderen Tätigkeit (1992: 80% aller Abiturienten, 1991: 68%).

Fernsehen in Daten und Zahlen

Fernseh-Hits in Deutschland 1991

Rang	Sendung	Datum	Anstalt	Zuschauer (Mio)
1	Wetten daß . . ?	13. 4.	ZDF	17,56
2	Wetten daß . . ?	2. 3.	ZDF	17,50
3	Die Rudi Carrell Show	26. 1.	ARD	16,60
4	ARD-Sport Extra: EM-Qualifikation Deutschland–Wales	16. 10.	ARD	16,43
5	Die Rudi Carrell Show	26. 10.	ARD	16,12
6	Die Rudi Carrell Show	20. 4.	ARD	15,90
7	Wetten daß . . ?	14. 12.	ZDF	15,89
8	Wetten daß . . ?	2. 11.	ZDF	15,72
9	Das Traumschiff	1. 1.	ZDF	15,57
10	Die Rudi Carrell Show	7. 12.	ARD	15,51
11	ZDF-Sport Extra: Fußball Belgien – BRD	20. 11.	ZDF	15,38
12	Tagesschau	3. 2.	ARD	15,35
13	Tagesschau	20. 1.	ARD	15,25
14	Derrick	15. 3.	ZDF	15,09
15	Ein Fall für zwei	25. 1.	ZDF	14,76

Quelle: Media Control GmbH

Fernsehnutzung in Deutschland 1991

Nutzergruppe	ARD	ZDF	Dritte Progr.	RTL plus	SAT 1	Sonstige	Gesamt
Einschalt- bzw. Sehdauer pro Tag (min)[1]							
Haushalte	71	66	24	37	27	21	263
Erwachsene	44	41	14	23	17	12	160
14–29jährige	22	19	7	16	11	9	93
30–49jährige	38	33	13	25	18	13	152
Ab 50 Jahre	62	62	20	25	19	14	210
Kinder 6–13 Jahre	21	17	6	17	10	7	93
Männer	42	39	14	22	15	13	154
Frauen	46	44	14	23	18	12	166
Durchschnittliche tägliche Reichweite (%)							
Haushalte	73	69	50	41	36	n. v.	87
Erwachsene	53	50	34	30	25	n. v.	69
14–29jährige	35	31	21	24	20	n. v.	51
30–49jährige	52	47	33	32	27	n. v.	71
Ab 50 Jahre	66	64	43	31	27	n. v.	80
Kinder 6–13 Jahre	39	32	21	24	21	n. v.	62
Männer	52	49	34	30	25	n. v.	68
Frauen	54	51	34	29	25	n. v.	70

n. v. = nicht verfügbar
1) Untersuchungszeitraum: Montag bis Sonntag, 6.00 – 6.00 Uhr
Quelle: Gesellschaft für Kommunikationsforschung (GfK)

Fernsehnutzung in verkabelten Haushalten in Westdeutschland 1991
Private Programme

Nutzergruppe	RTL plus	SAT 1	Tele 5	Pro 7	Eurosport	SuperChannel	Gesamt
Einschalt- bzw. Sehdauer pro Tag (min)[1]							
Haushalte	49	40	15	24	2	1	287
Erwachsene	30	25	7	15	1	0	173
14–29jährige	19	15	6	14	1	1	104
30–49jährige	33	25	8	18	1	0	169
Ab 50 Jahre	34	31	6	12	1	0	224
Kinder 6–13 Jahre	21	12	20	14	1	0	101
Männer	28	23	6	14	2	0	166
Frauen	31	27	7	15	1	0	180
Durchschnittliche tägliche Reichweite (%)							
Haushalte	58	56	30	34	9	5	88
Erwachsene	41	39	18	23	6	3	70
14–29jährige	32	29	18	23	5	5	52
30–49jährige	45	41	21	27	7	3	72
Ab 50 Jahre	45	44	16	20	5	2	81
Kinder 6–13 Jahre	34	30	34	28	4	2	62
Männer	42	39	19	24	7	4	69
Frauen	41	39	17	22	4	2	72

1) Untersuchungszeitraum: Montag bis Sonntag, 6.00 – 6.00 Uhr
Quelle: Gesellschaft für Kommunikationsforschung (GfK)

Fernsehnutzung in verkabelten Haushalten in Westdeutschland 1991
Öffentlich-rechtliche Programme

Nutzergruppe	ARD	ZDF	Dritte Progr.	Eins plus	3sat	Gesamt
Einschalt- bzw. Sehdauer pro Tag (min)[1]						
Haushalte	55	50	22	3	5	287
Erwachsene	34	32	13	2	3	173
14–29jährige	15	13	6	1	1	104
30–49jährige	30	24	11	2	2	169
Ab 50 Jahre	50	51	20	3	4	224
Kinder 6–13 Jahre	12	9	4	1	1	101
Männer	32	30	13	2	3	166
Frauen	36	33	14	2	3	180
Durchschnittliche tägliche Reichweite (%)						
Haushalte	71	65	51	14	19	88
Erwachsene	51	46	34	9	12	70
14–29jährige	33	27	22	6	7	52
30–49jährige	49	42	32	9	11	72
Ab 50 Jahre	65	61	44	11	16	81
Kinder 6–13 Jahre	31	24	18	4	5	62
Männer	50	45	35	9	13	69
Frauen	52	47	34	9	11	72

1) Untersuchungszeitraum: Montag bis Sonntag, 6.00 – 6.00 Uhr
Quelle: Gesellschaft für Kommunikationsforschung (GfK)

Lediglich Radio Bremen und der Sender Freies Berlin wollen ihre Programmzeiten behalten. Seit 1991 bietet die ARD kurz vor der 20-Uhr-„Tagesschau" zusätzliche Werbezeit an (sog. Werbeuhr). Das Vorabendprogramm des ZDF, ebenso wie bei der ARD die Hauptwerbezeit, wird seit 1992 stärker mit Unterhaltungssendungen gefüllt, Informationsprogramme wurden auf das Abendprogramm verschoben, das bereits um 19.20 Uhr beginnt (bis dahin: 19.30 Uhr). Die Zeit zwischen 19.20 Uhr und 20 Uhr wird für einen zusätzlichen Werbeblock genutzt. Erstmals wich das ZDF 1992 von dem Grundsatz ab, gleichartige Sendungen nicht zeitgleich mit der ARD auszustrahlen. Überschneidungen sollen lediglich bei Sportübertragungen vermieden werden.

Beide öffentlich-rechtlichen Anbieter planten Ende 1991, die tägliche Sendedauer ihrer → Satellitenfernsehen zu erhöhen. Die ARD wollte den Sendebeginn von Eins plus von 18 Uhr auf 15 Uhr vorziehen, das ZDF den von 3sat von 17 bzw. 18 Uhr auf 13 Uhr. RTL plus und SAT 1 verstärkten 1991/92 ihr Angebot an eigenproduzierten Sendungen wie Unterhaltungsshows. RTL plus veranstaltet seit April 1992 zusätzlich von 12.30 Uhr bis 13 Uhr ein Mittagsmagazin in Konkurrenz zu dem der öffentlich-rechtlichen Anbieter. Pro 7 und Tele 5 boten mehr Serien und Spielfilme an.

Sponsoring: ARD und ZDF zahlten für die Übertragungsrechte von den Olympischen Winterspielen mit jeweils 2,3 Mio DM doppelt soviel wie für die Senderechte der Spiele 1988 in Calgary/Kanada. Zur Deckung der steigenden Kosten für → Sportübertragungsrechte und eigenproduzierte Beiträge warben die öffentlich-rechtlichen Anbieter 1992 um finanzielle Unterstützung ihrer Programme durch Sponsoren. Nach dem Rundfunkstaatsvertrag darf der Inhalt der Sendungen durch Sponsoring nicht beeinflußt werden.

D2-Mac: Programme in D2-Mac waren 1992 mit → Kabelanschluß oder → Parabolantenne und zusätzlichem Decoder zur Entschlüsselung der Signale zu empfangen. F.-Anbieter und Satellitenbetreiber, die ab 1995 ihre Dienste anbieten, müssen Programme in D2-Mac produzieren bzw. verbreiten, das als Vorstufe der Norm HD-Mac gilt. HD-Mac soll ab 1995 das hochauflösende F. → HDTV mit verbesserter Bildqualität auf querformatigen Fernsehbildschirmen mit dem Seitenverhältnis 16 : 9 (herkömmlich: 4 : 3) ermöglichen. Die parallele Ausstrahlung in den bisher in Europa üblichen Normen PAL und Secam ist zulässig, den Anbietern wird jedoch die ausschließliche Verwendung der D2-Mac auch für bereits bestehende Programme empfohlen.

Öffentlich-rechtliche und private Programmanbieter kritisierten die Richtlinie, weil sie gezwungen würden, Programme in einer Norm auszustrahlen, die nur wenige Zuschauer erreiche. Der überwiegende Teil des Publikums empfange F. mit der herkömmlichen Antenne. Es sei zweifelhaft, ob sich bei ihnen Programme, die ein neues oder zumindest ein Zusatzgerät erfordern, durchsetzen würden.

Fernsehwerbung

→ Übersichtsartikel S. 174

Fernwärme

In Kraftwerken erzeugte Wärme, die meist in Form von Warmwasser über ein Rohrsystem an bis zu 40 km entfernte Verbrauchsstellen transportiert wird. 1991 wurden rd. 24% der Haushalte in Ostdeutschland und 9% der Haushalte in den alten Bundesländern mit F. beheizt. 1992 förderte das Bundeswirtschaftsministerium die Sanierung der Anlagen und Netze in den neuen Bundesländern mit 300 Mio DM. Die Betreiber des ostdeutschen F.-Netzes schätzten 1991 die Sanierungskosten für das Leitungssystem der neuen Länder bis zum Jahr 2000 auf rd. 15 Mrd DM.

Spüli beschleunigt Fernwärmetransport
Anfang 1992 stellten Wissenschaftler im Auftrag des Bundesforschungsministeriums fest, daß das heiße Wasser in Fernwärmeleitungen durch die Zugabe von Spülmitteln die Heizkörper des Verbrauchers viermal so schnell erreicht wie ohne Zusatz. Die in Wasch- und Spülmitteln enthaltenen Tenside vermindern Reibungsverluste, die von der Oberflächenspannung des Wassers herrühren, um rd. 60%. Dadurch kann der Pumpaufwand um ein Viertel reduziert und Energie gespart werden. Ab 1993 sollen die Laborergebnisse in einer Langzeituntersuchung im größten Fernwärmenetz Europas, im Raum Völklingen-Dillingen-Saarbrücken, überprüft werden.

Kritik an der Werbeflut auf dem Bildschirm wächst

Fernsehwerbung füllte 1991 durchschnittlich acht Stunden des täglichen Programms auf deutschsprachigen Kanälen. Mit 382 000 gesendeten Spots (Anstieg gegenüber 1990: 26,5%) erreichte die Fernsehwerbung 1991 einen Anteil von 30% am deutschen Werbemarkt. Die Werbeeinnahmen öffentlich-rechtlicher und privater Anbieter erhöhten sich 1991 gegenüber 1990 um 26% auf 3,5 Mrd DM (nach Abzug von Rabatten und Provisionen). In Deutschland finanziert sich → Privatfernsehen ausschließlich aus Werbeerträgen, für die öffentlich-rechtlichen Anstalten ist die Werbung zweitwichtigste Einnahmequelle nach den → Rundfunkgebühren. Die steigende Nachfrage kam insbes. dem Privatfernsehen zugute. Untersuchungen ergaben Anfang 1992, daß die wachsende Anzahl der Spots die Erinnerung der Zuschauer an beworbene Produkte verringert und zudem jeder vierte Zuschauer aus Protest gegen die Werbeflut auf dem Bildschirm den Boykott der beworbenen Waren erwägt.

Rundfunkstaatsvertrag begrenzt Werbeanteil: In Deutschland ist der Anteil von Fernsehwerbung am Programm im Rundfunkstaatsvertrag (1991) geregelt. Die öffentlich-rechtlichen Anstalten dürfen werktags 20 min Werbung vor 20 Uhr ausstrahlen. Private Sender dürfen täglich 20% ihres Programms mit Werbespots füllen. Ab 1992 nutzten die Privaten verstärkt die Möglichkeit, Serien alle 20 min und Spielfilme, die mehr als 110 min dauerten, mindestens dreimal, nach der 110. Sendeminute alle 20 min einmal unterbrechen zu dürfen. ARD und ZDF unterbrachen Sendungen von mindestens 45 min Dauer 1991 erstmals mit Werbung (z. B. die ARD-Sportschau).

Zuschauer schalten Spots weg: Nach Angaben der Gesellschaft für Media Optimierung (Hamburg) schaltete 1992 rd. die Hälfte der Zuschauer (47%) bei Unterbrecherwerbung öfter um als 1991 und betrachtete mehr als eine Werbeinblendung pro Film als unzumutbar (42%). Die Gesellschaft für Konsumforschung (Nürnberg) ermittelte im Auftrag von RTL plus dagegen, daß 1992 nur jeder 11. Zuschauer von RTL plus während der Werbeeinblendungen auf ein anderes Programm schaltete (sog. Zapping, engl.; abknallen). Eine Untersuchung des Axel Springer Verlags ergab, daß lediglich 2,8% der befragten Zuschauer sich an die Marken beworbener Produkte erinnerte. Das entspricht etwa einem Fünftel des zuletzt 1979 ermittelten Anteils.

ARD und ZDF mit neuen Werbezeiten: Ab 1993 sollen die ARD-Regionalprogramme zeitgleich ausgestrahlt werden und damit eine höhere Reichweite der Werbung ermöglichen. Lediglich Radio Bremen und der Sender Freies Berlin behalten ihre Programmzeiten. Die vier großen Privatsender Deutschlands hinderten die ARD im April 1992 mit einer einstweiligen Verfügung daran, Spots in der für Werbekunden attraktiven Zeit nach Mitternacht als sog. Vampir-Block auszustrahlen. Seit 1991 bietet die ARD kurz vor der 20-Uhr-Nachrichtensendung „Die Tagesschau" Werbezeit an. Auch das ZDF strahlte Anfang 1992 erstmals einen zusätzlichen Werbeblock kurz vor 20 Uhr aus. Das Hauptprogramm beginnt bereits um 19.20 Uhr (bis dahin: 19.30 Uhr) und wird einmal von Werbung unterbrochen.

Werbeboom geht an ARD und ZDF vorbei: Die Werbezeiten der ARD waren Anfang 1992 erstmals nicht ausgebucht, sie befürchtete für 1992 einen Rückgang des Werbeumsatzes um 15–20%. Der Anteil öffentlich-rechtlicher Anstalten an der TV-Werbung wird sich nach Schätzungen der ARD für 1992 von 42% (1991) auf rd. 30% reduzieren. Die ARD-Sender forderten Mitte 1992 erneut, die Werbezeit der öffentlich-rechtlichen Sender auf 25 min pro Tag auszudehnen und die 20-Uhr-Grenze aufzuheben.

Starke Umsatzsteigerungen bei den Privaten: Die größten privaten Sender, RTL plus und SAT 1, überrundeten 1991 wie erstmals 1990 nach Nettowerbeumsätzen die öffentlich-rechtlichen Anstalten. Sie steigerten ihre Werbeeinnahmen gegenüber dem Vorjahr um 44% auf 1 Mrd DM bzw. um 48% auf 802 Mio DM. Der drittgrößte Privatanbieter, Pro 7, erzielte einen Umsatzzuwachs von 250% auf 165 Mio DM. Nach Einbußen von 22% 1990 verzeichnete die ARD 1991 einen geringen Zuwachs um 4% auf rd. 761 Mio DM. Die ZDF-Einnahmen blieben mit 0,8% Steigerung auf etwa 718 Mio DM im Vergleich zum Vorjahr nahezu unverändert. (MS)

Neue Bundesländer: 80% der F. in den neuen Bundesländern werden aus Heizkraftwerken gewonnen, die mit Braunkohle befeuert werden. Ein Großteil dieser Anlagen verfügt nicht über Reinigungsanlagen zur Entstickung, Entschwefelung und Entstaubung der Rauchgase (→ Luftverschmutzung). 1991 waren rd. 35% der Kesselanlagen und ein Drittel der F.-Leitungen älter als 25 Jahre. Die schlecht isolierten, meist überirdisch verlaufenden Rohre gaben Wärme an die Umwelt ab.

Kraft-Wärme-Kopplung: In den alten Bundesländern wurden Ende 1991 rd. 75% der F. (45% in den neuen Ländern) in Anlagen mit Kraft-Wärme-Kopplung gewonnen, d. h. Strom und Wärme werden gleichzeitig erzeugt. Der Wirkungsgrad (Verhältnis von eingesetzter Energie und nutzbarer Energie) dieser Kraftwerke liegt bei rd. 80%. Der jährliche Verbrauch von Primärenergie stiege um rd. 2,7 Mio t Steinkohleeinheiten (entspricht 2,2 Mrd l Heizöl), wenn die F.-Heizungen in 2 Mio Haushalten der alten Bundesländer durch Ölzentralheizungen ersetzt würden, schätzte die Arbeitsgemeinschaft Fernwärme (Frankfurt/M.) Anfang 1992.

⊞ Arbeitsgemeinschaft Fernwärme e. V., Stresemannallee 23, D-6000 Frankfurt/M. 70

Film

Während die Zahl der Kinobesucher in Westdeutschland 1991 um rd. 5% gegenüber dem Vorjahr auf 107,5 Mio stieg, sank sie in den ostdeutschen Bundesländern von zuletzt 1988 registrierten 87 Mio auf rd. 13 Mio. Die mit der Privatisierung der ehemals volkseigenen Betriebe der DDR beauftragte → Treuhandanstalt verkaufte Mitte 1992 das größte europäische F.-Studio Deutsche Film-AG (DEFA, Berlin) an den französischen Dienstleistungskonzern Compagnie Générale des Eaux (CGE, geschätzter Kaufpreis: 130 Mio DM). Die EG-Kommission leitete Anfang 1992 gegen das deutsche F.-Förderungsgesetz ein Wettbewerbsverfahren

Schadstoffe bei der Fernwärmeerzeugung

Fernwärme-erzeugung mit	Emissionen pro MWh[1] (kg)				
	Kohlen-dioxid	Schwefel-dioxid	Stick-oxide	Kohlen-monoxid	Staub
Braunkohle	400	10	1	25	2
Steinkohle	350	1,8	0,65	29	0,9
Öl	330	0,29	0,2	0,14	0,0043
Gas	220	0,0043	0,14	0,13	0,00027
Erdwärme mit Elektrowärmepumpe	200	5	0,5	12,5	1
Gaswärmepumpe	55	0,001	0,03	0,03	–

1) Alle Werte gelten für Anlagen mit optimaler Rauchgasreinigung; Quelle: Wirtschaftswoche, 25. 10. 1991

Wohnungsheizung in Deutschland bis 2010

Heizungstyp	Anteil der Wohnungsheizung (%)					
	Alte Länder			Neue Länder		
	1990	2000	2010	1990	2000	2010
Fernwärme	9	13	16	23	25	30
Gas	32	39	43	8	25	33
Heizöl	43	37	31	1	20	22
Kohle	8	9	9	65	25	10
Strom	8	9	9	3	5	5

Quelle: Esso (Hamburg)

ein, weil mit dem Gesetz lediglich mehrheitlich unter deutscher Führung stehende Projekte gefördert und ausländische F.-Schaffende diskriminiert würden. In den USA beteiligte sich eine weitere ausländische Firma an einem Hollywood-Studio, so daß 1992 fünf der acht größten F.-Unternehmen in den USA ganz oder teilweise unter nichtamerikanischer Kontrolle geführt wurden.

Zuschauer: Westdeutsche Kinos steigerten ihren Umsatz 1991 dem Hauptverband Deutscher Filmtheater (HDF, Wiesbaden) zufolge um 10,4% auf rd. 917 Mio DM. Spitzenreiter in der Publikumsgunst waren nach Angaben des HDF vor allem US-Produktionen wie „Kevin – allein zu Haus", „Der mit dem Wolf tanzt" (jeweils 6,4 Mio Zuschauer) und „Terminator 2" (4,5 Mio) sowie deutsche F. wie „Pappa Ante Portas" (3,5 Mio). Auch verbesserte Vorführtechnik, bequemere Bestuhlung und die Eröffnung von → Multiplexkinos mit mehreren Vorführräumen hätten zu steigenden Zuschauerzahlen geführt. Kleine Kinounternehmer befürchteten 1992, gegenüber den großen Lichtspielzentren nicht konkurrenzfähig zu bleiben.

Film in Daten und Zahlen

Kinohits in Deutschland 1991

Rang	Titel	Erstauf-führung	Zuschauer (Mio)
1	Kevin – allein zu Haus	17. 1. 1991	6,42
2	Der mit dem Wolf tanzt	21. 2. 1991	6,39
3	Robin Hood – König der Diebe	5. 9. 1991	4,63
4	Terminator II	24. 10. 1991	4,56
5	Nicht ohne meine Tochter	11. 4. 1991	4,15
6	Nackte Kanone 2¹/₂	8. 8. 1991	4,07
7	Pappa Ante Portas	21. 2. 1991	3,52
8	Das Schweigen der Lämmer	11. 4. 1991	3,40
9	Green Card – Scheinehe mit Hindernissen	7. 3. 1991	2,76
10	Kuck' mal wer da spricht – II	28. 3. 1991	2,58
11	Der Feind in meinem Bett	7. 3. 1991	2,37
12	Kindergarten-Cop	7. 2. 1991	2,10
13	Hot Shots!	19. 12. 1991	2,00
14	Arielle – die Meerjungfrau	29. 11. 1990	1,81
15	Bernard und Bianca im Känguruhland	5. 12. 1991	1,80
16	Switch – Die Frau im Manne	12. 9. 1991	1,63
17	Werner – beinhart	29. 11. 1990	1,60
18	Doc Hollywood	10. 10. 1991	1,49
19	Go, Trabi, Go	17. 1. 1991	1,46
20	Homo Faber	28. 2. 1991	1,31
21	Pretty Woman	5. 7. 1990	1,23
22	Entscheidung aus Liebe	3. 10. 1991	1,07
23	Wolfsblut	31. 10. 1991	1,02
24	Cyrano de Bergerac	17. 1. 1991	1,01
25	Drei Männer und eine kleine Lady	14. 3. 1991	0,99
26	Lucky Luke	4. 7. 1991	0,99
27	Manta, Manta	3. 10. 1991	0,98
28	Highlander II	31. 1. 1991	0,96
29	Arachnophobia	10. 1. 1991	0,93
30	Misery	25. 4. 1991	0,90
31	Manta – Der Film	19. 9. 1991	0,89
32	Curly Sue	12. 12. 1991	0,88
33	Backdraft – Männer, die durchs Feuer geh'n	22. 8. 1991	0,87
34	Zeit des Erwachens	14. 2. 1991	0,86
35	Hudson Hawk	25. 7. 1991	0,86
36	King Ralph	16. 5. 1991	0,86
37	Allein unter Frauen	7. 11. 1991	0,86
38	Auf die harte Tour	27. .6 .1991	0,82
39	Aus Mangel an Beweisen	13. 12. 1990	0,81

Quelle: Filmförderungsanstalt (Berlin)

Kinobesuch im Vergleich

Land	Besucher (Mio)					
	1980	1986	1987	1988	1989	1990
Deutschland	143,8	105,2	108,1	108,9	101,6	102,5
Frankreich	174,8	167,8	132,5	122,4	120,9	121,8
Großbritannien	101,8	75,8	78,7	84,2	96,4	96,5
Italien	242,0	125,0	108,0	93,0	95,0	92,0

Quelle: Perspectives on Independent Producers in Europe (PIPE): Teil II: Länderberichte; SPIO Filmstatistisches Taschenbuch 1991; British Film Institute Handbook 1991

Jodie Foster, * 19. 11. 1962 in Los Angeles (Kalifornien)/USA, US-amerikanische Filmschauspielerin und Regisseurin. 1989 Oscar als Hauptdarstellerin in Jonathan Kaplans Krimi „Angeklagt", 1992 Oscar für die Rolle im Thriller „Das Schweigen der Lämmer" (Regie: Jonathan Demme), erste Regiearbeit mit „Das Wunderkind Tate" (1992).

Michael Kirk Douglas, * 25. 9. 1944 in New Brunswick (New York)/ USA, US-amerikanischer Schauspieler, Produzent und Regisseur. Ab 1972 Hauptdarsteller in der TV-Serie „Die Straßen von San Francisco", 1988 Oscar als bester Darsteller im Krimi „Wall Street" (Regie: Oliver Stone), 1992 Hauptrolle im Erotikthriller „Basic Instinct".

Ostdeutsche Kinos setzten 1991 rd. 64 Mio DM um. Der starke Rückgang der Zuschauerzahlen wurde u. a. mit der schlechten wirtschaftlichen Situation der Bevölkerung begründet.

DEFA: Die CGE, Hauptaktionär des französischen → Pay-TV Canal Plus und Anteilseigner der größten Kinokette Frankreichs, will auf dem 432 000 m² großen DEFA-Gelände neben Dienstleistungsgebäuden und Wohnungen ein Medienzentrum einrichten, dessen Kern ein F.-Produktionsstudio sein soll. Der zweitgrößte Medienkonzern der Welt, die Bertelsmann AG (Gütersloh), ist an dem Studio durch eine mit der CGE gegründete Produktionsfirma beteiligt. Bis Mitte 1992 hatte die Treuhandanstalt 1650 Mitarbeiter der DEFA entlassen. Die verbliebenen 750 Mitarbeiter werden von der CGE übernommen. Die DEFA-Studios für Synchronisation und Dokumentarfilm übernahm die Kirch-Medienunternehmensgruppe. → Medienkonzentration

USA: Der Elektronikkonzern Toshiba und das Handelshaus Itoh (beide Japan) erwarben Anfang 1992 insgesamt 12,4% Anteile an einer vom weltgrößten Medienkonzern Time-Warner gegründeten Tochtergesellschaft, in der Time-Warner seine F.-, Kabelfernseh- und Videoaktivitäten zusammengefaßt hat. 1992 waren von den acht größten F.-Unternehmen der USA lediglich Paramount Pictures, Walt Disney und Orion Pictures in US-amerikanischem Besitz. Filmpreise → S. 655

Flüchtlinge

Nach Definition der Vereinten Nationen Menschen, die ihr Heimatland verlassen, weil sie wegen ihrer Rasse, Religion, Nationalität oder politischen Überzeugung verfolgt werden. Das Flüchtlingshochkommissariat der UNO (UNHCR, Genf/Schweiz) gab die Zahl der F. 1991 mit rd. 17 Mio weltweit an (1990: 15 Mio). Hinzu kamen etwa ebenso viele Menschen, die ihre Heimat aufgrund von → Armut, → Hunger und Umweltschäden (sog. Migranten) verließen. Etwa die Hälfte der F. waren im Kindesalter. Zu den größten Gruppen gehörten Afghanen (5 Mio), Palästinenser (2,3 Mio) und → Kurden (700 000). Etwa 90% der F. stammten aus → Entwicklungsländern, und rd. 83% wurden in anderen Entwicklungsländern aufgenommen. Der Krieg in Jugoslawien führte Mitte 1992 zur größten europäischen Fluchtbewegung nach dem Zweiten Weltkrieg.

Rückkehr: Die Aufnahmeländer gehören häufig zu den ärmsten Staaten der Welt, die kaum in der Lage sind, die eigene Bevölkerung zu versorgen. Einige Regierungen schickten F. in ihre Herkunftsländer zurück. Der Sudan und das UNHCR planten für 1992 die Rückkehr von 700 000 F., die nach Angaben der Regierung freiwillig zum Verlassen des Sudan bereit waren. Im März 1992 begann die Rückführung von 370 000 in Thailand lebenden F. nach Kambodscha. Hongkong begann Ende 1991, mit Schiffen über das Meer geflüchtete Menschen (sog. Boat People) zwangsweise nach Vietnam zurückzuschicken. Die USA verhängten im Mai 1992 eine Aufnahmesperre für

Die wichtigsten Aufnahmeländer für Flüchtlinge

Kontinent Land	Zahl (1000)	Einwohner pro Flüchtling	Kontinent Land	Zahl (1000)	Einwohner pro Flüchtling
Asien	7 602		**Amerika**	2 672	
Iran	3 700	15	USA	1 000	250
Pakistan	3 300	33	Kanada	472	56
China	280	4 286	Mexiko	356	230
Thailand	100	554	Honduras	237	22
Afrika	6 000		Guatemala	223	41
Äthiopien	985	53	Costa Rica	179	17
Malawi	940	9	**Europa**	1 333	
Sudan	768	33	Türkei	332	172
Zaïre	427	83	Deutschland	250	316
Swasiland	420	2	Schweden	211	40
Côte d'Ivoire	300	42	Frankreich	195	289
Burundi	270	20	Großbritannien	100	574
Tansania	265	92	**Australien**	98	173

Stand: 1991; Quelle: UNO, Aktuell-Recherche

haitianische Boat People (34 000; Stand: Juni 1992) und zwang diese schon auf hoher See zur Rückkehr.

Frühere Sowjetunion: Schätzungen eines Petersburger Demographieinstituts von Anfang 1992 zufolge gab es in Rußland 250 000 F., die aus den mittelasiatischen früheren Republiken der Sowjetunion gekommen seien. Das Institut sagte für die 90er Jahre starke Rückwanderungsströme von Russen aus den nichtrussischen Staaten voraus (Bevölkerungsanteil z. B. in Estland: 38%, Lettland: 48%). Dagegen wies die 1990/91 in westeuropäischen Staaten verbreiteten Voraussagen über Millionen von Menschen, die aus der früheren Sowjetunion in westliche Staaten flüchten wollten, zurück.

Jugoslawien: Im Juli 1992 bezifferte das UNHCR die Zahl der jugoslawischen F. auf rd. 2,2 Mio, von denen zwischen 360 000 und 380 000 außerhalb des Landes Aufnahme gefunden hatten. Etwa die Hälfte der F. stammte aus Bosnien-Herzegowina, größtes Aufnahmeland war Kroatien (580 000 Personen). Das UNHCR plante ein Hilfsprogramm im Wert von rd. 150 Mio Dollar (229 Mio DM), an dem sich die EG mit 49 Mio ECU (100 Mio DM) beteiligte.

Deutschland: 1991 wurden 8% (20 500) der in Deutschland gestellten

Sadako Ogata, UNO-Hochkommissarin für Flüchtlinge
* 16. 9. 1927 in Tokio/Japan, Prof. Dr. phil., japanische Diplomatin. 1976–1978 Ministerin in der japanischen UNO-Botschaft (New York), 1980–1990 Professorin für Politikwissenschaft in Tokio, 1982–1985 Vertreterin Japans bei der Genfer Menschenrechtskommission, ab 1991 UNO-Flüchtlingshochkommissarin (Amtszeit bis 1994).

Flugsicherung

Harmonisierung der Flugsicherung
Die 28 Mitgliedstaaten der europäischen Zivilluftfahrtkonferenz (ECAC, Paris) beschlossen im März 1992, nach dem Vorbild der Europäischen Organisation zur Sicherung der Luftfahrt (Eurocontrol) bis 2000 ein einheitliches europäisches Flugsicherungssystem aufzubauen. Durch den Eintritt von Bulgarien, Rumänien und der Tschechoslowakei im Juni 1991 wurde auch Osteuropa in die Harmonisierung der Flugsicherung einbezogen.

Anträge von → Asylbewerbern genehmigt. Die größte Gruppe der Antragsteller bildeten Jugoslawen. Deutschland hielt im Mai 1992 an der Visumpflicht für Bürger aus dem Kriegsgebiet Bosnien-Herzegowina fest. Insgesamt lebten nach Angaben der UNO rd. 250 000 F. in Deutschland (0,32% der Bevölkerung).

Flugsicherung

Wegen des zunehmenden → Luftverkehrs war die europäische F. 1991/92 stark überlastet. Von Januar bis Mitte 1991 war die Anzahl der flugsicherungsbedingten Abflugverspätungen in Deutschland im Vergleich zum Vorjahr um 43% auf 14 000 Stunden gestiegen. Für den europäischen Luftraum rechnete der Internationale Luftverkehrsverband IATA (Genf/Schweiz) mit einer Verdoppelung der Passagierzahlen auf jährlich etwa 500 Mio Fluggäste bis zum Jahr 2000. Die staatliche zivile F. in Deutschland wird zum 1. 1. 1993 privatisiert und als Deutsche Flugsicherungs GmbH (DFS, Offen-

bach) weitergeführt. Die Überführung der militärischen F. in die DFS ist für Ende 1996 vorgesehen. Die Europäische Organisation zur Sicherung der Luftfahrt Eurocontrol (Brüssel/Belgien) will bis 1993 die vier verschiedenen F.-Systeme der Beneluxländer und Deutschlands zusammenfassen.
Folgende Vorteile, die zu einer Produktivitätssteigerung der F. beitragen sollen, werden von der → Privatisierung erwartet:
▷ Höhere Flexibilität bei Investitionen durch Wegfall des öffentlichen Haushaltsrechts
▷ Das neue Unternehmen ist nicht mehr an das öffentliche Dienstrecht gebunden
▷ Spielräume für Leistungsanreize bei der Einstellung von Personal
▷ Anwendung von Management-Methoden, die in der freien Wirtschaft üblich sind.
Die Anteile der DFS werden vom Bund gehalten; er bringt das Anlagevermögen der Bundesanstalt in die neue Gesellschaft ein. Die 2900 Beamten der Bundesanstalt werden unter Gewährleistung ihrer Versorgungsanwartschaften als Angestellte in die DFS übernommen.
Mitte 1992 existierten in Europa 54 F.-Zentralen mit 31 unterschiedlichen Leitsystemen. Fluglotsen-Verbände sowie Luftfahrtgesellschaften forderten den Aufbau eines einheitlichen F.-Systems auf europäischer Ebene. Die Überwachung des Luftraums durch Eurocontrol erfolgt im niederländischen Maastricht.

Fonds Deutsche Einheit

Sonderhaushalt des Bundes und der Länder in Deutschland (→ Haushalte, Öffentliche), der zur Finanzierung des wirtschaftlichen Aufbaus in Ostdeutschland beitragen soll. Nach Ende der Laufzeit 1990–1994 sollen die ostdeutschen Bundesländer in den → Länderfinanzausgleich miteinbezogen werden. Die ursprüngliche Ausstattung des F. mit 115 Mrd DM wurde im

Die größten Fluggesellschaften der Welt

Rang	Fluggesellschaft	Land	Umsatz 1990 (Mio Dollar)	Veränderung zum Vorjahr (%)
1	American	USA	11 720	+ 11,8
2	United	USA	11 038	+ 12,7
3	Air France	Frankreich	10 463	+ 68,2
4	Lufthansa	Deutschland	8 964	+ 28,9
5	British Airways	Großbritannien	8 924	+ 14,1
6	Delta Air Lines	USA	8 582	+ 6,1
7	Japan Airlines	Japan	8 056	– 8,4
8	Northwest	USA	7 200	+ 9,9
9	USAir	USA	6 559	+ 4,9
10	SAS	Dänemark, Schweden, Norwegen	5 398	+ 18,0
11	All Nippon	Japan	5 280	+ 12,1
12	Alitalia	Italien	4 942	+ 40,4
13	TWA	USA	4 606	+ 2,2
14	Korean Air	Korea-Süd	4 500	+ 6,9
15	Iberia	Spanien	3 718	+ 22,6
16	KLM	Niederlande	3 700	+ 18,4
17	Swissair	Schweiz	3 653	+ 14,9
18	Air Canada	Kanada	3 378	+ 8,7
19	Sia	Singapur	2 768	+ 5,8
20	Qantas	Australien	2 777	+ 10,5

Quelle: Capital 9/1991

Der Fonds Deutsche Einheit

Jahr	Kreditaufnahme (Mrd DM)			Zuschüsse des Bundes (Mrd DM)			Auszahlungen des Fonds (Mrd DM)
	Zu Lasten der Länder	Zu Lasten des Bundes	Insgesamt	Ursprünglich	Aufstockung März 1992	Insgesamt	
1990	10,0	10,0	20,0	2,0	–	2,0	22,0
1991	15,5	15,5	31,0	4,0	–	4,0	35,0
1992	12,0	12,0	24,0	4,0	5,9	9,9	33,9
1993	7,5	7,5	15,0	5,0	11,5	16,5	31,5
1994	2,5	2,5	5,0	5,0	13,9	18,9	23,9
Summe	47,5	47,5	95,0	20,0	31,3	51,3	146,3

Quelle: Bundesregierung

Verteilung der Mittel des Fonds Deutsche Einheit

Bundesland	Einwohner am 3. 10. '90	Anteil (%)	Auszahlungen des Fonds (Mio DM)				
			1991[1]	1992	1993	1994	Insgesamt
Sachsen	4 795 720	29,8	10 430	10 091	9 377	7 114	37 012
Sachsen-Anhalt	2 890 474	17,9	6 295	6 082	5 651	4 288	22 316
Thüringen	2 626 490	16,3	5 717	5 527	5 135	3 896	20 275
Brandenburg	2 591 213	16,1	5 626	5 452	5 066	3 844	19 988
Mecklenburg-Vorpommern	1 932 590	12,0	4 191	4 067	3 779	2 867	14 904
Berlin/Ost	1 274 306	7,9	2 741	2 681	2 492	1 891	9 805
Insgesamt	16 110 793	100,0	35 000	33 900	31 500	23 900	124 300

1) *Unter Zugrundelegung der Einwohnerzahl vom 30. 6. 1990; Quelle: Bundesfinanzministerium*

März 1992 um 31,3 Mrd DM Zuweisungen aus dem Bundes-Haushalt für die Jahre 1992–1994 auf insgesamt 146,3 Mrd DM aufgestockt. 95 Mrd DM davon werden je zur Hälfte vom Bund und von den Ländern als Kredite aufgenommen (→ Staatsverschuldung), den Rest zahlt der Bund als Zuschüsse, die er durch Haushalts-Einsparungen und aus der ab 1993 erhöhten → Mehrwertsteuer finanzieren will. Die Mittel werden auf die ostdeutschen Bundesländer im Verhältnis ihrer Einwohnerzahl verteilt. Der vom Bund verwaltete F. ist nicht Bestandteil des parlamentarisch kontrollierten Bundes-Haushalts.

Forschungs- und Technologieförderung

Ausgaben des Staates und der Industrie für → Grundlagenforschung und technische Entwicklung (auch Forschung und Entwicklung, FuE). In Deutschland wurden 1991 rd. 79,5 Mrd DM für F. aufgewendet. Der Etat des Bundesforschungsministeriums (BMFT) soll 1993 voraussichtlich 9,6 Mrd DM betragen (1992: 9,1 Mrd DM). Bis 1995

will Bundesforschungsminister Heinz Riesenhuber (CDU) 1900 Stellen bei den 13 westdeutschen Großforschungseinrichtungen streichen, deren Grundfinanzierung durch den Bund bis 1994 auf die Höhe von 1992 (2,3 Mrd DM) eingefroren wurde. Das EG-Programm zur F. 1990–1994 hat ein Volumen von 5,7 Mrd ECU (11,7 Mrd DM). Schwerpunkte der F. in Deutschland und der EG waren Anfang der 90er Jahre die Informations-, Energie- und Biotechnik, die Entwicklung neuer Werkstoffe sowie die Umweltforschung.

Deutschland: 24,1 Mrd DM wandten Bund und Länder 1991 auf, 45 Mrd DM Unternehmen. Mit einem Anteil von 2,9% der Ausgaben am Bruttoinlandsprodukt war Deutschland in Europa führend. Spitzenreiter in der Welt waren Japan und USA mit jeweils 3%. 1,6 Mrd DM stellte das BMFT 1992 für die F. in den neuen Bundesländern zur Verfügung. Hinzu kamen rd. 300 Mio DM, die für F. im → Gemeinschaftswerk Aufschwung Ost vorgesehen waren. Ein Fünftel der BMFT-Mittel fließen 1992 in die Weltraumforschung (→ Raumfahrt). Ende 1991 stellte Bundesforschungsminister Riesenhuber ein

Forschungsverbund Umweltvorsorge gegründet
Acht der 16 deutschen Großforschungseinrichtungen schlossen sich im Mai 1992 zu einem Forschungsverbund zusammen, der sich der Umweltvorsorge widmen soll. Die beteiligten Institute wollen bei Umweltprojekten zusammenarbeiten, um die Erkenntnisse unterschiedlicher Wissenschaftsdisziplinen zu bündeln. Als Schwerpunkte sind die Schadstoffbelastung von Böden und Gewässern sowie die Erforschung der Atmosphäre, vor allem der Ozonschicht, vorgesehen. Die Großforschungseinrichtungen erhalten 338 Mio DM für die Umweltforschung aus dem Etat 1992 des Bundesforschungsministeriums.

Heinz Riesenhuber, Bundesforschungsminister
* 1. 12. 1935 in Frankfurt/M., Dr. rer. nat., deutscher Politiker (CDU). 1965–1969 Landesvorsitzender der Jungen Union in Hessen, seit 1976 Abgeordneter im Deutschen Bundestag, 1977–1982 energiepolitischer Sprecher der CDU/CSU-Bundestagsfraktion, seit 1982 Bundesminister für Forschung und Technologie.

Forschung in Daten und Zahlen

Forschungseinrichtungen in Deutschland 1991

Förderung	Mittel (Mrd DM)	Anteil (%)	
		Neue Länder	Alte Länder
Großforschungs-einrichtungen	2,9	8,0	92,0
Deutsche Forschungs-gemeinschaft	1,5	8,2	91,8
Max-Planck-Gesellschaft	1,15	8,5	91,5
Bundes-/Länder-institute	1,04	48,8	51,2
Fraunhofer-Gesellschaft	0,35	43,7	56,3
Akademien der Wissenschaften	0,06	28,9	71,1

Quelle: Tagesspiegel, 25. 3. 1992

Staatliche Forschungsausgaben in Deutschland

Bundesministerium	Ausgaben (Mrd DM)			
	1988	1989	1990	1991
Forschung und Technologie	7,2	7,7	7,9	8,4
Verteidigung	2,8	3,0	3,4	3,3
Wissenschaft	1,0	1,1	1,2	1,2
Andere Ressorts	2,0	2,2	2,4	2,4

Quelle: Bundesministerium für Forschung und Technologie

Deutscher Patentverkehr mit dem Ausland

Jahr	Patentgebühren (Mio DM)		
	Einnahmen	Ausgaben	Saldo
1987	2079	4410	−2331
1988	2222	4810	−2588
1989	2513	5677	−3164
1990	3115	6109	−2094
1991	2976	6903	−3927

Quelle: Monatsbericht der Deutschen Bundesbank, April 1992

Forschungsförderung in der EG

Bereich	Mittel (Mio ECU)		Anteil am Forschungsetat (%)	
	1987-1991	1990-1994	1987-1991	1990-1994
Informations- und Komm.-technik	2275	2221	42,0	39,0
Neue Werkstoffe	845	888	16,0	15,6
Energie	1173	814	22,0	14,5
Biotechnologie	280	741	5,0	13,0
Umwelttechnik	375	518	7,0	9,1
Mensch u. Mobilität	–	518	–	9,0
Meerestechnologie	80	–	1,5	–

Quelle: EG-Kommission (Brüssel)

Ausgaben US-amerikanischer Unternehmen

Branche	Aufwendungen 1990 (Mio Dollar)	Veränderung zu 1989 (%)	Anteil am Umsatz (%)
Computer	11947,6	+ 0,8	8,6
Automobilbau	9935,5	+ 4,7	3,9
Pharma	7169,5	+20,8	9,9
Elektronik	6182,2	+13,5	4,1
Chemie	4498,6	+ 9,0	4,5
Luft- und Raumfahrt	4425,5	+ 1,0	3,7
Laborausrüstung und Fototechnik	3919,0	− 7,3	5,9
Telekom.	2827,3	+ 3,4	4,0
Petrochemie	2178,0	+ 6,0	0,7
Maschinenbau	629,4	+ 8,1	2,7

Quelle: high Tech 9/1991

Die größten privaten Forschungsförderer in den USA

Rang	Unternehmen	Ausgaben 1990 (Mio Dollar)	Veränderung zu 1989 (%)
1	General Motors	5341,5	+ 1,8
2	IBM	4914,0	− 5,5
3	Ford	3558,0	+12,3
4	AT&T	2433,0	− 8,3
5	Digital Equipment	1614,4	+ 5,9
6	General Electric	1479,0	+10,9
7	Du Pont	1428,0	+ 3,0
8	Hewlett Packard	1367,0	+ 7,7
9	Eastman Kodak	1329,0	+ 6,1
10	Dow	1136,0	+30,1

Quelle: high Tech 9/1991

Vergleich der Forschungsausgaben

Jahr	Gesamtaufwendungen (Mrd DM)		
	USA	Japan	Deutschland
1970	141	24	28
1975	137	35	31
1980	170	48	36
1985	226	75	42
1991[1]	248	120	56

1) Geschätzt; Quelle: Handelsblatt, 31. 12. 1991

Inländische Patentanmeldungen 1991

Branche	Patente pro 1 Mio Einwohner		
	Japan	Deutschland	USA
Sensorik	117	25	15
Telekommunikation	117	19	7
Bürokommunikation	58	4	3
Computerfertigungs-technologie	17	2	5
Biotechnologie	15	3	12

Quelle: VDI-Nachrichten, 7. 2. 1992

Förderungsprogramm vor, das zinsvergünstigte Darlehen (insgesamt 2 Mrd DM bis 1997) an Unternehmen vergibt, die Produkte der Hochtechnologie entwickeln. Das BMFT vergab bis 1991 ausschließlich Zuschüsse an die Industrie, die nicht zurückgezahlt werden mußten.

Kritik: SPD und Vertreter von Forschungsorganisationen forderten im Frühjahr 1992 eine Aufstockung der Forschungsmittel, die 1991 gegenüber 1990 pro Kopf der Bevölkerung von 119 DM auf etwa 115 DM gesunken waren. Die Deutsche Forschungsgemeinschaft (DFG, Bonn), in der Hochschulen, Forschungsinstitute und Wissenschaftsverbände vertreten sind, wies darauf hin, daß nur 40% der von ihr beim BMFT beantragten Forschungsprojekte bewilligt werden (1982: 80%). Insbes. die Stellenstreichung bei Großforschungseinrichtungen wurde kritisiert, weil sie vor allem die Grundlagenforschung beeinträchtige, die langfristig die Voraussetzungen für technologische Entwicklungen schaffe. Die SPD forderte zudem eine stärkere Berücksichtigung kleiner und mittelständischer Betriebe.

Foto CD

Speicherplatte, auf der Fotos digital festgehalten werden (→ Digitaltechnik). Die mit einer Kleinbildkamera und einem herkömmlichen Negativfilm aufgenommenen Fotografien werden mit Bildverarbeitungssystemen (Überspielung von Bildsignalen auf Computer) digitalisiert und mit einem Laser als mikroskopisch kleine Vertiefungen auf der Oberfläche der F. festgehalten. Zur Wiedergabe auf einem Fernseh- oder Computerbildschirm wird die F. vom Laserstrahl eines CD-Abspielgerätes abgetastet. Die Bilder der ab Mitte 1992 in Deutschland verkauften F. übertreffen die Bildschärfe des → HDTV (hochauflösendes Fernsehen) um das Vierfache. Abspielgeräte für F. und Musik-CDs wurden Mitte 1992 für rd. 900 DM an-

geboten. Die Überspielung des ersten Films auf CD in einem Fotolabor kostete rd. 30–40 DM (24 Aufnahmen, einschließlich Leer-CD), die Überspielung weiterer Filme rd. 20 DM. F. können bis zu 100 Fotos speichern. Die Negative des Kleinbildfilms werden von einem Scanner abgetastet, der jedes Bild in rd. 18 Mio Bildpunkte auflöst. Die F. übertrifft die Qualität des Konkurrenzproduktes → Still Video, das Fotos bei der Aufnahme auf Magnetdisketten digital speichert. In etwa vier Minuten ist ein Film mit 24 Aufnahmen digitalisiert. Der Käufer kann die Fotos auf dem Computerbildschirm mit einem Bildverarbeitungsprogramm weiter bearbeiten (Ausschnittvergrößerung, Farbkorrektur etc.). Bildagenturen können die gespeicherten Fotos per Telefon- und Datenleitung (→ Datenfernübertragung) weltweit übertragen.

Fotovoltaik

Direkte Umwandlung von Licht in elektrische Energie mit → Solarzellen (→ Sonnenenergie). Die Energieproduktion durch F. ist umweltverträglich und ihre Energiequelle unerschöpflich (Erneuerbare → Energien). Ende 1991 planten die RWE Energie AG (Essen) und die Union Electricita Fenosa (Spanien) den Bau des größten europäischen F.-Kraftwerks mit einer Leistung von 1 MW (Kernkraftwerk Biblis: 2500 MW) im spanischen Toledo bis 1993. Ab Mitte 1991 stellte das Bundesforschungsministerium (BMFT) zusätzlich zu den durch das sog. 1000-Dächer-Programm (seit Anfang 1991) geförderten 1500 F.-Anlagen in den alten Bundesländern Mittel für 750 Anlagen in den neuen Ländern bereit.

Solarkraftwerk: Das Kraftwerk in Toledo soll jährlich rd. 1,5 Mio kWh erzeugen (Stromerzeugung durch Solarkraftwerke in Deutschland 1990: 0,6 Mio kWh) und rd. 350 Haushalte mit Strom versorgen. RWE und Union Electricita Fenosa wollen jeweils 25 Mio DM investieren.

Solarboot fährt umweltfreundlich Anfang 1992 stellte die Gesellschaft für Systemtechnologie (SYSTEC, Spay am Rhein) das weltweit erste nur mit Strom aus Sonnenenergie betriebene Boot auf dem Rhein vor. Die 720 Solarzellen der Fotovoltaikanlage leisten 1 kW und versorgen den 2,2-kW-Motor mit Strom (Höchstgeschwindigkeit: 12 km/h). Die Reichweite ist bei voller Sonneneinstrahlung unbegrenzt. Die Speicherkapazität der Batterien reicht aus, um den Motor sechs Stunden lang zu versorgen. Der 7,32 m lange „Solist" kostete 1992 rd. 100 000 DM.

Förderung: Das BMFT förderte die F. 1992 mit insgesamt 100 Mio DM. Im Rahmen des 1000-Dächer-Programms übernimmt das BMFT in den alten Ländern 50% (neue Länder: 60%), das Bundesland weitere 20% (neue Länder: 15%) der Technik- und Installationskosten für F.-Anlagen von 1–5 kW in Wohnhäusern. Die Installation einer betriebsfertigen Anlage kostete Mitte 1992 rd. 27 000 DM/kW. Mit einer 1-kW-Anlage können etwa 1000 kWh pro Jahr erzeugt werden. Für Strom aus F., der in das öffentliche Netz eingespeist wird, erhält der Erzeuger rd. 16,7 Pf/kWh.

Problem: Die großflächige Nutzung von F. ist wegen der geringen Speicherfähigkeit von Elektrizität problematisch. Im Winter und nachts kann nur wenig bzw. keine Energie gewonnen werden. Das BMFT förderte 1991 Versuche zur Speicherung mit supraleitenden Stoffen. Ende 1990 konnte Strom in einem geschlossenen Kreislauf mit → Supraleitern nahezu verlustfrei für 24 Stunden gespeichert werden.

Das Problem der Speicherung kann auch mit Hilfe von → Wasserstoff gelöst werden. Wasserstoff könnte in Ländern mit dauerhafter Sonneneinstrahlung mit Solarstrom aus Wasser produziert, in sonnenärmere Gebiete transportiert und als umweltfreundlicher Brennstoff genutzt werden.

Anwendung: Bis Mitte 1992 war F. als Ersatz für die Stromerzeugung aus fossilen Brennstoffen in Deutschland vor allem wegen der geringen Sonneneinstrahlung unrentabel. Sie wurde vorwiegend zur Energieversorgung abgelegener Häuser genutzt, die nicht ans Stromnetz angeschlossen waren. Das Fraunhofer-Institut für Systemtechnik und Innovationsforschung (Karlsruhe) schätzte Ende 1991, daß der Stand der Technik die Erzeugung von rd. 20–100 Mrd kWh in Deutschland zuläße. Aus wirtschaftlichen Gründen lohne sich die Nutzung von F. nicht, da die Preise für Strom aus anderen Energieträgern Mitte 1992 bis zu zehnmal niedriger lagen. → Energiepolitik

FPÖ-Verdrossene gründen neue Partei
Ehemalige Mitglieder der FPÖ gründeten im Juni 1992 die Freie Demokratische Partei Österreichs. Der Sprecher des Gründungskomitees, Mario Ferrari-Brunnenfeld, begründete den Schritt damit, daß die FPÖ keine liberalen Grundsätze mehr vertrete. Die FPÖ werde von ihrem Vorsitzenden Jörg Haider autoritär geführt. Die FDP soll erstmals 1994 bei den Nationalratswahlen kandidieren.

Fötus-Operation

Chirurgischer Eingriff an einem Kind im Mutterleib. Ende 1991 kam in Paris das erste Baby in Europa zur Welt, das vor seiner Geburt operiert worden war. Bei Ultraschalluntersuchungen hatten die Ärzte beim Baby einen Zwerchfellbruch festgestellt, der ohne Operation tödlich verläuft. Die Behandlungsmethode wurde Ende der 80er Jahre an der Universitätsklinik San Francisco/USA entwickelt. Bis Mitte 1992 fanden dort 20 Operationen an Föten statt, die an lebensbedrohlichen Zwerchfellbrüchen oder Herzfehlern litten.

Bei einer F. wird der Bauch der Mutter wie bei einem Kaiserschnitt geöffnet, und das Fruchtwasser wird abgesaugt. Das Baby wird so weit herausgezogen, daß der Chirurg operieren kann. Anschließend wird das Fruchtwasser wieder in die Fruchtblase eingefüllt. Die Operation findet zwischen der 22. und 30. Schwangerschaftswoche statt. Vorher sind die Organe des Fötus zu klein, nachher erhöht sich die Gefahr einer Frühgeburt. Die größten Risiken einer F. sind unstillbare Blutungen des Fötus, wenn sich die Operationswunde nicht schließt, vorzeitige Wehen und Fruchtwasserverlust. Das Baby wird mit einem Kaiserschnitt zur Welt gebracht, weil es zu schwach für eine normale Geburt ist. Zwei Operationen innerhalb weniger Wochen bedeuten eine extreme Belastung für die Mutter.

FPÖ

(Freiheitliche Partei Österreichs), rechtsliberale Partei, die seit der Nationalratswahl 1990 über 33 Sitze im österreichischen Parlament verfügt und außer im Burgenland und Niederösterreich in allen Landesregierungen vertreten ist (Stand: Mitte 1992). Die FPÖ erzielte bei den Landtagswahlen im Herbst 1991 Stimmengewinne. In Oberösterreich steigerte sie ihren Stimmenanteil von 5% (1986) auf 17,7%, in Wien um 8,4 Prozentpunkte auf 18,1%, in der Steiermark verdreifachte sie ihn auf 15,4%. Auseinandersetzungen in der FPÖ zwischen dem liberalen und konservativen Flügel führten im März 1992 zum Rücktritt des liberalen Fraktionsvorsitzenden im Nationalrat, Norbert Gugerbauer, und des stellvertretenden Parteivorsitzenden Georg Mautner Markhoff. Mautner Markhoff warf dem Parteivorsitzenden Jörg Haider die Unterstützung rechtsextremer Positionen vor.

Haider übernahm nach dem Rücktritt Gugerbauers den Fraktionsvorsitz im Nationalrat. Nach positiven Äußerungen zur nationalsozialistischen Beschäftigungspolitik war Haider Mitte 1991 als Landeshauptmann (Ministerpräsident) von Kärnten abgewählt, kurz darauf jedoch zum stellvertretenden Regierungschef gewählt worden.

Mautner Markhoff legte aus Protest gegen die Warnung des rechtsgerichteten FPÖ-Grundsatzreferenten Andreas Mölzer vor einer drohenden „Umvolkung der deutschen Volks- und Kulturgemeinschaft" durch Zuwanderer Anfang März alle Parteiämter nieder.

Haider forderte Mitte 1992 eine Verschärfung der Asyl- und Einwanderergesetze. Die Jahresquoten für Einwanderer sollten abgeschafft und durch einen fixen Höchstanteil an Ausländern an der Gesamtbevölkerung ersetzt werden. Die Einwanderung soll nur Personen erlaubt sein, die eine Wohnung und einen Arbeitsplatz für mindestens ein Jahr nachweisen können, nicht älter als 40 Jahre sind und Deutschkenntnisse nachweisen.

Die FPÖ legte 1992 ein Konzept für eine Steuerreform vor, das u. a. Steuererleichterungen für Familien vorsieht.

Frauen

→ Übersichtsartikel S. 184

Frauenhandel

Jährlich gelangen etwa 30 000 Frauen vor allem von den Philippinen, aus Thailand und seit der Demokratisierung → Osteuropas auch aus den osteuropäischen Staaten durch F. nach Deutschland. Die Frauen werden in ihren Heimatländern von professionellen Händlern angeworben und unter dem Vorwand, sie könnten durch eine seriöse Arbeit ihre wirtschaftliche Situation und die ihrer Familie verbessern, in Industrieländer gelockt, wo sie Heiratsvermittlungen oder Bordellen angeboten werden. Der Deutsche Bundestag verabschiedete im Mai 1992 ein Gesetz, das den § 181 StGB über Menschenhandel verschärft, unter den auch F. fällt. Als Menschenhandel gilt die Zuführung zur → Prostitution mittels Gewalt, List, Drohung, Anwerbung oder Entführung. Der Schutz ausländischer Mädchen und Frauen vor sexueller Ausbeutung wird mit der Gesetzesänderung erweitert.

Menschenhandel kann in Deutschland mit einer Haftstrafe bis zu zehn Jahren geahndet werden. Nach der neuen Regelung kann nicht nur gewerbsmäßig betriebener F., sondern bereits das Einwirken auf Ausländerinnen, der Prostitution nachzugehen, mit einer Freiheitsstrafe von bis zu fünf Jahren bestraft werden. Auch die Heiratsvermittlung von ausländischen Frauen gegen Geld, die bis zur Gesetzesänderung nicht strafbar war, kann mit Freiheitsstrafen bis zu fünf Jahren belegt werden. Eine vorangegangene Tätigkeit der Frauen als Prostituierte in ihrem Heimatland verhindert entgegen der bis dahin gültigen Rechtsprechung nicht mehr, daß Frauenhändler bestraft werden. Vor und während Gerichtsverhandlungen sollen Ausländerinnen geschützt werden, weil sie aufgrund von Drohungen selten aussagebereit waren.

Die Frauen reisen meist mit einem Touristenvisum nach Deutschland ein, das den Aufenthalt auf drei Monate begrenzt. Danach halten sie sich illegal im Land auf und können von den deutschen Behörden ausgewiesen werden. Die Angst der Frauen vor einer Ausweisung wird von Frauenhändlern neben körperlicher Gewalt als zusätzliches Druckmittel genutzt.

Jörg Haider, FPÖ-Vorsitzender
* 26. 1. 1950 in Bad Goisern (Oberösterreich), Dr. jur., österreichischer Politiker (FPÖ). 1970 Abgeordneter im Nationalrat, 1986 Bundesparteiobmann, 1989 bis Juni 1991 Landeshauptmann und anschließend stellvertretender Landeshauptmann in Kärnten, ab Mai 1992 Fraktionsvorsitzender im Nationalrat.

Wahlergebnisse der FPÖ seit 1949

Jahr	Stimmenanteil (%)*
1949	11,7
1953	11,0
1956	6,5
1959	7,7
1962	7,1
1966	5,3
1970	5,5
1971	5,5
1975	5,4
1979	6,1
1983	4,9
1986	9,7
1990	16,6

* Bei den Nationalratswahlen

Frauen

Gleichberechtigung nur auf dem Papier verwirklicht

Die in der EG im EWG-Vertrag von 1957 und in Deutschland im GG verankerte Gleichberechtigung von Mann und Frau war auch 1992 insbes. auf dem Arbeitsmarkt und in bezug auf die finanzielle Situation der Frauen nicht erreicht. In Deutschland waren Frauen Anfang der 90er Jahre stärker von → Arbeitslosigkeit betroffen als Männer. Sie verdienten durchschnittlich weniger als Männer, erhielten niedrigere Renten und bezogen häufiger → Sozialhilfe. Zudem hatten Frauen im Beruf schlechtere Aufstiegschancen und waren häufig mit einer stärkeren Verantwortung für den Haushalt trotz Berufstätigkeit doppelbelastet. Bundesfrauenministerin Angela Merkel (CDU) legte Ende 1991 den Entwurf für ein sog. Gleichberechtigungsgesetz vor, das die Frauenförderung in der Bundesverwaltung sicherstellen soll. Das von der EG initiierte dritte Aktionsprogramm zur Förderung der Chancengleichheit (Laufzeit: 1991–1995) soll zur Verwirklichung der Rechte von Frauen in Bildung, Beruf und Gesellschaft beitragen.

Entlassungen treffen Frauen zuerst: Die Bundesanstalt für Arbeit (BA, Nürnberg) wies 1992 darauf hin, daß Frauen bei abnehmendem Wirtschaftswachstum eher von Kündigung betroffen sind, u. a. weil sie geringere berufliche Qualifikationen besäßen. Bei der Berufswahl würden sich zudem nur auf wenige Berufe konzentrieren. 50,8% der weiblichen Angestellten in Westdeutschland übten 1990 sog. leichte, 8,4% sog. verantwortliche Tätigkeiten aus (Männer: 14,5% bzw. 39,9%). Die Arbeitslosigkeit lag bei den Frauen 1991 in West- und Ostdeutschland mit 7% bzw. 12,3% höher als bei den Männern (5,8% bzw. 8,5%), obwohl der Frauenanteil an den Erwerbstätigen nur 40% bzw. 47% betrug. In den neuen Ländern waren Mitte 1992 rd. 58% der Arbeitslosen Frauen.

Niedrigere Einkommen als Männer: In Westdeutschland überstieg das monatliche Bruttodurchschnittseinkommen für männliche Angestellte (5763 DM) das der Frauen um rd. 2100 DM. Das Einkommen von Arbeiterinnen in Westdeutschland lag ca. 31% unter dem der Männer. Die unterschiedliche Höhe führte das Statistische Bundesamt auf die niedriger qualifizierten Tätig-

keiten der Frauen, die kürzere Wochenarbeitszeit (→ Teilzeitarbeit) und die geringere Anzahl von Berufsjahren zurück. Auch auf vergleichbaren Positionen wurden Frauen benachteiligt: Einer 1991 veröffentlichten Studie der Zeitschrift Capital zufolge erhielten nur 11% der Frauen im Management ein Bruttojahreseinkommen von mehr als 150 000 DM, während es bei den Männern 42% waren. Da Frauen meist niedrigere Löhne erhielten, gaben sie eher ihre Arbeitsstelle auf, um sich um die Kindererziehung zu kümmern. 34,7% aller Frauen mit Kindern waren nach einer Umfrage des Statistischen Bundesamts erwerbstätig. Der Anteil der Männer, die → Erziehungsurlaub nahmen, lag 1991 nur bei 1,4%. Arbeitgeber bevorzugten deshalb Männer bei Einstellung und Beförderung.

Doppelbelastung durch Familie und Beruf: Das Deutsche Institut für Wirtschaftsforschung (Berlin) stellte 1991 fest, daß Männer sich in geringerem Maße an Hausarbeit und Kindererziehung beteiligen, auch wenn die Frauen berufstätig sind. Während z. B. eine vollzeitbeschäftigte Frau in Westdeutschland 1990 im Schnitt täglich 2,3 Stunden für Einkauf und Hausarbeit aufwandte, beteiligten sich Männer nur mit 0,9 Stunden.

Mehr weibliche Sozialhilfeempfänger: Unter den rd. 1,8 Mio Empfängern von → Sozialhilfe als Hilfe zum Lebensunterhalt waren Ende 1990 ca. 1 Mio Frauen, davon waren etwa 24% über 50 Jahre alt. Die Durchschnittsrente für westdeutsche Arbeiterinnen betrug 1991 ca. 551 DM monatlich, für Angestellte rd. 932 DM (→ Mindestrente → Rentenreform). Von den 728 000 alleinerziehenden Frauen in Westdeutschland (Ostdeutschland: rd. 250 000) erhielten 1991 rd. 21% Sozialhilfe, u. a. weil sie wegen eines fehlenden Platzes im → Kindergarten keinen Beruf ausüben konnten.

Förderung der Gleichstellung: In Deutschland tragen Frauenbeauftragte u. a. in Kommunen dazu bei, die Stellung von Frauen in Beruf und Gesellschaft zu verbessern. Frauenministerin Merkel plante, insbes. durch Förderung der Qualifizierung den Frauenanteil in leitenden Positionen im öffentlichen Dienst zu erhöhen. Eine → Frauenquote soll nicht eingeführt werden.　　(sim)

Frauenhäuser

In Deutschland suchen im Jahr ca. 25 000 körperlich und seelisch mißhandelte Frauen in den rd. 250 F. vor Männern Zuflucht. In den F. erhalten die Frauen u. a. Unterkunft, Rechtsbeistand und Hilfe bei der Arbeits- und Wohnungssuche. Größtes Problem Anfang der 90er Jahre war die Finanzierung der F., die von unabhängigen und gemeinnützigen Organisationen sowie auf freiwilliger Basis von den Ländern unterstützt werden. Frauenverbände forderten 1992 ein Gesetz, daß die Länder zur Förderung von F. verpflichtet und je 10 000 Einwohner einen Platz im F. garantiert. Das Bundesfrauenministerium trug 1991 mit 1,2 Mio DM zur Anfangsfinanzierung der F. in den ostdeutschen Bundesländern bei (bis Mitte 1992: 90 F.). Etwa 800 000 DM pro Jahr sind nach Schätzungen von Frauenverbänden nötig, um ein F. zu unterhalten.

Frauenquote

Richtwert für den Frauenanteil bei der Vergabe von Positionen in Wirtschaft, Politik und Verwaltung. Das Oberverwaltungsgericht (OVG) Münster bestätigte im April 1992 die Verfassungswidrigkeit der F. für den öffentlichen Dienst in NRW (Az. 12 B 2298/90). Das Bundesverfassungsgericht (BVG, Karlsruhe) hatte die Vorlage des OVG, die Verfassungsmäßigkeit der F. zu prüfen, im März 1992 mit der Begründung abgelehnt, ein Grundgesetzproblem nicht im Eilverfahren klären zu wollen. Ein Verfahren um die F. wird nun voraussichtlich durch alle Verwaltungsgerichtsinstanzen geführt werden, bis die Vorlage erneut an das BVG geht (Dauer: drei bis fünf Jahre). Das OVG Münster entschied, daß die seit 1989 für den öffentlichen Dienst von NRW gesetzlich festgeschriebene F. gegen den Gleichheitsgrundsatz des GG verstoße, weil sie Männer benachteiligen würde. Die Regelung besagt, daß → Frauen so lange bevorzugt ein-

gestellt und befördert werden, bis ihr Anteil dem der Männer in allen Positionen entspricht. NRW begründete die F. mit Art. 20 GG, der Deutschland als sozialen Bundesstaat definiert. Daraus ergebe sich die Verpflichtung des Staates, Mängel bei der Verwirklichung der Gleichberechtigung auszugleichen.

Freilandversuch

In Deutschland fanden bis 1992 zwei F. in Köln mit genmanipulierten Petunien statt. Gegen die F. hatten rd. 1600 Bürger Einwand erhoben, da nicht geklärt sei, ob die veränderten Erbinformationen der Petunien auf andere Lebewesen übertragen werden und unkontrollierbare Reaktionen auslösen können. Den Antrag auf einen dritten F. zog das Max-Planck-Institut für Züchtungsforschung (Köln) Anfang 1992 aus finanziellen Gründen zurück. Im Dezember 1991 wurde in der Schweiz der erste F. mit genmanipulierten Kartoffeln erfolgreich abgeschlossen. In Frankreich und Belgien wurde Ende 1991 der erste europäische F. mit genmanipuliertem Impfstoff gegen Tollwutviren beendet. Nach Schätzung der OECD (Paris) finden 1992 weltweit 400 F. mit gentechnisch veränderten Pflanzen statt. Die Schweizer Wissenschaftler hatten Kartoffelpflanzen gentechnisch verändert, um sie gegen Schädlingsviren immun zu machen. Die genmanipulierten Kartoffeln seien aus unbekannten Gründen länglicher als die natürlichen. Beim F. mit Tollwutviren wurden Köder ausgelegt, die Gene des Virus enthalten. Wird der Wirkstoff von Tieren gefressen, bildet deren Immunsystem Antikörper gegen die Krankheit.

Fulleren

(auch Fußballmolekül), nach dem US-amerikanischen Architekten Buckminster Fuller benanntes Kohlenstoffmolekül, das die Form eines Fußballs hat. Nachdem Ende 1991 das Max-Planck-Institut für Kernphysik (Heidelberg) und die University of Arizona

Fortbildung für Frauenhausmitarbeiterinnen
Das Bundesfrauenministerium stellte Anfang 1992 rd. 0,5 Mio DM für die Weiterbildung von Mitarbeiterinnen in ostdeutschen Frauenhäusern bereit. Das Qualifizierungsprojekt wird von der Ost-Arbeitsgemeinschaft Frauenhäuser geleitet, einem übergeordneten Zusammenschluß aller Frauenhäuser in den neuen Bundesländern. Die Fortbildung soll die Frauenhausmitarbeiterinnen u. a. mit den gesetzlichen Regelungen vertraut machen, die für ihre Beratungstätigkeit notwendig sind.

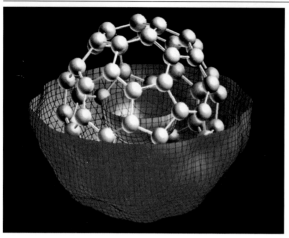

Das aus 60 Kohlenstoff-Atomen aufgebaute Molekül Fulleren hat die Form eines Fußballs. Die Atome bilden Fünf- und Sechsecke, die sich zu einer Kugel fügen.

Dieter Wolf, Präsident des Bundeskartellamts
* 17. 12. 1934 in Neuwied, deutscher Jurist. 1964–1992 Tätigkeit im Bundeswirtschaftsministerium, 1973–1982 Leiter des Referats Wettbewerbspolitik. Ab Juli 1992 als Nachfolger von Wolfgang Kartte (CDU) Präsident des Bundeskartellamts (Berlin). Mitglied der FDP.

(Tucson/USA) ein Verfahren vorgestellt hatten, mit → Plasmatechnik F. aus Graphit zu erzeugen, wurde weltweit erforscht, wie sich F. in Hochtechnologien einsetzen läßt. Die Forscher versprechen sich ein großes Potential neuartiger Verbindungen und Einsatzmöglichkeiten für F., weil es als reiner Kohlenstoff mit zahlreichen Stoffen Verbindungen eingehen kann. Zudem erwies sich F. wegen seiner symmetrischen Struktur als äußerst stabil. F. ist das erste nichtkeramische Material, das bereits bei Temperaturen um −150 °C als → Supraleiter geeignet ist (Metalle: nahe dem absoluten Nullpunkt von −273 °C). Außerdem kommen die Moleküle als Schalter für → Optische Computer in Frage, weil sie einen Lichtstrahl abhängig von seiner Intensität in verschiedene Richtungen ablenken. Für die Entwicklung neuer → Arzneimittel ist F. ebenfalls interessant, weil das Molekül innen hohl ist und als Behälter für Arzneiwirkstoffe in den menschlichen Körper eingeschleust werden kann.
Ein F. besteht aus 60 Kohlenstoffatomen (C_{60}), die sich als Kugel anordnen. Mitte 1992 entdeckten Wissenschaftler Spuren von F., das bis dahin nur künstlich hergestellt worden war, in einer Anthrazitkohle aus Karelien/Rußland.

Fusionen und Übernahmen

(Mergers and Acquisitions, engl.; M & A), Zusammenschlüsse von Unternehmen zur wirtschaftlichen Einheit und wesentliche Kapitalbeteiligungen an anderen Unternehmen. In Deutschland verzeichnete das Bundeskartellamt (Berlin) 1991 mit 2007 die bis dahin größte Zahl von F. (1990: 1548). An rd. 700 F. waren Firmen in Ostdeutschland beteiligt (1990: 127). Weltweit sank das Volumen der F. 1991 gegenüber 1990 um 38% auf 311,5 Mrd Dollar (475,7 Mrd DM). Die Überwachung großer Zusammenschlüsse in Europa ist ab 1990 Aufgabe der → EG-Kommission (→ EG-Fusionskontrolle). Nachfolger des Ende Juni 1992 als Präsident des Bundeskartellamtes pensionierten Wolfgang Kartte (CDU) wurde Dieter Wolf (FDP).
Begriff: Als Fusionen zählen in Deutschland Kapitalbeteiligungen ab 25%. Sie gelten als wesentlich, weil über 25% der Stimmen (sog. Sperr-Minorität) in einer AG satzungsändernde Beschlüsse blockiert werden können. Nicht enthalten in der vom Bundeskartellamt genannten Zahl der F. sind Beteiligungen bis 24,9%, Absprachen zwischen Unternehmen (sog. Kartelle) und personelle Verflechtungen.
Überwachung: Aufgabe des Kartellamts ist die Verhinderung von Wettbewerbsbeschränkungen. Zur Fusionskontrolle müssen Zusammenschlüsse gemeldet werden, wenn ein Marktanteil von 20% oder mehr in einer Branche entsteht oder erhöht wird. Außerdem ist jede F. meldepflichtig, bei der die beteiligten Firmen gemeinsam einen Jahresumsatz über 500 Mio DM oder mindestens 10 000 Beschäftigte haben. F. von Presseunternehmen sind ab einem gemeinsamen jährlichen Umsatz von 25 Mio DM anzeigepflichtig (→ Medienkonzentration). Zusammenschlüsse können untersagt werden, wenn eine marktbeherrschende Stellung in einer Branche entstehen oder verstärkt würde. → Existenzgründungen → Insolvenzen → Joint Venture

Aufsehenerregende Fusionen und Übernahmen 1991/92[1)]

Käufer/Aktives Unternehmen	Übernommenes Unternehmen/Partner	Branche	Kapital-beteiligung (%)	Ereignis	Datum
Pirelli/Italien	Continental/Hannover	Reifen	ca. 39	Übernahme-Versuche	Sept. 1990–Juli 1992
Bank America/USA	Security Pacific/USA	Banken	k. A.	Übernahme	Aug. 1991–April 1992
Aerospatiale-Alenia/ Frankreich-Italien	De Havilland/ Kanada	Flugzeuge	–	Verbot der Übernahme durch EG-Kommission	Oktober 1991
Krupp/Essen	Hoesch/Dortmund	Stahl	62	Fusion	Okt. 1991–Juli 1992
Metro-Kaufhof/Köln	Horten/Düsseldorf	Kaufhäuser	12,2	Beteiligung	Nov. 1991 + Juli 1992
Riva/Italien	Stahlwerke Branden-burg und Hennigsdorf	Stahl	100	Übernahme	Dezember 1991
Daimler-Benz-Debis/ Stuttgart	Cap Gemini Sogeti/ Frankreich	Computer	34	Beteiligung und Gründung der CAP debis Software und Systeme	Januar 1992
IBM/USA	Bull/Frankreich	Computer	5–10	Beteiligung	Januar 1992
Elf/Frankreich, Thyssen Handel/D'dorf, SB Kauf/Saarbrücken	Minol/Berlin	Mineralöl	100	Übernahme	Februar 1992
Allianz/München	Dresdner Bank/ Frankfurt/M.	Allfinanz	22,3	Erhöhung der Beteiligung von 19,1%	März–April 1992
Renault/Frankreich	Volvo/Schweden	Auto	51–60 (Renault)	Pläne zu einer gemein-samen Autogesellschaft	März–Juli 1992
Metro/Schweiz	Asko/Saarbrücken	Handel	10	Pläne zur Aufstockung der Beteiligung	April–Juli 1992
Deutsche Bank/FfM	Gerling/Köln	Versicherung	30	Beteiligung	Juli 1992
BA/Großbritannien	USAir/USA	Luftverkehr	21	Beteiligung	Juli 1992

1) August 1991–Juli 1992; Quelle: Aktuell-Recherche

Fußball-Bundesliga

In der höchsten deutschen Spielklasse gewann der VfB Stuttgart in der Saison 1991/92 den Meistertitel. Die 2. Bundesliga spielt nach einer in zwei Gruppen ausgetragenen Spielzeit 1992/93 wieder eingleisig mit 24 Mannschaften. Ab der Saison 1992/93 werden Spiele der F. nicht mehr zuerst bei der ARD, sondern bei dem Privatsender SAT 1 ausgestrahlt (→ Sportübertragungs-rechte). Eine Entscheidung des Deutschen Fußball-Bundes (DFB, Frankfurt/M.) über die Zulassung von Aktiengesellschaften (AG) und Gesellschaften mit beschränkter Haftung (GmbH) neben Vereinen im Profifußball wurde für 1992 erwartet. Fußballverbände in der EG mußten ab 1992/93 die Aufstellung von fünf statt bis dahin zwei Ausländern in Erstligamannschaften zulassen.

Ligen-Veränderung: Ab der Saison 1992/93 wird die Zahl der Vereine in der ersten F. von 20 auf 18 verringert. Die Profiklubs stimmten gegen die geplante Reduzierung auf 16 Teilnehmer und für die Rückkehr zum eingleisigen Spielbetrieb in der 2. Bundesliga, weil diese Austragungsformen mehr Spiele und damit höhere Einnahmen für die Vereine mit sich bringen. 1993/94 werden in der 2. Bundesliga 20 Mannschaften, 1994/95 18 Teams spielen. Die drei Erstplazierten steigen ohne Relegation in die erste Bundesliga auf.

Christoph Daum, Trainer des VfB Stuttgart
* 24. 10. 1953 in Zwikkau, deutscher Fußballtrainer. 1985/86 Co-Trainer beim 1. FC Köln, 1986–1990 Cheftrainer, ab 1990 beim VfB Stuttgart, 1992 Gewinn der Deutschen Fußballmeisterschaft.

Fritz Walter, Torschützenkönig der Fußball-Bundesliga 1991/92
* 21. 7. 1960 in Großensachsen, deutscher Fußballprofi. 1981–1987 Spieler bei Waldhof Mannheim. 1987 Wechsel zum VfB Stuttgart, mit dem er 1992 Deutscher Fußballmeister wurde.

Die größten deutschen Sportverbände 1991

Sportart	Mitglieder (1000)
Fußball	5 246
Turnen	4 244
Tennis	2 250
Schießen	1 379
Leichtathletik	849
Handball	827
Tischtennis	769
Ski	691
Sportfischen	636
Schwimmen	611

Quelle: Deutscher Sportbund (Frankfurt/M.)

**Hans Hubert („Berti")
Vogts, Fußballnational-
trainer**
* 30. 12. 1946 in Büttgen,
deutscher Fußballtrainer.
1965–1979 Abwehrspieler
bei Borussia Mönchen-
gladbach, 1967–1978 Na-
tionalspieler, löste 1990
Franz Beckenbauer als
Trainer der deutschen
Nationalmannschaft ab.

*Der 23jährige dänische
Stürmer Brian Laudrup
nach dem 2:0-Endspiel-
Sieg seiner Mannschaft
bei der Fußball-Europa-
meisterschaft 1992.
Laudrup wechselte zur
Saison 1992/93 für
10 Mio DM vom FC
Bayern zum AC Florenz.*

Aktiengesellschaften: Der Ligaaus-
schuß des DFB schlug Mitte 1992 die
Änderung des Vereinsrechts mit der
Begründung vor, Gesellschaften könnten von hauptamtlichen Mitarbeitern
wirtschaftlicher geführt werden und
hätten bei Sponsoren eine bessere Ver-
handlungsposition als Vereine.
EG: Von den zugelassenen fünf Ausländern einer Mannschaft dürfen nur drei
direkt angeworben sein, die anderen
müssen bereits fünf Jahre im Gastland
gespielt haben (drei Spielzeiten in der
Jugendliga werden angerechnet). Begründet wurde die zwischen der Europäischen Fußball-Union (UEFA) und
der EG-Kommission geschlossene, bis
1996 befristete Neuregelung mit der
Freizügigkeit für Arbeitnehmer im Europäischen Binnenmarkt ab 1993.
Saison 1991/92: Den zweiten Platz in
der F. belegte Borussia Dortmund.
Fortuna Düsseldorf, der MSV Duisburg, Hansa Rostock und die Stuttgarter Kickers stiegen in die 2. Liga ab.
Aufsteiger sind Bayer Uerdingen und
der 1. FC Saarbrücken. Insgesamt fielen 994 Tore (1990/91: 886), es gab
1258 gelbe Karten, 40 der neu eingeführten gelb-roten Karten und 36 rote
Karten (1990/91: 965 gelbe, 46 rote
Karten). Die Zuschauerzahl stieg um
41,7% auf 8,98 Mio, durchschnittlich
waren 23 640 Besucher bei jedem Spiel
(1990/91: 20 716). Tabelle → S. 660

Fußball-WM 1994 in den USA[1]

Stadt	Bundesstaat	Zuschauer-kapazität
Los Angeles	Kalifornien	104 091
San Francisco	Kalifornien	86 019
East Rutherford	New Jersey	76 891
Detroit[2]	Michigan	72 794
Dallas	Texas	72 000
Orlando	Florida	70 500
Chicago	Illinois	66 814
Boston	Massachusetts	61 000
Washington	D.C.	57 000

*1) 17. 6. bis 17. 7.; 2) Hallenstadion mit Naturrasen;
Quelle: Kicker, 26. 3. 1992*

Fußball-Europameisterschaft

Seit 1968 alle vier Jahre ausgetragener
Wettbewerb zwischen europäischen
Fußball-Nationalmannschaften. Die F.
1992 fand mit acht Mannschaften vom
10. 6. bis 26. 6. in Schweden statt. Die
Mannschaft aus Dänemark siegte im
Finale 2:0 gegen Deutschland. Das
Team war anstelle der wegen des Bürgerkriegs ausgeschlossenen jugoslawischen Mannschaft in das Teilnehmer-
feld nachgerückt. Als bester Spieler des
Turniers wurde Thomas Häßler/
Deutschland ausgezeichnet. Durchschnittlich besuchten rd. 29 000 Zuschauer die Spiele (1988 in Deutschland: 62 000).
Austragungsort der F. 1996 ist England. Danach wird die Teilnehmerzahl
bei F. auf 16 erhöht. Tabelle → S. 658

Fußball-Krawalle

1991/92 kam es insbes. bei Fuß-
ballspielen in den ostdeutschen Bundesländern und im Ausland zu gewalttätigen Ausschreitungen von zumeist
jugendlichen Tätern (sog. Hooligans,
engl.; Rowdies). Bei der → Fußball-
Europameisterschaft 1992 setzte die
schwedische Polizei 4800 Polizeibeamte ein, um F. zu verhindern. Die Anrei-
se polizeibekannter Rowdies wurde
den schwedischen Behörden von den
anderen Ländern vorab gemeldet. Personen, die an der Grenze kein Geld und
keine Eintrittskarte vorweisen konnten,
wurden zurückgeschickt. Dennoch kam

es zu Zusammenstößen zwischen englischen sowie deutschen Hooligans und der Polizei.

Nach Ausschreitungen von rd. 700 deutschen Hooligans vor dem Länderspiel in Prag im April 1992 verhaftete die Polizei etwa 100 Personen und verwies sie des Landes. Die Brüsseler Polizei nahm Ende 1991 rd. 800 Deutsche fest, die z. T. vor dem Spiel in der Innenstadt geplündert und Autos beschädigt hatten oder als wahrscheinliche Gewalttäter eingeschätzt wurden. Verschiedene Bundesliga-Vereine versuchten, Fans durch Veranstaltungsangebote von F. abzuhalten. Politiker der Unionsparteien forderten 1991 die Einrichtung einer Hooligan-Kartei, um die Gewalttäter identifizieren und beobachten zu können.

Japan: Vorbild der nordrhein-westfälischen F.-Initiative ist das 1989 gegründete japanische Laboratory for International Fuzzy Engineering Research (LIFE, engl.; Laboratorium für Internationale Fuzzy-Technik-Forschung), das jährlich mit rd. 64 Mio Dollar (98 Mio DM) von der japanischen Regierung unterstützt wird. Zu den Forschungszielen von LIFE gehört die Entwicklung von Universalrobotern, die gesprochene Befehle verstehen, ausführen und auch bei widersprüchlichen Informationen angemessen handeln. F. ist Teilbereich der Forschung zur → Künstlichen Intelligenz.

G

Fuzzy Logic

(engl.; unscharfe Logik), Bezeichnung für eine mathematische Theorie, die im Gegensatz zur klassischen Logik nicht ausschließlich zwischen wahren und falschen Aussagen unterscheidet, sondern auch Annäherungswerte zuläßt. Ziel von Forschern in Japan, den USA und Europa war 1991/92 die Entwicklung von → Computern, die auf der Grundlage der F. arbeiten. NRW war 1992 das einzige deutsche Bundesland, das die Entwicklung der aus Japan stammenden F. förderte (Fördermittel 1992–1994: 11 Mio DM). 1991 wurden auf dem Weltmarkt etwa 120 vorwiegend japanische Geräte (z. B. Staubsauger, Kameras, Waschmaschinen) angeboten, die mit sog. Fuzzy → Chips zur Steuerung ausgerüstet waren.

Ziel: Mit F. soll die Unfähigkeit herkömmlicher Computer überwunden werden, menschliche Entscheidungsprozesse nachzuvollziehen und die Vieldeutigkeit der natürlichen Sprache zu verstehen. Herkömmliche Computer können ausschließlich im binären Zahlensystem (→ Bit) faßbare Probleme lösen. Mit F. sollen nach menschlichem Vorbild auch nicht quantifizierbare Probleme gelöst werden.

GATT

(General Agreement on Tariffs and Trade, engl.; Allgemeines Zoll- und Handelsabkommen), Sonderorganisation der UNO mit dem Ziel, Handelskonflikte zu schlichten und über den Abbau von Handelshemmnissen (→ Protektionismus) Welthandel und → Weltwirtschaft zu fördern. Die 1986 begonnene achte Welthandelsrunde (sog. Uruguay-Runde, nach dem ersten Tagungsort Punta del Este/Uruguay) drohte Mitte 1992 an der internationalen → Agrarpolitik zu scheitern.

Regeln: Nach den ab 1948 geltenden Regeln des GATT muß ein Mitgliedsland Zoll- und Handelsvorteile, die es einem anderen einräumt, ohne Bedingungen allen gewähren (Meistbegünstigungsklausel). Zum Schutz der eigenen Wirtschaft sind nur Zölle erlaubt, nicht z. B. Einfuhrmengenbeschränkungen. Die Zölle dürfen nicht erhöht und sollen abgebaut werden.

Agrarstreit: Die USA, Australien, Argentinien u. a. Staaten forderten, daß die EG ihre → Subventionen für landwirtschaftliche Produkte bis 1999 um ein Drittel kürzt, die überwiegend französischen subventionierten Weizenexporte von ca. 20 Mio t/Jahr begrenzt

Arthur Dunkel, GATT-Generaldirektor
* 28. 8. 1932 in Lissabon/Portugal, Schweizer Wirtschaftspolitiker. 1958–1973 beim Schweizer Wirtschaftsministerium, 1973–1980 Ständiger Vertreter der Schweiz beim GATT, Oktober 1980–Mitte 1993 GATT-Generaldirektor.

und Marktzugangssperren abbaut, damit der Weltagrarhandel den GATT-Regeln angepaßt wird. Die EG will mit ihrer Agrarpolitik die Existenz der ca. 11 Mio EG-Bauern sichern. Sie beschloß im Mai 1992 eine Senkung der durch Subventionen garantierten Abnahmepreise (für Getreide z. B. um rd. 30%), um den seit Dezember 1990 mehrfach verschobenen Abschluß der Uruguay-Runde zu ermöglichen.

Uruguay-Runde: Die OECD bezifferte den gesamtwirtschaftlichen Verlust durch ein Scheitern der GATT-Runde mit jährlich 190 Mrd Dollar (290 Mrd DM). Betroffen wären insbes. die Exporte → Osteuropas inkl. der → GUS sowie der → Entwicklungsländer. Bei einem erfolgreichen Abschluß könnte das Weltsozialprodukt binnen zehn Jahren um 5200 Mrd Dollar (7900 Mrd DM) steigen. Über die meisten anderen Themen der Uruguay-Runde hatten sich die Vertragsstaaten bis Mitte 1992 weitgehend geeinigt: Die Zölle sollen um 30% gesenkt werden. Das seit 1974 bestehende Welttextilabkommen mit protektionistischen Ausnahmebestimmungen für den Handel mit Textilien und Bekleidung, das insbes. Exporte aus Entwicklungsländern behindert, soll bis 2003 auslaufen. Der Schutz geistigen Eigentums vor sog. Produktpiraterie soll verbessert werden. Dienstleistungen (z. B. Banken, Versicherungen, Verkehr) sollen den GATT-Regeln unterworfen werden.

Protektionismus: Das GATT kritisierte Anfang 1992 eine weitere Zunahme sog. nicht-tarifärer (tariff, engl.; Zoll) Handelshemmnisse. Zum einen verzeichnete es einen starken Anstieg sog. freiwilliger Selbstbeschränkungsabkommen, zu denen Handelspartner durch Drohungen erpreßt werden und in denen sie sich zum Exportverzicht verpflichten (→ Auto-Branche). Zum anderen stellte es eine Tendenz zu regionalen Freihandelsabkommen fest, die gegen die wichtigste GATT-Regel der Meistbegünstigung verstoßen. Besonders genannt wurden → Europäischer Binnenmarkt, → EWR, →

Mercosur, → Andenpakt, AFTA (→ ASEAN) und → Nordamerikanisches Freihandelsabkommen. Ferner kritisierte das GATT Subventionen und die Verhinderung unerwünschter Einfuhren durch technische Vorschriften.

Organisation: Mitte 1992 hatte das 1947 gegründete GATT (Sitz: Genf/Schweiz) 108 Mitglieder, die ca. 90% des Welthandels auf sich vereinigten. Um einen Beitritt konkurrierten die Volksrepublik China und China/Taiwan. Generaldirektor ist von 1980 bis Mitte 1993 der Schweizer Arthur Dunkel. → Außenwirtschaft

Mängel bei Gefahrgut-frachtern auf See
Eine 1991 veröffentlichte Untersuchung der europäischen Hafenkontrollbehörde Port State Control stellte bei der Überprüfung von 1433 mit Gefahrgütern beladenen Frachtern in zwölf Nord- und Ostseehäfen bei über der Hälfte (54%) erhebliche Sicherheitsmängel fest. Beanstandet wurden vor allem unzureichender Feuerschutz und schadhafte Rettungsmittel. In 19 Fällen waren die Mängel so gravierend, daß Auslaufverbote verhängt wurden.

Gefahrguttransport

Beförderung von giftigen, explosiven, entzündbaren und anderen gefährlichen Substanzen, z. B. Sprengstoff, Chlor und radioaktives Material. Anfang der 90er Jahre waren Gefahrguttransporter an rd. 800 Unfällen jährlich beteiligt, bei denen in etwa 15% der Fälle transportierte Stoffe freigesetzt wurden und z. T. in Brand gerieten. 66% der 1990 in Westdeutschland transportierten Gefahrgüter (135,4 Mio t) waren entzündbare Flüssigkeiten, für deren Transport rd. 10 000 Tankwagen zugelassen waren. Gesetzliche Sicherheitsvorschriften für die Fahrzeuge sowie für die Verpackung und Kennzeichnung von gefährlichen Gütern sollen Unfälle vermeiden und den Schaden bei Unfällen begrenzen.

Ab 1992 sind für Gefahrguttransporter ab 16 t in Deutschland sog. Dauerbremsanlagen gesetzlich vorgeschrieben. Ein LKW muß auf einer 6 km langen Gefällestrecke die Geschwindigkeit ausschließlich mit der Bremse bei 30 km/h halten können.

Unternehmen, die jährlich mehr als 50 t Gefahrgüter erzeugen, verpacken, verladen oder befördern, mußten ab Oktober 1991 einen Gefahrgutbeauftragten zur Einhaltung der Vorschriften benennen. Nach Schätzungen des Bundesverkehrsministeriums hatten bis Mitte 1992 von 400 000 betroffenen Unternehmen rd. 30 000 einen Beauf-

tragten. In Betrieben ohne Gefahrgutbeauftragten gehen dessen Pflichten
auf den Inhaber oder Geschäftsführer
über.
Zur Reduzierung des Unfallrisikos bei
G. förderte das Bundesforschungsministerium von 1991 bis 1993 das Projekt
Theseus mit 10 Mio DM. Ziel ist, sichere Tankfahrzeuge, insbes. mit hoher
Kippsicherheit, zu konstruieren.

Gefahrguttransporte in Westdeutschland

Jahr	Gefahrguttransporte nach Verkehrszweigen (Mio t)[1]				Anteil am Güterverkehr (%)
	Binnen-schiffahrt	Straßen-verkehr	Eisenbahn	Insgesamt	
1985	51,1	38,8	40,3	130,2	13,8
1986	54,6	41,4	39,6	135,6	14,3
1987	51,0	42,8	38,5	132,3	14,0
1988	50,9	45,5	38,3	134,7	13,6
1989	48,8	46,4	37,1	132,3	12,9
1990	48,6	48,4	38,4	135,4	12,9

1) Ohne radioaktive Stoffe; Quelle: Statistisches Bundesamt (Wiesbaden)

Geldwäsche

Anonymes Einschleusen von Bargeld-
einnahmen aus illegalen Geschäften in
den Geldkreislauf, insbes. aus dem internationalen Handel mit → Drogen.
Der jährliche Umsatz im Rauschgifthandel wird auf 1450 Mrd DM geschätzt, 1992 vermutete das EG-Parlament rd. 100 Mrd Dollar (150 Mrd
DM) aus dem Drogenhandel in Europa
im Umlauf. Hauptumschlagplätze für
die G. waren 1991/92 die USA, Liechtenstein, Luxemburg, die Schweiz und
Deutschland. In Asien entwickelte sich
Thailand neben Hongkong zu einem
G.-Zentrum, in Europa wurde eine Zunahme der G. in Österreich sowie in
Ungarn und der Tschechoslowakei vermutet, wo G. nicht strafrechtlich verfolgt wird. Internationale Maßnahmen
gegen die G., wie sie in den USA und
der Schweiz 1992 verwirklicht waren
und in der EG ab 1993 in nationales
Recht umgesetzt werden sollen, verfolgten vor allem das Ziel, → Banken
zur Identifizierung von Einzahlern großer Beträge zu verpflichten. Ferner soll
G. zum Straftatbestand erklärt werden.
Waschverfahren: Die G. wird meist
über Banken abgewickelt. Bargeld wird
i. d. R. von Mittelsmännern bei Banken
eingezahlt und über verschiedene Konten, oft in mehreren Ländern, um-
gebucht, bis die Herkunft nicht mehr
ersichtlich ist. Andere Wege, Bargeld
unerkannt umzusetzen, sind u. a. Spielkasinos und der Handel mit Edelmetallen, Schmuck und Kunstwerken.
Straftatbestand: Der Bundesrat verabschiedete Mitte 1992 ein Gesetz, das G.
zum Straftatbestand erklärt. G. wird

mit Freiheitsentzug bis zu fünf Jahren
oder Geldstrafen geahndet.
Illegale Gewinne: Im April 1992 einigte sich das CDU/CSU/FDP-Bundes-
kabinett auf einen Gesetzentwurf, nach
dem Banken bei Verdacht auf G. Auftraggeber von Überweisungen ab
30 000 DM und Einzahler von Beträgen ab 50 000 DM identifizieren müssen. Die Identifikationspflicht soll
auch für Spielkasinos, Vermögensver-
walter usw. gelten. Versicherer sollen
Kunden überprüfen, wenn die Jahres-
prämie einer Versicherung 2000 DM
oder eine einmalige Prämie 5000 DM
übersteigt. Bei Verdacht auf G. kann
die Transaktion für 24 Stunden gestoppt werden.
Die SPD kritisierte, daß der Entwurf
keine generelle Anzeigepflicht durch
die Geldinstitute vorsehe, sondern nur
eine auf Verdacht begründete. Die Aus-
setzung eines Geschäfts für 24 Stunden
reiche nicht aus, um Ermittlungen
durchzuführen. Die Geldbuße von
100 000 DM bei Verletzung der Anzeigepflicht sei zu niedrig, um ab-
schreckend zu wirken.
Der Bundesrat plädierte Mitte 1992 dafür, Anwälte verstärkt zur Auskunft
über Mandanten zu verpflichten, für
die sie Geschäfte tätigen. Damit werde
eine mögliche Verschleierung von G.
verhindert.
Ein weiterer Gesetzentwurf der Koalition zur Bekämpfung der organisierten
→ Kriminalität soll u. a. Gerichte bei
begründetem Verdacht auf illegale Herkunft der Gelder von Angeklagten zum
Einzug des gesamten Vermögens berechtigen. Bis dahin müssen die Gerichte die illegale Quelle nachweisen.

1 Mio Dollar pro Minute aus illegalen Geschäften
In den 80er Jahren erwirt-
schaftete die organisierte
Drogenkriminalität nach
Schätzungen des Euro-
päischen Parlaments von
1991 in jeder Minute
1 Mio Dollar (1,5 Mio DM).
100 000–150 000 Mitglie-
der von Drogenkartellen
operieren von Italien, den
Niederlanden, Spanien
und Frankreich aus und
organisierten u. a. Geld-
wäsche. Das Europäische
Parlament ging davon
aus, daß allein in Italien
etwa 350 000 Personen
ihren Lebensunterhalt mit
direkter oder indirekter
Tätigkeit für Drogenhänd-
ler verdienten.

Mafia wäscht Geld in Ostdeutschland
Etwa 72 Mrd DM aus ille-
galen Geschäften soll die
Mafia nach Erkenntnissen
des italienischen Geheim-
dienstes Sismi 1990–1992
in Ostdeutschland inve-
stiert haben. Dies ent-
spreche rd. einem Drittel
der Investitionen in den
neuen Bundesländern
1991. Nach Ansicht des
Geheimdienstes versucht
die Mafia über die Geld-
anlagen Einfluß auf Wirt-
schaft und Politik zu ge-
winnen.

Gemeinschaftswerk Aufschwung Ost

Zweck	Mittel (Mio DM)	
	1991	1992
Bau-Investitionen der Gemeinden	5 000	–
Arbeitsbeschaffungsmaßnahmen	2 500	3 000
Bundesfernstraßen	400	1 500
Straßenbau und öffentlicher Nahverkehr der Gemeinden	1 000	1 800
Deutsche Reichsbahn	–	1 600
Modernisierung und Instandsetzung von Gebäuden	700	700
Privatisierung kommunaler Wohnungen	200	200
Städtebauförderung	200	200
Förderung privater Unternehmens-investitionen	388	650
Regionale Wirtschaftsförderung	600	600
Werfthilfen	130	260
Umweltschutz	412	400
Hochschulen	200	500
Instandsetzung von Bundesgebäuden	270	150
Sonstiges	–	440
Summe	12 000	12 000

Quelle: Deutsche Bundesregierung

Gemeinschaftswerk Aufschwung Ost

Programm der CDU/CSU/FDP-Bundesregierung zur Förderung der → Konjunktur-Entwicklung in Ostdeutschland. Mitte 1992 plante die Regierung, das 1991/92 mit 24 Mrd DM ausgestattete G. fortzusetzen. Die Wirtschaftsförderung für Ostdeutschland soll voraussichtlich bis 1995 andauern (→ Haushalte, Öffentliche). Die 1991 bereitgestellten 12 Mrd DM dienten insbes. zur Finanzierung von Vorhaben der Gemeinden. 1992 liegt der Schwerpunkt auf Investitionen in den Bereichen Verkehr, Werften, Hochschulen und Fernwärme. Neben dem G. standen 1992 weitere → Subventionen zur Förderung von → Investitionen in den neuen Bundesländern bereit (z. B. im Rahmen der europäischen → Regionalförderung). → Fonds Deutsche Einheit → Länderfinanzausgleich

Genbank

Sammel- und Konservierungsstelle für genetisches Material. In wissenschaftlichen G. werden Bruchstücke der Erbsubstanz DNS (Desoxyribonuklein-

US-Armee baut Genbank auf
Die US-Armee richtete 1992 eine Genbank ein, in der Genproben von Soldaten konserviert werden. Die Bank enthält tiefgefrorene, vakuumverpackte Blut- und Gewebeproben der rd. 2 Mio Armeeangehörigen und soll bis 1995 fertiggestellt sein. Mit den Proben sollen im Kampf getötete Soldaten auch dann identifiziert werden können, wenn z. B. Erkennungsmarken verlorengegangen sind.

säure) gesammelt, um sie in der → Genomanalyse auswerten zu können. Auf dem UNO-Umweltgipfel in Rio de Janeiro/Brasilien wurde im Juni 1992 eine Konvention zum → Artenschutz beschlossen, die zum Erhalt der Artenvielfalt auf der Erde die stärkere Nutzung von G. vorsieht. Die größte deutsche G. war 1992 das Institut für Pflanzengenetik in Gatersleben (Sachsen-Anhalt) mit einer Sammlung von 70 000 Kulturpflanzenarten. Die UN-Ernährungs- und Landwirtschaftsorganisation FAO (Rom) plante Anfang 1992 eine G. für Nutztierrassen.

Nach Berechnungen der Internationalen Arbeitsorganisation (ILO, Genf) befanden sich 1992 nur 15% aller G. in Entwicklungsländern. Kritiker befürchteten, daß die Konzentration der G. in den Industriestaaten zu einer neuen Abhängigkeit der Entwicklungsländer führt. Obwohl etwa 90% des bei Züchtungen verwandten Genmaterials aus den Entwicklungsländern stamme, könnten sich nach dem internationalen Patentrecht Unternehmen aus den Industriestaaten die Züchtungen als geistiges Eigentum patentieren lassen und anschließend an die Entwicklungsländer verkaufen. Die FAO wies Anfang 1992 darauf hin, daß in den Entwicklungsländern an die Umweltbedingungen angepaßte Haustiere oft voreilig durch westliche Zuchttiere ersetzt würden. Das Erbgut der heimischen Züchtungen ginge verloren, wenn es nicht in G. gesammelt würde.

Genetischer Fingerabdruck

Gentechnisches Verfahren, mit dem Personen anhand ihrer Körperzellen identifiziert werden können. Die Träger der menschlichen Erbinformation (Gene), die in jeder Körperzelle gespeichert sind, werden nach Mustern untersucht, die für jeden Menschen so charakteristisch sind wie Fingerabdrücke. Kleinste Körperrückstände (Blut, Haare, Sperma) ermöglichen die Identifikation einer Person. Bis Mitte 1992 wurde der G. in Deutschland in rd. 300 Kriminalfällen als Beweismittel eingesetzt. Seit 1990 ist er als Methode zur Feststellung von Vaterschaften zulässig. In den USA wurde 1992 die Zuverlässigkeit des G. diskutiert. US-amerikanische Genetiker bezweifelten Ende 1991, daß die Wahrscheinlichkeit, daß zwei Personen einen gleichen G. aufweisen, so niedrig ist, wie bisher angenommen. Es sei zu vermuten, daß bestimmte Genmuster innerhalb ethnischer Gruppen häufiger anzutreffen sind. Die Kritiker forderten, den G. als juristisches Beweismittel auszuschließen und zunächst 15–20 Jahre lang Vergleichsdaten zu sammeln. Das Bundeskriminalamt (Wiesbaden) ging 1992 davon aus, daß die Wahrscheinlichkeit eines gleichen G. von zwei nicht miteinander verwandten Personen bei 1 : 1000 Mrd liegt, von verwandten Personen bei 1 : 1 Mrd.

Genfer Abrüstungskonferenz

(engl.: Conference on Disarmament), ständiges Verhandlungsgremium der → UNO über Abrüstung und Rüstungskontrolle, an dem 39 Staaten beteiligt sind. Im Juni 1992 einigten sich die Teilnehmer auf ein weltweites Entwicklungs-, Produktions- und Lagerverbot für → Chemische Waffen. Alle Bestände müssen innerhalb von zehn Jahren vernichtet werden. Vor der Unterzeichnung, die für Januar 1993 in Paris geplant ist, muß die C-Waffen-Konvention von der UNO-Vollversammlung gebilligt werden. Der Vertrag tritt in Kraft, wenn er von 65 Staaten ratifiziert worden ist. Mitte 1992 kündigten 50 Länder an, der Konvention beizutreten.
An der 1962 gegründeten G. beteiligen sich außer den Atommächten USA, Frankreich, Großbritannien, China und Rußland, das den Platz der Sowjetunion Anfang 1992 übernahm, die Länder des ehemaligen Warschauer Pakts und der → NATO sowie 21 andere Staaten. Die G. ist formell unabhängig von der UNO und das einzige ständige Forum für weltweite Abrüstungsgespräche.

Genomanalyse

Untersuchung der Erbanlagen von Lebewesen. Genom ist die Bezeichnung für die Gesamtheit aller Erbanlagen. Ziel der G. beim Menschen ist die Bestimmung aller 50 000–100 000 Gene. Dadurch soll eine Früherkennung erbbedingter Krankheiten und ihre Behandlung (→ Gentherapie) möglich werden. In dem internationalen Zusammenschluß Human Genome Organisation (HUGO, engl.; Organisation Menschliches Genom) arbeiteten ab 1989 Forscher vor allem aus den USA, Japan und Europa an der Entschlüsselung der menschlichen Gene bis 2010. 1992 war die Patentierung analysierter Genabschnitte und ihre ökonomische Verwertung umstritten. Die G. wurde zudem kritisiert, weil sie Voraussetzungen für eine Menschenauslese schaffe. 1992 wurde mit einem Chromosom (Träger des Erbmoleküls Desoxyribonukleinsäure) des Bäckerhefepilzes erstmals ein Chromosom vollständig analysiert.

Methode: Bei der G. wird durch chemische und elektrolytische Verfahren die Reihenfolge der 3 Mrd chemischen Bausteine (Basenpaare) des Erbmoleküls DNS (Desoxyribonukleinsäure) auf den Chromosomen der menschlichen Zellen analysiert. Die Reihenfolge der Bausteine bestimmt die erblich bedingten Eigenschaften des Menschen.

Ergebnisse: Mitte 1992 waren etwa 2,5% der menschlichen Gene analysiert (2500; 1991: 1800). Die Forscher fanden 80 Gene für Erbkrankheiten. Anfang 1992 meldeten britische Forscher z. B. die Entdeckung des Gens, das für die häufigste Form von Muskelschwund verantwortlich ist. In Deutschland sind etwa sechs von 100 000 Menschen von dieser Krankheit betroffen.
HUGO: In den USA werden bis 2000 jährlich 66 Mio Dollar (101 Mio DM) für HUGO bereitgestellt, in Deutschland 25 Mio DM. In einem bis 1994 befristeten Programm stellt die EG 30 Mio DM für HUGO zur Verfügung.

Genetische Spuren bestätigen Tod von Josef Mengele
Mit einem genetischen Fingerabdruck wurde Mitte 1992 bewiesen, daß ein 1985 in Embu/Brasilien gefundenes Skelett von dem wegen 400 000fachen Mordes angeklagten KZ-Arzt Josef Mengele stammt. Da aufgrund widersprüchlicher pathologischer Befunde vor allem israelische Juristen und Mediziner an der Identität des Toten zweifelten, hatte die mit der Untersuchung beauftragte Staatsanwaltschaft Frankfurt/M. Erbmaterial von den Überresten Mengeles mit Erbmaterial aus Körperzellen von Mengeles Sohn Rolf vergleichen lassen. Die Übereinstimmungen der genetischen Muster bewiesen eine Verwandtschaft. Das Landgericht Frankfurt/M. stellte das Verfahren gegen den Nazi-Verbrecher ein.

Hefechromosom vollständig analysiert
147 Forscher an 35 europäischen Laboratorien analysierten 1990–1992 gemeinsam die Gene eines von insgesamt 16 Chromosomen des Bäckerhefepilzes. Sie fanden auf dem Chromosom 182 Gene, von denen 37 bereits vor 1990 bekannt gewesen waren. Die Anzahl der Gene war etwa um ein Drittel höher als vor der Genomanalyse angenommen. Bis 2000 sollen alle Chromosomen der Hefe analysiert und die Funktion der einzelnen Gene geklärt sein.

Patentierung: Ende 1991 beantragte zum ersten Mal ein US-amerikanisches Forscherteam Patentschutz für neu entdeckte Erbgutabschnitte. Die Patentierung gäbe den Inhabern die Möglichkeit, gegen Gebühren Lizenzen für die weitere Erforschung und Nutzung der analysierten Gene zu vergeben. Forscher von HUGO sprachen sich gegen eine Patentierung aus, da sie einen freien Austausch wissenschaftlicher Information behindere. Französische Forscher schlugen vor, analysierte Gene unter den Schutz der UNESCO, der Kulturorganisation der Vereinten Nationen, zu stellen, um zu signalisieren, daß menschliches Erbgut kein geistiges Eigentum einzelner Forscher sei.

Kritik: Wissenschaftler bezweifelten 1992 zunehmend den Nutzen einer vollständigen Analyse des Erbmoleküls. Von den 3 Mrd Bausteinen der DNS enthalten nur 5% Erbinformationen, 95% haben keine genetische Funktion. Sinnvoller sei es, die Position bereits bekannter Genabschnitte im Erbmolekül zu bestimmen.

Die grundsätzliche Kritik der G. zielt darauf ab, daß das Verfahren zwar die Anlage für erbbedingte Krankheiten erkennbar macht, aber oft keine Behandlungsmöglichkeiten eröffnet. Außerdem warnten Kritiker vor einem Mißbrauch genetischer Informationen. Krankenversicherungen oder Arbeitgeber könnten vor dem Abschluß von Verträgen Gentests vorschreiben.

In Deutschland forderten Kritiker der G. ein grundsätzliches Verbot von Eingriffen ins menschliche Erbgut. Die G. dürfe nicht zur Menschenauslese bzw. -züchtung führen. Die SPD sprach sich Anfang 1992 für ein Verbot der G. bei Arbeitnehmern bei Einstellungsuntersuchungen und im Rahmen der Arbeitsmedizin aus.

Gentechnik

Gezielte Veränderung der Erbanlagen (Gene) von Organismen zur Nutzbarmachung für den Menschen. G. ist ein Teilgebiet der → Biotechnik. Mit Hilfe der G. können z. B. → Arzneimittel hergestellt und ertragreiche Nutzpflanzen gezüchtet werden. In der Humanmedizin erschließt G. neue Möglichkeiten der Diagnose und Heilung von Erbkrankheiten (→ Gentherapie). Gegner befürchten unkontrollierbare Folgen der Genversuche und den Mißbrauch der G. zur Menschenzüchtung. Vertreter der Industrie kritisierten 1992 das seit 1990 in Deutschland geltende G.-Gesetz als kompliziert und industriefeindlich. Im Oktober 1991 traten EG-Richtlinien zur G. in Kraft, die sich mit dem deutschen Gesetz weitgehend deckten.

Genehmigungen: Nach dem G.-Gesetz waren bis Ende 1991 in 510 Fällen gentechnische Arbeiten angemeldet bzw. beantragt worden. Kein Antrag wurde abgelehnt. 80% aller Genversuche fielen unter die Sicherheitskategorie 1, bei der von keinem Risiko für menschliche Gesundheit und Umwelt ausgegangen wird. Mitte 1992 waren in Deutschland zwei Industrieanlagen (Ludwigshafen, Marburg) zur gentechnischen Herstellung von Arzneimitteln genehmigt.

Kritik: Bei einer Expertenanhörung zum G.-Gesetz im Februar 1992 bemängelten Vertreter der Industrie die langen, bürokratischen Genehmigungsverfahren. Umweltverbände und Gegner der G. kritisierten, die Öffent-

In den USA zugelassene gentechnische Medikamente

Wirkstoff	Anwendung
Interferon	Tumorbekämpfung
Interleukin 2	Tumorbekämpfung Autoimmunerkrankungen
Tumor Nekrose Faktor (TNF)	Tumorbekämpfung
Granolocyte Colony Stimulating Factor (G-CSF)	Knochenmarktransplantation Tumorbekämpfung
Erythropoietin (EPO)	Blutbildung
Human Growth Hormone (HGH)	Wachstumsstörungen
Insulin	Diabetes
Faktor VIII	Bluterkrankheit
Faktor XIII	Wundheilung
Tissue Plaminogen Activator (tPA)	Herzinfarkt, Thrombosen
Prourokinase	Herzinfarkt
Hepatitis-B-Vaccine	Impfstoff
CDP-Cholin	Gehirnfunktionsstörungen

Stand: Anfang 1992; Quelle: Wirtschaftswoche, 7. 2. 1992

lichkeit werde zu wenig beteiligt. Zudem seien die gesetzlichen Sicherheitsauflagen nicht ausreichend.
USA: In den USA wurde 1992 ein Programm zur Förderung der Biotechnik, insbes. der G., verabschiedet. Das Zulassungsverfahren für gentechnisch hergestellte Produkte und die Genehmigungen für → Freilandversuche wurden erleichtert. → Genomanalyse → Novel Food → Transgene Tiere

Gentherapie

Behandlung von Erbkrankheiten durch den Austausch von defekten gegen gesunde Gene. In Mailand/Italien gelang im April 1992 die erste G. in Europa bei einem an einer seltenen Immunschwäche leidenden Kind. In den USA injizierten Ärzte Mitte 1992 erstmals Erbgut direkt in den Körper einer Patientin. Bis dahin waren bei G. die gesunden Gene mit Viren in die erkrankten Zellen transportiert worden.
USA: Das Ärzteteam in Ann Arbor (Michigan) spritzte der an Hautkrebs leidenden Frau genetisches Material in den Tumor. Die Gene enthalten die Information für einen Eiweißstoff, mit dessen Hilfe die Zellen fremdes Gewebe, z. B. Krebsgewebe, bekämpfen. Die Ärzte wiesen darauf hin, daß die Therapie noch nicht ausgereift sei und mit einer vollständigen Heilung nicht zu rechnen sei.
Europa: Die Mailänder Genforscher hoffen, mit der einmaligen G. auszukommen, weil sie dem Kind genetisch veränderte Stammzellen injizierten, aus denen sich im Körper neue Blutzellen bilden. Bei den ersten G. 1991 in den USA war eine regelmäßige Infusion mit genetisch veränderten Zellen nötig. Das in den Stammzellen eingefügte Gen soll in den weißen Blutkörperchen für die Produktion eines Eiweißstoffes sorgen, der für das Immunsystem wichtig ist. Bis Ende 1992 sollen in London, Paris, Ulm, Göteborg/Schweden und Leiden/Niederlande ähnliche gentherapeutische Behandlungen durchgeführt werden.

Keimzelltherapie: Bei der G. wird zwischen der Genmanipulation in Körperzellen und in Keimzellen unterschieden. Eine Keimzelltherapie, bei der sich die Veränderung des Erbguts auf die Nachkommen übertragen würde, ist in Deutschland verboten.
Methode: Bei der G. an Körperzellen werden dem Patienten erkrankte Zellen entnommen. Gesunde Gene, die gespendet oder künstlich hergestellt wurden, werden isoliert und vervielfältigt (geklont). Die geklonten Gene ersetzen die defekte Erbsubstanz. Für den Gentransfer werden meist Viren verwandt, die in Zellen eindringen können. Die behandelten Zellen werden vermehrt und dem Patienten injiziert.
Gefahren: Die G. war Anfang der 90er Jahre mit Risiken verbunden:
▷ Die verwendeten Viren müssen unschädlich gemacht werden, damit sie keine Krankheiten auslösen
▷ Die G. birgt eine Krebsgefahr, da es möglich ist, daß das gesunde Gen an einer falschen Stelle in die Erbsubstanz eingebaut wird und ein krebserzeugendes Gen aktiviert
▷ Das Immunsystem des Patienten kann Abwehrreaktionen gegen die eingeschleusten Zellen auslösen.
Oft reicht die Menge der behandelten Zellen nicht aus. Die G. muß regelmäßig wiederholt werden. → Gentechnik

Geringfügige Beschäftigung

Arbeitsverhältnis mit einer → Arbeitszeit von weniger als 15 Wochenstunden und einem Bruttomonatseinkommen von maximal 500 DM in West- und 300 DM in Ostdeutschland (Stand: Mitte 1992). 1991 gingen rd. 5 Mio Beschäftigte in Deutschland einer G. nach. Ende 1991 entschied das Bundesarbeitsgericht (BAG, Kassel), daß Beschäftigte in G. Anspruch auf eine sechswöchige Lohnfortzahlung im Krankheitsfall haben (Az. 5 AZR 598/90). Hessen plante Anfang 1992 eine Gesetzesinitiative im Bundesrat, nach der G. sozialversicherungspflichtig sein sollen.

Gentherapie soll häufigste Erbkrankheit in Europa heilen
Mediziner an den US-amerikanischen National Institutes of Health in Bethesda (Maryland) erprobten 1991/92 an Baumwollratten eine Gentherapie der cystischen Fibrose. Bei diesem häufigsten Erbleiden in Europa verschleimen die Atemwege, weil den Patienten ein Gen für die Produktion eines Eiweißstoffes fehlt. Die Forscher infizierten Ratten mit Erkältungsviren, denen sie zuvor das fehlende Gen eingebaut hatten. Die Viren befielen die Atemwege, dort verschmolz ihr Erbgut mit dem der Lungenzellen. Einige Wochen lang produzierten die Lungenzellen den notwendigen Eiweißstoff. Die Forscher wollen einen Spray entwickeln, mit dem Patienten die heilenden Viren einatmen können.

Gesundheitsausgaben westdeutscher Krankenkassen 1991

Leistung	Anstieg (%)*
Kuren	19,5
Krankengeld	14,3
Zahnersatz	13,7
Transportkosten	12,5
Heil- und Hilfsmittel	11,9
Zahnarztbehandlung	10,1
Arzneien aus Apotheken	10,0
Krankenhausaufenthalt	7,8
Behandlung durch Ärzte	7,3

* Veränderung zu 1990 pro Mitglied; Quelle: Bundesgesundheitsministerium

G. werden vorrangig von Frauen ausgeübt. Das BAG begründete sein Urteil mit einer Entscheidung des Europäischen Gerichtshofs (Luxemburg) von 1989, nach der der Ausschluß der Lohnfortzahlung eine mittelbare unzulässige Diskriminierung der Frauen darstelle, wenn von dieser Maßnahme mehr Frauen als Männer betroffen wären. Um die Einhaltung des Gleichheitsgrundsatzes im GG zu gewährleisten, gilt das BAG-Urteil nach Ansicht von Juristen jedoch auch für Männer.

Hessen schlug vor, G. mit → Sozialabgaben zu belegen, da Arbeitnehmer in G. im Rentenalter oft auf → Sozialhilfe angewiesen seien, weil sie keine Beiträge zur Rentenversicherung gezahlt haben. Die Arbeitgeber, die bei Arbeitsverhältnissen mit höherem Monatslohn als in G. die Hälfte der Sozialabgaben zahlen, lehnten eine Sozialversicherungspflicht ab. Sie gaben zu bedenken, daß viele G. bei Entrichtung von Sozialabgaben nicht mehr eingerichtet würden. Bis zu einer Grenze von 610 DM brutto (alte Länder) bzw. 370 DM brutto im Monat (neue Länder) zahlt nur der Arbeitgeber Sozialversicherungsbeiträge.

1991 wurde in Deutschland ein → Sozialversicherungsausweis eingeführt, der verhindern soll, daß Arbeitnehmer gleichzeitig mehrere G. ausüben, ohne Sozialabgaben zu zahlen.

Gesundheitsreform

Der Sachverständigenrat des Gesundheitswesens, Bundesverbände der → Krankenversicherungen und die SPD-Opposition im Bundestag erklärten 1992 die seit 1989 durchgeführte gesetzliche Reform des Gesundheitswesens für gescheitert. Ihr Ziel, vollwertige medizinische Versorgung bei stabilen Beitragszahlungen an die Krankenkassen, sei nicht erreicht worden. Für 1993 rechneten die gesetzlichen Krankenversicherungen mit einer durchschnittlichen Beitragsanhebung von 12,5% (1992) auf mindestens 13% des monatlichen Bruttoeinkommens, um die steigenden Kosten zu decken. 1991 erhöhten sich die Ausgaben der Kassen für medizinische Leistungen um 12,7% auf 158,9 Mrd DM. Die CDU/CSU/FDP-Regierung plante daher für 1993 eine Fortführung der G. zur Kostensenkung im Gesundheitswesen um jährlich 11,4 Mrd DM. Mit den Einsparungen sollen u. a. 13 000 Stellen für Pflegepersonal an Krankenhäusern finanziert werden.

Versicherte: Nach dem Entwurf von Bundesgesundheitsminister Horst Seehofer (CSU) sollen Versicherte folgende Zuzahlungen leisten (Mehrbelastung jährlich: 3,2 Mrd DM):
▷ Patienten sollen mit 10%, mindestens 3 DM, höchstens 10 DM, an den Kosten für → Arzneimittel be-

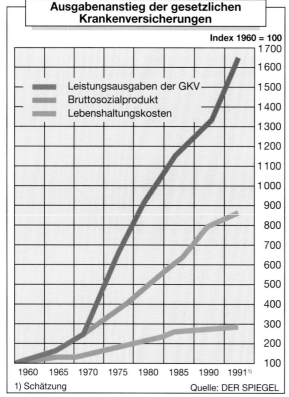

Ausgabenanstieg der gesetzlichen Krankenversicherungen

Index 1960 = 100

- Leistungsausgaben der GKV
- Bruttosozialprodukt
- Lebenshaltungskosten

1960 1965 1970 1975 1980 1985 1990 1991¹⁾

1) Schätzung

Quelle: DER SPIEGEL

Gesundheitswesen in Daten und Zahlen

Mitgliederstruktur der Krankenkassen in Westdeutschland 1990

Krankenkasse	Zahl der Mitglieder (Mio)					
	Insgesamt	Mitglieder ohne Rentner	Pflicht- mitglieder ohne Rentner	Freiwillige Mitglieder	Rentner	Mitversicherte Familien- angehörige
Allgemeine Ortskrankenkassen	16,38	10,98	–	–	5,40	6,83
Betriebskrankenkassen	4,52	2,94	2,45	0,49	1,51	2,51
Angestelltenkrankenkassen	12,76	10,16	7,47	2,69	2,59	5,66
Innungskrankenkassen	1,97	1,61	1,45	0,16	0,36	–
Private Kassen[1]	6,62	–	–	–	–	–

1) Nur freiwillige Mitglieder, Mitgliederstruktur statistisch nicht weiter aufgeschlüsselt; Quellen: AOK-Bundesverband, Bundesverband für Betriebskrankenkassen, Verband der Angestellten-Krankenkassen, Verband der privaten Krankenversicherung, Bundesverband der Innungskrankenkassen

Einnahmen- und Ausgabenentwicklung der Krankenkassen in Westdeutschland[1]

Krankenkasse	Einnahmen (Mrd DM)[2]		Ausgaben (Mrd DM)[3]		Ausgaben je Mitglied (DM)	
	1990	1989	1990	1989	1990	1989
Allgemeine Ortskrankenkassen	–	–	59,90	–	3 654	–
Betriebskrankenkassen	17,59	16,41	16,56	15,01	3 786	3 484
Innungskrankenkassen	6,75	6,34	6,40	5,78	3 048	3 012
Angestelltenkrankenkassen	45,90	44,84	41,70	32,18	3 265	3 016
Private Krankenkassen	18,67	17,04	15,47	12,50	–	–

1) Zahlen gerundet; 2) Beitragseinnahmen; 3) Leistungsausgaben; Quellen: AOK-Bundesverband, Bundesverband der Betriebskrankenkassen, Verband der Angestellten-Krankenkassen, Verband der privaten Krankenversicherung, Bundesverband der Innungskrankenkassen

Durchschnittliche Krankheitskosten in Westdeutschland 1990

Leistung	Ausgaben der Krankenkassen pro Mitglied (DM)				
	AOK	BKK	IKK	Angestellten- kassen	Private Kassen Gesamtaus- gaben (Mio DM)
Behandlung durch Ärzte	605,35	655,21	521,55	696,30	2 738,0
Behandlung durch Zahnärzte	186,33	209,65	201,67	257,68	1 971,4
Krankenhausbehandlung	1 307,56	1 258,09	1 004,34	929,64	5 335,4
Zahnersatz	125,87	115,90	308,59	132,20	–
Arzneien aus Apotheken	594,02	620,34	446,98	517,03	1 097,3
Heil- und Hilfsmittel	223,65	231,32	185,35	225,51	706,7

Quellen: AOK-Bundesverband, Bundesverband der Betriebskrankenkassen, Verband der Angestellten-Krankenkassen, Verband der privaten Krankenversicherung, Bundesverband der Innungskrankenkassen

Krankenhäuser und Bettenkapazität

Land	Krankenhäuser		Betten	
	1989	1988	1989	1988
Baden-Württemberg	595	602	99 340	99 463
Bayern	728	727	125 008	124 261
Berlin/West	112	114	31 578	31 939
Bremen	16	16	7 473	17 700
Hamburg	44	43	16 123	16 036
Hessen	333	333	68 448	68 478
Niedersachsen	326	329	68 584	68 380
Nordrhein-Westfalen	530	536	175 176	177 086
Rheinland-Pfalz	188	197	38 865	40 503
Saarland	44	74	11 964	11 897
Schleswig-Holstein	130	132	27 191	27 121

Quelle: Statistisches Bundesamt

Anzahl der Krankenhäuser und Bettenkapazität

Krankenhaus/ Bettenkapazität[1]	1986	1987	1988	1989
Krankenhäuser insgesamt	3 071	3 071	3 069	3 046
Betten insgesamt	674 384	673 687	672 834	669 272
je 100 000 Einwohner	1 103	1 102	1 090	1 069
Krankenhäuser in öffent- licher Trägerschaft	1 086	1 073	1 059	1 046
Betten	340 877	339 365	336 447	333 196
Freie gemeinnützige Krankenhäuser	1 044	1 044	1 035	1 021
Betten	237 186	235 671	233 694	230 588
Krankenhäuser in privater Trägerschaft	941	954	975	979
Betten	96 321	98 651	102 693	105 488

1) Westdeutschland; Quelle: Statistisches Bundesamt

Horst Seehofer, Bundesgesundheitsminister
* 4. 7. 1949 in Ingolstadt, Diplomverwaltungswirt, deutscher Politiker (CSU). Ab 1980 Mitglied des Deutschen Bundestags, ab 1989 Parlamentarischer Staatssekretär im Bundesministerium für Arbeit und Soziales, ab 18. 5. 1992 Bundesminister für Gesundheit.

Arbeitnehmer in Gewerkschaften 1990

Land	Organisationsgrad[1] (%)
Schweden[2]	85
Dänemark	80
Belgien	75
Finnland[3]	71
Norwegen[3]	68
Österreich[2]	58
Australien[2]	53
Irland	44
Großbritannien	43
Italien	40
Deutschland[4]	37
Kanada[2]	35
Portugal	30
Schweiz[5]	30
Japan[2]	27
Niederlande	26
Griechenland	18
USA[3]	16
Frankreich	10
Spanien	10

1) Anteil der gewerkschaftlich organisierten Arbeitnehmer an allen Beschäftigten; 2) 1988; 3) 1989; 4) Westdeutschland; 5) 1987; Quelle: Institut der deutschen Wirtschaft (Köln)

teilgt werden. Dies gilt auch für Medikamente mit Festbetrag, die 1992 ohne Zuzahlung und Rezeptgebühr bezogen werden konnten

▷ Bei Krankenhausaufenthalten sollen die Versicherten pro Tag 11 DM (Ostdeutschland: 8 DM) zahlen. Der Betrag wird über den gesamten Aufenthalt erhoben (1992: 10 DM auf 14 Tage begrenzt)

▷ Für Zahnersatz werden sog. Regelleistungen, die weiterhin zu 60% von den Krankenversicherungen finanziert werden, und sog. Wahlleistungen eingeführt, bei denen der Patient die Differenz zu den Kosten der Regelleistung selbst zahlt

▷ Kieferorthopädische Behandlungen bei Erwachsenen sollen nicht mehr als Kassenleistung gewährt werden.

Leistungsanbieter: Für die sog. Leistungsanbieter im Gesundheitswesen, Ärzte, Krankenhäuser und Pharmaindustrie, sollen folgende Regelungen eingeführt werden (Kosteneinsparung pro Jahr: 8,2 Mrd DM):

▷ Die Honorare der Ärzte dürfen bis einschließlich 1995 nicht stärker steigen als die Beitragseinnahmen der Krankenkassen

▷ Ärzten soll eine Obergrenze für die Anzahl von Verordnungen vorgeben werden. Bei Überschreiten der Grenze drohen Honorarabzüge

▷ Die Vergütung der Zahnärzte für Zahnersatz soll um 20%, für zahntechnische Leistungen um 10% gesenkt werden

▷ Die Niederlassung von Kassenärzten soll schrittweise beschränkt, ab 1999 gesetzlich begrenzt werden (→ Ärzteschwemme)

▷ Das Honorar von Klinik-Chefärzten für privatärztliche Leistungen soll um 25% verringert werden. Von dem verbleibenden Betrag sollen die Chefärzte 33% an die Klinik abführen (bis dahin: rd. 25%)

▷ Zum 1. 1. 1993 soll das Selbstkostendeckungsprinzip der Krankenhäuser abgeschafft werden, nach dem jeder Tag des Krankenhausaufenthalts eines Versicherten von

den Krankenkassen mit dem festgelegten Pflegesatz vergütet wird. Bis 1995 dürfen die mit den Kassen abgerechneten Kosten der Kliniken nicht stärker steigen als die Beitragseinnahmen der Krankenkassen. Ab 1995 sollen die Pflegesätze durch Rechnungsbeträge für einzelne Leistungen ersetzt werden. Eine Blinddarmoperation z. B. soll unabhängig von der Dauer des Klinikaufenthalts mit einem Pauschalbetrag vergütet werden

▷ Die Pharmaindustrie soll 1993 die Preise für Medikamente ohne Festbetrag um 5% senken und zwei Jahre lang nicht erhöhen.

Kritik: Die SPD und die Gewerkschaften lehnten die Pläne ab, weil die Versicherten, zu deren Lasten schon die G. von 1989 durchgeführt worden sei, erneut belastet würden. Die SPD bezifferte die Mehrausgaben für Patienten nach den Reformplänen mit 10 Mrd DM/Jahr. Zuzahlungen führten nicht zu weniger Arztbesuchen, sondern lediglich zu erheblichen Mehrausgaben für kranke Menschen. Ärzte- und Zahnärztevereinigungen verurteilten die Pläne Seehofers als Eingriff in das Selbstverwaltungsrecht der Ärzte, der die ausreichende Gesundheitsversorgung der Bevölkerung gefährden würde. Die Deutsche Krankenhausgesellschaft (Düsseldorf), Schwesternverbände sowie Krankenhausärzte befürchteten, daß die Einsparungen der G. die Krankenhäuser zu Leistungsbeschränkungen zwingen und die Versorgungsqualität mindern würden. Der Bundesverband der Pharmazeutischen Industrie (Frankfurt/M.) verurteilte die Belastung der Arzneimittelhersteller.

Gewerkschaften

Die Arbeit der G. in West- und Ostdeutschland hatte 1991/92 unterschiedliche Schwerpunkte. Während in den neuen Ländern dem Deutschen Gewerkschaftsbund (DGB, Düsseldorf) zufolge die Erwerbstätigen von den G. das Durchsetzen klassischer Forderungen (Lohnerhöhungen, Arbeitsplatzsicherung) erhofften, erwarteten die Beschäftigten in den alten Ländern darüber hinaus eine stärkere Berücksichtigung umweltpolitischer Themen im Betrieb und individueller Arbeitsgestaltung (→ Teleheimarbeit). Zum → Europäischen Binnenmarkt 1993 wollen die G. die → Mitbestimmung der Arbeitnehmer in multinationalen Konzernen durch sog. → Euro-Betriebsräte sichern (→ Sozialcharta, Europäische). Erstmals vereinbarte eine DGB-Gewerkschaft, die Gewerkschaft Handel, Banken und Versicherungen, eine Zusammenarbeit in den Betriebsräten mit einer konkurrierenden Arbeitnehmervertretung, der Deutschen Angestellten-Gewerkschaft (DAG).

Arbeitnehmervertretungen: 1992 existierten in Deutschland folgende G. und Dachverbände:
▷ Der → DGB (Düsseldorf) mit 16 Einzelgewerkschaften (Mitglieder: rd. 11 Mio)
▷ Der DBB (Deutscher Beamtenbund, Bonn), der in 50 Mitgliedsverbände unterteilt ist (Mitglieder: ca. 1 Mio)
▷ Die DAG (Hamburg) mit rd. 600 000 Mitgliedern
▷ Der CGB (Christlicher Gewerkschaftsbund, Bonn) mit 16 Einzelgewerkschaften und rd. 311 000 Mitgliedern.

Ziele: Zu den wichtigsten Zielen der G. in Westdeutschland gehörten 1991/92 Lohnerhöhungen, Anhebungen von Zusatzleistungen wie Gratifikationen und die Verkürzung der → Arbeitszeit. Der DGB will in sein neues Grundsatzprogramm, das für 1996 vorgesehen ist, erstmals die Forderung nach Umweltschutzmaßnahmen am Arbeitsplatz aufnehmen. Als erste Arbeitnehmerorganisation plante die Gewerkschaft Nahrung-Genuß-Gaststätten 1992 den Abschluß eines ökologischen Tarifvertrags, in dem u. a. die Einsetzung eines Umweltbeauftragten für jeden Betrieb festgelegt werden soll. In Ostdeutschland waren die Bekämpfung der → Arbeitslosigkeit u. a. durch die Gründung

von → Beschäftigungsgesellschaften, die von den G. gefordert worden waren, die Angleichung der Löhne an das Westniveau und die Verbesserung der Arbeitsbedingungen vorrangig.

Lohnforderungen: Die durchschnittliche Tariflohnerhöhung betrug 1991 ca. 6,5% (1990: 4,5%). Aufgrund erhöhter Verbrauchsteuern und gestiegener → Sozialabgaben sank die Kaufkraft der Arbeitnehmer (Inflationsrate 1991: 3,5%). → Einkommen

Giftmüll

(auch Sonderabfall), Abfall, der umwelt- und gesundheitsgefährdend, explosiv oder brennbar ist und Erreger von Krankheiten enthält. G. darf nicht wie der übrige Müll entsorgt werden (→ Abfallbeseitigung). In Deutschland fallen dem Bundesumweltministerium zufolge jährlich rd. 10 Mio t G. an. Für die Behandlung von G. gilt in Deutschland die Technische Anleitung (TA) Sonderabfall, mit deren Novellierung ab Juli 1992 auch → Klärschlamm zum G. zählt. Die von Bundesumweltminister Klaus Töpfer (CDU) für 1993 geplante → Abfallabgabe soll u. a. auf G. erhoben werden. Baden-Württemberg und Hessen beschlossen 1991 eine Abgabe auf G., Niedersachsen plante ihre Einführung, Mitte 1992.

TA Sonderabfall: Die 1990 eingeführte und 1991 ergänzte TA Sonderabfall schreibt den Umgang mit G. vor:
▷ Oberirdisch darf G. nur bei Einhaltung von Grenzwerten für Schadstoffe im Abfall gelagert werden
▷ Für 340 Abfallarten wird die Entsorgungsart vorgeschrieben
▷ Giftige Abfälle aus organischen Substanzen werden in Spezialanlagen an Land verbrannt
▷ Bei unterirdischer Lagerung von G. muß sichergestellt sein, daß der Müll dauerhaft von der Umwelt abgeschottet ist.
Die Einführung von Grenzwerten bei der oberirdischen Lagerung setzt dem Bundesumweltministerium zufolge voraus, daß G. stärker vorbehandelt,

Franz Steinkühler, IG-Metall-Vorsitzender
* 20. 5. 1937 in Würzburg, deutscher Gewerkschaftsfunktionär. 1951 Eintritt in die IG Metall, ab 1986 Vorsitzender der weltweit größten Einzelgewerkschaft IG Metall, ab 1987 Präsident des Internationalen Metallgewerkschaftsbunds.

Keine Tariflöhne in Ostdeutschland
Das Bundeskabinett aus CDU, CSU und FDP beschloß Mitte 1992, daß in Ostdeutschland in Ausnahmefällen Tarifverträge durch Betriebsvereinbarungen zwischen Betriebsrat und Unternehmensleitung befristet ausgesetzt werden sollen. Damit soll eine untertarifliche Bezahlung der Arbeitnehmer ermöglicht werden, wenn der Fortbestand eines Betriebs gefährdet ist. Die SPD und der Deutsche Gewerkschaftsbund (Düsseldorf) bezeichneten das Vorhaben als verfassungswidrig, weil es gegen die grundgesetzlich garantierte Koalitionsfreiheit und die Tarifautonomie von Gewerkschaften und Arbeitgebern verstoße.

Zweifel an Sicherheit der Giftmülldeponie Schönberg
Im Februar 1992 berichtete die Umweltministerin von Mecklenburg-Vorpommern, Petra Uhlmann (CDU), daß im Grundwasser im Bereich der größten europäischen Giftmülldeponie bei Schönberg Grenzwerte für Blei und Chlor überschritten wurden. Eine Gefährdung des Trinkwassers des 6 km entfernten Lübeck werde jedoch ausgeschlossen. Die Grünen in Lübeck gingen hingegen davon aus, daß der Untergrund unter der Deponie durchlässige Sand- und Kiesschichten aufweise, so daß Giftstoffe ins Trinkwasser gelangen können.

z. B. verbrannt werden muß. Die Entsorgung von G. wird dadurch teurer.
Abfallabgabe: Die Abgabe für G. setzt sich aus zwei Komponenten zusammen: Der sog. Vermeidungsabgabe und der Deponieabgabe in Höhe von jeweils 100 DM/t G. Die hessische Abgabe beträgt je nach Schadstoffgehalt des G. zwischen 50–150 DM; sie soll ab 1993 verdoppelt werden. Gegen die Abgabe in Baden-Württemberg (Höhe 1992: 50–150 DM) legte der Chemiekonzern BASF AG (Ludwigshafen) Anfang 1992 Beschwerde vor dem Bundesverfassungsgericht (Karlsruhe) ein. Die Länderabgaben werden bei einer bundesweiten Abgabe hinfällig.

Giftmüllexport

(auch Abfalltourismus), Ausfuhr von gesundheits- und umweltgefährdendem Sonderabfall. Da die Entsorgungsmöglichkeiten in den Industriestaaten nicht ausreichen oder teuer sind, wird → Giftmüll insbes. in Staaten Osteuropas und → Entwicklungsländer exportiert. In Deutschland sind Abfallexporte lt. Abfallgesetz nur dann erlaubt, wenn eine Entsorgung im eigenen Land nicht möglich oder sinnvoll ist. Die EG-

Kommission plante Anfang 1992 eine Verordnung, die die 1989 von 104 Ländern unterzeichnete Baseler Konvention über die Kontrolle von G. in EG-Recht umsetzt. Nach Angaben der OECD exportiert die EG jährlich rd. 9 Mio t Abfälle, darunter ca. 1,5 Mio t Giftmüll.
Baseler Konvention: Die Baseler Konvention trat am 5. 5. 1992 in Kraft. Der Vertrag sieht vor, daß die Produktion gesundheitsgefährdender Abfälle soweit wie möglich eingeschränkt und der G. begrenzt wird. Die Konvention verbietet G. in Länder, die eine Deponierung bzw. Entsorgung auf ihrem Gebiet ablehnen. Die USA, Japan und die EG-Staaten außer Frankreich hatten sie Mitte 1992 nicht ratifiziert. Der Anteil der Industriestaaten an den G. lag nach Angaben der UNO-Umweltbehörde 1991 bei rd. 98%.
EG-Verordnung: Giftmüll soll nach Möglichkeit im eigenen Land entsorgt werden. Der G. zur Entsorgung des Mülls soll nur in EG-Mitgliedstaaten und die Staaten der → EFTA genehmigt werden. In andere Staaten soll der G. erlaubt sein, wenn die Abfälle in diesen Ländern wiederverwertet werden können; einheitliche Kontrollen für G. sollen eingeführt werden. Die Verordnung konnte im Mai 1992 nicht verabschiedet werden, weil Frankreich eine stärkere Beschränkung des G. innerhalb der EG forderte. Mitte 1992 war in der EG lediglich der G. in die 69 AKP-Staaten (→ Lomé-Abkommen) verboten. Das Europäische Parlament und die Umweltschutzorganisation Greenpeace befürworteten ein generelles Verbot von G.

Panzer als Untergrund für Giftmülldeponien
In Europa werden ab Mitte 1992 rd. 50 000 Panzer abgerüstet, die umweltschädlichen Giftmüll wie Asbest und Getriebeöl enthalten. Da ein Verschrotten der Rüstungsgüter aufgrund der vorgeschriebenen getrennten Entsorgung für die Giftstoffe zu teuer wäre, plante eine Firma in Munster, die Panzer in Stahlkästen einzubetonieren und als Fundament für Giftmülldeponien zu verwenden.

Deutsche Giftmüllexporte
Stand: 1990

NORWEGEN 24 000 t
SCHWEDEN
DÄNEMARK 11 316 t
GROSS-BRITANNIEN 616 t
NIEDERLANDE 175 939 t
Neue Länder 500 000 t
BELGIEN 158 645 t
LUX. DEUTSCHLAND
ČSFR
FRANKREICH 149 152 t
SCHWEIZ 2020 t
ÖSTERREICH
ITALIEN
500 km
Quelle: Bundesumweltministerium © Harenberg

Glasfaserkabel

Zur Übertragung von Bild-, Text- und Tonsignalen geeignete Kabel, die aus feinen Glasröhrchen mit einem Kern aus hochreinem Glas (Durchmesser: 0,001–0,005 mm) bestehen. Die Leistungsfähigkeit eines G. übersteigt die des Kupferkabels um das 4000fache. Langfristig sollen G. die Kupferkabel in Deutschland ersetzen. Anfang 1992 waren 1,2 Mrd km G. in Westdeutschland verlegt, insbes. für Fernverbindungen. In den neuen Bundesländern soll ab 1993 G. anstelle des Kupferkabels zum Ausbau des Telefon- und Kabelfernsehnetzes verlegt werden. Mitte 1992 gingen die beiden letzten von sieben Pilotprojekten der → Telekom mit G. in Lippetal und Stuttgart in Betrieb, bei denen der Einsatz von G. im Ortsnetz erprobt wird. Im März 1992 startete das Pilotprojekt Visyon in Hannover mit dem Ziel, Zeit und Aufwand für G.-Netzänderungen zu verkürzen.

Vorteile: Informationen werden beim G. nicht durch elektrische Impulse übertragen, sondern mit Laserlicht (→ Lasertechnik). G. sind unempfindlich gegen magnetische und mechanische Störungen und benötigen lediglich alle 36–50 km einen Signalverstärker (Kupferkabel: etwa alle 4–5 km). Der Rohstoff Quarzsand, aus dem G. hergestellt sind, ist unbegrenzt verfügbar.

Overlay-Netz: Mitte 1992 waren 29 westdeutsche Städte und zwölf ostdeutsche Vermittlungszentren in ein sog. Overlay-Netz (auch: vermittelndes Breitbandnetz) integriert, über das Dienste der Telekom, z. B. → Videokonferenz, im Selbstwählverfahren in Anspruch genommen werden konnten.

Ostdeutschland: In den neuen Bundesländern soll ein G.-Netz zunächst in den Regionen eingerichtet werden, wo Telefonleitungen und Fernsehkabel neu verlegt werden müssen. Das vorhandene Telefonnetz soll bereits 1993 komplett durch G. ersetzt sein. Bis 1996 sollen rd. 1,2 Mio Anschlüsse an das G.-Netz eingerichtet sein.

Opal: Bei den sieben Projekten mit der Bezeichnung Opal (Optische Anschlußleitung), die 1991/92 in Köln, Leipzig, Bremen, Dortmund und Frankfurt/M. in Betrieb waren, wird das G. im Ortsnetz entweder bis zu zentralen Kabelverzweigungen, bis in Wohnstraßen oder bis ins Haus gelegt. An der Schnittstelle werden die optischen Signale des G. in elektronische für die Kupferkabel umgesetzt, damit

herkömmliche Geräte weiterhin genutzt werden können. Ziel ist es herauszufinden, mit welchem Schnittstellensystem G. kostengleich oder billiger als Kupferkabel eingesetzt werden können.

Visyon: 1992 waren die G.-Verbindungen z. B. für Videokonferenzen i. d. R. dauerhaft eingerichtet. Änderungen der Schaltungen, etwa bei Kabelbruch oder wenn ein Kunde kurzfristig eine Verbindung benötigte, waren mit großem Zeitaufwand verbunden. Bei Visyon werden Schalteinrichtungen getestet (z. B. elektronische Schaltverteiler), die G.-Verbindungen schnell und problemlos herstellen und ändern können.

Transatlantisches Glasfaserkabel von Japan in die USA
Eine japanische und eine US-amerikanische Telekommunikationsfirma planten Ende 1991, ihre Länder mit einem 10 000 km langen Glasfaserkabel zu verbinden, das im Pazifik verlegt werden soll. Die Kapazität des Kabels soll rd. 2,4 Mrd Bit/sec betragen, die das 1992 in Deutschland verlegten Kabel betrug 565 Mio Bit/sec.

Gletschermann

(auch Similaunmann), umgangssprachliche Bezeichnung für die im September 1991 am Similaungletscher in den Ötztaler Alpen (Italien) entdeckte mumifizierte Leiche eines ungefähr 25–40jährigen Mannes aus der Jungsteinzeit (5000–1500 v. Chr.). Das Alter des G., dessen Haut, Muskeln und innere Organe gut erhalten waren, wurde 1992 auf 5300 Jahre geschätzt. Der G. ist der erste Leichnam aus der Jungsteinzeit, der nicht in einem Grab gefunden wurde. Wegen des guten Zustands der Leiche und der Ausrüstungsgegenstände wird der G. weltweit als archäologische Sensation gewertet.

Der Gletschermann war gut gerüstet
Der Mann aus der Jungsteinzeit, dessen 5300 Jahre alte mumifizierte Leiche 1991 in den Ötztaler Alpen gefunden wurde, trug Lederkleidung und trittfeste, mit Gras ausgefütterte Schnürschuhe. Seine Ausrüstung bestand aus einem Eibenholzbogen, einem Lederköcher mit 14 Pfeilen, einem Messer mit Steinklinge, Nähzeug und einem Beil mit Kupferklinge. Zudem hatte er einen Birkenbaumpilz mit bewußtseinsverändernder Wirkung bei sich.

Golf-Kooperationsrat

(engl.; Gulf Cooperation Council), 1981 gegründeter Zusammenschluß von sechs Ölförderstaaten am Persischen Golf (Bahrain, Katar, Kuwait, Oman, Saudi-Arabien und Vereinigte Arabische Emirate). Ziel des G. ist die Koordination der Außen-, Sicherheits- und Wirtschaftspolitik der Mitglieder. Im Dezember 1991 beschloß der G. die Schaffung eines Hilfsfonds in Höhe von 10 Mrd Dollar (15 Mrd DM) für die arabischen Staaten, die sich im Krieg um Kuwait (Januar/Februar 1991) gegen den Irak gestellt und große

EG strebt Freihandel mit Golfstaaten an

Die EG-Kommission verhandelte 1991/92 mit den sechs Ländern des Golf-Kooperationsrats über ein Freihandelsabkommen. Der Vertrag soll im Warenverkehr mit den Golfstaaten bis 2000 für die meisten Produkte, u. a. für Erdöl, die Zölle abschaffen. Mit dem Freihandelsabkommen will die EG ihr Versprechen aus dem Golfkrieg, mit den Staaten der anti-irakischen Koalition enger zusammenzuarbeiten, einlösen.

Graduiertenkollegs in Deutschland 1992

Bereich	Anzahl
Naturwiss.	49
Geistes-/Sozialwiss.	48
Biowiss./Medizin	30
Ingenieurwiss.	15

Quelle: Deutsche Forschungsgemeinschaft (Bonn)

Wolfgang Frühwald, DFG-Präsident
* 2. 8. 1935 in Augsburg, Prof. Dr. phil., deutscher Literaturwissenschaftler. 1970–1974 Professor an der Universität Trier, ab 1974 an der Universität München, 1989–1991 Prorektor an der Universität München, ab 1. 1. 1992 Präsident der Deutschen Forschungsgemeinschaft (Bonn).

wirtschaftliche Einbußen erlitten hatten. Die Mitglieder des G. verständigten sich Ende 1991 grundsätzlich auf eine sicherheitspolitische Zusammenarbeit, konnten sich jedoch bis Mitte 1992 nicht auf die Bildung gemeinsamer Streitkräfte einigen.

Als Verbündete gegen den Irak hatten die G.-Mitglieder sowie Syrien und Ägypten im März 1991 die Bildung einer arabischen Sicherheitstruppe beschlossen, die den Frieden in der Golfregion gewährleisten soll. Den Kern der Friedensstreitmacht sollten ägyptische und syrische Truppen bilden. Die sechs Mitglieder des G. entschieden sich jedoch im Herbst 1991 gegen die Beteiligung Ägyptens und Syriens, weil ihnen die vorgesehenen Ausgleichszahlungen an die beiden Länder als zu hoch erschienen. Der G. bemühte sich statt dessen um eine verstärkte militärische Zusammenarbeit mit westlichen Ländern. Kuwait schloß z. B. im September 1991 ein Sicherheitsabkommen mit den USA.

Sitz des G. ist Rijad/Saudi-Arabien. Generalsekretär der Organisation ist Abdullah Yaqub Bishara/Kuwait (Stand: Mitte 1992).

GPS

(Grüne Partei der Schweiz), seit 1986 in der Schweiz bestehender Parteizusammenschluß aus der Grünen Partei der Schweiz (6000 Mitglieder, Stand: 1991) und der Freien Liste (FL, 1000 Mitglieder, Stand: 1991). Die Bundespartei GPS besteht aus 13 grünen Kantonalparteien, die erste wurde 1971 gegründet. Sie war Mitte 1992 in allen Kantonen im Parlament vertreten. Bei den Nationalratswahlen im Oktober 1991 konnte die GPS ihren Stimmenanteil um einen Prozentpunkt auf 6,4% erhöhen und erhielt 14 Mandate (1987: elf). Präsidentin der GPS war 1992 Irène Gardiol, Fraktionssprecherin Rosmarie Bär-Schwab. Das Amt des Präsidenten der FL übernimmt Therese Niklaus Loosli am 1. 1. 1993 von Arthur Teuscher.

Die GPS forderte 1991/92 eine Einschränkung des → Alpentransitverkehrs und den Verzicht auf den geplanten Eisenbahntunnel durch den Lötschberg und Gotthard. Sie sprach sich gegen einen Beitritt der Schweiz zum → Internationalen Währungsfonds und zur → Weltbank sowie zum → EWR und zur → EG aus. In der Sozialpolitik plädierte die GPS für kürzere und flexiblere Arbeitszeiten und mehr Teilzeitstellen. Sie forderte außerdem die rechtliche Anerkennung nichtehelicher Lebensgemeinschaften und eine Frauenquote in politischen Gremien.

Graduiertenkolleg

Seit Ende 1990 an deutschen Hochschulen staatlich geförderte Studien- und Forschungseinrichtung für Studienabsolventen, die den akademischen Titel des Doktors erwerben wollen. Ziel der G. ist es, Doktoranden verschiedener Hochschulen und verwandter Fachrichtungen an einem Ort die gemeinsame Arbeit an einem wissenschaftlichen Thema zu ermöglichen. Die Deutsche Forschungsgemeinschaft (DFG, Bonn), ein Zusammenschluß von Hochschulen, Forschungsinstituten und Wissenschaftsverbänden zur Förderung der Forschung, entscheidet über die Einrichtung von G. Bis Anfang 1992 wurden 142 G. eröffnet, an denen rd. 4000 Doktoranden forschten. Zum 1. 10. 1992 richtet die DFG 25 weitere G. ein, darunter erstmals vier in den ostdeutschen Bundesländern. Für 1993 stellen das Bundesministerium für Bildung und Wissenschaft sowie die Länder der DFG insgesamt 74 Mio DM für G. zur Verfügung (1992: 53 Mio DM, 1991: 30 Mio DM).

Gravitationswellen

Schwerkräfte im Weltall, die nach der allgemeinen Relativitätstheorie entstehen, wenn Masse bewegt wird. Sie setzen sich wie ein Echo wellenartig im Raum fort. G. sollen Ende der 90er Jahre mit Großversuchsanlagen erstmals experimentell nachgewiesen werden. Die Forscher versprechen sich eine Bestätigung für die Theorie des Urknalls, nach der das Universum in einer Explosion verdichteter Materie entstanden ist. Im Oktober 1991 bewilligte der US-Senat 212 Mio Dollar (324 Mio DM) für zwei unterirdische Beobachtungsstationen (LIGO) zur Messung von G. im Osten und Westen der USA. Mitte 1992 stand die Entscheidung des Bundesforschungsministeriums (BMFT) über das GEO-Projekt (Standort: Hannover) aus, nachdem Großbritannien seine Zusage zur finanziellen Beteiligung zurückgezogen hatte. Frankreich und Italien planten 1992 eine Anlage, VIRGO, bei Pisa.

Technik: Ein Laserstrahl wird von einem sog. Strahlteiler in zwei Wellen zerlegt. Diese Wellen werden getrennt durch zwei unterirdische, rechtwinklig angeordnete Vakuumröhren von mehreren Kilometern Länge geschickt und am Rohrende von einem Spiegel reflektiert. Wenn sie zum Strahlteiler zurückkommen, werden ihre Laufzeiten miteinander verglichen. Kommen die beiden Wellen nicht gleichzeitig wieder an, läßt dies auf eine Verzerrung durch G. schließen. Die Beobachtungsstationen sollen Verkrümmungen in einer Größenordnung nachweisen, die der Abweichung an einem Wasserstoffmolekül auf der Strecke zwischen Erde und Sonne entsprechen.

GEO: Niedersachsen und die Max-Planck-Gesellschaft tragen zur Finanzierung von GEO mit jeweils rd. 25 Mio DM bei. 100 Mio DM soll das BMFT übernehmen. GEO soll in erschütterungsarmen Gebiet bei Hannover entstehen, das für die empfindlichen Meßgeräte geeignet ist.

Greenpeace

(engl.; grüner Friede), internationale Umweltschutzorganisation mit Büros in 25 Staaten (Stand: Mitte 1992). G. will vor allem durch spektakuläre gewaltfreie Aktionen den Umweltschutz fördern. 1991/92 wurde G. in den Me-

dien vorgeworfen, Spendengelder nicht sofort für Umweltschutzprojekte zu verwenden. Mit einem jährlichen Spendenaufkommen von rd. 57 Mio DM war G. 1992 die finanzstärkste Umweltschutzorganisation in Deutschland. Die deutsche G.-Sektion hatte Ende 1991 finanzielle Rücklagen in Höhe von rd. 60 Mio DM. Zudem wurden der Organisation autoritäre Führungsstrukturen und ein Mangel an langfristigen Konzepten vorgeworfen. G. wies die Vorwürfe mit dem Argument zurück, daß ihr Konzept punktuelle Aktionen zu aktuellen Umweltproblemen beinhalte. Dies Vorgehen sei gerechtfertigt, weil es zu Erfolgen wie dem Verbot der → Treibnetzfischerei beigetragen habe. Die Finanzreserven würden u. a. benötigt, um schnell auf unvorhergesehene Situationen reagieren zu können.

Mitbestimmung: Die deutsche Sektion von G. hatte 1992 rd. 650 000 Fördermitglieder, die die Organisation regelmäßig finanziell unterstützen, und rd. 2000 aktive Mitglieder, die sich an G.-Aktionen beteiligen. Ehemalige G.-Mitglieder kritisierten 1992, daß die Fördermitglieder kein Stimmrecht besitzen. Lediglich 32 sog. Steuerungsmitglieder dürften über die Politik der deutschen G.-Sektion mitentscheiden. G. lehnte Ende 1991 eine Reform seiner internen Organisationsstruktur ab, weil eine Mitbestimmung der Fördermitglieder die Handlungsfähigkeit der Organisation gefährde. Als Zugeständnis an die Kritiker beschloß G., den aktiven Mitgliedern, die 1991/92 rd. 70 Regionalgruppen angehörten, einen Sitz im Vorstand von G. einzuräumen.

Entwicklungsländer: G. beschloß im Herbst 1991, seine Aktivitäten in → Entwicklungsländern auszuweiten, u. a. sollen Büros in Lateinamerika, Afrika und Südostasien eröffnet werden. Die Organisation will sich für ein Verbot von → Giftmüllexporten aus westlichen Staaten in sog. Dritte Welt einsetzen.

Organisation: Der Hauptsitz von G. International, das einen Beobachterstatus bei der UNO hat, liegt in Amster-

Zusammenarbeit bei der Messung der Gravitationswellen
Die USA, Deutschland, Frankreich und Italien wollen bei der Erforschung der Gravitationswellen eng zusammenarbeiten. Ab 2000 sollen die Daten der drei geplanten Beobachtungsstationen für Gravitationswellen miteinander verglichen werden. Dadurch soll eine Bestimmung der Richtung möglich sein, aus der die Schwerkräfte aus dem Weltraum auf die Erde treffen.

Matti Wuori
Greenpeace-Vorstandsvorsitzender
* 15. 7. 1945 in Helsinki/Finnland, finnischer Jurist. 1971–1973 journalistische Tätigkeiten, 1973–1992 Mitinhaber eines Anwaltsbüros für Menschenrechts- und Umweltfragen. Von 1986 bis 1990 Lehrauftrag für Jura an der Universität von Helsinki. Seit September 1991 Vorstandsvorsitzender von Greenpeace.

dam. 1991/92 eröffnete die Umweltorganisation Büros in Griechenland, Tunesien und der Tschechoslowakei. Vorstandsvorsitzender von G. International
ist seit September 1991 Matti Wuori/
Finnland (Stand: Mitte 1992).

GRO

(Gamma Ray Observatory, engl.; Gam-
mastrahlen-Observatorium), Satellit,
dessen Spezialteleskope die elektromagnetischen Gammastrahlen im
Weltraum messen, die ihren Ursprung
in Kernspaltungsvorgängen in fernen
Sonnensystemen haben. Der 1991 gestartete US-amerikanische → Satellit
(Kosten: 650 Mio Dollar) soll bis 1995
in einer Erdumlaufbahn in 450 m
Höhe bleiben. Die von GRO ermittelten Daten sollen Grundlage für eine
Weltraumkarte mit allen Gammastrah-
lenquellen sein, die Rückschlüsse auf
die Entstehung des Universums erlaubt. An 75% aller Meßtage regi-
striere GRO sog. Gamma-Blitze. Das
1972 als sichere Gammastrahlenquelle
entdeckte Himmelsobjekt Geminga erwies sich Mitte 1992 durch Messungen
von GRO und → ROSAT als Pulsar, ein
rotierender Überrest eines explodierten
Sterns.
Bis Mitte 1992 hatte GRO Quasare
(quasi-stellare Radioquellen, hell er-
leuchtete Objekte am Rand des Universums), Supernovae (explodierte Sterne), Galaxien und Schwarze Löcher als
Quellen der energiereichsten und kurz-
welligsten aller bekannten Strahlen
ausgemacht. Die für das menschliche
Auge unsichtbaren Gammastrahlen-
Blitze verteilen sich gleichmäßig im
Weltraum, blitzen für Sekundenbruch-
teile auf und verschwinden wieder. Die
Quellen der Blitze waren Mitte 1992
unbekannt.
GRO wird von → Solarzellen in sog.
Sonnenpaddeln (Spannweite: 21 m) mit
Energie versorgt. Vier Detektoren auf
der 8 m langen und 5 m breiten Platt-
form des 17 t schweren Satelliten registrieren Intensität und Richtung der
eintreffenden Gammastrahlen.

Großteleskop

Astronomisches Instrument zur Messung von Weltraumstrahlung. Mit Spie-
gelschirmen von mehreren Metern
Durchmesser fängt ein G. Strahlung
auf, die z. T. von weit entfernten Ster-
nensystemen stammt. Die Forscher erwarten Meßdaten, aus denen sie Erkenntnisse über die Entstehung des
Universums gewinnen können. Die Europäische Sternwarte beabsichtigte
1992, ab 1994 das VLT (Very Large Te-
lescope, engl.; sehr großes Teleskop) in
den Bergen Chiles zu errichten. Der
Standort wurde gewählt, weil in den
chilenischen Bergen die Luft besonders
klar ist und Strahlung präzise gemessen
werden kann. Deutsche und US-amerikanische Wissenschaftler planten für
1998 drei G. auf dem Mount Graham in
Arizona. Auf dem Mauna Kea auf Hawaii soll bis 2000 das US-amerika-
nisch-britische Supergemini gebaut
werden mit einem Spiegelschirm von
8 m Durchmesser.
Das VLT soll bis 1999 funktionsbereit
sein und mit vier Spiegeln von je 8 m
Durchmesser ausgestattet sein. Es soll
eine Reichweite von etwa 18 Mrd
Lichtjahren haben (1 Lichtjahr = 9460
Mrd km). Das rd. 500 Mio DM teure G.
wird von Deutschland, Frankreich, Italien, den Niederlanden und anderen europäischen Ländern finanziert.

Grundgesetz

Verfassung der Bundesrepublik
Deutschland. Der Einigungsvertrag
zwischen BRD und DDR vom 31. 8.
1990 sieht in Art. 5 vor, daß die gesetz-
gebenden Körperschaften in Deutschland innerhalb von zwei Jahren nach
der Vereinigung Vorschläge zur Änderung des G. ausarbeiten. Im Januar
1992 nahm die gemeinsame Verfassungskommission mit 64 Mitgliedern
aus → Bundestag und Bundesrat ihre Arbeit auf. Bis zum 31. 3. 1993 soll
sie einen Änderungsvorschlag ausarbeiten. Mitte 1992 bestand in der Kommission Konsens bei der Forderung

Rudolf Seiters, Bundesminister des Inneren
* 13. 10. 1937 in Osnabrück, deutscher Politiker (CDU). 1982–1989 Parlamentarischer Geschäftsführer der CDU/CSU-Bundestagsfraktion, 1989–1991 Kanzleramtsminister, ab November 1991 Bundesinnenminister.

Friedrich Bohl, Minister im Bundeskanzleramt
* 5. 3. 1945 in Rosdorf (Niedersachsen), deutscher Politiker (CDU). Ab 1980 MdB, 1989–1991 Parlamentarischer Geschäftsführer der CDU/CSU-Bundestagsfraktion, ab November 1991 Minister im Bundeskanzleramt.

nach mehr Mitwirkungsrechten der Bundesländer in der Gesetzgebung. Strittig waren neue Staatszielbestimmungen, eine Volksabstimmung über die geänderte Verfassung und die Frage, ob die Kommission auch Änderungen des G. beraten soll, die nicht im Einigungsvertrag erwähnt werden.

Länderkompetenzen: Eine Mehrheit zeichnete sich Mitte 1992 für eine Änderung des Art. 24 GG ab, mit dem Ziel, die Rechte der Länder bei der europäischen Einigung zu stärken. Hoheitsrechte sollen nur noch mit der Zustimmung der Bundesländer an die EG abgetreten werden können.

Staatsziele: Die Kommission befürwortete Mitte 1992 die Aufnahme der Staatsziele Umweltschutz und Schaffung eines vereinten Europas in das G. SPD und Bündnis 90/Grüne forderten darüber hinaus die Formulierung der Grundrechte auf Arbeit und Wohnung.

Volksabstimmung: Der damalige Justizminister Klaus Kinkel (FDP), SPD, Grüne und Bundestagspräsidentin Rita Süssmuth (CDU) sprachen sich Anfang 1992 dafür aus, die Bevölkerung über die geänderte Verfassung abstimmen zu lassen. Der ehemalige SPD-Vorsitzende Hans-Jochen Vogel schlug vor,

nach der Abstimmung das geänderte G. in Bundesverfassung umzubenennen, um seinen endgültigen Charakter deutlich zu machen. Die CDU lehnte eine Volksabstimmung ab.

Umfang: Nicht einig waren sich die Vertreter in der Verfassungskommission über den Umfang ihres Auftrages. Die CDU argumentierte, in der Kommission sollten nur Änderungen beraten werden, die durch die Vereinigung Deutschlands nötig geworden wären. SPD und Bündnis 90/Grüne forderten die Festschreibung des Verzichts auf → ABC-Waffen, die Schaffung eines kommunalen Wahlrechts für → Ausländer und eine stärkere Beteiligung der Bürger an der politischen Willensbildung durch Volksentscheide.

Verfahren: Bundestag und Bundesrat entsenden jeweils 32 Mitglieder in die Verfassungskommission. Den Vorsitz übten 1992 Rupert Scholz (CDU) und Henning Voscherau (SPD) gleichberechtigt aus. Die Kommission sowie Bundestag und Bundesrat müssen der neuen Verfassung jeweils mit Zweidrittel-Mehrheit zustimmen.

Grundlagenforschung

Wissenschaftliche Suche nach neuen Erkenntnissen ohne einen auf unmittelbare Anwendung gerichteten Zweck. Im Haushalt des deutschen Bundesministeriums für Forschung und Technologie waren 1992 rd. 3,7 Mrd DM für G. vorgesehen; das entsprach rd. 40% des Gesamtetats.

Die G. in Deutschland umfaßt vor allem folgende Bereiche:
▷ Kernphysik und Hochenergiephysik (→ Teilchenbeschleuniger)
▷ Weltraumforschung (→ Raumfahrt)
▷ Geowissenschaften
▷ Meeres- und Polarforschung (→ Antarktisvertrag)
▷ Energieforschung (→ Kernfusion)
▷ →Biotechnik
▷ Medizin
▷ Mikroelektronik (→ Chip)
▷ Geistes- und Sozialwissenschaften.

Kuratorium schlägt Grundgesetzreform vor
Das Kuratorium für einen demokratisch verfaßten Bund Deutscher Länder, in dem u. a. Politiker von Bündnis 90/Grüne und SPD, Journalisten sowie Rechtsexperten vertreten sind, legte Ende 1991 einen Entwurf für ein neues Grundgesetz vor, der sich auf Überlegungen der DDR-Bürgerrechtsbewegungen für eine neue DDR-Verfassung vom April 1990 stützt. In dem Vorschlag sind z. B. eine grundgesetzlich festgelegte Frauenquote in politischen Gremien, ein kommunales Wahlrecht für Ausländer und eine Verpflichtung des deutschen Staates zur Abrüstung vorgesehen.

Grundlagenforschung in Teilchenphysik und Genetik
In den USA konzentrierte sich Anfang der 90er Jahre die staatlich finanzierte Grundlagenforschung auf zwei Großprojekte der Teilchenphysik und der Genetik. 935 Mio DM sind 1992 für die Entwicklung eines supraleitenden Teilchenbeschleunigers vorgesehen und 296 Mio DM (Anstieg gegenüber 1991: 45%) für die Analyse des menschlichen Genoms.

G. wird in Deutschland vor allem an den 15 Großforschungseinrichtungen betrieben sowie an Hochschulen und Instituten der Deutschen Forschungsgemeinschaft, der Max-Planck-Gesellschaft und den beiden Akademien der Wissenschaft.

Grundsicherung

→ Mindestrente

Bundesvorstand der Grünen 1992

Sprecher
Ludger Volmer
Christine Weiske

Politische Geschäftsführerin
Heide Rühle

Beisitzer
Renate Backhaus
Angelika Beer
Undine von Blottnitz
Friedrich Heilmann
Helmut Lippelt

Die Grünen

1980 in Westdeutschland gegründete Partei mit rd. 40 000 Mitgliedern (Stand: Mitte 1992). Bei der Bundestagswahl 1990 verfehlten die G. mit einem Stimmenanteil von 3,8% den Einzug ins Parlament, der Wahlzusammenschluß aus ostdeutschen Grünen und Bündnis 90 (→ Bündnis 90/Grüne) konnte acht Bundestagsmandate gewinnen. Im Mai 1992 sprach sich der Bundesparteitag der G. für die Gründung einer gemeinsamen Partei mit dem Bündnis 90 aus. Seit 1990 sind die G. mit den ostdeutschen Grünen zu einer Partei zusammengeschlossen. Bei den → Wahlen in Bremen (September 1991; Stimmenanteil: 11%) und Baden-Württemberg (April 1992; 9,5%) gelang den G. der erneute Einzug in die Länderparlamente. In Schleswig-Holstein (April 1992) scheiterten die G. mit 4,9% der Stimmen an der 5%-Hürde.

Parteigründung: G. und Bündnis 90 wollen sich spätestens zur Bundestagswahl 1994 vereinigen. Auf ihrem Parteitag erkannten die G. die Rolle des Marktes als Steuerungsinstrument der Wirtschaft an und erklärten sich bereit, ihre Deutschlandpolitik in den 80er Jahren aufzuarbeiten. Sie erfüllten damit Bedingungen des Bündnis 90 für den Zusammenschluß. Das Bündnis 90 warf den G. vor, sie hätten die Bürgerrechtsbewegungen der DDR zu wenig unterstützt.

Die Realpolitiker Antje Vollmer und Joschka Fischer setzten sich dafür ein, vor dem Zusammenschluß Prinzipien der G. abzuschaffen, z. B. die Rotation

Christine Weiske, Sprecherin der Grünen
* 11. 12. 1949 in Berlin/Ost, deutsche Politikerin (Die Grünen). Ab Oktober 1989 Mitglied der Grünen der DDR, ab Februar 1990 Vorstandsmitglied, ab Dezember 1990 im Bundesvorstand der Grünen, ab April 1991 dessen Sprecherin.

Ludger Volmer, Sprecher der Grünen
* 17. 2. 1952 in Gelsenkirchen, deutscher Politiker (Die Grünen). Gründungsmitglied der Grünen, dem fundamentalistischen Parteiflügel zugerechnet, 1987–1990 Mitglied des Bundestags. Ab April 1991 Sprecher des Bundesvorstands.

der Abgeordneten, die Trennung von Parteiamt und Mandat sowie die Frauenquote bei der Besetzung von Parteiämtern.

Regierungsbeteiligung: In der Bremer Bürgerschaft bildeten die G. eine sog. Ampelkoalition mit SPD und FDP. In Niedersachsen und Hessen koalieren die G. seit 1990 bzw. 1991 mit der SPD. Nach dem Austritt von etwa 300 linksorientierten Fundamentalisten um die ehemalige Sprecherin der G., Jutta Ditfurth, im Sommer 1991 hat bei den G. der realpolitische Flügel die Mehrheit, der die Übernahme von Regierungsverantwortung befürwortet.

Ziele: Die G. plädierten 1992 für eine ungehinderte Zuwanderungsmöglichkeit nach Deutschland. Außerdem forderten die G. die Abschaffung des § 218 StGB, der → Schwangerschaftsabbruch in Westdeutschland unter Strafe stellt, und befürworteten statt dessen die Übernahme der ostdeutschen Fristenregelung, die Abtreibung in den drei ersten Monaten der Schwangerschaft erlaubt. Die G. setzten sich für eine Volksabstimmung ein, mit der über die geänderte Verfassung im vereinigten Deutschland (→ Grundgesetz) entschieden werden soll.

Grüne Alternative

1986 in Österreich gegründete Partei mit dem Programmschwerpunkt Umweltschutz. Bei den Wahlen zum Nationalrat 1990 erzielte die G. 4,5% der Stimmen und zog erneut ins Parlament ein (Stimmenverlust gegenüber 1987: 0,3 Prozentpunkte). Bundesgeschäftsführer waren Mitte 1992 Franz Renkin und Franz Floss. Die G. war 1992 in den Landesparlamenten von Tirol, Vorarlberg, Salzburg und Wien vertreten. Ende 1991 sprach sich die G. gegen den Beitritt Österreichs zur Europäischen Gemeinschaft (EG) und zum Europäischen Wirtschaftsraum (→ EWR) aus. Außerdem setzte sie sich für einen sanften → Tourismus in Österreich und für die Verringerung des → Alpentransitverkehrs ein. Die G. plädiert für den Ausstieg aus der → Atomenergie und forderte 1991/92 die österreichische Regierung auf, Bulgarien in der Energiepolitik zu unterstützen, um ein sofortiges Abschalten der bulgarischen, als unsicher geltenden Atomkraftwerke zu ermöglichen.

Grüner Punkt

→ Verpackungsmüll

Grünes Kreuz

Auf der UNO-Umweltkonferenz in Rio de Janeiro/Brasilien im Juni 1992 gegründete internationale Organisation, die bei Umweltkatastrophen Helfer in das betroffene Gebiet entsendet. Das G. soll dazu beitragen, ökologische Schäden einer Katastrophe zu begrenzen. Wie bei der humanitären Hilfsorganisation Rotes Kreuz sind Niederlassungen in allen Staaten geplant. Das G. soll mit der von der UNO 1992 gegründeten sog. Umwelt-Alarmzentrale in Genf/Schweiz zusammenarbeiten, die eine Datenbank über Maßnahmen bei Katastrophen einrichtet. Vorsitzender des G. ist Michail Gorbatschow, letzter Präsident der ehemaligen UdSSR (Stand: Mitte 1992).

GUS

(Gemeinschaft Unabhängiger Staaten), im Dezember 1991 gegründeter Staatenbund der elf ehemaligen Sowjetrepubliken Rußland, Weißrußland, Armenien, Ukraine, Aserbaidschan, Kasachstan, Kirgisien, Moldawien, Tadschikistan, Turkmenien und Usbekistan. Ziel der GUS ist eine gemeinsame Wirtschafts-, Außen- und Verteidigungspolitik. Bis Mitte 1992 wurden aufgrund von nationalen Interessengensätzen wie dem Streit zwischen Rußland und der Ukraine um die Schwarzmeerflotte nur geringe Fortschritte erzielt. Die GUS-Staaten beschlossen im Juli 1992, eine Friedenstruppe zur Bekämpfung von → Nationalitäten-Konflikten in der ehemaligen UdSSR aufzustellen. Sie einigten sich auf eine einheitliche Geldpolitik unter Leitung der russischen Zentralbank. In Aserbaidschan kündigte die islamisch orientierte Volksfront den Austritt aus der GUS an. Die GUS-Staaten befanden sich in einer Wirtschaftskrise.

Auflösungserscheinungen: Die Mitglieder der GUS waren 1991/92 nur bedingt zur Aufgabe nationaler Kompetenzen bereit, weil sie eine Bevormundung durch Rußland, den größten und wirtschaftlich bedeutendsten GUS-Staat, fürchteten. Einige Länder, z. B. Tadschikistan, Moldawien, Armenien und Aserbaidschan, waren durch innere Unruhen und Nationalitäten-Konflikte politisch geschwächt. Die zentralasiatischen Republiken der GUS waren in erster Linie daran interessiert, untereinander und mit den moslemischen Nachbarländern Iran, Pakistan und der Türkei zu kooperieren (→ Zentralasiatische Wirtschaftszone).

Wirtschaftsprobleme: Das Bruttosozialprodukt der GUS lag 1991 um 17% niedriger als im Vorjahr. Ursachen für die Wirtschaftskrise waren vor allem der Zusammenbruch der in der UdSSR bestehenden Arbeitsteilung zwischen den einzelnen Republiken und die Umstellung von der Plan- zur Marktwirtschaft (→ Osteuropa). Die Internatio-

Sinkende Nationaleinkommen in den Staaten der GUS 1991

Land	Veränderung* (%)
Aserbaidschan	– 0,4
Turkmenien	– 0,6
Usbekistan	– 0,9
Weißrußland	– 3
Kirgisien	– 5
Tadschikistan	– 9
Kasachstan	– 10
Armenien	– 11
Rußland	– 11
Ukraine	– 11
Moldawien	– 12

Gegenüber 1990; Quelle: Neue Zürcher Zeitung, 4. 3. 1992

Die Staaten der GUS

Armenien
Hauptstadt: Eriwan
Präsident:
Levon Ter-Petrosjan
Produktion 1991
(% der GUS):
Erdöl: –
Erdgas: –
Getreide: 0,15
Pro-Kopf-Einkommen
1989: 8 200 DM

Aserbaidschan[1)]
Hauptstadt: Baku
Präsident:
Abulfas Eltschibej
Produktion 1991
(% der GUS):
Erdöl: 2,27
Erdgas: 1,06
Getreide: 0,75
Pro-Kopf-Einkommen
1989: 6 600 DM

Kasachstan
Hauptstadt: Alma-Ata
Präsident:
Nursultan Nasarbajew
Produktion 1991
(% der GUS):
Erdöl: 5,17
Erdgas: 0,97
Getreide: 8,01
Pro-Kopf-Einkommen
1989: 6 500 DM

Kirgisien
Hauptstadt: Bischkek
Präsident:
Askar Akajew
Produktion 1991
(% der GUS):
Erdöl: 0,02
Erdgas: 0,01
Getreide: 0,40
Pro-Kopf-Einkommen
1989: 5 300 DM

Moldawien
Hauptstadt: Kischinjow
Präsident:
Mircea Snegur
Produktion 1991
(% der GUS):
Erdöl: –
Erdgas: –
Getreide: 1,21
Pro-Kopf-Einkommen
1989: 6 700 DM

Weißrußland
Moldawien
Ukraine
Armenien
Aserbaidschan
Rußland
Kasachstan
Usbekistan
Turkmenien
Tadschikistan
Kirgisien

0   1000 km

Rußland
Hauptstadt: Moskau
Präsident:
Boris Jelzin
Produktion 1991
(% der GUS):
Erdöl: 89,57
Erdgas: 79,32
Getreide: 56,6
Pro-Kopf-Einkommen
1989: 10 200 DM

1) Austritt im Juni 1992 angekündigt

Stand: Mitte 1992 © Harenberg

Tadschikistan
Hauptstadt: Duschanbe
Präsident:
Rachman Nabijew
Produktion 1991
(% der GUS):
Erdöl: 0,02
Erdgas: 0,01
Getreide: 0,23
Pro-Kopf-Einkommen
1989: 4 100 DM

Turkmenien
Hauptstadt: Aschchabad
Präsident:
Saparmurad Nijasow
Produktion 1991
(% der GUS):
Erdöl: 1,05
Erdgas: 10,34
Getreide: 0,23
Pro-Kopf-Einkommen
1989: 5 900 DM

Ukraine
Hauptstadt: Kiew
Präsident:
Leonid Krawtschuk
Produktion 1991
(% der GUS):
Erdöl: 0,95
Erdgas: 3,01
Getreide: 28,35
Pro-Kopf-Einkommen
1989: 8 200 DM

Usbekistan
Hauptstadt: Taschkent
Präsident:
Islam Karimow
Produktion 1991
(% der GUS):
Erdöl: 0,54
Erdgas: 5,16
Getreide: 1,43
Pro-Kopf-Einkommen
1989: 4 800 DM

Weißrußland
Hauptstadt: Minsk
Präsident: Stanislaw
Schuschkjewitsch
Produktion 1991
(% der GUS):
Erdöl: 0,41
Erdgas: 0,04
Getreide: 2,73
Pro-Kopf-Einkommen
1989: 10 400 DM

nale Arbeitsorganisation (ILO, Genf/ Schweiz) rechnete im April 1992 damit, daß bis Ende 1992 mit 15 Mio Menschen rd. 12% der arbeitsfähigen Bevölkerung in der GUS arbeitslos sein werden. Das Ifo-Institut für Wirtschaftsforschung (München) schätzte 1991 den Investitionsbedarf der früheren UdSSR auf 305 Mrd DM pro Jahr. **Westliche Hilfe:** Die westlichen Industriestaaten gaben der UdSSR und ihren Nachfolgestaaten von September 1990 bis Januar 1992 Finanzzusagen in Höhe von rd. 130 Mrd DM, die bis Mitte 1992 nur zu einem Teil ausgezahlt waren, weil sie sich auf einen Zeitraum von mehreren Jahren erstrecken. Drei Viertel der Finanzhilfe stammten aus EG-Ländern. Deutschland war mit 73 Mrd DM der größte Geldgeber.

Schulden: Anfang 1992 beliefen sich die privaten und öffentlichen Auslandsschulden der GUS auf 65 Mrd Dollar (99 Mrd DM), die Zinsverpflichtungen für 1992 wurden auf rd. 10 Mrd Dollar (15 Mrd DM) geschätzt. Die GUS-Mitglieder hatten bis Mitte 1992 keine Einigung darüber erzielt, welche Republiken in der Rechtsnachfolge der ehemaligen UdSSR deren Schulden übernehmen sollen. **Sicherheitspolitik:** Die GUS-Friedenstruppe soll u. a. in Moldawien eingesetzt werden. Im Mai 1992 schlossen Rußland, Kasachstan, Usbekistan, Tadschikistan, Turkmenien und Armenien einen Sicherheitspakt, der im Fall einer militärischen Aggression den Beistand aller Vertragspartner vorsieht. Die elf GUS-Mitglieder hatten sich im Dezember 1991 darauf geeinigt, die konventionellen Streitkräfte der ehemaligen Sowjetarmee in gemeinsame GUS-Streitkräfte umzuwandeln. Bis Mitte 1992 planten einige GUS-Staaten, z. B. Rußland, Moldawien und die Ukraine, zudem den Aufbau einer eigenen Armee und beanspruchten dafür Teile der ehemaligen sowjetischen Armee. Die elf GUS-Mitglieder waren sich einig, die → Atomwaffen der ehemaligen UdSSR einer gemeinsamen Kontrolle zu unterstellen. Mitte 1992 waren alle GUS-Staaten Mitglieder in der Konferenz für Sicherheit und Zusammenarbeit in Europa (→ KSZE) und im → Nordatlantischen Kooperationsrat.

Organisation: Höchstes Gremium der GUS ist der Rat der Staatsoberhäupter. Er tritt zweimal jährlich zusammen und hat einen wechselnden Vorsitz. Der Rat der Regierungschefs, der ebenfalls zweimal pro Jahr zusammentritt, trifft Entscheidungen über die grundlegende Politik der Gemeinschaft. Im März 1992 wurde die Einrichtung eines GUS-Parlaments aus Regierungsvertretern der Mitgliedstaaten beschlossen, das jedoch keine gesetzgebende Funktion, sondern nur beratenden Charakter besitzt.

H

Halogenlampe

Glühlampe, die bei einer Betriebstemperatur von etwa 3200 °C (herkömmliche Glühlampe: max. 2900 °C) weißes Licht erzeugt und Farben naturgetreu wiedergibt. Im August 1991 stellten der TÜV Norddeutschland (Hamburg) und das Bundesamt für Strahlenschutz (BfS, Salzgitter) fest, daß sich das Hautkrebsrisiko für Personen um 5% erhöht, die jährlich 500 Stunden in 30 cm Abstand von einer 50-W-H. ohne Schutzglas zubringen. Nach zwei Stunden Aufenthalt werde durch die ultraviolette Strahlung (UV-Licht) der H. die Schwelle zum Son-

nenbrand bei Hellhäutigen überschritten. BfS und TÜV stellten fest, daß bei H. mit Schutzglas (herkömmliches Fensterglas), das die UV-Strahlung weitgehend abschirmt, die Strahlenbelastung so gering sei, daß selbst lichtempfindliche Personen nicht mit Schäden zu rechnen hätten. Der Verband der Deutschen Elektrotechniker (VDE/Frankfurt/M.) schlug Ende 1991 eine Schutzglasvorschrift für H. vor.

Handelsbilanz

→ Außenwirtschaft

Haushalte, Öffentliche

Einnahmen und Ausgaben des Staates. In Deutschland zählen zu den H. im wesentlichen die Etats von Bund, Ländern und Gemeinden sowie der Sozialversicherungen (→ Bundesanstalt für Arbeit → Krankenversicherung → Rentenreform). Die H. wurden 1992 insbes. durch die Kosten für den Aufbau der Wirtschaft in Ostdeutschland belastet. Es war umstritten, in welchem Maß zur Finanzierung und zur Konsolidierung der H. Ausgaben gekürzt, Steuern u. a. Abgaben erhöht oder die Verschuldung vermehrt werden sollen. Die Planungen der CDU/CSU/FDP-Bundesregierung für den Haushalt des Bundes 1993 sahen Mitte 1992 einen Anstieg der Ausgaben um 2,5% gegenüber dem Vorjahr auf 435,7 Mrd DM vor. Einschließlich eines Nachtrags vom Juni 1992 wies der Haushalt 1992 einen Umfang von 425,1 Mrd DM auf. 1992 begannen Diskussionen um die Ausgestaltung des → Länderfinanzausgleichs ab 1995. Die EG bereitete 1992 die Finanzplanung für 1993–1997 vor (→ EG-Haushalt).

Staatsverschuldung: Der → Internationale Währungsfonds (IWF) und die Deutsche → Bundesbank kritisierten die Erhöhung der → Staatsverschuldung in der BRD seit Beitritt der DDR 1990. Als Hauptgefahren sahen sie die Einschränkung des staatlichen Handlungsraums durch die zu zahlenden

Sonnenbrand durch Halogenlampen

Fabrikat[1]	Sonnenbrand nach h[2]
Thorn 12 V/50 W mit Reflektor	4
Osram 12 V/50 W mit Reflektor	8
Lindner 12 V/75 W mit Reflektor	8
Ikea 12 V/100 W mit Reflektor	8
Ikea 12 V/20 W mit Reflektor „Rapsodi"	12
Osram 12 V/50 W ohne Reflektor	16
Philips 12 V/50 W ohne Reflektor	16

1) Lampen ohne Schutzglas; 2) Dauer bis zum Erreichen kritischer Werte bei einem Abstand von der Lampe von 30 cm; Quelle: TÜV-Norddeutschland

Schätzung der deutschen Steuereinnahmen

Haushalte	Einnahmen* (Mrd DM)	
	1991	1992
Bund	317,8	350,2
Länder	227,9	249,2
Gemeinden	84,8	91,7
EG	31,5	37,4
Insgesamt	661,9	728,5

* Schätzergebnisse des Arbeitskreises Steuerschätzungen vom Mai 1992; Quelle: Bundesfinanzministerium

Öffentliche Haushalte in Daten und Zahlen

Ausgaben und Einnahmen der öffentlichen Haushalte in der BRD

Jahr	Insgesamt[1]	Bund	Länder	Gemeinden	Sozialversicherungen[2]
Ausgaben (Mrd DM)					
1988	1 021,7	278,2	270,1	184,4	394,8
1989	1 051,8	292,9	282,7	194,3	400,5
1990	1 121,5	311,5	300,0	209,5	425,0
1991	1 433,5	405,5	405,0	271,0	544,0
Einnahmen (Mrd DM)					
1988	966,9	242,2	253,7	185,1	393,3
1989	1 042,8	277,9	275,1	196,0	413,7
1990	1 091,0	290,5	280,5	205,5	441,0
1991	1 324,0	353,5	375,0	267,0	557,0
Saldo (Mrd DM)					
1988	− 54,8	− 36,0	− 16,3	+ 0,6	− 1,5
1989	− 9,0	− 15,0	− 7,6	+ 1,7	+ 13,2
1990	− 30,5	− 21,0	− 19,5	− 4,0	+ 16,0
1991	−109,5	− 52,0	− 30,0	− 4,0	+ 13,0

1) Bund, Länder, Gemeinden, kommunale Zweckverbände, Lastenausgleichsfonds, Sondervermögen des Europäischen Wiederaufbauprogramms (ERP), EG-Anteile, Sozialversicherungen, bereinigt um Zahlungen der Gebietskörperschaften an die Sozialversicherungen; 2) Gesetzliche Rentenversicherung, Bundesanstalt für Arbeit, gesetzliche Krankenversicherung, gesetzliche Unfallversicherung, landwirtschaftliche Alterskassen, Zusatzversorgung für den öffentlichen Dienst; Quelle: Deutsche Bundesbank

Verschuldung der öffentlichen Haushalte

Jahr	Insgesamt[1]	Bund	Fonds Deutsche Einheit	Verschuldung der ehemaligen DDR[2]	ERP-Sondervermögen[3]	Länder	Gemeinden
Nettoneuverschuldung (Mrd DM)							
1988	54,2	34,7	–	–	0,1	18,0	1,5
1989	25,8	15,4	–	–	1,1	7,3	2,1
1990	124,7	51,6	19,8	27,6	2,4	18,9	4,2
1991	117,3	44,3	30,7	−0,2	6,9	23,2	12,4
Schuldenstand[4] (Mrd DM)							
1988	903,0	475,2	–	–	6,0	302,6	119,3
1989	928,8	490,5	–	–	7,1	309,9	121,4
1990	1053,4	542,2	19,8	27,6	9,5	328,8	125,6
1991	1170,4	586,5	50,4	27,5	16,4	352,0	138,0

1) Bund, Länder, Gemeinden, kommunale Zweckverbände, Lastenausgleichsfonds, Sondervermögen des Europäischen Wiederaufbauprogramms (ERP), EG-Anteile, Sozialversicherungen, bereinigt um Zahlungen der Gebietskörperschaften an die Sozialversicherungen; 2) Sog. Kreditabwicklungsfonds; 3) European Recovery Program (engl.: Europäisches Wiederaufbauprogramm); 4) Am Jahresende; Quelle: Deutsche Bundesbank

Ausgaben von Bund, Ländern und Gemeinden[1]

Jahr	Insgesamt	Personalausgaben	Laufender Sachaufwand	Laufende Zuschüsse	Zinsausgaben	Sachinvestitionen	Finanzierungshilfen
1988	673,6	216,5	105,0	192,6	60,4	58,2	40,4
1989	700,8	222,8	111,5	202,6	61,2	62,2	41,1
1990	748,0	235,0	119,5	214,5	65,0	67,0	47,0
1991	959,5	287,0	142,5	293,5	77,0	87,5	70,0

1) Inkl. kommunale Zweckverbände, Lastenausgleichsfonds, Sondervermögen des Europäischen Wiederaufbauprogramms (ERP), EG-Anteile; Quelle: Deutsche Bundesbank

Steuereinnahmen nach Empfängern

Haushalt	Einnahmen (Mio DM)	
	1991	1990
Bund	321 334	261 832
Länder	224 322	191 266
Ostdeutsche Bundesländer	19 138	–
EG	31 494	21 384
Bund, Länder und EG	577 150	474 482
Gemeinden	84 676	74 447
Ostdeutsche Gemeinden	2 817	–
Steuereinnahmen insgesamt	661 902	549 667

Quelle: Deutsche Bundesbank

Steuereinnahmen nach Arten

Steuerart	Einnahmen (Mio DM)	
	1991	1990
Insgesamt	641 631	548 077
Gemeinschaftliche Steuern		
Lohnsteuer	204 578	177 591
Veranlagte Einkommensteuer	41 202	36 519
Körperschaftsteuer	31 368	30 090
Kapitalertragsteuer	11 349	10 832
Einkommensteuer zus.	288 496	255 032
Mehrwertsteuer	94 312	78 012
Einfuhrumsatzsteuer	79 741	69 573
Umsatzsteuer zus.	174 053	−147 585
Gewerbesteuerumlage	5 961	5 572
Insgesamt	468 510	408 189
Bundessteuern		
Mineralölsteuer	47 266	34 621
Tabaksteuer	19 591	17 402
Versicherungsteuer	5 862	4 433
Branntweinabgaben	5 648	4 229
Börsenumsatzsteuer Gesellschaftsteuer und Wechselsteuer	1 041	1 869
Sonstige Bundessteuern	14 215	3 324
Insgesamt	93 623	65 879
Ländersteuern		
Kraftfahrzeugsteuer	11 011	8 313
Vermögensteuer	6 729	6 333
Erbschaftsteuer	2 636	3 022
Biersteuer	1 647	1 355
Sonstige Ländersteuern	7 090	6 345
Insgesamt	27 117	25 368
Gemeindesteuern		
Gewerbesteuer	41 296	38 796
Grundsteuern	9 905	8 724
Sonstige Gemeindesteuern	1 180	1 121

Quelle: Deutsche Bundesbank

Zinsen, die Zunahme der → Inflation und die Beeinträchtigung der → Konjunktur-Entwicklung. Gegenüber 1989 nimmt die in verschiedenen Haushalten geführte Neuverschuldung des Bundes 1992 um 212,3% auf 63,4 Mrd DM zu. **Steuererhöhungen:** Auch Abgabenerhöhungen bergen das Risiko von Preisanstieg und Konjunktur-Belastung. Die Bundesregierung plante für 1993 eine Erhöhung der → Mehrwertsteuer von 14 auf 15%. 1991/92 hatte sie Abgaben im Umfang von 46 Mrd DM erhöht. Betroffen waren direkte Steuern (Lohn-, Einkommen-, Körperschaftsteuer), Verbrauchsteuern (Mineralöl-, Kfz-, Versicherung-, Tabaksteuer), → Sozialabgaben sowie die Telefongebühren. → EG-Steuerharmonisierung
Ausgabenkürzungen: Der IWF schlug 1992 Kürzungen im Bereich Verteidigung (→ Bundeswehr) und der → Subventionen, insbes. in der → Agrarpolitik, vor. Bundesfinanzminister Theo Waigel (CSU) plante für 1993–1996 eine Beschränkung des Ausgabenanstiegs für den Bundeshaushalt auf 2,5% pro Jahr sowie eine Verringerung der Verschuldung und den Verzicht auf weitere Abgabenerhöhungen.
Schattenhaushalte: OECD und Bundesrechnungshof kritisierten 1991/92, daß die Übersicht über die Staatsfinanzen durch die Führung von Sonderhaushalten erschwert werde. Kredite für Ostdeutschland wurden außer im Bundeshaushalt im sog. ERP-Haushalt des Bundes, vom → Fonds Deutsche Einheit und dem Kreditabwicklungsfonds, der die Verschuldung der ehemaligen DDR verwaltet, aufgenommen.
Ostdeutschland: Die Deutsche Bundesbank errechnete, daß 1992 ca. 218 Mrd DM von westdeutschen H. nach Ostdeutschland übertragen werden, insbes. durch Bund, Bundesanstalt für Arbeit, ERP (→ Existenzgründungen) und Fonds Deutsche Einheit. Der Fonds Deutsche Einheit sieht für 1990–1994 rd. 146,3 Mrd DM für den wirtschaftlichen Aufbau Ostdeutschlands vor. Das → Gemeinschaftswerk Aufschwung Ost stellt 1991 und 1992 je 12 Mrd DM

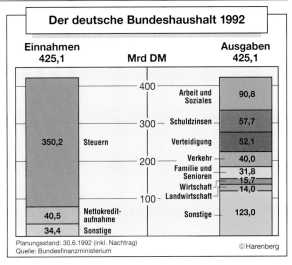

Der deutsche Bundeshaushalt 1992

Einnahmen 425,1 — Mrd DM — Ausgaben 425,1

Einnahmen:
- Steuern: 350,2
- Nettokreditaufnahme: 40,5
- Sonstige: 34,4

Ausgaben:
- Arbeit und Soziales: 90,8
- Schuldzinsen: 57,7
- Verteidigung: 52,1
- Verkehr: 40,0
- Familie und Senioren: 31,8
- Wirtschaft: 15,7
- Landwirtschaft: 14,0
- Sonstige: 123,0

Planungsstand: 30.6.1992 (inkl. Nachtrag)
Quelle: Bundesfinanzministerium   © Harenberg

zur Förderung der Konjunktur-Entwicklung in den neuen Bundesländern zur Verfügung. Zudem ist ganz Ostdeutschland in die → Regionalförderung der EG einbezogen.
Einnahmen: Die H. finanzieren sich durch Kreditaufnahme und Erhebung von Abgaben. Zu den Abgaben zählen Gebühren (z. B. Telefon), Beiträge (z. B. Sozialversicherungen), Ablieferungen von Bundesbank und Bundespost und insbes. Steuern. Die Bundesregierung plante, zur → Zinsbesteuerung ab 1993 eine 30%ige Quellensteuer einzuführen. Für Ende 1992 wurde eine Entscheidung des Bundesverfassungsgerichts erwartet, ob der → Steuer-Grundfreibetrag erhöht werden muß. Steuererleichterungen für Unternehmen durch eine → Unternehmensteuerreform wurden durch Pläne für eine → Steuerreform bei den Einkommensteuern 1993/95 ersetzt. → EG-Steuer → Energiesteuer → Ökosteuer
Ausgaben: Öffentliche Ausgaben erfolgen für staatliche Aufgaben (z. B. Sozialleistungen, Verteidigung, Verkehr) und als Subventionen für Konjunktur-Entwicklung oder Branchen-Förderung (z. B. Landwirtschaft, Kohle, Werften, Wohnungsbau).

Leistungen westdeutscher Haushalte an Ostdeutschland 1992

Haushalt	Zahlungen (Mrd DM)
Bund	109
Bundesanstalt für Arbeit*	30
Zinsverbilligte Darlehen (ERP)	25
Fonds Deutsche Einheit	24
Rentenversicherung*	14
Länder und Gemeinden	12
EG	4
Insgesamt	218

*Defizit in Ostdeutschland;
Quelle: Berechnungen der Deutschen Bundesbank von März 1992

Haushüter-Agenturen

Unternehmen vermitteln ihren Kunden Senioren, die während der Abwesenheit des Auftraggebers in dessen Haus oder Wohnung ziehen. Mit der Dienstleistung soll verhindert werden, daß in die leerstehende Wohnung eingebrochen wird. Die Senioren übernehmen darüber hinaus z. B. Gartenarbeiten und die Versorgung von Haustieren. 1991 gab es rd. 80 H. in Deutschland, die nach Angaben des Verbands Deutscher Haushüter-Agenturen (VDHA, Eschborn) 1600 Senioren für durchschnittlich 14 Tage an rd. 3500 Kunden vermitteln.

Pro Tag müssen die Kunden rd. 70 DM an die H. bezahlen, die Betreuung von Kindern oder älteren Familienmitgliedern kostet zusätzlich 30–50 DM pro Tag. Die Senioren erhalten eine Vergütung von 500 DM pro Monat. Sie dürfen die fremde Wohnung maximal drei Stunden am Tag verlassen.

H-Bahn

(Hängebahn), vollautomatisches, fahrerloses öffentliches Nahverkehrsmittel. Die H. ist an Schienen aufgehängt, die in ca. 7 m Höhe von Stützen (Abstände: 30–40 m) getragen werden. 1992 wurde die H.-Probestrecke in Dortmund erweitert und soll ab 1993 mit Fahrpreisen sowie S-Bahn- und

Die H-Bahn (Hängebahn) verbindet ab 1984 die beiden ca. 1 km auseinanderliegenden Zentren der Universität Dortmund. Bis Mitte 1992 beförderte sie rd. 5 Mio Fahrgäste. Die Erweiterung um 650 m 1992 kostete 38 Mio DM. Als nächste Strecken waren der Anschluß eines Technologieparks und des Dortmunder Stadtteils Barop geplant.

Busanschluß erstmals in den → Öffentlichen Nahverkehr einbezogen werden. Die H. kann bis zu 20 000 Personen pro Stunde befördern (U-Bahn/S-Bahn: 80 000) und ist damit insbes. für Zubringerdienste, Messegelände und Flughäfen geeignet, ähnlich wie die Konkurrentin → M-Bahn.

Die H. wird von einer Leitzentrale ferngesteuert, die Fahrzeuge können so in kurzen Abständen von bis zu 15 sec verkehren. Die Kabinen bieten 42 Personen Platz und können nach Fahrplan oder auf Anforderung durch Knopfdruck (wie beim Lift) fahren. Die Wagen laufen auf je acht Gummirädern in Metallkästen, ähnlich wie Gardinenröllchen. Elektromotoren verleihen der H. eine Höchstgeschwindigkeit von 60 km/h. Die H. fährt nahezu geräuschlos. Durch den hochgelegten Fahrweg können Verkehrsengpässe in Städten umgangen werden. Der fahrerlose Betrieb ermöglicht Einsparung von Personalkosten und schnellere Zugfolge.

HDTV

(High Definition Television, engl.; hochauflösendes Fernsehen), Fernsehen mit einer höheren Bild- und einer der → CD vergleichbaren Klangqualität. HDTV zeichnet sich durch größere Detailschärfe und kräftigere Farben auf einem sog. Breitwandbildschirm mit dem Seitenverhältnis 16 : 9 aus (herkömmliches TV: 4 : 3). 1992 übertrugen deutsche Fernsehanbieter Großveranstaltungen wie die Olympischen Spiele erstmals als HDTV. In Europa ermöglicht die Fernsehnorm HD-Mac hochauflösendes Fernsehen. In Japan werden seit Ende 1991 täglich acht Stunden Programm in HDTV-Qualität in der Fernsehnorm Muse ausgestrahlt. Die EG-Kommission verabschiedete Ende 1991 eine Richtlinie, die zur Durchsetzung der Fernsehnorm D2-MAC, die als Zwischenstufe zur HD-Mac für HDTV gilt, in den EG-Mitgliedstaaten ab 1995 beitragen soll. Kritiker beanstandeten, daß der Qualitätsgewinn von HDTV in keinem Verhältnis zu den höheren Kosten für Programmanbieter und Zuschauer stehe.

Fernsehbild: In den meisten europäischen Staaten setzte sich das Fernsehbild 1992 aus 625 Zeilen zusammen (Japan, USA: 525). Das HDTV-Bild besteht aus 1250 Zeilen in Europa bzw. 1125 in Japan. In den USA arbeiteten Unternehmen 1992 an der Entwicklung von digitalem HDTV mit nochmals verbesserter Bildqualität (→ Digitaltechnik).

Empfang: Mit der europaweiten Einführung von HDTV wurde 1992 für 1995 gerechnet. Voraussetzung für hochauflösendes Fernsehen sind entsprechende Aufnahmetechnik und ein HDTV-Gerät (voraussichtlicher Preis 1995: 20 000 DM). Die HDTV-Signale sollen über → Satellit verbreitet und mit → Kabelanschluß oder → Parabolantenne (plus Decoder zur Entschlüsselung der Signale) zu empfangen sein.

Geräte: HDTV-taugliche Geräte werden in Japan seit Ende 1990 verkauft (Preis Mitte 1992: ab 15 000 DM). 1991 in Deutschland erstmals angebotene Geräte mit querformatigem Bildschirm können lediglich Programme in der Fernsehnorm → D2-Mac mit gegenüber herkömmlichem Fernsehen leicht verbesserter Bildqualität wiedergeben. In der üblichen Norm PAL ausgestrahlte Programme geben die neuen Geräte in herkömmlicher Qualität und im gewohnten Format wieder, so daß an den Seiten schwarze Ränder entstehen. Werden die Bilder auf die volle Breite des Bildschirms vergrößert, entfallen am oberen und unteren Rand Bildinformationen. Die Geräte sollen für HDTV umgerüstet werden können. Ihr Preis soll im Laufe des Jahres 1992 von 5000–8000 DM auf rd. 3500 DM gesenkt werden.

EG-Richtlinie: Die Richtlinie verpflichtet Programmanbieter und Satellitenbetreiber, die ab 1995 ihren Betrieb aufnehmen, Fernsehsendungen in der D2-Mac-Norm auszustrahlen. Die zusätzliche Verbreitung in den üblichen Normen ist möglich. Ab 1994 hergestellte Fernsehgeräte im Querformat

müssen mit einem D2-Mac-Decoder ausgestattet sein, Geräte im gewohnten Format und Videorekorder müssen über eine Anschlußbuchse für den Decoder verfügen. Beim Empfang von D2-Mac-Programmen entstehen auf den herkömmlichen Bildschirmen am oberen und unteren Rand schwarze Streifen.

Hermes

→ Raumfähre

Herz-Kreislauf-Erkrankungen

1990 starben in Westdeutschland 145 861 Männer und 201 026 Frauen an H., zu denen u. a. Herzinfarkt, Schlaganfall, Hirnschlag sowie Gefäßerkrankungen im Gehirn und an den Nieren gehören. H. sind die häufigste Todesursache in den westlichen Industrieländern. 1991 wurden in Deutschland rd. 52 000 Herzoperationen durchgeführt. 12 000 Menschen warteten wegen → Pflegenotstands, fehlender Kapazität in den 53 herzchirurgischen Zentren und mangels Spenderorganen Anfang 1992 auf eine Operation. 1991/92 wurde an 25 Kliniken weltweit eine Herzpumpe zur Unterstützung der linken Herzkammer erprobt. Die unter die Bauchdecke implantierte Pumpe wird unbefristet getragen. Drähte oder Schläuche, die von außen in den Körper führen und Infektionen verursachen können, entfallen. Die Batterie eines außerhalb des Körpers zu tragenden Gürtels aus Kupferdraht erzeugt ein elektrisches Feld, das sich auf den innerhalb des Körpers befindlichen Gürtel überträgt, der die Pumpe mit Energie versorgt. Bis dahin wurden Linksherz-Pumpen i. d. R. außerhalb des Körpers und befristet getragen.

Hintergrundstrahlung

Elektromagnetische Strahlung im Weltraum, die von der glühenden Materie kurz nach Entstehung des Universums erzeugt wurde. Anfang 1992 sen-

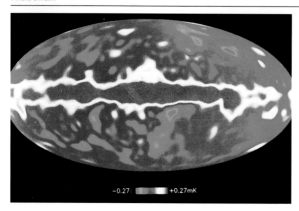

Von einem Computer erzeugtes Bild vom Hintergrund des Universums nach den Meßdaten des Satelliten COBE. Die Farbunterschiede verdeutlichen die unregelmäßige Hintergrundstrahlung.

−0.27 +0.27mK

Hisbollah und Amal schließen Bündnis
Die beiden rivalisierenden Schiitenmilizen im Libanon, die pro-iranische Hisbollah und die pro-syrische Amal, beschlossen im November 1991 die Bildung einer gemeinsamen Front gegen die israelischen Besatzungstruppen im Südlibanon. Hisbollah-Führer Scheich Abbas Mussawi, der im Februar 1992 bei einem israelischen Luftangriff getötet wurde, warf der libanesischen Regierung vor, den Süden des Landes nicht gegen israelische Angriffe zu verteidigen. Die beiden Milizen hatten 1987–1990 erbittert um die Vorherrschaft im Südlibanon gekämpft. Ende 1990 hatten sie ein Friedensabkommen geschlossen.

dete der 1989 ausgesetzte US-amerikanische Forschungssatellit COBE (Kosten: 160 Mio Dollar, 251 Mio DM) Daten zur Erde, die bisherigen Messungen von H. widersprachen und die Theorie des Urknalls bestätigten, nach der das Universum mit einer Explosion vor rd. 15 Mrd Jahren entstand (→ Urschwung). COBE spürte am Rand des Universums großflächige Wolken aus Materie auf, die zwei Drittel des bekannten Universums ausmachen, etwa 300 000 Jahre nach dem Urknall entstanden sind und ungleichmäßige H. aussenden.

Da die gemessenen Strahlen in ihrer Intensität und Temperatur schwanken, sehen die Wissenschaftler es als erwiesen an, daß die Wolken nicht aus gleichmäßig verteilter Materie bestehen, sondern verklumpt sind. Satellitenmessungen von 1990 hatten auf eine gleichmäßig verteilte Materie schließen lassen. Dies stand jedoch im Widerspruch zur physikalischen Theorie von der Ausdehnung des Universums. Die Physiker konnten nicht erklären, wie sich Galaxienhaufen, Galaxien und Planeten entwickelten, wenn es 300 000 Jahre nach dem Urknall noch keine Klumpung der Materie gegeben hätte. Da die Schwerkräfte mit der Ausdehnung des Universums schwächer werden, hätten sie später nicht mehr ausgereicht, um Materie zusammenklumpen zu lassen.

(arab.; Partei Gottes), radikale Partei und militärische Organisation islamischer Fundamentalisten. Die pro-iranische H. besteht aus Schiiten, Anhängern der kleineren der beiden Hauptkonfessionen des → Islam; sie war 1975–1991 am libanesischen Bürgerkrieg beteiligt. Ziel der H. ist die Errichtung eines islamischen Gottesstaats im Libanon nach dem Vorbild des Iran sowie die Zerstörung des israelischen Staats. Von der libanesischen sog. Regierung der nationalen Einheit ist die H. ausgeschlossen, da sie das politische System, das die Regierungsämter entsprechend dem Anteil der Konfessionen an der Bevölkerung verteilt, ablehnt. Im Februar 1992 wurde der politische Führer der H., Scheich Abbas Mussawi, bei einem israelischen Luftangriff im Südlibanon getötet. Zu seinem Nachfolger wurde Scheich Hassan Nasrallah gewählt.

Als letzte westliche Geiseln wurden im Juni 1992 zwei Deutsche von einer H.-Untergruppe im Libanon freigelassen. Die schiitische Organisation war von ihrer früheren Forderung an die CDU/CSU/FDP-Bundesregierung abgerückt, als Gegenleistung für die Entlassung die in Deutschland wegen Flugzeugentführung und Mordes inhaftierten libanesischen Brüder Hamadi auszuliefern. Ende 1991 hatte die Organisation Islamischer Heiliger Krieg, eine Untergruppe der H., elf westliche Geiseln aus mehrjähriger Gefangenschaft entlassen.

Die H. lehnte die im Oktober 1991 erstmals einberufene → Nahost-Konferenz ab. Aus Protest gegen die Verhandlungen und als Vergeltung für den Anschlag auf Mussawi verstärkte die H. 1991/92 ihre militärischen Anschläge gegen Israel. Geistiges Oberhaupt der H. ist Scheich Mohammed Hussein Fadlallah.

Hochgeschwindigkeitszüge

→ Schnellbahnnetz

Hochschulen

→ Übersichtsartikel S. 216

Homosexualität

Die CDU/CSU/FDP-Bundesregierung plante Anfang 1992, § 175 StGB zu streichen, der in Westdeutschland sexuelle Beziehungen von Männern über 18 Jahren zu männlichen Jugendlichen unter 18 unter Strafe stellt. Er soll durch eine Jugendschutzvorschrift ersetzt werden, die sexuelle Kontakte von Erwachsenen zu männlichen und weiblichen Jugendlichen unter 16 Jahren bestraft und damit die in den alten Ländern Mitte 1992 geltende Altersgrenze von 14 Jahren an die ostdeutsche angleicht. In Deutschland sind nach Schätzungen von Homosexuelleninitiativen zwischen 5 und 10% der Bevölkerung homosexuell. Die Homosexuellen waren 1991/92 neben Drogensüchtigen die am stärksten von der Immunschwäche → Aids betroffene Bevölkerungsgruppe. Homosexuellenverbände forderten 1992 das Recht auf Ehe für gleichgeschlechtliche Partner, wie sie in Dänemark seit 1989 möglich ist.

Die geplante Jugendschutzvorschrift bestraft sexuelle Kontakte zu Jugendlichen mit Haft bis zu drei Jahren, wenn der Erwachsene die Unerfahrenheit oder Unreife des Jugendlichen ausnutzt, d. h. ihn z. B. durch das Versprechen von Vorteilen oder durch Geschenke gefügig macht. Grundlage für diese Vorschrift ist der § 149 StGB der ehemaligen DDR, der in Ostdeutschland gemäß dem Einigungsvertrag bis zu einer Neuregelung gilt. Die SPD befürwortete zwar die Abschaffung des § 175 StGB, kritisierte aber die mit der geplanten Jugendschutzvorschrift verbundene Kriminalisierung der heterosexuellen Kontakte zwischen Volljährigen und Jugendlichen von 14 bis 16 Jahren. Mitte 1992 nahm Brandenburg als erstes Bundesland den Schutz der sexuellen Identität und damit ein Diskriminierungsverbot von Homosexuellen in seine Verfassung auf.

Hongkong-Vertrag

Pachtvertrag zwischen Großbritannien und China (1898), der die sog. New Territories, das Hinterland der Halbinsel Kowloon und zahlreiche Inseln im Südchinesischen Meer, britischer Herrschaft unterstellt. Großbritannien und China vereinbarten 1984 die Rückgabe des gesamten Territoriums von Hongkong an China zum 1. 7. 1997. Damit erlöschen auch die britischen Rechte an der Insel Hongkong und der Halbinsel Kowloon, die unabhängig vom H. bestanden. Der Vertrag sieht u. a. vor, daß in Hongkong das kapitalistische Wirtschafts- und Gesellschaftssystem der Rückgabe an die kommunistische Volksrepublik China für 50 Jahre weiterbesteht. Im Juli 1992 löste Christopher Patten den Hongkong-Gouverneur Sir David Wilson in seinem Amt ab. China und Großbritannien schlossen 1991 ein Abkommen, das den Bau eines Flughafens auf der Insel Chek Lap Kok bis 1997 vorsieht.

Mitbestimmung: Nach dem 1990 von der chinesischen Regierung verabschiedeten Grundgesetz steht der

Karte: **Hongkong**

VR CHINA
Shenzhen
Panling
Yuen Long Tai Po
NEW TERRITORIES
Tuen Mun Tsuen Wan Sha Tin
Kowloon
Victoria
Junk
Bay *Süd-*
Lantau
HONGKONG
chinesisches
Lamma *Meer*
0   20 km

Seit 1842 in britischem Besitz
Seit 1860 in britischem Besitz
Bis 1997 an Großbritannien verpachtet

© Harenberg

Outing unter Homo- und Heterosexuellen umstritten Anfang der 90er Jahre veröffentlichten Homosexuellen-Verbände in den USA die Namen von angeblich homosexuellen Prominenten. Dies sog. Outing soll in der Öffentlichkeit Vorurteile abbauen und deutlich machen, daß sich Homosexualität nicht auf Randgruppen beschränkt. Zudem soll es Signalwirkung für Homosexuelle haben, sich zu ihrem Sexualleben zu bekennen. Outing ist unter Homo- und Heterosexuellen umstritten, weil es die Intimsphäre der Menschen verletze.

Homosexualität keine Krankheit mehr Die Weltgesundheitsorganisation der UNO (WHO) beschloß Ende 1991, die Homosexualität ab 1993 aus ihrer Internationalen Liste für Krankheiten zu streichen. Homosexuellenverbände hatten sich seit 1948 gegen die immer häufigere nach diskriminierende Einstufung eingesetzt. Die gleichgeschlechtliche Liebe war 1948 in die Liste, die u. a. Malaria und Cholera aufführt, aufgenommen worden, weil Homosexualität als anomal galt. 1992 stellten Forscher die These auf, Homosexualität werde durch die Erbanlagen festgelegt.

Hochschulen

Volle Hörsäle, aber keine Akademikerschwemme

Im Wintersemester 1991/92 meldeten die deutschen Hochschulen mit 1,72 Mio Studenten einen neuen Höchststand, zwei Studenten mußten sich einen Studienplatz teilen (Zahl der Studienplätze: rd. 850 000). Während die Studienanfängerzahl von 1977 bis 1991 um 72,8% stieg, blieb die Zahl der Lehrenden fast unverändert (Anstieg: rd. 6%). Die Länder forderten den Bund Mitte 1992 auf, sie von Ausgaben für → BAföG, den Bau von Wohnheimen und die Forschung zu entlasten, um Einstellungen finanzieren zu können. Die Hochschulrektorenkonferenz (HRK, Bonn) plädierte 1991/92 für verschärfte Zugangsbeschränkungen (→ Numerus clausus), um die Studentenzahl zu senken, falls nicht mehr Mittel bereitgestellt würden. Heinrich Franke, Präsident der Bundesanstalt für Arbeit (Nürnberg), hielt dagegen eine weitere Öffnung der Hochschulen für notwendig, weil der Akademikerbedarf bis 2000 überdurchschnittlich wachsen werde.

Studienbedingungen verschlechtern sich: Im Vergleich zum Wintersemester (WS) 1990/91 stiegen die Studentenzahlen im WS 1991/92 um 3,8%. 1977 betreute ein Universitätslehrer zehn Studenten (Fachhochschulen: 1:16), 1991/92 jedoch 16 (Fachhochschulen: 1:39). Die Hochschulrektoren forderten Anfang 1992 zur Wiederherstellung des Betreuungsverhältnisses von 1977 die Einstellung von 30 000 Wissenschaftlern. Der Deutsche Hochschulverband kritisierte Anfang 1992, daß der Anteil der Ausgaben für Hochschulen am Bruttosozialprodukt in den alten Bundesländern 1975–1990 von 1,32% auf 1,12% gesunken sei (unter Berücksichtigung der Preissteigerungsrate). Der Rückgang wirke sich auf die Ausstattung von Bibliotheken und Wohnheimplätzen aus. Das Bundesbildungsministerium stellte Mitte 1992 fest, daß etwa jeder vierte Student eines Jahrgangs sein Studium ohne Abschluß abbricht.

Auswahlgespräche sollen Zugang regeln: Hochschullehrer schlugen 1991/92 vor, den Zugang zu den Universitäten durch ein stärkeres Mitspracherecht der Hochschulen bei der Auswahl von Studenten zu erschweren (→ Abitur). Nur die Senkung der Studentenzahlen könne verhindern, daß die Studienabschlüsse als Auswahlkriterium für höhere Berufspositionen an Wert

verlieren. Die Hochschulen können in einem Modellversuch im WS 1992/93 rd. 15% der Studienplätze in Volkswirtschaftslehre und Informatik selbst vergeben.

Warnung vor Akademikerschwemme: Erstmals gab es in Deutschland 1990/91 mehr Studierende (1,6 Mio) als Auszubildende (1,5 Mio). Während das Handwerk seit Anfang der 80er Jahre vor einer Akademikerschwemme und einem Facharbeitermangel warnte, ging die Bundesanstalt für Arbeit davon aus, daß die Zahl der Absolventen nicht ausreiche, um den Akademikerbedarf im Jahr 2000 zu decken. Deutschland lag 1991 mit einem Akademikeranteil von 12,8% an den Beschäftigten im Mittelfeld der Staaten des → EWR (Norwegen: 22,4%). Die Arbeitslosenquote von Akademikern in Deutschland lag 1991 mit 4,3% unter dem Durchschnitt von 6,3%.

Dauerthema Studienzeitverkürzung: Ein deutscher Universitätsabsolvent war 1991 durchschnittlich 27,9 Jahre alt gegenüber 23,3 Jahren in Großbritannien, dem Land mit dem niedrigsten Durchschnittsalter in der EG. Unterschiedliche Maßnahmen zur Beschleunigung des Studiums wurden 1992 erprobt bzw. diskutiert: In Bayern können sich Jurastudenten seit 1990 bis zum achten Semester zur Prüfung melden, ohne daß ihnen ein Scheitern angelastet würde (sog. Freischuß). NRW schlug 1991 Kurzstudiengänge vor. Das Studium würde in Grund- und Aufbaustudium mit jeweils qualifizierendem Abschluß aufgeteilt.

Erneuerungsprogramm für Ostdeutschland: Das Bundesbildungsministerium erhöhte Mitte 1992 die Fördermittel für die Erneuerung der ostdeutschen Hochschulen von 1,76 Mrd DM auf 2,43 Mrd DM bis 1996. Die Forschung soll nach westdeutschem Vorbild von den sog. Akademien der Wissenschaften an die Hochschulen verlagert werden. 1990/91 wurden in den neuen Ländern rd. 1300 Professoren wegen ihrer politischen Vergangenheit oder wegen der Schließung von Lehrstühlen entlassen. Etwa 3–4% der ostdeutschen Professoren wechselten 1991 an westdeutsche Hochschulen. Das Lehrer-Studenten-Verhältnis an den Hochschulen der neuen Länder (1:20) war Mitte 1992 ungünstiger als im Westen.   (udo)

216

Hochschulen in Daten und Zahlen

Studenten im Wintersemester 1991/92 an deutschen Hochschulen

Hochschulart	Studenten insgesamt (1000)	Davon Frauen Anzahl (1000)	Davon Frauen Anteil (%)	Deutsche zusammen (1000)	Deutsche davon Frauen (1000)	Ausländer zusammen (1000)	Ausländer davon Frauen (1000)
Universitäten	1197,2	501,7	41,9	1116,8	469,7	80,4	31,5
Gesamthochschulen	129,6	43,2	33,3	121,7	41,0	7,8	2,2
Pädagogische Hochschulen	26,2	19,6	74,8	25,9	19,4	0,2	0,16
Theologische Hochschulen	3,2	1,0	31,3	2,9	1,0	0,3	0,0
Kunsthochschulen	28,9	14,8	51,2	25,5	12,9	3,4	1,9
Fachhochschulen (ohne Verwaltungsfachhochschulen)	352,4	97,0	27,5	330,2	91,2	22,2	5,8
Verwaltungsfachhochschulen	44,2	19,6	44,3	44,2	19,6	0,0	0,0
Insgesamt	1781,6	696,5	39,1	1667,3	654,9	114,3	41,6

Quelle: Hochschulrektorenkonferenz (Bonn)

Studienanfänger im Wintersemester 1990/91 und 1991/92

Land	Universitäten 1991/92	Universitäten 1990/91	Fachhochschulen 1991/92	Fachhochschulen 1990/91	Sonstige Hochschulen 1991/92	Sonstige Hochschulen 1990/91	Summe 1991/92	Summe 1990/91
Baden-Württemberg	23 428	24 136	7 081	6 623	684	631	31 193	31 390
Bayern	26 225	28 620	12 683	13 787	494	502	39 402	42 909
Berlin	14 505	14 983	2 961	1 595	622	626	18 088	17 204
Brandenburg	1 102	783	–	–	410	2 003	1 512	2 786
Bremen	2 789	2 128	1 910	1 766	–	–	4 699	3 894
Hamburg	4 389	5 279	1 268	1 268	597	439	6 254	6 986
Hessen	14 938	15 502	6 519	6 929	255	262	21 712	22 693
Mecklenburg-Vorpommern	3 024	2 385	–	–	246	524	3 270	2 909
Niedersachsen	18 019	17 882	4 206	4 061	284	404	22 509	22 509
Nordrhein-Westfalen	48 573	50 746	15 110	15 706	634	610	64 317	67 062
Rheinland-Pfalz	8 619	8 534	3 347	3 139	28	39	11 994	11 712
Saarland	2 432	2 705	605	583	69	63	3 106	3 351
Sachsen	6 757	6 896	–	–	4 939	6 921	11 696	13 817
Sachsen-Anhalt	2 252	2 483	–	–	2 968	5 290	5 220	7 773
Schleswig-Holstein	4 435	3 795	1 653	1 830	88	70	6 176	5 695
Thüringen	1 553	1 773	–	–	1 245	1 511	2 798	3 284
Alte Länder insgesamt	163 693	169 260	57 343	57 287	3 484	2 040	224 520	228 587
Neue Länder insgesamt	19 347	19 370	–	–	10 079	17 855	29 426	37 225
Insgesamt	183 040	188 630	57 343	57 287	13 563	19 895	253 946	265 812

Quelle: Hochschulrektorenkonferenz (Bonn)

Studienanfänger nach Fächergruppen

Fächergruppe[1]	Anfänger (1000)[2] Insgesamt	Männer	Frauen Anzahl	Frauen Anteil (%)
Rechts-, Wirtschafts- und Sozialwissenschaften	89,5	50,6	38,9	43,5
Ingenieurwissenschaften[3]	68,2	57,0	11,2	16,5
Sprach- und Kulturwissenschaften[4]	53,6	17,7	35,9	67,0
Mathematik, Naturwissenschaften	42,1	27,1	15,0	35,6
Human- und Veterinärmedizin	9,4	4,8	4,6	49,0
Kunst, Kunstwissenschaft	8,4	3,4	5,0	60,0
Insgesamt	271,2	160,5	110,7	40,8

1) Alte Bundesländer; 2) SS 1991 und folgendes WS; 3) inkl. Agrar-, Forst-, Ernährungswissenschaften; 4) inkl. Sport und sonstige Fächer; Quelle: Statistisches Bundesamt

Die größten deutschen Hochschulen

Hochschule	WS 1991/92 Studenten	WS 1991/92 Studienanfänger	WS 1980/81 Studenten	WS 1980/81 Studienanfänger
München	63 492	5 402	41 563	5 321
FU Berlin	62 072	4 310	42 799	3 098
Köln	50 967	4 932	35 911	3 752
Hamburg	44 511	3 261	34 582	4 014
Münster	44 179	4 763	38 351	4 548
TU Berlin	37 973	5 536	23 874	1 712
Bonn	37 605	3 918	34 399	4 283
TH Aachen	37 276	4 629	29 411	3 966
Franfurt/M.	36 607	3 647	24 682	2 801
Bochum	36 134	4 092	24 580	3 059

Quelle: Hochschulrektorenkonferenz (Bonn)

217

Hörfunk, digitaler

Boat People müssen Hongkong verlassen
Vietnam und Großbritannien trafen im Oktober 1991 ein Abkommen, das die zwangsweise Rückkehr von rd. 60 000 vietnamesischen Flüchtlingen aus Hongkong in ihre Heimat beinhaltet. Die sog. Boat People (engl.; Bootleute) hatten ihre Heimat aus politischen und wirtschaftlichen Gründen 1978–1985 auf Booten über das Südchinesische Meer verlassen. Nach Angaben von Diplomaten in Hongkong wollen die EG und Großbritannien Vietnam für jeden Heimkehrer 1000 Dollar (1527 DM) zahlen. Die vietnamesischen Flüchtlinge bezeichneten das Abkommen als Sklavenhandel.

NRW zahlt nicht für die Tötung hormonverseuchter Kälber
Das Landgericht Münster entschied Ende 1991, daß NRW die Schulden des Kälbermästers Felix Hying nicht begleichen muß. 1988 hatte der Kreis Borken die Zwangstötung von rd. 8000 Kälbern aus dem Besitz von Hying angeordnet, bei deren Mast verbotene Hormone eingesetzt worden waren. Hying meldete daraufhin Konkurs an. Die Gläubiger von Hying klagten vor Gericht auf Schadenersatz vom Land, weil die Notschlachtung voreilig und unverhältnismäßig gewesen sei. Das Landgericht stufte den Schutz der Verbraucher vor hormonbehandeltem Fleisch jedoch höher ein als die Entschädigung der Gläubiger.

Bevölkerung Hongkongs ein knappes Drittel der Parlamentssitze (18 von 60) zu. 21 Parlamentarier werden vom britischen Gouverneur, weitere 21 von Interessen- und Berufsgruppen ernannt. Bei den ersten direkten Parlamentswahlen seit Bestehen der Kronkolonie vom September 1991 erhielten die Vereinigten Demokraten von Hongkong, die sich für die politische Autonomie Hongkongs einsetzen, 16 Sitze. Bis zum Jahr 2003 soll die Quote der frei gewählten Abgeordneten auf 50% erhöht werden. Frühestens 2007 soll das Parlament nur noch aus Hongkong-Chinesen bestehen.
Flughafen: Großbritannien setzte sich für das Projekt ein, um das Vertrauen der Hongkong-Chinesen in die wirtschaftliche Zukunft der Kolonie vor dem politischen Wechsel 1997 zu stärken. China hingegen fürchtete, daß die Baukosten in Höhe von 30 Mrd DM die Kapitalreserven Hongkongs aufzehren würden. Das Abkommen über den Flughafen legt fest, daß zum Zeitpunkt der Übergabe Hongkongs die Finanzreserven mindestens 25 Mrd Hongkong-Dollar (4,8 Mrd DM) betragen. China erhält weitgehende Mitspracherechte bei der Verwirklichung des Bauvorhabens. Die politische Opposition in Hongkong kritisierte das Abkommen, weil es China bereits vor 1997 erlaube, die Belange Hongkongs mitzubestimmen. Das Grundgesetz von 1984 sehe für Hongkong jedoch den Status einer sog. Sonderverwaltungszone mit innerer Autonomie vor.
Auswanderung: 1991 wanderten rd. 60 000 Hongkong-Chinesen u. a. nach Kanada, Australien und in die USA aus. Hauptgründe für ihre Ausreise waren die Angst, daß die Regierung in Peking nach 1997 die vertraglich festgelegten Rechte Hongkongs verletzen könnte und die eingeschränkten politischen Mitbestimmungsmöglichkeiten der Hongkong-Chinesen.

Hörfunk, digitaler

→ Digital Satellite Radio

Hormonverbot

Vorschrift, die in der EG das Verfüttern und Spritzen von Hormonen in der Tiermast zum Schutz der Verbraucher untersagt. Hormone sind körpereigene Wirkstoffe, die u. a. Stoffwechsel, Fortpflanzung und Wachstum steuern. Die niederländische Staatsanwaltschaft ermittelte 1992 gegen Tiermäster, Veterinäre, Händler und Pharma-Fabrikanten, die das Wachstumshormon Clenbuterol hergestellt und dem Viehfutter beigegeben haben sollen. Anfang 1992 ging die niederländische Erzeugergenossenschaft Vieh und Fleisch davon aus, daß jeder fünfte von 2400 Kälbermästern in den Niederlanden verbotene Hormone in der Mast einsetzt. Der größte Absatzmarkt für niederländisches Fleisch ist Deutschland (Exportvolumen 1990: 2,3 Mrd DM). Das Hormon Clenbuterol kann beim Menschen zu Vergiftungserscheinungen führen. Nach Schätzungen von Vieh und Fleisch lag der jährliche Gewinn eines Mästers 1991 durch den Einsatz von Hormonen um 50 000 DM höher als der eines Landwirts, der Tierfutter ohne Zusätze verfütterte.

Hubble Space Telescope

(engl.; Hubble-Weltraumteleskop), das H. beobachtet seit 1990 auf einer Umlaufbahn um die Erde wenig erforschte Himmelskörper in einer Entfernung bis zu 13 Mrd Lichtjahren (1 Lichtjahr = 9460 Mrd km). Auf dem ersten Wartungsflug mit der → Raumfähre Discovery, der für Anfang 1994 geplant war, sollen Defekte insbes. an den beiden Spiegeln behoben werden. Das H. entdeckte Mitte 1992 in einer Entfernung von 220 Lichtjahren eine neue Galaxie mit einem Kern, der etwa 400 Mrd Mal heller als die Sonne ist und aus dem sich ständig neue Sterne explosionsartig absondern. Zudem wurde mit Hilfe des H. die Existenz eines sog. Schwarzen Lochs in einer Nachbargalaxie unseres Sternensystems nachgewiesen. Schwarze Löcher entstehen, wenn Ster-

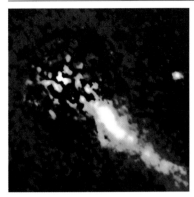

Vom Kern einer Galaxie entfernt sich ein Teilchenstrahl, der vom Hubble-Teleskop fotografiert wurde.

ne zusammenfallen und Gebilde mit extrem hoher Dichte formen, die weder Licht noch andere Strahlung entweichen lassen.

Bei der Weltraummission sollen u. a. Korrekturspiegel (Kosten: 30 Mio DM) auf dem H. angebracht werden. Eine fehlerhafte Oberflächenkrümmung der Spiegel übermittelte seit der Installierung des H. auf der Umlaufbahn 1990 unscharfe Bilder, die mit Computer aufwendig korrigiert werden mußten. Von den Kosten des H. (rd. 1,5 Mrd Dollar, 2,9 Mrd DM) trägt die US-amerikanische Luft- und Raumfahrtbehörde → NASA 85%, den Rest finanziert die europäische Weltraumagentur → ESA. Die Sternwarte (Gewicht: 12 t) ist nach dem US-amerikanischen Physiker Edwin Hubble (1889–1953) benannt.

Hunger

Anfang 1992 waren nach Angaben der UNO-Organisation für Ernährung und Landwirtschaft (FAO, Rom) rd. 500 Mio Menschen unterernährt (rd. 10% der Weltbevölkerung). In 24 Staaten der Erde herrschte schwerer Mangel an Nahrungsmitteln. Erstmals nach acht Jahren sank 1991 die weltweite Nahrungsmittelproduktion. Der Rückgang bei der Ernte von Getreide um 4% wur-

de insbes. auf geringere Erträge in der Sowjetunion (– 25%) und auf eingeschränkten Getreideanbau in den USA zurückgeführt. In Afrika, dem am stärksten von H. betroffenen Kontinent, litt laut FAO ein Drittel der Bevölkerung an Unterernährung. Für 1992 erwartete die Organisation im südlichen Afrika aufgrund großer Dürre eine Verschärfung des H.

Afrika: Infolge der Trockenheit wird laut FAO die Ernte 1992 in elf Ländern bis zu 80% geringer als durchschnittlich ausfallen. Betroffen seien insbes. Botswana, Zimbabwe, Namibia und Sambia. Zimbabwe und Südafrika, die i. d. R. Mais und Getreide exportierten, würden 1992 auf Importe angewiesen sein. Etwa 20 Mio Afrikaner seien aufgrund der Dürre von H. bedroht. Die EG-Kommission stellte zusätzlich zu den 1,4 Mio t für 1992 zugesagten Nahrungsmitteln 700 000 t Getreide, etwa ein Viertel des geschätzten Bedarfs, zur Verfügung.

Ursachen: In den meisten → Entwicklungsländern stieg während der 80er Jahre die Zahl der Einwohner schneller als die Nahrungsmittelproduktion (→ Bevölkerungsentwicklung). In Afrika nahm die Produktion zwischen 1980 und 1990 um 27% zu, die Bevölkerungszahl wuchs im selben Zeitraum um 36%. In einigen Regionen verhinderten Kriege den Anbau von Lebensmitteln. Die Regierungen von Entwicklungsländern förderten in den 80er Jahren i. d. R. den Anbau von Exportgütern (z. B. Tee, Kaffee), der ihnen die zur Abzahlung ihrer Auslandsschulden benötigten Devisen einbringen sollte (→ Schuldenkrise → Rohstoffe). Vernachlässigt wurde dagegen der Anbau von Grundnahrungsmitteln. Die häufig in → Armut lebende Bevölkerung verfügt nicht über ausreichend Einkommen, um sich Lebensmittel kaufen zu können.

Kritik: Hilfsorganisationen und Wissenschaftler machten 1991/92 u. a. ungerechte Welthandelsstrukturen für den Mangel an Nahrungsmitteln in Entwicklungsländern verantwortlich. Die

Astronauten trainieren Reparatur des Hubble-Weltraumteleskops
In Tauchbecken, die Schwerelosigkeit simulieren sollen, erprobten Astronauten der NASA 1991/92 Arbeitstechniken und -schritte für die Reparatur des Hubble Space Telescopes 1994. Vorgesehen sind drei Ausstiege in den Weltraum. Mitte 1992 war es jedoch fraglich, ob eine Korrektur des optischen Fehlers möglich ist, der zu unscharfen Bildern des Teleskops führte. Aufgrund der unterschiedlichen Umlaufbahnen von Raumfähre und Teleskop bleibt nur wenig Zeit, um die Reparaturen durchzuführen.

Verteilung der Weltgetreideproduktion

Ländergruppe	Produktion (Mio t)*
Ostasien	499
Europa und frühere UdSSR	336
Südasien	261
Lateinamerika	105
Schwarzafrika	57
Naher Osten und Nordafrika	41
Entwicklungsländer gesamt	1 315
Industrieländer	543
Insgesamt	1 858

* Durchschnitt 1988–1990; Quelle: Weltentwicklungsbericht 1992

Hybrid-Fahrzeuge

**Hybrid-Autos
für die Telekom**
Das Telefon- und Fernmeldeunternehmen Telekom, mit 65 000 Autos einer der größten zivilen Fahrzeughalter Europas, investiert bis 2002 rd. 60 Mio DM in die Reduzierung des Schadstoffausstoßes seiner Wagenflotte. Zu den Maßnahmen gehört die Anschaffung von 200 schadstoffarmen Testwagen, die voraussichtlich mit einem kombinierten Antrieb aus Verbrennungsmotor und Elektromotor (sog. Hybrid-Antrieb) ausgestattet sein werden. Außerdem werden Reifen mit geringerem Rollwiderstand und Dieselmotoren mit Katalysatoren angeschafft. Jährlich legten die Autos der Telekom Anfang der 90er Jahre rd. 540 Mio km zurück und verbrauchten dabei 47 Mio l Kraftstoff.

→ Subventionen für die Landwirtschaft in der EG (→ Agrarpolitik) führe zu Überschüssen, die zu Niedrigpreisen an Entwicklungsländer abgegeben werden. Die dortigen Bauern könnten mit den importierten Produkten nicht konkurrieren. Der Träger des Alternativen → Nobelpreises 1991, Edward Goldsmith/Großbritannien, warf der FAO vor, sie befürworte die Intensivierung und Ausdehnung der Landwirtschaft in Entwicklungsländern und fördere damit die Abhängigkeit der Bauern von Chemiefirmen sowie die Zerstörung der natürlichen Lebensgrundlagen. → Pestizide → Tropenwälder → Desertifikation

Hybrid-Fahrzeuge

Autos, die mit einem kombinierten Antrieb aus Verbrennungs- und Elektromotor für den Stadtverkehr ausgestattet sind. H. verbrauchen im Stadtverkehr rd. 60% weniger Kraftstoff als Fahrzeuge mit Verbrennungsmotor und stoßen weniger Schadstoffe aus. Schadstoffe entstehen allerdings bei der Erzeugung der für den Elektrobetrieb notwendigen Energie aus fossilen Brennstoffen wie Kohle oder Erdöl. Solange → Elektroautos in Reichweite (60–120 km) und Geschwindigkeit (Spitzengeschwindigkeit rd. 60 km/h) nicht mit herkömmlichen Autos konkurrieren können, gelten H. als Übergangslösung.
Ab Ende 1991 wurden in Zürich 20 H. im weltweit ersten Großversuch auf

ihre Alltagstauglichkeit getestet. Das Modell, das 1992 auf den Markt kommen soll, schaltet beim Beschleunigen automatisch von Elektrobetrieb auf Dieselmotor und zurück, wenn weniger Antrieb nötig ist.
Der Elektromotor von H. wird von wiederaufladbaren Batterien mit Strom versorgt. Die Batterie kann während der Fahrt mit dem Verbrennungsmotor nachgeladen werden. Der Elektromotor wird als Generator benutzt, der die mechanische Antriebsenergie in elektrische Energie umwandelt. H. sind wegen der zwei Motoren rd. 300 kg schwerer als herkömmliche Autos.

ICE

→ Schnellbahnnetz

Inflation

Anstieg des Preisniveaus, der zu einer Abnahme des Geldwertes führt. Nachdem die Kosten für die Lebenshaltung aller privaten Haushalte in Deutschland im Jahresdurchschnitt 1991 im Vergleich zum Vorjahr um 4,7% gestiegen waren, sagten die führenden Wirtschaftsforschungsinstitute für 1992 in ihrem Frühjahrsgutachten eine weitere Zunahme der seit 1986 steigenden Inflationsrate auf 5,0% voraus. Für Westdeutschland gehen die Wirtschaftsforscher dabei von einem Anstieg der Verbraucherpreise um 3,75% aus (1991: 3,5%), in Ostdeutschland werden 12,0% vorausgesagt (1991: 14,2%). In der EG erreichte die Jahresinflationsrate 1991 durchschnittlich 4,8% bei sinkender Tendenz seit 1988 (→ EG-Konjunktur).
Gründe: Nach Angaben des Statistischen Bundesamtes wären die westdeutschen Verbraucherpreise 1991 ohne die Erhöhung von Verbrauchsteuern und Gebühren statt um 3,5% nur um 3,1% gestiegen. Zur Finanzierung des

**Preisentwicklung
nach Wirtschaftsbereichen 1991**

Bereich	Preisveränderung* (%)
Wohngebäude	+6,8
Private Lebenshaltung	+3,5
Einzelhandel	+2,6
Gewerbliche Produkte	+2,4
Großhandel	+1,6
Ausfuhren	+1,3
Einfuhren	+0,4

Jahresdurchschnitt in Westdeutschland; Quelle: Statistisches Bundesamt

Entwicklung der Lebenshaltungskosten in Westdeutschland

Güter	Veränderung der Verbraucherpreise[1] (%)					
	1986	1987	1988	1989	1990	1991
Nahrungsmittel, Getränke, Tabak	+ 0,6	− 0,5	+ 0,2	+ 2,3	+ 2,9	+ 2,8
Bekleidung, Schuhe	+ 1,9	+ 1,3	+ 1,3	+ 1,4	+ 1,4	+ 2,4
Wohnungsmieten	+ 1,8	+ 1,6	+ 2,1	+ 3,0	+ 3,4	+ 4,3
Energie (ohne Kraftstoffe)	− 11,5	− 9,3	− 2,7	+ 5,0	+ 4,3	+ 4,6
Möbel, Haushaltsgegenstände	+ 1,1	+ 1,1	+ 1,1	+ 1,5	+ 2,3	+ 3,0
Gesundheit, Körperpflege	+ 1,4	+ 1,8	+ 1,5	+ 3,7	+ 1,6	+ 3,2
Verkehr, Telekommunikation	− 3,6	+ 1,0	+ 1,5	+ 4,4	+ 2,7	+ 5,7
Bildung, Unterhaltung, Freizeit	+ 0,9	+ 0,7	+ 1,1	+ 1,1	+ 2,2	+ 1,9
Sonstiges	+ 3,6	+ 2,3	+ 3,8	+ 2,8	+ 1,9	+ 2,3
Insgesamt (Inflationsrate)	− 0,1	+ 0,2	+ 1,0	+ 2,8	+ 2,7	+ 3,5

1) Veränderung im Durchschnitt aller privaten Haushalte gegenüber dem Vorjahr; Quelle: Statistisches Bundesamt

wirtschaftlichen Aufbaus in Ostdeutschland erhöhte die CDU/CSU/FDP-Bundesregierung Mitte 1991 Mineralöl-, Kfz-, Versicherung-, Tabaksteuer und Telefongebühren. Die starke Teuerung in Ostdeutschland wird insbes. auf den Abbau von → Subventionen für Güter des privaten Verbrauchs zurückgeführt, z. B. Mieten, Energie, öffentlicher Verkehr.

Ermittlung: Der Anstieg der Preise für den privaten Verbrauch wird in Deutschland mit Hilfe eines sog. Warenkorbes berechnet, der alle fünf Jahre erneuert wird (nächster Termin: 1994). Darin faßt das Statistische Bundesamt (Wiesbaden) rd. 750 Güter und Dienstleistungen zusammen, die in typischen Haushalten verbraucht werden. Alle Preise werden zu einem Durchschnitt zusammengefaßt und auf ein Ausgangsjahr bezogen (Mitte 1992: 1985), dessen Preisniveau mit 100 gleichgesetzt wird. Die I.-Rate gibt die prozentuale Veränderung des ermittelten Lebenshaltungskostenindexes zum Vorjahr an. Das Statistische Bundesamt plante bis ca. 1997 eine getrennte Berechnung der I.-Raten für West- und Ostdeutschland mit jeweils eigenen Warenkörben, weil sich Verbrauchsgewohnheiten (→ Verbrauch, privater) und → Einkommen noch zu stark unterschieden.

Kontrolle: Die Deutsche → Bundesbank (Frankfurt/M.) hat die Aufgabe, für stabile Preise zu sorgen. Sie hielt Anfang der 90er Jahre die → Leitzinsen, den Preis für Geld, auf hohem Niveau, um den Anstieg der Geldmenge in der Wirtschaft zu bremsen. Die Verteuerung von Krediten birgt die Gefahr, → Investitionen und damit die → Konjunktur-Entwicklung zu bremsen. → Weltwirtschaft

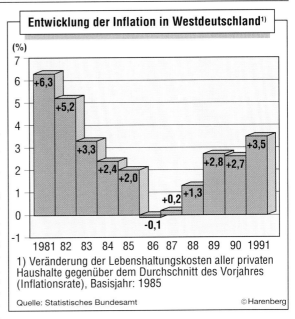

Entwicklung der Inflation in Westdeutschland[1]

(%)

1981: +6,3; 82: +5,2; 83: +3,3; 84: +2,4; 85: +2,0; 86: −0,1; 87: +0,2; 88: +1,3; 89: +2,8; 90: +2,7; 1991: +3,5

1) Veränderung der Lebenshaltungskosten aller privaten Haushalte gegenüber dem Durchschnitt des Vorjahres (Inflationsrate), Basisjahr: 1985

Quelle: Statistisches Bundesamt   © Harenberg

Inkatha

(eigentl.; Inkatha ye Nkululeko ye Sizwe, zulu; Friede der Nation), 1975 von Mangosuthu Buthelezi gegründete national-kulturelle Organisation in Südafrika, die überwiegend aus Angehörigen des Volkes der Zulu besteht. Die im Juli 1990 gegründete Inkatha Freiheitspartei (IFP) konkurriert mit dem Afrikanischen Nationalkongreß (ANC) um politischen Einfluß und die Vorherrschaft unter den rd. 23 Mio Schwarzen (→ Apartheid). Bei den seit 1984 andauernden Kämpfen zwischen Anhängern des → ANC und der IFP kamen 1991 rd. 2000 Menschen ums Leben. Die I. bezeichnete die Entscheidung des ANC vom Juni 1992, die Gespräche über eine neue Verfassung auszusetzen, als falsch. An den im Dezember 1991 aufgenommenen Verfassungsverhandlungen waren neben der regierenden Nationalen Partei, der I. und dem ANC 16 weitere Parteien und Gruppen beteiligt. Mitte 1991 gab die südafrikanische Regierung von Frederik Willem de Klerk zu, die I. 1989 und 1990 mit rd. 150 000 DM aus einem Geheimfonds unterstützt zu haben.

Regierungszahlungen: Der südafrikanische Außenminister Pieter Willem Botha erklärte, die Regierungszahlun-

Entwicklung der Lebenshaltungskosten in Ostdeutschland

Verbrauchs- gut	Preisverän- derung* (%)
Wohnung	+285,7
Verkehr, Post	+ 9,1
Bildung, Unterhaltung	+ 7,8
Gesundheit, Körperpflege	+ 7,1
Lebensmittel	+ 4,0
Möbel, Haushalt	+ 2,8
Kleidung	+ 1,0

* März 1992 gegenüber März 1991; Quelle: Statistisches Bundesamt

Mangosuthu Buthelezi, Inkatha-Präsident
* 27. 8. 1928 in Mahlabatini (Zululand)/Südafrika, südafrikanischer Politiker. Seit 1953 Führer des Buthelezi-Stammes. 1975 Gründung der Inkatha. Seit 1976 Premierminister von KwaZulu, dem Heimatland der Zulu in der Provinz Natal. 1990 Mitbegründer und Präsident der Inkatha.

Gesamtvollstreckungsverfahren in Ostdeutschland 1991

Strukturmerkmal	Verfahren
Industrie und Handwerk	131
Land- und Forstwirtschaft	106
Handel	57
Dienstleistungen inkl. freie Berufe	53
Bauwirtschaft	27
GmbH	211
Genossenschaften	135
Nicht eingetragene Einzelunternehmen	27
Eingetragene Einzelunternehmen	5
Unternehmen und freie Berufe insgesamt	392
Insgesamt	401

Quelle: Statistisches Bundesamt

gen seien dazu bestimmt gewesen, den Kampf der I. gegen die → Wirtschaftssanktionen der EG und der USA zu unterstützen. Die IFP tritt für eine soziale Marktwirtschaft ein und lehnt im Gegensatz zum ANC die gegen Südafrika verhängten Sanktionen ab. Der ANC warf der Regierung vor, mit den Staatsgeldern Partei für die I. zu ergreifen und den Haß zwischen den beiden Schwarzen-Gruppen zu schüren.

Verfassungsgespräche: Im Mai 1992 gab die IFP ihre Zustimmung zu dem vom ANC favorisierten Verfahren, eine verfassunggebende Versammlung durch freie Wahlen zu bilden, an denen Schwarze und Weiße beteiligt sind. Die I. trat dafür ein, bis zur Verabschiedung einer neuen Verfassung eine Übergangsregierung unter Führung von Präsident de Klerk zu bilden.

Insider

(engl.; Eingeweihter), an der → Börse Bezeichnung für Personen, die früher als die Allgemeinheit Kenntnis von Vorgängen haben, die den Kurs einer Aktie beeinflussen können. So können z. B. Börsenmakler, Unternehmensberater oder Mitarbeiter von Banken von bevorstehenden → Fusionen zwischen Unternehmen wissen. Wenn sie mit diesem Wissen Geschäfte auf eigene Rechnung tätigen, können sie Gewinne erzielen, indem sie z. B. die Aktien schneller als andere kaufen oder verkaufen und andere Anleger oder ihre Arbeitgeber schädigen. Nach einer Reihe spektakulärer I.-Affären auch in Deutschland plante die CDU/CSU/FDP-Bundesregierung der BRD für Anfang 1993 die Einrichtung einer zentralen Börsenaufsicht.

Bis Mitte 1992 konnten sich Bund und Länder, denen bislang die Rechtsaufsicht über die Börsen auf ihrem jeweils eigenen Gebiet oblag, nicht darüber einigen, ob eine Bundesbehörde oder ein Institut unter Länderhoheit geschaffen wird. Die Einrichtung zentraler Börsenaufsichtsbehörden in allen Mitgliedsländern der EG wurde von einer

EG-Insider-Richtlinie bis Ende Mai 1992 verlangt. I.-Vergehen sollen künftig auch strafrechtlich verfolgt werden. Bisher waren I.-Geschäfte an den Börsen in Deutschland nur durch freiwillige Übereinkunft verboten. Börsennotierte Aktiengesellschaften, die sich den Regeln nicht unterwarfen, wurden in den amtlichen Kursblättern der Börsen mit einem durchgestrichenen i gekennzeichnet. Vorbild der deutschen Börsenaufsicht soll die 1934 gegründete US-amerikanische Securities and Exchange Commission (SEC, engl.; Wertpapier- und Börsen-Kommission) sein, die Kontroll- und Strafbefugnis hat. → Computerbörse

Insolvenzen

Konkurse und Vergleichsverfahren infolge von Zahlungsunfähigkeit und Überschuldung. Die seit Mitte 1986 rückläufige Zahl der I. nahm 1991 in Westdeutschland gegenüber dem Vorjahr um 2,6% (1990: 9,4%) auf 12 922 weiter ab. 3236 Konkurse und 39 Vergleichsverfahren wurden eröffnet. In Ostdeutschland wurden von 401 sog. Gesamtvollstreckungsverfahren 328 eröffnet. In Europa nahmen infolge der rückläufigen Konjunktur-Entwicklung die I. von Unternehmen 1991 gegenüber dem Vorjahr um 25% zu, die höchsten Steigerungsraten verzeichneten Schweden, Großbritannien, Frankreich und die Schweiz. Für 1992 rechnete die Hermes Kreditversicherungs-AG (Hamburg) auch in Deutschland, insbes. Ostdeutschland, mit einem Anstieg der I. Die CDU/CSU/FDP-Bundesregierung verabschiedete im November 1991 den Gesetzentwurf für eine neue I.-Ordnung, die 1992/93 in Kraft treten soll.

Reform: Ursache für die Reform ist die Funktionsunfähigkeit des I.-Rechts. Drei Viertel aller Konkursanträge wurden Anfang der 90er Jahre mangels Masse abgelehnt, weil die Vermögenswerte nicht einmal die Verfahrenskosten für Gericht und Konkursverwalter deckten. In den wenigen eröffneten

Verfahren erhielten die nicht bevor-
rechtigten, einfachen Konkursgläubi-
ger durchschnittlich nur 5% ihres For-
derungsbetrags. Ferner soll Schuldnern
die Möglichkeit gegeben werden, sich
von Restschulden, die normalerweise
erst nach 30 Jahren verjähren, in sieben
Jahren zu befreien (→ Schuldnerberater). Die geplante I.-Ordnung enthält
u. a. folgende Regelungen:

▷ Konkurs- und Vergleichsverfahren
  werden zu einem einheitlichen I.-
  Verfahren zusammengefaßt
▷ Alle Konkursvorrechte (Anspruch
  auf   vorrangige   Befriedigung
  einzelner   Forderungen)   werden
  abgeschafft, um einfache Gläubiger
  besserzustellen, auch Kreditsicher-
  heiten dürfen nicht sofort entfernt
  werden; das Konkursausfallgeld für
  Arbeitnehmer bleibt erhalten
▷ Die Sanierung des insolventen Unternehmens soll Vorrang erhalten.
Die neue I.-Ordnung soll die Konkurs-
ordnung von 1877, die Vergleichsord-
nung von 1935 und die in Ostdeutschland geltende Gesamtvollstreckungs-
ordnung der DDR ersetzen.
Entwicklungen: Die Forderungen der
Gläubiger betrugen 1991 in Westdeutschland insgesamt 8 Mrd DM
(1990: 7 Mrd DM), in Ostdeutschland
4,4 Mrd DM. 59% der I. entfielen in
Westdeutschland auf GmbH, weitere
5% auf GmbH und Co KG. Als wichtige Gründe für I. von Unternehmen
gelten zu geringes Eigenkapital und zu
geringe Markt- und Fachkenntnisse. →
Existenzgründungen → Fusionen und
Übernahmen → Treuhandanstalt

Internationaler Währungsfonds

(IWF, engl.; International Monetary
Fund, IMF), 1944 gemeinsam mit der
→ Weltbank gegründete Sonderorganisation der → UNO mit Sitz in Wa-
shington/USA. Hauptaufgabe des I. ist
die Kontrolle des internationalen Wäh-
rungssystems (→ Dollarkurs). Darüber
hinaus vergibt der I. Kredite an Mitgliedstaaten mit Zahlungsschwierig-

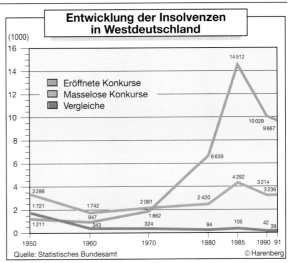

Entwicklung der Insolvenzen in Westdeutschland

(1000)

- Eröffnete Konkurse
- Masselose Konkurse
- Vergleiche

Quelle: Statistisches Bundesamt   © Harenberg

Struktur der Unternehmens-Insolvenzen in Westdeutschland

Merkmal	Anzahl der Insolvenzen					
	1986	1987	1988	1989	1990	1991
Rechtsform						
Einzelunternehmen	5 128	4 556	3 880	3 427	3 043	2 923
Personengesellschaften (OHG, KG)	1 315	1 095	911	747	630	555
GmbH	7 013	6 413	5 735	5 370	5 017	4 943
AG	18	18	13	11	14	11
Sonstige Unternehmen	26	16	23	35	26	13
Unternehmen und freie Berufe insgesamt	13 500	12 098	10 562	9 590	8 730	8 445
Wirtschaftszweig						
Land-, Forstwirtschaft, Fischerei	223	185	155	137	157	146
Energie, Wasser	2	3	4	2	0	2
Verarbeitendes Gewerbe (Industrie, Handwerk)	2 148	2 065	1 817	1 645	1 530	1 436
Baugewerbe	3 008	2 638	2 290	2 058	1 724	1 703
Handel	3 547	3 112	2 610	2 527	2 197	2 160
Verkehr, Telekommunikation	535	515	528	482	503	483
Banken, Versicherungen	91	86	90	80	74	84
Dienstleistungen	3 946	3 496	3 068	2 659	2 545	2 431
Alter						
Unter 8 Jahre	10 133	8 974	7 814	7 300	6 704	6 472
8 Jahre und älter	3 367	3 124	2 748	2 290	2 026	1 973

Quelle: Statistisches Bundesamt

keiten. Eine der zentralen Aufgaben
des I. blieb 1991/92 die Bewältigung
der internationalen → Schuldenkrise.
Kreditvergabe: Im   Geschäftsjahr
1990/91 (Abschluß: 30. 4.) überstieg
die Summe der vom I. an → Ent-

**Michel Camdessus,
IWF-Direktor**
* 1. 5. 1933 in Bayonne/
Frankreich, französischer
Finanzfachmann. Ab 1961
im französischen Finanz-
ministerium beschäftigt,
1982 dessen Leiter, 1984
bis 1986 Präsident der
französischen National-
bank, ab 1987 geschäfts-
führender Direktor des
Internationalen Wäh-
rungsfonds (IWF,
Amtszeit: bis 1997).

**Intifadaführung
erlaubt längere
Ladenöffnungszeiten**
Die nationale Führung der
Intifada, des Volksauf-
stands der Palästinenser
in den von Israel besetz-
ten Gebieten, lockerte im
April 1992 ihre Anweisun-
gen zum Wirtschaftsboy-
kott gegen Israel. Die
palästinensische Bevölke-
rung muß ihre Läden nicht
mehr wie bisher um 12 h
schließen, israelische Waren sollen nicht mehr pauschal boykottiert werden.
Außerdem wurde die Zahl
der Streiktage, an denen
ein Arbeitsverbot gilt, reduziert. Grund für die Einschränkung der Boykott-
maßnahmen war die
schlechte Wirtschafts-
lage in den besetzten
Gebieten.

wicklungsländer vergebenen Kredite
(14,2 Mrd DM) erstmals seit 1985 die
Rückzahlungen (12,4 Mrd DM). Mitte
1991 betrugen die Kredite beim I. 57,3
Mrd Dollar (87,5 Mrd DM).
Kritik: Überbrückungskredite des I.
sind an Bedingungen für die Wirtschaftspolitik des Schuldnerlandes ge-
knüpft. Kreditnehmer fühlten sich Anfang der 90er Jahre durch die sog.
Strukturanpassungsprogramme des I.
bevormundet. Der I. will mit den Bedingungen den effizienten Einsatz der
Finanzmittel sicherstellen. Mitte 1992
hatten rd. 60 Länder Anpassungspro-
gramme mit dem I. vereinbart.
Neue Mitglieder: Bis Mitte 1992 wurden sieben ehemalige sowjetische
Republiken in den I. aufgenommen,
mit der Aufnahme der anderen acht
wurde bis Ende 1992 gerechnet. Die
Schweiz trat im Mai 1992 nach einer
Volksabstimmung bei. Slowenien und
Kroatien beantragten im April 1992 die
Mitgliedschaft.
GUS: Rußland hält einen Kapitalanteil
von 3% und einen Sitz im 23köpfigen
Exekutivdirektorium. Der Staat zahlte
4 Mrd Dollar (6 Mrd DM) beim I. ein
und vereinbarte ein Programm zur
Wirtschaftsreform und Währungssta-
bilisierung mit dem I. Gemeinsam halten die ehemaligen Republiken der Sowjetunion einen Kapitalanteil von
4,75% (rd. 6,26 Mrd Dollar, 9,56 Mrd
DM). Ein Mitglied kann in drei Jahren
Kredite in maximal dreifacher Höhe
seines Kapitalanteils nehmen.
Kapitalerhöhung: Die bis Ende 1991
vorgesehene Erhöhung des Kapitals um
50% auf rd. 351 Mrd DM wurde vom
US-amerikanischen Kongreß blockiert.
Das Parlament weigerte sich, die Steigerung der US-amerikanischen Beiträge um 12 Mrd Dollar (18 Mrd DM) zu
genehmigen. Der Direktor des I., Michel Camdessus/Frankreich, befürchtete, daß die Organisation ohne Erhöhung Ende 1992 in Finanznot gerät.
Organisation: Mitte 1992 gehörten
dem I. 165 Länder an. Als geschäfts-
führender Direktor wurde Camdessus
1991 bestätigt (Amtszeit: 1992–1997).

(→
PLO unterstützter Aufstand der Palästinenser ... (→ Nahost-Konferenz).

Intifada

(arabisch; Volkserhebung), von der →
PLO unterstützter Aufstand der Palästinenser in den von Israel besetzten
Gebieten Westjordanland und Gazastreifen (→ Nahost-Konferenz). Ziel
der I. ist die Durchsetzung eines
unabhängigen Staats Palästina in den
besetzten Gebieten, den die PLO bereits 1988 ausgerufen hatte. Seit Beginn der I. 1987 starben rd. 1000 Menschen auf beiden Seiten (Stand: Mitte
1992). Die PLO nannte als Bedingung
für die Beendigung der I., daß Israel
seine Truppen aus den besetzten Gebieten abzieht.
Die radikale I.-Gruppe Hamas, nach
der PLO die wichtigste Palästinenser-
Organisation, lehnte 1991/92 die Beteiligung der palästinensischen Delegation an den Nahost-Friedensgesprächen
ab. Sie kritisierte die kompromiß-
bereite Haltung der PLO. Im März
1992 konnte Hamas bei Wahlen zu Be-
rufsstandesvertretungen im Westjordanland große Stimmengewinne verzeichnen.
Die Lebensbedingungen der palästinensischen Bevölkerung in den besetzten Gebieten waren auch 1991/92
schlecht. Wegen der Ausgangssperre,
die von der israelischen Militärregierung während des Golfkriegs um Kuwait (Anfang 1991) über die besetzten
Gebiete verhängt wurde, verloren rd.
110 000 Palästinenser ihre Beschäfti-
gungen in Israel. Mitte 1992 waren rd.
30% der männlichen Bevölkerung Palästinas arbeitslos.

Investitionen

Einsatz von Kapital zur Erhaltung, Erweiterung oder Verbesserung der Pro-
duktionsmittel. In Westdeutschland
wurden 1991 mit 569,7 Mrd DM um
real (bereinigt um die → Inflation)
6,7% höhere I. in Ausrüstungen und
Bauten vorgenommen (sog. Anlageinvestitionen) als im Vorjahr. In Ostdeutschland stiegen die Anlageinvestitionen um real 17,9% auf 72,4 Mrd

DM. Für Gesamtdeutschland ergab sich 1991 eine Steigerung um real 7,7%. Für 1992 sagten die führenden deutschen Wirtschaftsforschungsinstitute in ihrem Frühjahrsgutachten für Westdeutschland einen Anstieg um real nur noch 0,5% voraus (Ausrüstungen 0,0%, Bauten 1,5%). Für Ostdeutschland liegt die Prognose bei 26,5% (Ausrüstungen 31,0%, Bauten 22%). Für Gesamtdeutschland ergibt sich eine Steigerung bei Anlagen, Ausrüstungen und Bauten um jeweils 3,5%. Die CDU/CSU/FDP-Bundesregierung fördert I. in Ostdeutschland ab 1990/91 mit verschiedenen Programmen.

1991: Die I. in Ausrüstungen (Maschinen, Fahrzeuge etc.) stiegen in Ostdeutschland 1991 im Vergleich zum Vorjahr um real 88,7% auf 36,0 Mrd DM. Die I. in Bauten (→ Wohnungsbau) gingen um 14,0% auf 35,4 Mrd DM zurück. In Gesamtdeutschland stiegen die I. in Ausrüstungen 1991 um real 15,2%, in Bauten um 1,8%. Die Entwicklung der I. ist ein bestimmender Faktor für das Wachstum des → Bruttosozialprodukts (→ Konjunktur-Entwicklung).

Förderprogramme: I. in Ostdeutschland werden u. a. mit folgenden Maßnahmen gefördert:
▷ Beihilfen von 12 Mrd DM 1992 für Unternehmen und Gemeinden durch das → Gemeinschaftswerk Aufschwung Ost
▷ Zuschüsse für die Wirtschaft von Bund und EG im Rahmen der → Regionalförderung
▷ Zinsgünstige Kredite bundeseigener Banken (Kreditanstalt für Wiederaufbau, Deutsche Ausgleichsbank, Berliner Industriebank) im Rahmen des sog. ERP-Programms u. a. für → Existenzgründungen
▷ Verzicht auf Gewerbekapital- und Vermögensteuer der Unternehmen in Ostdeutschland bis 1994 (→ Unternehmensteuerreform)
▷ Weitere Steuervergünstigungen (→ Subventionen).

I. sollen u. U. zudem Vorrang vor Rückgabeansprüchen an Grundstücken

Entwicklung der Investitionen in Westdeutschland

Jahr	Ausrüstungen		Bauten		Anlagen insgesamt	
	Wert (Mrd DM)	Anstieg[1] (%)	Wert (Mrd DM)	Anstieg[1] (%)	Wert (Mrd DM)	Anstieg[1] (%)
1986	160,9	4,2	212,6	3,1	373,5	3,6
1987	169,4	4,9	216,4	0,0	385,8	2,1
1988	182,5	6,6	227,4	3,1	409,9	4,6
1989	204,9	9,8	246,5	4,8	451,4	7,0
1990	234,5	12,9	275,0	5,3	509,5	8,8
1991	263,8	9,4	306,0	4,1	569,7	6,7

1) Anstieg gegenüber dem Vorjahr, bereinigt um Preisveränderungen (real); Quelle: Statistisches Bundesamt

und Gebäuden seitens in der DDR enteigneter Eigentümer haben (→ Eigentumsfrage).

Kapitalstock: Die Summe aller I., die das gesamte Volksvermögen repräsentiert, erreichte Ende 1991 nach Angaben des Statistischen Bundesamts in Westdeutschland einen Wert von insgesamt 7670 Mrd DM (sog. Kapitalstock). Dazu rechnete das Statistische Bundesamt die Bestände an Ausrüstungen (Maschinen etc.) und Bauten, abgesehen von öffentlichen Tiefbauten und dem Wert von Grund und Boden. → Spareinlagen → Unternehmensgewinne → Verbrauch, Privater

In-Vitro-Fertilisation

→ Künstliche Befruchtung

IRA

(Irish Republican Army, engl.; Irisch-Republikanische Armee), katholische Untergrundbewegung, die den Anschluß des zu Großbritannien gehörenden, überwiegend protestantischen Nordland (Anteil der Protestanten: 64%) an die mehrheitlich katholische Republik Irland fordert. Der militärische Flügel der IRA versucht, dieses Ziel mit Terroranschlägen gegen die Protestanten und die seit 1969 in Nordirland stationierten britischen Streitkräfte durchzusetzen. Unter Leitung des britischen Nordirland-Ministers Sir Patrick Mayhews, der nach den Parlamentswahlen im April 1992 Peter Brooke abgelöst hatte, wurden im April 1992 die Mehrparteiengespräche wie-

Das westdeutsche Volksvermögen Ende 1991

Anlagevermögen[1]	Wert[2] (Mrd DM)
Wohnungen	3 638
Ausrüstungen (Maschinen, Fahrzeuge etc.)	1 379
Gewerblich genutzte Bauten	1 834
Öffentliche Gebäude	550
Gebäude privater Organisationen	154
Landwirtschaftlich genutzte Bauten	114
Summe	7 670

1) Ohne öffentliche Tiefbauten, Grundstücke, private Konsumgüter; 2) Nettovermögen zu Wiederbeschaffungspreisen; Quelle: Statistisches Bundesamt

ISDN

IRA erbeutete 6 Mio DM
Im Januar 1992 wurden bei dem bis dahin größten Bankraub in der Geschichte der Republik Irland in Waterford rd. 6 Mio DM erbeutet. Die irische Polizei ging aufgrund der perfekten Ausführung des Raubs davon aus, daß der Überfall von der katholischen Untergrundbewegung IRA verübt wurde.

der aufgenommen. Die Verhandlungen waren im Juli 1991 ergebnislos abgebrochen worden. Ziel der Gespräche ist die Beendigung der Gewalt in Nordirland und ein höheres Maß an Selbstverwaltung für die britische Provinz (→ Nordirland-Konflikt).

An den Gesprächen nehmen zwei protestantische Unionisten-Parteien, die katholische Sozialdemokratische Arbeiter-Partei (SDLP) und die überkonfessionelle Allianz-Partei teil. Die radikale, der IRA nahestehende Partei Sinn Fein (irisch; Wir selbst) wurde von den Mehrparteiengesprächen ausgeschlossen, weil sie sich nicht offiziell von der Gewalt der IRA distanziert hatte. Der Präsident der Sinn Fein, Gerry Adams, knüpfte im März 1992 eine Abkehr von der Gewalt an die Bedingung, daß die britischen Streitkräfte aus Nordirland abziehen. Bei den britischen Parlamentswahlen vom April 1992 verlor Adams sein Direktmandat für West-Belfast im Unterhaus an einen Vertreter der SDLP. Die Sinn Fein hatte ihren einzigen Sitz im Unterhaus nie eingenommen, ihm aber als Beweis ihrer demokratischen Legitimation hohe symbolische Bedeutung beigemessen. 1991 starben in Nordirland 75 Zivilisten und 19 Angehörige der britischen Sicherheitskräfte durch Anschläge der IRA. Die Untergrundbewegung verübte 1991/92 darüber hinaus Attentate in London, u. a. im Regierungs- und Bankenviertel sowie in Bahnhöfen.

ISDN

(Integrated Services Digital Network, engl.; Integriertes Service- und Datennetz), digitales, rechnergesteuertes Übertragungsnetz, mit dem Texte, Daten, Sprache und Bilder übermittelt werden können (→ Datenfernübertragung). Die Informationen werden im ISDN binär codiert (d. h. in eine Zahlenfolge von null und eins umgesetzt) und sind daher für die elektronische Datenverarbeitung geeignet (→ Digitaltechnik). Grundlage für ISDN bildet das bestehende Fernmeldenetz, das von

Breitband-ISDN zur medizinischen Ferndiagnose
Anfang 1992 richtete die Telekom im Rahmen eines Pilotprojekts in Berlin das sog. radiologische Kommunikationsprojekt Radcom ein, bei dem Klinikärzte Röntgenbilder über das digitale ISDN-Breitbandnetz von ihrem Personalcomputer zu dem eines Kollegen übermitteln können. In rd. 1 sec wird das Röntgenbild auf dem Bildschirm des PC sichtbar. Mitte 1992 plante die Telekom, auch niedergelassenen Ärzten die Möglichkeit zu bieten, sich über Radcom zu beraten.

der → Telekom digitalisiert wird. Anfang 1992 waren in Deutschland rd. 74 500 ISDN-Anschlüsse gelegt.

Vorteile: ISDN ist leistungsfähiger als bestehende Netze (64 000 Bit/sec; Telefonnetz: 4800 Bit/sec). Während bei herkömmlichen Anschlüssen (z. B. Telefon, → Telefax) für jeden Dienst der → Telekommunikation jeweils eine Rufnummer erforderlich ist, können mit einem ISDN-Anschluß bis zu acht verschiedene Dienste mit derselben Rufnummer (plus Kenn-Nummer des Geräts) genutzt werden. Mit einem ISDN-Anschluß können je nach Ausführung zwei bis 30 Geräte (z. B. Telefax, Telefon, → Bildschirmtext und → Bildtelefon) gleichzeitig betrieben werden. 1992 wurden sog. passive Adapterkarten angeboten, die es ermöglichen, einen Personalcomputer (PC) mit entsprechender Software für ISDN z. B. zum Fernkopieren zu nutzen, ohne daß der Kunde zusätzliche Geräte wie ein ISDN-taugliches Telefax braucht (Kosten der Karte 1992: rd. 2000 DM; Kosten der Software: 3000–5000 DM). Karten mit → Chip erlauben zudem die gleichzeitige Nutzung von ISDN-Telekommunikationsdiensten und PC-Programmen.

Kosten: Ein ISDN-Anschluß kostete 1992 zwischen 130 DM (sog. Basisanschluß mit zwei Kanälen) und 200 DM (Multiplexanschluß mit 30 Kanälen), die monatlichen Gebühren betrugen 74 DM bzw. 518 DM zuzüglich der nutzungsbedingten Kosten. Die Endgeräte waren 1992 i. d. R. teurer als herkömmliche. Ein ISDN-taugliches Telefon kostete z. B. zwischen 716 DM und 1129 DM. Nach Angaben der Hersteller ließen sich 1992 durch die schnellere Datenübertragung bei ISDN bis zu 90% der Gebühren einsparen, die bei anderen Übertragungsmöglichkeiten anfielen.

Netzausbau: Bis 1993 sollen die alten Bundesländer flächendeckend mit ISDN versorgt sein, bis Ende 1995 auch die neuen Länder. Mitte 1992 war das deutsche ISDN mit neun europäischen Ländern sowie Japan, Hong-

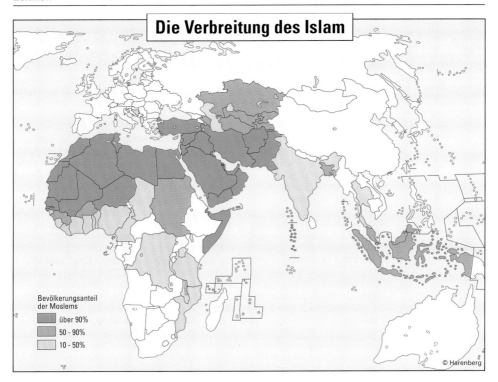

Die Verbreitung des Islam

Bevölkerungsanteil
der Moslems

über 90%

50 - 90%

10 - 50%

© Harenberg

kong, Singapur, Australien und den USA verbunden. Für 1994 plante die Telekom ein Pilotprojekt mit dem leistungsfähigeren Breitband-ISDN, das die Übermittlung von 100 000 Bit/sec erlaubt. Zunächst sollen Festverbindungen im Inland installiert werden, Ende 1994 soll der Teilnehmer seine Gesprächspartner selbst anwählen können, und ab 1995 sollen Verbindungen ins Ausland bestehen.
Datenschutz: Ab 1. 7. 1991 gelten bei der Telekom neue Regeln für die Speicherung von ISDN-Verbindungen. Danach kann der Kunde wählen zwischen Erfassung aller Verbindungen, Speicherung der angewählten Vorwahlen und Ablehnung der Erfassung. Die Regeln für die Speicherung der Verbindungen von Beratungsstellen wurden zum 1. 7. 1992 verschärft, um die Anonymität der Anrufer zu gewährleisten.

Islam

(arab.; Hingabe an Gott), von dem arabischen Propheten und Prediger Mohammed (um 570–632) begründete monotheistische Religion (Glaube an einen einzigen Gott) mit rd. 1 Mrd Gläubigen vor allem im Nahen und Mittleren Osten, in Nordafrika, Zentral- und Südostasien. Nach der Auflösung der UdSSR Ende 1991 fand in den zentralasiatischen ehemaligen Sowjetrepubliken mit moslemischer Bevölkerungsmehrheit eine Rückbesinnung auf den I. und dessen Kultur statt. Der Iran, die Türkei und Pakistan bemühten sich, in diesen Republiken an Einfluß zu gewinnen. In Algerien wurde im März 1992 die Islamische Heilsfront (FIS), die für die Errichtung eines islamischen Staats eintritt, verboten. Die Islamische Weltkonferenz (ICO), ein

Anders als in den meisten
europäischen Staaten ist
der Islam in Österreich
eine staatlich anerkannte
Religionsgemeinschaft. In
Deutschland z. B. haben
moslemische Gemein-
schaften meist den
Rechtsstatus eines einge-
tragenen Vereins (e. V.).
Die österreichische Glau-
bensgemeinschaft umfaß-
te 1991 rd. 150 000 Mit-
glieder, von denen sich
85% zur sunnitischen
Richtung des Islam be-
kennen. In Österreich gibt
es 85 Moscheen, davon
25 in Wien. Wie im Islam
üblich, finanziert sich die
österreichische Religionsgemeinschaft durch frei-
willige Beiträge ihrer Mitglieder. Religionslehrer
überlassen häufig einen
Teil ihres Gehalts der Gemeinde. Die meisten Mit-
arbeiter arbeiten unent-
geltlich.

**Bundesrechnungshof
lobt sowjetisches Jagd-
flugzeug MiG 29**
In einem Bericht des Bun-
desrechnungshofes An-
fang 1992 wurde u. a. un-
ter Berufung auf Tests der
US-Luftwaffe und der
Bundeswehr das sowjeti-
sche Jagdflugzeug MiG
29 als sehr zuverlässig
und wartungsfreundlich
bewertet. Nach der Ver-
einigung Deutschlands
hatte die Bundesluftwaffe
24 Maschinen des Typs
MiG 29 A von der Natio-
nalen Volksarmee der
DDR übernommen und
1991 beschlossen, die
Flugzeuge wegen ihrer
Leistungsfähigkeit und
günstigen Betriebskosten
zwölf Jahre in Dienst zu
halten. Flugeigenschaften,
Waffensysteme und Ra-
dar der MiG 29 waren lt.
Rechnungshof modernen
westlichen Maschinen
ebenbürtig.

228

Zusammenschluß von 45 Staaten mit islamischer Bevölkerungsmehrheit, rief im Juni 1992 den → UNO-Sicherheitsrat dazu auf, militärische Maßnahmen gegen Serbien zu be-schließen, um die Massaker an der muslimischen Bevölkerung in Bosni-en-Herzegowina zu beenden. Im De-zember 1991 verurteilte die ICO in Da-kar/Senegal die Besetzung arabischer Gebiete durch Israel.

Glaubensrichtungen: Der I. ist in mehrere Glaubensrichtungen gespal-ten. Die beiden größten Gruppen sind die Sunniten (Sunna, arab.; Brauch, weltweit rd. 78% des Moslems) und die Schiiten (Schia, arab.; Partei, rd. 12%).

Zentralasien: In zahlreichen Republi-ken, u. a. in Kasachstan und Tadschi-kistan, entstanden Anfang der 90er Jah-re religiöse Bewegungen und Parteien, die den Einfluß des I. stärken wollen. Die usbekische Regierung will den I.-Unterricht als Pflichtfach in den Schu-len einführen. Ende 1991 stellte die Islamische Entwicklungsbank, eine Gründung der ICO, 2 Mio Dollar (3 Mio DM) für den Bau von Koranschu-len in den islamischen Gebieten der ehemaligen UdSSR zur Verfügung. Die islamische Organisation für wirtschaft-liche Zusammenarbeit (ECO), die 1985 von Iran, Pakistan und der Türkei gegründet worden war, nahm 1992 Turkmenien, Usbekistan, Kirgisien, Aserbaidschan und Tadschikistan als Mitglieder auf. Die acht Länder verein-barten u. a. die Förderung des gegen-seitigen Handels, die Verbesserung der Verkehrs- und Kommunikationsmittel sowie den wissenschaftlichen und kul-turellen Austausch.

Algerien: Im Januar 1992 übernahm das Militär die Macht in Algerien mit dem Ziel, die Übernahme der Regie-rungsverantwortung durch die FIS zu verhindern. Die fundamentalistische Partei hatte im Dezember 1991 die er-sten freien Parlamentswahlen mit 188 von 231 Mandaten für sich entscheiden können. Es hatte als wahrscheinlich ge-golten, daß die FIS im zweiten Wahl-gang der Parlamentswahlen die abso-lute Mehrheit gewonnen hätte. Nach dem Staatsstreich wurden Tausende Anhänger der Heilsfront verhaftet.

Afghanistan: Im April 1992 stürzten moslemische → Mudschaheddin die kommunistische Regierung unter Mo-hammad Nadschibullah. Die funda-mentalistische Regierung unter dem Präsidenten Burhanuddin Rabbani will einen islamischen Staat errichten.

Weltkonferenz: Die 22 Teilnehmer-staaten riefen in ihrem Schlußdoku-ment zum ersten Mal seit 1980 nicht zum Heiligen Krieg (Dschihad) gegen Israel auf, der die Befreiung der von Israel besetzten Gebiete einschließlich Ostjerusalems zum Ziel hat. Beobach-ter sahen darin das Bemühen, im Oktober 1991 aufgenommene Nahost-Verhandlungen nicht zu beein-trächtigen (→ Nahost-Konferenz).

Deutschland: Der Islamische Rat der BRD, einer der größten islamischen In-teressensverbände, forderte im Februar 1992 die Anerkennung des I. als Kör-perschaft des öffentlichen Rechts. Die-se Anerkennung würde u. a. eine Ver-tretung der rd. 1,7 Mio Moslems in öf-fentlichen Gremien wie dem Fernsehrat ermöglichen.

J

Jäger 90

(auch Europa-Jäger, engl.: European Fighter Aircraft, EFA), europäisches Jagdflugzeug, an dessen Entwicklung Deutschland und Großbritannien mit je 33% sowie Italien (21%) und Spanien (13%) beteiligt sind. Ende 1992 soll der erste Prototyp des J. flugbereit sein. Der J. war in Deutschland als Nachfol-ger der US-amerikanischen Phantom geplant. Mitte 1992 beschloß die CDU/CSU/FDP-Bundesregierung we-gen gestiegener Kosten und geplanter Einsparungen im Verteidigungshaus-halt, den J. nicht anzuschaffen. Statt dessen soll mit anderen europäischen Staaten über die Entwicklung eines leistungsschwächeren und billigeren Kampfflugzeugs verhandelt werden. Mitte 1992 sah das Bundesverteidigungsministerium bis 2005 rd. 7,5 Mrd DM für die Beschaffung eines neuen Kampfflugzeuges vor, das Anfang des nächsten Jahrhunderts in Dienst gestellt werden soll. Spanien beschloß Anfang 1992, nur 87 anstatt der geplanten 100 Maschinen zu bestellen. Bis 1992 wurden für die Entwicklung des J. rd. 18 Mrd DM eingesetzt (deutscher Anteil: 5,85 Mrd DM). Der Stückpreis für den J. einschließlich der Kosten für Betrieb, Ersatzteile und Bodenausrüstung lag nach Angaben der am J. beteiligten deutschen Luft- und Raumfahrtindustrie Mitte 1992 bei 133,9 Mio DM; geplant war die Anschaffung von 200 J. Bei einem deutschen Verzicht auf den J. rechnete die Industrie mit einem Verlust von rd. 20 000 Arbeitsplätzen in Deutschland.

Jahrhundertvertrag

Abkommen zwischen deutschen Bergwerken und Stromerzeugern, das die Verwendung von jährlich 40,9 Mio t heimischer Steinkohle zur Stromerzeugung festschreibt. Ziel des J., der 1995 ausläuft, ist die Sicherung der Energieversorgung in Krisenzeiten und die Vermeidung von Arbeitslosigkeit im Steinkohlebergbau. Die EG-Kommission, die 1991 von der CDU/CSU/ FDP-Bundesregierung einen Abbau der → Subventionen für → Kohle forderte, genehmigte Ende 1991 den J., verlangte aber für 1995 eine Beschränkung auf 39 Mio t bei der Kohleverstromung, davon 1,9 Mio t aus Halden. Die sog. Kohlerunde aus Vertretern von Bund, Ländern, Bergwerken und Stromerzeugern beschloß Ende 1991, auch die Kohleverstromung im Anschluß an den J. bis 2005 vertraglich zu sichern. 1996 sollen 38 Mio t, ab 1997 jährlich 35 Mio t Steinkohle verstromt werden. Die EG-Kommission stimmte dem Anschlußkonzept zu, forderte aber, die Verstromungsmenge 1996 auf 37,5 Mio t festzulegen.

Den zur Unterstützung der Kohleverstromung von den Stromverbrauchern zu entrichtenden → Kohlepfennig (1991: rd. 4,3 Mrd DM) kritisierte die EG-Kommission als Subvention.

Jobtickets

Fahrausweise für öffentliche Verkehrsmittel, die Verkehrsbetriebe in großer Zahl (mindestens 50–200) verbilligt an Arbeitgeber verkaufen. Das Unternehmen gibt J. zum Selbstkostenpreis, verbilligt oder gratis an Arbeitnehmer ab. Mit J. soll der → Autoverkehr vermindert werden (→ Autofreie Stadt). Die Firma spart z. B. Kosten für Parkflächen. Die Arbeitnehmer können J. auch in der Freizeit nutzen.
Mitte 1992 boten rd. 40 Verkehrsunternehmen J. an, bei denen Preisnachlaß und Leistung unterschiedlich geregelt sind. Als erster Verkehrsbetrieb gewährte der Verkehrsverbund Rhein-Ruhr (VRR) 1991 den Großabnehmerrabatt in Höhe von 55%. → Öffentlicher Nahverkehr

Joint Venture

(engl.; Gemeinschaftsunternehmen), Zusammenschluß selbständiger Unternehmen auf internationaler Ebene zur gemeinsamen Durchführung von Projekten. Anfang der 90er Jahre entstanden J. insbes. zwischen westlichen Industriestaaten und den Ländern in → Osteuropa sowie → Entwicklungsländern. Nach Angaben des österreichischen Wirtschaftsministeriums gab es in den osteuropäischen Staaten Anfang 1992 etwa 36 000 J. mit westlicher Beteiligung (1991: 16 000). Die westlichen Partner kamen vor allem aus

Joint Ventures in der ČSFR

Firma	Partner	Branche
Volkswagen	Škoda, BAZ	Autos
Linde	Technoplyn	Technische Gase
Bosch	Motor Jikov	Autoteile
Siemens-KWU	Škoda	Kraftwerke
Mercedes	Avia, Liaz	LKW

Quelle: Aktuell-Recherche

Günstiges Studententicket in Dortmund
Als erste Hochschule in NRW führte die Universität Dortmund zum Sommersemester 1992 das Studententicket ein. Jeder Student muß zusätzlich zum Sozialbeitrag 85 DM zahlen und kann sechs Monate lang alle öffentlichen Verkehrsmittel des Verkehrsverbundes Rhein-Ruhr (VRR) benutzen. Der Studentenausweis gilt als Fahrkarte. Eine übertragbare Monatskarte des VRR kostet im Abonnement 100 DM.

Joint Venture der Telekom in der Ukraine
Die deutsche Telekom wird zusammen mit den Postgesellschaften PTT Telecom Niederlande und Telecom Denmark in der Ukraine ein Mobilfunknetz aufbauen. Das im Mai 1992 gegründete Gemeinschaftsunternehmen soll bis 2000 drahtloses Telefonieren in der ukrainischen Hauptstadt Kiew und weiteren 20 Großstädten der GUS-Republik ermöglichen. Das ukrainische Kommunikationsministerium ist an der Firma mit 51% beteiligt, die drei westlichen Gesellschaften halten je 16,3% der Anteile.

Deutschland und Österreich. Die meisten J. wurden in Ungarn (rd. 9000) und Rumänien (7700) gegründet.

Westliche Firmen erschließen durch J. neue Märkte, nützen niedrige Arbeitslöhne und genießen häufig Steuerermäßigungen. Ihre Investitionen tragen zur Deckung des Kapitalbedarfs bei, der durch → Privatisierung und Modernisierung der Wirtschaften besteht (→ Osteuropa-Bank → Internationaler Währungsfonds). 1992 wurden J. in osteuropäischen Staaten durch ungeklärte Eigentumsverhältnisse, mangelnde Verkehrs- und Telefonverbindungen sowie unsichere politische Verhältnisse behindert. 1992 stellte die EG-Kommission 40 Mio DM zur Förderung von J. in Osteuropa zur Verfügung. Bezuschußt wurden insbes. kleine und mittlere Unternehmen z. B. bei der Suche nach Partnern, beim Ermitteln der Marktchancen und nach der Gründung des Gemeinschaftsunternehmens bei dessen Aufbau.

Kindergarten im J.-Gesetz zu verankern. 1991 trat die Reform des J.-Gesetzes in Kraft, die Neuregelungen werden bis 1994 stufenweise eingeführt. Die materiellen Leistungen für Volljährige werden erweitert, freie Formen der J. (z. B. Selbsthilfegruppen) sollen finanziell stärker gefördert werden. Der Bund gab 1991 im Rahmen des Bundesjugendplans 200 Mio DM für die J. aus. Etwa 90% der J. werden von den Gemeinden und Ländern finanziert. Für 1992 stellte der Bund 50 Mio DM für den Aufbau von freien J.-Einrichtungen in Ostdeutschland und 20 Mio DM für ein Aktionsprogramm gegen Gewalt von Jugendlichen gegen → Ausländer zur Verfügung.

Das neue J.-Gesetz verstärkt u. a. die Beratung für Familien bei Scheidung. Angebote der J. für junge Volljährige, wie betreute Jugendwohnungen, wurden verbessert. Die Leistungen für Pflegekinder orientieren sich nicht mehr an den Sätzen für → Sozialhilfe.

Jugendhilfe

Unterstützung bzw. Ersatz der elterlichen Kindererziehung durch Jugendbehörden und Wohlfahrtsverbände, die finanzielle Hilfen geben, in Erziehungsfragen beraten und die Trägerschaft von Einrichtungen (z. B. Kindergärten und -heime) übernehmen. Mitte 1992 einigten sich die Regierungsparteien CDU, CSU und FDP darauf, einen Rechtsanspruch auf einen Platz im →

Jugendhilfe in Ostdeutschland 1992

Land/Projekt	Mittel (Mio DM)[1] für	
	Aufbau der freien Jugendhilfe	Beratungsstellen für Jugendhilfeträger
Berlin/Ost	1,6	1,1
Brandenburg	3,2	1,6
Mecklenburg-Vorpommern	2,8	1,7
Sachsen	5,6	2,2
Sachsen-Anhalt	3,6	1,8
Thüringen	3,2	1,7
Überregionale Projekte	4,0	7,9
Insgesamt	24,0	18,0

1) Für die Qualifizierung von Mitarbeitern der Jugendhilfe sind weitere 8 Mio DM vorgesehen; Quelle: Bundesjugendministerium

Justiz, ostdeutsche

Den Richterbedarf für die J. schätzte das Bundesjustizministerium Anfang 1992 auf 4500–5000 (Richterbestand Mitte 1992: ca. 1200). Außer Mecklenburg-Vorpommern und Berlin hatten die ostdeutschen Länder die → Richterüberprüfung Mitte 1992 abgeschlossen. Die Berliner Staatsanwaltschaft ermittelte Mitte 1992 in 2300 Fällen gegen DDR-Richter wegen Rechtsbeugung (→ Regierungskriminalität). Ende 1991 verabschiedete die CDU/CSU/FDP-Bundesregierung einen Gesetzentwurf mit dem Ziel, die Gerichtsorganisation der J. an die westdeutsche anzupassen. Zur Entlastung der J. und Freistellung von Personal billigte der Bundesrat 1991 einen Gesetzentwurf, der u. a. die Beschleunigung von Gerichtsverfahren und den vermehrten Einsatz von Einzelrichtern anstelle von Richterkollegien vorsieht sowie die Berufung gegen Urteile einschränkt.

Personalengpaß: Zum Aufbau der J. und zur Aufrechterhaltung einer geord-

Angela Merkel, Bundesjugendministerin * 17. 7. 1954 in Hamburg, Dr. rer. nat., deutsche Physikerin und Politikerin (CDU). Bis 1989 Wissenschaftlerin an der Berliner Akademie der Wissenschaften. Ende 1989 bis August 1990 Mitglied des Demokratischen Aufbruchs, August 1990 Eintritt in die CDU, von April bis Oktober 1990 stellvertretende Regierungssprecherin der DDR, ab 1991 Bundesministerin für Frauen und Jugend.

K

Sabine Leutheusser-Schnarrenberger, Bundesjustizministerin * 26. 7. 1951 in Minden, deutsche Politikerin (FDP). 1979–1990 Tätigkeit beim Deutschen Patentamt (München), ab 1989 als Abteilungsleiterin, seit 1990 MdB, ab 18. 5. 1992 Bundesministerin der Justiz.

neten Rechtspflege in den neuen Bundesländern stellten Bund und westdeutsche Länder bis Mitte 1992 rd. 1000 Richter und Staatsanwälte sowie 500 Rechtspfleger und Juristen des gehobenen Dienstes ab. Personaleinstellungen für die J. werden bis 1993 von Bund und westdeutschen Ländern mit 360 Mio DM finanziert; davon sind 65 Mio DM für die Entsendung von Juristen in die neuen Länder vorgesehen. Ostdeutsche Richter und Staatsanwälte erhielten Mitte 1992 rd. 70% des Verdienstes eines westdeutschen Amtskollegen.

Arbeitsbelastung: Den ostdeutschen Vermögensämtern lagen Mitte 1992 ca. 2,1 Mio Anträge auf Rückgabe oder Entschädigung enteigneter Vermögenswerte (→ Eigentumsfrage) vor. Zudem wurden rd. 100 000 Anträge auf → Rehabilitierung politisch verfolgter DDR-Bürger erwartet.

Organisation und Ausbildung: Die von der DDR übernommenen Kreis- und Bezirksgerichte sollen in Amts-, Land- und Oberlandesgerichte umgewandelt werden. Zudem sind die ostdeutschen Länder verpflichtet, eigenständige Finanz-, Arbeits-, Sozial- und Verwaltungsgerichte aufzubauen. Für eine Übergangszeit darf jeder zugelassene Rechtsanwalt in Prozessen vor ostdeutschen Landgerichten auftreten. Richterassistenten und Juristen, die ein DDR-Diplom erworben haben und nicht das Amt eines Richters oder Staatsanwalts ausüben, sind in den neuen Ländern zur Ausübung des Anwaltsberufs berechtigt; in Westdeutschland wird der Abschluß wie das erste juristische Staatsexamen behandelt.

Kabelanschluß

Verbindung mit dem breitbandigen Kupferkoaxialkabelnetz, das die → Telekom in Deutschland für die Verbreitung von Hörfunk- und Fernsehprogrammen einrichtet. Mitte 1992 waren 17,7 Mio Haushalte in den alten Bundesländern an das Kabelnetz anschließbar, 10,2 Mio davon nutzten den Anschluß. In den neuen Ländern verfügten Mitte 1992 rd. 210 000 Haushalte über einen K., 126 000 machten von ihm Gebrauch. Ihr ursprüngliches Ziel, 80% der westdeutschen Haushalte mit K. zu versorgen, gab die Telekom Anfang 1992 auf. Die Investitionen in das Kabelnetz (1982–1991: 11 Mrd DM) konnten bis Mitte 1992 nicht durch Kabelgebühren gedeckt werden. Deshalb erhöhte die Telekom zum 1. 5. 1992 die monatlichen Gebühren für K.

Das jährliche Defizit der Telekom durch das Kabelprojekt wurde Anfang 1992 auf 1 Mrd–1,5 Mrd DM geschätzt. Daher plante das Postunternehmen, lediglich in den Regionen Kabel zu verlegen, in denen mehr als 50% der potentiellen Nutzer einen K. einrichten lassen wollten. In den neuen Bundesländern bestand Mitte 1992 geringes Interesse an K., was u. a. auf die Konkurrenz durch → Parabolantennen zurückgeführt wurde (Preis 1992: ab 600 DM, keine Gebühren), die den

Französische Kabelfernsehbetreiber senken Gebühren Mitte 1992 planten französische Betreibergesellschaften und die Telefongesellschaft France Télécom, die Gebühren für Kabelfernsehen in Frankreich um rd. 15% zu senken, um die Attraktivität dieses Rundfunkempfangs zu erhöhen. Zehn Jahre nach Einführung des Kabelfernsehens 1982 empfingen lediglich 790 000 Haushalte Rundfunk über das Kupferkoaxialkabelnetz der Télécom (Deutschland 1992: 10,3 Mio). Bis 1992 wurden 30 Mrd FF (9 Mrd DM) in das Kabelnetz investiert, allein 1991 verzeichneten die Betreiber und die Télécom jedoch 3,3 Mrd FF (900 Mio DM) Verluste.

Kabelfernsehen in Europa 1992

Land	Programme	Gebühr/Monat (DM)	
		pro Programm	alle Programme
Großbritannien	28	1,96	54,88
Belgien	23	0,78	17,94
Deutschland	21	1,07	22,47[1]
Schweiz	20	1,65	33
Niederlande	19	1,03	19,57
Frankreich	19	2,63	49,97
Spanien	18	2,22	39,96
Österreich	16	1,69	27,04
Irland	10	3,70	37
Schweden	10	8,10	81
Dänemark	8	2,50	20

1) Tatsächlicher Rechnungsbetrag gerundet; Quelle: Telekom

Kabelanschlüsse in Deutschland

Bundesland	Wohnungen insgesamt	Anschließbare Wohnungen	Versorgungs-grad (%)	Angeschlossene Wohnungen	Anschluß-dichte (%)
Westdeutschland					
Baden-Württemberg	3 855 000	2 362 000	61,2	1 484 000	62,8
Bayern	4 589 000	2 909 000	63,3	1 740 000	59,8
Berlin	1 714 000	1 092 000	63,7	736 000	67,3
Bremen	325 000	321 000	98,7	183 000	57,0
Hamburg	792 000	776 000	97,9	349 000	44,9
Hessen	2 363 000	1 412 000	59,7	905 000	64,0
Niedersachsen	2 961 000	2 071 000	69,9	1 135 000	54,8
Nordrhein-Westfalen	7 229 000	4 875 000	67,4	2 590 000	53,1
Rheinland-Pfalz	1 516 000	885 000	58,3	530 000	59,8
Saarland	438 000	242 000	55,2	143 000	59,0
Schleswig-Holstein	1 128 000	829 000	73,4	432 000	52,1
Insgesamt	ca. 27,0 Mio	17 774 000	66,0	10 227 000	57,5
Ostdeutschland					
Brandenburg	1 098 000	68 000	6	62 000	91
Mecklenburg-Vorpommern	816 000	51 000	7	45 500	90
Sachsen	2 191 000	56 000	3	500	1
Sachsen-Anhalt	1 249 000	8 000	1	3 000	38
Thüringen	1 017 000	26 000	3	15 000	58
Insgesamt	6 371 000	209 000	4	126 000	60

Stand: April 1992; Quelle: Telekom

Privatfernsehen RTL plus kritisiert Kabelkanal
Helmut Thoma, Programmchef bei RTL plus, kritisierte Ende 1991 die Zulassung des Kabelkanals durch die Bayerische Landesmedienanstalt wegen unzulässiger Medienkonzentration. Die Gesellschafter des Kabelkanals, der Sender Pro 7 und die Beisheim-Gruppe (je 45%), seien Vertraute des Münchner Filmgroßhändlers Leo Kirch, der wiederum Hauptgesellschafter des zweitgrößten deutschen Privatfernsehens SAT 1 ist; mit 49% war 1992 Thomas Kirch, der Sohn von Leo Kirch, an Pro 7 beteiligt.

Empfang von → Satellitenfernsehen ohne K. ermöglichen.

Die Gebühren erhöhten sich um 3 DM auf 22,50 DM für einen Einzelanschluß bzw. auf 15,90 DM für einen Gemeinschaftsanschluß von mehreren Wohnungen in einem Haus (Kosten für den Einzelanschluß 1992: 65 DM; Gemeinschaftsanschluß: 675 DM/Wohnung mit Nachlaß je nach Anzahl der anzuschließenden Wohnungen). Die Telekom legt den K. bis in den Keller des Hauses, mit der hausinternen Verkabelung muß ein Elektriker oder Fernsehfachhändler beauftragt werden.

Kabelkanal

Privatfernsehprogramm, das seit dem 29. 2. 1992 in Deutschland ausschließlich mit → Kabelanschluß zu empfangen ist. Der K. sendet ein 24stündiges Unterhaltungsprogramm aus Spielfilmen und Serien. Die Veranstalter des über Einnahmen aus der → Fernsehwerbung finanzierten K., das → Privatfernsehen Pro 7 (45%), dessen Geschäftsführer und Gesellschafter Georg Kofler (10%) sowie die Beisheimgruppe (45%), rechneten Anfang 1992 damit, 1997 erste Gewinne verbuchen zu können. Bis dahin sollen 450 Mio DM in den K. investiert werden.

Kampfhunde

Umgangssprachliche Bezeichnung für Hunde mit geringem Schmerz- und Angstgefühl sowie hoher Aggressivität, die durch Zucht und Erziehung gefördert wird. Als K. gelten kräftige, muskulöse Rassen wie Bullterrier, Bandogs, Mastinos, Mastiffs und Pit Bulls, von denen es in Deutschland 1992 ca. 10 000 gab. Nach Schätzungen des Deutschen Kinderschutzbundes (Hannover) ereignen sich in Deutschland jährlich etwa 30 000 Unfälle (davon 10 000 mit Kindern), bei denen Menschen von Hunden verletzt werden. Die CDU/CSU/FDP-Bundesregierung lehnte es bis Mitte 1992 ab, den Gesetzentwurf des Bundesrates zum Schutz von Tieren vor Mißbrauch zur Aggressionszüchtung und -dressur zu unterstützen. Ein Verbot der Züchtung und Abrichtung von K. solle im Ordnungsrecht geregelt werden, das der Gesetzgebungskompetenz der Bundesländer untersteht.

In Hamburg, Baden-Württemberg, Saarland, Schleswig-Holstein und Berlin dürfen K. seit Ende 1991 nur noch in Ausnahmefällen und mit waffenscheinähnlicher Erlaubnis gehalten werden. In Hessen war bis Ende 1992 eine entsprechende gesetzliche Regelung für Hunde geplant, die sich als bissig erwiesen haben. Hundezüchter hatten die ursprünglich vorgesehene Nennung einzelner Rassen im Gesetz als Diskriminierung bemängelt.

Nach Großbritannien verhängte auch Australien Ende 1991 einen Einfuhrstopp für K. In Dänemark sind die als besonders aggressiv bekannten Rassen Pitbulls und Tosa seit 1. 12. 1991 verboten. In Österreich wurde Mitte 1992 ein Gesetz zum Verbot der K.-Züchtung vorbereitet.

Der Deutsche Städtetag (Köln) legte 1992 eine Studie vor, nach der die meisten Unfälle von Deutschen Schäferhunden, Mischlingen, Rottweilern und Dobermännern verursacht werden. Die als K. bezeichneten Rassen Mastino Napoletano, Staffordshire Bullterrier, Fila Brasileiro und Bullmastiff erscheinen auf den Rängen 23, 26, 42 und 41.

Kanalsanierung

Die Instandsetzung des Abwasser-Kanalsystems galt Umweltexperten in Deutschland 1992 als die größte Investitionsaufgabe auf dem Gebiet des → Umweltschutzes. In Westdeutschland waren nach kommunalen Schätzungen rd. 25% der 300 000 km öffentlicher Abwasserkanäle und 40% des 600 000 km langen privaten Netzes undicht und trugen zur → Trinkwasserverunreinigung bei. In Ostdeutschland müssen rd. 50% des Kanalnetzes (Länge: ca. 36 000 km) repariert werden. Die Kosten für die K. wurden auf 235 Mrd DM veranschlagt. Das Bundesforschungsministerium erhöhte die Mittel für die Entwicklung von Verfahren zur K. Ende 1991 von 70 Mio DM auf 100 Mio DM bis 1994.

Kanaltunnel

Eisenbahnverbindung unter dem Ärmelkanal zwischen Calais/Frankreich und Folkestone/Großbritannien. Anfang 1992 wurde die Eröffnung des ab 1987 gebauten K. u. a. wegen Lieferschwierigkeiten bei Baumaterialien von Juni 1993 um mindestens drei Monate verschoben. Der K. wurde als Teil des europäischen → Schnellbahnnetzes konzipiert. Er wird von der französisch-britischen Gesellschaft Eurotunnel mit Krediten von rd. 200 Banken privat finanziert. Das Projekt wurde 1992 vom Streit zwischen Eurotunnel und den Baufirmen um gestiegene Baukosten belastet.

Technik: Der 50 km lange K. verläuft bis zu 100 m unter dem Meeresspiegel und 40 m unter dem Meeresboden. In den zwei außen liegenden Röhren (Durchmesser: 7,3 m) verlaufen die Gleise. Wartung und Belüftung der Eisenbahntunnel erfolgen über die mittlere Röhre (Durchmesser: 4,8 m). An den Tunnelendpunkten entstehen sog. Terminals, wo Fahrzeuge auf die Züge verladen werden.

Finanzen: 1992 bezifferte Eurotunnel die Gesamtkosten des K. mit rd. 25,5 Mrd DM. Der Anstieg der Kosten gegenüber der ursprünglich geplanten Summe um fast 50% wird u. a. mit zusätzlichen Sicherheitsauflagen der britischen und französischen Regie-

In 40 m Tiefe unter dem Meeresboden werden voraussichtlich ab Herbst 1993 die Züge durch den Kanaltunnel fahren. An zwei Stellen können die Bahnen von einer Röhre in die andere wechseln.

Verfahren zur Kanalsanierung
Bei der modernen Kanalsanierung wird mit Video-Kameras und ferngesteuerten Robotern gearbeitet, die sich von einem Bohrloch aus im Kanalsystem vorarbeiten. Undichte Stellen werden mit Kunststoff verklebt, die Rohre werden an der Innenseite mit Kunststoff ausgekleidet, oder es werden neue Rohre eingezogen. Bei herkömmlichen Verfahren werden die Straßen aufgerissen und die Rohre ausgetauscht.

Schweden kürzt Lohn bei Krankheit des Arbeitnehmers
1991 wurde in Schweden ein Gesetz verabschiedet, nach dem ein Arbeitnehmer in den ersten drei Fehltagen einer Krankheit auf 35% und an den folgenden Tagen auf 20% seines Nettolohns verzichten muß. Anlaß für die Lohnkürzungen im Krankheitsfall war die überdurchschnittlich hohe Zahl der kranken Industriearbeitnehmer, die während der 80er Jahre täglich bei ca. 25% lag. Die Regierung der Niederlande plante Ende 1991, pro Krankmeldung einen Urlaubstag abzuziehen; mindestens 20 Urlaubstage müssen jedoch erhalten bleiben.

IBM verkürzt Arbeitszeit japanischer Mitarbeiter
Mitte 1992 legte der US-amerikanische Computerkonzern IBM seinen Mitarbeitern in Japan nahe, den ihnen gesetzlich zustehenden Urlaub zu nehmen. Japanische Arbeitnehmer verzichteten 1991 durchschnittlich auf etwa 50% ihrer Urlaubstage. IBM plante, die jährliche Arbeitszeit von 1923 Stunden 1991 auf 1873 Stunden 1992 zu senken. Der Konzern kommt damit gesetzlichen Regelungen zuvor, die eine Arbeitszeitverkürzung in Japan von durchschnittlich 2008 Stunden pro Jahr 1992 auf 1800 Stunden bis 1997 vorsehen (Deutschland 1992: 1550 Stunden).

rung begründet (z. B. geschlossene Waggons für Autoreisezüge).
Mitte 1992 hatte die Betreibergesellschaft Finanzschwierigkeiten, da sie wegen der gestiegenen Baukosten die monatlichen Zahlungen an Baufirmen um 50 Mio Pfund (145 Mio DM) erhöhen mußte.
Betrieb: Nach der Eröffnung werden zunächst Pendelzüge zwischen den Endpunkten des K. verkehren. Durchgehende Züge werden ab Sommer 1994 eingesetzt, wenn genügend Waggons zur Verfügung stehen. Stündlich sollen bis zu 20 Auto-, Fracht- und Passagierzüge durch den K. fahren (voraussichtliche Fahrtdauer: 35 min).
London: Die Bahnreise von Paris nach London soll sich durch den K. und das europäische Schnellbahnnetz auf 3 h verkürzen. Allerdings war Mitte 1992 auf britischer Seite nicht entschieden, wann die Schnellbahn von Folkestone nach London gebaut wird.

Karenztag

Der Wirtschaftsrat der CDU schlug Anfang 1992 vor, die Lohnfortzahlung des Arbeitgebers für den ersten Tag der Krankmeldung eines Arbeitnehmers zu streichen. Der K. soll eingeführt werden, um zusätzliche → Sozialabgaben für die Arbeitgeber, die aus der geplanten gesetzlichen → Pflegeversicherung entstehen, finanziell auszugleichen. Gewerkschaften und SPD kündigten Mitte 1992 Widerstand gegen die gesetzliche Einführung von K. an, weil dies einen unzulässigen Eingriff in die grundgesetzlich festgelegte Tarifautonomie darstelle. Eine Lohnfortzahlung im Krankheitsfall, wie sie 1970 für alle Arbeitnehmer eingeführt worden war, war 1992 in 80% der Manteltarifverträge festgeschrieben. Zudem sei der soziale Friede gefährdet, wenn die Lohnfortzahlung gestrichen werde.
Die Bundesvereinigung der Deutschen Arbeitgeberverbände (BDA, Köln) hatte Ende 1991 die Einführung eines K. gefordert, weil Arbeitnehmer nach Meinung der Arbeitgeber verstärkt mit

Lohnfortzahlung in Westdeutschland

Jahr	Kranke Arbeitnehmer[1] (%)	Ausgaben für Lohnfortzahlung[2] (%)
1981	5,3	3,6
1982	4,6	3,1
1983	4,4	3,0
1984	4,5	3,1
1985	4,7	3,1
1986	4,8	3,2
1987	4,8	3,2
1988	5,0	3,2
1989	5,1	3,3
1990	5,2	3,2
1991[3]	5,5	–[4]

1) Anteil der Arbeitnehmer an den Versicherten in der gesetzlichen Krankenversicherung, die durchschnittlich an jedem Arbeitstag im Jahr fehlten; 2) Anteil an den Bruttolöhnen und -gehältern aller Arbeitnehmer; 3) erstes Halbjahr; 4) Angabe lag Mitte 1992 nicht vor; Quelle: Bundesarbeitsministerium

Krankheit entschuldigt der Arbeit fernblieben, ohne krank zu sein. Die Betriebe würden für dieses sog. Krankfeiern rd. 50 Mrd DM jährlich ausgeben. Bei Einführung eines K. würden die Arbeitgeber rd. 10 Mrd–15 Mrd DM/Jahr einsparen. Nach Angaben der BDA fehlten im Jahr durchschnittlich 6,8% der Beschäftigten krankheitsentschuldigt, d. h. 1,7 Mio Arbeitnehmer seien an jedem Tag des Jahres krank. Das Bundesarbeitsministerium bezifferte den Anteil der Arbeitnehmer, die durchschnittlich krank waren, von 1981 bis 1991 auf 4,5% bis 5,5%.
Die SPD wandte sich gegen den K., weil die Arbeitnehmer durch erhöhte Sozialabgaben für die Pflegeversicherung und Lohnkürzungen im Krankheitsfall doppelt belastet würden.

Karoshi

(japanisch; Tod durch Überarbeitung), die US-amerikanische Organisation International Educational Development schätzte Anfang 1992, daß in Japan, dem Industrieland mit den längsten Arbeitszeiten, jährlich etwa 10 000 Menschen an Überarbeitung sterben. 1990 klagten 597 japanische Familien auf Schadenersatz, nachdem Angehörige – ihrer Meinung nach durch Überarbeitung – einen Herzinfarkt erlitten hatten. Japans Regierung beschloß Mitte 1992, die → Arbeitszeit bis 1997 von 2008 auf 1800 Stunden pro Jahr zu verkürzen. Dadurch sinkt die Wochenarbeitszeit von 44 auf 40 Stunden. 1990 leistete ein japanischer Arbeitnehmer rd. 185 Überstunden. Vor allem in Kleinbetrieben wurde Mehrarbeit gefordert: Lediglich 10% der Mitarbeiter in Betrieben mit 30–99 Beschäftigten arbeiteten weniger als sechs Tage pro Woche (Großbetriebe: rd. 70%). Vom gesetzlichen Mindesturlaub von 15,5 Tagen pro Jahr wurden 1991 durchschnittlich 8,2 Tage genommen.

Katalysator-Auto

PKW, der mit einer Anlage zur Verringerung von Schadstoffen im Abgas (Kohlenwasserstoffe, Kohlenmonoxid und Stickoxide) ausgerüstet ist. Bis 31. 7. 1992 wurde die Nachrüstung von PKW mit Katalysatoren von der Bundesregierung finanziell unterstützt. Für nachgerüstete und fabrikneue K. galten weiterhin niedrigere Sätze bei der → Kfz-Steuer. Voraussichtlich ab Frühjahr 1993 müssen auch K. zur → Abgassonderuntersuchung (ASU).
Der Katalysator wandelt Kohlenwasserstoffe, Kohlenmonoxid und Stickoxide mit Hilfe von Edelmetallen (Platin, Rhodium) in Kohlendioxid, Stickstoff und Wasserdampf um. Der geregelte Katalysator mit Sauerstoffmeßfühler (Lambda-Sonde) beseitigt 90% der Abgasschadstoffe. Er kann nur in Autos mit einer Benzin-Einspritzanlage und mit bleifreiem Benzin betrieben werden. In älteren Fahrzeugen, die mit bleifreiem Benzin gefahren werden, verringert ein ungeregelter Katalysator ohne Lambda-Sonde den Schadstoffausstoß um 30–50%.
Eine Studie, die im Auftrag des Umweltbundesamtes (Berlin) erarbeitet wurde, ergab 1992, daß Katalysatoren kurz nach dem Start des Motors und bei Fahrten mit Vollgas weniger wirksam sind als angenommen. Diese Mängel bei der Abgasreduktion führte das Amt vor allem auf die Einspritzanlagen und das Zündsystem zurück.

Katastrophenschutz

Maßnahmen zum Schutz der Bevölkerung z. B. bei Naturkatastrophen und Industrieunfällen. Der K. ist in Deutschland nach Ländergesetzen geregelt. Der erweiterte K., für den der Bund zuständig ist, umfaßt den Schutz der Zivilbevölkerung im Kriegsfall (auch Zivilverteidigung oder Zivilschutz). Das Bundesministerium des Inneren will bis 1995 in den ostdeutschen Bundesländern einen K. aufbauen (Kosten: 300 Mio DM). In der DDR war die 1991 aufgelöste Nationale Volksarmee zuständig für den K.
Die Mittel im Bundeshaushalt für die Zivilverteidigung wurden 1992 um rd. 7,3 Mio DM auf 947 Mio DM erhöht. UNDRO, das Katastrophenhilfswerk der → UNO, verfügte 1992 über 8,3 Mio Dollar (12,7 Mio DM).
Die Vereinigung europäischer Notfallmediziner (London) forderte Ende 1991, innerhalb der EG eine einheitliche Notrufnummer einzuführen, die Ausbildung des Rettungspersonals zu verbessern und eine Datenbank anzulegen, die eine Zusammenarbeit der europäischen Hilfswerke erleichtern soll. Über eine Klage der Grünen beim Bundesverfassungsgericht (BVG, Karlsruhe) gegen das Gesetz zum erweiterten K. vom Januar 1990 war Mitte 1992 nicht entschieden. Nach Auffassung der Grünen würden die Planungen für den erweiterten und den zivilen K. unzulässig vermischt.

Kernfusion

Verschmelzung der Kerne schwerer Wasserstoffatome (Deuterium, Tritium) unter hoher Energiezufuhr zu einem Atomkern des Edelgases Helium. Durch K. entsteht die von der Sonne ausgestrahlte Energie. Im Gegensatz zur K. in der Wasserstoffbombe findet in einem Fusionsreaktor ein kontrollierter Prozeß statt. K. ist anderen Arten der Energieerzeugung überlegen, weil der Grundstoff Deuterium nahezu unbegrenzt im Meerwasser enthalten

Billiger Katalysator aus den Niederlanden
Techniker der Universität Amsterdam entwickelten 1991 einen neuen Katalysator, in dem ein Gemisch aus Kupfer und Chrom die Reduzierung von Schadstoffen beschleunigt. Die Stoffe sind preisgünstiger und leichter zu gewinnen als die üblicherweise verwendeten Edelmetalle Platin und Rhodium. Die neue Konstruktion wird 1992 im Straßenverkehr getestet und soll rd. ein Drittel weniger als ein herkömmlicher Katalysator (1000–1500 DM) kosten.

Bleifreier Kraftstoff in Europa

Land	Marktanteil (%)
Deutschland*	68,9
Österreich	59
Niederlande	58
Schweiz	57,4
Schweden	56
Finnland	54,7
Dänemark	51
Norwegen	42
Großbritannien	40,5
Belgien	31
Irland	22,4
Frankreich	18,6
Portugal	11,4
Italien	5
Griechenland	5
Spanien	unter 1

Stand: Dezember 1990; * alte Bundesländer; Quelle: Europäische Organisation zur Mineralölwirtschaft für Umwelt und Gesundheitsschutz

Modellzeichnung eines Kernfusionsreaktors, dessen Bau Forscher u. a. aufgrund von Problemen bei der Wärmeisolierung im Reaktor erst ab 2025 für möglich halten

Förderung der Kernfusionsforschung in Deutschland

Jahr	Ausgaben (Mio DM)
1984	158
1985	167
1986	198
1987	195
1988	195
1989	196
1990	196
1991	204
1992*	205
1993*	208

* Planung; Quelle: Bundesminister für Forschung und Technologie

ist und das hochradioaktive Tritium im Fusionsreaktor gewonnen werden kann. 1 g Fusionsbrennstoff liefert etwa soviel Energie wie 6 t Kohle. Im britischen Culham gelang Ende 1991 erstmals die Energiegewinnung durch K. Für zwei Sekunden erzeugte der Reaktor des europäischen Gemeinschaftsexperiments JET eine Wärmeleistung von 2 MW. Die Forscher von JET hielten eine Nutzung der K. für die Energieversorgung Anfang 1992 in frühestens 50 Jahren für möglich.

Culham: Das Wasserstoffgas aus Deuterium und Tritium wurde in der Brennkammer des Fusionsreaktors auf rd. 200 Mio °C erhitzt (entspricht der 20fachen Temperatur der Sonneninneren). Das radioaktive Tritium wurde für diesen Versuch erstmals verwendet (Anteil: 14%, Deuterium: 86%). Das Experiment sollte Aufschluß darüber geben, wieviel Tritium von den Reaktorwänden, die etwa alle sieben bis zehn Jahre ausgetauscht und entsorgt werden müssen, absorbiert wird. Bei einem Mischverhältnis von 50:50, mit dem ab 1996 experimentiert werden soll, könnte der Schmelzpunkt bereits bei einer Temperatur von 120 Mio °C erreicht werden. Das Wasserstoffgas ändert bei der Zündtemperatur seinen Aggregatzustand und wird zu Plasma (→ Plasmatechnik).

Forschungsprojekte: Die 14 beteiligten Staaten fördern JET jährlich mit etwa 220 Mio DM (deutscher Anteil: 30%). Die Fusionsforschung in Deutschland finanziert das Bundesforschungsministerium jährlich mit etwa 200 Mio DM, davon gehen 50% an das Max-Planck-Institut für Plasmatechnik in Garching bei München.

Die EG, die USA, Rußland und Japan planten Mitte 1992 den Bau eines gemeinsamen Reaktors ab 1997, der 1000 MW über Zeiträume von mehreren Stunden erzeugen soll. Die Baukosten dieses International Thermonuclear Experimental Reactors (ITER) wurden auf etwa 20 Mrd Dollar (30,6 Mrd DM) veranschlagt.

Technik: 1992 war die Technik des sog. magnetischen Einschlusses am weitesten fortgeschritten, bei der sich der Brennstoff in einem großen ringförmigen Gefäß, dem sog. Tokamak, befindet. Dort wird er auf Zündtemperatur aufgeheizt und von Magneten in Schwebe gehalten, damit ein Kontakt des Plasmas mit den umgebenden Wänden möglichst gering gehalten wird. Durch Berührung der äußersten Schicht des Plasmas mit der Begrenzungswand entstehen Verunreinigungen, die den Fusionsprozeß stören, und Beschädigungen der Wärmeisolierung der Reaktorwand.

Hindernisse: Das radioaktive Tritium müßte bei einem großen Fusionsreaktor alle sieben Jahre ausgetauscht und entsorgt werden. Die → Entsorgung radioaktiven Materials war 1992 größtes Problem bei der Nutzung von → Atomenergie. Im Gegensatz zu Deuterium sind supraleitende Materialien (→ Supraleiter), aus denen die Magnetspulen der Fusionsreaktoren hergestellt werden, nicht unbegrenzt verfügbar.

Kfz-Steuer

Die Höhe der K. richtet sich in Deutschland nach dem Hubraum, dem Tag der ersten Zulassung und seit 1985 nach den Abgaswerten des Fahrzeugs. Anfang 1992 plante Bundesumweltminister Klaus Töpfer (CDU), ab 1993 Autos nach dem Schadstoffausstoß, der Lärmemission und der Höhe des Kraftstoffverbrauchs zu besteuern (→ Abgasgrenzwerte).

Vorschlag des Bundesumweltministeriums für eine schadstofforientierte Kfz-Steuer

Leistung[2] (kW)	Punkt- zahl[1]	Schadstoffe[3]	Punkt- zahl[1]	Lärm[2] (dBA)	Punkt- zahl[1]	Verbrauch[2] (l/100 km)[4]	Punkt- zahl[1]
bis 30	1	Besser als geplante US-Norm	1	bis 72	1	bis 3	1
bis 50	2	Geplante US-Norm (Stickoxide 0,25 g/km)	4	bis 74	2	bis 6	3
bis 70	3	Kalifornische Norm	6	bis 77	3	bis 7	5
bis 90	4	Heutige US-Norm (Stick- oxide 0,62 g/km	8	bis 80	4	bis 8	6
bis 110	5	Geplante EG-Norm 1992 (Stickoxide 0,97 g/km)	10	über 80	5	bis 9	7
bis 130	6	Heutige Euronorm	12			bis 10	8
bis 150	7	Bedingt schadstoffarm (Klasse A/C)	14			bis 12	10
bis 170[5]	8	Nicht schadstoffarm	16			über 12	12

1) Jeder Punkt wird mit 15 DM besteuert; 2) laut Kfz-Schein; 3) laut Herstellerangaben; 4) ECE-Norm; 5) jeder Steigerung um 20 kW entspricht ein zusätzlicher Punkt; Quelle: Capital 9/90

Der Steuersatz für → Katalysator-Autos mit geregeltem Katalysator beträgt 13,20 DM/100 cm³, für PKW mit ungeregeltem Katalysator je nach Schadstoffausstoß 13,20 DM/100 cm³ oder für nicht schadstoffreduzierte PKW 21,60 DM/100 cm³ (Stand: Mitte 1992). Die K. für Dieselfahrzeuge beträgt 29,60 DM/100 cm³ für schadstoffarme Kfz und 38 DM/100 cm³ für nicht schadstoffreduzierte Autos. Diesel-PKW, die zwischen 1989 und 1992 erstmals zugelassen wurden, erhielten 550 DM Steuernachlaß, wenn sie einen Wert von 0,08 g/km beim Ausstoß von Rußpartikeln einhielten (→ Dieselruß).

Kinderbüro

Kommunales Amt für Kinderinteressen, das sich für kindgerechte Lebensbedingungen einsetzt und an der Planung von Freizeiteinrichtungen für Kinder sowie von öffentlichen Gebäuden beteiligt ist. Kinder wenden sich mit Fragen oder Beschwerden schriftlich oder persönlich an das K. Psychosoziale Beratung wie z. B. das Sorgentelefon leistet das K. nicht. Mitte 1991 eröffnete das erste deutsche K. in Köln, weitere wurden 1991 in Essen, Frankfurt/M. und Freiburg/Br. eingerichtet. Kinder beklagten sich am häufigsten über verschmutzte Spielplätze, verkehrsreiche Straßen in Wohngebieten und zu hoch angebrachte Bedienungs-knöpfe an Ampeln bzw. Fahrscheinautomaten. → Kindesmißhandlung

Kinderfreibetrag

Jährliche Steuererleichterung für Erziehende in Deutschland, um die finanzielle Belastung zu verringern, die durch Kinder entsteht. Der K. ist neben dem → Kindergeld Teil des zweistufigen Familienlastenausgleichs. 1992 wurde der K. pro Kind von 3024 DM auf 4104 DM erhöht. Der K. verursacht 1992 Steuermindereinnahmen für den Bund von rd. 17,8 Mrd DM, davon entfallen rd. 7 Mrd DM auf die Erhöhung des K. Als Folge einer Entscheidung des Bundesverfassungsgerichts (BVG, Karlsruhe, Az. 1 BvL 20/84, 26/84, 4/86, 72/86) wird der K. für 1983–1985 rückwirkend von 432 DM für das erste Kind auf 2432 DM, für das zweite Kind auf 1832 DM angehoben. Den erhöhten K. erhalten Steuerzahler, deren Steuerbescheide für diese Jahre nach dem 29. 5. 1990 (Datum des BVG-Urteils) noch nicht rechtskräftig waren. Über die Höhe des K. von 1986 bis 1989 (2484 DM) und 1990–1991 (3024 DM) hatte das BVG Mitte 1992 nicht entschieden.

Dem BVG zufolge muß der Staat jedem Kind in Anlehnung an den Sozialhilfesatz einen steuerfreien Betrag in Höhe des Existenzminimums gewähren (→ Steuer-Grundfreibetrag), weil sonst

Kinderfreibetrag in Deutschland

Jahr	Freibetrag[1] (DM/Jahr)
1983–1985	432[2]
1986–1989	2484
1990–1991	3024
Ab 1992	4104

1) Ab 1991 auch in Ostdeutschland angerechnet; 2) für vor dem 29. 5. 1992 rechtskräftige Steuerbescheide; Quelle: Bundesfamilienministerium

Kindergarten

**Mehr Kindergarten-
plätze in Süd-
deutschland**

Während in den süddeut-
schen Bundesländern
1991 fast jedes Kind im
Alter von drei bis sechs
Jahren einen Kindergar-
tenplatz erhielt, war es in
den norddeutschen Län-
dern nur etwa jedes zwei-
te. Die süddeutschen Län-
der erstatteten zudem ei-
nen größeren Anteil der
Personalkosten; so zahlte
z. B. Bayern den Kinder-
gärten rd. 40%, Nieder-
sachsen hingegen nur
13%. Die restlichen Ko-
sten müssen Eltern und
Gemeinden sowie private
Initiativen, die Träger von
Kindergärten sind, tragen.

**Lebensgefährte erhält
für Kinder der Freundin
kein Kindergeld**

Das nordrhein-westfäli-
sche Landessozialgericht
in Essen entschied 1991,
daß ein Lebensgefährte
kein Kindergeld für die
Kinder seiner Partnerin
beanspruchen kann, auch
wenn beide dies wün-
schen und einen gemein-
samen Haushalt führen
(Az. L 13 Kg 84/90). Die
Partner gingen dem Urteil
des Gerichts zufolge mit
ihrer gewählten Lebens-
form freiwillig den rechtlichen Konsequenzen einer
Ehe aus dem Weg. Der
geschiedene Mann, der
auf Bezug des Kinder-
gelds geklagt hatte, erhielt
bereits Kindergeld für seine zwei Kinder aus erster
Ehe, die ebenfalls bei ihm
lebten.

alleinstehende Steuerpflichtige gegenüber Familien bevorzugt würden. Dies
verstoße gegen den Gleichheitsgrundsatz des GG. Die SPD kritisierte Ende
1991, daß auch mit der Erhöhung des
K. und der Anhebung des Kindergelds
für das erste Kind von 1992 an das
Existenzminimum unterschritten werde
(durchschnittlicher Sozialhilfesatz
1991: 6756 DM pro Kind und Jahr).
Zudem könnten Besserverdienende mit
höherem Steuersatz durch den K. mehr
Steuern sparen als Geringverdienende.
Die SPD forderte die Abschaffung des
K. und statt dessen ein einheitliches
Kindergeld in Höhe von 230 DM
monatlich je Kind.

Kindergarten

Mitte 1992 ging das Bundesjugendministerium in Deutschland von 600 000
fehlenden Plätzen zur Betreuung von
Kindern ab drei Jahren bis zur Ein-
schulung aus. Träger der K. sind vor allem Kommunen, Kirchen und private
Initiativen. Im Rahmen der gesetzlichen Neuregelung des → Schwangerschaftsabbruchs entschied der Bundestag im Juni 1992, jedem Kind das
Recht auf einen Platz im K. ab 1996 zuzusichern. Rheinland-Pfalz will diese
Garantie ab August 1993 geben.
Mitte 1992 schätzte das Bundesjugendministerium die Kosten für die Einrichtung von Plätzen zur Kinderbetreuung

Kinderbetreuung in EG-Ländern 1990

Land	Unterbringung in öffentlich finanzierten Einrichtungen (%)	
	Kinder bis zwei Jahre	Kinder ab drei Jahre bis zum Schulalter
Belgien	20–25	95
Dänemark	44	87[1]
Deutschland[2]	3	72 (12)[3]
Frankreich	20–25	95[1]
Griechenland	2–3	62 (17)[3]
Großbritannien	2	44
Italien	5	88
Niederlande	11	75
Portugal	4	25
Spanien	5	66

*1) Meist in Ganztagseinrichtungen; 2) westdeutsche Län-
der; 3) Anteil von Ganztagseinrichtungen; Quelle: Bundesinstitut für Bevölkerungsforschung (Wiesbaden)*

in Westdeutschland auf rd. 40 Mrd DM,
die jährlichen Betriebskosten auf ca. 10
Mrd DM. Die Bundesländer wiesen
darauf hin, daß ihnen die nötigen finanziellen Mittel fehlen würden, um einen
Rechtsanspruch auf einen K.-Platz zu
verwirklichen (→ Haushalte, öffentliche). In Ostdeutschland erhielten dem
Jugendministerium zufolge 1990 zwar
94% aller Kinder einen K.-Platz, doch
war der Erhalt der K. Mitte 1992 finanziell nicht gesichert.

Kindergeld

Staatliche Leistung für Eltern in
Deutschland zur Minderung der finanziellen Belastung, die durch Kinder
entsteht. Ab 1992 wurde das K. für das
erste Kind von 50 auf 70 DM monatlich
erhöht. Der Gesetzentwurf der SPD,
das K. für das erste Kind auf 125 DM
heraufzusetzen und in einem zweiten
Schritt ein einheitliches K. in Höhe von
230 DM monatlich je Kind einzuführen, wurde 1991 abgelehnt. Ab 1992
wird das K. für das zweite und weitere
Kinder auch in Ostdeutschland gemindert, wenn Einkommensgrenzen überschritten werden.
Zum Januar 1992 wurde auch der K.-
Zuschlag für einkommensschwache Familien von zu 48 DM/Monat auf bis
zu 65 DM/Monat angehoben, Alleinerziehende haben Anspruch auf die Hälfte. Steuerlich werden Erziehende durch
den → Kinderfreibetrag entlastet, der
beim Lohnsteuerjahresausgleich geltend gemacht werden kann.
Im Bundeshaushalt 1992 sind für die
Zahlung von K. rd. 22,8 Mrd DM vorgesehen, davon für die Erhöhung des
K. und des K.-Zuschlags 3,1 Mrd DM.
Eltern erhalten 1992 für das zweite
Kind 130 DM im Monat, für das dritte
220 DM und für jedes weitere Kind 240
DM. Ab einem Jahresnettoeinkommen
der Eltern von 45 480 DM (Alleinstehende: 37 880 DM) verringert sich das
K. für das zweite Kind. Für jedes weitere Kind steigt diese Einkommensgrenze um einen Betrag von 9200 DM.

ℹ️ Kindergeldkassen der Arbeitsämter

Höhe des Kindergelds in Deutschland

Anzahl der Kinder	Jahresnettoeinkommen (DM)[1] Monatliches Kindergeld (DM)	
1	keine Einkommensgrenze	70
2	bis 45 479 200	über 45 960 140
3	bis 54 679 420	über 57 080 280
4	bis 63 879 660	über 68 680 420
5	bis 73 079 900	über 80 280 560

1) Bei Verheirateten; Quelle: Bundesfamilienministerium

Kinderhandel

Die UNO-Menschenrechtskommission (Genf/Schweiz) definierte in einer Studie vom Februar 1992 K. als den Verkauf von Kindern als Arbeitskräfte, Prostituierte und zu Adoptionszwecken. Ursache für den K. in → Entwicklungsländern sei in erster Linie die → Armut. Viele Eltern seien gezwungen, ihre Kinder wegzugeben, weil ihr Einkommen nicht ausreicht, um die ganze Familie zu ernähren. Die Internationale Arbeitsorganisation (Genf/Schweiz) schätzte 1981 die Zahl der weltweit zur Arbeit gezwungenen Kinder auf mindestens 88 Mio. Der K. zum Zweck der Prostitution nahm Anfang der 90er Jahre weltweit zu.

Kinderarbeit: Nach dem UNO-Bericht werden in Entwicklungsländern wie Thailand Minderjährige, die aus strukturschwachen ländlichen Gebieten geflohen sind, in den Ballungszentren von illegalen Arbeitsvermittlern angeworben und in sklavenähnlichen Verhältnissen gehalten.

Prostitution: Die meisten jugendlichen Prostituierten bis zum Alter von 17 Jahren gibt es nach Angaben der UNO-Studie in Asien und Lateinamerika. In vielen Ländern verkauften Eltern ihre Kinder wissentlich oder unwissentlich an Zuhälter. Zur Kinderprostitution trägt u. a. der → Sextourismus bei (→ Frauenhandel).

Adoptionen: Nach Angaben der Gemeinsamen Zentralen Adoptionsstelle der norddeutschen Länder (Hamburg) lag in den 80er Jahren bei rd. 25% aller Adoptionen aus Entwicklungsländern ein kommerzieller oder krimineller Hintergrund vor, z. B. Bestechung der leiblichen Eltern und Kindesentführung. In Deutschland können Mitarbeiter von illegalen Vermittlungsagenturen nach dem 1989 geänderten Adoptionsvermittlungsgesetz mit bis zu fünf Jahren Gefängnis bestraft werden. Die leiblichen Eltern und die Adoptionsinteressenten machen sich nicht strafbar. Adoptionsbewerber lassen sich u. a. auf ein illegales Verfahren ein, weil sie die bürokratischen Hürden einer Adoption über offizielle Stellen vermeiden wollen (strenge Eignungsprüfung der Bewerber, Wartezeit zwischen drei und fünf Jahren).

Kinderpornographie

Filme und Abbildungen, die den sexuellen Mißbrauch von Kindern unter 14 Jahren zeigen. K. ist in Deutschland verboten und zählt zur → Kindesmißhandlung. Bundesjustizminister Klaus Kinkel (FDP) legte im November 1991 einen Gesetzentwurf zur Verschärfung der Strafen für Herstellung, Vertrieb und Besitz von K. vor. Nach Schätzungen des Justizministeriums gab es 1991 in Deutschland rd. 30 000 Sammler von K. Mit Videos und Zeitschriften werde jährlich ein Umsatz von ca. 400 Mio DM erzielt. Häufig entstünden die Filme in → Entwicklungsländern, wo niedrigere Altersgrenzen für sexuelle Handlungen mit Kindern gelten.

Der Gesetzentwurf sieht folgende Regelungen zur Bekämpfung von K. vor:

▷ Bis zum Inkrafttreten des Gesetzes straflose Erwerb von K. soll mit Freiheitsstrafen bis zu einem Jahr geahndet werden

▷ Herstellung und Vertrieb von K. sollen mit Haft bis zu drei Jahren bestraft werden; der Bundesrat fordert eine Strafe von fünf Jahren (vorher: ein Jahr).

Der Bundesrat forderte im Mai 1992 eine Ergänzung des Gesetzentwurfs, die auch Pornographie mit Jugendlichen bis 16 Jahre unter Strafe stellt.

Kinderhändlerring in Berlin entdeckt
Im Oktober 1991 ermittelte die Berliner Polizei gegen eine Gruppe von 17 Kinderhändlern, die im Verdacht stehen, mindestens 15 Kinder aus Unterkünften für Asylbewerber in Berlin und Braunschweig entführt und u. a. nach Südfrankreich verkauft zu haben. Die deutschen Justizbehörden gehen 1991/92 davon aus, daß der Verkauf von Kindern als Arbeitskräfte, zur Prostitution oder zur Adoption ähnlich wie der Verkauf mit Drogen über organisierte Verbrecherbanden läuft, die weltweit agieren.

Kinder als Opfer sexuellen Mißbrauchs
1990 wurden in den westdeutschen Bundesländern 15 936 Fälle von sexuellem Mißbrauch an Kindern zur Anzeige gebracht, davon 11 963 an Mädchen. Von den Opfern waren 877, von den Jungen 367 jünger als sechs Jahre. Die Kinderhilfsorganisation terre des hommes (Osnabrück) ging 1992 von einer Dunkelziffer bei sexuellem Mißbrauch von Kindern von rd. 300 000 Fällen pro Jahr aus.

Ombudsmann für Kinder in der EG
Der Kinderbericht der EG kritisierte 1991, daß neben sexuellem Mißbrauch von Kindern und körperlicher sowie seelischer Gewalt auch Umweltverschmutzung und Wohnungsnot das Recht auf körperliche und geistige Unversehrtheit der 120 Mio Kinder in der Gemeinschaft einschränken würden. Die EG-Kinderschützer forderten die Benennung eines Kinderbeauftragten für das Europäische Parlament, der u. a. Umweltvorschriften daraufhin überprüft, ob sie die empfindliche Gesundheit von Kindern ausreichend schützen.

Kindesmißhandlung

Zur K. gehören Kindestötungen und sexueller Mißbrauch von Kindern (→ Vergewaltigung → Kinderpornographie) sowie seelische Gewalt gegen Kinder und ihre körperliche und geistige Vernachlässigung. Das Bundesjustizministerium legte im November 1991 einen Gesetzentwurf vor, der den sexuellen Mißbrauch von Kindern durch Deutsche im Ausland unter Strafe stellt. Die Bundesregierung aus CDU, CSU und FDP plante Ende 1991 eine Gesetzesänderung, nach der Prügel, Ohrfeigen und die gezielte Mißachtung von Kindern durch ihre Eltern verboten werden sollen. Die SPD legte im Juni 1992 einen Gesetzentwurf vor, nach dem die zehnjährige Verjährungsfrist für sexuellen Kindesmißbrauch erst ab dem 18. Lebensjahr des Opfers beginnen soll. Im November 1991 ratifizierte Deutschland die UNO-Konvention über die Rechte der Kinder.

Sexueller Mißbrauch: Bis Mitte 1992 konnte sexueller Mißbrauch an Kindern im Ausland (→ Sextourismus) nur geahndet werden, wenn es sich um deutsche Kinder handelte oder wenn die Tat auch am Tatort strafbar war. Oft gelten im Ausland jedoch niedrigere Altersgrenzen für sexuelle Handlungen als in Deutschland (Altersgrenze: 14 Jahre). Kritiker des Gesetzentwurfs befürchteten, daß eine Gesetzesänderung wirkungslos bliebe, weil der im Ausland begangene sexuelle Mißbrauch an Kindern in Deutschland nur selten bekannt würde (→ Kinderhandel).
Der Kinderhilfsorganisation terre des hommes (Osnabrück) zufolge werden in Deutschland jährlich rd. 300 000 Kinder Opfer von sexueller Gewalt. Nur ein Bruchteil der Fälle werde angezeigt. 90% der sexuell mißbrauchten Kinder seien Mädchen.

UNO-Konvention: Die Konvention über Kinderrechte wurde von der Bundesregierung mit einer Zusatzerklärung ratifiziert, die u. a. die Umsetzung des Artikels in deutsches Recht verhindert, der minderjährigen Flüchtlingen ein

Recht auf Familienzusammenführung einräumt. Die Konvention, die Kindern erstmals nicht nur Schutz garantiert, sondern auch eigene Rechte zugesteht (z. B. das Recht auf Bildung und Gesundheit), verpflichtet die unterzeichnenden Staaten zur Einhaltung dieser Rechte. Bis Ende 1991 hatten 60 Staaten die Konvention ratifiziert.
ⓘ Deutscher Kinderschutzbund e. V., Schiffsgraben 29, D-3000 Hannover 1

Kirche, evangelische

Mit rd. 30 Mio Mitgliedern größte christliche Glaubensgemeinschaft in Deutschland (Stand: Mitte 1992). Im November 1991 wählte das Kirchenparlament (Synode) der Evangelischen Kirche in Deutschland (EKD) in Bad Wildungen den badischen Landesbischof Klaus Engelhardt zum EKD-Ratsvorsitzenden und Nachfolger von Martin Kruse, dessen sechsjährige Amtszeit abgelaufen war. Der für die Verwaltung der Militärseelsorge verantwortliche Dekan Reinhard Gramm trat Anfang 1992 von seinem Amt zurück, weil er die von Teilen der K. angestrebte Neuordnung der Militärseelsorge in Deutschland ablehnt, die eine größere Unabhängigkeit der Militärpfarrer vom Verteidigungsministerium vorsieht. Der frühere stellvertretende Vorsitzende des Bundes der Evangelischen Kirchen in der DDR, Manfred Stolpe (SPD), löste Ende 1991 mit seiner Erklärung, jahrelang Kontakte zur Staatssicherheit gehabt zu haben, eine Diskussion über das Verhältnis von K. und → Stasi in der ehemaligen DDR aus. Nach Angaben der EKD verdoppelte sich seit Mitte 1991 in fast allen Landeskirchen die Zahl der Kirchenaustritte gegenüber dem Vorjahr.

Militärseelsorgevertrag: Der Vertrag von 1957 legt fest, daß Militärpfarrer als Bundesbeamte dem Verteidigungsministerium unterstehen. Die ostdeutschen Kirchen, die sich im Juni 1991 mit der auf Westdeutschland beschränkten EKD zusammenschlossen, hatten den Beitritt zum Militärseelsor-

Klaus Engelhardt, EKD-Ratsvorsitzender
* 11. 5. 1932 in Schillingstadt (Baden), deutscher evangelischer Theologe. Ab 1966 Dozent an der Pädagogischen Hochschule in Heidelberg. Seit 1980 Bischof der badischen Kirche, seit November 1991 Vorsitzender des Rats der Evangelischen Kirche in Deutschland.

Maria Jepsen, Evangelische Bischöfin
* 19. 1. 1945 in Bad Segeberg, deutsche evangelische Theologin. 1972–1990 Pastorin in Meldorf (Dithmarschen) und Leck (Südtondern). Geprägt von der feministischen Theologie. Seit April 1992 als Bischöfin der Nordelbischen Kirche erste Bischöfin in der lutherischen Kirche.

sche Christen seien aus der K. ausgetreten, weil die neuen Bundesländer am 1. 1. 1991 die Kirchenfinanzierung aus Steuermitteln nach westdeutschem Vorbild übernahmen. Die Kirchenbeiträge in der früheren DDR waren niedriger als in der BRD. Trotz der Austritte lagen die Einnahmen aus der Kirchensteuer 1991 mit rd. 6 Mrd DM um rd. 10% höher als im Vorjahr, weil das Gehaltsniveau angestiegen war. 1992 betrug der Kirchensteuersatz 9% der Lohn- bzw. Einkommensteuer.

Kirchentag: Der Evangelische Kirchentag mit dem Motto „Nehmet einander an" findet vom 9. bis 13. 6. 1993 in München statt. Das Kirchentags-Präsidium beschloß, die in der DDR üblichen Regionalkirchentage fortzuführen (11. – 13. 9. 1992 in Magdeburg, 19. – 20. 9. 1992 in Plauen und 19. – 23. 5. 1993 in Potsdam).

gevertrag abgelehnt. Sie kritisierten die Verflechtung von Kirche und Staat, die sich u. a. darin ausdrücke, daß die Militärpfarrer vom Staat bezahlt würden. In Ostdeutschland wurde die Militärseelsorge 1991/92 von den Gemeindepfarrern wahrgenommen. Die EKD setzte im Herbst 1991 eine Arbeitsgruppe ein, die eine einheitliche Form der Militärseelsorge für West- und Ostdeutschland entwickeln soll. Nachfolger von Gramm wurde im Januar 1992 der frühere Düsseldorfer Wehrbereichsdekan Johannes Ottemeyer.

Stasi: 1991 forderten Kirchengemeinden und Bürgerrechtsgruppen in Ostdeutschland, alle kirchlichen Mitarbeiter vom Sonderbeauftragten für die Unterlagen des ehemaligen DDR-Staatssicherheitsdienstes überprüfen zu lassen. Mitte 1992 wurden in den ostdeutschen Landeskirchen i. d. R. nur diejenigen Mitarbeiter überprüft, bei denen Hinweise auf eine Mitarbeit bei der Staatssicherheit vorlagen.

Kirchenaustritte: Die EKD führte die steigende Zahl der Kirchenaustritte vor allem auf die Steuererhöhungen zurück, die zum 1. 7. 1991 in Kraft traten (z. B. Solidaritätszuschlag). Ostdeut-

Kirche, katholische

Mit rd. 885 Mio Mitgliedern größte christliche Glaubensgemeinschaft der Welt (letztverfügbarer Stand: Mitte 1989). In Deutschland gehörten 1990 der K. rd. 28,2 Mio Christen an. Die Europäische Bischofsynode einigte sich im Dezember 1991 darauf, die Evangelisierung Osteuropas zu verstärken. Die Deutsche Bischofskonferenz beschloß im März 1992 Empfehlungen zur Neuordnung der Bistümer in den ostdeutschen Ländern. Der Paderborner Erzbischof Johannes Joachim Degenhardt entzog dem Priester und Hochschullehrer Eugen Drewermann im Oktober 1991 die Lehrerlaubnis und im März 1992 das Priesteramt. Der Erzbischof warf Drewermann u. a. abweichende Lehrmeinungen vor. Im Juni 1992 kündigte der brasilianische Bischof Leonardo Boff, einer der bekanntesten Vertreter der sog. Theologie der Befreiung, die Niederlegung seines Priesteramts an.

Europäische Synode: Vertreter der orthodoxen Kirche u. a. aus Rußland, Griechenland und Bulgarien waren der Einladung zu der Bischofssynode nicht

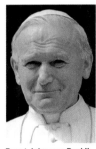

Papst Johannes Paul II.
(eig. Karol Wojtyla),
* 18. 5. 1920 in Wadowice/Polen, Prof. Dr. theol. Johannes Paul II. wurde 1946 zum Priester und 1958 zum Bischof geweiht. 1964 trat er als Erzbischof an die Spitze der Diözese Krakau, 1967 wurde er in den Kardinalsstand erhoben. Das Kardinalkollegium wählte ihn 1978 als ersten Polen und ersten Nichtitaliener seit 455 Jahren zum Papst.

Klärschlamm

Eugen Drewermann, * 20. 6. 1940 in Bergkamen, deutscher katholischer Theologe und Psychotherapeut. Ab 1975 Tätigkeit als Priester in Paderborn, 1979–1991 Lehrauftrag an der Katholischen Theologischen Fakultät in Paderborn. Zahlreiche Buchpublikationen, u. a. „Kleriker – Psychogramm eines Ideals" (1989). 1991/92 Entzug der Lehrerlaubnis und des Priesteramts wegen seiner abweichenden theologischen Äußerungen.

Brasiliens Bischöfe wollen Zölibat lockern
Die katholischen Bischöfe Brasiliens sprachen sich bei der lateinamerikanischen Bischofskonferenz in Indaiatuba/Brasilien vom Mai 1992 dafür aus, künftig auch verheiratete Männer zum Priester zu weihen. Als Begründung verwiesen sie auf den Priestermangel im Land, der zu der raschen Ausbreitung von Sekten beigetragen habe. Mitte 1992 betreute ein Priester in Brasilien durchschnittlich 14 000 Katholiken, in Deutschland gilt ein Verhältnis von einem Priester für 1000 Gläubige als ideal.

gefolgt, weil sie die Mission der K. in Osteuropa ablehnen, die zu Spannungen mit den ortsansässigen orthodoxen Gemeinden führe. Die K. erklärte ihr Vorgehen mit dem Argument, es handele sich z. B in Rußland um die Wiederbelebung der von den kommunistischen Herrschern unterdrückten K.

Ostdeutsche Bistümer: Die Bischöfe schlugen u. a. die Umwandlung des Bistums Berlin in ein Erzbistum vor. Die bisher dem Vatikan unterstellten sog. Jurisdiktionsbezirke Erfurt-Meiningen und Magdeburg, die vor der deutschen Teilung zu westdeutschen Diözesen gehörten, sollen selbständige Bistümer werden. Die endgültige Entscheidung über die Neuordnung der Bistümer ist dem Papst vorbehalten.

Drewermann: Den Strafmaßnahmen ging ein langjähriger Streit zwischen Drewermann und Degenhardt voraus. Der Paderborner Priester kritisierte u. a. die katholische Ansicht, daß die jungfräuliche Geburt Jesu ein historisches Ereignis gewesen sei. Er versteht sie vielmehr als „Symbol der Erlösung". Drewermann fordert zudem Verständnis für Frauen, die in Notsituationen abgetrieben haben.

Leonardo Boff: Als Begründung für seine Entscheidung nannte Boff die seit 1970 vom Vatikan gegen ihn verhängten Strafmaßnahmen, u. a. ein Lehrverbot und die Zensur aller seiner Veröffentlichungen. Die Theologie der Befreiung tritt im Interesse der Armen für einen radikalen Wandel der gesellschaftlichen Verhältnisse ein.

Katholikentag: Die 40 000 Teilnehmer des Katholikentags in Karlsruhe vom Juni 1992 diskutierten vor allem die politischen Entwicklungen in West- und Osteuropa. Das nächste Laientreffen soll 1994 in Dresden stattfinden.

Klärschlamm

Stark wasserhaltiger und faulender Schlamm, der in Kläranlagen bei der Reinigung von Abwässern entsteht (Wasseranteil: rd. 95%). K. ist mit organischen Schadstoffen und Schwer-

Grenzwerte für Schadstoffe im Klärschlamm

Schadstoff	Grenzwert (mg/kg Trockenmasse Klärschlamm)[1]	
	1992	1982
Zink	2 500	3 000
Blei	900	1 200
Chrom	900	1 200
Kupfer	800	1 200
Organische Halogenverbindungen	500	–
Nickel	200	200
Cadmium	10	20
Quecksilber	8	25
PCB	0,2	–
Dioxine/Furane	0,000 1	–

1) Für Klärschlamm, der als Dünger genutzt wird; Quelle: Bundesgesetzblatt, 28. 4. 1992

metallen belastet und umweltgefährdend. Zum Juli 1992 trat eine Novelle zur K.-Verordnung in Kraft, die Grenzwerte für Schadstoffe in K., der als Dünger verwendet werden darf, verschärft. Bei Überschreitung der Werte gilt K. ab Juli 1992 als → Giftmüll.

In den kommunalen Kläranlagen Westdeutschlands fielen Anfang der 90er Jahre jährlich 50 Mio t, nach der Entwässerung 2,5 Mio t K. an; für 2000 prognostizierte die Abwassertechnische Vereinigung (Sankt Augustin) bei Ausbau der Abwasserreinigung in Ostdeutschland einen Anstieg der K.-Menge auf ca. 70 Mio t (Trockenmasse: rd. 3,5 Mio t). Etwa 25% des K. wurden 1991 in der Landwirtschaft als Dünger eingesetzt, der Rest wurde verbrannt oder deponiert. Da die Entsorgung in der → Landwirtschaft wegen der Verschärfung der Grenzwerte schwieriger wird und Deponieraum Mitte 1992 knapp war (→ Abfallbeseitigung), wurden Mitte 1992 alternative Verwendungsmöglichkeiten wie das Heizen mit K.-Ziegeln erprobt. In Hamburg wurde Anfang 1992 die erste Anlage in Betrieb genommen, die Schlämme von Schwermetallen reinigt.

Mit der Ergänzung zur K.-Verordnung wurden erstmals Grenzwerte für → Dioxine und PCB (Polychlorierte Biphenyle), die unter Verdacht stehen, → Krebs zu begünstigen bzw. zu erregen, festgelegt. Auf Grünflächen darf K. nicht mehr aufgebracht werden.

Klimaveränderung
Globale Erwärmung vernichtet Lebensgrundlagen

Etwa 150 Staaten unterzeichneten auf der zweiten UNO-Umweltkonferenz in Rio de Janeiro/Brasilien im Juni 1992 die Klimakonvention, die eine Verringerung der Kohlendioxidemissionen auf den Stand des Jahres 1990 vorsieht. Das sog. Treibhausgas → Kohlendioxid (CO_2) ist maßgeblicher Verursacher des → Treibhauseffekts, der zur Erwärmung der Temperaturen auf der Erde beiträgt. In der Klimakonvention wurde jedoch kein verbindlicher Zeitpunkt für die Reduzierung des CO_2-Ausstoßes festgelegt, weil sich u. a. die USA dagegen widersetzten, die bei Beschränkungen des Energieverbrauchs einen Rückgang ihres Wirtschaftswachstums befürchteten. Die USA waren Anfang der 90er Jahre mit einem Anteil von 23% an den weltweiten CO_2-Emissionen größter Verursacher des Treibhausgases. Nach Schätzungen der UNO steigt die durchschnittliche Lufttemperatur auf der Erde bis 2100 um etwa 1,5–4,5 °C, wenn die → Luftverschmutzung durch Treibhausgase nicht verringert wird. Ein Temperaturanstieg könnte eine Verschiebung der Klimazonen bewirken, was vor allem in den → Entwicklungsländern, die nur rd. 20% des weltweiten CO_2 emittierten, zu Dürren, Ernteeinbußen und → Hunger führen würde.

Ursachen für Temperaturänderung: Zum Treibhauseffekt tragen neben CO_2 das bei Gärungsprozessen entstehende Methan, Lachgas aus überdüngten Feldern und die als Kühlmittel verwendeten Fluorchlorkohlenwasserstoffe (→ FCKW) bei. Die Gase in der Atmosphäre lassen zwar die Sonnenstrahlen durch, halten aber die von der Erde abstrahlende Wärme zurück, die sonst ins All entweichen würde. 1890–1990 stiegen die durchschnittlichen Temperaturen auf der Erde um rd. 0,5 °C, ein Anstieg von 4 °C nach der letzten Eiszeit dauerte hingegen rd. 5000 Jahre.

Prognostizierte Auswirkungen verheerend: Dem Meteorologischen Institut der Universität Bonn zufolge erhöhte sich die Oberflächentemperatur der tropischen Meere 1950–1992 um rd. 0,5 °C. Infolgedessen habe sich u. a. die Windgeschwindigkeit in Bodennähe um rd. 10–15% erhöht, die Zahl der Stürme in den Wintermonaten habe um ca. 25% zugenommen. Ein weiterer Temperaturanstieg um 0,3 °C pro Jahrzehnt ab 2000

habe nach Schätzungen des World Wide Fund for Nature (WWF, Gland/Schweiz) zur Folge, daß der Meeresspiegel der Ozeane u. a. durch das Schmelzen von Landeismassen um rd. 6 cm pro Jahrzehnt anstiege (Anstieg bis 2100: 65 cm). Dadurch wären z. B. Inseln wie Sylt und 25% der Landfläche Ägyptens von Überflutung bedroht. Das Vordringen des Salzwassers in Flußmündungen und ins Grundwasser sowie das Austrocknen von Flüssen würden zu → Wasserknappheit führen. Die Klimaveränderung bedrohe zudem die natürlichen Lebensräume von Tieren und Pflanzen und trage zum Artensterben bei (→ Artenschutz). Andere Prognosen gehen von einer Abkühlung der Temperaturen in Nordeuropa aus, falls aufgrund der Klimaerwärmung der Golfstrom Europa nicht mehr erreicht.

Ursachenbekämpfung nicht ausreichend: Nach Modellrechnungen der Enquete-Kommission zum Schutz der Erdatmosphäre des Deutschen Bundestages müßte der weltweite CO_2-Ausstoß bis 2005 um 20% gegenüber 1987 verringert werden, damit eine Temperaturänderung verhindert wird. Um lediglich eine globale Reduzierung von 5–6% zu bewirken, müßten die USA und Japan 30% ihrer Emissionen einsparen, die EG 25% und die Staaten → Osteuropas 20%. Zudem dürfte sich der Anstieg des CO_2-Ausstoßes in den Entwicklungsländern trotz Industrialisierung und damit ansteigendem Energieverbrauch nur um 50% statt der prognostizierten 100% erhöhen. Die EG hatte bereits 1991 beschlossen, die Kohlendioxidemissionen bis 2000 auf den Stand von 1990 zu stabilisieren und danach zu reduzieren, u. a. mit einer geplanten Besteuerung von CO_2 produzierenden Energien (→ Energiesteuer). Auch sollen vermehrt → Atomenergie und Erneuerbare → Energien ohne CO_2-Emissionen eingesetzt sowie Maßnahmen zum → Energiesparen ergriffen werden. Umweltschutzorganisationen forderten, daß eine Verminderung der Treibhausgase nicht auf Kohlendioxid beschränkt werden dürfe, da es den Treibhauseffekt nur zu 50% verursache. Das US-amerikanische Worldwatch Institut verlangte in seinem Jahresbericht 1992 einen Verzicht auf steigendes Wirtschaftswachstum in den Industriestaaten, um die Lebensgrundlagen auf der Erde zu erhalten. (sim)

Kohle

Die Kohlerunde aus Vertretern des Bundes, der Länder, des Bergbaus und der Stromwirtschaft einigte sich Ende 1991, die Förderung heimischer Steinkohle von 70 Mio t 1991 auf 50 Mio t bis 2005 zu verringern. Die EG-Kommission hatte 1991 deutsche → Subventionen (rd. 5 Mrd DM) für die aufgrund aufwendiger Abbauverfahren teure deutsche Steinkohle beanstandet und die Reduzierung der Fördermenge gefordert. Die Vereinigte Energiewerke AG (VEAG, Berlin) schätzte, daß der Abbau von → Braunkohle in den neuen Ländern von 160 Mio t (1991) auf rd. 85 Mio t (2000) sinken wird.

Kohlerunde: Die Kohlerunde einigte sich auf folgende Regelungen:

▷ Die Stromerzeuger verpflichteten sich zur Abnahme von Kohle für die Stromerzeugung bis 2005. Die im → Jahrhundertvertrag festgelegte Menge von 40,9 Mio t jährlich bis 1995 wird in der Anschlußregelung auf 35 Mio t reduziert

Heinz Horn, Vorstandschef der Ruhrkohle AG
* 17. 9. 1930 in Duisburg, deutscher Industriemanager. 1974 Vorstandsmitglied des Eschweiler Bergwerksvereins, ab 1985 Vorstandchef der Ruhrkohle AG (Beschäftigte 1991: 84 708, Umsatz: 24,7 Mrd DM).

Paul Mikat, Vorsitzender der Kohlekommission
* 10. 12. 1924 in Scherfelde (Warburg), deutscher Politiker (CDU). 1957 Lehrstuhl für Jura in Würzburg, 1962–1966 Kultusminister in NRW, 1969–1987 Bundestagsabgeordneter, ab 1989 Vorsitzender der Kohlekommission.

▷ Der Hüttenvertrag von 1990, der Stahlwerke bis 1995 verpflichtet, den Bergwerken jährlich 18 Mio t Kohle abzunehmen, wird bis 2005 fortgeschrieben. Die Anschlußregelung schreibt die Abnahme von jährlich 15 Mio t vor.

Über die Fortführung des → Kohlepfennigs – ein Aufschlag von rd. 8% auf die Stromrechnung in den alten Bundesländern, mit dem die Preisdifferenz zwischen heimischer Steinkohle (Preis 1991: rd. 188 DM/t) und ausländischer K. (rd. 90 DM/t) ausgeglichen wurde – konnte keine Einigung erzielt werden.

Arbeitsplätze: Die Beschlüsse der Kohlerunde werden zum Abbau von rd. 30 000 von 123 000 Arbeitsplätzen in den Revieren des Ruhrgebiets und des Saarlands führen. Johannes Rau (SPD), Ministerpräsident von NRW, kündigte 1992 an, die Schaffung von Ersatzarbeitsplätzen mit 1 Mrd DM zu unterstützen. → Energiepolitik

Kohlendioxid

(CO$_2$), farb-, geruch- und geschmackloses Gas, das bei der Atmung und insbes. bei der Verbrennung fossiler Ener-

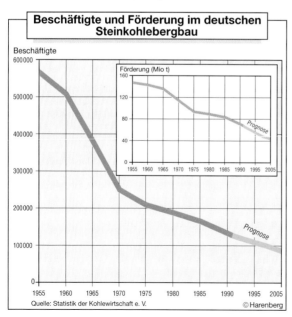

Beschäftigte und Förderung im deutschen Steinkohlebergbau

Beschäftigte
600000
500000
400000
300000
200000
100000
0

Förderung (Mio t)
160
120
80
40
0
1955 1960 1965 1970 1975 1980 1985 1990 1995 2005
Prognose

1955 1960 1965 1970 1975 1980 1985 1990 1995 2005
Prognose

Quelle: Statistik der Kohlewirtschaft e. V.
© Harenberg

gieträger entsteht. K. ist maßgeblich am → Treibhauseffekt und damit an der → Klimaveränderung beteiligt. Weltweit werden jährlich ca. 22 Mrd t K. ausgestoßen, davon nach Schätzungen des Bundeswirtschaftsministeriums rd. 1 Mrd t in Deutschland. Bis 2005 soll der K.-Ausstoß in Deutschland um 25% gegenüber 1987 (alte Länder: rd. 725,9 Mio t; DDR: 359,1 Mio t) gemindert werden. Die EG will bis 2000 den K.-Ausstoß auf dem Stand von 1990 stabilisieren und danach reduzieren. Auf der UNO-Umweltkonferenz in Rio de Janeiro/Brasilien im Juni 1992 unterzeichneten rd. 150 Länder die sog. Klimakonvention, die eine Verringerung des K.-Ausstoßes auf das Niveau von 1990 festlegt. Ein verbindlicher Zeitpunkt, zu dem die Reduzierung erreicht sein soll, wurde u. a. wegen des Widerstands der USA und der → Entwicklungsländer nicht in die Konvention aufgenommen.

CO_2-Abgabe: Die EG-Umweltminister einigten sich 1991 zwar auf die Einführung einer → Energiesteuer, mit der K. erzeugende Energien verteuert werden sollen, jedoch nicht auf die Ausgestaltung der Abgabe und den Zeitpunkt ihres Inkrafttretens. Ende 1991 lehnte die CDU/CSU/FDP-Bundesregierung die von Bundesumweltminister Klaus Töpfer (CDU) für 1992 geplante Abgabe auf K. erzeugende Energien u. a. mit der Begründung ab, daß der Industrie mit der Steuer zusätzliche Belastungen erwüchsen und ihre Wettbewerbsfähigkeit beeinträchtigt würde.

Reduzierung: In Westdeutschland wurden 1990 rd. 714 Mio t K. ausgestoßen, in Ostdeutschland ca. 293 Mio t. Im → Autoverkehr, der in Deutschland mit einem Ausstoß von rd. 150 Mio t K. im Jahr nach dem Wärmemarkt und der Stromerzeugung der größte Verursacher von K. ist, können nach Angaben des Bundesverkehrsministeriums bis 2005 maximal 11% K. eingespart werden, wenn u. a. nur noch Autos mit niedrigem Kraftstoffverbrauch (ca. 6 l auf 100 km) verkauft werden dürften. Auch müßte der → Öf-

Energiebedingter Kohlendioxidausstoß in Deutschland

Quelle	Kohlendioxidemissionen (Mio t)[1]		
	Deutschland	Alte Länder	Neue Länder
Kraft- und Fernheizwerke	403	247	156
Industrie-Feuerungen	238	148	90
Verkehr	184	160	24
Private Haushalte	120	88	32
Gewerbliche Kleinverbraucher	78	45	33

1) 1989; Quelle: Umweltbundesamt (Berlin)

fentliche Nahverkehr ausgebaut werden. Mit dem Ausschöpfen technischer Möglichkeiten zum → Energiesparen könnten nach Berechnungen des Bundesforschungsministeriums bis 2005 in der Energieerzeugung 4,9% der K.-Emissionen von 1991 vermieden werden, in privaten Haushalten 7%, bei Kleinbrauchern 3,1% und in der Industrie 2,2%.

Rückgang: In Ostdeutschland gingen 1991 nach Angaben des Deutschen Instituts für Wirtschaftsforschung (DIW, Berlin) aufgrund der Wirtschaftskrise die K.-Emissionen im Vergleich zu 1987 um rd. 30% zurück. Für ganz Deutschland bedeutete dies eine Abnahme um ca. 6%.

UNO-Konferenz: Die US-amerikanische Regierung befürchtete einen Rückgang ihres Wirtschaftswachstums und den Verlust von Arbeitsplätzen, wenn z. B. Industrieanlagen umgerüstet würden bzw. der Energieverbrauch gedrosselt werden müßte. Die → Entwicklungsländer, deren Anteil an der K.-Weltproduktion Anfang der 90er Jahre rd. 20% betrug, wiesen darauf hin, daß ihr Energieverbrauch steigen müsse, um ihren industriellen Standard dem der Industrieländer anzupassen. Damit wüchsen die K.-Emissionen.

Kohlendioxidausstoß weltweit

Region	Anteil (%)
USA	23
GUS-Staaten	16
Westeuropa	15
Übrige Welt	41
Japan	5

Stand: 1990; Quelle: OECD

Kohlendioxidausstoß im deutschen Verkehr

Verkehrs-mittel	Ausstoß (g/km und Person)
PKW	180
Flugzeug	160
Bahn	78
Bus	50

Quelle: Enquete-Kommission zum Schutz der Erdatmosphäre

Kohlepfennig

Ausgleichsabgabe für die Stromerzeugung aus heimischer Steinkohle, die seit 1974 jeder Stromverbraucher in den alten deutschen Bundesländern in Form eines prozentualen Aufschlags auf die Stromrechnung zu entrichten hat. Mit dem K. werden Kraftwerke dafür entschädigt, daß sie sich im sog.

Kombikraftwerke

**Kohlepfennig in
Westdeutschland 1992**

Land	Aufschlag*(%)
Baden-Württemberg	7,0
Bayern	7,7
Berlin/West	5,8
Bremen	7,8
Hamburg	8,6
Hessen	7,5
Niedersachsen	8,1
Nordrhein-Westfalen	8,2
Rheinland-Pfalz	8,2
Saarland	8,1
Schleswig-Holstein	7,0

* Auf die Stromrechnung;
Quelle: Gesamtverband des
Deutschen Steinkohlebergbaus/Essen

**Kombinierter Verkehr in
Ostdeutschland**
Anfang 1992 standen in
den ostdeutschen Bundesländern 17 Bahnhöfe
zur Verfügung, an denen
Frachten in Containern
und Sattelanhängern zwischen LKW und Güterwaggons umgeladen werden konnten. Die Bahn
plante 1992, bis 1996 rd.
388 Mio DM in den Neubau von Umschlagbahnhöfen zu investieren. Das
Frachtaufkommen im
Kombinierten Verkehr
wird sich nach Berechnungen der Deutschen
Reichsbahn in den neuen
Bundesländern bis zum
Jahr 2000 auf 10 Mio t
jährlich verfünffachen.

→ Jahrhundertvertrag dazu verpflichteten, bis 1995 jährlich 40,9 Mio t deutsche Steinkohle (→ Kohle) zu verstromen. Durch den K. wird ihnen die Differenz zwischen den Preisen für die deutsche Kohle und schwerem Heizöl erstattet. 1991 erhielten die Stromerzeuger aus dem K. rd. 4,3 Mrd DM. Die Stromkonzerne forderten Bund und Länder Anfang 1992 auf, den K. durch eigene Ausgleichszahlungen zu ersetzen. Beim internationalen Wettbewerb um Stromkunden im europäischen → Energie-Binnenmarkt ab 1993 verschlechtere der Aufschlag die Ausgangsposition deutscher Produzenten. 1992 zahlten die Stromverbraucher durchschnittlich 7,75% ihrer Stromrechnung für den K. Bis Ende 1995 soll der K. jährlich um 0,25% auf 7% verringert werden. Der Prozentsatz ist in den Bundesländern unterschiedlich hoch, damit in Regionen mit hohem Strompreis kein höherer Beitrag geleistet werden muß. Zur vollen Deckung der Preisdifferenz zwischen Heizöl und heimischer Kohle wäre ein Satz von 11–12% erforderlich.

Kombikraftwerke

Anlagen zur Stromerzeugung mit kombinierter Gas- und Dampfturbine. Die unter Druck stehenden rd. 1300 °C heißen Verbrennungsgase eines fossilen Brennstoffs (1991 vor allem → Erdgas und Heizöl) treiben die Gasturbine an, die etwa zwei Drittel des Stroms eines K. produziert. Die rd. 600 °C heißen Abgase aus diesem Prozeß erhitzen einen Kessel, in dem Wasserdampf für den Antrieb einer Dampfturbine erzeugt wird. K. setzen im Vergleich zu Kraftwerken, in denen die Brennstoffe lediglich eine Turbine antreiben, weniger Schadstoffe frei, weil die eingesetzte Energie in höherem Grad in nutzbare Energie umgewandelt wird (Wirkungsgrad von K.: 53%, konventionelles Kraftwerk: rd. 40%). Weltweit waren 1991 rd. 200 K. mit einer Leistung von 50 000 MW in Betrieb. Die Rheinbraun AG plante für 1993 den Bau des welt-

weit ersten mit Braunkohle betriebenen K., das die Emissionen von → Kohlendioxid und Schwefeldioxid bei der Stromerzeugung mit → Braunkohle senken soll.

Wirkungsgrad: Die Abwärme aus der Dampfturbine kann zusätzlich in das Fernwärmenetz für die Wohnungsbeheizung eingespeist werden (→ Fernwärme). Dadurch erhöht sich der Wirkungsgrad von K. auf bis zu 80%.

Braunkohlekraftwerk: Die RWE Energie AG schätzte, daß das geplante K. einen Wirkungsgrad von 47% erreichen wird. Der Ausstoß von Kohlendioxid ginge gegenüber konventionellen Braunkohlekraftwerken um 25% zurück, der von Staub um 90%, von Schwefeldioxid um 70% und von Stickoxiden um 50% (→ Luftverschmutzung). Probleme bereiteten 1992 Verunreinigungen bei der Verbrennung von Kohle, die zu Schäden an der Turbine führen können. Der Kohlestaub muß vor Eintritt des Gases in die Turbine vollständig verbrannt werden.

Wirtschaftliche Vorteile: Die Siemens Kraftwerksunion (KWU) schätzte Anfang 1992, daß die Stromerzeugerkosten bei einem K. um 10% niedriger liegen als bei einem Kohlekraftwerk. Bei K. entfällt die Installation von Rauchgasanlagen, die 10–20% der Baukosten ausmachen. Die Investitionskosten seien mit rd. 1000 DM/kW nur etwa halb so hoch.

Kombinierter Verkehr

Verladung von LKW-Fracht auf Eisenbahnen. Der K. soll die europäischen Straßen vom zunehmenden → LKW-Verkehr entlasten und die durch ihn verursachte → Luftverschmutzung reduzieren. Jeder Zug im K. befördert die Ladung von rd. 30 LKW. Etwa 2 Mio LKW-Fahrten wurden 1991 in Deutschland durch den Transport von rd. 27 Mio t Gütern im K. ersetzt (Anteil am Gütertransport: 2,3%). Die → Bundesbahn will die im K. transportierte Gütermenge bis 2000 auf 50 Mio t nahezu verdoppeln. Der Bund bezu-

schußte 1992 die Investitionen der beiden deutschen Bahnen zur Verbesserung des K. mit 214 Mio DM.
Problematisch am K. waren 1992 die Wartezeiten bei der Verladung. Beim sog. Huckepackverkehr werden LKW-Sattelauflieger, Wechselbehälter oder Container transportiert. 1991 wurden Abrollbehälter erprobt, bei denen Lastbehälter zeitsparend ohne Kran von LKW auf Güterwagen umgesetzt werden. Bei der sog. Rollenden Landstraße werden die LKW komplett verladen und von ihren Fahrern begleitet. Die Bundesbahn will bis 2000 rd. 1 Mrd DM in den Neu- und Ausbau von Verladestellen investieren. Zur Förderung des internationalen K. schlossen 14 west- und osteuropäische Staaten 1991 ein Abkommen, das Zügen des K. Vorrang vor anderen Zügen einräumt und vorsieht, daß Wartezeiten an Grenzen 30 min nicht überschreiten. Die EG-Kommission will den Ausbau des K. bis 2000 mit rd. 4 Mrd DM fördern.

Kompensationsgeschäfte

(auch Gegengeschäfte oder Tauschgeschäfte), Bezahlung von Importen mit Waren oder Dienstleistungen anstatt mit Geld. Weltweit wurden Anfang der 90er Jahre K. im Wert von rd. 500 Mrd Dollar (764 Mrd DM) getätigt (rd. 14% des Welthandels). K. wurden vor allem zwischen den westlichen Industrienationen und → Entwicklungsländern sowie Staaten → Osteuropas abgeschlossen, die nicht über genügend Devisen verfügen, um Importe zu bezahlen (→ Schuldenkrise). Polen und die Sowjetunion vereinbarten 1991 erstmals ein K., seit der Warenaustausch zwischen ehemaligen Staatshandelsländern in Devisen abgerechnet wird.
Häufig ist es für die ärmeren Länder schwierig, geeignete Tauschgüter anzubieten. Trotz oft mangelnder Qualität der Produkte gehen westliche Firmen auf K. ein, um eigene Exporte zu fördern und den → Osthandel aufrechtzuerhalten. K. sind häufig Vorstufe eines → Joint Ventures.

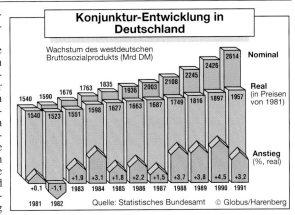

Konjunktur-Entwicklung in Deutschland

Wachstum des westdeutschen Bruttosozialprodukts (Mrd DM)

Nominal

Real (in Preisen von 1981)

Anstieg (%, real)

	1981	1982	1983	1984	1985	1986	1987	1988	1989	1990	1991
Nominal	1540	1590	1676	1763	1835	1936	2003	2108	2245	2426	2614
Real	1540	1523	1551	1598	1627	1663	1687	1749	1816	1897	1957
Anstieg	+0,1	-1,1	+1,9	+3,1	+1,8	+2,2	+1,5	+3,7	+3,8	+4,5	+3,2

Quelle: Statistisches Bundesamt © Globus/Harenberg

Konjunktur-Entwicklung

Entwicklung der gesamtwirtschaftlichen Lage. Meistbeachtetes Merkmal ist das Wachstum des → Bruttosozialprodukts (BSP). Neben stetigem Wirtschaftswachstum zählen zu den konjunkturpolitischen Zielen Vollbeschäftigung und Stabilität des Preisniveaus sowie Gleichgewicht in der → Außenwirtschaft. Weitere Ziele sind gerechte Verteilung der → Einkommen und → Umweltschutz bei der Produktion (→ Ökosozialprodukt). In Deutschland war die K. 1992 durch zunehmende → Arbeitslosigkeit und steigende → Inflation bei stagnierendem Wachstum gekennzeichnet.

Wirtschaftswachstum: Nach einem Wachstum des BSP 1991 von real (bereinigt um Preiserhöhungen) 0,2% (1990: 2,6%) prognostizierten die führenden deutschen Wirtschaftsforschungsinstitute für 1992 in ihrem Frühjahrsgutachten ein Wirtschaftswachstum von 1,5%. Während sich in Westdeutschland das Wachstum 1992 gegenüber 1991 von 3,1% auf 1,0% voraussichtlich weiter verlangsamt, wird in Ostdeutschland nach Rückgängen des BSP 1990 und 1991 um real 14,4% und 30,3% erstmals ein Wachstum um 10,5% erwartet.

Arbeitslosigkeit: Während die seit 1983 bei ca. 2 Mio liegende Arbeitslo-

Prognose zur deutschen Konjunktur-Entwicklung 1992

Anstieg zum Vorjahr (%)	Westdeutschland 1991	1992	Ostdeutschland 1991	1992	Deutschland 1991	1992
Wirtschaftswachstum (BSP, real)	3,1	1,0	−30,3	10,5	0,2	1,5
Arbeitslose (Mio, Jahresdurchschnitt)	1,7	1,8	0,9	1,4	2,6	3,2
Preise (Lebenshaltung; Inflation)	3,6	3,8	13,6	12,0	4,7	5,0
Exporte (real)	12,1	3,5	−5,2	21,0	−3,9	2,5
Importe (real)	12,6	4,0	91,0	7,5	8,1	3,5
Einkommen aus Arbeitnehmer-tätigkeit (brutto)	7,9	5,5	10,3	17,5	8,2	7,0
Einkommen aus Unternehmer-tätigkeit und Vermögen (brutto)	3,8	2,5	k. A.	k. A.	−6,7	5,0
Privater Verbrauch (real)	2,5	1,5	5,5	3,5	2,8	1,5
Investitionen (real)	6,7	0,5	17,9	26,5	7,7	3,5
Ausrüstungs-Investitionen	9,4	0,0	88,7	31,0	15,2	3,5
Bau-Investitionen	4,1	1,5	−14,0	22,0	1,8	3,5

Quelle: Statistisches Bundesamt, Frühjahrsgutachten 1992 der Arbeitsgemeinschaft deutscher wirtschaftswissenschaftlicher Forschungsinstitute

Ostdeutsches Institut ergänzt die Konjunkturforschung
Im Mai 1992 wurde die Arbeitsgemeinschaft der fünf führenden deutschen Wirtschaftsforschungsinstitute durch ein ostdeutsches Mitglied erweitert. Das im Dezember 1991 in Halle (Sachsen-Anhalt) gegründete Institut für empirische Wirtschaftsforschung (IWH) ging aus dem Institut für angewandte Wirtschaftsforschung (IAW, Berlin/Ost) hervor. Die Forschungsinstitute begutachten die deutsche Konjunktur-Entwicklung halbjährlich in ihren Frühjahrs- und Herbstgutachten.

Zusatzbelastung der Bürger durch Konzessionsabgabe
Einige Kommunen verzichteten 1992 auf ihr Recht, eine Gebühr für die Durchleitung von Strom und Gas durch öffentlichen Grund und Boden zu erheben. Die Gemeinden kritisierten die Absicht der Energieversorger, die K. als kommunale Gebühr auf der Stromrechnung gesondert aufzuführen. Die Gemeinderepräsentanten fürchteten wachsende Unzufriedenheit der Wähler über eine weiteren finanziellen Belastung durch die Kommunen.

senzahl in Westdeutschland den Wirtschaftsforschungsinstituten zufolge 1992 gegenüber 1991 von 1,7 Mio auf 1,8 Mio leicht steigt (Arbeitslosenquote 1992: 5,8%; 1991: 5,5%), wird in Ostdeutschland mit einem weiteren Anstieg der Arbeitslosenzahl um 50% auf 1,35 Mio gerechnet (1991: 0,91 Mio; 1990: 0,24 Mio); die Quote stiege damit auf 18,1% (1991: 11,3%). In ganz Deutschland erhöhte sich die Arbeitslosigkeit 1992 auf 3,15 Mio Personen und eine Quote von 8,1% (1991: 2,6 Mio, 6,7%). → Treuhandanstalt

Inflation: Die jährliche Inflationsrate stieg in Deutschland von 2,3% 1990 auf 4,7% 1991, für 1992 rechneten die Institute mit weiterem Anstieg auf 5%. In Westdeutschland soll der Preisanstieg 3,75% betragen (1991: 3,6%), in Ostdeutschland wurde mit einer Zunahme von 12% gerechnet (1991: 13,6%). Zur Bekämpfung der Inflation erhöhte die Deutsche → Bundesbank die → Leitzinsen 1991/92 auf den bis dahin höchsten Stand.

Außenwirtschaft: Nach einem Überschuß in der deutschen Leistungsbilanz (Handel, Dienstleistungen, sonstige Übertragungen) 1990 von 79,4 Mrd DM entstand 1991 ein Defizit in Höhe von 34,3 Mrd DM. Für 1992 sagten die Wirtschaftsforscher einen Rückgang des Defizits auf 17 Mrd DM voraus.

Konjunkturschwäche: Die K. in Deutschland wird 1992 insbes. durch die schwache Entwicklung der → Weltwirtschaft und nachlassenden privaten → Verbrauch geprägt. Die Nachfrage ging in Ostdeutschland vor allem aufgrund zurückgehenden Bedarfs nach westdeutschen Erzeugnissen und wegen des Wegfalls von → Subventionen zurück. Ferner wurde der Verbrauch in Deutschland durch die steigenden Preise sowie Steuer- und Gebührenerhöhungen 1991/92 im Umfang von insgesamt 46 Mrd DM belastet. Für 1993 ist eine Erhöhung der → Mehrwertsteuer geplant. Die Preisstabilität wurde durch zunehmende → Staatsverschuldung beeinträchtigt.

Konjunkturprogramme: Die CDU/CSU/FDP-Bundesregierung fördert → Investitionen zum Aufbau der ostdeutschen Wirtschaft mit verschiedenen Programmen, u. a. → Gemeinschaftswerk Aufschwung Ost, → Regionalförderung (→ Haushalte, Öffentliche).

Konkurse und Vergleiche

→ Insolvenzen

Konzessionsabgabe

Zahlungen von Stadtwerken oder regionalen Versorgungsunternehmen an die Kommunen als Gegenleistung für das Recht, öffentliche Straßen und Plätze in Deutschland zur Verlegung von Strom- und Gasleitungen zu benutzen. Die Energieversorger schlugen diese Gebühr auf den Strompreis auf. Ab 1992 haben alle Gemeinden das Recht, eine K. zu verlangen. Bis dahin durften lediglich Städte eine K. erheben, die diese Gebühr bereits vor 1941 verlangt hatten (vor allem Großstädte). Der Bundeswirtschaftsminister, Jürgen Möllemann (FDP), rechnete damit, daß das Gesamtaufkommen der K. von 3,5 Mrd DM 1991 auf 6,5 Mrd DM 1992 ansteigt, davon 1,5 Mrd DM in den neuen Ländern. Je nach Größe dürfen Kommunen zwischen 2,6 Pf/kWh (Gemeinden unter 25 000 Einwohnern) und 4,7 Pf/kWh Abgabe (Städte über 500 000 Einwohner) verlangen. Bis 1992 erhielten die Gemeinden abhängig von ihrer Größe einen Anteil von 10 bis 18% am Strompreis. Experten schätzten, daß sich die Einnahmen dieser Gemeinden verringern werden (geschätzte Mindereinnahme z. B. in Essen, Düsseldorf, Dortmund und Köln: insgesamt rd. 90 Mio DM pro Jahr).

die Ausstattung der Praxen finanzieren (Kosten insgesamt: 100 Mio DM). Die Ausgabe der Karten kostet die Krankenversicherungen rd. 330 Mio DM. Kassen und Ärzte erwogen Mitte 1992, neben Verwaltungsdaten z. B. Angaben über Impfungen, Bereitschaft zur Organspende, Hinweise zu Unverträglichkeiten gegenüber Medikamenten und chronische Krankheiten auf der K. zu speichern. Zudem plädierten die Krankenversicherungen dafür, auf der K. auch Diagnoseangaben zu vermerken, um exakter und umfassender zu überprüfen, ob der Arzt wirtschaftlich behandelt. Kritiker unter den Ärzten warnten 1992 davor, daß die Kassen nach schnellerer Prüfung der Belege gegen langwierige und kostenintensive Behandlungsmethoden Einspruch einlegen könnten, ohne den Nutzen für den Patienten zu berücksichtigen. Datenschützer wiesen darauf hin, daß über Personenangaben hinausgehende Daten auf der K. nicht zulässig seien.

Persönliche Daten auf der Krankenversichertenkarte

Name des Versicherten
Geburtsdatum
Anschrift
Krankenkasse
Patientennummer
Versichertenstatus
Beginn und Ende der Gültigkeit

Krankenversichertenkarte

Scheckkartengroßer Plastikausweis, auf dem ein → Chip persönliche Daten von Versicherten speichert. Die K. soll ab 1995 den Krankenschein der rd. 72 Mio bei gesetzlichen Krankenkassen Versicherten ersetzen. Sie berechtigt, medizinische Leistungen in Anspruch zu nehmen. Wegen der Maschinenlesbarkeit der K. rechneten Kassenärztliche Vereinigungen und Krankenkassen damit, die Erfassung der Abrechnungsunterlagen von Ärzten schneller durchführen zu können als bei handschriftlichen Unterlagen. Die K. soll ab Oktober 1993 in Wiesbaden, 1994 auch in Koblenz, Nordwürttemberg und Thüringen erprobt werden.
Die Daten der Chipkarte werden in der Arztpraxis mit einem Lesegerät eingelesen und auf Belege des Patienten gedruckt. Das Lesegerät soll als Zusatz zur EDV-Anlage rd. 200 DM, als neu zu installierendes Gerät rd. 300 DM kosten, der zugehörige Drucker ab 500 DM. Die Krankenkassen wollen

Krankenversicherung

In Westdeutschland waren 1991 rd. 38,7 Mio Mitglieder sowie rd. 16 Mio mitversicherte Familienangehörige bei den 1135 gesetzlichen Krankenkassen (GKV) versichert, in Ostdeutschland hatten die GKV rd. 12 Mio Mitglieder und 2,7 Mio mitversicherte Familienangehörige. Die Zahl der privat versicherten Bundesbürger stieg nach Angaben des Verbandes der Privaten Krankenversicherung (PKV, Köln) 1991 um 200 000 auf 6,6 Mio. Die Ausgaben der GKV erhöhten sich 1991 gegenüber dem Vorjahr um 12,7% auf 158,9 Mrd DM. Für 1992 befürchteten sie ein Defizit von 15 Mrd DM und für 1993 eine Anhebung des durchschnittlichen Beitragssatzes von 12,5% (Ostdeutschland: 12,8%) auf 13% des monatlichen Bruttoeinkommens. Zur Kostensenkung im Gesundheitswesen plante die CDU/CSU/FDP-Bundesregierung eine Fortführung der → Gesundheitsreform, die den GKV Einsparungen von 11,4 Mrd DM/Jahr einbringen soll.

Steigende Ausgaben der gesetzlichen Krankenversicherungen

Jahr	Ausgaben* (Mrd DM)
1970	23,8
1975	58,2
1980	86,0
1985	108,7
1990	133,8
1991	158,9

* Westdeutschland; Quelle: Bundesgesundheitsministerium

Krankfeiern

Beitragssatz zur Krankenversicherung in Westdeutschland

Jahr	Anteil[1] (%)
1980	11,4
1982	12,0
1984	11,4
1986	12,1
1988	12,9
1990	12,5
1991	12,2
1992	12,5
1993	13,0[2]

1) Durchschnittlicher Anteil vom monatlichen Bruttoeinkommen; 2) Schätzung; Quelle: Bundesgesundheitsministerium

Ausgaben: 1991 erwirtschafteten die westdeutschen K. ein Defizit von 5,5 Mrd DM, die ostdeutschen K. verzeichneten 2,5 Mrd DM Überschüsse. Die größten Kostensteigerungen wiesen die Bereiche Klinikaufenthalt, → Arzneimittel und Arzthonorare aus. Verantwortlich seien u. a. unwirtschaftlich arbeitende Krankenhäuser, die im europäischen Vergleich höchsten Vertriebspreise für Arzneimittel (rd. 50% des Apothekenpreises) und die hohe Zahl der niedergelassenen Ärzte, die immer mehr Arzneimittel verordneten (→ Ärzteschwemme). Die Überschüsse der Bilanz in Ostdeutschland resultierten aus noch nicht zurückgezahlten Anschubfinanzierungen für die Einführung des Kassensystems nach westdeutschem Vorbild.

Einsparungen: Die Einsparungen der GKV sollen mit Selbstbeteiligungen der Patienten an Arzneimitteln, Arztkosten und Krankenhausaufenthalten (erwartete Einsparung: rd. 3,2 Mrd DM/Jahr) sowie mit Begrenzung der Ausgaben für sog. Leistungsanbieter im Gesundheitswesen, d. h. Ärzte, Kliniken, Pharmaindustrie, erreicht werden (Einsparung: 8,2 Mrd DM/Jahr).

Beitragsbemessungsgrenze: Bundesgesundheitsminister Horst Seehofer (CSU) erwog Mitte 1992, die Bruttoeinkommensgrenze für die Pflichtmitgliedschaft in den GKV von 5100 DM pro Monat (1992, Ostdeutschland: 3600 DM) auf die Höhe der Beitragsbemessungsgrenze für die Rentenversicherung von 6800 DM anzuheben, um die Kasseneinnahmen zu erhöhen (→ Sozialabgaben). Der maximale Beitrag, jeweils zur Hälfte von Arbeitgeber und Arbeitnehmer zu zahlen, würde von 637 DM auf 850 DM/Monat steigen. Der Bundesverband der Allgemeinen Ortskrankenkassen (AOK, Bonn) wies darauf hin, daß die Anhebung nur die Kassen unterstütze, deren Mitglieder finanziell bessergestellt seien und zwischen der Mitgliedschaft in der AOK oder Ersatzkassen wählen könnten. Die AOK würden nicht von der geplanten Anhebung der Beitragsbemessungs-grenze profitieren, weil Arbeiter sich i. d. R. nur in der AOK versichern können und deren durchschnittlich niedrigeres → Einkommen geringere Einnahmen für die AOK bedeutete. Deshalb müsse zusätzlich ein kassenübergreifender Finanzausgleich vereinbart werden, nach dem finanzstarke GKV defizitäre Kassen unterstützen.

Krankfeiern

→ Karenztag

Krebs

Zusammenfassende Bezeichnung für rd. 200 Arten bösartiger Gewebe- und Blutveränderungen, an deren Entstehung nur vereinzelt geklärte Faktoren beteiligt sind. Nach Schätzung der Weltgesundheitsorganisation (WHO, Genf) wird die Zahl der K.-Toten weltweit von 2,7 Mio pro Jahr (1992) auf 9 Mio bis zum Jahr 2010 steigen. Von der Zunahme sollen insbes. die → Entwicklungsländer betroffen sein. In Deutschland erkranken pro Jahr rd. 300 000 Menschen an K. Mit jährlich 170 000 Todesfällen stellt K. die zweithäufigste Todesursache nach den → Herz-Kreislauf-Erkrankungen dar. Überproportionale Steigerungsraten wurden Anfang der 90er Jahre insbes. bei Haut-, Hoden- und Mundhöhlen-K. verzeichnet. Anfang 1992 forderten deutsche Mediziner, eine bundesweite Datensammlung über K.-Erkrankungen (sog. nationales K.-Register) als Grundlage für Erkenntnisse über Ursachen, Vorsorge- und Therapieerfolge.

Anstieg: Den prognostizierten Anstieg der K.-Toten führte die WHO auf zunehmende Anpassung der Entwicklungsländer an Lebensgewohnheiten der Industriestaaten wie z. B. → Rauchen zurück. Wegen schlechter medizinischer Versorgung sei die Frühdiagnose von K. selten möglich, in 90% der Fälle komme eine Therapie zu spät.

Ursachen: Nach Angaben der Deutschen Krebshilfe (Bonn) sind rd. 80% der K.-Fälle auf äußere Ursachen wie

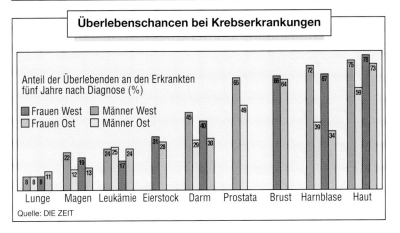

Überlebenschancen bei Krebserkrankungen

Anteil der Überlebenden an den Erkrankten
fünf Jahre nach Diagnose (%)

■ Frauen West   ■ Männer West
□ Frauen Ost   □ Männer Ost

Lunge   Magen   Leukämie   Eierstock   Darm   Prostata   Brust   Harnblase   Haut

Quelle: DIE ZEIT

Rauchen, falsche Ernährung oder Belastungen an Arbeitsplatz und Wohnort zurückzuführen, etwa 20% der K.-Erkrankungen gelten als anlagebedingt. Die überdurchschnittliche Zunahme von K.-Erkrankungen der Mundhöhle und der Haut führten deutsche Mediziner 1992 auf Alkoholgenuß in Verbindung mit Rauchen bzw. intensives Sonnenbaden zurück.

Kernkraftwerke: Eine Studie des Bundesumweltministeriums und der Mainzer Universität über K. bei Kindern, die in der Umgebung von Atomkraftwerken aufwachsen, ergab Anfang 1992 keine Häufung der K.-Rate im Vergleich zu Kindern in anderen Regionen. Allerdings wurden 19 Leukämieerkrankungen bei Kindern unter fünf Jahren im Umkreis von 5 km um Kernkraftanlagen festgestellt, während es in Vergleichsregionen nur fünf Leukämiefälle gab. → Strahlenbelastung

Behandlung: K.-Patienten, die ambulant behandelt werden, haben nach einer Studie des Bundesforschungsministeriums von Anfang 1992 eine längere Lebenserwartung als stationär Behandelte, weil die Kranken zu Hause mehr Lebenswillen entwickeln als in der Klinik. Voraussetzung für ambulante Behandlung sind nach Ansicht der an der Studie beteiligten 17 Kliniken und psychologischen Institute intakte familiäre Bindungen und psychosoziale Betreuung durch Fachkräfte. Die Kosten der K.-Behandlung, die sich im Krankenhaus auf mindestens 300 DM/Tag belaufen, werden mit ambulanter Behandlung um rd. 95% unterschritten.

Register: Voraussetzung für ein nationales K.-Register sind gesetzliche Regeln für die Sammlung der Daten, die mit dem → Datenschutz vereinbar sind. In Deutschland existierten 1992 ein landesweites K.-Register im Saarland (seit 1966), ein bundesweites Register für Kinder-K. in Mainz (seit 1980) und die K.-Datensammlung der DDR (seit 1956). Für das saarländische Register wurde 1979 ein Datenschutzgesetz verabschiedet, das die Sammlung z. B. von Neuerkrankungen und Sterblichkeit bei verschiedenen K.-Formen erlaubt, für personenbezogene Daten aber eine Anonymisierung vorschreibt. Mediziner im Saarland kritisierten, daß es diese Datenaufbereitung kaum ermögliche, Zusammenhänge zwischen K.-Erkrankungen und Lebens- bzw. Arbeitsbedingungen, die Fortschritte bei der Ursachenforschung bringen könnten, herzustellen. Die nicht personenbezogenen Daten des K.-Registers der DDR sollen nach einem Beschluß der CDU/CSU/FDP-Bundesregierung ab 1993 für die K.-Forschung genutzt werden können.

Aspirin senkt Krebsrisiko
Das Risiko der Tumorbildung im Darm verringert sich nach einer 1992 beendeten sechsjährigen Studie der US-amerikanischen Krebsgesellschaft mit 660 000 Menschen um 40%, wenn der Proband 16 oder mehr Aspirin-Tabletten pro Monat schluckt. Das erstmals 1859 hergestellte Mittel aus Acetylsalicylsäure (ASS) hat weitere Wirkungen: Es hemmt die Blutgerinnung und wird daher Herzinfarkt-Patienten verabreicht, es wirkt schmerzstillend, entzündungshemmend und fiebersenkend. Mediziner vermuteten 1992, daß Aspirin zudem Zahnfleischschwund bremsen und Migräneanfälle verhüten kann.

Kreditkarten in Deutschland 1992

Kreditkartenunternehmen	Ausgegebene Karten (1000)			Vertragsunternehmen (1000)			Jahresgebühr (DM)		
	BRD	Europa	Welt	BRD	Europa	Welt	Standard-/ Classic-Karte	Gold-/ Premier-Karte[1]	Platin-Karte
Eurocard[2]	3400	25 000	185 000	220	2400	9500	39–60	90–130	–
Visa	1500	60 000	280 000	170	2600	9500	30–90	120–180	–
American Express	1000	5 500	37 000	160	700	3100	100	200	800
Diners Club	400	4 500	7 000	150	800	2100	150	–	–

Stand: Mitte 1992; 1) schließt Zusatzleistungen wie z. B. Reiseversicherungen und weitere Service-Angebote ein; 2) internationale Zusammenarbeit mit Mastercard und Access;

Kreditkarten

Plastikausweise, die zu bargeld- und scheckloser Begleichung von Rechnungen per Unterschrift auf der Quittung bei Einzelhändlern, Hotels und Restaurants berechtigen, mit denen die K.-Gesellschaft einen Vertrag geschlossen hat. Mitte 1992 waren in Deutschland rd. 6,5 Mio K. ausgegeben (1991: 5,1 Mio); die Zahl der Eurocheque-Karten der → Banken belief sich auf 30 Mio. Die Gesellschaften rechneten mit einer Zunahme der K. auf 15 Mio bis 1995. Anfang der 90er Jahre erwuchs den K. Konkurrenz durch das Zahlungssystem → Electronic Cash mit der Eurocheque-Karte. 1991 stieg der Schaden durch Betrug mit K. in der BRD auf rd. 80 Mio DM (1990: 54 Mio DM). Rechnungsbeträge für K.-Zahlungen werden i. d. R. monatlich vom Konto des Inhabers abgebucht. K. kosteten 1992 in Deutschland 30–200 DM. Händler mußten der K.-Gesellschaft eine Provision von 3–6% des Umsatzes zahlen (Kosten bei Electronic Cash: 1–2%). Die Zahl der Unternehmen, die K. annehmen, lag bei 230 000. 90% der Käufe in Deutschland wurden weiterhin bar beglichen.
Beim Mißbrauch von K. handelte es sich insbes. um Diebstahl und unbefugte Verwendung sowie die Fälschung von K. 35% aller Schäden wurden in Hongkong, Malaysia und Thailand registriert. Dort wurden die Karten z. B. beim Bezahlen in Hotels und Restaurants kopiert, die gefälschten K. in Südostasien eingesetzt und die Rechnungsbeträge später dem Kunden in Deutschland belastet. → Chipkarten

Kriegsdienstverweigerung

In Art. 4 Abs. 3 GG gewährtes Grundrecht in Deutschland, wonach niemand gegen sein Gewissen zum Kriegsdienst gezwungen werden darf. 1991/92 dauerte der Grundwehrdienst zwölf, der → Zivildienst 15 Monate (→ Wehrpflicht). Die Zahl der Kriegsdienstverweigerer erreichte 1991 mit 151 212 einen Höchststand (1990: 74 569). Für den Anstieg machte der Bundesbeauftragte für den Zivildienst, Dieter Hackler, den Golfkrieg und die niedrige Ansehen der → Bundeswehr verantwortlich. Die CDU/CSU/FDP-Bundesregierung nahm Ende 1991 an, daß bis 2000 rd. 14% der 3,7 Mio Wehrpflichtigen Anträge auf K. stellen werden (Ende der 80er Jahre: rd. 13%). Die Zentralstelle für Recht und Schutz der Kriegsdienstverweigerer aus Gewissensgründen (Bremen) kritisierte Anfang 1992, daß die Dauer der Anerkennungsverfahren die gesetzlich vorgeschriebenen sechs Monate wegen Überlastung der Anhörungsausschüsse häufig überschreiten würde.
In Deutschland entscheidet das Bundesamt für den Zivildienst (Köln) i. d. R. über die K. Eine Ablehnung darf nicht ohne Anhörung erfolgen. Etwa 35% der Antragsteller auf K. mußten 1991 nach Berechnungen der Bremer Zentralstelle ihre Gewissensentscheidung mündlich vor einem Ausschuß begründen. Den Kriegsdienst verweigernde Bundeswehrsoldaten, Reservisten und Wehrpflichtige, denen ihre Einberufung angekündigt wurde, dürfen nach einer Bestimmung des deutsch-deutschen Einigungsvertrags von 1990 nur

Kreditkarten-Entwicklung in Deutschland

Jahr	Anzahl (1000)	
	Karten-inhaber	Vertrags-unter-nehmen
1986	1200	53
1987	1400	69
1988	1900	96
1989	2700	120
1990	4500	150
1991	5100	180
1992	6500	230

Stand: Jeweils Jahresmitte; Quelle: Aktuell-Recherche

Kriegsdienstverweigerung in Europa

Land[1]	Rechts- grundlage	Anerkennungs- gründe	Anerkennungsverfahren	Dauer des Wehrdienstes	Dauer des Zivildienstes
Belgien	Gesetz	Alle schwerwiegen- den Gewissens- gründe	Schriftlicher Antrag an den Innenminister; 3 Referenzen (Entscheidung durch Ausschuß)	12 Monate (10 Monate bei Truppen in der Bundesrepublik Deutschland)	12 Monate (waffen- loser Dienst) 18 Monate (Dienst im Zivilschutz) 18 Monate (Gesund- heitsdienst, Alten- u. Behindertenhilfe) 24 Monate (sozialer, kultureller u. ä. Dienst)
Dänemark	Gesetz	Gewissensgründe (religiöse, philoso- phische und politi- sche)	Schriftlicher Antrag ohne Darle- gung der Gewissensgründe; for- melle Prüfung (Entscheidung durch Kommission für Zivilver- teidigungsdienst)	9 Monate	11 Monate
Deutschland	Verfassung (Grundrecht) Gesetz	Gewissensgründe (absolutes Tötungs- verbot; schwere seelische Belastung)	Ungediente: vereinfachtes Ver- fahren (Entscheidung durch Bundesamt für den Zivildienst); Gediente u. ä.: i. d. R. schrift- liches Verfahren (Entscheidung durch Ausschuß)	12 Monate	15 Monate
Frankreich	Gesetz	Alle Gewissens- gründe	Schriftlicher Antrag an die zu- ständige militärische Instanz mit einer formalen Erklärung ohne Darlegung der Gewissens- gründe; Überprüfung der Form- gerechtigkeit des Antrages durch Gendarmerie; Entschei- dung durch Verteidigungs- minister	10 Monate	20 Monate (16 Monate für Ein- satz als Entwicklungs- helfer)
Griechenland	Gesetz	Religiöse Gründe	Kein besonderes Verfahren (Nachweis der Ernsthaftigkeit durch Leistung eines waffen- losen Dienstes in der Armee)	20 Monate	40 Monate (waffenloser Dienst)
Italien	Gesetz	Gewissensgründe (religiöse, morali- sche und philoso- phische)	Schriftlicher Antrag mit ausführlicher Begründung; Ent- scheidung des Verteidigungs- ministers nach Anhörung eines Einzelgutachters oder Aus- schusses	12 Monate	15 Monate[2]
Niederlande	Verfassung, Gesetz	Gewissensgründe (religiöse, philoso- phische und ethi- sche)	Schriftlicher Antrag mit ausführ- licher Begründung an Verteidi- gungsminister; Anhörung durch Ausschuß (Entscheidung i. d. R. durch Ver- teidigungsminister bei offenkun- diger Ernsthaftigkeit)	14 Monate	18 Monate und 20 Tage
Norwegen	Gesetz	Ernste Überzeu- gungsgründe (reli- giöse, moralische und politische)	Schriftlicher Antrag mit Darle- gung; mündliche Anhörung durch Polizeibehörde (Entschei- dung durch Justizminister)	12, 9, 6 Monate, abhängig von Funktion (ab 1993)	16 Monate
Österreich	Verfassung, Gesetz	–[3]	Schriftlicher Antrag mit einfacher Erklärung	8 Monate	8–10 Monate
Portugal	Verfassung (Grundrecht)	Gewissensgründe (religiöse, morali- sche und philoso- phische)	Schriftlicher Antrag mit Darle- gung (Prüfung und Entschei- dung durch das Amtsgericht des Bezirkes, in dem der Antragstel- ler wohnt)	15 Monate (Heer) 20 Monate (Ma- rine, Luftwaffe)	15 Monate
Schweiz	Gesetz, Ver- ordnung	Gewissensgründe	Schriftlicher Antrag; Nachweis der Gründe (Entscheidung durch Aushebungsoffizier)	12 Monate	Waffenloser Dienst, Dauer wie Wehrdienst, Arbeitsdienst (18 Mon.)
Spanien	Verfassung, Gesetz	Gewissensgründe	Schriftlicher Antrag mit Darlegung (Entscheidung i. d. R. nach Anhörung durch den nationalen Rat für Kriegsdienst- verweigerer)	9 Monate	13 Monate

Stand: Juli 1992; 1) in Großbritannien, Irland, Island, Liechtenstein, Luxemburg, San Marino, Malta gibt es keine allgemeine Wehrpflicht, in der Türkei und Zypern kein Recht auf Kriegsdienstverweigerung; 2) Verkürzung geplant; 3) keine Prüfung; Quelle: Bundesamt für den Zivildienst, Aktuell-Recherche

Kriminalität in Daten und Zahlen

Straftaten in Westdeutschland

Straftaten	Fälle[1] 1991	Anteil (%) 1991	Anteil (%) 1990
Diebstahl unter erschwerenden Umständen	1 673 168	35,2	34,7
Diebstahl ohne erschwerende Umstände	1 201 444	25,3	25,8
Betrug	488 639	10,3	10,6
Sachbeschädigung	431 700	9,1	8,9
(Vorsätzliche leichte) Körperverletzung	134 750	2,8	2,9
Rauschgiftdelikte	117 046	2,5	2,3
Widerstand gegen die Staatsgewalt und Straftaten gegen die öffentliche Ordnung	83 988	1,8	1,7
Beleidigung	79 698	1,7	1,8
Gefährliche und schwere Körperverletzung sowie Vergiftung	73 296	1,5	1,5
Straftaten gegen die persönliche Freiheit	72 214	1,5	1,5
Unterschlagung	53 831	1,1	1,2
Urkundenfälschung	50 429	1,1	1,0
Raub, räuberische Erpressung und räuberischer Angriff auf Kraftfahrer	44 638	0,9	0,8
Sonstige	247 334	5,2	5,4

1) Inkl. Berlin; Quelle: Polizeiliche Kriminalstatistik 1991

Kriminalität nach Bundesländern

Bundesland	Straftaten 1991 Anzahl	Straftaten 1991 Anteil (%)	Straftaten pro 100 000 Einwohner
Baden-Württemberg	523 496	9,9	5 330
Bayern	567 842	10,7	4 960
Berlin	501 889	9,5	14 617
Bremen	118 427	2,2	17 373
Brandenburg	114 958	2,2	4 459
Hamburg	275 027	5,2	16 644
Hessen	435 894	8,2	7 563
Mecklenburg-Vorpommern	96 899	1,8	5 054
Niedersachsen	559 902	10,6	7 579
Nordrhein-Westfalen	1 242 859	23,4	7 164
Rheinland-Pfalz	212 383	4,0	5 643
Saarland	60 719	1,1	5 659
Sachsen	133 624	2,5	2 811
Sachsen-Anhalt	107 941	2,0	3 734
Schleswig-Holstein	253 737	4,8	9 662
Thüringen	95 789	1,8	3 668
Bundesgebiet	5 301 386	100,0	6 647

Quelle: Polizeiliche Kriminalstatistik 1991

Entwicklung der Kriminalität in Westdeutschland

Jahr	Erfaßte Fälle[1]	Straftaten pro 100 000 Einwohner	Aufklärungsquote (%)
1975	2 919 390	4 722	44,8
1980	3 815 774	6 198	44,9
1985	4 215 451	6 909	47,2
1990	4 455 333	7 108	47,0
1991	4 752 175	7 311	45,4

1) Inkl. Berlin (West), ab 1991 inkl. Berlin; Quelle: Polizeiliche Kriminalstatistik 1991

zu einer mündlichen Gewissensprüfung geladen werden. 1991 wurden 108 864 Anträge auf K. von ungedienten Wehrpflichtigen gestellt und 37 774 von Reservisten, die ihren Grundwehrdienst abgeleistet hatten und insbes. unter dem Eindruck des Golfkriegs einen weiteren Einsatz für die Bundeswehr ablehnten.

Kriegsmüll

→ Rüstungsmüll

Kriminalität

Die Zahl der Straftaten, die in der Polizeilichen Kriminalstatistik erfaßt werden, stieg in Westdeutschland 1991 gegenüber 1990 um 3,6% auf 4,25 Mio. Der Anstieg wird vor allem auf die Zunahme der Rauschgift- und Raubdelikte zurückgeführt (21,3% bzw. 12%; → Drogen). In ganz Deutschland wurden rd. 5,3 Mio Straftaten registriert. Mitte 1992 beschloß der Deutsche Bundestag Gesetze zur Bekämpfung der organisierten Kriminalität, die u. a. den Einsatz von → Verdeckten Ermittlern und Geldstrafen in Höhe des illegal erworbenen Vermögens vorsahen (→ Geldwäsche). Seit 1990 ermittelt die Berliner Staatsanwaltschaft gegen führende Repräsentanten der ehemaligen DDR und leitende Funktionäre der SED (→ Regierungskriminalität). Auf 6 Mrd DM schätzte sie den Schaden, der infolge der deutschen Vereinigung, z. B. durch Währungsbetrug, entstanden ist (→ Vereinigungskriminalität).

Organisierte Kriminalität: Als erstes Bundesland legte Nordrhein-Westfalen Ende 1991 einen Bericht zur organisierten Kriminalität vor. Das Spektrum der Straftaten, die von international kooperierenden Verbrecherbanden begangen werden, umfaßt Rauschgift-, Waffen- und Menschenhandel, illegales Glücksspiel und Prostitution. Der nachweisbare wirtschaftliche Schaden für 1990 wurde mit rd. 500 Mio DM beziffert. Für Deutschland schätzte das Bundeskriminalamt den jährlichen Schaden Anfang 1992 auf etwa 10 Mrd DM. Die CDU/CSU/FDP-Bundesregierung sprach sich Mitte 1992 dafür aus, zur Bekämpfung organisierter Kriminalität Abhöreinrichtungen in Wohnungen zu erlauben.

Straftaten in Deutschland: 1991 kamen in Westdeutschland einschließlich Berlin auf 100 000 Einwohner 7311 Straftaten (Ostdeutschland: 3723). Für die neuen Bundesländer wird 1992 mit einem Anstieg der K., insbes. der Eigentumsdelikte, gerechnet. Im alten Bundesgebiet stieg die K. 1991 in folgenden Bereichen:

▷ Taschendiebstahl und Straßenraub nahmen jeweils um 30,4% zu (rd. 46 000 bzw. 14 109 Fälle). Etwa die Hälfte des Straßenraubs wird der sog. Beschaffungskriminalität Drogenabhängiger zugeschrieben

▷ Die Zahl der Gewaltdelikte, z. B. Mord, Totschlag, → Vergewaltigung und schwere Körperverletzung, lag mit 107 200 Fällen um 9,9% über dem Vorjahr

▷ Beim Diebstahl von Autos war ein Anstieg von 12,2% zu verzeichnen. 1991 verschwanden in Deutschland nach Angaben des BKA rd. 37 000 Kraftfahrzeuge, 58% mehr als 1990

▷ Die Zahl der illegalen Grenzübertritte von Ausländern stieg um 18,4% auf 21 700. Um 23,8% nahmen die Straftaten gegen Asylbestimmungen zu (27 600 Fälle).

Der Anteil von Ausländern an den Tatverdächtigen (rd. 1,6 Mio) lag 1991 bei 25,9%, davon stellen → Asylbewerber rd. ein Viertel. 29% der von Asylbewerbern begangenen Straftaten waren Verstöße gegen das Ausländer- oder Asylverfahrensgesetz. Die Hälfte aller Tatverdächtigen in Westdeutschland und Berlin war schon einmal wegen anderer Delikte in Erscheinung getreten.

Kronzeugenregelung

Von 1989 bis Ende 1992 gültige gesetzliche Bestimmung in Deutschland, nach der terroristische Straftäter, die sich der Justiz stellen und gegen Mittäter aussagen, ein Strafnachlaß zugesichert werden kann. Für Kronzeugen, die des Mordes schuldig sind, ist eine Mindeststrafe von drei Jahren festgelegt. Strafmildernd wirkte sich die K. auf die Urteile des Stuttgarter Oberlandesgerichts vom Oktober 1991, Februar und Juni 1992 gegen vier ehemalige Mitglieder der → Rote Armee Fraktion (RAF) aus, weil deren Aussagen u. a. dazu beigetragen hätten, RAF-Straftaten aufzuklären. Bis Mitte 1992 wurde die K. gegen sieben RAF-Aussteiger und gegen einen ehemaligen Angehörigen der extremistischen kurdischen Arbeiterpartei (PKK) angewandt. Über eine Verlängerung der K. wurde bis Mitte 1992 nicht entschieden.

KSE

(Verhandlungen über konventionelle Streitkräfte in Europa, auch VKSE oder CFE, engl.: Conventional Armed Forces in Europe) im Juli 1992 unterzeichneten 29 Staaten der → NATO und des ehemaligen Warschauer Pakts ein Abkommen über die Personalstärke ihrer Land- und Luftstreitkräfte zwischen Atlantik und Ural (sog. KSE Ia; → Truppenabbau). Ende 1991 sollen die Abrüstungsgespräche mit den Staaten der → KSZE in Wien fortgesetzt werden. Im Juni 1992 unterzeichneten acht Nachfolgestaaten der Sowjetunion den KSE-Vertrag von 1990 über die Begrenzung konventioneller Waffensy-

Mordrekord in den USA
In den USA sind nach einer Studie des US-Senats 1991 mit 24 000 Morden mehr Menschen als jemals zuvor ermordet worden (Steigerung gegenüber 1985: 25%). Für die Zunahme wurden der Drogenhandel, die Gewalt unter Jugendlichen und der leichte Zugang zu Waffen verantwortlich gemacht. Mit 3710 Morden stand Kalifornien, der bevölkerungsreichste US-Bundesstaat, an der Spitze der Statistik. Unter den Großstädten wies die Hauptstadt Washington die höchste Mordrate auf (489 Morde pro Jahr).

Steigende Kriminalität in Rußland
1991 wurden in der Russischen Föderation nach Angaben des Innenministeriums mit rd. 2 Mio Delikten 18% mehr Straftaten als im Vorjahr verübt. Hohe Zuwachsraten gebe es bei Soldaten und Offizieren der ehemaligen Sowjetarmee, die illegalen Waffenhandel betrieben. Der Drogenhandel liege vor allem in den Händen früherer Armeeangehöriger, die in Afghanistan eingesetzt waren. In den russischen Großstädten würden organisierte Schlägertrupps von Straßenhändlern, Geschäftsinhabern und Restaurantbesitzern sog. Schutzgelder erpressen.

KSE-Obergrenzen für die ehemalige Sowjetunion

Land[1]	Höchststärke der Waffenkategorien				
	Kampf-panzer	Gepanzerte Fahrzeuge	Artillerie	Kampf-flugzeuge	Kampfhub-schrauber
Rußland	6 400	11 480	6 415	3 450	890
Ukraine	4 080	5 050	4 040	1 090	330
Weißrußland	1 800	2 600	1 615	260	80
Georgien	220	220	285	100	50
Armenien	220	220	285	100	50
Aserbaidschan	220	220	285	100	50
Moldawien	210	210	250	50	50
Insgesamt	13 150	20 000	13 175	5 150	1 500

1) Kasachstan ist Mitunterzeichner des KSE-Abkommens von 1990, weil ein Teil seines Territoriums zum Vertragsgebiet gehört, bleibt jedoch bei der Aufteilung der Waffenbestände unberücksichtigt; Quelle: Frankfurter Allgemeine Zeitung, 27. 5. 1992

KSE-Obergrenzen für konventionelle Waffen in Europa

Land	Kampf-panzer	Höchststärke der Waffenkategorien[1]			
		Gepanzerte Fahrzeuge	Artillerie	Kampf-flugzeuge	Kampfhub-schrauber
Belgien	344	1 099	320	232	46
Dänemark	353	316	553	106	12
Deutschland	4 166	3 446	2 705	900	306
Frankreich	1 306	3 820	1 292	800	352
Griechenland	1 735	2 534	1 878	650	18
Großbritannien	1 015	3 176	636	900	384
Italien	1 348	3 339	1 955	650	142
Kanada	77	277	38	90	13
Niederlande	743	1 080	607	230	69
Norwegen	170	225	527	100	keine
Portugal	300	430	450	160	26
Spanien	794	1 588	1 310	310	71
Türkei	2 795	3 120	3 523	750	43
USA	4 006	5 372	2 492	784	518
NATO	19 142	29 822	18 286	6 662	2 000
Bulgarien	1 475	2 000	1 750	235	67
ČSFR	1 435	2 050	1 150	345	75
GUS	13 150	20 000	13 175	5 150	1 500
Polen	1 730	2 150	1 610	460	130
Rumänien	1 375	2 100	1 475	430	120
Ungarn	835	1 700	840	180	108
ehemaliger Warschauer Pakt	20 000	30 000	20 000	6 800	2 000

1) Höhe für jedes Land 1991 in den beiden Bündnissen intern festgesetzt;
Quelle: Das Parlament, 10. 1. 1992

steme, nachdem sie sich darauf geeinigt hatten, wie die im Abkommen festgelegten Waffenkontingente auf ihre Länder verteilt werden. Die in Estland, Lettland und Litauen stationierten Verbände der ehemaligen Sowjetarmee werden auch nach der Unabhängigkeit des Baltikums abgerüstet.

Der KSE-Vertrag teilt das Vertragsgebiet in vier Zonen auf, denen jeweils bestimmten Höchstkontingente an Waffensystemen zugeordnet wurden. Die Staaten der NATO und des früheren Warschauer Paktes dürfen in Europa nicht mehr als 20 000 Kampfpanzer, 30 000 gepanzerte Fahrzeuge, 20 000 Artilleriewaffen, 6800 Kampfflugzeuge und 2000 Kampfhubschrauber stationieren. Das überzählige Material muß bis Ende 1994 verschrottet oder zur friedlichen Nutzung umgebaut werden. Auf den europäischen Teil Rußlands entfallen rd. 54% der Waffenkategorien, die der UdSSR zugestanden wurden, auf die Ukraine 27% und auf Weißrußland 12%.

KSZE
(Konferenz über Sicherheit und Zusammenarbeit in Europa), seit 1973 tagendes Gesprächsforum aller europäischen Länder sowie der USA und Kanadas. Die 52 KSZE-Mitgliedstaaten befassen sich mit Fragen zur Sicherheitspolitik, zur wirtschaftlichen, technischen und ökologischen Zusammenarbeit sowie mit Problemen zur Durchsetzung von Menschen- und Bürgerrechten. Anfang 1992 einigten sich die KSZE-Mitglieder im Rahmen der Wiener Verhandlungen über Vertrauens- und Sicherheitsbildende Maßnahmen (VSBM, seit 1989) auf gegenseitige militärische Beobachtungsflüge (→ Offener Himmel) und eine Beschränkung ihrer Militäraktivitäten. Zudem wurden weitere Verfahren zur Eindämmung von inner- bzw. zwischenstaatlichen Konflikten beschlossen.
Mitglieder: 1991/92 traten die baltischen Staaten, die Nachfolgestaaten der Sowjetunion (→ GUS) sowie Slowenien, Kroatien und Bosnien-Herzegowina der KSZE bei. Die im April 1992 neu gebildete Bundesrepublik Jugoslawien aus Serbien und Montenegro, die den Sitz der ehemaligen Volksrepublik beanspruchte, wurde für 100 Tage aus der KSZE ausgeschlossen. Bis zum 14. 10. 1992 soll über eine Wiederzulassung entschieden werden. Die Aufnahme der früheren jugoslawischen Teilrepublik Makedonien, die sich Anfang 1992 für unabhängig erklärt hatte, wurde bis Mitte 1992 von Griechenland verhindert, das Gebietsansprüche des neu gebildeten Staates befürchtete.
Militärische Vertrauensbildung: Die KSZE-Staaten vereinbarten einen jährlichen Informationsaustausch über Manöver und Truppenverlegungen, Waffensysteme, die Organisation der Streitkräfte und die militärische Ausbildung. Gegenseitige Inspektionen können auch von multinationalen Teams vorgenommen werden. Manöver sind anzukündigen, wenn mehr als 9000 Soldaten und 250 Panzer teilneh-

men. Ende 1992 ist eine Zusammenlegung der VSBM-Verhandlungen und der Gespräche zwischen den Staaten der NATO und des früheren Warschauer Pakts über Truppenreduzierung in Europa (→ KSE) geplant.

Konfliktlösung: Auf der KSZE-Folgekonferenz in Helsinki (24. 3.–10. 7. 1992) beschlossen die Staats- und Regierungschefs, die KSZE zu einer regionalen Einrichtung der UNO zu machen, wie sie die UNO-Charta vorsieht. Die KSZE soll selbständig sog. friedensbewahrende Operationen mit militärischem und zivilem Personal, z. B. der Militärpakte → NATO und → WEU oder der EG, durchführen. Voraussetzungen sind die Zustimmung der Konfliktparteien und ein dauerhafter Waffenstillstand. Militärische Zwangsmaßnahmen wie im Golfkrieg gegen den Irak Anfang 1991 wurden ausgeschlossen. Der Vorsitzende des KSZE-Außenministerrats kann eigenverantwortlich Beobachtungsmissionen in Krisenregionen, z. B. zur Einhaltung eines Waffenstillstands, entsenden. Wenn ein Mitglied schwere Menschenrechtsverletzungen und Verstöße gegen andere KSZE-Prinzipien wie die Verpflichtung, Konflikte friedlich zu lösen, begeht, dürfen die KSZE-Staaten Beobachter entsenden. Der betroffene Staat kann die Mission nicht durch ein Veto verhindern. Politische Sanktionen gegen ein Mitglied darf die KSZE nach einem Beschluß des Außenministerrats vom Januar 1992 auch ohne dessen Einverständnis verhängen. Zur Einberufung eines Krisenrates bei inner- bzw. zwischenstaatlichen Konflikten, wenn sich ein Mitgliedsland bedroht fühlt, ist die Zustimmung von mindestens einem Drittel der KSZE-Staaten erforderlich.

KSZE-Institutionen: Der KSZE-Außenministerrat, der zweimal pro Jahr tagt und dessen Vorsitz jährlich wechselt, dient als zentrales Forum für politische Konsultationen zwischen den Folgekonferenzen, die alle drei Jahre stattfinden und in deren Anschluß sich die Staats- und Regierungschefs der Mitglieder treffen. Zwischen den Treffen des Rats übernimmt ein Ausschuß Hoher Beamter die politische Koordinierung; dieser kann Aufgaben an andere KSZE-Institutionen und Teilnehmerstaaten delegieren. Der Ausschuß trifft sich alle drei Monate.

Das Warschauer Büro für freie Wahlen wurde Anfang 1992 in Büro für demokratische Institutionen und Menschenrechte umbenannt. Es überwacht die Einhaltung der KSZE-Prinzipien in den Mitgliedstaaten und dient dem Informationsaustausch der Teilnehmer untereinander.

Zur Sammlung und Auswertung von Daten für die VSBM wird das Konfliktverhütungszentrum (KVZ, Wien) eingesetzt. Es ist befugt, Erkundungs- und Überwachungsmissionen durchzuführen. Zusätzlich wurde das KVZ Anfang 1992 mit der Kontrolle von Abrüstungsvereinbarungen beauftragt.

Die parlamentarische Versammlung soll nach dem Mehrheitsprinzip Empfehlungen und Erklärungen verabschieden. Jedes KSZE-Mitglied entsendet Abgeordnete entsprechend seiner Einwohnerzahl. Die Versammlung trifft sich jährlich in der ersten Juliwoche zu einer fünftägigen Plenarsitzung. Ihre konstituierende Sitzung fand am 3. 7. 1992 in der ungarischen Hauptstadt Budapest statt. Das Parlamentssekretariat hat seinen Sitz in Kopenhagen.

Klaus Kinkel, Bundesaußenminister
* 17. 12. 1936 in Metzingen, Dr. jur., deutscher Politiker (FDP). Von 1974 bis 1978 Chef des Leitungs- und Planungsstabes im Auswärtigen Amt, 1979–1982 Präsident des Bundesnachrichtendienstes (BND, Pullach), von 1982 bis 1991 Staatssekretär im Bundesjustizministerium, 1991–1992 Justizminister, ab 18. 5. 1992 Außenminister.

Kulturkanal

Fernsehprogramm mit dem Namen arte (association relative à la télévision européenne, franz.; europäisches Fernsehen betreffende Vereinigung), das überwiegend kulturelle Sendungen ausstrahlt. Der K. wird von Deutschland und Frankreich gestaltet. Er ist seit 30. 5. 1992 in Deutschland als → Satellitenfernsehen und über → Kabelanschluß, in Frankreich ab September auch über → Terrestrische Frequenzen zu empfangen. Der Rundfunkstaatsvertrag (1991) verpflichtet ARD und ZDF, sich mit je 25% am K. zu beteiligen (→ Rundfunkgebühren).

Koproduktion von ARD und ZDF mit dem Kulturkanal geplant
Ende 1991 plante der deutsch-französische Kulturkanal, gemeinsam mit ARD und ZDF Programme zu produzieren, die zuerst im Kulturkanal und anschließend in den deutschen öffentlich-rechtlichen Anstalten ausgestrahlt werden sollen. Ziel der Kooperation ist es, Kosten für Eigenproduktionen zu sparen. Programmzulieferungen aus Archiven von ARD und ZDF werden vom Kulturkanal bezahlt, die Honorare sollen unterhalb marktüblicher Preise liegen.

In Frankreich hält der staatliche Sender La Sept 50% der Anteile. Der Jahresetat von rd. 350 Mio DM wird zu gleichen Teilen von den Ländern finanziert. Ende 1991 beantragte die belgische Radio Télévision belge francophone eine Beteiligung, schwedische und spanische Rundfunkanstalten erwogen, sich zu beteiligen.

Das von 19 Uhr bis 24 Uhr gesendete Programm hat täglich wechselnde Schwerpunkte. Montags werden Spielfilme ausgestrahlt, Dienstag, Donnerstag und Sonntag sind sog. Titeltage, an denen ein Thema in verschiedenen Darstellungsformen behandelt wird, z. B. Dokumentation, Film, Diskussion. Mittwochs wird ein Musik- oder Theaterereignis, freitags eine Informationssendung und samstags eine Dokumentation ausgestrahlt. Durch zweisprachige Moderation im Studio, Untertitel und Übersetzung sind die Beiträge für jeweils anderssprachige Zuschauer verständlich.

Präsident des K. in Straßburg/Frankreich ist der ehemalige La-Sept-Chef Jérôme Clément. Die deutschen Zulieferungen koordiniert die Arte Deutschland TV GmbH (Baden-Baden).

Kulturstadt Europas

Initiative der EG, mit kulturellen Veranstaltungen (Theater, Konzerte, Lesungen, Kongresse) in einer für ein Jahr benannten europäischen Großstadt die kulturelle Einheit und Besonderheit Europas zu dokumentieren und zu fördern. Für 1993 wurde Antwerpen/Belgien als Nachfolgerin der spanischen Hauptstadt Madrid zur K. ernannt. 1992 fand zum ersten Mal ergänzend zur K. der Europäische Kulturmonat statt, der eine Stadt in Mittel- und Osteuropa (1992: Krakau, 1993: Graz, 1994: Budapest) zum kulturellen Austausch mit der K. anregen soll. Seit 1990 wird in der jeweiligen K. der europäische Literaturpreis verliehen, 1988–1990 der europäische Filmpreis. Für das ca. 600 Veranstaltungen umfassende Programm in Madrid standen

rd. 100 Mio DM zur Verfügung. Höhepunkte waren ein Barockschauspiel unter freiem Himmel, ein Stierkampf-Festival und die Eröffnung eines Kulturzentrums für Lateinamerika.

In Antwerpen ist ein Budget von 900 Mio belgische Francs (44 Mio DM) vorgesehen. Es soll vor allem flämische Kultur vorgestellt werden. Geplant sind eine Retrospektive zum Werk des Barockmalers Jacob Jordaens, eine Ausstellung mit Gemälden des flämischen Malers Peter Paul Rubens, Theater- und Filmfestivals sowie die Jubiläumsfeier des 150jährigen Zoos.

Künstliche Befruchtung

Verfahren zur Befruchtung von Eizellen durch künstliche Übertragung von Sperma in den Körper der Frau (sog. Insemination) oder durch Zusammenbringen von Eizelle und Sperma in einem Reagenzglas (In-Vitro-Fertilisation, IVF). Die Nachfrage von Ehepaaren nach einer K. stieg 1991/92 in Deutschland um ein Drittel an, seitdem die Krankenkassen die Kosten für die Behandlung übernehmen. Seit Einführung des Verfahrens in den 70er Jahren sind in Deutschland bis 1992 etwa 4000 Retortenbabys geboren worden, weltweit rd. 30 000.

1991 warteten Ehepaare durchschnittlich zehn Monate auf eine Behandlung. Etwa 60 Labors boten Anfang der 90er Jahre in Deutschland die Behandlungsmethode der K. an. 10% der K. führen zur Geburt eines Kindes. In durchschnittlich 20% der K. resultierte aus der Übertragung eines im Reagenzglas erzeugten Embryos eine Schwangerschaft, jedoch endete ungefähr jede fünfte Schwangerschaft nach einer K. mit einer Fehlgeburt.

Anfang der 90er Jahre gewann die Eileiterbefruchtung an Bedeutung, bei der Ei- und Samenzellen im oberen Eileiter vereinigt werden. Die Technik wurde 1991 in Deutschland etwa 1000mal angewandt. Die Ärzte beobachteten eine höhere Erfolgsrate als bei einer Reagenzglasbefruchtung.

Kulturstädte Europas 1986–1996

Jahr	Stadt/Land
1986	Florenz/Italien
1987	Amsterdam/Niederlande
1988	Berlin/West
1989	Paris/Frankreich
1990	Glasgow/Großbritannien
1991	Dublin/Irland
1992	Madrid/Spanien
1993	Antwerpen/Belgien
1994	Lissabon/Portugal
1995	Luxemburg
1996	Kopenhagen/Dänemark

1991/92 forderten Reproduktionsmediziner eine Regelung des Problems überschüssiger Embryos. Nach dem Embryonenschutzgesetz von 1990 dürfen einer Frau bei einer K. maximal drei befruchtete Eizellen eingepflanzt werden. Da bei einer K. die Eierstöcke mit Hormonen zur Produktion mehrerer Eizellen angeregt werden, fallen pro Behandlung bis zu zehn Eizellen an. 1992 wurden diese Eizellen befruchtet und anschließend tiefgefroren.

Künstliche Intelligenz

(KI), Teilgebiet der Computerwissenschaften (Informatik), das sich mit der Erforschung menschlicher Denkstrukturen und der Nachahmung menschlicher Intelligenzleistungen durch Computer befaßt. Als Anwendungsgebiet wird vor allem der Einsatz von KI zur Befreiung menschlicher Arbeitskraft von monotoner Routinetätigkeit gesehen (→ Fabrik der Zukunft). Im deutschen Forschungsprojekt Behaviour, das bis 1994 mit 9,5 Mio DM vom Bundesforschungsministerium gefördert wird, werden Anwendungsbereiche der KI in Industriebetrieben erprobt (Fördermittel des BMFT für K. 1992 insgesamt: 36 Mio DM).
Im experimentellen Stadium befanden sich 1992 folgende Anwendungen:
▷ → Expertensysteme, die Fachwissen bei der Lösung komplizierter Probleme bereitstellen
▷ Dialogfähige Computer, die natürliche Sprache verstehen (→ Übersetzungs-Computer)
▷ → Roboter, die sich die Position einmal angefahrener Hindernisse merken und ihre Orientierung mit jedem Fehlverhalten verbessern
▷ Lernfähige Computer, die ohne detaillierte Anleitung Probleme lösen.
Vertreter der sog. harten KI betrachten menschliches Denken und Bewußtsein allein als an physikalische, chemische und biologische Prozesse gebunden. Deshalb könne es durch Maschinen auf gleicher oder anderer materieller Basis nachgebildet werden. Vertreter der weichen KI gehen dagegen davon aus, daß nur objektivierbare Intelligenzleistungen, für die das Verstehen von Inhalten nicht notwendig ist, auf Maschinen übertragen werden können.
Die größte Schwierigkeit bei der Entwicklung anwendungsorientierter K. besteht darin, die Fehlertoleranz des Menschen (z. B. die Fähigkeit, bei widersprüchlichen Informationen Entscheidungen zu treffen) auf einen Computer zu übertragen: In einem japanischen Forschungsprogramm soll dieses Problem bis zum Jahr 2000 durch die Anwendung der mathematischen Theorie der → Fuzzy Logic (engl.; unscharfe Logik) gelöst werden. Fuzzy Logic versucht, menschliche Entscheidungsprozesse nachzubilden, die nicht nur die Aussagen wahr und falsch, sondern auch Abstufungen beinhalten.

Kunstmarkt

Die Umsätze der großen internationalen Auktionshäuser gingen vom Herbst 1990 bis zum Herbst 1991 um 50% zurück. Den mit 25% höchsten Anteil am Gesamtgeschäft erzielten Kunstwerke des Impressionismus und der Moderne; gegenüber dem Vorjahr sank der Anteil jedoch um 50%. Bis Ende 1993 wollen sich die EG-Mitgliedstaaten auf eine Regelung des Kunstexports einigen.
Preiseinbrüche: Die Angebote für impressionistische und moderne Gemälde sanken 1991 um durchschnittlich 40% gegenüber den Preisen von 1989/90. Ein auf 4 Mio Pfund (12 Mio DM) geschätztes Werk des französischen Künstlers Henri de Toulouse-Lautrec wurde für 60% der Summe ersteigert; das Gemälde „Seerosen" des französischen Impressionisten Claude Monet, auf 4 Mio–5 Mio Pfund (12 Mio–15 Mio DM) geschätzt, blieb unverkauft.
Auktionshäuser: Der Londoner Branchenführer Sotheby's, der gemeinsam mit Christie's 70% des internationalen Auktionsmarktes beherrscht, nahm mit 639 Mio Pfund (1,9 Mrd DM) 55% weniger als 1990 ein, Christie's mit 580 Mio Pfund (1,7 Mrd DM) 47% weniger.

Vaterschaft unklar nach künstlicher Befruchtung
Auch wenn ein Ehemann mit der künstlichen Befruchtung seiner Frau mit dem Samen eines anderen Mannes einverstanden war, kann er die Vaterschaft ablehnen. Das entschied Ende 1991 das Oberlandesgericht Celle (Az. 15 U 7/19). Die Frau war nach mehrjähriger Behandlung erst schwanger geworden, als die Scheidung der Ehe bereits eingeleitet war. Ihr Ehemann verlangte daraufhin, von Unterhaltszahlungen für die von ihr geborenen Zwillinge befreit zu werden, und focht vor Gericht seine Vaterschaft an. Nach dem Richterspruch sind die Zwillinge keine ehelichen Kinder, obwohl sie während der bestehenden Ehe geboren wurden.

Erhöhte Steuer für Kunstwerke zurückgenommen
Die französische Regierung nahm im Dezember 1991 den im Sommer des Jahres von 5,5% auf 18,5% erhöhten Mehrwertsteuersatz für Kunstwerke wieder zurück, nachdem Händler gegen die sog. Kunststeuer protestiert hatten. In der EG wenden auch Deutschland (7%), die Niederlande und Belgien (6%) für Kunstwerke einen niedrigeren Steuersatz an als für andere Produkte. Der Mehrwertsteuersatz liegt in der EG durchschnittlich bei 17%.

Kunststoffrecycling

Kunstexport: Nach dem Vorschlag Frankreichs soll in der EG bis Ende 1993 eine Zertifikatpflicht für Kunstwerke eingeführt werden. Das Zertifikat soll einem Kunstgegenstand, der exportiert werden soll, bescheinigen, daß er nicht mit einem Ausfuhrverbot belegt ist. Damit soll verhindert werden, daß nationale Kunstschätze nach dem Wegfall der Zollkontrollen im → Europäischen Binnenmarkt illegal exportiert werden.

Beseitigung von Kunststoffmüll in Westdeutschland

Abfallbeseitigung	Kunststoff (Mio t/Jahr)
Deponierung	1,3
Verbrennung	0,7
Recycling	0,5
Gesamt	2,5

Quelle: Verband der kunststofferzeugenden Industrie (Frankfurt/M.)

Kunststoffrecycling

Wiederverwertung von Plastik, um die Abfallmenge zu verringern und Rohstoffe einzusparen. Nach Angaben des Verbands der kunststofferzeugenden Industrie (Frankfurt/M.) fallen in Westdeutschland bei einer Kunststoffproduktion von 9 Mio t jährlich rd. 2,5 Mio t Kunststoffmüll an, von denen etwa 0,5 Mio t (rd. 20%) wiederverwertet werden. Einer Studie der Universität Dortmund von 1991 zufolge wird sich die Kunststoffproduktion in Deutschland bis 2000 auf 19 Mio t erhöhen, von denen rd. 3 Mio t (ca. 16%) recycelt werden könnten. Die 1991 verabschiedete Verpackungsverordnung sieht vor, daß 64% des → Verpackungsmülls inkl. Plastikverpackungen ab 1995 wiederverwertet werden. Da Mitte 1992 Kunststoffe nur recycelt werden konnten, wenn sie nach Arten voneinander getrennt waren, wurde an Verfahren geforscht, die eine mechanische Sortierung von sortenreinen Plastikprodukten bzw. die Trennung gemischter Kunststoffe ermöglichen.

Sortentrennung: Aufgrund verschiedener Schmelzpunkte lassen sich unterschiedliche Kunststoffe nicht zu einer homogenen Masse verarbeiten. Rückgewonnene Kunststoffe kosteten 1991 u. a. aufgrund der Sortierung nach Berechnungen der Technischen Fachhochschule Berlin 3,50 DM/kg, während neu erzeugte Kunststoffe bis zu 1 DM/kg billiger waren.

Grüner Punkt: Aufgrund der Schwierigkeiten bei der Sortentrennung und zu geringer Kapazitäten für das → Recycling ging der Verband der kunststofferzeugenden Industrie (Frankfurt/M.) Mitte 1992 davon aus, daß eine Wiederverwertungsquote von 64% beim Kunststoffmüll bis 1995 nicht zu erreichen sei. Die Duales System Deutschland GmbH (DSD), die Mitte 1992 ein privatwirtschaftliches Abfallentsorgungssystem aufbaute, plante deshalb, die Gebühren für das von ihr vergebene Zeichen Grüner Punkt, das die Möglichkeit zur Wiederverwertung kennzeichnet, pro Kunststoffverpackung auf 4 Pf zu verdoppeln. Das Geld soll u. a. zum Aufbau von Kapazitäten für das K. verwendet werden.

Mechanische Sortierung: Der Energiekonzern RWE entwickelte 1992 ein Verfahren, mit dem sich Kunststoffe mechanisch voneinander trennen lassen. Ein Mikrowellensender bestrahlt den Müll. Die Kunststoffe erwärmen sich auf die für sie typische Temperatur, die von einer Infrarotkamera registriert wird. Die Daten werden an einen Computer weitergeleitet, der den Betrieb von Luftdüsen regelt. Sie blasen den Kunststoffmüll in für die verschiedenen Sorten vorgesehene Behälter.

Gemischte Kunststoffe: Forscher der Rheinisch-Westfälischen Universität Aachen arbeiteten Mitte 1992 an einem Recycling-Verfahren für gemischte Kunststoffe. Sie erhitzen Plastik auf eine Temperatur von ca. 400 °C. Die Molekülketten der Kunststoffe, die meist aus Kohlenwasserstoff bestehen, werden zerkleinert, bis das Plastik einen ölartigen Zustand erreicht hat. Die Flüssigkeit wird vergast. Aus diesem Gas sollen neue Kohlenstoffverbindungen hergestellt werden.

Neuer Kunststoff: Ein Schweizer Unternehmen entwickelte 1991 einen Kunststoff, der sich aus gemischtem Plastik herauslösen und beliebig oft wiederverwerten läßt. Der Kunststoff verflüssigt sich in einer alkalischen Wasserlösung und kann mit Filtern aus gemischten und verschmutzten Abfällen herausgelöst werden. Die Verarbeitung zu hochwertigen, hygienisch reinen Produkten kostete Mitte 1992 ca. 25 DM/kg. Ab Mitte 1992 soll eine Produktionsstätte in Sachsen-Anhalt jährlich ca. 30 000 t Kunststoff herstellen. Bei einer Produktion von 250 000 t 1995 soll der Preis pro kg auf ca. 5 bis 6 DM reduziert werden. Die Schweizer rechneten wegen des vorgeschriebenen Recyclings trotz des hohen Preises mit guten Marktchancen.

Pyrolyse: Chemische Verfahren des K., die Plastik in seine Einzelteile zerlegen, befanden sich Mitte 1992 im Forschungsstadium. Bei der Pyrolyse wird Kunststoff ohne Zugabe von Sauerstoff bei Temperaturen zwischen 400 und 700 °C zersetzt. Dabei werden brennbares Schwelgas und Pyrolyseöle (Benzol, Toluol) gewonnen, die von der Industrie als Rohstoffe genutzt werden.

Kurden

Westasiatisches Volk mit eigener Kultur und Sprache. Die rd. 13 Mio K. leben in der Türkei (Anteil am kurdischen Volk: 50%), in Iran (24%), Irak (18%), Syrien (5%) und Armenien (3%). Bei den ersten freien Parlaments- und Präsidentenwahlen im mehrheitlich von K. bewohnten Nordirak vom Mai 1992 erhielten die beiden größten Parteien, die Kurdische Demokratische Partei (KDP) und die Patriotische Union Kurdistans (PUK), je 50 von 105 Sitzen. Die irakische Regierung unter Saddam Hussein bezeichnete die von der UNO unterstützten Wahlen als illegal. In der Türkei setzten kurdische Separatisten unter Führung der Arbeiterpartei PKK ihren bewaffneten Kampf um einen eigenen Staat fort.

Irak: Weder der Vorsitzende der KDP, Massud Barsani, noch der Vorsitzende der PUK, Dschalal Talabani, konnten bei den Präsidentenwahlen die erforderliche absolute Mehrheit erreichen. Barsani trat für eine Fortsetzung der Mitte 1991 abgebrochenen Verhandlungen mit der Regierung in Bagdad um regionale Autonomie der K. ein, während Talabani erst nach einem Sturz Husseins zur Zusammenarbeit

mit der Zentralregierung bereit war. Mitte 1992 hielt die im Oktober 1991 von Hussein über die K.-Gebiete verhängte Blockade für Lebensmittel, Baumaterialien und Brennstoff an. Im Anschluß an den Golfkrieg war es im Frühjahr 1991 zu Aufständen der K. gekommen, die von irakischem Militär niedergeschlagen wurden. Im Juni 1992 verlängerte das türkische Parlament das Mandat für die im türkischen Grenzgebiet zum Irak stationierten UNO-Truppen, die seit April 1991 die K. in sog. Sicherheitszonen vor weiteren Angriffen der irakischen Streitkräfte geschützt hatten, für sechs Monate. Die irakische Luftwaffe bombardierte 1991/92 kurdische Wohngebiete außerhalb der Schutzzonen. Außerdem dehnte das türkische Militär seine Angriffe auf vermutete Stellungen der PKK auf irakischem Staatsgebiet aus.

Türkei: 1991/92 blieb die Lage der K. angespannt, obwohl Ministerpräsident Süleyman Demirel bei seinem Amtsantritt im November 1991 erstmals die K. offiziell als ethnische Minderheit anerkannte. Die Lebensbedingungen in den mehrheitlich von K. bewohnten 13 südostanatolischen Provinzen waren 1991/92 schlechter als in der übrigen Türkei, z. B. entsprach das Pro-Kopf-Einkommen nur einem Zehntel des durchschnittlichen Niveaus in der West-Türkei. Im Juni 1992 verlängerte die türkische Regierung den seit 1987 geltenden Ausnahmezustand in Südostanatolien für vier Monate.

Kurzarbeit

Herabsetzung der betriebsüblichen Arbeitszeit mit dem Ziel, einen vorübergehenden Auftragsmangel zu überbrücken und Entlassungen zu vermeiden. K. muß vom Arbeitsamt genehmigt werden. Während der K. zahlt die Bundesanstalt für Arbeit (BA, Nürnberg) Kurzarbeitergeld, für die ausgefallenen Arbeitsstunden muß der Arbeitgeber die → Sozialabgaben für den Arbeitnehmer entrichten. In Westdeutschland waren 1991 durchschnitt-

Proteste von Kurden in deutschen Städten
Mit teilweise gewaltsamen Aktionen protestierten im März 1992 Kurden in Deutschland gegen die Bombardierung von Stellungen der kurdischen Arbeiterpartei PKK im Nordirak durch türkische Kampfflugzeuge. In Mainz und Frankfurt/M. zerstörten Kurden Büroeinrichtungen der türkischen Konsulate, in Nürnberg wurde eine türkische Bank verwüstet. Die PKK begann 1984 einen Guerillakrieg für einen unabhängigen Kurdenstaat im Südosten der Türkei.

Ausgaben für Kurzarbeit in Deutschland

Jahr	Ausgaben* (Mio DM)
1980	471
1981	1 284
1982	2 216
1983	3 075
1984	1 792
1985	1 288
1986	880
1987	1 241
1988	978
1989	453
1990	239
1991	10 485

Ausgaben der Bundesanstalt für Arbeit (Nürnberg), bis 1990 nur Westdeutschland; Quelle: Bundesanstalt für Arbeit

Kurzarbeit in Deutschland 1991/92

Kurzarbeiter (1 000)

Ostdeutschland
Westdeutschland

© Harenberg

nehmer mit Kind in Deutschland 68%, kinderlose Erwerbstätige 63% des Nettolohns. In Ostdeutschland erhielten 1991 rd. 350 000 Kurzarbeiter aufgrund von Tarifverträgen 75–100% ihres Nettolohns.

Ostdeutschland: K. konnte bis Ende 1991 auch angemeldet werden, wenn der Erhalt der Arbeitsplätze nicht gesichert war. Von Januar bis Juli 1992 erstattete die BA den Arbeitgebern nicht mehr die gesamten Sozialabgaben, sondern nur die Hälfte der Beiträge zur Renten- und Krankenversicherung des Arbeitnehmers. Ab Juli 1992 zahlt die BA keine Beiträge zur Krankenversicherung mehr. Die Beiträge zur Arbeitslosenversicherung ruhen bei K.

Bezugsdauer: Das Bundesarbeitsministerium begründete die verlängerte Bezugsdauer von Kurzarbeitergeld (gesetzliche Dauer: sechs Monate) in Westdeutschland mit der schwierigen Auftragslage in einigen Branchen. Bis Ende 1995 kann zudem bei Arbeitsausfällen in Ost- und Westdeutschland Kurzarbeitergeld bis zu zwei Jahre lang bezogen werden, wenn ein Wirtschaftszweig unter einer schwerwiegenden strukturellen Verschlechterung leidet.

Keine Rentenabzüge bei Kurzarbeit
Arbeitnehmer in Kurzarbeit erhalten nur rd. zwei Drittel ihres üblichen monatlichen Nettolohns. Bei der Rentenberechnung wird jedoch der Lohn zugrunde gelegt, zu dem der Betrieb den Arbeitnehmer in normalen Zeiten beschäftigt, so daß die Arbeitsausfallzeiten keine Auswirkung auf die Höhe der Rente haben.

lich 145 000 Kurzarbeiter gemeldet (1990: 55 800), in Ostdeutschland sank die Zahl der Kurzarbeiter von rd. 2 Mio im April 1991 auf ca. 1 Mio im Dezember. Zum 31. 12. 1991 liefen in den neuen Ländern Sonderregelungen zu K. aus, so daß die Zahl der Kurzarbeiter im Januar 1992 um etwa 50% auf 519 731 zurückging. Die Bezugsdauer für Ausfallgeld bei konjunkturbedingter K. in außergewöhnlichen Arbeitsmarktsituationen wurde ab April 1992 bis September 1992 in Ostdeutschland von 18 auf 15 Monate gesenkt, in Westdeutschland von zwölf auf 15 Monate erhöht; für ganz Deutschland gilt von Oktober 1992 bis Juli 1993 eine Bezugsdauer von zwölf Monaten.

Kurzarbeitergeld: Im Haushalt der → BA sind 1992 rd. 6,4 Mrd DM an Kurzarbeitergeld vorgesehen. 1991 zahlte die BA den Kurzarbeitern in Ostdeutschland aus Mitteln der → Arbeitslosenversicherung ca. 10 Mrd DM Kurzarbeitergeld, in Westdeutschland rd. 479 Mio DM (1990: 239 Mio DM). Als Kurzarbeitergeld erhalten Arbeit-

Fernseh- und Hörfunkbeiträge bis ca. 5 min Länge. Der Rundfunkstaatsvertrag von 1991 gewährt jedem europäischen Rundfunksender das Recht auf ungehinderte und honorarfreie K. über öffentliche Veranstaltungen in Deutschland von allgemeinem Interesse. Im → Fernsehen sollen kostenlose Berichte i. d. R. die Dauer von 90 sec nicht überschreiten. Für den Hörfunk gilt keine zeitliche Begrenzung. Mitte 1991 klagte die CDU/CSU/FDP-Bundesregierung beim Bundesverfassungsgericht (BVG, Karlsruhe) gegen die Regelung von K. im Rundfunkstaatsvertrag. Die Regierung will prüfen lassen, ob K. in die Gesetzgebungskompetenz des Bundes fällt, weil sie z. B. das Urheberrecht betreffe. Eine gesetzliche Regelung der K. war erforderlich, nachdem es Ende der 80er Jahre zu Streitigkeiten zwischen öffentlich-rechtlichen und privaten Fernsehanbietern gekommen war. ARD und ZDF hatten ein Recht auf kostenlose K. verlangt, um ihrer aus Art. 5 GG abgeleiteten Informationspflicht nachzukommen. Private Rundfunksender und Sportverbände wollten K. hingegen nur durch finanzielle Vereinbarungen zwischen Anbieter und Sportveranstalter regeln (→ Sportübertragungsrechte). Falls die Regierung die Gesetzgebungskompetenz für K. erhalte, fürchtete die ARD 1991, daß Veranstalter als Urheber des Sportereignisses das Recht bekämen, die Senderechte zu verkaufen und K. untersagt würde.

Kurzstreckenwaffen

Waffen mit einer Reichweite bis 500 km, die mit konventionellen oder atomaren Sprengköpfen bestückt sein können (→ Atomwaffen). Ende 1991 kündigten die USA und die UdSSR an, die landgestützten atomaren K. und die nukleare Artillerie (Reichweite: rd. 40 km) vollständig abzubauen. Zudem wollen beide Seiten die Zahl der atomaren Flugzeugbomben halbieren. Die auf Schiffen und U-Booten stationierten K. sowie die Atombomben der Marineflugzeuge sollen in Depots gelagert werden. Darüber hinaus vernichten die USA ihre auf Marineflugzeugen stationierten atomaren Wasserbomben. Rußland will die Zahl der seegestützten K. um ein Drittel verringern. Bis Mitte 1992 wurden alle ehemals sowjetischen K. Rußland übergeben.
Ende 1991 beschlossen die USA, auf den Bau einer neuen nuklearen K. (sog. Abstandswaffe) zu verzichten, die von Flugzeugen abgeschossen werden kann (Reichweite: etwa 480 km). Die in Europa verbleibenden K. werden von der NATO als militärisches Bindeglied zwischen den amerikanischen und europäischen Bündnismitgliedern gesehen. Mit den → Strategischen Waffen dienen sie zur Abschreckung eines Angriffes auf NATO-Gebiet.

Atomsprengköpfe nichtstrategischer Waffen der Supermächte

Waffen	USA		Sowjetunion	
	1991	1990	1991	1990
Landgestützt				
Auf Bombern stationiert	1 600[1]	1 800	3 030[1]	3 100
Raketen	850[2]	1 282	3 130[2]	3 130
Artillerie	1 300[2]	1 540	2 000[2]	2 000
Seegestützt				
Auf Bombern stationiert	2 000[3]	2 200	1 365[3]	1 360
Marschflugkörper	350[3]	325	448[3]	570
Raketen und Torpedos	–	–	945[3]	1 145

Stand: Januar 1992; 1) Verringerung um 50% geplant; 2) werden vollständig abgebaut; 3) werden beseitigt bzw. in Depots gelagert; Quelle: SIPRI-Yearbook 1992, Fieldhouse/Norris/Arkin, Nuclear weapon developments and unilateral reduction initiatives

L

Ladenschlußzeit

In Deutschland war Mitte 1992, nach Einführung eines sog. Dienstleistungsabends oder Langen Donnerstags im Oktober 1989, eine weitere Freigabe der Öffnungszeiten für Einzelhandels-Geschäfte nicht in Sicht, die von FDP und Teilen der CDU befürwortet wird. Der Lange Donnerstag wurde Mitte 1992 von Kaufhäusern und Kunden weitgehend positiv beurteilt.
Freigabe: Befürworter versprechen sich von einer Freigabe der L. insbes. eine Förderung des Wettbewerbs über die Öffnungszeiten sowie verbesserte Einkaufsmöglichkeiten für Berufstätige. Gegner, insbes. SPD und Gewerkschaften, argumentieren, daß vor allem Frauen belastet werden, die den Großteil des Verkaufspersonals stellen. Ferner wurden längere Arbeitszeiten für einzelne Beschäftigte statt der Einstellung zusätzlichen Personals befürchtet.
Erfahrungen: Kaufhäuser in den Stadtzentren verzeichneten an den Langen Donnerstagen einen Umsatzanstieg um 15–30% gegenüber Donnerstagen vor Einführung der verlängerten Verkaufszeit, der durch zurückgehende Einkäufe am Freitag und Samstag meist nicht ausgeglichen werde. Banken, für die das L.-Gesetz nicht gilt und die grundsätzlich länger geöffnet haben dürften, ermittelten, daß keine große Nachfrage nach Abendöffnungszeiten

Frankreich schränkt Ladenöffnung am Sonntag ein
Die französische Regierung beschloß im Juni 1992, die Öffnung von Geschäften am Sonntag nur in Ausnahmefällen zu gestatten. Die Strafen für Verstöße wurden verschärft, nachdem ein britisches Medienkaufhaus und eine schwedische Möbelkette behördliche Verbote mißachtet hatten. Ausnahmen sollen u. a. in Fremdenverkehrsgebieten gelten. Öffnen dürfen an Sonntagen nach wie vor kleine Lebensmittelgeschäfte, die keine Angestellten beschäftigen.

Länderfinanzausgleich in Deutschland

Bundes-land	Zahlun-gen (–) und Einnahmen* (Mio DM)
Baden-Württemberg	– 2 471,6
Hessen	– 1 445,6
Nordrhein-Westfalen	– 62,9
Bayern	– 35,9
Hamburg	– 7,9
Saarland	366,2
Rheinland-Pfalz	489,9
Schleswig-Holstein	601,6
Bremen	639,6
Niedersachsen	1 926,6

* 1990; Quelle: Bundesfinanz-ministerium, endgültige Ab-rechnung vom April 1992

Der deutsche Landwirt-schafts-Haushalt 1993

Posten	Ausgaben* (Mio DM)
Sozialpolitik	6760,0
Gemeinschafts-aufgabe Bund/ Länder	3340,0
Ausgleichs-maßnahmen	1745,0
Gasölverbilligung	930,0
Ministerium, Bun-desämter und -forschungs-anstalten	599,1
Marktordnung	467,6
Sonstige Maß-nahmen	159,2
Fischerei	106,0
Forschung	63,2
Internationale Organisationen	56,4
Nachwachsende Rohstoffe	54,9
Abwicklung alter Verpflichtungen	51,9
Sturmschäden im Wald	30,0
Erhebungen	14,5
Summe	14 377,8

* Entwurf vom 1. 7. 1992; Quelle: Bundesministerium für Ernährung, Landwirtschaft und Forsten

bestehe. Im Gegensatz zu den Vorstellungen der CDU/CSU/FDP-Bundesregierung bei der Konzeption eines Dienstleistungsabends beteiligten sich Behörden nicht mit zusätzlich verlängerten Öffnungszeiten. Die Einstellung der betroffenen Arbeitnehmer zum Langen Donnerstag war Mitte 1992 überwiegend positiv, wenn Zuschlagzahlungen und Freizeitausgleich gewährt wurden.

Regelung: Mitte 1992 mußten Läden in Deutschland spätestens zu den folgenden Zeiten schließen:

▷ Montags–mittwochs und freitags um 18.30 Uhr
▷ Donnerstags i. d. R. um 20.30 Uhr
▷ Samstags grundsätzlich um 14 Uhr
▷ Am jeweils ersten Samstag der Wintermonate Oktober–März und weiteren sog. Langen Samstagen um 18 Uhr
▷ Am jeweils ersten Samstag der Monate April–September 16 Uhr.

Ausgenommen von diesen Regelungen waren Geschäfte im Bereich von Großstadtbahnhöfen und Flugplätzen, die für den sog. Reisebedarf Waren auch nach 18.30 Uhr verkaufen durften. Tankstellen durften nach der L. Waren verkaufen, die zur sog. Erhaltung der Fahrbereitschaft dienten. Auch für Kioske galten Sonderregelungen. Gegen die Ausnahmen mehrten sich 1991/92 gerichtliche Klagen benachbarter Einzelhändler, die sich im Wettbewerb benachteiligt fühlten.

Länderfinanzausgleich

(auch horizontaler Finanzausgleich), Zahlungen zwischen den deutschen Bundesländern (1991: ca. 4 Mrd DM), die zu gleichmäßiger Finanzausstattung beitragen sollen. Ferner zahlt der Bund an ärmere Länder im vertikalen Finanzausgleich Ergänzungszuweisungen (1991: ca. 3,5 Mrd DM). Der Ausgleich soll nach Art. 106 GG zu einheitlichen Lebensverhältnissen im Bundesgebiet beitragen. Da 1995 die finanzschwachen ostdeutschen Länder einbezogen werden sollen, begannen

Anfang der 90er Jahre bei der Diskussion um die künftige Gestaltung des L. Verteilungskämpfe zwischen den Ländern. Mitte 1992 lag dem → Bundesverfassungsgericht zudem eine Klage Baden-Württembergs vor, das nach seiner Meinung durch ungerechte Rechenverfahren zuviel in die L. einzahlen mußte. → Haushalte, Öffentliche

Ostdeutschland: 1990–1994 erhalten die ostdeutschen Länder Mittel aus dem → Fonds Deutsche Einheit zum Aufbau ihrer Wirtschaft. Wenn sie 1995 in den L. einbezogen werden, müßten gemäß der bisherigen Gestaltung alle westdeutschen Bundesländer außer Bremen und Saarland in den L. einzahlen (insgesamt ca. 28 Mrd DM), Ostdeutschland erhielte 99% der Mittel. Geberländer waren 1992 nur Baden-Württemberg und Hessen.

Verteilung: Vom Aufkommen der → Mehrwertsteuer (auch Umsatzsteuer) in Deutschland erhält der Bund 63% (bis 1992: 65%), die Länder 37% (35%). Im L. werden die Länderanteile an der Umsatzsteuer umverteilt. Ziel ist, die Steuereinnahmen pro Kopf in allen Bundesländern auf 95% des Durchschnitts anzuheben. Als Ergänzungszuweisungen zahlt der Bund jährlich 2% seines Umsatzsteuer-Aufkommens. 1989–1991 zahlte er zusätzlich 2,45 Mrd DM jährlich als sog. Strukturhilfe. 1992 wird eine abschließende sog. Überbrückungshilfe von 1,5 Mrd DM geleistet. In der EG sollen Einkommensunterschiede zwischen wirtschaftlich schwachen und wohlhabenden Gebieten mit der → Regionalförderung ausgeglichen werden.

Landwirtschaft

In Westdeutschland erwartete Bundeslandwirtschaftsminister Ignaz Kiechle (CSU) für das Wirtschaftsjahr 1991/92 (Abschluß: 30. 6.) einen Anstieg der → Einkommen der Bauern um 5–10%. 1990/91 sanken die Einkommen um durchschnittlich 16%. In Ostdeutschland waren Mitte 1992 von 850 000 Personen in der ehemaligen DDR nur

Landwirtschaft in Daten und Zahlen

Vollerwerbsbetriebe nach Bundesländern 1990/91

Bundesland	Fläche (ha)	Arbeits-kräfte je 100 ha	Betriebs-gewinn (DM)	Gewinn-rückgang[1] (%)
Schleswig-Holstein	50,0	3,35	51 060	26,0
Niedersachsen	41,3	3,88	50 255	17,0
Nordrhein-Westfalen	34,4	4,49	48 095	22,6
Hessen	34,1	4,80	38 039	11,1
Rheinland-Pfalz	24,8	7,33	43 307	10,9
Baden-Württemberg	27,6	6,13	51 326	11,0
Bayern	25,5	6,08	41 334	13,9
Bundesgebiet[2]	31,9	5,05	45 749	16,1

1) Zum Vorjahr; 2) ohne Berlin und Bremen, inkl. Hamburg und Saarland; ohne Ostdeutschland; Quelle: Agrarbericht 1992 der Bundesregierung

Gewinnentwicklung der Vollerwerbsbetriebe[1]

Einkommens-empfänger	Gewinn (DM)			
	1987/88	1988/89	1989/90	1990/91
Kleine Betriebe[2]	26 112	33 149	38 013	32 013
Mittlere Betriebe[3]	37 743	49 916	56 950	47 803
Größere Betriebe[4]	53 683	71 938	84 286	69 616
Betriebe insgesamt (Änderung z. Vorjahr)	35 502 (−10,5%)	46 912 (+32,1%)	54 515 (+16,2%)	45 749 (−16,1%)
Familienarbeitskraft (Änderung z. Vorjahr)	24 015 (−10,2%)	32 286 (+34,4%)	37 752 (+16,9%)	31 966 (−15,3%)
Gewerblicher Vergleichslohn (Änderung z. Vorjahr)	38 144 (+2,5%)	39 406 (3,3%)	40 914 (+3,8%)	43 178 (+5,4%)

1) Westdeutschland; 2) unter 40 000 DM Standardbetriebseinkommen (SBE); 3) 40 000–60 000 DM SBE; 4) 60 000 DM SBE und mehr; Quelle: Agrarbericht 1992 der Bundesregierung

Gewinnentwicklung nach Betriebsformen[1]

Betriebsform	Gewinn pro Unternehmen (DM)			
	1987/88	1988/89	1989/90	1990/91
Getreide, Zucker-rüben, Kartoffeln	34 213	44 148	58 408	50 750
Milchvieh, Rindermast	37 603	48 726	50 974	43 891
Schweine, Geflügel	24 982	45 868	79 006	53 133
Wein, Obst, Hopfen	35 754	39 070	51 157	45 618
Gemischt	27 861	45 951	60 124	44 405

1) Westdeutschland; Quelle: Agrarbericht 1992 der Bundesregierung

Ökologische Betriebe im Vergleich 1990/91[1]

Merkmal	Ökologischer Landbau[2]	Konventio-nelle Höfe[3]
Arbeitskräfte je Betrieb	1,92	1,60
Weizenertrag (t/ha)	3,69	5,87
Kartoffelertrag (t/ha)	16,1	28,9
Milchleistung je Kuh (kg)	3 881	4 683
Ertrag (DM/ha)	4 728	4 162
Aufwand (DM/ha)	3 408	3 010
Düngemittel (DM/ha)	43	236
Pflanzenschutz (DM/ha)	10	96
Löhne (DM/ha)	324	103
Gewinn je Unternehmen (DM)	46 431	42 676

1) Westdeutschland; 2) 95 Testbetriebe; 3) Betriebe ähnlicher Größe auf vergleichbaren Standorten; Quelle: Agrarbericht 1992 der Bundesregierung

Betriebsgrößenstruktur in Westdeutschland

Betriebsgröße (ha)	Zahl der Betriebe (1000)			Veränderung[1] (%)	
	1981	1990	1991	1991 zu 1981	1991 zu 1990
1–10	395,3	296,2	272,8	−3,6	−7,9
10–20	176,4	129,7	121,1	−3,7	−6,6
20–30	100,6	80,1	75,6	−2,8	−5,6
30–40	50,6	47,8	47,1	−0,7	−1,3
40–50	25,3	28,2	28,0	+1,0	−0,7
50–100	27,8	40,6	42,7	+4,4	+5,2
100 und mehr	4,6	7,1	7,8	+5,5	+9,8
Alle Betriebe	780,5	629,7	595,2	−2,7	−5,5

1) Jährlicher Durchschnitt; Quelle: Agrarbericht 1992 der Bundesregierung

Einkommensbeitrag von Subventionen 1990/91[1]

Einkommens-bestandteile	Einkommen je Vollerwerbsbetrieb (DM)			
	Kleine[2]	Mittlere[3]	Größere[4]	Insgesamt
Umsatzsteuerausgleich	2 875	4 513	7 992	4 625
Gasölverbilligung	1 191	1 663	2 722	1 710
Ausgleichszulage	1 965	2 246	2 020	2 046
Kindergeld	1 336	1 728	1 481	1 467
Entlastung Sozialversich.	74	69	36	63
Subventionen insges.	13 886	17 443	24 852	17 646
Gesamteinkommen	35 847	51 872	75 714	50 243
Subventionsanteil am Gesamteink. (%)	39	34	33	35

1) Westdeutschland; 2) unter 40 000 DM Standardbetriebseinkommen (SBE); 3) 40 000–60 000 DM SBE; 4) 60 000 DM SBE und mehr; Quelle: Agrarbericht 1992 der Bundesregierung

Arbeitskräfte in Ostdeutschland

Bundesland	Arbeitskräfte	
	30. 9. 1989	31. 12. 1991[1]
Brandenburg, Berlin/Ost	190 600	64 300
Mecklenburg-Vorpommern	181 900	61 600
Sachsen	168 500	62 200
Sachsen-Anhalt	178 800	68 600
Thüringen	128 400	43 300
Ostdeutschland	848 200	300 000

1) geschätzt; inkl. Kurzarbeiter; Quelle: Agrarbericht der Bundesregierung

Unternehmensformen in Ostdeutschland

Betriebe	April 1991	August 1991	Anteil (%)	Fläche (%)
Landwirtschaftl. PG[1]	2 287	1 424	40,1	1 450
Gärtnerische PG[1]	79	50	0,0	40
Sonstige PG[1]	62	22	–	–
Eingetragene Genossenschaften	477	830	27,6	1 710
AG, GmbH	459	744	14,9	1 030
BGB-Ges., OHG, KG	263	531	5,7	550
Einzelunternehmen	8 952	12 106	11,5	50
Sonstige (Güter etc.)	245	99	0,2	100
Insgesamt	12 824	15 806	100,0	325

1) Produktionsgenossenschaften; Quelle: Agrarbericht 1992 der Bundesregierung

Ignaz Kiechle, Land-wirtschaftsminister
* 23. 2. 1930 in Reinharts (heute: Kempten), deut-scher Politiker (CSU). 1958–1970 Landwirt und Kommunalpolitiker. Ab 1969 MdB. Bundesmini-ster für Ernährung, Land-wirtschaft und Forsten ab 1983.

noch 140 000 in der L. voll beschäftigt (→ Arbeitslosigkeit). In der EG wurde Anfang 1992 eine Kürzung der garan-tierten Abnahmepreise für landwirt-schaftliche Erzeugnisse beschlossen (→ Agrarpolitik). In Deutschland plan-te die CDU/CSU/FDP-Bundesregie-rung Mitte 1992, weggefallene → Subventionen der EG von 1,6 Mrd DM durch Erhöhung des sog. sozio-struktu-rellen Einkommensausgleichs (1991: 1,1 Mrd DM) zu ersetzen, der ab 1993 Ausgleichsmaßnahmen genannt wird.
Subventionen: Nach der Ende 1991 ausgelaufenen EG-Regelung hatten Landwirte ihren Abnehmern eine um 3% erhöhte Umsatzsteuer in Rechnung stellen und selbst behalten dürfen. Ne-ben den Subventionen der EG von 15,5 Mrd DM erhalten die deutschen Bauern 1992 rd. 17,6 Mrd DM nationale Bei-hilfen. 35% des Unternehmensgewinns landwirtschaftlicher Vollerwerbsbe-triebe stammen 1992 vom Staat.
Ostdeutschland: Die Privatisierung der von der bundeseigenen Berliner Treuhandanstalt verwalteten Flächen wurde 1991/92 durch ungeklärte Rück-gabeansprüche früherer Eigentümer

aus der Zeit vor Gründung der DDR 1949 behindert (→ Eigentumsfrage).
Umwelt: Der Einsatz von Dünger und Pflanzenschutzmitteln sowie Gülle aus der Massentierhaltung tragen zu Bo-den- und → Wasserverschmutzung so-wie der Vernichtung von Tier- und Pflanzenarten bei (→ Artenschutz). Der Anteil ökologisch bewirtschafteter Betriebe in der deutschen L. lag 1991 bei 0,6% (rd. 3500 Betriebe).

Laptop

(lap, engl.; Schoß/top, engl.; Oberflä-che), ein tragbarer → Personalcompu-ter besteht aus Tastatur, Festplatte bzw. Arbeitsspeicher, Diskettenlauf-werk und einem Bildschirm mit Leuchtkristallanzeige (LCD). Die etwa aktenkoffergroßen Geräte (Gewicht: 2–6 kg) arbeiten mit Akkus oder Batte-rien (zwischen 45 min und 5 h Lauf-zeit). Mitte 1992 kosteten L. in Deutschland zwischen 2500 und 20 000 DM. L. wurden Anfang der 90er Jahre miniaturisiert: Etwa zwei Drittel der 2,9 Mio 1991 weltweit ver-kauften tragbaren Computer mit einem Verkaufswert von rd. 14 Mrd DM wa-ren 1–3 kg schwere Notebooks (engl.; Notizbuchrechner) bzw. → Palmtop-Computer (Gewicht: rd. 1 kg). Das Marktforschungsunternehmen Data-quest (USA) rechnete für 1994 mit ei-nem Anstieg des weltweiten Umsatzes auf rd. 40 Mrd Dollar (61 Mrd DM). Der Miniaturisierung sind speziell bei der Verkleinerung der Tastaturen Gren-zen gesetzt. Bei den seit Ende 1991 in Deutschland erhältlichen → Notepad-Computern (engl.; Notizblock-Rech-

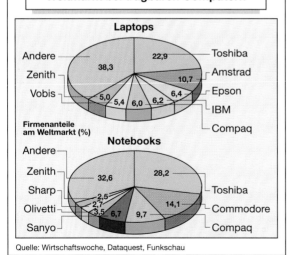

Weltmarkt bei tragbaren Computern

Laptops

Andere — 38,3 — 22,9 — Toshiba
Zenith — — 10,7 — Amstrad
Vobis — 5,0 — 5,4 — 6,0 — 6,2 — 6,4 — Epson
— IBM
— Compaq

Firmenanteile am Weltmarkt (%)

Notebooks

Andere
Zenith — 32,6 — 28,2
Sharp — 2,5
Olivetti — 2,7 — 14,1 — Toshiba
— 3,5 — 6,7 — 9,7 — Commodore
Sanyo — Compaq

Quelle: Wirtschaftswoche, Dataquest, Funkschau

Tragbare Personalcomputer 1992

Typ	Größe Gewicht (kg)	Preis (DM)	Speicher (Megabyte)
Laptop	Aktenkoffer 3–6	2500–20000	1–5
Notizbuch-rechner	DIN A4 2–3	3000–10000	1–5
Palmtop	DIN A5 0,3–1	600–3000	0,5–1
Notepad	DIN A4 0,5–1	5000–10000	1–5

Quelle: Aktuell-Recherche

ner) werden Informationen handschriftlich auf dem berührungsempfindlichen Bildschirm eingegeben, auf dem sie in Sekundenbruchteilen in Computerschrift erscheinen.

Lasermedizin

Behandlung von Krankheiten mit Laserstrahlen. Die → Lasertechnik kam Anfang der 90er Jahre in der Medizin insbes. zum Einsatz, um Tumore zu zerstören, kranke Nervenzellen im Gehirn zu veröden, Nieren und Gallensteine zu zertrümmern sowie Körpergefäße zu öffnen. Daneben wurde der Laser als Skalpell gebraucht. In der Augenmedizin war die Technik der L. 1992 am ausgereiftesten. Fast alle Gewebe des Auges sind einer Lasertherapie zugänglich. Anfang der 90er Jahre wurden Laserstrahlen auch zur Behandlung von Tumoren an Stimmbändern und in der Zahnmedizin verwendet. Zudem gewann die Diagnose mit Laserstrahlen an Bedeutung. Laserhersteller in Deutschland kritisierten 1992, daß Laser, die oft eine effektivere, kürzere und nahezu schmerzfreie Behandlung ermöglichten, in Kliniken seltener als möglich benutzt würden, weil die Krankenkassen herkömmliche Operationen höher honorierten. Für Laseroperationen sei in vielen Fällen zwischen Krankenversicherungen und Krankenhäusern kein Abrechnungssatz vereinbart.

Stimmbandtumore: Kohlendioxidlaser verdampfen Tumore an Stimmbändern, ohne die Stimmlippen zu beschädigen, die Voraussetzung für die Lautbildung sind und die bei konventioneller Operationsmethode mit entfernt werden.

Zahnmedizin: 1992 soll ein Laser angeboten werden, der mechanisches Bohren in 60–70% aller Fälle ersetzt. Mit dem an der Universität Ulm entwickelten Laser können u. a. kariöse Zahnflächen abgetragen und alte Füllungen entfernt werden.

Diagnose: Anfang 1992 wurde erstmals ein Lasergerät zur Vermessung des Augenhintergrunds (sog. Confokales Laserscan-Ophtalmoskop, CLS) angeboten. Der Laserstrahl fällt durch die Pupille in das Innere des Auges, ohne zu blenden. Er wird vom Augenhintergrund reflektiert und einer digitalen Bildverarbeitung im Computer zugeleitet. Die Bilder des CLS übertreffen herkömmliche Aufnahmen, bei denen eine Kamera den Verlauf eines zuvor injizierten fluoreszierenden Mittels in der Netzhaut mit stark blendenden Lichtblitzen aufnimmt, an Schärfe. Mediziner der militärmedizinischen Akademie Bad Saarow-Pieskow entwickelten Ende 1991 einen Laser, der die Ausdehnung von Tumoren im Körper exakt erfaßt. Bis dahin entfernten Mediziner bei Krebsoperationen auch den Tumor umgebendes gesundes Gewebe, weil die Geschwürgröße nicht präzise festzustellen war. Die Mediziner entdeckten, daß Proteine und Enzyme in Körperzellen unter Laserstrahlung leuchten. Eine Abwehrreaktion des Körpers gegen Krebszellen zeigt sich am Rand von Tumoren durch hohe Konzentrationen des Enzyms NADH, das für die Zerstörung von Tumorzellen zuständig ist.

In der Medizin eingesetzte Laserstrahlen

Laserart	Anwendungsbereich	Funktion
Kohlendioxid	Tumorbehandlung Chirurgie	Verdampft Tumore Zieht genaue Schnitte
Helium	Rheumabehandlung	Erwärmt das Gewebe
Argon	Netzhautoperationen am Auge Krebsbehandlung	Verschweißt abgelöste Netzhaut mit darunterliegenden Gewebeschichten; verödet blutende Netzhautgefäße Zerstört Krebszellen, die vorher mit einem Farbstoff markiert werden; löst chemische Reaktion aus, die Sauerstoff freisetzt; Sauerstoff greift die farblich markierten Zellen an und zerstört sie (sog. Photodynamische Lasertherapie, PDT)
Excimer	Behandlung von Kurzsichtigkeit Gefäßweitung	Korrigiert Verkrümmung der Hornhaut, indem er Teile davon abschält Wandelt stauende Substanz in Gas um, ohne umliegendes Gewebe zu zerstören
Neodym-YAG	Tumorbehandlung Rückenmarksbehandlung	Zerstört Tumore oder behindert sie in ihrem Wachstum, entfernt Fisteln des Rückenmarks
Erbium-YAG	Zahnmedizin	Trägt kariöse Veränderungen am Zahn ab; bereitet Zahnlöcher für Füllungen vor; entfernt Füllungen

Stand 1992; Quelle: Aktuell-Recherche

Skepsis bei Behandlung von Kurzsichtigkeit mit Laserstrahlen
Deutsche Augenärzte beurteilten die Lasertherapie bei Kurzsichtigkeit mit Laserstrahlen 1992 weiterhin skeptisch. Bei der in Deutschland u. a. in Berlin und Amberg vorgenommenen Behandlung wird die Hornhaut mit Laserblitzen geringfügig abgetragen. Die flachere Oberfläche verändert die Brechkraft und gleicht die Kurzsichtigkeit aus. Nach Ansicht der Deutschen Ophtalmologischen Gesellschaft (Heidelberg) und des Berufsverbands lands (Düsseldorf) war 1992 nicht ausreichend erwiesen, daß die Kurzsichtigkeit dauerhaft behoben ist. Zudem seien Erkrankungen der Netzhaut und Schädigungen der Augenlinse durch die Laserbestrahlung nicht zuverlässig ausgeschlossen.

**Weltmarkt der Laser-
technik 1991**

| Land/Region | Produk-
tionswert*
(Mio DM) |
|---|---|
| Japan | 298 |
| Westeuropa | 210 |
| USA | 130 |

** Reine Strahlenquellen, die
nicht in Lasersysteme integriert sind; Quelle: VDMA
(Frankfurt/M.)*

**Produktivität in Toyota-
und VW-Werken 1991**

	Toyota	VW
Mit-
arbeiter	102 400	260 100
Pro-
duktion
(Mio)	4,4	3
Produk-
tions-
zeit*	13	20

** Stunden pro Mittelklasse-
wagen; Quelle: Massachu-
setts Institute of Technology
(Boston)*

Produktivität von Autofabriken im Vergleich 1991

	Japan	USA		Europa
		US-Werke	Jap. Werke	
Montagedauer
(Stunden/Auto)	16,8	25,1	21,2	36,2
Montagefehler
(pro 100 Autos)	60,0	82,3	65,0	97,0
Lagerbestand
(Tage/Teil)	0,2	2,9	1,6	2,0
Vorschläge pro
Mitarbeiter und Jahr	61,6	0,4	1,4	0,4
Abwesenheit (%)	5,0	11,7	4,8	12,1
Arbeiter in
Teams (%)	69,3	17,3	71,3	0,6
Lohngruppen
(Anzahl)	12	67	9	15

Quelle: IMVP-World Assembly Survey

Lasertechnik

(Laser, Light Amplification by Stimulated Emission of Radiation, engl.; Lichtverstärkung durch angeregte Strahlenemission), Erzeugung und Anwendung intensiver, stark gebündelter einfarbiger Lichtstrahlen gleicher Wellenlänge. Laser wurden 1992 u. a. in der Materialprüfung, Informationstechnologie, Medizin und im militärischen Bereich eingesetzt. Der Produktionswert deutscher Lasersysteme lag 1991 bei rd. 283 Mio DM (Anstieg gegenüber 1990: 2%). Deutsche Firmen hatten 1991 einen Anteil von rd. 20% am Weltmarkt für L. Das Bundesforschungsministerium fördert die L. von 1992 bis 1996 mit rd. 250 Mio DM. Die leistungsfähigsten Laser 1992 (maximal 25 kW) waren aufgrund ihrer Größe nur eingeschränkt verwendungsfähig. Bis Mitte der 90er Jahre will das Aachener Fraunhofer-Institut für L. (ILT) kompakte Laser bis zu 60 kW konstruieren, die leicht in Produktionsprozesse integriert werden können. Laserlicht entsteht, wenn Atome von außen mit Energie angeregt werden (z. B. durch ein Blitzlicht). Sie werden in einen höheren Energiezustand versetzt und geben bei der Rückkehr in ihr altes Energieniveau Licht ab, das andere Atome anregt. Im Laser kommt es auf diese Weise zu einem lawinenartigen Anwachsen des freigesetzten Lichts, in dem alle Teilchen in derselben Phase schwingen, wodurch einfarbiges Licht entsteht.
Die Hochleistungslaser der Firma United Technologies Corporation (UTC, USA) – 1992 einziger Hersteller von Lasern über 20 kW Leistung – benötigen rd. 27 m² Stellfläche bei einem Gewicht von 13,6 t. Schwierigkeiten bei der Dosierung des Laserstrahls in Hochleistungslasern sollen mit neuen Techniken (z. B. Hochfrequenzanregung mit Wechselstrom anstelle von Gleichstrom, Kühlung entlang des Strahls) beseitigt werden. Ein 60-kW-Laser des ILT soll rd. zwei Drittel weniger Platz einnehmen als ein UTC-Laser mit 20 kW Leistung.

Lean Production

(engl.; entschlackte Produktion), Organisation der Fertigung, die sich vor allem durch Gruppenarbeit und Automatisierung des Materialflusses auszeichnet. Das US-amerikanische Massachusetts Institute of Technology (MIT, Boston) stellte 1991 fest, daß japanische Firmen gegenüber europäischen und US-amerikanischen durch L. ihren Zeit- und Kostenaufwand bei der Entwicklung und Produktion von Autos fast halbieren. Ab 1994 bzw. 1995 wollen VW und Opel in ihren neuen Werken in Mosel (Sachsen) und Eisenach (Thüringen) L. einführen.
Gruppenarbeit: Die Teilfertigung wird von Teams mit bis zu 15 Mitarbeitern durchgeführt, in denen jedes Mitglied alle Arbeiten ausführen kann. Während Mitarbeiter in japanischen Werken bis zu 380 Trainingsstunden erhalten, die in alle Produktionsschritte einführen, werden europäische Arbeiter in der Hälfte der Zeit nur auf eng umgrenzte Tätigkeitsbereiche vorbereitet. Ein Großteil der europäischen Hersteller bevorzugte 1992 die klassische Fließbandarbeit mit kleinen, einfach auszuführenden Montageschritten.
Qualitätskontrolle: Die Korrektur von Montagefehlern ist bei L. in den Arbeitsprozeß integriert. Vor der abschließenden Kontrolle liegt die Quote

von Montagefehlern in Japan um 20–30% niedriger als in Europa.

Entscheidungsprozesse: Manager und Produktionsteams diskutieren regelmäßig Verbesserungsvorschläge. Das MIT stellte fest, daß japanische Automobilarbeiter jährlich durchschnittlich 62 Vorschläge zur Optimierung der Produktion machen (in Europa: eine Idee pro Jahr von zwei Arbeitern). Zulieferer werden bei der Entwicklung neuer Modelle beteiligt. Starre hierarchische Strukturen werden aufgehoben: Jungmanager bei Toyota entwickelten 1991 Autos für ihre Altersgruppe. Die enge Kooperation der unterschiedlichen Ebenen japanischer Betriebe hielt das MIT für die Hauptursache kürzerer Entwicklungszeiten. Während z. B. Toyota alle vier Jahre ein neues Modell vorstellt, benötigen deutsche Unternehmen durchschnittlich sieben bis zehn Jahre.

Materialfluß: In europäischen Automobilwerken lagert Material rd. zehnmal solange wie in japanischen Fabriken. Das MIT führte die kürzeren Lagerzeiten auf die Vernetzung der Computersysteme von Zulieferer und Fabrik, deren räumliche Nähe und die Planung der Anlieferung bis an den Arbeitsplatz zurück (Deutschland: bis zum Werkstor).

Lebensgemeinschaft

Im November 1992 will das Bundesverfassungsgericht (BVG, Karlsruhe) darüber entscheiden, ob Paare, die in eheähnlicher L. leben, wie Ehepaare finanziell füreinander aufkommen müssen. Eine Frau hatte gegen die Anrechnung des Einkommens ihres Partners bei der Berechnung ihrer Arbeitslosenhilfe geklagt, weil dies zur Minderung ihres Anspruchs führte. In Deutschland lebten Mitte 1992 nach Angaben des Bundesarbeitsministeriums rd. 1 Mio Paare in nichtehelicher L. Kritiker bemängelten Mitte 1992, daß Partnern in einer nichtehelichen L. zum einen keine steuerlichen Vorteile wie Ehepaaren gewährt werden, sie zum anderen bei der Berechnung von Ansprüchen auf Leistungen des Staates wie → Wohngeld und → Sozialhilfe aber wie Eheleute behandelt werden. Die CDU/CSU/FDP-Bundesregierung argumentierte, daß Eheleute benachteiligt wären, wenn in einer nichtehelichen L. das Einkommen eines Partners bei der Leistungsberechnung unberücksichtigt bleibe. Das BVG hatte 1984 unter Berufung auf das GG, das Ehe und Familie unter Schutz stellt, eine Schlechterstellung von Ehepaaren untersagt. Der Bund sparte 1991 durch die Anrechnung des Partnereinkommens bei der Arbeitslosenhilfe in nichtehelichen L. rd. 35 Mio DM.

Lebensmittelbestrahlung

Behandlung von Nahrungsmitteln mit ionisierenden Strahlen (Ion, elektrisch geladenes Atomteilchen). Die radioaktive Bestrahlung dient vor allem zur Verlängerung der Haltbarkeit von Lebensmitteln und zum Abtöten von Insekten, krankheitserregenden Bakterien und Schimmelpilzen. In rd. 35 Staaten wird L. praktiziert. In Deutschland waren L. und Import von bestrahlten Lebensmitteln (Ausnahme: sterile Krankenkost) Mitte 1992 wegen gesundheitlicher Bedenken untersagt. Die EG-Kommission wollte L., die z. B. in Belgien, Frankreich und den Niederlanden erlaubt ist, EG-weit zulassen.

Funktionsweise: Als Strahlungsquelle dient i. d. R. das radioaktive Kobalt 60, das in der Medizin zur Bekämpfung von Krebstumoren eingesetzt wird. Die Nahrungsmittel kommen nicht mit der Strahlungsquelle in Berührung. Ionisierende Gammastrahlen aus dem zerfallenden Kobalt 60 vernichten das Erbgut von Krankheitserregern.

Vorteile: Die Weltgesundheitsorganisation WHO empfahl L. 1991/92 den → Entwicklungsländern, weil dort rd. 50% der Lebensmittel durch mikrobielle Verunreinigung und Insektenbefall verderben. Die EG-Kommission ging Mitte 1992 davon aus, daß L. für den Verbraucher unbedenklich sei und

BGA weist Lebensmittelbestrahlung nach
Das Bundesgesundheitsamt (BGA, Berlin) entwickelte 1991 ein neues Verfahren, um die radioaktive Bestrahlung von Lebensmitteln festzustellen, die Mitte 1992 in Deutschland verboten war. Mit der sog. Elektronenspinresonanz-Spektroskopie (ESR) kann das BGA in Nahrungsmitteln Molekülverbindungen nachweisen, die von einer Bestrahlung stammen. Ein ESR-Gerät kostete Mitte 1992 ca. 350 000 DM.

Die Bezeichnung Legionellen für die Erreger der sog. Legionärskrankheit erinnert daran, daß die Krankheit 1976 auf einem Treffen US-amerikanischer Kriegsveteranen in Philadelphia erkannt wurde. Die Ärzte vermuteten zunächst eine Lebensmittelvergiftung, als ein Großteil der Teilnehmer während der Tagung erkrankte. Schließlich wurden Bakterien als Auslöser identifiziert, die sich vermutlich über die Klimaanlage des Tagungsgebäudes verbreitet hatten.

den Einsatz von chemischen Konservierungsstoffen verringere. Falls die L. im → Europäischen Binnenmarkt 1993 erlaubt sein sollte, forderte der Deutsche Bundestag eine Kennzeichnung der bestrahlten Produkte zur Information der Verbraucher.

Nachteile: Kritiker befürchteten, daß auch die Nahrungsmittel von den radioaktiven Strahlen verändert würden. Sie vermuteten, daß eine genetische Manipulation der Lebensmittel stattfindet, die beim Menschen z. B. → Krebs auslösen könnte. Zudem könnten wertvolle Inhaltsstoffe wie Eiweiße, ungesättigte Fettsäuren und Vitamine zerstört werden. So würde der Nährwert der Produkte verringert. Anstelle von L. empfahlen Verbraucher-Initiativen zum Abtöten von Bakterien u. a. die Behandlung von Nahrungsmitteln mit Wasserdampf.

Das Bundesgesundheitsamt (BGA, Berlin) warnte im Juni 1992 vor der Verbreitung von L. durch Klimaanlagen. Seit Anfang der 90er Jahre tritt die Legionellose, die tödlich verlaufen kann, in Deutschland auf. Das BGA rechnete für 1992 mit 6000–7000 Krankheits- und bis zu 1000 Todesfällen. Etwa 3 Mio Menschen in Deutschland seien durch schlecht gewartete Klimaanlagen gefährdet.

Die L. vermehren sich in den feuchtwarmen Luftwäschern und Kühlwerken von Klimaanlagen. Werden die Erreger nicht durch Chemikalien oder Erhitzung auf mindestens 60 °C vernichtet, verteilen sie sich über die Klimaanlage im Gebäude. Die Informationsstelle der Klima- und Lüftungsbranche (Stuttgart) forderte Anfang 1992 ein Gesetz, das die regelmäßige Wartung von Klimaanlagen vorschreibt.

Legionellen

Meist in warmen Klimazonen vorkommende Bakterien, die beim Menschen eine schwere Form von Lungenentzündung, die sog. Legionellose (auch Legionärskrankheit), hervorrufen können.

Lehrerarbeitslosigkeit

Im Schuljahr 1990/91 setzte sich der Trend der beiden Vorjahre zu verbesserten Einstellungschancen für Lehrer in den alten deutschen Ländern fort. Es wurden rd. 15 000 Neubewerber eingestellt (Durchschnitt der 80er Jahre: 6000), 30 000 Bewerber wurden abgewiesen (Vorjahr: 44 000). 1991 waren 17 480 Lehrer arbeitslos gemeldet. In den neuen Ländern wurde bis 1994 die Entlassung von 20 000 bis 30 000 der 155 000 Lehrer (Anfang 1991) erwartet. Zum einen sollen Lehrer entlassen werden, die als Informanten für die → Stasi, den Staatssicherheitsdienst der DDR, gearbeitet haben. Zum anderen soll die Schüler-Lehrer-Relation der neuen Länder (1:12) der westdeutschen (1:15) angeglichen werden.

Die Gewerkschaft Erziehung und Wissenschaft (GEW, Frankfurt/M.) prognostizierte 1991 einen Anstieg der Schülerzahlen von rd. 9 Mio (1991) auf 11 Mio (2005) in den alten Ländern. Zur Deckung des Lehrerbedarfs nach Maßstäben der 80er Jahre (Lehrer-Schüler-Verhältnis und Klassengröße) müßten jährlich rd. 25 000 Lehrer ein-

Lehrerarbeitsmarkt im Schuljahr 1991/92

Land	Einstellungen	Ablehnungen	Entlassungen bzw. Stellenabbau
Baden-Württemberg	1 700	6 500	–
Bayern	2 350	1 500	–
Berlin	320	k. A.	ca. 1 500
Brandenburg	30	–	78 Kündigungen 2 500 Auflösungsverträge
Bremen	165	600	–
Hamburg	470	2 500	–
Hessen	1 300	5 000	–
Mecklenburg-Vorpommern	–	–	ca. 4 000
Niedersachsen	1 750	4 000	–
Nordrhein-Westfalen	4 005	6 000	–
Rheinland-Pfalz	1 516	1 370	–
Saarland	76	500	–
Sachsen	–	–	ca. 4 000 geplant: 11 000
Sachsen-Anhalt	–	–	geplant: 6 000
Schleswig-Holstein	865	2 500	–
Thüringen	–	–	2 000 geplant: ca. 10 000
Insgesamt	14 547	30 700	ca. 32 500

Quelle: Gewerkschaft Erziehung und Wissenschaft (Frankfurt/M.)

gestellt werden. In den neuen Ländern sei mit einer Abnahme der Schülerzahl von 2,6 Mio 1991 auf 1,8 Mio 2005 zu rechnen (Lehrerbedarf: 110 000). 1991 wurden in Sachsen etwa 4000 Lehrer entlassen, in Sachsen-Anhalt 3000, in Thüringen rd. 2000 und in Mecklenburg-Vorpommern etwa 4000. Brandenburg entließ 78 politisch belastete Lehrer. Massenentlassungen wurden durch die Kürzung der Bezüge und des Stundenvolumens verhindert. In Sachsen erklärten sich Mitte 1992 15 000 Lehrer bereit, eine Teilzeitbeschäftigung aufzunehmen, um weitere Entlassungen zu vermeiden.

Lehrstellenmarkt

Auszubildende nach Ausbildungsbereichen

Ausbildungsbereich	Auszubildende[1]		1990 abgeschlossene Verträge
	Insgesamt	Frauenanteil (%)	
Industrie und Handel[2]	756 416	42,9	278 778
davon:			
Kaufmännische Berufe	445 452	62,5	180 517
Gewerbliche Berufe	310 964	14,8	98 261
Handwerk	486 911	27,0	172 431
davon:			
Gewerbliche Berufe	433 189	19,9	153 897
Kaufmännische Berufe[3]	53 722	84,1	18 534
Freie Berufe	130 262	95,9	49 436
Öffentlicher Dienst	63 445	46,6	21 584
Landwirtschaft	29 748	32,9	12 011
Hauswirtschaft	9 673	97,8	3 770
Seeschiffahrt	425	4,9	169

1) In Westdeutschland am 31. 12. 1990; 2) inkl. Banken, Versicherungen, Gast- und Verkehrsgewerbe; 3) inkl. sonstiger Berufe im Handwerk; Quelle: Statistisches Bundesamt (Wiesbaden)

Während in Westdeutschland 1991 die Anzahl der angebotenen Ausbildungsplätze (668 784) wie im Vorjahr die Nachfrage (551 457) übertraf, konnte die Nachfrage der Jugendlichen in Ostdeutschland nach 145 693 Ausbildungsplätzen dem Bundesbildungsministerium zufolge nur gedeckt werden, weil 42 229 Bewerber an einer Ausbildung in außerbetrieblichen Einrichtungen oder an einem Berufsvorbereitungsjahr teilnahmen. In den alten Ländern fanden 11 205 Jugendliche bis Oktober 1991 keinen Ausbildungsplatz, in den neuen Ländern 2421 Bewerber. Unter den Lehrstellensuchenden befanden sich in Westdeutschland überproportional viele ausländische Jugendliche; jeder fünfte ausländische Bewerber fand keine Lehrstelle. Für 1992 erwartet das Bildungsministerium in Westdeutschland erneut ein Überangebot an Ausbildungsplätzen bei rd. 535 000 Lehrstellensuchenden, in Ostdeutschland wird die Nachfrage der rd. 130 000–150 000 Jugendlichen das Angebot voraussichtlich übersteigen. **Ostdeutschland:** In den neuen Ländern außer Berlin/Ost und Brandenburg wurde die Schulpflicht von zehn auf neun Jahre verkürzt, so daß 1992 Jugendliche zweier Jahrgänge die Schule verlassen können. Hinzu kommt dem Bildungsministerium zu-

folge eine nicht absehbare Nachfrage nach Lehrstellen von Jugendlichen, die ihren Ausbildungsplatz durch Konkurs des Betriebs verloren haben. Das Ministerium rechnete damit, daß rd. 20 000 ostdeutsche Jugendliche 1992 in Westdeutschland eine Ausbildung beginnen. Der Bund zahlte 1991 Betrieben in Ostdeutschland mit weniger als 20 Beschäftigten für jeden zusätzlichen Ausbildungsplatz eine Prämie von 5000 DM (Kosten: 250 Mio DM). Die Hälfte der betrieblichen Lehrstellen in den ostdeutschen Ländern war aus diesem Prämienprogramm mitfinanziert. Vor allem Handwerksbetriebe nahmen die Hilfen in Anspruch (Anteil an gestellten Anträgen: 59%). Da der Bund 1992 keine neuen Prämien bereitstellte, plante Mecklenburg-Vorpommern, Kleinbetriebe mit einmalig 3000 DM pro Lehrling zu unterstützen. **Westdeutschland:** 1991 standen für 100 Nachfrager 121 Ausbildungsplätze zur Verfügung. Das Überangebot an Lehrstellen resultiert dem Bundesbildungsministerium zufolge aus der gestiegenen Zahl der Schulabgänger mit → Abitur, die statt einer beruflichen Ausbildung ein Studium beginnen (→ Hochschulen). Das Bildungsministerium warnte Mitte 1992 vor einem Mangel an Facharbeitern, von denen 1991 rd. 400 000 fehlten.

Die beliebtesten Lehrstellen in Deutschland

Beruf	Ausbildungsverträge*
Westdeutschland	
Einzelhandelskaufmann	51
Bürokaufmann	51
Industriekaufmann	47
Bankkaufmann	44
Kfz-Mechaniker	43
Ostdeutschland	
Maurer	65
Industriemechaniker	58
Einzelhandelskaufmann	54
Koch	39
Landwirt	30

* Stand: 1990/91, von je 1000 Ausbildungsverträgen; Quelle: Bundesbildungsministerium

Leiharbeitnehmer in Westdeutschland 1991

Berufe	Leiharbeitnehmer* (%)
Metall- und Elektroindustrie	43,5
Hilfsarbeiten	17,0
Verwaltung/Büro	13,2
Dienstleistungen	7,1
Technische Berufe	4,0
Sonstige	15,2

* Anteil an den Leiharbeitnehmern; Quelle: Bundesverband Zeitarbeit (Bonn)

Leiharbeit

(auch Zeitarbeit), Berufstätigkeit bei einer Firma, die Arbeitskräfte für einen begrenzten Zeitraum (maximal sechs Monate) anderen Unternehmen überläßt. In Deutschland ist L. erlaubt, wenn die Verleihfirmen eine Genehmigung des Arbeitsamtes besitzen. Der Bundesrat legte Anfang 1992 einen Gesetzentwurf vor, nach dem Verleiher in den neuen Ländern ostdeutsche Leiharbeitnehmer, die in die alten Bundesländer verliehen werden, zu den in Westdeutschland üblichen Konditionen beschäftigen sollen. 1991 hatten ostdeutsche Firmen Arbeitnehmer zu den niedrigen Ost-Löhnen eingestellt, erhielten jedoch vom Entleiher die westdeutschen Tarife für L. Die EG-Kommission schlug Ende 1991 eine Richtlinie vor, nach der Leiharbeitnehmer in der EG zu den Konditionen des Gastlands angestellt werden sollen (→ Sozialcharta, Europäische).

L. bietet Arbeitgebern den Vorteil, zeitlich begrenzten Personalbedarf infolge von Urlaub, Mutterschutz und vorübergehenden Auftragsspitzen zu überbrücken. Der Bundesverband Zeitarbeit (Bonn) setzte sich 1992 aufgrund der guten Auftragslage für eine Wiederzulassung von L. im Baugewerbe ein.

Verleiher müssen den Arbeitnehmer in Deutschland in einem Dauerarbeitsverhältnis beschäftigen. 1991 besaßen 5807 Betriebe die Verleiherlaubnis (1990: rd. 5000); rd. 350 000 Arbeitnehmer waren in L. tätig. Wegen des Verdachts unerlaubter L. wurden 1991 ca. 6100 Verfahren eingeleitet (1990: 6300), 3700 Fälle wurden mit Geldbußen geahndet (1990: 3800). Die Summe der Geldbußen gegen illegale Ver- und Entleiher betrug 22,6 Mio DM (1990: 17,7 Mio DM).

Leistungsbilanz

→ Außenwirtschaft

Leitzinsen

Preis, zu dem eine Zentralbank → Banken Geld leiht. An den L. orientiert sich das Zinsniveau, da Banken ihre Geldbeschaffungskosten bei der Weiterverleihung berücksichtigen. Die Deutsche → Bundesbank erhöhte die L. im Juli 1992 auf den bis dahin höchsten Stand. Der Diskontsatz erreichte 8,75% (zuvor 8,0%), der Lombardsatz betrug 9,75%. Der Satz für Wertpapierpensionsgeschäfte lag Mitte 1992 bei 9,65%. Eine Tendenz zu Zinssenkungen vor Ende 1992 zeichnete sich nicht ab.

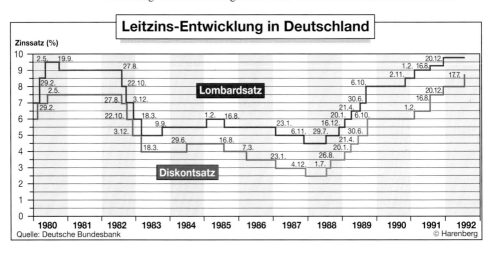

Leitzins-Entwicklung in Deutschland

Zinssatz (%)

Lombardsatz

Diskontsatz

Quelle: Deutsche Bundesbank

© Harenberg

Erhöhung: Die Bundesbank will mit Zinserhöhungen zunehmende → Inflation bekämpfen. Hohe Zinsen sollen kreditfinanzierte Ausgaben verteuern und verringern, denn hohe Nachfrage kann zu steigenden Preisen führen. Kreditfinanzierte Ausgaben stiegen vor allem durch zunehmende → Staatsverschuldung für den Aufbau der Wirtschaft in Ostdeutschland.

Kritik: Die Gewerkschaften mahnten, daß ein Abbau der hohen → Arbeitslosigkeit ein wichtigeres Ziel der → Konjunktur-Entwicklung als Inflationsbekämpfung sei. Hohe Zinsen können das stagnierende Wachstum weiter bremsen, wenn sie kreditfinanzierte → Investitionen verhindern.

Die USA verlangten deutsche Zinssenkungen. Mit Kürzungen im Dezember 1991 auf 3,5% (zuvor 4,5%) und Juli 1992 auf 3% verringerten sie den US-Diskontsatz auf den niedrigsten Stand seit 1963, um zur Überwindung der Rezession Investitionen anzuregen. Hohe deutsche Zinsen ziehen Kapital an, das die USA zum Wirtschaftsaufschwung benötigen (→ Weltwirtschaft).

Auch die EG-Staaten mußten wegen der Bundesbank-Hochzinspolitik trotz niedriger Inflation die L. erhöhen, um Kapitalabfluß bei schwacher Konjunktur zu verhindern (→ EG-Konjunktur → Europäische Währungsunion).

Instrumente: Zum Diskontsatz kauft die Bundesbank Wechsel von Banken an. Der Lombardsatz, der i. d. R. 1–2% über dem Diskontsatz liegt, wird für die Verpfändung von Wertpapieren erhoben. Bei Wertpapierpensionsgeschäften (auch Offenmarktgeschäfte) kauft die Bundesbank Banken zeitlich befristet Wertpapiere ab. Der Zins wird von Fall zu Fall festgelegt und liegt gewöhnlich zwischen Diskont- und Lombardsatz. → Dollarkurs

Liberale Partei der Schweiz

(LPS), 1977 aus der Liberal-Demokratischen Union hervorgegangene Partei mit föderalistischer Orientierung (Mitglieder 1992: rd. 15 000). Bei den Nationalratswahlen vom Oktober 1991 gewann die LPS zehn der 200 Sitze im Nationalrat (1987: 12 Sitze) bei einem Stimmenanteil von 3%. Bei den Wahlen zur kleinen Kammer des Schweizer Parlaments, dem Ständerat, erhielten die Liberalen drei Sitze. Vorsitzender der LPS war Mitte 1992 Claude Bonnard (seit 1989).

Die LPS vertritt vor allem die Interessen der romanischen Schweiz. Die LPS unterstützte 1992 ein Volksbegehren für die Abschaffung der direkten Bundessteuer bis 2003. Die Mindereinnahmen sollen durch eine allgemeine Verbrauchsteuer kompensiert werden.

LKW-Verkehr

Der Güterverkehr in Deutschland konzentrierte sich 1991 zu 42% auf den Straßen. Das Bundesverkehrsministerium rechnete im Verkehrswegeplan 1992 bis 2010 mit einer Zunahme des Straßengüterverkehrs um 95% gegenüber 1988. Der L. stand 1991/92 als Verursacher von Lärm und → Luftverschmutzung im Zentrum der Kritik von Umweltschutzverbänden und Bürgerinitiativen. Zur Reduzierung der durch L. entstehenden Belastungen förderte die CDU/CSU/FDP-Bundesregierung den sog. → Kombinierten Verkehr. Die EG verschärfte ab Juli 1992 die → Abgasgrenzwerte und verhängte ein → Tempolimit für LKW (→ Alpentransitverkehr).

Luftverschmutzung: In Westdeutschland waren Anfang 1992 rd. 1,5 Mio LKW zugelassen (4,1% aller Kfz). Das Umweltbundesamt (Berlin) prognostizierte 1991, der ansteigende L. werde ab Mitte der 90er Jahre den → Auto-

Internationale Leitzinsen

Land	Diskontsatz[1] (%)
Belgien/Luxemburg	8,500
Dänemark	9,500
Frankreich[2]	9,600
Griechenland	19,000
Großbritannien[2]	9,875
Irland[2]	10,750
Italien	13,750
Niederlande	8,500
Portugal	14,500
Spanien[2]	13,000
Österreich	8,500
Schweiz	7,000
Japan	3,250
USA	3,000

1) Stand: Juli 1992; 2) Interventionssatz bzw. Satz für Zentralbankkredite; Quelle: Deutsche Bundesbank

EG-Gericht lehnt deutsche LKW-Straßengebühr ab
Der Europäische Gerichtshof verurteilte im Mai 1992 die Einführung einer Straßennutzungsgebühr für LKW in Deutschland als nicht mit EG-Recht vereinbar. Da die CDU/CSU/FDP-Bundesregierung gleichzeitig mit der Einführung der Straßengebühr die Kfz-Steuern für deutsche Transportunternehmen senken wollte, würden ausländische Firmen diskriminiert. Die Maßnahmen waren 1990 beschlossen worden, um die Wettbewerbsfähigkeit der durch höhere Mineralöl- und Kfz-Steuersätze benachteiligten deutschen Speditionen und der Bundesbahn zu verbessern.

Gütertransport in Deutschland 1991

Verkehrszweige	Transportierte Güter (Mio t)		
	Insgesamt	Binnenverkehr	Grenzüberschreitender Verkehr
Straßengüterverkehr	491,8	339,4	152,4
Eisenbahnen	302,5	234,1	68,4
Binnenschiffahrt	230,9	66,6	164,3
Seeverkehr	151,3	2,2	149,1
Luftfrachtverkehr	1,1	0,0	1,1

Quelle: Wirtschaftswoche, 27. 3. 1992

verkehr als größten Verursacher von Stickoxiden ablösen (Anteil des L. 1990: 21%). Stickoxide sind gesundheitsschädlich und wesentlich verantwortlich für das → Waldsterben und das Entstehen von → Smog.

Abgasgrenzwerte: Ab 1992 wurden in der EG Abgasgrenzwerte für neue LKW eingeführt. Ab Juli 1992 galten Grenzwerte für Stickstoffemissionen (8 g/kWh), Kohlenmonoxid (4,5 g/kWh), Kohlenwasserstoffe (1,1 g/kWh) und erstmals auch für den Ausstoß von → Dieselruß (0,36 g/kWh bei Modellen mit mehr als 85 kW Leistung). 1995 werden die Grenzwerte verschärft.

Tempolimit: Ab 1994 dürfen in der EG aus Gründen der → Verkehrssicherheit und des Umweltschutzes neue Lastwagen nur noch mit Tempobegrenzern zugelassen werden (LKW-Unfälle in Deutschland 1990: 32 619, Anstieg gegenüber Vorjahr: 5,4%). Für Lastkraftwagen über 12 t zulässigem Gesamtgewicht gilt eine Geschwindigkeitsgrenze von 85 km/h. Die zwischen Gaspedal und Motor eingebauten Tempobegrenzer dosieren die Kraftstoffzufuhr, so daß die Höchstgeschwindigkeit nicht überschritten wird (Kosten: 1200–3500 DM). Lastwagen, die zwischen 1988 und 1993 zugelassen werden, müssen bis Ende 1994 nachgerüstet werden.

Liberalisierung: Mitte 1992 war umstritten, ob mit der Einführung des → Europäischen Binnenmarktes ein freier Markt im Transportgewerbe geschaffen wird. Deutschland forderte, weiterhin die durch höhere Mineralöl- und Kraftfahrzeugsteuern entstehenden Wettbewerbsnachteile für heimische Fuhrunternehmen ausgleichen zu dürfen, indem es die Zahl der Transportgenehmigungen für ausländische Speditionen begrenzt (→ Straßengebühr).

Hersteller: Die deutsche Produktion von Nutzfahrzeugen (LKW, Busse und Sattelzugmaschinen) nahm 1991 um 12,5% gegenüber 1990 auf 355 523 Fahrzeuge zu. Die Zahl der Neuzulassungen stieg vor allem aufgrund der hohen Nachfrage in den ostdeutschen Bundesländern um 63,4% auf 332 304.

Rundfunk speziell für Supermärkte angeboten
Seit Anfang der 90er Jahre veranstaltet Radio p. o. s. (point of sale, engl.; Verkaufsort) ein Programm für Supermärkte. Der über Satellit verbreitete und nur mit einem Decoder zu entschlüsselnde Hörfunk sendet neben Musik und Wortbeiträgen 6 min Werbung pro Stunde, die durchschnittlich 290 000 bis 400 000 Hörer in den Geschäften erreicht. Der Umsatz bei den in Radio p. o. s beworbenen Produkten erhöhte sich 1991 nach einer Untersuchung der Nielsen-Marktforschung (Hamburg) um 40–60%. Etwa 25 Handelsketten empfingen den Supermarktsender 1992 bundesweit zum Preis von 2500 DM pro Jahr; sie waren mit 50% an den Werbeeinnahmen des Senders beteiligt.

Lokalrundfunk

Im engeren Sinn Hörfunkprogramme mit lokalen Themen, im weiteren Sinn Programme mit lokal begrenzter Reichweite. L. finanziert sich in Deutschland überwiegend aus → Werbung und wird über UKW-Frequenzen und Kabelnetze (→ Kabelanschluß) übertragen. Beim 1990 in NRW gestarteten Lokalhörfunk wurden für 1993 erste Gewinne erwartet. Die Landesmedienanstalten von Bayern und Baden-Württemberg beschlossen 1991 Änderungen für L., die einen kostendeckenden Sendebetrieb der Anbieter ermöglichen sollen. 1991/92 übernahmen L.-Anbieter verstärkt Mantelprogramme, in die sie Eigenproduktionen einbetten, Beiträge von Beitragsagenturen sowie von Verbänden und Parteien vorproduzierte sog. PR-Beiträge. Kritiker befürchteten 1992, daß die Programmzulieferungen an L. die Meinungsvielfalt insbes. der überregionalen Berichterstattung gefährden (→ Privater Hörfunk).

NRW: Mitte 1992 waren in NRW 38 der 46 von der Landesmedienanstalt vorgesehenen L.-Stationen eingerichtet, die jeweils eine finanzierende Betriebsgesellschaft und eine für das Programm verantwortliche Veranstaltergemeinschaft betreibt (sog. Zwei-Säulen-Modell). 32 L.-Anbieter bezogen ein Mantelprogramm von der Radio NRW GmbH (Oberhausen), an der nordrhein-westfälische Zeitungsverlage (55%), die Bertelsmann AG (15%) und der WDR (30%) beteiligt sind. Radio NRW bietet Werbezeiten aller angeschlossenen L.-Stationen an, um die Attraktivität des L. für Werbekunden zu erhöhen (→ Werbung). 1992 wurden durchschnittlich 560 000 Hörer pro Stunde von Radio NRW erreicht (WDR 2: rd. 1 Mio Hörer/Stunde).

Bayern: Bayerische Lokalradios erzielten nach einer Analyse der Bayerischen Landeszentrale für neue Medien (BLM) 1991 einen Hörerzuwachs von 250 000 auf rd. 1,5 Mio Hörer täglich. Das entspricht etwa 41% aller Hörer ab

14 Jahre. Die Programme des öffentlich-rechtlichen Bayerischen Rundfunks mußten dagegen Einbußen ihrer Hörerzahl von 62% (1990) auf 59% (1991) hinnehmen. Die meisten L.-Stationen konnten mangels Werbeeinnahmen nicht rentabel arbeiten. Die BLM trägt daher seit 1991 mit rd. 2 Mio DM jährlich zur Finanzierung eines Mantelprogramms bei (Kosten: rd. 4 Mio DM/Jahr), das die drei größten privaten Hörfunksender des Landes produzieren. Die L.-Stationen werden durch die größere Reichweite des zeitweise einheitlichen Programms für Werbekunden attraktiver.

Baden-Württemberg: Der überwiegende Teil der baden-württembergischen L.-Stationen verbuchte 1991 Verluste. Eine Änderung des Landesmediengesetzes von Ende 1991 sieht eine Verringerung der Zahl privater Regionalsender von 22 auf vier bis sechs und der rd. 70 L.-Anbieter auf zehn bis 15 vor. Überlappungen von Sendegebieten sollen vermieden werden, um Werbeeinnahmen auf einen Sender zu konzentrieren; jeder Sender soll eine eigene Frequenz erhalten.

Finanzmittel des Lomé-IV-Abkommens

Zweck	Betrag (Mrd ECU)[1]
Darlehen der Europäischen Investitionsbank	1,2
Mittel aus dem Europäischen Entwicklungsfonds	10,8
davon:	
Entwicklungszusammenarbeit	8,8
Ausgleich von Preisschwankungen für landwirtschaftliche Produkte	1,5
Unterstützung für den Bergbausektor	0,5

1) Gesamtvolumen des 1. Finanzprotokolls (1990–1995) 12 Mrd ECU, 1 ECU = 2,05 DM; Quelle: EG-Kommission

Lomé-Abkommen

Vertrag zwischen der EG und 69 → Entwicklungsländern in Afrika, der Karibik und im Pazifik (sog. AKP-Staaten), der als Kernstück der europäischen → Entwicklungspolitik gilt. Das L. gewährt den AKP-Staaten Handelsvergünstigungen, Kredite und nichtrückzahlbare Zuschüsse. Das erste L. wurde 1975 in Lomé/Togo abgeschlossen. Das vierte L. von 1990 gilt erstmals für zehn Jahre und ist bis 1995 mit rd. 24 Mrd DM ausgestattet.

Die Mittel für Lomé IV wurden gegenüber Lomé III um 20% (inflationsbereinigt) angehoben. 21,6 Mrd DM werden als Zuschüsse des Europäischen Entwicklungsfonds und 2,4 Mrd DM als Darlehen der Europäischen Investitionsbank vergeben. In den Zuschüssen sind Zahlungen enthalten, die den Rückgang der Weltmarktpreise für landwirtschaftliche Erzeugnisse und → Rohstoffe ausgleichen sollen.

Obwohl durch das L. alle Waren aus AKP-Staaten außer Agrarerzeugnissen (→ Agrarpolitik) freien Zugang zum EG-Markt erhalten, fiel ihr Anteil an den EG-Importen durch den Rückgang der Rohstoffpreise von 7% (1980) auf 4,4% Anfang der 90er Jahre. Die EG setzte 1990 4,5% ihrer Exporte in AKP-Staaten ab (1980: 7,1%). Die Hälfte aller AKP-Staaten gehört zu den von der UNO als am wenigsten entwickelt eingestuften Ländern (least developed countries).

Luftverkehr

→ Übersichtsartikel S. 276

Luftverschmutzung

Verunreinigung der Luft durch umwelt- und gesundheitsgefährdende Schadstoffe. Die L. wird für die → Klimaveränderung und den → Treibhauseffekt, das → Waldsterben, den → Smog, die → Bodenverschmutzung und die → Wasserverschmutzung verantwortlich gemacht.

Stickoxide: 1990 wurden in Deutschland 68% aller Stickoxide (NO_x) vom → Autoverkehr verursacht, weitere 16% entstammten Rauchgasen von Verbrennungsanlagen. Die vom Straßen-, Schienen-, Luft- und Wasserverkehr verursachten NO_x-Emissionen erhöhten sich in den alten Bundesländern 1980–1990 trotz verschärfter → Ab-

Moose als Gradmesser für Luftverschmutzung Biologen der Universität Osnabrück arbeiteten 1991/92 an einem Projekt, bei dem Moose als Indikator für Luftschadstoffe eingesetzt werden. In den Blättern der Moose reichern sich Schwermetalle wie Blei und Kadmium an. Ziel der Messungen des Metallgehalts, die an rd. 700 Stellen in Deutschland durchgeführt werden, ist es, einen Überblick über die regionale Verteilung der Schwermetallbelastung zu gewinnen.

Weltweiter Anstieg des Passagieraufkommens

Der Internationale Luftverkehrs-Verband IATA (Genf/Schweiz) rechnete 1992 im weltweiten Luftverkehr mit einer Verdreifachung der Zahl der Flugreisenden bis 2010 auf fast 3,4 Mrd (1991: 1,25 Mrd). Der Anstieg des deutschen Luftverkehrs führte Anfang der 90er Jahre zu Kapazitätsengpässen auf den Flughäfen. Im Mai 1992 wurde der Flughafen München 2 eröffnet. Mit 14 Mio Passagieren können dort 3,4 Mio Fluggäste mehr befördert werden als im stillgelegten Flughafen München-Riem. Nach Unternehmensverlusten 1991 und 1992 wird die Deutsche Lufthansa AG ab 1992 rd. 5000 Stellen abbauen, das Streckennetz kürzen und Flugzeuge verkaufen. In Deutschland soll die → Privatisierung der überlasteten staatlichen → Flugsicherung Anfang 1993 ihre Leistungsfähigkeit erhöhen. Am 1. 1. 1993 tritt mit dem → Europäischen Binnenmarkt eine EG-Regelung zur Liberalisierung des Wettbewerbs im Luftverkehr in Kraft, wonach die Fluggesellschaften der Mitgliedstaaten grundsätzlich frei in der Gestaltung ihrer Beförderungstarife sind.

Steigerung der Fluggastzahlen in Europa: Bedingt durch den Golfkrieg beförderten europäische Fluglinien kurzfristig weniger Personen (Rückgang 1991 gegenüber 1990: rd. 6%). Nach Angaben der Vereinigung europäischer Fluggesellschaften (AEA) entstand ihnen ein Verlust von 2,1 Mrd DM (Lufthansa: 390 Mio DM). Das Passagieraufkommen auf den zwölf internationalen Flughäfen in den alten Bundesländern ging 1991 gegenüber dem Vorjahr um 3,7% auf 75,4 Mio zurück. Langfristig wird die Zahl der Fluggäste in Deutschland nach Schätzungen des Prognos-Instituts (Basel/Schweiz) von 50 Mio (1992) auf 110 Mio (2010) steigen.

Ausbau der Flughäfen in Deutschland: Nach der Inbetriebnahme des nach Frankfurt/M. größten deutschen Flughafens München 2 ist die Eröffnung eines neuen Berliner Großflughafens im Süden der Stadt für 2005 vorgesehen. Das Bundesverkehrsministerium hält den Bau für notwendig, weil es mit einem Anstieg der Passagierzahlen im Berlin-Verkehr auf 35 Mio bis 2010 rechnet. Bis zu seiner Fertigstellung will der Berliner Senat den Flughafen Schönefeld ab 1995 auf eine Kapazität von rd. 15 Mio Reisende erweitern.

1991 wurden auf den drei Berliner Flughäfen Tegel, Schönefeld und Tempelhof rd. 8 Mio Passagiere gezählt.

Lufthansa fliegt in Verlustzone: Die Lufthansa wies 1991 trotz eines Anstiegs der Passagierzahlen um 12,1% gegenüber 1990 auf 25 Mio erstmals seit 1973 einen Verlust (445 Mio DM) aus. Im reinen Flugbetrieb, ohne Einkünfte etwa aus Flugzeugverkäufen, belief er sich auf 950 Mio DM. In den ersten fünf Monaten 1992 betrugen die Verluste bereits 600 Mio DM. Als Gründe für die schlechten Betriebsergebnissse nannte die Lufthansa vor allem den Wettbewerb mit US-amerikanischen Konkurrenten auf der Nordatlantikroute. Diese vergrößerten mit Billigangeboten, die nicht die Betriebskosten deckten, ihre Marktanteile. Im Gegensatz zu den US-amerikanischen Flugunternehmen, die nur rd. 5% ihres Umsatzes im Transatlantikgeschäft machen, erwirtschaftete die Lufthansa Anfang der 90er Jahre rd. 30% ihres Umsatzes in diesem Bereich. Das Unternehmen drängte 1992 auf ein neues Luftverkehrsabkommen zwischen den USA und Deutschland, das ihm eine Quote von 40% am transatlantischen Flugaufkommen garantiert und eine weitere Expansion der Konkurrenten verhindern soll.

Billigere Flüge in der EG: Die Vorschrift zur Liberalisierung des Wettbewerbs sieht vor, daß ein Tarif dann als genehmigt gilt, wenn die zuständigen Behörden der Mitgliedstaaten oder die → EG-Kommission nicht innerhalb von 14 Tagen Einspruch einlegen. Mit dem Abbau staatlicher Einflußnahme soll der Wettbewerb verstärkt und damit die Preise gesenkt werden.   (ad)

Jürgen Weber, Vorstandsvorsitzender der Deutschen Lufthansa
* 17. 10. 1941 in Lahr (Schwarzwald), deutscher Luftfahrttechniker. Seit 1967 ist Weber bei der Lufthansa beschäftigt, zunächst in der Ingenieur-Direktion in Hamburg. Zum Generalbevollmächtigten für die Technik wurde er 1987 ernannt. Seit 1990 ist Weber Mitglied des Vorstands. Vorstandsvorsitzender der Lufthansa wurde er 1991.

Luftverkehr in Daten und Zahlen

Entwicklung der Flugzeugbewegungen in Deutschland (1000)

Flughafen	1965	1970	1975	1980	1985	1986	1987	1988	1989	1990	1991
Berlin/West[1]	70,9	77,6	55,6	57,3	57,1	58,3	67,3	83,3	98,9	106,1	144,3
Berl.-Schönefeld	–	–	–	–	–	–	–	–	–	–	36,1
Bremen	46,7	46,8	44,3	44,6	43,1	50,1	56,5	59,6	57,6	53,0	51,9
Düsseldorf	78,2	108,5	112,4	116,5	111,9	120,7	130,7	141,2	152,1	155,0	153,1
Frankfurt/M.	135,0	194,4	206,5	222,1	235,2	246,6	269,3	293,9	311,8	324,4	319,8
Hamburg	68,1	89,2	95,6	99,4	101,5	107,2	109,0	120,0	138,1	141,0	141,3
Hannover	47,8	84,1	69,6	78,4	62,9	66,7	79,1	95,4	94,0	95,5	94,7
Köln/Bonn	41,8	56,0	68,7	86,3	78,7	90,6	97,8	102,6	112,9	118,9	118,3
Leipzig/Halle	–	–	–	–	–	–	–	–	–	–	26,1
München	63,9	103,1	117,4	142,3	157,5	166,3	175,5	177,8	190,0	191,9	183,9
Münster/Osn.	–	–	–	–	–	50,5	55,8	52,3	57,5	56,4	53,7
Nürnberg	48,0	56,4	55,8	57,0	55,7	59,0	66,7	69,4	70,5	71,8	75,3
Saarbrücken	–	–	28,3	25,2	27,5	21,4	27,9	28,6	31,2	26,8	26,0
Stuttgart	66,4	85,2	95,0	91,0	93,0	96,0	105,6	116,1	125,9	124,3	128,4
Insgesamt[2]	666,9	901,2	949,0	1 020,1	1 024,1	1 133,3	1 241,2	1 340,2	1 440,4	1 465,1	1 552,9

Entwicklung der Fluggastzahlen in Deutschland (Mio)

Flughafen	1965	1970	1975	1980	1985	1986	1987	1988	1989	1990	1991
Berlin/West[1]	3,2	5,5	4,0	4,5	4,6	4,6	5,3	5,6	6,0	6,7	6,9
Berl.-Schönefeld	–	–	–	–	–	–	–	–	–	–	1,1
Bremen	0,3	0,5	0,6	0,7	0,7	0,8	0,9	1,0	1,1	1,1	1,0
Düsseldorf	1,8	3,6	5,2	7,2	8,2	8,9	9,9	10,4	10,8	11,9	11,2
Frankfurt/M.	4,8	9,4	12,8	17,6	20,2	20,4	23,3	25,2	26,7	29,6	27,4
Hamburg	1,7	3,1	3,6	4,6	4,9	4,9	5,4	6,0	6,3	6,9	6,4
Hannover	1,1	2,4	1,9	2,1	2,0	2,0	2,3	2,4	2,6	2,8	2,8
Köln/Bonn	0,7	1,4	1,8	2,0	2,0	2,0	2,2	2,4	2,7	3,1	3,0
Leipzig/Halle	–	–	–	–	–	–	–	–	–	–	0,6
München	1,7	3,6	4,5	6,0	8,0	8,4	9,6	10,0	10,5	11,4	10,6
Münster/Osn.	–	–	–	–	–	0,1	0,2	0,2	0,2	0,3	0,3
Nürnberg	0,3	0,5	0,7	0,8	0,9	1,0	1,2	1,3	1,3	1,5	1,4
Saarbrücken	–	–	0,2	0,2	0,2	0,2	0,2	0,2	0,2	0,3	0,3
Stuttgart	0,7	1,7	2,3	2,8	3,0	3,1	3,5	3,7	3,9	4,4	4,1
Insgesamt[2]	16,2	31,7	37,6	48,4	54,9	56,4	63,8	68,2	72,4	80,0	77,0

Entwicklung des Luftfrachtaufkommens in Deutschland (1000 t)

Flughafen	1965	1970	1975	1980	1985	1986	1987	1988	1989	1990	1991
Berlin/West[1]	14,9	26,7	13,8	11,3	10,9	13,7	14,2	13,2	14,1	15,6	13,8
Berl.-Schönefeld	–	–	–	–	–	–	–	–	–	–	6,3
Bremen	2,2	4,5	3,9	4,6	3,9	4,7	5,0	3,7	3,4	3,8	3,5
Düsseldorf	23,5	35,1	30,7	37,8	50,7	50,8	53,0	55,2	54,5	52,8	45,1
Frankfurt/M.	122,4	326,0	451,6	630,7	772,7	820,6	950,6	1 048,5	1 131,1	1 176,0	1 095,6
Hamburg	17,0	34,6	30,7	41,1	34,5	33,1	35,0	41,0	42,0	45,2	37,7
Hannover	6,6	12,7	11,5	10,8	10,1	9,8	11,0	10,0	13,8	13,2	14,6
Köln/Bonn	10,6	17,6	19,2	51,1	81,6	102,7	118,5	119,0	157,6	170,5	190,3
Leipzig/Halle	–	–	–	–	–	–	–	–	–	–	0,7
München	16,1	32,1	34,7	39,6	40,7	48,9	54,1	55,9	60,3	61,2	55,2
Münster/Osn.	–	–	–	–	–	0,0	0,1	0,0	0,1	0,3	3,3
Nürnberg	4,8	4,4	5,2	5,4	6,4	6,7	9,8	16,3	10,2	10,7	10,6
Saarbrücken	–	–	0,6	0,2	0,1	0,1	0,4	0,2	0,2	2,4	0,4
Stuttgart	15,2	32,9	20,0	20,9	14,2	15,8	17,6	18,1	18,2	19,1	14,8
Insgesamt[2]	233,4	626,6	621,8	853,6	1 026,0	1 106,8	1 269,2	1 381,0	1 505,5	1 570,9	1 489,0

1) Tegel und Tempelhof; 2) Ohne Dresden, Differenzen durch Rundung; Quelle: Arbeitsgemeinschaft deutscher Verkehrsflughäfen (Stuttgart)

Luftverschmutzung in Daten und Zahlen

Weltweite Luftverschmutzung

Land	Schwefel-dioxid[1) (1000 t)	Rang	Stick-oxide[1) (1000 t)	Rang	Kohlenwasser-stoff[1) (1000 t)	Rang	Kohlen-dioxid[2) (1000 t)	Rang
Belgien	452[3)	9	281[3)	11	–	–	33 600	10
Dänemark	242	12	249	13	146[3)	14	16 200	14
Deutschland[4)	1 237	7	2 859	2	2 603	2	281 900	3
Finnland	302	10	276	12	181[3)	12	18 400	12
Frankreich	1 223	8	1 656	6	1 877[3)	5	110 800	7
Großbritannien	3 813	2	2 642	3	1 926[3)	4	164 000	4
Irland	138	15	86[3)	18	64[3)	15	8 100	18
Italien	2 006	5	1 705	5	827	6	117 300	6
Japan	–	–	–	–	–	–	288 000	2
Jugoslawien	1 600	6	480	9	–	–	–	–
Kanada	3 704[3)	3	1 959[3)	4	2 315[3)	3	135 500	5
Luxemburg	12	19	22[3)	19	20	16	2 700	19
Niederlande	259	11	585	8	396	9	53 500	9
Norwegen	67	18	225	14	248	10	10 600	17
Österreich	121	16	213	15	466	7	17 000	13
Portugal	205	14	122	17	156	13	13 000	15
Schweden	213	13	396	10	440	8	21 400	11
Schweiz	74	17	194	16	311	10	12 100	16
Spanien	2 156[3)	4	951	7	–	–	63 200	8
USA	20 700	1	19 800	1	18 500	1	1 480 000	1

1) Angaben von 1988; 2) Angaben von 1989; 3) Angaben von 1985; 4) alte Bundesländer; Quelle: OECD-Umweltbericht von 1991

Luftverschmutzung in Deutschland

Schadstoff	Menge (1000 t)[1)								
	1970	1975	1980	1985	1986	1987	1988	1989	1990
Schwefeldioxid	3,75	3,35	3,2	2,4	2,25	1,95	1,25	0,96	0,94
Stickstoffoxid	2,35	2,55	2,95	2,95	3	2,2	2,85	2,7	2,6
Kohlenmonoxid	14,5	14	12	8,9	9	8,8	8,65	8,25	8,2
Kohlendioxid	753	716	783	722	732	716	705	688	708
Staub	1,3	0,81	0,69	0,58	0,54	0,51	0,49	0,46	0,45
VOC[2)	2,9	2,8	2,75	2,6	2,65	2,65	2,6	2,55	2,55

Stand: Februar 1992 (Abweichungen von älteren Angaben infolge neuer Berechnungsverfahren und Aktualisierung); 1) alte Bundesländer; 2) flüchtige organische Verbindungen; Quelle: Umweltbundesamt (Berlin)

Schwefeldioxid- und Stickoxidemissionen in Deutschland

Bereich	Schwefeldioxidausstoß (1000 t)								
	1970	1975	1980	1985	1987	1988	1989	1990[1)	
Kraft- und Fernheiz-Kraftwerke[2)	1 700	1 750	1 900	1 500	1 150	530	330	320	(3 750)
Industrie[3)	1 150	940	870	570	500	470	420	410	(490)
Haushalte und Kleinverbraucher	710	510	340	230	190	170	140	130	(460)
Verkehr	160	130	110	85	90	75	75	80	(59)
Insgesamt	3 750	3 350	3 200	2 400	1 950	1 250	960	940	(4 750)
	Stickoxidausstoß (1000 t)								
Kraft- und Fernheiz-Kraftwerke[1)	610	660	800	760	660	590	480	340	(270)
Industrie[3)	530	430	400	300	280	270	260	250	(70)
Haushalte und Kleinverbraucher	150	140	140	140	130	120	110	110	(10)
Verkehr	1 050	1 300	1600	1 750	1 850	1 850	1 850	1 900	(270)
Insgesamt	2 350	2 550	2 950	2 950	2 900	2 850	2 700	2 600	(630)

Stand: Februar 1992 (Abweichungen von älteren Angaben infolge neuer Sektorenstruktur und Aktualisierung); 1) Angaben in Klammern für neue Bundesländer; 2) bei Industriekraftwerken nur Stromerzeugung; 3) übriger Umwandlungsbereich, z. B. Raffinerien, Kokereien, Brikettfabriken, verarbeitendes Gewerbe und übriger Bergbau, bei Industriekraftwerken nur Wärmeerzeugung; Quelle: Umweltbundesamt (Berlin)

gasgrenzwerte und der steigenden Zahl von schadstoffreduzierten → Katalysator-Autos um 300 000 t auf 1,9 Mio t (neue Länder: 0,27 Mio t). Umweltschutzorganisationen forderten 1992 weitere Maßnahmen wie die Einführung eines → Tempolimits, um den Ausstoß von Stickoxid zu vermindern. Durch die in Deutschland gesetzlich vorgeschriebene Entstickung von Kraftwerken sanken die Emissionen in diesem Bereich 1990 in den alten Ländern um rd. 58% gegenüber 1980 auf 0,34 Mio t (neue Länder: 0,27 Mio t).

Schwefeldioxid: Durch Maßnahmen zur Entschwefelung von Kraftwerken sank der Ausstoß von Schwefeldioxid (SO_2) in den alten Bundesländern von 1980 bis 1990 um rd. 70% auf rd. 0,94 Mio t. Die Schwefeldioxidemissionen in den neuen Ländern lagen 1990 aufgrund der vorrangigen Nutzung schwefelhaltiger Braunkohle mit 4,75 Mio t etwa fünfmal höher als in den alten Ländern (1989: 5,2 Mio t). Die Vereinigung Deutscher Elektrizitätswerke (VDEW, Frankfurt/M.) ging 1991 davon aus, daß etwa die Hälfte der ostdeutschen Elektrizitätswerke stillgelegt werden müssen. Die übrigen Kraftwerke müssen bis 1996 entsprechend der Technischen Anleitung Luft (TA Luft) mit Anlagen zur Entschwefelung ausgestattet werden.

Kohlendioxid: Das den Treibhauseffekt fördernde → Kohlendioxid (CO_2) entsteht bei der Verbrennung fossiler Energieträger wie Öl und Kohle. Die CDU/CSU/FDP-Bundesregierung will u. a. durch die Einführung einer CO_2-Abgabe die Kohlendioxidemissionen bis 2005 um 25% gegenüber 1987 auf 0,7 Mrd t verringern (→ Energiesteuer). Nach Angaben der Enquete-Kommission des Deutschen Bundestags Schutz der Erdatmosphäre verursachen die in der OECD zusammengeschlossenen 24 westlichen Industrieländer jährlich mit 10,9 Mrd t rd. die Hälfte der weltweiten CO_2-Emissionen (→ Entwicklungsländer: rd. 3,8 Mio t).

Meßstationen: Das Umweltbundesamt (UBA, Berlin) richtete 1991 in den neuen Bundesländern drei Meßstellen und 13 automatisch arbeitende Containermeßstationen zur Überwachung der Luftbelastung neu ein. Im Meßnetz des UBA werden u. a. Schwefeldioxid, Stickstoffoxide und Ozon sowie schädliche Anreicherungen im Niederschlag (z. B. Schwermetalle) gemessen.

M

Maghreb-Union

(maghreb, arab.; Westen), 1989 gegründete Gemeinschaft der fünf nordwestafrikanischen Länder Algerien, Libyen, Marokko, Mauretanien und Tunesien, die eine engere Zusammenarbeit in Handel, Industrie, Tourismus und Wissenschaft anstreben. Bis 1995 soll mit dem Abbau der Zollschranken zwischen den Mitgliedsländern die Voraussetzungen für einen gemeinsamen Markt geschaffen sein. Der Warenaustausch zwischen den Staaten der M. machte 1991 rd. 5% des Außenhandels der Länder aus. Die Staaten der M. wickelten 1991 rd. die Hälfte ihres Handels mit EG-Ländern ab.

Die Mitglieder der M. beschlossen im September 1991, in Tunesien eine gemeinsame Bank und in Mauretanien einen Gerichtshof zur Schlichtung von Streitfällen einzurichten. Sitz des Generalsekretariats der Organisation wird Rabat/Marokko. Den Generalsekretär soll Tunesien stellen. An der Spitze der M. steht ein Rat der fünf Staatsoberhäupter, dessen Vorsitz alle sechs Monate wechselt. Dem gemeinsamen Parlament der M. in Algier/Algerien gehören 20 Abgeordnete pro Land an.

Main-Donau-Kanal

171 km langer Schiffahrtsweg in Bayern zwischen Bamberg und Kelheim. Mit der Fertigstellung des letzten Bauabschnitts bei Kelheim (Niederbayern) im September 1992 gibt es eine durch-

Wirtschaftsleistung der Maghreb-Staaten

Land	BSP* pro Kopf (Dollar)
Algerien	2 060
Libyen	–
Marokko	960
Mauretanien	500
Tunesien	1 440
zum Vergleich:	
BRD	22 320
Österreich	19 060
Schweiz	32 680

* Bruttosozialprodukt 1990; Quelle: Weltentwicklungsbericht 1992

16 Schleusen im Main-Donau-Kanal
Zwischen Bamberg und Kelheim müssen Binnenschiffe 16 Schleusen passieren, um die Höhenunterschiede des 171 km langen Main-Donau-Kanals zu überwinden. In Nord-Süd-Richtung geht es von Bamberg über 107 km bergauf. Bis zum Scheitelpunkt bei Hilpoltstein auf 406 m Höhe beträgt der Unterschied 164 m (elf Schleusen), danach fällt der Kanal bis Kelheim um 68 m (fünf Schleusen).

gehende Wasserstraße von Rotterdam/Niederlande bis zum Schwarzen Meer (Länge: 3500 km). Die Gesamtkosten für den M. und den Ausbau des Mains bis Aschaffenburg betrugen rd. 6 Mrd DM (Baubeginn: 1959). Sie wurden zu einem Drittel von Bayern und zu zwei Dritteln vom Bund finanziert. Der Bau des M. wurde von Naturschützern und Verkehrsexperten als unwirtschaftlich und wegen seiner ökologischen Folgen kritisiert.

Der Bauherr, die Rhein-Main-Donau AG (RMD, München), gab die jährliche Transportkapazität des M. 1991 mit 18 Mio t Fracht an, das Bundesverkehrsministerium schätzte das zu erwartende Frachtaufkommen auf lediglich 10 Mio t pro Jahr. Dies entspricht rd. 4% der 1991 von der Binnenschiffahrt in den alten Bundesländern transportierten Gütermenge. Kritiker halten die Nutzungsprognosen der RMD und des Ministeriums für zu optimistisch, weil der → Osthandel durch die Probleme beim Aufbau von Marktwirtschaften in den südosteuropäischen Ländern deutlich zurückgegangen sei. Naturschützer beanstandeten, daß Lebensräume für Tiere und Pflanzen u. a. im Altmühltal verlorengegangen seien.

Mauerschützenprozesse

In den ersten vier Prozessen gegen ehemalige Angehörige der DDR-Grenztruppen wurden bis Juli 1992 in Berlin die Urteile gefällt. Ein Angeklagter erhielt wegen vorsätzlichen Totschlags an einem DDR-Flüchtling 1989 eine Freiheitsstrafe von dreieinhalb Jahren. Die Strafe für fünf weitere Beschuldigte wurde auf Bewährung ausgesetzt. Sechs Angeklagte wurden freigesprochen, darunter die vier Beschuldigten im dritten M. Die Verteidiger der Grenzsoldaten und Kritiker der M. führten an, daß die einzelnen Grenzschützer nicht für die Todesschüsse verantwortlich zu machen seien, da sie aus damaliger Sicht rechtmäßige Befehle ausgeführt hätten. Wegen des Schießbefehls erhob die Berliner

Todesschüsse an der bulgarischen Grenze
Bulgarische Grenzsoldaten haben nach Angaben des bulgarischen Verteidigungsministeriums vom Februar 1992 zwischen 1946 und 1989 insgesamt 444 Menschen getötet, die in die Türkei fliehen wollten. Nach 1985 seien 105 Personen erschossen worden, darunter 36 Ausländer, die zum überwiegenden Teil aus der DDR stammten.

Staatsanwaltschaft im Mai 1992 Anklage gegen sechs frühere Mitglieder der DDR-Staatsführung. Nach Erkenntnissen der Strafverfolgungsbehörden wurden zwischen 1949 und 1989 etwa 350 Flüchtlinge an der innerdeutschen Grenze und der Berliner Mauer getötet. **Prozesse:** Im ersten Prozeß sah das Gericht, das den letzten Todesfall an der Berliner Mauer 1989 verhandelte, gezielte Schüsse als nicht durch DDR-Gesetze gerechtfertigt an. Die Angeklagten könnten sich nicht auf Recht berufen, das die elementarsten Menschenrechte verletzt habe. Einem Schießbefehl hätten sie aus Gewissensgründen den Gehorsam verweigern müssen.

Im zweiten und vierten Prozeß vertrat das Gericht die Auffassung, daß die Beschuldigten gegen das DDR-Grenzgesetz verstoßen hatten, das eine Tötung unbewaffneter Flüchtlinge nicht erlaubt habe. Die Schützen hätten sich zwar an Befehle und Erwartungen ihrer Vorgesetzten gehalten, seien jedoch nur berechtigt gewesen, durch gezielte Einzelschüsse auf die Beine eine Flucht zu verhindern. Das DDR-Grenzgesetz verstieß nach Auffassung des Gerichts nicht gegen Menschenrechte.

Schußwaffengebrauch: Das DDR-Grenzgesetz ließ den Einsatz von Schußwaffen zu, wenn ein Verbrechen verhindert werden sollte. Ein illegaler Grenzübertritt war laut Strafgesetzbuch ein Vergehen, in der Praxis wurde die sog. Republikflucht jedoch als Verbrechen ausgelegt. Häufig erhielten die Schützen Belobigungen und Auszeichnungen. Wer Flüchtlinge entkommen ließ, ohne von der Schußwaffe Gebrauch zu machen, mußte mit einer Gefängnisstrafe rechnen.

Schießbefehl: Unter den sechs Mitgliedern des Nationalen Verteidigungsrats (NVR), das höchste militärische Entscheidungsgremium der DDR, befand sich auch der ehemalige DDR-Staatschef Erich Honecker, der ab Dezember 1991 in der Moskauer Botschaft Chiles lebte und am 29. 7. 1992 nach Deutschland zurückkehrte. Ange-

klagt wird Honecker u. a. wegen 49fachen Totschlags. Den übrigen NVR-Mitgliedern wird vorgeworfen, Anweisungen Honeckers zugestimmt zu haben, bei Überwindung der Sperranlagen rücksichtslos von der Schußwaffe Gebrauch zu machen. Ein schriftliches Beweisstück in Form eines Schießbefehls lag Mitte 1992 nicht vor. Der NVR wird für den Bau der Sperranlagen verantwortlich gemacht.
Ermittlungen wegen Todesschüssen: Mitte 1992 liefen rd. 1019 Verfahren wegen Tötung und Verletzung von Flüchtlingen. Der Berliner Staatsanwaltschaft waren 115 Grenzsoldaten bekannt, die auf Flüchtlinge geschossen haben sollen. Mindestens 14 Personen starben nach Angaben der Zentralen Erfassungsstelle der Landesjustizverwaltungen (Salzgitter) durch Minen und sieben durch Selbstschußanlagen.

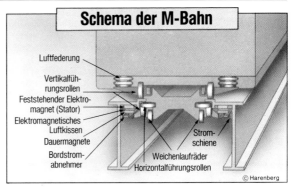

Schema der M-Bahn

Luftfederung
Vertikalführungsrollen
Feststehender Elektromagnet (Stator)
Elektromagnetisches Luftkissen
Dauermagnete
Bordstromabnehmer
Stromschiene
Weichenlaufräder
Horizontalführungsrollen
© Harenberg

M-Bahn

(Magnetbahn), vollautomatisches, fahrerloses Nahverkehrsmittel, das im Juli 1991 für den Einsatz im öffentlichen Personenverkehr zugelassen wurde (→ Öffentlicher Nahverkehr). Die Hersteller rechneten damit, Mitte der 90er Jahre den Auftrag zum Anschluß des Berliner Flughafens Schönefeld an das S-Bahnnetz zu erhalten. Einen weiteren möglichen Auftrag für die nach ihren Angaben gegenüber anderen Schienenverkehrsmitteln kostengünstigere M. sahen sie Mitte 1992 in der Anbindung des geplanten Berliner Wohnviertels Wasserstadt Oberhavel.
Die M. fährt ebenerdig oder als Hochbahn. Sie wird durch einen Elektromotor angetrieben, dessen Magnetfeld in der Trag- und Führungsschiene erzeugt wird und den Zug vorwärtszieht. Dauermagnete am Fahrzeug halten den Wagen auf einem magnetischen Luftkissen von 1 bis 3 cm schwebend. Kleine vertikale und horizontale Rollen dienen Spurführung und Abstandhaltung.
Die M. gilt als entgleisungssicher. Sie fährt nahezu geräuschlos. Der Energieverbrauch soll ca. ein Drittel unter dem einer U-Bahn liegen, denn die Wagen sind durch Leichtbauweise und Wegfall des Motors, der in den Fahrweg integriert ist, 50% leichter als herkömmliche Schienenfahrzeuge. Die Baukosten sollen rd. 50% niedriger liegen als bei der U-Bahn. Die Fahrzeuge haben eine Höchstgeschwindigkeit von 80 km/h und können in Abständen von 60 sec verkehren. Die 12 m langen Waggons bieten bis zu 130 Personen Platz. Von 1991 bis Mitte der 90er Jahre wird in Braunschweig eine 1,2 km lange Versuchsstrecke zur Weiterentwicklung der M. gebaut (Kosten: 37 Mio DM). Von August 1989 bis Juli 1991 beförderte die M. in Berlin/West im Testbetrieb rd. 2 Mio Menschen. Die Erprobung der vom Bundesministerium für Forschung und Technologie geförderten M. in Berlin kostete seit 1984 ca. 150 Mio DM. → H-Bahn → Transrapid

Media Park

Gelände, auf dem überwiegend kulturelle Einrichtungen und medienwirtschaftliche Unternehmen angesiedelt sind. M. sollen die Attraktivität der Städte als Standort für Medienproduzenten sowie Nutzer moderner Kommunikationstechniken aus Wirtschaft, Verwaltung und Forschung erhöhen. Ende 1991 wurde im ersten deutschen M. in Köln u. a. das → Multiplex-Kino Cinedom eröffnet. Initiator des M. ist die Media Park Entwicklungsgesell-

Mauerschützen waren nur Befehlsempfänger Anfang 1992 stellte das Institut für Demoskopie Allensbach einer repräsentativen Auswahl von Deutschen die Frage: „Was meinen Sie, wie sollten die Soldaten der Nationalen Volksarmee, die an der Grenze Menschen erschossen haben, behandelt werden: als Verbrecher oder als Soldaten, die nur Befehle ausführten?" 61% der Befragten in Westdeutschland und 77% aus den neuen Ländern stuften die Todesschützen als Befehlsempfänger ein. 20% bzw. 9% meinten, es handele sich um Verbrecher.

Die sächsische Stadt Leipzig will an ihre Tradition als Stadt des Buches, der Verlage und der Druckindustrie anknüpfen, die durch die Teilung Deutschlands unterbrochen wurde, und wieder zu einem überregional bedeutenden Medienzentrum werden. Etwa 2 Mrd – 3 Mrd DM will die Stadt in dieses Vorhaben investieren. Zentrum der Entwicklung zur Medienstadt ist der Media Park, der im Graphischen Viertel entstehen soll. Ferner konnte die Ansiedlung des Mitteldeutschen Rundfunks, einer neuen Sendeanstalt der ARD in den neuen Ländern, und der Erhalt der Frühjahrs-Bücherschau in Leipzig erreicht werden.

schaft (MPK), zu der sich die Stadt, Nordrhein-Westfalen und ein Privatunternehmer zusammengeschlossen hatten. 1994 soll der Bau des M. abgeschlossen sein (Kosten voraussichtlich: 700 Mio DM). Ein weiterer M. war Mitte 1992 in Leipzig von der Stadt und privaten Unternehmen geplant, die in der Gesellschaft Medienstadt Leipzig zusammengeschlossen waren. Der Kölner M. entsteht am Rande der City. Auf 60 000 m^2 des 200 000 m^2 großen Areals sollen Unternehmen der Telekommunikation und Informatik sowie der Film- und Fernsehproduktion angesiedelt werden. Zudem waren 1992 Geschäfte, Restaurants und rd. 400 Wohnungen geplant. Im Leipziger M., der im Graphischen Viertel entstehen soll, waren 1992 u. a. ein Haus des Buches mit Bibliothek, Buchhandlungen und Veranstaltungsräumen und ein Medienhaus für die Film- und Videobranche vorgesehen.

Mediengesetze

In Deutschland werden M. von den Länderparlamenten beschlossen. Im August 1991 unterzeichneten die Mini-

Mark Wössner, Medienmanager
* 14. 10. 1938 in Berlin, Dr. Ing., deutscher Wirtschaftsmanager. 1968 Eintritt in die Bertelsmann AG (Gütersloh), 1976–1981 Vorstandsmitglied, 1981 stellvertretender Vorstandsvorsitz, ab 1983 Vorstandsvorsitzender des 1992 zweitgrößten Medienkonzerns der Welt.

Rupert Murdoch, Medienunternehmer
* 11. 3. 1931 in Melbourne/Australien, australischer Verleger. 1968/69 Einstieg in den britischen, ab 1972 in den US-amerikanischen Zeitungsmarkt, Mitte 1992 größter Anteilseigner (38%) des drittgrößten Medienunternehmens der Welt, News Corporation.

sterpräsidenten der Länder den ersten gesamtdeutschen Rundfunkstaatsvertrag. Die Änderung des Staatsvertrags von 1987 war nach der deutschen Einheit erforderlich. Die sechs Einzelverträge sehen u. a. eine Erhöhung der → Rundfunkgebühren und die Aufnahme von Vertretern der neuen Bundesländer in die ZDF-Aufsichtsgremien vor. Die neuen Bundesländer müssen die konkrete Ausgestaltung der Vorgaben im Rundfunkstaatsvertrag M. festlegen. Ende 1991 bzw. Anfang 1992 traten in Bayern und Baden-Württemberg M. in Kraft, die dazu beitragen sollen, Verluste privater lokaler Rundfunkanbieter zu begrenzen (→ Lokalrundfunk).
Die Zahl der Mitglieder in Fernseh- und Verwaltungsrat des ZDF wurde von 66 auf 77 bzw. von neun auf 14 erhöht. Die neuen Plätze werden u. a. von Vertretern der neuen Länder eingenommen. Die Ministerpräsidenten der SPD-regierten Länder wollten mit der Vergrößerung einseitige politische Einflußnahme in den ZDF-Gremien verhindern, die ihrer Ansicht nach bisher durch die Überzahl von CDU-Vertretern gegeben war.
Der ARD-Staatsvertrag regelt u. a. den Finanzausgleich zwischen den Rundfunkanstalten, nach dem finanzstarke Anstalten Defizite bei anderen ausgleichen müssen. Der Vertrag sieht u. a. bei der → Rundfunkneuordnung in Ostdeutschland die Gründung von Sendern zu vermeiden, die voraussichtlich von Zuschüssen abhängig wären.

Medienkonzentration

Die M. gefährdet nach Ansicht von Medienwissenschaftlern die Meinungsvielfalt, die durch das Angebot unterschiedlicher Medien und das breite Spektrum innerhalb einzelner Medienbereiche sichergestellt ist. Auf nationaler und internationaler Ebene setzten sich 1991/92 die Verflechtungen von Medienunternehmen fort. Westdeutsche Konzerne weiteten ihr Engagement insbes. in Ostdeutschland und europaweit aus und strebten Be-

teilungen in mehreren Medienberei-
chen an (z. B. → Buchmarkt, →
Privatfernsehen und → Presse).

Ostdeutsche Presseverlage: Die ehemaligen SED-Regionalzeitungen in
Ostdeutschland verkaufte die → Treuhandanstalt 1991 ausnahmslos an westdeutsche Großverlage (Verkaufserlös:
850 Mio DM). 85% der Gesamtauflage
ostdeutscher Tageszeitungen wurden
1992 von zehn westdeutschen Verlagen
herausgegeben. Der Deutsche Journali-
stenverband (DJV, Bonn) kritisierte
Anfang 1992, daß die Großverlage die
ehemalige Monopolstellung der Blätter
erhalten hätten. Zudem würden die ka-
pitalkräftigen Konzerne Zeitungen zu
Niedrigpreisen anbieten, mit denen
kleine und mittlere Lokalzeitungsver-
lage nicht konkurrieren könnten.

Bertelsmann: Der zweitgrößte Medienkonzern der Welt, die Bertelsmann
AG (Gütersloh), weitete sein Engagement 1991/92 erstmals auf Tageszeitungen aus, die er auf dem ostdeutschen Markt anbot. 1992 erreichten die
Zeitungen des Bertelsmann-Tochter-
verlags Gruner + Jahr pro Ausgabe insgesamt eine Auflage von 2 Mio Exemplaren. Anfang 1992 kaufte Gruner +
Jahr die 50%ige Beteiligung seines
vorherigen Partners Robert Maxwell
am Berliner Verlag (geschätzter Preis:
50 Mio DM). Bertelsmann baute 1992
seine marktführende Position bei Buch-
clubs mit der Übernahme des Deutschen Bücherbunds (Stuttgart, 1,2 Mio
Mitglieder) von der Kirch-Medienunternehmensgruppe (München) aus.

Privatfernsehen: Mitte 1992 übernahm die Münchener Kirch-Gruppe
24,5% der Anteile am Privatsender Tele 5 vom Springer Verlag (Berlin), der
zusätzlich zu seinen 24,9% Anteilen
26% von der Tele München Fernseh
GmbH übernommen hatte. Leo Kirch
war 1992 auch am Privatsender SAT 1
beteiligt. Er erhöhte 1992 seinen 1991
erworbenen Anteil am italienischen →
Pay-TV Telepiú von 8% auf 20%. Telepiú verbreitet drei Pay-TV-Program-
me in Italien. Kirch kontrollierte zudem 25% des einzigen deutschen Pay-

Medienkonzentration im deutschen Privatfernsehen 1992

Sender/Gesellschafter	Anteil (%)
Kabelkanal[1] (München)	
Pro 7 Television GmbH	45,0
Beisheim-Gruppe	45,0
Georg Kofler (Geschäftsführer und Gesellschafter von Pro 7)	10,0
Premiere (Hamburg)	
Ufa Film und Fernseh GmbH	37,5
Canal Plus (Frankreich)	37,5
Kirch-Gruppe (München)	25,0
Pro 7 (München)	
Medi Media GmbH	50,0
Thomas Kirch	48,0
Georg Kofler (Geschäftsführer)	2,0
RTL plus (Köln)	
Compagnie Luxembourgeoise de Télédiffusion (CLT)	46,1
Ufa Film und Fernseh GmbH	38,9
Westdeutsche Allgemeine Zeitung (WAZ)	10,0
Burda Verlag	2,0
Frankfurter Allgemeine Zeitung (FAZ)	1,0
SAT 1 (Mainz)	
Programmgesellschaft für Kabel- und Satellitenrundfunk (an der Leo Kirch 98% hält)	43,0
Aktuell Presse Fernsehen	20,0
Axel Springer Verlag	20,0
AV Euromedia	15,0
Otto-Maier-Verlag Ravensburg	1,0
Neue Mediengesellschaft Ulm	1,0
Tele 5 (München)	
Axel Springer Verlag	24,9
Rete Italia (Berlusconi)	33,5
Kirch-Gruppe (München)	24,5
Neue Medien-Beteiligungsgesellschaft (NMBG)	17,1
Vox[2] (Köln)	
Westdeutsche Medienbeteiligungsgesellschaft (WMB)	25,1
Jahr-Verlag (treuhänderisch)	24,9
Holtzbrinck-Konzern	14,5
Development Company for Television Programs (DCTP)	11,0
MUK Beteiligungsgesellschaft (treuhänderisch)	10,0

1) Ab Februar 1992; 2) Anteilseigner Mitte 1992 nicht alle bestimmt, voraussichtlich ab 1993; Quelle: Aktuell-Recherche

TV Premiere und 40% des schweizerischen → Pay-TV Teleclub.

Time Warner: Das weltweit größte Medienunternehmen Time Warner Inc.
(USA) war 1992 an dem für 1993 in
Deutschland geplanten → Nachrichtenkanal n-tv u. a. gemeinsam mit der
größten deutschen Medienagentur
HMS (Wiesbaden) beteiligt. Den britischen Publikumsverlag Macdonald aus
dem Maxwell-Konzern kaufte Anfang
1992 der Time-Warner-Tochterverlag
Little, Brown UK.

Maxwell Communications Corp.: Der Medienkonzern des britischen Verle-gers Robert Maxwell brach nach des-sen Tod am 5. 11. 1991 auseinander, Maxwells Söhne, Kevin und Ian, mel-deten den Vergleich für die privaten Holdinggesellschaften der Familie an. Mitte 1992 klagten die britischen Be-hörden die Brüder wegen Diebstahls und Betrugs an. Sie sollen u. a. gebil-ligt haben, daß rd. 1 Mrd Pfund (2,9 Mrd DM) u. a. aus Pensionsfonds von Maxwell-Unternehmen entwendet wurden, um dem mit rd. 1,5 Mrd Pfund (4,3 Mrd DM) verschuldeten Konzern ein Weiterarbeiten zu ermöglichen. Bis Mitte 1992 wurden aus dem Unterneh-men u. a. der Mehrheitsanteil an den weltweit tätigen Berlitz-Schulen an das japanische Unternehmen Fukutake ver-kauft (Kaufpreis: 265 Mio Dollar, 465 Mio DM) und die Wochenzeitung The European für rd. 5 Mio Pfund (14,5 Mio DM) an britische Unterneh-mer. Maxwells Anteil am Satelliten-fernsehen MTV (50,1%), das aus schließlich Musik verbreitet, übernahm die bis dahin mit 49,9% beteiligte US-amerikanische Viacom Inc. (Preis: 65 Mio Dollar, 99 Mio DM).

News Corporation: Der australische Medienunternehmer Rupert Murdoch verringerte Ende 1991 seinen Anteil am weltweit drittgrößten Medienkon-zern News Corporation um 7% auf 38%. Über den Konzern kontrollierte Murdoch weltweit 114 Zeitungen, mehrere TV-Sender und mit 20th Cen-tury Fox eines der bekanntesten Hol-lywood-Filmstudios.

Meereswärme

Das US-amerikanische Forschungsin-stitut Natural Energy Laboratory of Hawaii (NELH) schätzte Mitte 1992, daß täglich durch die Sonneneinstrah-lung so viel Energie in den Ozeanen ge-speichert wird, wie in 170 Mrd Fässern → Erdöl (1 Faß = 159 l) enthalten ist. M. zählt im Gegensatz zu Erdöl zu den umweltfreundlichen Erneuerbaren → Energien. Vor der Küste Hawaiis soll

Ende 1992 ein im Ozean versenktes Pi-lot-Kraftwerk (Kosten: 28 Mio Dollar, 43 Mio DM) zur Umwandlung der M. in Strom in Betrieb genommen werden. Das OTEC-Kraftwerk (Ocean Thermal Energy Conversion, engl.; Meeres-wärme-Energie-Umwandlung) hat eine Leistung von 40 kW (Stromversorgung von 400 Glühbirnen à 100 W).

Dem bis zu 30 °C warmen Oberflä-chenwasser vor Hawaii wird Wärme entzogen, die für die Verdampfung von Ammoniak in einem Kondensator ge-nutzt wird. Das Ammoniak dehnt sich aus und treibt eine Turbine an. Kaltes Wasser (rd. 6 °C), das durch eine Rohr-leitung aus ca. 600 m Tiefe angesaugt wird, kühlt das Ammoniak anschlie-ßend wieder ab, verflüssigt es und leitet es in den Verdampfer zurück, wo der Kreislauf erneut beginnt. Je größer die Temperaturunterschiede zwischen den Wasserschichten (mindestens 20 °C), desto höher die Leistung. Die Nutzung von M. ist deshalb auf tropische Ge-wässer beschränkt.

Das NELH hielt Anfang 1992 OTEC-Kraftwerke mit einer Leistung von 40 MW (Strom für rd. 7200 Haushalten) bei einer Erhöhung des Ölpreises von 18 bis 20 Dollar (27–31 DM) 1992 auf 23 Dollar (35 DM) pro Faß für kon-kurrenzfähig. Das Department of Ener-gy (USA) ging davon aus, daß der Bau eines 40-MW-M.-Kraftwerks 1992 zwischen 150 Mio und 400 Mio Dollar (229 Mio–611 Mio DM) kosten würde. Zur Deckung der Investitions- und Be-triebskosten müßte es Strom für etwa 0,12 Dollar/kWh (0,18 DM) anbieten.

Mehrwegflaschen

Bundesumweltminister Klaus Töpfer (CDU) legte Ende 1991 einen Verord-nungsentwurf vor, nach dem bis 1997 der Anteil von M. an Getränkeverpak-kungen von 73,6% (1991) auf 77% und bis 1999 auf 81% erhöht werden soll. Mit der Einführung dieser Quote soll der → Verpackungsmüll reduziert wer-den. Jährlich gelangen in Westdeutsch-land ca. 1,2 Mio t Getränkeverpackungen auf den Müll. Mitte 1992 prüfte die EG-Kommission, ob die Verordnung Handelsbeschränkungen für Getränke-anbieter aus anderen EG-Staaten bein-haltet, da sie auch für ausländische Ge-tränkehersteller gelten soll.

Verordnung: Für Mineralwasser und Bier, die 1991/92 bereits zu rd. 85–92% in M. verkauft wurden, soll die Quote bis 2002 auf 94% angehoben werden. Die Verordnung beinhaltet die Mög-lichkeit, ein Einwegverbot für diese Getränke einzuführen. Wenn die Quote nicht eingehalten wird, muß auf Ein-weg-Getränkeverpackungen ein Pfand von 50 Pf erhoben werden. Auch die Vereinheitlichung der Flaschenform und der Transporteinheiten (z. B. Kä-sten) soll zur Erhöhung des Anteils von M. beitragen.

Umweltfreundlichkeit: M. sind nach Berechnungen der Technischen Uni-versität Berlin umweltfreundlicher als Einwegflaschen, wenn sie mindestens 25mal umlaufen. Zudem würden sie trotz Reinigung (→ Wasserverschmut-zung), Transport (→ Luftverschmut-zung) und Lagerung nach Angaben der European Business School (Oestrich-Winkel) rd. 50% weniger Kosten ver-ursachen als Einwegverpackungen. Bei der Produktion werden geringere Men-gen an Rohstoffen und Energie ver-braucht. Mülldeponien werden mit M. weniger belastet.

Mehrwegflaschen als Getränkeverpackungen in Deutschland

Getränk	Anteil von Mehrwegflaschen an Getränkeverpackungen (%)[1]			
	1991	bis 1997	bis 1999	bis 2002
Mineralwasser	91,9	92	93	94
Bier	85,1	87	91	94
Erfrischungs-getränke mit Kohlensäure	74,6	78	82	–
Wein	44	45	50	–
Erfrischungs-getränke ohne Kohlensäure	42,3	45	50	–
Milch	17	26	31	–
Getränke insgesamt	73,6	77	81	–

1) Für die Jahre 1997 bis 2002 geplante Quoten; Quelle: Bundesumweltministerium

Deutschland: Der ermäßigte M.-Satz von 7% für Lebensmittel, Bücher, Zeit-schriften etc. in Deutschland soll 1993 nicht erhöht werden. Mit den Mehrein-nahmen in den Jahren 1993 und 1994 (10,5 Mrd und 12,9 Mrd DM) wird der → Fonds Deutsche Einheit aufgestockt. Zur besseren Finanzausstattung aller Bundesländer wird der Länderanteil am Umsatzsteuer-Aufkommen ab 1993 von 35 auf 37% erhöht (→ Länderfi-nanzausgleich); die übrigen 63% erhält der Bund. Die Deutsche Bundesbank warnte, die Erhöhung der M. könne durch steigende Preise zu weiterer Zu-nahme der → Inflation führen.

Die M. wird bei Produzenten und Händlern erhoben, die sie beim Ver-kauf als sog. Vorsteuer wieder abzie-hen. Damit soll erreicht werden, daß je-

Mehrwertsteuer

(auch Umsatzsteuer, allgemeine Ver-brauchsteuer), Abgabe an den Staat für den privaten → Verbrauch von Gütern und Dienstleistungen. In Deutschland soll die M. 1993 von 14 auf 15% erhöht werden, weil die öffentlichen → Haus-halte Mittel für den Aufbau der Wirt-schaft in Ostdeutschland benötigen. Auf dem → Europäischen Binnen-markt soll ab 1993 im Zuge der → EG-Steuerharmonisierung ein M.-Mindest-satz von 15% in allen EG-Staaten gel-ten, und das Verfahren für die Erhe-bung der Umsatzsteuer soll vereinheit-licht werden.

Mehrwertsteuersätze in der EG

Staat	Sätze (%)		
	Normal	Ermäßigt	Erhöht
Belgien	19,5	1; 6; 12[1]	–
Dänemark	25		–
Deutschland	14[2]	7	–
Frankreich	18,6	2,1; 5,5	22
Griechenland	18	4; 8	36
Großbritannien	17,5	0	–
Irland	16; 21	0; 2,3; 10; 12,5	–
Italien	19	4; 9; 12	38
Luxemburg	15	3; 6	–
Niederlande	18,5	6	–
Portugal	16	0; 5	30
Spanien	13[2]	6	28

1) Soll ab 1993 abgeschafft werden; 2) ab 1993: 15;
Stand: Mitte 1992; Quelle: Bundesfinanzministerium,
EG-Kommission, Aktuell-Recherche

Entwicklung der Mehrwertsteuer in der BRD

Geltungs- beginn	Satz (%)	
	Normal	Ermäßigt
Januar 1968	10	5
Juli 1968	11	5,5
Januar 1978	12	6
Juli 1979	13	6,5
Juli 1983	14	7
Januar 1993	15	7

Quelle: Bundesfinanzministerium

Menschenrechtspreis für Anwalt aus Peru
Der peruanische Rechtsanwalt Augusto Zuniga Paz erhielt im September 1991 den erstmals verliehenen Menschenrechtspreis des Deutschen Richterbundes (Bonn). Mit der Auszeichnung würdigte der Verband den Einsatz des peruanischen Juristen für Opfer von Menschenrechtsverletzungen in seinem Land. Seit den 70er Jahren habe Zuniga Paz trotz wiederholter Morddrohungen Opfer von Folterungen sowie Familienangehörige von verschleppten und verschwundenen Peruanern vertreten.

des Produkt nur einmal beim Endverbraucher besteuert wird.

EG-Sätze: Die M. soll auf dem Binnenmarkt vereinheitlicht werden, damit Warenkontrollen an den Grenzen entfallen können, ohne daß der Wettbewerb der Händler durch unterschiedliche Steuerbelastung verfälscht wird. Mitte 1992 galten in den EG-Staaten Regelsätze von 13 bis 25%. Ab 1997 soll die M. nach Vorstellung der → EG-Kommission in den EG-Staaten zwischen 15 und 20% liegen und im Herstellungsland erhoben werden (ermäßigter Satz: 5–9%). Ab 1993 dürfen die EG-Staaten höchstens zwei unterschiedliche ermäßigte Sätze anwenden, die mindestens 5% betragen müssen.

EG-Verfahren: Bis 1992 wurden Waren mit den Sätzen des einführenden Landes besteuert, indem der Zoll die Steuern des ausführenden Landes erstattete und die Abgaben des Bestimmungslandes erhob. 1993 sollen die Grenzkontrollen abgeschafft werden, die Einfuhren werden zunächst jedoch weiter im Bestimmungsland versteuert. Die Aufgaben des Zolls übernehmen die Finanzämter. Exporteure müssen Angaben über Importeure und Umsätze an die Ämter melden, die über ein Computer-Netzwerk europaweit zusammenarbeiten, um zu kontrollieren, daß Waren nicht unversteuert im Inland verkauft statt exportiert werden. Privatpersonen sollen unbeschränkt in EG-Staaten einkaufen dürfen. Ausgenommen sind Autos und der Versandhandel, in diesen Fällen ist die Steuer weiter im Bestimmungsland zu entrichten. 1,4% des M.-Aufkommens der EG-Länder werden an den → EG-Haushalt abgeführt (Stand: Mitte 1992).

Rechtfertigung: Im Vergleich zu direkten Steuern (z. B. Lohn- und Einkommensteuer) gelten Verbrauchsteuern (auch indirekte Steuern) als leichter durchsetzbar, weil sie im Rechnungsbetrag enthalten sind und weniger leicht bemerkt werden. Direkte Steuern gelten als gerechter, weil die Steuersätze mit höherem → Einkommen steigen. Verbrauchsteuern sind dagegen für jeden Bürger gleich. Bezieher niedriger Einkommen werden stärker belastet, weil sie einen höheren Teil ihres Einkommens für den privaten Verbrauch ausgeben müssen.

Menschenhandel

→ Frauenhandel

Menschenrechte

Die uneingeschränkt geltenden Grundrechte und Freiheiten, die jedem Menschen zustehen und die in der M.-Charta der UNO von 1948 festgelegt sind. Die M.-Organisation → Amnesty International klagte in ihrem Mitte 1992 vorgelegten Jahresbericht 142 Länder an, M. durch Hinrichtung, Folter, Mißhandlung sowie willkürliche Verfolgung und Festnahme zu verletzen. Die jährliche Konferenz der Menschenrechtskommission der UNO verabschiedete im März 1992 u. a. Resolutionen gegen Indonesien, den Irak und Israel. Amnesty International warf den USA im April 1992 vor, durch ihr Festhalten an der Todesstrafe die M. zu verletzen. Die Konferenz über Sicherheit und Zusammenarbeit in Europa (→ KSZE) verabschiedete im Oktober 1991 eine Erklärung, in der es der Organisation erlaubt, bei schweren M.-Verstößen eines KSZE-Mitglieds einen Beobachter in das Land zu entsenden.

Resolutionen: Die UNO-Kommission kritisierte die blutige Niederschlagung der Widerstandsbewegung in Osttimor vom November 1991, die für die Unabhängigkeit des 1976 von Indonesien annektierten Inselteils eintritt. Dem Irak wurde u. a. die Verfolgung der → Kurden im Norden und der Schiiten im Süden des Landes vorgeworfen. Die Kommission forderte Israel auf, seine Truppen aus dem Südlibanon abzuziehen.

Europa: Die KSZE-Erklärung legt fest, daß die Beobachtung der M. in den Teilnehmerstaaten keine Einmischung in die inneren Angelegenheiten eines Landes darstellt. Die KSZE kann Berichterstatter auch dann in ein Mitgliedsland entsenden, wenn die betroffene Regierung dagegen Einwände erhebt. Hintergrund des Beschlusses waren der Bürgerkrieg in Jugoslawien und die → Nationalitäten-Konflikte in der ehemaligen UdSSR (z. B. im Kaukasus und in Moldawien). Amnesty International warf Serben und Kroaten im März 1992 u. a. die Hinrichtung von Zivilisten, Folterungen und unverhältnismäßige Gewaltanwendung gegen zivile Einrichtungen vor.

USA: Mitte 1992 war die Todesstrafe in 38 von 50 US-amerikanischen Bundesstaaten zugelassen. Die USA waren Anfang der 90er Jahre das einzige westliche Land, in dem Todesurteile verhängt und vollstreckt wurden. 1976 hatte das Oberste Bundesgericht in Washington die Todesstrafe für verfassungskonform erklärt. Seitdem wurden 170 Personen hingerichtet. Darüber hinaus sind weitere 2500 Häftlinge zum Tode verurteilt und warten in Gefängnissen auf die Vollstreckung ihres Urteils (Stand: Mitte 1992).

Amnesty International, Heerstraße 178, D-5300 Bonn 1
Internationale Gesellschaft für Menschenrechte, Kaiserstraße 72, D-6000 Frankfurt/M.

Mercosur

(Mercado Común del Cono Sur, span.; gemeinsamer Markt des südlichen Teils Südamerikas), Abkommen zwischen Argentinien, Brasilien, Paraguay und Uruguay vom März 1991 mit dem Ziel, bis Ende 1994 eine Freihandelszone mit gemeinsamen Einfuhrzöllen zu schaffen. Neben der Steigerung des Handelsvolumens beabsichtigen die M.-Staaten, gemeinsame außenpolitische Positionen zu beziehen. Im Juni 1992 beschlossen die Staatspräsidenten einen verbindlichen Zeitplan für die Schritte zur Harmonisierung der Volkswirtschaften. Im Dezember 1991 richteten sie ein Schiedsgericht ein, das Unklarheiten bei der Verwirklichung der Freihandelszone regeln soll.
Der Handel zwischen den M.-Staaten stieg 1991 um 32,6% auf 3,94 Mrd

Abkommen zwischen lateinamerikanischen Staaten

Bezeichnung (Gründung)	Mitglieder	Ziel
Amazonas-Vertrag (1978)	Bolivien, Brasilien, Ecuador, Guyana, Peru, Surinam, Venezuela	Entwicklung des Amazonas-Gebietes, Erhalt der Umwelt, Nutzbarmachung der Ressourcen
Andenpakt (1968)	Bolivien, Ecuador, Kolumbien, Peru, Venezuela	Liberalisierung des Handels, Harmonisierung der Wirtschafts- und Sozialpolitik
Mercosur (1991)	Argentinien, Brasilien, Paraguay, Uruguay	Einrichtung eines Binnenmarktes, gemeinsame außenpolitische Positionen
Organisation Zentralamerikanischer Staaten (ODECA, 1951)[1]	Costa Rica, El Salvador, Guatemala, Honduras,	Förderung des Friedensprozesses, wirtschaftliche und politische Integration
Rio-Gruppe (1988)	Argentinien, Bolivien, Chile, Ecuador, Kolumbien, Mexiko, Paraguay, Peru, Uruguay, Venezuela	Konsultationen über lateinamerikanische Themen

1) Seit 1991 Zentralamerikanisches Integrationssystem (SICA)

Dollar (6,02 Mrd DM) gegenüber dem Vorjahr. Die hohe Inflationsrate in Brasilien (1991: 480%), der größten Volkswirtschaft im M., erschwerte den Warenaustausch, da sie zu unkalkulierbaren Wechselkursen führte.
Die M.-Staaten, die zusammen mit rd. 295 Mrd DM im Ausland verschuldet sind, streben Kooperationsabkommen mit der → EG, den im → Andenpakt zusammengeschlossenen Staaten im Norden von Lateinamerika und dem entstehenden → Nordamerikanischen Freihandelsabkommen an. Bolivien stellte 1992 einen Aufnahmeantrag.

Methadon

Synthetisch hergestellte → Droge, die seit Ende der 80er Jahre in den alten deutschen Bundesländern als Ersatzrauschmittel für Heroin an ausgewählte Süchtige verteilt wird. Abhängige, die M. erhalten, sind von dem Druck befreit, sich Drogen beschaffen zu müssen. Da M. nicht bewußtseinsverändernd wirkt, können die Süchtigen i. d. R. einem Beruf nachgehen. Seit Ende 1991 übernehmen die Krankenversicherungen die Kosten der M.-Abgabe an Süchtige unter ärztlicher Aufsicht, wenn der Abhängige schwer erkrankt ist (z. B. an → Aids) und keine anderen Rauschgifte mehr nimmt (Kosten pro Jahr: 6000 DM/Patient).

Hamburg verabreicht Kodein als Ersatzrauschmittel
Da die Methadon-Abgabe in Hamburg 1992 auf 225 Süchtige beschränkt war und Therapieplätze nicht in ausreichender Zahl zur Verfügung standen, werden den Abhängige in dem Stadtstaat seit Anfang 1992 zur Überbrückung der Wartezeit auf einen Entzug mit Kodein behandelt. Kodein ist gering dosiert in Hustenmitteln enthalten und fällt unter das Betäubungsmittelgesetz. Es unterdrückt Entzugserscheinungen bei Rauschsüchtigen für vier bis sechs Stunden. Als Obergrenze der Dosierung, deren Kosten die Krankenkassen übernehmen, schrieb das Ärztekammer 40 Kapseln pro Patient und Tag vor.

Der Bundesrat plädierte Ende 1991 dafür, die Kostenübernahme der M.-Behandlung durch die Kassen auszudehnen und die M.-Abgabe auch für andere Süchtige zu finanzieren. In Hessen wurde Anfang 1992 die kontrollierte Abgabe von M. an Süchtige erleichtert. Hamburg, Niedersachsen und NRW planten 1992, ihre M.-Programme zu erweitern, weil sie bis dahin Erfolge verzeichneten.

Wirkungsweise: M. stoppt den körperlichen Verfall des Süchtigen. Die Wirkung hält etwa 20 bis 30 Stunden an. Der Abhängige braucht nur einmal am Tag eine Dosis, während der Heroinsüchtige etwa alle vier Stunden seine Droge spritzen muß. M. besetzt im Gehirn die gleichen Stellen (sog. Rezeptoren) wie Opiate, ohne bewußtseinsverändernd oder euphorisierend zu wirken. Beim Absetzen von Heroin lindert M. die Entzugserscheinungen, es bekämpft nicht die Sucht.

Hessen: Der Anfang 1992 von der Landesregierung mit Krankenkassen und Ärzten vereinbarte Rahmenvertrag zur M.-Ausgabe sieht vor, daß M. auch Abhängigen mit schweren psychischen und körperlichen Suchtfolgen verabreicht werden darf. Die Entscheidung über die M.-Abgabe liegt bei einer Kommission aus Ärzten und Vertretern der Landesstelle gegen die Suchtgefahren und der Krankenkassen. Bis dahin durfte M. nur an Süchtige abgegeben werden, die an Aids oder → Krebs erkrankt waren, während der Schwangerschaft oder eines Klinikaufenthalts des Abhängigen.

Programmerweiterung: Hamburg plante Mitte 1992, sein M.-Programm von 300 auf 2000 Behandelte zu erweitern, NRW kündigte die Erweiterung von 200 auf 2000 Abhängige ab 1993 an. Die in Niedersachsen regierende SPD beabsichtigte Anfang 1992, die M.-Behandlung für alle Heroinsüchtigen des Landes zu öffnen. Bis 1992 war M. nur 200 Süchtigen zugänglich.

Erfolge: Ein Fünftel der 300 Hamburger M.-Programmteilnehmer und ein Drittel der 269 Bremer Behandelten ging einer geregelten Tätigkeit nach. 60% der Hamburger und 59% der Bremer M.-Teilnehmer waren sozial integriert. Zwei Drittel der M.-Patienten in NRW waren Anfang 1992 berufstätig oder in Ausbildungen bzw. schulten um, etwa 80% wurden als sozial gut integriert bezeichnet. Bei 20% wurde die M.-Dosis kontinuierlich verringert, ein Patient hatte den Entzug geschafft.

Mieten

Auch 1991 stiegen die Mieten wie seit Beginn der 80er Jahre in Westdeutschland mit 4,3% stärker als die Lebenshaltungskosten insgesamt (+ 3,5%; → Inflation). Hauptgrund war die das Angebot übersteigende Nachfrage nach Wohnungen. Die → Wohnungsnot resultiert u. a. aus dem Rückgang des → Wohnungsbaus Mitte der 80er Jahre. Die CDU/CSU/FDP-Bundesregierung legte im Mai 1992 einen Gesetzentwurf vor, der einen weiteren Anstieg der M. begrenzen soll; die SPD machte Anfang 1992 einen Alternativvorschlag. Im Juli 1992 wurde eine Verordnung verabschiedet, die einen erneuten Anstieg der M. in Ostdeutschland ab 1993 um bis zu 2,10 DM/m² erlaubt. Im Anschluß an das Gesetz, nach dem die M. zum Oktober 1991 in den neuen Ländern erhöht werden durften, hoben Hausbesitzer die M. um durchschnittlich 400% an.

Ausgaben: Die M. stiegen insbes. in den Ballungsräumen: In Frankfurt/M. erhöhten sich die monatlichen M. (ohne Betriebskosten) bei Neuvermietungen von 9,3 DM/m² (1986) auf 13 DM/m² (1991). In Westdeutschland gaben Haushalte 1991 rd. 23% ihres verfügbaren → Einkommens für M. aus, in Ostdeutschland ab Oktober 1991 zwischen 10 und 12%.

Regierungsentwurf: Erstmals soll die Klausel in Verträgen zulässig sein, daß sich die Höhe der M. an den Lebenshaltungskosten orientiert. Dadurch soll verhindert werden, daß die M. stärker steigen als die Inflation. Die Aufnahme der Klausel in Mietverträge soll jedoch

Bayern und Hessen erheben Fehlbelegungsabgabe
Ab Januar 1992 erhöhte Bayern bei einer sog. Fehlbelegung von Sozialwohnungen den Aufschlag auf die Miete von 0,50 DM bis 2 DM/m² Wohnfläche auf 1 DM bis 6 DM/m² Wohnfläche. Die Fehlbelegungsabgabe wird fällig, wenn das Einkommen des Mieters die für Sozialwohnungen festgelegten Grenzen um mindestens 80% überschreitet. Hessen erhebt ab 1992 eine Fehlbelegungsabgabe zwischen 1 DM und 9 DM/m² Wohnfläche, wenn die Einkommensgrenzen um mindestens 40% überschritten werden. Die Einnahmen sollen zum Bau neuer Sozialwohnungen verwendet werden.

nur zugelassen werden, wenn der Vermieter zugleich für mindestens zehn Jahre auf eine Kündigung verzichtet. Die Deutsche → Bundesbank, die bei an die Lebenshaltungskosten gekoppelten Preiserhöhungen zustimmungspflichtig ist, genehmigte die Regelung. Mitte 1992 waren nur gestaffelte M. in absoluten Beträgen zulässig.
Bei bestehenden Verträgen für Wohnungen, die vor 1981 gebaut wurden, sollen M., die ohne Heizungskosten mehr als 8 DM/m² betragen, bis 1997 nur um 20% statt um 30% innerhalb von drei Jahren angehoben werden dürfen (gesetzlich festgelegte Kappungsgrenze). Darüber hinausgehende Erhöhungen aufgrund von Modernisierungen und Betriebskosten sind weiterhin möglich. Bei überhöhten M. soll die maximale Geldbuße für Vermieter auf 100 000 DM verdoppelt werden. Als überhöht gelten M., wenn sie bei Neuvermietungen um mehr als 20% über den ortsüblichen M. liegen, die sich aus der durchschnittlichen Höhe der M. bei den Neuvermietungen der letzten drei Jahre zusammensetzen. Die Maklergebühr bei der Neuvermietung von Wohnungen soll auf zwei monatliche M. begrenzt werden.
SPD-Entwurf: Die SPD lehnte die Kopplung der M. an die Lebenshaltungskosten ab, weil dies die Inflation vorantreiben würde. Die SPD ging davon aus, daß auch Vermieter, die M. nur selten erhöht haben, Verträge nach der neuen Regelung abschließen würden. Die SPD will den Anstieg der M. innerhalb von drei Jahren auf 15% begrenzen. Die ortsüblichen M. sollen auf der Grundlage aller M. errechnet werden, weil die M. bei Neuvermietungen höher lägen und dies zu einem beschleunigten Anstieg des Vergleichswerts führen würde. Bei Neuvermietungen sollen die M. maximal 15% (Anfang 1992: 20%) über den ortsüblichen M. liegen dürfen. Die Maklergebühr soll auf eine monatliche Mietzahlung begrenzt werden.
Ostdeutschland: In den neuen Bundesländern deckten die Einnahmen der

Mieten in Westdeutschland

Jahr	Durchschnittliche Miete[1] (DM/Monat) für Haushalte mit		
	zwei Personen und niedrigem Einkommen[2]	vier Personen und mittlerem Einkommen[3]	vier Personen und höherem Einkommen[4]
1986	374	575	841
1987	391	605	882
1988	406	666	945
1989	450	696	979
1990	481	744	1009

1) Ohne Kosten für Strom und Heizung; 2) Bruttoeinkommen 1990: 1500–2100 DM/Monat; 3) Bruttoeinkommen 1990: 3200–4700 DM/Monat; 4) Bruttoeinkommen 1990: 5500–7500 DM/Monat; Quelle: Statistisches Bundesamt (Wiesbaden)

Hausbesitzer durch M. nach Berechnung des Gesamtverbands der Wohnungswirtschaft (Köln) vor Oktober 1991 nur rd. 15% der Betriebskosten und der Ausgaben für Instandhaltung. Um die finanziellen Belastungen der Eigentümer zu senken und zu verhindern, daß die Wohnungsgesellschaften zu ihren Schulden von rd. 38 Mrd DM (Stand: Mitte 1992) weitere Kredite aufnehmen müssen, steigen die M. 1993 erneut. Die Erhöhung 1993 setzt sich aus einem Sockelbetrag von maximal 1,2 DM/m² und Zuschlägen von bis zu 0,9 DM/m² zusammen, die sich nach der Ausstattung der Wohnung richten. Ab 1994 dürfen die M. je m² nochmals um 0,6 DM erhöht werden. Die Obergrenze für Heiz- und Warmwasserkosten wird gleichzeitig von 3 DM/m² auf 2,5 DM gesenkt.
Zum Oktober 1991 durften die M. ohne Betriebskosten bis auf 2 DM/m² verdoppelt werden, inkl. Zu- und Abschlägen von 15 Pf/m² je nach Wohnungsausstattung. Für Heizung und Warmwasser durften bis zu maximal 3 DM/m² auf die M. aufgeschlagen werden (vorher: ca. 40 Pf). Um die M.-Erhöhung auszugleichen, gelten Sonderregelungen für → Wohngeld.

Mieten in Ballungsräumen

Ballungsgebiet	Miete* (DM/m²) 1986	1991
Berlin	9,5	17
München	9,5	16,8
Hamburg	9,5	13
Frankfurt/M.	9,3	13
Köln	7	10,5
Stuttgart	6,5	11

Kaltmiete ohne Betriebskosten; Quelle: Ring Deutscher Makler (Hamburg)

Mikro-Carrier

(to carry, engl.; tragen), Kapseln von der Größe roter Blutkörperchen, die ein → Arzneimittel umhüllen, sich an einer bestimmten Stelle im Körper auflösen und ihren Inhalt freisetzen. M. sollen Injektionen von Medikamenten ersetzen, die in Tablettenform nicht exakt dosiert verabreicht werden können, weil Magen- und Darmtrakt die Pillen nur teilweise aufnehmen oder sie zerstören und ausscheiden, bevor ihre Wirkung einsetzt. Die US-amerikanische Biotechnologie-Firma Clinical Technologies Associates (CTA) erprobte 1992 verschiedene M., die zehn Substanzen, u. a. Insulin und das gerinnungshemmende Heparin, in die Blutbahn transportieren.

Die von CTA entwickelten M. setzen sich aus Eiweißbestandteilen (sog. Aminosäuren) zusammen, die sich bei einer Veränderung des Säuregrads ihrer Umgebung (sog. pH-Wert) auflösen. Im Magen- und Darmtrakt bleiben die M. geschlossen. Sie reagieren auf den pH-Wert, der am Bestimmungsort des Medikaments im Körper vorherrscht und öffnen sich.

Mikroelektronik

Teilgebiet der Elektronik, das sich mit der Entwicklung und Herstellung von kleinen elektronischen Bauelementen, sog. integrierten Schaltungen, befaßt. Der Zentralverband Elektrotechnik und Elektronikindustrie (ZVEI, Frankfurt/M.) schätzte den Umsatz von M. in Deutschland 1991 auf 14,2 Mrd DM (Anstieg gegenüber 1990: 5,4%). Japan hielt 1991 einen Anteil von rd. 50% am M.-Weltmarkt, bei Mikroprozessoren dominierten die USA (Anteil: rd. 80%). Während Europa 1991 etwa 18,4% der weltweit hergestellten → Chips verbrauchte, produzierte es lediglich 11%. Das bis 1996 befristete europäische Forschungsprogramm Jessi (Etat: 8 Mrd DM) soll dazu beitragen, den Technologierückstand der EG-Staaten gegenüber Japan und den USA zu reduzieren. Von 21 000 Mitarbeitern in der M.-Industrie der DDR (1989) wurden aufgrund von Absatzschwierigkeiten 1991 rd. 17 000 entlassen.

Jessi: 1992 waren rd. 120 Unternehmen, Hochschulen und Forschungsinstitute aus neun europäischen Ländern an Jessi beteiligt. Schwerpunkte der 70 geförderten Einzelprojekte waren u. a.

→ HDTV, digitaler Hörfunk (→ Digital Satellite Radio), Chip-Technologie und Produktionsverfahren (Etat 1992: rd. 875 Mio DM).

Neue Länder: Die M.-Industrie in den neuen Bundesländern schrieb 1991 bei einem Umsatz von rd. 78 Mio DM einen Verlust von 327 Mio DM. Die Treuhandanstalt (Berlin) hielt aufgrund des niedrigen Pro-Kopf-Umsatzes von 4000–5000 DM pro Mitarbeiter (internationaler Standard: 300 000 DM pro Mitarbeiter) einen Personalabbau von etwa 4000 auf 1500 Beschäftigte für notwendig. Sie schätzte die Kosten für die Umstrukturierung des Industriezweiges – in Ostdeutschland sollen vor allem anwendungsspezifische Chips (ASICs) produziert werden – bis Mitte der 90er Jahre auf etwa 300 Mio DM. Mitte 1992 war die Firma LSI Logic (USA) an einer Beteiligung von 20% an M.-Betrieben in Dresden und Erfurt interessiert.

Mikromaschinen

Tausendstel Millimeter kleine Geräte (z. B. Zahnräder, Ventile, Motoren). Ziel war es Anfang der 90er Jahre, Verfahren für den Bau von M. weiterzuentwickeln und M. mit der → Mikroelektronik zu kombinieren. Das Resultat sind sog. intelligente M., die computergesteuert mechanische, hydraulische und sensorische Funktionen z. B. in der Medizin, der Umwelttechnik und der Autoelektronik erfüllen können. Anfang der 90er Jahre wurden Mikrosensoren bereits angeboten, komplexere M. wie Mikromotoren und -pumpen waren noch im Entwicklungsstadium. Das Kernforschungszentrum Karlsruhe stellte Anfang 1992 den kleinsten Elektromotor der Welt vor, mit einer Durchmesser von 0,5 mm hat. 300 Firmen und Institute arbeiteten Anfang der 90er Jahre weltweit an der Entwicklung von M.

Zwei Methoden zur Herstellung von M. konkurrierten Anfang der 90er Jahre: M. werden ähnlich wie → Chips aus Silizium oder mit dem sog. LIGA-Ver-

Zahnräder für Mikromaschinen mit einem Durchmesser von etwa 0,05 mm und eine Stubenfliege

fahren aus Metall erzeugt. Die Fertigung von M. aus Silizium hat den Vorteil, daß Maschinen aus der Chipherstellung genutzt werden können. M. aus Silizium lassen sich einfach mit Chips kombinieren.

Das LIGA-Verfahren soll den Bau noch kleinerer M. ermöglichen. Dabei wird eine Schablone der Maschinenteile auf Kunststoff gelegt und mit Röntgenlicht bestrahlt. Die bestrahlten Teile werden aus dem Kunststoff herausgelöst und mit flüssigem Metall ausgegossen. Anfang der 90er Jahre war es teurer, weil parallel ausgerichtete Röntgenstrahlen (Synchrotronstrahlen) eingesetzt werden, deren Erzeugung aufwendig ist. Nur wenige Forschungsinstitute in Europa verfügten 1992 über → Teilchenbeschleuniger, die geeignete Strahlen erzeugen.

1992 wurden M. für folgende Aufgaben erprobt:

▷ Mikropumpen sollen im Körper von Patienten die Abgabe von Medikamenten (z. B. Insulin) regeln (→ Diabetes)

▷ Von M. gesteuerte Herzkatheter kontrollieren die Blutzirkulation

▷ Minipumpen und -sensoren helfen in Automotoren, das Kraftstoffgemisch sparsam zu dosieren.

M. gehören zur sog. Mikrosystemtechnik, die 1990–1993 vom Bundesfor-

schungsministerium mit 400 Mio DM gefördert wird. Fernziel sind Maschinen mit Nanometer kleinen Abmessungen (1000 Nanometer = 1 Mikrometer), deren Bestandteile die Größe von Atomen haben (Nanotechnologie).

Mindestrente

Ausreichende materielle Versorgung für Rentner, die vom Staat finanziert wird. 1992 forderte die SPD in Deutschland eine M. für einkommensschwache Rentner, deren Renten bis zur Höhe des Existenzminimums angehoben werden sollten. Als Existenzminimum ist Urteilen des Bundesverfassungsgerichts (Karlsruhe) von 1990 zufolge die durchschnittlich gewährte Summe aller Leistungen der → Sozialhilfe anzusehen. Auch Bundesarbeitsminister Norbert Blüm (CDU) schlug Mitte 1992 die Anhebung niedriger Renten auf den Sozialhilfesatz vor.

Die durchschnittliche Rente für Arbeiterinnen in den alten Ländern lag 1990 bei 545 DM (Arbeiter: 1362 DM), das Existenzminimum bei 530 DM. Jede neunte Frau und jeder 20. Mann ab 75 Jahren erhielten 1989 Sozialhilfe.

In der ehemaligen DDR erhielten Rentner eine M. von 330 Mark der DDR. Diese M. wurde durch einen vom Bund finanzierten Sozialzuschlag ab Juli 1992 auf 658 DM bzw. 1054 DM für Verheiratete aufgestockt, der für Rentenneuzugänge bis zum 1. 1. 1993 gewährt wird. Ab 1997 soll der Zuschlag abgebaut werden. → Rentenreform

Mineralfasern

Synthetische Fasern, die vor allem als Isoliermaterial (z. B. Glas- und Steinwolle) und zur Verstärkung von Kunststoffen verwendet werden. M. dienen beim Bau u. a. als Dämmstoffe → Asbest. Die Deutsche Forschungsgemeinschaft (DFG, Bonn) plante Anfang 1992, M. in die Liste der gesundheitsgefährdenden Arbeitsstoffe aufzunehmen (→ Arbeitsschutz), da sie im

Durchschnittsrenten von Arbeitern in Westdeutschland

| Jahr | Rente (DM/Monat) | |
	Frauen	Männer
1986	469	1180
1987	469	1230
1988	496	1298
1989	519	1331
1990	545	1362

Quelle: Verband Deutscher Rentenversicherungsträger (Frankfurt/M.)

Mindesteinkommen statt Mindestrente
Bündnis 90/Grüne forderten 1991/92 die Einführung eines staatlich finanzierten Mindesteinkommens für von Armut betroffene Menschen in der EG. Diese finanzielle Grundsicherung soll 40% des durchschnittlichen Arbeitnehmereinkommens betragen. Die SPD hatte für Deutschland 1992 die Einführung einer Mindestrente gefordert.

Kalifornien stuft Mineralfasern als krebserzeugend ein

Der US-amerikanische Bundesstaat Kalifornien stufte 1991 synthetisch erzeugte Mineralfasern, die meist als Dämmstoffe beim Häuserbau genutzt werden, als krebserregend ein und warnte vor ihrer Verwendung. Die Fasern stehen unter Verdacht, beim Einatmen Lungenkrebs zu erzeugen.

Geltungsbereich des Mitbestimmungs-gesetzes in Deutschland

Jahr	Mitbestimmte Firmen*
1980	485
1981	482
1982	479
1983	481
1984	477
1985	477
1986	488
1987	492
1988	500
1989	522
1990	544

*AG oder KG mit mindestens 2000 Beschäftigten, in anderen Betrieben gilt das Betriebsverfassungsgesetz; Quelle: WSI (Düsseldorf)

Tierversuch krebserregend waren. Weltweit wurde 1991 mit M. ein Umsatz von ca. 200 Mrd DM erzielt.

Im Tierversuch hatte die Injektion von M. mit einer Länge von mehr als fünf Tausendstel Millimetern (fünf Mikrometer) und einem Durchmesser unter zwei Mikrometern → Krebs ausgelöst. Forscher gehen davon aus, daß M. ähnlich wie Asbest erst Jahre nach dem Einatmen Lungenkrebs auslösen. Die M. produzierende Industrie betonte 1992, daß die Injektion von M. bei Tieren nicht als Indiz für eine krebserregende Wirkung beim Einatmen gewertet werden könne. Zudem würden sich M. in menschlicher Körperflüssigkeit nach kurzer Zeit auflösen.

Eine Studie des US-amerikanischen Instituts für Sicherheit und Gesundheit am Arbeitsplatz (Cincinnati/Ohio) von 1991 ergab, daß bei Erwerbstätigen, die etwa 30 Jahre lang mit M. in Berührung kamen, das Lungenkrebsrisiko um rd. 25% stieg.

Mini-Disc

(MD), Tonträger, auf dem Musik digital gespeichert werden kann (→ Digitaltechnik). M. übertreffen in ihrer Klangqualität herkömmliche Musikkassetten. Der japanische Unterhaltungselektronikkonzern Sony kündigte beliebig oft bespielbare M. (voraussichtlicher Preis: 12–15 DM) und bespielte M. mit einer Spieldauer von 74 min (25–30 DM) sowie Geräte (Abspielgeräte: 700 DM, Aufnahme- und Abspielgerät: rd. 1000 DM) für Ende 1992 an. M. (Durchmesser: 6,4 cm) sind kleiner als → CDs und können nicht auf CD-Geräten abgespielt werden. Ebenfalls Ende 1992 will der niederländische Hersteller Philips mit der → DCC (Digital Compact Cassette) einen digitalen Tonträger anbieten. Philips und Sony planten Anfang 1992, M. und DCC gemeinsam zu vertreiben, um einen teuren Konkurrenzkampf wie bei der Einführung der Videosysteme VHS (Matsushita) und Beta (Sony) in den 80er Jahren zu vermeiden.

M. und DCC erreichen nicht die Klangfülle der CD oder des → DAT (Digital Audio Tape), da die Menge der bei der Digitalisierung anfallenden Signale auf das Fassungsvermögen von M. bzw. DCC reduziert wird. Musiksignale, die das menschliche Gehör i. d. R. nicht wahrnimmt, werden nicht gespeichert. Nach Angaben der Hersteller entsteht kein Klangverlust.

Mitbestimmung

Beteiligung der Arbeitnehmer bzw. ihrer Interessenvertreter an Entscheidungen in Unternehmen sowie im öffentlichen Dienst. Anfang 1992 führte Hessen eine erweiterte M. für den öffentlichen Dienst ein. Die Personalräte können im Gegensatz zu anderen Bundesländern, wo Kataloge die mitbestimmungspflichtigen Belange regeln, bei allen sozialen und personellen innerbetrieblichen Angelegenheiten mitbestimmen. Die IG Metall forderte 1992, nicht nur Betriebs- und Personalräten, sondern auch dem einzelnen Arbeitnehmer M.-Rechte zuzugestehen. Die EG-Kommission legte 1991 eine Richtlinie zur Einführung von → Euro-Betriebsräten in multinationalen Konzernen vor. Die Beratungen über die M. in → Europäischen Aktiengesellschaften dauerten Mitte 1992 an.

Die IG Metall forderte ein Einspruchsrecht des einzelnen bei Arbeitsbedingungen, Personalfragen und beim Arbeitspensum, weil die Erwerbstätigen bei modernen Arbeitsformen (z. B. in der Autoindustrie) in kleinen spezialisierten Gruppen arbeiten, eigenverantwortlich handelten und die Bedingungen an ihrem Arbeitsplatz selbst am besten einschätzen könnten (→ Lean production). Über die Einsprüche soll eine Kommission aus Arbeitnehmern und -gebern entscheiden.

Das Bundesarbeitsgericht (BAG, Kassel) gewährte Ende 1991 Betriebsräten erstmals M. beim Abbau übertariflicher Zulagen (Az. BAG GS 1/90 und 2/90). Das Bundesverfassungsgericht (BVG, Karlsruhe) muß 1992 darüber entscheiden, ob das Gesetz über die Montan-M. in die Eigentumsrechte der Anteilseigner eingreift, weil es deren Meinung nach Entscheidungen verzögere. Diese M. gilt in Großunternehmen des Bergbaus sowie der Stahl- und Eisengewinnung. Bei der M. in der Montanindustrie sind im Aufsichtsrat eines Unternehmens Arbeitnehmer- und -geber in gleicher Zahl vertreten.

Handelsbilanz Deutschlands mit den Staaten Mittelamerikas 1991

Land	Importe (Mio DM)	Verände- rung (%)[1]	Exporte (Mio DM)	Verände- rung (%)[1]
Belize	2	+ 5,3	1,6	–
Costa Rica	472	+ 8,5	92	– 20,7
El Salvador	180	+ 4	114	+ 42,5
Guatemala	96	– 10,3	113	– 23,1
Honduras	131	– 12,7	38	– 17,4
Mexiko	1 093	+ 13,3	4 101	+ 40
Nicaragua	97	+ 3,2	22	– 62,1
Panama	371	– 12,3	195	+ 45,5

1) Gegenüber 1990; Quelle: Bundeswirtschaftsministerium

Mittelamerika-Konflikt

Teilweise militärisch geführte Auseinandersetzung in den mittelamerikanischen Staaten Costa Rica, El Salvador, Guatemala, Honduras und Nicaragua. Mit dem Ende des Ost-West-Konflikts zeichnete sich zu Beginn der 90er Jahre eine Lösung des M. ab. In den 80er Jahren hatten die USA insbes. in Nicaragua und El Salvador die Regierungsarmeen und rechtsgerichteten Contras militärisch unterstützt, während die UdSSR den linksorientierten Guerillabewegungen Waffenhilfe leistete. Im Januar 1992 schlossen die Konfliktparteien in El Salvador ein Friedensabkommen, das den zwölfjährigen Bürgerkrieg beendete. In Honduras stellten die linksgerichteten Guerillatruppen 1991 den bewaffneten Kampf ein. Costa Rica galt 1991/92 als eine der wenigen stabilen Demokratien Mittelamerikas. Die Regierungen der mittelamerikanischen Staaten gründeten 1991 Institutionen wie das mittelamerikanische Parlament → Parlacen zur Förderung der politischen und wirtschaftlichen Zusammenarbeit.

El Salvador: Im Februar 1992 schlossen die linksgerichtete Guerillaorganisation Farabundo Marti (FMLN) und die salvadorianischen Regierungstruppen einen Waffenstillstand, der von → UNO-Friedenstruppen überwacht wird. Das Friedensabkommen sieht vor, daß die Rebellen bis zum 31. 10. 1992 entwaffnet werden. Die FMLN verweigerte im Mai 1992 wegen eines Anschlags auf eines ihrer Mitglieder eine weitere Teilnahme an den Friedensgesprächen mit der Regierung.

Nicaragua: Seit dem Wahlsieg der konservativen Regierung unter Violeta Chamorro vom Mai 1990 gaben rd. 19 000 rechtsgerichtete Contras ihre Waffen ab, die linksorientierte Sandinistische Volksarmee wurde um zwei Drittel reduziert (Stand: Mitte 1992). Die Contra-Rebellen hatten von 1979 bis 1990 gegen die linksgerichtete sandinistische Regierung einen Bürgerkrieg geführt. Im März und im Mai 1992 besetzten ehemalige Contras und Sandinisten gemeinsam Ortschaften, um die Regierung zur Beschleunigung der 1990 versprochenen Landzuteilung und Finanzhilfe zu zwingen.

Guatemala: 1991/92 ging der seit 30 Jahren andauernde Guerillakrieg weiter. Die im April 1991 aufgenommenen Friedensgespräche zwischen der seit Januar 1991 amtierenden konservativen Regierung unter Jorge Serrano, der Armee und dem linksorientierten Dachverband der Guerilla, Nationale Revolutionäre Einheit Guatemalas (URNG), führten bis Mitte 1992 zu keinem Ergebnis. Die Regierung bestand 1991/92 auf einer bedingungslosen Entwaffnung der Guerilla. Der URNG verlangte zuerst die Einleitung von politischen und wirtschaftlichen Reformen (u. a. Besserstellung der indianischen → Ureinwohner).

Mobilfunk

Fernmeldedienst, der über Funksignale drahtloses Telefonieren von jedem Ort aus ermöglicht. Die M.-Teilnehmer in Deutschland (Mitte 1992: rd. 600 000)

Mittelamerika baut Zollschranken ab
Die Präsidenten von Guatemala, El Salvador und Honduras unterzeichneten im Mai 1992 ein Abkommen, das die Einrichtung einer Freihandelszone ab 1993 vorsieht. Kernstück des Vertrags ist die Abschaffung der Zölle auf 10 000 Produkte. Die Unterzeichnerstaaten forderten Nicaragua, Costa Rica und Panama auf, dem Abkommen beizutreten. Der Handelsverkehr zwischen den mittelamerikanischen Staaten verdoppelte sich 1991 gegenüber dem Vorjahr.

benötigen ein Funktelefon, das vor allem im Auto eingesetzt wird. Im Juli
1992 startete der digitale M. mit dem
sog. D1- und D2-Netz für den europaweiten Funkverkehr. Am digitalen M.
ist erstmals bei einem öffentlichen
Telekommunikationsdienst auch ein
privater Betreiber (Mannesmann) beteiligt. Ende 1992 soll ein weiterer privater Betreiber mit dem Aufbau eines
dritten digitalen Funknetzes beginnen,
des sog. E1-Netzes.

Ausbau: Die Eröffnung beider D-Netze
verzögerte sich 1991/92, weil die Industrie nicht genügend Apparate anbieten
konnte, die dem Anfang 1991 veränderten Norm GSM für europaweiten M.
entsprachen. Mitte 1992 waren die digitalen Netze für stark frequentierte
Fernverbindungen und in den Ballungszentren ausgebaut, bis Ende 1992
sollen die Netze 60% der Fläche
Deutschlands abdecken. Neben den
Netzbetreibern Telekom und Mannesmann bieten private Gesellschaften M.-
Service wie Geräteeinbau an.

Vorteile: Die D-Netze überwinden die
begrenzte Kapazität der bestehenden
Funktelefonnetze, des B- und des C-
Netzes (größtmögliche Teilnehmerzahl: 25 000 bzw. 800 000 Teilnehmer),
die 1992 nahezu ausgelastet waren. Sie
bieten gegenüber dem C-Netz bessere
Übertragungsqualität und Sicherheit
gegen Mithören von Gesprächen. Zudem kann der Teilnehmer Zusatzdien-
ste wie Anrufumleitung, Verkehrsnach-
richten und Lotsendienste abrufen. Die
europaweit einheitliche Sendenorm
GSM, zu deren Einhaltung sich 18
europäische Länder 1991 verpflichteten, ermöglicht erstmals M.-Telefonate
über Staatsgrenzen hinweg.

Kosten: Die Investitionen für den flä-
chendeckenden Ausbau der D-Netze in
Deutschland sollen rd. 8,8 Mrd DM betragen. Beide Betreiber erwarteten
1992 bis zum Jahr 2000 jeweils rd.
2 Mio–3 Mio Kunden. Funktelefone für
das D-Netz wurden Mitte 1992 ab rd.
3000 DM für D1 und für rd. 2500–
3200 DM für D2 angeboten (Preis
eines C-Netz-Funkgeräts 1992: rd.

4000 DM). D-Teilnehmer zahlten eine
einmalige Gebühr von 74,10 DM an
den D1-Betreiber, die Telekom, oder
77,52 DM an den D2-Betreiber Mannesmann (C-Netz: 65 DM). Die monatliche Gebühr betrug für D1 79,80 DM,
für D2 77,52 DM (C-Netz: 75 DM).
Gespräche kosteten tagsüber 1,47 DM
bzw. 1,45 DM pro Minute, nachts 46 Pf
bzw. 44 Pf (C-Netz: 1,73/min tagsüber
und 69 Pf7min nachts).

E1-Netz: Das E1-Netz, auch PCN (Personal Communications Network, engl.;
Persönliches Kommunikations-Netz),
soll eine preiswerte Alternative zum
D1- und D2-Netz insbes. für den privaten Kunden sein. Die Reichweite der
Signale soll mit rd. 10 km geringer sein
als im D-Netz (35 km), so daß kleinere,
technisch weniger aufwendige und
preiswertere Geräte angeboten werden
können (Preis 1994 voraussichtlich:
unter 1000 DM). Die Gesprächsgebühren sollen unter denen liegen, die
im D-Netz berechnet werden.

MO-CD

(Magnet-optische Compact Disc), bei
unverändert hoher Aufnahme- und
Wiedergabequalität beliebig oft bespielbare Speicherplatte. Die voraussichtlich 1993 in Deutschland erhältliche MO-CD gilt als Konkurrenz zur
→ Mini-Disc und digitalen Aufnahmeverfahren, bei denen die Informationen
auf Magnetband gespeichert werden
(→ DCC → DAT).
MO-CDs können nur auf MO-Rekor-
dern (Preis voraussichtlich: 1400 DM),
die auch für die Wiedergabe von Musik-CDs geeignet sind, gespielt werden.
Die hohe Speicherkapazität der MO-
CD ermöglicht bei der Aufnahme von
→ CDs (Spielzeit: max. 72 min) die
Übertragung der kompletten Datenmenge. Bei Mini-Disc und DCC muß
die Datenmenge reduziert werden.
Die Daten werden mit einem Magnet-
tonkopf auf die magnetische Oberfläche der MO-CD übertragen. Durch die
Veränderung der Polung des Magnet-
feldes entsteht ein Muster, das von dem

Laser des MO-Rekorders abgetastet und in Tonsignale umgewandelt wird. Bei herkömmlichen CDs sind die Daten in Vertiefungen auf der Oberfläche verschlüsselt.

Auf die MO-CD können auch Daten von CD-ROM (Read Only Memory, engl.; nur lesbarer Speicher), auf denen Texte gespeichert sind, oder von → Foto CDs überspielt werden. Voraussetzung zur Wiedergabe und Bearbeitung solcher Aufzeichnungen ist der Anschluß an einen Computer.

Molekular-Design

(auch CAMD, Computer Aided Molecular Design, engl.; computergestütztes Molekular-Design), Entwicklung von neuen organischen Wirkstoffen mit Hilfe von Hochleistungsrechnern. Ziel des M. ist es, von der erwünschten Wirkung eines Stoffes auf seinen erforderlichen Aufbau zu schließen und das Molekül entsprechend zu entwerfen. In erster Linie werden mit M. Eiweißstoffe verändert, die → Arzneimitteln oder → Chemikalien zugesetzt werden. Eine dänische Firma bot Anfang 1992 das erste mit M. konstruierte Eiweißmolekül an. Es erhöht die Reinigungskraft von Waschmitteln.

Beim M. wird die räumliche Struktur eines Moleküls auf einem Computerbildschirm perspektivisch dargestellt und verändert. Der Rechner schätzt den Einfluß der Strukturveränderung auf die Wirkung des Stoffes ab. Der Computer ist direkt mit → Datenbanken verbunden, in denen bereits ermittelte Molekülstrukturen gespeichert sind; die veränderten Strukturen können sofort mit neuesten Forschungsergebnissen verglichen werden. Für M. sind sog. Super- oder → Parallelcomputer erforderlich, die mehrere Milliarden Rechenoperationen pro Sekunde ausführen können. Deshalb konzentrierte sich die M.-Forschung Anfang der 90er Jahre in Deutschland auf biotechnologische Großforschungseinrichtungen, die über geeignete Hochleistungsrechner verfügen.

Mudschaheddin

(paschtu; heilige Krieger), Sammelbezeichnung für etwa 15–30 moslemische Rebellengruppen, die im April 1992 die kommunistische Regierung des afghanischen Staatschefs Mohammad Nadschibullah stürzten, die sie seit der sowjetischen Invasion (1979) bekämpft hatten. Während des 13jährigen Bürgerkriegs starben rd. 1 Mio Menschen, 10 Mio wurden verletzt. Die im Juni 1992 von den M. gebildete Regierung unter dem Präsidenten Burhanuddin Rabbani will in Afghanistan einen islamischen Staat errichten.

Der Machtwechsel in Afghanistan ging mit z. T. gewaltsamen Auseinandersetzungen zwischen rivalisierenden M.-Gruppen einher. Der Verteidigungsminister der M.-Regierung, Ahmad Shah Massud, tritt für einen gemäßigten Kurs und die politische Mitbestimmung aller gesellschaftlichen Gruppen ein. Sein Gegenspieler Gulbuddin Hekmatyar, der bis Mitte 1992 kein Regierungsamt innehatte, fordert demgegenüber eine kompromißlose Haltung z. B. gegenüber ehemaligen kommunistischen Funktionären.

Der Machtübernahme durch die M. waren Friedensgespräche unter Leitung der UNO vorausgegangen, deren Ziele eine Friedensversammlung aller politischen Gruppen in Afghanistan und die Durchführung von freien Wahlen wa-

Der vom Computer dargestellte Eiweißstoff Trypsinogen. Beim Molekular-Design wird das Molekül in veränderten Strukturen simuliert, um den für den Verwendungszweck optimalen Aufbau herauszufinden.

Große Probleme für Mudschaheddin-Regierung
Die moslemischen Mudschaheddin-Rebellen, die im April 1992 die kommunistische Regierung in Afghanistan unter Staatspräsident Mohammad Nadschibullah ablösten, traten ein schweres Erbe an. Afghanistan zählte mit einem jährlichen Pro-Kopf-Einkommen von rd. 220 Dollar (336 DM, Stand: 1989) zu den ärmsten Ländern der Welt. Das Land hatte mit 42 Jahren weltweit die niedrigste Lebenserwartung und die zweitgrößte Kindersterblichkeit (300 auf 1000 Lebendgeburten). Die Analphabetenquote betrug 1985 rd. 80%.

ren. Die beiden Bürgerkriegsparteien hatten sich Anfang 1992 unter dem politischen Druck ihrer ausländischen Verbündeten kompromißbereit gezeigt. Die USA und Pakistan stellten Ende 1991 ihre Waffenlieferungen an die M. ein; auch die Sowjetunion beendete ihre militärische Unterstützung für die Regierung Nadschibullah.

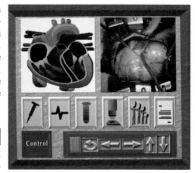

Simulation einer Herzoperation am Bildschirm eines Multimedia-Personalcomputers

Multimedia

Schlagwort für die Bearbeitung und Speicherung von Text, Grafik, Foto und Videobild mit → Computern. Anfang 1992 einigten sich führende Hersteller von Hardware und → Software auf Mindestanforderungen für einen → Personalcomputer, der mit dem Etikett M. versehen werden darf. Zur Grundausstattung gehörte 1992 ein Laufwerk für → CDs. Die meisten Personalcomputer waren 1992 wegen ihrer geringen Speicherkapazität für die Verarbeitung von großen Datenmengen (vor allem bei Filmbildern) nicht geeignet. Ziel der Hersteller von M.-Systemen ist die Integration von Computer-, Medien- und Telekommunikationsanwendungen. Das Marktforschungsinstitut IDC (USA) rechnete Anfang 1992 mit einem Umsatz von 1,7 Mrd DM bei M.-Produkten in Deutschland für 1995 (Umsatz 1990: rd. 3 Mio DM).

Zukünftige Anwendungen: Das Institut für Integrierte Informations- und Publikationssysteme (IPSI, Darmstadt) entwickelte 1992 den Prototyp einer M.-Zeitung. Informationen von Nachrichtenagenturen werden mit → Datenfernübertragung täglich an den Personalcomputer eines Abonnenten übermittelt. Der Computer kann mit einem sog. Hypertextnetz (→ Netzwerk) verbunden dem Abonnenten den Zugang zu elektronischen Nachschlagewerken, Bild-, Musik- und Videodatenbanken ermöglichen (→ Datenbanken).

Probleme: Die digitale Speicherung und Bearbeitung von Ton und Bild war bei den Mitte 1992 verbreiteten Kleinrechnern kaum möglich. Allein für die Speicherung von 1 min Musik wird etwa 1 Mbyte Speicherplatz und für eine einminutige Videoaufzeichnung rd. 3 Mbyte benötigt.

Entwicklungsstand: Die hohe Speicherkapazität von CDs ermöglichte 1992 M.-Anwendungen in Kleinrechnern. Verschiedene Verlage boten 1991/92 auf CD gespeicherte Nachschlagewerke an, deren Inhalt auf einem Bildschirm abgerufen und durch Film oder Ton illustriert wird.

Der größte Software-Hersteller der Welt, Microsoft (USA), entwickelte Anfang 1992 Richtlinien für M. Voraussetzungen für einen M.-PC sind hohe Speicherkapazität (4 Mbyte Arbeitsspeicher, 80 Mbyte Festplatte) und Rechengeschwindigkeit, ein integriertes CD-Laufwerk und eine Schaltung, die das begrenzte Klangspektrum eines Computers erweitert (Soundkarte). Außerdem sollten M.-PCs möglichst über Schnittstellen zu Systemen für → Foto CDs und Laserdiscs sowie zu elektronischen Musikinstrumenten und über Anschlüsse für Video- und Fernsehgeräte verfügen.

Multiplex-Kino

(lat.; Vielfach-Kino), Lichtspielzentren mit zahlreichen Filmtheatern für mehrere tausend Zuschauer und weiteren Freizeiteinrichtungen. Bei M. konkurrierten in Deutschland drei Konzerne, die bis Mitte 1992 jeweils zwei M. er-

Erstes Multiplex-Kino für Ostdeutschland in Leipzig
Mitte 1992 eröffnete der US-amerikanische Filmverleiher United Cinemas International (UCI) das erste Multiplex-Kino in Ostdeutschland. Das Lichtspielzentrum im Saalepark bei Leipzig bietet 2240 Zuschauern in zehn Vorführsälen Platz. Der Saalepark soll zu Deutschlands größtem Einkaufs- und Vergnügungszentrum ausgebaut werden.

öffnet hatten: Der US-amerikanische Filmverleiher United Cinemas International (UCI, in Köln-Hürth und Bochum), die deutsche Neue Constantin Film GmbH (im Kölner → Media Park), der US-Konzern Warner Brothers (Gelsenkirchen) und der Hans-Joachim-Flebbe-Filmtheaterbetrieb (Essen, Hannover). Die Konzerne planten 1992 weitere M. in Deutschland. Kleinere Kinounternehmer fürchteten 1992, gegenüber den M. nicht konkurrenzfähig bleiben zu können, weil die Konzerne als Verleiher US-amerikanischer Filme publikumswirksame Produktionen überwiegend in ihren M. abspielen würden.

UCI will bis 1995 in Europa M. ebenso wie Warner insbes. in Stadtaußenbezirken einrichten, die Neue Constantin, die Mitte 1992 die 1991 begonnene Kooperation mit Warner beendete, auch in Innenstädten. Hans Joachim Flebbe, 1992 Betreiber von 110 Kinos, wollte weitere M. mit dem Namen Cinemaxx in Hamburg und München bauen.

Das erste deutsche M. in Hürth hatte innerhalb eines Jahres rd. 1 Mio Zuschauer und einen Marktanteil von etwa 20% in seinem Einzugsgebiet. Kleinere Kinos dieser Region verzeichneten Umsatzrückgänge bis zu 20%. Eine Kölner Kette mit vier Kinos schloß im April 1992 wegen Zuschauermangels. Das Cinemaxx in Hannover war durchschnittlich zu 30% ausgelastet (Großstadtdurchschnitt 1992: 23%). 1991 verringerte sich die Besucherzahl der 42 herkömmlichen Kinos in Hannover durchschnittlich um 25%.

N

Nachrichtenkanal

Rundfunkprogramm, das überwiegend aus Informationssendungen besteht. Seit Ende 1991 strahlt Info Radio 101 als privater lokaler N. ein Informationshörfunkprogramm in Berlin/Potsdam aus (Veranstalter: Radio Schles-

Multiplex-Kinos in Deutschland 1992

Standort	Vor-führsäle	Sitz-plätze	Betreiber	Eröffnung
Hürth (bei Köln)	14	2700	United Cinemas International (UCI)	Oktober 1990
Bochumer Ruhrpark	18	4100	UCI	März 1991
Gelsenkirchen-Buer	9	2700	Warner Brothers	März 1991
Hannover	10	3100	Hans-Joachim-Flebbe-Filmtheaterbetrieb	März 1991
Essen	16	5600	Hans-Joachim-Flebbe-Filmtheaterbetrieb	Dezember 1991
Köln	13	3200	Neue Constantin Film GmbH	Dezember 1991
Leipzig	10	2240	UCI	vorauss. Herbst 1992
München	15–18	5000	Neue Constantin Film GmbH	vorauss. Herbst 1992
München	7	1800	Hans-Joachim-Flebbe-Filmtheaterbetrieb	vorauss. Herbst 1992

Quelle: Aktuell-Recherche

wig-Holstein, 40%, Argon-Verlag, 40%, Frankfurter Allgemeine und Süddeutsche Zeitung, je 10%). Eine Veranstaltergemeinschaft, der u. a. der Jahr-Verlag (Hamburg), der Stuttgarter Holtzbrinck-Konzern und deutsche Banken angehören, will ab 1993 bundesweit Vox, ein Informationsfernsehprogramm verbreiten. Deutschlands größte Medienagentur HMS (Wiesbaden) plante, gemeinsam mit Time Warner und Investoren aus Frankreich, Großbritannien und Deutschland n-tv (Sitz: Berlin) ab 1993 im deutschsprachigen Raum auszustrahlen. Ab Mai 1993 will die Union Européenne de Radiodiffusion (UER) europaweit den N. → Euronews im TV anbieten.

Info Radio 101: Das 24stündige werbefinanzierte Programm umfaßt Nachrichten, Reportagen und Interviews. Es wird über → Terrestrische Frequenzen verbreitet und ist mit herkömmlicher Antenne zu empfangen.

Vox: Mit Nachrichten zu jeder vollen Stunde und Berichterstattung über Themen wie Auto, Reise, Kultur und Sport will Vox täglich 18 Stunden Programm füllen. 1993 sollen 60% der deutschen Zuschauer Vox mit → Parabolantenne oder → Kabelanschluß empfangen können, in Bremen, Hessen, NRW und im Saarland ist der N. mit Antenne zu

sehen. Zeitungsverlage wie der Süddeutsche (München) und der Spiegel-
Verlag (Hamburg), der 1992 bereits mit
eigenen Sendungen im → Privatfernsehen bei RTL plus und SAT 1 vertreten
war, wollen Magazinsendungen über
den N. ausstrahlen. Der Kanal soll ausschließlich mit → Fernsehwerbung
finanziert werden.

n-tv: Von 6 Uhr bis 24 Uhr soll n-tv neben Nachrichten Magazine mit dem
Schwerpunkt Wirtschaft, Politik, Kultur und Sport in Deutschland, Österreich und der Schweiz verbreiten.

Weitere Nachrichtensender: Anfang
1992 planten die französischen Privat-
fernsehsender TF 1, M 6 und Canal
Plus einen N. mit 16 Stunden Programm täglich, der zunächst in Frankreich und Nordafrika, später weltweit
ausgestrahlt werden soll.

Die halbstaatliche japanische Fernseh-
gesellschaft NHK beabsichtigte, mit
dem US-amerikanischen Sender ABC
und einem britischen Gesellschafter
weltweit ein 24stündiges Informationsprogramm anzubieten.

Nachtarbeit

Im Januar 1992 erklärte das Bundesverfassungsgericht (BVG, Karlsruhe)
das N.-Verbot für Arbeiterinnen in
Westdeutschland für verfassungswidrig, da es gegen den im GG verankerten
Gleichheitsgrundsatz von Mann und
Frau verstößt. Das BVG stellte jedoch
fest, daß N. Gesundheitsschäden hervorrufen könne und forderte einen besseren gesetzlichen Schutz für männliche und weibliche Arbeitnehmer bei N.
Die CDU/CSU/FDP-Bundesregierung
bereitete Anfang 1992 ein Gesetz mit
einer einheitlichen Regelung der N.
vor. Im Juli 1991 hatte bereits der
Europäische Gerichtshof (Luxemburg)
entschieden, daß N. in EG-Ländern
nicht allein für Frauen verboten werden
dürfe. Anfang 1992 arbeiteten in Westdeutschland nachts rd. 3,5 Mio Beschäftigte, darunter 700 000 Frauen.
In Westdeutschland durften Arbeiterinnen bis zum Urteil des BVG nicht

von 20 bis 6 Uhr beschäftigt werden, in
Mehrschichtbetrieben war ihnen die
Arbeit von 23 bis 5 Uhr untersagt. Für
weibliche Angestellte in den alten und
Arbeitnehmerinnen in den neuen Län-
dern galt kein N.-Verbot.

Die Bundesregierung plante Anfang
1992, regelmäßige, kostenlose Gesund-
heitsuntersuchungen für Nachtarbeiter
einzuführen. Frauen und Männer sollen
ein Recht auf einen Tagesarbeitsplatz
erhalten, wenn N. sie gesundheitlich
beeinträchtigt. 60–80% aller Nachtarbeiter klagten über Schlafstörungen
und Magenschmerzen.

Der DGB kritisierte die Aufhebung des
Verbots, da insbes. in Arbeiterfamilien
Frauen durch N. neben der Kindererziehung und dem Haushalt zusätzlich
belastet würden.

Nachwachsende Rohstoffe

Pflanzen, aus denen → Rohstoffe gewonnen werden, z. B. Zucker, Stärke,
Öle, Fette und Fasern. N. können begrenzt vorkommende mineralische
Rohstoffe ersetzen. Sie werden vor allem in der chemischen Industrie, wo sie
rd. 10% des Rohstoffbedarfs decken,
und als → Biotreibstoff eingesetzt. Die
EG-Kommission beabsichtigte Anfang
1992, den Einsatz von Biotreibstoffen,
die bei ihrer Verbrennung kaum Kohlendioxid erzeugen, steuerlich gegenüber Treibstoffen aus Mineralölen zu
bevorzugen. Ferner soll der Anbau von
N. finanziell gefördert werden. Das
Bundesforschungsministerium steigerte die Mittel für N. von 66 Mio DM
1991 auf 85 Mio DM 1992.

Anbau: Etwa 2,3% der westdeutschen
Ackerfläche (rd. 170 000 ha) waren
Mitte 1991 mit N. bebaut (hauptsäch-
lich Kartoffeln, Mais, Weizen und
Raps). Das Bundeswirtschaftsministe-
rium rechnete mit einer Ausdehnung
dieser Fläche auf 1 Mio ha bis 2005.
Auf etwa zwei Dritteln der N.-Anbau-
fläche wurden 1992 Pflanzen für die
Stärkeherstellung angebaut.

Biotreibstoff: Die Herstellung von
Treibstoffen aus N. war 1992 verhält-

nismäßig teuer: Die Produktion von 1 l Treibstoff aus Rapsöl kostete rd. 2,30 DM, während die Kosten bei Dieseltreibstoff 40 Pf/l betrugen. Um die Preisdifferenz auszugleichen und die Wettbewerbsposition zu verbessern, müßte jeder Hektar Rapsanbaufläche mit 2500 DM subventioniert werden.

EG-Förderung: Für eine Gewinnung von Ethanol aus Zuckerrüben, Getreide und Kartoffeln sowie für Biotreibstoff aus den Ölen von Raps, Sonnenblumen, Soja und Erdnüssen sieht der Richtlinienentwurf der EG-Kommission steuerliche Anreize vor. Für den Anbau der N. sollen Bauern im Zuge der EG-Agrarreform stillgelegte Flächen nutzen. Der von der EG gezahlte Einkommensausgleich für Stillegungen wird als finanzielle Förderung von N. verstanden, bei deren Anbau der Ausgleich nicht zurückgezahlt werden muß (→ Agrarpolitik).

Umweltbelastung: Die EG-Kommission stellte Anfang 1992 fest, daß die Emissionen (z. B. Schwefeldioxid und Kohlendioxid) bei der Nutzung von N. als Brennstoff wesentlich geringer sind als bei fossilen Energieträgern. Bei der Verbrennung von Pflanzenölen wird nur die Menge Kohlendioxid abgegeben, die von der Pflanze während ihres Wachstums aufgenommen wurde. Der Ausstoß von Stickoxiden, Methan und Aldehyden sei bei N. ähnlich hoch.

Nahost-Konferenz

→ Übersichtsartikel S. 300

Namensrecht

Im April 1992 legte die CDU/CSU/FDP-Bundesregierung einen Gesetzentwurf vor, der den Zwang zum gemeinsamen Ehenamen in Deutschland aufhebt. Vorausgegangen war 1991 ein Urteil des Bundesverfassungsgerichts (Karlsruhe), das die Regelung für verfassungswidrig erklärt hatte, nach der die Frau den Nachnamen des Mannes bei der Heirat annehmen mußte, wenn sich die Ehepartner nicht auf einen

Nachnamen einigen konnten (Az. 1 BvL 83/86, 24/88).

Der Gesetzentwurf sieht als Regelfall einen gemeinsamen Namen für Eheleute vor. Jeder Ehepartner kann jedoch auch seinen Namen behalten. Zusammengesetzte Namen dürfen höchstens zweigliedrig sein. Auch zu einem späteren Zeitpunkt kann ein gemeinsamer Name gewählt werden; dieser ist dann verbindlich. Nach Inkrafttreten des Gesetzes sollen verheiratete Paare während der Übergangsfrist von einem Jahr ihre Namen ändern dürfen.

Wenn ein Paar sich bei der Geburt des ersten Kindes nicht auf einen Namen für alle gemeinsamen Kinder einigen kann, entscheidet der Standesbeamte über die Reihenfolge der zusammengesetzten Kindernamen durch Los.

NASA

(National Aeronautics and Space Administration, engl.; Nationale Luft- und Raumfahrtbehörde), zivile Organisation zur Planung und Durchführung von Vorhaben zur Luft- und → Raumfahrt der USA (Sitz: Washington). Ende 1991 kündigte die NASA an, aus Kostengründen keine Großprojekte mehr zu verwirklichen. Weltraumprojekte wie die → Raumstation Freedom waren Mitte 1992 gefährdet. Im Juni 1992 vereinbarte die NASA mit der russischen Weltraumagentur drei gemeinsame bemannte Raumflüge bis 1995. Zum 1. 4. 1992 trat NASA-Chef Richard Truly wegen Differenzen mit der US-Regierung über die Raumfahrtpolitik zurück. Er hatte sich für einen weiteren Bau von Großsatelliten eingesetzt und gegen eine stärkere Nutzung unbemannter Trägerraketen ausgesprochen. Nachfolger wurde der Vizepräsident des US-Raumfahrtunternehmens TRW, Daniel Goldin.

Als fünfte US-amerikanische → Raumfähre absolvierte die Endeavour im Mai 1992 ihren ersten Weltraumflug. Der Bau weiterer Raumfähren war Mitte 1992 nicht vorgesehen. Die Stationierung von sechs Großsatelliten zur

Chinaschilf befeuert Kraftwerke in Ostdeutschland
Mit 30 Mio DM bis 1993 fördert das Bundesforschungsministerium Anbau und Nutzung von Chinaschilf als Rohstoff für die Energieerzeugung. Die bis 2 m hohe Graspflanze soll an zwölf Standorten in den neuen Bundesländern auf ca. 100 ha Fläche angebaut werden. Sie dient als Brennstoff in kleineren Kraftwerken (1–42 MW). Die schnell wachsende Pflanze baut im gleichen Zeitraum pro Flächeneinheit rd. 15mal soviel Biomasse auf wie ein Wald.

NASA plant Mars-Besiedlung
Die NASA stellte Anfang der 90er Jahre die Idee vor, den Planeten Mars bis zum Jahr 2170 in ein bewohnbares Gegenstück der Erde zu verwandeln (sog. Terra-forming). In einer ersten Stufe soll der Rote Planet ab 1992 mit Raumsonden und 2015–2030 von Astronauten erforscht werden. In den nächsten 50 Jahren wird der Planet u. a. mit sog. Treibhausgasen, die in Chemiefabriken hergestellt werden, erwärmt (Durchschnittstemperatur in den Mars-Wüsten: – 60 °C). Die Gase fangen die Wärmestrahlung der Planetenoberfläche auf und erhitzen die Luft. Der im Gestein gebundene Sauerstoff entweicht und baut die Atmosphäre auf. Ende des 22. Jh. sollen Menschen umgeben von irdischer Vegetation ohne künstliche Atemhilfen überleben können.

Nahost-Konferenz
Araber und Israeli erstmals am Verhandlungstisch

Auf Initiative der USA begannen im Oktober 1991 in Madrid die ersten arabisch-israelischen Friedensverhandlungen seit Gründung des Staates Israel (1948). Zu den Zielen der Konferenz gehört eine Vereinbarung über den Status der von Israel besetzten Gebiete Westjordanland, Gazastreifen und Ost-Jerusalem. Die dort lebenden rd. 1,7 Mio Palästinenser fordern einen eigenen Staat. Bei den Friedensgesprächen werden die Interessen der Palästinenser von Vertretern aus den besetzten Gebieten wahrgenommen, weil Israel die Teilnahme der von ihr als terroristisch betrachteten PLO ablehnt. Die linksgerichtete israelische Regierung unter Yitzhak Rabin, die im Juli 1992 die Likud-Regierung ablöste, bezeichnete die Versöhnung mit den Arabern als vorrangiges Ziel. Sie beschloß, den Bau von rd. 7000 israelischen Wohneinheiten in den besetzten Gebieten einzustellen. Israels arabische Nachbarn, die Palästinenser und die USA hatten die Siedlungspolitik als eines der größten Hindernisse für den Friedensprozeß kritisiert. Die multilateralen Gespräche über Fragen der Wasserverteilung, Abrüstung, Eingliederung von palästinensischen Flüchtlingen sowie Umwelt und Wirtschaftsentwicklung führten bis Mitte 1992 vor allem deshalb nicht zum Erfolg, weil sie größtenteils von Israel, Syrien und dem Libanon boykottiert wurden.

Land gegen Frieden: Israel will bei der Nahost-Konferenz Friedensverträge mit seinen arabischen Nachbarn erreichen. Mitte 1992 hatte Israel lediglich mit Ägypten einen Friedensvertrag (1979) abgeschlossen. Während Israel sich auf die UNO-Resolution 338 (1973) beruft, in der dem jüdischen Staat ein Existenzrecht zugesichert wird, sind die arabischen Länder zur Anerkennung des Staates Israel nur unter der Voraussetzung bereit, daß Israel sich aus den im Sechstagekrieg 1967 eroberten Gebieten Westjordanland, Gazastreifen, Ost-Jerusalem und den Golan-Höhen zurückzieht. Sie fordern die Umsetzung der UNO-Resolution 242 (1967), in der Israel zur Rückgabe der besetzten Gebiete aufgefordert wird.

Palästinenser fordern eigenen Staat: Israel bot den Palästinensern in den besetzten Gebieten im April 1992 Kommunalwahlen und eine begrenzte Autonomie an. Die von Hanan Ashrawi geführte palästinensische Delegation forderte dagegen eine vollständige Selbstverwaltung als Vorstufe des von ihr angestrebten Staates Palästina, den die PLO bereits 1988 ausgerufen hatte. Die palästinensischen Vertreter verabschiedeten im Juni 1992 zusammen mit der PLO ein Gesetz, das ein Verfahren für Nationalwahlen festlegt. Im Oktober 1991 bezeichneten es die USA und die UdSSR als Ziel der Konferenz, bis 1997 eine Entscheidung über den endgültigen Status der besetzten Gebiete zu treffen. Die Palästinenser im Westjordanland und im Gazastreifen setzten 1991/92 ihren 1987 begonnenen Aufstand gegen die israelische Besatzung fort (→ Intifada).

Wasserverteilung als Existenzfrage: Bis 2010 wird sich Schätzungen zufolge die Bevölkerung des Nahen Ostens verdoppelt haben. Da die zur Verfügung stehende Wassermenge konstant bleiben wird, rechneten Experten 1991/92 mit zunehmenden Verteilungskonflikten um das knappe Gut (→ Wasserknappheit). Anfang der 90er Jahre war z. B. die Wasserentnahme aus dem grenzüberschreitenden Euphrat zwischen der Türkei, Syrien und Irak strittig. Arabische Politiker warfen Israel im Mai 1992 vor, rd. 30% seines Wasserbedarfs aus dem Grundwasser in den besetzten Gebieten zu beziehen. Die israelischen Siedler in den besetzten Gebieten verbrauchten pro Kopf etwa achtmal soviel Wasser wie die palästinensische Bevölkerung. Diese dürfe nur 6% ihres Agrarlands bewässern, jüdische Siedler hingegen 70%.

USA verweigert Kredit für Siedlungen: Nach Angaben des Statistischen Zentralamts Israels vervierfachte sich 1991 die Zahl der neuerrichteten jüdischen Bauprojekte im Westjordanland und im Gazastreifen gegenüber dem Vorjahr. Die Likud-Regierung hatte die Ansiedlung jüdischer Bürger in den besetzten Gebieten seit Ende der 80er Jahre mit dem Ziel vorangetrieben, den israelischen Anspruch auf diese Gebiete zu untermauern. Die US-amerikanische Regierung hatte im März 1992 entschieden, entgegen früheren Zusagen nicht für ein jüdisches Darlehen in Höhe von 10 Mrd Dollar (15 Mrd DM) zu bürgen. Sie ging davon aus, daß das Geld für Wohnungsbauprogramme in den besetzten Gebieten verwendet werden sollte. (lo)

Erdbeobachtung wurde aufgegeben (Kosten: rd. 30 Mrd Dollar, 46 Mrd DM); statt dessen werden 18 kleinere Satelliten installiert, die von unbemannten Raketen in den Weltraum befördert werden (Ersparnis: 5 Mrd Dollar, 7,6 Mrd DM). Zudem wird ein für Mitte der 90er Jahre geplantes Sonnenobservatorium (Kosten: rd. 750 Mio Dollar, 1,1 Mrd DM) von zwei kleineren Beobachtungssatelliten ersetzt (Ersparnis: 350 Mio Dollar, 534 Mio DM). In der US-amerikanischen Raumfahrt gab es 1991/92 rd. 600 000 Arbeitsplätze; die NASA beschäftigte 24 000 Mitarbeiter.

Nationalitäten-Konflikte

Teilweise gewaltsame Auseinandersetzungen zwischen verschiedenen Volksgruppen untereinander oder gegen die Zentralregierung eines Staates. Die N. eskalierten 1991/92 vor allem zwischen Serben, Kroaten und Bosniern im ehemaligen Jugoslawien zum Bürgerkrieg. Der Auflösungsprozeß des Vielvölkerstaats Sowjetunion 1991 brachte zahlreichen Nationalitäten, z. B. den baltischen Völkern, die Unabhängigkeit von der Zentralregierung in Moskau. Gleichzeitig verschärften sich in Republiken der → GUS, z. B. in Moldawien und im Kaukasus, die N. zwischen verschiedenen Volksgruppen. Nach den Parlamentswahlen in der Tschechoslowakei vom Juni 1992 zeichnete sich eine Staatstrennung zwischen dem tschechischen und dem slowakischen Landesteil ab. Die europäischen N. zwangen 1991/92 Hunderttausende Menschen, ihre Heimat zu verlassen. Mitte 1992 gab es allein im ehemaligen Jugoslawien 1,5 Mio → Flüchtlinge, in der GUS waren etwa 700 000 Menschen auf der Flucht.

Jugoslawien: Das ehemalige Jugoslawien war ein Vielvölkerstaat, der nach dem Zweiten Weltkrieg durch Josip Broz Titos Einigungspolitik geschaffen wurde. Während des Bürgerkriegs in Kroatien, das im Juni 1991 seine Unabhängigkeit erklärte, starben von Mitte 1991 bis Mitte 1992 bei Kämpfen zwischen der serbisch dominierten Bundesarmee und kroatischen Milizen mehrere Tausend Menschen. Als Reaktion auf den serbischen Expansionskrieg gegen moslemische Bosnier in Bosnien-Herzegowina, bei dem von April bis Mai 1992 rd. 10 000 Menschen getötet wurden, beschloß der UNO-Sicherheitsrat im Mai 1992 → Wirtschaftssanktionen gegen Serbien. Die rd. 1,5 Mio Albaner in der zu Serbien gehörenden Provinz Kosovo, die sich von der serbischen Regierung unter Slobodan Milošević unterdrückt fühlen, strebten 1991/92 eine unabhängige Republik an.

GUS: In Moldawien, dem ehemaligen Bessarabien, begannen im März 1992 Kämpfe zwischen Milizen der russisch-ukrainischen Minderheit und Regierungstruppen. Die z. T. von der russischen Armee unterstützten Separatisten treten für einen Sonderstatus des von ihnen bewohnten östlichen Dnjestr-Gebiets ein. Sie widersetzen sich einer Vereinigung Moldawiens mit Rumänien, wie sie die rumänischstämmige Bevölkerungsmehrheit anstrebt. Anfang 1992 weitete sich der seit 1988 andauernde Konflikt zwischen dem christlichen Armenien und seinem islamischen Nachbarn Aserbaidschan um das von Aserbaidschan verwaltete, aber zu 70% von Armeniern bewohnte Gebiet Nagorny-Karabach zum Krieg aus.

ČSFR: Die tschechische konservative Demokratische Bürgerpartei (ODS) und die links-nationalistische Bewegung für eine Demokratische Slowakei (HZDS) schlossen nach der Wahl ein Abkommen, das die Auflösung der tschechischen und slowakischen Föderation vorsieht. Die Staatstrennung kann vollzogen werden, wenn die Landesparlamente der beiden Teilrepubliken dem Vertrag bis zum 30. 9. 1992 zustimmen. Die ungarische Minderheit in der Slowakei, deren Siedlungsgebiet z. T. direkt an Ungarn grenzt, fürchtete Mitte 1992 um ihre Rechte in einem slowakischen Nationalstaat. Sie forderte für sich den Autonomiestatus.

Süd-Ossetien will nationale Autonomie
Im Januar 1992 sprach sich die Bevölkerung des zu Georgien gehörenden Süd-Ossetiens in einem Referendum für die Abspaltung von Georgien und den Anschluß an die auf russischem Territorium gelegene autonome Republik Nord-Ossetien aus. In der sowjetischen Verfassung war Süd-Ossetien gleichfalls der Status einer autonomen Republik eingeräumt worden. Der frühere georgische Präsident Swiad Gamsachurdia hatte jedoch nach der Unabhängigkeitserklärung Georgiens (November 1991) den Autonomiestatus Süd-Ossetiens aufgehoben. Georgiens Staatsoberhaupt Eduard Schewardnadse widersetzte sich Mitte 1992 einer Abspaltung Süd-Ossetiens.

Mehrheit für Erhalt der NATO
In einer Umfrage des Instituts für Demoskopie Allensbach Ende 1991 sprachen sich 57% der Befragten für den Bestand des westliches Verteidigungsbündnisses NATO aus. Jeder vierte war der Auffassung, daß sie nach der Auflösung des Warschauer Pakts überflüssig geworden sei. In Ostdeutschland hielten 42% (Westdeutschland: 23%) die NATO nicht mehr für wichtig, weil von den osteuropäischen Staaten keine Gefahr mehr ausgine.

NATO

(North Atlantic Treaty Organization, engl.; Organisation des Nordatlantikvertrages), 1949 gegründetes westliches Verteidigungsbündnis, dem 14 Staaten Europas sowie Kanada und die USA angehören. Ende 1991 beschlossen die NATO-Staaten in Rom eine neue Strategie, die auf Zusammenarbeit, Friedensbewahrung und Krisenmanagement statt auf atomare Abschreckung angelegt ist. Im Dezember 1991 wurde mit dem → Nordatlantischen Kooperationsrat ein Forum geschaffen, in dem NATO, osteuropäische Staaten und → GUS bei der → Abrüstung, Verteidigungsplanung und Militärausbildung zusammenarbeiten. Mitte 1992 erklärte sich die NATO bereit, der → KSZE Streitkräfte zur Friedenserhaltung zur Verfügung zu stellen. Eine Anforderung muß von allen NATO-Mitgliedern gebilligt werden.

Manfred Wörner, NATO-Generalsekretär * 24. 9. 1934 in Stuttgart, Dr. jur., deutscher Politiker (CDU). Von 1965 bis 1988 Abgeordneter im Deutschen Bundestag, 1982–1988 Bundesminister der Verteidigung, ab 1988 Generalsekretär der NATO (Amtszeit bis 30. 6. 1993).

John Shalikashvili, NATO-Oberbefehlshaber in Europa * 17. 6. 1936 in Warschau, US-amerikanischer General. 1989 stellvertretender Kommandeur der US-Truppen in Europa, 1990 für den Abzug der US-Armee aus Berlin zuständig, ab Juni 1992 NATO-Oberbefehlshaber.

Strategie: Die NATO geht nicht mehr von einer Bedrohung durch die ehemaligen Warschauer-Pakt-Staaten aus, sondern von Sicherheitsrisiken. Dazu gehören die konventionellen Streitkräfte und die → Strategischen Waffen der früheren Sowjetunion, die Verbreitung von → ABC-Waffen und politische Konflikte in → Osteuropa, Nordafrika und Nahost.
Eine Schnelle Eingreiftruppe (engl.: Rapid Reaction Force; Stärke: 70 000–100 000 Soldaten), deren Aufstellung 1991 beschlossen wurde, soll auf eine unvorhersehbare militärische Bedrohung der NATO reagieren. Anregungen der USA, Truppen der Allianz für einen Einsatz außerhalb der NATO vorzubereiten, wurden in Rom nicht berücksichtigt. Die europäischen Staaten wurden aufgefordert, eine größere Verantwortung für die Verteidigung Europas zu übernehmen (→ WEU).
Eine Stationierung von US-amerikanischen Streitkräften und → Atomwaffen in Europa soll als Bindeglied zwischen den USA und den europäischen Staaten dienen und eine militärische Aggression unkalkulierbar machen. Strategische Nuklearwaffen werden als wichtigste Sicherheitsgarantie für die NATO-Mitglieder angesehen.

Abrüstung: Auf dem Gipfeltreffen wurde beschlossen, die landgestützten → Kurzstreckenwaffen und Bestände an atomarer Artillerie (Reichweite: 40 km) in Europa vollständig abzubauen. Als Kurzstreckensysteme verbleiben atomare Flugzeugbomben, die um die Hälfte auf rd. 700 reduziert werden. Bis 1995 will die NATO ihre Streitkräfte in Mitteleuropa um 50% verringern (→ Truppenabbau → KSE). 1991 hatten sich die USA und die Sowjetunion auf den Abbau ihrer strategischen Waffen auf jeweils 6000 Sprengköpfe auf maximal 1600 Trägersystemen für jede Seite geeinigt (→ START). Im Juni 1992 vereinbarten Rußland und die USA eine Reduzierung auf 3000–3500 Gefechtsköpfe.

Kommando: Ende 1991 beschlossen die NATO-Verteidigungsminister die Auflösung des NATO-Oberkommandos für den Ärmelkanal. Norwegen, Großbritannien sowie die Nord- und Ostsee, damit auch die Marinestreitkräfte der → Bundeswehr, werden mit den Britischen Inseln zu einem Kommandobereich zusammengelegt, Dänemark und Schleswig-Holstein gehören zum Befehlsbereich Mitteleuropa (bis dahin: Nordeuropa). Der Personalumfang der Führungsstäbe wird infolge der Reorganisation um etwa ein Viertel verringert. Im Juni 1992 wurde John Galvin von US-General John Shalikashvili als Oberbefehlshaber der NATO-Truppen in Europa abgelöst.

Naturschutz

Maßnahmen zur Erhaltung und Wiederherstellung gewachsener Landschaften und Landschaftselemente als Lebensraum für Pflanzen und Tiere. Im deutschen N.-Gesetz sind unterschiedliche Abstufungen für den N. festgelegt, die u. a. auch eine begrenzte Nutzung geschützter Gebiete, z. B. zur Erholung, erlauben. Bundesumweltminister Klaus Töpfer (CDU) legte Anfang 1992 einen Entwurf zur Novellierung des N.-Gesetzes vor, nach dem bei Eingriffen in die Natur, z. B. durch Neubauten, der Verursacher Ausgleichsmaßnahmen für den N. treffen bzw. eine Ausgleichsabgabe zahlen muß. 1992 förderte das Bundesumweltministerium Projekte zum N. mit 74 Mio DM (1991: 65 Mio DM).

Die geplanten Ausgleichszahlungen sollen von den Bundesländern für N. und Landschaftspflege verwendet werden. Weiterhin soll im N.-Gesetz die Passage gestrichen werden, nach der Land- und Forstwirtschaft i. d. R. dem N. dienen. Bundeslandwirtschaftsminister Ignaz Kiechle (CSU) setzte einen finanziellen Ausgleich für Landwirte durch, die aus Gründen des N. wirtschaftliche Nachteile erfahren, weil sie z. B. den Einsatz von → Pestiziden einschränken müssen und ihre Ernteerträge deshalb geringer ausfallen. Bundesbauministerin Irmgard Schwaetzer (FDP) kritisierte die Gesetzesnovelle als Behinderung für den → Wohnungsbau, weil die Ausgleichsabgabe den Neubau von Häusern verteuere.

Die SPD forderte in einem Anfang 1992 vorgelegten Gesetzentwurf, mindestens 10% der Fläche Deutschlands

Naturparke und Biosphärenreservate in der BRD

Schleswig-Holst.\
Wattenmeer\
Niedersächs.\
Wattenmeer\
Hamburg.\
Wattenmeer\
Kiel\
Schleswig-Holstein\
Vorpommersche Boddenlandschaft\
Jasmund\
Südost-Rügen\
Mecklenburg-Vorpommern\
Bremen Hamburg\
Schwerin\
Müritz-Nationalpark\
Niedersachsen\
Hannover\
Sachsen-Anhalt\
Schorfheide-Chorin\
BERLIN\
Potsdam\
Brandenburg\
Nordrhein-Westfalen\
Hochharz\
Magdeburg\
Mittlere Elbe\
Spreewald\
Düsseldorf\
Erfurt\
Rhön Thüringen\
Vessertal\
Sachsen\
Dresden\
Sächsische Schweiz\
Hessen\
Rheinland-\
Wiesbaden\
Mainz\
Saar-\
land\
Pfalz\
Saarbrücken\
Baden-\
Stuttgart\
Bayern\
Bayerischer Wald\
Württemberg\
München\
Berchtesgaden

Nationalpark\
Biosphären-reservat\
Nationalpark u. Biosphären-reservat

0 100 km

Stand: 31.12.1991

© Bundesforschungsanstalt für Naturschutz und Landschaftsökologie

für den N. auszuweisen (Mitte 1992: rd. 1,9%) und eine sog. Verbandsklage für Naturschutzverbände einzuführen, damit sie gegen umweltschädigende Vorhaben Einspruch erheben können.

Netzwerk

Verknüpfte Datenverarbeitungsanlagen, die innerbetrieblich, landes- und weltweit kommunizieren können. Die Zahl der → Computer und → Personalcomputer, die per Datenleitung (z. B. → Glasfaserkabel) und über Satelliten Informationen austauschen (→ Datenfernübertragung), wird lt. Computerhersteller Zenith (USA) von rd. 55% der rd. 14 Mio installierten Personalcomputer 1991 auf 75% in 1993 steigen (in Deutschland auf 35%).

Lagune von Venedig unter Naturschutz
Die Naturschutzorganisation World Wide Fund for Nature (WWF, Gland/Schweiz) kaufte dem italienischen Staat Anfang 1992 für rd. 200 Mio DM ein Stück der Lagune von Venedig ab. Der WWF stellte das 152 ha große Feuchtgebiet unter Naturschutz.

Computervernetzung ohne Kabelsalat

Ende 1991 boten Hersteller in Deutschland Computer an, die drahtlos mit anderen Rechnern kommunizieren können. Durch Funk- oder Infrarotkommunikation kann die aufwendige und teure Verkabelung bei innerbetrieblichen Computer-Netzwerken entfallen. Während die Kommunikation über Funk der Genehmigung der Post bedarf, ist für Infrarotsysteme keine Zulassung vorgeschrieben.

Fördermittel für Neuro-Computer

Im Zeitraum von 1991 bis 1994 stehen deutschen Wissenschaftlern rd. 130 Mio DM an Fördergeldern für die Entwicklung von Neuro-Computern zur Verfügung. Die Mittel stammen vor allem aus den Etats der Kultus- und Wissenschaftsministerien der Länder. Die deutsche Forschungsanstalt für Luft- und Raumfahrt (DLR) in Berlin koordinierte Mitte 1992 elf Neuro-Computer-Forschungsprojekte in Deutschland.

N.-Typen unterscheiden sich von ihrer Ausdehnung:

▷ Lokale Netzwerke (engl.: Local Area Networks, LAN) sind auf ein Betriebsgelände beschränkt

▷ Innerstädtische Netzwerke (engl.: Metropolitan Area Networks, MAN) verbinden lokale Netze in einem Umkreis von rd. 100 km miteinander

▷ Landesweite Netzwerke (engl.: Wide Area Networks, WAN) verbinden Unternehmen mit Geschäftsstellen in verschiedenen Landesteilen sowie Datennetzen

▷ Internationale Netzwerke (engl.: Global Area Networks, GAN) verbinden öffentliche und private Datennetze in verschiedenen Ländern.

Für die Übertragung von Daten, Sprache und bewegten Bildern werden breitbandige Glasfasernetze benötigt. Daten, die über das Glasfasernetz in 60-80 Millisekunden übertragen werden, würden mit Kupferleitung in etwa 12 Stunden übermittelt. MAN wurde 1992 von der Universität Stuttgart erstmals in Deutschland getestet.

Neuro-Computer

(Neuron, griech.; Nervenzelle), nach dem Vorbild des menschlichen Gehirns aufgebauter Rechner. Mikroprozessoren (→ Chips) werden zu einem sog.

neuronalen Netz verknüpft. Die Chips verfügen wie menschliche Nervenzellen über eine Zuleitung und mehrere Ausgangskanäle. Durch Verschaltungen, die das System selbständig durchführt, werden Lernprozesse des Gehirns nachgeahmt. Für Ende 1992 kündigte die US-amerikanische Firma Synaptics Inc. (Kalifornien) Neuro-Chips an, künstliche Nachbildungen von einzelnen Nervenzellen, die über maximal 500 Mio Verbindungen zu anderen Rechnereinheiten verfügen (bis dahin: rd. 10 000 Verbindungen).

N. haben gegenüber herkömmlichen → Computern u. a. folgende Vorteile:

▷ Die verschalteten Rechnereinheiten arbeiten gleichzeitig an verschiedenen Rechenschritten eines Problems (→ Parallelcomputer)

▷ Der N. vergleicht aktuelle Informationen mit früheren Eingaben und bildet selbständig Regeln

▷ N. sind fehlertolerant: Signale, die um 50% von der üblichen Form abweichen (z. B. verschwommene Bilder oder gestörte Geräusche), werden mit Hilfe assoziativer Fähigkeiten identifiziert.

Das Bundesforschungsministerium förderte die Entwicklung von N. 1992 mit rd. 15 Mio DM.

Neurostar

Röntgengerät, das mit zwei Aufnahmesystemen aus verschiedenen Perspektiven gleichzeitig Bilder vom Blutgefäßnetz macht und sie sofort auf einen Digitalbildschirm in hoher Bildqualität überträgt (1024 x 1024 Bildpunkte, Röntgenaufnahmen bis dahin: 512 x 512 Bildsignale). Der Patient muß für Röntgenaufnahmen mit N. nicht in die jeweils günstigste Lage gebracht werden, so daß das Risiko von Verletzungen durch Positionswechsel minimiert wird. N. verringert gegenüber herkömmlichen Verfahren die → Strahlenbelastung für Patient und Untersuchenden, weil das Röntgen schneller abgeschlossen ist. Er ermöglicht die sofortige Diagnose von Blutgefäßschäden und

Einsatzgebiete für Neuro-Computer in den 90er Jahren

Gebiet	Anwendungsbereich[1]
Industrie	Qualitätskontrolle, Kapazitätsplanung, Mitarbeiterauswahl, Steuerungskontrolle, Bildverarbeitung, Sortierung, Materialanalyse, Robotersteuerung
Finanzen	Auswahl von Wertpapieren, Verkaufsvorhersage, Unterschriftenerkennung, Buchstabenerkennung
Telekommunikation	Fehlerkorrektur, Optimierung des Signalverkehrs, Datenreduktion
Medizin	Blutdruck-, Atem- und Gewebeanalyse, Diagnose, Bakterienidentifikation
Marketing	Mustererkennung in Dateien, Zielgruppenbestimmung
Künstliche Intelligenz	Spracherkennung, Wissensgewinnung
Öffentlicher Dienst	Postleitzahl-Identifikation, automatische Verarbeitung von Formularen
Militär	Zielerkennung, Flugkontrollsystem

1) Die Komplexität der Aufgaben erfordert Rechengeschwindigkeiten, die herkömmliche Computer nicht erbringen können; Quelle: HighTech 11/1991

bessere Orientierung von Chirurgen für Operationen. 1991/92 wurden in Deutschland erste N. in Hannover und in Essen installiert (Kosten pro Gerät: 3,5 Mio DM).
Ein Aufnahmesystem von N. liefert Röntgenbilder in der vertikalen, das andere in der horizontalen Ebene. Bis dahin mußten beide Ebenen nacheinander geröntgt werden. Bei fortlaufender Betrachtung der Monitorbilder entsteht ein dreidimensionaler Eindruck.

Neutrinos

(lat.; kleines Neutron), ungeladene, masselose Elementarteilchen, die bei der Verschmelzung von Wasserstoff und Helium entstehen und 1970 erstmals nachgewiesen wurden. Nach dem physikalischen Modell von den Vorgängen auf der Sonne entsteht die Sonnenenergie (Licht und Wärme) durch Verschmelzung von Helium und Wasserstoff. Die bei den Fusionsvorgängen entstehenden N. müßten in allen Richtungen das Weltall durchfliegen. Ein Teil der N. müßte 8 min nach Freiwerden die Erde erreichen, die sie wegen ihrer Masselosigkeit ungehindert durchdringen können. Das europäische Forschungsprojekt Gallex bestätigte im Juni 1992 das Modell der Sonne, weil die nachgewiesene Zahl von 66 Mrd N. pro cm^2 Erdoberfläche mit der zuvor theoretisch errechneten Anzahl übereinstimmte. In der Antarktis begannen US-amerikanische Forscher im März 1992 mit dem Bau der Forschungsanlage Amanda zur Messung von N.
Sonnen-Modell: Seit den 70er Jahren versuchten Forscher, mit dem Nachweis von N. auf der Erde die Fusionsprozesse auf der Sonne zu beweisen. Bis 1992 fanden die Forscher bei ihren Messungen jedoch nur etwa ein Drittel der erwarteten Teilchenzahl.
Gallex: Für den Nachweis der N. wurde ein mit 53 m^3 Gallium-Chlorid-Lösung gefüllter Tank in einem Laboratorium bei Rom aufgebaut. Die Meßreihe wurde 1200 m unter der Erde durchgeführt, damit keine elektromagnetische Welt-

raumstrahlung die Messung beeinflußt. Das Metall Gallium kann mit N. reagieren (eine Reaktion pro Sekunde pro 10^{36} Atome), wobei radioaktives Germanium entsteht. Die Forscher errechneten, wie viele Germaniumatome entstehen müßten, wenn die erwartete Anzahl von N. auf den Tank trifft. Ihre Annahmen stimmten mit den Messungen überein, bei denen sie pro Meßperiode von drei Wochen fünf Germanium-Atome nachwiesen.
Amanda: Bei dem Experiment am Südpol werden auf einer Fläche von 50 m^2 180 Lichtverstärker 1 km tief unter der Eisdecke montiert. Die N. durchdringen das Eis und senden dabei schwache Lichtblitze aus, die verstärkt werden, bis der Lichtwellenbereich von Meßgeräten nachzuweisen ist.

Nichtseßhafte

→ Obdachlose

Nobelpreis

Jährlich verliehene Auszeichnung für herausragende Leistungen auf den Gebieten Physik, Medizin/Physiologie, Chemie, Literatur und Wirtschaftswis-

Nadine Gordimer, Literaturnobelpreisträgerin
* 20. 11. 1923 in Springs (Transvaal)/Südafrika, südafrikanische Schriftstellerin. Zu ihren bekanntesten Werken zählen „Fremdling unter Fremden" (1958), „Burgers Tochter" (1979) und „Julys Leute" (1981). Bücher waren in Südafrika zeitweise verboten.

Aung San Suu Kyi, Friedensnobelpreisträgerin
* 19. 6. 1945 in Rangun/ heute: Myanmar, birmanische Oppositionsführerin. 1969– 1971 Mitarbeiterin der UNO. 1988 Gründung der oppositionellen Nationalen Liga für Demokratie in Birma, ab 20. 7. 1989 Hausarrest in Rangun.

Frauen, die den Friedensnobelpreis erhielten

Jahr	Preisträgerin
1905	Bertha von Suttner (Österreich)
1931	Jane Adams (USA, mit N. M. Butler)
1946	Emily Greene Balch (USA, mit J. R. Mott)
1976	Betty Williams und Mairead Corrigan (Nordirland/GB)
1979	Agnes Bojaxhiu, gen. Mutter Theresa (Albanien/Indien)
1982	Alva Myrdal (Schweden, mit A. G. Robles)
1991	Aung San Suu Kyi (Myanmar)

Frauen, die den Literaturnobelpreis erhielten

Jahr	Preisträgerin
1909	Selma Lagerlöf (Schweden)
1926	Grazia Deledda (Italien)
1928	Sigrid Undset (Norwegen)
1938	Pearl S. Buck (USA)
1945	Gabriela Mistral (Chile)
1966	Nelly Sachs (Deutschland/Schweden)
1991	Nadine Gordimer (Südafrika)

senschaften sowie für besondere Verdienste um die Erhaltung des Friedens. Der N. war 1991 mit jeweils rd. 1,6 Mio DM ausgestattete und wurde folgenden Personen verliehen:

▷ Physik: Pierre-Gilles de Gennes (Frankreich) wurde für die theoretische Beschreibung der Ordnungsprozesse von Flüssigkristallen, Polymeren, Magneten und Supraleitern ausgezeichnet

▷ Medizin: Erwin Neher und Bert Sakmann (beide Max-Planck-Institut) erhielten den N. für ihre Forschung über Ionenkanäle, durch die Informationen zwischen Zellen ausgetauscht werden

▷ Chemie: Richard Ernst (Schweiz) wurde für die Entwicklung der hochauflösenden Kernresonanz-Spektroskopie, einem Verfahren zur Analyse von Molekülstrukturen, gewürdigt

▷ Literatur: Nadine Gordimer (Südafrika) erhielt den N. für ihre Romane und Novellen, in denen sie sich für die Abschaffung der Apartheid engagiert

▷ Wirtschaftswissenschaften: Ronald H. Coase (Großbritannien) wurde für seine Erweiterung der Theorie über die Entstehung und das Ver-

halten von Unternehmen in einer Volkswirtschaft gewürdigt

▷ Frieden: Aung San Suu Kyi (Myanmar) erhielt den N. als Oppositionsführerin gegen das birmanische Militärregime. Sie setzt sich ohne Gewalt für Demokratie und Menschenrechte in ihrem Land ein. Der N. wird am 10. Dezember (Todestag des Stifters Alfred Nobel) in Stockholm/Schweden und Oslo/Norwegen (Frieden) verliehen. Tabelle → S. 650

Nobelpreis, Alternativer

(eig. Right Livelihood Award, engl.; Preis für verantwortungsbewußte Lebensführung), von der Stiftung für verantwortungsbewußte Lebensführung (London) vergebene Auszeichnung, die seit 1980 jährlich im Stockholmer Parlament für herausragende Leistungen zur Lösung drängender Menschheitsprobleme verliehen wird. Der 1991 mit 437 000 DM ausgestattete Preis wurde zu gleichen Teilen an folgende Personen bzw. Organisationen vergeben:

▷ Der Land-Kommission der Erde und der Bewegung der Landarbeiter ohne Land, die sich für eine Neuverteilung des Grundbesitzes in Brasilien engagieren

▷ Der indischen Bewegung zur Rettung des Narmadatales, die sich gegen das größte Staudammprojekt der Welt, u. a. den Bau des Sardar-Sarovar-Dammes, wehrt

▷ Den in Französisch-Polynesien lebenden Schweden Bengt und Thérèse Danielsson sowie der Bevölkerung des Rongelap-Atolls/Marshall-Inseln, die sich für die Beendigung der → Atomtests im Pazifischen Ozean und Schadenersatzzahlungen der US-amerikanischen Regierung einsetzen.

Den undotierten Ehrenpreis erhielt der britische Umweltschützer Edward Goldsmith, Gründer und Herausgeber des Ökologie-Magazins The Ecologist. Die Stiftung für verantwortungsvolle Lebensführung wurde 1980 von Jakob von Uexküll gegründet.

Jakob von Uexküll, Initiator des Alternativen Nobelpreises
* 19. 8. 1944 in Uppsala/Schweden, deutsch-schwedischer Journalist und Übersetzer. 1980 Gründer der Right Livelihood Foundation (engl.; Stiftung für verantwortungsbewußte Lebensführung) in London. Uexküll schuf die finanzielle Grundlage der Stiftung durch den Verkauf einer wertvollen Briefmarkensammlung. 1987–1989 Abgeordneter der bundesdeutschen Grünen im Europäischen Parlament.

Nordamerikanisches Freihandelsabkommen

(NAFTA, North American Free Trade Agreement, engl.; TLC, Tratado de Libre Comercio, span.), Vertrag zwischen den USA, Kanada und Mexiko, der die Abschaffung der Handelshemmnisse (z. B. Zölle) vorsieht und mit dessen Abschluß für 1993 gerechnet wird. Mexiko soll für das N. in die 1988 geschaffene Freihandelszone zwischen USA und Kanada aufgenommen werden.

Eine Studie des Wirtschaftsforschungsunternehmens Institute for International Economics (Washington/USA) ergab Anfang 1992, daß mit dem N. bis 1995 in Mexiko rd. 600 000 und in den USA 130 000 Arbeitsplätze geschaffen würden. Die zwischenstaatlichen Exporte würden sich infolge des N. verdoppeln.

Die USA sehen in Mexiko insbes. einen Absatzmarkt. Sie wollen mit der Freihandelszone ein Gegengewicht zum → Europäischen Binnenmarkt bzw. → EWR und zum asiatisch-pazifischen Raum mit der wirtschaftlichen Führungsmacht Japan schaffen.

Mexiko, das rd. drei Viertel seines Außenhandels mit den Vereinigten Staaten abwickelt, weist niedrigere Lohnkosten als die USA auf und hofft auf ausländische Investitionen und Know-how, um die Konkurrenzfähigkeit seiner Produkte auf dem Weltmarkt zu verbessern.

Kanada, der größte US-Handelspartner, will seinen Zugang zum US-Markt sichern. Es sah in den USA Tendenzen,

Wirtschaftsdaten der NAFTA-Staaten 1991

Merkmal	Kanada	Mexiko	USA
Einwohnerzahl (Mio)	27,0	84,3	249,0
Bruttoinlandsprodukt je Einwohner (Dollar)	21 157,0	2 343,0	22 807,0
Wirtschaftswachstum, real (%)	−1,5	4,7	−0,7
Inflationsrate (%)	5,1	18,5	5,3
Arbeitslosigkeit (%)	9,3	2,6	6,7
Handelsbilanzsaldo (Mrd Dollar)	+6,7	+11,1	−66,0

Quelle: Bundesstelle für Außenhandelsinformation

den Marktzugang für ausländische Waren zu erschweren, die sich Anfang der 90er Jahre insbes. gegen Japan richteten (→ GATT → Protektionismus).
→ Außenwirtschaft → Weltwirtschaft

Nordatlantischer Kooperationsrat

Im Dezember 1991 gegründetes Gremium der → NATO und der Staaten des 1991 aufgelösten Warschauer Pakts zur militär- und sicherheitspolitischen Zusammenarbeit. Bis Mitte 1992 wurden die elf Staaten der → GUS, Georgien und Albanien in den N. aufgenommen. Finnland erhielt im Juni 1992 einen Beobachterstatus. Die Staaten des N. verpflichteten sich Anfang 1992, die Verträge über die konventionellen Streitkräfte in Europa (→ KSE) und die → Strategischen Waffen (→ START) bis Mitte des Jahres in Kraft zu setzen sowie die Verbreitung von → ABC-Waffen zu verhindern. Im Juni 1992 forderte der N. die GUS auf, mit den baltischen Staaten einen Zeitplan für den Abzug der früheren Sowjetarmee auszuarbeiten. Mindestens einmal pro Jahr tritt der N. zu einer Ministerratssitzung zusammen.

Nordirland-Konflikt

Teilweise gewaltsame Auseinandersetzung mit religiös-sozialem Hintergrund um den Status des zu Großbritannien gehörenden und überwiegend protestantischen Nordirland (protestantischer Bevölkerungsanteil: ca. 64%). Die katholische Minderheit in Nordirland verlangt den Anschluß der Provinz an die Republik Irland (katholischer Bevölkerungsanteil: 94%). Nach den britischen Parlamentswahlen vom April 1992 wurde Sir Patrick Mayhew zum Nordirland-Minister und Nachfolger von Peter Brooke ernannt. Unter Mayhews Führung wurden die von Brooke initiierten Mehrparteiengespräche wiederaufgenommen, bei denen u. a. ein neues anglo-irisches Abkommen ausgehandelt werden soll. Die Ver-

Kooperationsrat will Stabilität in Osteuropa
In der Gründungserklärung des Nordatlantischen Kooperationsrats vom 20. 12. 1991 heißt es: „Im Bewußtsein des positiven Einflusses der NATO als Quelle der Stabilität setzen wir uns das gemeinsame Ziel, zur Stärkung der europäischen Sicherheit durch Förderung der Stabilität in Mittel- und Osteuropa beizutragen. Sicherheit ist unteilbar, und die Sicherheit eines jeden unserer Länder ist untrennbar mit der Sicherheit aller KSZE-Teilnehmerstaaten verbunden."

handlungen waren 1991 ergebnislos abgebrochen worden.

Das anglo-irische Abkommen (1985) räumt der Republik Irland ein begrenztes Mitspracherecht bei der Verwaltung Nordirlands ein. Im Gegenzug erkennt Irland die britische Herrschaft in Nordirland vorläufig an. Die protestantischen Unionisten-Parteien, die für die weitere Zugehörigkeit Nordirlands zu Großbritannien eintreten, erklärten im Juli 1992 erstmals ihre Bereitschaft zu Verhandlungen mit der Republik Nordirland. Sie wollen bei den Verhandlungen ein höheres Maß an Selbstverwaltung für Nordirland erreichen. Die radikale Partei Sinn Fein (irisch; Wir selbst), die der katholischen Untergrundbewegung → IRA eng verbunden ist, schloß Mayhew von den Verhandlungen aus, weil sie keine Erklärung zum Gewaltverzicht geben wollte.

1991 forderte der N. 94 Todesopfer auf beiden Seiten. Die britische Regierung verstärkte im Januar 1992 ihre Armee-Einheiten in Nordirland um 600 auf rd. 17 500 Soldaten.

Notepad-Computer, auf dessen Bildschirm mit einem Stift Text eingegeben werden kann.

Notepad-Computer

(notepad, engl.; Notizblock), tragbarer Kleinrechner, der anstelle einer Tastatur einen berührungsempfindlichen Bildschirm besitzt (→ Laptop). Mit einem elektronischen Griffel, der mit dem N. verbunden ist, werden Eingaben direkt in Blockschrift auf den Bildschirm geschrieben, auf dem das Geschriebene sofort handschriftlich oder in Computerschrift erscheint. N. sind u. a. mit → Software für die Textverarbeitung und für die Adressen- und Terminverwaltung ausgestattet. Nach Herstellerangaben soll die Texteingabe bei N. fünfmal schneller als bei herkömmlichen Rechnern geschehen. Der Wegfall der Tastatur ermöglicht zudem eine weitere Miniaturisierung von → Personalcomputern. Ende 1991 wurde der erste N. einer US-amerikanischen Firma zum Preis von rd. 4000 DM in Deutschland verkauft. Das Marktforschungsinstitut Dataquest

(USA) rechnete mit dem Absatz von 2,5 Mio N. weltweit bis 1995.

Für die aufwendigen Programme zur Entschlüsselung der handschriftlichen Eingaben benötigen N. große Arbeitsspeicher. Die bei herkömmlichen → Computern verwendeten Festplatten sind für N. zu groß. N. werden z. T. mit einem speziell für tragbare Computer entwickelten → Chip ausgestattet, einem sog. Flash-Speicherchip (flash, engl.; Blitz), der Daten auch nach Abschalten der Versorgungsspannung sichert. Bis Ende 1995 soll die Speicherkapazität dieser Chips von 2 Mbit (rd. 140 Schreibmaschinenseiten) auf 16 Mbit (→ Bit) erhöht werden.

Novel food

(engl.; neuartige Nahrung), aus neuen Rohstoffen bestehendes oder mit neuartigen Verfahren (z. B. gentechnisch) hergestellte Lebensmittel. Ziel einer von der EG-Kommission erarbeiteten Verordnung ist es, die Genehmigung von N. in der EG zu vereinheitlichen. Die Verordnung lag Mitte 1992 dem EG-Parlament zur Entscheidung vor und tritt in Kraft, sobald es zugestimmt hat. N. soll vor der Markteinführung von voraussichtlich sechs Experten aus den EG-Mitgliedstaaten genehmigt werden, die von der EG-Kommission ernannt werden. Die US-amerikanische Regierung beschloß Mitte 1992, daß genmanipulierte Nahrung vor der Ver-

marktung keiner speziellen Genehmigung bedarf und nicht als genmanipuliert gekennzeichnet werden muß.
Europa: Während in Deutschland bis Mitte 1992 kein gentechnisch hergestelltes Lebensmittel zugelassen war, wurden 1991 z. B. in Großbritannien genetisch veränderte Backhefepilze vertrieben, die den Backvorgang beschleunigen. In den Niederlanden wurde 1991 mit Hilfe der → Gentechnik das Eiweiß Chymosin gewonnen, das bei der Käseherstellung verwendet wird.
EG-Richtlinie: Die EG-Experten sollen über die Genehmigung von N. auf der Grundlage von Dokumenten entscheiden, die der Hersteller einreicht. Vorgeschrieben sind Labortests (z. B. Tierversuche), die belegen, daß das Produkt nicht giftig ist und keine Allergien hervorruft. Enthält das N. lebende genmanipulierte Organismen (z. B. Joghurtbakterien), ist zudem ein Umweltverträglichkeitsnachweis erforderlich.
Kritik: Deutsche Verbraucherverbände und Gentechnikgegner kritisierten das Fehlen einer Kennzeichnungspflicht für N. in der Verordnung. Es sei zudem nicht ausreichend, den Hersteller die gesundheitliche Unbedenklichkeit von N. überprüfen zu lassen. Außerdem sei eine schädliche Langzeitwirkung beim Verzehr von N. nicht auszuschließen. Die Kritiker forderten, eine öffentliche Anhörung vorzuschreiben, bei der EG-Bürger die Möglichkeit erhalten, Einspruch gegen N. zu erheben.
USA: 70 gentechnisch veränderte Produkte, z. B. Tomaten, Gurken, Kartoffeln und Melonen, sollen ab 1993 in den USA angeboten werden. Die Anwendung der Richtlinie für Fisch und Fleisch wird bis 1994 erwartet.

Null-Energie-Haus

Gebäude, dessen Bedarf an Raumwärme und Energie zur Warmwasserzubereitung zu 100% aus → Sonnenenergie gedeckt wird. Im Frühjahr 1992 wurde in Freiburg/Br. das weltweit erste N. bezogen. Die Wirksamkeit von Wärmedämmung und Stromerzeugung

durch → Solarzellen wird in einer dreijährigen Meßphase untersucht. Das Bundesforschungsministerium förderte die Entwicklung des N. mit 5 Mio DM.
Bis 1994 wird bei Fulda die erste Siedlung aus sog. Niedrig-Energie-Häusern entstehen, die durch Wärmedämmung den Heizenergiebedarf um bis zu 60% senken (→ Energiesparen), aber im Gegensatz zu N. auf externe Energielieferungen angewiesen sind. Die Baukosten für Niedrig-Energie-Häuser liegen um etwa 4–6% höher als bei herkömmlichen Wohngebäuden.
Folgende Einrichtungen unterscheiden das N. von herkömmlichen Häusern:
▷ Die transparente Außenhülle aus Polyester, Silikat- oder Acrylglas läßt mit eingefangenem Licht auch Wärme durch, die von der Betonwand gespeichert wird
▷ Während der Sommermonate heizen Sonnenkollektoren auf dem Dach Wasser in einem 10 000-l-Tank auf 72 °C auf. Der Wärmevorrat erzeugt noch im Januar Raumtemperaturen von 19 °C
▷ Eine Wärmerückgewinnungsanlage sorgt für automatische Lüftung, ohne daß Fenster geöffnet werden müssen; sie entzieht der verbrauchten Raumluft, bevor sie nach draußen geleitet wird, 60% ihrer Wärme und erwärmt damit die Frischluft.
Einzelne Komponenten des N. lassen sich auf herkömmlich gebaute Häuser übertragen. Das Bundesbauministerium plante 1991, bis 2000 rd. 1 Mio Wohnungen mit Solartechnik und Dämmung auszustatten.

Numerus clausus

(NC, lat.; geschlossene Zahl), Zulassungsbeschränkung zum Studium in Deutschland. Für das Wintersemester (WS) 1991/92 bewarben sich 66 606 Schulabgänger für 40 112 Studienplätze in elf zulassungsbeschränkten Fächern. Die Zentralstelle für die Vergabe von Studienplätzen (ZVS, Dortmund) führt ab dem WS 1992/93 einen N. für Volkswirtschaftslehre ein. Im

Förderung für solare Warmwasserzubereitung
Die deutschen Bundesländer förderten die Installation von Anlagen für die Warmwasserzubereitung aus Sonnenenergie 1991 durchschnittlich mit 30% der Investitionskosten. Der Deutsche Fachverband Solarenergie (DFS, Ebersberg) hielt den Einbau einer solaren Warmwasseranlage bei Kosten zwischen 5000 und 9000 DM nach Abzug der Fördermittel für wirtschaftlich. Der Verband kritisierte die direkten und indirekten Subventionen des Bundes für fossile Energieträger (Kohle, Öl), die den umweltbelastenden Energien Wettbewerbsvorteile verschafften.

Abiturdurchschnitt für NC-Fächer[1]

Fach	Abiturnote
Architektur	1,3 – 2,3
Betriebswirtschaftslehre	1,4 – 2,4
Biologie	1,5 – 2,5
Forstwirtschaft[2]	1,7 – 3,1
Haushalts- u. Ernährungswissenschaft[3]	1,7 – 2,8
Lebensmittelchemie[4]	1,1 – 2,1
Pharmazie	1,2 – 2,2
Psychologie	1,3 – 2,3

1) Nach dem allgemeinen Auswahlverfahren; 2) kein NC für Berlin/Hamburg; 3) kein NC für Bewerber aus Berlin/Saarland; 4) kein NC für Bremen; Quelle: Der Spiegel 12/92

Studienplatzangebot und Bewerber in Numerus-clausus-Fächern

Studiengang	Wintersemester 1991/92		
	Studienplätze	Bewerber	Verhältnis
Alte Bundesländer			
Architektur	2119	9580	1:4,5
Betriebswirtschaft	10180	21466	1:2,1
Biologie	4212	8151	1:1,9
Forstwirtschaft	328	628	1:1,9
Haushalts- und Ernährungswissenschaft	503	819	1:1,6
Lebensmittelchemie	218	573	1:2,6
Medizin	5480	16248	1:3,0
Pharmazie	1123	3829	1:3,4
Psychologie	2920	9460	1:3,2
Tiermedizin	914	2937	1:3,2
Zahnmedizin	1077	2906	1:2,7
Neue Bundesländer			
Biologie	359	229	1:0,6
Medizin	1827	3450	1:1,9
Pharmazie	217	323	1:1,5
Psychologie	223	340	1:1,5
Tiermedizin	122	281	1:2,3
Zahnmedizin	376	779	1:2,1

Quelle: Zentralstelle für die Vergabe von Studienplätzen (ZVS, Dortmund)

Obdachlose in europäischen Großstädten

Stadt	Nichtseß-hafte
Paris	15 000 – 20 000
Madrid	5 000 – 10 000
Rom	6 500
London	1 000 – 2 000

Quelle: New York Times, 4. 1. 1992

Sommersemester (SS) 1992 übertraf die Zahl der Bewerber für Volkswirtschaftslehre (3400, Anstieg zu 1991: 28%) die der Studienplätze etwa um das Dreifache. Für das Studienfach Jura bestand im Sommersemester 1992 an 20 der 30 anbietenden Hochschulen eine Zulassungsbeschränkung.

Bundesbildungsminister Rainer Ortleb (FDP) kritisierte die Entscheidung der Bundesländer vom März 1991 für die Einführung eines N. in Volkswirtschaftslehre. Der Überfüllung der → Hochschulen müsse durch einen Ausbau des Bildungssystems entgegengewirkt werden. Die Hochschulrektorenkonferenz (HRK, Bonn) forderte weitere Zulassungsbeschränkungen vor allem in den Rechtswissenschaften, Informatik und einigen Lehramtsfächern, falls bis Mitte der 90er Jahre nicht mindestens 30 000 Neueinstellungen an wissenschaftlichem Personal an den unterbesetzten Hochschulen erfolgten.

Ab dem WS 1992/93 werden in den neuen deutschen Bundesländern die Medizinstudienplätze wie in Westdeutschland nach dem besonderen Auswahlverfahren vergeben.

Obdachlose

Die Zahl der Personen ohne festen Wohnsitz und ohne Arbeit stieg nach Schätzungen des Deutschen Paritätischen Wohlfahrtsverbands (Frankfurt/M.) 1991 auf rd. 150 000 Personen (1990: rd. 130 000 O.). Nahezu jeder dritte O. ist nach Angaben der Arbeiterwohlfahrt (AWO, Bonn) ein Ostdeutscher, 10% der O. sind lt. Bundesfrauenministerium weiblich. Die Bundesarbeitsgemeinschaft für Wohnungslosenhilfe (Bielefeld) schätzte die Zahl der Wohnungslosen 1991 auf rd. 1 Mio, dazu zählen ca. 400 000 Aussiedler und Asylbewerber in Notunterkünften.

Als Ursachen für den Wohnungsverlust gelten → Arbeitslosigkeit, Verschuldung (→ Schuldnerberater) und stark ansteigende → Mieten, die insbes. kinderreiche Familien in die Obdachlosigkeit treiben (→ Wohnungsnot). Ein Großteil der O. verfügt über nur geringe berufliche Qualifikationen.

Die Wiedereingliederung der O. ins Berufsleben wird u. a. durch folgende Probleme erschwert:
▷ Fehlende soziale Bindungen
▷ Suchterkrankungen (→ Alkoholismus → Drogen)
▷ Mangelnde Anerkennung durch die Gesellschaft.

Die AWO forderte 1992, u. a. den sozialen → Wohnungsbau zu verstärken, um günstigen Wohnraum zu schaffen.

Offener Himmel

(engl.: Open Skies), Bezeichnung für die gegenseitige Luftüberwachung von Mitgliedern in der → KSZE. Im März 1992 unterzeichneten in Helsinki 25 Staaten ein Abkommen über den O. mit dem Ziel, Abrüstungsvereinbarungen und militärische Aktivitäten, z. B. Truppenkonzentrationen, in den Teilnehmerstaaten von Flugzeugen aus zu beobachten. Als erste Rüstungskontrollmaßnahme erstreckt sich der O. auf das Territorium der USA und Kanadas sowie den asiatischen Teil Rußlands. Nach der Ratifizierung in mindestens 20 Staaten und ein halbes Jahr nach Inkrafttreten des Vertrags können sich weitere KSZE-Mitgliedstaaten dem O. anschließen.

Jedem Teilnehmer wird das Recht eingeräumt, pro Jahr eine bestimmte Anzahl von Überwachungsflügen in Ländern durchzuführen, die im Vertrag aufgezählt sind. Zudem muß eine festgelegte Zahl von Flügen über dem eigenen Gebiet zugelassen werden. Die höchste Quote erhielten mit 42 Flugeinsätzen die USA und Rußland zusammen mit Weißrußland. Kontrollflüge dürfen nur wegen mangelnder Flugsicherheit, z. B. schlechten Wetters, verboten werden. Es können eigene oder vom zu kontrollierenden Staat bereitgestellte Flugzeuge benutzt werden. Der O. ergänzt die Erdbeobachtung mit → Satelliten, über die nur die USA und die ehemalige Sowjetunion in ausreichendem Maß verfügen.

Öffentlicher Nahverkehr

Als Alternative zum innerstädtischen → Autoverkehr gewann der Ö. Anfang der 90er Jahre zunehmende Bedeutung. Niedrigere Preise (→ Jobtickets → Regio-Umweltkarte) und verbesserte Leistungen von Bussen, U-, S- und → Straßenbahnen sollen die Fahrgastzahlen erhöhen und PKW aus Innenstädten fernhalten, um Lärm und → Luftverschmutzung zu senken (→ Autofreie Stadt). Neue Verkehrsmittel wie → H-Bahn, → M-Bahn und die → Zweisystem-Straßenbahn wurden 1992 regional begrenzt eingesetzt.

1991 stieg die Zahl der von den sieben größten Verkehrsverbünden beförderten Personen auf 3,47 Mrd gegenüber 3,29 Mrd 1990. Insgesamt wurden 1990 im Ö. in Westdeutschland rd. 6,8 Mrd Fahrgäste transportiert (Zunahme gegenüber Vorjahr: 4,3%). Da nur rd. 65% der Betriebskosten durch die Einnahmen gedeckt wurden, verur-

Die größten deutschen Verkehrsverbünde

Ballungsraum	Beförderte Personen (Mio)		Zunahme (%)
	1991[1]	1990	
Rhein-Ruhr	962	853	12,8
Berlin[2]	739	724	2,1
München	520	508	2,4
Hamburg	449	436	3,0
Rhein-Sieg	341	337	1,2
Frankfurt/M.	241	226	6,6
Stuttgart	219	210	4,3
Insgesamt	3 471	3 294	5,4

1) Schätzung; 2) Westteil; Quelle: Ifo-Institut für Wirtschaftsforschung (München)

sachte der Ö. Anfang der 90er Jahre in Westdeutschland jährlich 3 Mrd DM Defizit. Der Bund erhöhte 1992 die Zuschüsse zu den Investitionskosten im Ö. um 1,5 Mrd DM auf 6,58 Mrd DM; von 1993 bis 1995 werden jährlich 6,28 Mrd DM zur Verfügung gestellt. Schwierigkeiten bereitete 1992 die Übernahme der früher im Volkseigentum befindlichen Betriebe des Ö. durch die Kommunen in den ostdeutschen Bundesländern. Aufgrund der knappen Finanzmittel von Städten und Gemeinden finanzierten 1991 die ostdeutschen Länder den Ö. fast vollständig, sahen für 1992 jedoch den Abbau der Zuschüsse vor. 1991 ging die Zahl der Fahrgäste in den ostdeutschen Bundesländern um rd. 20% gegenüber dem Vorjahr zurück.

Ökobank

Genossenschaftsbank, die Kredite für Umweltvorhaben, Kultur-, Dritte-Welt-Förderung und alternative Unternehmen vergibt und anders als andere Banken Kunden Rechenschaft über die Verwendung ihrer → Spareinlagen ablegt. Die Anteile der Mitglieder (1992: 20 000) der im Mai 1988 gegründeten Ö. (Sitz: Frankfurt/M.) bleiben unverzinst. Im Februar 1992 eröffnete die Ö. (Bilanzsumme 1991: 140 Mio DM) in Freiburg/Br. die erste Filiale. Im November 1990 gegründete Alternative Bank der Schweiz (ABS, Olten) erreichte im ersten Geschäftsjahr 1991 eine Bilanzsumme von 55 Mio sfr (61 Mio DM). → Ethik-Fonds

Kommunale Mobilitätszentrale in Hameln hilft Anrufern weiter
In Hameln (Niedersachsen) wurde Anfang 1992 eine sog. Mobilitätszentrale nach einjähriger Versuchsphase als Teil des kommunalen Verkehrsbetriebs etabliert. 20 Stunden am Tag sind Mitarbeiter erreichbar, um Anrufer individuell über die für sie günstigste Verkehrsverbindung per Bus, Bahn, Fahrgemeinschaft oder Anrufsammeltaxi zu informieren und Mitfahrangebote entgegenzunehmen. Per Computer werden mögliche Fahrer-Mitfahrer-Kombinationen ermittelt.

Ergebnisse der Ökobank Frankfurt/M.

Position	Wert (Mio DM)	
	1991	1990
Bilanzsumme	140,2	97,2
Kredite	40,9	29,8
Kundeneinlagen	126,4	84,1
Eigene Mittel	12,2	11,2
Teilbetriebsergebnis	0,8	0,3
Jahresüberschuß	−0,4	−0,6

Quelle: Aktuell-Recherche

Ökobilanz

Bewertung von Produkten und Verfahren hinsichtlich ihrer Auswirkungen auf die Umwelt. Ende 1991 setzte das Umweltbundesamt (Berlin) eine Arbeitsgruppe ein, die eine Standardmethode mit allgemeingültigen und nachprüfbaren Bewertungskriterien für das Aufstellen einer Ö. festlegen soll. Die Ö. beurteilt Umweltschädlichkeit und Nutzen eines Produkts von der Herstellung bis zur Entsorgung. Ö. sollen dazu beitragen, politische Entscheidungen vorzubereiten. Produkte, deren Umweltschädlichkeit durch Ö. erwiesen wird, könnten bereits vor der Massenherstellung verboten werden. Deutsche Unternehmen veröffentlichten Anfang der 90er Jahre bereits freiwillig Ö.

Öko-Fonds

→ Ethik-Fonds

Ökofonds

Als erstes deutsches Bundesland richtete Niedersachsen 1991 einen Ö. ein. Niedersachsen stellt bis 1994 rd. 250 Mio DM für die Erforschung und den Einsatz umweltfreundlicher Techniken bereit. 1991 gingen 5500 Anträge auf Zuschüsse aus dem Ö. im niedersächsischen Wirtschaftsministerium ein, von denen 2500 bewilligt und mit rd. 40 Mio DM unterstützt wurden.

Ökologisches Jahr

Das deutsche Bundesjugendministerium legte Anfang 1992 einen Gesetzentwurf vor, nach dem junge Menschen zwischen 16 und 27 Jahren ab Ende 1993 die Möglichkeit erhalten sollen, für ein Jahr freiwillig in Umweltschutzprojekten in Deutschland, Israel und im europäischen Ausland zu arbeiten. Während dieses Zeitraums wird wie beim Sozialen Jahr Unterkunft, Verpflegung und ein Taschengeld von rd. 1000 DM/Jahr zur Verfügung gestellt. Auch das → Kindergeld soll weitergezahlt werden. Das Ö. soll jungen Menschen bei der Berufsfindung helfen. Der Gesetzentwurf sieht als Träger für das Ö. Umwelt- und Naturschutzverbände sowie Gemeinden und Jugendhilfeorganisationen vor. An der Finanzierung des Ö. sollen sich die Träger und der Bund beteiligen.

Ökosozialprodukt

Meßgröße für die Umweltqualität einer Volkswirtschaft (→ Umweltschutz). Als Ö. wird der Geldwert aller Leistungen und Belastungen für die Umwelt bezeichnet, die in einem Zeitraum von der Natur erbracht bzw. von der Wirtschaft verursacht werden. Das Ö. soll das → Bruttosozialprodukt (BSP) ergänzen. 1992 arbeitete das Statistische Bundesamt (Wiesbaden) an der Berechnung eines Ö. für Deutschland, das in mehrjährigen Abständen ermittelt werden soll. Hauptproblem ist die Bewertung von Umweltdaten in Geld.

Das Ö. soll Zustand und Entwicklung der Umwelt abbilden und ökologische und gesellschaftliche Folgen des Wirtschaftens zeigen. Als BSP, Meßgröße für die Gesamtleistung einer Volkswirtschaft, wird der Geldwert aller Güter und Leistungen bezeichnet, die in einem Zeitraum hergestellt bzw. erbracht werden. Das BSP kann durch Umweltschäden doppelt steigen: Den Umsatz der belastenden Fabrik und Ausgaben zur Beseitigung der Schäden.

Das Konzept des Ö. wurde 1990 vorgestellt. Mit einer sog. umweltökonomischen Gesamtrechnung sollen Daten gesammelt und aufbereitet werden (z. B. über den Rohstoffverbrauch, Abgas-Emissionen und Umweltschutzausgaben). Zur Berechnung wird die Umwelt als Wirtschaftsgut betrachtet, das den Menschen unbezahlte Leistungen erbringt (z. B. Atemluft) und durch menschliche Einflüsse belastet oder verbessert werden kann.

Öko-Sponsoring

→ Sponsoring

Geplante Bilanzen zur Umweltverschmutzung in der EG
Ab 1993 will die EG-Kommission in jeweils dreijährigen Abständen Bilanzen der Luft-, Boden- und Wasserverschmutzung sowie der Abfallbeseitigung aufstellen. Durch Erhebungen bei den Mitgliedstaaten der EG im jährlichen Wechsel der drei Themenbereiche will die Kommission eine Datengrundlage für die Verbesserung der gemeinsamen Umweltpolitik gewinnen.

Ökosteuern

Abgaben an die öffentlichen → Haushalte für Verbrauch und Herstellung umweltschädigender Güter. Mit Ö. soll der Verursacher von Umweltschäden einen Beitrag zu den Kosten ihrer Beseitigung leisten. Die Ö. sollen Preise bzw. Kosten der Güter erhöhen, damit Verwendung und Produktion gesenkt werden. Zusätzliche Einnahmen des Staates aus Ö. sollen im → Umweltschutz verwendet werden. Als Ö. werden auch Steuervergünstigungen für umweltfreundliche Güter bezeichnet. Ö. sollen Ge- und Verbote zum Schutz von Boden, Luft, Wasser, Energie und Rohstoffen ergänzen oder ersetzen. Zur Bekämpfung der Luftverschmutzung durch Autos kann z. B. eine Erhöhung der Mineralölsteuer beitragen (→ EG-Steuerharmonisierung). Der deutsche Bundesumweltminister Klaus Töpfer (CDU) plante ab 1993 eine Bemessung der → Kfz-Steuer nach Schadstoffausstoß und Lärmbelastung. In der EG wurde 1992 über die Gestaltung einer geplanten → Energiesteuer diskutiert.

Ölbrände

Im November 1991 wurde in Kuwait die letzte der 727 brennenden Ölquellen gelöscht, die von den irakischen Truppen während des → Golfkriegs im Februar 1991 entzündet worden waren. Die kuwaitische Regierung bezifferte die Kosten für die Brandbekämpfung, an der 27 Löschmannschaften aus elf Ländern beteiligt waren, Ende 1991 mit rd. 1,5 Mrd Dollar (2,3 Mrd DM). Sie ging Mitte 1992 davon aus, daß bis Ende 1992 die Vorkriegsförderung von täglich rd. 1,7 Mio Barrel (engl.; Faß mit 159 l) erreicht werden kann. Für die Wiederherstellung der Ölförderung veranschlagte die Regierung rd. 10 Mrd Dollar (15 Mrd DM). Die ökologischen Folgen der Ö. blieben nach Einschätzung von Wissenschaftlern entgegen früherer Befürchtungen im wesentlichen auf die Region beschränkt. Die Auswirkungen auf die Umwelt und die Gesundheit der Bevölkerung ließen sich 1992 nicht vollständig abschätzen.

Die von Wissenschaftlern zunächst befürchtete Abkühlung des weltweiten Klimas durch den das Sonnenlicht verdunkelnden Ruß (11 000 t Ruß pro Tag) trat nicht ein, da der Ruß aufgrund des anhaltenden Nordwinds meist auf die untersten 2000 m der Atmosphäre beschränkt blieb und über Kuwait und Umgebung abregnete.

Der Rauch aus den Ö. enthielt u. a. Kohlendioxid, Ruß, Stickoxide, Schwefeldioxid, Kohlenmonoxid sowie das hochgiftige → Dioxin. Wissenschaftler gingen 1992 von einem gestiegenen Risiko für die Bevölkerung Kuwaits aus, an → Krebs zu erkranken. Während der Ö. war der Niederschlag in der Region u. a. durch Schwefeldioxid stark versauert und schädigte die Vegetation, den Boden und möglicherweise auch das Grundwasser.

Ölpest

Durch das Einleiten oder unbeabsichtigte Auslaufen von → Erdöl und Ölrückständen gelangen nach Schätzungen des US-amerikanischen National Research Council jährlich rd. 3,2 Mio t Öl in die Meere (→ Wasserverschmutzung). Öl schädigt den Lebensraum von Tieren und Pflanzen im Wasser und an Küsten und trägt zum Artensterben bei (→ Artenschutz). Die bis dahin größte Ö. im Persischen Golf während des Golfkriegs Anfang 1991, bei der rd. 1 Mio t Erdöl ins Wasser gelangten, verschmutzte rd. 770 km Küste vor Kuwait und Saudi-Arabien.

Persischer Golf: Die Auswirkungen der Ö. am Golf waren Mitte 1992 unter Wissenschaftlern umstritten. Anfang 1992 berichtete eine Forschungsgruppe der EG, daß ständig vom Wasser bedeckte Strandbereiche nur gering geschädigt und Korallenriffe und Seegraswiesen vom Öl verschont geblieben seien. Forscher der Universität Oldenburg stellten fest, daß das Wasser im Küstenbereich mit bis zu 20 l Öl pro

Ölbrände in Kuwait unter Kontrolle
Brandexperten waren noch im Sommer 1991 davon ausgegangen, daß die Bekämpfung der Ölbrände in Kuwait frühestens 1994 abgeschlossen sein könnte. Daß das Ziel bereits im November 1991 erreicht wurde, lag u. a. an den unkonventionellen Löschmethoden, die im Herbst 1991 angewendet wurden. Als besonders erfolgreich erwies sich die Löschmethode der ungarischen Techniker: Sie hatten Triebwerke des Düsenjets MiG 21 auf sowjetische Panzer montiert und bliesen Schaum und Chemikalien durch die Flugzeugrohre in die Feuer. Mit Hilfe der von Konkurrenzunternehmen als „Gulaschkanone" belächelten Konstruktion wurden innerhalb von fünf Wochen etwa zwölf Ölquellen gelöscht.

Gerichtlicher Vergleich zwischen Exxon und Alaska wegen Ölpest
Ende 1991 billigte das Bezirksgericht in Anchorage (Alaska)/USA einen Vergleich zwischen dem US-amerikanischen Öl-Konzern Exxon und dem Bundesstaat Alaska. Ein Tanker der Ölgesellschaft, die Exxon Valdez, war 1989 im Prinz-William-Sund leckgeschlagen und hatte eine Ölpest verursacht. Exxon wurde zu einer Geldstrafe von 125 Mio Dollar (191 Mio DM) verurteilt. Zudem muß das Unternehmen bis 2000 rd. 900 Mio Dollar (1,4 Mrd DM) Schadenersatz zahlen. Von dem Vergleich sind Zivilklagen von Privatleuten und Organisationen, die sich auf ca. 50 Mrd Dollar (76 Mrd DM) belaufen, nicht berührt. Für die Säuberungsaktion hatte Exxon bis Ende 1991 rd. 2 Mrd Dollar (3,1 Mrd DM) gezahlt.

Trommelpflug gegen Öl an Stränden
Für die Reinigung der verschmutzten Strände im Persischen Golf entwickelte ein US-amerikanischer Wissenschaftler 1991 einen sog. Trommelpflug. Er pflügt den Sand und spült aus Düsen Meerwasser in den gelockerten Boden. Das Öl wird an die Oberfläche gedrückt und abgesaugt. Der Boden wird zu 80% von Öl gereinigt.

m² belastet sei. Auch die Strände seien noch stark verschmutzt. 300 000 t Öl verunreinigten den Oldenburger Wissenschaftlern zufolge Mitte 1992 die Küstenzone Kuwaits und Saudi-Arabiens. 300 000 t wurden von Auffangschiffen und bei Strandreinigungsarbeiten beseitigt, der Rest ist verdunstet.
Bekämpfung: Folgende Maßnahmen wurden bei einer Ö. auf See eingesetzt:
▷ Schwimmende Barrieren verhindern bei ruhiger See eine Ausbreitung des Öls, wenn sie direkt nach dem Unglück eingesetzt werden
▷ Mit Spezialschiffen (Skimmern) kann das Öl bei geringem Seegang abgesaugt werden
▷ Chemikalien zersetzen das Öl, wenn es nicht stark verwässert ist
▷ Die biologische Bekämpfung mit Bakterien war Mitte 1992 nur für kleine Ö. ausreichend entwickelt.
Das Abfackeln des Öls ist wegen der damit verbundenen → Luftverschmutzung umweltschädlich.

Olympische Spiele

Bedeutendster internationaler Sportwettbewerb, der seit 1896 i. d. R. alle vier Jahre ausgetragen wird. Ab 1994

finden die Winterspiele zwei Jahre nach den Sommerspielen statt (1994 in Lillehammer/Norwegen, 1998 in Nagano/Japan). Das Internationale Olympische Komitee (IOC, Lausanne/ Schweiz) kündigte 1992 an, bei der Vergabe der Winterspiele verstärkt Naturschutzaspekte zu berücksichtigen. Die Sommerspiele wurden von 25. 7. bis 9. 8. 1992 in Barcelona/Spanien ausgetragen. Berlin bewarb sich 1992 als Veranstaltungsort der O. 2000.
Winter 1992: An den Winterspielen vom 8. 2. bis 23. 2. 1992 in Albertville/Frankreich nahmen 2174 Athleten in 57 Disziplinen teil, mehr als je zuvor. Die deutsche Mannschaft errang Platz eins im Medaillenspiegel vor der gemeinsamen Mannschaft fünf früherer Sowjetrepubliken und vor Österreich. Naturschützer protestierten gegen die Zerstörungen der → Alpen rund um die Austragungsorte. Das IOC will Winterspiele ab 2002 auch an mehrere Regionen oder Länder vergeben, um vorhandene Sportanlagen besser auszunutzen.
ARD und ZDF hatten je 2,251 Mio DM für die → Sportübertragungsrechte von Albertville bezahlt, dreimal mehr als 1988 in Calgary/Kanada. Erstmals wurden Übertragungen von öffentlich-rechtlichen Sendern von Firmen finanziell unterstützt (→ Sponsoring).
Sommer 1992: Die Veranstalter der Sommerspiele in Barcelona erzielten mit der Vergabe der Fernsehrechte Einnahmen von rd. 625 Mio Dollar (954 Mio DM), etwa ein Drittel ihres Etats. Rd. 10 000 Aktive und 5000 Betreuer aus 160 Ländern waren gemeldet (Deutschland: 550 Athleten sowie 300 Funktionäre und Betreuer). Südafrika nahm erstmals seit 1960 an der O. teil, da 1991 die Rassentrennungsgesetze aufgehoben wurden. Von den Nationalen Olympischen Komitees nominierte Profisportler waren zu den Wettkämpfen zugelassen, durften jedoch während der O. keine Werbung treiben.
Paralympics: Die O. für körperlich Behinderte fanden vom 3. 9. bis 14. 9. 1992 in Barcelona statt. Erstmals gab

Juan A. Samaranch, IOC-Präsident
* 17. 7. 1920 in Barcelona/Spanien, spanischer Sportfunktionär und Betriebswirt. 1961 Sportdelegierter für Katalonien/ Spanien, ab 1966 Mitglied des Internationalen Olympischen Komitees (IOC), ab 1974 IOC-Vizepräsident, seit 1981 Präsident des IOC.

Willi Daume, NOK-Präsident
* 24. 5. 1913 in Hückeswagen, deutscher Sportfunktionär und Industrieller. 1950–1970 Präsident des Deutschen Sportbundes, 1956–1991 Mitglied des IOC, ab 1961 Präsident des deutschen Nationalen Olympischen Komitees (NOK).

Axel Nawrocki, Geschäftsführer der Olympia GmbH Berlin
* 5. 10. 1944 in Beuthen (heute Polen), Dr. jur., deutscher Manager. 1980–1984 Geschäftsführer der CDU-Landtagsfraktion in NRW, 1990–1992 Treuhandanstalt (Berlin), ab Februar 1992 Geschäftsführer der Olympia GmbH.

es 1992 O. für geistig behinderte Sportler. An den Spielen vom 9. 10. bis 13. 10. 1992 nahmen in Spanien rd. 3000 Athleten aus 34 Staaten teil.

Berlin: Berlin meldete im April 1992 offiziell seine Kandidatur als Austragungsort für die Sommerspiele 2000 an (1996: Atlanta/USA). Das IOC entscheidet im September 1993 zwischen den acht Bewerberstädten. Das Finanzkonzept der Olympia GmbH (Berlin) sieht Investitionskosten von 3,2 Mrd DM und 1,5 Mrd DM Organisationskosten vor. Diese sollen durch 4 Mrd DM Einnahmen und 700 Mio DM Bundesbürgschaften gedeckt werden. Die Bewerbungskosten beliefen sich 1992 laut Olympia GmbH auf 32 Mio DM. Der Bund der Steuerzahler forderte angesichts der → Staatsverschuldung einen Verzicht auf die Bewerbung.

IOC: Das IOC kündigte 1992 an, nach den O. in Barcelona das Verfahren für die Vergabe der Spiele zu ändern. Voraussichtlich werden die Bewerbungen nicht mehr nur vom 94köpfigen IOC beurteilt, sondern auch von den internationalen Sportfachverbänden. Erstmals erhielt Anfang 1992 der IOC-Präsident das Recht, ein Mitglied in das gewählte Komitee zu berufen.

OPEC

(Organization of Petroleum Exporting Countries, engl.; Organisation Erdöl exportierender Länder), 1960 gegründetes Kartell von 13 Erdöl exportierenden Nationen zur Abstimmung der Erdölpolitik. Hauptaufgabe der OPEC ist die Festsetzung von Fördermengen und Preisen für Rohöl. 1991 steigerte die OPEC ihre Rohölförderung um 1,3% auf 1,2 Mrd t, die höchste Erdölproduktion seit 1981. Damit erhöhte sich ihr Anteil an der weltweiten Produktion von → Erdöl um 0,6 Prozentpunkte auf 38,5%. Die Mitgliedsländer bestätigten im Mai 1992 die im Februar festgelegte Reduzierung der Förderquote auf täglich 22,98 Mio Barrel (engl.; Faß zu 159 l) von 24,2 Mio Barrel, nachdem der Ölpreis Anfang 1992

Förderquoten der OPEC 1992

Land	Förderung[1] (Mio Barrel/Tag)	Reduzierung[2] (%)
Saudi-Arabien	7,89	7,8
Iran	3,18	9
VAE	2,24	9,6
Venezuela	2,15	9,7
Nigeria	1,75	8,2
Libyen	1,40	10
Indonesien	1,37	9
Kuwait	0,81	–
Algerien	0,76	5
Irak	0,51	–
Katar	0,37	10,2
Ecuador	0,27	7
Gabun	0,27	9

1) 1. Quartal 1992; 2) im Vergleich zu Ende 1991; *Quelle: Financial Times, 18. 2. 1992*

auf 16,9 Dollar (25,8 DM) gesunken war. Die Angebotsverknappung soll einen Anstieg des Preises auf 21 Dollar (32 DM) bewirken. Saudi-Arabien überschritt die Quote Mitte 1992 um rd. 100 000 Barrel täglich.

Förderquote: Der Iran, Libyen, Nigeria u. a. plädierten Mitte 1992 für eine weitergehende Kürzung der Förderquoten für alle OPEC-Staaten auf 22,5 Mio Barrel. Die vereinbarte Reduktion könne die Weltmarktpreise nur auf dem niedrigen Niveau stabilisieren, aber keinen Anstieg bewirken.

Kuwait und Irak: Kuwait wird voraussichtlich Ende 1992 die letzten der im Golfkrieg beschädigten Förderanlagen wieder in Betrieb nehmen und den Vorkriegsstand der Ölproduktion erreichen. Die OPEC-Staaten legten die Förderquote Kuwaits für das erste Halbjahr 1992 auf rd. 812 000 Barrel pro Tag fest (Förderquote vor dem Golfkrieg 1990: 1,7 Mio Barrel). Der Irak lehnte Ende 1991 die Forderung des UNO-Sicherheitsrates ab, bis Mitte 1992 Öl im Gegenwert von höchstens 1,6 Mrd Dollar (2,4 Mrd DM) zu exportieren und den Erlös in humanitäre Belange zu investieren. Das Land forderte eine Erhöhung der Quote und Mitsprache über den Verwendungszweck der Einnahmen. Die UNO-Mitgliedstaaten setzten daraufhin das seit dem Golfkrieg bestehende

Die beliebtesten TV-Übertragungen der Winterspiele 1992

Ereignis	Zuschauer (Mio)
Schlußfeier	8,54
Eröffnung	7,14
Eishockey Kanada–Deutschl.	6,55
Super-G Herren	6,55
Skispringen 120-m-Schanze	5,74
Eishockey Norwegen–Frankr.	5,50
Eisschnellauf 500 m Herren	5,20
Eiskunstlauf Kür der Paare	5,16
Eishockey Italien–Deutschl.	5,12
Eiskunstlauf Kurzprogramm Damen	5,02

Quelle: Gesellschaft für Konsumforschung/Media Control

Leuchtendes Silizium bleibt ein Wunsch

Forschern des Münchener Fraunhofer-Instituts für Festkörpertechnologie gelang es 1991, poröse Siliziumscheiben unter Stromzufuhr wenige Sekunden aufleuchten zu lassen. Der Versuch sollte beweisen, daß der wichtigste und relativ preisgünstige Grundstoff der Halbleiterproduktion sich auch für die Herstellung optischer Chips eignet, bei denen elektrische durch optische Schaltimpulse geätzt werden. Forscher des Stuttgarter Max-Planck-Instituts stellten Mitte 1992 allerdings fest, daß nicht das Silizium leuchtete, sondern Siloxen, das entsteht, wenn mit Hilfe von Flußsäure Poren in das Silizium geätzt werden. Der Leuchteffekt von Siloxen ist wahrscheinlich nicht stark genug für den Einsatz in optischen Schaltern, ließe sich aber z. B. in der Datenübertragung nutzen.

Embargo irakischer Öllieferungen fort. Im Juni 1992 nahm die Türkei Verhandlungen mit dem Irak über die Wiederinbetriebnahme einer irakisch-türkischen Ölpipeline auf. Die OPEC sieht für den Fall, daß das Embargo aufgehoben wird, eine Tagesproduktion von 505 000 Barrel für den Irak vor (vor dem Krieg: 3,4 Mio Barrel).

Nachfrage und Investitionen: Der Generalsekretär der OPEC Subroto/Indonesien rechnete Mitte 1992 damit, daß die OPEC-Länder Mitte der 90er Jahre zur Deckung des Weltenergiebedarfs rd. 28 Mio Barrel/Tag produzieren müssen. Für den Ausbau der Förderkapazitäten und die Erweiterung der Raffineriekapazitäten seien Investitionen von rd. 120 Mrd Dollar (183 Mrd DM) notwendig. Subroto appellierte an die ölkonsumierenden Industrieländer, den Ausbau finanziell zu unterstützen, weil die Ölstaaten dazu allein nicht in der Lage seien.

Optischer Computer

Datenverarbeitungsanlage, die Informationseinheiten nicht als elektrische Impulse über Leitungen, sondern in Form von Lichtsignalen transportiert. Die Übertragung der Informationen erfolgt durch Infrarotlicht, das in Form von Blitzen über Linsen, Glasplättchen und Schalter weitergeleitet wird. Ende der 90er Jahre soll der 1990 in den USA entwickelte Prototyp eines O. kommerziell genutzt werden können. Das deutsche Bundesforschungsministerium fördert die Entwicklung von O. 1992–1996 mit 80 Mio DM.

O. haben gegenüber herkömmlichen → Computern folgende Vorteile:
▷ Die Rechengeschwindigkeit ist um ein Vielfaches höher, da die Datenverarbeitung mit Lichtgeschwindigkeit geschieht
▷ Die Datenverarbeitung ist nicht störanfällig für äußere Einflüsse.
Die hohe Leistungsfähigkeit des O. entsteht durch die Eigenschaft von Lichtstrahlen, sich ohne Behinderung zu kreuzen. → Optoelektronik

Optoelektronik

Bezeichnung für alle technischen Systeme und Bauelemente, in denen elektronische und optische Signale miteinander verknüpft werden. In der O. werden Lichtwellen zur Informationsübertragung, -verarbeitung und -speicherung eingesetzt. 1991 gelang einem japanischen Unternehmen erstmals die Herstellung eines optischen Schaltelements. Der optische Schalter ist Grundbaustein optischer → Chips (Herstellung voraussichtlich ab 1995) und → Optischer Computer (ca. 2000). Seit 1992 werden mehrfach beschreibbare magnet-optische Speicherplatten (→ CD → MO-CD) in Serie gefertigt. Der Weltmarkt für O.-Produkte soll nach einer Schätzung des Marktforschungsinstituts Prognos AG (Basel) von 72,8 Mrd DM (1988) auf 183,6 Mrd DM (2000) anwachsen.

Funktionsweise: Die digitalen Schaltimpulse (→ Digitaltechnik) werden bei O.-Systemen nicht durch Stromfluß wie bei herkömmlichen Rechnern, sondern durch Laserstrahlen ausgelöst. Der Vorteil der → Lasertechnik liegt in der Schnelligkeit und geringen Störanfälligkeit der Übertragung.

Optischer Schalter: Der sog. Exitonabsorptive reflection switch (EARS, engl.; Exitonabsorbierender-Reflexionsschalter) ist der erste Schalter, bei dem sowohl das Eingangs- als auch das Ausgangssignal aus Licht besteht. Bei Vorläufermodellen mußten Lichtsignale in Stromimpulse verwandelt, verarbeitet und wieder in Licht verwandelt werden. Mit EARS ausgestattete Optische Computer würden die Geschwindigkeit von herkömmlichen Rechnern um das 1000fache übertreffen. Problem war jedoch die Größe von EARS (Durchmesser: rd. 100 Mikrometer), die für einen Einsatz um den Faktor 100 verringert werden müßte.

Optischer Chip: Auf einem O.-Chip befinden sich rd. ein Dutzend winziger Laserquellen. Eine Laserquelle kann durch Fächerung des Strahls rd. 100 Drahtverbindungen ersetzen.

Organtransplantation

1991 ist die Zahl der Nierenverpflanzungen in Westdeutschland nach Angaben des Kuratoriums für Dialyse und Nierentransplantation (Neu-Isenburg/Offenbach) um rd. 4,5% auf 2255 gesunken, in Ostdeutschland um 22% auf 267. 7200 Patienten warteten Ende 1991 auf eine Spenderniere (durchschnittliche Wartezeit: drei Jahre). Mit 555 Herz- und 452 Leberverpflanzungen wurde ein Anstieg im Vergleich zum Vorjahr verzeichnet (1990: 486 bzw. 344; jährlicher Bedarf: je 800.) In Hannover wurde Ende 1991 erstmals in Deutschland eine Leber von einem lebenden Spender übertragen. Jährlich sterben rd. 800 Patienten, die auf eine O. warten. Weltweit herrschte 1991/92 ein Mangel an Spenderorganen, der zunehmend zu kommerziellem illegalem Organhandel führte. 1992 kündigte das deutsche Bundesjustizministerium einen Gesetzentwurf an, der Organhandel in Deutschland unter Strafe stellt.

Transplantationsrückgang: Die Arbeitsgemeinschaft der Deutschen Transplantationszentren begründete Anfang 1992 den Rückgang bei Nierenverpflanzungen in Westdeutschland mit der sinkenden Zahl der Verkehrstoten, von denen die meisten Organspenden stammen. Nur 3% aller Organe werden von lebenden Spendern zur Verfügung gestellt. In ostdeutschen Krankenhäusern stand zudem nicht genügend Personal für O. bereit.

Leberverpflanzung: Bei der Transplantation wurde einem 14 Monate alten Mädchen, das an einem angeborenen Leberschaden litt, ein Teil der Leber seines Vaters übertragen. Spezialisten für O. wiesen Ende 1991 darauf hin, daß eine Spenderleber häufig an zwei Empfänger übertragen werden könne, an ein Kind zwischen zwei Monaten und 15 Jahren und einen Erwachsenen. Das Kind erhalte einen kleineren, der erwachsene Empfänger den größeren Teil des Organs, das sich erneuern, vergrößern und schließlich die volle Funktion übernehmen könne.

Organtransplantationen in Deutschland

Organ	Transplanta-tionen/Jahr	Erfolgs-quote[1] (%)
Augenhornhaut Gehörknöchelchen	mehr als 1000	k. A.
Bauchspeicheldrüse	selten	k. A.
Herz	400–500	80
Knochenmark	100–500	k. A.
Leber	ca. 400	70–80
Lunge	selten	k. A.
Nieren	2500–3500	80–90

1) Nach einem Jahr noch funktionsfähig;
Quelle: Aktuell-Recherche

Organhandel: Das Justizministerium wies darauf hin, daß vor allem in Entwicklungsländern Menschen in finanziellen Notlagen zunehmend als Spender einer gesunden Niere mißbraucht würden, die in den westlichen Industrieländern gewinnbringend verkauft würde. Die Spender erhielten nur eine geringe Entschädigung und trügen oftmals Gesundheitsschäden davon. Die Bundesärztekammer hatte 1988 Organhandel und damit verbundene Transplantationen geächtet.

Widerspruchsregelung: Bis zur Verabschiedung eines Gesetzes gilt in den neuen Bundesländern die sog. Widerspruchsregelung, nach der Organe von Verstorbenen grundsätzlich entnommen werden dürfen, es sei denn, sie hätten dem zu Lebzeiten ausdrücklich widersprochen. Bundestagsabgeordnete der SPD plädierten 1991/92 für deren Ausweitung auf ganz Deutschland, um den Mangel an Spenderorganen zu beheben. Das Bundesjustizministerium lehnte dies Anfang 1992 ab, weil mögliche Spender verunsichert würden und Ängsten Vorschub geleistet würde, Spender erhielten nicht mehr jede mögliche Hilfe.

Erstmals Pavianleber auf Menschen übertragen
Mitte 1992 erhielt erstmals ein an Gelbsucht erkrankter Mensch die Leber eines Pavians. Dem 35 Jahre alten Patienten wurde die Affenleber in Pittsburgh (Pennsylvania)/USA transplantiert. Die Hepatitisviren hatten sich in seinem Körper so stark ausgebreitet, daß sie ein übertragenes menschliches Organ auch befallen hätten. Die Pavianleber gilt als widerstandsfähiger gegenüber einer Gelbsuchtinfektion als die menschliche. Bei der letzten Übertragung eines Tierorgans in einen menschlichen Körper wurde 1984 in den USA einem Mädchen das Herz eines Pavians eingepflanzt. Das Kind starb 20 Tage nach dem Eingriff, weil sein Körper das tierische Organ abstieß.

OSI

(Open Systems Interconnection, engl.; Kommunikation offener Systeme), Schlagwort für die Gestaltung von Netzen, in denen die Übertragung von Daten und Programmen zwischen Computern verschiedener Hersteller möglich sein soll. Mit der wachsenden Zahl von EDV-Anwendern, dem Aufbau von

Finanzhilfen der Osteuropa-Bank 1991/92

Land	Hilfen* (Mio DM)
Rumänien	1610
Polen	680
Ungarn	440
ČSFR	290
Bulgarien	80
Ehemalige Sowjetunion	55

* Kredite und Beteiligungen; Quelle: Osteuropa-Bank

Jacques Attali, Präsident der Osteuropa-Bank
* 1. 11. 1943 in Algier/Algerien, französischer Wirtschaftswissenschaftler und Politiker (Sozialistische Partei). Ab 1981 Wirtschaftsberater des französischen Staatspräsidenten François Mitterrand. 1991–1995 Präsident der Osteuropa-Bank.

→ Netzwerken und der Nutzung der → Datenfernübertragung in den 90er Jahren ist die Vereinheitlichung und Kommunikationsfähigkeit von → Computern unerläßlich. Für die Durchsetzung weltweiter Standards gründeten 1991/92 führende Hersteller von → Software (Anwenderprogramme und Betriebssysteme) und Hardware (Technik) z. B. die Organisationen X/Open, die Open Software Foundation (OSF), UNIX International (UI) und Advanced Computing Environment (ACE). Standards wurden bis 1992 von Produkten der Marktführer bestimmt (z. B. MS-DOS als Betriebssystem für → Personalcomputer).

Am weitesten vorangeschritten war die Normierung Mitte 1992 bei den Betriebssystemen. Seit Anfang der 90er Jahre arbeiten weltweit Zusammenschlüsse von Unternehmen mit rd. 50 Versionen des herstellerunabhängigen UNIX-Betriebssystems.

Die 85 in ACE zusammengeschlossenen Hardware- und Software-Unternehmen entwickelten 1992 u. a. normierte Schnittstellen, die eine Kommunikation der Betriebssysteme UNIX und OS/2, einer herstellerunabhängig einsetzbaren Software von IBM, sowie zwischen Personalcomputern und Arbeitsplatzrechnern (engl.: workstations) ermöglichen.

Osteuropa

→ Übersichtsartikel S. 319

Osteuropa-Bank

(Europäische Bank für Wiederaufbau und Entwicklung, EBRD, European Bank for Reconstruction and Development, engl.), 1991 gegründete Finanzhilfe-Organisation für → Osteuropa mit Sitz in London. Die O. soll den osteuropäischen Staaten mit Krediten und technischer Hilfe (z. B. Entsendung von Beratern) beim Aufbau von Marktwirtschaften helfen.

Kreditvergabe: In ihrem ersten Geschäftsjahr förderte die O. 20 von 2000 zur Prüfung vorgelegten Projekten mit Krediten in Höhe von 1,27 Mrd DM. Für 1992/93 war die Verdoppelung des Kreditvolumens geplant. Die O. verzeichnete einen Mangel an kreditwürdigen Projekten. Bedingung für die Kreditvergabe sind die Demokratisierung sowie wirtschaftliche Liberalisierung des Landes und die Rentabilität des Projektes. Die Kredite der O. werden zu marktüblichen Zinsen vergeben.

Kritik: Der Bundestag beanstandete Anfang 1992 die hohen Personalkosten der O. (50% der Betriebsausgaben) angesichts der niedrigen Anzahl von Kreditgeschäften. Von der Presse wurde die O. als überflüssig kritisiert, da die → Weltbank und der → Internationale Währungsfonds ebenfalls verstärkt in Osteuropa tätig würden.

Organisation: Die Staaten der → GUS traten im April 1992 der O. bei und teilten den sechsprozentigen Kapitalanteil der ehemaligen Sowjetunion unter sich auf. Mitte 1992 gehörten der O. 55 Länder an. Das Kapital der O. betrug 10 Mrd ECU (20,5 Mrd DM). Die EG hält insgesamt 51% der Anteile, die USA 10%. Präsident ist Jacques Attali/Frankreich (Amtszeit: 1991–1995).

Osthandel

Austausch von Waren und Dienstleistungen der westlichen Industriestaaten mit den osteuropäischen ehemaligen Staatshandelsländern. Die deutschen Importe aus → Osteuropa gingen 1991 gegenüber dem Vorjahr um 10% zurück; die Exporte sanken um 28,8%. Die Abnahme ist vor allem auf den reduzierten Austausch mit Rumänien, Bulgarien und der ehemaligen Sowjetunion zurückzuführen. Insbes. Betriebe in den ostdeutschen Bundesländern waren vom Rückgang des O. betroffen. Hauptursachen sind die Schwierigkeiten in den osteuropäischen Staaten bei der Umstellung von plan- auf marktwirtschaftliche Systeme. Staatliche Zollerleichterungen und Exportgarantien sowie → Joint Ventures dienten der Aufrechterhaltung des O.

Weiter auf Seite 320

Autonomiestreben verändert politische Landkarte

Mit der Auflösung der Sowjetunion Ende 1991 erreichte der politische Wandel in Osteuropa einen Höhepunkt. Die osteuropäischen Staaten ersetzten seit Ende der 80er Jahre ihre sozialistischen Ordnungen durch Mehrparteiensysteme. Zu den vorrangigen Zielen der demokratisch gewählten Regierungen gehörte die Umstellung von der zentral verwalteten Plan- zur Marktwirtschaft. Die Änderung des Wirtschaftssystems und der Zusammenbruch der Handelsbeziehungen zwischen den osteuropäischen Staaten und innerhalb der ehemaligen UdSSR führten in Osteuropa zu einer Wirtschaftskrise. Das Wiener Institut für internationale Wirtschaftsvergleiche (WIIW) ging im Mai 1992 davon aus, daß der Lebensstandard in den osteuropäischen Ländern erst 2010–2020 das durchschnittliche westeuropäische Niveau erreichen wird. Die politischen, wirtschaftlichen und militärischen Strukturen Osteuropas wie der Warschauer Pakt und der Rat für gegenseitige Wirtschaftshilfe COMECON (beide Mitte 1991 aufgelöst) waren durch neue Zusammenschlüsse wie die Gemeinschaft Unabhängiger Staaten (→ GUS) nicht oder nur unzureichend ersetzt.

Polen, Ungarn und die ČSFR als Vorreiter: In den drei Ländern waren die demokratischen Strukturen in Politik und Gesellschaft fest verankert. Die Regierungen führten seit Ende der 80er Jahre Wirtschaftsreformen durch, die u. a. die Freigabe der Preise, den Abbau von Subventionen und die Privatisierung von Staatsbetrieben umfaßten. Das WIIW rechnete im Mai 1992 damit, daß das Bruttoinlandsprodukt in Polen, Ungarn und der ČSFR 1992 nur leicht zurückgehen wird, während es in den GUS-Staaten um rd. 20% gegenüber 1991 sinken werde. Die drei Reformländer steigerten ihre Exporte in westliche Länder 1991 um rd. 25% gegenüber dem Vorjahr, ohne die Verluste im Handel innerhalb der osteuropäischen Länder damit ausgleichen zu können. Die Staaten streben langfristig die Mitgliedschaft in der → EG an (→ Visegrád-Dreibund).

Autonomie als oberstes Ziel: Die Republiken der früheren UdSSR strebten 1991/92 in erster Linie danach, ihre nationalen Interessen zu verwirklichen, die im sowjetischen Zentralismus keine Berücksichtigung gefunden hatten. Litauen, Lettland und Estland, deren Unabhängigkeitsbewegungen Anfang der 90er Jahre von der sowjetischen Regierung gewaltsam unterdrückt worden waren, lehnten 1991 einen Beitritt zur GUS ab (→ Baltikum). Bei der Gründung der GUS im Dezember 1991 vereinbarten die Mitglieder zwar politische und wirtschaftliche Kooperation, waren aber bis Mitte 1992 kaum bereit, Kompetenzen an zentrale Institutionen abzugeben. In einigen osteuropäischen Ländern wie Georgien und Moldawien verhinderten gewaltsam ausgetragene → Nationalitäten-Konflikte die politische und wirtschaftliche Konsolidierung.

Sozialistisches Erbe erschwert Reformen: Die UNO-Wirtschaftskommission für Europa (ECE, Genf) bezeichnete Ende 1991 Rumänien, Bulgarien und Albanien als die am wenigsten entwickelten Länder in Osteuropa. Die sozialistischen Regierungen der drei Länder hatten die vom ehemaligen sowjetischen Staats- und Parteichef Michail Gorbatschow Mitte der 80er Jahre eingeleitete Politik der Umgestaltung (sog. Perestroika) nicht mitvollzogen. In diesen Ländern fand die demokratische Wende später als in anderen osteuropäischen Ländern statt, in Bulgarien z. B. erst nach den Wahlen im Oktober 1991. Rumänien, Bulgarien und Albanien waren zudem stark vom Handel innerhalb des COMECON abhängig. In Albanien sank die Industrie- und Agrarproduktion 1991 um rd. 60%. Die → Weltbank stufte die drei Staaten 1992 als → Entwicklungsländer ein.

Kehrtwende in der Sicherheitspolitik: Die osteuropäischen Staaten bemühten sich 1991/92 um eine Einbindung in westliche Sicherheitsstrukturen. Die → NATO lehnte eine Mitgliedschaft ihrer früheren Gegner im kalten Krieg ab, bot jedoch mit dem → Nordatlantischen Kooperationsrat ein zusätzliches Gremium an, das die sicherheitspolitische Zusammenarbeit in Europa zum Ziel hat. Mitte 1992 gehörten dem Rat außer den NATO-Mitgliedern Polen, Ungarn, der Tschechoslowakei, Bulgarien, Rumänien, das Baltikum und die Staaten der GUS an. Darüber hinaus wurden 1991/92 die drei baltischen Staaten, Georgien, die GUS, Slowenien und Kroatien in die Konferenz für Sicherheit und Zusammenarbeit in Europa (→ KSZE) aufgenommen. (lo)

Deutsche Handelspartner in Osteuropa

Land	Einfuhren (Mio DM)			Ausfuhren (Mio DM)		
	1991	1990	Änderung (%)	1991	1990	Änderung (%)
Ehemalige Sowjetunion	14 565	18 224	− 20,1	18 192	28 122	− 35,3
Polen	7 251	6 964	+ 4,1	8 476	7 635	+ 11,0
ČSFR	5 099	4 423	+ 15,3	4 966	6 485	− 23,4
Ungarn	4 277	4 487	− 4,7	4 219	6 061	− 30,4
Rumänien	1 213	1 523	− 20,4	1 215	2 619	− 53,6
Bulgarien	537	941	− 42,9	793	2 200	− 63,9
Albanien	36	79	− 54,7	82	147	− 44,4
Osteuropa	32 978	36 642	− 10,0	37 944	53 269	− 28,8

Quelle: Statistisches Bundesamt

Bedeutung des Osthandels für den deutschen Außenhandel

Jahr	Anteil (%) am	
	Import	Export
1989	8,3	7,8
1990	6,4	7,8
1991	5,1	5,7

Quelle: Statistisches Bundesamt

Wirtschaftsleistung der Ostseerats-Mitglieder

Land	BSP* pro Kopf (Dollar)
Finnland	26 040
Schweden	23 660
Norwegen	23 120
Deutschland	22 320
Dänemark	22 080
Lettland	6 013
Estland	5 523
Litauen	5 232
Polen	1 690
Rußland	

* Bruttosozialprodukt 1990; Quelle: Weltentwicklungsbericht 1992, Fortune, 21. 10. 1991

Ostdeutschland: Die Importe der neuen Bundesländer im O. gingen gegenüber 1990 um 56% zurück (alte Bundesländer: 21% Anstieg), ihre Exporte um 60% (alte Bundesländer: 11% Anstieg). Nach Angaben der → Treuhandanstalt hingen in Ostdeutschland Anfang 1992 rd. 150 000 Industriearbeitsplätze direkt von Ausfuhren in die ehemalige Sowjetunion ab, indirekt 500 000 Arbeitsplätze. 1991 gingen die Ausfuhren ostdeutscher Unternehmen in die Sowjetunion gegenüber dem Vorjahr um 50% auf rd. 10 Mrd DM zurück. Zur Aufrechterhaltung der Exporte übernahm der Bund für 1992 Bürgschaften über 5 Mrd DM für Ausfuhren ostdeutscher Unternehmen nach Rußland (sog. Hermes-Bürgschaften).

Handelshindernisse: Die OECD (Paris), die Wirtschaftsorganisation von 24 westlichen Industriestaaten, kritisierte Anfang 1992 die Importbeschränkungen des Westens für Agrarprodukte, Stahl sowie Textilien aus Osteuropa (→ GATT). Weitere Hindernisse für den O. waren die fehlenden Reserven der osteuropäischen Länder an westlichen Währungen bzw. die geringe Kaufkraft der ehemaligen Staatshandelsländer und die mangelnde Konkurrenzfähigkeit vieler Produkte auf westlichen Märkten.

Joint Ventures: Die osteuropäischen Länder versuchten 1991/92, die Zusammenarbeit mit westlichen Unternehmen insbes. in Form von Joint Ventures und → Kompensationsgeschäften auszubauen. Nach Angaben des österreichischen Wirtschaftsministeriums gab es Anfang 1992 rd. 36 000 Joint Ventures mit westlicher Beteiligung.

EG-Assoziation: Die EG schloß Ende 1991 mit Ungarn, Polen und der ČSFR sog. Europa-Abkommen, die den Abbau von Zöllen und Einfuhrquoten zwischen den Vertragspartnern vorsehen. Die Zölle werden asymmetrisch gesenkt, d. h. die EG reduziert sie schneller als die osteuropäischen Staaten. Dies erleichtert osteuropäischen Unternehmen den Zugang zum westeuropäischen Markt und schützt sie für eine Übergangszeit vor der westlichen Konkurrenz in ihren Staaten.

Ostseerat

Im März 1992 gegründetes Kooperations- und Beratungsgremium der zehn Ostseeanrainer Dänemark, Schweden, Finnland, Norwegen, Polen, Rußland, Lettland, Litauen, Estland und Deutschland sowie der EG-Kommission. Die westlichen Ostseestaaten wollen die ehemals sozialistischen Mitglieder, Polen, Rußland und die baltischen Staaten, beim Aufbau demokratischer Institutionen und der Marktwirtschaft unterstützen. Darüber hinaus will der O. beim Umweltschutz und in der Energiepolitik, beim Aufbau neuer Verkehrs- und Kommunikationsverbindungen sowie in den Bereichen Kultur, Bildungswesen und Tourismus zusammenarbeiten. Die Vertreter der Ostseeländer treffen sich einmal jährlich zu einer Konferenz. Die nächste Tagung soll im März 1993 in Helsinki/Finnland stattfinden. Sekretariatsaufgaben werden vom Gastgeberland der Jahreskonferenz übernommen.

Ostsee-Überbrückung

Neue Brücken- und Tunnelverbindungen zwischen Skandinavien und dem westeuropäischen Festland. Während sich 1991 die Fertigstellung des Tunnels unter dem Großen Belt wegen unvorhergesehener Schwierigkeiten von

1993 auf 1995 verschob, wurde der Bau der Öresund-Brücke im August 1991 vom dänischen Parlament genehmigt. Die 17 km lange Eisenbahn- und Autobrücke zwischen der dänischen Hauptstadt Kopenhagen und Malmö/Schweden soll 1999 eröffnet werden. Die veranschlagten Kosten von rd. 4,4 Mrd DM tragen die beiden Staaten zu gleichen Teilen. Umweltschutzgruppen beanstandeten, daß die Öresund-Brücke durch ein Vogelschutzreservat führen soll und befürchteten, daß der Frischwasserzustrom von der Nordsee in die Ostsee eingeschränkt werde. Die ab 1990 gebaute Untertunnelung und Überbrückung des rd. 20 km breiten Großen Belt (Gesamtkosten: rd. 5 Mrd DM) zwischen den dänischen Inseln Fünen und Seeland wurde durch einen Wassereinbruch verzögert. Die Bohrungen für den 7,4 km langen Tunnel mußten zeitweise eingestellt werden. Die Fertigstellung der Bahnverbindung verschiebt sich auf 1996. Die Straßen- und Schienenverbindung über den Großen Belt umfaßt zudem eine 65 m hohe Autobahnbrücke, die nach ihrer voraussichtlichen Eröffnung 1998 mit 1624 m Spannbreite die längste Hängebrücke der Welt sein wird. Wie die Öresund-Brücke soll die O. am Großen Belt über Benutzungsgebühren, die etwa die Höhe der Fährtarife betragen, finanziert werden. Mitte 1992 war ungeklärt, ob auf der sog. Vogelfluglinie zwischen Puttgarden/Deutschland und der dänischen Insel Lolland eine Verbindung über den 19 km breiten Fehmarn-Belt geschaffen wird. Da Lolland mittels Brücken mit Seeland verbunden ist, ergäbe sich durch diese O. eine zweite Festlandroute zwischen Schweden und Deutschland. 1991 überquerten 8 Mio Menschen und 275 000 LKW die Ostsee auf den Fähren der Vogelfluglinie.

Überbrückung der Ostsee bis 2000

Outplacement

(engl.; Herausstellung), Beratungsservice für gekündigte Spitzenmanager, der im Auftrag des entlassenden Unternehmens von unabhängigen Agenturen durchgeführt wird. Die in Deutschland 1992 von sechs Agenturen angebotene Dienstleistung soll die Entlassung für Arbeitgeber und -nehmer einvernehmlich regeln. Das kündigende Unternehmen übernimmt die Kosten des O. von rd. 20 000 DM bzw. 15–20% des letzten Bruttojahreseinkommens des Gekündigten, um u. a. teure gerichtliche Auseinandersetzungen zu vermeiden. Die O.-Unternehmen in Deutschland erwarteten Anfang 1992 aufgrund der wachsenden Zahl von → Fusionen einen Anstieg der Nachfrage nach O. O. ersetzt die Abfindungssumme oder Gehaltsfortzahlung nicht. Die Agenturen beschränken sich auf Hilfestellung bei der Suche nach einer neuen Stellung, sie leisten keine Personalvermittlung. Dem entlassenen Mitarbeiter werden verschiedene Hilfen angeboten:
▷ Psychologische Beratung
▷ Bewerbungs- und Interviewtraining
▷ Beratung bei den Verhandlungen mit einem neuen Arbeitgeber.
Die Agenturen schätzten 1992, daß die meisten O.-Kandidaten innerhalb von sechs Monaten eine neue Stelle fanden.

Finnland und USA protestieren gegen Ostsee-Brücke
Gegen die zwischen den dänischen Inseln Fünen und Seeland geplante längste Hängebrücke der Welt protestierten die Regierungen der USA und Finnlands. Washington befürchtete 1991, daß die 65 m hohe Durchfahrt der Belt-Brücke für die Flugzeugträger der Supermacht nicht ausreichen werde. Finnland klagte beim Internationalen Gerichtshof (Den Haag), die Verbindung behindere die freie Seefahrt. Finnische Ölbohrplattformen könnten mit ihren bis zu 200 m hohen Aufbauten nicht mehr in die Nordsee geschleppt werden. Der Gerichtshof verweigerte 1991 eine einstweilige Verfügung zur Einstellung der Bauarbeiten, in der Hauptsache wurde Mitte 1992 weiter verhandelt.

Die größten Outsourcing-Firmen

Unternehmen[1]	Umsatz[2] (Mio Dollar)	Weltmarkt-anteil (%)
EDS	6 110	20,7
IBM	3 900	13,2
Andersen Consulting	1 880	6,4
Digital Equipment	1 800	6,1
Computer Sciences	1 500	5,1
KMPG Peat Marwick	780	2,6
AT&T	760	2,6

1) Alle USA; 2) 1990; Quelle: Fortune, 23. 9. 1991

Outsourcing

(engl.; Auslagerung), Übergabe der Datenverarbeitung an dienstleistende Unternehmen. Die O.-Firma kauft die EDV-Anlage des Kunden ganz oder teilweise und berechnet einen jährlichen Grundbetrag für die Datenverarbeitung sowie zusätzliche Gebühren abhängig von der bearbeiteten Datenmenge. Das Marktforschungsinstitut INPUT (USA) prognostizierte einen Umsatzzuwachs von O. in Europa von 1,2 Mrd Dollar (1,8 Mrd DM) 1991 auf 2,7 Mrd Dollar (4,1 Mrd DM) 1995. INPUT schätzte, daß Unternehmen durch O. ihre Ausgaben für die Datenverarbeitung um bis zu 30% senken können. Es entfallen Kosten für die Wartung und Modernisierung der EDV-Anlage, außerdem können die Ausgaben für das O. von der Steuer abgesetzt werden. Das O.-Unternehmen kann freie Kapazitäten anderen Unternehmen zur Verfügung stellen. Kritiker sehen einen Nachteil des O. darin, daß Unternehmen die eigenständige Entwicklung von Programmen vernachlässigen, die ihnen Wettbewerbsvorteile verschaffen würden. Zudem bestehe die Gefahr, daß mit der Auslagerung der → Datenschutz nicht gewährleistet sei, weil Angestellte der O.-Firma sich dem auslagernden Unternehmen nicht verpflichtet fühlten.

ÖVP

(Österreichische Volkspartei), konservative Partei, die seit 1987 mit der → SPÖ eine große Koalition in Österreich

bildet. Sie war Mitte 1992 mit sieben Ministern in der Regierung vertreten. Bei den Landtagswahlen 1991 in der Steiermark, in Oberösterreich und in Wien erlitt die ÖVP Stimmverluste zwischen 6,9 und 10 Prozentpunkten. Gewinner bei den Landtagswahlen war die Freiheitliche Partei Österreichs (→ FPÖ). Die Wahl zum österreichischen Bundespräsidenten als Nachfolger von Kurt Waldheim gewann im Mai 1992 der Kandidat der ÖVP, Thomas Klestil, mit 57% der Stimmen gegen Rudolf Streicher von der SPÖ (43%). Aus den Nationalratswahlen 1990 ging die ÖVP mit fast 10 Prozentpunkten Verlusten und 32,1% der Stimmen als zweitstärkste Partei hervor. Analysen erklärten die Stimmverluste mit dem Schrumpfen der traditionell ÖVP-nahen katholischen Wählerschaft und als Protest gegen die große Koalition. 1991/92 kam es wiederholt zu Auseinandersetzungen in der SPÖ/ÖVP-Koalition, die u. a. die Verabschiedung des Haushalts 1992 verzögerten und die Bemühungen um einen gemeinsamen Präsidentschaftskandidaten scheitern ließen. Die ÖVP setzte sich 1991/92 für eine Sozialversicherungsreform ein, die mit einer Reduzierung der Versicherungsanstalten bürokratischen Aufwand verringern soll. Staatliche Industriebetriebe sollten durch Umwandlung in Aktiengesellschaften privatisiert werden. In der ÖVP wurde 1992 die Haltung zur sicherheitspolitischen Neutralität Österreichs diskutiert, u. a. die Teilnahme an der → WEU als Beobachter.

Ozon

(O_3), natürliche Form des Sauerstoffs (O_2) mit drei Atomen, die unter Einwirkung von Sonnenstrahlen aus Stickstoffoxiden und Kohlenwasserstoffen (flüchtige organische Verbindungen, VOC) entsteht. Hohe O.-Konzentrationen können u. a. zu Kopfschmerzen, Atembeschwerden und Übelkeit führen. Während seit den 70er Jahren in den höheren Schichten der Atmo-

ÖVP in finanziellen Schwierigkeiten
Die Schulden der konservativen Österreichischen Volkspartei (ÖVP) beliefen sich Mitte 1992 auf rd. 14 Mio DM. Ursachen des ab 1989 angestiegenen Defizits sind hohe Ausgaben für den Bundeswahlkampf 1990 und abnehmende Spendeneinnahmen. Die Finanzprobleme äußerten sich in dem im Juni 1992 beschlossenen Auszug der Parteizentrale aus dem Palais Todesco, einem prunkvollen Gründerzeit-Gebäude im Zentrum von Wien. Die Übersiedlung in ein modernes Bürogebäude soll Kosten sparen.

sphäre, der → Ozonschicht, eine Abnahme der O.-Konzentration gemessen wird, nimmt sie in der Atemluft zu. Der O.-Gehalt gleicht sich zwischen den Schichten nicht aus. Die VOC gelangen vor allem beim Verdunsten von Lösungsmitteln und bei der unvollständigen Verbrennung fossiler Brennstoffe in die Luft. Die von Bundesumweltminister Klaus Töpfer (CDU) 1991 vorgelegte Verordnung, nach der deutsche Innenstädte für den Autoverkehr gesperrt werden sollen, wenn Grenzwerte für VOC und Stickstoffoxide erreicht werden, soll voraussichtlich im Sommer 1993 in Kraft treten.

Atemluft: Der durchschnittliche O.-Gehalt der Atemluft liegt bei 30–60 Mikrogramm/m³. An sonnigen Tagen wird mehr O. gebildet (sog. Sommersmog). Nach einer Empfehlung des Bundesumweltministeriums sollen Personen, die auf O. empfindlich reagieren, ab 180 Mikrogramm O./m³ Luft körperliche Anstrengungen im Freien vermeiden. Bei Konzentrationen über 360 Mikrogramm wird von einem Aufenthalt im Freien abgeraten.

Maßnahmen: Im November 1991 unterzeichneten Deutschland und 20 weitere europäische und nordamerikanische Staaten ein Abkommen, das bis 1999 den Ausstoß flüchtiger organischer Verbindungen (VOC) gegenüber 1988 um 30% senken soll. Zu den Hauptverursachern des O.-Anstiegs zählen die VOC-Emissionen aus dem Autoverkehr. Bundesumwelt- und -verkehrsministerium strebten Mitte 1992 an, den Kraftstoffverbrauch für neugebaute PKW auf 5 l Benzin/100 km bis 2005 gesetzlich zu begrenzen. Das Umweltministerium ging davon aus, daß sich die VOC-Emissionen in Deutschland trotz des zunehmenden → Autoverkehrs bis 1999 u. a. wegen der steigenden Zahl von → Katalysator-Autos bis zu 50% gegenüber 1988 verringern werden. Die Umweltorganisation Greenpeace wies Ende 1991 darauf hin, daß erst eine Verringerung der VOC um 75–80% durch O. verursachte Gesundheitsrisiken eindämmen würde.

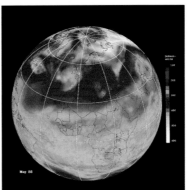

Die Computer-Simulation der Erde zeigt die Dichte der Ozonschicht über der Nordhalbkugel. Die Farbskala macht deutlich, daß über dem Nordpol, ähnlich wie über dem Südpol, das Ozon in der Atmosphäre abgebaut wird, das vor der zellschädigenden ultravioletten Strahlung der Sonne schützt.

Ozonschicht

Bereich der irdischen Lufthülle in einer Höhe von 15 bis 50 km mit einer starken Konzentration von → Ozon (O₃), einer Form des Sauerstoffs (O₂). Die O. schützt die Erde vor der energiereichen ultravioletten Strahlung (UV-Strahlung) der Sonne, die krebsauslösend und das Immunsystem schwächend wirken kann. Auch 1991 wurde über dem Südpol wie in den drei Vorjahren im September und Oktober ein Ozonloch von der doppelten Größe der antarktischen Landmasse gemessen. Die Ozonkonzentration hatte sich um ca. 60% verringert. Über dem Nordpol stellte das erste Ozonforschungsprogramm der EG in Zusammenarbeit mit Norwegen, Finnland, Island und Schweden (EASOE) eine Ausdünnung des Ozongehalts um 10–20% fest. Über den mittleren Breiten der Nordhalbkugel (u. a. über Deutschland) wurde die O. nach Messungen der US-amerikanischen Raumfahrtbehörde NASA seit 1982 um rd. 6–8% ausgedünnt. Zur Zerstörung der O. trugen insbes. Fluorchlorkohlenwasserstoffe (→ FCKW) aus Spraydosen und Kühlschränken sowie 1991/92 der Ausbruch des philippinischen Vulkans Pinatubo bei.

Auswirkungen: Weltweit gingen Wissenschaftler 1992 davon aus, daß jedes Prozent Ozon in der O. weniger 2% mehr UV-Strahlung durchläßt, und die-

Keine Gefahr durch Ozon aus Kopierern
Die baden-württembergische Landesanstalt für Umweltschutz (LfU, Karlsruhe) veröffentlichte Anfang 1992 Untersuchungsergebnisse, nach denen das von Laserdruckern und Fotokopierern ausgestoßene Ozon in der Atemluft keine gesundheitlichen Beschwerden beim Menschen auslöst. Die Hinweise der Hersteller zum Wechsel von Ozonfiltern müßten jedoch beachtet werden. Umweltschutzverbände hatten Anfang der 90er Jahre vor einer erhöhten Ozonkonzentration in der Luft durch Kopierer gewarnt, die u. a. Kopfschmerzen und Übelkeit auslösen kann.

se wiederum zu einem Anstieg der Hautkrebsrate um 3% führt. Eine Verstärkung der UV-Strahlung schädige zudem das Erbgut von Pflanzen und Tieren, so daß u. U. Ertragseinbußen bei der Ernte aufträten. Jedoch trage die → Luftverschmutzung dazu bei, die UV-Strahlung abzuschirmen.

Ursachen: Für die Zerstörung der O. sind die u. a. als Kühlmittel verwendeten FCKW und die ihnen verwandten Halone mitverantwortlich sowie Chlorkohlenwasserstoffe. In der EG dürfen FCKW ab 1995 nicht mehr hergestellt werden, in den USA ab 1996.

FCKW steigen in die O. auf, wo die UV-Strahlung das in den FCKW enthaltene Chlor freisetzt. Die Chloratome wandeln Ozonmoleküle in Sauerstoffmoleküle um, die im Gegensatz zum Ozon die UV-Strahlung bis zur Erde durchlassen. Durch den Abbau der O. werden u. a. eine globale Erwärmung und Verschiebung der Klimazonen (→ Klimaveränderung) erwartet. Die NASA maß Anfang 1992 über Europa, dem Nordatlantik und Rußland erstmals großflächig hohe Konzentrationen von Chlor in der Atmosphäre.

Pole: Auch die Wetterverhältnisse und geringen Temperaturen an den Polen werden zur Erklärung der Abnahme der Ozonkonzentration herangezogen. In der Polarnacht bilden sich bei Temperaturen von –80 °C aus Stickoxiden und Wasserdampf Wolken aus salpetersäurehaltigen Kristallen, die sog. Stratosphärenwolken. An der Oberfläche der Wolken bleiben die Chloratome haften. Bevor sich bei Erwärmung der Temperatur die Wolken wieder auflösen, werden durch chemische Reaktionen große Mengen Chlor freigesetzt. Stickoxide, die Chloratome binden und unschädlich für die O. machen, werden jedoch von den Salpetersäurekristallen festgehalten.

Pinatubo: Beim Ausbruch des Pinatubo Mitte 1991 gelangten rd. 20 Mio t Schwefelgase in die Atmosphäre. Sie kondensierten zu einer Art Nebel, den sog. Aerosolen, die ebenfalls Chlor aus den FCKW freisetzen.

Palmtop-Computer

(palm, engl.; Handfläche/top, engl.; Oberteil), tragbarer, etwa handflächengroßer → Computer. Mitte 1992 waren P. die kleinste Variante des → Laptops bei einem Gewicht zwischen 300 g und 1 kg. Die batteriebetriebenen P. speichern Informationen auf austauschbaren sog. Speicherkarten oder Chips. P. können an → Personalcomputer angeschlossen werden. Die Speicherkapazität der P. (500 Kbyte–1 Mbyte), die Mitte 1992 zum Preis von 1000 DM bis 3500 DM in Deutschland verkauft wurden, liegt unter der von Laptops und Personalcomputern. P. eignen sich vor allem für die Adressenverwaltung, Geschäftsnotizen und Berechnungen im Außendienst.

Papierzerfall

Zersetzung von Büchern und Dokumenten durch Säurebildung in schwefelhaltigem Papier, die u. a. von Temperatur, Feuchtigkeit und Lichteinfall beschleunigt wird. Von P. betroffen sind insbes. Schriftstücke, die nach 1840 hergestellt wurden, als bei der industriellen Papierfertigung weniger hochwertige Materialien verwendet wurden. Anfang 1992 waren nach Angaben des Deutschen Bibliotheksinstituts (Berlin) 25% des Bücherbestandes (rd. 41 Mio Bände) in wissenschaftlichen Bibliotheken dringend konservierungsbedürftig, 18 Mio davon waren irreparabel geschädigt. 1992 entwickelte das Battelle Institut (Frankfurt/M.) eine Papierentsäuerungsanlage (Kosten 8 Mio–10 Mio DM), die erstmals die Konservierung großer Mengen Bücher ermöglichte. Anfang 1992 ging die weltweit erste Anlage zur Konservierung von Aktenseiten im niedersächsischen Staatsarchiv (Bükkeburg) in Betrieb. Alle 1992 zur Papierentsäuerung angewandten Methoden konnten die Papierhaltbarkeit

512 Seiten ● DM 98,–

1.408 Seiten ● DM 148,–
(Subskriptionspreis
bis 31. 12. 1992,
danach DM 168,–)

1.406 Seiten ● DM 98,–

5 Bände mit insgesamt 3.200
Seiten ● DM 598,–

◀ Diese Bücher empfehlen wir als Ergänzung zu »Aktuell '93«

**Harenberg Verlag
Jahrbuch '93**

Dieses Buch können Sie nicht kaufen.
Bitte umblättern...

Das »Harenberg Jahrbuch '93« enthält eine Jahresübersicht mit Gedenktagen und Jubiläen, Rückblicke und Ausblicke und eine illustrierte Bibliographie aller lieferbaren Titel. Wir senden Ihnen das »Harenberg Jahrbuch '93« gern kostenlos – solange die Auflage reicht. Bitte, nennen Sie uns Ihre Daten:

512 Seiten ● DM 98,–

1.408 Seiten ● DM 148,–
(Subskriptionspreis
bis 31. 12. 1992,
danach DM 168,–)

1.406 Seiten ● DM 98,–

5 Bände mit insgesamt 3.200
Seiten ● DM 598,–

Absender

Name, Vorname

Straße/Haus-Nr.

PLZ/Ort

Beruf

Geburtsdatum

Datum/Unterschrift

2/06

Die Speicherung der Daten erfolgt nach Maßgabe des Bundesdatenschutzgesetzes.

Antwortkarte

**Harenberg Verlag
Postfach 10 18 52
4600 Dortmund 1**

Bitte mit
60 Pfennig
frankieren.
Vielen Dank.

(50–100 Jahre) um das Vier- bis Fünffache verlängern.

Buchentsäuerung: Die vom Battelle Institut entwickelte Anlage wird ab 1993 in der Deutschen Bücherei in Leipzig eingesetzt, wo beschädigte Bände gesammelt werden. Die Anlage neutralisiert die Säure mit umweltfreundlichen Chemikalien. Das Magnesiummethylcarbonat, mit dem die 1990 vorgestellte Prototyp-Anlage arbeitete und dessen Lösungsmittel die umweltschädlichen → FCKW enthielt, soll durch eine Magnesium- oder Calciumverbindung ersetzt werden, die umweltfreundliche Lösungsmittel zuläßt. Täglich sollen 1000 Bände konserviert werden (Kosten/Band: 10 DM).

Aktenentsäuerung: Die Bückeburger Anlage (Kosten: 18 Mio DM) faßt stündlich 1200 Seiten (Kosten: 10–20 Pf/Seite). Die Schrift wird fixiert, das Papier wird mit umweltfreundlichen Chemikalien entsäuert und mit einer Leimschicht überzogen, die ihm Festigkeit verleiht.

Parabolantenne

Schüsselförmige Antenne mit einem nach innen gewölbten Spiegel zum direkten Empfang von Satellitenrundfunk (→ Digital Satellite Radio). Im Gegensatz zum → Kabelanschluß, für den neben Einrichtungskosten auch monatliche Gebühren gezahlt werden müssen, fällt für P. lediglich der Kaufpreis an (1992: 600–10 000 DM). 1991 wurden in Deutschland 1,2 Mio P. verkauft (1990: 850 000). Die um rd. 30% niedrigeren Preise für P. 1992 waren vor allem auf die Konkurrenz durch preiswerte japanische Importprodukte zurückzuführen.

Etwa 85% der P. in Deutschland waren 1992 auf die Astra-Satelliten ausgerichtet (→ Astra 1 C). Je nach Sendeleistung des Satelliten haben P. einen Durchmesser von 0,4 bis 1,5 m. Um Signale von anderen Satelliten empfangen zu können, muß die P. mit Hilfe einer elektronischen Steuerung gedreht werden.

Parallelcomputer

Datenverarbeitungsanlage, bei der mehrere Mikroprozessoren (→ Chips) gleichzeitig verschiedene Rechenschritte einer Aufgabe ausführen. P. verfügen durch die Arbeitsteilung über eine höhere Speicherkapazität und rechnen schneller als Hochleistungsrechner, die mit Zentralprozessoren ausgerüstet sind. US-amerikanische Hersteller kündigten für 1993 die Produktion von P. an, die 400 Mrd–1000 Mrd Rechenoperationen/sec durchführen können. Der US-Kongreß fördert bis 1996 die Entwicklung von Teraflop-P. mit rd. 3 Mrd Dollar (4,6 Mrd DM), die mehr als eine Billion Rechenoperationen/sec ausführen.

P. machen aufwendige Tests überflüssig, indem sie zur Simulation physikalischer und chemischer Experimente, z. B. aerodynamischer Eigenschaften von Flugzeugen oder der Funktionen von Körperzellen, eingesetzt werden.

Ein Teraflop-Computer könnte die Rechnungen, die von allen Computern weltweit zwischen 1960 und 1970 ausgeführt wurden, an einem Tag erledigen. Teraflop-Rechner eignen sich für Prognosen zur → Klimaveränderung und sollen z. B. im Rahmen des US-amerikanischen Human-Genom-Projekts eingesetzt werden (→ Gentechnik), dessen Ziel die Analyse aller menschlichen Gene ist.

Da bei P. jeder Mikroprozessor nur Teilaufgaben übernimmt, können Chips mit geringer Speicherkapazität verwendet werden. Auch die leistungsfähigsten Zentralprozessoren in Computern werden bei der Lösung komplexer Probleme überfordert.

Parlacen

(parlamento, span.; Parlament/américa central, span.; Mittelamerika), im Oktober 1991 eröffnetes Parlament für Mittelamerika, das die politische und wirtschaftliche Integration der Region fördern soll. Das P. hat keine gesetzgebende Funktion. 67 von den Regierun-

Parallelcomputer berechnet Parkgebühren
Die deutsche Firma Parsytec (Aachen) testete Mitte 1992 die automatische Kfz-Kennzeichenerkennung bei der computergesteuerten Abfertigung in Parkhäusern. Eine Videokamera nimmt Fahrzeuge bei der Einfahrt in das Parkhaus auf und leitet das Bild an einen Parallelrechner weiter, der den Zeitpunkt der Einfahrt und das Kennzeichen speichert. Der Computer berechnet die Gebühren, wenn der Kunde vor der Ausfahrt sein Kennzeichen in die Tastatur eingibt. Der Rechner erkennt das von einer zweiten Videokamera übermittelte Kennzeichen wieder und öffnet innerhalb von 0,6 sec die Schranke.

gen entsandte Abgeordnete, jeweils 22 aus Guatemala und Honduras, 21 aus El Salvador und zwei aus Nicaragua, tagen vorläufig in Guatemala-Stadt. Die ersten Wahlen zum P. sollen spätestens 1994 abgehalten werden. Die P.-Gründungsmitglieder streben eine Beteiligung weiterer mittelamerikanischer Länder an. Zum Vorsitzenden des P. wurde der Christdemokrat Roberto Carpio, der frühere Vizepräsident von Guatemala (1986–1991), gewählt. Die Gründung des P. wurde 1987 bei den Friedensverhandlungen im → Mittelamerika-Konflikt festgelegt.

Parteienfinanzierung

Das Bundesverfassungsgericht (Karlsruhe) erklärte im April 1992 grundlegende Teile der staatlichen P. für verfassungswidrig und ordnete bis spätestens Ende 1993 eine Neuregelung an. In ihren Ende 1991 vorgelegten Rechenschaftsberichten wiesen CDU, CSU, SPD, FDP und die Grünen für 1990 die höchsten Einnahmen seit Bestehen der Bundesrepublik auf (rd. 1 Mrd DM). Die Parteien finanzieren sich vor allem über Mitgliedsbeiträge, Spenden und staatliche Zuschüsse wie die Wahlkampfkostenpauschale (jede Partei mit mehr als 0,5% der Zweitstimmen erhält 5 DM pro Wähler). Die Berliner → Treuhandanstalt schätzte Anfang 1992 das ihr zur Verwaltung übergebene Vermögen der Parteien und Massenorganisationen der DDR auf etwa 10 Mrd DM.

Urteil: Nach der Entscheidung des Bundesverfassungsgerichts, das in allen Punkten einer Klage der Grünen recht gab, sind folgende Regelungen verfassungswidrig:

▷ Der sog. Sockelbetrag, den jede Partei mit mindestens 2% der Wählerstimmen als Bestandteil der Wahlkampfkostenerstattung erhält

▷ Der sog. Chancenausgleich, der Parteien zusteht, die verglichen mit anderen Parteien weniger Spenden einnehmen

▷ Die steuerliche Abzugsfähigkeit von Spenden juristischer Personen (Firmen, Vereine etc.)

▷ Die steuerliche Abzugsfähigkeit der Spenden von Einzelpersonen, soweit sie 1200 DM/2400 DM (Ledige/Verheiratete) übersteigen

▷ Die Grenze von 40 000 DM für Großspenden, bis zu der ein Spender nicht im Rechenschaftsbericht genannt werden muß. Sie soll auf 20 000 DM gesenkt werden.

Das Bundesverfassungsgericht erkannte erstmals eine staatliche P. an, die über die Wahlkampfkostenerstattung hinausgeht. Die Zuschüsse dürfen jedoch weiterhin nicht höher als die von den Parteien selbst erwirtschafteten Mittel sein, z. B. Mitgliedsbeiträge. Sie sollen die durchschnittliche inflationsbereinigte Höhe der staatlichen Zahlungen des Zeitraums 1986–1990 jährlich nicht übersteigen.

Einnahmen: Die Einnahmen stiegen 1990 u. a. wegen der Vielzahl an Wah-

Einnahmequellen der großen Parteien

Gesamteinnahmen (Mio DM)

Anteil (%)

Legende:
- Mitgliedsbeiträge
- Spenden
- Wahlkampfkostenerstattung
- Chancenausgleich
- Vermögen
- Sonstige[1]

SPD: 344; 37,6; 10,6; 37,2; 2,7; 2,0; 9,9
CDU: 340; 25,5; 21,3; 41,8; 2,4; 1,4; 7,6
CSU: 91; 17,5; 39,2; 36,0; 2,6; 1,4; 3,3
FDP: 89; 12,7; 26; 50,4; 1,6; 1,5; 7,7
Grüne: 60; 17,4; 17,5; 33,3; 2,0; 3,6; 26,2

Stand: Ende 1990; 1) darunter Zahlungen der Parteigliederungen;
Quelle: Rechenschaftsberichte der Parteien
© Harenberg

len. Außerdem nahm mit der Vereinigung Deutschlands die Zahl der Wahlberechtigten zu, nach der sich die Wahlkampfkostenerstattung berechnet. Die Einnahmen durch Mitgliedsbeiträge erhöhten sich nur bei der SPD (40% der Gesamteinnahmen). Die CDU erhielt 1990 mit 71 Mio DM die meisten Spenden. Insgesamt stiegen die Spenden um 57% gegenüber 1989.

Neuregelung: Bundespräsident Richard von Weizsäcker (CDU) berief im Juni 1992 sieben Sachverständige in eine unabhängige Kommission, die dem Bundestag eine Neuregelung der P. vorschlagen soll. Die Grünen und der Bund der Steuerzahler forderten im April 1992, auch die staatlichen Subventionen für parteinahe Stiftungen und Fraktionen zu begrenzen.

DDR-Parteivermögen: Die Treuhandanstalt und die Unabhängige Kommission zur Überprüfung des Vermögens der Parteien und Massenorganisationen der DDR gaben bis Mitte 1992 insgesamt 20 Grundstücke und 15 Mio DM Barvermögen an Parteien zurück, nachdem sie überprüft hatten, daß die Werte rechtmäßig erworben worden waren. → PDS

Pay per view

(engl.; Bezahlen für Gesehenes), Fernsehprogramm, bei dem der Zuschauer einzelne Sendungen bestellt und bezahlt (→ Pay-TV). Voraussetzung für den Empfang von P. ist ein → Kabelanschluß und ein Gerät zur Entschlüsselung der TV-Signale (sog. Decoder). Ende 1991 wurde der erste deutsche P.-Versuch in Berlin nach sechs Monaten abgeschlossen. Die Veranstalter, die niederländische Cinema TV, die Anitra Medienprojekte mbH (München) und die Berliner Projektgesellschaft für Kabelkommunikation, planten 1992 langfristig in Deutschland rd. drei P.-Stationen, die regional begrenztes P. anbieten sollen. In den USA wurden u. a. Übertragungen von Sportveranstaltungen 1991/92 verstärkt als P. angeboten. Die Initiatoren wollten mit den Ein-

nahmen ihre Abhängigkeit von Mäzenen und → Sponsoring verringern.

Berlin: Beim Berliner Versuch wurde in 200 Kabelhaushalten gegen eine einmalige Gebühr von 87 DM und eine monatliche Grundgebühr von 5 DM ein Decoder an den Fernseher angeschlossen. Der Kunde benötigte zusätzlich eine Magnetkarte, die in den Decoder eingelegt störungsfreien Empfang ermöglicht und die gesehenen Filme registriert. Über den Videotext-Dienst konnten sich die Zuschauer über das P.-Programm informieren, das rund um die Uhr Filme zum Preis von 6–8 DM anbot. Die Sendezentrale fragte per → Datenfernübertragung auf der Magnetkarte gespeicherte Filme ab und stellte sie monatlich in Rechnung.

USA: In den USA konnten 1992 rd. 20 Mio Haushalte P. empfangen. Die US-Fernsehsender NBC und Cablevision System Corps. boten z. B. Übertragungen der → Olympischen Spiele 1992 in Barcelona/Spanien als P. an.

Pay-TV

(to pay, engl.; bezahlen), Fernsehprogramm, das gegen eine monatliche Gebühr abonniert werden kann. Das Mitte 1992 einzige P.-Programm in Deutschland, Premiere, wird seit Februar 1991 von der Canal Plus GmbH & Co. Medien KG angeboten. Anfang 1992 hatte Premiere 310 000 Abonnenten, die Gewinnschwelle soll 1994 mit 750 000 P.-Kunden erreicht sein (geschätzte Kosten bis 1994: rd. 500 Mio DM). Premiere strahlt keine Werbung aus, es wird ausschließlich über die Abonnentengebühr finanziert. Canal Plus war 1992 das einzige P. in Frankreich. Die Münchener Kirch-Gruppe, die 1992 ein Viertel der Anteile von Premiere und 40% am P. der Schweiz, Teleclub, hielt, erhöhte 1992 den 1991 erworbenen Anteil am italienischen P. Telepiú von 8% auf 20%. Telepiú veranstaltete drei P. in Italien. Kirch strebte an, gemeinsam mit Teleclub und Telepiú Programme zu produzieren, zu beschaffen und zu verwerten.

Größte Parteispenden kamen von der Chemieindustrie
Der großzügigste Spender der CDU war 1990 die Chemische Industrie, die laut Rechenschaftsbericht der Partei 787 000 DM überwies. Die SPD erhielt 50 000 DM aus dieser Quelle. Mit 235 000 DM förderte der Verein der bayerischen chemischen Industrie die CSU. Die Deutsche Bank war mit 760 000 DM die zweitgrößte Geldgeberin der CDU. Die SPD erhielt keine Großspende über 40 000 DM von der Deutschen Bank, die zur Namensnennung verpflichtet. Die Großspenden der Grünen stammen ausschließlich von eigenen Abgeordneten, die ihre Diäten in erheblichem Umfang abführen.

Metropolitan Opera will Pay per view veranstalten
Die New Yorker Metropolitan Opera plante Ende 1991, ab 1992 jährlich zwei Opernaufführungen als Pay per view anzubieten, bei dem der Zuschauer gegen eine Gebühr von 34,95 Dollar (53,40 DM) die Fernsehübertragung der Oper bestellen kann (Eintrittspreis 1992: ab 105 Dollar, 160 DM). Die Saisoneröffnung 1991 buchten 35 000 Haushalte (Erlös: rd. 1,2 Mio Dollar, 1,8 Mio DM).

PDS

Drei Medienkonzerne stehen hinter Premiere
Am einzigen deutschen Pay-TV Premiere, das gegen eine monatliche Gebühr zu empfangen ist, waren 1992 die Bertelsmann-Tochtergesellschaft Ufa Film und Fernseh GmbH (37,5%), die Kirch-Gruppe (25%) und der französische Pay-TV-Veranstalter Canal Plus S. A. (37,5%) beteiligt. Das erste Pay-TV-Programm der BRD, der von der Kirch-Gruppe veranstaltete Teleclub, ging 1991 in Premiere über.

Premiere wird bundesweit über → Satellit und Kabel (→ Kabelanschluß) ausgestrahlt. Etwa 90% des Programms bestehen aus Spielfilmen, insbes. Kinofilme, die 18 Monate nach ihrem Start erstmals im Fernsehen gesendet werden, und Sportübertragungen (→ Sportübertragungsrechte). Mitte 1992 betrug die monatliche Gebühr 39 DM. Für einen störungsfreien Empfang benötigt der Kunde einen sog. Decoder (Leihgebühr im Fachhandel 1992: 120 DM) sowie eine → Chipkarte mit seiner Abonnentennummer, die in den Decoder eingeführt wird.

PDS

(Partei des Demokratischen Sozialismus), Nachfolgeorganisation der Sozialistischen Einheitspartei Deutschlands. Im Bundestag war die PDS im Mai 1992 mit 14 Abgeordneten vertreten; drei Abgeordnete waren nach der Bundestagswahl vom Dezember 1990 wegen inhaltlicher Differenzen aus der Partei ausgetreten. Auf dem Parteitag in Berlin im Dezember 1991 wurde Gregor Gysi als Vorsitzender bestätigt. Im März 1992 verhängte das Berliner Landgericht gegen drei Parteifunktionäre Freiheitsstrafen auf Bewährung, weil sie 107 Mio DM aus dem Parteivermögen Anfang 1991 ins Ausland verschoben hatten. Die Unabhängige Kommission zur Überprüfung des Vermögens der Parteien und Massenorganisationen der DDR verdächtigte die PDS Anfang 1992, mehrere 100 Mio DM aus dem Parteivermögen durch Darlehensvergabe an Privatpersonen der Überprüfung durch die Kommission entzogen zu haben.
Programmatik: Als Reaktion auf den Rückgang der Mitgliederzahl von 2,3 Mio zu Zeiten der SED auf 180 000 in den neuen Bundesländern und 600 in den alten Ländern (Stand: Mitte 1992) will die PDS bis Ende 1992 ein neues Parteiprogramm entwerfen. Als Schwerpunkte der Parteiarbeit nannte Gysi Ende 1991 u. a. die Gleichstellung von Mann und Frau, die Verhinderung von

Sozialleistungsabbau, die Beibehaltung des Grundrechts auf Asyl und die Verbesserung der wirtschaftlichen Verhältnisse in Ostdeutschland. Aus finanziellen Gründen wurde die Mitgliederzahl des Bundesvorstands im Dezember 1991 von 70 auf 18 reduziert.
Vermögen: Im Dezember 1991 beschloß die Kommission zur Überprüfung der Parteivermögen, daß die PDS ihr nach dem 1. 6. 1990 erworbenes Vermögen nur für Verpflichtungen aufwenden muß, die ihr aus der politischen Arbeit nach diesem Stichtag entstanden sind. Ein Plan der mit der Privatisierung der ostdeutschen volkseigenen Betriebe beauftragten → Treuhandanstalt, die Mitte 1992 das zu DDR-Zeiten erworbene Vermögen der ehemaligen SED verwaltete, sah ursprünglich vor, u. a. Renten für Parteimitglieder, die vor Juni 1990 vereinbart wurden, auch aus dem Neuvermögen der PDS zu begleichen. Die PDS lehnte dies ab, weil sie nach eigenen Angaben ihre politische Arbeit aufgrund von Geldmangel nicht hätte fortsetzen können.
Die Kommission sah es Ende 1991 als erwiesen an, daß neben enteigneten Immobilien auch 85% der Mitgliedsbeiträge der SED nicht rechtmäßig erworben worden seien, weil die SED ihre Machtposition im Staat ausgenutzt hätte und viele Mitglieder unter Zwang in die Partei eingetreten seien. Gysi bezifferte im April 1992 das Geldvermögen der PDS unter treuhänderischer Verwaltung auf 1,3 Mrd DM. Er forderte von der Treuhandanstalt die Rückgabe von 75 Mio DM und 23 Immobilien aus dem früheren SED-Besitz. Im Mai 1992 schloß die PDS mit der Treuhandanstalt einen Vertrag, in dem sie auf eventuelles Auslandsvermögen der SED verzichtete.

Gregor Gysi, PDS-Vorsitzender
* 16. 1. 1948 in Berlin, Dr. jur., deutscher Politiker (PDS) und Jurist. Als Rechtsanwalt (ab 1971) verteidigte er u. a. Regimekritiker der DDR wie Rudolf Bahro und Bärbel Bohley. Ab 1988 Vorsitzender der 15 Anwaltskollegien der DDR und des Ostberliner Rechtsanwaltskollegiums, ab Dezember 1989 Vorsitzender der PDS (ehemalige SED).

Pendolino

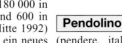

(pendere, ital.; sich neigen), Eisenbahnzug, dessen Wagenaufbau sich in Kurven ähnlich wie ein Motorradfahrer nach innen neigt. Der P. ermöglicht schnellere Kurvenfahrten und kann so

Ab 1992 verkürzen Pendolino-Neigezüge die Reise auf kurvenreichen Strecken bei Nürnberg um 20%.

italienischen oder spanischen Neigesystem ausgestattet sind, um 25% höher liegen als bei gewöhnlichen Reisezugwagen.

Neiko: Beim schweizerischen System Neiko handelt es sich um Radgestelle, die nachträglich in vorhandene Waggons eingebaut werden können und eine Wagenneigung in Kurven ermöglichen. Der Einbau des auf der Fliehkraft beruhenden Neiko-Systems verteuert einen Eisenbahnwagen nur um 3%. → Schnellbahnnetz

Personalcomputer

(auch Mikrocomputer), vor allem im geschäftlichen Bereich eingesetzter Kleinrechner mit einer Speicherkapazität (Arbeitsspeicher) von 256 kByte bis 8 MByte (→ Bit). In Deutschland stieg der Absatz von P. 1991 um 7,5% auf 1,24 Mio Rechner. Der Anteil tragbarer → Computer (→ Laptops) lag bei rd. 10%. Trotz der Absatzsteigerung erzielten die Hersteller geringere Umsätze. Vor allem aufgrund von Billigimporten aus Fernost sanken die Preise

Kennzahlen des deutschen Pendolino VT 610

Merkmal	Wert
Höchstgeschwindigkeit	160 km/h
Preis pro Stück	5,6 Mio DM
Leistung	2 x 485 kW
Länge	25,40 m
Beschleunigung der Kurvendurchfahrt	30%
Fahrzeitverkürzung in Franken	20%
Sitzplätze	136
Stehplätze	40

Quelle: Deutsche Bundesbahn

dazu beitragen, die Reisegeschwindigkeit auch auf Nebenstrecken zu erhöhen, ohne daß Baumaßnahmen wie Tunnel zur Streckenbegradigung erforderlich werden (Kurvenanteil am deutschen Schienennetz: rd. 60%). Die Deutsche und die Schweizerische → Bundesbahn testeten 1991/92 verschiedene Neigezug-Systeme: Den italienischen Zug P. (deutsche Version: VT 610), den spanischen Talgo Pendular, den schwedischen X 2000 und das Schweizer System Neiko.

VT 610: Die Deutsche Bundesbahn setzt ab Mai 1992 zwischen Nürnberg und Bayreuth bzw. Hof Dieseltriebwagen ein, die mit der italienischen P.-Technik ausgestattet sind. Die Reisezeitgewinne betragen ca. 20%. Beim P. wird die Wagenneigung bis zu 8° mit elektronisch gesteuerten Hydraulikpressen erzeugt.

Talgo: Der Talgo Pendular soll ab Sommer 1994 als Nachtzug zwischen Berlin und München bzw. Zürich/Schweiz zum Einsatz kommen. Die Wagenneigung bis zu 2,9° wird beim Talgo durch die Fliehkraft bewirkt.

X 2000: Der elektrisch betriebene X 2000 ist wie der P. mit elektronisch gesteuerter Hydraulik ausgestattet, die eine Neigung bis zu 8° ermöglicht. Sie gestatten um 30–40% schnellere Kurvendurchfahrten und Reisezeitgewinne bis zu 20%. Die Schweizerischen Bundesbahnen errechneten, daß die Kosten pro Sitzplatz bei Waggons, die mit dem

John Fellows Akers, IBM-Konzernchef
* 28. 12. 1934 in Boston/ USA, US-amerikanischer Industriemanager. Ab 1960 bei der IBM Corp., ab 1983 Präsident des 1991 weltweit größten Personalcomputerherstellers mit einem Umsatz von 64,8 Mrd Dollar (98,9 Mrd DM) und 350 000 Beschäftigten. Ende 1991 vereinbarte Akers eine Kooperation mit dem Konkurrenten Apple Computers.

John Sculley, Präsident von Apple Computers
* 6. 4. 1939 in New York/USA, US-amerikanischer Industriemanager. Ab 1983 bei Apple Computers, 1990 Präsident des 1991 zweitgrößten PC-Herstellers mit einem Umsatz von 6,3 Mrd Dollar (9,6 Mrd DM) und rd. 15 000 Beschäftigten. Apple kooperierte 1992 mit IBM u. a. bei der Entwicklung von Betriebssystemen.

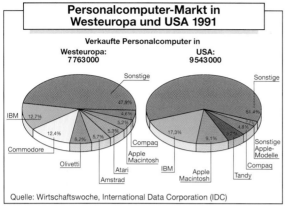

Personalcomputer-Markt in Westeuropa und USA 1991

Verkaufte Personalcomputer in

Westeuropa:
7 763 000

USA:
9 543 000

Quelle: Wirtschaftswoche, International Data Corporation (IDC)

von P. 1991 um 30% im Vergleich zum Vorjahr. Die Hersteller rechneten mit weiteren Preiseinbußen von 35% für 1992. Als Markt der Zukunft sahen P.-Hersteller 1992 die Integration von Ton, bewegten Bildern und Text, von Telekommunikation, Unterhaltungselektronik und Rechnerfunktionen in sog. multimedialen P. (→ Multimedia). Die Miniaturisierung von P. ist in den 90er Jahren wichtigster Entwicklungstrend. Transportable Notizbuchrechner (auch Notebooks) im DIN-A4-Format und handflächengroße → Palmtop-Computer machen den Einsatz von P. ortsunabhängig. Zunehmende Bedeutung gewann Anfang der 90er Jahre der Zusammenschluß von P. zu → Netzwerken, die kostenintensive Großrechner ersetzen sollen. Zentralrechner können auch als → Datenbanken für P. eingesetzt werden. P. können zudem an bestehende Netzwerkdienste angeschlossen werden (→ Datenfernübertragung).

Pestizide

Sammelbezeichnung für chemische Pflanzenschutzmittel, die zur Bekämpfung von Pflanzenerkrankungen, zur Schädlings- und Unkrautvernichtung sowie zur Regelung des Pflanzenwachstums dienen. P. werden zu 80% in der → Landwirtschaft eingesetzt und tragen zur → Trinkwasserverunreinigung und bei Verdunstung zur → Luftverschmutzung bei. Zudem gelangen P. in die Nahrungskette und gefährden bei Anreicherung in pflanzlichen und tierischen Lebensmitteln die Gesundheit von Menschen. Die EG verabschiedete 1991 eine Richtlinie, nach der P. nur dann zugelassen werden, wenn die Wirkstoffe auf einer von der EG erarbeiteten Liste stehen. An einheitlichen Grundsätzen zur Prüfung von Wirkstoffen arbeitete die EG Mitte 1992. Die Welternährungsorganisation FAO (Rom) schätzte Ende 1991, daß in → Entwicklungsländern rd. 3% aller Anwender von P. beim Umgang mit den Mitteln erkranken.

Entwicklungsländer: In den Entwicklungsländern werden jährlich etwa 20% aller P. verbraucht. P. werden nach Angaben der FAO meist ohne Schutzkleidung angewandt. Gebrauchsanweisungen der Hersteller werden nicht beachtet, viele Bauern sind Analphabeten. Das Pestizid-Aktions-Netz (PAN), ein internationaler Zusammenschluß von Verbraucher-, Umwelt- und Entwicklungshilfeverbänden, kritisierte 1992, daß in den Entwicklungsländern P. genutzt würden, die in Industrieländern wegen ihrer Schädlichkeit verboten seien. Den Entwicklungsländern werde von der Industrie vermittelt, sie könnten das Problem einer ausreichenden Nahrungsmittelversorgung durch höhere Lebensmittelproduktion bei verstärktem P.-Einsatz lösen. Agrarprodukte mit Rückständen von P., die in den Industriestaaten nicht eingesetzt werden dürfen, kehren bei Export in diese Länder zurück.

EG-Richtlinie: Der Bund für Umwelt und Naturschutz e. V. (Bonn) befürchtete Mitte 1992, daß mit der EG-Richtlinie in Deutschland Stoffe zugelassen werden müssen, die bereits verboten waren. In der EG waren Mitte 1992 rd. 600 Wirkstoffe zugelassen und 21 verboten. In Deutschland war der Gebrauch von 23 weiteren Chemikalien untersagt, dazu gehörten hochgiftige Arsenverbindungen und Atrazin.

Deutschland: Anfang 1992 waren in Deutschland 948 P. mit 217 Wirkstoffen zugelassen, 5% bzw. 8,5% mehr als im Vorjahr. Der Umsatz der Pflanzenschutzindustrie nahm 1991 gegenüber 1990 um 5% auf 5,2 Mrd DM zu. In Deutschland wurden rd. 30 000 t P. (1990: rd. 29 900 t) abgesetzt.

Die CDU/CSU/FDP-Bundesregierung wies Anfang 1992 darauf hin, daß bei unverändertem Einsatz von P. in Deutschland jährlich mit Kosten in Höhe von 260 Mio DM für die Trinkwasseraufbereitung gerechnet werden muß. In Deutschland dürfen lt. Trinkwasserverordnung in 1 l Trinkwasser höchstens 0,0001 mg eines einzelnen P.-Wirkstoffes enthalten sein; bei mehreren Stoffen gilt ein Grenzwert von 0,0005 mg/l.

Exportierte Pestizide aus Deutschland 1991

Pestizid-gruppe	USA	Mittel-/ Süd-amerika	Afrika	West-europa	Ost-europa	Asien	Insge-samt
			Export[1] (t) nach				
Herbizide	7 588	1 800	515	18 887	3 883	5 184	37 857
Fungizide	1 068	2 815	149	19 819	1 061	4 570	29 482
Insektizide	2 865	2 291	1 742	6 638	232	7 783	21 551
Andere	211	747	41	9 323	476	2 435	13 233
Insgesamt	11 732	7 653	2 447	54 667	5 652	19 972	102 123

1) Exporte der Mitgliedsfirmen des Industrieverbands Agrar e. V.; Quelle: Industrieverband Agrar e. V. (Frankfurt/M.)

Pfandpflicht

→ Verpackungsmüll

Pflegenotstand

An den Krankenhäusern in Deutschland fehlten 1991 nach Angaben der Gewerkschaft ÖTV rd. 100 000 Stellen für Pflegepersonal. In der ambulanten und stationären Altenpflege müßte das Personal nach Ansicht des Kuratoriums Deutsche Altershilfe (Köln) um 450 000 bis 500 000 Pflegekräfte aufgestockt werden, um die Versorgung in ausreichender Qualität sicherzustellen. Bundesgesundheitsminister Horst Seehofer (CSU) plante Mitte 1992 mit den Einsparungen, die bei einer Fortführung der → Gesundheitsreform ab 1993 erzielt werden sollen, u. a. 13 000 Stellen für Krankenhauspersonal zu finanzieren. Weitere Maßnahmen gegen den P. zielten in Westdeutschland auf die Verbesserung der Attraktivität von Pflegeberufen und die Entlastung des Personals von berufsfremden Tätigkeiten. In Ostdeutschland wurden Schwestern und Pfleger mit westdeutschen Kollegen bei der Einstufung in Lohngruppen gleichgestellt, um Abwanderungen nach Westdeutschland zu vermeiden.

Versorgung: In Deutschland waren insbes. die Intensivstationen von P. betroffen. Untersuchungen des Allgemeinen Deutschen Automobilclubs (ADAC, München) ergaben Ende 1991, daß Krankenhäuser die Aufnahme von Notfall- und Unfallopfern zunehmend ablehnen, weil sie wegen Personalmangels keine schnelle medizinische Versorgung gewährleisten könnten.

In Ostdeutschland fehlte 1991/92 an fast allen Kliniken Pflegepersonal. In der Berliner Charité z. B. waren 1992 von 1600 Planstellen 160 nicht besetzt.

Ursachen: Die Zahl der stationär behandelten Patienten stieg in Westdeutschland in den 80er Jahren um rd. 2,5 Mio auf 13,4 Mio (letztverfügbarer Stand: 1989). Vor allem der wachsende Anteil älterer Menschen an der Bevölkerung (→ Bevölkerungsentwicklung → Alter) und die damit verbundene Verstärkung der medizinischen Betreuung sorgten für einen Anstieg der Krankenhausbelegung.

Nach einer Untersuchung der Robert-Bosch-Stiftung Anfang 1992 halten zu geringe und zu wenig differenzierte Vergütung, zunehmende fachliche und menschliche Anforderungen und schlechte Aufstiegsmöglichkeiten junge Menschen davon ab, einen Pflegeberuf zu ergreifen.

Zahlreiche ostdeutsche Pflegekräfte wechselten 1991/92 zu westdeutschen Krankenhäusern, weil sie an ostdeutschen Kliniken lediglich 60% des Gehalts westdeutscher Kollegen erhielten und in den alten Bundesländern wegen des P. problemlos eine Anstellung fanden.

Pflegenotstand in der Ostberliner Charité
In der einstigen Renommierklinik des SED-Regimes, der Berliner Charité, ist der Anteil von ausgebildeten Fachkräften am Pflegepersonal zwischen 1990 und 1992 von 70% auf 6% zurückgegangen. Aus diesem Grund bezweifelte die Klinik 1992, die medizinische Grundversorgung langfristig gewährleisten zu können.

Pflegeversicherungen in Europa
Das Bundesarbeitsministerium legte im Mai 1992 eine Studie zur Absicherung des finanziellen Risikos bei Pflegebedürftigkeit in ausgewählten europäischen Ländern vor. In Frankreich, den Niederlanden und Belgien übernehmen die gesetzlichen Krankenkassen sämtliche Kosten, die ihren Mitgliedern aufgrund von Pflegebedürftigkeit entstehen. In Dänemark und Schweden wird die Pflege aus Steuergeldern finanziert, die gesamte Wohnbevölkerung hat Anspruch auf Pflegeleistungen.

Ostdeutsche Frauen sollen Pille wieder selbst bezahlen
Die Krankenversicherungen sollen Antibabypillen für ostdeutsche Frauen nicht über 1992 hinaus finanzieren. Die Bundesregierung aus CDU, CSU und FDP lehnte Anfang 1992 einen Antrag des Bundesrats ab, nach dem sozialversicherte Frauen Verhütungsmittel weiterhin unentgeltlich bekommen sollten. Bei der gesetzlichen Neuregelung des Abtreibungsrechts Mitte 1992 beschloß der Deutsche Bundestag allerdings, bundesweit verschreibungspflichtige Verhütungsmittel an Jugendliche bis 21 Jahre kostenlos abzugeben.

Maßnahmen: Ab Ende 1991 werden bei der Gehaltsvereinbarung für ostdeutsche Pflegekräfte die in der DDR geleisteten Berufsjahre anerkannt. Vorher hatten die öffentlichen Arbeitgeber das Personal als Berufsanfänger eingestuft und bezahlt.
Frankfurt/M. initiierte 1992 ein Pilotprojekt an Krankenhäusern, bei dem sog. Stationsassistentinnen Tätigkeiten wie Schreibarbeiten, Botengänge, Essensvorbereitung und -austeilung übernehmen, die bis dahin von Schwestern und Pflegern zusätzlich zur Patientenbetreuung auszuführen waren.

Pflegeversicherung

Absicherung gegen das finanzielle Risiko einer Pflegebedürftigkeit im Alter und aufgrund von Krankheit oder Behinderung. Nach dem geltenden Recht übernehmen die Krankenkassen die Pflegekosten nur bei bestehender oder vorausgegangener akuter Krankheit. Im Juni 1992 einigte sich die CDU/CSU/FDP-Bundesregierung darauf, 1996 eine gesetzliche P. nach den Vorschlägen von Bundesarbeitsminister Norbert Blüm (CDU) einzuführen. Arbeitgeber und Arbeitnehmer sollen je zur Hälfte 1,7% des Bruttoeinkommens in die P. einzahlen, die Beitragsbemessungsgrenze soll dem Betrag in der → Krankenversicherung entsprechen (1992: 5100 DM). Die FDP, die wegen der finanziellen Belastung der Arbeitgeber eine private P. favorisiert hatte, setzte durch, daß die Wirtschaft einen finanziellen Ausgleich erhält. Die Regierungskoalition diskutierte u. a. die Möglichkeit, die Unternehmen durch Einschränkung der Lohnfortzahlung im Krankheitsfall finanziell zu entlasten (→ Karenztag).
Finanzierungslücke: Alte Menschen stellten 1991/92 etwa zwei Drittel der rd. 1,65 Mio Pflegefälle in Deutschland. Da sich der Anteil der über 65jährigen an der Bevölkerung nach Angaben des Deutschen Instituts für Wirtschaftsforschung (Berlin) bis 2040 etwa verdoppeln wird, wird die Anzahl Pflegebedürftiger weiter steigen. 1991/92 waren rd. 70% der stationär gepflegten Bundesbürger auf → Sozialhilfe angewiesen, weil sie die Kosten für einen Heimaufenthalt in Höhe von durchschnittlich 4000 DM monatlich nicht allein aufbringen konnten.
Gestaltung: Das Blüm-Konzept sieht die P. als vierten Zweig der Sozialversicherung neben der Renten-, Arbeitslosen- und Krankenversicherung vor. Organisatorisch würde die P. den Krankenkassen angegliedert. Blüm bezifferte die jährlichen Ausgaben für die P. im Juni 1992 auf 25 Mrd DM. Die häusliche Pflege soll je nach dem Grad der Pflegebedürftigkeit mit Geldleistungen zwischen 400 DM und 1200 DM unterstützt werden. Bei stationärer Pflege sieht das Modell Leistungen bis zu 2100 DM monatlich vor.
Kritik: Die Bundesvereinigung der Arbeitgeber lehnte das P.-Konzept der CDU/CSU/FDP-Koalition ab, weil die Belastung der Wirtschaft durch die geplanten Kompensationszahlungen nur z. T. ausgeglichen werde (→ Sozialabgaben). Der deutsche Gewerkschaftsbund (DGB, Düsseldorf) sprach sich gegen die P. aus, weil der geplante finanzielle Ausgleich vermutlich zu Lasten der Arbeitnehmer gehen werde.

Pille für den Mann

Das hormonelle Verhütungsmittel wird in Anlehnung an die Antibabypille für Frauen P. genannt, obwohl es nicht in Tablettenform verabreicht, sondern injiziert wird. Als Tablette eingenommen wird der Wirkstoff der P. zu stark abgebaut, ehe er wirken kann, oder er müßte so hoch dosiert sein, daß er u. a. die Leber schädigen würde. Da die P. in regelmäßigen Abständen injiziert werden muß, befürchteten Kritiker 1992, daß sie von Männern nicht akzeptiert werde. Zudem beanstandeten sie, daß die P. erst nach bis zu sechs Monaten wirkt und daß bis zur Zeugungsfähigkeit nach Absetzen des Medikaments mehrere Monate vergehen. Weltweit wurden 1991/92 Verträglichkeit und Verhütungswirkung von unterschiedlich zusammengesetzten P. getestet. P. wird in Deutschland voraussichtlich nicht vor 1997 angeboten.

Testosteronpräparat: Eine Variante der P. besteht aus dem männlichen Geschlechtshormon Testosteron, das die Fortpflanzung und die Ausbildung von Männlichkeitsmerkmalen steuert. Testosteron beeinflußt die Hirnanhangdrüse, die für die Spermienproduktion in den Hoden zuständig ist. Die Zufuhr größerer Mengen des Hormons stoppt die Samenherstellung. In weltweiten Versuchen mit 271 Männern erreichte die P. bei zwei Dritteln der Probanden einen Verhütungserfolg von 99% (Antibabypille: 97%). Bei einem Drittel der Männer war die Anzahl der Spermien im Ejakulat reduziert, wobei unklar blieb, ob die Verringerung zur Zeugungsunfähigkeit ausreicht. Die P. wurde wöchentlich injiziert. Ende 1991 wurde an der Universität Münster eine Testosteron-P. mit einer dreimonatigen Wirkungszeit erprobt.

Hormonkombinationen: Die P. aus der Kombination von Testosteron und dem auch in der Antibabypille enthaltenen Gestagen hat bei gleichem Verhütungserfolg wie Testosteronpräparate einen Monat Wirkungsdauer. 1991 erprobten US-Mediziner in Nashville (Tennessee) und Los Angeles (Kalifornien) eine P., deren Wirkstoffe die Produktion männlicher Hormone in der Hirnanhangdrüse blockieren und die Spermienreifung stoppen. Da der Ausfall körpereigener Hormone Einfluß auf die Libido hat, muß zusätzlich Testosteron verabreicht werden, um sie zu erhalten.

Piraterie

Auf den Hauptschiffahrtsrouten in Südostasien stieg die Zahl der vom International Maritime Bureau (IMB, London) registrierten Überfälle auf Handelsschiffe 1991 im Vergleich zum Vorjahr um mehr als das Doppelte auf 150. Die P. verlagerte sich Anfang der 90er Jahre von der westafrikanischen Küste am Golf von Guinea insbes. in das Südchinesische Meer und die Straße von Malakka zwischen Malaysia und Indonesien. Als weitere Zentren der P. gelten die brasilianische Küste und die Karibik. 1981–1991 registrierte das IMB rd. 1500 Fälle von P. Für die Entführung von Schiffen und den Diebstahl der Ladungen werden Verbrechersyndikate verantwortlich gemacht; zudem werden auf Schiffsbesatzungen Raubüberfälle verübt. Die P. in den stark befahrenen Wasserstraßen gefährdet die Sicherheit der Schiffahrt und kann zu Umweltkatastrophen führen, wenn Schiffe führerlos treiben oder Navigationsinstrumente zerstört werden (→ Ölpest).

Überfälle auf hoher See werden vom internationalen Seerecht als Seeräuberei bezeichnet. Dort darf jeder Staat der P. verdächtige Schiffe aufbringen und die Personen an Bord festnehmen.

Plasmatechnik

(plasma, griech.; Geformtes), Verfahren, bei denen Gasen so lange Wärme- oder elektromagnetische Energie zugeführt wird, bis die Elektronenhüllen der Gasmoleküle aufbrechen und ein Gemisch aus frei beweglichen Teilchen entsteht. In diesem vierten Aggregatzustand der Materie (Plasma) sind Prozesse möglich, die im festen, flüssigen oder gasförmigen Zustand nicht ablaufen. Plasmen sind energiereich, haben eine hohe elektrische Leitfähigkeit und ein starkes elektromagnetisches Feld. Ende 1992 soll bei Hamburg eine Anlage in Betrieb gehen, bei der erstmals mit P. giftige Stäube aus Müllverbrennungsanlagen in ungefährliche Bestandteile zerlegt werden.

In dem Reaktor bei Hamburg wird ein Plasma von so hoher Energie erzeugt, daß die eingeleiteten gifthaltigen Stäube schmelzen. Da Plasma eine starke magnetische Wirkung hat, entweichen die flüchtigen Schwermetalle nicht mit dem Rauchgas, sondern werden im Reaktor zurückgehalten und durch die Hitze zersetzt.

Piraten auf Supertanker
Einer der spektakulärsten Schiffsüberfälle ereignete sich im November 1991 in der Straße von Malakka zwischen der Malayischen Halbinsel und der Insel Sumatra. Sechs Piraten enterten einen mit 260 000 t Rohöl beladenen Supertanker auf der Suche nach Wertgegenständen. Das Schiff trieb etwa eine Viertelstunde mit einer Geschwindigkeit von rd. 25 km/h führungslos in der Meerenge, die an ihrer schmalsten Stelle nur 2 km breit ist.

Plasmatechnik ersetzt FCKW
Die Firma Technics Plasma (Kirchheim) stellte Ende 1991 eine Pilotanlage vor, in der mit Plasmatechnik Computertastaturen von Ölrückständen gereinigt werden. Die Plasmatechnik ersetzt ein Reinigungsverfahren, bei dem Fluorchlorkohlenwasserstoffe verwandt wurden, die für das Ozonloch mitverantwortlich gemacht werden. In der Pilotanlage wird den Gasen Sauerstoff und Argon in den vierten Aggregatzustand (Plasma) versetzt. Die starke elektromagnetische Wirkung des Plasmas befreit die Tastaturen von Fettspuren.

Anfang der 90er Jahre wurde die P. außerdem in Plasmabrennern industriell angewandt, mit denen Metall punktgenau geschweißt, geschnitten oder geschmolzen wird, z. B. bei der Herstellung von → Chips. Plasma dient zudem als Strahlungsquelle in der → Lasertechnik. Einen Forschungsschwerpunkt stellte 1992 die → Kernfusion dar, in der Plasma als Brennstoff dient.

Hanan Ashrawi, Sprecherin der Palästinenser
* Oktober 1946 in Ramallah (Westjordanland), Dr. phil., palästinensische Politikerin. Studium im Libanon und den USA, 1973–1981 Leitung der Englischen Abteilung an der Bir-Zeid-Universität im Westjordanland. Seit Oktober 1991 Sprecherin der Palästinenser-Delegation bei der Nahost-Konferenz.

PLO

(Palestine Liberation Organization, engl.; Palästinensische Befreiungsorganisation), Dachverband ziviler Vereinigungen und verschiedener militärischer Gruppen der Palästinenser. Die PLO versteht sich als einzig legitime Vertreterin des palästinensischen Volkes. Sie nimmt an den im Oktober 1991 aufgenommenen regionalen Nahost-Friedensverhandlungen nicht teil, weil Israel auf dem Ausschluß der von ihr als terroristisch betrachteten Organisation bestand. Die palästinensischen Interessen werden bei der → Nahost-Konferenz von Palästinensern aus den besetzten Gebieten vertreten.

Nahost-Konferenz: Zentrale Forderungen der Delegation sind ein Baustopp für israelische Siedlungen in den besetzten Gebieten und die Abhaltung von Wahlen für eine palästinensische Übergangsregierung, die den endgültigen Status der besetzten Gebiete aushandeln soll. Die PLO hatte bereits 1988 einen unabhängigen Staat Palästina ausgerufen.

Zugeständnisse: Wegen seiner Parteinahme für den irakischen Staatschef Saddam Hussein während des Golfkriegs (Anfang 1991) hatte der seit 1969 amtierende PLO-Chef Jasir Arafat 1990/91 innerhalb der PLO an Ansehen verloren. Gemäßigte PLO-Mitglieder hatten ihm zudem einen autoritären Führungsstil vorgeworfen. 1991/92 stellten radikale Gruppen wie die Hamas, die Verhandlungen mit Israel grundsätzlich ablehnt, eine immer stärkere Konkurrenz bei der Führung des palästinesischen Volksaufstands gegen die israelische Besetzungspolitik dar (→ Intifada). Um ihren Autoritätsverlust auszugleichen, übertrug die PLO dem palästinensischen Zentralrat Entscheidungskompetenzen, die zuvor das von Arafat geführte Exekutivkomitee innehatte. Bis dahin hatte der Zentralrat nur eine beratende Funktion.

Finanzen: Die Staaten des → Golf-Kooperationsrats stellten 1991 ihre Finanzhilfen an die PLO wegen der proirakischen Haltung im Golfkrieg ein. Der Verlust der jährlichen Unterstützung von rd. 300 Mio Dollar (458 Mio DM) aus den Golfstaaten zwang die PLO im April 1992, ihre Ausgaben um 30% zu kürzen. Die PLO räumte den Vertretern der Palästinenser in den besetzten Gebieten im April 1992 ein größeres Mitspracherecht bei der Verwendung der Finanzmittel der PLO ein.

Plötzlicher Kindstod

(auch Krippentod), in Deutschland sterben jährlich rd. 2000 Säuglinge an P., der ohne erkennbare Ursache während des Schlafs eintritt. In den 80er Jahren stieg ihre Zahl nach Angaben des Bundesgesundheitsamts (BGA, Berlin) kontinuierlich an. Mit 2,5 Todesfällen auf 1000 Geburten ist P. in Deutschland häufigste Todesursache bei Säuglingen bis zum ersten Lebensjahr. 1990 starben in NRW, aus dem die umfangreichsten P.-Statistiken vorliegen, 489 Babys an P. Das entspricht 32% aller Todesfälle von Säuglingen in dem Bundesland (1989: 30%). Das BGA warnte Mitte 1992 vor der Bauchlage für Babys im ersten Lebensjahr; in Deutschland würden 80% der P.-Opfer auf dem Bauch liegend aufgefunden. Studien aus den Niederlanden, Großbritannien und Neuseeland wiesen eine rückläufige Zahl der P.-Toten aus, nachdem die Eltern die Bauchlage bei Babys vermieden. Deutsche Kinderärzte nannten zudem Atemwegsinfektionen der Babys sowie Rauchen und zu niedrigen Blutdruck der Mütter während der Schwangerschaft als Risikofaktoren, die P. begünstigen.

Postbank

Unternehmen der Deutschen → Bundespost, das hauptsächlich Zahlungsverkehr und → Spareinlagen als Dienstleistungen anbietet. Die P. wurde wie ihre Schwesterunternehmen → Postdienst und → Telekom 1989 durch die Postreform geschaffen. Die Postunternehmen sind in der Rechtsaufsicht dem Bundesministerium für Post und Telekommunikation unterstellt. 1992 setzte sich Bundespostminister Christian Schwarz-Schilling (CDU) für die Privatisierung der Postunternehmen ein, um den aus der Vereinigung der deutschen Staaten entstandenen Finanzbedarf der Post mit privatem Kapital decken zu können. 1991/92 erweiterte die P. ihr Geschäftsangebot um Sparbriefe und führte eine sog. Eurocard ein, die den Barscheck ersetzt. Zudem plante sie, Lebensversicherungen und Investmentfonds-Anteile anzubieten. → Banken klagten Anfang 1992 vor dem Kölner Verwaltungsgericht und vor Zivilgerichten sowie Mitte 1992 vor dem Stuttgarter Landgericht gegen die erweiterte Geschäftstätigkeit der P., die ihrer Ansicht nach wettbewerbswidrig sei.

Haushalt: Mitte 1992 wies die P. für 1991 eine Bilanzsumme von 78 Mrd DM aus. Verluste von rd. 300 Mio DM entstanden der P. u. a. aus den Ablieferungen an den Bund, die bis 1996 anstelle von Umsatzsteuern zu zahlen sind, und aus Zahlungen an den Postdienst für die Nutzung der Schalterräume (1991: rd. 1 Mrd DM, 1992: rd. 2 Mrd DM). Nach dem Postverfassungsgesetz muß das finanzstärkste Postunternehmen Telekom die Verluste der P. und des Postdienstes ausgleichen. Mitte 1992 beschloß die P., die Zahl ihrer Mitarbeiter bis 1996 um 8000 auf 12 000 zu verringern (Einsparung jährlich: rd. 800 Mio DM).

Klage: Neun Kreditinstitute betrachteten die Geschäftsausweitung als nicht mit dem gesetzlichen Auftrag der P. vereinbar, der ihre Tätigkeit auf den Giroverkehr und Spareinlagen beschränke. Die P. wies darauf hin, daß sich seit Ende der 80er Jahre eine Umschichtung von Spareinlagen auf andere Anlageformen vollziehe, die sie anbieten müsse, um gegenüber Banken konkurrenzfähig zu bleiben.

Postdienst

Unternehmen der Deutschen → Bundespost, das für die Brief- und Paketbeförderung zuständig ist. Der P. wurde wie seine Schwesterunternehmen → Postbank und → Telekom 1989 mit der Postreform geschaffen und ist in der Rechtsaufsicht dem Bundesministerium für Post und Telekommunikation unterstellt. 1992 setzte sich Bundespostminister Christian Schwarz-Schilling (CDU) dafür ein, die drei Postunternehmen zu privatisieren. Mit dem privaten Kapital könne der aus der deutschen Vereinigung entstandene Finanzbedarf der Unternehmen gedeckt werden. 1991 war der P. mit rd. 400 000 Mitarbeitern das größte deutsche Unternehmen. Die Ende 1991 vorgelegte Bilanz für 1990 in Westdeutschland weist bei 20,2 Mrd DM Umsatz einen Verlust von 1,49 Mrd DM aus. Bis 1996 will der P. eine ausgeglichene Bilanz vorweisen, was u. a. durch eine verbesserte Organisation des Frachtdienstes sowie eine Erhöhung der Paket- und Eilbrief- bzw. Einschreibegebühren zum 1. 7. 1992 erreicht werden soll. Für Mitte 1993 plante der P. die Einführung fünfstelliger Postleitzahlen in Deutschland.

Haushalt: Die 1990 verzeichneten Verluste führte der P. auf die Ablieferung an den Bund in Höhe von 1,65 Mrd DM zurück, die von den Postunternehmen bis 1996 anstelle von Steuern zu leisten sind. Das Defizit in den alten Bundesländern 1991 schätzte Vorstandsvorsitzender Klaus Zumwinkel auf 1,3 Mrd DM, in den neuen Ländern erwirtschaftete der P. 1991 Verluste von 1 Mrd DM, die Zumwinkel auch für 1992 in Ostdeutschland erwartete. Bis 1995 will der P. in Westdeutschland rd. 10 500 Stellen, bis Ende 1992 in Ost-

Günter Schneider, Postbank-Vorsitzender
* 11. 11. 1930 in Gelsenkirchen, Dr. rer. pol., deutscher Bankkaufmann. Ab 1960 bei der KKB-Bank (Düsseldorf), 1980–1986 Sprecher der Geschäftsleitung, ab September 1989 Vorstandsvorsitzender der Postbank.

Postbank-Bilanz 1990

Position	Wert (Mio DM)
Bilanzsumme	71 521[1]
Spareinlagen gesamt	43 139
Kapital	3 861
Wertpapiere	16 828
Kredite an Telekom und Postdienst	29 395[2]
Zinserträge	4 435
Zinsüberschuß	2 713
Provisionsüberschuß	877
Verwaltungsaufwand	3 288
davon: Personalkosten	1 049[3]
Ergebnis aus laufender Geschäftstätigkeit	393
Neutrales Ergebnis	582
Jahresfehlbetrag West	188
Ablieferung an den Bund	269
Finanzausgleich durch Telekom	458

1) Jahresabschluß für die Postbank West; Quelle: Postbank

Klaus Zumwinkel, Post-
dienst-Vorsitzender
* 15. 12. 1943 in Rhein-
berg, deutscher Manager.
1974–1985 bei der Unter-
nehmensberatungsfirma
McKinsey, 1987–1989
Vorstandsvorsitzender
des Versandhauses Quel-
le, seit September 1989
Vorstandsvorsitzender
des Postunternehmens
Postdienst.

Wilhelm Sandmann,
Präsident der
Zeitungsverleger
* 7. 2. 1933 in Münster
deutscher Medienmana-
ger. 1960–1970 Tätigkeit
beim Axel Springer Verlag
(Berlin), ab 1970 techni-
scher Leiter beim Verlags-
haus Madsack (Hanno-
ver), ab 1984 Vorsitzender
der Geschäftsführung der
Madsack-Gruppe. Ab
1991 Präsident des Bun-
desverbandes Deutscher
Zeitungsverleger (BDZV,
Bonn).

deutschland rd. 9000 Arbeitsplätze abbauen, um Personalkosten zu senken.
Frachtdienst: Ende 1991 begann der P.
mit dem Aufbau des Frachtsystems für
die Paketpost, das bis 1994 eingerichtet
sein soll (Kosten: 3,5 Mrd DM). Es soll
die Beförderungsdauer auf 24 h verkürzen und die Attraktivität des P. im Wettbewerb zu privaten Paketdiensten erhöhen. In Deutschland sollen 33 sog.
Frachtzentren entstehen, die durch
Bahnstrecken miteinander verbunden
sind. Die Pakete sollen in Containern
auf LKW zu den Zentren transportiert
werden und im Rahmen des → Kombinierten Verkehrs auf Züge geladen werden. Bis zum Bestimmungsort sollen
sie höchstens zweimal umgeladen werden (bis dahin: neunmal).
Tarife: Die Paketgebühren wurden
durchschnittlich um 4,5% angehoben.
Der P. schaffte die Preisgruppe der sog.
Nichtstandardpakete und die dritte Ent-
fernungszone ab. Für den Kunden verbilligten sich große Pakete und Sendungen in weit entfernte Orte. Ein Pa-
ket bis 5 kg kostet seit Mitte 1992
im Nahbereich 6 DM (bis dahin:
6,70 DM), im Fernbereich 6,10 DM
(bis dahin: 7,30 DM). Päckchen verteuerten sich von 4 DM auf 4,50 DM.
Einschreiben verteuerten sich um
1 DM auf 3,50 DM, Eilbriefe um 2 DM
auf 7 DM bei Zustellung am Tage und
10 DM bei Nacht.
Postleitzahlen: Die Einführung neuer
Postleitzahlen war nach der deutschen
Vereinigung erforderlich, weil rd. 800
Städte in Ost- und Westdeutschland die
gleiche Kennzahl hatten. Mit den fünf-
stelligen Angaben soll die Bezeichnung O und W vor der Postleitzahl und
die Zusatzzahl nach dem Städtenamen
wegfallen. Deutschland soll in zehn
Bezirke unterteilt werden. Die Ziffern
0 bis 9 sollen die Region angeben, die
nachfolgenden Zahlen Städte, Gemeinden und ggf. einzelne Kunden, z. B.
große Firmen.

Preis-Entwicklung

→ Inflation

Presse

Die Auflage der deutschen Tageszeitungen erhöhte sich 1991 um 7,8% auf
28,8 Mio Exemplare pro Tag, was insbes. auf den um Ostdeutschland erweiterten Zeitungsmarkt zurückgeführt
wurde. Wochenzeitschriften hatten Ende 1991 eine durchschnittliche Auflage von 1,9 Mio Exemplaren (1990:
1,8 Mio). Die → Privatisierung der
ehemals SED-eigenen regionalen
Tageszeitungen in Ostdeutschland war
1992 abgeschlossen. Steigende Konkurrenz insbes. auf dem ostdeutschen
Zeitungsmarkt veranlaßte viele Verlage, zusätzlich eine Sonntagsausgabe
ihrer Zeitung anzubieten.
Ostdeutschland: 1991 hatte sich der
von westdeutschen Verlagen eingeführte Zeitungstyp Boulevardblatt in
Ostdeutschland mit hohen Auflagen-
zahlen etabliert (tägliche Auflage aller
Boulevardblätter Mitte 1992: 1,2 Mio
Exemplare). Die überregionale Tages-
presse verzeichnete Auflagenverluste
bis zu 80%, vom ehemaligen SED-Zen-
tralorgan Neues Deutschland mit 1,5
Mio Stück Auflage wurden Ende 1991
täglich 118 000 Exemplare verkauft.
Privatisierung: Die 14 ehemals SED-
eigenen Regionalzeitungen wurden von
großen westdeutschen Verlagen übernommen. Ihre Auflage ging 1991
durchschnittlich um 15% bis 20% zurück, sie zählten aber mit Auflagen von
rd. 120 000 bis 500 000 Exemplaren zu
den 30 größten deutschen Tageszeitungen. In einzelnen Fällen wurden die
übernommenen Zeitungen zusammengefaßt, z. B. die Dresdner Neueste
Nachrichten und Die Union, die der
Süddeutsche Verlag (München), die
Verlagsgruppe Madsack (Hannover)
und der Axel Springer Verlag (Berlin)
zu einer Zeitung fusionierten. Kritiker
beanstandeten, daß die mit der Privatisierung beauftragte → Treuhandanstalt
die → Medienkonzentration gefördert
habe, weil sie mittelständische Bewerber kaum berücksichtigt habe.
SPD-Ansprüche: Ende 1991 verzichtete die SPD auf ihre Ansprüche auf elf

Regionalzeitungen und erhielt im Gegenzug von der Treuhand eine 40%ige Beteiligung an der Sächsischen Zeitung (Dresden). Die Regionalzeitungen waren früher im Besitz der SPD und wurden 1933 von den Nationalsozialisten enteignet.

Sonntagsblätter: In Berlin konnten Leser 1992 zwischen sieben Sonntagsblättern wählen. In ganz Deutschland wurden zwei überregionale Sonntagszeitungen angeboten, Welt am Sonntag und Bild am Sonntag (beide Axel Springer Verlag). In Ostdeutschland machte u. a. der Gruner+Jahr-Verlag mit zwei Sonntagsausgaben den Springer-Erzeugnissen Konkurrenz.

Pressezensur

Überwachung öffentlicher Medien und Journalisten durch den Staat, um die Meinungsbildung in der Bevölkerung zu beeinflussen. In Deutschland ist P. mit Art. 5 GG untersagt, der die freie Meinungsäußerung in Presse, Rundfunk und Film schützt. Journalisten kritisierten Ende 1991 das seit 1. 1. 1992 gültige sog. Stasi-Akten-Gesetz, das u. a. die Veröffentlichung von Akten des Ministeriums für Staatssicherheit der DDR über Bespitzelte unter Strafe stellt, als P. Die USA kündigten Mitte 1992 an, die P. für Journalisten in Einsatzgebieten der Streitkräfte, wie sie z. B. während des Golfkriegs Anfang 1991 ausgeübt wurde, zu lockern. Das Internationale Presseinstitut (IPI, London) befürchtete Ende 1991 Einschränkungen der nach der Abkehr vom Sozialismus gewonnenen Pressefreiheit in den osteuropäischen Ländern, wo Regierungen wirtschaftliche Sanktionen gegen regierungskritische Medien verhängen würden.

Deutschland: Nach dem Stasi-Akten-Gesetz müssen Journalisten alle Dokumente der → Stasi inkl. Duplikaten und Kopien dem Bundesbeauftragten für Unterlagen der Staatssicherheit, Joachim Gauck, übergeben. Ausgenommen sind lediglich eigene handschriftliche Notizen. Mit Geld- oder

Presseverlage im Privatfernsehen 1992

Medienunternehmen/ Tochterfirmen	Beteiligungen	Anteil (%)
Bertelsmann AG, Gütersloh		
Ufa Film- und Fernseh GmbH (50%)[1]	RTL plus	38,9
	Premiere	37,5
G+J Zeitschriften TV GmbH	Vox	24,9
Geo Film GmbH	Compagnie Luxembourgeoise de Télédiffusion	3,9
	Elf 99 Produktions GmbH	74,0
	Trebisch Produktions Holding GmbH	74,0
Axel Springer Verlag AG, Berlin		
Internationale Verwertungsgesellschaft für Sportrechte ISPR (50%)[2]	SAT 1	20,0
	APF	35,0
	Tele 5	29,0
	Deutsches Börsenfernsehen GmbH	5,4
	Rheinischer Pressefunk	12,0
Verlagsgruppe Georg von Holtzbrinck GmbH, Stuttgart		
AV Euromedia	SAT 1	15,0
AVE Gesellschaft für Fernsehproduktion mbH	Deutsches Börsenfernsehen GmbH	27,5
	Privatfernsehen Baden-Württemberg GmbH & Co KG	25,0
Burda GmbH, Offenburg		
Pan TV Videoproduktions-GmbH	RTL plus	2,0
WAZ-Gruppe, Essen		
Westfilm GmbH	RTL plus	10,0
Allianz Filmproduktion GmbH	Tele West	40,0
	West-Film, Film und TV Produktions-GmbH	37,0
Frankfurter Allgemeine Zeitung GmbH, Frankfurt		
ESP-Frankfurter Studio- und Programmgesellschaft mbH	RTL plus	1,0
	Hessen Report	10,0

Stand: Juni 1992; 1) 50% G+J; 2) 50% Kirch-Gruppe; Quelle: G+J

Freiheitsstrafen bis zu drei Jahren wird Veröffentlichen und Zitieren von Akten Bespitzelter ohne deren Einwilligung geahndet. Die Publikation von Unterlagen über Spitzel ist dagegen zulässig. Voraussetzung für jede Veröffentlichung ist die Freigabe der Akte durch die Gauck-Behörde. Der Deutsche Journalisten-Verband verurteilte das Gesetz, weil es Journalisten zwinge, gegen das verfassungsrechtlich geschützte Redaktionsgeheimnis zu verstoßen, nach dem Redakteure Informanten und Informationen nicht preisgeben müssen. Zwischen dem Persönlichkeitsschutz Betroffener und der Pressefreiheit müsse im Einzelfall abgewogen werden.

USA: Das US-amerikanische Verteidigungsministerium stimmte einem Regelkatalog zu, den Verleger und Jour-

Pressezensur im Nahen Osten
Anfang 1992 wurden im Libanon Nachrichtensendungen im privaten Fernsehen verboten. Lediglich regierungseigene Sender dürfen Nachrichten ausstrahlen. In Kuwait, wo seit Auflösung des Parlaments 1986 Berichterstattung generell zensiert wurde, hob die Regierung die P. Anfang 1992 auf.

Privatautobahnen

Erste Privatautobahn in Großbritannien
Nördlich von Birmingham soll 1997 die erste privat finanzierte Autobahn Großbritanniens eröffnet werden. Ein britisch-italienisches Gemeinschaftsunternehmen (Joint Venture) erhielt im August 1991 den Auftrag zum Bau der knapp 50 km langen dreispurigen Autobahn (Kosten: rd. 260 Mio Pfund, 754 Mio DM). Das Unternehmen darf die Autobahn 53 Jahre lang betreiben. Das Befahren der Autobahn wird gebührenpflichtig sein.

nalisten zur Lockerung der P. vorgelegt hatten. Danach soll die Zahl von Journalisten erweitert werden, die über Kämpfe berichten dürfen. Militärische Begleiter der Reporter sollen die Nachrichtensammlung nicht beeinflussen. Korrespondenten sollen Truppen in jedem Gebiet besuchen können. Während des Golfkriegs durften die Journalisten nur in Gruppen und unter Führung des Militärs ins Kriegsgebiet reisen. Allerdings will das Verteidigungsministerium weiterhin alle Berichte prüfen, um die Veröffentlichung von Informationen zu verhindern, die Sicherheit oder Erfolg der Truppen beeinträchtigen könnten.

Osteuropa: Dem IPI zufolge drohte die russische Regierung kritischen Medien Anfang 1992 mit der Streichung von staatlichen Subventionen. Die im Verfassungsentwurf von Estland verankerte Pressefreiheit könne aus Gründen der Sicherheit des Staates eingeschränkt werden.

Privatautobahnen

Als erste privat finanzierte Autobahn soll nach Plänen des Bundesverkehrsministeriums ab 1993 der Engelbergtunnel auf der A 81 bei Stuttgart gebaut werden (Kosten: 250 Mio DM). Die private Finanzierung über Bank- und Leasingunternehmen soll die vom Bundesverkehrsministerium erwartete Finanzierungslücke im Bundeshaushalt (bis zum Jahr 2000: rd. 90 Mrd DM) für Instandsetzung und Erweiterung des deutschen Verkehrsnetzes decken (voraussichtliche Investitionskosten: 280 Mrd DM; → Verkehr).
Der Träger einer P. finanziert Planung und Bau der Schnellstraße auf bundeseigenem Grund. Der Bund zahlt nach der Fertigstellung die Kosten zuzüglich Zinsen in Raten zurück (sog. Konzessionsmodell).
Die CDU/CSU/FDP-Bundesregierung sprach sich für P. aus, weil private Träger häufig flexibler seien sowie schneller und billiger bauen könnten als staatliche. Vor allem in den ostdeutschen Ländern sei es für das wirtschaftliche Wachstum wichtig, eine verbesserte Infrastruktur möglichst schnell zur Verfügung zu stellen, öffentliche → Haushalte und Planungsbehörden würden durch P. kurzfristig entlastet.
DGB und SPD bezweifelten, daß für den Staat die Privatfinanzierung auf lange Sicht günstiger sei, da die Zinszahlungen an die Trägergesellschaften höher seien als bei herkömmlicher → Staatsverschuldung. → Beschleunigungsgesetz → Privatisierung

Privater Hörfunk

1991/92 stieg die Zahl der meist durch → Werbung finanzierten P.-Programme in Deutschland erneut an (Mitte 1992: rd. 180; 1991: 120). In den neuen Ländern Thüringen, Sachsen und Sachsen-Anhalt erteilten die Landesmedienanstalten erste Lizenzen für die Verbreitung von P., Mecklenburg-Vorpommern will 1992 über eine Lizenz entscheiden. In Westdeutschland wurde regionaler P. für eine bestimmte Zielgruppe eingerichtet (sog. Spartenprogramme), z. B. klassische Musik. Landesweit ausstrahlende P.-Anbieter konnten 1991 i. d. R. Einnahmegewinne erzielen, Veranstalter von lokalem P. (→ Lokalrundfunk) verzeichneten dagegen Verluste, weil sie wegen mangelnder Reichweite für Werbekunden nicht attraktiv waren.

Autobahngebühren in Europa

Land	Strecke	Gebühr für PKW (DM)[1]
Frankreich[2]	Paris–Metz (354 km)	33,–
	Paris–Nantes (392 km)	40,–
	Paris–Marseille (779 km)	64,–
Italien[3]	Rom–Neapel (219 km)	20,–
	Rom–Mailand (589 km)	58,–
	Mailand–Ancona (423 km)	40,–
Österreich	Tauernautobahn	27,–[4]
	Großglockner-Straße	35,–[4]
	Innsbruck–Brenner	19,–[3]
Portugal[2]	Lissabon–Coimbra (198 km)	17,–
	Lissabon–Porto (314 km)	26,–
Schweiz	Vignette für alle Strecken	36,–
Spanien[2]	Madrid–Adanero (108 km)	13,–
	Sevilla–Cadiz (140 km)	16,–
	Barcelona–Valencia (341 km)	57,–

1) Angaben gerundet; 2) Stand: Februar 1992; 3) Stand: Januar 1992; 4) Stand: Juli 1991; Quelle: ADAC

Ostdeutschland: Im Juli 1992 erhielt eine Gemeinschaft von 45 Anbietern die Lizenz für das landesweite P.-Programm in Thüringen, im Mai 1992 wurde der Privaten Rundfunk GmbH (PSR) die Lizenz für den ersten P. in Sachsen erteilt (Gesellschafter: Radio Schleswig-Holstein, Bremer Tageszeitung AG, sächsische Unternehmer). In Sachsen-Anhalt erhielten im April und Mai 1992 die beiden P.-Stationen Radio LSA (Veranstalter: Verlags- und Mediengesellschaft, Magdeburg) und Antenne Sachsen-Anhalt (Anbieter: AVE, Hannover sowie acht Unternehmer aus Ostdeutschland) Lizenzen zur Verbreitung von P.
Als aussichtsreicher Bewerber um eine Zulassung für P. galt 1992 in Mecklenburg-Vorpommern Radio Arcona. Der Anbietergemeinschaft gehören mehrheitlich ostdeutsche Gesellschafter an, 15% der Anteile halten Westberliner Eigner und je 11% die Verlage Gong (München) und Bauer (Hamburg).

Spartenprogramme: Im Oktober 1991 starteten ein Münchner und acht Hamburger Gesellschafter in Hamburg die Jazz Welle plus, die neben Jazzmusik ernste Musik und regionale Kulturberichterstattung anbietet. Ein gleichnamiges P. betrieben diese Veranstalter 1992 erfolgreich in Bayern.
Ende 1991 startete in Bayern Klassik Radio Belcanto (Gesellschafter: Gong-Gruppe und Burda-Verlag je 25,5%, Bertelsmann-Konzern 49%). Wie Klassik Radio, das seit 1990 aus Hamburg bundesweit sendet, strahlt dieser P. neben klassischer Musik Wortbeiträge zu Politik, Kultur und Wirtschaft mit regionalem Schwerpunkt aus.

Nachrichtengesellschaft: Mitte 1992 planten drei große P.-Anbieter Norddeutschlands, Radio ffn (Niedersachsen), Radio Hamburg und Radio Schleswig-Holstein, vorbehaltlich der Zustimmung der Landesmedienanstalten, gemeinsame Nachrichtensendungen in Hamburg zu produzieren. Die Zusammenlegung der Redaktionen ermöglicht Einsparungen beim Ankauf von Agenturmeldungen und Korre-

spondentenberichten sowie bei den Personalkosten. → Nachrichtenkanal

Werbeverbund: Zahlreiche Sender traten 1991/92 der Werbevermarktungsgesellschaft Radio Marketing Service (RMS, Hamburg) bei, die Werbezeiten aller angeschlossenen Programme und nahezu bundesweite Verbreitung von Werbespots anbietet. 1991 war die RMS reichweitenstärkster Privatwerbefunkanbieter mit durchschnittlich rd. 3 Mio Hörern pro Stunde.

Fremdproduktionen: Sog. Beitragsagenturen bieten den P. seit Ende der 80er Jahre aktuelle Berichte über Politik und Wirtschaft an. 1991/92 festigte die Bertelsmann Tochtergesellschaft Rufa ihre marktführende Position unter den Beitragsagenturen (Marktanteil 1991: 66%). Sie belieferte fast alle regionalen P. und drei Anbieter von sog. Mantelprogrammen, in die P.-Sender ihre Beiträge einbetten. Parteien produzierten sog. PR-Beiträge kostenlos für P. → Medienkonzentration

Privatfernsehen

→ Übersichtsartikel S. 340

Privatisierung

Überführung von Unternehmensbeteiligungen aus staatlichem in privates Eigentum. Mit der P. soll der Wettbewerb in einer Branche erhöht und das Angebot verbessert werden. Die Verkaufserlöse verhelfen den öffentlichen → Haushalten zu zusätzlichen Einnahmen. Größtes P.-Vorhaben in Deutschland war Anfang der 90er Jahre die Entstaatlichung der gesamten Industrie der ehemaligen DDR durch die Berliner → Treuhandanstalt. Die Zahl der direkten und indirekten bedeutenderen Beteiligungen (Anteil mindestens 25% und wenigstens 100 000 DM) von Bund, Bahn und Post nahm 1990 auf 411 zu (1989: 337). Neben dem Bund verfügten Anfang der 90er Jahre auch die Bundesländer über bedeutenden Beteiligungsbesitz. P.-Pläne verfolgten die ehemals sozialistischen

Wortbeiträge sollen Qualität von privatem Hörfunk sicherstellen
Die Hamburger Anstalt für neue Medien (HAM) plante Ende 1991, den Anteil von informativen Wortbeiträgen an privaten Hörfunkprogrammen in Hamburg zu überprüfen, nachdem mehrere Sender erwogen hatten, die Anzahl ihrer Wortbeiträge aus Kostengründen zu verringern. Nach Ansicht der HAM müssen auch private Anbieter die im Landesmediengesetz geforderte Qualität in ihren Programmen verwirklichen. Allerdings war Mitte 1992 kein Richtwert für den Anteil von Wortbeiträgen zur Sicherung des Qualitätsanspruchs festgelegt. Dem seit Mitte 1990 senden-den Alster Radio schrieb die HAM bei der Lizenzvergabe einen Mindestanteil von 15% informativer Wortbeiträge am Programm vor.

Privatisierungspläne in Deutschland*

Berliner Industriebank
Bundesanzeiger Verlagsgesellschaft
Deutsche Baurevision
Deutsche Lufthansa
Deutsche Siedlungs- und Landesrentenbank
Gesellschaft für Nebenbetriebe der Bundesautobahnen
Industrieverwaltungsgesellschaft
Neckar AG
Rhein-Main-Donau AG
Saarbergwerke
Treuarbeit
Bundesbahnbeteiligungen
Flughafengesellschaften
Hafengesellschaften
Wohnungsbaugesellschaften

* Privatisierungspläne der CDU/CSU/FDP-Bundesregierung für eine Privatisierung von Beteiligungen von Bund, Bahn und Post von Mitte 1992

Privatfernsehen
Zuschauer und Werbekunden schalten auf Private um

Der Wettbewerb zwischen öffentlich-rechtlichem und privatem → Fernsehen um Publikumsgunst und Werbekunden setzte sich 1991/92 fort. Der seit Februar 1992 sendende → Kabelkanal, das für Herbst 1992 geplante zweite RTL-plus-Programm sowie die für 1993 vorgesehenen → Nachrichtenkanäle Vox und n-tv erhöhen die Anzahl der Privatfernsehanbieter in Deutschland auf acht und verstärken die Konkurrenz unter den privaten Sendern auf dem Werbemarkt. Erlöse aus der → Fernsehwerbung sind die wichtigste Einnahmequelle des Privatfernsehens in Deutschland, öffentlich-rechtliche Sender werden überwiegend aus den → Rundfunkgebühren finanziert. Mit ausgedehnten Sendezeiten und veränderten Programminhalten sowie prominenten Moderatoren versuchten die Privaten 1992, ihre Einschaltquoten und Anteile am Werbemarkt zu verteidigen bzw. auszubauen.

Reichweite nimmt zu: In Westdeutschland werden seit Anfang der 90er Jahre verstärkt → Terrestrische Frequenzen an Privatsender vergeben, so daß ihre Programme zunehmend ohne → Parabolantenne und → Kabelanschluß mit herkömmlichen Hausantennen zu empfangen waren. Beim Wettbewerb um Werbekunden sind Empfangspotentiale entscheidend, da der Kunde i. d. R. an bundesweiter Verbreitung seiner Spots interessiert ist. Nach Angaben der Arbeitsgemeinschaft Fernsehforschung (AGF, Bonn) konnten 1991 fast alle Westhaushalte ARD- und ZDF-Programme empfangen (99,6% bzw. 99%), etwa drei Viertel konnten die größten deutschen Privatsender RTL plus und SAT 1 sehen und knapp die Hälfte Pro 7 und Tele 5. In den neuen Ländern wurde Privatfernsehen i. d. R. über Parabolantenne empfangen. Die privaten Anbieter kritisierten 1991, daß bei der Frequenzvergabe im Zuge der → Rundfunkneuordnung in Ostdeutschland zunächst die öffentlich-rechtlichen Sender berücksichtigt würden.

Höhere Werbeeinnahmen als ARD und ZDF: Die 1991 um 26% gegenüber dem Vorjahr auf 3,5 Mrd DM gesteigerten Werbeeinnahmen kamen insbes. dem Privatfernsehen zugute. RTL plus und SAT 1 erhöhten ihre Nettowerbeeinnahmen (nach Abzug von Rabatten und Provisionen) um 44% auf 1 Mrd DM bzw. um 46% auf 802 Mio DM und verbuchten, wie erstmals 1990, Gewinne. ARD und ZDF verzeichneten dagegen nahezu unveränderte Nettowerbeumsätze (ARD: +4% auf 761 Mio DM; ZDF: +0,8% auf 718 Mio DM). Medienexperten prognostizierten 1992, daß der Fernsehanteil am Werbemarkt bis 2000 bei rd. 30% stagniere und die Konkurrenz sich weiter verschärfen werde. → Werbung

Private Informationsprogramme holen auf: 1991 erzielten RTL plus und SAT 1 bei ihren Informationsprogrammen einen Zuschauerzuwachs von 33% bzw. 20%. Sie strahlten 1992 verstärkt Informationsprogramme in Konkurrenz zu den öffentlich-rechtlichen Sendern aus, deren Nachrichtensendungen die höchsten Einschaltquoten erzielten (ARD-„Tagesschau": rd. 10 Mio, ZDF-„heute": rd. 7 Mio). RTL plus sendet z. B. seit April 1992 ein halbstündiges Mittagsmagazin zeitgleich mit dem von ARD und ZDF. SAT 1 präsentiert ab April 1992 „News" (täglich um 18.45 Uhr und 23.25 Uhr).

Millioneninvestitionen in Eigenproduktionen: Der Kabelkanal bietet überwiegend Spielfilme an, Vox und n-tv planten vor allem Informationsprogramme (sog. Spartenprogramme). Dagegen verbreiteten die etablierten Sender RTL plus, SAT 1 und Pro 7 sowie der geplante zweite RTL-Sender sog. Vollprogramme, die Information, Sport, Unterhaltung usw. umfassen. 1991/92 investierten sie vor allem in eigenproduzierte Shows und Unterhaltungsserien. RTL plus, das ab Mai 1992 erstmals im deutschen Fernsehen täglich eine Folge einer Familienserie ausstrahlt, verdoppelte seinen Etat für Unterhaltung 1992 von 230 Mio DM (1991) auf 500 Mio DM (SAT 1 1992: 450 Mio DM). SAT 1 verpflichtete publikumswirksame Moderatoren wie Mike Krüger oder Karl Dall und gewann Sportjournalisten wie Reinhold Beckmann für die ab Mitte 1992 geplante Sportsendung, die u. a. über die Fußball-Bundesliga berichtet (→ Sportübertragungsrechte). Tele 5 beabsichtigte, den Programmschwerpunkt ab 1993 auf Sport zu verlagern. Der Charakter des Vollprogramms sollte dennoch mit Informations-, Bildungs-, Ratgeber- und Unterhaltungssendungen erhalten bleiben. (MS)

Länder in → Osteuropa, insbes. Ungarn, ČSFR und Polen.

Deutschland: Mitte 1992 plante die CDU/CSU/FDP-Bundesregierung, → Bundespost und → Eisenbahn schrittweise zu privatisieren, wozu mit Zweidrittelmehrheit im Bundestag eine Änderung von Art. 87 GG erforderlich ist, der für beide das öffentliche Dienstrecht vorschrieb. Ob die SPD-Opposition die erforderliche Zustimmung geben würde, war offen. Bei der Post war zunächst an eine P. der → Telekom gedacht, die Deutsche → Bundesbahn begann 1991 mit einem Verkauf der Bahnbuslinien sowie unter dem Schlagwort Regionalisierung einiger ihrer Nebenstrecken. Auch der Bau von → Privatautobahnen und privat finanzierter Schienenstrecken sollte erprobt werden, eine Zulassung privater Arbeitsvermittlungen wurde geprüft (→ Bundesanstalt für Arbeit). Eingeleitet war eine P. der → Flugsicherung und der sog. Nebenbetriebe der Autobahnen (Raststätten etc.). P.-Kandidaten waren die Lufthansa (→ Luftverkehr) und die Saarbergwerke (→ Kohle).

Nachteile: Durch P. verzichtet der Staat auf die Möglichkeit, die Unternehmenspolitik direkt zu beeinflussen und gesamtwirtschaftlichen Zielen gegenüber Gewinnstreben Vorrang einzuräumen, z. B. Bekämpfung der → Arbeitslosigkeit, Versorgung von Bevölkerungsgruppen mit geringem → Einkommen oder in abgelegenen Regionen (z. B. mit Verkehrsverbindungen).

Vorteile: Befürworter der P. argumentieren, daß ein Unternehmen seine gesamtwirtschaftliche Aufgabe am besten erfülle, wenn es Gewinne erziele, Steuern zahle, investiere und Arbeitnehmer beschäftige. Private Unternehmensleiter böten die beste Gewähr für die Erfüllung dieser Aufgabe, da ihr persönliches Schicksal vom Erfolg des Unternehmens abhänge. Diese Motivation fehle bei beamteten Betriebsleitern. Zudem verfolgten auch diese nicht zwangsläufig öffentliche, sondern wie private Manager auch Eigeninteressen, z. B. Prestige durch Gewinnerzielung.

Product Placement

(engl.; Produktplazierung), im engeren Sinn Form der → Werbung, bei der Waren einer Marke in Kino- oder Fernsehfilmen gegen Bezahlung als Requisite benutzt und in der Spielhandlung deutlich in Szene gesetzt werden; im weiteren Sinn jede Form der Schleichwerbung (z. B. Nennung von Produktnamen in Rundfunksendungen). Seit Anfang der 90er Jahre nutzen Firmen in Deutschland P. auch zur Finanzierung von Büchern. Nach einem Urteil des Landgerichts Berlin Ende 1991 müssen Verlage darauf verzichten, in Zeitungen, Zeitschriften oder Büchern als Preis eines Rätsels ausgelobte Waren näher vorzustellen, weil die Präsentation unlauterer Wettbewerb sei, der in Deutschland verboten ist. 1991/92 betrieben Softwareanbieter P. auch in Computerspielen.

Das Gericht ging in seinem Urteil davon aus, daß der Hersteller der als Preis ausgelobten Ware vorgibt, wie das Produkt präsentiert werden soll. Der Verbraucher glaube aber i. d. R., die Gewinne seien wegen ihrer Attraktivität von der Redaktion gekauft und vorgestellt worden.

Die Verpackung der Computerspiele trägt i. d. R. das Firmenemblem. Im Verlauf des Spiels taucht das beworbene Produkt als Teil der Spielhandlung auf. Die Disketten werden häufig zum Selbstkostenpreis angeboten.

Promillegrenze

In Tausendstel gemessener Alkoholgehalt im Blut, ab dem das Führen eines Kraftfahrzeuges verboten ist. Der Einigungsvertrag machte eine Angleichung der P. bis Ende 1992 in Ost- und Westdeutschland erforderlich. Während Mitte 1992 in den westdeutschen Bundesländern die Obergrenze bei 0,8 Promille lag (relative Fahruntüchtigkeit), galt in Ost-Berlin und in den ostdeutschen Bundesländern mit Ausnahme von Brandenburg (0,5 Promille) das absolute Alkoholverbot. Ein Gesetz-

Promillegrenzen in Europa

Land	Promillegrenze
Deutschland	
Alte Bundesländer	0,8
Neue Bundesländer	0,0*
Bulgarien	0,0
ČSFR	0,0
Rumänien	0,0
Türkei	0,0
Ungarn	0,0
Polen	0,2
Schweden	0,2
Finnland	0,5
Griechenland	0,5
Niederlande	0,5
Norwegen	0,5
Portugal	0,5
Belgien	0,8
Dänemark	0,8
Frankreich	0,8
Großbritannien	0,8
Italien	0,8
Luxemburg	0,8
Österreich	0,8
Schweiz	0,8
Spanien	0,8
Irland	1,0

*Stand: Juni 1992; * Ausnahme Brandenburg: Bußgeld ab 0,5 Promille*

Prostitution

Handel zwischen EG und USA 1991

EG-USA-Handel	Wert
Ausfuhr der EG	86,5 Mrd Dollar
Rückgang zu 1990	5,9%
Ausfuhr der USA	103,2 Mrd Dollar
Anstieg zu 1990	5,3%
US-Handelsüberschuß	16,7 Mrd Dollar
Anstieg zu 1990	10,6 Mrd Dollar

Quelle: EG-Bericht über amerikanische Handels- und Investitionshemmnisse, April 1992

entwurf des Bundesrats vom März 1992 sieht eine P. von 0,5 vor.

Jeder zehnte Verkehrsunfall mit Personenschaden in Deutschland war 1990 nach Angaben des Statistischen Bundesamtes auf Alkoholkonsum der Fahrer zurückzuführen (38 080). Bei alkoholbedingten Unfällen wurden rd. 2000 Personen getötet (→ Verkehrssicherheit). Mehr als zwei Drittel der Fahrer waren zwischen 18 und 34 Jahren alt. Tests ergaben, daß mit zunehmendem Alkoholkonsum das Gefühl der Fahrer für Geschwindigkeit, die Tiefensehschärfe und der Gehörsinn nachlassen; die Reaktionszeit der Fahrer steigt an. Nach dem Mitte 1992 in den westdeutschen Ländern geltenden Recht waren Autofahrer mit mehr als 1,1 Promille Alkoholgehalt im Blut absolut fahruntüchtig. Der Führerschein wurde ihnen entzogen, sie konnten auch ohne Fahrfehler bis zu fünf Jahre in Haft genommen werden. Die Fahrerlaubnis konnte nur durch erneute Prüfung wiedererlangt werden. Zwischen 0,8 und 1,09 Promille drohten eine Geldbuße bis zu 3000 DM und ein bis zu drei Monaten befristetes Fahrverbot. Bei 0,3 bis 0,79 Promille Alkohol im Blut wurde dem Fahrer der Führerschein befristet entzogen, wenn er einen Fahrfehler beging bzw. einen Unfall verursachte.

Prostitution

Im September 1991 wurde P. erstmals in Deutschland vom Berliner Sozialgericht als berufliche Tätigkeit nach § 42 des Arbeitsförderungsgesetzes anerkannt. Mit dem Urteil setzte die Klägerin ihren Anspruch auf Umschulung durch das Arbeitsamt durch, die Antragstellern ohne Berufsausbildung lediglich nach dreijähriger Berufstätigkeit gewährt wird. Die Klägerin hatte von 1989 bis 1991 im Rahmen von Arbeitsbeschaffungsmaßnahmen an Modellprojekten der Prostituierten-Selbsthilfeorganisation Hydra (Berlin) gearbeitet (→ Bordell-GmbH). Die Bundesanstalt für Arbeit (Nürnberg) legte Widerspruch gegen das Urteil ein, weil

ihrer Meinung nach P. kein Beruf sei. Bis Mitte 1992 mußten Prostituierte ihr vom Finanzamt geschätztes Einkommen versteuern, ihre Tätigkeit war jedoch nicht durch Arbeitslosen-, Renten- und Krankenversicherung abgesichert. 1992 gingen in Deutschland rd. 400 000 Menschen P. nach, ihr jährliches Einkommen wurde auf insgesamt 12 Mrd DM geschätzt.

Protektionismus

Staatliche handelspolitische Maßnahmen zum Schutz der einheimischen Wirtschaft vor ausländischer Konkurrenz. Die UNO-Sonderorganisation → GATT stellte Anfang der 90er Jahre in der → Weltwirtschaft eine zunehmende Tendenz zum P. und zu daraus entstehenden Handelskonflikten fest. Auseinandersetzungen bestanden zwischen USA, EG und Japan und zwischen Industriestaaten und → Entwicklungsländern sowie → Osteuropa.

Instrumente: Über Zölle und Einfuhrmengenbeschränkungen bzw. Verbote bestanden Anfang der 90er Jahre Abkommen, bei deren Verletzung vor dem allgemeinen Zoll- und Handelsabkommen GATT geklagt werden konnte. Seit den 80er Jahren nahmen die nicht GATT-Regeln unterliegenden nicht-tarifären (tariff, engl.; Zoll) Handelshemmnisse zu. Handelspartner werden durch Drohungen zu sog. freiwilligen Selbstbeschränkungsabkommen erpreßt, in denen sie auf Exporte verzichten. Durch → Subventionen werden eigene Ausfuhren gefördert. Technische Vorschriften oder komplizierte Einfuhrbestimmungen verhindern unerwünschte Importe. Mit Dumping (engl.; Verschleudern), dem Verkauf von Waren unter Herstellungskosten, soll ausländische Konkurrenz zum Aufgeben gezwungen werden.

Folgen: Die Abwehr preisgünstiger Importe soll insbes. Arbeitslosigkeit in betroffenen Branchen verhindern. Höhere Preise und dadurch abnehmende Nachfrage können jedoch gesamtwirtschaftlich zu Wohlstandseinbußen führen. Weitere Gefahren sind Vergeltungsmaßnahmen des Auslands und Wohlstandsverluste durch schlechte internationale Arbeitsteilung.

Handelskonflikte: Anfang der 90er Jahre entstand rd. die Hälfte des US-amerikanischen Handelsbilanzdefizits im Handel mit Japan, Problemfeld war u. a. die Herstellung von → Chips. In der EG sprachen sich insbes. Frankreich, Italien und Spanien dafür aus, Japan zu weiterer Selbstbeschränkung bei Exporten der → Auto-Branche zu veranlassen. Zwischen EG und USA kam es zu Konflikten über europäische Subventionen in der → Agrarpolitik und für den → Airbus sowie um Zugangssperren auf dem europäischen Markt der → Telekommunikation. Die Agrarpolitik der EG, USA und Japans beeinträchtigt die wirtschaftliche Entwicklung der Dritten Welt, die auf landwirtschaftliche Exporte angewiesen ist. Mit einer zunehmenden Zahl von Freihandelszonen, z. B. → Europäischer Binnenmarkt, → Nordamerikanisches Freihandelsabkommen, wurde Drittländern der Marktzutritt erschwert. → Außenwirtschaft

R

Rauchen

1991 wurden in Deutschland nach Angaben des Verbandes der Cigarettenindustrie (VdC, Bonn) Tabakerzeugnisse im Wert von rd. 31,2 Mrd DM (Westdeutschland 1990: 27 Mrd DM) verkauft. Mit 146,5 Mrd gerauchten Zigaretten blieb der Konsum im Vergleich zum Vorjahr nahezu unverändert. Die Zigarettenindustrie begründete u. a mit der zum 1. 3. 1992 in Kraft getretenen Tabaksteuererhöhung um 10% eine Preisanhebung im März 1992. Die Pflicht zum Abdruck eines Warnhinweises soll nach einer Ende 1991 vom EG-Ministerrat verabschiedeten Verordnung von Zigarettenschachteln auf Verpackungen von anderen Tabakerzeugnissen ausgedehnt werden. Fünf Mitgliedsfirmen des VdC klagten 1991 vor dem Bundesverfassungsgericht (BVG, Karlsruhe) gegen die Verpflichtung zum Aufdruck der ihrer Ansicht nach falschen Aussagen. Die ab 1993 gültige EG-Tabaknorm begrenzt den Teergehalt auf 15 mg pro Zigarette. Das Europäische Parlament plante 1992 die Einführung eines europaweiten Verbots für Tabakwerbung ab 1993.

Steuererhöhung: Der Anteil von Steuern (Tabak- und Mehrwertsteuer) pro Packung erhöhte sich auf 72% des Ladenpreises, etwa 9% gingen an den Handel und 19% an die Zigarettenindustrie. Die Weltgesundheitsorganisation (WHO, Genf) kritisierte 1992 Regierungen weltweit, die R. nicht konsequent genug bekämpften, weil hohe Steuereinnahmen aus dem R. erzielt würden (Steuereinnahmen aus R. in Deutschland 1991: 19,6 Mrd DM). Bis zum Jahr 2020 rechnete die WHO damit, daß sich die Zahl der Menschen, die jährlich an den Folgen des Tabakkonsums sterben, von 500 000 (1992) auf 1 Mio verdoppeln werde.

Preisanhebung: Der Ladenpreis der Zigarettenpackung verteuerte sich laut VdC u. a. wegen der Steuererhöhung und Preissteigerung beim Rohtabak von 4,30 bis 4,35 DM auf 4,50 DM. Jede am Automaten gezogene Packung kostete 5 DM (bis dahin: 4 DM); diese Packungen enthalten rd. drei Zigaretten mehr (bis dahin: 18–20).

Warnhinweise: Verpackungen von Zigarren, Zigarillos, Pfeifentabak und anderen Tabakerzeugnissen müssen bis Ende 1993 mit einem von vier Warnhinweisen versehen sein, z. B. „Rauchen führt zu tödlichen Krankheiten". Zur Aufschrift auf Packungen von Tabak zum Selbstdrehen stehen 14 Formulierungen zur Auswahl.

Werbeverbot: Die Pläne des Europäischen Parlaments, Tabakwerbung außerhalb von Verkaufsstellen für Tabakerzeugnisse zu untersagen, lehnte der EG-Ministerrat im Mai 1992 ab. Das Parlament will 1992 einen neuen Vorstoß unternehmen. Deutschland, Dä-

Zigarettenhersteller haftet für Gesundheit der Raucher
Der Oberste Gerichtshof der USA verurteilte im Juni 1992 erstmals einen Zigarettenhersteller zu Schadenersatzleistungen für die Krebserkrankung einer Frau. Der Sohn der während des Verfahrens an Lungenkrebs gestorbenen Klägerin soll 400 000 Dollar (610 000 DM) Entschädigung erhalten, weil die Zigarettenhersteller nicht genügend auf die Risiken des Rauchens aufmerksam gemacht habe. In den USA sterben jährlich 400 000 Menschen an den Folgen des Rauchens.

Einnahmen aus der Tabaksteuer in Deutschland

Jahr	Einnahmen* (Mrd DM)
1970	6,5
1975	8,9
1980	11,3
1985	14,5
1988	14,6
1989	15,5
1990	17,4
1991	19,6

Bis 1990 Westdeutschland; Quelle: Deutsche Bundesbank

Raumfähre

**Spacelab mit
Ulf Merbold im Weltall**
Im Januar 1992 startete
die US-amerikanische
Raumfähre Discovery mit
dem Forschungslabor
Spacelab in ihrem Lade-
raum zu ihrem zwölften
Weltraumflug. Während
der siebentägigen Mission
(IML-1) in einer Höhe von
300 km über der Erde
führten die sieben Astro-
nauten, darunter der deutsche Physiker Ulf Mer-
bold, 55 physikalische,
biologische und medizini-
sche Experimente durch.
Für Merbold war dies der
zweite Raumflug nach
1983. Erforscht werden
sollten bei der IML-Missi-
on u. a. die Auswirkungen
von Schwerelosigkeit und
kosmischer Strahlung auf
den menschlichen Körper,
den Pflanzenwuchs und
Kleinlebewesen. Zur Be-
satzung zählten auch
Würmer, Froscheier,
Fruchtfliegen, Pilzsporen
und Mäuseembryos sowie
Weizen- und Hafer-
keimlinge.

*Auf der ersten Weltraum-
mission der US-Raumfäh-
re Endeavour im Mai 1992
wurde der defekte Satellit
Intelsat-6 von den drei
Astronauten an Bord des
Space Shuttle repariert.*

nemark und Großbritannien sprachen
sich 1992 gegen das Verbot aus. Deutsche Werbetreibende befürchteten Umsatzeinbußen, wenn Einnahmen aus der
Tabakreklame entfielen (→ Werbung).
Der VdC protestierte gegen das Verbot,
denn es könne nicht als erwiesen gelten, daß z. B. Jugendliche durch Werbung zum R. verleitet würden.
Gefahren: Wegen der rd. 3800 im
Tabakrauch enthaltenen Schadstoffe
(z. B. Formaldehyd, Plutonium, Cad-
mium, Polonium) gilt R. als Hauptursache für die Entstehung von Lungenkrebs (→ Krebs), begünstigt aber auch
andere Krankheiten wie Dickdarm-
krebs, Herz- und Gefäßerkrankungen
und beeinträchtigt die Nierenfunktion.
Nach Studien deutscher Internisten erreicht nur jeder vierte Raucher und jede
fünfte Raucherin das 65. Lebensjahr.
Nach Schätzungen des Heidelberger
Krebsforschungszentrums sterben jährlich in Deutschland 400 Menschen an
Lungenkrebs, der durch das Einatmen
von Zigarettenrauch verursacht wurde
(sog. Passivrauchen). Passivraucher
trügen gegenüber nicht dem Zigarettenrauch ausgesetzten Nichtrauchern
ein um 40% erhöhtes Krebsrisiko.

Raumfähre

(engl.: Space Shuttle), wiederverwend-
barer bemannter Raumflugkörper zum
Transport von Nutzlasten (z. B. → Sa-

telliten) ins Weltall. Im Mai 1992 absolvierte die US-amerikanische R. Endeavour (engl.; Anstrengung) ihren ersten Weltraumflug (Baukosten: 2 Mrd
DM). Sie ersetzt die R. Challenger, die
1986 nach ihrem ersten Start explodiert
war. Ende 1991 kündigte die US-Regierung an, wegen gestiegener Kosten
anstelle der R. verstärkt unbemannte
Trägerraketen zur Beförderung von
Nutzlasten einzusetzen. Die Mitgliedstaaten der europäischen Weltraumbehörde → ESA beschlossen Ende
1991, die Entscheidung über den Bau
der R. Hermes auf Ende 1992 zu verschieben. Die Entwicklungskosten für
Hermes waren nach Berechnungen der
ESA von 1987 bis 1991 um rd. 41% auf
15,4 Mrd DM gestiegen. Die Zukunft
der russischen R. Buran (russ.; Schnee-
sturm) war Mitte 1992 nicht entschieden (→ Raumfahrt).
US-Raumgleiter: Die US-Regierung
will Anfang der 90er Jahre keine weiteren R. bauen lassen. Die US-amerikanische Luft- und Raumfahrtbehörde
→ NASA kündigte Anfang 1992 den
Abbau von 20% der 25 000 Arbeitsplätze an, die mit Betrieb und Wartung
von R. verbunden sind. Für 1992 waren
neun Raummissionen mit US-Raum-
gleitern vorgesehen. Im Januar 1993
sollen zwei deutsche Astronauten mit
dem Raumlabor Spacelab an Bord der
R. Columbia an der → D-2-Mission
teilnehmen.
Hermes: Mitte 1992 wurde in der ESA
erörtert, die R. bis 2000 lediglich als
Flugmodell ohne die für die bemannte
Raumfahrt notwendige Technologie
fertigzustellen. In den 80er Jahren war
geplant, daß Hermes von der europäischen Trägerrakete → Ariane in den
Weltraum befördert wird und den Pendelverkehr zur → Raumstation Freedom und zum europäischen Forschungslabor Columbus übernimmt.
Die Gesamtkosten für Hermes einschließlich Entwicklung und Betrieb
schätzte die ESA Ende 1991 auf rd.
17,6 Mrd DM. Mit 45% hat Frankreich
den größten Anteil an der Entwicklung
der R. (Deutschland: 27%).

Himmlische Visionen scheitern an irdischen Problemen

1992 war die Zukunft prestigeträchtiger Groß-projekte in der bemannten Raumfahrt ungewiß. Einzelne Programmelemente wurden fallengelas-sen oder ihre Verwirklichung in das nächste Jahr-tausend verschoben, weil die Finanzierung nicht gesichert war. Zudem erschien eine eigenständige US-amerikanische, europäische und sowjetische Weltraumforschung verzichtbar, die ideologische Überlegenheit und technische Wettbewerbsfähig-keit beweisen wollte. Wissenschaftler vor allem aus den USA und Deutschland riefen Anfang der 90er Jahre dazu auf, kostengünstigere Alternati-ven zur bemannten Raumfahrt zu entwickeln. In den 70er und 80er Jahren waren Pläne erarbeitet worden, → Raumstationen einzurichten, deren Forschungslaboratorien ständig besetzt blieben und die als Basislager für weitere Vorstöße in den Weltraum dienten. Wiederverwendbare → Raum-fähren sollten den Pendelverkehr zwischen Erde und Station aufrechterhalten sowie Satelliten für zivile und militärische Zwecke ins All befördern.

ESA prüft Kosten für Hermes und Columbus: Die 13 Mitgliedstaaten der europäischen Raum-fahrtbehörde → ESA beschlossen Ende 1991, ins-bes. auf Drängen Deutschlands, den Etat für 1992 um 5% zu kürzen und die Entscheidung über den Bau der Raumfähre Hermes und des Forschungs-labors Columbus um ein Jahr zu verschieben. Die Projekte sollen bis Ende 1992 auf ihren techni-schen und wissenschaftlichen Nutzen hin unter-sucht werden. Zur Verringerung der Kosten soll verstärkt mit den USA, der ehemaligen Sowjet-union und Japan zusammengearbeitet werden. Bei einem Preisanstieg um 20% haben die ESA-Part-ner die Möglichkeit, aus einem beschlossenen Projekt auszusteigen. 1987–1992 waren die Ent-wicklungskosten für Hermes nach Schätzung der ESA Ende 1991 um rd. 41% gestiegen. Die Ge-samtkosten für Columbus und Hermes wurden mit 16,3 Mrd DM bzw. 17,6 Mrd DM angegeben; für den Bau der Trägerrakete → Ariane, die den Raumgleiter ins All befördern soll, setzte die ESA 11,4 Mrd DM an. Von der Kürzung des ESA-Haushalts ist auch die unbemannte Raumfahrt (z. B. Erdbeobachtungssatelliten) betroffen, der nach Aussagen von ESA-Generaldirektor Jean-Marie Luton/Frankreich Anfang 1992 Vorrang eingeräumt werden soll.

NASA finanziert keine Großprojekte mehr: Die US-Raumfahrtbehörde plante Anfang der 90er Jahre, keine Großprojekte mehr zu realisieren. Die Raumstation Freedom soll in verkleinerter Form weiterverfolgt werden. Ende 1991 beschloß die NASA, statt sechs Großsatelliten, die zur Erd-beobachtung von Raumfähren im Weltall beför-dert werden, 18 kleinere Satelliten mit unbe-mannten Trägerraketen zu starten. Bis 1997 sollen 20% der 25 000 mit Bau und Betrieb der US-Raumfähren verbundenen Arbeitsplätze abgebaut werden. Die Einsparungen sollen anderen Projek-ten wie z. B. der Raumstation Freedom (Kosten: 30 Mrd Dollar, 46 Mrd DM) zugute kommen. Zur Verringerung der Kosten vereinbarten die USA und Rußland Mitte 1992, die russische Raumsta-tion Mir und Transportsysteme (Raumfähren, -kapseln und Raketen) gemeinsam zu nutzen.

Raumfahrt der GUS vor Zerreißprobe: Die Nachfolgestaaten der UdSSR konnten sich bis Mitte 1992 nicht auf ein Raumfahrtkonzept und eine gemeinsame Weltraumbehörde einigen. Die Fertigstellung einer Nachfolgestation von Mir für Ende der 90er Jahre und der effektive Betrieb der vorhandenen Station waren nicht gesichert. Die Ende 1991 gegründete russische Weltraumagen-tur will die Entwicklung der Trägerrakete Energi-ja und der Raumfähre Buran weiterführen. Ansprü-che auf den Weltraumbahnhof Baikonur/Kasach-stan erhoben 1991/92 Rußland und Kasachstan. Baikonur untersteht den strategischen Streitkräf-ten der GUS, die jedoch Anfang 1992 keine fi-nanziellen Mittel zur Verfügung stellten.

Zweifel am Sinn der bemannten Raumfahrt: US-amerikanische und deutsche Wissenschaftler verwiesen darauf, daß viele Forschungsvorhaben effektiver und billiger auf unbemannten Raum-plattformen (→ Eureca) oder auf der Erde durch-geführt werden könnten. Der wissenschaftliche Wert von Experimenten mit Astronauten in der Schwerelosigkeit wurde als gering bewertet. Zu-dem wurde befürchtet, daß wegen der gestiegenen Aufwendungen für die bemannte Raumfahrt ins-bes. die → Grundlagenforschung vernachlässigt würde. Erkenntnisse aus der Raumfahrt würden weniger Nutzen bringen, z. B. in Form von Paten-ten, als andere Forschungszweige.   (au)

Raumsonde

Raumsonde Pioneer verläßt Sonnensystem

Der am weitesten von der Erde entfernte Raumflugkörper (rd. 8 Mrd km) ist die 250 kg schwere US-amerikanische Sonde Pioneer 10, die 1972 in den Weltraum geschossen wurde. Mitte der 90er Jahre wird Pioneer die Grenze unseres Sonnensystems erreichen. 1974 flog die Sonde in 130 000 km Entfernung an dem Planeten Jupiter vorbei, 1983 erreichte sie Pluto. Wissenschaftler rechnen damit, daß die Funksignale um das Jahr 2000 aufgrund der schwachen Sendeleistung der Sonde nicht mehr empfangen werden können. Auf einer Aluminiumplakette auf dem Flugkörper ist in stilisierter Abbildung ein Menschenpaar und das heimatliche Sonnensystem dargestellt, um bei einer Begegnung mit intelligenten außerirdischen Lebewesen die Herkunft der Raumsonde zu erklären.

An beiden Enden der 17 m langen sowjetischen Raumstation Mir befinden sich kugelförmige Adapter, an die Forschungslaboratorien und Raumkapseln andocken können.

Raumsonde

Unbemannter Raumflugkörper zur Erkundung des Weltraums. Die europäische Sonde Ulysses wurde Anfang 1992 als erste R. auf eine Umlaufbahn über die Pole der Sonne gebracht, die Mitte 1994 überflogen werden sollen. Am 10. 7. 1992 begegnete die europäische R. Giotto in einem Abstand von rd. 300 km dem Kometen Grigg-Skjellerup (Durchmesser des Kerns: 2 km). Wegen des Ausfalls des Funksenders im Juli 1992 beschloß die US-amerikanische Luft- und Raumfahrtbehörde → NASA, die Erforschung der Venus durch die R. Magellan abzubrechen. Die NASA will bis 2003 insgesamt 16 R. zum Mars schicken. Eine weitere Marsmission plante die GUS in Zusammenarbeit mit den USA und Europa für 1994 (→ Raumfahrt). Die europäische Raumfahrtagentur → ESA und die NASA wollen 1995 eine R. zum Saturn-Mond Titan starten (sog. Cassini-Huygens-Mission).

Sonne und Jupiter: Ulysses passierte im Februar 1992 Jupiter. Seine Anziehungskraft wurde benutzt, um die R. zu beschleunigen und in eine Nord-Süd-Umlaufbahn um die Sonne zu bringen. Ulysses wird die Pole in einer Höhe von 300 Mio km überfliegen. Die Mission wird Ende 1995 abgeschlossen

(Kosten: 1,2 Mrd DM). Ulysses war das erste Raumfahrzeug, das die sonnenabgewandte Seite Jupiters umflog. Die R. lieferte Daten über das Magnetfeld des Planeten und über seinen Mond Io. Die deutsch-US-amerikanische R. Galileo (Kosten: ca. 2 Mrd DM) soll ab Dezember 1995 für 22 Monate Jupiter umkreisen.

Venus: Die bis Ende 1993 für die weitere Aufzeichnung der Venus-Oberfläche bewilligten 130 Mio DM sollen gestrichen werden. Von 1990 bis Januar 1992 umrundete Magellan die Venus 3880mal und erfaßte rd. 97% der Oberfläche. Die gewonnenen Radarbilder deuteten darauf hin, daß es auf der Venus aktive lavaspeiende Vulkane gibt.

Titan: Die Umlaufbahn des Saturn-Trabanten soll die R. 2004 erreichen. Während ein Teil der Sonde den Planeten umrundet, wird der andere in die Atmosphäre eindringen, deren chemische Zusammensetzung analysieren sowie die Oberfläche des Mondes mit Radar untersuchen und fotografieren.

Raumstation

Ständig im Weltall stationierter Raumflugkörper, der als Ankopplungsstation (Andockstelle) für eine → Raumfähre sowie als Wohnraum und Forschungslabor von Astronauten genutzt werden kann. Die Funktionsfähigkeit der russischen R. Mir (russ.; Frieden), seit 1986 im Weltall stationiert, war Mitte 1992 wegen technischen Verschleißes nicht gesichert (→ Raumfahrt). Mir soll 1995 von einer modernisierten Version abgelöst werden. Der Bau einer größeren Ersatzstation (Mir 2) wurde wegen Finanzschwierigkeiten aufgegeben. Für das Haushaltsjahr 1991/92 stellten die USA der Raumfahrtbehörde → NASA für den Bau der R. Freedom (engl.; Freiheit) rd. 2 Mrd Dollar (3 Mrd DM) zur Verfügung. Die Mitgliedstaaten der europäischen Weltraumagentur → ESA vertagten Ende 1991 die Entscheidung über den Bau des mit Freedom verbundenen Raumlabors Columbus (Entwicklungskosten: rd. 10,4 Mrd DM).

Die Weltraumstation Mir

346

Mir: Rußland strebte 1991/92 eine Kooperation mit anderen Raumfahrtnationen bei künftigen Mir-Missionen an. Ausländische Beteiligungen gelten als die wichtigste Deviseneinnahmequelle für die ehemals sowjetische Raumfahrt. Der Mitflug eines deutschen Astronauten im März 1992 kostete rd. 22 Mio DM. Von Ende 1991 bis Mitte 1992 gab es drei Weltraumstarts mit ausländischer Beteiligung.

Freedom: Bis 2000 soll die R. fertiggestellt sein. Der auf 30 Jahre angelegte Betrieb von Freedom soll nach Schätzungen von Experten 84 Mrd–118 Mrd Dollar (128 Mrd–180 Mrd DM) kosten. Die finanziellen Aufwendungen für den Bau der R. hatten sich nach Berechnungen der NASA von 1984 bis 1991 mehr als verdreifacht. Aus Kostengründen soll die R. um ein Drittel verkleinert werden, was nach Meinung von US-Raumfahrtexperten ihren wissenschaftlichen Wert in Frage stellen würde. Freedom war als Experimentier- und kosmische Beobachtungsstation, als medizinisches Forschungslabor und Basislager für Expeditionen zum Mars konzipiert worden.

Columbus: Mitte 1992 plante die ESA, auf die frei fliegende europäische Raumplattform zu verzichten, die als Teil des Columbus-Programms auf eine Umlaufbahn um die Pole der Erde gebracht werden sollte. Die Entwicklungskosten für Columbus waren nach Schätzungen der ESA von 1984 bis 1991 um rd. 14% gestiegen.

Rechtschreibung

Auf der Internationalen Orthographie-Konferenz der deutschsprachigen Länder in Wien soll 1993 eine Reform zur Vereinfachung der deutschen R. beschlossen werden, die 1995 in Kraft treten soll. Ende 1991 wurden Reformvorschläge zu folgenden sechs Teilbereichen der R., an denen Wissenschaftler aus Deutschland, Österreich,

Deutscher in der russischen Raumstation Mir
Am 17. 3. 1992 startete der deutsche Testpilot Klaus-Dietrich Flade mit zwei russischen Kosmonauten zu einer achttägigen Weltraummission zur Station Mir. Das deutsch-russische Raumfahrtunternehmen war 1988 verabredet worden. Flades Mitflieger lösten den Kosmonauten Sergej Krikaljow ab, der seit Mai 1991 in der Raumstation um die Erde kreiste und im Oktober 1991 nicht abgelöst werden konnte, weil sein Ersatzmann, ein kasachischer Kosmonaut, mangels technischer Ausbildung und körperlicher Fitneß wieder zur Erde zurückgeschickt werden mußte. Flade beteiligte sich an 14 Experimenten, die sich überwiegend mit den Auswirkungen der Schwerelosigkeit auf den menschlichen Organismus, insbes. auf das Gleichgewicht, den Kreislauf und den Schlaf, befaßten.

Vorschläge zur Reform der deutschen Rechtschreibung

Änderungsvorschläge	Beispiele
Worttrennung	
1. „st" wird getrennt (analog zu Wes-pe)	Lis-te
2. Bei Zusammensetzungen mit „hin-", „her-" und „wor-" sind zwei Schreibweisen zulässig	he-raus/her-aus
3. Bei der Trennung von Fremdwörtern muß der Schreiber sich nicht nach ihrer Herkunft richten, sondern kann nach seiner eigenen Silbenaufteilung trennen	Päd-ago-gik/Pä-da-go-gik
Zeichensetzung	
1. Zwei durch „und" bzw. „oder" verbundene Hauptsätze müssen nicht mehr durch Komma getrennt werden	Er sprach Englisch und Französisch beherrschte er auch
Zur Verdeutlichung oder zur Vermeidung von Mißverständnissen kann jedoch das Komma stehen	Er sprach Englisch, und Französisch beherrschte er auch
2. Infinitiv- und Partizipialsätze sollen i. d. R. nicht durch Komma getrennt werden	Er lief weiter ohne anzuhalten.
Bei ungewöhnlichen oder hervorhebenden Einschüben kann jedoch ein Komma stehen	Er, in tiefes Nachdenken versunken, lief weiter.
3. Zwischen wörtlicher Rede und Begleitsatz steht immer ein Komma	„Sprichst du Spanisch?", fragte er
Getrennt-/Zusammenschreibung	
1. Normalfall ist die Getrenntschreibung, der Sonderfall Zusammenschreibung soll sich nach eindeutigen grammatischen Kriterien richten	zu nahe getreten
2. Wo diese Kriterien nicht greifen, wird die Schreibung freigestellt	ein erfolgversprechender Anfang/ ein Erfolg versprechender Anfang
3. Zwei aufeinanderfolgende Infinitive werden getrennt geschrieben	sitzen bleiben, kennen lernen
Fremdwortschreibung	
1. Fremdwörter sollen behutsam integriert werden	die französischen Endungen -é und-ée: Frottee, Pralinee, Dragee
Annäherung der Schreibweise an die Aussprache	
1. ß: Nach kurzen Vokalen steht immer „ss", „daß" wird zu „das"	Pässe–Pass
2. Drei Buchstaben: Beim Aufeinandertreffen werden alle drei Buchstaben geschrieben. Zur Verdeutlichung kann ein Bindestrich gesetzt werden	Flanelllappen/Flanell-Lappen Seeelefant/See-Elefant

Quelle: Internationaler Arbeitskreis für Orthographie (Tübingen)

Rechtsextremismus

Erster gesamtdeutscher Duden
Ende 1991 entstand in Zusammenarbeit der 40 Jahre lang konkurrierenden Verlage Bibliographisches Institut Mannheim (AG) und Leipzig (VEB) der erste gesamtdeutsche Duden. Das gegenüber der letzten westdeutschen Ausgabe um 5000 auf 115 000 Stichworte erweiterte Wörterbuch, entspricht in der Aufmachung der West-Ausgabe. Inhaltlich wurde der Vereinigung der beiden deutschen Staaten durch die Aufnahme von DDR-Vokabular (z. B. Sero/Sekundärrohstoff, Toni/Funkstreifenwagen der Volkspolizei) und Neuschöpfungen aus der Zeit der Wende (z. B. Mauerspecht) Rechnung getragen.

der Schweiz und Liechtenstein seit Ende der 70er Jahre arbeiten, als Grundlage für die Konferenz veröffentlicht:
▷ Laut-Buchstaben-Zuordnungen
▷ Getrennt-/Zusammenschreibung
▷ Groß- und Kleinschreibung
▷ Zeichensetzung
▷ Bindestrich-Regeln
▷ Worttrennung am Zeilenende.
Bei der Wiener Konferenz stehen zwei Vorschläge zur Reform der Groß- und Kleinschreibung zur Debatte. Die Wissenschaftler können zwischen einer modifizierten Großschreibung (Beibehaltung der Substantivgroßschreibung mit leichter Modifizierung bestimmter Randgruppen) und der Substantivkleinschreibung entscheiden.
In der BRD erklärte die Kultusministerkonferenz 1955 die Regeln des Dudens für verbindlich.

🛈 Institut für Deutsche Sprache; R 5, 6-13; D-6800 Mannheim 1

Rechtsextremismus
→ Übersichtsartikel S. 349

Recycling
(engl.; Wiederverwertung), Rückführung von wiederverwertbaren Abfallstoffen in die Produktion. R. ist auf dem Abfallsektor nach der Vermeidung von Müll die sinnvollste Möglichkeit, → Rohstoffe und Energie zu sparen und Mülldeponien zu entlasten (→ Abfallbeseitigung). Da in Deutschland Anfang der 90er Jahre Deponieraum für Müll knapp war und die Müllverbrennung von den Bürgern kaum ak-

Recycling immer beliebter
Einer Umfrage des Instituts für praxisorientierte Sozialforschung zufolge sammelten 1991 rd. 92% aller Westdeutschen Altpapier und 96% Altglas, um die Abfälle dem Recycling zuzuführen. Noch 1984 hatten nur 69% der Bürger Papier und Glas zu den Sammelcontainern gebracht.

zeptiert wurde, erhielt das R. eine größere Bedeutung. In Deutschland wurden 1991 rd. 6% der Abfälle recycelt. In Ostdeutschland lag die R.-Quote vor dem Zusammenbruch der staatlich subventionierten Sekundär-Rohstoffabfallwirtschaft (SERO), deren Anlagen bis Ende 1991 zum größten Teil privatisiert waren, bei ca. 40%. Das Umweltbundesamt (Berlin) schätzte, daß rd. 30% des Mülls wiederverwertet werden könnten.
Eine Ende 1991 in Kraft getretene Verordnung schreibt R.-Quoten für → Verpackungsmüll vor. Das Bundesumweltministerium plante Mitte 1992 für → Altpapier eine ähnliche Maßnahme und eine Pflicht zum R. von → Elektronikschrott und zum → Autorecycling. Das → Kunststoffrecycling befand sich Mitte 1992 im Forschungsstadium. Plastikgemische müssen für das R. sortenrein getrennt werden.

Regierungskriminalität
Mitte 1992 wurde von der Staatsanwaltschaft beim Berliner Kammergericht in 1500 Fällen gegen Mitglieder der ehemaligen DDR-Staatsführung sowie gegen frühere Partei- und Wirtschaftsfunktionäre und Angehörige von Staats- und Justizorganen strafrechtlich ermittelt (→ Vereinigungskriminalität). Die Verfahren betreffen u. a. Wahlfälschungen, Rechtsbeugung, Willküraktie von Behörden, Aktionen der → Stasi, die Todesschüsse an der innerdeutschen Grenze und der Berliner Mauer (→ Mauerschützenprozesse) sowie die Tätigkeit der DDR-Außenhandelsorganisation Kommerzielle Koordinierung (→ Schalck-Untersuchungsausschuß). Zur Behebung des Personalmangels beschlossen die Landesjustizminister im März 1992, die Zahl der Kriminalbeamten von 170 auf 340 zu erhöhen.
Keine Rückwirkung und Verjährung: Nach rechtsstaatlichen Grundsätzen dürfen sich Anklagen nur auf Vergehen gegen das frühere DDR-Recht und auf Völkerrechtsregeln stützen, nicht auf

Recycling von Altglas und Altpapier

Land	Recyclingquote[1] (%)			
	Altpapier		Altglas	
	1989	1985	1989	1987
Niederlande	58,4	50,3	55,2	62
Frankreich	45,7	41,3	28,5	26,1
Deutschland[2]	43	43,6	42,3	39,4
Finnland	40	39	k. A.	25
Dänemark	29,7	31,3	k. A.	55
Großbritannien	27	27	18	14
Norwegen	23,2	21,1	10	k. A.

1) Anteil der Wertstoffe am gesamten Aufkommen von Altglas und Altpapier;
2) Westdeutschland; Quelle: OECD

Wählerprotest verhilft europäischer Rechten zum Erfolg

Bei Wahlen in vier europäischen Ländern verbuchten rechtsradikale Parteien 1991/92 große Erfolge. Die deutschen rechtsradikalen Parteien, die französische Front National (FN), der Vlaams Blok in Belgien und die norditalienische Liga machten sich die Unzufriedenheit mit der Politik der Zentralregierung, die Angst vor vermeintlicher Überfremdung und Verlust von Wohlstand und Arbeitsplatz zunutze. Aggressiver Nationalismus, Agitation, insbes. gegen nichteuropäische Ausländer, und politische Parolen ersetzten Konzepte zur Lösung sozialer und wirtschaftlicher Probleme. In Deutschland gab es nach Angaben des → Verfassungsschutzes Anfang 1992 mit rd. 40 000 Rechtsextremisten in 69 Organisationen den höchsten Stand seit den 60er Jahren. Für Ausschreitungen gegen → Asylbewerber Ende 1991 wurden vorwiegend rechtsextreme → Skinheads verantwortlich gemacht.

Europäische Rechtsradikale im Aufwind: Die Deutsche Volksunion (DVU), die von dem Münchener Verleger Gerhard Frey geführt wird, erhielt im April 1992 bei den → Wahlen in Schleswig-Holstein 6,3% der Stimmen und zog erstmals in den Kieler Landtag ein. In Baden-Württemberg wurden die → Republikaner mit 10,9% der Stimmen zur drittstärksten Partei nach CDU und SPD. Wahlanalysen ergaben, daß sich rd. zwei Drittel ihrer Wähler erst kurz vor den Wahlen entschieden. Überdurchschnittlichen Zuspruch erhielten DVU und Republikaner von Männern unter 30 Jahren und Arbeitern in den Großstädten. In ihrem Wahlkampf machten sie Asylbewerber und → Ausländer u. a. für die Verschärfung der → Wohnungsnot und die Steigerung der → Kriminalität verantwortlich. Die Nationale Front Jean-Marie Le Pens steigerte ihren Stimmenanteil bei den französischen Regionalwahlen im März 1992 um vier Prozentpunkte auf 13,9%. Überdurchschnittliche Erfolge errang sie im Großraum Paris, im Elsaß und in den südöstlichen Landesteilen, in denen viele Einwanderer aus Nordafrika leben. Bei den belgischen Parlamentswahlen vom November 1991 wurde der Vlaams Blok zur viertstärksten politischen Kraft in Flandern. Zu seinen Forderungen gehört die Auflösung Belgiens und die Ausweisung aller Ausländer afrikanischer und asiatischer Herkunft.

Die norditalienische Liga, die im April 1992 bei den Wahlen zu beiden Kammern des italienischen Parlaments rd. 8,5% der Stimmen erhielt, wandte sich gegen die vermeintliche Ausbeutung der Wirtschaftskraft Norditaliens zugunsten des armen Südens des Landes. Die Politik der Regierungsparteien denunzierte die Liga als von der Mafia gesteuert.

Gewalt gegen Ausländer eskaliert: In Deutschland erreichten die Anschläge auf Wohnheime von Asylbewerbern und Überfälle auf Ausländer im Herbst 1991 ihren Höhepunkt. Vielfach wurden Asylbewerber, z. B. aus dem sächsischen Hoyerswerda, ausquartiert. 1991 registrierte der Verfassungsschutz 338 Brandanschläge (247 in Westdeutschland) und 219 gewaltsame Übergriffe, davon rd. zwei Drittel im alten Bundesgebiet, insbes. in Nordrhein-Westfalen. Als Verantwortliche machte der Verfassungsschutz überwiegend Täter unter 21 Jahre aus.

Rechtsextremisten haben Zulauf: Als größte Rechtspartei hatte die DVU nach Angaben des Verfassungsschutzes Mitte 1992 rd. 24 000 Mitglieder, davon 2500 in Ostdeutschland. Die Mitgliederzahl der Nationaldemokratischen Partei Deutschlands (NPD) sank von 7300 auf 6700. Funktionäre aus NPD, DVU und den Republikanern gründeten Ende 1991 die Deutsche Liga für Volk und Heimat (Mitte 1992: rd. 800 Mitglieder). Sie duldet eine gleichzeitige Mitgliedschaft in den anderen drei Rechtsparteien. Die Sicherheitsbehörden registrierten in den 80er und Anfang der 90er Jahre einen starken Austausch von Mitgliedern und Funktionären zwischen den rechtsgerichteten Organisationen. Attraktiv sei jeweils die politisch erfolgreichste Partei. Der Verfassungsschutz verzeichnete Mitte 1992 in Ostdeutschland einen vermehrten Zulauf zu neonazistischen Gruppen. Sie hatten nach der Vereinigung Deutschlands den Schwerpunkt ihrer Aktivitäten in die neuen Bundesländer verlagert. Unzufriedenheit mit der wirtschaftlichen Entwicklung und das Empfinden, benachteiligt zu sein, würden dort von rechtsextremen Gruppen geschürt und sich gewaltsam gegen gesellschaftliche Randgruppen wie Ausländer, Behinderte und Prostituierte entladen.   (au)

Bruce Millan, EG-Regionalkommissar
* 5. 10. 1927 in Dundee (Schottland)/Großbritannien, britischer Politiker. 1976–1979 Minister für Schottland. 1979–1983 Sprecher der oppositionellen Labour-Partei im britischen Unterhaus (Parlament). Ab 1989 EG-Kommissar für Regionalpolitik (Amtszeit bis Ende 1992).

das Recht der früheren BRD. Im Mai 1992 legte der Bundesrat einen Gesetzentwurf vor, der eine Verjährung von Straftaten verhindert, die 1949–1990 in der DDR begangen und von der Justiz nicht verfolgt wurden.

Personalmangel: Der Beschluß der Justizminister sieht vor, daß Berlin 130 und die neuen Bundesländer je zwei Polizisten in die Zentrale Ermittlungskommission R. und Vereinigungskriminalität entsenden. Die übrigen Stellen sollen zu 80% von den westdeutschen Ländern und zu 20% vom Bund besetzt werden. Mitte 1992 arbeiteten 60 Staatsanwälte aus dem alten Bundesgebiet bei der Berliner Justiz.

Wahlfälschung: Zu Geld- und Haftstrafen bis zu 15 Monaten verurteilt wurden bis Mitte 1992 sieben ehemalige DDR-Kommunalpolitiker. Ihnen wurde vorgeworfen, sich an der Fälschung der Kommunalwahlen von 1989 beteiligt zu haben. Wegen Wahlmanipulation liefen Mitte 1992 etwa 40 Verfahren, darunter gegen den damaligen SED-Bezirkschef Hans Modrow.

DDR-Straftaten: In den Akten des Bundesarchivs waren Mitte 1992 rd. 125 000 Fälle von politischen Verurteilungen, Menschenrechtsverletzungen, Häftlingsmißhandlungen, → Zwangsadoptionen und anderen Straftaten dokumentiert. Die Erfassungsstelle der Landesjustizverwaltungen (Salzgitter) registrierte bis 1989 rd. 30 000 politische Gerichtsurteile, 2700 Mißhandlungen von Strafgefangenen und 4400 Verdachtsfälle wegen Tötung oder Tötungsversuchs in der DDR.

Regionalausschuß

(Ausschuß der Regionen), unabhängiges Organ zur Interessenvertretung der Regionen in der → EG (sog. Europa der Regionen). Der R. wurde von den Staats- und Regierungschefs der EG-Staaten (Europäischer Rat) im Dezember 1991 im Vertrag zur → Europäischen Union beschlossen und soll seine Tätigkeit 1993 in Brüssel/Belgien aufnehmen. Er ist vom Europäischen Rat

und der → EG-Kommission, dem ausführenden Organ der EG, in regionalen Fragen anzuhören (z. B. → Regionalförderung) und hat das Recht zur Stellungnahme. Die deutschen Bundesländer sehen darin den Einstieg in eine umfassendere Beteiligung der Regionen an der EG-Gesetzgebung.

Der R. besteht aus 189 Vertretern der Regionen, Deutschland, Frankreich, Italien und Großbritannien entsenden je 24 Mitglieder. Die Frage, was Region ist und wer entsenden darf, war in den EG-Staaten Mitte 1992 umstritten. In Deutschland war geplant, daß jedes Bundesland mindestens einen Vertreter entsendet. Die Gemeinden bemühten sich um Vertretung. Andere Staaten hatten z. T. keine den Bundesländern entsprechenden Verwaltungseinheiten. Der R. löst mit größeren Kompetenzen die seit 1988 tätige Regionalkammer ab, die als Beirat Empfehlungen zu regionalen Themen aussprach. → Europäische Regionalsprachen

Regionalförderung

Staatliche → Subventionen in der → EG für sog. strukturell rückständige Gebiete, die von der → EG-Kommission genehmigt werden müssen. Die R. soll dazu beitragen, daß wirtschaftlich schwache Mitgliedstaaten und Regionen den Einkommensrückstand zu wohlhabenderen Gebieten aufholen, damit sie mit gleichen Voraussetzungen am → Europäischen Binnenmarkt teilnehmen können. Die EG-Kommission schlug Anfang 1992 vor, die jährlichen Mittel für R. im EG-Haushalt von 18,6 Mrd ECU (40,0 Mrd DM; 1992) bis 1997 auf real (bereinigt um die → Inflation) 29,3 Mrd ECU (60,1 Mrd DM) aufzustocken. Bei den Verhandlungen zur → Europäischen Union im Dezember 1991 vereinbarten die Staats- und Regierungschefs der EG-Staaten die Schaffung eines sog. Kohäsionsfonds. Er soll zum wirtschaftlichen und sozialen Zusammenhalt der EG beitragen und stellt den Randstaaten Griechenland, Irland, Portugal und

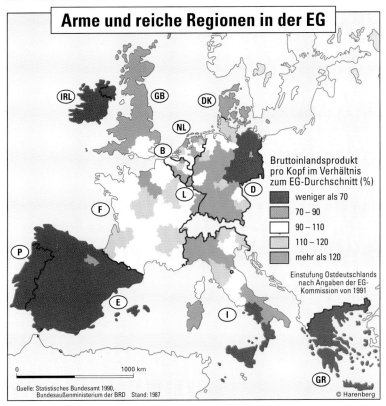

Arme und reiche Regionen in der EG

Bruttoinlandsprodukt
pro Kopf im Verhältnis
zum EG-Durchschnitt (%)

- weniger als 70
- 70 – 90
- 90 – 110
- 110 – 120
- mehr als 120

Einstufung Ostdeutschlands
nach Angaben der EG-
Kommission von 1991

0   1000 km

Quelle: Statistisches Bundesamt 1990,
Bundesaußenministerium der BRD   Stand: 1987

© Harenberg

Arme und reiche Staaten in der EG

Land	BIP* pro Einw. (DM)
Luxemburg	46 320
Westdeutschland	40 400
Dänemark	39 250
Frankreich	39 150
Niederlande	37 530
Italien	37 460
Belgien	36 760
Großbritannien	36 350
Deutschland	34 670
Spanien	28 500
Irland	25 130
Portugal	19 460
Griechenland	18 750
Ostdeutschland	11 510

*Bruttoinlandsprodukt 1991;
Quelle: Globus

Spanien für Maßnahmen in Umweltschutz, Verkehr und Telekommunikation 1993–1997 voraussichtlich ca. 20,4 Mrd DM zur Verfügung.

EG: In der EG lebten 1992 rd. 20% der Bevölkerung in sog. besonders benachteiligten Gebieten, d. h. in Regionen mit einem Bruttoinlandsprodukt (BIP) je Einwohner unter 75% des EG-Durchschnitts. Neben dem Kohäsionsfonds verfügt die EG zur R. über drei weitere sog. Strukturfonds, den Regional-, Sozial- und Agrarfonds. Insgesamt soll der Anteil der R. am EG-Haushalt im Zeitraum 1993–1997 schrittweise von 27 auf 33% steigen.

Deutschland: Zu den von der EG-Kommission Ende 1991 festgelegten Gebieten, die 1991–1993 R. durch Bund und Länder erhalten, zählt ganz Ostdeutschland. Dort können Unternehmen Zuschüsse bis 35% zu → Investitionen erhalten, Gemeinden für das Erschließen von Industriegelände 90% (→ Gemeinschaftswerk Aufschwung Ost). Anfang 1992 wohnten in Westdeutschland 27% der Bevölkerung in Fördergebieten (bisher: 39%). Berlin- und Zonenrandförderung sollen bis Ende 1994 stufenweise abgebaut werden. Bis 1990 erhielten Berlin/West und ein 40 km breiter Streifen westlich der Grenze zur DDR und Tschechoslowakei (sog. Zonenrandgebiet) ca. 90% der R. in der BRD. In Deutschland soll zur Angleichung der Lebensbedingungen der → Länderfinanzausgleich beitragen. → Haushalte, Öffentliche

351

Regio-Umweltkarte

Verbilligte Monatskarte der Verkehrsgemeinschaft Freiburg/Br. für den → Öffentlichen Nahverkehr, die beliebige Fahrten in der Stadt und einem Umkreis von ca. 50 km ermöglicht. Dieser Geltungsbereich von etwa der dreifachen Größe Berlins war Mitte 1992 das weltweit größte Gebiet, das zu einem Einheitspreis befahren werden konnte. Die ab September 1991 ausgegebene R. kostet 49 DM und wird von Stadt, Kreisen und Land mit 14 Mio DM pro Jahr bezuschußt. Sie soll eine Alternative zum PKW bieten und zur Verringerung des → Autoverkehrs beitragen. Nach der Einführung stieg die Zahl der Fahrgäste um ca. 20%, die Verkehrsbetriebe mußten Fahrzeuge anmieten, ausgemusterte Wagen reaktivieren und ihr Fahrplanangebot verdichten.
Die Preisermäßigung zu den vorherigen Fahrkarten beträgt z. T. mehr als 100 DM. Die Ausgabe der R., die vom Inhaber an andere zur Benutzung weitergegeben werden darf und sonn- und feiertags für zwei Erwachsene und vier Kinder gilt, ist zunächst auf drei Jahre befristet. Die R. wird in den Kreisen Breisgau-Hochschwarzwald, Emmendingen und Freiburg/Br. angeboten.

Rehabilitierung

Beseitigung des Vorwurfs einer Straftat bzw. Wiedereinsetzung in ursprüngliches Recht. Die R. kann mit einer Entschädigung verbunden werden. Im Juni 1992 beschloß der Bundestag ein Gesetz zur R. von DDR-Justizopfern, das bestehende Regelungen ersetzen soll. Bis dahin haben Personen Anspruch auf R., die von DDR-Gerichten wegen Handlungen, mit denen sie ihre Grundrechte wahrgenommen hatten, verurteilt wurden. Opfer der DDR-Strafjustiz, die rechtswidrig verurteilt wurden, konnten bis zum 18. 9. 1992 Urteile von ostdeutschen Gerichten auf ihre Gültigkeit überprüfen lassen (sog. Kassation). Das Bundesjustizministerium rechnete Mitte 1992 mit rd.

100 000 Anträgen auf R. und mit Entschädigungskosten von 1,5 Mrd DM.

Personenkreis: Das Gesetz erfaßt die Straftatbestände, die in der DDR zur politischen Verfolgung dienten, und unrechtmäßige Einweisungen in psychiatrische Kliniken. Mitte 1992 war zudem geplant, DDR-Bürger zu rehabilitieren, die ohne gerichtliche Verurteilung berufliche Nachteile oder durch Willkürakte von Behörden Unrecht erlitten hatten.
Personen, die 1952–1986 gegen ihren Willen aus dem Grenzgebiet zur früheren BRD ausgesiedelt wurden (etwa 50 000), sollen ihr Eigentum zurückerstattet und entschädigt werden, wenn eine Rückgabe nicht möglich ist (→ Eigentumsfrage). Wer in Ausbildung und Beruf behindert wurde, soll nur entschädigt werden, wenn sich die Benachteiligungen bis in die Gegenwart auswirken, z. B. durch Renteneinbußen. Die von Militärtribunalen der sowjetischen Besatzungsmacht von 1945 bis 1949 verurteilten Deutschen (etwa 27 000) können nach Auffassung des Justizministeriums nicht von deutschen Behörden rehabilitiert werden. Sie erhalten jedoch die gleiche Entschädigung wie die Opfer der DDR-Justiz.
Entschädigung: DDR-Bürger, die zu Unrecht inhaftiert waren, erhielten in der alten BRD nach dem Häftlingshilfegesetz von 1955 etwa 80 DM pro Haftmonat. Die künftige Entschädigung soll mindestens 300 DM pro Monat betragen; Personen, die bis zum 9. 11. 1989 (Tag der Maueröffnung) in der DDR lebten, erhalten 450 DM. Besonders Bedürftige, insbes. Alte, Kranke und Personen mit geringem Einkommen, erhalten eine zusätzliche Unterstützung, deren Höhe im Einzelfall von einer Stiftung für ehemalige politische Häftlinge festgelegt werden soll. SPD und Bündnis 90/Grüne hatten mindestens eine Angleichung an die Entschädigung für Personen gefordert, die in der BRD zu Unrecht in Untersuchungshaft genommen wurden (rd. 600 DM pro Haftmonat). Die Finanzierung war Mitte 1992 zwischen Bund und Ländern umstritten.

Reichsbahn, Deutsche

(DR), bundeseigenes Eisenbahnunternehmen in Ostdeutschland. Die R. erwartete für 1992 Verluste von ca. 5 Mrd DM (1991: 4,3 Mrd DM). Zur Sanierung war Mitte 1992 die Einbeziehung in eine privatrechtliche Deutsche → Eisenbahn AG gemeinsam mit der Deutschen → Bundesbahn (DB) geplant. Ferner erhöhte die R. Anfang 1992 ihre Preise von 12 auf 14 Pf in der zweiten und 18 auf 21 Pf in der ersten Klasse (DB-Preise: 23 bzw. 34,5 Pf) und plante einen Personalabbau um fast die Hälfte von 230 000 (1991) auf 130 000 Mitarbeiter bis zum Jahr 2000.

Die R. sah 1992 Investitionen von 10 Mrd DM vor, insbes. zur Verbindung der west- und ostdeutschen Schienennetze (veranschlagte Kosten bis 1997: rd. 32 Mrd DM), zur Reparatur der Bahnanlagen, Elektrifizierung und Modernisierung des Fahrzeugparks (→ Schnellbahnnetz). Bis Ende der 90er Jahre hielt sie weitere 40 Mrd DM für erforderlich. DB und R. arbeiteten u. a. durch Austausch von Personal und Fahrzeugen zusammen. Vorstandsvorsitzender war Mitte 1992 der Chef der DB, Heinz Dürr (Vorgänger bis August 1991: Hans Klemm).

Rentenreform

Zum Januar 1992 trat in Deutschland die R. in Kraft, die eine Finanzierung der Altersruhegelder über das Jahr 2000 hinaus sichern soll. Die Anpassung der Renten zum 1. 7. jeden Jahres orientiert sich nicht mehr an den Bruttoeinkommen der Arbeiter und Angestellten, sondern am Nettoeinkommen, da die Renten nicht stärker steigen sollen als die Reallöhne. Die Rentenerhöhung 1992 in Westdeutschland betrug 2,71% (Inflationsrate Anfang 1992: ca. 4%). Karitative Organisationen forderten Anfang 1992 einen Inflationsausgleich für Rentner. Zum Januar 1992 wurde das westdeutsche Rentenrecht auf Ostdeutschland übertragen. Die Altersgrenze für Männer beim Renteneintritt wurde u. a. von 65 auf 63 Jahre und für Arbeitslose auf 60 Jahre gesenkt.

Erhöhung: Die Rente eines Durchschnittsverdieners nach 45 Versicherungsjahren (sog. Eckrente) in Westdeutschland stieg zum 1. 7. 1992 von 1751 auf 1798 DM. In Ostdeutschland erhöhten sich die Renten zum Januar 1992 um 11,65%, zum Juli 1992 um 12,79%. Die Eckrente betrug in den neuen Ländern im Juli 1120 DM. Mitte 1992 erreichten die ostdeutschen Renten 62% des westdeutschen Niveaus.

Ostdeutschland: Nach Angaben des Verbands Deutscher Rentenversicherungsträger (VDR, Frankfurt/M.) erhöhten sich nach Übertragung des westdeutschen Rentenrechts in Ostdeutschland 99% der Renten. Der Sozialzuschlag, der vom Bund zur Aufstockung niedriger Renteneinkommen bei Rentenantrag bis 1993 gewährt wird, wurde ab Juli 1992 auf Verheiratete mit einer Rentenhöhe unter 1054 DM (Alleinstehende: 658 DM) begrenzt (→ Mindestrente). In Fällen, in denen das Altersruhegeld nach westdeutscher Berechnung niedriger lag als das 1991 gezahlte, erhalten die Rentner einen sog. Auffüllbetrag in Höhe der Differenz, der jedoch bei Rentenerhöhung nicht angepaßt wird.

Finanzierung: Nach Angaben des VDR stehen 1992 in der Arbeiter- und Angestelltenversicherung Beitragseinnahmen von 223 Mrd DM (Anteil von Westdeutschland: 86%) Rentenausgaben von 243 Mrd DM gegenüber (Westdeutschland: 82%). Das Defizit wird über einen Abbau der Schwankungsreserve (Höhe Ende 1991: ca. 43 Mrd DM) finanziert. Die Schwankungsreserve ist die gesetzlich vorgeschriebene Rücklage der Rentenversicherung, die eine Rentenzahlung für mindestens einen Monat decken muß. Der VDR ging Mitte 1992 von einem Abbau der Schwankungsreserve bis Ende 1992 auf 1,7 Monatsausgaben aus. Der Bundeszuschuß zur gesetzlichen Rentenversicherung beträgt 1992 rd. 47 Mrd DM (1991: 38,3 Mrd DM).

Kennzahlen der Deutschen Reichsbahn 1991

Merkmal	Wert (Mrd DM)	
	DR[1]	DB[2]
Umsatz Personenverkehr	0,8	6,2
Umsatz Güterverkehr	2,6	9,3
Erträge	9,5	25,8
Aufwendungen	13,8	31,1
Defizit	4,3	5,3
Schuldenstand	5,1	37,9
Mitarbeiter (1000)	200,0	230,0

1) Deutsche Reichsbahn;
2) Deutsche Bundesbahn zum Vergleich; Quelle: Deutsche Bundesbahn und Deutsche Reichsbahn

Norbert Blüm, Bundesarbeitsminister
* 21. 7. 1935 in Rüsselsheim, Dr. phil., deutscher Politiker (CDU). 1965 bis 1968 Redakteur, seit 1972 Bundestagsabgeordneter (Unterbrechung 1981 bis1983: Senator in Berlin/West), 1977–1987 Vorsitzender der Sozialausschüsse der Christlich-Demokratischen Arbeitnehmerschaft, seit 1982 Bundesminister für Arbeit und Sozialordnung.

Rentenversicherung in Daten und Zahlen

Rentenbestand in Westdeutschland

Jahr	Insgesamt[1]	Rentenversicherung Arbeiter	Angestellte
1975	11 449 438	7 740 005	2 977 509
1980	12 860 162	8 422 922	3 729 224
1985	13 860 033	8 777 512	4 381 711
1986	14 014 838	8 795 367	4 525 025
1987	14 134 325	8 804 074	4 639 949
1988	14 322 925	8 866 641	4 747 560
1989	14 539 660	8 949 080	4 899 685
1990	14 782 055	9 053 514	5 036 546
1991	15 012 633	9 149 493	5 170 906

1) Inkl. Knappschaftsversicherung; Quelle: Verband Deutscher Rentenversicherungsträger (Frankfurt/M.)

Renteneintritte in Westdeutschland

Jahr	Renten insgesamt[1]	Arbeiter- versicherung	Angestellten- versicherung
1975	1 014 046	668 560	306 967
1980	932 521	583 120	308 028
1985	905 199	537 956	325 526
1986	931 664	558 279	336 459
1987	966 603	583 181	342 432
1988	1 001 847	615 217	348 028
1989	1 020 162	627 367	351 246
1990	1 031 199	630 234	355 687

1) Inkl. Knappschaftsversicherung; Quelle: Verband Deutscher Rentenversicherungsträger (Frankfurt/M.)

Jahreslohn und Nettorente in Westdeutschland

Jahr	Jahreslohn[1] (DM/netto)	Nettojahresrente (DM)[1] nach 40 Jahren	Nettojahresrente (DM)[1] nach 45 Jahren
1975	16 027	9 418	10 595
1980	21 037	13 147	14 790
1985	24 164	15 420	17 348
1986	25 169	15 695	17 657
1987	25 671	16 102	18 115
1988	26 548	16 588	18 662
1989	27 098	17 035	19 165
1990	29 155	17 509	19 698

1) Durchschnittswert; Quelle: Verband Deutscher Rentenversicherungsträger (Frankfurt/M.)

Renteneintrittsalter in Westdeutschland

Jahr	Insgesamt[1] Männer	Insgesamt[1] Frauen	Rentenversicherung Arbeiter Männer	Rentenversicherung Arbeiter Frauen	Angestellte Männer	Angestellte Frauen
1975	–[2]	–[2]	60,6	61,6	62,5	60,5
1980	58,3	60,1	57,9	60,5	60,0	59,5
1985	58,7	60,4	58,0	60,8	60,4	59,9
1986	58,8	61,1	58,1	61,9	60,7	60,7
1987	59,0	61,7	58,3	62,3	60,8	60,8
1988	59,1	61,8	58,6	62,4	60,8	60,9
1989	59,3	61,7	58,7	62,3	60,9	60,9
1990	59,5	61,6	58,9	62,1	61,2	60,3

1) Inkl. Knappschaftsversicherung; 2) nicht erhoben; Quelle: Verband Deutscher Rentenversicherungsträger (Frankfurt/M.)

Pflichtversicherte in der Rentenversicherung

Jahr	Arbeiterrentenversicherung (1000)[1] Männer	Arbeiterrentenversicherung (1000)[1] Frauen	Angestelltenversicherung (1000)[1] Männer	Angestelltenversicherung (1000)[1] Frauen
1975	7883	2961	4019	4323
1980	8680	3332	4375	4890
1985	8130	3229	4409	5109
1986	8094	3235	4529	5214
1987	8057	3209	4628	5396
1988	7966	3016	4943	5648
1989	8260	3184	4848	5563

1) Westdeutschland, erhoben nach Mikrozensus; Quelle: Verband Deutscher Rentenversicherungsträger (Frankfurt/M.)

Bilanz der Rentenversicherung in Westdeutschland[1]

Jahr	Betrag (Mio DM) Beitrags- einnahmen	Betrag (Mio DM) Renten- ausgaben	Betrag (Mio DM) Bundes- zuschuß	Betrag (Mio DM) Kranken- versicherung
1975	76 262	72 832	13 360	12 367
1980	111 206	109 572	21 127	12 800
1985	137 661	141 007	25 139	11 089
1986	145 891	146 237	25 917	9 945
1987	148 286	153 056	26 739	9 338
1988	153 807	160 345	27 613	9 229
1989	161 355	167 904	28 503	10 082
1990[2]	174 916	175 874	29 692	10 971

1) Für Arbeiter und Angestellte; 2) vorläufige Angaben; Quelle: Verband Deutscher Rentenversicherungsträger (Frankfurt/M.)

Rentenhöhe von Arbeitern und Angestellten in Westdeutschland

Jahr	Arbeiterrentenversicherung Altersruhegeld ab 63 Jahre Männer	Arbeiterrentenversicherung Altersruhegeld ab 63 Jahre Frauen	Arbeiterrentenversicherung Altersruhegeld über 65 Jahre Männer	Arbeiterrentenversicherung Altersruhegeld über 65 Jahre Frauen	Arbeiterrentenversicherung Insgesamt Männer	Arbeiterrentenversicherung Insgesamt Frauen	Angestelltenrentenversicherung Altersruhegeld ab 63 Jahre Männer	Angestelltenrentenversicherung Altersruhegeld ab 63 Jahre Frauen	Angestelltenrentenversicherung Altersruhegeld über 65 Jahre Männer	Angestelltenrentenversicherung Altersruhegeld über 65 Jahre Frauen	Angestelltenrentenversicherung Insgesamt Männer	Angestelltenrentenversicherung Insgesamt Frauen
1985	1597	766	962	466	1224	462	2024	1177	1576	774	1695	814
1986	1600	763	986	466	1237	463	2025	1175	1624	773	1701	814
1987	1641	780	1008	475	1270	479	2078	1209	1667	791	1741	836
1988	1698	806	1045	497	1314	498	2153	1256	1726	819	1800	864
1989	1745	821	1075	514	1354	515	2213	1288	1781	843	1848	887
1990	1791	837	1099	533	1393	532	2276	1320	1829	865	1900	909
1991	1839	850	1131	553	1434	551	2343	1356	1880	888	1954	932

Durchschnittliche Rentenhöhe pro Monat (DM)

Quelle: Verband Deutscher Rentenversicherungsträger (Frankfurt/M.)

Er erhöht sich, wenn die Beitragseinnahmen der Rentenkassen zu niedrig
sind, um die Schwankungsreserve zu
garantieren. Eine Unterschreitung der
vorgeschriebenen Rücklagen hat zudem meist eine Erhöhung der Beitragssätze zur Folge. Der VDR rechnete
Mitte 1992 damit, daß der Beitragssatz
zur Rentenversicherung von 17,7% des
Bruttoeinkommens (→ Sozialabgaben)
spätestens 1994 auf 18,5% steigt.
Lebensarbeitszeit: Mit der R. werden
ab dem Jahr 2001 u. a. die Altersgrenzen für den Bezug von Renten von 60
(Frauen) bzw. 63 (Männer) stufenweise
bis 2012 bzw. 2006 auf 65 Jahre angehoben, um den Beitragssatz trotz steigender Rentnerzahlen (→ Bevölkerungsentwicklung) stabil zu halten.
Versicherte können vom 62. Lebensjahr an Altersruhegeld beziehen, es
wird aber für jeden Monat des vorzeitigen Rentenbeginns ein Rentenabzug
von 0,3% vorgenommen. Ab dem 60.
bzw. 63. Lebensjahr kann ab 1992 eine
sog. Teilrente bezogen werden, die
einen gleitenden Übergang in den Ruhestand ermöglichen soll. Durch →
Teilzeitarbeit kann hinzuverdient werden. → Erziehungszeit

Reproduktionsmedizin

→ Künstliche Befruchtung

Republikaner

1983 in der BRD gegründete Partei, die
ihre politische Richtung als patriotisch
und konservativ beschreibt und Mitte
1992 rd. 20 000 Mitglieder (Ostdeutschland: 3000) hatte. Die R. lehnen
eine Zusammenarbeit mit der Deutschen Volksunion (DVU) und der Nationaldemokratischen Partei Deutschlands ab (→ Rechtsextremismus). Der
→ Verfassungsschutz stufte die R.
1991/92 nicht als verfassungsfeindlich
ein. Bei den Landtagswahlen im April
1992 wurden die R. in Baden-
Württemberg mit 10,9% der Stimmen
(1988: 1,0%) drittstärkste Partei hinter
CDU und SPD. Eine Koalition mit den

R. wurde von allen Parteien abgelehnt.
In Schleswig-Holstein erreichten die R.
1,2% der Stimmen (→ Wahlen).
Überdurchschnittlichen Zuspruch erhielten die R. in Baden-Württemberg
von Männern (12,5%, Quelle: Infas),
von Arbeitern (20,5%) und in der Altersgruppe von 18 bis 24 Jahren
(12,4%). Im Wahlkampf machten sich
die R. die Unzufriedenheit mit den etablierten Parteien und der CDU/CSU/
FDP-Bundesregierung zunutze. Sie kritisierten die Bonner Regierung vor allem wegen der Steuererhöhungen und
der → Arbeitslosigkeit, insbes. in den
neuen Bundesländern. In ihrem Parteiprogramm fordern die R. eine Beschränkung des Zuzugsrechts für → Ausländer. Zur Bekämpfung der → Kriminal-
lität setzen sich die R. zur besseren Abschreckung von Straftätern für eine Erhöhung der Freiheitsstrafen ein. Franz
Schönhuber wurde im Juni 1992 auf
dem Parteitag in Deggendorf als Vorsitzender der R. (seit 1985) bestätigt.

Retortenbaby

→ Künstliche Befruchtung

Richterüberprüfung

Richter und Staatsanwälte aus der ehemaligen DDR mußten nach den Bestimmungen des Einigungsvertrags
vom 31. 8. 1990 von Richterwahl- bzw.
Staatsanwaltberufungsausschüssen auf
ihre Eignung überprüft werden, um ihr
Amt in Deutschland ausüben zu können. Voraussetzung für eine Neuberu-
fung auf Zeit oder Probe sind u. a. Ver-
fassungstreue, politische und morali-
sche Integrität und Kenntnis des bundesdeutschen Rechts. Bis zur Entscheidung der Überprüfungsgremien blieben
die Kandidaten in ihrer Funktion. Im
Dezember 1991 stoppte der Landtag
von Mecklenburg-Vorpommern die R.
bis zur Überprüfung der Verfassungsmäßigkeit des R.-Gesetzes.
Abgelehnte Juristen hatten gegen das
Gesetz geklagt, das ihrer Auffassung
nach gegen den Einigungsvertrag ver-

**Franz Schönhuber,
Bundesvorsitzender der
Republikaner**
* 10. 1. 1923 in Trosberg/
Alz, deutscher Politiker
(Republikaner). 1969–
1970 Chefredakteur der
Münchener Boulevard-
zeitung tz, 1975–1982
Leiter des Regionalpro-
gramms beim Bayeri-
schen Rundfunk, ab 1985
(mit Unterbrechung von
Mai bis Juli 1990) Vorsitzender der Republikaner.

**Kein Geld für die
Republikaner**
Ende 1991 verwehrte das
Verwaltungsgericht Köln
den Republikanern die
Zahlung von 11,6 Mio DM
Wahlkampfkostenerstat-
tung für die Bundestags-
wahl 1990 (Stimmenanteil:
2,1%). Die Republikaner
könnten nach dem Partei-
engesetz keine Ansprüche
geltend machen, weil der
Betrag die Höhe der
Eigenmittel übersteigen
würde.

stoße. Dieser sah die Einrichtung von Richterwahlausschüssen vor. In Mecklenburg-Vorpommern entschied dagegen der Justizminister im Einvernehmen mit dem Landtag über die R. Bis Ende 1991 wurden dort 80 von 240 Anträgen auf Übernahme abgelehnt.

In Berlin und den übrigen neuen Ländern bestanden die Ausschüsse (insgesamt 28) aus sechs Landtags- oder Kommunalabgeordneten und vier Richtern oder Staatsanwälten. In Sachsen, Sachsen-Anhalt, Brandenburg und Thüringen wurde die R. bis Februar 1992 abgeschlossen. Durchschnittlich 40–50% der Bewerber durften im Amt bleiben. Etwa zwei Drittel der 3000 DDR-Richter und Staatsanwälte hatten sich um die Übernahme beworben.

Geprüft wurde, ob die Kandidaten an rechtsstaatswidrigen und politischen Verurteilungen teilgenommen oder für den Staatssicherheitsdienst der DDR (→ Stasi) gearbeitet hatten. Die Mitgliedschaft in der SED allein verhinderte eine Weiterbeschäftigung nicht. 95% der Richter und nahezu 100% der Staatsanwälte in der DDR gehörten der Sozialistischen Einheitspartei Deutschlands (SED) an.

Rinderseuche

Bezeichnung für die seit 1986 in Großbritannien verstärkt bei Rindern aufgetretene Krankheit Bovine Spongioforme Encephalopathie (BSE, auch Rinderwahnsinn). R. verursacht eine unheilbare Veränderung des Gehirns. Symptome sind unkontrolliertes Ausschlagen und Torkeln der Tiere. 1992 waren Ursachen und Übertragungswege der R. weitgehend geklärt. Wissenschaftler erwarteten, daß die Erkrankungen an R. in Europa ab 1993 abnehmen. Bis 1992 verendeten in Großbritannien 44 000 Rinder an R.

Übertragung: R. wird mit dem Tierfutter auf andere Tiere übertragen, die Inkubationszeit beträgt vier bis sechs Jahre. 1992 gingen Mediziner davon aus, daß für den Menschen keine Gefahr besteht, sich beim Verzehr von

Rindfleisch mit dem Erreger zu infizieren. Nicht ausschließen konnte das Bundesgesundheitsamt (BGA, Berlin), daß die R. durch Arzneimittel aus Rinds- oder Schafsgewebe auf den Menschen übertragen werden kann.

Ursachen: 1992 galt als erwiesen, daß R. auf die bei Schafen auftretende Krankheit Scrapie mit ähnlichen Symptomen zurückgeht, die in Großbritannien verbreitet ist. Schlachtabfälle infizierter, aber noch nicht erkrankter Schafe wurden mit Beginn der 80er Jahre verstärkt an Kälber verfüttert. Tiermehlproduzenten in Großbritannien verzichteten etwa zur gleichen Zeit aus Rationalisierungsgründen auf Lösungsmittel, mit dem Nervenstränge und innere Organe, die vor allem die Erreger der R. enthalten, aus den Kadavern von Tieren gelöst wurden.

Maßnahmen: Ab Mitte 1992 dürfen Rinder-Embryonen nur noch mit Gesundheitsbescheinigung nach Deutschland eingeführt werden. Die Vorschriften für den Import von Rindern und Rindfleisch wurden 1990 verschärft.

Roboter

Elektronisch gesteuerte, mit Greifern oder Werkzeugen ausgestattete Automaten, die standardisierte manuelle Arbeitstätigkeiten übernehmen. 1991 wurden in der japanischen Industrie

Industrieroboter in Deutschland

Jahr	Umsatz[1] (Mrd DM)	Beschäftigte[2]
1980	1,3	12 000
1981	1,6	13 500
1982	1,8	14 500
1983	2,1	16 000
1984	2,4	18 000
1985	2,7	20 000
1986	2,9	21 000
1987	3,0	21 000
1988	3,1	21 500
1989	3,6	22 000
1990	4,0	23 000
1991	4,1	23 000
1992[3]	3,9	22 000

1) Alte Bundesländer; 2) in der Roboterproduktion; 3) Prognose; Quelle: Fraunhofer-Institut für Produktionstechnik (Stuttgart)

mit 280 000 weltweit die meisten R. eingesetzt, gefolgt von den USA (50 000) und Deutschland (34 100). Die Telerobotik – die Simulation von Bewegungen einer Person durch einen ferngesteuerten R. – war 1992 der am weitesten fortgeschrittene Zweig der R.-Entwicklung. An intelligenten R., die selbständig Probleme lösen können, wurde geforscht.

R. wurden 1991/92 insbes. zum Schweißen und bei der Montage in der Elektro- und Autoindustrie eingesetzt. R. mit Sensoren können Erkennungs-, Unterscheidungs- und Kontrollfunktionen ausüben, die der menschlichen Arbeitskraft vorbehalten waren:

▷ Sehende R. erfassen ihre Umgebung mit Videokameras und reagieren auf die Bilder

▷ Fühlende R. mit Sensoren bewerten Materialien aufgrund von Oberflächeneindrücken.

Telerobotik-Systeme bestehen aus dem ausführenden R. (slave, engl.; Sklave) und aus einem Anzug mit Sensoren für den Benutzer (master, engl.; Herr, Meister). Arm- und Beinbewegungen des Benutzers werden über die elektronischen Fühler an den R. weitergegeben, der mit Funksignalen über jede Entfernung gesteuert werden kann. Die ferngesteuerten R. können in Gefahrenbereichen (z. B. nach Atomunfällen) eingesetzt werden (→ Virtuelle Realität).

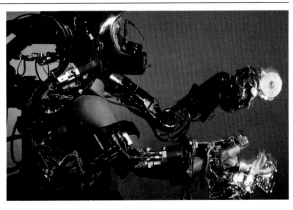

Der fernsteuerbare Teleroboter (im Hintergrund) vollzieht die Bewegungen seines Benutzers (im Vordergrund), die ihm über Sensoren an den Armen dieser Person übermittelt werden, präzise nach. Teleroboter können z. B. Arbeiten in für Menschen unzugänglichen Gefahrenzonen ausführen.

Rohstoffe

Der Preisverfall der Vorjahre bei R. setzte sich 1991/92 fort. Zum Jahreswechsel 1991/92 lagen die Notierungen auf den R.-Märkten um 5–7% unter dem Vorjahresstand. Ursachen für die geringe Nachfrage waren vor allem die Abschwächung des Wirtschaftswachstums in Japan, die Rezession in den USA und der wirtschaftliche Niedergang in → Osteuropa und der → GUS. Einnahmeverluste durch den niedrigen → Dollarkurs 1991 verschärften die Wirtschaftsprobleme der → Entwicklungsländer, deren Einkünfte fast vollständig von R.-Exporten abhängig sind

(→ Schuldenkrise). 1991 scheiterte ein Abkommen zwischen den Kaffee-Erzeugerländern – wichtigste Exportware vieler südamerikanischer Länder –, das die sinkenden Preise durch eine Angebotsverknappung stabilisieren sollte. Die Kaffeepreise erreichten Mitte 1992 den niedrigsten Stand seit 20 Jahren.

Kaffee: Das Kaffeeabkommen scheiterte an der Ablehnung der afrikanischen Produzenten, die Kaffeeproduktion – wie von Brasilien und Kolumbien vorgeschlagen – um 10% zu senken. Von 1989, als das erste Kaffeeabkommen aufgekündigt wurde, bis 1991 gingen die Einnahmen der Produzenten Lateinamerikas um etwa 7 Mrd Dollar (8,8 Mrd DM) zurück.

Erdöl: Die Absicht der Organisation der Erdöl exportierenden Staaten (→ OPEC), den Ölpreis durch eine Verringerung der Förderquoten von 16,9 Dollar pro Faß (26 DM) Ende 1991 auf 21 Dollar pro Faß (32 DM) 1992 zu erhöhen, scheiterte Mitte 1992 u. a. an der Weigerung Saudi-Arabiens, sich an die vorgeschriebenen Förderquoten zu halten, und an der Wiederaufnahme der Ölförderung Kuwaits.

Metalle: Die Rezession bzw. das geringe Wirtschaftswachstum in den größten automobilproduzierenden Nationen USA und Japan führte vor allem zu einer nachlassenden Nachfrage nach Metallen, deren Notierungen 1991 um 17,4% gegenüber 1990 fielen. Zudem

Elektronischer Helpmate ersetzt Dienstpersonal
Mitte 1992 setzten sechs US-amerikanische Krankenhäuser sog. Helpmates (engl.; hilfreiche Freunde) ein: Roboter, die Patienten mit Essen versorgen und Medikamente bringen. Aufträge werden dem fahrbaren Roboter über eine eingebaute Tastatur erteilt. Er findet den Weg selbständig mit Hilfe von Videokameras und Infrarotsendern, die die Form des Gangs, Zimmers und Aufzugs mit einem einprogrammierten Gebäudeplan vergleichen. Selbständig öffnet der Roboter Aufzugtüren und wählt das Stockwerk mit Funksignalen. 18 Sonarsensoren messen Enfernungen zu Hindernissen und verhindern Kollisionen. Der Helpmate kostete 1992 rd. 60 000 Dollar (91 620 DM).

Rohstoffe in Daten und Zahlen

Entwicklung der Rohstoffpreise

Rohstoff	Börse	Währung/ Einheit	Jahresend- stand 1989	Jahresend- stand 1990	Tiefstkurs 1991	Höchstkurs 1991	Jahresend- stand 1991
Kupfer	London	Pfund/t	1497,50	1333,75	1181,50 (25. 1.)	1499,50 (29. 4.)	1165,50
Zink	London	Dollar/t	1402,50	1250,50	872,50 (15. 10.)	1432,50 (16. 4.)	1174,00
Blei	London	Pfund/t	453,50	321,50	274,25 (18. 11.)	363,50 (24. 4.)	288,12
Zinn	London	Dollar/t	6950,50	5583,00	5450,50 (18. 3.)	5870,00 (26. 4.)	5604,00
Aluminium	London	Dollar/t	1621,50	1525,50	1073,25 (4. 12.)	1568,50 (7. 1.)	1117,75
Nickel	London	Dollar/t	8325,00	8162,50	7030,00 (4. 12.)	9215,00 (25. 3.)	7166,00
Gold	London	Dollar/Feinunze	401,00	391,00	343,50 (13. 9.)	403,70 (16. 1.)	353,40
Silber	London	Cent/ Feinunze	521,65	409,45	345,75 (25. 2.)	457,10 (10. 6.)	386,00
Platin	London	Pfund/Feinunze	310,70	215,55	176,15 (30. 12.)	242,45 (30. 7.)	178,30
Platin	New York	Dollar/Feinunze	486,75	408,70	332,00 (30. 12.)	418,60 (11. 1.)	338,70
Rohöl (Nordsee-Brent)	Rotterdam/ Niederlande	Dollar/Barrel	21,10	28,30	17,53 (31. 12.)	30,27 (16. 1.)	17,53
Kautschuk	New York	Cent/Pound	44,75	47,00	42,50 (20. 12.)	47,25 (15. 1.)	42,50
Kautschuk	London	Pence/kg	56,00	52,00	47,87 (24. 12.)	57,25 (18. 6.)	47,87
Baumwolle	New York	Cent/kg	69,10	77,80	56,51 (6. 12.)	94,05 (20. 5.)	59,17
Wolle (Schweißwolle)	Sydney/Australien	Cent/kg	878,00	707,00	442,00 (3. 10.)	742,32 (15. 1.)	578,00
Weizen	Chicago/USA	Cent/Bushel	406,60	260,50	246,25 (15. 1.)	406,75 (19. 12.)	404,75
Roggen	Winnipeg/Kanada	Kanadische Dollar/t	121,00	100,50	69,40 (27. 6.)	100,50 (19. 12.)	98,60
Hafer	Winnipeg/Kanada	Kanadische Dollar/t	116,00	81,30	68,50 (25. 6.)	104,60 (24. 12.)	103,60
Hafer	Chicago/USA	Cent/Bushel	153,50	110,25	103,75 (21. 6.)	140,00 (26. 12.)	138,00
Mais	Chicago/USA	Cent/Bushel	239,60	231,75	223,75 (8. 7.)	262,50 (1. 8.)	251,50
Gerste	Winnipeg/ Kanada	Kanadische Dollar/t	117,00	88,20	73,20 (8. 7.)	95,80 (1. 4.)	87,50
Sojaöl	Chicago/USA	Cent/Pound	18,70	20,74	18,20 (11. 7.)	22,87 (8. 3.)	18,50
Sojabohnen	Chicago/USA	Cent/Bushel	567,40	559,75	520,75 (8. 7.)	637,00 (2. 8.)	554,75
Baumwollsaatöl	New York	Cent/Pound	19,25	24,00	17,00 (6. 11.)	24,00 (2. 1.)	18,00
Leinsaat	Winnipeg/Kanada	Kanadische Dollar/t	348,50	251,40	178,00 (9. 7.)	254,70 (7. 1.)	190,20
Kaffee, Robusta	London	Pfund/t	631,50	606,00	483,00 (1. 10.)	622,00 (3. 12.)	533,00
Kakao	New York	Dollar/t	923,00	1150,00	860,00 (28. 6.)	1328,00 (26. 12.)	1245,00
Zucker	New York	Cent/Pound	12,55	9,37	7,61 (9. 5.)	11,05 (27. 6.)	9,00

Quelle: Commerzbank

erhöhte sich das Angebot auf den R.-Märkten durch Lieferungen aus Osteuropa und den Staaten der GUS, die Devisen vor allem für den Kauf von Getreide benötigten.

Roma

Volk indischer Herkunft mit rd. 6 Mio Angehörigen in Europa, von denen etwa 4 Mio in den Balkanländern leben. Der überwiegende Teil der seit Jahrhunderten im deutschsprachigen Mitteleuropa ansässigen Volksgruppe nennt sich Sinti. Die in Deutschland lebenden 20 000 R. und 40 000 Sinti besitzen die deutsche Staatsangehörigkeit. 300 R. wurden vom Herbst 1991 bis Juli 1992 im Rahmen des Rückführungsprogramms der nordrheinwestfälischen SPD-Landesregierung in die jugoslawische Teilrepublik Makedonien gebracht. Weitere 300 R. sollen bis Ende 1992 nach Makedonien zurückkehren. Ende 1991 forderten Flüchtlingsvertreter und die Roma und Cinti Union (RCU, Frankfurt/M.), die R. als nicht-territoriales Volk mit dem Recht auf Freizügigkeit anzuerkennen, was ihnen in allen europäischen Ländern ein Bleiberecht eintrüge.
Die Landesregierung von NRW hatte Ende 1990 für das sog. Re-Integrationsprogramm 11 Mio DM bereitgestellt. Mit dem Geld finanzierte NRW den Bau von Wohnungen und Kindergärten sowie die Schaffung von Arbeitsplätzen für R., die nach Makedonien zurückgingen.
R. in Deutschland setzten sich Ende 1991 für ein Bleiberecht für alle R. ein, die seit Ende der 80er Jahre aus Osteuropa nach Deutschland gekommen sind. Den Angaben der RCU zufolge befanden sich 1,5 Mio R. aus Osteuropa 1991 auf der Flucht vor Diskriminierung und Pogromen.

ROSAT

Seit 1990 in 580 km Höhe um die Erde kreisender → Satellit zur Messung von Röntgenstrahlen im Weltraum. Anfang 1992 wurde mit den von ROSAT ermittelten Daten ein Himmelsatlas fertiggestellt, der rd. 60 000 Röntgenquellen im Weltall verzeichnet. Bis 1990 waren nur 8000 Quellen bekannt. Ab 1992 beobachtete ROSAT besonders starke Lichtquellen, vor allem Galaxien. Die Forscher des Max-Planck-Instituts in Garching, die ROSAT entwickelt hatten, rechneten damit, daß ROSAT bis etwa 1995 funktionstüchtig sein wird. Die Messungen von ROSAT weisen nach, daß die Röntgenstrahlung nicht, wie z. T. von Forschern vermutet, von einem zwischen den Galaxien verteilten Gas stammt, sondern von einzelnen Röntgenquellen, z. B. von Galaxien, Galaxienhaufen und Quasaren (quasistellare Radioquellen, hell leuchtende Objekte am Rand des Universums). Das Licht der entferntesten Quasare, das von ROSAT empfangen wird, ist seit 10 Mrd Jahren unterwegs.

Rote Armee Fraktion

(RAF), linksextremistische terroristische Vereinigung in Deutschland. In einem Schreiben an eine Berliner Zeitung bekräftigte die RAF im Juli 1992 ihren Gewaltverzicht vom April des Jahres, als sie ankündigte, ihre Anschläge auf Repräsentanten aus Wirtschaft und Staat einzustellen, wenn RAF-Mitglieder freigelassen würden. 1991/92 wurden fünf ehemalige RAF-Mitglieder, die sich vom Terrorismus losgesagt hatten, zu Haftstrafen verurteilt; strafmildernd wirkte sich die → Kronzeugenregelung aus.
Begründet wurde der Gewaltverzicht mit Äußerungen von Bundesjustizminister Klaus Kinkel (FDP) im Januar 1992 über eine mögliche vorzeitige Freilassung inhaftierter Terroristen. Bei neun von 25 RAF-Häftlingen hatten die Justizbehörden Haftprüfungsverfahren eingeleitet. Das deutsche Strafgesetzbuch erlaubt eine vorzeitige Entlassung, wenn mindestens zwei Drittel der Zeitstrafe bzw. 15 Jahre bei einer lebenslangen Haftstrafe verbüßt sind. Geprüft wird u. a., ob der Verur-

Alexander von Stahl, Generalbundesanwalt
* 10. 6. 1938 in Berlin, deutscher Jurist und Politiker (FDP). 1970–1975 Fraktionsgeschäftsführer der FDP im Berliner Abgeordnetenhaus, 1975–1989 Senatsdirektor und Staatssekretär beim Berliner Senator für Justiz, 1989–1990 Anwalt, ab 1990 Generalbundesanwalt beim Bundesgerichtshof (Karlsruhe).

teilte keine Straftat mehr begehen wird. Zudem muß die persönliche Schuld des Verurteilten und das Votum des Anklägers berücksichtigt werden. Bis Mitte 1992 wurden zwei RAF-Häftlinge vorzeitig entlassen.

Über die Zusammensetzung des harten Kerns der RAF, der sog. Kommandoebene (etwa 15–20 Personen), hatten die Strafverfolgungsbehörden Mitte 1992 keine Erkenntnisse. Sie rechneten mit einem Kreis von rd. 250 Unterstützern, die Attentate vorbereiten helfen. Die Bundesanwaltschaft ging Ende 1991 von einem geheimen Informationssystem zwischen inhaftierten RAF-Mitgliedern und Terroristen der Kommandoebene aus. Kein Mordanschlag aus dem Zeitraum von 1981 bis 1991 wurde bis Mitte 1992 aufgeklärt.

Rundfunkgebühren

Zum 1. 1. 1992 legten die Ministerpräsidenten der Länder im Rundfunkstaatsvertrag (1991) die Erhöhung der R. in Westdeutschland um 4,80 DM auf 23,80 DM monatlich fest, um die Einrichtung von ARD- und ZDF-Sendern in den neuen Bundesländern, den deutsch-französischen → Kulturkanal und die → Rundfunkneuordnung in den westdeutschen Sendern zu finanzieren. In Ostdeutschland, wo R. Ende 1990 von 10 DM auf 19 DM monatlich angehoben wurden, soll die Angleichung an die westdeutschen Gebühren stufenweise 1994 und 1995 erfolgen. Nach Schätzungen der Gebühreneinzugszentrale (GEZ, Köln) werden 1992 etwa

950 Mio DM aus Ostdeutschland und 1,2 Mrd DM aus Westdeutschland zusätzlich an R. gezahlt (Gebühren 1992 insgesamt: 7,75 Mrd DM).

Von den 23,80 DM entfallen 4,37 DM monatlich auf das ZDF und 17,52 DM pro Monat auf die Rundfunkanstalten der ARD, je 73 Pf sind für den Aufbau eines nationalen Hörfunksenders und den → Kulturkanal bestimmt, der ab Mai 1992 ausgestrahlt wird. Die neue R. soll für vier Jahre gelten. R. sind die Hauptfinanzierungsquelle der öffentlich-rechtlichen Rundfunkanstalten. Zweitwichtigster Einnahmeposten sind die Erlöse aus der → Fernsehwerbung.

Rundfunkneuordnung

Mitte 1992 war der bis zur deutsch-deutschen Vereinigung zentral vom Staat gelenkte Rundfunk der DDR weitgehend in ein System aus öffentlich-rechtlichem und privatem Rundfunk überführt (sog. duales Rundfunksystem). Länderanstalten im Rahmen der ARD und Landesstudios des ZDF sowie Landesmedienanstalten, die für → Mediengesetze zur Zulassung von → Privatem Hörfunk sowie → Privatfernsehen zuständig sind, waren eingerichtet. Der Auftrag der bis 1990 unter Bundeshoheit arbeitenden Hörfunksender Deutsche Welle (DW), Deutschlandfunk (DLF) und RIAS (Rundfunk im Amerikanischen Sektor, bis Ende 1992 unter US-amerikanischer Trägerschaft) wurde Anfang 1992 neu formuliert, die Anstalten z. T. zusammengelegt.

Einrichtung: Die sog. Einrichtung bestehend aus dem Rundfunk der DDR und dem Deutschen Fernsehfunk (DFF) wurde zum Jahresende 1991 aufgelöst. Etwa 4000–4500 von 14 000 Mitarbeitern des DDR-Rundfunks wurden von öffentlich-rechtlichen oder privaten Anbietern in den neuen Bundesländern übernommen.

Elf 99: Das Jugendprogramm des DFF, Elf 99, arbeitet seit Anfang 1992 als private Produktionsgesellschaft mbH.

Fernsehgebühren im europäischen Vergleich

Land	Gebühr/ Jahr (DM)
Belgien	342,53
Schweiz	308,01
Österreich	305,82
Westdeutschland	285,60
Ostdeutschland	228,00
Italien	151,25
Irland	149,42
Portugal	41,43

Stand: 1992; Quelle: Union Européenne de Radiodiffusion (UER)

Einnahmen aus Rundfunkgebühren in Deutschland

Jahr	Gebühren (Mio DM)			Empfänger		
	Hörfunk	Fernsehen	Insgesamt	ARD	ZDF	Landesmedienanstalten
1975	704,7	1 594,9	2 229,6	1 821,1	478,5	–
1980	1 004,3	2 156,4	3 160,8	2 513,9	646,9	–
1985	1 471,2	2 820,6	4 291,8	3 445,6	846,2	–
1986	1 496,7	2 853,6	4 350,4	3 494,3	856,1	–
1987	1 523,5	2 894,9	4 418,4	3 549,9	868,5	–
1988	1 584,7	2 993,4	4 578,1	3 615,2	880,2	82,7
1989	1 619,4	3 050,1	4 669,5	3 685,1	896,7	87,9
1990	1 921,1	3 529,7	5 450,8	4 309,2	1 037,8	103,8

Quelle: ARD-Jahrbücher

DT 64: Nach Hörerprotesten erklärte sich der Mitteldeutsche Rundfunk (MDR, Leipzig) bereit, das Jugendradio der DDR, das 1991 eingestellt werden sollte, bis Ende 1992 zu verbreiten.
Öffentlich-rechtliches TV: Sachsen, Sachsen-Anhalt und Thüringen gründeten Mitte 1991 den MDR, der seinen Sendebetrieb Anfang 1992 aufnahm. Brandenburg rief Ende 1991 den Ostdeutschen Rundfunk Brandenburg (ORB, Potsdam) ins Leben, der sich im April 1992 mit dem Sender Freies Berlin (SFB, Berlin) auf Kooperation im Regionalprogramm einigte. Mecklenburg-Vorpommern schloß sich Ende 1991 dem Norddeutschen Rundfunk (NDR) von Hamburg, Niedersachsen und Schleswig-Holstein an. Alle Sendeanstalten übernehmen das Erste Programm der ARD, zu dem sie eigene Beiträge beisteuern, und strahlen ein Drittes Fernsehprogramm aus.
Medienexperten kritisierten 1992, daß nur wenige Einrichtungen und Sendungen des DFF von den Rundfunkanstalten übernommen würden. Dies hätte die Kosten für den Aufbau der Anstalten (rd. 1,5 Mrd–1,8 Mrd DM) und die westliche Übermacht im ostdeutschen Rundfunk verringern können.
Öffentlich-rechtlicher Hörfunk: Der MDR verbreitete 1992 drei überregionale Programme, über eine Frequenz strahlten die Vertragsländer landesweite Regionalprogramme aus. Der ORB veranstaltete in Zusammenarbeit mit dem SFB zwei Programme.
Nationaler Hörfunk: Der bis 1989 gültige Sendeauftrag von DLF, DW und RIAS, osteuropäische Länder mit Informationen aus westlichen Demokratien zu versorgen, war nach der deutschen Einheit und dem Ende des Ost-West-Konflikts gegenstandslos. Die Ministerpräsidenten und der Bund beschlossen Mitte 1992, den DLF, das Hörfunkprogramm RIAS I und den aus dem Radio der DDR hervorgegangenen Sender DS Kultur zusammenzufassen. In der Trägerschaft von ARD und ZDF sollen sie aus Köln bzw. Berlin zwei bundesweite gebührenfinanzierte Programme, beide mit den Schwerpunkten Information und Kultur, verbreiten (jährliche Kosten: 300 Mio DM). Der nationale Hörfunk ist mit Ausnahme der DW der einzige Sender, an dessen Kontrolle der Bund beteiligt ist. In Deutschland untersteht der Rundfunk den Ländern.
R.S.2: Das zweite Hörfunkprogramm des RIAS wurde Mitte 1992 privatisiert. Der ehemalige Intendant des RIAS, Peter Schiwy, hielt 35% der Anteile an dem neuen Sender R.S.2.
Auslandsfernsehen: Die DW (Köln) strahlt seit April 1992 im Auftrag des Bundes ein zweistündiges Auslandsfernsehprogramm aus, das Informationen über Deutschland verbreiten soll.

Neue deutsche Rundfunksender

Rundfunkveranstalter	Sendegebiet	Träger	Sitz
Rundfunk			
Mitteldeutscher Rundfunk (MDR)	Bundesweit im Rahmen der ARD-Programme, Regionalprogramme in Sachsen, Sachsen-Anhalt, Thüringen	Öffentlich-rechtliche ARD-Anstalt	Leipzig
Ostdeutscher Rundfunk (ORB)	Bundesweit im Rahmen der ARD-Programme, Regionalprogramme in Brandenburg, Berlin	Öffentlich-rechtliche ARD-Anstalt	Potsdam
Fernsehen			
Elf 99	Westeuropa, Nordafrika im Rahmen des RTL-plus-Programms	Produktionsgesellschaft mbH	Berlin
Deutsche Welle (DW) Auslandsfernsehen (zusammen mit RIAS-TV)	Europa, Nordafrika	Bund	Köln
Hörfunk			
Berliner Rundfunk	Berlin, Brandenburg	Dumont, Südwestpresse, Frankfurter Allgemeine Zeitung	Berlin
DT 64[1)]	Sachsen, Sachsen-Anhalt, Thüringen	Öffentlich-rechtlich im Rahmen des MDR	Berlin
Nationaler Hörfunk (aus DW, Deutschlandfunk, RIAS I, DS-Kultur)	Bundesweit	ARD, ZDF	Köln, Berlin
R. S. 2	Berlin	Private Anbietergemeinschaft	Berlin

1) Bis Ende 1992; Quelle: Aktuell-Recherche

Rußlanddeutsche

Angehörige der deutschen Volksgruppe in der ehemaligen Sowjetunion. Nach Angaben des deutschen Bundesinnenministeriums lebten 1992 rd. 2,5 Mio R.

Rußlanddeutsche fordern Wolgarepublik
Die in der ehemaligen Sowjetunion lebenden Deutschstämmigen setzten sich 1992 für eine Wiedererrichtung der Wolgarepublik in Rußland ein. Die ehemalige autonome Republik umfaßte vor ihrer Auflösung 1941 knapp 30 000 km². Nach dem deutschen Einmarsch in die Sowjetunion im Juni 1941 waren die 400 000 Wolga-Deutschen nach Sibirien und Zentralasien deportiert worden.

Rüstungsausgaben

vor allem in den Republiken der Gemeinschaft Unabhängiger Staaten (GUS) Kasachstan und Rußland. Ziel der CDU/CSU/FDP-Bundesregierung war es 1991/92, die R. durch finanzielle Unterstützung zum Verbleib in ihrer jetzigen Heimat zu ermutigen. Im Juli 1992 vereinbarten Rußland und Deutschland die stufenweise Wiederherstellung der ehemaligen Wolgarepublik der R.

Rußland verpflichtete sich, den R. nach einem Dreistufenplan Autonomie zu gewähren. Deutschland sicherte im Gegenzug finanzielle Unterstützung zu. Die für den Aufbau der Wolgarepublik vorgesehenen 100 Mio DM hatte das Bundesinnenministerium im Juni 1992 freigegeben. Bereits 1991 hatte die Bundesregierung für R. 100 Mio DM für Lebensmittel, Medikamente und Kleidung sowie für die Förderung landwirtschaftlicher und mittelständischer Betriebe zur Verfügung gestellt.

1991 hatte sich Bund der Deutschen der früheren UdSSR von der größeren Organisation der R., Wiedergeburt, abgespalten, weil diese mit der Auswanderung nach Deutschland gedroht hatte, als deutsche Politiker, vor allem der SPD, eine Einschränkung des Einreiserechts erwogen. Im Mai 1992 rief der Bund der Deutschen seine Landsleute auf, in der GUS zu bleiben.

1991 waren 150 000 R. als → Aussiedler nach Deutschland gekommen (Anteil an der Gesamtzahl von Aussiedlern: 65%), 500 000 Ausreiseanträge wurden gestellt. Das Bundesinnenministerium ging Mitte 1992 davon aus, daß der größte Teil der Anträge vorsorglich für den Fall gestellt wurde, daß Deutschland Änderungen am Recht auf Einreise vornehme.

Rüstungsausgaben

Die weltweiten R. lagen 1991 nach Angaben des Stockholmer Internationalen Friedensforschungsinstituts (SIPRI) mit ca. 1000 Mrd Dollar (1530 Mrd DM) auf dem Niveau des Vorjahres. Auf die USA und die Sowjetunion ent-

fielen 1991 ca. 60% der globalen R. Die USA wollen bis 1996 jährlich rd. 5% der R. einsparen (Verteidigungsetat 1992: rd. 291 Mrd Dollar, 444 Mrd DM). Die Sowjetunion kürzte ihren Militärhaushalt 1989–1991 um ca. 17%. Rußland, das Anfang 1992 fast die gesamten Ausgaben für die ehemalige Sowjetarmee übernahm, wollte die R. für 1992 um 10% senken. Die Aufwendungen für den Waffenkauf sollen um die Hälfte verringert werden. Bis 2005 will die → Bundeswehr rd. 43 Mrd DM bei der Beschaffung von Militärgütern einsparen. Die R. der → Entwicklungsländer für 1991 zeigten lt. SIPRI regionale Unterschiede: In Nah- und Fernost seien sie gestiegen, in Afrika und Südamerika gesunken.

Supermächte: Für den Rückgang der R. in den USA machte SIPRI das steigende Haushaltsdefizit, in der Sowjetunion die Wirtschaftskrise verantwortlich. Von 1993 bis 1997 soll der Anteil der R. in den USA von 19% auf 16% des Gesamtbudgets fallen. Die USA und Rußland kündigten Anfang 1992 an, auf Produktion bzw. Modernisierung → Strategischer Waffen zu verzichten. SIPRI rechnete bis 1995 mit steigenden Investitionen für militärische Forschung in den USA, insbes. für neue Raketenabwehrprojekte (→ SDI). Die Ausgaben für diesen Haushaltsposten waren in der Sowjetunion 1991 real um 20% gesunken.

Dritte Welt: Für die Steigerung der R. in den → Entwicklungsländern um 6–7% gegenüber 1991 sind nach Berechnungen von SIPRI insbes. die Ausgaben der Staaten des → Golf-Kooperationsrats für den Golfkrieg 1991 (rd. 25 Mrd Dollar, 38 Mrd DM) verantwortlich. Außer in den Nahoststaaten, die infolge des Golfkriegs rd. 23% ihres Bruttosozialprodukts eingebüßt hätten, würde die → Schuldenkrise die Entwicklungsländer zwingen, R. und Waffenimporte zu senken (→ Rüstungsexport). Die Verteidigungsaufwendungen der Entwicklungsländer machten Anfang der 90er Jahre rd. 16–20% der globalen R. aus.

Rüstung in Daten und Zahlen

Welthandel mit konventionellen Waffen

Region/ Länder	Importe[1] (Mio Dollar)					Exporte[1] (Mio Dollar)				
	1987	1988	1989	1990	1991	1987	1988	1989	1990	1991
Europa	10 429	11 848	12 095	9 387	7 863	26 993	23 936	24 277	16 163	9 086
Amerika	3 485	1 757	2 317	1 636	1 438	14 682[3]	12 504[3]	12 338[3]	11 481[3]	11 218[3]
NATO	5 853	6 606	7 809	5 700	7 185	21 477	18 983	19 818	16 565	15 473
Nahost	15 910	9 833	5 838	6 807	4 721	807	601	548	153	142
Afrika	3 189	2 367	1 967	1 316	113	242	125	0	35	37
Asien[2]	12 285	12 769	15 150	9 404	7 507	3 128	2 143	1 058	1 063	1 573
Australien und Ozeanien	571	743	861	454	473	18	9	6	110	60
Industrieländer	13 708	15 263	16 492	12 284	9 778	40 995	35 904	36 330	27 574	20 365
Entwicklungsländer[4]	33 487	26 087	24 861	19 683	13 850	4 944	3 416	1 898	1 430	1 750

1) Angaben in Preisen von 1990; 2) ohne Nahost-Staaten; 3) zu 98% bis 100% Nordamerika; 4) einschließlich der am wenigsten entwickelten Länder (sog. Vierte Welt); Quelle: SIPRI-Yearbook, Anthony/Courades Allebeck//Hagmeyer-Gaverus/Miggiano/Sköns/Wulf, Tables of the value of the trade in major conventional weapons

Die größten Waffenimporteure

Land	Importe (Mio Dollar)[1]		Veränderung zu 1990 (%)
	1987–1991	1991	
Indien	17 561	2 009	+25,0
Saudi-Arabien	10 597	1 138	−54,2
Irak	10 319	0	−100,0
Japan	9 750	1 040	−50,3
Afghanistan	8 430	1 220	−60,1
Türkei	6 384	1 559	+46,1
Ägypten	5 461	667	−44,6
Spanien	4 955	231	−65,7
Tschechoslowakei	4 684	47	−93,4
Korea-Nord	4 631	15	−97,5
Israel	4 567	1 676	+635,1
Griechenland	4 393	1 081	+14,1
Polen	3 954	137	−59,0
Angola	3 606	0	−100,0
Korea-Süd	3 551	177	−52,2
Sonstige	71 687	11 119	−13,9
Insgesamt	174 532	22 114	−23,8

1) Angaben in Preisen von 1990; Quelle: SIPRI-Yearbook 1992, Anthony/Courades Allebeck/Miggiano/Sköns/Wulf, The trade in major conventional weapons

Die größten Waffenexporteure

Land	Exporte (Mio Dollar)[1]		Veränderung zu 1990 (%)
	1987-1991	1991	
UdSSR	61 339	3 930	−59,3
USA	59 957	804	−58,5
Frankreich	11 220	11 195	−0,3
Großbritannien	9 097	999	−36,6
China	7 857	1 127	+18,1
BRD	6 115	2 015	+64,4
Tschechoslowakei	3 264	0	−100,0
Italien	1 878	172	+15,4
Niederlande	1 758	208	+46,5
Brasilien	1 629	2	−98,8
Schweden	1 524	59	−42,7
Israel	1 172	119	+10,2
Spanien	1 128	47	−41,3
Jugoslawien	728	661	+1 001,7
Ägypten	636	5	−88,1
Sonstige	5 233	771	−12,7
Insgesamt	174 532	22 114	−23,8

1) Angaben in Preisen von 1990; Quelle: SIPRI-Yearbook 1992, Anthony/Courades Allebeck/Miggiano/Sköns/Wulf, The trade in major conventional weapons

Verteidigungsausgaben der USA

Posten[1]	1990		1991	
	Ausgaben (Mrd Dollar)	Anteil (%)	Ausgaben (Mrd Dollar)	Anteil (%)
Personal	78,9	26,0	79,0	27,2
Betrieb und Wartung	88,3	29,1	86,0	30,1
Waffenbeschaffung	81,4	26,8	64,1	22,4
Forschung und Entwicklung	36,5	12,0	34,5	12,0
Atomwaffen	9,7	3,2	11,6	4,0
Sonstiges	8,5	2,8	10,4	3,6
Insgesamt	303,3	100,0	285,6	100,0

1) Angaben in laufenden Preisen; Quelle: SIPRI-Yearbook 1992, Deger/Sen, World military expenditure

Verteidigungsausgaben der Sowjetunion

Posten[1]	1990		1991	
	Ausgaben (Mrd Rubel)	Anteil (%)	Ausgaben (Mrd Rubel)	Anteil (%)
Personal, Betrieb und Wartung	19,3	27,2	31,0	32,1
Pensionen	2,4	3,4	4,1	4,2
Soziales[2]	–	–	3,3	3,4
Waffenbeschaffung	31,0	43,7	39,7	41,1
F & E[3]	13,2	18,6	10,4	10,8
Atomwaffen	1,4	2,0	1,9	2,0
Bauwesen	3,8	5,4	6,2	6,4
Insgesamt	71,0	100,0	96,6	100,0

1) Angaben in laufenden Preisen; 2) erstmals 1991 angegeben; 3) Forschung und Entwicklung; Quelle: SIPRI-Yearbook 1992, Deger/Sen, World military expenditure

Die NATO plante 1991,
Kriegsgerät, das infolge
des Vertrags über die Re-
duzierung der konventio-
nellen Streitkräfte in Europa (KSE) bis 1996 abgerü-
stet werden muß, unter
den Bündnismitgliedern
aufzuteilen (Programm:
Cascade). Das Abkom-
men teilt Europa in vier
Zonen auf, in denen un-
terschiedliche Obergren-
zen für Panzer, gepanzer-
te Fahrzeuge und Artillerie
gelten. Mit Hilfe des
Rüstungstransfers soll die
Zerstörung moderner
Waffen vermieden wer-
den. Hauptgeberländer
sind die USA, Deutsch-
land, Italien und die Niederlande, Hauptempfän-
gerländer Griechenland,
Spanien und die Türkei.

Giftgas für Irak
Im April 1992 begann in
Darmstadt der sog. Gift-
gas-Prozeß gegen neun
Wirtschaftsmanager. Sie
stehen im Verdacht, dem
Irak zwischen 1982 und
1988 ohne Genehmigung
Anlagen zur Herstellung
chemischer Waffen gelie-
fert zu haben. Die Ermittlungen hatten 1987 be-
gonnen; etwa 20 Ver-
dächtige waren zwi-
schenzeitlich entlastet
worden, weil ihnen nicht
nachgewiesen werden
konnte, daß der Empfän-
ger die Lieferungen zur
Waffenproduktion miß-
braucht hatte. Ein Ange-
klagter legte Mitte 1992
ein Geständnis ab. Die
Prozeßdauer wird auf zwei
Jahre veranschlagt. Im
Falle einer Verurteilung
müssen die Angeklagten
mit einer Mindeststrafe
von drei und einer
Höchststrafe von neun
Jahren rechnen.

Rüstungsexport

Der Handel mit konventionellen Waffen ging nach Berechnungen des Stockholmer Internationalen Friedensforschungsinstituts (SIPRI) 1991 im Vergleich zum Vorjahr um 25% zurück und
erreichte ein Volumen von 22,1 Mrd
Dollar (33,7 Mrd DM, Angaben in
Preisen von 1990). Als Hauptgrund
wird der Rückgang des sowjetischen R.
um rd. 59% angegeben. Größter Waf-
fenexporteur 1991 waren die USA mit
51% Anteil am weltweiten R. Im Oktober 1991 beschlossen die fünf ständigen Mitglieder des → UNO-Sicherheitsrats (China, Frankreich, Großbritannien, UdSSR, USA), keine Waffen
in Spannungsgebiete zu liefern. Die →
UNO richtete 1992 ein Register zur
Dokumentation des Waffenhandels ein.
In Deutschland wurden Anfang 1992
die Strafen für illegalen R. erhöht.
Weltweiter Waffenhandel: Der Rückgang des sowjetischen R. erklärt SIPRI
mit der Einstellung des Waffenhandels
mit den Mitgliedern des 1991 aufgelösten Warschauer Pakts. Die wichtigsten
Kunden der USA waren die Verbündeten in Europa und Asien. 28% der US-
Exporte seien in die Länder des Nahen
Ostens gegangen, die 1991 rd. 30% weniger Waffen als im Vorjahr eingeführt
hätten. Die Steigerung des deutschen
R. um fast zwei Drittel auf rd. 2 Mrd
DM sei auf den Verkauf von Kriegsschiffen und ausgemusterten Rüstungs-
materials der Nationalen Volksarmee
der DDR zurückzuführen. Sinkende →
Rüstungsausgaben der Regierungen in
Europa und den USA veranlaßten die
dortige Rüstungsindustrie, ihre Produktion verstärkt im Ausland anzubieten (→ Rüstungskonversion). Die drei
größten Rüstungsimporteure 1991 waren Indien, Israel und die Türkei.
Internationale Kontrollen: Mit ihren
Richtlinien für den R. wollen die ständigen Sicherheitsratsmitglieder vermeiden, daß durch Waffenverkäufe
internationale Konflikte und politische
bzw. militärische Spannungen in einer
Region, z. B. in Nahost, erhöht werden.

Außerdem sollen Exporte verhindert
werden, die internationale Embargos
durchbrechen, Terrorismus begünstigen oder die Volkswirtschaft des Emp-
fängerlandes schädigen, indem sie z. B.
das Budget übermäßig belasten. Das
Recht, zur Selbstverteidigung Waffen
zu importieren, wurde nicht in Frage
gestellt, Sanktionen bei Verstößen gegen diese Prinzipien nicht verabschiedet. Im Mai 1992 verpflichtete sich
China, keine Mittelstreckenraketen
(Reichweite: von 500 bis 5500 km) in
Entwicklungsländer auszuführen. Auf
eine Begrenzung des R. in die Staaten
der Nahostregion konnten sich die ständigen Mitglieder des Sicherheitsrats
nicht einigen.
R. und -import der UNO-Mitglieder
sollen jährlich veröffentlicht werden.
Zudem will die UNO weitere Militär-
daten wie die Waffenbeschaffung bei
der heimischen Rüstungsindustrie erfassen. Internationale Exportkontrollen
gibt es im Bereich von → Atomwaffen,
Vorprodukten für die Herstellung →
Chemischer Waffen, Raketentechnik
und für Produkte, die militärisch
verwertbar sind (sog. Dual-use, engl.;
doppelte Verwendung; → CoCom).
Deutschland: Das Außenwirtschaftsgesetz (AWG) und das Kriegswaffen-
kontrollgesetz (KKG) regeln in
Deutschland die Ausfuhr von Rü-
stungs- und Dual-use-Produkten. Ex-
portanträge werden im Einzelfall vom
Bundesausfuhramt (BAFA, Eschborn)
geprüft, das am 1. 4. 1992 eingerichtet
wurde und aus einer Abteilung des
Bundesamts für Wirtschaft hervorging.
Zivile Exporte in 34 Länder (aufge-
führt in der sog. H.-Liste) werden auch
kontrolliert, wenn sie nicht in den Aus-
fuhrlisten des AWG für genehmigungs-
pflichtige Güter erfaßt sind.
Die Ergänzung zu AWG und KKG von
Anfang 1992 sieht vor, Verstöße gegen
Ausfuhrbestimmungen regelmäßig als
Straftaten zu ahnden, ohne daß eine
Gefährdung der auswärtigen Beziehungen Deutschlands wie bis dahin
nachzuweisen ist. Die Mindeststrafe
für Verstöße gegen ein Handelsembar-

go sowie für illegale Ausfuhren von Rüstungsgütern, Nuklearmaterial und Anlagen, die zur Herstellung biologischer und chemischer Waffen dienen können, wird von sechs Monate auf zwei Jahre heraufgesetzt. Erlöse, die aus illegalem R. stammen, können eingezogen werden. Zur Verhütung von schweren Straftaten ist das Zollkriminalinstitut (ZKI, Köln) berechtigt, den Post- und Telefonverkehr, insbes. von Unternehmen, zu überwachen.

Europäischer Binnenmarkt: Die EG-Kommission schlug Mitte 1992 allen EG-Mitgliedern vor, eine Liste von kontrollpflichtigen Dual-use-Produkten und ein Verzeichnis von Bestimmungsländern außerhalb der Gemeinschaft aufzustellen, für die Exportbeschränkungen gelten sollen. Zudem sollen einheitliche Kriterien für die Genehmigung von Ausfuhren in Nicht-EG-Länder aufgestellt werden. Im → Europäischen Binnenmarkt 1993 entfallen die nationalen Ausfuhrbeschränkungen für Dual-use-Güter (Anteil am EG-Handel Anfang der 90er Jahre: 5–8%). Maßnahmen zur Begrenzung des Handels mit Kriegswaffen können von den EG-Staaten weiter eigenverantwortlich getroffen werden.

Rüstungskonversion

→ Übersichtsartikel S. 366

Rüstungsmüll

Anfang der 90er Jahre gab es keine ausreichenden Anlagen zur Entsorgung von konventionellen und → Atomwaffen, die infolge von Abrüstungsvereinbarungen zu beseitigen sind. Der Vertrag über die konventionellen Streitkräfte in Europa (→ KSE) verlangt die Zerstörung von rd. 50 000 Kampfpanzern. R. der Sowjetarmee, die bis Ende 1994 aus Ostdeutschland abzieht (→ Truppenabbau), trug zur Verseuchung von Boden und Grundwasser bei (→ Altlasten). Granaten mit chemischen Kampfstoffen aus den Beständen der deutschen Wehrmacht (rd. 200 000–

300 000 t), die nach dem Zweiten Weltkrieg von den Alliierten und bis 1965 von der DDR in der Ostsee versenkt wurden, setzten giftige Substanzen frei.

Atomschrott: Die Zerstörung von Kernwaffen wird nach den Berechnungen der Internationalen Atomenergie-Agentur (IAEA, Wien) bis zum Jahr 2000 zu einem Überangebot von 110 t radioaktivem, spaltbarem und hochgiftigem Plutonium führen. Die UdSSR produzierte nach 1945 rd. 120 t, die USA 95 t Plutonium; an hochangereichertem Uran für Atomwaffen gab es 1991/92 einen Vorrat von 500–1000 t in der GUS und von 600 t in den USA. Bomben-Uran und in begrenztem Maß Plutonium können für die Herstellung und Wiederaufarbeitung von Brennelementen in Kernkraftwerken benutzt werden (→ Atomenergie). Zur Verhinderung von Mißbrauch schlugen Nuklearexperten 1991/92 vor, Plutonium durch Vermischung mit anderen Stoffen unbrauchbar zu machen und unter Aufsicht der IAEA einzulagern.

Deutschland: In Deutschland sollen ab August 1992 rd. 300 Kampfflugzeuge, 2000 Panzer, 50 000 für zivile Zwecke nicht verwendbare Fahrzeuge und 120 000 t Munition der früheren Nationalen Volksarmee der DDR (NVA) zerstört werden. Das Bundesverteidigungsministerium rechnete Mitte 1992 mit 20 000–30 000 DM für die Verschrottung eines gepanzerten Fahrzeuges und mit 5000 DM für die Entsorgung 1 t Munition. Deren explosiver Anteil kann nur in aufwendigen Verfahren umweltgerecht beseitigt werden. Der Bund für Umwelt- und Naturschutz in Deutschland (BUND) kritisierte Anfang 1992, daß Geschoßrückstände z. T. offen verbrannt würden, wobei Schadstoffe wie Schwermetalle und Stickoxide freigesetzt würden.

C-Waffen: Die Giftgasgranaten liegen im Skagerrak, im Kleinen Belt und vor der dänischen Insel Bornholm; sie werden jedoch infolge der Strömung und der Grundnetzfischerei auch in andere Gewässer verbreitet. Deutsche und dänische Behörden widersetzten sich

33 000 Minen auf dem Todesstreifen
An der ehemaligen innerdeutschen Grenze waren Mitte 1992 nach Angaben des Innenministeriums von Sachsen-Anhalt 33 000 Minen vergraben. Die Sprengkörper liegen entlang einer Strecke von 140 km. Mit der Räumung beauftragte das Bundesverteidigungsministerium Ende 1991 ein Privatunternehmen, das bis Juni 1992 insgesamt 146mal fündig wurde. Für die Minensuche wurden 1992 rd. 150 Mio DM zur Verfügung gestellt. 1995 soll die Aktion abgeschlossen sein.

Rüstungskonversion
Abrüstungskosten gefährden Friedensdividende

Abrüstungsvereinbarungen zwischen den einstigen militärischen Gegnern in Europa, → Truppenabbau und die Reduzierung des Waffenpotentials sowie steigende Haushaltsdefizite Anfang der 90er Jahre veranlaßten die europäischen und nordamerikanischen Staaten zu einer Verringerung der → Rüstungsausgaben. Zurückgehende Nachfrage des Staates nach Militärgütern zwang die Rüstungsindustrie zu einer Verlagerung ihrer Produktion in den zivilen Sektor. Zählten die europäischen NATO-Mitglieder 1990 etwa 1,2 Mio Beschäftigte in der Rüstungsindustrie, werden es nach den Berechnungen des Stockholmer Internationalen Friedensforschungsinstituts (SIPRI) Mitte der 90er Jahre rd. 650 000 weniger sein. Etwa 700 000 der 9 Mio Beschäftigten des militärisch-industriellen Komplexes der ehemaligen UdSSR, der Ende der 80er Jahre nach Schätzungen der US-Regierung ca. 40% des sowjetischen Bruttoinlandsprodukts erwirtschaftete, verloren 1990/91 ihren Arbeitsplatz. Die Probleme der Konversion liegen vor allem in der Notwendigkeit, Produktionsanlagen umzubauen, Mitarbeiter in der Industrie und bei den Streitkräften umzuschulen und Marktnischen für zivile Erzeugnisse zu finden.

Heute Verluste – morgen Erträge: Auf der ersten UNO-Konversionskonferenz in Dortmund wurde Anfang 1992 deutlich, daß Finanzmittel, die infolge der sinkenden Militärausgaben verfügbar sind, kurzfristig nicht in andere Sektoren umgeleitet werden können. Geld und Know-how würden zur Zerstörung der → Atomwaffen sowie zur Beseitigung des → Rüstungsmülls und der militärischen → Altlasten benötigt. Zudem ist nach Auffassung von SIPRI unsicher, ob Einsparungen bei Militär und Rüstung nicht lediglich zum Abbau von Etatdefiziten benutzt werden (→ Staatsverschuldung). Erst langfristig seien steigende Ausgaben und Investitionen in anderen Bereichen möglich (sog. Friedensdividende). Die Konferenz forderte, freiwerdende Finanzmittel vor allem in der Entwicklungspolitik und im Umweltschutz zu investieren. Soldaten sollten weltweit zur Bekämpfung von Naturkatastrophen eingesetzt werden.

Einbruch der russischen Rüstungsindustrie: 1991/92 war die ehemalige sowjetische Rüstungsindustrie, die zu rd. 80% in Rußland angesiedelt ist, wegen fehlender staatlicher Aufträge bzw. nicht eingehaltener Abnahmeverpflichtungen gezwungen, Militärgüter unter Wert zu verkaufen, um die Lagerbestände abzubauen, oder den Betrieb einzustellen. Die russische Regierung plante Mitte 1992, etwa 60% der Rüstungsindustrie (nach eigenen Angaben: rd. 4,5 Mio Beschäftigte) auf zivile Produktion umzustellen. Dies war vielfach wegen der Spezialisierung auf hochwertige Militärtechnik nicht möglich. Eine weitgehende Privatisierung der rd. 1100 ehemals sowjetischen Rüstungskonzerne, wie sie seit 1990 praktiziert wird, und ein Wegfall der Subventionen könnten nach Auffassung der Konversionskonferenz unkontrollierten → Rüstungsexport begünstigen. Die Ukraine plante Anfang 1992, rd. 70% der Rüstungsindustrie zu verpachten und in Aktiengesellschaften umzuwandeln.

Europäische Wehrtechnik mit Einbußen: SIPRI rechnete in der westeuropäischen Rüstungsindustrie bis Mitte der 90er Jahre mit zunehmenden Konkursen. Fusionen auf nationaler und internationaler Ebene sowie verstärkte Zusammenarbeit bei Entwicklung und Produktion von Rüstungsgütern sollen das wirtschaftliche Risiko mindern. Die Unternehmen könnten zudem vermehrt mit Forschungsaufträgen zur Entwicklung neuer Waffen, z. B. Raketenabwehrsysteme (→ SDI), rechnen, die veraltete Wehrtechnik ersetzen oder infolge sich wandelnder Militärstrategien (→ NATO) benötigt würden. 1991/92 kontrollierten die zehn größten europäischen Rüstungskonzerne, darunter die Deutsche Aerospace (Dasa) und die British Aerospace, SIPRI zufolge etwa 55% des westeuropäischen Markts für Wehrtechnik. Die Dasa will ihren Umsatzanteil mit wehrtechnischen Produkten bis Ende der 90er Jahre von 48% (1990) auf 35–25% verringern. In ihrer Existenz gefährdet sind in Deutschland vor allem mittelständische Rüstungsbetriebe (rd. 3000), die sich auf wenige militärische Produkte spezialisiert haben und deren Rüstungsabhängigkeit nach Angaben des Instituts für Wirtschaftsforschung (Ifo, München) bis zu 80% des Umsatzes beträgt. Jedoch ist nach Ifo-Schätzungen 1991/92 mit 280 000 Arbeitsplätzen lediglich 1% aller Erwerbstätigen in Deutschland von der Nachfrage nach Militärgütern abhängig. (au)

Mitte 1992 einer Bergung, weil die bestehenden Entsorgungsanlagen ausgelastet seien. Die chemischen Prozesse, die bei der Freisetzung der Substanzen ablaufen, waren Anfang der 90er Jahre weitgehend ungeklärt. Wissenschaftler vermuteten, daß sich ein Teil im Meerwasser in ungefährliche chemische Substanzen zersetzt. Der Vertragsentwurf der → Genfer Abrüstungskonferenz zum Verbot von → Chemischen Waffen verlangt eine Zerstörung der Giftgasbestände aus den Weltkriegen. Die Verantwortlichen wurden jedoch nicht benannt.

S

Salmonellen

Nach dem US-amerikanischen Bakteriologen D. E. Salmon (1850–1914) benannte Mikroorganismen, die im Darm von Menschen und Tieren sowie am Boden und in Gewässern leben. Die rd. 2000 verschiedenen Typen von S. sind u. a. Auslöser einer Form der bakteriellen Lebensmittelvergiftung, der sog. Salmonellose, die nach dem Bundesseuchengesetz meldepflichtig ist. S. rufen beim Menschen Durchfall, Fieber, Magenkrämpfe, Erbrechen und Kopfschmerzen hervor, in schweren Fällen kann es zu Nierenversagen oder lebensgefährlicher Kreislaufschwäche kommen. 1991 stieg die Zahl der S.-Erkrankungen in Deutschland nach einer Untersuchung für das Bundesgesundheitsamt (BGA, Berlin) um rd. 30% auf 130 000. Nach Schätzungen des BGA wird jedoch nur jeder zehnte Fall gemeldet, da die Salmonellose oft mit einer Grippe verwechselt wird. Eine wirksame Behandlung der Salmonellose gab es Mitte 1992 nicht.

Ursachen: Die S. werden durch Tiere und tierische Lebensmittel auf Menschen übertragen. Untersuchungen des BGA ergaben 1992, daß die Belastung von Fleisch und den meisten verarbeiteten Lebensmitteln rückläufig ist. S.

werden z. T. durch infizierte Nutztierhaltungen verbreitet. In Geflügelmast-Betrieben z. B. picken Hühner mit dem Futter den Kot infizierter Tiere auf. Als hauptverantwortlich für die Verbreitung von S. sah das BGA unsachgemäße Behandlung beim Aufbewahren von Lebensmitteln und mangelnde Küchenhygiene bei der Zubereitung an. S. verdoppeln ihre Zahl bei Zimmertemperatur und werden erst durch längeres Erhitzen auf mindestens 70 °C abgetötet. Auch die → Lebensmittelbestrahlung tötet S. ab.

Maßnahmen: Nach Auffassung des Bundesernährungsministeriums war es 1992 unmöglich, S.-Verbreitung bei der Herstellung von Nahrungsmitteln auszuschließen. Das BGA plädierte für eine lückenlose Überprüfung der Nahrungsmittel auf S., die bei der Kontrolle der Futtermittel für Tiere einsetzen sollte. Bis 1992 wurde in Deutschland lediglich das Endprodukt (Geflügel, Eier usw.) auf S.-Befall untersucht.

Krankheitsverlauf: Um eine Erkrankung auszulösen, müssen sich durchschnittlich 1 Mio S. im Körper befinden. Sie dringen in die Darmwände ein, die sich entzünden. Nach etwa drei Tagen, bei Kindern, alten Menschen und Personen mit geschwächtem Immunsystem nach bis zu zwei Wochen, klingt die Erkrankung ab. Wenn die Erreger über die Darmschleimhaut in Blut- und Lymphbahnen eindringen, kann die Krankheit zum Tod führen. Mediziner schätzten Anfang der 90er Jahre, daß in Industriestaaten jeder Mensch einmal im Leben an Salmonellose erkrankt.

Sänger

Wiederverwendbares deutsches Weltraumflugzeug. Ende 1992 wird die erste Phase des S.-Entwicklungsprogramms abgeschlossen sein (Finanzvolumen 1988–1992: rd. 194 Mio DM). Das S.-Projekt soll bis 1995 verlängert werden. Das Bundesforschungsministerium strebte Ende 1991 eine Beteiligung der europäischen Raumfahrtbehörde → ESA an den Baukosten an.

Maßnahmen zur Verhütung der Salmonellose
Das Bundesgesundheitsamt (BGA, Berlin) empfahl Verbrauchern 1992, bei der Aufbewahrung und Zubereitung von Lebensmitteln Hygienevorschriften zu beachten, um die Verseuchung von Speisen mit Salmonellen zu verhindern. Fleisch, Geflügel und Fisch sollten im Kühlschrank getrennt von anderen Lebensmitteln bei weniger als –10 °C aufbewahrt werden. Sie sollten gut durchgebraten und dabei gleichmäßig erhitzt werden. Hackfleisch ist am gleichen Tag zu verzehren. Für Eierspeisen, die ohne Kochen zubereitet werden, sollte der Verbraucher nur frische Eier verwenden.

Windkanal für Sänger
Anfang 1992 wurde in Göttingen bei der Deutschen Forschungsanstalt für Luft- und Raumfahrt (DLR) nach dreijähriger Bauzeit ein weltweit einzigartiger Windkanal für Raumfähren wie Hermes und Sänger eingeweiht (Kosten: 17 Mio DM). Im Kanal können hohe Geschwindigkeiten und extreme Temperaturen simuliert werden, wie sie beim Wiedereintritt von Flugobjekten in die Erdatmosphäre entstehen. Die dabei ablaufenden chemischen und physikalischen Reaktionen waren Anfang der 90er Jahre weitgehend unbekannt.

Satellit

Weltgrößter Forschungssatellit im All
Im September 1991 wurde der weltgrößte Erdbeobachtungssatellit, UARS, im Weltraum stationiert. Der US-amerikanische Satellit soll eineinhalb Jahre lang den Zustand der Ozonschicht 5–15 km über der Erde und die Windverhältnisse in der Stratosphäre in 9–17 km Höhe erkunden. UARS kostete 740 Mio Dollar (1,2 Mrd DM).

Kleinstsatellit der Berliner Universität
Seit Mitte 1991 umkreist der Kleinstsatellit Tubsat (Kantenlänge: 38 cm, Gewicht: 35 kg) die Erde. Der Fernmeldesatellit, den Studenten der Technischen Universität Berlin aus Winkelleisten und Aluminiumplatten bauten, kann jeweils morgens und abends von Europa aus 4,5 min lang Texte oder Sprache empfangen, die jedes beliebige Ziel auf der Erde innerhalb von 24 Stunden erreichen. Die Elektronik von Tubsat besteht aus UKW-Sender, Modem, Mikrocomputer und Datenspeicher (Kosten insgesamt: 650 Mio). Die Energiequelle, Solarzellen und Batterie, stiftete die Raumfahrtbehörde ESA, um das Material zu testen.

Ein im Auftrag des Bundestages erarbeitetes Gutachten kam Ende 1991 zu dem Ergebnis, daß S. für den Einsatz als Überschall-Verkehrsflugzeug und als Raumtransportmittel für Satelliten wegen zu geringer Zuladung ungeeignet sei. S. könne lediglich als Transportmittel für Astronauten eingesetzt werden. Die Entwicklungskosten für S. seien mit 48 Mrd DM doppelt so hoch wie die Ausgaben für die europäische Trägerrakete → Ariane und die → Raumfähre Hermes.

S. besteht aus einem Transportflugzeug (Unterstufe), das auf herkömmlichen Flughäfen starten kann. Es soll die Raumfähre (Oberstufe) in eine Höhe von ca. 37 km Höhe tragen. Von dort aus soll der Gleiter aus eigener Kraft die Erdumlaufbahn erreichen. Die Oberstufe verfügt über einen Raketenantrieb und kann Nutzlasten von 3 bis 8,5 t laden. Das Raumtransportsystem ist nach dem deutschen Weltraumforscher Eugen Sänger (1905–1964) benannt.

Satellit

Raumflugkörper auf einer Erdumlaufbahn zwischen 450 und 36 000 km Höhe. S. werden hauptsächlich zur Weltraumforschung, zur Erdbeobachtung (wissenschaftliche und militärische Zwecke, → SDI) sowie in der Telekommunikation eingesetzt. Seit Mitte 1991 liefert der von der Europäischen Weltraumbehörde → ESA zur Erdbeobachtung entwickelte S. ERS-1 Bilder und Daten u. a. zur → Klimaveränderung. Europäische S.-Betreiber stationierten 1991/92 S. zur Übertragung von Rundfunk und Telekommunikationsdiensten wie Telefon und Videokonferenzen. 1991 gelang es der ESA, den außer Kontrolle geratenen S. Olympus von der Erde aus auf seine Umlaufbahn zurückzubringen.

ERS-1: Bilder und Daten von ERS-1 werden direkt an 24 Bodenstationen weltweit gefunkt. Die Deutsche Forschungsanstalt für Luft- und Raumfahrt (DLR, Köln) plante Anfang 1992 den Bau einer mobilen Empfangsstation. Sie soll in Gebieten eingesetzt werden, in denen kein regulärer Empfang von ERS-1-Daten möglich ist, weil die nächste Bodenstation zu weit entfernt liegt. Für 1994 ist der Start von ERS-2 vorgesehen. ERS-1 wird seine Funktionen etwa 1993 wegen Treibstoffmangels nicht mehr erfüllen.

Telekommunikation: Mitte 1992 stationierte die → Telekom ihren dritten S., Kopernikus DFS 3. Ende 1991 wurde der bis dahin größte Fernmelde-S. zur Übertragung von drei TV-Programmen und 120 000 Telefonaten gleichzeitig von der internationalen S.-Betreibergesellschaft Intelsat (Washington/USA) ins Weltall transportiert. Die europäische Betreibergesellschaft Eutelsat verdoppelte von 1990 bis 1993 ihre S. zur Rundfunkübertragung auf zwölf. Die luxemburgische Société Européenne des Satellites will 1993 und 1994 den dritten bzw. vierten Rundfunk-S. → Astra starten.

Olympus: Der S. driftete von der Erde weg, wobei die Energiezufuhr für die Antriebssysteme unterbrochen wurde. Die ESA errechnete, wann die Solarzellen des S. der Sonne zugewandt sein und ihn mit geringer Energie versorgen würden, so daß er Funksignale empfangen und Befehle ausführen könnte, und korrigierte seinen Kurs.

Weltraummüll: Wissenschaftler der Universität Braunschweig wiesen Ende 1991 auf die wachsende Anzahl von metallischen Überbleibseln u. a. von nicht mehr sendenden S. im All hin (1992: rd. 3200), die Luft- und Raumfahrt zunehmend gefährden könnten.

Satellitenempfang in Europa

Satellit	Reichweite
Astra 1A und 1B (Parabolantenne ø 60 cm)	Deutschland, Österreich, Schweiz, Niederlande, Belgien, Luxemburg, ČSFR (Westen), England (Süden), Frankreich (außer Süden)
Kopernikus (Parabolantenne ø 90 cm)	Deutschland, Österreich, Schweiz, Niederlande, Belgien, Luxemburg, ČSFR (Westen), Frankreich (Elsaß-Lothringen), Dänemark, Italien (Nordosten)
TV-Sat 2 (Parabolantenne ø 60 cm)	Deutschland, Österreich, Schweiz, Niederlande, Belgien, Luxemburg, ČSFR (Westen), Frankreich (Nordosten), Dänemark, Schweden (Süden), Polen (Westen), Italien (Norden), Jugoslawien (Nordwesten)

Quelle: ZDF

Satellitenfernsehen

Über → Satelliten ausgestrahlte Fernsehprogramme. S. bietet gegenüber herkömmlicher Übertragung (→ Terrestrische Frequenzen) höhere Reichweite, verbesserten Empfang und mehr Programme. Es wird mit Fernmeldesatelliten (z. B. Kopernikus DFS) übermittelt, deren Signale ins Kabelnetz eingespeist werden, und von direktstrahlenden Satelliten (z. B. → Astra 1 C) verbreitet. Voraussetzung zum Empfang ist ein → Kabelanschluß oder eine → Parabolantenne plus Satellitenempfangsgerät zur Entschlüsselung der Signale (Preis 1992: ab 500 DM).

Satelliten-Navigation

Satellitengestütztes Ortungsverfahren für den Verkehr. Kurs und Position von Flugzeugen, Schiffen etc. lassen sich mit S. schneller und präziser bestimmen als mit Navigationsverfahren wie der Radartechnik. Die meisten S.-Geräte erhielten 1991/92 Daten von Satelliten des US-amerikanischen Global Positioning Systems (GPS, engl.; weltweites Navigationssystem), das Globale Navigationssatellitensystem (Glonass) der ehemaligen Sowjetunion befand sich im Aufbau. 1991 verdreifachte sich der weltweite Umsatz aus dem Verkauf von GPS-Empfängern gegenüber dem Vorjahr auf rd. 300 Mio Dollar (458 Mio DM).
Nutzung: Das vom US-Verteidigungsministerium betriebene GPS ermöglicht zu jeder Tages- und Nachtzeit an jedem Punkt der Erde eine genaue Positionsbestimmung. Das System wurde während des Golfkriegs 1991 u. a. zur Lenkung von Langstreckenraketen verwendet. Im zivilen Bereich wurde S. in der Seefahrt, in der Verkehrsführung und -kontrolle (→ Verkehrs-Leitsystem) sowie im Vermessungswesen eingesetzt. Ein einfaches GPS-Empfangsgerät kostete 1992 rd. 2800 DM.
Funktion: 1992 umkreisen 16 GPS-Satelliten in einer Höhe von 20 000 km die Erde (1993 voraussichtlich: 24).

Der Nutzer nimmt mit einem Empfangsgerät Signale von mehreren Satelliten auf, die Sendezeit und Satellitenposition mitteilen. Beim Vergleich mit der Empfangszeit kann die Laufzeit der Signale ermittelt werden, aus der sich die Entfernungen zwischen Sendern und Empfänger und damit die Position des Nutzers berechnen lassen.
GPS: Das US-amerikanische Verteidigungsministerium stellte Daten der GPS-Satelliten kostenlos zur Verfügung. Es gab sie abhängig vom zivilen oder militärischen Zweck des Empfängers in unterschiedlichen Genauigkeiten weiter. Japanische Firmen arbeiten 1991/92 an eigenen Systemen, um unabhängig von den USA zu werden.
Glonass: Für Glonass befanden sich Mitte 1992 zwölf Satelliten im All. Rußland plante in Zusammenarbeit mit einigen GUS-Staaten, die Erweiterung auf 24 Satelliten bis 1995 abzuschließen und Glonass kommerziell zu nutzen.

Saugrüssel

Umgangssprachliche Bezeichnung für eine Benzin-Zapfpistole mit einem Gummiring um den Einfüllstutzen, der das Entweichen von Schadstoffen in die Luft beim Betanken von Autos verhindert. Freiwerdende Kohlenwasserstoffe, insbes. das krebserregende Benzol, werden mit einem Schlauch von der Zapfpistole in den Benzintank unter der Zapfsäule geleitet. In Deutschland verdampfen jährlich rd. 45 000 t Kohlenwasserstoffe an den Tankstellen. Das Bundesumweltministerium strebt an, daß bis 1996 alle Tankstellen mit dem S. ausgerüstet sind.
Mit dem S. können nach einer Studie des TÜV Rheinland rd. 70% der beim Tanken freiwerdenden Kohlenwasserstoffe zurückgehalten werden. Das Umweltbundesamt (UBA, Berlin) schätzte 1991 die Kosten für die Umrüstung auf 60 000 DM pro Tankstelle. Werden die Investitionskosten auf den Benzinpreis umgelegt, so erhöht sich der Preis für 1 l Benzin um rd. 1 Pf.

1994 Satellitenempfang mit kleinen Parabolantennen in den USA
Ab 1994 sollen US-Amerikaner Satellitenfernsehen mit kleinen Parabolantennen (Durchmesser: 45 cm) direkt empfangen können. 1992 verfügten lediglich 3,7 Mio US-Haushalte über eine Parabolantenne (Durchmesser: 3 m) für Satellitenfernsehen, das i. d. R. verschlüsselt ausgestrahlt wurde. Der Decoder zur Entschlüsselung der Signale kostete 1992 rd. 1500 Dollar (2300 DM), so daß die meisten Haushalte die preiswertere Variante für den Empfang von Satellitenfernsehen wählten, den Kabelanschluß (1992: 60% aller Haushalte, Deutschland: 54%). Die US-amerikanische Hughes Aircraft Company will 1993 zwei Satelliten für Fernseh- und Hörfunkprogramme starten.

Schweizer Saugrüssel bereiten Probleme
In der Schweiz waren Ende 1991 rd. 500 der insgesamt 3881 Tankstellen mit sog. Saugrüsseln ausgestattet, die krebserregende Benzindämpfe in einen Tank unter der Zapfsäule zurückleiten. Bei rd. 15 Autotypen ergaben sich 1991/92 Schwierigkeiten beim Tanken mit dem Saugrüssel: So stoppte z. B. der Benzinfluß nicht, wenn der Tank voll war, oder der äußere Gummiring des Saugrüssels dichtete die Tanköffnung nicht vollständig ab. Die notwendigen Adapter waren 1992 noch nicht erhältlich. Die Schweizer Tankstellenbesitzer sind gesetzlich verpflichtet, ihre Anlagen bis Ende 1994 mit dem Saugrüssel auszurüsten.

Alexander Schalck-Golodkowski, deutscher Wirtschaftsmanager
* 3. 7. 1932 in Berlin, 1967–1989 als stellvertretender Minister und Staatssekretär für Außenwirtschaft Leiter der DDR-Außenhandelsorganisation Kommerzielle Koordinierung (KoKo). Schalck handelte mit dem früheren bayerischen Ministerpräsidenten Franz Josef Strauß (CSU) einen Kredit für die DDR in Höhe von 1 Mrd DM aus. Im Dezember 1989 floh Schalck nach Berlin/West, um sich dem Zugriff der DDR-Justiz zu entziehen.

Unterzeichnerstaaten der Schengener Abkommen

Land	Jahr
Belgien	1985
Deutschland	1985
Frankreich*	1985
Italien	1990
Luxemburg	1985
Niederlande	1985
Portugal	1991
Spanien*	1991

* Ratifiziert; Stand: Mitte 1992

Schalck-Untersuchungs-ausschuß

Im Juni 1991 vom Deutschen Bundestag eingesetzter → Untersuchungsausschuß, der klären soll, welche Rolle die Außenhandelsorganisation Kommerzielle Koordinierung (KoKo) und ihr Leiter Alexander Schalck-Golodkowski in der früheren DDR spielten und wem der wirtschaftliche Ertrag der KoKo zugute kam bzw. kommt. Ein Ergebnis wird nicht vor Ende 1994 erwartet. Vorsitzender des S. ist der CDU-Abgeordnete Friedrich Vogel.

KoKo: Die KoKo, deren Hauptaufgabe die Beschaffung von Devisen für die DDR war, bestand von 1962 bis Ende 1990. Bis Ende 1993 soll die Auflösung der ehemals 145 KoKo-Außenhandelsfirmen durch die Berliner → Treuhandanstalt abgeschlossen sein. Die Einnahmen aus der Auflösung der KoKo für den letzten DDR-Haushalt und den Bundeshaushalt betrugen nach Angaben des Bundesfinanzministeriums bis Ende 1990 rd. 26 Mrd DDR-Mark und etwa 1,1 Mrd DM. Das Vermögen der KoKo wurde vom Bundeskriminalamt Ende 1991 mit rd. 50 Mrd DM angegeben. 1990 wurden nach Schätzungen der Berliner Staatsanwaltschaft Anfang 1992 rd. 176 Mio DM und 534 Mio DDR-Mark von Mitarbeitern der KoKo unterschlagen.

Schalck-Golodkowski: Die Arbeitsgruppe → Regierungskriminalität der Berliner Staatsanwaltschaft nahm im Mai 1991 u. a. wegen Betrugs, Hehlerei, Waffenschmuggels, Rauschgifthandels und Erpressung ausreisewilliger DDR-Bürger Ermittlungen gegen den KoKo-Leiter auf. Vom Vorwurf der Veruntreuung von Geldern der KoKo wurde Schalck-Golodkowski im Februar 1992 entlastet. Im August 1991 leitete die Bundesanwaltschaft (Karlsruhe) ein Verfahren wegen Verdachts auf Geheimdiensttätigkeit für das Ministerium für Staatssicherheit der DDR (→ Stasi) ein. Schalck wurde vorgeworfen, die Geschäfte der KoKo-Außenhandelsfirmen zum Aufbau eines Spio-

nagenetzes genutzt zu haben. Der S. ging Ende 1991 nach Vorlage von Stasi-Akten davon aus, daß die KoKo eng mit der Führung der Stasi verflochten war; Schalck selbst war hoher Stasi-Offizier.

Schengener Abkommen

Vertrag zwischen acht Mitgliedstaaten der EG über die Abschaffung der Kontrollen von Personen und Gütern an den Grenzen sowie über eine gemeinsame Sicherheits- und Asylpolitik. Das erste S. von 1985 und eine 1990 abgeschlossene Zusatzvereinbarung sollten Anfang 1992 vor der im → Europäischen Binnenmarkt ab 1993 vorgesehenen Reisefreiheit für EG-Bürger in Kraft treten. Mitte 1992 hatten Frankreich und Spanien beide das S. ratifiziert. Trotz des EG-Binnenmarktes 1993 rechneten Beobachter mit der Fortführung von Personenkontrollen, bis das S. in Kraft tritt.

Zum Ausgleich für die Abschaffung der Kontrollen an den Binnengrenzen wurden in den S. aus Sicherheitsgründen folgende Maßnahmen vereinbart:
▷ Es werden strenge Personenkontrollen an den Außengrenzen der Mitgliedstaaten eingeführt
▷ Polizeiliche Fahndungsausschreibungen werden in einem Zentralcomputer in Straßburg/Frankreich gespeichert (sog. Schengener Informations-System, SIS)
▷ Polizisten dürfen fliehende Verbrecher u. U. bis zu sechs Stunden lang im Nachbarland verfolgen und festnehmen
▷ Die Vertragsstaaten erkennen Einreisevisa für Bürger aus Nicht-EG-Staaten gegenseitig an
▷ Anträge von → Asylbewerbern werden von einem Mitgliedsland (i. d. R. dem Einreiseland) beurteilt, die anderen Länder erkennen die Entscheidung an.

Das niederländische Parlament beanstandete Anfang 1992 den mangelnden → Datenschutz bei dem geplanten Informationsaustausch zur Bekämpfung von Verbrechen.

Das geplante europäische Schnellbahnnetz

Kernstrecke des
europäischen
Schnellbahnnetzes
(geplante Fertig-
stellung: 1998)

Nord-Süd-
Hauptstrecken

Ost-West-
Hauptstrecken

Quelle: Deutsche Bundesbahn
Internationaler
Eisenbahnverband

Schnellbahnnetz

Verbindung europäischer Städte mit 200–300 km/h schnellen Zügen. Bis 2015 soll mit 375 Mrd DM Kosten schrittweise ein S. von 30 000 km aufgebaut werden. Mit dem S. sollen die Wettbewerbsfähigkeit der Eisenbahn gegenüber → Auto- und → Luftverkehr, ihr Anteil am → Verkehr und ihre Erträge erhöht werden. Im Vergleich zu 1992 sollen die Reisezeiten halbiert und die Fahrgastzahlen um 50–100% gesteigert werden. Das S. wird u. a. vom französischen TGV (Train à Grande Vitesse, franz.; Hochgeschwindigkeitszug) und dem deutschen ICE (InterCityExpress) befahren.

Netz: Als nordeuropäische Kernstrecke des S. soll bis 1998 eine Verbindung von Paris bzw. London über Brüssel/Belgien nach Amsterdam/Niederlande sowie nach Köln und Frankfurt/M. fertiggestellt sein. Zur Überquerung der Meerengen und Gebirgsketten in Europa sind als große Bauwerke u. a. der → Kanaltunnel zwischen Großbritannien und Frankreich, Tunnel in der Schweiz (Neue Eisenbahn-Alpentransversale, NEAT) und in Österreich (Brenner-Tunnel) für den → Alpentransitverkehr sowie Brücken und Tunnel zur → Ostsee-Überbrückung nach Skandinavien vorgesehen. In Spanien und Portugal wird die Spurbreite der Schienen auf das Maß im übrigen Europa verringert. Die Anbindung → Osteuropas wurde Mitte 1992 geplant.

Deutschland: Deutsche → Bundesbahn und → Reichsbahn planten bis

Streckenvollsperrung für Schnellbahnbau
Im Fahrplanjahr 1993/94 plant die Deutsche Bundesbahn, die Strecke Soest–Paderborn zu sperren. Die Maßnahme soll den Ausbau der Verbindung Dortmund–Kassel zur Schnellbahnstrecke um ein Jahr beschleunigen. Der 1990 begonnene Ausbau soll dann bereits 1996 fertig sein. Im Nahverkehr will die Bahn Busse einsetzen, Fern- und Güterzüge sollen u. U. über Bielefeld-Brackwede umgeleitet werden.

Schneller Brüter

**Aufnahme des Hochge-
schwindigkeitsverkehrs
in Spanien**
Zur Eröffnung der Welt-
ausstellung Expo '92 in
Sevilla begann in Spanien
im April 1992 der Eisen-
bahn-Hochgeschwindig-
keitsverkehr. Auf der 471
km langen Strecke Ma-
drid–Sevilla verkehrt der
AVE (Alta Velocidad
Española, span.; Spani-
sche Hochgeschwindig-
keit). Die bis zu 300 km/h
schnellen Züge wurden
vom französischen
Schnellbahnhersteller
TGV geliefert, die
Streckentechnik stellte
das deutsche ICE-Kon-
sortium. Nach dem nur
zwei Jahre dauernden
Bau der ersten Schnell-
bahnstrecke war ab 1993
die Errichtung der Verbindung Madrid–Barcelona
geplant.

**Internationale
Zusammenarbeit in
der Brütertechnik**
Auf der Internationalen
Konferenz über Schnelle
Reaktoren in Kioto/Japan
Ende 1991 beschlossen
Frankreich, Großbritan-
nien, Japan und Deutsch-
land, bei der Entwicklung
von Schnellen Brutreakto-
ren zusammenzuarbeiten.
Die Staaten wollen
Forschungsergebnisse,
Betriebserfahrungen,
Ausrüstung und Test-
material untereinander
austauschen.

Neue deutsche Schnellbahnstrecken

Strecke	Inbetriebnahme
Hannover–Würzburg	1991
Mannheim–Stuttgart	1991
Fulda–Basel/Schweiz	1995
Aachen–Köln	1995
Dortmund–Kassel	1996
Hannover–Berlin	1997
Köln–Frankfurt/M.	1998
Würzburg–München	2000
Nürnberg–Erfurt	2000

Stand: Mitte 1992; Quelle: Deutsche Bundesbahn

2010 den Aufbau eines S. von 3200 km
(Mitte 1992: 1000 km; Gesamtnetz:
41 000 km). Die Strecken werden vom
ICE mit bis zu 250 km/h (Höchstgeschwindigkeit bei einer Testfahrt im
Mai 1988: 406,9 km/h) und Hochge-
schwindigkeitsgüterzügen (InterCargo-
Express) mit bis zu 160 km/h befahren
(Geschwindigkeitsweltrekord für Güterzüge Anfang 1991 mit 213 km/h).
Frankreich: Das französische S. soll
bis 2010 auf 5000 km wachsen (1992:
2000 km). Der TGV fährt dort mit
270–300 km/h. Bei einer Testfahrt im
Mai 1990 stellte er mit 515,3 km/h den
Mitte 1992 gültigen Geschwindigkeitsweltrekord für Schienenfahrzeuge auf.
1997/98 soll das TGV-Netz in Südwest-
deutschland mit dem deutschen S. verknüpft werden. → Pendolino → Swiss-
metro → Transrapid

Schneller Brüter

(auch Schneller Brutreaktor), Kern-
aktortyp, der schwer spaltbares Uran
238 durch Beschuß mit Neutronen
(Elementarteilchen des Atomkerns ohne elektrische Ladung) u. a. in radioaktives Plutonium 239 umwandelt, das
in der Natur nicht vorkommt. Im Gegensatz zu Leichtwasserreaktoren produziert der S. mehr spaltbares Material
als zur Energieerzeugung verbraucht
wird. Plutonium (Strahlungsaktivität:
mehrere zehntausend Jahre) ist als
Brennstoff für Kernreaktoren geeignet.
Deutsche, britische und französische
Unternehmen planten Anfang 1992 den
Bau eines Europa-Brüters (Leistung:

1520 MW, Planungskosten bis 1992:
rd. 100 Mio DM). Der Beginn der Bauarbeiten ist für 1997 geplant. Das einzige deutsche S.-Projekt in Kalkar (SNR-
300) am Niederrhein scheiterte 1991
nach 15jähriger Bauzeit vor allem an
Sicherheitsbedenken der SPD-Landesregierung NRW.
Vorteile und Risiken: Der S. nützt
Uran zu 60% für die Energieerzeugung.
Der Wirkungsgrad war in den 80er Jahren Hauptargument für die Förderung
der S.-Technologie, weil Uranvorkommen begrenzt sind und der Ausbau der
→ Atomenergie wegen des damals prognostizierten Energiebedarfs notwendig erschien. Anfang der 90er Jahre
war der Energieverbrauch jedoch geringer als vorhergesagt. Kritiker warnen
vor allem vor den Gefahren des Kühl-
mittels Natrium, das beim S. anstelle
von Leichtwasser wie bei herkömmlichen Reaktoren verwendet wird. Bei
Kontakt von Natrium mit Wasser – z. B.
durch ein Leck im Kühlsystem – besteht Explosionsgefahr; in diesem Fall
könnten große Mengen Strahlung frei
werden (→ Strahlenbelastung).
Verbreitung: Von drei S. weltweit – in
Frankreich zwei und in Großbritannien
einer – war 1992 nur der letzte in
Betrieb. Der französische Staatsrat an-
nullierte 1991 die Betriebsgenehmigung für den Superphénix, mit 1200
MW größter S., weil aus einem Leck in
einem Zwischenlagertank Natrium aus-
gelaufen war. Der kleinere französische
S. Phénix, der 1994 stillgelegt werden
soll, schaltete sich 1991 aus ungeklärten Gründen mehrfach selbständig ab.
1993 soll ein S. in Japan mit 300 MW
Leistung anlaufen.

Schuldenkrise

Die Auslandsschulden der → Entwick-
lungsländer sanken 1991 gegenüber
dem Vorjahr um 4 Mrd Dollar (6 Mrd
DM) auf 1351 Mrd Dollar (2063 Mrd
DM); das entsprach einer Verdoppe-
lung der Schuldenlast gegenüber 1980.
Die Entwicklungsländer leisteten 1991
Zins- und Tilgungszahlungen (sog.

Schuldendienst) in Höhe von 154 Mrd Dollar (235 Mrd DM), 13,5 Mrd Dollar (20,6 Mrd DM) mehr als 1990. Sie erhielten 1991 neue Kredite in Höhe von 38 Mrd Dollar (58 Mrd DM). Der Schuldendienst, der 1991 nach Angaben der → Weltbank (Washington) durchschnittlich 21,2% der Exporteinnahmen von Entwicklungsländern in Anspruch nahm (1990: 19,8%), behinderte deren wirtschaftliche Entwicklung. Während 1991 die Entschuldung Lateinamerikas und Ostasiens fortschritt, verschärfte sich die Auslandsverschuldung der meisten afrikanischen Staaten und → Osteuropas.

Schuldenabbau: 1991 beschlossen die 17 Mitgliedstaaten des Pariser Klubs, des Verhandlungsgremiums westlicher Regierungsgläubiger mit Schuldnerländern, den ärmsten Ländern der Welt in größerem Umfang als bisher Schuldenerlaß einzuräumen. Der Schuldenverzicht kann maximal 66% der Verbindlichkeiten statt vorher 50% betragen. Der Klub strich 1991 die Hälfte der Schulden von Polen und Ägypten. Chile, Mexiko und Venezuela hatten ihre Finanzlage so weit stabilisiert, daß sie 1991 erstmals wieder auf dem internationalen Kapitalmarkt kreditwürdig waren. Seit den 70er Jahren wuchs die Bedeutung von öffentlichen Gläubigern, der Anteil der bei Banken aufgenommenen Schulden sank, so daß Lösungen für die S. vor allem im Rahmen westlicher → Entwicklungspolitik gesucht wurden.

Afrika: Die Schulden der afrikanischen Staaten betrugen 1991 mit 176 Mrd Dollar (269 Mrd DM) etwa das Dreieinhalbfache der jährlichen Exporterlöse. Die Länder Afrikas leisteten 1991 nur die Hälfte der fälligen Zins- und Tilgungszahlungen. 64% der Verbindlichkeiten bestanden gegenüber staatlichen Gläubigern. Die Weltbank empfahl dem Pariser Klub, Afrika einen Teil der Schulden zu erlassen.

Ursachen: Die Schulden der Entwicklungsländer sind auf Kredite zurückzuführen, die sie zum Aufbau ihrer Wirtschaft erhielten. Die Rückzahlung wur-

Einteilung der verschuldeten Entwicklungsländer

Kategorie	Länder
Hochverschuldet mit niedrigem Einkommen	Äquatorial-Guinea, Benin, Burundi, Ghana, Guinea-Bissau, Guyana, Kenia, Komoren, Liberia, Madagaskar, Malawi, Mali, Mauretanien, Mosambik, Myanmar, Niger, Nigeria, Sambia, São Tomé und Principe, Sierra Leone, Somalia, Sudan, Tansania, Togo, Zaïre
Hochverschuldet mit mittlerem Einkommen	Ägypten, Argentinien, Bolivien, Brasilien, Chile, Costa Rica, Côte d'Ivoire, Ecuador, Honduras, Kongo, Marokko, Mexiko, Nicaragua, Peru, Philippinen, Senegal, Uruguay, Venezuela
Mäßig verschuldet mit niedrigem Einkommen	Äthiopien, Bangladesch, Gambia, Indonesien, Jemen, Pakistan, Sri Lanka, Uganda, Zentralafrikanische Republik
Mäßig verschuldet mit mittlerem Einkommen	Algerien, Dominikanische Republik, Gabun, Guatemala, Jamaika, Jugoslawien, Kamerun, Kapverden, Kolumbien, Paraguay, Syrien, Türkei, Zimbabwe

Quelle: Weltbank, World Debt Tables 1990/91

de ab Anfang der 80er Jahre durch einen weltweiten Anstieg des Zinsniveaus erschwert. Gleichzeitig fielen die Preise für → Rohstoffe, die den Entwicklungsländern einen großen Teil ihrer Exporteinnahmen einbringen. Die mit einem Schuldenerlaß verknüpften Bedingungen sehen meist wirtschaftliche Sparmaßnahmen (z. B. zur Inflationsbekämpfung) vor, die häufig zur Kürzung von Sozialausgaben führen. → Internationaler Währungsfonds

Osteuropa: Die Schulden der ehemaligen Ostblock-Staaten bei deutschen Banken vervierfachten sich zwischen 1988 und 1992 auf 59,5 Mrd DM aufgrund der wirtschaftlichen Krise in Osteuropa. Größter Schuldner ist die → GUS mit 39,4 Mrd DM Verbindlichkeiten, gefolgt von Polen (6,9 Mrd DM), Ungarn (4,6 Mrd DM) und Bulgarien (3,5 Mrd DM). Der Pariser Klub gewährte der GUS 1992 einen vorübergehenden Zahlungsaufschub für den fälligen Schuldendienst.

Verschuldung von Regionen

Region	Anteil der Schulden an Exporten (%)		
	1989	1990	1991[1]
Ostasien	91	92	88
Europa	116	123	123
Naher Osten	312	243	248
Lateinamerika	277	261	268
Südasien	280	283	293
Schwarzafrika	352	330	341
Durchschnitt aller Entwicklungsländer	185	177	176

1) Hochrechnung für 1991; Quelle: Weltbank

Kredite an Privatpersonen in Deutschland

Jahr	Bankkredite* (Mrd DM)
1980	130,7
1981	136,3
1982	144,1
1983	155,9
1984	164,8
1985	179,5
1986	188,8
1987	200,4
1988	213,7
1989	232,9
1990	259,7
1991	295,4

Ab Juli 1990 inkl. Ostdeutschland; Stand am Jahresende, ohne Wohnungsbau; Quelle: Deutsche Bundesbank

Nachhilfe für bessere Schulnoten
20% aller deutschen Schüler zwischen zwölf und 17 Jahren (rd. 700 000) erhielten 1991 Nachhilfeunterricht außerhalb der Schule. Das ergab eine Untersuchung des Zentrums für Kindheits- und Jugendforschung der Universität Bielefeld Ende 1991. Die 1600 befragten Schüler der Klassen sieben bis neun erhielten durchschnittlich zwei Stunden Unterricht pro Woche. Bei einem Preis von rd. 20 DM für eine Privatstunde geben Eltern in Deutschland jährlich etwa 1,5 Mrd DM für Nachhilfeunterricht aus.

Schuldnerberater

Mitarbeiter von Verbraucher-, Wohltätigkeitsorganisationen oder Gemeinden, die Schuldnern helfen, die Kredite nicht zurückzahlen können. Die Verbraucherkredite stiegen in Deutschland 1991 auf rd. 295 Mrd DM (1990: 260 Mrd DM). Als überschuldet galten ca. 1,2 Mio Haushalte in Westdeutschland. Die CDU/CSU/FDP-Bundesregierung plante, bis 1994 eine Befreiung von Restschulden zu ermöglichen.

Restschuldbefreiung: Schuldner sollen nach einem Gesetzentwurf des Bundesjustizministeriums von 1991 auf Antrag eine Restschuldbefreiung erhalten, wenn sie in einer sog. Wohlverhaltensphase von sieben Jahren jede zumutbare Arbeit annehmen und den pfändbaren Teil ihres → Einkommens an einen gerichtlich bestellten Treuhänder abführen. Bis 1992 mußten Privatpersonen lebenslang für Verbindlichkeiten einstehen und konnten frühestens nach 30 Jahren mit einer Verjährung rechnen. Nach der Wohlverhaltensphase soll der Treuhänder das Geld an die Gläubiger verteilen und das Gericht die Restschuld erlassen können. Gläubiger würden so wenigstens einen Teil ihrer Forderung zurückbekommen, Schuldner erhielten den Anreiz, Geld zu verdienen und die Schulden abzuzahlen, weil sie die Chance zum Neuanfang sehen könnten. Häufig wuchs die Schuld trotz Rückzahlungen wegen der Verzinsung weiter an oder ging kaum zurück. → Insolvenzen

Beratung: Die seit Anfang der 80er Jahre in der BRD tätigen S. (Mitte 1992: ca. 450 Stellen) versuchen, einen gesellschaftlichen Abstieg der Schuldner zu verhindern und eine Rückzahlung zu ermöglichen. Sie stellen kostenlos Haushalts- und Finanzierungspläne auf, versuchen Kreditverlängerungen oder Tilgungsaussetzungen bei den → Banken zu erreichen oder bemühen sich um einen Vergleich.

Überschuldung: Konsumentenkredite wurden vor allem von jungen Leuten zwischen 25 und 35 Jahren nachge-

fragt, die eine Familie gründen wollten. Ferner wurden ca. 40% der Autos mit Verbraucherkrediten finanziert (→ Verbrauch, Privater). Von Überschuldung waren vor allem einkommensschwache junge Familien und alleinerziehende Frauen betroffen. Zahlungsschwierigkeiten entstanden oft infolge von → Arbeitslosigkeit, Krankheit oder Ehescheidung. Häufig verleiteten auch → Kreditkarten zu unüberlegten Käufen. Die finanziellen Probleme werden verschärft, wenn Banken die Darlehen kündigen und Schuldner bei sog. Kreditvermittlern Hilfe suchen, die oft mit überhöhten Zinsen und Gebühren Umschuldungen anbieten.

📖 Bundesarbeitsgemeinschaft Schuldnerberatung, Gottschalkstraße 51, D-3500 Kassel

Schulnoten

Schleswig-Holstein erweitert ab dem Schuljahr 1992/93 die Notenbefreiung auf die dritten Klassen der Grundschulen. In den ersten beiden Schuljahren ersetzen schriftliche Berichte über den Leistungsstand eines Schülers die S. in den alten Bundesländern. In Hamburg können Eltern zudem seit 1985 bis zum vierten Schuljahr über den Beurteilungsmodus in der Klasse ihres Kindes entscheiden. Hamburg plante 1991, Eltern über die Einführung von Berichtszeugnissen in der Sekundarstufe – an der Gesamtschule bis zur achten, in anderen Schulformen bis zur sechsten Klasse – entscheiden zu lassen. Im Zeitraum 1985–1991 stieg der Anteil der Hamburger Eltern, die sich für Berichtszeugnisse in der dritten Klasse entschieden, von 23% auf 49,8%, im vierten Schuljahr von 5,3% auf 23,2%. Die Gewerkschaft Erziehung und Wissenschaft (GEW, Frankfurt/M.) hielt Mitte 1992 Berichtszeugnisse für geeigneter, den individuellen Fortschritt eines Schülers zu bewerten als Ziffernnoten, die sich stärker am Leistungsstand des einzelnen im Verhältnis zur Klasse orientierten. Die schriftliche Beurteilung, die in Schulen freier Träger seit den 20er Jahren praktiziert

wird, würde unterbewertete Tugenden wie Leistungswillen und Sozialverhalten stärker berücksichtigen.
Der Deutsche Lehrerverband (DL, Bonn), der u. a. Gymnasial- und Realschullehrer vertritt, lehnte Mitte 1992 Berichtszeugnisse im Sekundarbereich ab. Ziffernnoten böten wichtige Rückmeldungen über Gelerntes, signalisierten Förderbedarf und stellten einen Anreiz dar. Berichtszeugnisse seien zudem stärker subjektiv gefärbt.

Schulzeitverkürzung

Bis 1994 wird in den neuen Bundesländern außer Brandenburg eine Schulzeit von zwölf Schuljahren bis zum Erreichen des → Abiturs erprobt, wie sie in der DDR galt (alte Bundesländer und Brandenburg: 13 Schuljahre). Hamburg plante Mitte 1992 einen Test für eine S. auf zwölf Jahre bis zum Abitur. Schüler sollen die Möglichkeit erhalten, die fünfte oder zehnte Klasse zu überspringen. In Baden-Württemberg wurde 1991/92 der achtjährige Gymnasiallehrgang bis zum Abitur für begabte Schüler (rd. 5% der Schülerschaft) erprobt. Während Baden-Württemberg und Bayern grundsätzlich die S. befürworteten, wurde sie vom Deutschen Philologenverband (DPhV, Düsseldorf) und der Gewerkschaft Erziehung und Wissenschaft (GEW, Frankfurt/M.) abgelehnt.
Neben der Angleichung des Schulsystems in Ost- und Westdeutschland wurde als weiteres Argument für die S. angeführt, daß in anderen Staaten die Ausbildungszeiten kürzer seien, so daß die älteren deutschen Berufsanfänger auf dem → Europäischen Binnenmarkt nicht konkurrenzfähig seien.
Kritiker der S. bemängelten, daß Schüler nach zwölf Jahren nicht studierfähig seien und der Übergang von Haupt- und Realschulen auf das Gymnasium erschwert werde. Die GEW wies 1991 darauf hin, daß die Angleichung der Schulzeit an andere europäische Staaten wegen der Unvergleichbarkeit der Schulabschlüsse nicht notwendig sei.

Schwangerschaftsabbruch

→ Übersichtsartikel S. 376

Schwarzarbeit

Berufliche Tätigkeit, die ausgeführt wird, ohne der gesetzlichen Anmelde- und Abgabenpflicht beim Finanzamt nachzukommen. 1991 wurde in Deutschland ein → Sozialversicherungsausweis zur Bekämpfung von S. eingeführt. Die Zahl der wegen S. in Westdeutschland eingeleiteten Ermittlungsverfahren der Bundesanstalt für Arbeit (BA, Nürnberg) und der Landesarbeitsämter stieg 1991 gegenüber 1990 um 5,4% auf 332 000 an, in 207 600 Fällen (1990: 195 400 Fälle) wurde Strafanzeige erstattet bzw. wurden Geldbußen in Höhe von rd. 40 Mio DM verhängt. In Ostdeutschland wurden erstmals 16 900 Straf- und Bußgeldverfahren eingeleitet. Das Kieler Institut für Weltwirtschaft schätzte den Umsatz durch S. 1991 auf rd. 200 Mrd DM (Anteil am → Bruttosozialprodukt: ca. 8%). Der Schaden für nicht abgeführte → Sozialabgaben und zu Unrecht bezogene Leistungen lag bei ca. 150 Mio DM.
1990 vereinbarte die BA mit Polen, Jugoslawien, Rumänien, Ungarn und der ČSFR, daß Arbeitnehmer aus diesen Staaten ohne längerfristige Arbeitserlaubnis maximal drei Monate im Jahr in Deutschland arbeiten dürfen. Diese Erleichterung soll die S. von Osteuropäern eindämmen, die wegen der höheren Löhne nach Deutschland kommen. Dennoch nahm die S. von Osteuropäern 1991 wegen der Öffnung der Grenzen und der Visumfreiheit u. a. für Polen um 29,5% auf 37 300 Fälle gegenüber 1990 zu.

Schwarzmeer-Abkommen

Im Juni 1992 von Rußland, Moldawien, Aserbaidschan, Armenien, Georgien, der Ukraine, der Türkei, Bulgarien, Albanien, Griechenland und Rumänien geschlossener Vertrag zur politischen

Alter von Abiturienten in EWR-Staaten[1]

Land	Alter (Jahre)
Belgien	18
Dänemark	18
Deutschland[2]	19
Finnland[3]	19
Frankreich	17
Griechenland	18
Großbritannien	18
Irland	19
Island[3]	20
Italien	19
Luxemburg	19
Niederlande	18
Norwegen[3]	20
Österreich[3]	19
Portugal	18
Schweden[3]	20
Schweiz[3]	19
Spanien	18

1) Staaten der EG und EFTA; 2) alte Bundesländer und Brandenburg; 3) EFTA-Staaten; Quelle: Westdeutsche Rektorenkonferenz

Ermittlungsverfahren wegen Schwarzarbeit in Deutschland

Jahr	Verfahren*
1985	125 200
1986	213 500
1987	259 000
1988	277 500
1989	289 900
1990	315 100
1991	348 900

* Bis 1990 Westdeutschland; Quelle: Bundesanstalt für Arbeit (Nürnberg)

Bundestag wählt Fristenlösung mit Beratungspflicht

Nach emotionsgeladener, innerhalb der Parteien kontrovers geführter Debatte und in einer Abstimmung ohne Fraktionszwang beschloß der Deutsche Bundestag im Juni 1992 mit 356 Stimmen der 662 Parlamentarier die Reform des Abtreibungsrechts (§ 218 StGB, 1976): In ganz Deutschland soll ab 1993 eine sog. Fristenlösung gelten, nach der Abtreibung bis zur zwölften Schwangerschaftswoche mit vorhergehender Beratung erlaubt ist. Die Neuregelung, die nach dem deutsch-deutschen Einigungsvertrag bis Ende 1992 erfolgen sollte, löst in Ost- und Westdeutschland unterschiedliches Recht ab. Für Ostdeutschland gilt eine Fristenlösung, die Abtreibung generell bis zur zwölften Schwangerschaftswoche erlaubt. Westdeutsches Recht läßt Schwangerschaftsabbrüche nur unter bestimmten Voraussetzungen zu (sog. Indikationen). Dem Bundestag lagen sieben Gesetzentwürfe vor. Abtreibungsgegner wollten das bisherige Recht verschärfen, Befürworter einen Anspruch auf Schwangerschaftsabbruch gesetzlich verankern. CSU und CDU kündigten eine Klage beim Bundesverfassungsgericht (BVG, Karlsruhe) gegen die Neuregelegung an, die Unionsparteien und Bayern beantragten zudem im Juli 1992 eine einstweilige Verfügung des BVG, um das Inkrafttreten des Gesetzes zu verhindern. Das BVG hatte 1975 eine Fristenlösung als verfassungswidrig abgelehnt.

Niedrigste Abtreibungszahl seit zehn Jahren: In Westdeutschland erreichte die Zahl der Schwangerschaftsabbrüche nach Angaben des Statistischen Bundesamts (Wiesbaden) 1991 mit 74 571 ihren tiefsten Stand seit zehn Jahren (1990: 78 808). Etwa 88% der Abtreibungen wurden wegen einer Notlage der Frau durchgeführt (soziale Indikation). In Ostdeutschland wurden 49 806 Schwangerschaften abgebrochen. Nach ärztlichen Studien ging die Zahl der Abtreibungen in Ostdeutschland seit Inkrafttreten der Fristenlösung 1972 zurück (1990: 66 459, 1972: 130 000). Die geschätzte Dunkelziffer liegt in Deutschland bei jährlich 150 000 bis 200 000 Abbrüchen.

Schwangere entscheidet allein: Ab 1993 bleibt Schwangerschaftsabbruch für Frauen straffrei, wenn sie sich mindestens drei Tage vor dem Eingriff beraten lassen und eine schriftliche Bestätigung darüber vorlegen können. Sie sollen nicht verpflichtet sein, der Beratungsstelle ihre Konfliktlage darzulegen. Inhalt der Beratung soll medizinische und soziale Information sein, der Lebensschutz des ungeborenen Kindes und das Selbstbestimmungsrecht der Frau sollen gleichermaßen gewahrt werden. Die Beratung soll nicht protokolliert und auf Wunsch der Schwangeren anonym durchgeführt werden. Der Arzt, der den Abbruch vornimmt, darf die Frau nicht beraten. Liegt eine schwere Behinderung des Kindes vor, soll die Mutter weiterhin bis zur 22. Schwangerschaftswoche abtreiben können. Bei Gefahr für das Leben des Kindes oder der Mutter soll wie bisher keine Frist gelten.

Soziale Hilfen für Schwangere und Mütter: Das Abtreibungsrecht soll von sozialen Hilfen für Schwangere und Mütter ergänzt werden. Vorgesehen ist u. a. ein Rechtsanspruch auf einen Platz im → Kindergarten ab 1996. Die ganztägige Betreuung für Kinder unter drei Jahren und Schulkinder soll bedarfsgerecht ausgebaut werden. Mitte 1992 lehnten die Länder die Übernahme von Kosten für Kindergärten (rd. 41 Mrd DM jährlich) wegen ihrer hohen Verschuldung ab (→ Staatsverschuldung). Sie forderten den Bund auf, sich an der Finanzierung zu beteiligen.
Zur Vermeidung ungewollter Schwangerschaften ist die kostenlose Ausgabe verschreibungspflichtiger Verhütungsmittel an Jugendliche und junge Erwachsene bis 21 Jahre vorgesehen.

Fristenlösung entzweit Union: Der Bundestag entschied sich für den fraktionsübergreifenden Entwurf, den SPD und FDP gemeinsam vorgelegt hatten. Das Indikationenmodell der FDP-Koalitionspartner CDU und CSU, bei dem der Arzt über den Abbruch entscheiden und sein Urteil überprüfbar begründen sollte, wurde zum einen von CDU/CSU-Abgeordneten abgelehnt, die eine Verschärfung des bestehenden Abtreibungsrechts anstrebten, und zum anderen von 32 CDU-Mitgliedern, die den SPD/FDP-Antrag unterstützten. Nach ihrer Überzeugung sollte die Schwangere die Entscheidung zum Abbruch allein treffen. Diese Unionspolitiker setzten sich scharfer Kritik von Abtreibungsgegnern in der Partei und in der Öffentlichkeit aus.   (MS)

und wirtschaftlichen Kooperation. Das S. sieht u. a. den freien Waren- und Dienstleistungsverkehr vor. Die elf Staaten beschlossen zudem die Gründung einer Entwicklungsbank. Das S. war 1991 von der Türkei initiiert worden, um die ehemaligen kommunistischen Staaten beim Übergang zur Marktwirtschaft zu unterstützen.

Schweinekrankheit

Bezeichnung für die Ende 1990 in Deutschland bei trächtigen Säuen aufgetretene Krankheit Seuchenhafter Spätabort der Schweine (SSS). Die S. führt zur vorzeitigen Geburt toter oder nicht lebensfähiger Ferkel. Ende 1991 gelang es dem Staatlichen Veterinäruntersuchungsamt (Arnsberg) gemeinsam mit der Bundesforschungsanstalt für Viruserkrankungen der Tiere (BFA, Tübingen), den Erreger der S. zu identifizieren. 1991/92 arbeiteten die Wissenschaftler an der Entwicklung eines Impfstoffs. Bis Mitte 1992 war die S. in Deutschland weitgehend abgeklungen, die Zahl der betroffenen Sauenbestände verringerte sich vom Höchststand 3040 (April 1991) auf 160. Die S., die 1989 auch in den Niederlanden und den USA seuchenhaft auftrat, wird von einem Erreger aus der Gruppe der Togaviren ausgelöst. Bei nicht tragenden Schweinen verursacht der Virus eine Lungenentzündung. Menschen können sich nicht infizieren.

Schwellenländer

(auch NIC, Newly Industrializing Countries, engl.; Länder, die seit kurzem eine Industrie aufbauen), → Entwicklungsländer, die in ihrer wirtschaftlichen Entwicklung auf der Schwelle zum Industriestaat stehen. Die UNO definiert ein Land als S., wenn es ein jährliches Bruttoinlandsprodukt von 2000 Dollar (3054 DM) pro Einwohner erreicht und 30% davon aus industrieller Produktion erwirtschaftet. Kennzeichnend für die Entwicklung der S. ist, daß industrielle

Fertigwaren hergestellt werden und ein eigener Absatzmarkt heranwächst.

Die wachstumsstärksten asiatischen S. Korea-Süd, Singapur, Taiwan und die britische Kolonie Hongkong (bis 1997; → Hongkong-Vertrag) werden zur Gruppe der sog. vier kleinen Tiger zusammengefaßt. Das Pro-Kopf-Bruttoinlandsprodukt wuchs in diesen Ländern 1991 um 6,4% gegenüber dem Vorjahr (Deutschland: 1%). Sie verfügten Anfang der 90er Jahre über wachsende Maschinen- und Flugzeugbaubetriebe und exportierten rd. 25% der Ausfuhren aller Entwicklungsländer. → ASEAN

Scientology

(Kunstwort, engl.; Lehre von der Wissenschaft), Name einer weltweit organisierten Glaubensgemeinschaft, die Anfang der 90er Jahre zu den aktivsten Sekten in Deutschland gehörte. S. verspricht ihren Mitgliedern u. a. Bewußtseinserweiterung und beruflichen Erfolg. 1991 unterhielt S. in Deutschland zehn Kirchen und 30 Missionszentren; sie hatte nach Schätzungen 200 000 bis 300 000 Anhänger. Nach Angaben des baden-württembergischen Sektenbeauftragten, Hartmut Hauser, vom Juni 1992 verfügte S. über einen Geheimdienst, der Kritiker und ehemalige Mitglieder bespitzele und diffamiere. Ende 1991 entzog das Stuttgarter Regierungspräsidium der S.-Gemeinschaft den Rechtsstatus eines gemeinnützigen Vereins, da sie eher kommerzielle als ideelle Ziele verfolge. Die Aktion für geistige und psychische Freiheit (AGPF, Bonn) schätzte 1991 den Jahresumsatz der deutschen S.-Gemeinschaft auf 150 Mio bis 200 Mio DM.

Vorgehensweise: 1991/92 warb S. verstärkt Mitglieder in den neuen Bundesländern, in denen Sekten vor der Vereinigung vom Oktober 1990 verboten waren. Wesentlicher Bestandteil der S.-Mitgliedschaft war der Besuch von Kursen zur Persönlichkeitsschulung, die rd. 1000 DM pro Stunde kosten. S. verfügte über eine Vielzahl

Weniger Schweine in Deutschland
Eine Viehzählung in Deutschland ergab Ende 1991, daß die Schweinehaltung eingeschränkt wurde. Mit 26,85 Mio Tieren war der Bestand im Vergleich zum Vorjahr um 20,6% reduziert. Vor allem in den neuen Bundesländern ging die Schweinehaltung stark zurück.

von Unterorganisationen, in denen unter anderen Namen z. B. Unternehmensberatungen und Drogentherapien durchgeführt werden. Fachärzte bezeichneten die von dem S.-Verein Narconon angewandten Methoden des Drogenentzugs als unverantwortlich.

Geheimdienst: Hauser verwies auf ein an deutsche Sektenmitglieder gerichtetes Schreiben des S.-Geheimdienstes vom April 1992, das die Aufforderung zur Überprüfung von 33 Personen enthält. Nach Angaben Hausers geht der Geheimdienst insbes. gegen Mitglieder von Selbsthilfegruppen vor, in denen sich ehemalige S.-Anhänger zusammengeschlossen haben.

Kritik: In der öffentlichen Kritik an S. wurde vor allem darauf hingewiesen, daß bei S.-Anhängern systematisch die Kritikfähigkeit abgebaut wird. Ein Verbot von S. ist aufgrund der Religionsfreiheit nicht möglich.

☐ Evangelische Zentralstelle für Weltanschauungsfragen, Hölderlinplatz 2 A, D-7000 Stuttgart 1

Neue Raketen für SDI
Das US-Verteidigungsministerium will 1992/93 zwei neuentwickelte Abfangraketen, Erint und Thaad, testen. Erint soll vor allem Einzelobjekte gegen Raketen und Marschflugkörper schützen. Thaad wird die Aufgabe haben, ein Gebiet mit einem Radius von rd. 200 km bis in eine Höhe von 150 km abzuschirmen. Beide Systeme sind mobil und können von bestehenden Abschußvorrichtungen abgefeuert werden. Sie sollen ihre Ziele ohne Sprengstoff, nur mit ihrer kinetischen Energie, zerstören.

SDI

(Strategic Defense Initiative, engl.; strategische Verteidigungsinitiative), Anfang der 90er Jahre erwies sich das Ziel des US-amerikanischen Forschungsprogramms (Start: 1983), ein lückenloses weltraumgestütztes Abwehrsystem gegen atomare → Strategische Waffen mit mehreren Sprengköpfen (Reichweite über 5500 km), wie sie die ehemalige UdSSR und China besitzen, zu errichten, als technisch nicht durchführbar. 1991/92 plante die US-Regierung, den Schwerpunkt von SDI auf den Schutz vor Angriffen mit Mittelstreckenraketen (Reichweite: bis 5500 km) einzusetzen. Dieses Ziel soll durch das Projekt GPALS (Global Protection Against Limited Strikes, engl.; weltweiter Schutz vor begrenzten Raketenangriffen) erreicht werden. Die USA und Rußland unterzeichneten im Juni 1992 ein Abkommen über die Schaffung eines globalen Raketenabwehrsystems.

Begründung: Bis zum Ende des Jahrhunderts rechnete die US-Regierung mit rd. 20 Staaten, darunter → Schwellenländer und → Entwicklungsländer, die über Mittelstreckenraketen verfügen werden. GPALS wurde vor allem mit dem Erfolg des bodengestützten Raketenabwehrsystems Patriot im Golfkrieg 1991 gegen irakische Mittelstreckenraketen begründet.

Konzept: Für GPALS sind mobile landgestützte Raketenabwehrsysteme und Satelliten vorgesehen, die mit Sensoren den Start von Raketen erfassen und diese in der Anflugphase mit Abfangraketen (sog. brilliant pebbles, engl.; schlaue Kieselsteine) zerstören. Bis 2000 sollen in den USA an sechs Orten insgesamt 750 Abwehrraketen aufgestellt werden.

Finanzierung: Die Kosten für GPALS wurden Ende 1991 auf ca. 46 Mrd Dollar (70 Mrd DM) geschätzt. Der US-Kongreß bewilligte für SDI im Verteidigungshaushalt 1991/92 rd. 4,1 Mrd Dollar (6,3 Mrd DM), etwa 30% mehr als im Vorjahr. Für 1992/93 forderte US-Präsident George Bush 5,4 Mrd Dollar (8,2 Mrd DM).

Vorbehalte: Kritiker von SDI gingen 1991/92 davon aus, daß GPALS gegen den ABM-Vertrag (Anti-ballistic missile, engl.; Abwehr gegen ballistische Raketen) verstoße, der 1972 von den USA und der Sowjetunion abgeschlossen worden war. Das Abkommen läßt für jede Seite ein Abwehrsystem aus 100 Raketen zu, die an einem Ort stationiert werden müssen.

Sextourismus

Reisen vor allem in → Entwicklungsländer (z. B. Thailand, Philippinen, Kenia und Brasilien) sowie in ärmere europäische Länder (z. B. ČSFR), mit dem Ziel, sexuelle Kontakte zu Prostituierten aufzunehmen. S. schädigt den Zusammenhalt von Familien in den ärmeren Ländern und trägt zur Verbreitung der Immunschwäche-Krankheit → Aids bei. Hilfsorganisationen warfen 1992 Reiseveranstaltern vor, den S. mit zweideutiger Werbung zu fördern. Das Bundesjustizministerium schlug im November 1991 eine Änderung des deutschen Strafrechts vor, nach der auch im Ausland begangener sexueller Mißbrauch an Kindern strafbar sein soll (→ Kindesmißhandlung). Entwicklungspolitiker forderten, die Gründe für Prostitution zu beseitigen. S. und → Frauenhandel beruhten u. a. auf der → Armut der Frauen. Durch Unterstützung von Entwicklungsprojekten für Frauen und höhere Arbeitslöhne sollten Alternativen zur Prostitution geschaffen werden.

Sexuelle Belästigung am Arbeitsplatz

Sexuelle Handlungen, die nach Definition des Europäischen Parlaments von einer Seite ausgehen, ohne Aufforderung erfolgen oder aufgezwungen werden. Dazu gehören auch verbale Anzüglichkeiten. Im Oktober 1991 forderte das Parlament die Verabschiedung eines EG-weiten Verhaltenskataloges für Arbeitgeber und Beschäftigte gegen S. Das deutsche Bundesfrauenministerium plante Anfang 1992, S. im Rahmen eines Gleichstellungsgesetzes unter Strafe zu stellen. In Deutschland haben nach einer 1991 veröffentlichten Untersuchung des Ministeriums 72% der Frauen am Arbeitsplatz Vorkommnisse erlebt, die sie als S. einstufen. Das Europaparlament schlug folgende Maßnahmen gegen S. vor:
▷ Arbeitgeber und Beschäftigte erarbeiten gemeinsam eine Grundsatzerklärung über korrektes Verhalten am Arbeitsplatz
▷ Arbeitgeber, Beschäftigte und Gewerkschaften ernennen eine Vertrauensperson, an die sich sexuell Belästigte wenden können
▷ Der Rechtsweg soll bei S. erst beschritten werden, wenn eine außergerichtliche Einigung nicht erzielt werden konnte.
In Deutschland konnten sich Frauen Anfang 1992 strafrechtlich gegen Beleidigungen, sexuelle Nötigung und Exhibitionismus wehren. Auch Männer sollen vor S. geschützt werden.

Gesetze gegen sexuelle Belästigung am Arbeitsplatz

Land	Gesetzliche Regelung
Deutschland	Kein Gesetz gegen sexuelle Belästigung. Strafrechtsparagraphen gegen Körperverletzung, Vergewaltigung, Beleidigung, sexuellen Mißbrauch von Schutzbefohlenen, sexuelle Nötigung, Verführung Minderjähriger, Exhibitionismus oder Verbreitung pornographischer Schriften; in Berlin zusätzlich ein Antidiskriminierungsgesetz, nach dem sexuelle Belästigung in Behörden mit Disziplinarstrafen geahndet werden
Frankreich	Gesetz gegen sexuelle Belästigung; Geldbußen bis zu 100 000 Francs (29 750 DM), Gefängnis bis zu einem Jahr
Großbritannien	Kein Gesetz gegen sexuelle Belästigung; Straftatbestand bei tätlichem Angriff und Vergewaltigung
Italien	Gewaltausübung, die auch sexuelle Belästigung umfaßt, kann strafrechtlich verfolgt werden
USA	Verbot der sexuellen Belästigung im Zivilrecht; Arbeitgeber muß jeder Beschwerde nachgehen, sonst ist er schadenersatzpflichtig

Quelle: Wirtschaftswoche, 15. 11. 1991

Die Studie des Bundesfrauenministeriums ergab, daß vor allem alleinstehende Frauen im Alter von 20 bis 30 Jahren in untergeordneten Positionen von Kollegen belästigt werden. 50% der sexuell belästigten Frauen erfahren bei Gegenwehr Nachteile im Beruf.

Sicherheitsdienste, Private

1991 beschäftigten die deutschen S. rd. 130 000 Mitarbeiter (Polizeibeamte in Deutschland 1991: rd. 200 000). Die 329 Firmen des Bundesverbandes Deutscher Wach- und Sicherheitsunternehmen erzielten 1991 Umsatzzuwächse von bis zu 30% gegenüber 1990. Der Anstieg wird auf zunehmende → Kriminalität, höhere Nachfrage der Wirtschaft und Unterbesetzung der Polizei zurückgeführt. Mitarbeiter von S. dürfen, wie jeder Bürger, Kriminelle bei Ausübung einer Straftat stellen und bis zum Eintreffen der Polizei festhalten. Neben der Sicherung von Werksgeländen wurden sog. Schwarze Sheriffs 1991/92 zunehmend zum Schutz von Personen eingesetzt. Das Bundeskriminalamt (Wiesbaden) bemängelte 1992 den geringen Ausbildungsstand insbes. in der psychologischen Schulung der S. Kritiker befürchteten zudem, daß das staatliche Gewaltmonopol zunehmend in private Hand übergehe und private Sicherheit erkauft werden müsse.

Männer sehen sexuelle Belästigung als Flirt
44% der deutschen Männer sind sich nach Angaben einer Anfang 1992 veröffentlichten Studie der Gesellschaft für rationelle Psychologie (München) sicher, daß ihre Kolleginnen anzügliche Bemerkungen und Blicke nicht als sexuelle Belästigung, sondern als Flirt auffassen. 64% der Frauen jedoch fühlten sich von solchen Annäherungsversuchen abgestoßen. 89% der befragten Frauen schätzten einen Flirt am Arbeitsplatz als reizvoll ein.

Gefahren von Silikonkissen lange bekannt
Als die US-amerikanische Arzneimittelaufsichtsbehörde Food and Drug Administration (FDA, Washington) 1976 Zulassungsverfahren für Implantate einführte, waren Silikonkissen zur Brustvergrößerung seit rd. 20 Jahren im Gebrauch. Die Hersteller der mit einem silikonhaltigen Gel gefüllten Kunststoffkissen wurden 1982 und nochmals 1988 aufgefordert, die Sicherheit der Implantate zu prüfen. Die 1991 gesichteten Daten des größten Produzenten, Dow Corning Corp., bewiesen, daß Mitarbeiter bereits seit den 60er Jahren auf die Bedenklichkeit von Silikonkissen aufmerksam gemacht hatten.

Alternativen zu Silikonkissen
Neben Implantaten, deren Hülle aus dem Kunststoff Silikon mit einem silikonhaltigen Gel gefüllt ist, wurden 1992 auch mit einer Kochsalzlösung gefüllte Kissen mit Silikonhülle zum Wiederaufbau der weiblichen Brust nach Krebsoperationen und zur Brustvergrößerung aus kosmetischen Gründen verwendet. Salzhaltige Implantate galten 1992 als unbedenklich, wurden allerdings dünnen Frauen nicht empfohlen, da sich die Flüssigkeit im Implantat sichtbar bewegt und Haut und Bindegewebe dabei dehnt. Eine aufwendigere Methode der Brustvergrößerung bestand im Einpflanzen patienteneigenen Gewebes aus der Bauch- oder Rückenregion.

Sikhs

Indische Sekte, deren 15 Mio–16 Mio Anhänger vor allem im Bundesstaat Punjab leben und dort die Bevölkerungsmehrheit stellen (rd. 52%). Die S. fordern von der Regierung in Neu-Delhi größere religiöse und politische Autonomie. Der aus rd. 4000 Soldaten bestehende radikale Flügel der S. kämpft mit Waffengewalt für einen eigenen Staat (Khalistan). 1991 starben rd. 4000 Menschen bei terroristischen Aktionen militanter S. Die gemäßigte S.-Partei Alkali-Dal boykottierte im Februar 1992 die ersten Parlamentswahlen seit 1985 im Punjab, weil die indische Regierung zentrale Forderungen der S. nicht erfüllt habe. Die Alkali-Dal-Politiker verlangten u. a. eine Untersuchung gegen die Verantwortlichen für das Massaker an den S. von 1984, bei dem 3000 Menschen getötet worden waren. Das Massaker fand wenige Tage nach dem Attentat von S. auf die Ministerpräsidentin Indira Ghandi statt.

Silikonkissen

Implantate aus dem Kunststoff Silikon, die mit einem silikonhaltigen Gel gefüllt sind. S. werden in der plastischen Chirurgie insbes. zur Neuformung der weiblichen Brust nach Krebsoperationen und zur Brustvergrößerung aus kosmetischen Gründen verwendet. Im April 1992 entschied die US-amerikanische Arzneimittelaufsichtsbehörde (FDA, Washington), die Verwendung von S. so lange einzuschränken, bis klinische Studien die Unschädlichkeit erwiesen hätten. Bis dahin sollen S. lediglich als Ersatz der Brust nach Krebsoperationen eingesetzt werden. Frankreich schloß sich der Einschränkung an. Das Bundesgesundheitsamt (BGA, Berlin) leitete Anfang 1992 eine Prüfung von S. ein.

USA: Im Januar 1992 hatte die FDA zunächst ein Verbot von S. ausgesprochen, nachdem ihr Beschwerden von 3400 Frauen zugegangen waren, die über Gesundheitsschäden nach S.-Implantationen klagten. Der größte Hersteller von S. in den USA, Dow Corning Corp. (Washington, Anteil am S.-Markt 1991: rd. 30%), stellte im März 1992 die Produktion von S. wegen schlechter Absatzchancen ein.

Beschwerden: Von 1960 bis 1991 wurden in den USA rd. 2 Mio S. eingepflanzt, 80% davon zur Brustvergrößerung aus kosmetischen Gründen. S.-Trägerinnen beklagten sich bei der FDA über Atemnot, Magengeschwüre, Gewebeverhärtungen und Entzündungen. Ein Zusammenhang zwischen S. und den Beschwerden konnte bis 1992 nicht nachgewiesen werden. Eine FDA-Kommission vermutete, daß die S. der Frauen porös geworden oder gerissen waren und kleinste Mengen Silikon freisetzten, die über das Blutgefäß- und Lymphbahnsystem das Immunsystem schwächten und auch zu bösartigen Tumoren führen könnten.

Schadenersatz: Bis April 1992 war Dow Corning mehrfach zu Schadenersatzleistungen an S.-Trägerinnen verurteilt worden, die wegen Gesundheitsschäden durch S. geklagt hatten. Einer Klägerin mußte die Firma 7,3 Mio Dollar (11,2 Mio DM) zahlen.

Deutschland: 1992 trugen in Deutschland rd. 120 000 Frauen S., die Hälfte von ihnen nach Krebserkrankungen. Die Deutsche Fachgesellschaft für Plastische Chirurgie (Frankfurt/M.) begann 1990, Meldungen über Gesundheitsschäden durch Implantate zu registrieren. Ihren Angaben zufolge lag der Zahl der bis 1992 gemeldeten Gesundheitsbeeinträchtigungen bei S.-Trägerinnen nicht über dem allgemeinen Bevölkerungsdurchschnitt. Im Gegensatz zu den USA, wo die FDA seit 1976 Prothesematerialien prüft und zuläßt, waren Implantate bis 1992 in Deutschland nicht zulassungspflichtig.

Skinheads

(skin, engl.; Haut/head, engl.; Kopf), meist Jugendliche, unter denen Ausländerhaß sowie nationalistisches und rassistisches Gedankengut verbreitet sind. S. orientieren sich häufig an autoritären Führungsstrukturen. Ende 1991 gab es in Deutschland nach Schätzungen des → Verfassungsschutzes rd. 5000–6000 gewaltbereite S., vor allem militante Rechtsextremisten, davon etwa die Hälfte in Ostdeutschland (→ Rechtsextremismus). Für die rd. 2100 Überfälle auf → Asylbewerber und → Ausländer 1991 machten die Strafverfolgungsbehörden überwiegend S. verantwortlich. Etwa zwei Drittel der Tatverdächtigen waren jünger als 21 Jahre. S. verübten nach Erkenntnissen des Verfassungsschutzes 1991/92 zunehmend politisch motivierte Straftaten. Rechtsextreme Parteien und Neonazis würden insbes. in Ostdeutschland mit ihrer Agitation Protesthaltung und Gewaltbereitschaft der S. stärken und versuchen, diese für ihre Ziele einzunehmen. Versuche, die S. in diese Organisationen einzubinden, hätten meist keinen Erfolg gehabt. Teile der S., die sog. Red-Skins, distanzieren sich von Gewalt und rechtsextremen Ansichten.

Smog

(smoke, engl.; Rauch/fog, engl.; Nebel), gesundheitsschädliche Anreicherung von Schadstoffen in unteren Luftschichten, meist über Ballungsräumen. Voraussetzung für den sog. Wintersmog ist eine Wetterlage, bei der aufgrund geringer Luftbewegung kein Austausch der bodennahen Kaltluft mit oberen Luftschichten stattfindet, so daß Schadstoffe in Bodennähe bleiben (→ Luftverschmutzung). Als Sommersmog wird eine erhöhte Konzentration von → Ozon in der Atemluft bezeichnet.
In Deutschland werden die Maßnahmen bei S. von den Bundesländern festgelegt. 1992 hatten alle Länder die in der Musterverordnung der Umweltminister von Bund und Ländern von 1987 vorgegebenen Grenzwerte übernommen. Die Länder zogen 1992 jedoch unterschiedliche Konsequenzen aus den Werten. In den alten Ländern

Smog-Alarm in Deutschland

Schadstoff	Schadstoffgehalt (µg/m³) für		
	Vorwarnstufe	Alarmstufe I[1]	Alarmstufe II[2]
Schwefeldioxid	600	1 200	1 800
Kohlenmonoxid	30 000	45 000	60 000
Stickstoffdioxid	600	1 000	1 400
Summe aus SO₂ und 2 x Schwebstaub	1 100	1 400	1 700

1) In festgelegten Sperrzonen ist der private PKW-Verkehr untersagt; 2) Betriebe können stillgelegt werden; Quelle: VDI-Nachrichten, 24. 1. 1992

dürfen bei Alarmstufe II nur schadstoffreduzierte → Katalysator-Autos fahren sowie Busse, Versorgungsfahrzeuge, Schwerbehinderten-PKW und Autos mit Sondergenehmigung. Dagegen sieht z. B. die sächsische Verordnung von 1991 keine Beschränkung des Kfz-Verkehrs bei S. vor.

Software

Die zum Betrieb eines → Computers erforderlichen Programme, im Unterschied zur Hardware, den technischen Einrichtungen einer Anlage zur Datenverarbeitung. In Westeuropa wurden 1991 mit S. rd. 53,3 Mrd DM umgesetzt (Anstieg gegenüber 1990: 15%). Die International Digital Corporation (USA) prognostizierte, daß weltweit bis 1994 52% (1991: rd. 40%) der Umsätze auf dem EDV-Markt durch S. erzielt werden. Der Verband der Softwareindustrie Deutschlands (Hannover) schätzte, daß in Deutschland 1991 Raubkopien von Programmen im Wert von 1,8 Mrd DM verbreitet wurden. Bei S., die Computeranwendungen durch grafische Benutzeroberflächen erleichtert, wurden 1991/92 Umsatzsteigerungen bis zu 100% erzielt (z. B. Windows, Absatz 1991: etwa 5 Mio Programme).
Wettbewerb: Die Gesellschaft für Mathematik und Datenverarbeitung (GMD, Bonn) prognostizierte Ende 1991, daß bis zum Jahr 2000 die Computerhersteller zunehmend S. produzieren und zusammen mit großen S.-Häusern (über 300 Mitarbeiter) kleine Produzenten verdrängen. In Deutschland

William H. Gates III., Präsident des Softwareherstellers Microsoft
* 27. 10. 1955 in Seattle (Washington)/USA, US-amerikanischer Unternehmer und Software-Entwickler. 1975 Gründung der Microsoft Corp., 1981 Entwicklung des weltweit erfolgreichsten Betriebssystems MS-DOS, 1991 mit weltweit rd. 8200 Mitarbeitern und einem Umsatz von 1,8 Mrd Dollar (2,7 Mrd DM) größter Software-Hersteller. 1991 war Gates lt. Wirtschaftsmagazin Fortune (USA) reichster Bürger der USA (geschätztes Vermögen: rd. 10 Mrd DM).

Die größten deutschen Softwarehäuser

Rang	Firma	Umsatz (Mio DM) 1991	1990
1	SAP AG, Walldorf	706	501
2	Software AG, Darmstadt	675	584
3	Ploenzke-Gruppe, Kiedrich	225	182
4	CA Computer Associates, Darmstadt	216	–
5	CAP debis Software und Systeme, Hamburg	182	191
6	Softlab, München	146	130
7	Alldata, München	142	130
8	MBP Software & Systems, Dortmund	130	124
9	Andersen Consulting, Sulzbach	127	99
10	Strässle-Unternehmensgruppe, Stuttgart	118	105

Quelle: Wirtschaftswoche, 13. 3. 1992

Die größten Softwarehersteller für Personalcomputer

Unternehmen[1]	Marktanteil[2] (%)
Microsoft	32
Lotus	15
Ashton-Tate/Borland	9
WordPerfect	6
Autodesk	5
Adobe	4
Software Publishing	3

1) alle USA; 2) Gesamtumsatz 1991: rd. 10 Mrd DM; Quelle: Wirtschaftswoche, 28. 2. 1992

Beschäftigte in deutschen Softwarefirmen

Softwarehäuser	Mitarbeiter
1850	1– 10
800	11– 50
180	51–100
50	101–300

Quelle: Wirtschaftswoche, 28. 2. 1992

hatten 1991 rd. 70% der S.-Firmen weniger als zehn Mitarbeiter.

In den 80er Jahren war MS-DOS des US-Herstellers Microsoft das erfolgreichste Betriebssystem für Personalcomputer (verkaufte Programme 1981–1991: 70 Mio). Es wurde in Zusammenarbeit mit IBM (USA) für dessen Personalcomputer entwickelt und wurde zum Standard für baugleiche PCs anderer Hersteller. Mitte 1991 beendeten IBM und Microsoft ihre Zusammenarbeit. Marktforscher prognostizierten 1991, daß herstellerunabhängige, sog. offene Betriebssysteme, z. B. UNIX (→ OSI), bis Mitte der 90er Jahre MS-DOS verdrängen werden.

Software-Piraterie: Das illegale Kopieren von Programmen ist die verbreitetste Straftat innerhalb der → Computer-Kriminalität. Die Business Software Alliance (USA), eine Schutzorganisation für Urheberrechte, schätzte, daß S.-Produzenten aus den USA 1991 durch Raubkopien in Deutschland 1,2 Mrd DM Umsatz verloren.

Urheberrecht: Bis Ende 1992 muß die EG-Richtlinie zum Schutz von Computerprogrammen in nationales Recht der EG-Mitgliedsländer umgesetzt werden. Der Urheberschutz soll Programme wie literarische Werke während des Lebenszeit des Autors und bis 50 Jahre nach seinem Tod schützen.

Grafische Benutzeroberfläche: Die Funktionen eines Programms werden durch grafische Symbole auf dem Bildschirm verdeutlicht. Durch Berührung des Symbols mit der Schreibmarke (engl.: Cursor) wird die Funktion ausgeführt. Bei den bis Anfang der 90er Jahre verbreitetsten Betriebssystemen mußten Befehle als Buchstabenkombinationen eingegeben werden.

Solarzellen

Meist aus dem halbmetallischen Silizium bestehende Kristallplättchen, die → Sonnenenergie in elektrischen Strom umwandeln (→ Fotovoltaik). Die Weiterentwicklung von S. konzentrierte sich 1992 auf die Verbesserung des Wirkungsgrads, des Verhältnisses von eingespeister Lichtenergie zur abgegebenen Strommenge, und der Verwendung kostengünstigerer Materialien bei der Herstellung. Einer US-amerikanischen Firma gelang 1991 die Produktion von S. aus Silizium geringer Reinheit anstelle des wertvollen hochreinen Halbleiter-Siliziums, das auch zur Herstellung von → Chips verwendet wird. Der Einsatz dieser sog. Spheral-S. könnte den Preis von 2 bis 4 DM/kWh bei der Stromerzeugung mit herkömmlichen S. (Stand: Anfang 1992) auf 20–40 Pf/kWh reduzieren.

Wirkungsgrad: In den USA wurden 1991 mit S. aus Gallium-Arsenid unter Laborbedingungen Wirkungsgrade von bis zu 37% erreicht, d. h. 37% der Sonnenenergie konnten in Strom verwandelt werden; der maximale Wirkungsgrad von S. aus Silizium betrug Mitte 1992 rd. 23%. Eine Steigerung des Wirkungsgrads der Siliziumzellen von 23% auf 30% könnte den Preis für Solarstrom auf 40 Pf/kWh senken.

Herstellung: Bei der industriellen Fertigung von S. aus Silizium wurden bis Mitte 1992 drei Varianten angewendet:
▷ Bei den schwarzen S. besteht das Silizium aus einem einzigen Kristall (monokristallin) und wird auf eine Glasplatte aufgedampft (Wirkungsgrad: max. 16%)
▷ Blauschimmernde, polykristalline quadratisch gesägte Siliziumzellen erreichen ähnlich hohe Wirkungsgrade und Lebensdauer (20–30 Jahre) wie die monokristallinen

▷ S. aus sog. amorphen Schichten, die bis zu 600mal dünner sind als die kristallinen Formen (einige Tausendstel Millimeter), sind in der Herstellung billiger, verlieren allerdings rd. 30% ihrer Leistungsfähigkeit innerhalb der ersten Woche.

Spheral-Zellen: Anstelle von hauchdünnen Halbleiterscheiben aus Silizium (Wafers) wird bei der Herstellung von Spheral-S. eine Vielzahl von feinsten polykristallinen Silizium-Kugeln verwendet (Materialkosten von Silizium-Granulat: rd. 4 DM/kg, Halbleiterscheiben: rd. 40 DM/kg), die in das Gitternetz einer dünnen Aluminiumfolie eingelassen werden (rd. $170/cm^2$). Die Spheral-Zellen sind durch das flexible Material beliebig formbar, bruchsicher und leichter als herkömmliche S.

Sonderabfall

→ Giftmüll

Sonnenenergie

S. kann mit → Solarzellen direkt in Strom umgewandelt (→ Fotovoltaik) oder mit Hilfe von Sonnenkollektoren zur Wärmegewinnung genutzt werden. S. gehört zu den Erneuerbaren → Energien und belastet im Gegensatz zu fossilen Energieträgern (z. B. → Erdöl und Kohle) nicht die Umwelt (→ Luftverschmutzung). Das Deutsche Institut für Wirtschaftsforschung (DIW, Berlin) und das Fraunhofer-Institut in Karlsruhe (ISI) prognostizierten 1991, daß solare Heizsysteme im Jahr 2005 in den alten Bundesländern etwa 11 Mrd kWh zu einem konkurrenzfähigen Preis von 20 bis 50 Pf/kWh erzeugen werden. Der Stand der Technik würde die Produktion von 20 Mrd bis 100 Mrd kWh bereits 1992 erlauben. Tatsächlich erzeugt wurden 1991 rd. 600 000 kWh. Bei der Stromerzeugung rechnete das ISI jedoch bis 2005 nicht mit einer Zunahme (1991: rd. 0,7 Mio kWh) aufgrund der hohen Erzeugerkosten (1992: 2–4 DM/kWh). Dieser Anteil sei nur durch → Subventionen zu erhöhen. 1991 meldete das größte Solarkraftwerk der Welt in der Mojave-Wüste (Kalifornien/USA) den Konkurs an.

Wärmeerzeugung: ISI und DIW hielten die Ausstattung von Einzelhäusern mit Sonnenkollektoren in Deutschland für unwirtschaftlich, weil die Investitionskosten für Kollektoren und Wärmespeicher, die Solarwärme für die sonnenarmen Wintermonate speichern, zu hoch seien. Das Institut für Thermodynamik und Wärmetechnik der Universität Stuttgart untersuchte Ende 1991 die Voraussetzung für ein zentrales Nahwärmesystem in einer Offenburger Siedlung: Der Wärmebedarf von 250 Wohnungen ließ sich durch eine Kollektorfläche von 3000 m^2 und einen Speicher von 4000 m^2 zur Hälfte durch S. decken. Der Preis läge bei rd. 15 Pf/kWh (→ Fernwärme Anfang 1992: rd. 7,5 Pf/kWh). Eine Pilotanlage in Ravensburg soll ab Anfang 1993 aus einem 120 m^2 Kollektorfeld 29 Einfamilienhäuser mit S. erwärmen.

Stromerzeugung: Die Firma LUZ betrieb in der Mojave-Wüste neun solarthermische Kraftwerke mit einer Gesamtleistung von 350 MW. LUZ machte den Wegfall von Steuervergünstigungen (Abnahme der Vergütungen 1981–1991: 78%) und die Verzögerung des Genehmigungsverfahrens für den Bau einer zehnten Anlage für den Konkurs verantwortlich.

Sonnensegler

(auch Raumsegler), Raumflugkörper zur Erforschung von Himmelskörpern und zum Transport von Nutzlasten in den Weltraum. S. verfügen über ein verstellbares Gerüst, an dem mit einer Metallschicht überzogene Plastiksegel befestigt sind (Größe: bis 60 000 m^2). Von der Sonne ausgehende Elementarteilchen (sog. Sonnenwind) treffen auf die Segel und beschleunigen die S. bis zu einer Geschwindigkeit von 160 000 km/h. Die Fläche und die Form der Segel sowie ihre Stellung zur Sonne bestimmen Beschleunigung, Richtung und Geschwindigkeit. S. benötigen kei-

Produktion von Solarzellen 1991

Land	Anteil am Weltmarkt (%)	Leistung* (MW)
Japan	36	16,8
USA	32	14,8
Europa	22	10,2

Der Produktion von 1991; Quelle: VDI Nachrichten, 13. 12. 1991

Sorgerecht

Mit Sonnenlicht in 200 Tagen zum Mars
Das englische Unternehmen Cambridges Consultants Ltd. (CCL) entwickelte 1991 mit Nina den bis dahin größten Sonnensegler. Das Modell besitzt ein 60 000 m² großes faltbares Segel (Durchmesser: 276 m), das sich um die Nutzlastkapsel legt. Das Segel ist beweglich und kann unterschiedliche Mengen an Sonnenlicht auffangen, so daß Nina gesteuert werden kann. Bilder aus dem All werden mit einer Videokamera aufgezeichnet. Das Unternehmen plante, Nina in einer 200–300tägigen Reise zum Mars segeln zu lassen (Bau- und Flugkosten: 20 Mio DM).

Mütterliches Sorgerecht soll nicht länger eingeschränkt werden
Die Rechte von nichtehelichen Kindern sollen nach Plänen des damaligen Bundesjustizministers Klaus Kinkel (FDP) von Anfang 1992 denen ehelich geborener Kinder angeglichen werden. Die gesetzliche Amtspflegschaft, die das Jugendamt nach der Geburt eines unehelichen Kindes automatisch übernimmt und die das Sorgerecht der Mutter einschränkt, soll abgeschafft werden.

nen Treibstoff, was die Kosten für Raumtransporte senken würde (→ Raumfahrt). 1994 werden drei S. aus den USA, Europa und Japan zu einer Mondregatta starten. Sie sollen die Mondpole erforschen.
Die S.-Rallye erinnert an den 500. Jahrestag der Landung von Christoph Kolumbus in Amerika. Sieger ist der S., der als erster eine Aufnahme von der Rückseite des Mondes zur Erde sendet.
Die Raumsegler werden von der europäischen Trägerrakete → Ariane auf eine Erdumlaufbahn befördert. Der S. der USA soll nach Abschluß der Mondmission zum Mars fliegen.
S. können die Ebene der Planetenbahnen aus eigener Kraft verlassen, was Raketen und → Raumsonden wegen geringer Treibstoffzuladung nicht möglich ist. Die Anziehungskraft der Sonne verhindert, daß die S. aus dem Sonnensystem herausfliegen. Experten sahen die Einsatzmöglichkeiten von S. in einem regelmäßigen Pendelverkehr zwischen Planeten.

Sorgerecht

Der damalige Bundesjustizminister Klaus Kinkel (FDP) plante Anfang 1992 ein Gesetz, das unverheirateten Paaren ermöglicht, die Vormundschaft über nichteheliche Kinder gemeinsam auszuüben. Mitte 1991 hatte das Bundesverfassungsgericht (Karlsruhe) das Gesetz, nach dem nur ein Elternteil das S. für ein uneheliches Kind erhält, für verfassungswidrig erklärt. Richter und Psychologen forderten Mitte 1992, Eltern nach einer Scheidung im Regelfall das gemeinsame S. zuzusprechen. Nach geltendem Recht müssen Geschiedene das gemeinsame S. beantragen, sonst werden Kinder nur einem Elternteil zugesprochen.
Nach der Geburt eines nichtehelichen Kindes erhält die Mutter das S. Bis zum Urteil des BVG konnte der Vater mit Einwilligung der Mutter in einer sog. Ehelichkeitserklärung das Kind als seines anerkennen; damit wurde aber der Mutter das S. entzogen.

Sozialabgaben

Beiträge der Arbeitnehmer und Arbeitgeber zur Renten-, Kranken- und → Arbeitslosenversicherung in Deutschland. Während der Beitragssatz zur Rentenversicherung für Arbeiter und Angestellte 1992 mit 17,7% unverändert blieb, wurde der Beitragssatz zur Arbeitslosenversicherung zum Januar 1992 von 6,8% auf 6,3% gesenkt. Die Beitragssätze zur → Krankenversicherung in Westdeutschland blieben mit durchschnittlich 12,5% und in Ostdeutschland mit 12,8% stabil. Der Höchstbeitrag zur Sozialversicherung (Arbeitnehmer- und Arbeitgeberanteil) stieg in den alten Bundesländern von 2193 DM/Monat (1991) auf 2264 DM/Monat, in den ostdeutschen Ländern von 1159 DM auf 1613 DM. Die Sozialminister der Bundesländer strebten 1991/92 eine länderbezogene Finanzierung der Mitte 1992 überregional tätigen Ersatzkrankenkassen und der Bundesversicherungsanstalt für Angestellte (BfA) an, mit dem Ziel, ihre Kompetenzen zu erweitern und unterschiedliche Beitragssätze für die Bundesländer zu erheben. Die Bundesregierung aus CDU, CSU und FDP beschloß im Juni 1992 die Einführung einer → Pflegeversicherung für 1996 mit einem Beitragssatz von 1,7%.
Einkommensgrenzen: Die Höhe der S. ist abhängig von Arbeitsentgelt und Beitragssatz. Die gesetzlich festgelegten Einkommensgrenzen (sog. Beitragsbemessungsgrenzen) wurden 1992 für die Renten- und Arbeitslosenversicherung in Westdeutschland von einem monatlichen Bruttogehalt von 6500 DM auf 6800 DM, in den ostdeutschen Bundesländern von 3400 DM auf 4800 DM angehoben. In der Krankenversicherung stieg die Bemessungsgrenze in den alten Ländern von 4875 DM auf 5100 DM Bruttoeinkommen pro Monat, in den neuen Ländern von 2550 DM auf 3600 DM.
Finanzierungsprobleme: Während die Einnahmen der Arbeitslosenversicherung die Ausgaben in Westdeutschland

1992 überstiegen, standen in Ostdeutschland aufgrund der hohen → Arbeitslosigkeit den Ausgaben (45 Mrd DM) nur rd. 10 Mrd DM an Einnahmen gegenüber. Wegen der Übertragung des westdeutschen Rentenrechts auf Ostdeutschland (→ Rentenreform) rechneten die Rentenversicherungsträger 1992 mit 6,8 Mrd DM Defizit. Die Krankenkassen schätzten, daß die Ausgaben 1992 in Deutschland die Einnahmen um 15 Mrd DM übersteigen. Sie sahen für 1993 eine Erhöhung des Durchschnittsbeitragssatzes auf voraussichtlich mindestens 13% vor.

Regionalisierung: Nach Art. 87 GG sind grundsätzlich die Landesregierungen für die Aufsicht über die Sozialversicherung zuständig. Als Ausnahme ist vorgesehen, daß der Bund die Aufsicht übernimmt, wenn sich die Sozialversicherung über Ländergrenzen hinweg erstreckt, wie bei den überregional tätigen Ersatzkassen und der BfA. Die Landesversicherungsanstalten, in denen Arbeiter rentenversichert sind, und die Ortskrankenkassen fallen unter die Kompetenz der Länder. Mit der steigenden Anzahl von Angestellten erhöhte sich die Zahl der Personen, die in überregionalen Ersatzkrankenkassen und der BfA kranken- und rentenversichert sind. Die Länder befürchteten einen Kompetenzverlust und forderten, daß Angestellte sich ab 1997 ebenfalls in den Landesversicherungsanstalten versichern sollten. Mit einer Regionalisierung der Krankenversicherung wollen die Länder stärkeren Einfluß auf die Gesundheitspolitik nehmen. Das Bundesarbeitsministerium kritisierte den Vorschlag, weil z. B. die Auflösung der bundesweiten Ersatzkassen dazu führe, daß die Beitragssätze der einzelnen Regionen stark differierten.

Pflegeversicherung: Die Beitragsbemessungsgrenze soll bei 5100 DM monatlichem Bruttoeinkommen liegen. Um die finanzielle Belastung für Arbeitgeber auszugleichen, wurde Mitte 1992 diskutiert, die Lohnfortzahlung für Arbeitnehmer am ersten Krankheitstag zu streichen (→ Karenztag).

Höchstbeiträge in der Sozialversicherung 1992

Versicherung	Beitragsbemessungsgrenze (DM/Monat)[1]		Höchstbeitrag des Arbeitnehmers (DM/Monat)	
	West-deutschland	Ost-deutschland	West-deutschland	Ost-deutschland
Rentenversicherung für Arbeiter und Angestellte	6800	4800	601,8	424,8
Knappschaftliche Rentenversicherung	8400	5900	743,4	522,2
Arbeitslosen-versicherung	6800	4800	214,2	151,2
Krankenversicherung	5100	3600	311,1[2]	230,4[2]

1) Bruttoeinkommensgrenze, bis zu der Beiträge erhoben werden; 2) Durchschnittlicher Betrag aller Krankenversicherungen

Sozialcharta, Europäische

Von den EG-Staaten mit Ausnahme Großbritanniens 1989 verabschiedete Urkunde über die sozialen Grundrechte der Arbeitnehmer, z. B. die Koalitionsfreiheit und das Recht auf Freizügigkeit der Berufsausübung in der EG. Im Dezember 1991 beschlossen die EG-Staaten, daß der Ministerrat mit qualifizierter Mehrheit (vorher: einstimmig) Richtlinien mit arbeitsrechtlichen Mindestvorschriften verabschieden kann. Mit Ausnahme von Großbritannien will die EG rechtliche Grundlagen (Verordnungen, Richtlinien) für die in der S. festgelegten Grundsätze schaffen. Die EG-Kommission schlug Ende 1991 eine Richtlinie zum Arbeitsrecht vor, nach der der Kernbereich der arbeitsrechtlichen Bestimmungen eines EG-Staats auch auf Arbeitnehmer aus dem EG-Ausland angewandt werden muß. Diese Richtlinie soll u. a. verhindern, daß Arbeitnehmer aus dem EG-Ausland zu niedrigeren als den üblichen Löhnen beschäftigt werden.

Ministerratskompetenz: Der Ministerrat muß seine einstimmige Zustimmung nur bei Richtlinien für folgende Bereiche geben:
▷ Soziale Sicherheit der Arbeitnehmer
▷ Kündigungsschutz
▷ Vertretung und kollektive Wahrnehmung der Arbeitnehmer- und Arbeitgeberinteressen, einschließlich der Mitbestimmung
▷ Beschäftigungsbedingungen der Staatsangehörigen von Drittlän-

Sozialabgaben und Steuern weltweit

Land	Abgaben (%)[1]
Belgien	44,3[2]
Dänemark	48,1
Deutschland	37,7
Frankreich	43,8
Griechenland	33,2[2]
Großbritannien	36,8
Italien	39,5
Japan	30,6[2]
Luxemburg	42,4[2]
Niederlande	45,4
Norwegen	46,2
Österreich	41,1
Portugal	34,4
Schweden	57,7
Schweiz	31,2
Spanien	34,4[2]
USA	30,1[2]

1) Steuern und Sozialabgaben als Anteil am Bruttosozialprodukt 1990; 2) 1989; Quelle: OECD

Sozialhilfe

Schriftlicher Arbeitsvertrag in der EG Pflicht
Die EG-Sozialminister verabschiedeten Ende 1991 eine Richtlinie, nach der Arbeitgeber in EG-Staaten Arbeitnehmer spätestens zwei Monate nach der Arbeitsaufnahme schriftlich über die wesentlichen Elemente des neuen Arbeitsverhältnisses unterrichten müssen. Die Arbeitnehmer sollen durch diese Bestimmung davor geschützt werden, andere als vertraglich zugesicherte Tätigkeiten ausüben zu müssen. Die Richtlinie tritt zum 1. 7. 1993 in Kraft und ist für alle Staaten bindend.

dern, die sich regulär im Gebiet der EG aufhalten.

Der Rat erhielt keine Kompetenz für Arbeitsentgelte sowie für das Koalitions- und Arbeitskampfrecht.

Arbeitsrecht: Für Arbeitnehmer aus dem EG-Ausland sollen u. a. die Schutzvorschriften des Gastlandes zum Mindesturlaub, zur → Arbeitszeit und für bestimmte Gruppen (z. B. Schwangere) gelten. Der Entwurf betrifft Arbeitnehmer, die unter Leitung ihres Unternehmens befristet in einer anderen Firma im Ausland tätig sind, die einem Unternehmen im EG-Ausland entliehen werden (→ Leiharbeit) und die für mehr als drei Monate in eine Auslandsniederlassung entsandt werden. → Euro-Betriebsrat

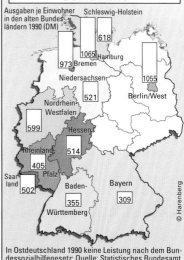

Nord-Süd-Gefälle bei der Sozialhilfe

Ausgaben je Einwohner in den alten Bundesländern 1990 (DM)

Schleswig-Holstein 618
Hamburg 1065
Bremen 973
Niedersachsen 1055
Berlin/West 521
Nordrhein-Westfalen 599
Hessen 514
Rheinland-Pfalz 405
Saarland 502
Baden-Württemberg 355
Bayern 309

© Harenberg

In Ostdeutschland 1990 keine Leistung nach dem Bundessozialhilfegesetz; Quelle: Statistisches Bundesamt

---

Sozialhilfeausgaben in Deutschland

Jahr	Ausgaben[1] (Mrd DM)
1970	3,3
1980	13,3
1982	16,3
1984	18,8
1986	23,2
1988	27,0
1989	28,8
1990	31,8
1991[2]	37,2

1) Bis 1990 westdeutsche Bundesländer; 2) Schätzung; Quelle: Statistisches Bundesamt (Wiesbaden)

Sozialhilfe

In Deutschland erhalten Personen S., die ihren Lebensunterhalt nicht selbst bestreiten können und keine Hilfe von anderen erhalten, insbes. von Verwandten ersten Grades oder von Sozialleistungsträgern. S. wird von den Gemeinden als laufende oder einmalige Hilfe zum Lebensunterhalt und befristet als Hilfe in besonderen Lebenslagen, z. B. bei Krankheit, gewährt. 1991 stiegen die Ausgaben für S. nach Schätzungen des Statistischen Bundesamtes auf 37,2 Mrd DM (1990: rd. 31,8 Mrd DM), davon 3,2 Mrd DM für Ostdeutschland. Die Zahl der S.-Empfänger 1991 bezifferte der DGB auf rd. 4,2 Mio (1990: 3,8 Mio), davon rd. 200 000 in den neuen Bundesländern. Bundesfamilienministerin Hannelore Rönsch (CDU) legte im Juni

1992 einen Entwurf zur Novellierung des S.-Gesetzes vor, der dazu beitragen soll, die Zahl der S.-Empfänger zu verringern. Der DGB forderte Mitte 1992 eine Beteiligung des Bundes an der S., um die Belastung der Kommunen zu verringern (→ Staatsverschuldung), und eine Erhöhung der Regelsätze.

Berechtigte: Der Anstieg der S.-Empfänger ist u. a. auf die → Arbeitslosigkeit, die wachsende Zahl von älteren Menschen mit niedrigen Renten (→ Mindestrente) und von → Ausländern, die auf S. angewiesen sind, zurückzuführen. 1990 erhielten in Ostdeutschland 67% der S.-Empfänger die Leistung aufgrund von Arbeitslosigkeit (Westdeutschland: ca. 33%). Vor allem jüngere Menschen sind zunehmend auf S. angewiesen; in Ostdeutschland war 1990 jeder zweite S.-Empfänger unter 25. In den westdeutschen Bundesländern erhielten 12% der Empfänger S. wegen ihrer geringen Rente (neue Länder: 4%).

Der DGB ging Mitte 1992 davon aus, daß die Zahl der S.-Berechtigten um rd.

Sozialhilfeleistungen in Ostdeutschland

Hilfeart	Empfänger[1]		
	Insgesamt	Männer	Frauen
Hilfe in besonderen Lebenslagen	6 181	2 975	3 206
Hilfe zum Lebensunterhalt	131 629	64 310	67 319
davon:			
Außerhalb von Einrichtungen	129 526	63 233	66 293
In Einrichtungen	2 107	1 080	1 027

1) Leistung nach dem im Einigungsvertrag festgelegten Sozialhilfegesetz (gültig vom 1. 7. 1990 bis zum 31. 12. 1990), danach trat das Bundessozialhilfegesetz in Kraft; Quelle: Statistisches Bundesamt (Wiesbaden)

Ausgaben der Sozialhilfe in Westdeutschland

Position	1980	1981	1982	1983	1984	1985	1986	1987	1988	1989	1990
Ausgaben nach dem Bundessozialhilfe-gesetz (Mio DM)	13 266	14 783	16 329	17 570	18 784	20 846	23 197	25 199	27 009	28 774	31 782
Nach Hilfearten											
Hilfe zum Lebensunterhalt	4 339	4 795	5 521	6 123	6 752	8 025	9 395	10 270	10 962	11 810	12 976
Hilfe in besonderen Lebenslagen	8 927	9 987	10 808	11 447	12 032	12 821	13 801	14 929	16 047	16 963	18 805
davon:											
Hilfe zur Pflege	5 003	5 581	6 028	6 386	6 660	7 152	7 595	8 163	8 675	9 147	10 154
Eingliederungshilfe für Behinderte	2 666	3 041	3 385	3 651	3 932	4 151	4 547	4 945	5 436	5 868	6 567
Nach Art der Unterbringung											
Außerhalb von Einrichtungen	4 970	5 507	6 084	6 648	7 266	8 577	10 085	11 151	12 018	13 030	14 280
In Einrichtungen	8 296	9 276	10 245	10 922	11 518	12 269	13 112	14 049	14 991	15 743	17 501
Sonstige Ausgaben der Sozialhilfeträger[1]	289	281	288	284	290	226	181	178	–[2]	–[2]	–[2]

1) Insbes. Krankenversorgung nach dem Lastenausgleichsgesetz sowie Sozialhilfe und Kostenersatz für Bundesbürger im Ausland; 2) seit 1988 nicht mehr erhoben; Quelle: Statistisches Bundesamt (Wiesbaden)

1 Mio höher liegt als die der Empfänger. Viele Personen, insbes. in den neuen Länder, würden jedoch aus Scham keine S. beantragen (→ Armut).

Regelsätze: Die Bundesländer legen die Höhe der monatlichen Unterstützung (Regelsätze) fest, die jährlich zum 1. 7. der Preissteigerung angepaßt werden. Der sog. Eckregelsatz für Alleinerziehende und Haushaltsvorstände, der als Grundlage für die Festsetzung des S.-Betrags in den Bundesländern dient, lag Mitte 1992 bei 507 DM in Westdeutschland, in Ostdeutschland bei 489 DM. Zusätzlich zur S. werden → Wohngeld und Beihilfe zu Heizungskosten gezahlt; über Leistungen für Kleidung und Haushaltsgeräte wird im Einzelfall entschieden. Der DGB forderte eine Angleichung der ostdeutschen Regelsätze an westdeutsches Niveau, da die Lebenshaltungskosten (ohne Mieten) fast genauso hoch lägen.

Neuregelungen: Mitte 1992 plante Familienministerin Rönsch, die → Berufliche Fortbildung von S.-Empfängern stärker zu fördern, damit sie von S. unabhängig werden. Für S.-Empfänger, die keine Ansprüche auf bezahlte berufliche Qualifizierung aus dem Arbeitsförderungsgesetz haben (z. B. Personen ohne Berufsausbildung), sollen Bildungsmaßnahmen als Hilfe zur Arbeit finanziert werden. S.-Empfänger sollen nicht mehr als Hilfeempfänger bezeichnet werden, sondern als Lei-

stungsberechtigte, da ein Rechtsanspruch auf S. besteht.

Das Pflegegeld der Krankenkassen in Höhe von 400 DM pro Monat, das für Schwerpflegebedürftige gezahlt wird, wird ab Juli 1992 bundeseinheitlich zur Hälfte auf das von der S. gezahlte Pflegegeld angerechnet. In Gemeinden, die das Krankenkassenpflegegeld nicht auf das Pflegegeld der S. anrechneten, reduzieren sich die Ausgaben der S., bei vollständiger Anrechnung steigen sie.

Hilfearten: Die Ausgaben für Hilfe zum Lebensunterhalt stiegen 1990 um 9,9% auf rd. 13 Mrd DM an. Bei der Hilfe in besonderen Lebenslagen (1990: 18,8 Mrd DM) entfielen mehr als die Hälfte der Ausgaben (10,2 Mrd DM) auf die Hilfe zur Pflege, davon 8,8 Mrd DM zur Pflege in Einrichtungen. Um diese Ausgaben der S. zu senken, beschloß die CDU/CSU/FDP-Bundesregierung Mitte 1992 die Einführung einer gesetzlichen → Pflegeversicherung für 1996.

Sozialhilfeempfänger in Ostdeutschland

Bundesland	Empfänger[1]			Ausgaben (1000 DM)
	Insgesamt	Männer	Frauen	
Berlin (Ost)	16 598	8 153	8 445	20 935
Brandenburg	22 825	11 434	11 391	16 486
Mecklenburg-Vorpommern	22 639	11 415	11 224	14 878
Sachsen	26 903	12 806	14 097	23 034
Sachsen-Anhalt	28 362	13 822	14 540	22 538
Thüringen	17 076	8 011	9 065	18 468

1) Leistung nach dem im Einigungsvertrag festgelegten Sozialhilfegesetz (gültig vom 1. 7. 1990 bis 31. 12. 1990), danach trat das Bundessozialhilfegesetz in Kraft; Quelle: Statistisches Bundesamt (Wiesbaden)

Sozialleistungen in Daten und Zahlen

Das Sozialbudget in Deutschland 1990

	Insgesamt	Leistungen (Mio DM)			Insgesamt	Finanzierung (Mio DM)		
		Einkommensleistungen	Bar-Erstattungen	Waren- u. Dienstleistungen		Beiträge der Versicherten	Beiträge der Arbeitgeber	Öffentliche Mittel
Zum Vergleich:								
1986	608 016	412 506	39 525	122 933	632 748	170 885	233 492	202 138
1987	632 400	428 228	41 113	127 960	654 761	179 024	252 644	206 583
1988	662 071	441 130	42 469	142 551	680 313	187 382	251 566	213 668
1989	680 811	461 786	44 782	138 825	714 101	196 988	262 898	224 173
1990[1]	709 995	476 040	46 118	150 238	743 630	209 146	277 066	227 368
Direkte Leistungen[1]								
Allgemeine Systeme								
Rentenversicherung der Arbeiter	115 337	100 197	6 216	2 686	116 053	42 616	39 070	27 436
Rentenversicherung der Angestellten	93 189	78 534	4 905	1 695	102 081	47 457	45 748	7 249
Knappschaftliche Rentenversicherung	17 340	15 398	1 187	59	17 261	1 109	1 483	10 339
Gesetzliche Krankenversicherung	141 670	9 902	2 800	120 679	147 510	92 053	49 477	1 620
Gesetzliche Unfallversicherung[2]	13 315	8 583	311	2 131	14 048	1 629	10 984	455
Arbeitsförderung[3]	49 270	26 672	13 049	–	48 485	18 728	19 641	9 671
Kindergeld[2]	14 619	14 095	–	–	14 619	–	–	14 619
Erziehungsgeld	4 597	4 590	–	–	4 597	–	–	4 597
Sondersysteme								
Altershilfe für Landwirte	4 440	3 849	216	241	4 477	1 342	–	3 106
Versorgungswerke	1 972	1 850	7	–	6 815	3 450	350	–
Beamtenrechtliche Systeme[2]								
Pensionen	43 282	42 592	280	–	43 282	–	24 064	15 224
Familienzuschläge	9 772	9 677	–	–	9 772	–	–	7 168
Beihilfen	10 358	8	10 268	–	10 358	–	10 071	66
Arbeitgeberleistungen								
Zusatzversorgung	11 172	10 810	62	–	11 935	12	7 503	70
Gehaltsfortzahlungen	34 000	34 000	–	–	34 000	–	34 000	–
Betriebliche Altersversorgung	17 480	17 480	–	–	30 150	750	29 400	–
Sonstige Arbeitgeberleistungen	5 275	1 800	375	–	5 275	–	5 275	–
Entschädigungen[2]								
Soziale Entschädigungen[4]	13 137	9 502	1 276	637	13 137	–	–	13 137
Lastenausgleich	1 097	790	143	88	1 097	–	–	1 094
Wiedergutmachung	1 705	1 595	–	12	1 705	–	–	1 705
Sonstige Entschädigungen	839	775	8	–	839	–	–	839
Soziale Hilfen und Dienste								
Sozialhilfe[2][4][5]	33 750	17 485	1 405	11 590	33 755	–	–	32 845
Jugendhilfe[2][4][6]	13 690	–	–	10 420	13 690	–	–	12 940
Ausbildungsförderung[2][7]	813	773	–	–	813	–	–	809
Wohngeld[2]	3 910	–	3 610	–	3 910	–	–	3 910
Öffentlicher Gesundheitsdienst	2 330	–	–	–	2 330	–	–	1 881
Vermögensbildung	10 633	10 633	–	–	10 633	–	–	2 138
Indirekte Leistungen[1]								
Steuerliche Maßnahmen	48 210	48 210	–	–	48 210	–	–	48 210
Vergünstigungen im Wohnungswesen	6 240	6 240	–	–	6 240	–	–	6 240

1) Berechnungsstand April 1991;
2) inkl. Verwaltungskosten;
3) ohne Darlehen, Grunderwerb sowie Rücklagenzuführungen bzw. -entnahmen;
4) ohne Ersatz von Sozialleistungsträgern und sozialer Hilfen der Länder;
5) inkl. weiterer Leistungen der Sozialhilfeträger und sozialer Hilfen der Länder (z. B. Landesblinden- und -pflegegeld);
6) inkl. Leistungen des Bundes (z. B. nach dem Bundesjugendplan);
7) ohne Darlehen;
Quelle: Statistisches Bundesamt

Sozialkampagne

Werbung für soziale, ethische und politische Ideen. Mit S. sollen Lebenseinstellungen und -formen des Verbrauchers beeinflußt werden. Ende 1991 initiierten deutsche Medien und Prominente eine S. gegen Ausländerfeindlichkeit. Das Bundesgesundheitsministerium wandte sich Ende 1991 mit einer S. gegen Mißbrauch von → Drogen, eine weitere S. warb seit Anfang der 90er Jahre für verantwortungsvolles Sexualverhalten zur Vermeidung von → Aids. Die Werbebranche geht von steigender Bedeutung der S. in den 90er Jahren aus.

Nach Ausschreitungen gegen → Ausländer im ganzen Bundesgebiet schalteten Zeitschriften und Fernsehen eine S., die Gewalt an Ausländern verurteilte und für Integration von ausländischen Bürgern warb. Die S. war in der Öffentlichkeit wegen ihrer Slogans umstritten, die u. a. Bezug auf Anschläge nahmen (z. B. „Wer hilft mit, Zeinab anzuzünden?").

Sozial-Sponsoring

→ Sponsoring

Sozialversicherungsausweis

Karte, die in Deutschland von den Rentenversicherungsträgern ab Juli 1991 an Erwerbstätige ausgegeben wird, um → Schwarzarbeit und illegale Beschäftigung zu bekämpfen. Der S. enthält Namen und Rentenversicherungsnummer des Beschäftigten und ein Foto, wenn der Arbeitnehmer zum Mitführen des S. verpflichtet ist (z. B. Beschäftigte im Baugewerbe). Nach Schätzungen der Arbeitsämter werden 1995 S. an alle Arbeitnehmer ausgegeben sein.

Das Gesetz über S. sieht u. a. folgende Regelungen vor:
▷ Arbeitgeber müssen sich bei Beginn einer Beschäftigung den S. vorlegen lassen bzw. eine Nichtvorlage den Behörden melden

Wer hilft mit, Zeinab anzu- zünden?

Alle, die schweigen. Alle, die dabeistehen. Alle, die wegschauen. Alle, die heimlich Beifall klatschen.

▷ Behörden können die Vorlage des S. verlangen
▷ Arbeits- und Sozialämter können den S. einziehen, wenn sie Leistungen gewähren. Damit soll verhindert werden, daß Personen Arbeitslosengeld bzw. -hilfe oder → Sozialhilfe erhalten, obwohl sie einer Beschäftigung nachgehen
▷ Bei Verstößen gegen die genannten Pflichten können Bußgelder verhängt werden.

Arbeitgeber und -nehmer beurteilen S. skeptisch. Er sei nicht fälschungssicher und verursache großen Verwaltungsaufwand.

Das Plakat der Sozialkampagne gegen Ausländerfeindlichkeit nimmt Bezug auf den Anschlag auf ein Asylbewerberwohnheim in Hünxe 1991, bei dem das achtjährige libanesische Mädchen Zeinab lebensgefährliche Verbrennungen erlitt.

Sparbuch

Die CDU/CSU/FDP-Bundesregierung plante, die gesetzliche Kündigungsfrist von drei Monaten für S. in Deutschland ab 1993 abzuschaffen, weil andere EG-Staaten diese Regelung nicht kannten. Bis dahin waren die → Banken verpflichtet, dem Kunden für Abhebungen ohne vorherige Kündigung Vorschußzinsen in Höhe von einem Viertel des Sparzinssatzes in Rechnung zu stellen. Ohne Kündigung frei verfügbar waren Auszahlungen bis 2000 DM innerhalb 30 Tagen, längere Kündigungsfristen, i. d. R. gegen höhere Verzinsung, waren frei vereinbar. Die → Spareinlagen mit gesetzlicher Kündi-

Sparbücher mit gesetzlicher Kündigungsfrist in Deutschland

Jahr	Spareinlagen* (Mrd DM)
1983	363,7
1984	378,4
1985	413,4
1986	445,3
1987	472,9
1988	500,0
1989	485,6
1990	612,1
1991	517,8

Ab Juli 1990 inkl. Ostdeutschland; Quelle: Deutsche Bundesbank

Entwicklung der privaten Ersparnis in Westdeutschland

Jahr	Erspar-nis (Mrd DM)	Spar-quote* (%)
1982	148,7	14,0
1983	134,4	12,3
1984	147,5	12,8
1985	151,3	12,7
1986	166,9	13,5
1987	175,2	13,7
1988	186,2	13,9
1989	188,5	13,5
1990	224,7	14,7
1991	235,7	14,6

Anteil der Ersparnis am verfügbaren Einkommen; Quelle: Deutsche Bundesbank

Hans-Ulrich Klose, SPD-Fraktionschef
* 14. 6. 1937 in Breslau/ heute Polen, deutscher Jurist und Politiker. 1973 Innensenator, 1974 Erster Bürgermeister in Hamburg. 1981 Rücktritt wegen seiner Anti-Atom-Politik. 1987–1991 Schatzmeister der SPD. Im November 1991 Wahl zum SPD-Fraktionsvorsitzenden und Nachfolger von Hans-Jochen Vogel.

gungsfrist beliefen sich Mitte 1992 auf rd. 520 Mrd DM. Der durchschnittliche Zins betrug 2,8% (Festgelder: 6,5–9%). Mitte 1992 wurde damit gerechnet, daß Banken S. mit vertraglich vereinbarter Kündigungsfrist von drei Monaten schaffen, u. U. mit einer höheren Freigrenze für Auszahlungen von z. B. 3000 DM. Die Kündigungsfrist erlaubt es den Banken, Spareinlagen längerfristig auszuleihen.

Spareinlagen

Die privaten Haushalte in Westdeutschland sparten 1991 nach Angaben der Deutschen Bundesbank 235,7 Mrd DM und damit 14,6% (Sparquote) ihres verfügbaren → Einkommens von 1614,8 Mrd DM (→ Verbrauch, Privater). Die private Ersparnis stieg damit gegenüber 1990 um 4,9%. Insgesamt erreichten die S. in Deutschland 1991 einen Stand von 762,8 Mrd DM (1990: 855,0 Mrd DM). Davon waren 517,8 Mrd DM auf → Sparbüchern mit gesetzlicher Kündigungsfrist angelegt. In Ostdeutschland verfügte jeder Kunde der Sparkassen, bei denen rd. 80% der S. angelegt waren, 1991 durchschnittlich über ein Sparguthaben von 3800 DM (Westdeutschland: 4400 DM). Den deutschen Sparern wurden 1991 von den → Banken 33,6 Mrd DM (1990: 29,1 Mrd DM) an Zinsen gutgeschrieben (→ Leitzinsen). Das gesamte Geldvermögen der privaten Haushalte in Westdeutschland, das neben S. auch Wertpapiere (→ Börse), Lebensversicherungen (→ Versicherungen) etc. umfaßt, wuchs 1991 auf rd. 3098 Mrd DM (1990: rd. 2879 Mrd DM). → Bruttosozialprodukt → Inflation → Investitionen

SPD

Sozialdemokratische Partei Deutschlands mit 920 000 Mitgliedern (Stand: Mitte 1992). Im November 1991 wurde Hans-Ulrich Klose zum Fraktionsvorsitzenden und Nachfolger von Hans-Jochen Vogel gewählt. Bei den Bundestagswahlen 1994 soll Björn Engholm, seit Mai 1991 Parteivorsitzender der SPD, für das Amt des Bundeskanzlers kandidieren. Die SPD mußte 1991/92 bei den Landtagswahlen in Bremen, Baden-Württemberg und Schleswig-Holstein Stimmenverluste hinnehmen. Sie plante für Ende 1992 eine Parteireform mit dem Ziel, mehr Mitwirkungsmöglichkeiten für Mitglieder und interessierte Bürger zu schaffen. 1991 waren rd. 50 000 Mitglieder aus der SPD ausgetreten. Im Mai 1992 legte die SPD Vorschläge zur Begrenzung der → Staatsverschuldung vor. Die Sozialdemokraten sprachen sich für eine einheitliche Regelung der Asylverfahren in Europa aus, die ein Recht auf Asyl für politisch Verfolgte enthalten soll (→ Asylbewerber).

Landtage: Bei den Wahlen in Bremen vom September 1991 erzielte die SPD mit 38,8% der Stimmen ihr schlechtestes Ergebnis seit 1945. Nach den Landtagswahlen in Baden-Württemberg vom April 1992 bildete die SPD (Stimmenanteil: 29%; 1988: 32%) mit der bis dahin allein regierenden CDU eine große Koalition. Ministerpräsident Engholm konnte bei den Wahlen in Schleswig-Holstein vom April 1992 die absolute Mehrheit der SPD behaupten. Die SPD stellte 1991/92 außerdem die Regierung in Nordrhein-Westfalen, dem Saarland und Hamburg; in Bremen, Niedersachsen, Hessen, Rheinland-Pfalz und Brandenburg war sie an Koalitionsregierungen beteiligt. Die von der SPD geführten Regierungen verfügten im → Bundesrat mit 37 von 68 Stimmen über eine Mehrheit.

Staatsverschuldung: Die SPD warf der Bundesregierung vor, eine unverantwortlich hohe Staatsverschuldung einzugehen. Die CDU/CSU/FDP-Bundesregierung plante 1992 eine Neuverschuldung in den Haushalten des Bundes in Höhe von 63,4 Mrd DM (1989: 20,3 Mrd DM). Nach Ansicht der SPD ließen sich jährlich rd. 40 Mrd DM im Bundesetat einsparen. Sie schlug u. a. vor, die Senkung der Vermögen- und Gewerbesteuer ab 1993 zurückzunehmen (→ Unternehmen-steuerreform), eine Arbeitsmarktabga-be für Beamte, Selbständige und freiberuflich Tätige einzuführen und die → Subventionen zu verringern.

Zuwanderung: Die SPD erklärte sich Anfang 1992 bereit, einer Änderung von Art. 16 GG, in dem politisch Ver-folgten das Recht auf Asyl zugesichert wird, zuzustimmen, wenn dies im Zuge der Harmonisierung des Asylrechts in der EG notwendig sein sollte. Die Bun-desregierung, die sich für eine Ein-schränkung des GG-Artikels einsetzte, benötigt für die bei Verfassungsände-rungen notwendige Zweidrittel-Mehr-heit die Zustimmung der SPD. Die SPD plädierte für ein Einwanderungsgesetz, das eine jährliche Aufnahmequote für → Aussiedler und für → Flüchtlinge, die ihre Heimat aufgrund von → Armut verlassen, festlegt.

Parteireform: Eine 1991 durchgeführte Mitgliederbefragung ergab, daß jedes vierte SPD-Mitglied über 65 Jahre alt ist. Nur rd. 30% der Mitglieder sind Frauen. SPD-Geschäftsführer Karl-heinz Blessing trat im Mai 1992 dafür ein, daß künftig alle Parteimitglieder die sozialdemokratischen Kandidaten für den Bundestag und die Landtage wählen dürfen. 1991/92 wurden die Kandidaten von Delegierten aufge-stellt. Außerdem setzte sich Blessing für Urabstimmungen zu inhaltlichen Fragen ein. → Parteienfinanzierung

Spenden-Siegel

Auszeichnung für Hilfsorganisationen, die Geldspendern die Seriosität einer Organisation signalisieren soll. Deut-sche Medien hatten Anfang der 90er Jahre Hilfsorganisationen zunehmend beschuldigt, Spendengelder nicht für vorgesehene Zwecke zu verwenden. Das S. wird 1992 erstmals vom Deut-schen Zentralinstitut für soziale Fragen (DZI, Berlin) für die Dauer eines Jah-res verliehen. Ausgezeichnete Organi-sationen sind u. a. zur jährlichen Vor-lage der Geschäftsunterlagen ver-pflichtet. Das DZI prüft, ob der größte Teil der Spenden für den vorgesehenen Zweck verwendet wird und ob z. B. die Kosten für die Verwaltung in angemes-sener Relation zu den Hilfsausgaben stehen. In Deutschland existierten 1992 rd. 20 000 Hilfsorganisationen. Die 400 größten erhielten 1991 rd. 85% der ca. 4 Mrd DM Spenden.

Spielsucht

Von den Betroffenen nicht zu kontrol-lierender Zwang zur grenzenlosen Be-teiligung an Glücksspielen. Nach Schätzungen des Bundesministeriums für Frauen und Jugend sowie des Köl-ner Vereins Aktion Glücksspiel gab es in Deutschland 1991 zwischen 20 000 und 1 Mio Spielsüchtige. S. zerstört familiäre und soziale Bindungen und zieht z. T. hohe Verschuldung und Beschaffungskriminalität nach sich. Außerhalb der rd. 130 Selbsthilfegrup-pen existierten keine therapeutischen Angebote. Nach Plänen des deutschen EG-Kommissars Martin Bangemann von 1992 sollen sich auf dem → Eu-ropäischen Binnenmarkt Spielkasinos, Wettbüros und Lotterien aus Mitglied-staaten in allen EG-Ländern niederlas-sen und ihre Spiele EG-weit anbieten dürfen.

Geldautomaten: Die nach Angaben der Aktion Glücksspiel größtenteils ge-setzeswidrige Automatenanordnung in den Spielhallen ermögliche es, an meh-reren Automaten gleichzeitig zu spie-len und dabei innerhalb einer Stunde bis zu 700 DM zu verlieren. Laut Gewerbeverordnung durfte 1992 in ei-nem Raum mit 15 m² nur ein Geldauto-mat installiert sein, insgesamt durften nicht mehr als zehn Geräte in einer Spielhalle stehen. Die Bundesregierung bezeichnete Geldspielautomaten 1991 als unbe-denkliche Spielgeräte, bei denen die Gefahr unangemessen hoher Verluste in kurzer Zeit nicht gegeben sei. Ab 1990 umgesetzte freiwillige Maßnah-men der Automatenwirtschaft gegen die S. sehen u. a. die Senkung der er-zielbaren Sonderspiele an Automaten

Die erfolgreichsten Glücksspiele in Westdeutschland

Spiel	Umsatz (Mrd DM)
Zahlenlotto	6,8
Geldspiel-automaten	2,0
Klassenlotterien	1,3
Spiel 77	1,2
Pferdewetten	0,7
Prämien- und Gewinnsparen	0,7
Rubbellotterie	0,5
Fußballtoto	0,3
Fernsehlotterien	0,3
Glücksspirale	0,2

Stand: 1990; Quelle: Deut-sche Hauptstelle gegen die Suchtgefahren (Hamm)

von 200 auf 150 vor, die Begrenzung von Münz- und Gewinnspeicher auf 50 DM und eine automatische Abschaltung für rd. 3 min nach einer Stunde ununterbrochenen Spiels.

EG: Nach Ansicht Bangemanns zählt Glücksspiel zu den Dienstleistungen und kann daher ab 1993 EG-weit angeboten werden. Mit einem jährlichen Umsatz von 93 Mrd DM nehme das Glücksspiel den 13. Rang unter den europäischen Wirtschaftsbranchen ein. Die Ministerpräsidenten der deutschen Bundesländer bezweifelten dagegen, daß Glücksspiel als Dienstleistung zu betrachten sei, es unterliege vielmehr nationalem Ordnungsrecht. Deutsche Glücksspielbetriebe führen jährlich rd. 3 Mrd DM Überschüsse u. a. an die Länderhaushalte ab.

Herbe Verluste für Wiener SPÖ
Bei den Wahlen zum Wiener Gemeinderat vom November 1991 verlor die Sozialdemokratische Partei Österreichs (SPÖ) nach einem Verlust von 7,2 Prozentpunkten die absolute Mehrheit der Stimmen; sie behielt jedoch die absolute Mandatsmehrheit. Mit 47,7% der Wählerstimmen mußten die Sozialdemokraten das schlechteste Wahlergebnis im „roten Wien" seit 1945 hinnehmen.

SPÖ

Sozialdemokratische Partei Österreichs, die seit den Nationalratswahlen vom Oktober 1990 im Parlament 80 Abgeordnete stellt (Stimmenanteil: 43,05%). Die SPÖ bildet seit 1987 mit der zweitstärksten Partei, der ÖVP, die Regierung Österreichs; sie hat 600 000 Mitglieder (Stand: 1. 1. 1992). Als Parteivorsitzender amtiert seit 1986 Bundeskanzler Franz Vranitzky (Stand: Mitte 1992). Die SPÖ betrachtet den Beitritt Österreichs zur → EG als vorrangiges Ziel.
Die SPÖ befürwortete den Beitritt Österreichs zum Europäischen Wirtschaftsraum (→ EWR), den die EG und die Mitgliedstaaten der → EFTA im Mai 1992 vertraglich vereinbarten. Österreich solle jedoch die im Staatsvertrag von 1955 festgelegte Neutralität beibehalten. Nach der Auflösung der UdSSR im Dezember 1991 und dem Ende der Ost-West-Konfrontation wurde in Österreich verstärkt darüber diskutiert, ob das Land der → NATO beitreten sollte. Die SPÖ beschloß bei ihrem Linzer Parteitag 1991 häufigere Mitgliederbefragungen und eine Erhöhung der Frauenquote für SPÖ-Ämter von 25% auf 40%.

Sponsoring

(engl.; fördern), Form der → Werbung, bei der Personen, Institutionen und Veranstaltungen von Firmen finanziell oder mit Sach- und Dienstleistungen unterstützt werden. Im Gegenzug wird meist der Name des Unternehmens (Sponsors) öffentlich genannt. Etwa 3,5% der Werbeausgaben deutscher Unternehmen waren 1992 für S. (rd. 1,5 Mrd DM) vorgesehen. Die Firmen traten 1991/92 in den Bereichen Sport und Kultur sowie verstärkt als Sponsoren von Sozial- und Umweltschutzinstitutionen auf. 1991 stiegen die Aufwendungen deutscher Firmen für Sozial-Sponsoring um 67% gegenüber dem Vorjahr auf 100 Mio DM.
Ziele: Die Unternehmen wollen mit S. ihr Firmenimage (→ Corporate Identity) verbessern, insbes. ihren Bekanntheitsgrad erhöhen, um Sympathie werben und ihren Umsatz steigern.
Spots in ARD und ZDF: Während der Olympischen Winterspiele 1992 in Albertville/Frankreich wurden erstmals Sendungen öffentlich-rechtlicher Fernsehanstalten gesponsert. Zwei Firmen stellten den Sendern insgesamt 2 Mio DM zur Verfügung, im Gegenzug wurden sie vor und nach jeder Übertragung genannt. Medienforscher verzeichneten bei den Zuschauern im Vergleich zu herkömmlicher → Fernsehwerbung überdurchschnittlich hohe Erinnerungswerte für die Firmen.
Öko-Sponsoring: 1991 wendete die deutsche Wirtschaft nach Schätzungen

Beispiele für Öko- und Sozial-Sponsoring in Deutschland 1991/92

Unternehmen	Projekt
Öko-Sponsoring	
Wicküler Brauerei AG (Wuppertal)	Naturschutzzentrum am früheren Mauerstreifen in Berlin
Commerzbank AG (Frankfurt /M.)	Praktika in Naturschutzparks
Deutsche Lufthansa AG (Köln)	Restaurierung von Feuchtbiotopen für Kraniche
Sozial-Sponsoring	
C & A Brenninkmeyer KG (Düsseldorf)	Sorgentelefone des Kinderschutzbundes
IBM Deutschland (Stuttgart)	Einrichtung einer bundesweiten elektronischen Blindenzeitung

Quelle: Handelsblatt, 8. 11. 1991, FR, 29. 2. 1992, Wirtschaftswoche, 26. 7. 1991

der European Business School (Oestrich-Winkel) rd. 100 Mio DM für das S. von Umweltorganisationen und deren Projekten auf (1990: 60 Mio DM). Umweltschutzorganisationen fürchteten, durch S. in Abhängigkeit von Konzernen zu geraten, die mit ihrer Unterstützung lediglich umweltfeindliche Aktivitäten bemänteln wollten. Der World Wild Fund for Nature (WWF) erhält jährlich 3 Mio DM durch S. Die Gruppe → Greenpeace lehnte S. für sich 1992 grundsätzlich ab.

Sportübertragungsrechte

Von Sportveranstaltern und -verbänden an Rundfunksender verkaufte Erlaubnis, Sportveranstaltungen zu übertragen. Die Sportübertragungen haben i. d. R. hohe Einschaltquoten, die über die Attraktivität des Senders für Werbekunden entscheiden. 1991/92 verstärkte sich der Wettbewerb privater und öffentlich-rechtlicher Sender um die S. publikumswirksamer Veranstaltungen wie der → Fußball-Bundesliga, von Tennisturnieren und → Olympischen Spielen, was zu erheblichen Steigerungen der Preise für S. führte. → Privatfernsehen finanziert sich in Deutschland ausschließlich durch Erlöse aus der → Fernsehwerbung, die nach den → Rundfunkgebühren zweitwichtigste Einnahmequelle der öffentlich-rechtlichen Anbieter sind.

Fußball-Bundesliga: Die S. für Fußball-Bundesliga-Begegnungen der Saison 1992/93 bis 1997 kaufte die private Sportrechte-Verwertungsgesellschaft (ISPR) zum Preis von 720 Mio DM vom Deutschen Fußball-Bund (DFB, Frankfurt/M.). Die ISPR vergab die S. an den Privatsender SAT 1 (geschätzter Preis: 400 Mio DM), der ab Mitte 1992 samstags von 18 Uhr bis 19.20 Uhr über rd. ein Drittel der Spiele berichten kann. Die ISPR-Gesellschafter, die Kirch-Gruppe (München) und der Springer Verlag (Hamburg), hielten auch SAT-1-Anteile. Die Rechte zur zeitlich nach der SAT-1-Berichterstattung liegenden Ausstrahlung von Begegnungen (sog. Zweitverwertung) erwarben ARD und ZDF für 55 Mio DM von der ISPR und zahlten damit etwa doppelt soviel wie für die Erstausstrahlung 1991/92. Die seit 30 Jahren von der ARD ab 18 Uhr gesendete „Sportschau" wird auf 19.15 Uhr in die Regionalprogramme verschoben, in denen Ausschnitte von jeweils vier Begegnungen gezeigt werden. Das ZDF berichtet samstags im „Aktuellen Sportstudio" und sonntags in der „Sportreportage" über die Bundesliga. RTL plus erwog Mitte 1992, am Wochenende zeitlich vor SAT 1 über die Bundesliga in Beiträgen von 90 sec zu berichten, die kostenlos sind (→ Kurzberichterstattung). Für die S. der Spielzeiten 1989–1992 hatte die private Ufa Film und Fernseh GmbH 135 Mio DM an den DFB gezahlt. 1965–1992 erhöhten sich die Preise für S. der Fußball-Bundesliga um das 1000fache.

Tennis: Bis 1993 hält die Ufa die S. der Tennis-Meisterschaften im britischen Wimbledon. Der Preis für die S. von 1988 bis 1993 lag mit 50 Mio DM für den gesamten Zeitraum um 700% über der bis dahin gezahlten Summe.

Olympische Spiele: Die Kosten der öffentlich-rechtlichen Anstalten für die S. der Olympischen Sommerspiele 1992 verdreifachten sich im Vergleich zu 1988 auf rd. 20 Mio DM. Für die S. der Olympischen Winterspiele 1992 zahlten sie mit 2,3 Mio DM doppelt soviel wie für die S. der Spiele 1988.

Andere Sportarten: 1990 hob das Bundesverfassungsgericht (BVG, Karlsruhe) den sog. Globalvertrag auf, der ARD und ZDF für 7 Mio DM jährlich die S. aller Veranstaltungen der 38 Verbände des Deutschen Sportbundes (DSB, Frankfurt/M.) zugesichert hatte. Das BVG wertete den Globalvertrag als Verstoß gegen das Wettbewerbsrecht. Die Verbände trafen anschließend Einzelvereinbarungen mit Fernsehveranstaltern. S. für Veranstaltungen von Handball, Leichtathletik, Volleyball, Tischtennis, Turnen und Hockey von 1990 bis 1993 erwarben ARD und ZDF für 42 Mio DM.

2147 Stunden Tennis im deutschen Fernsehen
Die Marktforschungsgesellschaft media control (Baden-Baden) ermittelte, daß deutsche Fernsehzuschauer 1991 etwa 13 088 Stunden Sportübertragungen von insgesamt 41 in- und ausländischen Sendern sehen konnten. Tennisübertragungen hatten mit 2147 Stunden den größten Anteil am Sportprogramm, 1540 Stunden lang wurde Fußball übertragen, 1412 Stunden nahm Automobilsport ein.

SPS-Initiative für Waffenausfuhrverbot

Die Sozialdemokratische Partei der Schweiz (SPS) übergab der Regierung im Mai 1992 eine Volksinitiative, die ein vollständiges Waffenausfuhrverbot und eine Halbierung der Militärausgaben bis 1996 vorsieht. Der SPS war es gelungen, bis November 1991 die für eine Volksinitiative notwendigen 100 000 Unterschriften von Bürgern zu sammeln. Über die Initiative wird etwa Mitte der 90er Jahre in einer Volksabstimmung entschieden.

START-Vertrag klammert Atomwaffen aus

Die 6000 strategischen Atomsprengköpfe, die der START-Vertrag vom Juli 1991 für die USA und die Sowjetunion als Obergrenze bestimmt, entsprechen nicht der tatsächlich erlaubten Anzahl, weil die von Langstreckenbombern getragenen Waffen nicht vollständig berücksichtigt werden. Bei Flugzeugen, die bis zu 16 Atombomben und Raketen kürzerer Reichweite mit sich führen, wird die gesamte Ladung nur als ein Gefechtskopf gewertet. Ähnliches gilt für mit Marschflugkörpern (engl.: cruise missiles) bestückte Flugzeuge. 150 US-amerikanische Bomber werden mit zehn Marschflugkörpern gezählt, obwohl sie 20 laden dürfen, bei 180 sowjetischen Flugzeugen werden acht cruise missiles angerechnet (maximale Zuladung: 16).

SPS

(Sozialdemokratische Partei der Schweiz), schweizerische sozialreformerische Arbeiterpartei, die seit 1959 gemeinsam mit den bürgerlichen Parteien FDP, CVP und SVP die Bundesregierung bildet. Bei den Nationalratswahlen vom Oktober 1991 erhielt die SPS 19% der Stimmen (1987: 18,4%); sie verfügt weiterhin über 41 Sitze. Mitte 1992 hatte die SPS 40 000 Mitglieder. Im Oktober 1991 wurde Peter Bodenmann für drei Jahre als Präsident der SPS bestätigt. Die SPS befürwortete 1991/92 die Beteiligung der Schweiz am Europäischen Wirtschaftsraum (→ EWR) und sprach sich für einen Beitritt des Landes zur EG aus. Als Bedingung für einen EG-Beitritt nannte die SPS 1991 einen Vertrag, der die im Vergleich zum EG-Recht strengeren schweizerischen Normen in der Umwelt- und Energiepolitik (z. B. bei den Stickoxidemissionen) aufrechterhält. Die mit einem EG-Beitritt verbundene teilweise Aufgabe nationaler Zuständigkeiten solle durch mehr Mitbestimmungsmöglichkeiten in anderen Gebieten ausgeglichen werden. Die SPS plädierte z. B. für ein größeres politisches Gewicht des Ständerats, der Vertretung der 26 Schweizer Kantone. Im März 1992 sprach sich die SPS für einen Beitritt der Schweiz zum → Internationalen Währungsfonds und zur → Weltbank aus. Die SPS befürwortete eine kontrollierte Abgabe von Heroin an Süchtige. Sie setzte sich darüber hinaus für eine Änderung des Betäubungsmittelgesetzes ein, damit der Erwerb und Konsum von → Drogen zum Eigengebrauch nicht mehr unter Strafe steht.

Staatsverschuldung

→ Übersichtsartikel S. 395

START

(Strategic Arms Reduction Talks, engl.; Gespräche über die Verringerung

strategischer Waffen), nach zehnjähriger Verhandlungszeit unterzeichneten die USA und die Sowjetunion am 31. 7. 1991 in Genf/Schweiz einen Vertrag über die Reduzierung der → Strategischen Waffen (Reichweite: über 5500 km). Das Abkommen verpflichtet die USA und die UdSSR auf die Abrüstung von rd. einem Drittel ihrer Sprengköpfe bis 1999. Durch die Auflösung der Sowjetunion Ende 1991 verzögerte sich die Ratifizierung des Vertrags. Mitte 1992 verabredeten die USA und Rußland eine Obergrenze von 3000–3500 strategischen Gefechtsköpfen für jede Seite (→ Atomwaffen). Im Mai 1992 unterzeichneten Rußland, Weißrußland, die Ukraine und Kasachstan ein Protokoll, in dem sie die Verpflichtungen der UdSSR aus dem START-Abkommen übernehmen. Die strategischen Waffen der → GUS waren Mitte 1992 in den vier ehemaligen Sowjetrepubliken stationiert. Die USA und die ehemalige UdSSR dürfen nicht mehr als 6000 Sprengköpfe auf 1600 Trägersystemen besitzen, davon 4900 auf landgestützten und auf U-Booten stationierten Raketen. Die Anzahl der Sprengköpfe auf mobilen Langstreckenraketen darf nicht mehr als 1100 Sprengköpfe betragen, auf schweren landgestützten Interkontinentalraketen nicht mehr als 1540. Die Obergrenzen für seegestützte atomare Marschflugkörper über 600 km Reichweite (engl.: cruise missiles) wurden in einer politisch bindenden Zusatzerklärung zum START-Vertrag auf 880 für jede Seite festgelegt.

Stasi

→ Übersichtsartikel S. 396

Stattauto

→ Car Sharing

Stealth-Bomber

(stealth, engl.; Heimlichkeit; auch B-2-Bomber), US-amerikanisches Kampf-

Staatsverschuldung
Schattenhaushalte verdecken Rekorddefizit des Bundes

Die deutsche CDU/CSU/FDP-Bundesregierung plante für 1992 eine Steigerung der Neuverschuldung in den Haushalten des Bundes im Vergleich zu 1989 (20,3 Mrd DM), dem Jahr vor dem Beitritt der DDR zur Bundesrepublik, von zusammen 212,3% auf 63,4 Mrd DM. Die seit dem Beitritt der fünf zusätzlichen Bundesländer steigende Kreditaufnahme soll dazu beitragen, den Aufbau der Wirtschaft in Ostdeutschland zu finanzieren. Der Betrag, den der Bund für die Begleichung der Zinsen aufwenden muß, ist 1992 mit 57,7 Mrd DM der zweitgrößte Haushaltsposten nach den Ausgaben für Arbeit und Soziales und liegt noch vor den Aufwendungen für die Verteidigung (→ Haushalte, Öffentliche). Die UNO-Organisation → Internationaler Währungsfonds forderte die Bundesregierung Mitte 1992 erstmals dazu auf, die Staatsverschuldung zu senken, weil → Inflation und eine Gefährdung der → Konjunktur-Entwicklung mit Auswirkungen auf die übrigen EG-Staaten drohten (→ EG-Konjunktur), und rief zu Ausgabenkürzungen auf, z. B. im Bereich der Verteidigung oder bei den → Subventionen für die Landwirtschaft (→ Agrarpolitik). Auch die Deutsche → Bundesbank warnte seit Anfang der 90er Jahre vor den Gefahren wachsender Staatsverschuldung für Preisstabilität und Konjunktur und forderte Einsparungen bei den Staatsausgaben. Außerdem verwies sie auf die Einschränkung des finanziellen Handlungsspielraums für den Staat durch die zu zahlenden Zinsen.

Besorgniserregende Eckdaten: Der Anteil der gesamten deutschen staatlichen Neuverschuldung (zusätzliche Kreditaufnahme eines Jahres über den bisherigen Stand hinaus) am → Bruttosozialprodukt belief sich 1991 auf 4,5%. Als Bedingung für den Eintritt eines Staates in die für Ende der 90er Jahre geplante → Europäische Währungsunion gilt ein Höchstwert von 3%. Einschließlich der neuen Kreditaufnahme steigt die Gesamtverschuldung der öffentlichen Haushalte bei privaten Haushalten, Unternehmen und Banken bis Ende 1992 voraussichtlich auf ca. 1270 Mrd DM.

Schattenhaushalte: Die Bundesregierung arbeitet seit dem Beitritt der DDR zur Bundesrepublik verstärkt mit Sonder-Haushalten neben dem Bundes-Etat, die ebenfalls Kredite aufnehmen. Der wirtschaftliche Aufbau in Ostdeutschland soll insbes. mit dem → Fonds Deutsche Einheit des Bundes und der Länder gefördert werden. Die Verschuldung der ehemaligen DDR wird im sog. Kreditabwicklungsfonds geführt, über dessen Tilgung Mitte 1992 Streitigkeiten zwischen Bund und Ländern ausbrachen. Weitere Kredite werden über den ERP-Haushalt aufgenommen (European Recovery Program, engl.; Europäisches Wiederaufbauprogramm), der Gelder aus der ehemaligen US-amerikanischen Marshall-Plan-Hilfe nach dem Zweiten Weltkrieg verwaltet. Der Bundesrechnungshof und die OECD kritisierten, daß Sonder-Haushalte die Übersicht über die Staatsfinanzen erschweren.

Gefahren für die Wirtschafts-Entwicklung: Wenn durch zunehmende Kredite, die u. a. über Schuldverschreibungen aufgenommen werden (→ Börse), die Menge des im Wirtschaftskreislauf umlaufenden Geldes steigt, droht der Wert des Geldes zu sinken. Da die Bundesbank, deren Aufgabe die Verhinderung von Geldentwertung ist, 1991/92 die → Leitzinsen heraufsetzte, um mit dieser Verteuerung des Geldes die Nachfrage nach Kredit zu bremsen, können u. a. kreditfinanzierte → Investitionen unterbleiben, und die Konjunktur-Entwicklung kann behindert werden. Das ohnehin schwache Wirtschaftswachstum würde ebenfalls gefährdet, wenn die Steuern erhöht werden müßten, um der zunehmenden Begrenzung des staatlichen Handlungsspielraumes durch die Zinslasten zu entgehen. (AS)

Entwicklung der Verschuldung in Deutschland

Haushalt	Netto-Neuverschuldung (Mrd DM)			
	1989	1990	1991	1992
Bund	19,2	46,7	52,0	40,5
ERP[1]	1,1	2,2	6,9	10,2
Fonds Deutsche Einheit[2]	–	10,0	15,5	12,0
Kreditabwicklungsfonds[3]	–	–	–0,6	0,7
Bundes-Haushalte zusammen	20,3	58,9	73,8	63,4
Länder	8,0	18,2	23,2	34,0
Fonds Deutsche Einheit[4]	–	10,0	15,5	12,0
Länder-Haushalte zusammen	8,0	28,2	38,7	46,0
Gemeinden	1,9	2,9	11,0	10,5
Öffentliche Haushalte zusammen	30,2	90,0	123,5	119,9

1) Sondervermögen des European Recovery Program, engl.; Europäisches Wiederaufbauprogramm; 2) Bundesanteil (50%); 3) Verschuldung der ehemaligen DDR; 4) Länderanteil (50%); Quelle: Bundesregierung Mitte 1992

Tauziehen um Aufarbeitung der SED-Hinterlassenschaft

1 222 000 Anträge auf Akteneinsicht und Personenüberprüfung lagen Mitte 1992 bei der Behörde des Sonderbeauftragten für die Unterlagen des ehemaligen DDR-Ministeriums für Staatssicherheit (MfS), Joachim Gauck, vor. Seit 1992 darf jeder Bundesbürger bei der Gauck-Behörde anfragen, ob die Stasi über ihn ein Dossier angelegt hatte. Stasi-Opfer haben ein umfassendes Recht auf Einsicht in ihre Unterlagen, wenn diese nicht der Geheimhaltung unterliegen. Das Interesse der Öffentlichkeit konzentrierte sich bis Mitte 1992 auf die Enttarnung von Stasi-Spitzeln, den sog. Inoffiziellen Mitarbeitern (IM). Am Fall des brandenburgischen Ministerpräsidenten und ehemaligen Konsistorialpräsidenten Manfred Stolpe (SPD), der in den Stasi-Akten als IM geführt wurde, entzündete sich eine Diskussion über die Rolle der evangelischen → Kirche in der SED-Diktatur sowie über Aussagekraft und Glaubwürdigkeit der Unterlagen. Parlamente, Verwaltung und Justiz in Ostdeutschland setzten 1991/92 die Überprüfung ihrer Angehörigen auf eventuelle Stasi-Mitarbeit fort (→ Richterüberprüfung). Das Bundesverfassungsgericht soll bis Ende 1992 entscheiden, ob Stasi-Spione im vereinten Deutschland bestraft werden dürfen.

Gesetz sichert Aktenzugang: Den Personen, über die der Staatssicherheitsdienst Daten gesammelt hat, steht es frei, ihre Unterlagen der Presse zu übergeben. Journalisten, die ohne deren Einwilligung aus den personenbezogenen Unterlagen zitieren, können zu Gefängnisstrafen von bis zu drei Jahren verurteilt werden. Freien Zugang erhalten Medien und historische Forschung zu Unterlagen mit Informationen über Stasi-Mitarbeiter, Personen der Zeitgeschichte, Politiker und Inhaber öffentlicher Ämter. Grundsätzlich müssen Stasi-Akten einschließlich Duplikate und Kopien der Gauck-Behörde überlassen werden.
Nachrichtendienste wie der → Verfassungsschutz erhalten nur Einblick in Akten über Spionage, Extremismus oder Terrorismus, sofern darin keine Informationen über Betroffene enthalten sind. Betriebe, Behörden, Parteien und Verbände dürfen Informationen aus den Stasi-Akten zur Überprüfung ihrer Mitarbeiter verwenden. Der Sonderbeauftragte muß diese Institutionen, auch wenn kein Ersuchen vorliegt, über ehemalige hauptamtliche Angehörige der Stasi, die dort tätig sind, informieren. Straftaten, die aus den Stasi-Akten ersichtlich sind, hat die Gauck-Behörde Polizei und Justiz zu melden.

Millionen Dokumente warten auf Bearbeitung: Die Berliner Zentrale und die 14 Außenstellen der Gauck-Behörde verwalten rd. 1 Mio–2 Mio Personendossiers, darunter etwa 300 000 IM-Akten. In den Archiven lagern Daten über etwa 6 Mio Personen. Etwa 90% der Unterlagen sind Sachakten, die im wesentlichen kein datenrechtlich zu schützendes Material enthalten, z. B. Lageberichte, Befehle und Weisungen des MfS. Die Akten der Stasi-Spionageabteilung wurden vor der deutschen Vereinigung in die Sowjetunion gebracht. Der Bundesbeauftragte ging Anfang 1992 davon aus, daß Stasi-Spitzel nicht ausfindig gemacht werden können, weil Unterlagen, die Auskunft über deren wahre Identität geben könnten, verschwunden oder vernichtet worden seien. Anfragen von Personen, die Gewaltanwendungen und Bespitzelungen der Staatssicherheit ausgesetzt waren oder in DDR-Gefängnissen saßen, sollen bevorzugt bearbeitet werden. Bis Mitte 1992 waren etwa 147 000 Anfragen beantwortet und ca. 60% der 3400 Planstellen besetzt. Im Bundeshaushalt 1992 sind rd. 200 Mio DM für die Gauck-Behörde eingeplant.

Beweiskraft der Akten umstritten: Die Öffnung der Archive veranlaßte vor allem Kirchenvertreter in der früheren DDR, darunter auch Stolpe, ihre Begegnungen mit Stasi-Vertretern als angemessen und sinnvoll zu rechtfertigen. Neben Stolpe sahen sich auch der PDS-Vorsitzende Gregor Gysi und der Rektor der Berliner Humboldt-Universität, Heinrich Fink, Vorwürfen ausgesetzt, für die Stasi als IM gearbeitet zu haben. Fink wurde daraufhin seines Amtes enthoben. Alle Beschuldigten gaben an, ohne ihr Wissen als Spitzel in den Stasi-Unterlagen geführt und als Informationsquelle „abgeschöpft" worden zu sein. Gauck räumte Anfang 1992 ein, daß jemand, der mit der Stasi zusammengearbeitet habe, von einer Einstufung als IM nichts gewußt haben könne. Politiker aller Parteien warnten davor, Informationen aus den Stasi-Akten, insbes. über Mitarbeiter des MfS, als einzige Quelle zur persönlichen und

Joachim Gauck, Sonderbeauftragter für die Stasi-Akten
* 24. 1. 1940 in Rostock, deutscher Pfarrer und Politiker. Im Oktober 1989 Mitbegründer des Neuen Forums in der DDR, 18. 3.–3. 10. 1990 Abgeordneter des Bündnis 90/Grüne in der letzten DDR-Volkskammer und Vorsitzender des parlamentarischen Sonderausschusses zur Überprüfung der Stasi-Auflösung, ab Oktober 1990 Sonderbeauftragter der Bundesregierung für die personenbezogenen Stasi-Unterlagen.

historischen Beurteilung heranzuziehen. Forderungen, den Zugang zu den Akten der Gauck-Behörde zu beschränken, um ungesicherte Schuldzuweisungen zu verhindern, wurden u. a. von Bundesinnenminister Rudolf Seiters (CDU) und früheren DDR-Bürgerrechtlern zurückgewiesen, weil dies den Stasi-Opfern schaden würde. Das Berliner Arbeitsgericht bewertete die Entlassung des Universitätsrektors Fink im April 1992 als unzulässig, weil die Unterlagen der Gauck-Behörde nicht als Beweise für eine Stasi-Mitarbeit betrachtet werden könnten.

Überprüfung der Parlamente: Ausschüsse der ostdeutschen Landtage und des Berliner Abgeordnetenhauses werteten 1991/92 Unterlagen über Parlamentsabgeordnete aus, die im Verdacht standen, für die Stasi gearbeitet zu haben. In den meisten Fällen wurde den Parlamentariern, die als MfS-Mitarbeiter identifiziert wurden, oder die sich dazu bekannten, ein Mandatsverzicht nahegelegt. Dieser Aufforderung kamen jedoch nicht alle betroffenen Abgeordneten nach. Stasi-Vorwürfe richteten sich gegen Parlamentarier aller politischen Parteien.

Der Deutsche → Bundestag beschloß im Dezember 1991 eine freiwillige Überprüfung seiner Abgeordneten. Nur wenn es konkrete Hinweise auf Stasi-Kontakte gibt, kann der Bundestag mit einer Zweidrittel-Mehrheit gegen den Willen des Betroffenen eine Überprüfung einleiten und Auskunft von der Gauck-Behörde verlangen. Von einer Veröffentlichung des Untersuchungsergebnisses soll abgesehen werden, wenn der Abgeordnete vorher sein Mandat niederlegt. Bis Mitte 1992 ergab die freiwillige Überprüfung durch die Gauck-Behörde, an der sich etwa die Hälfte der Parlamentarier beteiligten, daß drei Abgeordnete der PDS/Linke Liste und jeweils einer aus CDU und FDP mit der Staatssicherheit zusammengearbeitet hatten. Drei Abgeordnete legten daraufhin ihre Mandate nieder, ein PDS-Mitglied beging Selbstmord.

Übernahme oder Entlassung: In der überwiegenden Zahl der Fälle wurden ehemalige Stasi-Mitarbeiter in der öffentlichen Verwaltung des Bundes und der Länder 1991/92 entlassen. Das Bundesarbeitsgericht entschied im Juni 1992, daß eine fristlose Kündigung nur erfolgen kann, wenn dem Arbeitgeber aufgrund von Art, Umfang und Intensität der Stasi-Mitarbeit eine Weiterbeschäftigung nicht zugemutet werden kann. In Berlin wird allen Arbeitnehmern im öffentlichen Dienst, die als hauptamtliche oder inoffizielle Mitarbeiter im MfS tätig waren, gekündigt. Der → Bundesgrenzschutz übernahm zunächst rd. 1000 DDR-Paßkontrolleure, die dem Staatssicherheitsdienst unterstellt waren, entschied jedoch bis Mitte 1992, nur 20% weiter zu beschäftigen. In der Zollverwaltung wurden Ende 1991 rd. 360 frühere MfS-Angehörige als Angestellte u. a. mit der Begründung übernommen, daß sie nur ihren Wehrdienst in Wacheinheiten des MfS geleistet hätten oder nicht mit nachrichtendienstlichen Tätigkeiten betraut gewesen seien. Die Bundespost entließ bis Anfang 1992 rd. 80% der 1200 ermittelten Stasi-Mitarbeiter.

Verfahren gegen Stasi-Spione ausgesetzt: Erstmals seit der deutschen Vereinigung wurden Ende 1991 vom Bayerischen Obersten Landesgericht (München) zwei Stasi-Offiziere wegen Beihilfe zum Landesverrat zu Bewährungsstrafen verurteilt. Das Gericht schloß sich der Auffassung des Bundesgerichtshofes an, daß Spionage der DDR gegen die BRD nach bundesdeutschem Recht verurteilt werden könne. Die Gefährdung der BRD durch fremde Nachrichtendienste bestehe nach dem Beitritt der DDR fort, weil die Stasi Informationen an Geheimdienste ehemaliger Ostblockstaaten weitergegeben habe. Das Berliner Kammergericht hatte das Verfahren gegen den letzten Stasi-Spionagechef Werner Großmann ausgesetzt und wegen Verletzung des Gleichheitsgrundsatzes des GG dem Bundesverfassungsgericht vorgelegt. Es bemängelte, daß DDR-Spione strafrechtlich verfolgt würden, während die Agententätigkeit bundesdeutscher Dienste straflos bliebe. Die Bundesanwaltschaft (Karlsruhe) schätzte, daß Mitte 1992 ca. 1000 Stasi-Agenten nicht enttarnt waren. Etwa 300 arbeiteten nach Angaben des Bundeskanzleramts für die → GUS. (au)

Sterbehilfe

Ermittlungen gegen Chef der Gesellschaft für Humanes Sterben
Gegen den Vorsitzenden der Deutschen Gesellschaft für Humanes Sterben (DGHS, Augsburg), Hans-Henning Atrott, leitete die Staatsanwaltschaft Münster Ende 1991 Ermittlungen wegen des Verdachts der Beihilfe zum Selbstmord ein. Ihm wurde vorgeworfen, einem psychisch Kranken, der an Aids-Angst litt und behandelt wurde, in den psychiatrischen Anstalten Bethel zwei Zyankali-Kapseln zum Preis von insgesamt 9000 DM verkauft zu haben. Der Patient starb an einer Zyankalivergiftung. Beihilfe zum Selbstmord war in Deutschland 1992 unter der Voraussetzung straffrei, daß der Todeswillige eine eigenverantwortliche Willensentscheidung trifft, was für einen psychisch Kranken i. d. R. nicht zutrifft.

flugzeug für Langstreckeneinsätze, das wegen seiner Form und Beschichtung vom gegnerischen Radar kaum wahrgenommen wird. Drei S. wurden bis Ende 1991 fertiggestellt. Anfang 1992 kündigte US-Präsident George Bush in einer Abrüstungsinitiative zur Verringerung der → Strategischen Waffen an, statt der geplanten 75 S. für die US-Luftwaffe lediglich 20 Exemplare anzuschaffen (Stückpreis: 850 Mio Dollar, 1,3 Mrd DM). Für 1992 bewilligte der US-Kongreß rd. 4,4 Mrd Dollar (6,7 Mrd DM) für das B-2-Programm; die Regierung hatte 4,8 Mrd Dollar (7,3 Mrd DM) gefordert. Für das Haushaltsjahr 1992 stimmte der US-Kongreß der Beschaffung eines weiteren S. zu, 15 S. waren bis 1992 bewilligt worden. Ende der 80er Jahre hatte das US-Verteidigungsministerium die Anschaffung von 132 S. geplant (→ Rüstungsausgaben).

Sterbehilfe

(auch Euthanasie; Euthanasía, griech.; gutes Sterben), Maßnahmen, die den Tod eines Kranken herbeiführen und dem Sterbenden den Tod erleichtern sollen (aktive S.). Als passive S. wird das bewußte Unterlassen von Maßnahmen bezeichnet, die das Leben eines Sterbenden verlängern oder einen Todeswilligen am Sterben hindern. Ende 1991 lehnte die Bevölkerung des Bundesstaates Washington in einem erstmals in den USA zur S. durchgeführten Volksentscheid die Legalisierung der aktiven S. ab. In den USA wurde 1992 lediglich das Recht todkranker Patienten anerkannt, lebensverlängernde Maßnahmen zu verweigern. Die niederländische Regierung verabschiedete Ende 1991 als erste europäische Regierung einen Gesetzentwurf, nach dem aktive S. von Ärzten unter bestimmten Voraussetzungen straffrei bleibt.

USA: Gegner der S. wie die US-amerikanische Ärztevereinigung AMA werten aktive S. als Verstoß gegen die Pflicht des Arztes, Kranke bis zum Tod zu versorgen. In den USA bestand 1992

keine gesetzliche Krankenversicherung. Die AMA wies darauf hin, daß vor allem Arme versuchen könnten, ihren Tod schnell herbeizuführen, um Angehörigen Kosten zu ersparen.

Niederlande: Nach der gesetzlichen Neuregelung der S. bleibt der Arzt straffrei, wenn der unheilbar Kranke den Wunsch nach S. freiwillig und bei geistiger Zurechnungsfähigkeit äußert. Die Entscheidung über die S. wird vom Behandlungsteam gefällt, das den Sterbenden bis zum Tod begleiten muß. Die aktive S. unterliegt einer Meldepflicht; der Arzt muß einen Katalog von 25 Fragen beantworten, um seine Entscheidung überprüfbar zu machen. S. gilt weiterhin als Straftatbestand.

Deutschland: Bei Juristen und Ärzten ist die passive S. 1991/92 kaum noch umstritten. Kritiker der aktiven S. wenden sich in erster Linie gegen die Forderung der Deutschen Gesellschaft für Humanes Sterben (DGHS, Augsburg), die sog. einverständliche Tötung gesetzlich zu verankern und somit den § 216 StGB einzuschränken. Der Paragraph verbietet es, Menschen auf deren Verlangen zu töten. Gegner der S. verweisen u. a. auf die Euthanasiepraxis der Nationalsozialisten. Im sog. Dritten Reich (1933–1945) waren Behinderte und Kranke getötet worden, da sie den Vorstellungen der NSDAP von der deutschen Rasse nicht entsprachen. Die Kirchen lehnten S. ab, weil der Mensch nicht frei über das von Gott geschenkte Leben verfügen dürfe.

📖 Deutsche Gesellschaft für Humanes Sterben, Lange Gasse 2-4, D-8900 Augsburg 11

Steuer-Grundfreibetrag

Teil des → Einkommens, der nicht mit Lohnsteuer bzw. mit Einkommensteuer belastet ist. Das → Bundesverfassungsgericht (BVG, Karlsruhe) will Ende 1992 entscheiden, ob der deutsche S. zu niedrig ist. Nach Urteilen von Mai und Juni 1990 muß das Existenzminimum aller Mitglieder einer Familie steuerfrei bleiben (→ Kinderfreibetrag).

Der Steuer-Grundfreibetrag in Deutschland

Geltungsdauer	Höhe*(DM)
ab 1986	4536
ab 1988	4752
ab 1990	5616

* Für Verheiratete doppelte Höhe; Quelle: Bundesfinanzministerium

398

Als Existenzminimum, mit dem alle Ausgaben für die lebensnotwendigen Grundbedürfnisse bestritten werden können, ist lt. BVG die durchschnittlich gewährte Summe aller Leistungen der → Sozialhilfe anzusehen. Gemäß CDU/CSU/FDP-Bundesregierung waren das 1992 für Erwachsene ca. 8400 DM pro Jahr. Der S. betrug jährlich 5616 bzw. 11 232 DM (Ledige/Ehepaare). Die Regierung plante Mitte 1992 eine stufenweise Erhöhung bis 1995 auf ca. 7400/14 800 DM. Ein S. von 8000 DM bedeutete für die öffentlichen → Haushalte 15 Mrd DM Mindereinnahmen pro Jahr. Eine nachträgliche Korrektur des S. 1978–1991 durch das BVG für noch nicht rechtswirksame Steuerbescheide kostete 60 Mrd DM. Seit 1991 setzen Finanzämter Lohn- und Einkommensteuerbescheide ab 1986 nur vorläufig fest, sie werden ggf. von Amts wegen korrigiert.

Steuerreform

Die CDU/CSU/FDP-Bundesregierung begann Mitte 1992 anstelle einer → Unternehmensteuerreform in Deutschland mit Planungen für eine Reform der Einkommensteuer für Privatpersonen und Unternehmen in zwei Stufen 1993 und 1995. Die Steuerzahler sollen voraussichtlich um 16 Mrd DM entlastet werden. Mit der S. soll die Wettbewerbsfähigkeit der deutschen Wirtschaft verbessert werden.
Die Reformpläne sehen u. a. folgende Steueränderungen vor:
▷ Der Spitzensatz der Einkommen-, Lohn- und Körperschaftsteuer soll von 50–53% auf 46% verringert werden
▷ Der Spitzensteuersatz soll für → Einkommen ab ca. 97 000/194 000 DM (Ledige/Verheiratete) gelten (Mitte 1992: 120 042/260 084 DM)
▷ Der → Steuer-Grundfreibetrag wird von 5616/11 232 DM über ca. 6300/12 600 DM auf ca. 7400/ 14 800 DM pro Jahr angehoben
▷ Der niedrigste Steuersatz soll von 19 auf 18,77% gesenkt werden.

Die Steuerausfälle für die öffentlichen → Haushalte von brutto 26 Mrd DM sollen z. T. durch Steuermehreinnahmen von 10 Mrd DM im Unternehmensbereich finanziert werden, insbes. über die Veränderung und Einschränkung von Abschreibungsmöglichkeiten. Das Steueraufkommen soll durch die Änderungen bei der Unternehmensbesteuerung unberührt bleiben. 1993 ist im Bereich der indirekten Steuern eine Erhöhung der → Mehrwertsteuer von 14 auf 15% geplant. → EG-Steuerharmonisierung → Zinsbesteuerung

Still Video

(engl.; Standbild-Video), Kamerasystem, das im Gegensatz zu herkömmlichen Fotoapparaten ohne Film arbeitet. Die Aufnahmen werden auf mehrfach bespielbaren Magnetdisketten (Speicherkapazität: rd. 50 Aufnahmen) oder der Festplatte eines → Computers gespeichert. S. mit Magnetdisketten wurden 1992 für rd. 1500 DM in Deutschland angeboten. Vor allem von Nachrichtenagenturen genutzte professionelle digitale S. besitzen Sensoren (elektronische Meßfühler), die Bildinformationen an die Festplatte eines Computers weiterleiten (Preis für Kamera und Computer: rd. 45 000 DM). Die Sensoren professioneller Systeme können bis zu 1,3 Mio Bildpunkte aufnehmen (Magnetdiskette: rd. 600 000 Bildpunkte). Die Festplatte speichert ca. 600 Fotos, die auf einem in die tragbare Speichereinheit integrierten Monitor zu sehen sind. 1991 wurden in Deutschland rd. 10 000 S. mit Magnetdisketten verkauft. Ein Farbdruck eines S.-Fotos kostete Mitte 1992 rd. 8 DM. Die Ausdrucke erreichen nur auf hochwertigen Druckern (Preise: ab 20 000 DM) annähernd die Qualität von Negativaufnahmen. Bei einer Verbesserung der Qualität kostengünstiger Drucker rechneten Hersteller Mitte 1992 mit einem Anteil von 10–15% der S. am Fotomarkt bis 2000 (Umsatz in Deutschland 1990: rd. 12,5 Mrd DM). → Foto CD

Belastung des Arbeitslohns durch Steuern und Sozialabgaben

Jahr	Abgabenquote* (%)
1962	16,9
1967	18,6
1972	23,5
1977	28,8
1982	29,4
1987	32,0
1992	33,5

* Westdeutschland; Quelle: Globus

Strahlendes Pflaster vor Semperoper Experten der Bremer Universität stellten Ende 1991 fest, daß vom Pflaster vor der Dresdener Semperoper radioaktive Strahlung ausgeht. Die Strahlenbelastung ist nach Ansicht der Bremer Wissenschaftler etwa doppelt so hoch wie auf Halden im sächsischen Uranbergbaugebiet. Die Pflastersteine waren wegen Baustoffmangels in der DDR aus uranhaltiger Kupferschlacke gefertigt worden.

Halbwertszeiten radioaktiver Stoffe

Stoff[1]	Halbwert-zeit[2]
Uran 235	703,8 Mio Jahre
Plutonium 239	24 100 Jahre
Kohlenstoff 14	5730 Jahre
Radium 226	1600 Jahre
Cäsium 137	30,17 Jahre
Strontium 90	28,5 Jahre
Jod 131	8,02 Tage
Kalium 42	12,36 Stunden
Stickstoff 13	9,96 Minuten
Thorium 219	1,05 Mikrosekunden

1) Radionuklide; 2) Zeit, in der die Menge eines Radionuklids um die Hälfte abnimmt

Strahlenbelastung

Belastung der Umwelt mit natürlicher (insbes. durch das im Boden enthaltene Edelgas Radon) und künstlicher (insbes. radioaktive) Strahlung (→ Atomenergie). Die Strahlung der Luft und die kosmische Strahlung machten in Deutschland rd. 60% der gesamten S. aus. Ein Gebiet von 12 000 km² um die Uranbergbauregion Wismut im Südosten Deutschlands galt 1992 als strahlenbelastet. Die Gesundheitsgefährdung durch dauerhafte Niedrigstrahlung von Kernkraftwerken war 1992 umstritten. Ein Ärzteteam aus Weißrußland stellte Ende 1991 einen Anstieg der Schilddrüsenkrebserkrankungen bei Kindern fest, den es auf die S. nach dem Reaktorunglück im ukrainischen Tschernobyl 1986 zurückführte.

Wismut: Die sowjetisch-deutsche Firma Wismut, die 1991 in Bundesbesitz überging, produzierte von 1946 bis zu ihrer Stillegung 1991 rd. 220 000 t Uran. Die Vereinigung der Internationalen Ärzte gegen den Atomkrieg (IPPNW, Bonn) schätzte 1991, daß rd. 400 000 von 600 000 Arbeitern radioaktiv belastet worden seien. 5000 Fälle von Lungenkrebs aufgrund der S. habe das Bergbauunternehmen nach 1946 anerkennen müssen. Von den Altlasten gingen 1992 weiterhin Gefahren aus:
▷ In künstlichen Seen lagern rd. 200 Mio t Uranschlamm, der radioaktive Substanzen enthält, die über Zehntausende von Jahren strahlen.
▷ Aus undichten Mülldeponien sickern jährlich rd. 500 000 m³ verseuchtes Abflußwasser in den Boden und belasten das Grundwasser.
▷ Der radioaktive Abraum sei auch zum Hausbau genutzt worden.

Sanierung: Kanadische und australische Strahlungsexperten bezifferten die Kosten für die Sanierung der Gefahrenzone um die Betriebsflächen (rd. 1000 km²) und der Nutzfläche der Bergwerksgesellschaft (32 km²) auf etwa 15 Mrd DM. Die Bergwerksleitung plante 1992 die Versenkung von Uranabfall, der z. T. auf Halden und in

Absetzbecken gelagert wird, in ehemaligen Braunkohleabbaugebieten. Das Darmstädter Öko-Institut wies jedoch auf für die Lagerung ungeeignete Böden in Tagebauen hin, das radioaktive Material könne bei Wassereinbrüchen ins Grundwasser gelangen.

Niedrigstrahlung: Eine Untersuchung der Universität Bremen von 1991 ergab, daß die ionisierende Niedrigstrahlung aus Kernkraftwerken bei Menschen krebsauslösend sei. Das Institut für Medizinische Statistik und Dokumentation der Universität Mainz stellte dagegen kein nachweisbar erhöhtes Krebsrisiko für Kinder fest, die in unmittelbarer Nähe von Kernkraftwerken aufwuchsen. Die Umweltschutzorganisation Greenpeace führte die 1991 festgestellte Häufung von Leukämiefällen bei Kindern in der Gemeinde Elbmarsch auf die S. durch das 3 km entfernte Atomkraftwerk Krümmel zurück.

Tschernobyl: Die Ärzte stellten fest, daß 1991 in der Ukraine 37 und in Weißrußland 51 Kinder an Schilddrüsenkrebs litten, während vor dem Unglück der Jahresdurchschnitt bei ein oder zwei Fällen lag. Die Zahl der Geburtsschäden und der Wachstumsprobleme bei Kindern sei im Vergleich zu den 80er Jahren in der Ukraine um 230% und in Weißrußland um 180% gestiegen. Unter den nach dem Unglück an Aufräumarbeiten Beteiligten entdeckte die Kommission eine fünf- bis 15mal größere Häufigkeit von Gen- und Chromosomenveränderungen. Kritiker der Untersuchungsergebnisse bezweifelten die Zuverlässigkeit der Daten, die über Erkrankungen vor der Katastrophe gesammelt wurden. In einer Untersuchung im Auftrag der Internationalen Atomenergie-Agentur (IAEA, Wien) im März 1991 war keine bedeutsame Erhöhung von Krankheiten festgestellt worden.

Strahlungsgürtel

US-amerikanische, russische und deutsche Forscher bewiesen Anfang 1992, daß die Erde nicht zwei, sondern drei S.

hat. Der dritte S. befindet sich in 12 000 km Höhe zwischen den beiden seit den 60er Jahren bekannten Van-Allen-Gürteln. In den S. hält das Magnetfeld der Erde elektrisch geladene Teilchen fest. Ab Juni 1992 untersucht der US-amerikanische → Satellit Sampex Teilchen im neuentdeckten S., die im Gegensatz zu den Van-Allen-Gürteln aus anderen Sonnensystemen stammen. Die Forscher erhoffen sich Hinweise auf die Zusammensetzung der Materie weit entfernter Sonnensysteme.

1992 nahmen die Forscher an, daß die Teilchen bei ihrem Eintritt in unser Sonnensystem von einer starken elektrischen Strahlung, einem sog. Sonnenwind, aufgeladen und beschleunigt werden und so in das Magnetfeld der Erde gelangen.

Straßenbahn

Anfang der 90er Jahre planten zahlreiche deutsche Städte, u. a. alle Millionenstädte, Ausbau bzw. Wiedereinführung der z. T. in den 60er und 70er Jahren aus Rücksicht auf den → Autoverkehr abgeschafften S. (→ Öffentlicher Nahverkehr). Maßnahmen zur Befreiung der Innenstädte vom Kfz-Verkehr (→ Autofreie Stadt) schafften Raum für die S. als Alternative zu U-Bahn und Bus. Die Baukosten für 1 km S.-Strecke betragen ca. 3 Mio–10 Mio DM, die Bauzeit zwei Jahre (U-Bahn: 100 Mio DM, zehn Jahre). Die S. wurde gegenüber der U-Bahn wegen leichteren Zugangs zunehmend als benutzerfreundlicher betrachtet. Gegenüber dem Bus kann die S. mehr Personen befördern und gilt als umweltfreundlicher und komfortabler.

Berlin plante bis zum Jahr 2000 Investitionen von 2 Mrd DM in den Ausbau der Ostberliner S. (Streckenlänge: 176 km) und die Verlängerung in den Westteil (vorgesehenes Gesamtnetz: 500 km). Die S. soll in Berlin/West, wo die S. 1967 abgeschafft wurde, an Verknüpfungspunkten mit der U-Bahn enden. Hamburg plante eine Wiedereinführung der 1978 abgeschafften S. In

München war der Ausbau des S.-Netzes neben der U-Bahn vorgesehen.

Die Benutzerfreundlichkeit der S., insbes. für Behinderte, wurde Anfang der 90er Jahre ebenso wie bei Bussen zunehmend durch sog. Niederflurfahrzeuge verbessert, deren Einstiegsstufen 30 cm über dem Boden liegen (sonst: 90 cm). Mit Ampelschaltungen, die der S. Vorfahrt gegenüber dem Autoverkehr verschaffen, wurde das Fortkommen der Bahn in der Stadt beschleunigt.

In Karlsruhe verkehrt ab 1992 eine → Zweisystem-Straßenbahn, die auf das Schienennetz der Deutschen Bundesbahn überwechseln kann. → H-Bahn → M-Bahn → Regio-Umweltkarte

Straßengebühr

In Deutschland wurde 1992 die Einführung einer S. erwogen. Nachdem der Europäische Gerichtshof (EuGH) im Mai 1992 Pläne der CDU/CSU/FDP-Bundesregierung zu einer S. für LKW wegen formaler Fehler abgelehnt hatte, machte die EG-Kommission dem Bundesverkehrsministerium im Juni Vorschläge, wie eine mit EG-Recht vereinbare LKW-Gebühr zu gestalten wäre. Bayern plante einen Gesetzvorschlag zu einer allgemeinen S. für Autobahnen und Bundesstraßen. Bundesverkehrsminister Günther Krause (CDU) kündigte im Juli 1992 Autobahngebühren für 1995/96 und LKW-Gebühren ab 1993 an. Ziele einer S. sind die Angleichung der Bedingungen in Europa (→ EG-Steuerharmonisierung), Verringerung des → Autoverkehrs und Schadstoffausstoßes sowie Finanzierung der → Eisenbahn AG.

Der EuGH hatte die deutsche LKW-Gebühr abgelehnt, weil nur der ausländische → LKW-Verkehr belastet wurde. Deutschen LKW sollte die S. durch eine gleichzeitige Senkung der → Kfz-Steuer erstattet werden. Die LKW-Gebühr sollte eingeführt werden, weil deutsche LKW im Ausland oft Autobahngebühren zahlen müssen, während die kostenlose Benutzung der deutschen Straßen Verkehr anzieht.

Strahlungsgürtel gemeinsam entdeckt
Gleichzeitig gaben am 4. 2. 1992 Wissenschaftler in Moskau, Washington und Garching (Bayern) bekannt, daß die Erde einen dritten Strahlungsgürtel hat. Die Entdeckung gelang einer Arbeitsgruppe für Solar-Terrestrische Physik, an der die US-amerikanische Weltraumbehörde NASA, das Weltrauminstitut Garching sowie das Max-Planck-Institut Garching beteiligt waren. Bereits seit 1987 hatten die Wissenschaftler auf diesem Gebiet zusammengearbeitet und die Meßergebnisse US-amerikanischer und russischer Satelliten verglichen.

Energiesparende, komfortable Straßenbahnen durch neue Technik
Deutsche Verkehrsbetriebe hatten 1991 insgesamt rd. 200 Exemplare eines in Kassel entwickelten Straßenbahntyps zum Stückpreis von ca. 4 Mio DM bei der Düsseldorfer Herstellerfirma bestellt. In Kassel verkehren ab November 1990 Straßenbahnen, die aufgrund ihrer Bauweise mit 30 t leichter sind als bisherige Fahrzeuge (45 t) sowie über in Kurven reibungsärmere Fahrgestelle verfügen und daher weniger Energie verbrauchen. Sie sind in sog. Niederflur-Bauweise ausgeführt, d. h. zum Einsteigen muß nur ein Höhenunterschied von 30 statt 90 cm zu überwinden.

Keine strategischen Raketen auf US-Städte
Die Anfang 1992 vom russischen Präsidenten Boris Jelzin ausgesprochene Absicht, die Interkontinentalraketen der früheren UdSSR nicht mehr auf US-amerikanische Städte zu programmieren, wurde von seiten der USA nicht mit einem ähnlichen Schritt beantwortet. Zur Begründung wies die US-Regierung auf den Umfang des sowjetischen Atomwaffenarsenals hin, das noch nicht reduziert worden sei. Zudem könnte sie die Änderung der Zielprogrammierung nicht kontrollieren.

Die EG-Kommission schlug Deutschland eine LKW-Gebühr als Übergangslösung vor, weil die angestrebte Harmonisierung der Kfz-Steuern in den EG-Staaten nicht in Sicht war. Der Anteil ausländischer LKW am Güterverkehr in Deutschland betrug ca. 65%. Während für einen 40-t-Lastzug in Deutschland rd. 10 000 DM Kfz-Steuer gezahlt werden mußte, waren es in Frankreich z. B. ab 120 DM. Nach bayerischem Vorschlag würden für PKW S. bis 400 DM pro Jahr durch Verkauf von Plaketten erhoben (Busse: 800 DM, Motorräder: 100 DM). Für LKW wurden Gebühren bis zu 9000 DM vorgeschlagen. → Privatautobahn

Strategische Waffen

→ Atomwaffen mit einer Reichweite über 5500 km. S. können vom Boden, von U-Booten und von Flugzeugen aus abgefeuert werden. Im Juni 1992 einigten sich die USA und Rußland, das 1991/92 über etwa 80% der rd. 1860 S. der → GUS verfügte, auf eine Reduzierung der S. auf 3000–3500 Sprengköpfe für jede Seite bis zum Jahr 2003. Im Abkommen über die S. zwischen den USA und der UdSSR vom Juli 1991 (→ START) wurde die Obergrenze für strategische Gefechtsköpfe auf 6000

festgelegt. Anfang 1992 verpflichteten sich beide Staaten, auf die Produktion bzw. Modernisierung von Interkontinentalraketen und Marschflugkörpern (engl.: cruise missiles) zu verzichten. Rußland will die Herstellung von Langstreckenbombern stoppen, die USA beabsichtigen, nur 20 von 75 geplanten → Stealth-Bombern zu bauen. Die USA und Rußland bauen ihre landgestützten Interkontinentalraketen mit mehr als einem Sprengkopf vollständig ab (USA: 2000 Gefechtsköpfe; GUS: 5260, Quelle: SIPRI). Zudem werden die USA ihre seegestützten Atomraketen (3472 Gefechtsköpfe) um rd. die Hälfte reduzieren.

Die S. der GUS-Streitkräfte standen Mitte 1992 unter einem zentralen Kommando in Moskau und waren in Rußland, Weißrußland, der Ukraine und Kasachstan stationiert. Im Mai 1992 verpflichteten sich die Ukraine, Weißrußland und Kasachstan, ihre S. zu zerstören oder Rußland zu übergeben. Außerhalb der Russischen Föderation waren Mitte 1992 nach US-amerikanischen Angaben rd. 2300 strategische Gefechtsköpfe stationiert. Zusammen mit Rußland übernehmen die drei anderen Länder die Abrüstungsverpflichtungen der Sowjetunion aus dem START-Vertrag.

Atomwaffen der Supermächte über 5500 km Reichweite

Waffenart	Waffensysteme		Sprengköpfe	
	USA	UdSSR[1]	USA	UdSSR[1]
Landgestützt	550	925	2 000	5 575
Seegestützt	480	832	3 472	2 696
Auf Bombern stationiert	209	100	3 300	1 266
Insgesamt	1239	1 857	8 772	9 537

Stand: Januar 1992; 1) zusätzlich 100 Antiraketensysteme; Quelle: SIPRI-Yearbook 1992, Fieldhouse/Norris/Arkin, Nuclear weapon developments and unilateral reduction initiatives

Strategische Atomwaffen der Nuklearmächte

Land	Trägersysteme		Sprengköpfe	
	1991	1990	1991	1990
UdSSR	1 857	2 354	9 537	10 880
USA	1 239	1 876	8 772	11 966
Frankreich	116	132	436	452
China[1]	304	304	324	324
Großbritannien	64	64	96	96

1) Nur stationierte Systeme; Quelle: SIPRI-Yearbook 1992, Fieldhouse/Norris/Arkin, Nuclear weapon developments and unilateral reduction initiatives

Stromtarif

Preis für den Stromverbrauch, der in Kilowattstunden (kWh) gemessen wird. Ab 1992 dürfen alle deutschen Gemeinden (vorher nur Großstädte und große Kommunen) als Gegenleistung für das Recht der Stromversorger, öffentliche Straßen zur Verlegung von Leitungen zu benutzen, eine sog. → Konzessionsabgabe von 2,6 bis 4,7 Pf/kWh von den Stromerzeugern verlangen, die diese Gebühr wiederum auf den S. aufschlagen. Die deutschen S. müssen seit Mitte 1991 nach der neuen Bundestarifordnung Elektrizität (BTO-E) berechnet werden. Der S. steigt dadurch durchschnittlich um 4 Pf/kWh. Dennoch entlastet die BTO-E

nach Auffassung des Bundeswirtschaftsministeriums rd. die Hälfte der privaten Haushalte.
Die BTO-E sieht einen vornehmlich am Verbrauch orientierten S. vor, der Anreize zum → Energiesparen schaffen und Kostengerechtigkeit garantieren soll. Außerdem soll der Verbrauch von Stark- auf Schwachlastzeiten umverteilt werden. Die BTO-E ersetzt den Grundpreis, der bis 1990 rd. zwei Drittel des S. ausmachte, durch einen am Verbrauch orientierten Leistungspreis, der sich aus dem durchschnittlichen Verbrauch des Vorjahres ergibt. Für Großabnehmer wird der S. nicht mehr nach frei ausgehandelten Tarifen berechnet. Statt dessen richtet sich der Leistungspreis nach dem Spitzenbedarf des Vorjahres. Der Arbeitspreis, der bei der Berechnung vor 1990 ein Drittel ausmachte, wurde ebenso beibehalten wie der Schwachlasttarif, der günstige Konditionen in Zeiten mit geringer Nachfrage zusichert.

Stromvertrag

Zwischen der Regierung der DDR und den größten westdeutschen Energieversorgungsunternehmen (EVU) im August 1990 getroffene Vereinbarung, die den EVU eine Mehrheitsbeteiligung an den 15 ehemaligen regionalen Stromversorgungskombinaten der DDR sichert (Anteil der Kommunen: höchstens 49%), von denen die kommunale Energieversorgung gesichert wurde. Mitte 1992 klagten 164 ostdeutsche Kommunen vor dem Bundesverfassungsgericht (Karlsruhe) gegen den S. Sie forderten das Recht auf die Gründung eigener Stadtwerke und die selbständige kommunale Energieversorgung. Die EVU gingen dagegen davon aus, daß der S. ihnen auch eine Mehrheit an neugegründeten Stadtwerken garantiere. Das Bundeskartellamt unterstützte Anfang 1992 die Klage, weil die EVU durch die Mehrheitsbeteiligung an den ehemaligen Kombinaten die kommunale Energieversorgung kontrollieren.

Die größten Subventionen des Bundes in Deutschland 1992

Rang	Finanzhilfen	Betrag (Mio DM)	Steuervergünstigungen	Betrag (Mio DM)
1	Sozialer Wohnungsbau	2390	Berlin	2765
2	Kokskohlenbeihilfe	2190	Wohnungseigentum	2136
3	Agrarstruktur	2162	Zulagen für Investitionen in Ostdeutschland und Berlin	2110
4	Investitionen in Ostdeutschland	1445	Sonderabschreibungen auf Investitionen im Randgebiet zur ehemaligen DDR und ČSSR	565
5	Gasölverbilligung Landwirtschaft	1010	Sonderabschreibungen auf Investitionen in Ostdeutschland und Berlin	550

Quelle: 13. Subventionsbericht der Bundesregierung

Subventionen

Finanzhilfen (Zuschüsse, zinsgünstige Darlehen, Garantien) und Steuervergünstigungen der öffentlichen → Haushalte für Unternehmen und private Haushalte. In Deutschland hat die CDU/CSU/FDP-Bundesregierung nach Berechnungen der SPD für 1992 ihr selbstgestecktes Ziel nicht erreicht, je 5 Mrd DM bei Finanzhilfen und Steuervergünstigungen einzusparen. Bundeswirtschaftsminister Jürgen Möllemann (FDP) hatte 1991 angekündigt, von 1992 bis 1994 S. im Umfang von jährlich 10 Mrd DM zu streichen.
Abbau: Nach Angaben der SPD hat Möllemann länger zurückliegende Beschlüsse, die Verschiebung von Zahlungen auf einen späteren Zeitpunkt, den Verzicht auf S.-Erhöhungen und die Absicht, in der EG für S.-Kürzungen einzutreten, eingerechnet, um die angestrebte Summe von 10 Mrd DM zu erreichen. Nach ihren Berechnungen wurde nur ein Abbau von Steuervergünstigungen um 0,1 Mrd DM erzielt, die Finanzhilfen seien sogar um 3,4 Mrd DM erhöht worden.
Deutschland: Nach dem 13., zweijährlich veröffentlichten Subventionsbericht der Bundesregierung stiegen die S. in Deutschland 1991 gegenüber 1990 um 18,8 Mrd DM auf 98,9 Mrd DM. Davon entfiel auf den Bund ein Zuwachs um 8,4 Mrd DM auf 38,5 Mrd DM. Für 1992 wurde mit einem Rückgang der S. des Bundes auf 35,6 Mrd

Jürgen Möllemann, Wirtschaftsminister
* 15. 7. 1945 in Augsburg, deutscher Politiker (FDP). 1962–1969 Mitglied der CDU. Ab 1972 MdB, ab 1983 Landesvorsitzender der FDP in NRW. 1982–1987 Staatsminister im Auswärtigen Amt, 1987–1990 Bundesbildungsminister. Ab Januar 1991 Bundesminister für Wirtschaft.

Entwicklung der Subventionen des Bundes in Deutschland

Geförderte Bereiche	Subventionen (Mio DM)											
	1989			1990			1991			1992		
	Fin.¹⁾	St.²⁾	Summe	Fin.¹⁾	St.²⁾	Summe	Fin.¹⁾	St.²⁾	Summe	Fin.¹⁾	St.²⁾	Summe
Landwirtschaft	4 174	1 401	5 574	4 374	1 391	5 764	8 026	1 526	9 552	6 134	521	6 655
Bergbau	3 656	88	3 744	3 243	80	3 323	3 679	80	3 759	3 312	78	3 390
Energie und Rohstoffe	93	123	216	43	156	199	25	25	50	168	1	169
Forschung und Technik	260	297	557	228	306	534	391	129	520	424	4	428
Werften	291	–	291	381	–	381	643	–	643	707	–	707
Luftverkehr	1 164	–	1 164	1 134	–	1 134	1 485	–	1 485	978	–	978
Regionalförderung	495	5 918	6 413	460	6 697	7 157	2 148	6 816	8 964	2 080	6 938	9 018
Industrie	325	1 378	1 703	454	1 352	1 806	840	1 349	2 189	1 167	1 253	2 420
Verkehr	854	796	1 650	1 138	836	1 974	87	956	1 043	82	1 032	1 114
Wohnungsbau	1 775	2 529	4 304	2 257	2 349	4 606	3 702	2 737	6 439	3 744	3 117	6 861
Vermögensbildung	838	1 656	2 494	538	1 213	1 751	815	1 243	2 058	750	1 190	1 940
Sonstiges	–	1 599	1 599	–	1 508	1 508	–	1 762	1 762	–	1 876	1 876
Summe	14 091	15 785	29 876	14 249	15 888	30 137	21 841	16 623	38 464	19 546	16 010	35 556

1) Finanzhilfen; 2) Steuervergünstigungen; Quelle: 13. Subventionsbericht der Bundesregierung

Subventionen pro Erwerbstätigen in Deutschland

Branche	Subven-tionen* (DM)
Bergbau	19 784
Luft- und Raumfahrt	17 118
Werften	8 215
Landwirtschaft	5 052
Alle Branchen	1 085

Subventionen des Bundes 1989; Quelle: 13. Subventionsbericht der Bundesregierung

Subventionen in Deutschland 1991

Geber	Subven-tionen (Mrd DM)
Bund – Finanzhilfen	21,8
Bund – Steuervergünstigungen	16,6
Länder und Gemeinden – Finanzhilfen	17,2
Länder und Gemeinden – Steuervergünstigungen	20,4
ERP-Haushalt des Bundes – Finanzhilfen	8,0
EG	14,9
Summe	98,9

Quelle: 13. Subventionsbericht der Bundesregierung

DM gerechnet. 11,0 Mrd DM davon sind für Ostdeutschland vorgesehen. Die Finanzhilfen des Bundes erhöhten sich 1991 gegenüber 1990 von 14,2 Mrd DM auf 21,8 Mrd DM. 1992 sollen sie auf 19,5 Mrd DM zurückgehen. Die Steuervergünstigungen des Bundes nahmen von 15,9 Mrd DM auf 16,6 Mrd DM zu und sollen auch 1992 ca. 16 Mrd DM betragen.

Bereiche: S. zur Wirtschaftsförderung werden in Form allgemeiner Programme zur Förderung der → Konjunktur-Entwicklung oder zur Unterstützung einzelner Branchen gewährt. Mit Konjunkturprogrammen sollen → Investitionen angeregt und → Arbeitslosigkeit abgebaut werden. Für Ostdeutschland schuf die Bundesregierung für 1991–1992 das → Gemeinschaftswerk Aufschwung Ost mit einem Umfang von 24 Mrd DM. In der EG sollen regionale Wohlstandsunterschiede mit Zahlungen der → Regionalförderung für die Wirtschaft aus dem → EG-Haushalt ausgeglichen werden. Zur Branchenförderung wurden S. Anfang der 90er Jahre insbes. zur Linderung von Strukturkrisen eingesetzt, z. B. in der → Agrarpolitik und → Werftenkrise und im Bereich → Kohle. International umstritten waren 1992 S. für die → Auto-Branche in der EG sowie für das Verkehrsflugzeug → Airbus (→ GATT → Protektionismus).

Supraleiter

Materialien, die unterhalb einer Temperatur nahe dem absoluten Nullpunkt (Sprungtemperatur) rapide ihren elektrischen Widerstand verlieren und dadurch Strom ohne Energieverlust leiten. Ziel der Forschung war es Anfang der 90er Jahre, S. mit möglichst hoher Sprungtemperatur für die industrielle Anwendung zu entwickeln. Bei Hochtemperatur-S. kann die kostenintensive Kühlung mit flüssigem Helium durch die weniger aufwendige Stickstoffkühlung ersetzt werden. Mitte 1992 gaben japanische Forscher die Entwicklung eines S. aus Strontium-Kalzium-Oxid bekannt, der bei $-93\ °C$ elektrischen Strom ohne Widerstand leitet. Der S. mit der bis dahin höchsten Sprungtemperatur von $-148\ °C$ bestand aus Thallium-Kalzium-Oxid. Das US-amerikanische Wirtschaftsministerium schätzte den Weltmarkt für S. 1991–1996 auf 1 Mrd Dollar (1,5 Mrd DM).

S. sollen in erster Linie als dünne Beschichtungen und Drähte eingesetzt werden. 1992 wurde die Nutzung von S. in folgenden Bereichen erforscht:

▷ Elektromagnetspulen aus supraleitenden Drähten ersetzen die schwächeren Elektromagnete, z. B. in → Teilchenbeschleunigern, bei der → Kernfusion und bei → M-Bahnen.

▷ Supraleitende Stromnetze verrin-

gern den Energieverlust beim Stromtransport um ein Fünftel
▷ Die Rechengeschwindigkeit von → Computern wird durch → Chips erhöht, die mit supraleitenden Materialien bedampft werden
▷ Supraleitende elektromagnetische Sensoren können in der Medizintechnik als Meßfühler für Körperströme eingesetzt werden.
Bis 1992 am weitesten verbreiteter S. war die Metallegierung Niob-Titan, die sich gut formen läßt.
Hochtemperatur-S. bestehen im Unterschied zu metallischen S. meist aus keramischen Materialien, deren Sprungtemperatur über dem Siedepunkt des Stickstoffs liegt (etwa −190 °C) und die demzufolge mit flüssigem Stickstoff gekühlt werden können. Schwierigkeiten bereitete den Forschern Mitte 1992, daß keramische S. nur für geringfügige Stromdichten geeignet sind und schlecht zu Drähten und dünnen Schichten geformt werden können.

SVP

(Schweizerische Volkspartei), 1971 gegründete, liberal-konservative Partei mit 80 000 Mitgliedern (Stand: Mitte 1992). Die SVP war 1991/92 in 19 von 26 Schweizer Kantonen vertreten. Bei den Nationalratswahlen vom Oktober 1991 erzielte die SVP 11,8% der Stimmen (1987: 11%). Sie stellt weiterhin 25 Abgeordnete im Nationalrat. Die SVP war 1992 mit Adolf Ogi (Verkehrs- und Energiewirtschaftsminister) an der Schweizer Regierung, dem Bundesrat, aus CVP, FDP und SPS beteiligt. Hans Uhlmann wurde Anfang 1992 für zwei Jahre in seinem Amt als Präsident der SVP bestätigt.
Die SVP lehnte 1991/92 einen Beitritt der Schweiz zum Europäischen Wirtschaftsraum (→ EWR) und in die → EG ab, weil sie den Verlust nationaler Kompetenzen befürchtete. Im Mai 1992 stimmte die SVP im Bundesrat für die Beteiligung der Schweiz am → Internationalen Währungsfonds und der → Weltbank. Sie sprach sich gegen

eine kontrollierte Abgabe von Heroin an Süchtige aus, wie sie von den anderen Regierungsparteien gefordert wurde (→ Drogen). In ihrem Programm zur Nationalratswahl sprach sich die SVP dafür aus, die Weiterentwicklung erneuerbarer → Energien verstärkt finanziell zu fördern.

Swissmetro

Unterirdisches → Schnellbahnnetz für die Schweiz, das von Magnetbahnen mit 500 km/h befahren werden soll (→ Transrapid). Eine Studie im Auftrag der Schweizer Bundesregierung erklärte das Unternehmen 1991 für technisch machbar. Eine private Aktiengesellschaft plante, S. ab 1994 binnen 25 Jahren mit Kosten von 25 Mrd sfr (28 Mrd DM) zu realisieren.
Als erste Stufe ist der Bau einer 315 km langen Röhre von Genf nach St. Gallen vorgesehen (Bauzeit: 15 Jahre; Kosten: 15 Mrd sfr, 17 Mrd DM). In der zweiten Stufe soll ein 190 km langer Tunnel von Basel nach Bellinzona gebaut werden. Die Fahrzeit von Genf nach Zürich würde gegenüber 1992 von 3 h auf 57 min verringert, eine Reise von Basel nach Bellinzona würde 27 min dauern. 200 m lange Züge mit 800 Passagieren könnten bis zu achtmal pro Stunde verkehren.

T

Tamilen

Vorwiegend hinduistische Bevölkerungsgruppe auf Sri Lanka (rd. 20% der Gesamtbevölkerung), die eine Trennung von der buddhistischen singhalesischen Bevölkerungsmehrheit (rd. 70%) und einen autonomen Staat (Tamil Eelam) im Norden und Osten anstrebt. Die radikale tamilische Untergrundbewegung LTTE (Liberation Tigers of Tamil Eelam, engl.; tamilische Befreiungstiger) versucht, dieses Ziel mit Gewalt zu erreichen. Zwischen

Mißachtung der Menschenrechte in in Sri Lanka
Die Menschenrechtsorganisation Amnesty International (ai) warf der srilankischen Armee und der tamilischen Untergrundorganisation LTTE im September 1991 schwere Verstöße gegen die Menschenrechte vor. Seit dem erneuten Aufflammen des Bürgerkriegs im Juni 1990 seien Familien, Mütter, Kleinkinder und Greise von der Armee verhaftet, verschleppt und umgebracht worden. Die tamilischen Rebellen hätten Hunderte von Menschen getötet, vor allem Mitglieder der Bevölkerungsmehrheit der Singhalesen, aber auch Moslems und als Verräter verdächtigte Tamilen. Der Bericht von ai stützt sich auf Erkenntnisse einer Delegation, die im Juni 1991 erstmals seit 1982 das Land bereisen konnte.

Mitte 1990 und Januar 1992 starben bei den gewaltsamen Auseinandersetzungen 12 000 Menschen. Indien und Sri Lanka trafen Ende 1991 ein Abkommen, das die Rückkehr von rd. 250 000 tamilischen → Flüchtlingen aus dem südindischen Bundesstaat Tamil Nadu nach Sri Lanka vorsieht.

Die indische Regierung betrachtet die tamilischen Flüchtlinge seit dem Attentat auf den früheren indischen Ministerpräsidenten Rajiv Gandhi vom Mai 1991 als Gefahr für Indiens innere Sicherheit. Sie geht davon aus, daß Gandhi von Anhängern der LTTE ermordet wurde.

Obwohl die srilankische Armee mit der Einnahme des strategisch wichtigen Elefantenpasses vom August 1991 einen militärischen Erfolg verbuchen konnte, herrschte 1992 eine Patt-Situation zwischen den Regierungstruppen, die 1992 nach Schätzungen über rd. 90 000 Soldaten verfügten, und den rd. 8500 tamilischen Rebellen.

Technikfolgen-Abschätzung

Interdisziplinäre Forschung, die Chancen und Risiken sowie die gesellschaftlichen Folgen technischer Neuerungen untersucht. Mit der T. sollen Entscheidungsträgern in Politik und Wirtschaft Empfehlungen beim Einsatz neuer Techniken gegeben werden. Ende 1992 soll das 1990 am Kernforschungszentrum Karlsruhe eingerichtete Büro für T. des Deutschen Bundestages (TAB) erste Gutachten vorlegen. In Stuttgart wurde im April 1992 eine Akademie für T. eröffnet, an der sich Gewerkschaften, Arbeitgeber und die Kirchen beteiligen. Sie verfügt über einen Jahresetat von 12 Mio DM.

Der Bundestag hatte TAB 1991 mit der Untersuchung von sechs Bereichen beauftragt:

▷ Hausmüllentsorgung und Abfallvermeidung
▷ Grundwasserschutz und Wasserversorgung
▷ → Genomanalyse
▷ Gefahren der → Gentechnik

Künftige Ingenieure beschäftigen sich kaum mit Technikbewertung
In einer Ende 1991 vorgelegten Studie im Auftrag des Bundesbildungsministeriums stellte die Gesellschaft für Technikfolgenabschätzung (Köln) fest, daß Technikbewertung in den Ingenieurstudiengängen der deutschen Hochschulen nur eine geringe Rolle spielt. In durchschnittlich sechs Stunden pro Woche beschäftigt sich ein Ingenieurstudent mit nichttechnischen Themen. Der überwiegende Teil seien Sprachkurse und wirtschaftswissenschaftliche Veranstaltungen, sozialwissenschaftliche und ethische Aspekte von Technik fehlten im Lehrangebot.

▷ Risiken eines Einsatzes des Energieträgers → Wasserstoff
▷ Einsatzmöglichkeiten des Weltraumflugzeugs → Sänger.

Die Arbeit des mit einem Jahresetat von 4 Mio DM ausgestatteten TAB ist bis 1993 befristet.

Teilchenbeschleuniger

Forschungsanlagen, in denen elektrisch geladene Elementarteilchen nahezu auf Lichtgeschwindigkeit (300 000 km/sec) beschleunigt und zur Kollision gebracht werden. T. dienen zur Erforschung der kleinsten Bestandteile der Materie (sog. Quarks), von denen bis Anfang der 90er Jahre fünf nachgewiesen wurden. Mit Experimenten in T. soll u. a. die Existenz eines sechsten, des sog. Top-Quarks, bewiesen werden. Im Juni 1992 nahm der Hamburger T. HERA (Hadron-Elektronen-Ring-Anlage) des Forschungsinstituts Deutsches Elektronen Synchrotron (DESY) den Routinebetrieb auf. 1992 waren in der Schweiz und in den USA Großprojekte geplant. In Deutschland sollen bis Ende der 90er Jahre in Karlsruhe und Berlin T. gebaut werden, die Synchrotronstrahlung, extrem parallele Röntgenstrahlung, erzeugen.

Funktionsweise: In T. werden positiv und negativ geladene Elementarteilchen in linearen oder ringförmigen Vakuumröhren durch Elektromagneten oder supraleitende Magneten beschleunigt. Beim Zusammenprall der gegenläufigen Teilchen zerfallen die Elementarteilchen und setzen sich neu zusammen. Diese Prozesse werden als Nachahmung der Bedingungen interpretiert, die vor etwa 15 Mrd Jahren bei der Entstehung des Universums vorlagen.

HERA: Die Hamburger Anlage besteht aus zwei Speicherringen, die in einem unterirdischen Ringtunnel von rd. 6 km Länge verlaufen (Baukosten: 1,01 Mrd DM). 650 supraleitende Großmagnete, die ständig auf −265 °C gekühlt werden müssen (→ Supraleiter), halten die Teilchen auf einer kreisförmigen Bahn. Protonen und Elektronen werden in den

Rohren zu Paketen von Stecknadel-
kopfgröße gebündelt und beschleunigt.
An zwei Stellen werden die beiden
Teilchenstrahlen aufeinandergerichtet.
Großprojekte: In Waxahacie in Te-
xas/USA ist bis 1999 der 87 km lange
T. Superconducting Supercollider (SSC,
engl.; Supraleitende Super-Kollisions-
anlage) geplant, dessen Kosten auf rd.
11 Mrd Dollar (17 Mrd DM) geschätzt
werden. Im Februar 1992 beschloß die
europäische Organisation für Kernfor-
schung, CERN (Conseil Européen pour
la Recherche Nucléaire, franz.), in den
weltweit größten T. in Genf/Schweiz
bis 1998 einen zweiten T. (Large Ha-
dron Collider, LHC, engl.; Große Ha-
dron Kollisionsanlage) einzubauen.
Synchrotronstrahlung: Der in Karlsruhe geplante T. wird vom russischen
Institut für Kernphysik in Nowosibirsk
entwickelt. Mit der Synchrotronstrahlung sollen → Mikromaschinen geformt werden (Kosten: 60 Mio DM). In
Berlin-Adlershof ist bis 1997 auf dem
Gelände der ehemaligen Akademie der
Wissenschaften ein T. unter dem Namen Bessy II für Grundlagenforschung
geplant. Die Kosten (190 Mio DM) teilen sich der Bund und Berlin.

Teilzeitarbeit

Dauerarbeitsverhältnis mit kürzerer als
der betrieblichen Regelarbeitszeit.
1991 waren rd. 2,4 Mio Arbeitnehmer
in den westdeutschen Bundesländern
vor allem im Dienstleistungsbereich
und im öffentlichen Dienst in T. tätig.
Der Frauenanteil an T. betrug 92,5%.
1992 setzte sich der Deutsche Gewerkschaftsbund (DGB, Düsseldorf) dafür
ein, daß Beschäftigte in T. den Vollzeit-
beschäftigten rechtlich gleichgestellt
werden. Der Gewerkschaftsbund kritisierte, daß in Deutschland zunehmend
Vollzeitarbeitsplätze durch T.-Arbeits-
plätze ersetzt würden, der Arbeitsum-
fang für den einzelnen Arbeitnehmer
jedoch gleich bliebe. Bei Berücksichtigung der Wünsche von Arbeitnehmern,
die T. leisten möchten, aber vollzeitbe-
schäftigt sind, könnten nach Berech-

Teilzeitbeschäftigte in Westdeutschland

Jahr	Teilzeitbeschäftigte (1000)		
	Männer	Frauen	Insgesamt
1980	110	1549	1659
1985	128	1743	1872
1986	137	1813	1951
1987	147	1888	2035
1988	154	1960	2114
1989	166	2051	2217
1990	191	2205	2396
1991	194	2348	2542

Quelle: Bundesanstalt für Arbeit (Nürnberg)

nungen des DGB rd. 1,4 Mio neue Stellen geschaffen werden. Nach der 1992
in Kraft getretenen → Rentenreform
können ältere Arbeitnehmer bei T. eine
Teilrente beziehen.

Telefax

Fernkopierer zur Übertragung von
Schriftstücken über die Telefonleitung.
Die Vorlage wird von einem Lichtstrahl
abgetastet, der unterschiedliche Hellig-
keit in elektrische Signale umwandelt.
Das Empfangsgerät entschlüsselt die
Signale und gibt eine Kopie der Vorlage wieder. Nach zunächst schleppen-
dem Verkauf (1986: 25 000) stieg die
Zahl der verkauften Geräte in Deutschland 1991 um 30% gegenüber dem Vorjahr auf 600 000. 1992 gab es rd. 1 Mio
T.-Anschlüsse. Die → Telekom ging
1992 davon aus, daß sich die Zahl der
Anschlüsse bis 1995 auf 2 Mio verdoppeln werde.
1992 kostete ein T.-Gerät ab 600 DM,
die Übertragungsgebühren betrugen
23 Pf/Einheit (Normaltarif Ortsverbin-
dung: 6 min; Fernbereich über 100 km:
21 sec). Die Übertragung einer DIN-
A4-Seite dauerte 40 sec.

Telefonkarte

Plastikkarte, mit der Gespräche an öffentlichen Telefonen (sog. Kartentelefone) bezahlt werden. Ein Chip auf der
T. speichert den Wert der Karte (→
Chipkarte). Passendes Kleingeld ist
nicht mehr erforderlich. Die bargeldlos
betriebenen Telefone müssen nicht ge-
leert werden, der Anreiz zum Diebstahl

**Teilchenbeschleuniger
prüfen physikalisches
Standard-Modell**
Mit Experimenten in Teil-
chenbeschleunigern über-
prüften Physiker Anfang
der 90er Jahre das sog.
Standard-Modell, nach
dem sich alle Materie aus
Elementarteilchen zusam-
mensetzt. Nach der in den
70er Jahren entwickelten
Theorie werden als klein-
ste Partikel sechs Quarks
angenommen. Drei Kräfte
wirken auf die Teilchen:
Atomanziehungskräfte,
Elektromagnetismus und
Schwerkraft. 1992 war die
Existenz von fünf Quarks
bewiesen.

**Teilzeitarbeit in der
EG 1990**

Land	Teilzeit-beschäf-tigte (%)[1]
Niederlande[2]	31,6
Dänemark	23,3
Großbritannien	21,3
Deutschland	13,4
Frankreich	11,9
Belgien	10,9
Irland[2]	7,5
Luxemburg	6,9
Portugal	6,0
Italien	4,9
Spanien	4,9
Griechenland	4,1
EG gesamt	13,0

*1) Anteil an den Erwerbstäti-
gen; 2) 1989; Quelle: Statistisches Amt der Europäischen
Gemeinschaften*

entfällt. 1992 rechnete die → Telekom damit, daß sich ihre jährlichen Kosten durch Vandalismus um 40% verringern würden. Anfang 1992 waren in Westdeutschland 21 600 der insgesamt 150 000 öffentlichen Fernsprechgeräte Kartentelefone, in den neuen Ländern 2400 von 30 000. 1992 verkaufte die Telekom monatlich 1,5 Mio T., etwa 40 Mio T. waren in Umlauf. T. wurden unter Sammlern für ein Vielfaches ihres Wertes gehandelt. Für T., die 1983–1986 in limitierter Anzahl zu Testzwecken ausgegeben wurden, zahlten Sammler 1992 bis zu 10 000 DM. 1992 wurden an Postämtern und privaten Verkaufsstellen verschiedene T. angeboten. Die Guthabenkarte im Wert von 12 DM (40 Einheiten zu 30 Pf) oder 50 DM (200 Einheiten zu 25 Pf) wird entsprechend der verbrauchten Einheiten im Kartentelefon entwertet. Die Telekarte (auch Dauerkarte) ist mit einer Geheimnummer gekoppelt, die in das Telefon eingetippt werden muß, bevor der Benutzer telefonieren kann. Mit der Geheimnummer wird der Anrufer identifiziert. Die Gesprächsgebühren (23 Pf/Einheit) und die monatlichen Bearbeitungskosten von 4 DM werden mit der Telefonrechnung abgebucht. 1992 kostete die Karte 20 DM. Daneben gaben die Telekom und andere Unternehmen T. mit Werbeaufdrucken in begrenzter Anzahl aus.

Teleheimarbeit

Angestellte üben bei T. ihre Bildschirmtätigkeit in der eigenen Wohnung aus. Ihr → Computer ist über → Datenfernübertragung mit ihrem Arbeitgeber verbunden, so daß Arbeitsaufträge und -ergebnisse übermittelt werden können. Der Arbeitnehmer kann bei T. seine Arbeitszeiten selbst bestimmen. Der Betrieb kann z. B. auf Bürobauten verzichten. In Deutschland waren nach Schätzungen des DGB Anfang 1992 rd. 1000 Beschäftigte in T. tätig. Mitte 1991 führte IBM Deutschland als erstes deutsches Großunternehmen T. ein.

Der DGB forderte 1992 ein T.-Gesetz, das u. a. Arbeitsschutzmaßnahmen bei T. festlegt, die Einhaltung der gesetzlichen → Arbeitszeit sichert und die Rückkehr auf einen Büroarbeitsplatz ermöglicht. Die Gewerkschaften erwarteten von T. eine Schwächung ihrer Position, weil sich zu Hause Tätige schwer organisieren lassen. Die IBM-Vereinbarung sieht vor, daß niemand zu T. gezwungen werden darf. Der Betrieb trägt die Kosten von rd. 20 000 DM für die Einrichtung des Arbeitsplatzes und beteiligt sich an der Miete. Die Büroarbeitsplätze der Mitarbeiter in T. bleiben erhalten.

Telekom

Unternehmen der Deutschen → Bundespost, das für den Telefon- und Fernmeldebereich zuständig ist. Die T. wurde 1989 durch die Postreform geschaffen und untersteht wie ihre Schwesterunternehmen → Postbank und → Postdienst in der Rechtsaufsicht dem Bundesministerium für Post und Telekommunikation. Ihre vordringlichste Aufgabe waren 1991/92 Aufbau und Sanierung des Fernmeldenetzes in Ostdeutschland (Investitionen 1991: 5,5 Mrd DM, 1992: 10 Mrd DM; → Telekommunikation). Für 1992 rechnete Vorstandsvorsitzender Helmut Ricke erstmals mit Verlusten. Die T. plante bzw. verwirklichte daher Gebührenerhöhungen in defizitären Bereichen und beschloß, die Kundendaten in Telefonbüchern privaten Auskunftsdiensten zur kommerziellen Nutzung zur Verfügung zu stellen. Die CDU/CSU/FDP-

Telefonanschlüsse in Deutschland

Jahr	Anschlüsse (Mio)	
	Alte Länder	Neue Länder
1986	26,7	1,63
1987	27,6	1,69
1988	28,4	1,76
1989	29,4	1,83
1990	30,5	1,93
1991	31,4	2,40
1992[1]	32,4	3,00
1993[1]	33,5	3,70

1) Schätzung; Quelle: Telekom

Bundesregierung beschloß Mitte 1992 die → Privatisierung des Postunternehmens T. Bis zum Jahr 2000 soll die Zahl der Mitarbeiter (1992: 232 000) um rd. 13 000 gesenkt werden.

Haushalt: Die Ende 1991 vorgelegte Bilanz des ersten Geschäftsjahres 1990 weist bei einem Umsatz von 40,6 Mrd DM Gewinn von 1,2 Mrd DM aus. Bei einem geschätzten Umsatz von 46 Mrd DM 1991 erwartete Ricke Gewinn von 7,2 Mrd DM. Der Erlös wird überwiegend für die Ablieferung an den Bund aufgewendet, die von der Post bis 1996 anstelle von Steuern zu leisten sind. Zudem ist die T. nach dem 1989 vereinbarten Finanzausgleich unter den Postunternehmen verpflichtet, die Defizite bei Postbank und Postdienst auszugleichen. Trotz der für 1992 erwarteten Gewinne von 7 Mrd DM rechnete die T. damit, die Ablieferungen und den Finanzausgleich nicht abdecken zu können. Bei 30 Mrd DM Investitionen 1992 (1991: 27 Mrd DM) wird die T. ihre Nettokreditaufnahme voraussichtlich von 4 Mrd DM (1990) auf 15 Mrd DM (1992) steigern.

Gebühren: Zum 1. 5. 1992 erhöhte die T. die monatlichen Gebühren für den → Kabelanschluß um 3 DM, um das jährliche Defizit in diesem Bereich von rd. 1 Mrd–1,5 Mrd DM zu verringern. Zudem plante sie ab 1993 Gebührenanhebungen für Telefonate an Münzfernsprechern und für den Auskunftsdienst. Die Gebühren für Fernmeldenetze z. B. beim profitablen → Mobilfunk sollen dagegen bis 1995 um 11% gesenkt werden, um die Attraktivität der T.-Netze zu erhöhen.

Kundendaten: Private Unternehmen sollen Kundendaten zum Preis von 2,90 DM/Angabe übernehmen und z. B. Adressen- oder Telefonnummern-Auskunft anbieten können. Der → Datenschutz sei gewährleistet, da nur Angaben von Kunden weitergegeben würden, die der Veröffentlichung durch Dritte nicht widersprochen hätten.

Privatisierung: Die Bundesregierung beabsichtigte, die T. in eine Aktiengesellschaft umzuwandeln. Voraussicht-

lich 49% der Anteile an dem Postunternehmen sollen an der Börse angeboten werden. T.-Vorstandschef Ricke befürwortete die Privatisierung der T., weil deren Wettbewerbsfähigkeit durch das Beamtendienstrecht ihrer Beschäftigten eingeschränkt werde. Zudem könne der Erlös aus Aktienverkäufen zur erforderlichen Aufstockung des Eigenkapitals der T. (Anteil Ende 1992: 24%, gesetzlich vorgeschrieben: 33%) verwendet werden. Die SPD-Opposition im Bundestag und die Postgewerkschaft plädierten dafür, die Bundespost als öffentliches Unternehmen zu belassen und das Dienstrecht der Angestellten den Bedürfnissen der Postunternehmen anzupassen. In EG-Mitgliedstaaten arbeiteten 1992 acht Fernmeldeunternehmen als Aktiengesellschaft, vier standen unter staatlicher Aufsicht.

Helmut Ricke, Telekom-Vorsitzender
* 20. 11. 1936 in Oberhausen, deutscher Manager. Ab 1978 Vertriebschef der Elektronikfirma Nordmende, 1982–1989 Vorsitzender der Geschäftsführung des Elektronikunternehmens Loewe Opta, ab September 1989 Vorstandsvorsitzender des Bundespostunternehmens Telekom.

Telekommunikation

Sammelbegriff für alle mit technischen Hilfsmitteln möglichen Formen der Informationsübertragung (Sprache, Texte, Daten, Bilder) über größere Entfernungen. 1991/92 setzte das Bundesministerium für Post und Telekommunikation die Liberalisierung von T.-Bereichen fort, deren Monopol in den Jahren die → Telekom hielt. Vordringlichste Aufgabe der T.-Industrie in Deutschland waren 1992 Sanierung und Ausbau des Fernmeldenetzes in den neuen Bundesländern. Seit Anfang 1992 werden einheitliche Vorwahlen für ostdeutsche Städte eingeführt. Der EG-Ministerrat beschloß Ende 1991, zum 1. 1. 1993 die Auslandsvorwahl in Europa zu vereinheitlichen.

Große Gebührenunterschiede in EG-Staaten
Eine Studie des Europäischen Verbraucherverbands (BEUC) ergab Anfang 1992, daß sowohl Anschluß- als auch Gesprächsgebühren in den EG-Mitgliedstaaten ohne ersichtlichen Grund stark voneinander abwichen. In Dänemark war ein Telefonanschluß 1992 z. B. siebenmal so teuer wie in Deutschland, und Iren zahlten eine viermal höhere monatliche Grundgebühr für ihr Telefon als Griechen. Der BEUC forderte eine EG-weite Vereinheitlichung von Tarifen und Dienstleistungen der Telekommunikation.

Telefongebühren im internationalen Vergleich

nach Deutschland von	Gebühr[1] (DM/3 min)	von Deutschland nach	Gebühr (DM/3 min)
Kanada	6,98	Kanada	5,98[2]
USA	6,52	USA	5,98[2]
Italien	4,94	Frankreich	3,45
Schweiz	3,79	Großbritannien	3,45
Frankreich	3,96	Italien	3,45
Großbritannien	3,32	Schweiz	3,45

Stand: Mai 1992; 1) Normaltarif der großen Telefongesellschaften des jeweiligen Landes; 2) seit 1. 5. 1992, bis dahin: 9,43 DM; Quelle: Telekom

Das gelbe Telefonhäuschen hat ausgedient
Ab 1992 ersetzt die Telekom gelbe öffentliche Telefonzellen, die nicht mehr funktionstüchtig sind, durch grau-weiße Häuschen mit pinkfarbenem Dach. Zunächst sollen 150 neue Fernsprechhäuschen in Berlin, Bonn, Darmstadt, Dortmund, Dresden, Frankfurt/M., Leipzig, München und Rostock aufgestellt werden. Auf einer Leuchtanzeige kann der Kunde ablesen, ob die Zelle anrufbar ist und ob sie über eine Notrufeinrichtung verfügt. Die Zellen sollen auch für Rollstuhlfahrer leicht zugänglich sein.

Wettbewerb: In den T.-Bereichen Mobilfunk, Satellitenkommunikation, Datenübertragung und Bündelfunk (→ Chekker) wurde stufenweise seit 1989 Wettbewerb unter den Anbietern ermöglicht. 1991 boten 65 Unternehmen in Konkurrenz zur Telekom Übertragungs- und Informationsdienste an (1990: 37; 1989: 8).

Fernmeldenetz: 1991 legte die Telekom in Ostdeutschland rd. 453 000 Telefonanschlüsse und erhöhte die Zahl der Anschlüsse auf rd. 2,4 Mio. Eine mit Westdeutschland vergleichbare Versorgungsdichte von knapp 100% der Haushalte soll in Ostdeutschland mit 7,2 Mio Telefonanschlüssen bis 1997 erreicht werden. Bis Ende 1992 sollen 3 Mio Kunden mit Telefon versorgt sein (Kosten 1992: 10 Mrd DM) und rd. 40% des veralteten Fernmeldenetzes erneuert werden. Insbes. für gewerbliche Kunden installierte die Telekom 1992 rd. 50 000 stationäre Anschlüsse für drahtloses Telefonieren an Standorten, die das Telefonnetz nicht umfaßt (Kosten: 200 Mio DM). Ab Mitte 1992 wird in Ostdeutschland der westdeutsche Zeittakt für Telefonate eingeführt (Ortsgespräch Mitte 1992: 6 min/Gebühreneinheit im Normaltarif; Ferngespräche ab 50 km: 21 sec).

Vorwahlen: Seit 15. 4. 1992 sind ostdeutsche Ortsnetze von Westdeutschland aus mit einer Vorwahlnummer zu erreichen, die mit den Ziffern 03 beginnt. Für Telefonate innerhalb Ostdeutschlands gelten die neuen Ortsnetzkennzahlen erst Ende 1993, wenn die Vermittlungsstellen über die erforderlichen technischen Voraussetzungen verfügen. Bis dahin gilt das in der DDR eingeführte System, nach dem die Vorwahlen je nach Standort des Anrufers wechseln.

Ab 1993 sollen europäische Länder mit der einheitlichen Zugangsnummer 00 vor der jeweiligen Länderkennzahl (Deutschland: 49) telefonisch anwählbar sein. Bis dahin gelten abhängig vom Land des Anrufers unterschiedliche Vorwahlen für das gleiche Land. Im Juli 1991 stimmte der Ministerrat der europaweiten Einführung der 112 als Notrufnummer bis 1996 zu.

Angebot: 1992 umfaßte das Angebot an T.-Diensten Telefon-, Text- und Bilddienste (z. B. → Telefax, → Bildtelefon, → Videokonferenz), standortgebundene Datendienste (→ ISDN, → Datenfernübertragung) und Mobildienste (z. B. → Birdie, → Mobilfunk).

Tempolimits in Europa

Land	km/h	40	50	60	70	80	90	100	110	120	130

PKW-Tempolimits
- innerorts
- außerorts, ohne Autobahnen
- Autobahnen

1) Bei Sichtweiten unter 50 m 50 km/h
2) Bei Nässe 80 bzw. 110 km/h
3) Autobahnähnliche Schnellstraßen
4) Tempo 110 für Fahrzeuge bis 1100 cm³
5) In Tirol und Vorarlberg Tempo 80 auf Bundes- und Landstraßen, nachts Tempolimit auf einigen Autobahnen

Stand: März 1992

Quelle: ADAC

Tempolimit

Befürworter von strengeren Geschwindigkeitsbegrenzungen auf Autobahnen und im Stadtverkehr in Deutschland erwarten höhere → Verkehrssicherheit, verminderte → Luftverschmutzung und eine Verbesserung des Verkehrsflusses (→ Autoverkehr). Seit Oktober 1991 gilt auf allen deutschen Straßen ein T. von 50 km/h, wenn die Sicht weniger als 50 m beträgt. Ziel der Verordnung ist vor allem, Massenkarambolagen auf Autobahnen zu verhindern. Der Bundesgerichtshof (Karlsruhe) fällte Anfang 1992 ein Grundsatzurteil, nach dem Autofahrer für die Folgen eines von ihnen nicht verschuldeten Unfalls haften, wenn sie die Richtgeschwindigkeit von 130 km/h überschreiten (Az. VI ZR 62/91, 63/91).

Die westdeutschen Bundesländer und Teile Ostdeutschlands waren Mitte 1992 das einzige Gebiet in Europa ohne T. auf Autobahnen. Ab 1992 können die ostdeutschen Bundesländer das T. abhängig vom Zustand der Autobahnen aufheben. Auf anderen Straßen bleibt dort das T. außerhalb von geschlossenen Ortschaften bei 80 km/h bis Ende 1992 bestehen (alte Bundesländer: 100 km/h).

Bei Befragungen eines Dortmunder Meinungsforschungsinstituts, des Allgemeinen Deutschen Automobil-Clubs (ADAC, München) unter seinen Mitgliedern und bei einer Studie im Auftrag des Bundesumweltministeriums stimmten mindestens 50% der Deutschen einer Geschwindigkeitsbegrenzung zu. Die Unterstützung lag in Ostdeutschland generell höher als in den alten Bundesländern. Die CDU/CSU/FDP-Bundesregierung lehnte die Einführung eines T. ab.

Terrestrische Frequenzen

(terrestris, lat.; zur Erde gehörig), Frequenzen im Ultrakurzwellenbereich (87–108 MHz), über die Rundfunkprogramme in einem begrenzten Senderadius durch die Luft übertragen werden. T. verlaufen geradlinig in einer Höhe über der Erde, so daß geographische und bauliche Gegebenheiten den Senderadius beeinflussen. Haushalte die weniger als 3 km vom Senderstandort entfernt liegen, müssen mit Qualitätseinbußen beim Empfang rechnen.

In der Rundfunkanstalt werden akustische Signale in elektrische Wechselspannungen umgesetzt, die zusammen mit der T. eine sog. elektromagnetische Trägerwelle bilden, die abgestrahlt wird. Die Antenne des Rundfunkgeräts empfängt die Wellen. Ist die Empfangsfrequenz auf die Sendefrequenz eines Programms eingestellt, gewinnt das Gerät aus den Wellen die Wechselspannungen zurück, die ein Lautsprecher in hörbare Schallwellen umwandelt.

Terrorismus

Politisch motivierte Gewaltanwendung von extremistischen Gruppen und Einzelpersonen vor allem gegen den herrschenden Staatsapparat und seine Repräsentanten. Die → Rote Armee Fraktion (RAF) kündigte Anfang 1992 an, auf Gewaltaktionen zu verzichten. Im April 1992 verhängte der → UNO-Sicherheitsrat Sanktionen gegen Libyen, um die Auslieferung mutmaßlicher Terroristen zu erzwingen, die beschuldigt wurden, an Bombenattentaten auf ein US-amerikanisches und französisches Verkehrsflugzeug 1988 bzw. 1989 beteiligt gewesen zu sein. Im März 1992 wurden drei führende Mitglieder der baskischen Separatistenorganisation → ETA in Frankreich verhaftet. Die irische Terrororganisation → IRA setzte 1992 ihren bewaffneten Kampf fort. 1991/92 nutzte der peruanische kommunistische Leuchtende Pfad (span.: Sendero Luminoso) verstärkt die Elendsquartiere der Großstädte als Basis für Terroranschläge.

Deutschland: Die Zahl der Gewalttaten ausländischer Extremistengruppen (→ Extremismus) verdoppelte sich nach Angaben des Bundesamts für → Verfassungsschutz 1991 auf 194. In Deutschland wurden 16 Terroristen von Gerichten verurteilt sowie gegen 168 Beschuldigte wegen linksterroristischer und gegen zehn wegen rechtsterroristischer Aktivitäten Ermittlungsverfahren eingeleitet. Über eine Verlängerung der sog. → Kronzeugenregelung über den 31. 12. 1992 hinaus war

Terrorismus gegen die USA 230mal waren nach Angaben des US-Außenministeriums von Ende 1991 US-amerikanische Einrichtungen weltweit 1990 Ziel politisch motivierter Anschläge. Dabei seien zwölf Menschen getötet, 17 verletzt und 26 verschleppt worden. Die meisten Gewalttaten habe es mit 156 in Südamerika gegeben.

Mitte 1992 nicht entschieden. Terroristen können mit einem Strafnachlaß rechnen, wenn sie mithelfen, über ihre eigene Tat hinaus Gewaltakte aufzuklären oder zu verhindern.

Peru: Mit 4000–5000 Guerilla-Kämpfern war der Leuchtende Pfad Anfang der 90er Jahre die größte Terrororganisation Südamerikas. 1991 wurden in Peru nach Erhebungen einer Parlamentskommission 1656 Attentate verübt, 70% werden dem Leuchtenden Pfad zugeschrieben. Etwa 25 000 Menschen wurden 1981–1991 vom Sendero Luminoso ermordet.

TGV

→ Schnellbahnnetz

Tiefflüge

Militärische Übungsflüge, die in Deutschland bis zu einer Höhe von 300 m (sog. Mindestflughöhe) durchgeführt werden. Anfang 1992 lehnte der Bundestag einen Antrag der SPD ab, T. und Luftkampfübungen über Wohngebieten einzustellen. Die Sozialdemokraten hielten T. wegen der veränderten Sicherheitslage in Europa für unnötig. Der Lärm, der durch T. verursacht wird, gilt als gesundheitsschädlich. Zudem werden T. für Gebäudeschäden verantwortlich gemacht. In Ostdeutschland erhöhte die Bundeswehr 1992 ihre T. von zehn auf 20 pro Tag (rd. 7% aller Militärflüge von Bundeswehr und Streitkräften der GUS täglich).

Über dem alten Bundesgebiet wurde die Zahl der Tiefflugstunden 1991 gegenüber dem Vorjahr um rd. die Hälfte auf etwa 20 000 reduziert. 1991 absolvierte die Bundesluftwaffe im In- und Ausland rd. 20 000 Flugstunden in Tiefflughöhe (17% des Gesamtflugaufkommens); die westlichen Alliierten flogen ca. 20% ihrer 88 000 Flugstunden über deutschem Territorium als T. Seit 1990 werden die T. der Bundeswehr und der NATO-Streitkräfte in Deutschland zunehmend ins Ausland und über See verlagert.

Tierschutz

In Deutschland regelt das T.-Gesetz den Umgang mit Haus- und Nutztieren, zum Erhalt von wildlebenden Tieren wird durch Gesetze zum → Artenschutz und → Naturschutz beigetragen. Bundeslandwirtschaftsminister Ignaz Kiechle (CSU) setzte sich Anfang 1992 für die Aufnahme des T. als Staatsziel ins → Grundgesetz ein. Die Zahl der Tierversuche in Westdeutschland ging nach Angaben des Bundeslandwirtschaftsministeriums 1990 gegenüber 1989 um rd. 10% zurück. Im März 1992 beschloß das Europäische Parlament eine Richtlinie, nach der Tierversuche bei der Einführung von Kosmetika auf die Fälle beschränkt werden, in denen es keine Ersatzmethode für die Überprüfung von Inhaltsstoffen gibt. Die Richtlinie muß von den EG-Staaten in nationales Recht umgewandelt werden. Die EG-Agrarminister verabschiedeten Ende 1991 Richtlinien über den T. bei Tiertransporten sowie bei der Viehhaltung.

Tierversuche: In den westdeutschen Ländern wurden 1990 an 2,37 Mio Wirbeltieren Versuche durchgeführt, davon rd. 82% an Nagetieren. Tierversuche im Sinne des T.-Gesetzes sind Eingriffe, die mit Schmerzen, Leiden oder Schäden verbunden sein können. Nicht dazu gerechnet werden die Organentnahme für wissenschaftliche Untersuchungen, Eingriffe zu Demonstrationszwecken, z. B. an Universitäten, und Behandlungen zur Herstellung von Produkten wie Impfstoffen. Der Deutsche Tierschutzbund (Bonn) bezeichnete die Angaben des T.-Berichts deshalb als unvollständig; die Tierschützer schätzten die Zahl der Versuche auf jährlich 14 Mio–20 Mio.

Tiertransporte: Tiere aus Nicht-EG-Staaten dürfen nur dann in die EG importiert werden, wenn der Transporteur sich schriftlich zur Einhaltung aller tierschutzrechtlichen Vorschriften verpflichtet. Die Richtlinie ist zudem rechtliche Grundlage für die EG-weite Einführung von Fütterungs- und Trän-

Tierversuche nach Bereichen 1990

| Tierart | Versuchszweck | | | | | | | Insgesamt[7] |
	Medizinische Methoden[1]	Arzneimittel[2]	Pflanzen-schutz[3]	Stoffprüfung[3]	Umweltge-fährdung[5]	Gesetzlich erforderliche Prüfung[5]	Grundlagen-forschung	
Mäuse	157 393	797 681	16 088	13 589	30 062	285 968	148 347	1 196 782
Ratten	103 614	332 458	26 861	24 247	9 422	153 286	80 626	604 780
Meerschweinchen	25 315	61 833	2 086	3 077	1 893	20 341	3 306	106 361
Andere Nager	8 686	15 286	169	754	777	5 767	5 794	30 840
Kaninchen	12 145	42 724	2 044	2 850	139	13 991	6 481	68 506
Affen	282	1 269	48	98	56	1 016	589	2 307
Hunde	1 148	4 456	641	146	21	2 650	383	6 906
Katzen	415	997	10	2	0	277	726	2 148
Andere Fleischfresser [8]	71	146	0	0	24	0	68	309
Pferde, Esel	127	40	0	0	0	20	44	206
Schweine	3 097	3 363	0	522	132	686	2 640	9 784
Ziegen und Schafe	1 187	587	1	30	4	20	1 044	3256
Rinder	574	1 257	0	112	23	107	493	2 211
Andere Säugetiere	95	0	0	0	35	0	518	273
Vögel [9]	19 562	50 948	982	20 445	1 340	2 257	4 209	90 509
Reptilien	0	0	0	0	0	0	281	281
Amphibien	25	0	0	31	1 520	0	12 770	14 092
Fische	6 983	1 560	14 409	28 721	116 585	77 390	46 924	226 377
Insgesamt	340 719	1 314 605	63 339	94 624	162 033	563 776	315 243	2 365 928

1) Erforschung oder Erprobung von Methoden zur Diagnostik, Prophylaxe oder Therapie; 2) Prüfung von Arzneimitteln; 3) Prüfung von Pflanzenschutz-mitteln; 4) Prüfung von Stoffen und Produkten (außer Pflanzenschutz- und Arzneimittel); 5) Prüfung zur Erkennung von Umweltgefahren; 6) Gesetzlich er-forderliche Prüfung für die Anmeldung oder Zulassung von Stoffen oder Produkten; 7) Mehrfachversuche an einem Tier sind möglich; 8) inkl. Maultiere und -esel; 9) inkl. Geflügel; Quelle: Bundeslandwirtschaftsministerium 1992

kepausen sowie von Ruhezeiten und einer maximalen Ladedichte der Tiere.
Tierhaltung: Die Richtlinien zum Schutz von Kälbern und Schweinen sehen vor, daß in Schweineställen, die nach dem 31. 12. 1994 errichtet werden, die Anbindehaltung verboten ist; rutschfeste Böden und ausreichend Stroh und Trinkwasser werden vorgeschrieben. Kälbern bis zu 150 kg muß ab 1995 in neuen Ställen mindestens 1,5 m² Platz zur Verfügung stehen.
Mitgeschöpfe: Seit September 1990 gelten Tiere in Deutschland in der bürgerlichen Rechtsprechung nicht mehr als Sachen, sondern als Mitgeschöpfe, denen der Mensch zu Schutz verpflichtet ist. Der Umfang des Schadenersatzes für die Heilbehandlung eines verletzten Tieres orientiert sich nicht mehr an dessen materiellem Wert. Haustiere, die keinen Erwerbszwecken dienen, können i. d. R. nicht mehr gepfändet werden. Richter können ein vorläufiges Tierhaltungsverbot aussprechen, wenn damit zu rechnen ist, daß eine Verurteilung wegen Tierquälerei erfolgt.

Tourismus

Weltweit wurden 1991 bei Auslandsreisen 278 Mrd Dollar (425 Mrd DM) ausgegeben (Quelle: Welt-Tourismus Organisation, WTO, Madrid). Dies entspricht rd. 30% der globalen Rüstungsausgaben im gleichen Jahr. Europas Einnahmen durch T. gab die WTO mit 155 Mrd Dollar an (237 Mrd DM; Anstieg gegenüber 1990: 10,4%). Die Branche erwirtschaftete in der EG rd. 5,5% des Bruttoinlandsproduktes.
Ausgaben: Deutsche Bürger haben 1991 nach Angaben des Studienkreises für Tourismus (Starnberg) 51,7 Mio Reisen unternommen (1990: 54,6 Mio). Mit 52 Mrd DM auf Auslandsreisen gaben sie europaweit am meisten aus (1990: 49 Mrd DM). Für 1992 rechnete die T.-Branche mit einem Zuwachs von 4 Mrd DM. Das beliebteste Auslandsreiseziel 1991 war Spanien, innerhalb Deutschlands wurde Bayern am meisten besucht.
Umweltverträglichkeit: Die Aufmerksamkeit deutscher Urlauber für Schä-

Mehrwegsystem für Reisekataloge
Jährlich geben deutsche Reiseveranstalter über 500 Mio DM für die Herstellung von mindestens 250 Mio Katalogen aus. Auf jeden Katalog kommt durchschnittlich eine Buchung. Um die Altpapier-Menge zu vermindern, führte eine Reisebüro-Kette im Dezember 1991 Leihkataloge ein, die in sog. Umweltmappen ausgegeben wurden. Von 40 000 Mappen kamen 6% in die Büros zurück. Ein Düsseldorfer Reiseveranstalter verspricht sich von der Einführung der Leihkataloge eine Ersparnis von bis zu 30% der Herstellungskosten.

413

Tourismus in Daten und Zahlen

Reiseziele der Deutschen

Land	Anteil (%) 1991	Anteil (%) 1990
Deutschland	37,7	42,3
davon:		
Bayern	9,6	9,5
Baden-Württemberg	5,1	4,9
Schleswig-Holstein	4,8	4,9
Niedersachsen	4,5	3,7
Mecklenburg-Vorpommern	2,9	4,3
Sachsen	1,3	2,3
Thüringen	1,1	2,3
Ausland	62,3	57,7
davon:		
Spanien	11,1	9,5
Österreich	9,6	4,1
Italien	8,9	8,3
Osteuropa	5,3	5,2
Frankreich	5,0	4,8
Griechenland	3,1	2,8
Dänemark	2,3	1,7
außereuropäische Länder	7,7	6,8
davon: Türkei	1,9	1,7
USA/Kanada	1,8	1,6

Quelle: Studienkreis für Tourismus (Starnberg)

Die größten deutschen Reiseveranstalter 1991[1]

Veranstalter (Sitz)	Anteil (%)[2]	Verkaufte Reisen (1 000)
TUI (Hannover)	28,3	3 006
NUR (Frankfurt/M.)	16,0	1 863
Jahn (München)	4,9	368
DER (Frankfurt/M.)	4,9	765
ITS (Köln)	4,7	751
Meier's (Düsseldorf)	3,1	k. A.
Tjaereborg (München)	3,0	243
Hetzel (Stuttgart)	2,7	249
Ameropa (Frankfurt/M.)	2,7	652
Kreutzer (München)	2,5	k. A.

1) Reisejahr 1. 11.–31. 10.; 2) Gesamtumsatz der 45 größten Reiseveranstalter: 12,3 Mrd DM; Quelle: FVW International

Die meistbesuchten deutschen Städte 1991

Stadt	Übernachtungen von Gästen aus Deutschland	Ausland
Berlin (West)	4 809 700	1 595 400
München	3 824 400	2 783 100
Hamburg	2 964 200	1 107 400
Frankfurt/M.	1 624 200	1 934 000
Köln	1 553 300	961 600

Quelle: Statistisches Bundesamt

Zahlungsmittel von Deutschen auf Auslandsreisen

Zahlungsart	Anteil (%) 1970	1980	1990
Bargeld	79	60	49
Banküberweisungen	13	16	17
Euroschecks	k. A.	17	15
Kreditkarten	k. A.	k. A.	12
Reiseschecks	8	7	7

Quelle: Deutsche Bundesbank

Weltweiter Tourismus

Jahr	Auslandsreisen Reisende (Mio)	Ausgaben (Mrd Dollar)
1961	75	7
1971	182	21
1981	284	98
1991	450	278

Quelle: Globus, World Tourism Organisation

Europa auf Reisen

Land	Ausgaben[1] (Mrd Dollar)	Rang	Urlauber[2] Anteil (%)	Rang	Jahresurlaub[3] (Tage)	Rang	Auto-Urlauber Anteil (%)	Rang
Belgien	5,7	9	47	9	20	11	77	8
Dänemark	3,8	11	62	4	25	5	59	1
Deutschland[4]	30,1	1	50	8	30	3	61	4
Frankreich	13,5	3	56	6	25	5	81	9
Großbritannien	19,8	2	58	5	25	5	59	1
Italien	10,8	4	46	10	31	2	73	7
Niederlande	7,4	5	63	3	32	1	70	5
Österreich	6,3	6	54	7	26,5	4	59	1
Schweden	6,1	7	70	1	25	5	k. A.	–
Schweiz	6,0	8	70	1	23,5	9	k. A.	–
Spanien	4,3	10	39	11	22	10	70	5

1) Bei Auslandsreisen 1990; 2) Anteil der Bevölkerung, der mindestens einmal im Jahr länger als sechs Tage verreist, 1990; 3) Tarif für Industriearbeiter, Stand: Ende 1990; 4) alte Länder; Quellen: Statistisches Jahrbuch der Schweiz, Frankfurter Allgemeine Zeitung, Bundesvereinigung der Deutschen Arbeitgeberverbände, EG-Kommission, Österreichisches Statistisches Zentralamt

den in der Umwelt stieg seit Mitte der 80er Jahre. Bei einer Untersuchung des Starnberger Studienkreises von 1991 gaben 54,3% der Befragten an, sie hätten an ihrem Ferienort Umweltprobleme bemerkt (1985: 29,9%). Anfang der 90er Jahre bemühten sich u. a. Fremdenverkehrsvereine, Reisebüros und Naturschutzverbände um umweltverträgliche Formen des T., sog. sanften T. Gütesiegel für ökologisch intakte Ferienorte wurden vorgestellt. Die Deutsche Gesellschaft für Umwelterziehung (Hamburg) vergibt seit 1987 die sog. Blaue Europa-Flagge als Auszeichnung für sauberes Badewasser und Strandpflege.

Transgene Tiere

Mit Hilfe der → Gentechnik gezüchtete Tiere, deren Erbanlagen ein Gen enthalten, das aus einem anderen Organismus stammt. Die fremden Gene sollen T. Eigenschaften wie höhere Fleischqualität und Resistenz gegen Krankheiten verleihen. Eine wirtschaftliche Anwendung der umstrittenen Forschung mit T. wird für Ende der 90er Jahre erwartet. Anfang 1992 wurde das erste Patent in Europa für ein T., die Maus mit einem Krebsgen, erteilt. Die EG-Kommission bereitete 1992 eine Richtlinie zur Patentierung genmanipulierter Lebewesen vor.

Patentierung: 1992 lagen dem Europäischen Patentamt (München) rd. 50 Anträge für die Patentierung von T. vor, z. B. für ein schnellwachsendes Huhn mit Rindergenen, kälteresistente Lachse mit Flundergenen und Schweine mit menschlichen Wachstumsgenen. Nach dem Europäischen Patentabkommen von 1973, das zehn EG-Staaten sowie Schweden, Liechtenstein, die Schweiz und Monaco abgeschlossen haben, sind neue Tierarten nicht patentierbar. Bei der Krebsmaus ist nach Ansicht der Patentrichter eine Ausnahme zu rechtfertigen, weil in diesem Fall das Wohl der Menschheit von übergeordneter Bedeutung sei. Die Mäuse werden zu Forschungszwecken eingesetzt, z. B. für

Medikamententests. Sie sterben innerhalb von drei Monaten an → Krebs.

EG-Richtlinie: Die Kommission definiert im Gegensatz zum Europäischen Patentabkommen genmanipulierte Tiere, Pflanzen, Mikroorganismen und Zellen als patentierbar. Wenn die Richtlinie von den EG-Staaten verabschiedet wird, müßte das Patentabkommen geändert werden.

Forschung: Geforscht wurde Anfang der 90er Jahre an T., die Substanzen für Medikamente produzieren. In der Schweiz wurde z. B. ein transgenes Kaninchen gezüchtet, dessen Milch Interleukin enthält. Interleukin wird als Medikament gegen Krebs getestet. Eine US-amerikanische Firma gab Ende 1991 die Entwicklung transgener Schweine bekannt, deren Erbanlagen das Gen für menschliches Bluteiweiß (Hämoglobin) enthalten. Das Blut der Schweine soll herkömmliche → Blutkonserven ersetzen.

Verfahren: Zur Züchtung von T. wird aus einem tierischen oder menschlichen Zellkern ein Stück des Molekülstranges DNS (Desoxyribonukleinsäure) isoliert. Das DNS-Stück wird in eine befruchtete Keimzelle des Empfängertiers übertragen, die anschließend in die Gebärmutter eingepflanzt wird. In Deutschland ist nach dem Embryonenschutzgesetz die Vereinigung von menschlichen und tierischen Keimzellen verboten (sog. Chimären).

Kritik: Gegner befürchteten, genetisch veränderte Tiere könnten sich verbreiten und das ökologische Gleichgewicht stören. Der Zusammenschluß europäischer Umweltschutzorganisationen Patent Concern (London) warnte 1992, Unternehmen könnten durch Patentierung von Lebewesen wirtschaftlichen Einfluß in → Entwicklungsländern gewinnen, indem sie sich die Züchtung von patentierten T. bezahlen lassen, die an die Umweltbedingungen der Entwicklungsländer angepaßte Eigenschaften haben. Die EG-Richtlinie sei lebensverachtend, da sie Tiere und Pflanzen als menschliche Erfindungen definiere. → Genbank

Transgene Maus mit Erbanlage für Haarwuchs Das Europäische Patentamt (München) wies 1992 einen Antrag auf Patentierung einer Maus ab, der ein menschliches Haarwuchsgen implantiert wurde. Der US-Pharmakonzern Upjohn wollte die Maus für die Erforschung neuer Haarwuchsmittel einsetzen. Das Patentamt hielt den Antrag für ethisch nicht vertretbar, da das Haarwuchsgen an ein Krebsgen gekoppelt wird, das leichter in die Mäusezellen eingeschleust werden kann. Nach einigen Wochen löst das Gen die Bildung von Krebstumoren aus. Die Patentrichter sahen die Qualen des Tieres für ein Haarwuchsmittel als nicht gerechtfertigt an.

Für die Magnetschnellbahn Transrapid, die auf einer Versuchsanlage im Emsland getestet wird, sieht der Bundesverkehrswegeplan 1992 den Bau einer ersten Strecke zwischen Hamburg und Berlin bis zum Jahr 2000 vor.

Heinz Kriwet, Chef des Transrapid-Hauptherstellers Thyssen
* 2. 11. 1931 in Bochum, Dr. rer. pol., deutscher Industriemanager. 1962–1973 bei Krupp, ab 1973 Vorstandsmitglied bei Thyssen in Duisburg, ab März 1991 Konzernchef. Der Stahl-, Maschinen- und Handelskonzern zählte mit einem Umsatz im Geschäftsjahr 1990/91 (Abschluß 30. 9.) von 36,6 Mrd DM zu den zehn größten deutschen Industrie-Unternehmen.

Transrapid

Magnetschnellbahn, der im Dezember 1991 die technische Reife für den Einsatz in Deutschland bestätigt wurde. Mitte 1992 wurde der Bau einer ersten Strecke zwischen Hamburg und Berlin geplant. Auch die Verlängerung nach Bonn wurde untersucht. Der T. soll dazu beitragen, Straßen (→ Autoverkehr), → Luftverkehr und Schienenverkehr (→ Bundesbahn → Reichsbahn) zu entlasten (→ Verkehr).

Technik: Der T. fährt radlos auf einer bis 5 m hohen Stahl- oder Betonkonstruktion. Er ist durch einen Elektromotor angetrieben, dessen Magnetfeld in der Trag- und Führungsschiene erzeugt wird. Das Elektromagnetfeld zieht ihn vorwärts und hält ihn 1 cm über dem Fahrweg schwebend.

Eigenschaften: Der T. soll mit 500 km/h doppelt so schnell wie der Hochgeschwindigkeitszug ICE der Bundesbahn verkehren (→ Schnellbahnnetz). Bei einer Testfahrt im Dezember 1989 erreichte er 435 km/h. Der T. entfaltet bei gleicher Geschwindigkeit weniger → Lärm als andere Verkehrsmittel, weil keine Rad- und Motorgeräusche auftreten. Der Energieverbrauch liegt ca. 25% unter dem von Hochgeschwindigkeitszügen, denn der Wegfall des Motors, der in den Fahrweg integriert ist, verringert das Gewicht. Aufgrund seiner Steigfähigkeit (10%; ICE: 4%)

und kleineren Kurvenradien sind weniger Tunnel und Landschaftseinschnitte nötig. Der T. gilt als entgleisungssicher. Kritiker halten den T. für überflüssig und treten für den Ausbau des Eisenbahnnetzes ein.

Strecke: Die 285 km lange Strecke Hamburg–Berlin soll bis zum Jahr 2000 fertig sein. Die 1992 veranschlagten Kosten von 7,5 Mrd DM sollen privat finanziert werden. Die Reisezeit soll 1 h betragen (Eisenbahn: 2 h), 16 Mio Passagiere pro Jahr werden erwartet. Die Bundesbahn erklärte sich zum Betrieb bereit, im Gespräch war auch eine Beteiligung der Lufthansa.

Kosten: Das Forschungsministerium der BRD förderte die Entwicklung des T. von 1968 bis Mitte 1992 mit 1,6 Mrd DM. Bis zur Entwicklung der Serienreife, die für 1995 erwartet wird, werden weitere 354 Mio DM bereitgestellt.

Konkurrenz: 1990 beschloß die japanische Regierung den Bau einer 43 km langen Teststrecke für den Maglev (Magnetically levitated train, engl.; Magnetschwebebahn) bis 1994 (Kosten: 4 Mrd DM). Die Strecke soll Teil der 515 km langen Verbindung Tokio–Osaka werden, die von der Magnetbahn in 1 h bewältigt werden soll. Die USA stellten im Herbst 1991 ca. 750 Mio Dollar (1,1 Mrd DM) für die Entwicklung einer eigenen Magnetschnellbahn bereit. → M-Bahn

Treibhauseffekt

Erwärmung des Klimas durch einen erhöhten Gehalt von → Kohlendioxid (CO_2) und anderen sog. Spurengasen in der Atmosphäre. Die UNO ging Ende 1991 davon aus, daß sich die globale Temperatur bei gleichbleibendem Ausstoß der Spurengase bis Ende des 21. Jh. um 1,5–4,5 °C erwärmen wird. Als Folge dieser → Klimaveränderung werden u. a. Dürren, → Hunger und → Armut erwartet. Nach einer UNO-Studie von 1992 lagen die Durchschnittstemperaturen Anfang der 90er Jahre um 0,3–0,6 °C höher als zu Beginn des Jahrhunderts.

Ursachen: Spurengase wirken in der Atmosphäre wie die Scheiben eines Treibhauses. Sie lassen Sonnenlicht herein, bilden aber eine Barriere für die von der Erde reflektierte Wärmestrahlung. Neben dem CO_2, das Mitte 1992 zu ca. 50% für den T. verantwortlich war, tragen Fluorchlorkohlenwasserstoffe ($\rightarrow$ FCKW) zu 20% zum T. bei. Methan, das u. a. aus Reisfeldern, Mülldeponien und Rindermägen entweicht, hat einen Anteil am T. von ca. 15%. Auch das sog. Lachgas (Distickstoffoxid) aus dem Einsatz von Düngemitteln in der $\rightarrow$ Landwirtschaft trägt zum T. bei. Der bereits natürlich vorhandene T. wird durch diese Spurengase verstärkt.

Maßnahmen: Die CO_2-Konzentration in der Erdatmosphäre erhöhte sich 1957–1990 um 15% und wächst seit Anfang der 90er Jahre um 0,5% jährlich. Der Gehalt von FCKW nimmt jedes Jahr um rd. 5% zu; die jährliche Zuwachsrate für Methan beträgt 0,9%, für Lachgas 0,25%. Auf der UNO-Umweltkonferenz im Juni 1992 beschlossen die Teilnehmer eine Reduzierung der CO_2-Emissionen auf den Stand von 1990. Die EG plante Mitte 1992 die Einführung einer $\rightarrow$ Energiesteuer, um den Kohlendioxidausstoß zu reduzieren. Die Herstellung und der Verkauf von FCKW sind in der EG ab 1995, in den USA ab 1996 verboten.

Treibnetzfischerei

Fischfangmethode, bei der bis zu 60 km lange Netze von Schiffen im Meer ausgelegt werden und bis zu 15 m tief im Wasser treiben. Mit T. sollen vor allem Thunfische, Lachse und Schwertfische gefangen werden. Die Welternährungsorganisation (FAO, Rom) ging Ende 1991 davon aus, daß in den Netzen jährlich zwischen 300 000 und 1 Mio Delphine und Tausende von Walen, Haien, Robben, Seevögeln und Jungfischen sterben. Nur etwa 2% des Fangs würden bei T. vermarktet. Ende 1992 tritt eine Resolution der UNO in Kraft, die T. verbietet. Bei Nichtbeach-

tung kann die UNO eine Empfehlung für den Boykott der mit T. gefangenen Fische erlassen. In der EG ist ab Juni 1992 die T. mit über 2,5 km langen Netzen für alle Schiffe untersagt; für EG-Fischer ist sie generell in internationalen Gewässern verboten. Auch China/Taiwan, Korea-Süd und Japan, deren T.-Flotten mit insgesamt 1400 Schiffen die größten der Welt sind, schlossen sich der UNO-Resolution an. Die UNO trug mit dem Verbot der Kritik von Umweltschützern Rechnung, die sich gegen die Überfischung der Meere durch T. richteten.

In der EG wurde die Mindestmaschenöffnung der Netze für den Fang von Kabeljau, Schellfisch und Seelachs von Juni 1992 an von 90 mm auf 100 mm (ab 1995: 110 mm) heraufgesetzt, damit Jungfische dem Fang entkommen können. Französische Fischer im Nordostatlantik, die T. bereits vor Juni 1990 betrieben, dürfen noch bis Ende 1993 Netze bis zu 5 km Länge auslegen.

Treuhandanstalt

$\rightarrow$ Übersichtsartikel S. 418

Trinkwasserverunreinigung

Das für den menschlichen Gebrauch geeignete Wasser wird u. a. durch $\rightarrow$ Pestizide und Nitrate aus der Landwirtschaft sowie Schadstoffe aus Industrie und aus $\rightarrow$ Altlasten verschmutzt. Nach einem Bericht der Weltgesundheitsorganisation (WHO, Genf/Schweiz) von 1992 gehört die T. insbes. in $\rightarrow$ Entwicklungsländern zu den Hauptursachen für Krankheiten und Todesfälle. In Ostdeutschland tranken 1991 rd. 60% der Bürger zeitweilig oder ständig Wasser, das die Grenzwerte der EG für den Schadstoffgehalt überschritt. Einer Untersuchung des Dortmunder Instituts für Wasserforschung von 1991 zufolge waren 60% der Proben aus 300 Wasserwerken in Westdeutschland mit Schadstoffrückständen belastet. Ende 1991 verlor Deutschland vor dem Europäischen

Klimaabkühlung nach Treibhauseffekt
Der norwegische Forscher Egil Sakshaug prognostizierte Anfang 1992 bei einer Zunahme des Treibhauseffekts eine Abkühlung des Klimas. Seine Theorie basiert auf der Annahme, daß der Treibhauseffekt zunächst zu steigenden Temperaturen führt und Gletscher aus Süßwasser schmelzen. Dadurch würde jedoch der Salzgehalt im Atlantik sinken, so daß das Meer schneller zufrieren könne. Der Golfstrom, der warmes Wasser aus den Tropen in europäische Breiten bringt, würde sich abkühlen. Ohne die Wärme des Golfstroms würde in Nordwesteuropa ein kaltes Klima herrschen.

Die größten Fischfangnationen der Welt

Land	Fang (Mio t/Jahr)
GUS	11,31
China	11,22
Japan	11,17
Peru	6,83
Chile	6,45
USA	5,74
Indien	3,62
Korea-Süd	2,83
Thailand	2,82
Indonesien	2,70

Quelle: stern, 12. 3. 1992

Treuhandanstalt
Industriekrise trotz steigenden Privatisierungsaufwands

Die Bundesanstalt zur treuhänderischen Verwaltung des Volkseigentums (Berlin) hatte ihre Aufgabe, die → Privatisierung des zu 95% gesellschaftlichen Eigentums der ehemaligen DDR, Mitte 1992 zu drei Vierteln bewältigt. 1990 hatte sie rd. 8000 sog. Volkseigene Betriebe (VEB) mit ca. 4,1 Mio Beschäftigten übernommen. Ein Großteil der Industrieanlagen erwies sich als überaltert und nicht wettbewerbsfähig. Bis Mitte 1992 hatte die Behörde 7600 der in kleinere Einheiten aufgeteilten Betriebe verkauft, z. T. auch an ausländische Unternehmen und an Manager, und 1500 stillgelegt. Sie verwaltete noch ca. 4600 Unternehmen mit 1 Mio Beschäftigten, 70% dieser Betriebe hielt sie für sanierungsfähig. 1,2 Mio Beschäftigte wurden von den neuen Eigentümern übernommen, fast 2 Mio verloren ihren Arbeitsplatz. Angesichts steigender → Arbeitslosigkeit sah sich die Treuhandanstalt mit Forderungen konfrontiert, der Sanierung und dem Erhalt bestehender Arbeitsplätze Vorrang vor der Privatisierung einzuräumen. Der Verkauf insbes. der 25 000–30 000 Immobilien wurde ebenso wie zahlreiche → Investitionen durch die vielfach ungeklärte → Eigentumsfrage behindert.

Ostdeutsche Industrie von Untergang bedroht: SPD, ostdeutsche CDU, Gewerkschaften und das Deutsche Institut für Wirtschaftsforschung (Berlin) forderten die Treuhandanstalt 1991/92 zu einem Überdenken ihres Konzepts auf. Angesichts des Abbaus zahlreicher Arbeitsplätze, der Stillegung von Industriebetrieben und ausbleibender Aufträge des Haupthandelspartners → GUS (→ Osthandel) fürchteten sie, daß Ostdeutschland auf Dauer wirtschaftlich strukturschwach bleiben werde. Befürworter einer raschen Privatisierung vertreten die Meinung, daß private Unternehmer besser als eine Behörde entscheiden können, ob ein Betrieb sanierungsfähig ist oder nicht, weil von der Rentabilität der Unternehmen ihr persönliches Schicksal abhänge. Umstritten war insbes. die Frage, ob die Behörde zur Erhaltung von Arbeitsplätzen mit → Subventionen Betriebe künstlich am Leben erhalten soll, für deren Angebot langfristig keine Nachfrage besteht.

Steigende Aufwendungen für die Betriebe: Der Gesamtwert des Volksvermögens war von der DDR-Regierung mit 600 Mrd–700 Mrd DM angegeben worden. Mitte 1992 betrachtete die Treuhandanstalt selbst spätere bundesdeutsche Schätzungen von 200 Mrd DM noch als wahrscheinlich überhöht. Auf etwa die gleiche Höhe belief sich Mitte 1992 auch die überwiegend aus Altschulden stammende Gesamtverschuldung der Treuhand-Betriebe. Im Geschäftsjahr 1991/92 erzielte die Treuhandanstalt Verkaufserlöse von 18,5 Mrd DM, mußte aber 43,6 Mrd DM für ihre Betriebe aufwenden (Entschuldungs- und Sanierungsmaßnahmen etc.), so daß sich ein Fehlbetrag von 25 Mrd DM ergab. Wegen des voraussichtlich weiter steigenden Finanzbedarfs erhöhte die CDU/CSU/FDP-Bundesregierung der Treuhandanstalt für 1992–1994 die Möglichkeit zur Kreditaufnahme auf jährlich 30 Mrd–38 Mrd DM (→ Staatsverschuldung). Mit einem weitgehenden Abschluß ihrer Verkaufstätigkeit rechnete die Treuhandanstalt für Ende 1993. Die Behörde soll danach zunächst weiterbestehen und u. a. → Osteuropa bei der Privatisierung beraten.

Behörde zwischen Politik und Wirtschaft: Die im April 1990 noch von der DDR gegründete und nach deren Beitritt zur BRD im Oktober 1990 zur Bundesbehörde umgewandelte Treuhandanstalt bestand Mitte 1992 aus der Zentrale in Berlin und 15 Niederlassungen in Ostdeutschland. Die politische Aufsicht übte das Bundesfinanzministerium im Einvernehmen mit dem Bundeswirtschaftsministerium aus. Sie wurde durch einen Bundestagsausschuß kontrolliert. Der Verwaltungsrat (das interne Kontrollorgan) wurde von der Bundesregierung berufen. Durch Betrug war der Treuhandanstalt nach eigenen Angaben bis Mitte 1992 ein Schaden von ca. 2 Mrd DM entstanden. Die Treuhandanstalt hatte 3800 Mitarbeiter (Mitte 1991: 2000). Präsidentin war seit April 1991 als Nachfolgerin des von Terroristen der Rote Armee Fraktion ermordeten Detlev Karsten Rohwedder die CDU-Politikerin Birgit Breuel. Die am 7. 9. 1937 in Hamburg geborene Treuhand-Chefin war von 1978 bis 1986 Wirtschafts- und Finanzministerin in Niedersachsen und gehörte dem Treuhand-Vorstand seit Oktober 1990 an. Vorsitzender des Verwaltungsrates war Jens Odewald, zuvor Vorstandsvorsitzender der Kaufhof AG. (AS)

Die größten Wasserverbraucher in OECD-Ländern

Land	Jährlicher Verbrauch		Anteil am Verbrauch Ende der 80er Jahre[1] (%)			
	Insgesamt (Mio m³)	pro Einwohner (m³)	Haushalte	Bewässerung	Industrie[2]	Energieerzeuger[3]
USA	467 000	1 952	10,8	40,5	7,4	38,8
Japan	89 290	731	18,0	69,0	12,0	k. A.
Italien	56 200	980	14,2	57,3	14,2	12,5
Spanien	45 845	1 186	11,6	65,5	22,9	k. A.
Deutschland[4]	44 582	728	11,0	0,5	4,9	67,4
Kanada	43 888	1 672	11,3	7,1	9,1	55,6
Frankreich	43 673	782	13,5	5,8	10,3	51,4
Türkei	23 750	430	12,8	79,1	9,8	k. A.
Großbritannien	14 502	253	48,6	0,8	7,8	17,6
Niederlande	14 471	999	7,7	k. A.	1,8	63,5
Finnland	3 001	605	14,1	0,7	30,9	k. A.
Schweden	2 996	353	32,4	3,1	40,2	0,3
Norwegen	2 025	488	26,6	3,4	68,1	k. A.
Österreich	2 120	278	24,8	2,6	23,6	47,2
Portugal	1 290	125	k. A.	k. A.	k. A.	k. A.
Dänemark	1 170	228	41,0	34,2	19,2	k. A.
Schweiz	1 166	173	58,5	k. A.	17,6	k. A.

1) Der Verbrauch der Sektoren kann beim Addieren weniger als 100% betragen, weil weitere Bereiche fehlen; 2) ohne Kühlwasser; 3) inkl. Kühlung; 4) Westdeutschland; Quelle: OECD

Radioaktives Kobalt im Trinkwasser
Die Umweltorganisation Greenpeace wies Anfang 1992 darauf hin, daß sich in ostdeutschen Brunnen Anfang 1992 rd. 7000 radioaktive Kobaltstäbchen befanden, die in der ehemaligen DDR installiert worden waren, um eine Verkalkung der Pumpen und Rohre zu verhindern. Kobalt wird für die Strahlentherapie gegen Krebs in der Medizin und in einigen EG-Staaten zur Lebensmittelbestrahlung eingesetzt. In Deutschland, wo Trinkwasser als Lebensmittel gilt, war die Lebensmittelbestrahlung Mitte 1992 verboten.

Gerichtshof (Luxemburg) eine Klage gegen die EG-Kommission. Die Bundesrepublik wurde u. a. verpflichtet, in EG-Richtlinien festgelegte Grenzwerte für Schadstoffe bei der Analyse von Trinkwasser aus sog. Oberflächenwasser (aus Talsperren und Flüssen) gesetzlich festzulegen.

WHO-Bericht: Nach Angaben der WHO sterben jährlich rd. 3,2 Mio Neugeborene und Kinder an Diarrhö infolge von T., 1,2 Mrd Menschen sind wegen verschmutzten Wassers von Infektionskrankheiten bedroht. Insbes. schlechte hygienische Verhältnisse in Entwicklungsländern tragen zu einer Vermehrung von Krankheitserregern im Trinkwasser bei.

Ostdeutschland: Bei einer Untersuchung von 839 Trinkwasserversorgungsanlagen ordnete das Bundesgesundheitsamt (Berlin) 1991 für 31 die sofortige Schließung bzw. den Einsatz von Aufbereitungstechniken an, weil das Trinkwasser eine Gesundheitsgefahr für die Bevölkerung darstelle. In 161 Fällen wurden Grenzwerte für Schadstoffe überschritten. Im Einigungsvertrag von 1990 ist festgelegt, daß Grenzwerte der EG für die Trinkwasserqualität erst ab 1995 Gültigkeit

erlangen. Die ostdeutschen Wasserversorger gaben 1991 rd. 1,8 Mrd DM für die Sanierung der Trinkwasserversorgung aus, davon 80% für neue Rohre; 20–40% des Trinkwassers aus den alten Wasserleitungen ging verloren (→ Wasserknappheit). Durch die Lecks in den Rohren dringen auch Schadstoffe ins Wasser ein. Die deutsche Wasserwirtschaft rechnete Anfang 1992 mit Investitionen von rd. 100 Mrd DM, um die Trinkwasserqualität in Ostdeutschland den EG-Vorschriften anzupassen, das Bundesgesundheitsministerium ging von ca. 30 Mrd DM aus.

Wasserverbrauch: In Westdeutschland, wo es rd. 161 Mrd m³ Wasser (1890 m³ pro Einwohner) gibt, werden täglich rd. 145 l Wasser pro Person verbraucht. In Ostdeutschland, wo aufgrund natürlicher Gegebenheiten wie geringerer Niederschläge das Wasserangebot bei nur 27,3 Mrd m³ pro Jahr (540 m³ pro Person) liegt, sind es nach Schätzungen des Bundesumweltministeriums rd. 190 l pro Einwohner. Der Trinkwasserbedarf wird in Westdeutschland zu rd. 73% aus Grund- und Quellwasser gedeckt, in den neuen Ländern insbes. aus Talsperren, aber auch aus rd. 7000 Hausbrunnen.

Sachsen plant Zusatz von Fluor für Trinkwasser
Als einziges deutsches Bundesland plante Sachsen im Mai 1992, dem Trinkwasser Fluor als Vorbeugung für Karies zuzusetzen, wie es in einigen Regionen der ehemaligen DDR üblich war. Die Wasserwirtschaft und das Bundesgesundheitsamt (Berlin) sprachen sich jedoch dagegen aus, weil die Grenzwerte der Trinkwasserverordnung für Fluor mit den veralteten ostdeutschen Dosieranlagen nicht eingehalten werden könnten und die Zufuhr von Fluor darüber hinaus gesundheitsgefährdend sein kann.

Tropenwälder der Erde

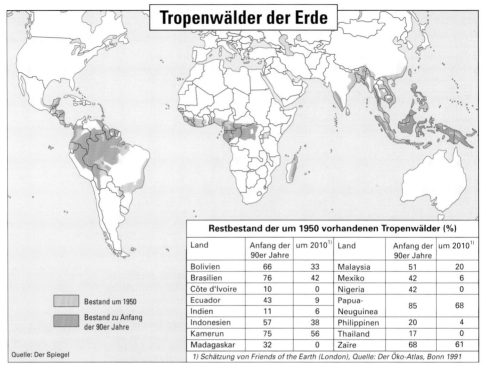

Bestand um 1950

Bestand zu Anfang der 90er Jahre

Quelle: Der Spiegel

Restbestand der um 1950 vorhandenen Tropenwälder (%)

Land	Anfang der 90er Jahre	um 2010[1]	Land	Anfang der 90er Jahre	um 2010[1]
Bolivien	66	33	Malaysia	51	20
Brasilien	76	42	Mexiko	42	6
Côte d'Ivoire	10	0	Nigeria	42	0
Ecuador	43	9	Papua-Neuguinea	85	68
Indien	11	6			
Indonesien	57	38	Philippinen	20	4
Kamerun	75	56	Thailand	17	0
Madagaskar	32	0	Zaïre	68	61

1) Schätzung von Friends of the Earth (London), Quelle: Der Öko-Atlas, Bonn 1991

Tropenwälder

Amazonas-Länder fordern Erhalt der Tropenwälder
Die acht Anrainerstaaten des Amazonas, Brasilien, Kolumbien, Venezuela, Peru, Ecuador, Bolivien, Surinam und Guayana, unterzeichneten in Manaus/Brasilien im Februar 1992 eine Erklärung, in der sie sich für den Erhalt und den Schutz des tropischen Regenwalds im Amazonasgebiet aussprechen. In dem Dokument machen sie die westlichen Länder als die Hauptabnehmer von Tropenhölzern für die Umweltschäden verantwortlich, die dem Regenwald bereits zugefügt worden sind. Die Amazonasstaaten fordern die Industrienationen auf, ihre finanzielle und technische Hilfe zum Schutz des Regenwalds zu verstärken.

Immergrüne Regenwälder mit den artenreichsten Vegetationsformen der Erde, die sich entlang des Äquators erstrecken und eine Fläche von rd. 18 Mio km² bedecken. T., in denen die Hälfte des weltweiten Regens niedergeht, sind unerläßlich für das ökologische Gleichgewicht der Erde. Als Wasserspeicher stabilisieren sie das tropische Klima. Das Abholzen der T. ist Ursache für Überflutungen und die Erosion fruchtbaren Bodens, die zur Ausdehnung von Wüsten führt (→ Desertifikation). Die UNO-Landwirtschaftsorganisation FAO (Rom) ging im Herbst 1991 davon aus, daß jährlich weltweit 17 Mio ha T. vernichtet werden. Die deutsche Holzindustrie will ab Mitte der 90er Jahre nur noch Tropenhölzer importieren und verarbeiten, die

aus Regionen mit umweltgerechter Forstwirtschaft stammen.

Die Vernichtung des Regenwalds beschleunigt die → Klimaveränderung: Regenwälder nehmen → Kohlendioxid auf, das z. B. bei Verbrennungsprozessen entsteht, und wandeln es in Sauerstoff um. Der Luftschadstoff Kohlendioxid trägt zur Aufheizung der Atmosphäre bei (→ Treibhauseffekt). 40% der 1980–1991 erfolgten Abholzung von T. entfielen auf Lateinamerika, 30% auf Asien und die Pazifik-Region und die restlichen 30% auf Afrika.

Die CDU/CSU/FDP-Bundesregierung stellte 1991 rd. 300 Mio DM für den Erhalt der T. und die Wiederaufforstung zur Verfügung. Sie beteiligt sich darüber hinaus 1990–1993 jährlich mit 250 Mio DM an einem Umweltfonds der Weltbank, mit dessen Mitteln u. a. die T. in Brasilien geschützt werden sollen. Die Regierung wandte sich gegen die Forderung von Umweltschützern nach einem Importstopp für Tropenholz, weil damit den betroffenen Staaten die wirtschaftliche Existenzgrundlage genommen werde.

Truppenabbau

Das Ende des Ost-West-Konflikts, → Abrüstung und sinkende → Rüstungsausgaben führten 1991/92 zu einer weiteren Reduzierung der Streitkräfte in Europa und den USA. Die Westgruppe der früheren sowjetischen Streitkräfte will Ostdeutschland bis Ende 1994 verlassen. Die deutsche → Bundeswehr wird im gleichen Zeitraum auf 370 000 Soldaten verkleinert. Im Juli 1992 einigten sich die Staaten der NATO und des ehemaligen Warschauer Pakts auf Obergrenzen für das Personal der Land- und Luftstreitkräfte in Europa (→ KSE). Der T. hat wirtschaftliche Verluste insbes. für strukturschwache Regionen zur Folge, weil Aufträge und Konsumausgaben wegfallen und zivile Arbeitsplätze bei den Streitkräften abgebaut werden.

Sowjetarmee: Rußland plante für 1992 die Entlassung von 700 000 Militärangehörigen der ehemaligen Sowjetarmee (rd. 3,7 Mio Mann). Bis Mitte 1992 verringerte die Sowjetarmee die Zahl ihrer Soldaten, Zivil- und Familienangehörigen in Ostdeutschland auf rd. 345 000. Mit 13 Mrd DM beteiligt sich Deutschland an den Kosten für Aufenthalt und Abzug. Davon sind 7,8 Mio DM für den Bau von 36 000 Soldatenwohnungen vorgesehen, über deren Standorte sich Rußland, Weißrußland und die Ukraine Mitte 1992 nicht einig waren. Von den abziehenden Truppen stammen 90% der Offiziere und 50% der Mannschaften aus Rußland. Mitte 1992 waren nach Angaben des russischen Verteidigungsministeriums ca. 200 000 Armeeangehörige ohne feste Wohnung.

Polen und die UdSSR verabredeten Ende 1991 den Abzug der GUS-Streitkräfte (rd. 38 000 Soldaten) bis Ende

Truppenabbau in Deutschland

Stationierungs-land	Truppenstärke 1991	Reduzierung		Ende des Truppenabbaus
		Soldaten	Anteil (%)	
Belgien	27 300	23 800	87	1995
Deutschland	500 000	130 000	26	1994
Frankreich	44 000	41 900	95	1999
Großbritannien	66 700	36 000	54	1996
GUS	230 000[1]	230 000	100	1994
Kanada	6 600	6 600	100	1996
Niederlande	7 700	2 500	32	1997
USA	250 000	158 000	63	1993

1) Mitte 1992; Quelle: Aktuell-Recherche

1993. Der Rückzug der 130 000 GUS-Soldaten aus dem → Baltikum begann im März 1992. Bis Ende 1992 wollen die letzten der ehemals 40 000 sowjetischen Militärs die Mongolei verlassen.

Westalliierte: Die NATO-Alliierten werden bis Mitte der 90er Jahre rd. ein Drittel ihrer etwa 400 000 Militärangehörigen aus Deutschland abziehen. Die USA verringern ihre Militärpräsenz in Europa bis Ende 1993 um die Hälfte auf 150 000 Soldaten; die US-Armee wird um rd. ein Viertel auf 1,6 Mio Mann reduziert. Etwa ein Drittel ihrer Militäreinrichtungen in Europa werden aufgegeben (insgesamt: 483), davon 68 in Deutschland. Mit 20 000 Angestellten soll etwa ein Drittel des US-Zivilpersonals in Deutschland entlassen werden. Großbritannien zieht rd. die Hälfte seiner Ende der 80er Jahre 72 000 Mann starken Truppen aus deutschen Standorten ab. Das Personal der britischen Armee soll bis 1997 um ein Viertel auf 116 000 Soldaten abgebaut werden. Frankreich plante für den gleichen Zeitraum eine Verkleinerung seiner Landstreitkräfte um ca. 20% auf 220 000 Mann. 95% der französischen Truppen werden aus Deutschland abgezogen (44 000 Soldaten).

Liegenschaften: Grundstücke und militärische Anlagen der Alliierten und der Sowjetarmee fallen nach dem T. an den Bund zurück. Länder und Gemeinden können die Liegenschaften ab Oktober 1991 mit einem Preisnachlaß von bis zu 50%, in Ostdeutschland von bis zu 75% des Verkehrswertes erwerben, wenn auf den Grundstücken Sozial-

KSE-Höchstgrenzen für Land- und Luftstreitkräfte in Europa

Land*	Soldaten
Rußland	1 450 000
Türkei	530 000
Ukraine	450 000
Deutschland	345 000
Frankreich	325 000
Italien	315 000
Spanien	300 000
Großbritannien	260 000
USA	250 000
Polen	234 000
Rumänien	230 000
Griechenland	158 621
ČSFR	140 000
Bulgarien	104 000
Ungarn	100 000
Weißrußland	100 000
Niederlande	80 000
Portugal	75 000
Belgien	70 000
Georgien	40 000
Dänemark	39 000
Norwegen	32 000
Kanada	10 660
Luxemburg	900
Island	0
Kasachstan	0

* Im Juli 1992 von 29 KSE-Staaten ausgehandelt. Armenien, Aserbaidschan und Moldawien gaben bis dahin keine Obergrenzen für ihre Truppen an

wohnungen, Wohnungen für Studenten, Alters- und Pflegeheime, Bildungseinrichtungen, Werkstätten für geistig Behinderte oder Kindergärten erbaut werden. Die Kosten für die Beseitigung von Umweltschäden werden vom Restwert des militärischen Vermögens, z. B. Kasernengebäude oder Sportanlagen, abgezogen. Der Wert der sowjetischen Immobilien war Mitte 1992 zwischen Deutschland und der GUS umstritten. Mit 70 Mio DM finanzierte das Bundesumweltministerium 1991/92 die Erfassung der → Altlasten auf den Liegenschaften der Sowjetarmee (340 000 ha mit 36 000 Gebäuden).

Wirtschaftliche Folgen: Anfang 1992 lehnte die CDU/CSU/FDP-Bundesregierung ein Sonderprogramm zur Bewältigung der wirtschaftlichen Folgen des T. ab. Zehn Bundesländer hatten bis Ende des Jahrhunderts einen jährlichen Zuschuß des Bundes zur → Regionalförderung in Höhe von 2 Mrd DM gefordert. Rheinland-Pfalz rechnete bis Mitte der 90er Jahre mit dem Verlust von etwa 17 000 Zivilarbeitsplätzen bei den US-amerikanischen und französischen Truppen sowie der Bundeswehr. In einzelnen Landkreisen waren die Ausgaben der Streitkräfte Anfang der 90er Jahre bis zu 40% am Volkseinkommen beteiligt.

TV-Sat 2

Deutscher Rundfunksatellit, über den Programme in der Fernsehnorm → D2-Mac mit verbesserter Bildqualität verbreitet werden. Mitte 1992 vergab das zuständige Gremium aus den Landesmedienanstalten Bremen, Hessen, NRW und Saarland den letzten der fünf Kanäle auf T. an den für 1993 geplanten TV-Informationssender Vox (→ Nachrichtenkanal). Die übrigen vier T.-Kanäle belegten 1992 Eins plus, 3sat, RTL plus und SAT 1.
T. ist ein sog. direktstrahlender Satellit, dessen Signale mit einer → Parabolantenne (Durchmesser: 40 cm) empfangen werden können. Voraussetzung für den Empfang von Programmen in D2-Mac waren ein entsprechendes Fernsehgerät (Preis 1992: 5000–8000 DM) oder ein Zusatzgerät (sog. Decoder), das an den Fernseher angeschlossen wird. Parallel zur Verbreitung über T. werden die Programme in der gebräuchlichen Fernsehnorm PAL über andere Satelliten ausgestrahlt und auch ins Kabelnetz eingespeist. Mitte 1992 empfingen nur rd. 2% der Satellitenfernsehteilnehmer Programme über T. Die 1987 bzw. 1989 gestarteten Satelliten TV-Sat 1 und T. (Kosten insgesamt: 870 Mio DM) sowie deren französische Pendants TDF 1 und 2 sind eine deutsch-französische Gemeinschaftsentwicklung.

U

Überschallflugzeug

→ Sänger

Übersetzungs-Computer

Das Bundesforschungsministerium (BMFT) fördert 1992–2000 die Entwicklung eines Ü., das gesprochene Sprache übersetzen kann, mit 15 Mio DM jährlich. An der Entwicklung des sog. Verbmobils arbeiten zwei Forschergruppen an der Stanford-Universität (USA) und am Deutschen Forschungszentrum für → Künstliche Intelligenz in Saarbrücken. Siemens entwickelte 1991 in Kooperation mit der Universität Texas (USA) das System METAL, mit dem geschriebene Standardtexte in Industrie und Handel in eine Fremdsprache übertragen werden und die äußere Form der Textgestaltung erhalten wird.
Das Verbmobil soll Sprachen in eine Dialogsprache (Englisch) übersetzen. In der ersten Entwicklungsphase soll das Gerät Gesprächspartnern, die sich in der Dialogsprache unterhalten, Übersetzungshilfen auf dem Bildschirm oder per Computerstimme vermitteln. In der zweiten Stufe soll es

simultan aus jeder Sprache in die Dialogsprache übersetzen.
Bis Ende 1992 waren 30 METAL-Systeme in deutschen Banken, Behörden und Industrieunternehmen installiert. Die Übersetzungen vollziehen sich in mehreren Schritten:
▷ Der Text (Quelltext) wird über die Tastatur direkt eingegeben bzw. über → Datenfernübertragung in den Rechner eingespeist
▷ Die Vokabeln des Quelltextes werden mit dem gespeicherten Bestand an Vokabeln verglichen
▷ Jeder Satz wird in grammatische und Bedeutungseinheiten zerlegt und nach den Regeln der Sprache, in die übersetzt wird (Zielsprache), zusammengesetzt
▷ Ein Übersetzer fügt eventuelle Korrekturen ein.
METAL übersetzt ein Wort pro Sekunde (200 Schreibmaschinenseiten in acht Stunden). Ein Übersetzer kann seine Arbeitsleistung verdoppeln.

Umweltagentur, Europäische

EG-Behörde zur Sammlung und Aufbereitung umweltbezogener Daten. Die von der U. gewonnenen Erkenntnisse sollen als Grundlage für politische Entscheidungen im → Umweltschutz der EG dienen. Mitte 1992 war der Standort der U. nicht bestimmt. Für den Sitz hatten sich außer Luxemburg alle Mitgliedstaaten der EG beworben, als chancenreich galten Kopenhagen/Dänemark und Madrid/Spanien. Frankreich blockierte Mitte 1992 die Entscheidung über den Standort, solange nicht gesichert war, daß Straßburg als Arbeitsort des → Europäischen Parlaments bestätigt wird.

Umwelthaftpflicht-Versicherung

Obligatorische Versicherung, die Schadenersatzleistungen für Umweltschäden durch Industrieunternehmen abdeckt. Das seit 1991 in Deutschland geltende Gesetz zum Umwelthaftungs-

recht schreibt für 96 definierte gefährliche Anlagentypen eine U. mit einer Haftungshöchstsumme von 160 Mio DM für Personen- bzw. Sachschäden vor. Die Versicherungsbranche stellte 1992 die in Absprache mit dem Bundesverband der Deutschen Industrie (Köln) erarbeiteten Versicherungsvereinbarungen für die U. vor.
Das Umwelthaftungsrecht führte eine Haftung für Schäden aus dem Normalbetrieb ein. Schadenersatz wird gezahlt, wenn das Unternehmen nachweisen kann, daß es zum Zeitpunkt der Umweltschädigung nach dem Stand der Technik nicht erkennen konnte, daß eine Anlage die Umwelt gefährdet. Umstritten war für die U. die Definition des Versicherungsfalls. Normalerweise haften Versicherer bei Eintritt des Schadens, dessen Zeitpunkt bei Schäden aus dem Normalbetrieb oft jedoch nicht festgestellt werden kann; bei der U. tritt der Versicherungsfall bei der ersten nachprüfbaren Feststellung des Schadens ein. Nach Vertragsablauf einer U. ist der Haftpflichtschutz noch drei Jahre für Schadensfälle aus der Versicherungszeit gegeben, der Schaden muß allerdings in der Versicherungszeit festgestellt worden sein. Für → Altlasten haftet die U. nicht.

Umweltkriminalität

1991 stieg in Westdeutschland (inkl. Berlin/Ost) die Zahl der erfaßten Verstöße gegen Gesetze zum Schutz der Umwelt um 8,4% auf 23 202. Davon betrafen 11 206 Fälle die umweltschädliche → Abfallbeseitigung (+24,4%) und 9757 die → Wasserverschmutzung (−3,1%). Die Aufklärungsquote lag bei 70,7% (1990: 72,5%). Nach Schätzungen des Bundeskriminalamts (Wiesbaden) liegt die Dunkelziffer von Umweltstraftaten bei rd. 100 000. In Deutschland lag Mitte 1992 ein Gesetzentwurf des Bundesumweltministeriums zur Bekämpfung der U. vor. Verschiedene Schwerpunkte im neuen Umweltstrafrecht sollen dazu beitragen, U. effektiver zu verfolgen:

Umweltschutz

Umweltstraftaten in Deutschland 1982-1991

Insgesamt[1]
Jahr	Anzahl
1982	6750
1983	7507
1984	9805
1985	12875
1986	14853
1987	17930
1988	21116
1989	22816
1990	21412
1991	23202

Wasserverschmutzung
Gefährdende Müllbeseitigung
Unerlaubtes Betreiben von Anlagen
Luftverschmutzung

1) Alte Bundesländer, 1991 inkl. Ost-Berlin
Quelle: Statistisches Bundesamt/Bundeskriminalamt ©Harenberg

Umweltschutz

In seinem Jahresbericht 1992 forderte das Worldwatch-Institut (Washington/USA) eine Umstrukturierung der Weltwirtschaft unter Umweltgesichtspunkten, die Umstellung von fossilen Energiequellen auf Erneuerbare → Energien und die Stabilisierung der Bevölkerungszahl (→ Bevölkerungsentwicklung), um die Erde vor weiteren Umweltschäden zu bewahren. Im Juni 1992 unterzeichneten die Teilnehmerländer der zweiten UNO-Umweltkonferenz in Rio de Janeiro/Brasilien die sog. Rio-Deklaration, die Leitlinien für den Umgang mit der Umwelt und entwicklungspolitische Grundsätze formuliert, und einigten sich auf die sog. Agenda 21, ein Aktionsprogramm für U. und → Entwicklungspolitik. Die rd. 170 an der Konferenz teilnehmenden Staaten schlossen zudem eine Klimakonvention (→ Klimaveränderung) und eine Konvention zum Erhalt der Artenvielfalt (→ Artenschutz) ab, deren Unterzeichnung von den USA aus wirtschaftlichen Gründen verweigert wurde. In Deutschland wurden 1991 nach Österreich die meisten Mittel für den U. ausgegeben (Anteil der Ausgaben am → Bruttosozialprodukt: 1,7%).

Verzicht auf Wirtschaftswachstum: Das Worldwatch-Institut und die UNO mahnten 1991/92 den Vorrang des U. vor weiterem Wirtschaftswachstum an. Seit 1972 habe sich die Zerstörung der Umwelt und der Lebensgrundlagen beschleunigt. Übermäßiger Konsum und Energieverbrauch (→ Energiepolitik) in den Industrieländern verursachten einen Großteil der Umweltschäden. Anfang der 90er Jahre verbrauchten 20% der Weltbevölkerung 70% der Energie und 60% der Nahrung. Wenn die Industrialisierung in den → Entwicklungsländern den gleichen Stand erreiche wie in den Industriestaaten Anfang der 90er Jahre, würde sich der Verbrauch von fossilen Brennstoffen um das Zehnfache und der von → Rohstoffen um das 200fache erhöhen. Das Worldwatch-Institut appellierte an die

Umweltschutz ins Grundgesetz
Die Verfassungskommission des Deutschen Bundestags und des Bundesrats beschloß Mitte 1992, den Umweltschutz als Staatsziel für das Grundgesetz vorzuschlagen. Der neue Artikel soll lauten: „Die natürlichen Grundlagen des Lebens stehen unter dem Schutz des Staates."

▷ Einführung eines Straftatbestands der → Bodenverschmutzung für Westdeutschland, der in den ostdeutschen Bundesländern Mitte 1992 bereits existierte, weil er durch den Einigungsvertrag aus dem Recht der ehemaligen DDR übernommen wurde
▷ Nicht nur grob pflichtwidrige, sondern alle Verstöße gegen die Luftreinhaltung sind strafbar
▷ → Giftmüllexporte ins Ausland konnten bis Mitte 1992 nur verfolgt werden, wenn ein Verstoß gegen die Umweltgesetze in diesen Ländern nachgewiesen wurde. Allein der Nachweis, daß gefährliche Abfälle ohne deutsche Genehmigung exportiert wurden, soll für eine strafrechtliche Verfolgung ausreichen
▷ Schäden in Natur- und Wasserschutzgebieten werden strafrechtlich, nicht mehr nur ordnungsrechtlich verfolgt.
Die Höchststrafe soll bei zehn Jahren Haft liegen (Mitte 1992: fünf Jahre).

424

Industriestaaten, ihren Konsum einzuschränken. Zur Lösung der Umweltprobleme Entwaldung (→ Tropenwälder), → Desertifikation und → Wasserknappheit in den Entwicklungsländern sollten die reichen Nationen ihnen Schulden erlassen (→ Schuldenkrise), günstige Handelsbedingungen schaffen (→ GATT → Protektionismus) und umweltfreundliche Produktionsmethoden mitfinanzieren.

UNO-Umweltkonferenz: Für die Maßnahmen zum U., die in der Agenda 21 festgelegt wurden, errechnete die UNO einen Finanzbedarf von rd. 125 Mrd Dollar (ca. 191 Mrd DM) jährlich bis 2000, z. B. wurden die Ausgaben für die Behebung der → Wasserschmutzung auf jährlich 1 Mrd Dollar (1,5 Mrd DM) und für den Erhalt der Wälder (→ Waldsterben) auf 2,5 Mrd Dollar (3,8 Mrd DM) geschätzt. Die Industriestaaten kündigten an, den Anteil der Entwicklungshilfe auf 0,7% ihres Bruttosozialprodukts zu erhöhen, u. a. damit die Entwicklungsländer die umweltpolitischen Vorgaben der Agenda erfüllen können; ein verbindlicher Zeitpunkt für die Erhöhung wurde jedoch nicht festgelegt. Der Finanzrahmen der Ende 1991 gegründeten, der → Weltbank angeschlossenen sog. Globalen Umwelt-Fazilität, die U.-Projekte in Entwicklungsländern fördert, soll voraussichtlich auf 2,6 Mrd Dollar (rd. 4 Mrd DM) bis Ende 1993 verdoppelt werden. U.-Organisationen weltweit kritisierten, daß kaum konkrete Handlungszusagen getroffen wurden und das Thema Bevölkerungswachstum ausgeklammert wurde, obwohl die zunehmende Bevölkerungszahl Ursache für die meisten Umweltschäden sei.

Deutschland: Eine Studie des Bundesumweltministeriums von 1991 ergab, daß die Umweltschäden durch die Belastung von Luft, Wasser und Boden jedes Jahr Verluste für die Volkswirtschaft in Milliardenhöhe verursachen. Allein durch die → Bodenverschmutzung entstünden Folgekosten in Höhe von 22 Mrd bis 60 Mrd DM. Bundesumweltminister Klaus Töpfer (CDU) trat

Anfang 1992 dafür ein, das Verursacherprinzip im U., nach dem der Urheber eines Schadens für dessen Beseitigung (z. B. bei → Altlasten) aufkommen muß, in weiteren Gesetzen zu verankern. 1991 standen für den U. Bundesmittel in Höhe von rd. 9,6 Mrd DM zur Verfügung, davon rd. 1,5 Mrd DM für Maßnahmen in Ostdeutschland. Die Angleichung der Umweltverhältnisse in Ostdeutschland an westdeutsches Niveau erfordert dem Ifo-Institut (München) zufolge ca. 211 Mrd DM.

Umwelttechnik: Die deutsche Wirtschaft gab 1991 mit rd. 54,9 Mrd DM 5,5% mehr als im Vorjahr für umweltschützende Maßnahmen wie den Einbau von Filteranlagen in Kraftwerke aus, bis 2000 wird das Ausgabevolumen nach Schätzungen bis auf 97 Mrd DM steigen. Nach Angaben des Umweltbundesamtes (UBA, Berlin) vervierfachte sich die Zahl der im U. tätigen Unternehmen seit Beginn der 80er Jahre bis 1991 auf rd. 4000. Die Umwelttechnik werde nach Schätzungen des UBA wegen der Vorreiterrolle Deutschlands im U. in den 90er Jahren die Branche mit den größten Wachstumsraten in der Bundesrepublik.

Klaus Töpfer, Bundesumweltminister
* 29. 7. 1938 in Waldenburg/Schlesien, Prof. Dr. rer. pol., deutscher Politiker (CDU). 1983 bis 1985 stellvertretender Vorsitzender des Bundesfachausschusses Umwelt der CDU, 1985–1987 rheinland-pfälzischer Minister für Soziales, Gesundheit und Umwelt, ab 1987 Bundesminister für Umwelt, Naturschutz und Reaktorsicherheit.

UNO

(United Nations Organization, engl.; Organisation der Vereinten Nationen), 1945 gegründeter Staatszusammenschluß zur Sicherung des Weltfriedens (Sitz: New York). Zu den Hauptaufgaben der UNO gehört die Förderung der wirtschaftlichen und sozialen Entwicklung der ärmeren Länder (→ Entwicklungsländer). Im Dezember 1991 wurde der Ägypter Butros Butros Ghali für fünf Jahre zum UNO-Generalsekretär und Nachfolger von Javier Pérez de Cuéllar/Peru gewählt. Ghali schlug im Juni 1992 die Schaffung einer UNO-Armee für Krisensituationen vor. Die UNO befand sich 1991/92 in einer Finanzkrise, weil rd. zwei Drittel aller Mitglieder mit ihren Beitragszahlungen im Rückstand waren. Seit 1948 operieren im Auftrag der Vereinten Nationen

Butros Butros Ghali, UNO-Generalsekretär
* 14. 11. 1922 in Kairo/ Ägypten, Dr. jur., ägyptischer Jurist und Politiker. Seit den 70er Jahren Tätigkeit im Außenministerium, Mitwirkung am ägyptisch-israelischen Friedensvertrag (1979). Ab 1. 1. 1992 UNO-Generalsekretär und Nachfolger von Javier Pérez de Cuéllar/Peru (bis 1996).

UNO-Friedenstruppen

Japan verabschiedet Blauhelm-Gesetz
Die beiden Kammern des japanischen Parlaments beschlossen im Juni 1992 ein Gesetz, das die Aufstellung einer Truppe für zivile UNO-Friedensaufgaben (sog. Blauhelm-Einsätze) vorsieht. Ähnlich wie das deutsche Grundgesetz Aktionen der Bundeswehr außerhalb des NATO-Gebiets untersagt, verbietet die japanische Verfassung den Einsatz der eigenen Streitkräfte außerhalb des Landes. Japan war während des Golfkriegs um Kuwait (Anfang 1991) insbes. von den USA dazu aufgefordert worden, diese seit dem Zweiten Weltkrieg bestehenden Einschränkungen aufzuheben.

weltweit → UNO-Friedenstruppen (Mitte 1992: zwölf Missionen).

Neue Mitglieder: Im September 1991 wurden die drei Staaten des → Baltikums, Estland, Lettland und Litauen, Korea-Nord und -Süd sowie die pazifischen Staaten Mikronesien und Marshall-Inseln in die UNO aufgenommen. Nach der Auflösung der Sowjetunion Ende 1991 übernahm Rußland deren Sitz in den Vereinten Nationen und als ständiges Mitglied im → UNO-Sicherheitsrat. Mit dem Beitritt von acht weiteren Republiken der → GUS (Armenien, Aserbaidschan, Kasachstan, Kirgisien, Moldawien, Tadschikistan, Turkmenien und Usbekistan) und von San Marino, Slowenien, Bosnien-Herzegowina, Kroatien und Georgien erhöhte sich die Zahl der UNO-Mitglieder auf 179 (Stand: Mitte 1992).

UNO-Armee: Ghali trat dafür ein, daß die UNO-Mitgliedstaaten speziell ausgebildete Teile ihrer Streitkräfte für die Eingreiftruppe bereithalten. Die Soldaten sollten schwerer bewaffnet sein als die UNO-Friedenstruppen und jederzeit vom Sicherheitsrat für militärische Einsätze gegen einen Aggressor mobilisiert werden können.

Beiträge: Ende 1991 verzeichnete die UNO einen Beitragsrückstand ihrer Mitgliedstaaten in Höhe von 440 Mio Dollar (672 Mio DM). Die Beitragshöhe richtet sich nach dem wirtschaftlichen Wohlstand eines Landes. Die USA leisten mit rd. 25% den größten Beitrag. Sie schuldeten der UNO Ende 1991 rd. 266 Mio Dollar (406 Mio DM). Rußland, das in der Nachfolge der Sowjetunion für 10,2% des UNO-Haushalts aufkommen muß, war Anfang 1992 mit 46 Mio Dollar (70 Mio DM) im Rückstand. Deutschland entrichtet mit rd. 9% nach Japan den viertgrößten Beitrag.

UNO-Friedenstruppen

Von der → UNO aufgestellte Militäreinheiten oder zivile Kommissionen, die seit 1948 vom → UNO-Sicherheitsrat zu sog. friedenssichernden Opera-

tionen entsandt werden. Zur Selbstverteidigung und zur Sicherung ihrer Arbeit dürfen die U. Gewalt anwenden. Zu den Aufgaben der auch Blauhelme genannten U. gehört u. a. die Sicherung eines Waffenstillstands. Ende 1991 waren die UNO-Mitgliedsländer bei der Finanzierung der U. mit insgesamt 377 Mio Dollar (576 Mio DM) im Rückstand. Der UNO-Sicherheitsrat beschloß im Februar 1992, U. nach Kambodscha zu entsenden, die den Übergang zur Demokratie unterstützen sollen. Im April 1992 wurden in den umkämpften Gebieten von Kroatien 14 000 Blauhelme stationiert und im Juli 1200 Soldaten in Bosnien-Herzegowina. In El Salvador begannen im Januar 1992 rd. 300 UNO-Soldaten, den zwischen Regierungstruppen und der Nationalen Befreiungsfront Farabundo Marti (FMLN) geschlossenen Waffenstillstand zu sichern.

Kambodscha: Mit einem Kontingent von 22 000 Soldaten und Zivilisten sowie Kosten in Höhe von rd. 2 Mrd DM stellt der Einsatz in Kambodscha die bis dahin umfangreichste UNO-Mission dar. Die U. sollen die Bürgerkriegsparteien entwaffnen, das Land übergangsweise verwalten und die für 1993 geplanten Wahlen vorbereiten.

Jugoslawien: Die in den mehrheitlich von Serben bewohnten Gebieten Kroatiens eingesetzten UNO-Soldaten sollen die Entwaffnung der Kampfverbände überwachen und Verletzungen der → Menschenrechte verhindern. In Bosnien-Herzegowina erreichten die U. mit der Wiedereröffnung des Flughafens von Sarajevo die Möglichkeit zur humanitären Versorgung der Bevölkerung. Die Kosten des Blauhelm-Einsatzes wurden im Juni 1992 von der UNO auf 1069 Mio DM jährlich geschätzt.

Deutsche Beteiligung: Im März 1992 sprachen sich CDU, CSU, FDP und SPD für eine Beteiligung der → Bundeswehr an Missionen der U. aus und traten für die dafür notwendige Grundgesetzänderung ein. Im Februar 1992 beschloß die CDU/CSU/FDP-Bundesregierung, sich mit der Entsendung von

426

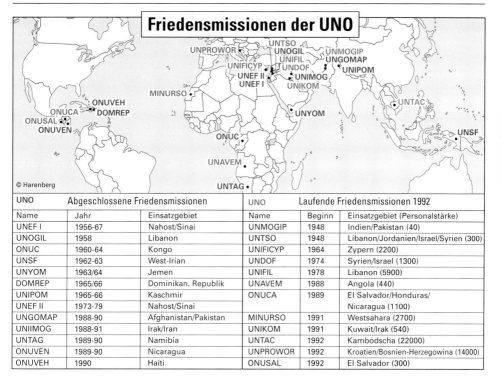

Friedensmissionen der UNO

UNO	Abgeschlossene Friedensmissionen		UNO	Laufende Friedensmissionen 1992	
Name	Jahr	Einsatzgebiet	Name	Beginn	Einsatzgebiet (Personalstärke)
UNEF I	1956-67	Nahost/Sinai	UNMOGIP	1948	Indien/Pakistan (40)
UNOGIL	1958	Libanon	UNTSO	1948	Libanon/Jordanien/Israel/Syrien (300)
ONUC	1960-64	Kongo	UNIFICYP	1964	Zypern (2200)
UNSF	1962-63	West-Irian	UNDOF	1974	Syrien/Israel (1300)
UNYOM	1963/64	Jemen	UNIFIL	1978	Libanon (5900)
DOMREP	1965/66	Dominikan. Republik	UNAVEM	1988	Angola (440)
UNIPOM	1965-66	Kaschmir	ONUCA	1989	El Salvador/Honduras/
UNEF II	1973-79	Nahost/Sinai			Nicaragua (1100)
UNGOMAP	1988-90	Afghanistan/Pakistan	MINURSO	1991	Westsahara (2700)
UNIIMOG	1988-91	Irak/Iran	UNIKOM	1991	Kuwait/Irak (540)
UNTAG	1989-90	Namibia	UNTAC	1992	Kambodscha (22000)
ONUVEN	1989-90	Nicaragua	UNPROWOR	1992	Kroatien/Bosnien-Herzegowina (14000)
ONUVEH	1990	Haiti	ONUSAL	1992	El Salvador (300)

140 Sanitätssoldaten an der Friedensmission in Kambodscha zu beteiligen. **Finanzen:** Die fünf ständigen Mitglieder des UNO-Sicherheitsrats bezahlen für die U. mehr, als sie in den regulären UNO-Etat einzahlen. Die USA z. B. kommen bei Blauhelm-Einsätzen für 30% der Gesamtkosten auf. Eine weitere Staatengruppe, zu der Deutschland gehört, entrichtet gleich hohe Beträge in beide Budgets (Deutschland: rd. 9%). Die wirtschaftlich schwächsten UNO-Mitgliedstaaten zahlen für die U. weniger als für den UNO-Etat. 1992 war die Finanzierung der U. auf lange Sicht problematisch, weil Anfang der 90er Jahre mehr und größere UNO-Missionen als zuvor durchgeführt bzw. geplant wurden. 1992 waren weltweit rd. 50 000 UNO-Soldaten oder zivile Berater in zwölf Ländern im Einsatz. Von 1948 bis 1991 waren insgesamt 13 Friedensmissionen abgeschlossen worden. Die US-amerikanische Zeitung New York Times errechnete im März 1992 allein für die UNO-Missionen des Jahres 1992 einen Finanzbedarf von rd. 3 Mrd Dollar (rd. 5 Mrd DM).

UNO-Sicherheitsrat

Organ der → UNO zur Sicherung des Weltfriedens. Dem Rat gehören fünf ständige Mitglieder (China, Frankreich, Großbritannien, Rußland, USA) und zehn nichtständige an, die von der Vollversammlung der UNO für jeweils zwei Jahre mit Zweidrittel-Mehrheit gewählt werden. 1991/92 forderten Vertreter der → Entwicklungsländer, die mehr als zwei Drittel der UNO-Mitglieder stellen, mehr Mitspracherecht im U. Darüber hinaus zeichnete sich eine ständige Mitgliedschaft von Japan

UNO-Sicherheitsrat verhängt Sanktionen gegen Libyen
Im April 1992 verhängte der UNO-Sicherheitsrat ein Rüstungs- und Luftverkehrsembargo gegen Libyen. Das Land hatte sich geweigert, zwei Libyer an die USA oder Großbritannien auszuliefern, denen Terroranschläge gegen zwei Passagierflugzeuge über dem schottischen Lockerbie und Niger vorgeworfen werden.

UNO-Sicherheitsrat verurteilt Israel

Der UNO-Sicherheitsrat beschloß im Januar 1992 einstimmig eine Resolution (726), in der Israel wegen der Ausweisung von Palästinensern aus den besetzten Gebieten (Westjordanland und Gazastreifen) kritisiert wird. Sowohl die Ansiedlung von Israeli als auch die Deportation palästinensischer Zivilisten verstoße gegen die Prinzipien der vierten Genfer Konvention. Diese legt fest, daß eine Besatzungsmacht keine Maßnahmen ergreifen darf, welche die Bevölkerungszusammensetzung in dem annektierten Gebiet verändert. Die USA stimmten zum ersten Mal einer Entschließung des UNO-Sicherheitsrats zu, in der die israelische Regierung scharf verurteilt wird.

Michael van Walt van Praag, UNPO-Generalsekretär
*12. 11. 1951 in Ukkel/ Belgien, Dr. jur., niederländischer Jurist. Ab 1984 Rechtsberater des Dalai-Lama. Seit 1985 Rechtsanwalt in Washington, London und San Francisco. Ab Februar 1991 Generalsekretär der Organisation Nichtrepräsentierter Völker (UNPO).

und der Bundesrepublik Deutschland im U. als wahrscheinlich ab.

Japan erhob im Januar 1992 unter Hinweis auf seine wirtschaftliche Führungsposition Anspruch auf eine ständige Mitgliedschaft im U. Politiker u. a. aus den USA befürworteten eine ständige Mitgliedschaft von Deutschland im U., um dessen gewachsenem politischem Gewicht nach der deutschen Vereinigung vom Oktober 1990 Rechnung zu tragen. Die CDU/CSU/FDP-Bundesregierung lehnte eine offizielle Bewerbung um eine ständige Mitgliedschaft u. a. deswegen ab, weil das Grundgesetz keine Beteiligung der → Bundeswehr an militärischen UNO-Aktionen erlaube.

Der U. ist gemäß der UNO-Charta dazu verpflichtet, im Fall einer Gefährdung des Friedens die Konfliktparteien zu Verhandlungen anzuhalten und zwischen ihnen zu vermitteln. Militärische Maßnahmen bei einem Friedensbruch oder einer Aggression darf der U. nur als letztes Mittel beschließen. Jedes ständige Mitglied hat ein Vetorecht bei Abstimmungen; für die Verabschiedung von Beschlüssen ist eine Zweidrittel-Mehrheit der Mitglieder nötig.

UNPO

(Unrepresented Nations and Peoples Organization, engl.; Organisation Nichtrepräsentierter Völker), 1991 gegründetes Gremium mit Sitz in Den Haag/Niederlande, das die Interessen der Völker wahrnehmen will, die in den bestehenden internationalen Organisationen wie der → UNO nicht oder nur unzureichend vertreten sind. Die UNPO verfügt im Gegensatz zur UNO über keine rechtlichen Instrumente, um im Fall einer Aggression Zwangsmaßnahmen zu verhängen.

Die auch als Alternative Vereinte Nationen bezeichnete Organisation will sich u. a. für → Ureinwohner einsetzen, die nach nationaler Unabhängigkeit und dem Erhalt ihrer kulturellen Eigenständigkeit streben. Darüber hinaus will die UNPO jährlich einen

Bericht über Verletzungen der → Menschenrechte veröffentlichen.

Bei ihrer zweiten Konferenz im August 1991 rief die UNPO ein Aktionskomitee ins Leben, das frühzeitig auf regionale Konflikte hinweisen und im Fall von drohender Gewalt vermitteln soll. Mitte 1992 gehörten der UNPO 26 Völker als Mitglieder an, darunter → Kurden, Exiltibeter und Ureinwohner Australiens (Aborigines). Generalsekretär der UNPO ist seit Februar 1991 der Niederländer Michael van Walt van Praag (Amtszeit bis 1994).

Unterhalt

In Deutschland sind Verwandte ersten Grades und Ehepartner verpflichtet, die gegenseitige materielle Versorgung sicherzustellen. Auch der erziehende Elternteil eines nichtehelichen Kindes erhält unter Umständen U. vom anderen Elternteil. Für Kinder von Alleinerziehenden zahlen die Kommunen einen nichtrückzahlbaren U.-Vorschuß, wenn U.-Pflichtige keinen U. zahlen können, weil ihr Einkommen nur ihr eigenes Existenzminimum sichert. Ab 1992 besteht auch in Ostdeutschland ein Anspruch auf staatlichen U.-Vorschuß für Kinder. Zum 1. 1. 1993 wird die Altersgrenze für den U.-Vorschuß von sechs auf zwölf Jahre und die Dauer der Zahlung von 36 auf 72 Monate erhöht. Der U., den ein vom Kind getrennt lebender Elternteil bis zu dessen 18. Lebensjahr mindestens zahlen muß, wurde zum Juli 1992 um durchschnittlich 16% angehoben. Die Bundesregierung aus CDU, CSU und FDP plante Ende 1991, die U.-Ansprüche lediger Erziehender zu verbessern.

Vorschuß: Je nach Wohnort und Kindesalter betrug der U.-Vorschuß Mitte 1992 in den alten Bundesländern bis zu 291 DM pro Monat (neue Länder: bis zu 165 DM). Er wird unabhängig vom Einkommen und Vermögen des alleinerziehenden Elternteils berechnet.

Mindestzahlung: Die Höhe des U. berechnet sich nach dem Einkommen des U.-Pflichtigen. Zum Juli 1992 wurde der U.-Mindestbetrag für Kinder in Westdeutschland bis zum sechsten Lebensjahr auf 291 DM (vorher: 251 DM), vom siebten bis zum zwölften Lebensjahr auf 353 DM (304 DM) und bis zum 18. Lebensjahr auf 418 DM (360 DM) angehoben. Dem erwerbstätigen U.-Pflichtigen stehen mindestens 1300 DM monatlich zu (Nichterwerbstätige: 1150 DM). Übersteigt sein Nettoeinkommen 2300 DM im Monat, erhöht sich der zu zahlende Betrag.

Ledige Erziehende: Die Dauer der Zahlungen für einen nichtverheirateten Elternteil, der das Kind versorgt, soll auf drei Jahre erhöht werden, wenn der Erziehende nicht arbeiten kann. Mitte 1992 war ein nichtehelicher Vater im allgemeinen nur dazu verpflichtet, der Mutter U. für die Dauer von sechs Wochen vor und acht Wochen nach der Geburt zu zahlen. Der Betreuungs-U. an einen verheirateten Erziehenden, der vom anderen Elternteil getrennt lebt oder geschieden ist, mußte hingegen so lange gezahlt werden, wie die Pflege oder Erziehung eines gemeinsamen Kindes eine Erwerbstätigkeit des Erziehenden unmöglich macht.

ⓘ Alle Jugendämter

Unternehmensgewinne

Die Bruttoeinkommen aus Unternehmertätigkeit und Vermögen stiegen 1991 gegenüber 1990 um 3,8% (Westdeutschland), die → Einkommen aus unselbständiger Arbeit um 7,9%. Für 1992 rechneten die führenden deutschen Wirtschaftsforschungsinstitute in ihrem Frühjahrsgutachten mit einem Anstieg der Unternehmens- und Vermögenseinkommen um nur noch 2,5% gegenüber 1991. 1987–1990 waren die Bruttoeinkommen aus Unternehmertätigkeit und Vermögen mit jahresdurchschnittlich 9,4% stärker gestiegen als die Einkommen aus unselbständiger Arbeit (5,3%). Der geringere Anstieg der U. wird auf die abgeschwächte → Konjunktur-Entwicklung Anfang der 90er Jahre zurückgeführt. → Bruttosozialprodukt → Investitionen

Unterhaltszahlungen für eheliche Kinder

Nettoeinkommen (DM/Monat)	Unterhalt (DM/Monat) pro Kind		
	bis 6 Jahre	7–12 Jahre	12–18 Jahre
bis 2300	291	353	418
2300–2600	310	375	445
2600–3000	335	405	480
3000–3500	370	450	530
3500–4100	410	495	590
4100–4800	450	545	650
4800–5700	500	605	720
5700–6700	550	665	790
6700–8000	600	730	860
über 8000	wird individuell festgelegt		

1) Richtsätze für einen gegenüber zwei Kindern und einem Ehegatten Unterhaltspflichtigen; Quelle: Oberlandesgericht Düsseldorf

Unternehmensgründungen

→ Existenzgründungen

Unternehmensteuerreform

Die CDU/CSU/FDP-Bundesregierung verzichtete 1992 zunächst auf geplante Steuererleichterungen und -vereinfachungen für Unternehmen in Deutschland. Grund waren fehlende Mittel der öffentlichen → Haushalte aufgrund des Aufbaus der Wirtschaft in Ostdeutschland. Die Steuerlast der Unternehmen sollte verringert werden, um ihre internationale Wettbewerbsfähigkeit, insbes. auf dem ab 1993 geplanten → Europäischen Binnenmarkt, zu verbessern. Die von der Regierung beauftragte Kommission zur Vorbereitung der U. schlug im Dezember 1990 eine Steuerentlastung von rd. 17 Mrd DM vor. Statt dessen plante die Regierung eine → Steuerreform bei der Einkommensteuer für Privatpersonen und Unternehmen in zwei Stufen 1993 und 1995. Vorschläge zur U. legte auch die SPD im April 1992 vor. Ab 1993 werden Unternehmen mit einer kleinen U. durch Senkung der Gewerbeertrag- und Vermögensteuer um insgesamt rd. 4,4 Mrd DM entlastet. In Ostdeutschland werden Gewerbekapital- und Vermögensteuer bis Ende 1994 nicht erhoben. In der EG wurde 1992 im Rahmen der → EG-Steuerharmonisierung geprüft, ob die Unternehmensteuern in der EG angeglichen werden sollen.

Unterhaltspflicht gegenüber Verwandten
Nach dem BGB sind Verwandte ersten Grades und Ehepartner einander gegenüber unterhaltspflichtig, d. h. sie müssen für die Versorgung von Verwandten aufkommen, wenn diese ihr Existenzminimum allein nicht sichern können. Verwandte ersten Grades sind Eltern und deren Kinder. Auch der erziehende Elternteil eines nichtehelichen Kindes kann Unterhalt erhalten. Wenn Eheleute in Gütergemeinschaft leben, d. h. ihre Besitzverhältnisse nicht durch Ehevertrag geregelt haben, sind die Ehepartner auch gegenüber den Eltern des anderen unterhaltspflichtig. Unterhaltsansprüche werden geprüft, bevor Sozial- und Arbeitslosenhilfe geleistet werden.

Entwicklung der Unternehmensgewinne in Westdeutschland

Jahr	Einkommen[1] (Mrd DM)	Anstieg[2] (%)
1986	418,1	9,9
1987	425,3	1,7
1988	466,2	9,6
1989	512,4	9,9
1990	557,7	8,8
1991	578,9	3,8

1) Bruttoeinkommen aus Unternehmertätigkeit und Vermögen; 2) zum Vorjahr; Quelle: Statistisches Bundesamt

Vorschläge zur Unternehmensteuerreform

Reformvorschläge	Mindereinnahmen (Mrd DM)			
	Bund	Länder	Gemeinden	Insgesamt
Abschaffung der Vermögensteuer	–	6,7	–	6,7
Senkung der Gewerbesteuer und Erhöhung des Gemeindeanteils an der Einkommensteuer	2,2	2,7	6,2	11,1
Senkung der Einkommensteuer	3,0	3,1	0,9	7,0
Senkung der Körperschaftsteuer	1,4	1,4	–	2,8
Steuermindereinnahmen	6,6	13,9	7,1	27,6
	Mehreinnahmen (Mrd DM)			
Einschränkung von Abschreibungsmöglichkeiten	3,3	3,6	2,7	9,6
Anhebung der Grundsteuer	–0,2	–0,3	1,7	1,2
Steuermehreinnahmen	3,1	3,3	4,4	10,8
	Mindereinnahmen netto (Mrd DM)			
Steuermindereinnahmen insgesamt	3,5	10,6	2,7	16,8

Quelle: Kommission zur Vorbereitung der Unternehmensteuerreform in der BRD, Dezember 1990

Steuersätze: Die Kommission schlug eine Senkung der Spitzensteuersätze bei den Gewinnsteuern auf 46% vor. 1992 betrug der Höchstsatz bei der Einkommensteuer, die von Personengesellschaften (z. B. Einzelkaufleute, KG, OHG) zu zahlen ist, 53%. Der Satz der Körperschaftsteuer, die insbes. von AG und GmbH erhoben wird, lag für einbehaltene Gewinne bei 50%. Beibehalten werden sollte nach Vorschlag der Kommission der Satz für ausgeschüttete Gewinne von 36%.

Besitzsteuern: Den Vorschlag zur Abschaffung der Steuern auf den Besitz von Grundstücken, Gebäuden und sonstigem Vermögen (Vermögensteuer und Gewerbekapitalsteuer) begründete die Kommission mit der Vereinfachung des Steuersystems. Die Steuer auf Grundstücke und Gebäude wird auf sog. Einheitswerte erhoben, die in unregelmäßigen, mehrjährigen Abständen (zuletzt 1964, Ostdeutschland 1935) behördlich festgestellt werden. Die Einheitswerte betrugen 1992 oft nur 10–20% des Marktwertes und führten zu einer unzutreffenden Besteuerung. Unternehmen liegt an der Abschaffung von Besitzsteuern besonders, weil sie anders als Gewinnsteuern auch im Fall von Verlusten gezahlt werden müssen.

Gemeindeeinnahmen: Bei den Abgaben, die Unternehmen an die Gemeinden zu zahlen haben, trat die Kommission neben der Abschaffung der Gewerbekapitalsteuer für eine Halbierung der Gewerbeertragsteuer auf 2,5% ein. Als Ausgleich sollten der Anteil der Gemeinden an den Einkommensteuereinnahmen von 15 auf 17% und das Grundsteueraufkommen um 20% erhöht werden. Die Gewerbesteuern stellen eine zweite Besteuerung des Gewinns und Kapitals neben Einkommen- bzw. Körperschaft- und Vermögensteuer dar.

SPD-Modell: Die SPD schlug u. a. vor, den Steuersatz auf einbehaltene Gewinne von 50 auf 45% zu senken, um → Investitionen zu fördern. Ferner ist eine steuerfreie Rücklage für Investitionen von 100 000 DM über fünf Jahre vorgesehen. Personengesellschaften und Einzelkaufleute sollen wählen dürfen, wie eine Körperschaft besteuert zu werden, weil der Einkommensteuerhöchstsatz von 53% nach Vorstellung der SPD nicht gesenkt werden soll. Die Entlastungen von 7,5 Mrd DM sollen durch verringerte Abschreibungsmöglichkeiten etc. ausgeglichen werden.

Berechtigung: Das Institut der deutschen Wirtschaft (IW, Köln) errechnete Anfang der 90er Jahre eine Steuerbelastung der deutschen → Unternehmensgewinne von ca. 66%, die SPD ermittelte mit einem anderen Verfahren rd. 17%. Die SPD bezeichnete Steuererlastungen für Unternehmen bei erhöhten Abgaben für Privatpersonen, z. B. durch die Erhöhung der → Mehrwertsteuer ab 1993, als sozial ungerecht.

Untersuchungsausschuß

Parlamentsgremium zur Aufklärung bestimmter Sachverhalte. Der U. stellt ein Kontrollinstrument der Abgeordneten gegenüber Regierung und Verwaltung dar. Mitte 1992 arbeitete in Deutschland auf Bundesebene ein U., der die Methoden der DDR-Devisenbeschaffung durch die sog. Kommerzielle Koordinierung unter Alexander Schalck-Golodkowski (→ Schalck-Untersuchungsausschuß) aufklären soll. In den Parlamenten der Bundesländer

Untersuchungsausschüsse in den deutschen Bundesländern

Bundesland	Anzahl nach 1949	Mitte 1992 tätig	Untersuchungsgegenstand
Baden-Württemberg	16	–	–
Bayern	44	2	Verstrickung bayerischer Politiker in Geschäfte mit der Kommerziellen Koordinierung des DDR-Devisenbeschaffers Alexander Schalck-Golodkowski
			Parteiarbeit für die CSU durch Personal des Staatsministeriums des Inneren
Berlin	23	–	–
Brandenburg	–	1	Kontakte des Ministerpräsidenten Manfred Stolpe (SPD) zu früheren DDR-Organen
Bremen	13	–	–
Hamburg	43	–	–
Hessen	19	–	–
Mecklenburg-Vorpommern	–	1	Bestechungen bei Auftragsvergabe zum Bau von Containerschiffen
Niedersachsen	12	1	Sicherheit der Justizvollzugsanstalt Celle
Nordrhein-Westfalen	13	1	Kauf und Verkauf eines Grundstücks in Oberhausen, Finanzierung eines medizintechnischen Instituts aus der Strukturhilfe, Finanzierung einer Anti-Müll-kampagne des Umweltministeriums
Rheinland-Pfalz	26	1	Verletzung der Aufsichtspflicht von Landesbehörden bei der Beseitigung von Sondermüll
Saarland	17	1	Steuernachlässe bei Firmenansiedlungen
Sachsen	1	1	Überprüfung der Landtagsabgeordneten auf Amts- und Machtmißbrauch des SED-Regimes
Sachsen-Anhalt	1	1	Lehrerstellenbesetzung
Schleswig-Holstein	20	–	–
Thüringen	–	2	Überprüfung der Landtagsabgeordneten auf Amts- und Machtmißbrauch des SED-Regimes
			Verwicklung von Mitgliedern der Landesregierung in Geschäfte mit der Kommerziellen Koordinierung des DDR-Devisenbeschaffers Alexander Schalck-Golodkowski

Stand: Juni 1992; Quelle: Aktuell-Recherche

waren insgesamt zwölf U. eingesetzt. Dem → Bundestag lagen Mitte 1992 zwei Gesetzentwürfe zur Regelung der Arbeit von U. im Bundestag vor.

Ein seit 1990 vorliegender Entwurf einer Abgeordnetengruppe aus CDU/CSU, SPD und FDP legt fest, daß der Untersuchungsgegenstand nachträglich vom Bundestag ergänzt werden kann. Im November 1991 stellte die SPD einen Gesetzentwurf vor, nach dem die Aufgabe eines U., der durch Minderheitenantrag von mindestens einem Viertel aller Abgeordneten entstanden ist, gegen den Willen der Antragsteller nicht nachträglich geändert werden darf. Nur so könne verhindert werden, daß die Mehrheit im Ausschuß durch Ergänzungen vom ursprünglichen Untersuchungsgegenstand ablenkt. Bei Gesetzen zur parlamentarischen Arbeit ist es üblich, die Zustimmung aller Parteien einzuholen.

Nach Art. 44 GG entspricht die Zusammensetzung des U. der Sitzverteilung im Parlament. Der Abschlußbericht des U. muß mehrheitlich verabschiedet werden. Die Minderheit hat das Recht, ein Sondervotum abzugeben. Ähnliche Regeln gelten für die Arbeit von U. in den Länderparlamenten.

Ureinwohner

→ Übersichtsartikel S. 432

Urschwung

Physikalisches Modell für die Entstehung des Universums, das Anfang 1992 von Bonner Astrophysikern vorgestellt wurde und das dem sog. Stan-

Ureinwohner
Bedrohte Völker klagen ihre Rechte ein

500 Jahre nach der Landung von Christoph Kolumbus auf dem amerikanischen Kontinent forderten Ureinwohner aus aller Welt im Juni 1992 bei der UNO-Umweltkonferenz in Rio de Janeiro/Brasilien das Recht auf Selbstbestimmung. Sie protestierten gegen die weitere Zerstörung ihrer Lebensgrundlagen, die mit der europäischen Kolonialisierung im 16. Jh. begann. 1992 gab es nach Schätzungen rd. 250 Mio Ureinwohner, die 5000 Völkern in 70 Ländern angehörten. Ureinwohner-, Umwelt- und Menschenrechtsgruppen wehrten sich Anfang der 90er Jahre verstärkt gegen industrielle Großprojekte (z. B. Staudämme) und die Ausbeutung der natürlichen Ressourcen (z. B. Bodenschätze, → Tropenwälder) in den Wohngebieten der Eingeborenen-Völker. In einigen Ländern, z. B. in Australien, Kanada und Brasilien, erreichten Vertreter der Ureinwohner 1991/92 Fortschritte bei Verhandlungen mit den Regierungen. Dennoch waren die Eingeborenen-Völker Anfang der 90er Jahre gegenüber der übrigen Landesbevölkerung benachteiligt: Kennzeichnend für viele Wohngebiete von Ureinwohnern waren → Armut, Arbeitslosigkeit, eine hohe Selbstmordrate sowie ein mangelhaftes Bildungs- und Gesundheitssystem.

Organisationsgrad nimmt zu: Zwischen 1970 und 1992 wurden weltweit rd. 1000 nationale und kommunale Organisationen gegründet, die sich für das Recht der Ureinwohner auf Selbstbestimmung einsetzen. Vertreter von Eingeborenen-Organisationen können ihre Belange im 1982 gegründeten Arbeitsausschuß für indigene (lat.; einheimische) Völker bei der UNO-Menschenrechtskommission in Genf/Schweiz vortragen. In der → UNO waren die Ureinwohner 1991/92 nicht vertreten. 1991 wurde die Organisation Nichtrepräsentierter Völker (→ UNPO) mit Sitz in Den Haag/Niederlande gegründet.

Hilfsprogramm für Australiens Aborigines: Eine staatliche Untersuchung von 1991 ergab, daß die Ureinwohner Australiens, die Aborigines, gesellschaftlich benachteiligt sind, u. a. sei die Wahrscheinlichkeit einer Verhaftung für sie 29mal höher als für andere Bürger. Die Regierung beschloß daraufhin im April 1992 ein Hilfsprogramm für die Ureinwohner in Höhe von 150 Mio australischen Dollar (171 Mio DM). Die Hälfte des Geldes soll für Maßnahmen zur Bekämpfung des Alkohol- und Drogenmißbrauchs verwendet werden, ein weiterer Posten ist für die juristische Unterstützung von straffällig gewordenen Aborigines vorgesehen. Vertreter der Ureinwohner wiesen darauf hin, daß das größte Problem, die Frage des Landbesitzes, weiterhin ungelöst sei. Zahlreiche Aborigines-Gemeinschaften seien in den vergangenen Jahrzehnten u. a. wegen Bergbauprojekten aus ihren Wohngebieten vertrieben worden.

Kanadische Eskimos erhalten Land: Im Dezember 1991 einigte sich die kanadische Regierung mit den Eskimos darauf, die Northwest Territories zu teilen und die Osthälfte den Inuit (eskim.; Menschen), wie sich die Eskimos nennen, zur Nutzung zu überlassen. Das Gebiet umfaßt mit 1,9 Mio km^2 rd. ein Fünftel von Kanada. Davon sollen 350 000 km^2 mit bedeutenden Erzvorkommen in den Besitz der Inuit übergehen. Für den Verzicht auf ihre weitergehenden Gebietsansprüche erhalten die Inuit über einen Zeitraum von 14 Jahren 580 Mio kanadische Dollar (739 Mio DM) als Entschädigung. Im März 1992 legte eine Kommission des Bundesparlaments einen Verfassungsentwurf vor, der den rd. 1 Mio Inuit und Indianern das Recht auf Autonomie zusichert. Die Ureinwohner hatten bei den Verfassungsverhandlungen gefordert, ebenso wie die französischsprachige Bevölkerung der Provinz Quebec als eigenständiges Volk anerkannt zu werden.

Goldsuche auf Yanomami-Gebiet: Von den ursprünglich 5 Mio Ureinwohnern Brasiliens lebten Anfang der 90er Jahre noch rd. 230 000. Die brasilianische Regierung beschloß im November 1991, den rd. 9000 Yanomami-Indianern 94 000 km^2 des Regenwaldes im Amazonasgebiet, seit Jahrtausenden Siedlungsraum der Indianer, zur ausschließlichen Nutzung zu überlassen. Das Reservat von der Größe Portugals ist Eigentum des brasilianischen Staats. Die Lebensgrundlagen der Yanomami wurden seit 1973 von rd. 40 000 Goldsuchern zerstört, die u. a. die Flüsse mit dem bei der Goldgewinnung verwendeten Quecksilber verseuchten. 1991/92 waren etwa die Hälfte der Yanomami-Indianer an Malaria erkrankt, die von den Goldsuchern eingeschleppt wurde. (lo)

dardmodell vom Urknall widerspricht. Nach dem U.-Modell gibt es Raum und Zeit seit unendlicher Zeit, die Materie entstand vor rd. 30 Mrd Jahren. Die Theorie vom Urknall geht davon aus, daß Raum, Zeit und Materie gleichzeitig entstanden sind.

Die Bonner Astrophysiker nahmen an, daß das Universum als unendlicher, materiefreier Raum Felder reiner Energie (Quantenvakuum) enthielt. Vor rd. 30 Mrd Jahren sei der Raum bis auf eine minimale Ausdehnung zusammengeschrumpft und habe sich in einer Explosion wieder ausgedehnt. Als Folge dieses plötzlichen Übergangs habe sich Energie in Materie umgewandelt. Anschließend expandierte das Universum wie im Urknall-Modell beschrieben.

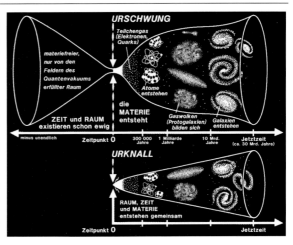

V

Verbraucherkredite

→ Schuldnerberater

Verbrauch, Privater

Die privaten Haushalte in Westdeutschland gaben 1991 für Güter und Dienstleistungen mit 1379,1 Mrd DM real (bereinigt um die → Inflation) 2,5% mehr als im Vorjahr für den V. aus (Anstieg 1990: 4,7%). In Ostdeutschland wurden 196,3 Mrd DM für den V. ausgegeben, die Steigerung lag bei real 5,5% (1990: 5,0%). Für 1992 rechneten die führenden deutschen Wirtschaftsforschungsinstitute in ihrem Frühjahrsgutachten mit einer Zunahme des V. von real nur noch 1,5% in Gesamt- wie in Westdeutschland (Ostdeutschland: 3,5%).

Ursache für die geringere Zunahme des V. 1991 waren insbes. steigende Preise. Die verfügbaren → Einkommen wurden 1991/92 durch Steuererhöhungen im Gesamtumfang von 46 Mrd DM beschnitten (→ Haushalte, Öffentliche). Für 1993 ist eine Erhöhung der → Mehrwertsteuer von 14 auf 15% ge-

plant. Der V. ist eine wichtige Stütze der → Konjunktur-Entwicklung. 1991 ging der Anteil des V. am → Bruttosozialprodukt auf 52,7% zurück (1990: 53,6%). In Ostdeutschland führten die Ausgaben für den V. angesichts geringer Einkommen zu einer zunehmenden Verschuldung der privaten Haushalte (→ Schuldnerberater). → Investitionen → Spareinlagen

Verbrauchsteuern

→ EG-Steuerharmonisierung

Verdeckte Ermittler

Polizeibeamte, die zur Verbrechensbekämpfung mit falschen Papieren ausgestattet werden und kriminelle Banden unterwandern sollen. Vorbild für die V. sind die US-amerikanischen under-cover-agents (engl.; verdeckte Agenten). Im Juni 1992 beschlossen Bundestag und Bundesrat ein Gesetz, das den Einsatz von V. vor allem gegen die organisierte → Kriminalität, z. B. Drogen- und illegalen Waffenhandel, und gegen → Terrorismus vorsieht. Das Gesetz verbietet V., im kriminellen Untergrund zu ihrer Tarnung sog. milieubedingte Straftaten (z. B. Diebstahl, Einbruch, verbotenes Glücksspiel) zu begehen.

Im Gegensatz zur Theorie vom Urknall geht der das Urschwung-Modell davon aus, daß Zeit und Raum ewig existieren.

Privater Verbrauch in Ostdeutschland 1991

Verwendungszweck	Monatsausgaben* (DM)
Nahrungsmittel	613
Auto-Kauf	279
Haushaltsgüter	269
Bildung und Unterhaltung	175
Kleidung	175
Miete	60
Reisen	17
Sonstiges	510
Gesamtausgaben	2098
Ersparnis	314
Ausgabefähige Einnahmen	2412

* Von Familien mit einem Kind im ersten Vierteljahr; Quelle: Statistisches Bundesamt

Vereinigungskriminalität

Erstes Urteil wegen Vereinigungskriminalität
Wegen illegaler Außenhandelsgeschäfte wurden im Februar 1992 erstmals zwei Ostberliner Geschäftsleute zu zwei Jahren Haft auf Bewährung verurteilt. Ihnen wurde vorgeworfen, durch gefälschte Exportverträge mit einem sowjetischen Handelspartner die Deutsche Außenhandelsbank (Berlin) zur Gutschrift von 4 Mio Transfer-Rubel veranlaßt zu haben. Dieser Betrag wurde dem Unternehmen nach dem 1. 7. 1990 (Wirtschafts- und Währungsunion zwischen der DDR und BRD) zum Kurs von 2,34 DM für den Transfer-Rubel ausgezahlt. Die Verträge waren auf einen Zeitpunkt vor der Währungsunion zurückdatiert worden.

Eckart Werthebach, Verfassungsschutz-Präsident
* 14. 2. 1940 in Essen, Dr. jur. utr. 1971–1991 im Bundesinnenministerium tätig, 1988–1991 Vertreter des Abteilungsleiters für Innere Sicherheit, ab März 1991 Präsident des Bundesamts für Verfassungsschutz (BfV, Köln).

Zudem dürfen Abhöranlagen auch bei Anwesenheit von V. nicht in Wohnungen oder Hotelzimmern eingesetzt werden. Der Präsident des Bundeskriminalamts, Hans-Ludwig Zachert, bezweifelte Mitte 1992, daß V. in die kriminelle Szene eingeschleust werden könnten, wenn ihnen nicht erlaubt würde, ihre Zuverlässigkeit durch Straftaten zu beweisen.

Vereinigungskriminalität

Bei der Staatsanwaltschaft beim Berliner Landgericht liefen Mitte 1992 rd. 220 Verfahren, die sich mit der Wirtschaftskriminalität im Zusammenhang mit der Wirtschafts- und Währungsunion am 1. 7. 1990 und dem Beitritt der DDR zur BRD im Oktober 1990 befassen. Den Schaden, der seit Dezember 1989 durch die V. entstanden ist, gab die Berliner Staatsanwaltschaft Mitte 1992 mit rd. 6,8 Mrd DM an. Wegen mangelnder personeller Ausstattung der zuständigen Berliner Strafverfolgungsbehörden (→ Regierungskriminalität) wurden Fälle mit einer Schadenssumme unter 10 Mio DM ab Oktober 1991 nicht mehr bearbeitet.
Die V. erstreckt sich im wesentlichen auf folgende Bereiche:
▷ Falsche Angaben bei der Umrechnung von DDR-Mark-Guthaben in DM und bei der Verrechnung von Außenhandelsgeschäften mit sozialistischen Ländern des 1991 aufgelösten Wirtschaftsbündnisses COMECON (sog. Transfer-Rubel-Geschäfte; 71 Verfahren mit einem geschätzten Gesamtschaden von 1,8 Mrd DM)
▷ Unterschlagung von staatlichem, volkseigenem, genossenschaftlichem und Parteivermögen
▷ Unrechtmäßige Geschäfte mit Grundstücken und Verschiebung von Armeebeständen
▷ Straftaten im Zusammenhang mit der Privatisierung von DDR-Unternehmen (→ Treuhandanstalt).
Mitte 1992 lag bei 140 000 Währungsumstellungen Straftatverdacht vor.

Verfassungsschutz

Staatliche Einrichtung des Bundes und der Länder in Deutschland mit der Aufgabe, Informationen und Unterlagen über verfassungs- und staatsfeindliche Bestrebungen (z. B. → Extremismus, → Terrorismus und Spionage) im Inland zu sammeln und den Strafverfolgungsbehörden zuzuleiten. Infolge der Demokratisierung in Osteuropa und des Rückgangs linksextremistischer Bestrebungen kündigte das Bundesamt für Verfassungsschutz (BfV, Köln) 1992 an, 414 seiner 2485 Planstellen bis 1997 abzubauen. Seit 1. 1. 1992 darf der V. in begrenztem Umfang Akten der → Stasi einsehen. Bis Mitte 1992 verabschiedeten Thüringen, Mecklenburg-Vorpommern und Sachsen-Anhalt Gesetze zum Aufbau eines V.
Den Aufgabenschwerpunkt für den V. sahen das Bundesinnenministerium und das BfV 1992 in der Beobachtung des → Rechtsextremismus und in der Abwehr von Wirtschaftsspionage. Forderungen von Politikern aus SPD, FDP und CSU, das BfV aufzulösen, wurden von Bundesinnenminister Wolfgang Schäuble (CDU) Ende 1991 zurückgewiesen. Überlegungen Schäubles, das BfV mit der Bekämpfung der Rauschgiftkriminalität (→ Drogen) zu beauftragen, lehnte die CDU/CSU/FDP-Bundesregierung aus verfassungsrechtlichen Gründen ab, weil dies Aufgabe der Polizei sei.

Vergewaltigung

Nach § 177 StGB in Deutschland die gewaltsame Nötigung einer Frau zum Beischlaf. Frauenorganisationen sehen auch den Zwang zu sexuellen Handlungen ohne Beischlaf (sog. sexuelle Nötigung, § 178 StGB) als V. an. 1991 wurden der Polizei in Westdeutschland (ohne Berlin) 4942 V., 3626 Fälle sexueller Nötigung und zudem 12 162 Fälle sexuellen Mißbrauchs von Kindern bekannt. Das Bundeskriminalamt (BKA, Wiesbaden) schätzte die Zahl

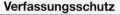

der nicht angezeigten V. auf jährlich 100 000 bis 200 000, die Fälle von sexueller Gewalt in der Ehe auf ca. 160 000. Die SPD legte im Januar 1992 einen Gesetzentwurf vor, nach dem die V. auch in der Ehe bestraft wird. Zudem will die SPD den Begriff der V. auf weitere Tathergänge ausweiten.

Der Gesetzentwurf sieht bei V. in der Ehe die Möglichkeit zur Strafaussetzung vor, wenn sich die Frau mit ihrem Mann versöhnen möchte. V. und sexuelle Nötigung von Ehefrauen konnte Mitte 1992 lediglich als Körperverletzung oder Nötigung geahndet werden. Die SPD forderte weiterhin, die orale und anale Penetration, die Mitte 1992 als sexuelle Nötigung bestraft wurden, als V. zu ahnden. Den Passus des § 177 StGB, nach dem ein Mann eine Frau gewaltsam zum Geschlechtsverkehr gezwungen haben muß, soll gestrichen werden. Er führe nach Ansicht der SPD häufig zum Freispruch von Tätern. Viele Frauen würden sich aus Angst nicht wehren, so daß sie keine sichtbaren Wunden aufweisen würden.

Verkehr

Der Bundesverkehrswegeplan 1992 geht von Prognosen aus, die eine Zunahme des V. in allen Zweigen vorhersagen. Bis 2010 werden demnach der → Luftverkehr um 151%, der → LKW-Verkehr um 95%, die Binnenschiffahrt um 84%, der Bahnverkehr um 55% (Güter) bzw. 41% (Personen), der → Autoverkehr um 30% und der → Öffentliche Nahverkehr um 27% gegenüber 1988 anwachsen. Der Verkehrsclub Deutschland (VCD) erwartete einen höheren Anstieg des Straßenverkehrs. Der V. war 1991/92 in Deutschland zweitgrößter Energieverbraucher und maßgeblich für → Luftverschmutzung verantwortlich (Anteil am Stickoxidausstoß: 68%, → Kohlendioxid: 18,1%). Umweltschutzorganisationen forderten, durch die Umstellung der Lebensgewohnheiten V. zu vermeiden und so die vom V. ausgehenden Belastungen zu verringern (→ Autofreie

Verkehr in Daten und Zahlen

Verkehrsprognose in Deutschland

Verkehrszweig	Verkehrsleistung		
	1988	1991	2010
Güterverkehr (Mrd Tonnenkilometer)			
Straßenverkehr	122	163	238
Eisenbahn	125	86	194
Binnenschiffahrt	63	63	116
Personenverkehr (Mrd Personenkilometer)			
Autoverkehr	647	703	838
Öffentlicher Nahverkehr	87	78	110
Eisenbahn	62	53	88
Flugverkehr	14	16	34

Quelle: Bundesverkehrswegeplan 1992

Kraftfahrzeuge in Deutschland

Fahrzeugart	Zugelassene Fahrzeuge (1000)			Veränderung (%)
Westdeutschland	1989	1990	1991	1989–1991
PKW	29 755	30 685	31 309	+ 5,2
Zugmaschinen	1 749	1 757	1 749	0,0
LKW	1 345	1 389	1 500	+11,5
Motorräder	1 379	1 414	1 482	+ 7,5
Busse	70	70	70	0,0
Übrige	406	434	473	+16,5
Insgesamt	34 704	35 748	36 582	+ 5,4
Anhänger	2 139	2 246	2 414	+12,9
Ostdeutschland	1988	1989	1990	1988–1990
PKW	3 744	3 899	4 817	+28,6
Motorräder	1 319	1 327	1 311	- 0,6
Zugmaschinen	256	263	264	+ 3,1
LKW	229	240	264	+15,3
Busse	61	63	72	+18,0
Übrige	161	167	174	+ 8,1
Insgesamt	5 768	5 958	6 902	+19,7
Anhänger	1 738	1 853	1 934	+11,3

Quellen: Statistisches Bundesamt (Wiesbaden), Kraftfahrt-Bundesamt (Flensburg)

Die größten Transportunternehmen der Welt

Unternehmen	Land	Umsatz (Mio Dollar)	Beschäftigte
SNCF	Frankreich	15 503	202 083
Deutsche Bundesbahn	Deutschland	14 811	245 960
United Parcel Service	USA	13 629	246 800
Air France	Frankreich	12 485	64 894
American Airlines	USA	11 804	102 800
United Airlines	USA	11 160	75 025
Nippon Express	Japan	9 608	73 986
SNAM	Italien	9 196	16 213
Lufthansa	Deutschland	9 007	59 650
Peninsular & Oriental-Steam Nav.	Großbritannien	8 990	75 034

Stand: 1990; Quelle: Fortune, 26. 8. 1991

Günther Krause, Bundesverkehrsminister
* 13. 9. 1953 in Halle, Prof. Dr. rer. nat., deutscher Politiker (CDU). 1987–1990 Dozent für Informatik an der Technischen Hochschule Wismar, April–Oktober 1990 Parlamentarischer Staatssekretär beim Ministerpräsidenten der DDR, Oktober 1990 Bundesminister für besondere Aufgaben, seit Januar 1991 Bundesminister für Verkehr.

Frankreich führt Kartei für Verkehrssünder ein
Ab 1. 7. 1992 werden Regelverstöße im französischen Straßenverkehr mit Strafpunkten geahndet. Jeder Führerscheininhaber verfügt über sechs Punkte im elektronischen Register. Anders als in Deutschland werden für jede Übertretung Punkte abgezogen. Ist das Konto leer, verliert der Fahrer die Fahrerlaubnis. Das Überfahren von roten Ampeln kostet zwei Punkte, Fahrerflucht wird mit drei Punktabzügen bestraft. Das Konto wird auf sechs Punkte aufgefüllt, wenn der Fahrer drei Jahre straffrei blieb. Für einen Auffrischungsfahrkurs, der etwa 500 DM kostet, werden zwei Punkte gutgeschrieben. Mitte 1992 protestierten Taxi- und LKW-Fahrer mit Demonstrationen und Straßenblockaden gegen die Verkehrssünderkartei, die keine Ausnahmen für Berufsfahrer vorsah.

Stadt → Fahrrad). Bundesverkehrsminister Günther Krause (CDU) unterstützte den Ausbau der Mobilität bei gleichzeitiger Förderung von umweltfreundlicheren Techniken (→ Kombinierter Verkehr → Abgassonderuntersuchung → Verkehrs-Leitsystem). Ein europäisches → Schnellbahnnetz soll die Konkurrenzfähigkeit der Bahn verbessern (→ Bundesbahn).

Ausbau: Im Bundesverkehrswegeplan werden Investitionskosten von 493 Mrd DM bis 2010 veranschlagt, davon 194,9 Mrd DM für das Schienennetz, 191,4 Mrd DM für Bundesfernstraßen und 28,0 Mrd DM für Bundeswasserstraßen. 11 600 km Straßen sollen neu- oder ausgebaut werden, darunter rd. 5400 km Autobahnen (Anteil der ostdeutschen Bundesländer: 42%).

Etat: Der Haushalt des Bundesverkehrsministeriums für 1992 war mit rd. 40 Mrd DM 13% höher veranschlagt als 1991 (Anstieg des gesamten Bundesetats: 5,8%). Anfang 1992 benannte Krause Pilotprojekte für die private Finanzierung von Straßen- und Schienenbauten (→ Privatautobahn), die den Etat kurzfristig entlasten sollen.

Ostdeutschland: Für den Ausbau in den neuen Bundesländern stellte das Bundesverkehrsministerium 1991 rd. 13 Mrd DM zur Verfügung (1992: 16 Mrd DM). 17 Straßen- und Eisenbahnverbindungen in Ost-West-Richtung sollen vorrangig fertiggestellt werden. → Beschleunigungsgesetz

Umweltbelastung: Anfang der 90er Jahre wurden in der EG 28% der verbrauchten Energie für V. aufgewendet. Eine Studie im Auftrag der EG sagte bis 2010, auch bei verschärften → Abgasgrenzwerten, eine Zunahme des vom V. verursachten Kohlendioxidausstoßes um 37% voraus. Kohlendioxid wird für den → Treibhauseffekt mitverantwortlich gemacht.

Verkehrs-Leitsystem

Elektronische Steuerung vor allem des → Autoverkehrs für ein sicheres, umweltfreundliches, kosten- und zeitspa-

rendes Fahren. In dem bis 1994 befristeten Programm Prometheus, das im Rahmen des EG-Forschungsprojekts EUREKA gefördert wird, arbeiten 300 Wissenschaftler an der Verkehrsplanung für die Zukunft. Bei sog. Kooperativem Verkehrsmanagement werden zur Vermeidung von Staus Auto- und → Öffentlicher Nahverkehr miteinander vernetzt. Das Bundesverkehrsministerium finanziert bis 1995 V. auf Autobahnen mit 550 Mio DM.

Kooperatives Verkehrsmanagement: Alle Informationen über die Verkehrssituation einer Region werden in einen Zentralrechner eingespeist, der sie an die Autofahrer weitergibt und sie in die Lage versetzt, zwischen den Routen und Verkehrsmitteln zu entscheiden:

▷ Ab Mitte 1992 konnten Autofahrer in der Region Hannover mit speziellen Radiogeräten Informationen über die Verkehrslage und Anschlüsse an öffentliche Verkehrsmittel entlang ihrer Route empfangen (sog. RDS, Radio-Daten-System). Vor der Abfahrt gibt der Fahrer Standort und Reiseziel in das RDS-Gerät ein. Ein ähnlicher Großversuch im Raum Köln soll 1994 abgeschlossen sein

▷ Auf der A 9 bei München wurden ab April 1992 an Schilderbrücken über der Fahrbahn Wegweisungen und Geschwindigkeitsbegrenzungen angezeigt, die auf aktuellen Messungen von Verkehrsbelastung und Straßenverhältnissen beruhten

▷ Das Projekt Storm in Stuttgart (Kosten: 42 Mio DM) sieht bis 1993 die Installation von Monitoren u. a. auf Rastplätzen vor, die Auskünfte über öffentliche Nahverkehrsmittel und Staus geben.

Individuelle Verkehrsleitung: Drei Viertel der Teilnehmer an einem Berliner Großversuch mit dem sog. Euro-Scout-System zeigten sich bei einer Befragung Anfang 1992 zufrieden. 750 Autos wurden mit einem Bordcomputer sowie Infrarotsender und -empfänger ausgestattet. Nach Eingabe des Fahrtziels empfing das Auto über in

Ampelmasten angebrachte Infrarotsender eine Routenempfehlung. Aus Signalen, die das Auto über die Masten an den Rechner zurücksandte, erkannte dieser Fahrtstrecke und Tempo des Fahrzeugs und richtete seine nächste Empfehlung danach.
Prometheus: Forschungsschwerpunkt ist u. a. das sichere Kolonnenfahren (Spurwechsel, Überholen, Einfädeln). Ein Bildverarbeitungs-Rechner ermittelt aus Signalen einer am Auto befestigten Kamera den erforderlichen Abstand zum vorausfahrenden Fahrzeug. Der Abstand wird automatisch korrigiert. Prometheus wurde von der EG jährlich mit 370 Mio DM gefördert.

Unfallrisiko auf deutschen Straßen 1990

Schaden	Unfälle pro Mrd Fahrzeugkilometer		
	Autobahnen	Außerörtliche Straßen	Innerörtliche Straßen
Sachschaden	309	329	1 149
Personenschaden	179	526	1 584
Todesopfer	7	26	16

Quelle: Bundesamt für das Straßenwesen (Bergisch Gladbach)

Verkehrssicherheit

1991 wurden in Deutschland 2,3 Mio Unfälle von der Polizei aufgenommen (Anstieg zu 1990: 290 000), davon 1,92 Mio mit Sachschaden. Die Zahl der Verletzten sank um 1,4% auf 503 636. Gemessen an der Einwohnerzahl wurden 1991 in Ostdeutschland etwa doppelt so viele Menschen bei Unfällen im → Autoverkehr tödlich verletzt wie in Westdeutschland (233 Getötete je 1 Mio Einwohner, alte Bundesländer: 118). Anfang der 90er Jahre war rd. jeder zehnte Unfall auf Alkoholkonsum des Fahrers zurückzuführen (→ Promillegrenze). Maßnahmen zur Erhöhung der V. richteten sich auf die Durchsetzung der Anschnallpflicht sowie auf den Schutz von Kindern und Fußgängern.
Ostdeutschland: Die Zahl der Todesopfer stieg in den neuen Bundesländern um 19% gegenüber 1990 auf 3733, während sie im Westen um 4,9% auf 7515 zurückging und damit den niedrigsten Stand seit 1953 erreichte. Bundesverkehrsminister Günther Krause (CDU) führte den Anstieg in Ostdeutschland auf den schlechten Straßenzustand und den zunehmenden → Verkehr zurück.
Anschnallpflicht: Ab 1. 7. 1992 wurden 40 DM Bußgeld für das Nichtbenutzen von Sicherheitsgurten auf den

Rücksitzen eines PKW erhoben. 1991 schnallten sich 96% der Fahrer und der Erwachsenen auf dem Beifahrersitz an, jedoch nur 58% auf den Rücksitzen. Das Bundesverkehrsministerium kündigte bis Ende 1992 eine generelle Anschnallpflicht für Kinder an. Jedes zweite 1991 im Straßenverkehr tödlich verletzte Kind unter sechs Jahren war Beifahrer. In Ostdeutschland war 1991 nur jedes dritte Kind im Auto durch Gurte oder Kindersitze geschützt.
Fußgänger: Zum Schutz von Fußgängern, insbes. von Kindern, wurden 1991 verschiedene Ampeltechniken erprobt:
▷ Sog. Rundum-Grün, bei dem an einer Kreuzung alle Autos gleichzeitig anhalten, während die Fußgänger an allen Überwegen gehen
▷ Verlängerung der Grünphasen für Fußgänger
▷ Verbot des PKW-Abbiegeverkehrs während der Grünphase für Fußgänger
▷ Einführung einer gelben Ampelphase auch für Fußgänger.
Kinder: 420 Kinder unter 15 Jahren verunglückten 1991 tödlich im Straßenverkehr. Der Deutsche Kinderschutzbund sprach sich 1992 für ein generelles → Tempolimit in Ortschaften von 30 km/h aus.

Verpackungsmüll

→ Übersichtsartikel S. 438

Versicherungen

Die freie Niederlassung auf dem → Europäischen Binnenmarkt ab 1994 verschärfte Anfang der 90er Jahre die Konkurrenz europäischer V., die durch

Japanische Fahrer navigieren mit Satellitenhilfe im Straßenchaos Zum Preis von 4000 DM bis 6000 DM werden in Japan Navigationsgeräte angeboten, die den Autofahrern ihren Weg durch das Straßengeflecht der Großstädte weisen. Aus Satellitensignalen ermitteln Computer die Position des Wagens und zeigen sie auf einem Bildschirm neben dem Lenkrad an. Der Bildschirm ersetzt den Stadtplan auf dem Beifahrersitz. Japanische Verkehrsexperten schätzten, daß 1995 rd. 1,5 Mio PKW mit elektronischem Navigator ausgerüstet sein werden.

Kennzahlen des Versicherungskonzerns Allianz

Position	Wert (Mrd DM)	
	1991	1990
Beitragseinnahmen	48,7	38,3
Aufwendungen für Versicherungsfälle	25,3	17,3
Betriebsaufwendungen	7,9	5,3
Kapitalanlagen	158,0	134,4
Steuern	0,7	0,9
Jahresüberschuß nach Steuern	1,0	1,0
Eigenkapital	14,2	14,0

Quelle: Aktuell-Recherche

Verpackungsmüll
Grüner Punkt gibt keine Garantie für Abfallverwertung

Die im Dezember 1991 in Deutschland in Kraft getretene Verpackungsverordnung soll die 15 Mio t Verpackungsmüll reduzieren, die jährlich in Deutschland weggeworfen werden. Die Verordnung verpflichtet Handel und Hersteller zur Rücknahme und Wiederverwertung von Verpackungen. Sie soll Druck auf Produzenten ausüben, weniger Verpackungen herzustellen, um die Mülldeponien zu entlasten (→ Abfallbeseitigung). Umweltverbände kritisierten, daß die 1991 von der Industrie gegründete Entsorgungsgesellschaft Duales System Deutschland (DSD) vortäusche, den von ihr abtransportierten Verpackungsmüll zu recyceln, obwohl Mitte 1992 weder ausreichende Kapazitäten für das → Recycling von Verpackungen vorhanden noch Techniken für das → Kunststoffrecycling ausgereift waren. Die Umweltminister der Bundesländer forderten Mitte 1992 die DSD auf, das von ihr vergebene Emblem Grüner Punkt, das ein Recycling der Verpackung signalisieren soll, nur Verpackungen zu verleihen, die umweltfreundlich bzw. mehrfach verwendbar sind. Mehrwegverpackungen erhielten Mitte 1992 keinen Grünen Punkt, weil sie nicht von der DSD entsorgt wurden (→ Mehrwegflaschen). Die EG plante Mitte 1992 eine europaweite Regelung zur Wiederverwertung von Verpackungen.

Rücknahmepflicht für Verpackungen: Die Verpackungsverordnung wird in Stufen bis 1995 eingeführt. Ab 1. 12. 1991 müssen Hersteller und Händler Transportverpackungen wie Fässer, Kisten und Paletten zurücknehmen und dem Recycling zuführen. Ab 1. 4. 1992 können Verbraucher Umverpackungen, z. B. Folien und Kartonagen, die Verkaufsverpackungen zusätzlich umhüllen, im Laden zurücklassen. Zum Januar 1993 muß der Handel alle Verkaufsverpackungen zurücknehmen, auch verschmutzte Verpackungen wie Joghurtbecher. Darüber hinaus wird für Getränke-Einwegverpackungen, Verpackungen für Wasch- und Reinigungsmittel sowie für Dispersionsfarben ein Pflichtpfand eingeführt. Handel und Hersteller können sich von der Rücknahmepflicht entbinden lassen, wenn sie ein privatwirtschaftliches Entsorgungssystem einrichten bzw. sich ihm anschließen. Zwischen 1993 und 1995 muß die Entsorgung 50% des anfallenden Mülls erfassen, 80% ab Juli 1995. Davon müssen wiederum 80% wiederverwertet werden. Insgesamt sollen 64% des Verpackungsmülls dem Recycling zugeführt werden.

EG-Plan entschärft deutsche Verordnung: Die EG-Kommission stellte Mitte 1992 eine Richtlinie zur Abfallreduzierung vor. Nationale Vorschriften müßten bei Einführung der Richtlinie an die EG-Vorschriften angeglichen werden. Die EG plante die Einführung einer Recycling-Quote von 60% für Verpackungsmüll zehn Jahre nach Inkrafttreten der Richtlinie (frühestens 2002), während bereits 1995 in Deutschland 64% des Mülls wiederverwertet werden müssen.

Grüner Punkt kostet den Verbraucher Geld: Gegen Gebühren vergibt die DSD Lizenzen an Hersteller für den Grünen Punkt. Die Gebühr beträgt zwischen 2 und 20 Pf je nach Kosten der Entsorgung. Die Industrie kann die Kosten für die Lizenzgebühr über eine Erhöhung der Preise an den Kunden weitergeben. Die DSD verteilt auf Antrag sog. gelbe Wertstofftonnen für Verpackungen an die Haushalte und beauftragt die kommunale Müllabfuhr oder Privatunternehmen mit dem Abtransport. Mitte 1992 war das System der DSD so weit aufgebaut (z. B. Abschluß von Verträgen mit Entsorgungsunternehmen), daß rd. 22,5 Mio Bundesbürger eine gelbe Tonne beantragen konnten; bis Mitte 1993 sollen alle bundesdeutschen Haushalte diese Möglichkeit haben.

Zweifel an Müllvermeidung: Der Verbraucherschutzverein e. V. (Berlin) erhob Mitte 1992 Klage gegen die DSD wegen irreführender Werbung. In der DSD-Werbung werde ein Recycling der Verpackungen garantiert, was u. a. für Kunststoffverpackungen jedoch nicht gewährleistet werden könne. Dem Verbraucher werde eine Umweltfreundlichkeit der Verpackungen vorgetäuscht. Umweltorganisationen kritisierten, daß die Verbraucher die Kosten für den Grünen Punkt tragen müssen. Sie bezifferten die zusätzlichen Ausgaben für einen vierköpfigen Haushalt auf rd. 200 DM pro Jahr. Zudem würde voraussichtlich wenig Abfall vermieden, da die DSD kein Interesse an einer Reduzierung haben könne, weil sie ein profitorientiertes Unternehmen sei.   (sim)

→ Fusionen, Kooperation und Angebotsausweitung (→ Allfinanz-Unternehmen) ihre Marktstellung stärken wollten. Das Bundesaufsichtsamt für das Versicherungswesen (BAV, Berlin) verzeichnete 1991 zunehmend Beschwerden, insbes. über Methoden von V.-Vertretern in Ostdeutschland.

Allianz: Der größte europäische V.-Konzern Allianz (München) stockte im Juli 1991 die Beteiligung an der zweitgrößten deutschen Bank, der Dresdner Bank, von rd. 10 auf 22,3% auf. Im Dezember übernahm die Allianz die restlichen 49% der Deutschen Versicherungs-AG, der ehemaligen Staatsversicherung der DDR. 1990 hatte sie 51% erworben und den Kaufpreis an die eigene künftige Tochter bezahlt. In der DDR hatte das Unternehmen ein Monopol, jeder DDR-Haushalt war dort versichert. Andere V. beklagten sich daher über Wettbewerbsnachteile.

Deutschland: Im Februar 1992 übernahm die staatliche französische V. Assurances Générales de France 25% an der drittgrößten deutschen V. Aachener und Münchener. Der Allgemeine Deutsche Automobil-Club (ADAC, München) will ab 1993 den 11,6 Mio Mitgliedern kostengünstige Kfz-V. anbieten. Er arbeitet mit fünf V. zusammen, deren Verträge er über die 200 ADAC-Geschäftsstellen vermittelt.

Beschwerden: Die Zahl der Beschwerden und Eingaben an das BAV nahm 1991 auf 32 000 zu (1990: 22 000), 14 000 waren aus Ostdeutschland. 29% (1990: 13%) der Beschwerden über schlechte Beratung, Probleme beim Vertragsrücktritt etc. erwiesen sich als begründet, der Anteil lag dreimal so hoch wie in Westdeutschland.

Kapital: Die 650 deutschen V. nahmen 1991 rd. 165 Mrd DM Prämien ein und verwalteten 775 Mrd DM Kapital. Die → Spareinlagen bei → Banken betrugen zum Vergleich 763 Mrd DM.

Sonderregelungen: Die Niederlassungsfreiheit in Europa gilt in Portugal ab 1996, in Griechenland und Spanien ab 1998. Ganz ausgenommen blieben zunächst Lebensversicherungen.

Die größten Versicherungskonzerne Europas

Rang	Unternehmen	Land	Prämieneinnahmen (Mio DM)[1]
1	Allianz Holding	Deutschland	38 300
2	UAP	Frankreich	28 879
3	Zürich Versicherung	Schweiz	20 136
4	Generali Group	Italien	18 428
5	Schweizer Rück	Schweiz	17 337
6	Group Victoire	Frankreich	17 327
7	Prudential	Großbritannien	15 191
8	Nationale-Nederlanden	Niederlande	14 545
9	Winterthur-Gruppe	Schweiz	14 537
10	Axa	Frankreich	14 244
11	AGF	Frankreich	13 664
12	Royal Insurance	Großbritannien	13 505
13	Münchener Rück	Deutschland	12 653
14	Trygg-Hansa SPP Group	Deutschland	10 670
15	Commercial Union	Großbritannien	10 346
16	General Accident	Großbritannien	9 952
17	GAN	Frankreich	9 902
18	Sun Alliance Group	Großbritannien	9 707
19	Colonia-Gruppe	Deutschland	9 600
20	Skandia Group	Schweden	9 185

1) 1990; Quelle: Wirtschaftswoche, 20. 12. 1991

Video

Ende 1991 verfügten nach Angaben des Bundesverbands Video (BVV, Hamburg) 52% der westdeutschen und 30% der ostdeutschen Haushalte über einen V.-Rekorder (Anstieg gegenüber dem Vorjahr: 2% bzw. 7%). Der Nachholbedarf, der 1990 zum Absatz von 800 000 V.-Geräten in den neuen Bundesländern führte, war 1991 gedeckt. 1991 wurden 600 000 Geräte in Ostdeutschland verkauft. Kassettenanbieter steigerten ihren Umsatz 1991 um 40% gegenüber 1990 auf 700 Mio DM. Beim Verkauf von V.-Kassetten verdreifachte sich der Umsatz auf 280 Mio DM (1990: 94 Mio DM). Der Verleih erzielte im Vergleich zum Vorjahr lediglich einen Umsatzzuwachs um 3,5% auf 420 Mio DM.

Die wachsende Nachfrage nach Kaufkassetten führte der BVV 1992 darauf zurück, daß aktuelle Filme sechs Monate nach dem Kinostart zeitgleich als Kaufkassette und im Verleih angeboten würden. Bis dahin wurden Kinohits erst verkauft, nachdem sie ein Jahr lang im Verleih erhältlich waren. Zudem

Henning Schulte-Noelle, Chef des Versicherungs-Konzerns Allianz
* 28. 8. 1942 in Essen, Dr. jur., deutscher Versicherungsmanager. Nach einjähriger Anwaltstätigkeit ab 1975 beim Versicherungskonzern Allianz. Ab Oktober 1991 Vorstandsvorsitzender der Allianz Verwaltungsgesellschaft als Nachfolger von Wolfgang Schieren, der in den Aufsichtsrat wechselte.

Video und Fernseher in deutschen Haushalten

Anteil (%)

- Farbfernsehgeräte (alte Bundesländer): 88 (1987), 89 (1988), 90 (1989), 92 (1990), 93 (1991)
- Farbfernsehgeräte (neue Bundesländer): 63 (1990), 70 (1991)
- Videorecorder (alte Bundesländer): 34, 40, 43, 48, 54
- Videorecorder (neue Bundesländer): 31, 30
- Kabelanschluß[1]: 13, 18, 24, 23, 28
- Satelliten-Direktempfang (alte Bundesländer): 1, 1, 1, 3, 13
- Satelliten-Direktempfang (neue Bundesl.): 1, 5

1) Bis 1990 alte Länder, ab 1991 inkl. neue Länder
Quelle: Deutsches Video Institut (Berlin)
© Harenberg

nutzten die Anbieter von Kassetten 1991 zunehmend Vertriebswege wie Supermärkte, Warenhäuser, Buchhandlungen und -clubs sowie den Versandhandel. 1991 erzielten Videotheken lediglich rd. 3% des bundesweiten Umsatzes von V.-Kassetten.

Die größten Absatzmärkte für Video-Kaufkassetten

Land	Umsatz (Mio Dollar) 1990	1995[1]	Zuwachs (%)
USA	9 445	11 000	16,5
Japan	4 184	4 800	15,7
Großbritannien	1 766	2 287	29,5
Kanada	1 002	1 175	17,3
Deutschland	883	1 500	70,0
Frankreich	739	1 250	69,2
Australien	663	830	25,1
Spanien	418	800	91,3
Übriges Westeuropa	1 096	1 813	65,4
Osteuropa	20	700	3 400,0
Karibik/Lateinamerika	450	650	44,4
Neuseeland	100	120	19,9
Ferner Osten	450	750	66,7
Indien	100	175	75,0
Mittlerer Osten	185	250	35,1
Insgesamt	21 465	28 100	30,9

1) Prognose; Quelle: Dodona Research (USA)

Videocart

Einkaufswagen mit fest installiertem Bildschirm, auf dem u. a. Werbespots eingeblendet werden. Mitte 1992 wurden V. in etwa 200 US-amerikanischen Supermärkten eingesetzt. Per Knopfdruck kann der Kunde das Produktverzeichnis und die Wegbeschreibung zu einer gesuchten Ware aufrufen. Während der Fahrt erscheinen auf dem Bildschirm Werbespots für Angebote in Regalen, die der Kunde passiert.

Den Supermärkten werden die V. kostenlos zur Verfügung gestellt. Herstellung und Installation der V. werden durch Gebühren für die Werbung finanziert. Ein Zentralrechner des Herstellers übermittelt die Werbespots per Satellit an die Supermärkte. Computer in den Geschäften steuern die Ausstrahlungen so, daß sie nur beim Vorbeifahren an den beworbenen Produkten zu sehen sind. Die Rechner werden von Sensoren an den Regalen über die Standorte der V. informiert und geben die Information über Funk an die Einkaufswagen weiter.

Videokonferenz

Fernbesprechung, bei der Bild- und Tonverbindungen zwischen Konferenzteilnehmern an verschiedenen Orten hergestellt werden. Als Vorteil von V. gelten insbes. Kosten- und Zeitersparnis gegenüber Ferndienstreisen. 1992 hielt laut → Telekom die erhöhte Nachfrage nach V. an, die Beschränkungen des internationalen Luftverkehrs während des Golfkriegs 1991 ausgelöst hatten. 1991 verdreifachten sich die V.-Schaltungen des Postunternehmens für die 250 Studios von privaten Unternehmen und die 40 posteigenen V.-Studios auf 154 000 (1990: 43 000). Bis Mitte 1992 hatte die Telekom rd. 500 Studios u. a. auch in Firmen mit der für V. notwendigen Technik ausgestattet.

Verbindungen: Ab Mitte 1992 können nicht nur Gesprächspartner im Inland direkt angewählt werden, sondern auch in Dänemark, Schweden und der Schweiz. V. mit Teilnehmern in anderen europäischen Staaten müssen über den zentralen Reservierungsplatz der Telekom in Köln hergestellt werden.

Ausrüstung: V.-Studios sind mit Monitoren, Kameras, Mikrofonen und Lautsprechern ausgestattet (Kosten 1992: rd. 300 000 DM). Eine Minimalausrüstung für den Arbeitsplatz kostete 1992 ab 45 000 DM. Sprache, Bilder und Videofilme werden mit → Glasfaserkabel oder über → Satellit übertragen. V. konnten 1992 zwischen maximal sieben Studios hergestellt werden.

Kosten: Für die Einrichtung eines V.-Anschlusses zahlte der Kunde 1992 einmalig 12 000 DM an die Telekom oder, bei mindestens fünfjähriger Nutzung des Anschlusses, 200 DM pro Monat. Die monatliche Grundgebühr betrug 1500 DM. Eine 15minütige Inlandsverbindung zweier Teilnehmer kostete je nach Entfernung zwischen 30 und 150 DM (Normaltarif), ab drei Teilnehmern maximal 100 DM. Die Gebühren müssen jeweils von allen V.-Teilnehmern entrichtet werden.

Vierte Welt

→ Entwicklungsländer

Virtuelle Realität

(auch cyberspace, engl.; künstlicher Raum), vom → Computer simulierte dreidimensionale Räume. V. erleichtert die Lösung wissenschaftlicher Probleme, die eine räumliche Darstellung erfordern. V. wurde Mitte 1992 u. a. zum Training der Reparatur von Raumstationen, zur Flugsimulation für die Pilotenschulung und in der Behindertentherapie zur Übung von Bewegungsabläufen eingesetzt. 1991 verkaufte die britische Firma W Industries erste V.-Spiele.

Der Benutzer sieht durch eine Spezialbrille mit zwei Bildschirmen im Rechner gespeicherte Räume oder Landschaften. Das Sichtgerät paßt die Perspektive der Augenbewegung bis zu

Gebühren für Videokonferenzen

| Tarifzonen | Gebühren bei zwei Teilnehmern | | | | Gebühren ab drei Teilnehmern | |
| | Normaltarif | | Billigtarif [1] | | | |
	(DM/min)	(DM/h)	(DM/min)	(DM/h)	(DM/15min)	(DM/h)
Ortszone	2,–	120,–	1,35	81,–	100,–	400,–
Nahzone	4,–	240,–	2,70	162,–	100,–	400,–
Fernzone bis 100 km	8,–	480,–	5,35	321,–	100,–	400,–
Fernzone ab 100 km	10,–	600,–	5,35	321,–	100,–	400,–
Europäische Nachbarländer	150,–	600,–	–	–	200,–	800,–
Übriges Europa	200,–	800,–	–	–	250,–	1 000,–
Übersee	375,–	1 500,–	–	–	425,–	1 700,–

1) Montags bis freitags von 18.00 bis 8.00 Uhr, samstags und sonntags sowie an Feiertagen; Quelle: Telekom

60mal/sec an. Mit einem verkabelten Handschuh kann in die V. eingegriffen werden. Eine auf den Bildschirmen sichtbare Hand führt nahezu gleichzeitig dieselben Bewegungen aus wie die Hand des Benutzers.

Das Human Interface Technology Laboratorium in Seattle/USA experimentierte Mitte 1992 mit der Anwendung von V. in der Therapie Schwerbehinderter. Von Geburt an Gelähmte können in einer simulierten Welt Fußball spielen und Hirnfunktionen für tatsächlich nie vollzogene Bewegungen trainieren.

Kritiker der Anwendung von V. in der Unterhaltungsindustrie warnten 1992 davor, daß die Scheinwelt Menschen zur Flucht aus der Wirklichkeit verlocken und abhängig machen könnte (→ Spielsucht).

Videokonferenzen mit vier Teilnehmern auf dem Bildschirm
Bei Videokonferenzen zwischen Teilnehmern an verschiedenen Orten, die über eine Bild- und Tonverbindung kommunizieren können, erschien bis 1992 lediglich das Bild des jeweils aktiven Teilnehmers auf dem Bildschirm. Für 1992 plante die Telekom, eine Aufteilung des Bildschirms in vier Rechtecke zu ermöglichen, so daß bei Konferenzen mehrere Partner ständig für die anderen sichtbar sind.

Ein Datenhandschuh ermöglicht die Simulation von Bewegungen auf dem Computerbildschirm in der Virtuellen Realität.

441

Handel Deutschlands mit dem Visegrád-Dreibund 1991

Land	Einfuhren (Mio DM)	Veränderung[1] (%)	Ausfuhren (Mio DM)	Veränderung[1] (%)
ČSFR	5099	+15,3	4966	– 23,4
Polen	7251	+ 4,1	8476	+ 11,0
Ungarn	4277	– 4,7	4219	– 30,4

1) Gegenüber 1990; Quelle: Statistisches Bundesamt

Beliebteste Vornamen 1991

Alte Länder	Neue Länder
Mädchennamen	
1. Lisa	Lisa
2. Julia	Stefanie
3. Anna/Anne	Julia
4. Katharina	Maria
5. Sarah	Franziska
6. Laura	Sarah
7. Jennifer	Anna/Anne
8. Cristina/e	Nicole
9. Maria	Melanie
10. Vanessa	Jennifer
Jungennamen	
1. Daniel	Philipp
2. Alexander	Patrick
3. Kevin	Martin
4. Patrick	Christian
5. Christian	Kevin
6. Philipp	Sebastian
7. Jan	Robert
8. Sebastian	Florian
9. Tobias	David
10. Marcel	Marcus

Quelle: Gesellschaft für Deutsche Sprache (Wiesbaden)

Visegrád-Dreibund

Politische und wirtschaftliche Kooperation von Ungarn, der Tschechoslowakei und Polen, die 1991 in Visegrád/Ungarn vereinbart wurde. Ziel der Zusammenarbeit ist es, die Umstellung von der zentral verwalteten Planzur Marktwirtschaft, die die drei Länder Anfang der 90er Jahre im Zuge der demokratischen Wende vollzogen, zu koordinieren (→ Osteuropa). Nach der Auflösung des COMECON, des Wirtschaftsbündnisses der ehemaligen Ostblockstaaten, vom Juni 1991 waren die Mitglieder des V. vorrangig daran interessiert, den Handel mit westlichen Ländern zu intensivieren (→ Osthandel). Die → EG schloß Ende 1991 mit Ungarn, der ČSFR und Polen sog. Europa-Abkommen, die den Ländern einen leichteren Zugang zum EG-Markt ermöglichen. Die Staaten des V. streben eine EG-Mitgliedschaft bis 2000 an.
Im Juli 1992 trat ein Abkommen zwischen der Tschechoslowakei und der → EFTA in Kraft, das der ČSFR für fast alle Güter bis spätestens 2002 den freien Zugang zu den Märkten der EFTA-Mitgliedstaaten gewährt. Dem Abkommen sollen ähnliche Verträge mit Ungarn und Polen folgen. Der V. bereitete 1991/92 ein Freihandelsabkommen vor, das u. a. durch den Abbau von Zöllen einen ungehinderten Warenverkehr zwischen den drei Staaten bis 2002 vorsieht.

Vornamen

1991 war Lisa der beliebteste Mädchenname in Deutschland; er löste die Namen Anna bzw. Anne ab. Bei den Jungen führte in den westdeutschen Bundesländern Daniel (wie 1990), in den ostdeutschen Philipp. Neu in die Liste der für Neugeborene am häufigsten ausgewählten Namen kam Kevin, der im Westen auf Anhieb Platz drei, im Osten Platz vier erreichte. Sprachforscher beobachten bei der Namengebung einen Trend zu biblischen Namen und zu Namen aus Kino- und Fernsehfilmen. Die Wahl der Namen gleicht sich in west- und ostdeutschen Ländern immer mehr an.
Die Liste der zehn beliebtesten Vornamen wird seit 1977 jährlich von der Gesellschaft für Deutsche Sprache (Wiesbaden) aus den Angaben repräsentativ ausgewählter Standesämter zusammengestellt.

Vorruhestand wegen Erwerbsunfähigkeit

Berufsgruppe	Ruheständler* (%)
Beamte	56
Öffentlicher Dienst	43
Wirtschaft	28

* Vor Erreichen des 60. Lebensjahrs; Quelle: Bundesarbeitsministerium

VKSE

→ KSE

VLT

→ Großteleskop

Vorruhestand

Freiwilliges Ausscheiden aus dem Arbeitsleben bis zum 60. Lebensjahr. In Westdeutschland wurde die Regelung über V. 1989 von der Altersteilzeit abgelöst, in Ostdeutschland 1990 vom →

Altersübergangsgeld. Bis 1993 zahlt die Bundesanstalt für Arbeit (BA, Nürnberg) für den V. in den westdeutschen Bundesländern Die Arbeitnehmer in V. erhalten durchschnittlich 70% des monatlichen Nettolohns vom Arbeitgeber. Bei Besetzung der freiwerdenden Stelle mit einem Arbeitslosen erstattet die BA den Arbeitgebern in Westdeutschland 35% der V.-Gelder, in Ostdeutschland wird die Leistung vollständig von der BA getragen. Ende 1991 bezogen in den alten Ländern 47 500 Arbeitnehmer V.-Geld, in Ostdeutschland 329 000 Personen (Kosten: rd. 6 Mrd DM). Altersteilzeit können Arbeitnehmer nach Vollendung des 58. Lebensjahrs bis Ende 1992 beantragen. Der Arbeitnehmer erhält für die Hälfte der Arbeitszeit wie beim V. etwa 70% des ehemaligen Nettogehalts. Wenn der freiwerdende Teilzeitarbeitsplatz mit einem Arbeitslosen besetzt wird, übernimmt die BA 20% des Entgelts für den älteren Arbeitnehmer und einen Teil der Rentenversicherungsbeiträge. Altersteilzeit beantragten 1991 ca. 130 Arbeitnehmer (1990: 230 Anträge). Eine vorgezogene Altersrente (vor dem 65. Lebensjahr) können 1992 in Deutschland Männer ab 63 Jahren sowie Frauen und Arbeitslose, die mindestens ein Jahr erwerbslos waren, ab 60 Jahren beziehen. → Rentenreform

W

Waffenhandel

→ Rüstungsexport

Wahlen

Die Bürgerschaftswahl in Bremen vom 29. 9. 1991 sowie die W. zum Landtag in Baden-Württemberg und Schleswig-Holstein vom 5. 4. 1992 waren durch die Verluste der jeweils regierenden Volksparteien CDU und SPD sowie die höchsten Gewinne der rechtsextremen

Parteien Republikaner und DVU seit Ende der 60er Jahre gekennzeichnet. In Baden-Württemberg und Schleswig-Holstein wurden die Republikaner bzw. die DVU jeweils drittstärkste Partei und zogen erstmals in die Landtage ein. Die W. wurden wegen des Rechtsrucks und geringer Wahlbeteiligung (rd. 70%) als Protestwahl gegen die großen Parteien interpretiert. Die wichtigsten Themen der Wahlkämpfe waren Asylpolitik (→ Asylbewerber), → Arbeitslosigkeit, → Wohnungsnot und Steuern.

Landtage: In Bremen behielt die SPD die einfache Mehrheit im Senat (Stimmenanteil: 38,8%), büßte jedoch im Vergleich zur Bürgerschaftswahl 1987 11,7 Prozentpunkte ein und erzielte das schlechteste Ergebnis in Bremen seit 1949. Die CDU konnte ihren Stimmenanteil um 7,3 Prozentpunkte auf 30,7% verbessern.
In Baden-Württemberg blieb die CDU zwar stärkste Partei, verlor jedoch die absolute Mehrheit. Der Stimmenanteil der CDU (39,6%) sank vor allem in ihren traditionellen Hochburgen und in den Großstädten. Die SPD, die 1988 einen Stimmenanteil von 32% erreicht hatte, konnte sich nicht verbessern (Stimmenanteil: 28,9%).

Nichtwähler bei den Landtagswahlen 1990–1992	
Land	Anteil (%)
Mecklenburg-Vorpommern	35,3
Sachsen-Anhalt	34,9
Bayern	34,1
Hamburg	33,9
Brandenburg	32,9
Niedersachsen	31,7
Baden-Württemberg	29,8
Hessen	29,2
Thüringen	28,3
Schleswig-Holstein	28,2
Nordrhein-Westfalen	28,2
Bremen	28,0
Rheinland-Pfalz	26,1
Thüringen	23,3
Berlin	19,8
Saarland	16,8

Wähler von rechtsextremen Parteien 1992

Gruppen	Stimmenanteil (%)[1]			
	Baden-Württemberg		Schleswig-Holstein	
	Republikaner	NDP	Republikaner	DVU
Geschlecht				
Männer	12,5	1,1	1,8	7,2
Frauen	7,1	0,7	0,6	3,0
Alter (Jahre)				
18–24	12,4	1,1	1,5	7,9
25–34	11,7	0,5	1,3	5,3
35–44	10,3	0,6	1,1	3,9
45–59	9,6	0,9	0,9	5,6
60 und älter	7,8	1,0	1,1	3,7
Tätigkeit				
Arbeiter	20,5	1,7	1,4	10,2
Angest./Beamte	8,5	0,5	1,1	4,5
Selbständige	11,3	0,5	1,4	4,5
Hausfrauen	6,2	0,6	0,8	2,8
Rentner	8,6	1,6	1,4	6,7
Arbeitslose	9,7	3,4	1,6	8,1
Wahlergebnis	10,9	0,9	1,2	6,3

1) Repräsentativbefragung am Wahltag 5. 4. 1992; Quelle: Institut für angewandte Sozialforschung (Bonn)

443

Wahlen in Daten und Zahlen

Partei	Stimmen-anteil (%)	Veränderung zur letzten Wahl (Prozentpunkte)	Zahl der Mandate
Bundestagswahl vom 2. 12. 1990			
CDU/CSU	43,8	−0,5	319
SPD	33,5	−3,5	239
FDP	11,0	+1,9	79
Grüne	3,9	−4,4	–
Bündnis 90/Grüne	1,2	–	8
PDS	2,4	–	17
Sonstige	4,1	+2,8	–
Regierung: CDU/CSU/FDP-Koalition; nächste Wahl: 1994			
Landtagswahl Baden-Württemberg vom 5. 4. 1992			
CDU	39,6	−9,5	64
SPD	28,9	−3,1	46
Republikaner	10,9	+9,9	15
Grüne	9,1	+1,2	13
FDP	5,7	−0,2	8
Sonstige	5,4	+1,2	–
Regierung: CDU/SPD; nächste Wahl: 1996			
Landtagswahl Bayern vom 14. 10. 1990			
CSU	54,9	−0,9	127
SPD	26,0	−1,5	58
Grüne	6,4	−1,1	12
FDP	5,2	+1,4	7
Republikaner	4,9	+1,9	–
Sonstige	2,6	+0,2	–
Regierung: CSU; nächste Wahl: 1994			
Abgeordnetenhauswahl Berlin vom 2. 12. 1990			
CDU	40,3	+2,6	101
SPD	30,5	−6,8	76
PDS	9,2	–	23
FDP	7,1	+3,2	18
Altern. Liste (AL)	5,0	−6,8	12
Bündnis 90	4,4[2]	–	11
Sonstige	3,6	–	–
Regierung: CDU/SPD-Koalition; nächste Wahl: 1994			

Partei	Stimmen-anteil (%)	Veränderung zur letzten Wahl (Prozentpunkte)	Zahl der Mandate
Landtagswahl Brandenburg vom 14. 10. 1990[1]			
SPD	38,3	+8,4	36
CDU	29,4	−4,6	27
PDS	13,4	−4,9	13
FDP	6,6	+1,9	6
Bündnis 90	6,4	+3,1	6
Sonstige	5,8[3]	−4,4	–
Regierung: SPD/FDP/Bündnis 90-Koalition Nächste Wahl: 1994			
Bürgerschaftswahl Bremen vom 29. 9. 1991			
SPD	38,8	−11,7	41
CDU	30,7	+7,3	32
Grüne	11,4	+1,2	11
FDP	9,5	−0,5	10
DVU	6,2	+2,8	6
Republikaner	1,5	+0,3	–
Sonstige	1,9	−3,9	–
Regierung: SPD/Grüne/FDP-Koalition Nächste Wahl: 1995			
Bürgerschaftswahl Hamburg vom 2. 6. 1991			
SPD	48,0	+3,0	61
CDU	35,1	−5,4	44
Grüne/GAL	7,2	+0,2	9
FDP	5,4	−1,1	7
Sonstige	4,3	+3,3	–
Regierung: SPD/FDP-Koalition Nächste Wahl: 1995			
Landtagswahl Hessen vom 20. 1. 1991			
SPD	40,8	+0,6	46
CDU	40,2	−1,9	46
Grüne	8,8	−0,6	10
FDP	7,4	−0,4	8
Sonstige	2,8	+2,3	–
Regierung: SPD/Grüne-Koalition Nächste Wahl: 1995			

1) Veränderung gegenüber Volkskammerwahl 1990; 2) Berlin/Ost: 9,7%; 3) Grüne 2,8%, Republikaner 1,2%, DSU 1,0%; 4) Grüne 4,2%, Neues Forum 2,9%

Trotz eines Verlustes von 8,6 Prozentpunkten behauptete die SPD in Schleswig-Holstein die absolute Mehrheit mit einem Mandat (Stimmenanteil: 46,2%). Die CDU, die 1988 nach der Affäre um Ministerpräsident Uwe Barschel (CDU) auf 33,3% abgesunken war, konnte sich nur wenig auf 33,8% verbessern. Die Grünen konnten mit 4,9% Stimmenanteil nicht in den Landtag einziehen, was der FDP mit 5,6% nach 1984 erstmals wieder gelang.

Rechtswähler: In Baden-Württemberg lag der Stimmenanteil für Republikaner oder NDP bei 11,8%, in Schleswig-Holstein für DVU oder Republikaner bei 7,5%. In Bremen stimmten 7,7% der Wähler für DVU oder Republikaner. In Baden-Württemberg lag der Stimmenanteil der Republikaner mit einer Ausnahme in allen Wahlkreisen über 5%, in Schleswig-Holstein konzentrierten sich die Stimmengewinne der DVU und Republikaner auf Städte mit hoher Arbeitslosigkeit. Rechts gewählt haben eher die sozial schwachen Gruppen. Zwei Drittel der Rechtswähler waren Männer; den höchsten Stimmenanteil erzielten die Rechtsparteien bei Wählern unter 25 Jahren.

Partei	Stimmen-anteil (%)	Veränderung zur letzten Wahl (Prozentpunkte)	Zahl der Mandate
Landtagswahl Mecklenburg-Vorpommern vom 14. 10. 1990[1]			
CDU	38,3	– 2,0	29
SPD	27,0	+ 3,6	21
PDS	15,7	– 7,1	12
FDP	5,5	+ 1,9	4
Sonstige	14,4[4]	+ 0,5	–
Regierung: CDU/FDP-Koalition; nächste Wahl 1994			
Landtagswahl Niedersachsen vom 13. 5. 1990			
SPD	44,2	+ 2,1	71
CDU	42,0	– 2,3	67
FDP	6,0	± 0	9
Grüne	5,5	– 1,6	8
Sonstige	2,3	+ 1,8	–
Regierung: SPD/Grüne-Koalition; nächste Wahl: 1994			
Landtagswahl Nordrhein–Westfalen vom 13. 5. 1990			
SPD	50,0	– 2,1	122
CDU	36,7	+ 0,2	89
FDP	5,8	– 0,2	14
Grüne	5,0	+ 0,4	12
Sonstige	2,3	+ 1,9	–
Regierung: SPD; nächste Wahl: 1995			
Landtagswahl Rheinland-Pfalz vom 21. 4. 1991			
SPD	44,8	+ 6,0	47
CDU	38,7	– 6,4	40
FDP	6,9	– 0,4	7
Grüne	6,4	+ 0,5	7
Sonstige	3,1	+ 0,2	–
Regierung: SPD/FDP-Koalition; nächste Wahl: 1995			
Landtagswahl Saarland vom 28. 1. 1990			
SPD	54,4	+ 5,2	30
CDU	33,4	– 3,9	18
FDP	5,6	– 4,4	3
Grüne	2,7	+ 0,2	–
Sonstige	3,8	+ 2,8	–
Regierung: SPD; nächste Wahl: 1995			

Partei	Stimmen-anteil (%)	Veränderung zur letzten Wahl (Prozentpunkte)	Zahl der Mandate
Landtagswahl Sachsen vom 14. 10. 1990[1]			
CDU	53,8	+10,4	92
SPD	19,1	+4,0	32
PDS	10,2	–3,4	17
Bündnis 90/Grüne	5,6	+0,8	10
FDP	5,3	–0,4	9
Sonstige	6,1[5]	–11,3	–
Regierung: CDU; nächste Wahl: 1994			
Landtagswahl Sachsen-Anhalt vom 14. 10. 1990[1]			
CDU	39,0	–5,5	48
SPD	26,0	+2,3	27
FDP	13,5	+5,8	14
PDS	12,0	–2,0	12
Grüne/Neues For.	5,3	+1,3	5
Sonstige	4,3	–1,7	–
Regierung: CDU/FDP-Koalition Nächste Wahl: 1994			
Landtagswahl Schleswig-Holstein vom 5. 4. 1992			
SPD	46,2	–8,6	38
CDU	33,8	+0,5	27
DVU	6,3	+6,0	5
FDP	5,6	+1,2	4
Grüne	4,9	+2,0	–
SSW	1,9	+0,2	1
Sonstige	1,0	–1,9	–
Regierung: SPD; nächste Wahl: 1996			
Landtagswahl Thüringen vom 14. 10. 1990[1]			
CDU	45,4	–7,2	44
SPD	22,8	+5,3	21
PDS	9,7	–1,7	9
FDP	9,3	+4,7	9
Bündnis 90/Grüne	6,5	+4,4	6
Sonstige	6,2[6]	+2,7	–
Regierung: CDU/FDP-Koalition Nächste Wahl: 1994			

Bündnis 90 2,2%; 5) DSU 3,6%; 6) DSU 3,3%

Reaktionen: Politiker von CDU/CSU, SPD und FDP zeigten sich vom Rechtsruck überrascht. Sie führten ihn auf die Unzufriedenheit großer Teile der Bevölkerung mit der Asyl- und Finanzpolitik zurück und kündigten eine Zusammenarbeit in diesen Fragen an. Eine Koalition mit einer Rechtspartei wurde in den drei Bundesländern ausgeschlossen. Politiker aus FDP, SPD und CDU sprachen sich für eine Wahlpflicht aus, um der geringen Beteiligung entgegenzuwirken.

Reform: Die FDP schlug Ende 1991 vor, den → Bundestag nur alle fünf Jahre statt wie bisher alle vier Jahre neu zu wählen. So könnte die Anzahl der W. verringert werden, die mitverantwortlich sei für die W.-Müdigkeit der Bürger. Außerdem regte die FDP an, zwei Sonntage im Jahr als Wahltermine festzulegen, z. B. den dritten Sonntag nach Ostern und den ersten Sonntag im Oktober. 1994 stehen 19 W. an, zum Bundestag, Europäischen Parlament und sieben Landtagen sowie zehn Kommunal-W. Über die Verlängerung der Legislaturperiode berät die Verfassungskommission, die Änderungen des → Grundgesetzes vorbereitet.

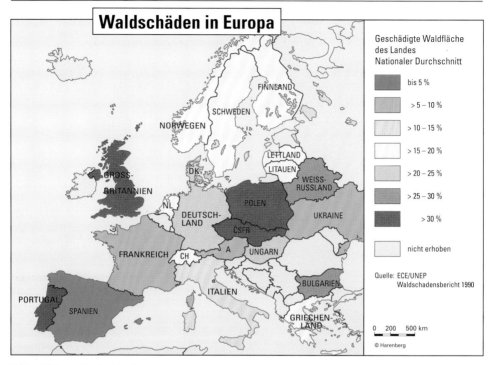

Waldschäden in Europa

Geschädigte Waldfläche
des Landes
Nationaler Durchschnitt

- bis 5 %
- > 5 – 10 %
- > 10 – 15 %
- > 15 – 20 %
- > 20 – 25 %
- > 25 – 30 %
- > 30 %
- nicht erhoben

Quelle: ECE/UNEP
Waldschadensbericht 1990

0   200   500 km

© Harenberg

Waldschäden in Deutschland

Land	Schadstufen (% der Waldfäche)					
	0 (ohne Merkmale)		1 (schwach geschädigt)		2 (stark geschädigt)	
	1991	1990	1991	1990	1991	1990
Baden-Württemberg	39	–1)	44	–1)	17	–1)
Bayern	27	–4)	43	–4)	30	–4)
Berlin	232)	473)	482)	403)	292)	133)
Brandenburg	29	–1)	38	–1)	33	–1)
Bremen	48	58	39	37	13	5
Hamburg	46	48	37	36	17	16
Hessen	29	40	42	41	29	19
Mecklenburg-Vorpommern	19	–1)	32	–1)	49	–1)
Niedersachsen	56	46	34	37	10	17
Nordrhein-Westfalen	58	58	31	29	11	13
Rheinland-Pfalz	47	50	41	40	12	10
Saarland	56	–4)	27	–4)	17	–4)
Sachsen	37	–1)	36	–1)	27	–1)
Sachsen-Anhalt	28	–1)	38	–1)	34	–1)
Schleswig-Holstein	53	54	32	31	15	15
Thüringen	19	–1)	31	–1)	50	–1)
Alte Bundesländer	40	–4)	40	–4)	20	–4)
Neue Bundesländer	27	–1)	35	–1)	38	–1)

1) Keine vergleichbaren Zahlen für 1990 verfügbar; 2) Gesamtberlin; 3) Westteil; 4) 1990 keine Schadenserhebung; Quelle: Waldschadensbericht 1991

Waldsterben

Das W. beeinträchtigt die Funktion des Waldes, der u. a. Einfluß auf Klima und Wasserhaushalt hat. Die Produktion von Sauerstoff und der Schutz vor Bodenerosion, Wind und Lawinen werden durch das W. gefährdet. W. wird u. a. durch Stickoxide und Schwefeldioxid aus Industrieanlagen, Kraftwerken und dem → Verkehr verursacht. Der Waldzustandsbericht 1991 enthält erstmals detaillierte Ergebnisse für das gesamte Bundesgebiet. Jeder vierte Baum in Deutschland ist deutlich geschädigt, weitere 39% des Gesamtbestands sind schwach geschädigt. Nach der Waldschadenserhebung der UNO für Europa traten 1990 in Weißrußland, der ČSFR, Großbritannien und Polen die größten Waldschäden auf.

Deutschland: In den alten Bundesländern hat sich nach dem Waldzustandsbericht 1991 der Anteil der deutlich geschädigten Bäume gegenüber der letzten vollständigen Erhebung 1989 um vier Prozentpunkte auf 20% erhöht. Mit rd. 24% schwer geschädigten Baumbestands sind in den süddeutschen Ländern die größten Nadel- und Blattverluste seit 1984 aufgetreten. Dagegen ist der Nordwesten mit rd. 11% deutlich geschädigten Waldbestands am wenigsten betroffen. In den ostdeutschen Ländern waren 38% der 2,468 Mio ha Waldfläche schwer geschädigt (1990: rd. 36%).

Europa: Der Waldschadensbericht der EG bezifferte den Anteil deutlicher Schäden an der gesamten Waldfläche der EG-Mitgliedstaaten 1990 auf 15,1% (1989: 9,9%). Besonders betroffen war die Buche, die europaweit zu 18% deutlich geschädigt war.

Ursachenforschung: Von 1982 bis 1991 förderten Bund und Länder 860 Forschungsprojekte zum W. mit rd. 360 Mio DM. Schwefeldioxid, Stickoxide und Ammoniak, ein stickstoffhaltiges Gas, schädigen den Wald zum einen durch Einwirkung auf die Blätter bzw. Nadeln, zum anderen über die Aufnahme der Schadstoffe durch die Wurzeln. In Verbindung mit Wasser bilden z. B. Stickoxide Salpetersäure, die zur Bodenversauerung führt. Nach Angaben des Bundeslandwirtschaftsministeriums gelangten 1989 auf dem Gebiet der DDR rd. 300 000 t Ammoniak, das zum größten Teil aus der Düngung mit Gülle stammte, in die Atmosphäre. Weitere Gründe für das W. sind Trockenperioden, Nährstoffarmut des Bodens und Schädlingsbefall.

Maßnahmen: Durch die in Deutschland gesetzlich vorgeschriebene Entstickung von Kraft- und Fernheizwerken wurden die Stickstoffoxidemissionen in den alten Bundesländern in diesem Bereich von 800 000 t (1980) um rd. 58% auf 340 000 t (1990) verringert. Diese Entwicklung wurde von einem starken Anstieg der Emissionen im Straßenverkehr überlagert. Wegen der zunehmenden Zahl der Autos erhöhte sich der Stickoxidausstoß des

Waldflächen in Deutschland

Bundesland	Anteil des Waldes (%)[1]	Rang
Baden-Württemberg	37,7	3
Bayern	35,8	4
Berlin	16,0	13
Brandenburg	35,0	6
Bremen	0,0	16
Hamburg	4,5	15
Hessen	41,2	1
Mecklenburg-Vorpommern	21,2	12
Niedersachsen	22,6	11
Nordrhein-Westfalen	25,6	9
Rheinland-Pfalz	40,9	2
Saarland	35,1	5
Sachsen	26,4	8
Sachsen-Anhalt	22,9	10
Schleswig-Holstein	9,9	14
Thüringen	31,2	7

1) Anteil an der Gesamtfläche des Bundeslands; Quelle: Bundeslandwirtschaftsministerium

Schienen-, Luft-, Wasser- und → Autoverkehrs in den alten Ländern gegenüber 1980 um 300 000 t auf 1,9 Mio t. Die Schwefeldioxidemissionen wurden in den alten Ländern u. a. durch Entschwefelung der Kraftwerke von rd. 3,2 Mio t (1980) um 70% auf 0,94 Mio t (1990) gesenkt. In Ostdeutschland betrug der Schwefeldioxidausstoß 1990 rd. 4,75 Mio t (1989: 5,25 Mio t). Er war vor allem auf die Braunkohlekraftwerke zurückzuführen, in denen rd. 70% des Stroms der ehemaligen DDR erzeugt wurden. Altanlagen in den neuen Bundesländern müssen nach dem Einigungsvertrag vom August 1990 je nach Gefährdungspotential bis 1994, 1996 oder 1999 saniert werden.

Geschädigte Waldfläche in Deutschland

Baumart	Schadfläche*
Eiche	31
Kiefer	29
Buche	28
Fichte	23

* % der Waldfläche, Schadstufen 2–4; Quelle: Waldzustandsbericht 1991

Wasserknappheit

Die internationale Forschungsstelle für Bewässerungsfragen (IIMI, Colombo/Sri Lanka) wies 1991 auf die weltweite W. hin. Bei abnehmenden Wasserressourcen steige insbes. in den → Entwicklungsländern infolge des Bevölkerungswachstums der Trinkwasserverbrauch und der Bedarf für Stromerzeugung und Landwirtschaft (→ Bevölkerungsentwicklung). In den

Waldsterben in Österreich und der Schweiz

Schadensklasse	Schäden* A	CH
Leichte	40,1	44
Schwere	9,1	17
Insgesamt	50	61

* % der Waldfläche; Quelle: Waldzustandsbericht der UNO für Europa 1991

Wasserkraft

Abgabe zum Schutz der Grundwasserreserven eingeführt
Ab 1. 7. 1992 wird in Hessen als viertem Bundesland nach Baden-Württemberg (1988), Berlin und Hamburg (beide 1990) eine Wasserabgabe erhoben, die Anreiz zum sparsamen Umgang mit Grundwasservorkommen sein soll. Private Verbraucher müssen 20 Pf, Industrieunternehmen bis zu 50 Pf/m³ Wasser aus der öffentlichen Wasserversorgung zahlen. Die Abgabe erhöht den Wasserpreis um 4–10%. Die Einnahmen sollen ausschließlich zum Schutz, zur Sicherung und Verbesserung der Grundwasservorkommen verwendet werden.

Wasserverbrauch weltweit

Land	Verbrauch* (l)
USA	397
Japan	379
Schweiz	270
Italien	220
Schweden	194
Dänemark	190
Niederlande	167
Frankreich	159
Österreich	145
Westdeutschland	145
Großbritannien	136
Spanien	126
Belgien	108

* Täglich pro Einwohner 1988/89; Quelle: Berufsgenossenschaft der Gas- und Wasserwerke

Industriestaaten wie den USA sowie Südeuropa und Großbritannien war W. 1992 durch hohen Verbrauch und spärliche Niederschläge bedingt. Das IIMI befürchtete bis spätestens zum Jahr 2000 einen globalen Wassernotstand, falls der Wasserverbrauch nicht reduziert, die → Trinkwasserverunreinigung nicht verringert und Möglichkeiten zur Aufbereitung verschmutzten bzw. Meerwassers zu Trinkwasser nicht stärker genutzt würden. Anfang der 90er Jahre hatte W. zunehmend Auswirkungen auf politische Beziehungen zwischen Staaten, z. B. der Türkei und Syrien sowie der Länder des Vorderen Orients, die 1991/92 über die Verteilung der Wasserreserven verhandelten.

Entwicklungsländer: 1992 wurden nach Angaben der UNO rd. 1,2 Mrd Menschen weltweit nicht mit sauberem Trinkwasser versorgt, für 2,2 Mrd Menschen gab es keine Abwasserentsorgung. Etwa ein Drittel der Todesfälle und vier Fünftel der Krankheiten in den Entwicklungsländern sind der UNO zufolge auf verseuchtes Wasser zurückzuführen (→ Cholera). Die W. war in den ländlichen Regionen Afrikas und in den Städten Asiens am größten. Drei Viertel der globalen Wasserressourcen werden zur Bewässerung in der Landwirtschaft benutzt, 60% dieses Wassers geht durch undichte Anlagen oder Verdunstung verloren. Mangels effizienter und sparsamer Bewässerungssysteme werden die Felder in den Entwicklungsländern unter Wasser gesetzt. Das versickernde Wasser hebt den Grundwasserspiegel, und das Grundwasser verdampft an der Erdoberfläche. Infolge der starken Verdunstung entsteht eine Salzkruste, die den Boden unfruchtbar macht.

Industriestaaten: In den USA waren insbes. sowie Kalifornien von W. betroffen. Geringe Niederschläge und der weltweit höchste Wasserverbrauch (1988/89: 397 l pro Einwohner am Tag) u. a. für Swimmingpools und Gartensprenganlagen führten 1991/92 zu W. Großstädte im Südwesten der USA gingen dazu über, umliegendes Farmland zu kaufen. Das Wasser, mit dem die Felder bewässert werden, soll bei Bedarf zur Trinkwasserversorgung genutzt werden können.

Naher Osten: Die Nahoststaaten begannen Anfang der 90er Jahre Regionalgespräche über eine gerechtere Verteilung der begrenzten Wasserreserven. Zwischen Israel, Jordanien und Syrien war die Wasserentnahme aus grenzüberschreitenden Flüssen wie dem Jordan strittig. Israel deckte 1992 aus besetzten Gebieten rd. 30% seines Wasserbedarfs überwiegend aus dem Grundwasser. Der Grundwasserspiegel senkt sich in einigen Regionen, und salziges Meerwasser fließt nach, so daß Ackerböden versalzen und veröden sowie Brunnenwasser wegen des hohen Salzgehaltes ungenießbar wird. Israel benötigte für rd. 100 000 Siedler im Westjordanland jährlich 100 Mio m³ Wasser, für 1 Mio Araber der Region standen lediglich 137 Mio m³ zur Verfügung.

Die Türkei kann mit ihrer Kontrolle über die Quellen von Euphrat und Tigris die Wasserversorgung von Syrien und Irak gänzlich unterbrechen, im Golfkrieg 1991 setzte sie dieses Mittel gegen den Irak ein.

Ägypten fürchtete 1992 um seine Trinkwasserversorgung, wenn Libyen sein 1990 gestartetes Projekt einer 2000 km langen Pipeline beendet, mit der Wasser aus einem See unter der Sahara an die libysche Küste geleitet werden soll. Die Versorgung syrischer und ägyptischer Großstädte wurde 1992 mit Grundwasserressourcen sichergestellt, die ursprünglich für die Landwirtschaft genutzt wurden. → Wasserverschmutzung → Hunger

Wasserkraft

W. treibt Turbinen in Talsperren oder Flußläufen an und erzeugt emissionsfrei Strom. Mitte 1991 ging am Itaipu-Damm in Brasilien das weltweit größte W.-Kraftwerk der Welt (12 600 MW) in Betrieb. Es erzeugt rd. 75 Mrd kWh pro Jahr und deckte 1992 ein Drittel des

Weltenergiereserven der Wasserkraft

Region	Potential (TWh[1]/Jahr)	Ausnutzung[2] 1992 (%)
Asien	8200	7
Südamerika	3500	10
Afrika	1100	3
Nordamerika	1000	55
Ozeanien	850	20

1) Terawattstunden (Mrd kWh); 2) des vorhandenen Potentials; Quelle: Wirtschaftswoche, 10. 1. 1992

brasilianischen Strombedarfs. Die chinesische Regierung plante 1992 den Bau eines Staudamms im Jangtsekiang (→ Drei-Schluchten-Damm), dem längsten Fluß Asiens. Das RWE (Essen) hielt Mitte 1992 bei optimaler Ausnutzung der W. die Erzeugung von rd. 14 000 Terawattstunden (TWh, 1 TWh = 1 Mrd kWh) pro Jahr für möglich, die zur Deckung des Weltenergiebedarfs ausreichen würden (Weltenergieverbrauch 1991: 10 500 TWh). Nur 14% dieses Potentials wurden Mitte 1992 genutzt.

Aus W. wurde 1991 rd. 85% des Stroms aus Erneuerbaren → Energien in Deutschland erzeugt. In den alten Bundesländern war Mitte 1992 das Potential der W. zu 74% ausgenutzt. 4000 W.-Werke speisten etwa 16,3 Mrd kWh ins Netz (rd. 4,2% der gesamten Stromerzeugung). Ende 1991 schätzte das Forschungszentrum Jülich, daß bis zum Jahr 2000 rd. 2,1 Mrd kWh zusätzlich durch Modernisierung der W.-Werke und Inbetriebnahme stillgelegter Anlagen erzeugt werden könnten.

Die Umweltschutzorganisation Greenpeace wies 1991 u. a. auf folgende Gefahren bei Großkraftwerken hin:
▷ Die neu geschaffenen Seen verändern das Klima der Umgebung
▷ Große Waldflächen werden überschwemmt, der Baumbestand verfault, und der Sauerstoffverbrauch beim biologischen Abbau des Holzes bedroht das Leben im Wasser. Methangase tragen zur Verschärfung des → Treibhauseffektes bei. Der Bau kleiner kostengünstiger Werke in Entwicklungsländern vermeide zudem Umsiedlungen der Bevölkerung, wie sie bei Großprojekten erforderlich seien.

Wasserstoff

(H_2), farb- und geruchloses Gas, das als Energieträger im 21. Jh. fossile Brennstoffe wie Kohle, → Erdöl und Erdgas ersetzen könnte. W. entsteht bei der Spaltung von Wasser in Sauerstoff und W. durch elektrische Energie (Elektrolyse) und bei der pflanzlichen Photolyse. W. läßt sich umweltfreundlich in Strom und Wärme umwandeln (→ Sonnenenergie → Fotovoltaik) und über große Entfernungen transportieren. Ab 1995 wird Hamburg Standort für ein europäisches Pilotprojekt (Kosten: rd. 1 Mrd DM), in dessen Rahmen in Kanada produzierter W. nach Europa transportiert werden soll. Seit 1990 wird in Neunburg (Bayern) die weltweit erste Anlage getestet, in der W. mit Hilfe von Sonnenenergie erzeugt wird (Leistung: 280 kW).

Haupthindernis für die Nutzung von Erneuerbaren → Energien (vor allem Sonnenenergie), die in Deutschland nur begrenzt vorkommen, war 1992 die geringe Speicherfähigkeit von Strom. Er läßt sich in großem Umfang nur zum Zeitpunkt seiner Erzeugung nutzen. W. eröffnet Möglichkeiten für einen Ausbau der Stromversorgung aus Erneuer-

Indien will Staudammprojekt stoppen

Die indische Tageszeitung Indian Express meldete Anfang 1992, daß die Regierung in Neu-Delhi beabsichtige, den geplanten Bau des Tehri-Staudamms im Himalaja wegen der Erdbebengefahr in der Region aufzugeben. Das Projekt war Mitte 1990 von der Regierung genehmigt worden. Der Widerstand der Bevölkerung gegen den Bau des 260 m hohen Damms (Baukosten: rd. 4,9 Mrd DM) wuchs, nachdem Ende 1991 ein Beben der Stärke 6,6, dessen Epizentrum knapp 6 km von der Baustelle lag, gemessen worden war.

Erzeugung und Nutzung von Wasserstoff

Sonnenenergie | Strom | Wasserstoff | Anwendungen

Elektrolyse — O_2 H_2 — H_2O

Wasserstofftank

Strom (Brennstoffzelle oder Kraftwerk)

Wärme (Heizkessel)

direkter Einsatz von Wasserstoff

Kraft (Gasmotor)

Solarzellen

Quelle: Bayernwerk AG

baren Energien: Aus unerschöpflichen Quellen (z. B. → Wasserkraft in Asien, Sonnenenergie in der Sahara) gewonnener Strom könnte zur Erzeugung von W. genutzt, der W. in die Industrieländer transportiert und dort in Strom umgewandelt oder als Treibstoff verwendet werden.
Bis Ende 1991 investierten die Betreiber der Neunburger Anlage rd. 65 Mio DM vor allem in neue Elektrolyse-Verfahren, durch die der Wirkungsgrad (Verhältnis zwischen eingesetzter und genutzter Energie) bei der Erzeugung von W. von 80% (1992) auf rd. 90% verbessert werden soll.
Für die Forschung zur biologischen W.-Gewinnung aus Bakterien und genetisch veränderten Pflanzen stellte das Bundesforschungsministerium von 1988 bis 1993 insgesamt 22 Mio DM zur Verfügung.

Verschmutzung von Elbe und Rhein 1991

Schadstoff	Schadstoffgehalt (mg/l)	
	Elbe	Rhein
Ammonium-Stickstoff	2	0,3
Phosphor	0,6	0,3
Quecksilber	0,0006	0,0003
Organohalogen-verbindungen	0,1	0,03

Quelle: Bundesumweltministerium

Werra soll vom Salz befreit werden
Bremen, Hessen, Niedersachsen, NRW und Thüringen stellen für 1992–1995 rd. 147 Mio DM für die Ausrüstung der Mitteldeutschen Kali-AG mit Umwelttechnik zur Verfügung. Dadurch soll die aus den thüringischen Kalibergwerken stammende Salzbelastung der Werra um rd. 70% verringert werden.

Wasserverschmutzung

Verunreinigung von Meeren, Binnengewässern und Grundwasser durch Abwässer, feste Abfallstoffe und Chemikalien aus Industrie, Gewerbe, Landwirtschaft und Privathaushalten. W. schädigt die Tier- und Pflanzenwelt und bedroht über die Nahrungskette und die → Trinkwasserverunreinigung auch die menschliche Gesundheit.
Ostsee: Etwa ein Viertel der Tiefengewässer der Ostsee waren Mitte 1992 dauernd oder vorübergehend biologisch tot. Insbes. die übermäßige Zufuhr von Stickstoff (rd. 900 000 t/Jahr) und Phosphor (ca. 50 000 t/Jahr) trägt zum Absterben von Pflanzen und zum Tod von Tieren bei (→ Landwirtschaft). Im April 1992 beschlossen die Ostsee-Anliegerstaaten eine Ergänzung der 1974 unterzeichneten Konvention zum Schutz des Binnenmeeres (sog. Helsinki-Konvention), um die Sanierung der Ostsee bis 2012 voranzutreiben (Kosten: rd. 40 Mrd DM). Nach einer Vereinbarung, die im Rahmen der Konvention 1988 getroffen wurde, soll die Einleitung von Schadstoffen bis 1995 um 50% gegenüber 1986 verrin-

gert werden. Die Finanzierung von Projekten (z. B. der Bau von Kläranlagen) in den osteuropäischen Anliegerstaaten war Mitte 1992 u. a. aufgrund der Staatsverschuldung in diesen Ländern nicht gesichert. Der Helsinki-Konvention traten im April 1992 die EG-Staaten bei. Das Gebiet, das von der Helsinki-Konvention geschützt wird (vorher: das offene Meer), wurde mit dem Beschluß vom April 1992 auf küstennahe Gewässer (z. B. Buchten und Fjorde) und Zubringergewässer ausgedehnt. Das Verursacherprinzip, nach dem der Urheber für die Kosten der Beseitigung von Umweltschäden aufkommen muß, wurde eingeführt.
Auf der ersten internationalen parlamentarischen Ostseeschutz-Konferenz Ende 1991 vereinbarten die Ostsee-Anrainerstaaten, bei Großprojekten an der Ostsee Umweltverträglichkeitsprüfungen durchzuführen.
Nordsee: Ende 1991 einigten sich Dänemark, die Niederlande und Deutschland auf die Einrichtung eines gemeinsamen Schutzgebiets für das Wattenmeer, das sich von der jütländischen Hafenstadt Esbjerg bis zum niederländischen Den Helder erstreckt. Der Gewässerschutz für dieses Gebiet soll vereinheitlicht werden. Öl- und Gasbohrungen sollen bis 1994 nicht ausgeweitet, danach reduziert werden.
EG-Abwässer: Bis zum Jahr 2000 müssen in EG-Städten über 15 000 Einwohner Abwässer zusätzlich zur mechanischen Klärung, die nur feste Stoffe zurückhält, biologisch behandelt werden. Für Gemeinden mit 2000 bis 15 000 Bürgern gilt diese Richtlinie ab 2005. In besonders belasteten Regionen ist eine dritte Reinigungsstufe vorgese-

hen, die den Anteil von Nitraten und Phosphaten im Wasser vermindert. Die EG-Kommission rechnete Anfang 1992 mit Investitionen von rd. 40 Mrd ECU (82 Mrd DM).

Rhein: Der Verband der Chemischen Industrie (Frankfurt/M.) und die niederländische Stadt Rotterdam unterzeichneten 1991 einen Vertrag, in dem sich die deutschen Chemie-Unternehmen verpflichten, bis 1995 die Einleitung von bestimmten Schadstoffen (überwiegend Schwermetalle) in den Rhein und seine Zuflüsse um festgelegte Quoten zu vermindern. Rotterdam verpflichtete sich, auf Schadenersatzansprüche gegen die Chemie-Unternehmen zu verzichten, die aus den Kosten der Entsorgung des stark belasteten Hafenschlamms resultieren. Die Belastung des Rheins mit Schmutz- und Schadstoffen konnte bis 1992 gegenüber den 70er Jahren auf die Hälfte bis zu einem Zehntel gesenkt werden; die Wasserqualität erreichte an fast allen Stellen die Güteklassen gering bis mäßig belastet.

Elbe: Die Elbe gehörte Mitte 1992 zu den am stärksten verschmutzten Flüssen Europas. Nachdem 1990 eine Schadstoffreduzierung des Wassers festgestellt wurde, die u. a. durch die Stillegung von Industriebetrieben in Ostdeutschland bedingt war, erhöhte sich die Belastung des Flusses 1991 erneut. Die Internationale Elbe-Schutz-Kommission beschloß Ende 1991 ein Aktionsprogramm, nach dem die Elbe bis 2000 Trinkwasserqualität erreichen soll. Der Bau von 71 kommunalen Kläranlagen (davon 58 in Deutschland und 13 in der ČSFR) war bis 1995 vorgesehen. Die Kosten für die Sanierung wurden Anfang 1992 auf rd. 5 Mrd DM für Deutschland und auf 0,5 Mrd DM für die ČSFR geschätzt.

Wehrpflicht

Verpflichtung jedes wehrfähigen Bürgers, für einen gesetzlich geregelten Zeitraum Dienst in der Armee seines Landes zu leisten. Der Wehrdienst in Deutschland betrug 1991/92 zwölf, der → Zivildienst 15 Monate. Die Zahl der Wehrpflichtigen, die 1991 einen Antrag auf → Kriegsdienstverweigerung stellten, verdoppelte sich gegenüber dem Vorjahr auf 151 212. Vorschläge von Politikern aus CDU, CSU und FDP, die W. u. a. wegen der fehlenden Wehrgerechtigkeit abzuschaffen, wies die CDU/CSU/FDP-Bundesregierung Anfang 1992 zurück. Die Zahl der Wehrpflichtigen in der → Bundeswehr wird bis Ende 1994 um 23% auf 155 000 reduziert. Mitte 1992 plante das Bundesverteidigungsministerium, den Wehrsold um 2 DM pro Tag zu erhöhen (Mitte 1992: 11,50 DM für Rekruten) und die gesetzliche Altersgrenze für die Ableistung der W. von 28 auf 25 Jahre zu senken.

Die Kritiker der W. vertraten die Auffassung, daß internationale Einsätze der Bundeswehr im Rahmen der UNO oder → NATO besser von einer Freiwilligenarmee bewältigt werden könnten. Zudem würde nach der Reduzierung der Streitkräfte nur noch jeder vierte Wehrpflichtige Dienst bei der Bundeswehr leisten. Die Bundesregierung rechnete bis 2000 jedoch nicht mit einem Überhang an Wehrpflichtigen, weil 20% untauglich geschrieben und 9% für Polizei, Bundesgrenzschutz, Katastrophenschutz oder Feuerwehr freigestellt würden, 14% leisteten Zivildienst; rd. 7% müßten nicht zur Bundeswehr, weil sie z. B. Väter oder dritte Söhne seien. Etwa 50% der 3,7 Mio Wehrpflichtigen der Geburtsjahrgänge 1972–1981 würden zum Wehrdienst eingezogen. Die Streitkräfte benötigten in diesem Zeitraum jährlich 180 000–200 000 Rekruten.

Weltausstellung

Internationale Ausstellung, auf der industrielle, kulturelle und wissenschaftliche Errungenschaften der beteiligten Länder vorgestellt werden. W. finden in unregelmäßiger Folge statt, über die Bewerbung der Veranstaltungsorte entscheidet das Bureau International des

Alfred Biehle, Wehrbeauftragter
* 15. 11. 1926 in Augsburg, deutscher Politiker (CSU). Ab 1969 MdB, 1982–1990 Vorsitzender des Verteidigungsausschusses des Bundestags, 1988–1989 Leiter des Untersuchungsausschusses zum Flugschau-Unglück in Ramstein, ab 1990 Wehrbeauftragter des Deutschen Bundestags.

Truppenabbau macht Berufsarmee nötig
Eine von der CDU/CSU/ FDP-Bundesregierung eingesetzte unabhängige Kommission für die künftigen Aufgaben der Bundeswehr hielt in ihrem Abschlußbericht Ende 1991 eine Verkleinerung der Bundeswehr auf weniger als 370 000 Soldaten wegen der abnehmenden Bedrohung durch die Staaten des ehemaligen Warschauer Pakts für realistisch. Sollte die Personalstärke auf weniger als 300 000 Soldaten reduziert werden, müsse die Einführung einer Freiwilligenarmee erwogen werden. Zudem schwinde die gesellschaftliche Akzeptanz für die allgemeine Wehrpflicht. Die Kommission empfahl, die Streitkräfte stärker für Frauen zu öffnen.

Expositions (frz.; Internationales Ausstellungsbüro, B. I. E., Paris). Vom 20. 4. bis 12. 10. 1992 fand in Sevilla/Spanien die bis dahin größte W. statt, an der 110 Länder und 23 internationale Organisationen teilnahmen. 1993 wird eine W. unter dem Titel „Neue Wege des Fortschritts" in Taejon/Korea-Süd veranstaltet. 1996 findet die W. voraussichtlich in Budapest/Ungarn statt. Bei der Bewerbung um die W. 1998 setzte sich Mitte 1992 Lissabon/Portugal gegen Toronto/Kanada durch. Im Juni 1992 stimmten bei einer Volksbefragung 51,5% der Hannoveraner für die Ausrichtung der Expo 2000 in ihrer Stadt.

Sevilla: Die Expo '92 unter dem Titel „Zeitalter der Entdeckungen" erinnert an die Landung von Christoph Kolumbus in Amerika 1492. Bis Oktober 1992 werden 18 Mio Besucher erwartet. Die Kosten für die Teilnahme Deutschlands an der W. in Sevilla beliefen sich nach Berechnungen des Bundeswirtschaftsministeriums von Mitte 1992 auf 86,5 Mio DM.

Taejon: Die W. in Korea-Süd 1993 findet vom 7. 8. bis 7. 11 1993 in der Universitätsstadt Taejon, rd. 150 km südlich von Seoul, statt. Im Mittelpunkt der Expo, für die Mitte 1992 die Zusagen von 20 internationalen Organisationen und 50 Staaten vorlagen, steht das Thema Umweltschutztechnik. Die Veranstalter rechneten mit rd. 10,5 Mio Besuchern.

Budapest: Nachdem Ungarn 1991 wegen der hohen Kosten auf die Ausrichtung der W. verzichtet hatte, die ursprünglich 1995 gleichzeitig in Wien und Budapest stattfinden sollte, beschloß die ungarische Regierung Anfang 1992, die W. auf 1996 zu verschieben und in verkleinerter Form zu veranstalten. Die Wiener votierten 1991 in einem Volksentscheid gegen die W.

Hannover: 61,7% der 525 000 Wahlberechtigten in Hannover beteiligten sich an der Bürgerbefragung. Der Niedersächsische Landtag sprach sich anschließend einstimmig für die Ausrichtung der Expo aus. Bundesfinanzminister Theo Waigel (CSU) wies die Forderung Niedersachsens nach einer finanziellen Beteiligung des Bundes zurück. Die Investitionskostenosten wurden auf 9,5 Mrd DM geschätzt. Die Grün-Alternativen im Hannoveraner Stadtrat und Umweltverbände kritisierten die Expo vor allem wegen der Vernichtung von Freiflächen, wegen des anfallenden Mülls und des zu erwartenden Trinkwassermangels.

Weltbank

(International Bank for Reconstruction and Development, IBRD, engl.; Internationale Bank für Wiederaufbau und Entwicklung), 1944 zusammen mit dem → Internationalen Währungsfonds gegründete Sonderorganisation der → UNO. Hauptaufgabe der W. war ab Anfang der 70er Jahre die Gewährung von langfristigen Krediten an → Entwicklungsländer und ab Anfang der 90er Jahre an → Osteuropa sowie die Mitglieder der → GUS.

Kreditvergabe: Die W. vergab im Geschäftsjahr 1992 (Abschluß: 30. 6.) mit 21,7 Mrd Dollar (33,1 Mrd DM) Krediten 4,4% weniger als im Vorjahr. Der Rückgang ist vor allem auf die wegen der Staatskrise bzw. des Bürgerkriegs reduzierten Zusagen an Polen und Jugoslawien zurückzuführen. Die 1960 gegründete W.-Tochter IDA (International Development Association, engl.; Internationale Entwicklungs-Vereinigung), die zinslose Kredite für die ärmsten Entwicklungsländer vergibt, sagte

Vermarktung der Weltausstellungen in Hannover und Sevilla

Finanzierung	Hannover 2000[1]		Sevilla 1992	
	Einnahmen (Mio DM)	Anteil (%)	Einnahmen (Mio DM)	Anteil (%)
Offizielle Sponsoren	200	14,29	188	20,68
Offizielle Zulieferer	435	31,07	331	36,41
Partnerfirmen, die mit Pavillons vertreten sind	120	8,57	100	11,00
Werbungs-/TV-Rechte	100	7,14	60	6,60
Konzessionen	250	17,86	160	17,60
Lotterien	100	7,14	70	7,70
Münzgewinn	200	14,28	0	0,00
Insgesamt	1400	100,00	909	100,00

1) Planung im März 1992; Quelle: EXPO-2000-Konzept der niedersächsischen Staatskanzlei

1991/92 rd. 6,5 Mrd Dollar (9,9 Mrd DM) Darlehen zu (Steigerung: 3,2%). Kritiker bemängelten, daß trotz Darlehensvergabe und Beratungstätigkeit der W. die Verschuldung der Entwicklungsländer nahezu gleich geblieben sei. → Schuldenkrise

Neue Mitglieder: Rußland, Estland, Lettland und die Schweiz wurden 1992 Mitglieder der W. Die Zahl der Mitgliedstaaten erhöhte sich dadurch auf 161 (Stand: Mitte 1992). Mit dem Beitritt der anderen ehemaligen Sowjetrepubliken wurde bis Ende 1992 gerechnet. Im April 1992 stellten Kroatien und Slowenien Beitrittsanträge.

GUS: Der Beitritt ermöglicht den Ländern, bei der W. Kredite zu nehmen. Die W. plant, 1992–1995 jährlich 4 Mrd–5 Mrd Dollar (6 Mrd–8 Mrd DM) an die Nachfolgestaaten der Sowjetunion auszuleihen. Voraussetzung ist die Vereinbarung von Wirtschaftsreformen. Regierungen von Entwicklungsländern befürchteten 1992, angesichts der zunehmenden Zuwendungen an Osteuropa nicht mehr ausreichend mit Finanzmitteln versorgt zu werden.

Umweltschutz: Nach Angaben der W. fördern 40% der 229 von ihr finanzierten Entwicklungsprojekte den Umweltschutz. Internationale Umweltschutzorganisationen kritisierten die W. wegen der Unterstützung von Großprojekten, wie des Sardar-Sarovar-Staudamms in Indien, die schwere ökologische Schäden verursachten.

Organisation: Im September 1991 trat W.-Präsident Lewis Preston/USA sein Amt als Nachfolger von Barber Conable/USA an (Amtszeit: 1991–1996). Die W. beschäftigt rd. 6000 Mitarbeiter und hat ihren Sitz in Washington/USA.

Weltraummüll

Trümmerteile von Raumflugobjekten und abgebrannten Triebwerken, die im Weltraum um die Erde kreisen. Anfang der 90er Jahre waren 99% der Objekte im All W. Außerhalb der Atmosphäre befanden sich nach Schätzungen von Experten 30 000 bis 70 000 Trümmer-

teile. Radarstationen können nur rd. 7000 Flugkörper mit einer Mindestgröße von rd. 10 cm beobachten. W. erreicht eine Geschwindigkeit von 9–10 km/s. In 36 000 km Höhe, wo sich vor allem Satelliten für die Telekommunikation befinden, kreisen die Überreste von etwa 100 ausgedienten Satelliten. Ende 1991 mußte die → Raumfähre Atlantis ihre Umlaufbahn ändern, um nicht mit einer ausgebrannten Raketenstufe zusammenzustoßen. Das Europäische Raumfahrt-Kontrollzentrum (ESOC, Darmstadt) forderte in einer Studie Anfang 1992, ausgediente Satelliten in weiter entfernte Umlaufbahnen zu befördern, auf der sie keine Gefahr für die Raumfahrt darstellten. Bis 1992 wurden 50 Satelliten auf diese Weise entsorgt. Aus abgebrannten Raketenstufen (etwa 50% des W.) sollten nach einem Vorschlag des ESOC die Treibstoffreste abgelassen werden, um Explosionen bei Zusammenstößen zu vermeiden.

Lewis Preston, Weltbank-Präsident
* 5. 8. 1926 in New York/ USA, US-amerikanischer Bankier. Ab 1951 bei dem Bankenkonsortium J. P. Morgan and Co. (New York), 1980–1989 deren Vorsitzender. 1991 Präsident der Weltbank (Washington, Amtszeit bis 1996).

Weltwirtschaft

Größte Probleme der W. blieben 1992 → Schuldenkrise und → Armut der → Entwicklungsländer, → Arbeitslosigkeit in westlichen Industriestaaten, Ungleichgewichte im Handel zwischen USA, Japan und EG sowie die Gefahr der → Klimaveränderung durch Verkehr und Energieverbrauch. Der → Internationale Währungsfonds (IWF) erwartete im Bericht zur Lage der W. für 1992 ein Wachstum von 1,4% zum Vorjahr (1993: 3,6%), nach einem Rückgang des weltweiten → Bruttosozialprodukts 1991 von 0,3%. → EG-Konjunktur → Konjunktur-Entwicklung

Wachstum: Als Gründe für den erwarteten Aufschwung nannte der IWF u. a. zurückgehende → Inflation (→ Leitzinsen) und gesicherte Versorgung mit → Rohstoffen in westlichen Industrieländern sowie die Überwindung der Folgen des Golfkriegs zwischen Irak und Kuwait Anfang 1991.

Handel: Während Japan 1991 in der Handelsbilanz einen Überschuß von

Weltwirtschaft in Daten und Zahlen

Internationaler Vergleich der Inflation

Land	Inflationsrate (%)[1]		
	1989	1990	1991
Belgien	3,1	3,4	3,2
Dänemark	4,8	2,6	2,4
Deutschland (Westdeutschland)	2,8	2,7	3,5
Finnland	6,6	6,1	4,2
Frankreich	3,7	3,4	3,2
Griechenland	13,8	20,4	18,9
Großbritannien	7,8	9,5	5,9
Irland	4,0	3,4	3,2
Italien	6,3	6,5	6,4
Japan	2,3	3,1	3,3
Kanada	5,0	4,8	5,6
Luxemburg	3,3	3,7	3,1
Niederlande	1,1	2,6	4,0
Norwegen	4,6	4,1	3,4
Österreich	2,5	3,3	3,3
Portugal	12,6	13,4	11,3
Schweden	6,4	10,4	9,7
Schweiz	3,2	5,4	5,9
Spanien	6,8	6,7	6,0
USA	4,8	5,4	4,2
EG	5,3	5,7	5,0

1) Anstieg der Verbraucherpreise gegenüber dem Vorjahr; Quellen: Bundeswirtschaftsministerium der BRD, Statistisches Bundesamt (Wiesbaden) und andere amtliche Stellen

Internationaler Vergleich der Arbeitslosigkeit

Land	Arbeitslosenquote (%)					
	1986	1987	1988[1]	1989	1990	1991
Belgien	12,5	12,1	10,0	8,6	7,8	8,3
Dänemark	7,4	7,5	6,5	7,7	8,0	8,6
Deutschland (Westdeutschl.)	7,9	7,9	6,1	5,6	4,8	4,3
Finnland	5,4	5,2	4,6	3,4	3,4	7,6
Frankreich	10,7	10,5	9,9	9,4	9,0	9,5
Griechenland	2,8	8,0[1]	7,7	7,5	7,0	k. A.
Großbritannien	12,0	10,7	8,5	7,1	7,0	9,1
Irland	18,3	19,1	17,4	15,7	14,5	16,1
Italien	13,7	12,0	10,8	10,6	9,8	10,2
Japan	2,8	2,8	2,5	2,3	2,1	2,1
Kanada	9,6	8,8	7,7	7,5	8,1	10,2
Luxemburg	1,5	1,7	2,1	1,8	1,7	1,6
Niederlande	12,4	11,8	9,3	8,5	7,5	7,0
Norwegen	2,1	1,5	2,3	4,9	5,2	4,7
Österreich	5,4	5,6	5,3	5,0	5,4	5,8
Portugal	8,5	6,8	5,6	5,0	4,5	3,8
Schweden	2,7	1,9	1,6	1,4	1,5	2,7
Schweiz	0,8	0,8	0,7	0,6	0,6	1,3
Spanien	21,5	21,6	19,3	17,1	16,2	15,9
USA	6,9	6,2	5,4	5,2	5,4	6,6
EG	10,8	10,4	9,7	8,9	8,3	8,8

1) Neue Berechnungsmethode; Quellen: Bundeswirtschaftsministerium der BRD, Statistisches Amt der Europäischen Gemeinschaft, International Labour Office (ILO), OECD und Statistisches Bundesamt (Wiesbaden)

Wirtschaftswachstum

Land	Reales Wachstum (%)[1]		
	1991	1992	1993
Deutschland	0,2	1,5	3,0
Westdeutschland	3,1	1,0	2,5
Ostdeutschland	– 30,3	6,0	6,0
Frankreich	1,3	2,0	2,5
Großbritannien	– 2,2	1,0	2,5
Italien	1,4	1,5	2,0
Japan	4,5	2,0	3,5
Kanada	– 1,5	2,5	4,0
USA	– 0,7	2,0	3,5
Westeuropa	0,5	1,5	2,5
Alle Industrieländer zusammen	0,7	1,8	3,1

1) Bruttosozialprodukt, 1992/93 geschätzt; Quellen: OECD (Organisation für wirtschaftliche Zusammenarbeit und Entwicklung), Deutsches Institut für Wirtschaftsforschung (DIW, Berlin)

Die Entwicklung des Welthandels

Ländergruppe	Handel 1991 (Mrd Dollar)[2]	Zunahme[1] (%)	
		nominal	real
Exporte			
EG	1365	– 1	2,5
Japan	315	9,5	3
Nordamerika	555	5,5	6,5
Osteuropa	130	– 20	– 15
Insgesamt	3530	1,5	3
Importe			
EG	1450	1,5	4,5
Japan	235	0,5	3
Nordamerika	625	– 2,5	0
Osteuropa	130	– 25	– 20
Insgesamt	3660	1,5	3

1) 1991 zu 1990; 2) erste Hochrechnungen von Ende März 1992; Quelle: Sekretariat des GATT (General Agreement on Tariffs and Trade, engl.; Allgemeines Zoll- und Handelsabkommen, Genf/Schweiz)

Die größten weltwirtschaftlichen Ungleichgewichte zu Beginn der 90er Jahre

Auslandsschulden der Dritten Welt		Handelsbilanz-Ungleichgewichte (Überschuß/Defizit 1990)		Arbeitslose in den westlichen Industrieländern	
Jahr	Mrd Dollar	Land	Mrd Dollar	Jahr	Zahl (Mio)
1980	650	Japan	+ 78,2	1973	11
1985	1046	BRD	+ 13,6	1980	21
1991	1350	USA	– 66,0	1990	29

Quellen: Weltbank, Bundesstelle für Außenhandelsinformation, OECD

78,2 Mrd Dollar (119,4 Mrd DM) erzielte, verzeichneten die USA ein Defizit von 66 Mrd Dollar (101 Mrd DM),
das zur Hälfte auf den Handel mit Japan zurückzuführen war. Positive Wirkungen auf den Welthandel wurden
Mitte 1992 vor allem vom möglichen
Abschluß der Verhandlungen beim Allgemeinen Zoll- und Handelsabkommen
→ GATT erhofft. Als Gefahr für den
Welthandel galt zunehmender → Protektionismus, insbes. durch Freihandelszonen, die ihren Mitgliedern
handelspolitische Vorteile gegenüber
anderen gewähren (→ Europäischer
Binnenmarkt → Nordamerikanisches
Freihandelsabkommen). Die Teilnahme
→ Osteuropas am Welthandel wurde
durch eine Wirtschaftskrise erschwert.
1991 erreichte der Welthandel mit Gütern laut GATT ca. 3700 Mrd Dollar
(5650 Mrd DM), hinzu kommt der
Handel mit Dienstleistungen, der auf
800 Mrd Dollar (1220 Mrd DM) geschätzt wird. → Außenwirtschaft
G-7: Als bestimmend für die W. galt
Anfang der 90er Jahre eine Gruppe von
sieben großen westlichen Industrieländern (sog. G-7: Deutschland, Frankreich, Großbritannien, Italien, Japan,
Kanada, USA), die sich seit 1975 auf
Konferenzen (sog. Weltwirtschaftsgip-
fel) um eine Abstimmung ihrer Wirt-
schafts- und Finanzpolitik bemühen
(1992: München). → Dollarkurs

Werbung

Versuch der Beeinflussung von Menschen mit dem Ziel, den Absatz von
Produkten und Dienstleistungen zu
steigern oder das Image von Institutionen, Unternehmen oder Branchen zu
verbessern. Die Werbeausgaben stiegen
laut Zentralverband der Deutschen
Werbewirtschaft (ZAW, Bonn) 1991
um 4,6% auf 41,3 Mrd DM, 600 Mio
DM davon wurden für W. in den neuen
Bundesländern ausgegeben. Das Europäische Parlament plante 1992 ein eu-
ropaweites Verbot für Tabak-W. ab
1993. Bis 1993 soll der EG-Ministerrat
über den Richtlinienentwurf der EG-

Kommission entscheiden, der Unternehmen in Europa sog. vergleichende
W. gestattet. Der Bundesgerichtshof
(BGH, Karlsruhe) erklärte Ende 1991
ein vom Oberlandesgericht Koblenz er-
gangenes Urteil für rechtens, das Ver-
lagsvertretern den Versuch untersagt,
von Abonnements zurückgetretene
Kunden per Telefon umzustimmen.
Ausgabenentwicklung: Die Ausgabensteigerung 1991 war nach Angaben
des ZAW vor allem auf Preiserhöhungen der Agenturen und Werbemedien,
die Erweiterung des deutschen Werbe-
marktes um die neuen Bundesländer
und das vergrößerte Angebot von
→ Fernsehwerbung in den seit Februar
1992 fünf Privatsendern zurückzuführen (bis dahin: vier). Prognosen der
Verlage Heinrich Bauer (Hamburg) und
Axel Springer (Hamburg) ermittelten für die 90er Jahre einen Marktanteil
von rd. 33% für die Printmedien
(→ Presse), die ihre führende Position
gegenüber dem Werbefernsehen mit
einem prognostizierten Anteil von
30–31% behaupten würden. Für 1992
rechnete der ZAW mit einem Ausga-
benwachstum um 4% auf 43 Mrd DM.
Werbeverbot: Der EG-Ministerrat
lehnte die Pläne des Europäischen Parlaments, W. für Zigarren, Zigaretten
und andere Tabakerzeugnisse nur noch
in Tabakgeschäften zuzulassen, im Mai
1992 ab. Das Parlament will den Ministerrat 1992 erneut zur Entscheidung
über den Vorschlag auffordern. 1992
galt ein totales Verbot für Tabak-W. in
Frankreich, Portugal und Italien; in
Deutschland war sie nur in Hörfunk
und Fernsehen untersagt. Verbots-
gegner waren Dänemark, Deutschland,
Großbritannien und die Niederlande,
die den Wettbewerb der Tabakanbieter
nicht durch das Verbot beeinträchtigen
wollten. Der ZAW kritisierte das geplante Verbot, weil nachgewiesen sei,
daß Tabak-W. nicht zum Zigaretten-
konsum verführe. Der Bundesverband
Deutscher Zeitungsverleger (BDZV,
Bonn) befürchtete Anfang 1992, daß
das Verbot andere Werbeeinschrän-
kungen nach sich ziehen werde. Bei

**Werbebeilagen in
Zeitungen müssen
akzeptiert werden**
Abonnenten von Tages-
zeitungen können keine
Zustellung von Werbe-
beilagen verlangen. Das
Oberlandesgericht Karls-
ruhe wies in einem Urteil
Ende 1991 darauf hin, daß
allein der Verlag über Umfang und Form der Wer-
bung in seiner Zeitung zu
entscheiden habe (Az. 15
U 76/91). Zwischen Verlag
und den Werbekunden
bestehe eine vertragliche
Vereinbarung über die
Prospektbeilage. Der
Abonnent könne keine
Änderung dieses Vertrags
beanspruchen. Zeitungs-
beilagen seien zudem von
einem am Briefkasten auf-
geklebten Verbot für Wer-
bewurfsendungen ausge-
nommen.

**Benetton-Werbung
mit schockierenden
Motiven**
Freiwillige Selbstkontroll-
organisationen der Wer-
bewirtschaft in Italien und
Deutschland protestierten
1991/92 gegen Werbemo-
tive des italienischen Tex-
tilherstellers Benetton. Die
Kampagne zeigte u. a. ein
noch nicht abgenabeltes
Baby, einen sterbenden
Aids-Kranken und ein al-
banisches Flüchtlings-
schiff auf dem Weg nach
Italien. Aus Ansicht der
Werberäte stellten die
Motive eine bewußte Pro-
vokation dar. Mensch-
liches Leid werde für Ab-
satzinteressen ausgebeu-
tet. In beiden Ländern
wurde die Werbung unter-
sagt. Benetton wollte mit
der Werbung gesell-
schaftliche Diskussionen
auslösen.

Werbung in Daten und Zahlen

Die umsatzstärksten Werbeträger in Deutschland 1991

Werbeträger	Nettoumsatz[1] (Mio DM)	Veränderung zu 1990 (%)
Tageszeitungen	8 380,8	+ 3,9
Fernsehen	3 704,6	+ 29,6
Werbung per Post	3 514,5	+ 17,4
Publikumszeitschriften	3 033,8	− 0,9
Anzeigenblätter	2 175,9	+ 10,7
Fachzeitschriften	1 991,0	+ 7,0
Adreßbücher	1 643,3	+ 19,8
Hörfunk	948,3	+ 4,4
Außenwerbung	773,0	+ 13,4
Wochen-/Sonntagszeitungen	403,7	+ 14,1
Filmtheater	225,5	+ 5,1
Zeitungssupplements	209,2	− 3,6
Insgesamt	27 003,6	+ 10,0

1) Ohne Produktionskosten; Quelle: Zentralverband der deutschen Werbewirtschaft (ZAW)

Einnahmenzuwachs deutscher Werbeträger

Werbeträger	Nettoeinnahmen (Mio DM)		
	1989	1990	1991
Fernsehen	+ 422,7	+ 601,4	+ 846,4
Werbung per Post	+ 271,5	+ 487,4	+ 520,9
Tageszeitungen	+ 609,0	+ 305,3	+ 318,1
Adreßbücher	+ 83,1	+ 90,4	+ 271,2
Anzeigenblätter	+ 164,0	+ 157,3	+ 210,6
Fachzeitschriften	+ 75,7	+ 88,6	+ 130,3
Außenwerbung	+ 34,0	+ 60,5	+ 91,5
Wochen-/Sonntagszeitungen	+ 2,3	+ 12,0	+ 50,0
Hörfunk	+ 52,0	+ 63,9	+ 39.6
Filmtheater	+ 15,3	+ 14,1	+ 10,9
Zeitungssupplements	−	+ 8,2	− 7,9
Publikumszeitschriften	+ 137,1	+ 105,2	− 26,9
Insgesamt	+ 1 866,7	+ 1 994,3	+ 2 454,7

Quelle: Zentralverband der deutschen Werbewirtschaft (ZAW)

Die wichtigsten Werbeträger in Deutschland

Werbeträger	Marktanteil (%)		
	1989	1990	1991
Tageszeitungen	34	33	31
Fernsehen	10	11	14
Werbung per Post	11	12	13
Publikumszeitschriften	13	13	11
Anzeigenblätter	8	8	8

Quelle: Zentralverband der deutschen Werbewirtschaft (ZAW)

Die größten Werbeagenturen in Deutschland 1991

Werbeagentur (Ort)	Bruttoeinnahmen (Mio DM)	Veränderung zu 1990 (%)	Mitarbeiter
Team/BBDO-Gruppe (Düsseldorf)	116,59	+ 18,5	594
Lintas Deutschland (Hamburg)	108,35	+ 5,2	550
Young & Rubicam (Frankfurt/M.)	94,09	+ 5,6	511
Grey (Düsseldorf)	92,58	+ 15,9	527
McCann-Erickson (Frankfurt/M.)	89,69	+ 0,7	452

Quelle: Gesamtverband Werbeagenturen

Vereinheitlichung der Werberichtlinien auf dem → Europäischen Binnenmarkt könnten auch Alkohol, Automobile und Süßwaren betroffen sein. Der Werbeumsatz der deutschen Printmedien würde um rd. 3,4 Mrd DM sinken (Umsatz 1991: 10,7 Mrd DM).

Vergleichende Reklame: Die Anpreisung von Waren als besser oder billiger als Konkurrenzprodukte fördert nach Ansicht der EG-Kommission den Wettbewerb und gibt dem Verbraucher zusätzliche Informationen. Irreführende oder herabsetzende Vergleiche sollen verboten bleiben.

Telefonmarketing: Mit seinem Urteil verpflichtete der BGH alle sog. Telefonmarketingbetreiber, die geschäftliche Vorgänge per Telefon regeln wollen, die Privatsphäre des Bürgers anzuerkennen. Erlaubt ist telefonische W. seitdem lediglich, wenn die Kunden einem Anruf zugestimmt oder eine entsprechende Ankündigung auf einer Werbepostkarte nicht durchgestrichen haben. Der Deutsche Direktmarketing Verband (Wiesbaden) wies darauf hin, daß Telefonmarketing erheblich billiger sei als ein Vertreterbesuch, der durchschnittlich 200–300 DM koste.

Werftenkrise

Der Schiffsbau zählte aufgrund der starken Konkurrenz europäischer und fernöstlicher Werften und des rückläufigen Absatzes in Osteuropa 1991/92 zu den Krisenbranchen der deutschen Industrie. Die → Privatisierung der ostdeutschen Werften wird nach dem Willen der EG von einer Senkung der Schiffsbaukapazitäten bis 1995 um zwei Fünftel gegenüber 1990 begleitet sein. Es wurde mit dem Abbau von 80% der 1990 rd. 54 000 Arbeitsplätze gerechnet. In Westdeutschland betraf die W. vor allem kleine und mittelständische Betriebe.

Ostdeutschland: An der Ostseeküste waren 1992 vier von zehn Industriearbeitsplätzen im Schiffsbau angesiedelt (rd. 20 000). Die mit der Privatisierung des Volkseigentums beauftragte →

Treuhandanstalt (Berlin) strebte wegen der wirtschaftlichen Abhängigkeit der Region von Werften die Sanierung der Betriebe an. Bis Mitte 1992 waren drei von sieben ostdeutschen Werften verkauft. Die Käufer verpflichteten sich zur Investition von 400 Mio DM; für die Anfangsverluste der drei Betriebe kommt die Treuhand mit 2,7 Mrd DM auf. Dadurch wird jeder der voraussichtlich 7000 erhaltenen Arbeitsplätze mit rd. 390 000 DM subventioniert.

Staatliche Beihilfen zur Schiffsbauindustrie müssen von der EG genehmigt werden. Mitte 1992 stimmte der EG-Ministerrat einer bis Ende 1993 befristeten Ausnahmeregelung für ostdeutsche Werften zu, nach der → Subventionen bis zu 36% des Jahresumsatzes betragen dürfen (sonst: 9%). Im Gegenzug müssen die Betriebe ihre Kapazitäten bis Ende 1995 um 40% senken. Die EG stellte für 1991–1993 im Rahmen der → Regionalförderung ca. 1 Mrd DM an Zuschüssen für Mecklenburg-Vorpommern zur Verfügung.

Westdeutschland: Bundeswirtschaftsminister Jürgen Möllemann (FDP) lehnte 1992 die Forderung westdeutscher Werften nach 250 Mio DM zusätzlichen staatlichen Wettbewerbshilfen ab (Förderung 1992: 450 Mio DM). Der Verband für Schiffbau und Meerestechnik sagte 1992 für drei Viertel der kleinen und mittelständischen Werften eine Auslastung von weniger als 20% für 1993 voraus, da die stärker subventionierte ausländische Konkurrenz billiger produziere. 1992 waren in Westdeutschland rd. 31 000 Arbeitnehmer in 38 Schiffsbaubetrieben beschäftigt.

Werkstoffe, Neue

Die als Ersatz für traditionelle Werkstoffe wie Eisen und Stahl entwickelten W. zeichnen sich z. B. durch höhere Verschleißfestigkeit, Temperaturbeständigkeit und hohe Belastbarkeit bei niedrigem Gewicht aus. Anfang der 90er Jahre waren Keramik, Kunststoffe, Metalle und Verbundwerkstoffe die am weitesten entwickelten W. Nach

Werkstoffe in der Entwicklung

Anwendung	Traditioneller Werkstoff	Neuer Werkstoff
Karosseriebau	Stahlblech	Kunststoffe, Verbundwerkstoffe
Flugzeugbau	Aluminium	Verbundwerkstoffe
Motoren- und Triebwerksbau	Gußstahl	Keramik, Verbundwerkstoffe
Maschinenbau	Stahl, Eisen	Kunststoffe, Verbundwerkstoffe
Kommunikation	Kupfer, Glas	Kunststoffe

Quelle: VDI-Nachrichten, 10. 1. 1992

einer Studie der Prognos AG (Basel/Schweiz) von Anfang 1992 wird der Weltmarkt für W. bis 2000 von 50 Mrd DM auf 120 Mrd DM anwachsen.

Keramik: Wegen ihrer Beständigkeit gegen Hitze (bis 1500 °C), Korrosion und Verschleiß sowie wegen ihrer Härte und des geringen Gewichts soll Keramik Metalle in der Auto- und Raumfahrtindustrie ersetzen. Japanische Wissenschaftler wollen bis 2000 Motoren entwickeln, die vollständig aus Keramik bestehen. Je heißer der Motor laufen kann, um so besser wird der Treibstoff ausgenutzt. In der Orthopädie werden seit Anfang der 90er Jahre künstliche Knochen aus Keramik verwandt, die besser verträglich sind als Plastikknochen. Da Keramik ähnliche Eigenschaften wie natürliche Knochen aufweist, wächst das Gewebe in die Keramikknochen hinein. In der → Mikroelektronik dient Keramik als Wärmeableiter von → Chips. Daneben wurde die Nutzung keramischer Materialien als → Supraleiter erprobt. Der Nachteil von Keramik war bis 1992 ihre Sprödigkeit. Mischungen aus Keramik und Metall sollen die Formbarkeit des Materials verbessern.

Kunststoffe: Anfang der 90er Jahre wurden elektrisch leitende Kunststoffe und optische Fasern aus Kunststoff erforscht, die → Glasfaserkabeln wegen ihrer höheren Biegsamkeit überlegen sind. In Japan wird an sog. Memory-Kunststoffen (memory, engl.; Gedächtnis) gearbeitet. Sie werden bei Hitze in eine Form gebracht, die sie beim Abkühlen verlieren. Bei erneuter Erhitzung nehmen die Kunststoffe die erste Form wieder ein. Memory-Kunststoffe

Erwerbstätige im deutschen Schiffsbau

Jahr	Anzahl*
1960	95 000
1970	76 000
1980	58 000
1986	44 000
1992	31 000

* Alte Bundesländer; Quellen: Statistisches Bundesamt, Verband für Schiffbau und Meerestechnik

Neuer Stoff wechselt Farbe
Eine japanische Firma entwickelte 1991 einen Kunststoff, der zu hauchdünnen, sog. thermochromen Fasern verarbeitet werden kann. Diese Fasern passen ihre Farbe der Temperatur an. Bei Kälte werden sie dunkler, die Sonnenstrahlung wird besser aufgesogen. Steigt die Außentemperatur, wird das Material heller und reflektiert die Wärmestrahlen.

WEU-Einsatz vor der jugoslawischen Küste
Am 10. 7. 1992 beschloß der WEU-Außenministerrat auf einer außerordentlichen Sitzung in Helsinki, das UNO-Wirtschafts- und Waffenembargo gegen Jugoslawien mit Kriegsschiffen, Aufklärungsflugzeugen und Hubschraubern zu überwachen. Eine Militärblokkade war nicht vorgesehen. Zum Einsatzgebiet gehörten internationale Gewässer vor der jugoslawischen Küste. An den Operationen, die von der NATO koordiniert wurden, nahmen auch die deutschen Zerstörer Bayern und Niedersachsen sowie drei Fernaufklärer der Bundeswehr teil. Die SPD hielt den Einsatz der Bundesmarine in der Adria für verfassungswidrig.

sollen z. B. als temperaturabhängige Schalt- und Dichtungselemente dienen.
Metalle: Für die → Raumfahrt wurden Anfang der 90er Jahre sog. Intermetallics entwickelt. Sie bestehen aus verschmolzenen Leichtmetallen, haben ähnliche Eigenschaften wie Keramik, sind jedoch biegsamer. Sie sollen als Außenhaut von Flugkörpern eingesetzt werden, die extremen Temperaturen ausgesetzt sind.
Verbundwerkstoffe: Anfang der 90er Jahre wurden W. für den Flugzeug- und Brückenbau entwickelt, bei denen Fasern aus Glas oder Kohlenstoff in Kunststoff eingebettet werden. Verbundwerkstoffe sind dehnbar, elastisch und extrem belastbar. Sie sollen z. B. als Kabel, Seile und Dichtungen verwandt werden.

WEU

(Westeuropäische Union), militärischer Beistandspakt, dem neun westeuropäische Staaten angehören. Den militärischen Schutz der WEU-Staaten gewährleistet das Verteidigungsbündnis → NATO. Im Juni 1992 beschlossen die WEU-Staaten in ihrer Petersberger Erklärung, der → UNO und der → KSZE Truppen zu friedensschaffenden Kampfeinsätzen zur Verfügung zu stellen (→ Eurokorps). Die Staats- und Regierungschefs der → EG hatten die WEU im Dezember 1991 in Maastricht/Niederlande beauftragt, die Verteidigungspolitik der künftigen → Europäischen Union auszuarbeiten und durchzuführen. Frankreich und Deutschland konnten sich nicht mit dem Vorschlag durchsetzen, die WEU der EG anzugliedern und zu einem militärisch handlungsfähigen Organ der Gemeinschaft mit eigenen Streitkräften auszubauen. Die USA lehnten es 1991/92 ab, Kompetenzen der atlantischen Allianz an die WEU abzugeben.
Petersberger Erklärung: Die WEU-Truppe wird aus den Streitkräften der WEU-Staaten gebildet. Über eine Teilnahme an gemeinsam von der WEU beschlossenen Kampfeinsätzen entscheiden die Mitglieder in Eigenverantwortung. Ein Stab aus 40 Offizieren und Beamten (Sitz: Brüssel) arbeitet die Einsatzplanung aus. Ein ständiges Kommando über die WEU-Einheiten wird nicht eingerichtet.
Maastricht: Als maßgebliche Verteidigungsorganisation in Europa erkennt die Maastrichter Erklärung weiterhin die NATO an. Dänemark, Griechenland und Irland wurden zum Beitritt eingeladen, und den NATO-Mitgliedern Island, Norwegen und Türkei wurde eine Assoziierung angeboten.
Organisation: Oberstes Organ der WEU ist der Rat der Außen- und Verteidigungsminister, der zweimal im Jahr tagt und dessen Vorsitz jährlich am 1. 7. wechselt. Der Sitz des Generalsekretariats und des Ständigen Rats der Botschafter wurde 1992 von London nach Brüssel verlegt. Die parlamentarische Versammlung aus 108 Vertretern der WEU-Staaten, die der Beratenden Versammlung des → Europarats (Straßburg) angehören, tagt zweimal pro Jahr in Paris (Präsident: Hartmut Soell/Deutschland). Sie kann dem Ministerrat Empfehlungen geben.

Wiedergutmachung

Finanzielle Entschädigung des deutschen Staates für Verfolgte des Nationalsozialismus gemäß Bundesentschädigungsgesetz (BEG) und Bundesrückerstattungsgesetz (BRüG). Die Bundesregierung lehnte es Anfang 1992 ab, W. an Zwangsarbeiter aus dem Zweiten Weltkrieg zu zahlen. Mit Polen vereinbarte die CDU/CSU/FDP-Bundesregierung im Oktober 1991, die polnischen Opfer nationalsozialistischer Verfolgung insgesamt mit 500 Mio DM zu entschädigen. Von 3 Mio polnischen Zwangsarbeitern lebten 1992 noch 1 Mio. Hinzu kommen etwa 40 000 Überlebende aus den Konzentrationslagern. Ehrenpensionen, die in der DDR für Verfolgte des Faschismus gewährt wurden, zahlte die Bundesrepublik als Entschädigungsrenten (1400 DM/Monat) weiter. Die Ehrenpensionen für

Kämpfer gegen den Faschismus wurden ab Mai 1992 von 1700 DM monatlich auf 1400 DM gekürzt.

Das BEG und BRüG sichert denjenigen einen finanziellen Ausgleich zu, die von den Nationalsozialisten wegen politischer Gegnerschaft oder wegen der Rasse, des Glaubens oder der Weltanschauung verfolgt wurden. Andere individuelle Ansprüche, z. B. der im Zweiten Weltkrieg nach Deutschland verschleppten Zwangsarbeiter, können nach Auffassung der Bundesregierung nur über Reparationen oder Härtefonds ausgeglichen werden. SPD und Bündnis 90/Grüne forderten eine W. an Zwangsarbeitern aller Nationalitäten. Die Summe von 500 Mio DM, die mit Polen vereinbart wurde, wird von einer Stiftung für die deutsch-polnische Aussöhnung an die Betroffenen verteilt. Das Bundesinnenministerium lehnte die SPD-Forderung ab, deutsche Firmen, die von Zwangsarbeit profitiert hatten, finanziell zu beteiligen.

Windenergie

Die Erzeugung elektrischer Energie durch windbetriebene Rotoren gilt als umweltfreundlich, da keine Emissionen entstehen (→ Energien, Erneuerbare). W.-Anlagen sind mit Rotoren von 2,5–80 m Durchmesser ausgestattet (Leistung: rd. 0,6–4000 kW). Das Bundesforschungsministerium (BMFT) schätzte Ende 1991, daß bis 2005 rd. 0,2–0,42% des Stroms in Deutschland durch W. erzeugt werden könnten (Anteil Anfang 1992: 0,13%). Im windreichen Schleswig-Holstein könnte dieser Anteil bei 3–6% liegen (Mitte 1992: rd. 1%). Bis Mitte 1992 war Strom aus W. nur mit → Subventionen auf dem Energiemarkt konkurrenzfähig (→ Energiepolitik). Naturschützer protestierten 1992 aus Landschafts- und Tierschutzgründen gegen Windkraftwerke.
Förderung: Das BMFT stellte Mitte 1991 Fördermittel (rd. 390 Mio DM bis 2007) für den Bau von W.-Anlagen mit einer Gesamtleistung von 250 MW (Bedarf von 45 000 Haushalten) bereit.

Es gewährt Betreibern entweder einen Zuschuß von bis zu 60% der Baukosten oder bis zu zehn Jahre lang einen Betriebskostenzuschuß von 6 bis 8 Pf/kWh. Bis 1992 gingen beim BMFT 2500 Anträge für rd. 4500 Anlagen mit einer Gesamtleistung von 600 MW ein. NRW gewährte Anfang 1992 zusätzlich eine Investitionsförderung bis 6000 DM je kWh unabhängig von der Höhe der Bundeszuschüsse. Schleswig-Holstein übernahm bis zu 24% der Kosten. Die Energieversorgungsunternehmen sind gesetzlich verpflichtet, Strom aus W. mit mindestens 16–17 Pf/kWh zu vergüten. Vor Einführung des Stromeinspeisungsgesetzes von 1991 zahlten die EVU rd. 9 Pf/kWh.
Anlagen: Im größten deutschen Windpark bei Husum (Leistung: 12,5 MW), der Anfang 1991 eingeweiht wurde, sollen 50 Windräder bis Mitte 1993 rd. 8000 Haushalte mit elektrischem Strom versorgen. Mitte 1992 wurde bei Wilhelmshaven das größte Windrad Deutschlands in Betrieb genommen: Der Rotor (Durchmesser: 80 m) dreht sich in 92 m Höhe und soll jährlich 7,3 Mio kWh erzeugen.
Naturschutz: Landschaftsverbände forderten 1992 Bebauungspläne und Genehmigungsverfahren für den ökologisch sanften Ausbau der W. Naturschützer befürchteten, daß W.-Anlagen Vögel in ihren Brutgebieten stören.

Wirtschaftssanktionen

Wirtschaftspolitische Strafmaßnahmen, z. B. Verbot von Handel und Investitionen, die einen Staat zur Änderung seiner Politik bewegen sollen. Internationale W. bestanden Mitte 1992 u. a. gegen Jugoslawien, Irak und Libyen. W. gegen Südafrika sollten seit 1986 zur Abschaffung der → Apartheid (Rassendiskriminierung) beitragen und wurden 1991/92 als Reaktion auf die Reformpolitik Zug um Zug außer Kraft gesetzt. Ob W. zu ihr beitrugen, war Mitte 1992 umstritten.
Vorteile: Befürworter weisen darauf hin, daß W. die einzige Möglichkeit seien,

---

Staatliche Ausgaben für Wiedergutmachung 1990

Finanzierung	Aufwendungen (Mio DM)
Bund	817
NRW	207
Bayern	136
Bd.-Württemberg	117
Niedersachsen	88
Hessen	69
Rheinland-Pfalz	45
Berlin	35
Schleswig-Holstein	31
Hamburg	19
Saarland	13
Bremen	8
Insgesamt	1587

Quelle: Bundesfinanzministerium

Erster Meeres-Windpark in Dänemark
Ab Anfang 1992 liefern zwölf Windräder, die bei Vindeby vor der Küste Lollands im Meer aufgestellt wurden, rd. 12,5 Mio kWh und versorgen damit 3500 Haushalte. Die Offshore-Windräder (engl.; vor der Küste) stehen auf 1100 t schweren Fundamenten in 2,5–5 m tiefem Wasser. Die Windkraft wird nicht durch Hindernisse geschwächt. Die Betreiber rechneten Anfang 1992 damit, daß ihre Windräder 30% mehr Strom erzeugen als Anlagen auf dem Land.

gegen die Politik eines anderen Landes vorzugehen, abgesehen von moralischen Appellen und diplomatischem Druck oder von Kriegführung.

Nachteile: Gegner betonen, daß W. noch nie Erfolg gehabt hätten, weil sie stets unterlaufen würden. Das Handelsverbot vergrößere Gewinnmöglichkeiten und schaffe Anreiz für Händler, das Embargo zu brechen, und für Länder, sich dem Boykott nicht anzuschließen oder ihn durch versteckten Außenhandel zu umgehen (z. B. Zwischenschaltung neutraler Länder). Hauptleidtragender von W. sei zudem die Bevölkerung des betroffenen Landes.

Jugoslawien: Der → UNO-Sicherheitsrat beschloß Ende Mai 1992 gegen das aus Serbien und Montenegro bestehende Jugoslawien W., die ein völliges Handelsembargo beinhalten. Die Sanktionen sollten zum Ende des Bürgerkriegs beitragen, für den die UNO in erster Linie Serbien verantwortlich machte. Im November 1991 hatte die EG, mit der Jugoslawien 80% seines Außenhandels abwickelte, Zollerleichterungen und Wirtschaftshilfe gestrichen, im September hatte die → KSZE ein Waffenembargo verhängt. Der Bürgerkrieg dauerte Mitte 1992 an.

Irak: Nach dem Überfall des Irak unter Diktator Saddam Hussein auf Kuwait im August 1990 verhängte der UNO-Sicherheitsrat W., die ihn zum Rückzug zwingen sollten. Nachdem sie keinen Erfolg hatten, wurde gegen Irak im Auftrag der UNO Krieg geführt. Die W., z. B. das Verbot von Erdölexporten, bestanden nach dem Rückzug des Irak im März 1991 weiter und sollten als Druckmittel zur Erfüllung der Auflagen beitragen (z. B. Zerstörung von Massenvernichtungswaffen).

Libyen: Ende März 1991 verhängte der UNO-Sicherheitsrat W. gegen Libyen wegen Unterstützung des Terrorismus. Luftverkehr und Waffenhandel wurden ausgesetzt.

Haiti: Die Organisation Amerikanischer Staaten beschloß im Oktober 1991 W. gegen Haiti wegen eines Militärputsches.

China: Internationale W. gegen die Volksrepublik China, die nach der militärischen Niederschlagung von Demonstrationen für Demokratie im Juni 1989 beschlossen worden waren, wurden Mitte 1992 weitgehend nicht mehr angewandt, ohne daß sie ein Ziel erreicht hätten. Die CDU/CSU/FDP-Bundesregierung vergab Ende 1991 einen zinsverbilligten Kredit von 600 Mio DM an China, im Juni 1992 hob der Deutsche Bundestag die W. bis zum Jahresende auf.

Wirtschaftswachstum

→ Konjunktur-Entwicklung

Wohngeld

Staatlicher Zuschuß zu den Wohnkosten, der in Deutschland Bürgern mit niedrigem Einkommen ein angemessenes Wohnen ermöglichen soll. 1990 bezogen 1,77 Mio Haushalte (1989: 1,79 Mio) in Westdeutschland W. in einer durchschnittlichen Höhe von 156 DM (1989: 150 DM), was etwa ein Drittel der Wohnkosten deckte. Die von Bund und Ländern zu gleichen Teilen getragenen Ausgaben für W. betrugen 1990 rd. 3,6 Mrd DM (1989: ca. 3,7 Mrd DM). In Ostdeutschland können Bürger seit dem 1. 10. 1991 W. beziehen. 1992 erwartete das Bundesbauministerium rd. 2,5 Mio Empfänger von W. in den neuen Ländern. Im Juni 1992 wurde das Gesetz, nach dem in Ostdeutschland ein erhöhtes W. bezogen werden kann und ein vereinfachtes Verfahren für dessen Berechnung gilt, bis 1994 verlängert, um die Erhöhung der → Mieten auszugleichen. Seit Februar 1992 erhalten auch Mieter von Wochenend- und Ferienhäusern W., wenn sie dort ihren Dauerwohnsitz haben.

Berechnung: W. wird als Mietzuschuß sowie als Lastenzuschuß für die Eigentümer von Häusern und Eigentumswohnungen gewährt. Die Höhe des W. richtet sich nach der Zahl der Haushaltsmitglieder, dem Familieneinkommen und der monatlichen Miete oder

---

Wohngeldempfänger in Westdeutschland 1990

Empfänger	Anteil (%)
Nichterwerbstätige (Rentner u. a.)	61
Arbeitnehmer	23
Arbeitslose	16

Quelle: Statistisches Bundesamt (Wiesbaden)

Belastung. Die Miete wird je nach Wohnungsgröße, Baujahr und Ausstattung der Wohnung sowie (in Westdeutschland) nach einer Mietenstufe abhängig von der Gemeinde bis zu einem bestimmten Höchstbetrag berücksichtigt. Bei der Berechnung des W. wurden 1992 die Höchstbeträge für Mieten für ab 1992 fertiggestellte Neubauten um rd. 20% erhöht.

Ostdeutschland: In den neuen Ländern werden im Gegensatz zu den alten Ländern Heizungs- und Warmwasserkosten bei der Berechnung des W. einbezogen. Zudem gilt dort bis Ende 1995 ein jährlicher Einkommensfreibetrag von 1200 DM zuzüglich 300 DM pro Familienmitglied bei der W.-Berechnung. Im Juni 1992 räumte der Bundestag Rentnern und Arbeitslosen einen Freibetrag in Höhe von 6,5% ihres Einkommens ein (Westdeutschland: 6%).

Haushalte mit Wohngeld in Westdeutschland

Jahr	Haushalte (1000)[1]				Ausgaben (Mio DM)
	Insgesamt	Wohngeld-empfänger	davon: Mietzuschuß	Lastenzuschuß	
1965	21 211	394,9	356,2	38,8	160
1970	21 991	908,3	840,9	67,4	599
1975	23 722	1 665,7	1 566,6	99,1	1 643
1980	24 811	1 485,7	1 407,2	78,5	1 835
1985	26 367	1 511,9	1 419,6	92,3	2 469
1986	26 739	1 877,3	1 731,6	145,7	3 401
1987	27 006	1 897,2	1 754,7	142,5	3 703
1988	27 403	1 858,4	1 722,5	135,9	3 698
1989	27 793	1 792,5	1 668,1	124,4	3 690
1990	28 175	1 774,3	1 654,2	120,1	3 618

1) Jeweils am 31. 12.; 2) ab 1985 beinhalten die Daten zusätzlich die rückwirkenden Bewilligungen des ersten Quartals des Folgejahres; Quelle: Statistisches Bundesamt (Wiesbaden)

Wohngeld für Vier-Personen-Haushalt in Ostdeutschland

Bruttofamilien-einkommen (DM/Monat)	Wohngeld bei Wohnkosten von (DM)						
	160–180	180–200	200–220	220–240	240–260	260–280	280–320
0– 800	120	138	155	173	190	208	234
800– 900	108	125	142	159	176	193	219
900–1000	95	111	128	145	161	178	303
1000–1100	85	101	117	133	149	166	190
1100–1200	75	90	106	122	138	153	177
1200–1300	65	80	95	111	126	141	164
1300–1400	55	70	84	99	114	129	151
1400–1500	45	59	73	88	102	117	138
1500–1600	35	49	63	77	91	105	126
1600–1700	24	38	52	65	79	92	113

Quelle: Bundesbauministerium

Wohngifte

In Baustoffen und Einrichtungsprodukten enthaltene → Chemikalien, die beim Menschen Krankheiten verursachen können. W., zu denen Formaldehyd, Lösungsmittel und PCP (Pentachlorphenol) gehören, sind vor allem in Farben, Lacken, Holzschutzmitteln und Kunststoffprodukten enthalten. Die Verträglichkeit der Stoffe ist weitgehend ungeklärt und hängt von ihrer Konzentration und Kombination ab. Neben Kopfschmerzen und Übelkeit können W. Organschäden und Veränderungen des Erbguts bewirken sowie → Krebs erregen oder begünstigen. NRW plante Mitte 1992 als erstes Bundesland einen Gesetzentwurf, der für rd. 30 W. Richtwerte für die Innenraumbelastung enthalten soll. Im Juni 1992 begann der bis dahin größte Umweltstrafprozeß Deutschlands gegen die Geschäftsführer einer Düsseldorfer Firma, denen vorgeworfen wurde, wissentlich giftige Holzschutzmittel auf den Markt gebracht zu haben.

Grenzwerte: Während Mitte 1992 für Schadstoffe in der Außenluft (→ Luftverschmutzung) und für die Luft an industriellen Arbeitsplätzen (→ Arbeitsschutz) Grenzwerte existierten, gab es für Innenräume keine einklagbaren Regelungen. Ausnahme war der Schadstoff Perchlorethylen, ein Lösemittel, das vor allem in chemischen Reinigungen eingesetzt wurde. Für → Asbest und Formaldehyd erließ das Bundesgesundheitsamt (BGA, Berlin) Richtwerte, die als Orientierung bei der Sanierung von Gebäuden dienen sollen.

Nordrhein-Westfalen: NRW setzte Mitte 1992 eine Sachverständigenkommission ein, die Richtwerte für Lösemittel wie Benzol, → Dioxine und Furane sowie für Schwermetalle, → Ozon und Tabakrauch festlegen soll. Das nordrhein-westfälische Gesundheitsministerium regte zudem die Einführung einer sog. Technischen Anleitung Innenraum ein, in der bundesweit Grenzwerte festgelegt werden.

Wohnungsbau in Daten und Zahlen

Wohnungsbau in Europa

Land	Fertiggestellte Wohnungen (1000)				
	1986	1987	1988	1989	1990
Belgien[1]	24	29	35	43	38
Dänemark	31	27	26	27	28
Deutschland[2]	225	193	183	213	257
Frankreich[1]	296	310	327	339	309
Großbritannien	213	225	225	202	184
Irland	19	18	16	18	17
Italien	298	271	237	268	287
Niederlande	112	99	118	111	97
Spanien	215	255	240	235	279

1) Nur Baubeginne erfaßt; 2) Westdeutschland; Quelle: Frankfurter Allgemeine Zeitung, 12. 9. 1991

Wohnungsversorgung in Deutschland

Land	Fläche (km[2])	Einwohner (Mio)	Wohnungsbestand (1000)	Wohnungen (pro 1000 Einwohner)
Baden-Württ.	35 800	9,7	3 845	396
Bayern	70 552	10,9	4 589	421
Berlin	883	3,4	1 699	500
Brandenburg	29 059	2,6	1 085	417
Bremen	404	0,7	320	457
Hamburg	755	1,6	779	487
Hessen	21 114	5,8	2 344	404
Mecklenburg–Vorpommern	23 838	1,9	760	400
Niedersachsen	47 450	7,4	2 938	397
NRW	34 070	17,3	7 145	413
Rheinland-Pfalz	19 845	3,8	1 518	399
Saarland	2 567	1,1	437	397
Sachsen	18 337	4,8	2 193	457
Sachsen-Anhalt	20 445	2,9	1 244	429
Schleswig-Holstein	15 730	2,6	1 112	428
Thüringen	15 209	2,7	1 100	407

Quelle: Statistisches Bundesamt (Wiesbaden)

Bauwirtschaft in Westdeutschland

Baubereich	Bauvolumen (Mrd DM)[1]			Veränderung (%)	
	1990	1991	1992[2]	1991	1992[2]
Wohnungsbau	112,8	118,1	122,2	+ 7,4	+ 6,2
Wirtschaftsbau	72,5	77,1	78,3	+ 6,9	+ 5,9
Öffentlicher und Verkehrsbau	60,1	60,5	58,7	+ 6,9	+ 6,4
Insgesamt	245,4	255,7	259,2	–	–

1) Zu Preisen von 1991; 2) Schätzung; Quelle: Deutsches Institut für Wirtschaftsforschung (Berlin)

Bauwirtschaft in Ostdeutschland

Baubereich	Bauvolumen (Mrd DM)[1]			Veränderung (%)	
	1990	1991	1992[2]	1991	1992[2]
Wohnungsbau	12,7	9,8	9,1	– 23,3	– 6,4
Wirtschaftsbau	19,2	15,4	18,6	– 19,7	+ 20,3
Öffentlicher Bau	10,4	11,3	15,5	+ 7,9	+ 38,0
Insgesamt	42,3	36,5	43,2		

1) Zu Preisen von 1991; 2) Schätzung; Quelle: Deutsches Institut für Wirtschaftsforschung (Berlin)

Beschäftigung und Umsatz im Bauhauptgewerbe

	1988	1989	1990	1991[1]
Beschäftigte insgesamt (1000)	996	999	1 034	1 391
Arbeiter (1000)	796	797	825	1 095
Angestellte (1000)	148	150	157	219
Geleistete Arbeitsstunden (Mio)	1 291	1 313	1 347	1 724
davon: Wohnungsbau (Mio)	459	468	503	579
Gesamtumsatz (Mrd DM)	118	127	142	184

1) Schätzung für Gesamtdeutschland; Quelle: Statistisches Bundesamt (Wiesbaden)

Wohnungsgenehmigungen in Westdeutschland

Jahr	Wohnungsgenehmigungen	Baumaßnahmen an bestehenden Gebäuden	Neu errichtete Wohngebäude mit				Neu errichtete Nichtwohngebäude
			1–2 Wohnungen	3 oder mehr Wohnungen	Eigentumswohnungen	Insgesamt	
1970	609 3561	24 281	233 508	338 259	–	571 787	13 308
1975	368 718	21 844	193 989	142 216	–	336 205	10 669
1980	380 609	16 158	229 494	121 993	59 082	355 589	8 862
1985	252 248	20 091	131 940	89 493	48 911	225 567	6 590
1986	219 205	17 044	132 251	60 664	31 999	195 911	6 450
1987	190 696	15 637	116 809	51 513	30 578	169 566	5 493
1988	214 213	16 863	128 257	61 024	35 795	191 223	6 127
1989	276 022	23 291	141 055	101 034	52 565	245 631	7 100
1990	391 347	51 300	154 403	172 117	81 682	331 609	8 438
1991	400 586	50 755	140 810	192 562	96 824	340 638	9 193

Quelle: Statistisches Bundesamt (Wiesbaden)

Prozeß: 59 Familien klagten auf Körperverletzung. Sie hatten Holzschutzmittel mit den Inhaltsstoffen PCP und Lindan benutzt, die in den 80er Jahren verkauft wurden, obwohl ihre Anwendung in Wohnungen bereits 1979 vom Bundesgesundheitsamt (Berlin) für gesundheitlich bedenklich erklärt worden war. 1989 wurde Herstellung, Handel und Anwendung von PCP verboten.

Wohnungsbau

In Westdeutschland wurden 1991 rd. 314 544 Wohnungen fertiggestellt (1989: ca. 257 000). Mit durchschnittlich 3,4 errichteten Wohnungen je 1000 Einwohner (1987–1991) lag Westdeutschland im EG-Vergleich in letzter Stelle. Für 1992 strebt die CDU/CSU/ FDP-Bundesregierung den Bau von 350 000 Wohnungen an. In Ostdeutschland fiel der W. 1991 mit etwa 50 000 Wohnungen unter den Stand des Vorjahrs (60 000). Um den Bedarf zu decken, müssen nach Angaben des Deutschen Mieterbunds (Köln) bis 2000 jährlich ca. 600 000 Wohnungen gebaut werden (→ Wohnungsnot). Der W.-Anteil am westdeutschen Bauvolumen in Höhe von 361 Mrd DM (1990: 324 Mrd DM) betrug ca. 50%, am ostdeutschen Bauvolumen von rd. 36 Mrd DM (1990: 28,5 Mrd DM) 27%. Zur W.-Förderung traten am 15. 10. 1991 Steuererleichterungen für Bau und Erwerb von Eigenheimen in Kraft. Bundesbauministerin Irmgard Schwaetzer (FDP) legte im Mai 1992 einen Gesetzentwurf vor, mit dem der soziale W. gestärkt und die Ausweisung von Bauland vereinfacht werden soll.

Gründe: Der Deutsche Mieterbund machte für die geringe Zahl fertiggestellter Wohnungen hohe Zinsen (→ Leitzinsen) und gestiegene Grundstückspreise verantwortlich sowie den Mangel an Kapazitäten in der Bauwirtschaft. In Ostdeutschland würden die kostendeckenden → Mieten keinen Anreiz zum W. geben. Zudem hätten die W.-Gesellschaften 38 Mrd DM Schulden, so daß sie nur geringe Mittel

zum W. bereitstellen könnten. Die Bundesregierung bot den Gesellschaften Anfang 1992 an, eine Überbrückungshilfe zur Finanzierung der Schuldzinsen in Höhe von 1,8 Mrd DM zu zahlen, wenn die ersten Zinsen wie im Einigungsvertrag vereinbart 1994 fällig werden; die Zinsen von 1990–1994 werden den Altschulden zugerechnet. Die neuen Länder forderten die Übernahme aller Schulden.

Sozialwohnungen: Etwa ein Drittel (94 000) der 1991 in Westdeutschland gebauten Wohnungen waren Sozialwohnungen. Im Bundesetat 1992 sind 2 Mrd DM für den sozialen W. in Westdeutschland (Ostdeutschland: 1 Mrd DM) vorgesehen. Zusätzlich finanzieren Bund und Länder 1992–1994 mit je 700 Mio DM im Jahr den Bau von Sozialwohnungen in Ballungszentren. Bauministerin Schwaetzer plante im Mai 1992, die Zahl der Sozialwohnungen zu erhöhen, indem die Wohnungsmodernisierung staatlich gefördert wird, wenn diese mit Sozialwohnungsberechtigten besetzt werden. Zudem soll die finanzielle Förderung eines Großteils der Sozialwohnungen gekürzt werden, so daß die Mieten lediglich dem ortsüblichen niedrigen Niveau entsprechen und nicht mehr darunter liegen. Mit den freiwerdenden Mitteln sollen zusätzliche Sozialwohnungen gefördert werden. Schwaetzer sah darüber hinaus die Einführung einer Grundförderung für Bauherren vor, die um so höher ausfallen soll, je mehr der W. – durch regionale Unterschiede bedingt – kostet. Mieter, deren Verdienst die Einkommensgrenze für den Bezug von Sozialwohnungen um einen Mitte 1992 noch nicht festgelegten Betrag unterschreitet, sollen zudem einen Mietzuschuß erhalten. Außerdem soll die Einkommensgrenze erhöht werden, so daß Bezieher mittlerer Einkommen (rd. 86 000 DM brutto/Jahr für vier Personen) vom sozialen W. profitieren.

Bauland: Das geplante Baulandgesetz sieht u. a. folgende Regelungen vor:
▷ Private Investoren in Westdeutschland sollen wie bereits in Ost-

Irmgard Schwaetzer, Bundesbauministerin
* 5. 4. 1942 in Münster (Westfalen), Dr. rer. nat., deutsche Politikerin (FDP). 1971–1980 leitende Angestellte in Unternehmen der pharmazeutischen Industrie, ab 1980 MdB, 1982–1984 Generalsekretärin der FDP, 1987–1990 Staatsministerin im Auswärtigen Amt, ab 1991 Bundesbauministerin.

Mieter muß Wohnungsmodernisierung dulden
Der Bundesgerichtshof (BGH, Karlsruhe) entschied im März 1992, daß Mieter sich mit der Renovierung von Altbauwohnungen einverstanden erklären müssen, wenn dadurch das Ausstattungsniveau von mindestens zwei Dritteln aller vergleichbaren Wohnungen eines Bundeslands erreicht wird (Az. VIII ARZ 5/91). Die Mieter müssen auch eine mit der Modernisierung einhergehende Mieterhöhung in Kauf nehmen. Vorher war eine Renovierung rechtmäßig, wenn 90% der Wohnungen im gesamten Bundesgebiet das angestrebte Niveau besäßen.

Mangel an Wohnungen vor 2000 nicht zu beheben

In Deutschland überstieg 1992 nach Schätzungen des Deutschen Mieterbunds (Köln) die Nachfrage nach Wohnungen das Angebot um ca. 2,7 Mio, davon fehlten rd. 1 Mio Wohnungen in Ostdeutschland. Die Mietervereine gingen davon aus, daß jährlich ca. 600 000 Wohnungen gebaut werden müßten, um die Wohnungsnot zu beheben; 1991 wurden in Westdeutschland jedoch nur 317 000 neue Wohneinheiten errichtet (Ostdeutschland: 50 000). Erst ab 1996 rechnen Experten aufgrund des ansteigenden → Wohnungsbaus mit einer Entlastung des Marktes; doch auch für 2000 wird ein Fehlbestand von ca. 1 Mio Wohnungen in Westdeutschland prognostiziert. Einer Studie des Ifo-Instituts (München) von 1992 zufolge müßten bis 2005 rd. 3975 Mrd DM für Gesamtdeutschland in Neubau und Sanierung von Wohnungen investiert werden. Die → Mieten stiegen 1991 mit 4,5% wie im Vorjahr stärker als die Lebenshaltungskosten (+3,5%). Dies resultierte aus der das Angebot übersteigenden Nachfrage nach Wohnraum. Rückwirkend zum 15. 10. 1991 traten Steueränderungen in Kraft, die zur Förderung des Wohnungsbaus beitragen sollen.

Immer mehr Deutsche leben allein: Die große Nachfrage nach Wohnraum resultiert vor allem aus der von 1968 bis 1991 um 120% auf 6,5 Mio gestiegenen Zahl der Einpersonen-Haushalte. Zudem erhöhten sich die Ansprüche an Wohnraum: Anfang der 90er Jahre wuchs die Wohnfläche jedes Westdeutschen um durchschnittlich jährlich 0,5 m^2 (1991: 37 m^2 durchschnittliche Wohnfläche; Ostdeutschland: 26 m^2). Betroffen von der Wohnungsnot sind vor allem Einkommensschwache wie Rentner, Arbeitslose und Empfänger von → Sozialhilfe (→ Obdachlose).

Miete deckt Baukosten nicht: Als Gründe für den schleppenden Wohnungsbau nannte der Deutsche Mieterbund 1992 hohe Grundstückspreise und Zinsen sowie die Baukosten. Nach Angaben des Mieterbunds müßte eine Neubaukaltmiete zwischen 42 DM und 45 DM pro m^2 betragen, wenn sie die gesamten Baukosten decken soll.

Förderung von Wohnungseigentum: Damit Mietwohnungen frei werden und neuer Wohnraum geschaffen wird, soll der Bau und Kauf von Eigenheimen ab Oktober 1991 stärker steuerlich gefördert werden. In den ersten vier Jahren nach Erwerb von Wohnungseigentum können 6% (vorher: 5%) der Bau- und Erwerbskosten von höchstens 330 000 DM steuerlich nach § 10e Einkommensteuergesetz abgesetzt werden, in den vier Folgejahren 5%. Beträge, die in einem Jahr wegen zu geringer Steuerschuld nicht voll in Anspruch genommen werden können, dürfen innerhalb des achtjährigen Förderzeitraums zu einem späteren Zeitpunkt bei der Einkommensteuerberechnung eingereicht werden. Gleiches gilt für das Baukindergeld, einen Steuerfreibetrag pro Kind und Jahr von 1000 DM. Für eigengenutzte neue Wohnungen, die bis zum 31. 12. 1994 fertiggestellt werden, können drei Jahre lang jeweils bis zu 12 000 DM Schuldzinsen beim Lohn- bzw. Einkommensteuerjahresausgleich geltend gemacht werden.

Sozialer Wohnungsbau wird gestärkt: Die Bundesmittel für den Neubau von Sozialwohnungen in den alten Bundesländern wurden 1992 von 1,78 Mrd DM auf 2 Mrd DM angehoben, für den Sozialwohnungsbau in Ostdeutschland standen rd. 1 Mrd DM bereit. Bundesbauministerin Irmgard Schwaetzer (FDP) plante Mitte 1992, eine größere Anzahl von Sozialwohnungen zu fördern, indem die Zuschüsse für den Großteil der Wohnungen gekürzt und freiwerdende Mittel für den Bau von zusätzlichen Wohnungen genutzt werden. Bei geringen Zuschüssen hat die Sozialbindung, der Zeitraum, in dem ein Vermieter nur niedrige Mieten verlangen kann, eine kürzere Laufzeit als bei höher subventionierten Wohnungen. Der Deutsche Mieterbund forderte eine verstärkte Förderung des sozialen Wohnungsbaus mit langen Sozialbindungen, da sich die Zahl der Sozialwohnungen von 4 Mio (1989) bis 1995 halbieren werde.

Eigentumsrechte unklar: Die in den ostdeutschen Bundesländern Mitte 1992 nur zum geringen Teil geklärte → Eigentumsfrage an Grundstücken und Wohnhäusern verhinderte den Neubau von Wohnungen bzw. deren Modernisierung. Zudem lasteten auf den kommunalen Wohnungsgesellschaften in den neuen Ländern Schulden von rd. 38 Mrd DM, die u. a. aus der Subventionierung der nicht kostendeckenden Mieten in der ehemaligen DDR resultierten. (sim)

deutschland die Erschließungsmaßnahmen der Gemeinden für Bauland übernehmen und finanzieren dürfen, damit Bauland schneller ausgewiesen werden kann (Aufstellungsdauer eines Bebauungsplans Mitte 1992: vier bis fünf Jahre)

▷ Wenn Städte und Gemeinden Gewerbeland ausweisen, müssen sie zugleich Wohnbauland zur Verfügung stellen

▷ Häuser bis zu zwei Stockwerken können ohne baurechtliche Genehmigung der Gemeinden allein nach den Berechnungen der Architekten fertiggestellt werden.

Bundesumweltminister Klaus Töpfer (CDU) plante Mitte 1992 ein Gesetz, nach dem Bauherren Abgaben für den → Naturschutz zahlen müssen.

Wohnungsnot

→ Übersichtsartikel S. 464

Z

Zahlungsbilanz

→ Außenwirtschaft

Zeitarbeit

→ Leiharbeit

Zentralasiatische Wirtschaftszone

Im Mai 1992 vereinbarten die ehemaligen Sowjetrepubliken Kasachstan, Kirgisien, Usbekistan und Turkmenien sowie Iran, Pakistan und die Türkei eine verstärkte politische und wirtschaftliche Zusammenarbeit. Tadschikistan nahm wegen politischer Unruhen im eigenen Land nicht an dem Treffen der zentralasiatischen Länder teil.

Die Mitglieder der Z., die bereits Anfang 1992 der Organisation für wirtschaftliche Zusammenarbeit (ECO) beigetreten waren, wollen u. a. durch

den Abbau von Zöllen den Handel in ihrer Region erleichtern. Sie planen den Ausbau von Straßen- und Bahnverbindungen zwischen den Landeshauptstädten. Außerdem wollen sie Erdgas- und Erdöl-Pipelines von Turkmenien nach Iran und in die Türkei bauen.

Zinsbesteuerung

Die CDU/CSU/FDP-Bundesregierung plante Mitte 1992, Zinseinkünfte in Deutschland ab 1993 mit einem Steuersatz von 30% zu belegen, der als Anzahlung auf die Einkommensteuerschuld des Sparers von den → Banken ans Finanzamt abgeführt wird. Das → Bundesverfassungsgericht hatte den Gesetzgeber im Juni 1991 angewiesen, die steuerliche Erfassung der Zinseinkünfte bis 1993 gerechter zu gestalten, weil die bisherige Regelung Steuerhinterziehung begünstige. Nur die Hälfte der Zinseinkünfte würde erfaßt, die Verluste der öffentlichen → Haushalte wurden auf jährlich 5 Mrd–15 Mrd DM geschätzt. Die SPD forderte Kontrollmöglichkeiten für das Finanzamt.

Quellensteuer: Bis 1992 mußten Steuerpflichtige Zinseinkünfte nur in der Steuererklärung angeben. Das Finanzamt hatte lediglich bei Verdacht auf Steuerhinterziehung die Möglichkeit, Angaben nachzuprüfen, weil Zinseinkünfte von Sparern unter das Bankgeheimnis fielen. Mitte 1989 hatte Bundesfinanzminister Theo Waigel (CSU) eine Anfang des Jahres eingeführte 10%ige sog. Quellensteuer auf Zinseinkünfte abgeschafft, die von den Banken abzuführen war, nachdem eine Kapitalflucht ins Ausland einsetzte.

Erleichterungen: Um erneute Kapitalflucht zu verhindern, sollen durch Verzehnfachung der Sparerfreibeträge auf 6000 bzw. 12 000 DM (Ledige/Verheiratete) rd. 83% der Steuerpflichtigen von der Z. freigestellt werden. Zinseinkünfte bis zur Höhe der Freibeträge bleiben steuerfrei. Auf gleichzeitige Verzehnfachung der Freibeträge bei der Vermögensteuer auf 100 000 bzw. 200 000 DM wurde auf Wunsch der

Pro-Kopf-Einkommen in den zentralasiatischen Republiken

Land	Einkommen (%)*
Kasachstan	78
Turkmenien	60
Kirgisien	50
Usbekistan	50
Tadschikistan	45

* Durchschnitt der ehemaligen UdSSR = 100%; Quelle: Neue Zürcher Zeitung, 7. 12. 1991

Zinsen

Dieter Hackler, Bundes-beauftragter Zivildienst * 3. 10. 1953 in Altenkirchen, deutscher Pfarrer. CDU-Mitglied seit 1972, 1978– 1981 Vikar und Pfarrer in Köln und Bergisch Gladbach, 1981– 1991 Pfarrer in Bonn, ab September 1991 als Nachfolger von Peter Hintze Bundesbeauftragter für den Zivildienst im Ministerium für Frauen und Jugend.

Zinsbesteuerung international

Land	Steuerabzüge durch Banken (%)					
	Zinsen				Dividenden	
	aus festverzinslichen Wertpapieren bei Zahlung an		aus Einlagen bei Banken bei Zahlung an		Zahlung an Inländer	Zahlung an Ausländer
	Inländer	Ausländer	Inländer	Ausländer		
Belgien	10	keine	10	keine	25	25
Dänemark	keine[1]	keine	keine[1]	keine	30[1]	30
Deutschland	keine[2]	keine	keine[2]	keine	25	25
Frankreich	keine[1]	15	keine[1]	35	keine[1]	25
Griechenland	25	46	10	10	45	45
Großbritannien	25	25	keine	keine	keine	keine
Irland	30	30	30	keine	keine	keine
Italien	12,5	30	30	30	10	32,4
Luxemburg	keine	keine	keine	keine	15	15
Niederlande	keine[1]	keine	keine[1]	keine	25	25
Portugal	25	25	20	20	25	25
Spanien	25[1]	25	25[1]	25	25	25
Japan	20	20	20	20	20	20
Kanada	keine[1]	25	keine[1]	25	keine[1]	25
Österreich	10	10	10	10	25	25
Schweiz	35	35	35	35	35	35
Vereinigte Staaten	keine[1]	30[1]	keine[1]	keine[1]	keine[1]	30[1]

1) Kontrollmitteilungen ans Finanzamt; 2) ab 1993: 30; Quelle: Bundesministerium der Finanzen, November 1991

SPD verzichtet. Ausgenommen vom Vorwegabzug bleiben u. a. Girokonten mit Verzinsung bis 1% und ein Teil der Bausparzinsen sowie Ausländer. Stets erhoben wird ein Zinsabschlag von 35% bei sog. Tafelgeschäften, bei denen Kauf und Zinszahlung ohne Aufzeichnungen am Schalter statt über ein Konto abgewickelt werden. Nach Abzug der Erleichterungen und von Steuerbegünstigungen bei der Altersvorsorge erwartet Waigel Mehreinnahmen von 4 Mrd DM für die öffentlichen Haushalte. → EG-Steuerharmonisierung **Freistellung:** Sparer bekommen die Anzahlung bis zur Höhe der Freibeträge nach Abgabe der Steuererklärung vom Finanzamt erstattet. Sie haben auch die Möglichkeit, ihren Banken in Höhe der Freibeträge sog. Freistellungsaufträge zu erteilen. Bei Zinseinkünften bis zu dieser Höhe führt die Bank keine Steuer ans Finanzamt ab. Der Freibetrag kann auf mehrere Banken aufgeteilt werden. Das Finanzamt hat die Möglichkeit zu prüfen, ob die Freistellungsaufträge zusammen den Gesamtfreibetrag nicht übersteigen. **Nachzahlung:** Bei Sparern, deren Einkommensteuersatz über 30% liegt, soll die Differenz zur vorweg abgezogenen Steuer über die Steuererklärung erhoben werden. Das Finanzamt hat jedoch weiterhin kein Recht, die Angaben zu kontrollieren. Die SPD kritisierte daher, daß der Anreiz zur Steuerhinterziehung bestehen bleibe, und bezweifelte, ob die Neuregelung dem Auftrag des Bundesverfassungsgerichts entspreche, eine nicht nur rechtlich, sondern auch tatsächlich gleichmäßige und überprüfbare Besteuerung der Kapitaleinkünfte herzustellen. → Spareinlagen

Zivildienst in Ostdeutschland

Bundesland	Zivildienstplätze		Zivildienstleistende
	Anzahl	Anteil (%)	
Berlin	2 580	8,7	1 207
Brandenburg	4 828	16,2	1 456
Mecklenburg-Vorpommern	3 323	11,1	963
Sachsen	9 280	31,3	3 262
Sachsen-Anhalt	4 613	15,5	1 561
Thüringen	5 161	17,3	1 569
Unbestimmt[1]	44	0,1	3
Insgesamt	29 829	100,0	10 021

Stand: 15. 3. 1992; 1) wegen Datenfehlern nicht zugeordnet; Quelle: Bundesamt für den Zivildienst (Köln)

Zinsen

→ Leitzinsen

Zivildienst

Von Kriegsdienstverweigerern anstelle der → Wehrpflicht abzuleistender Dienst. Der Z. ist in Deutschland um ein Drittel länger als der Grundwehrdienst (15 Monate). Anfang 1992 gab es nach Angaben der CDU/CSU/FDP-Bundesregierung 154 218 Z.-Plätze (1991: 152 953), von denen rd. 53% belegt waren (28% in Ostdeutschland). 1991 wurden 151 212 Anträge auf → Kriegsdienstverweigerung gestellt, deren Bearbeitung Mitte 1992 etwa vier Monate in Anspruch nahm.

Wohlfahrtsverbände und freie Träger können Z.-Plätze beantragen. Das Bundesamt genehmigt sie, wenn die Institution als gemeinnützig anerkannt ist und der Dienst soziale oder ökologische Belange betrifft sowie ganztägige Arbeit erfordert. Etwa 80% der Z.-Plätze stellen die Verbände der freien Wohlfahrtspflege. Tabelle → S. 466

Zwangsadoptionen

1991 stellten rd. 200 Eltern aus den ostdeutschen Bundesländern einen Antrag auf Überprüfung von in der ehemaligen DDR vorgenommenen Adoptionen. Aus Aktenfunden war 1991 hervorgegangen, daß der Staat den Eltern, die sich nach DDR-Recht politischer Straftaten (z. B. staatsfeindliche Hetze) schuldig gemacht hatten, ohne deren Einwilligung das Erziehungsrecht über ihre Kinder entzogen hatte. Diese Z. waren auch nach DDR-Recht illegal. Ende 1991 wurde die Frist für die Überprüfung von Adoptionen um zwei Jahre bis zum 3. 10. 1993 verlängert. Die bundesdeutsche Frist für den Einspruch gegen Adoptionen (drei Jahre) wurde ausgesetzt. Adoptionen werden nicht rückgängig gemacht, wenn auch nach bundesdeutschem Recht den Eltern das Erziehungsrecht entzogen worden wäre, z. B. in Fällen von → Kindesmißhandlung. Eltern aus Ostdeutschland können Anträge auf Überprüfung von Adoptionen bei jedem Vormundschaftsgericht stellen.

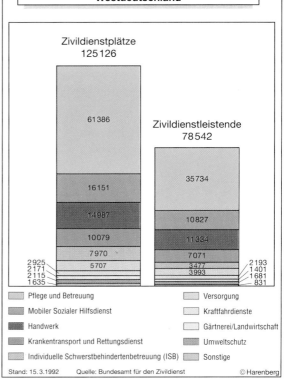

Arbeitsbereiche von Zivildienstleistenden in Westdeutschland

Zivildienstplätze 125 126

Zivildienstleistende 78 542

- Pflege und Betreuung
- Mobiler Sozialer Hilfsdienst
- Handwerk
- Krankentransport und Rettungsdienst
- Individuelle Schwerstbehindertenbetreuung (ISB)
- Versorgung
- Kraftfahrdienste
- Gärtnerei/Landwirtschaft
- Umweltschutz
- Sonstige

Stand: 15.3.1992   Quelle: Bundesamt für den Zivildienst   © Harenberg

Zweisystem-Straßenbahn

Stadtbahn, die sowohl auf den innerstädtischen Schienen der → Straßenbahn mit Gleichstrom (750 Volt) als auch auf Eisenbahngleisen mit dem Wechselstrom (15 000 Volt, 16 2/3 Hertz) der Deutschen → Bundesbahn verkehren kann. Auf kurzen Verbindungsgleisen zum Überwechseln zwischen den beiden Schienennetzen schaltet die Fahrzeug-Elektronik automatisch von einem Stromsystem auf das andere um. Die Z. stellt eine Alternative zu getrennten Bahnsystemen im Nahverkehr dar und ermöglicht Fahrten ohne Umsteigen zwischen innerstädtischen Zielen und der Region. Sie kann z. B. für Ballungsräume

Technische Daten zur Zweisystem-Straßenbahn
In Karlsruhe verkehren ab 1992 fahrplanmäßig Stadtbahnen, die auf das Schienennetz der Deutschen Bundesbahn überwechseln können. Die achtachsigen Gelenktriebwagen bieten 100 Sitz- und 115 Stehplätze. Die Motoren leisten 2 x 280 kW und verleihen den 58 t schweren Fahrzeugen eine Höchstgeschwindigkeit von 100 km/h. Die Karlsruher Verkehrsbetriebe planten 1992 die Anschaffung von 30 Wagen zum Preis von je 4,5 Mio DM.

interessant sein, in denen sich ein eigenes S-Bahn-System nicht lohnt. Die erste deutsche Z. fährt ab Mai 1992 fahrplanmäßig zwischen Karlsruhe und dem 25 km entfernten Bretten. Bis zum Jahr 2000 sollen weitere Strecken nach Wörth und Pforzheim folgen. Die Einführung einer Z. plante 1992, rd. 30 Jahre nach Stillegung der Straßenbahn, auch Saarbrücken.

Zwischenlagerung

Vorübergehende Lagerung (für einige Jahrzehnte) verbrauchten Kernbrennstoffs aus Atomkraftwerken vor der Wiederaufarbeitung oder → Endlagerung. Mitte 1992 war weltweit keine Anlage zur Endlagerung für hochradioaktiven Abfall in Betrieb (Inbetriebnahme erster Endlager voraussichtlich: USA 2003, Deutschland 2008). Die Kapazität für Z. in Deutschland (rd. 124 000 m³) reicht bis etwa 1997. Ende 1991 genehmigte Mecklenburg-Vorpommern die Z. im stillgelegten Kernkraftwerk Greifswald. Mittel- und schwachradioaktive Abfälle werden seit Mitte der 80er Jahre in Gorleben (Niedersachsen) und Mitterteich (Bayern) zwischengelagert. Mitte 1992 wurden erste abgebrannte hochradioaktive Brennelemente aus Kernkraftwerken in Ahaus (NRW) zwischengelagert. Ein Zwischenlager für diese Abfälle in Gorleben war betriebsbereit.
In Greifswald darf nur Kernabfall aus stillgelegten Kraftwerksblöcken der ehemaligen DDR aufbewahrt werden. Bereits ab 1985 wurden in Greifswald etwa 500 t radioaktiven Abfalls zwischengelagert, nachdem die Sowjetunion die Entsorgung von Atomabfällen aus der DDR eingestellt hatte.
Im September 1991 erteilte Bundesumweltminister Klaus Töpfer (CDU) der niedersächsischen Umweltministerin Monika Griefahn (parteilos) auf der Grundlage des Atomgesetzes wiederholt die Weisung, aus dem belgischen Atomzentrum Mol zurückgeführten deutschen Atommüll in Gorleben einzulagern. Bis September 1991 war trotz Töpfers Genehmigung nur einer von 50 Containern mit etwa 600 m³ eingetroffen. Weitere Lieferungen wurden durch Auflagen des niedersächsischen Umweltministeriums verhindert. Griefahn lehnte die Einlagerung des Kernabfalls aus Belgien ab, weil nicht sicher sei, ob die Container nur deutschen Kernabfall enthielten. → Entsorgung

Bundesländer

Der Bundesländerteil enthält Informationen zu den 16 deutschen Ländern. Die Angaben konzentrieren sich auf politische und wirtschaftliche Entwicklungen im Berichtszeitraum von August 1991 bis Juli 1992. Jeder Artikel beginnt mit einer Zusammenstellung der Strukturdaten, in Klammern ist die Rangstelle für Fläche und Einwohnerzahl angegeben. Ein Hinweis kennzeichnet die Lage des Bundeslandes auf der Deutschlandkarte Seite 470. Bei jedem Land wird der Ministerpräsident mit Kurzbiographie und Foto vorgestellt, eine Tabelle nennt alle Regierungsmitglieder.

Baden-Württemberg

Fläche	35 751 km² (Rang 3/D)
Einw.	9,89 Mio (Rang 3/D)
Hauptst.	Stuttgart
Arb.-los.	3,7% (1991)
Inflation	3,6% (1991)
Reg.-Chef	Erwin Teufel (CDU)
Parlament	Landtag mit 146 für vier Jahre gewählten Abgeordneten; 64 Sitze für CDU, 46 für SPD, 15 für Republikaner, 13 für Grüne, 8 für FDP (nächste Wahl: 1996)

Karte Seite 470, C 7

Erwin Teufel, Ministerpräsident von Baden-Württemberg
* 4. 9. 1939 in Rottweil, deutscher Politiker (CDU). Der Diplom-Verwaltungswirt Teufel gehört seit 1961 dem CDU-Landesvorstand an. 1972 wurde er zum Staatssekretär im Innenministerium ernannt. 1974 wechselte er ins Landwirtschafts- und 1976 ins Umweltministerium. Seit 1978 hat Teufel den Vorsitz der CDU-Landtagsfraktion inne. Anfang 1991 wurde er zum Ministerpräsidenten gewählt. Nach der Wahl vom 5. 4. 1992 bildete er ein CDU/SPD-Kabinett.

Bei den Landtagswahlen im südwestlichen deutschen Bundesland vom 5. 4. 1992 erreichte die seit 1972 allein regierende CDU 39,6% der Stimmen (1988: 49%). Dem Verlust der absoluten CDU-Mehrheit standen starke Gewinne für die rechtsgerichteten → Republikaner gegenüber, die mit einem Stimmenanteil von insgesamt 10,9% drittstärkste Partei im Lande wurden. Ministerpräsident Erwin Teufel (CDU) bildete eine Koalition mit der SPD unter Dieter Spöri (Stimmenanteil: 29%). Mit dem Ablauf der Legislaturperiode am 31. 5. 1992 wurde die Arbeit des parlamentarischen → Untersuchungsausschusses zur Unabhängigkeit von Regierungsmitgliedern und Strafverfolgungsbehörden abgebrochen. Trotz eines nachlassenden Wirtschaftswachstums war die Arbeitslosenquote des Bundeslands 1991 mit 3,7% die niedrigste der westdeutschen Länder (Durchschnitt: 7,2%).

Dieter Spöri, Wirtschaftsminister von Baden-Württemberg
* 15. 5. 1943 in Stuttgart, Dr. rer. pol., deutscher Politiker (SPD). Spöri gehört seit 1975 dem Landesvorstand der SPD an. 1976–1988 war er Mitglied des Deutschen Bundestags. Als Spitzenkandidat führte Spöri die SPD 1988 und 1992 in den Landtagswahlkampf. 1988–1992 war er SPD-Fraktionsvorsitzender im Landesparlament. Am 11. 6. 1992 wurde Spöri Wirtschaftsminister und stellvertretender Ministerpräsident in der CDU/SPD-Regierung.

Regierung: Die große Koalition aus CDU und SPD verfügt über 110 der 146 Parlamentssitze. Der Erfolg der Republikaner weist Parallelen zum Wahlergebnis der Deutschen Volksunion (DVU; → Rechtsextremismus) bei den Wahlen zum Landesparlament von Schleswig-Holstein am selben Tag auf. Wahlanalysen ergaben, daß die Republikaner in städtischen Wahlkreisen mit Wohnraumproblemen und hoher → Arbeitslosigkeit große Stimmengewinne verbuchen konnten. Sie hatten im Wahlkampf → Asylbewerber und Ausländer als Ursache für → Wohnungsnot und Arbeitslosigkeit genannt und eine Verschärfung der Asylgesetzgebung gefordert.

Untersuchungsausschuß: Auf Kritik der Oppositionsparteien im Landtag, SPD und FDP, stieß ein Zwischenbericht des sog. Späth-Untersuchungsausschusses Anfang 1992. Der ehemalige Ministerpräsident Lothar Späth (CDU) war im Januar 1991 nach Vorwürfen zurückgetreten, er habe sich Dienst- und Privatreisen von der Industrie finanzieren lassen und die Geldgebern dafür Vorteile, z. B. Wirtschaftsaufträge, verschafft. Die CDU-Mehrheit im Ausschuß sah die Unabhängigkeit Späths und der von ihm geführten Regierungen bestätigt. Sie räumte jedoch ein, daß durch die Inanspruchnahme der Reisen eine Situation ent-

Regierung in Baden-Württemberg

Ressort	Name (Partei)	Amtsantritt
Ministerpräsident	Erwin Teufel (CDU)	1991
Wirtschaft und stellv. Ministerpräsident	Dieter Spöri (SPD)	11. 6. 1992
Inneres	Frieder Birzele (SPD)	11. 6. 1992
Finanzen	Gerhard Mayer-Vorfelder (CDU)	1991
Arbeit und Soziales	Helga Solinger (SPD)	11. 6. 1992
Justiz	Thomas Schäuble (CDU)	1991
Kultur und Sport	Marianne Schultz-Hector (CDU)	1991
Wissenschaft und Forschung	Klaus von Trotha (CDU)	1991
Ländlicher Raum, Ernährung, Landwirtschaft und Forsten	Gerhard Weiser (CDU)	1976
Umwelt	Harald B. Schäfer (SPD)	11. 6. 1992
Frauen, Familie und Kunst	Brigitte Unger-Soyka (SPD)	11. 6. 1992
Staatsministerium	Erwin Vetter (CDU)	11. 6. 1992

stand, die das Amt des Ministerpräsidenten beschädigt habe.

Haushalt: Der Doppelhaushalt 1991/92 umfaßt für 1992 ein Volumen von 53,8 Mrd DM. Das Haushaltsdefizit von 2,5 Mrd DM lag gegenüber 1991 um 10,7% niedriger. Ein von der Landesregierung im Juli 1992 beschlossener Doppelhaushalt für 1993/94 in Höhe von rd. 120 Mrd DM sieht Sparmaßnahmen im Umfang von 2,2 Mrd DM vor, die ein Ansteigen der Kreditaufnahme verhindern sollen.

Wirtschaft: B. gehörte 1991 zu den Bundesländern, die wirtschaftlich nicht überdurchschnittlich von der deutschen Vereinigung profitieren konnten. Erstmals seit 1978 lag es 1991 beim Wachstum des Bruttoinlandsprodukts mit 2,8% unter dem Durchschnitt der alten Bundesländer (3,5%) und erreichte damit im Ländervergleich den vorletzten Platz. In den für das Bundesland typischen Industriezweigen wie Fahrzeug- und Maschinenbau wurden wegen konjunktureller Schwächen im In- und Ausland 1992 Arbeitsplätze abgebaut und ein weiterer Abbau von Personalstellen für 1993 angekündigt.

Bayern

Fläche	70 554 km² (Rang 1/D)
Einw.	11,45 Mio (Rang 2/D)
Hauptst.	München
Arb.-los.	4,4% (1991)
Inflation	3,6% (1991)
Reg.-Chef	Max Streibl (CSU)
Parlament	Landtag mit 204 für vier Jahre gewählten Abgeordneten; 127 Sitze für CSU, 58 für SPD, 12 für Grüne, 7 für FDP (nächste Wahl: 1994)

Karte Seite 470, D 8

Im flächenmäßig größten deutschen Bundesland verteidigte die CSU unter Führung von Ministerpräsident Max Streibl bei den Landtagswahlen 1990 ihre absolute Mehrheit, die sie seit 1966 innehat. Das bayerische Wahlsystem verstößt nach einem Urteil des Bayerischen Verfassungsgerichtshofs (VGH, München) vom April 1992 gegen den in der Landesverfassung verankerten Grundsatz der Wahlgleichheit, weil es die kleinen Parteien benachteilige. Auf die Zusammensetzung des 1990 gewählten Landtags hat das Urteil keinen Einfluß; für die Wahl 1994 muß jedoch ein neues Wahlgesetz vorliegen. Wirtschaftliche Im-

pulse für die Region nördlich von München und eine bessere Anbindung von B. an den → Luftverkehr wurden von dem im Frühjahr 1992 eröffneten Flughafen München 2 erwartet.

Wahlsystem: Mit ihrem Urteil gaben die Richter des VGH einer Klage von FDP, Grünen und SPD statt. Diese hatten beanstandet, daß die in der bayerischen Verfassung festgelegte getrennte Auszählung der Wählerstimmen in sieben Wahlbezirken nach dem sog. d'Hondtschen Verfahren die kleinen Parteien unzulässig benachteilige. Verfassungswidrig ist nicht das d'Hondtsche Verfahren, das die großen Parteien leicht begünstigt, sondern seine siebenmalige Anwendung. Wäre das neue Auszählungsverfahren auf die Landtagswahl 1990 angewandt worden, hätten sechs Abgeordnete der CSU und einer der SPD ihre Sitze für Politiker von FDP und Grünen räumen müssen.

Haushalt: Im Juli 1992 beschloß die Landesregierung den Entwurf für den Doppelhaushalt 1993/94. Er sieht eine Steigerung der Ausgaben von 50,6 Mrd DM 1992 auf 53,6 Mrd DM 1993 vor (1994: 55,6 Mrd DM). Die Kreditaufnahme soll von 1,24 Mrd DM 1992 auf 1,05 Mrd DM 1993 (1994: 0,89 Mrd DM) zurückgeführt werden. Der Anteil der Investitionen an den Gesamtausgaben beträgt 21,8%. Damit liegt B. deutlich über dem Durchschnitt der alten Bundesländer von 14,7%. Mit der Steigerung der Zuweisungen für die Gemeinden durch das Land um 4,8% in einem Nachtrag für den Haushalt 1992 berücksichtigte die Regierung Forderungen des Senats, der zweiten Kammer des Landesparlaments, nach einem Anstieg der kommunalen Zuweisungen um mehr als die im Stammhaushalt vorgesehenen 0,7%. Der Senat hatte gegen den Stammetat sein Veto eingelegt.

Wirtschaft: 1991 sank das Wirtschaftswachstum auf 3,8% (1990: 5,5%) und lag etwa im Durch-

Regierung in Bayern

Ressort	Name (Partei)	Amts-antritt
Ministerpräsident	Max Streibl (CSU)	1988
Justiz und stellv. Ministerpräsident	Mathilde Berghofer-Weichner (CSU)	1986
Inneres	Edmund Stoiber (CSU)	1988
Finanzen	Georg von Waldenfels (CSU)	1990
Arbeit, Familie und Sozialordnung	Gebhard Glück (CSU)	1988
Wirtschaft und Verkehr	August R. Lang (CSU)	1988
Unterricht, Kultur, Wissenschaft und Kunst	Hans Zehetmair (CSU)	1986
Ernährung, Landwirtschaft und Forsten	Hans Maurer (CSU)	1990
Landesentwicklung und Umweltfragen	Peter Gauweiler (CSU)	1990
Bundes- und Europa-angelegenheiten	Thomas Goppel (CSU)	1990

Berlin

Fläche	889 km² (Rang 14/D)
Einw.	3,44 Mio (Rang 8/D)
Arb.-los.	9,4% (West 1991) 12,2% (Ost 1991)
Inflation	3,2% (West 1991, Ost k. A.)
Reg.-Chef	Eberhard Diepgen (CDU)
Parlament	Abgeordnetenhaus mit 241 für vier Jahre gewählten Abgeordneten; 101 Sitze für CDU, 76 für SPD, 23 für PDS, 18 für FDP, 12 für Alternative Liste, 11 für Bündnis 90 (nächste Wahl: 1994)

Karte Seite 470, E 3

schnitt der alten Bundesländer (3,5%). Mit einer Arbeitslosenquote von 4,4% 1991 blieb B. unter dem Durchschnitt der alten Bundesrepublik (7,2%). Mehr als die Hälfte der bayerischen Industriebeschäftigten arbeiteten in Unternehmen der Hochtechnologie-Branche. Zentren der → Mikroelektronik waren Anfang der 90er Jahre vor allem die Region München sowie Augsburg und Nürnberg. Etwa die Hälfte der deutschen Luft- und Raumfahrtindustrie befand sich in B.

Neuer Flughafen: Der Flughafen München 2 wurde im Mai 1992 nach elfeinhalbjähriger Bauzeit in Betrieb genommen. Sein Vorgänger, der Flughafen München-Riem, war mit einer Fluggastkapazität von rd. 11 Mio pro Jahr überlastet. Der neue, 8,5 Mrd DM teure Flughafen hat eine Passagierkapazität von 14 Mio pro Jahr. Während München-Riem 9000 Arbeitsplätze bot, sind 16 000 Menschen in München 2 beschäftigt, ihre Zahl soll bis zum Jahr 2000 auf 20 000 steigen, weitere 60 000 Arbeitsplätze sollen im Flughafenumland entstehen. Anwohner und Umweltschützer kritisieren die Lärmbelastung durch die 500 täglichen Starts und Landungen sowie die Natureingriffe in die größte süddeutsche Moorlandschaft, das Erdinger Moos, durch den 1500 ha großen Flughafen. Kritik richtete sich auch gegen die mangelhafte Verkehrsanbindung von München 2. So gab es 1992 nur eine im 20-min-Takt verkehrende S-Bahnlinie, die in 40 min die 28 km in die Münchener Innenstadt zurücklegte. Eine Anbindung an das Fernverkehrsnetz der Deutschen Bundesbahn fehlte. Der Anschluß an die Autobahn führt über die im Norden von München stark überlastete A 9 München–Nürnberg.

B. ist seit der Vereinigung der beiden deutschen Staaten im Oktober 1990 die Hauptstadt Deutschlands und wird seit Januar 1991 von einer großen Koalition aus CDU und SPD unter dem Regierenden Bürgermeister Eberhard Diepgen (CDU) regiert. Die ersten Gesamtberliner Kommunalwahlen seit 1946 brachten im Mai 1992 Stimmengewinne für die radikalen Parteien PDS und Republikaner sowie Verluste für CDU und SPD. Ein für 1992 prognostiziertes Wirtschaftswachstum für Gesamtberlin und das Entstehen eines gemeinsamen Arbeitsmarktes galten als Zeichen für ein weiteres Zusammenwachsen der Stadthälften. Arbeitslosigkeit, steigende Mieten und die hohe Haushaltsverschuldung waren 1992 die größten Probleme von B. Bis Ende 1992 soll eine von B. und Brandenburg eingesetzte Regierungskommission die Voraussetzungen für die Vereinigung der Bundesländer bis 1998 prüfen.

Kommunalwahlen: Stärkste Partei bei den Kommunalwahlen vom 24. 5. 1992 wurde die SPD mit 31,8% der Stimmen (4,6 Prozentpunkte Verlust gegenüber den letzten Kommunalwahlen), die CDU erreichte 27,5% (–1,9 Prozentpunkte). Die SED-Nachfolgepartei PDS gewann 11,3% und

Wahlen zu den Bezirksversammlungen vom 24. 5. 1992

Partei	Stimmenanteil (%)		
	Insgesamt	Berlin/West	Berlin/Ost
SPD	31,8	31,8	31,8
CDU	27,5	35,0	14,2
PDS	11,3	0,9	29,7
Grüne/AL	8,8	13,5	0,6
Republikaner	8,3	9,9	5,4
FDP	4,8	5,6	3,5
Bündnis 90	4,5	–	12,6
Sonstige	3,0	3,5	2,1

die Republikaner 8,3%. Das Erstarken der radikalen Parteien wurde als Zeichen der Unzufriedenheit der Wähler mit der Politik der großen Koalition im Abgeordnetenhaus gewertet. Steigende → Mieten, → Arbeitslosigkeit und → Kriminalität waren politisch ungelöste Probleme der Stadt. Das gute Ergebnis der PDS im Ostteil, wo sie mit 29,7% der Stimmen zweitstärkste Partei hinter der SPD wurde, werteten Beobachter als Protest früherer DDR-Bürger gegen die Vereinnahmung durch den Westen.

Regierungssitz: Der Umzug von Parlament und Regierung von Bonn nach Berlin wird nach Beschlüssen des Ältestenrats des Bundestages und der Bundesregierung nach den Bundestagswahlen 1998 vollzogen werden. Dann soll die Funktionsfähigkeit des Bundestags, die Versorgung der Abgeordneten und ihrer Mitarbeiter mit Büroräumen sowie geschätzten 14 000 Wohnungen gesichert sein (→ Bonn/Berlin).

Wohnungsmarkt: Im Oktober 1991 lehnte die Bundesregierung eine von der großen Koalition geforderte Verlängerung der bis Ende 1991 in West-B. gültigen Mietpreisbindung für Altbauwohnungen ab. Betroffen sind rd. 470 000 der 1,1 Mio Westberliner Wohnungen, für die ab Anfang 1992 bei Neuvermietungen Mieterhöhungen von mehr als 10% verlangt werden können. Im Ostteil der Stadt gilt eine Mietpreisbindung für 600 000 der insgesamt 670 000 Wohnungen. Da das Einkommensniveau dort Mitte 1992 nur etwa 60% von West-B. erreichte, waren 220 000 Mieter auf → Wohngeld angewiesen.

Olympische Spiele: Ob B. Austragungsort der → Olympischen Spiele 2000 wird, entscheidet das Internationale Olympische Komitee (IOC) 1993. Die Bewerbungskosten für die Sommerspiele betragen nach Berechnungen des Senats in den Jahren 1992/93 rd. 129 Mio DM. 1992 bewilligte der Senat 143 Mio DM zum Bau einer Boxhalle, einer

Regierung in Berlin

Ressort	Name (Partei)	Amts-antritt
Regierender Bürgermeister	Eberhard Diepgen (CDU)	1991
Bürgermeisterin und Senatorin für Arbeit und Frauen	Christine Bergmann (SPD)	1991
Inneres	Dieter Heckelmann (parteilos)	1991
Finanzen	Elmar Pieroth (CDU)	1991
Soziales	Ingrid Stahmer (SPD)	1991
Wissenschaft und Forschung	Manfred Erhardt (CDU)	1991
Justiz	Jutta Limbach (SPD)	1991
Wirtschaft und Technologie	Norbert Meisner (SPD)	1991
Kulturelle Angelegenheiten	Ulrich Roloff-Momin (parteilos)	1991
Jugend und Familie	Thomas Krüger (SPD)	1991
Schule, Berufsbildung und Sport	Jürgen Klemann (CDU)	1991
Gesundheit	Peter Luther (CDU)	1991
Bau- und Wohnungswesen	Wolfgang Nagel (SPD)	1991
Verkehr und Betriebe	Herwig Haase (CDU)	1991
Stadtentwicklung und Umweltschutz	Volker Hassemer (CDU)	1991
Bundes- und Europaangelegenheiten	Peter Radunski (CDU)	1991

Radsporthalle und eines Schwimmstadions, die unabhängig von der Entscheidung des IOC gebaut werden. Nach Berechnungen des Senats fehlen zur Finanzierung der Spiele rd. 800 Mio DM.

Potsdamer Platz: Die Daimler-Benz AG (Stuttgart) muß nach einem Beschluß der →EG-Kommission vom April 1992 rd. 34 Mio DM für ihr 1990 erworbenes Grundstück am zentral gelegenen Potsdamer Platz nachzahlen, weil der Preis für das 61 710 m² große Gelände von 92,9 Mio DM nach Auffassung der EG-Kommission zu niedrig war und einer illegalen Subvention durch die Stadt gleichkam.

Wirtschaft: Das größte Wirtschaftswachstum der alten Bundesländer erzielte 1991 mit 5,5% der Westteil von B. (Durchschnitt alte Bundesländer 1991: 3,5%). Für Ost-B. prognostiziert das Deutsche Institut für Wirtschaftsforschung (Berlin) für 1992 ein Wirtschaftswachstum von ca. 10% (Gesamtberlin 1992: 3,5%) nach einem Rückgang 1991. Die Beschäftigungsprobleme in B. haben sich 1991/92 verschärft. Im Westteil betrug die Arbeitslosenquote 1991 zwar wie im Vorjahr 9,4%, in Ost-B. stieg sie im Mai 1992 jedoch auf 14,3%. Entlastet wurde der Ostberliner Arbeitsmarkt durch ca. 80 000–90 000 Pendler, die täglich in den Westteil der Stadt fahren. Die Regierungskoalition befürchtete 1992 die Abwanderung von Unternehmen in das Umland der Stadt und den damit einhergehenden Verlust von Ar-

Eberhard Diepgen, Regierender Bürgermeister von Berlin
* 13. 11. 1941 in Berlin, deutscher Politiker (CDU). 1971 wurde Diepgen Mitglied des Landesvorstands der Westberliner CDU, 1980 Landesvorsitzender. Er war als Nachfolger von Richard von Weizsäcker (CDU) 1984 bis 1989 Regierender Bürgermeister von Berlin/West. 1990 verlor Diepgen die Landtagswahl gegen Walter Momper (SPD), den er nach der ersten Gesamtberliner Wahl im Dezember 1990 wieder ablöste.

beitsplätzen, da Gewerbemieten und Immobilienpreise in der Hauptstadt stark steigen.

Haushalt: Wenn die B.-Hilfe des Bundes 1995 wegfällt und B. in den → Länderfinanzausgleich einbezogen wird, betragen die Einnahmen etwa die Hälfte der Berlinförderung von 1993 (10,2 Mrd DM, 1992: 13,2 Mrd DM). Der Rückgang wird zur Erhöhung des Haushaltsdefizits (Schätzung 1993: 8,4 Mrd DM) beitragen. Als Gegenmaßnahme sind Einsparungen (u. a. Personalabbau im öffentlichen Dienst) von 2,6 Mrd DM für 1993 vorgesehen. Der im Juli 1992 vom Senat beschlossene Etat 1993 sieht 42,6 Mrd DM Ausgaben vor (Anstieg gegenüber 1992: 1,7%). Der Ostteil der Stadt erhielt 1993 wie im Vorjahr rd. 2,5 Mrd DM aus dem → Fonds Deutsche Einheit.

Manfred Stolpe, Ministerpräsident von Brandenburg * 16. 5. 1935 in Stettin, deutscher Politiker (SPD). Nach seinem juristischen Examen (1959) trat Stolpe in den Dienst der Evangelischen Kirche in Berlin-Brandenburg. 1969 übernahm er das Sekretariat des Bundes der evangelischen Kirchen in der DDR. Ab 1982 war er Konsistorialpräsident der Kirche in Berlin-Brandenburg. 1990 trat Stolpe in die SPD ein, im November 1990 wurde er Ministerpräsident von Brandenburg.

 Brandenburg

Fläche	29 056 km² (Rang 5/D)
Einw.	2,57 Mio (Rang 12/D)
Hauptst.	Potsdam
Arb.-los.	10,3% (1991)
Inflation	14,2% (1991, Ø neue Länder)
Reg.-Chef	Manfred Stolpe (SPD)
Parlament	Landtag mit 88 für vier Jahre gewählten Abgeordneten; 36 Sitze für SPD, 26 für CDU, 13 für PDS, 6 für FDP, 6 für Bündnis 90, 1 Parteiloser (nächste Wahl: 1994)

Karte Seite 470, E 3

Das an Polen grenzende B. hat ab 1990 als einziges der neuen Länder eine SPD-geführte Regierung. Aufforderungen der CDU, sein Amt als Ministerpräsident niederzulegen, bis der Verdacht einer Mitarbeit beim ehemaligen Ministerium für Staatssicherheit (MfS) der DDR ausgeräumt sei, wies Ministerpräsident Manfred Stolpe (SPD) im April 1992 zurück. In einer Volksabstimmung billigte die Bevölkerung am 14. 6. 1992 die vom Landtag verabschiedete Verfassung. Die Neustrukturierung von Landkreisen und Gemeindeverwaltungen soll verbesserte Dienstleistungen für die Bürger und eine kostengünstigere Verwaltung ermöglichen. Bis Ende 1992 wollen die Regierungen von B. und Berlin darüber entscheiden, ob es 1998 zu einer Vereinigung der beiden Länder kommt.

Regierung: Vor dem → Untersuchungsausschuß des Landtags wies Ministerpräsident Stolpe Vorwürfe zurück, er habe während seiner Arbeit für die evangelische → Kirche der ehemaligen DDR

über 20 Jahre als inoffizieller Mitarbeiter für das MfS gearbeitet. Die Kontakte mit der → Stasi seien ausschließlich im Interesse der evangelischen Kirche erfolgt. Nach einem Zwischenbericht des Untersuchungsausschusses im Juni 1992 hatten die als Nachweis für Stolpes Stasi-Tätigkeit vorgelegten Akten der Behörde des Sonderbeauftragten für die Unterlagen des ehemaligen DDR-Staatssicherheitsdienstes, Joachim Gauck, nicht die erforderliche Beweiskraft.

Verfassung: B. war das erste östliche Bundesland, in dem eine neue Landesverfassung beschlossen wurde. In der Verfassung sind Volksbegehren und Volksentscheide festgeschrieben, mit denen die Bürger den Landtag auflösen und Gesetzanträge ins Parlament einbringen können. Als Staatsziele enthält die Landesverfassung u. a. das Recht auf Arbeit, Wohnung, soziale Sicherung und den Umweltschutz. Jedes Kind hat einen Anspruch auf Erziehung, Bildung und den Platz in einer Kindertagesstätte.

Neues Bundesland: Der Zusammenschluß der beiden Länder Berlin und B. ergäbe Vorteile vor allem in der Wirtschafts-, Arbeitsmarkt- und Verkehrspolitik. Der Stadtstaat Berlin ist auf eine enge Zusammenarbeit mit dem umgebenden B. z. B. bei der → Abfallbeseitung angewiesen und befürchtet einen Steuerrückgang durch Abwanderung von Industriebetrieben nach B., das ausreichend und kostengünstiger Gewerbeflächen zur Verfügung stellen kaxnn. Kritiker aus B. befürchteten, daß das einwohnerstärkere Berlin im Länderzusammenschluß dominierend sein könnte. Das neue Bundesland hätte 6 Mio Einwohner und eine Fläche von 30 000 km².

Wirtschaft: Die → Arbeitslosigkeit war 1992 das größte Problem des Landes. Im Mai erreichte die Erwerbslosenquote 14,6% (Durchschnitt 1991: 10,3%), da in wichtigen Industriezweigen (Braunkohle, Stahl, Textil) Unternehmen wegen Auftragsmangels schließen mußten oder Personal abgebaut wurde. Von 1,4 Mio Arbeitsplätzen Ende 1989 waren Ende 1991 rd. 490 000 (36%) nicht mehr vorhanden. 90 000 Arbeitsplätze sollen 1992/93 durch Investitionen der Industrie in Höhe von 20 Mrd DM gesichert oder neu geschaffen werden. Zu den Großinvestoren zählen u. a. die Daimler-Benz AG (Stuttgart) mit dem Bau eines LKW-Werks in Ludwigsfelde, die Veba-Öl (Düsseldorf), die eine Raffinerie in Schwedt übernahm, und der italienische Stahlkonzern Riva, der im Dezember 1991 die Stahlwerke Hennigsdorf und Brandenburg erwarb.

Haushalt: Der Haushalt des Landes für 1992 sah Gesamtausgaben von 17,2 Mrd DM vor und stieg gegenüber dem Vorjahr um 4,1%. Auch 1992 war B. von Finanzmitteln aus Westdeutschland abhängig: Aus dem → Fonds Deutsche Einheit erhielt es 4,5 Mrd DM. Neben einer Kreditaufnahme von 4,8 Mrd DM flossen 3,8 Mrd DM aus Landessteuermitteln in den Haushalt.

Kreisreform: Die Regierung plante für 1993, die 38 Landkreise auf 13 bis 14 und die sechs kreisfreien Städte auf vier zu reduzieren. Die 1787 Gemeindeverwaltungen wurden am 30. 6. 1992 zu 170 Ämtern zusammengelegt. Ein Amt umfaßt mindestens 5000 Einwohner und fünf Gemeinden. Einen Zuwachs von rd. 13 000 Einwohnern erhielt B. 1992 durch einen Gebietstausch mit dem benachbarten Mecklenburg-Vorpommern. 23 Gemeinden aus dem südlichen Mecklenburg-Vorpommern wechselten nach B. in die Kreise Perleberg und Prenzlau. B. gab zwei Gemeinden und

Regierung in Brandenburg

Ressort	Name (Partei)	Amtsantritt
Ministerpräsident	Manfred Stolpe (SPD)	1990
Inneres und stellv. Ministerpräsident	Alwin Ziel (SPD)	1990
Finanzen	Klaus-Dieter Kühbacher (SPD)	1990
Soziales, Arbeit, Familie und Frauen	Regine Hildebrandt (SPD)	1990
Wirtschaft, Mittelstand und Technologie	Walter Hirche (FDP)	1990
Justiz-, Bundes- und Europaangelegenheiten	Hans Otto Bräutigam (parteilos)	1990
Wissenschaft, Forschung und Kultur	Hinrich Enderlein (FDP)	1990
Bildung, Jugend und Sport	Marianne Birthler (Bündnis 90)	1990
Landwirtschaft, Ernährung und Forsten	Edwin Zimmermann (SPD)	1990
Raumordnung, Umwelt- und Naturschutz	Matthias Platzeck (Bündnis 90)	1990
Stadtentwicklung, Wohnen und Verkehr	Jochen Wolf (SPD)	1990

zwei Ortsteile an das Nachbarland gab. Die Neugliederung stellt die historischen Grenzen aus der Zeit vor Gründung der ehemaligen DDR wieder her.

Umwelt: Nach Angaben des Umweltamts in Potsdam Mitte 1992 waren landesweit über 150 000 Verdachtsflächen mit → Altlasten ermittelt worden, deren Sanierungskosten auf etwa 30 Mrd DM geschätzt werden. Militärische Liegenschaften waren in der Aufstellung nicht berücksichtigt. Weitere 3,7 Mrd DM müßten aufgebracht werden, um die bestehenden 150 Deponien über die angestrebte Schließung Ende der 90er Jahre zu sichern, bis 15 neue Hausmüll- und drei Sonderabfalldeponien aufnahmefähig sind. → Abfallbeseitigung

Bremen

Fläche	404 km² (Rang 16/D)
Einw.	0,68 Mio (Rang 16/D)
Arb.-los.	10,7% (1991)
Inflation	k. A.
Reg.-Chef	Klaus Wedemeier (SPD)
Parlament	Bürgerschaft mit 100 für vier Jahre gewählten Abgeordneten; 41 Sitze für SPD, 32 für CDU, 11 für Grüne, 10 für FDP, 6 für DVU (nächste Wahl: 1995)

Karte Seite 470, C 3

Das kleinste Bundesland, die Freie Hansestadt B., wird seit der Bürgerschaftswahl vom 21. 9. 1991 von einer Koalition aus SPD, FDP und Grünen unter Klaus Wedemeier (SPD) regiert. Die seit 1971 allein regierende SPD erhielt bei den → Wahlen mit 38,8% der Stimmen ihr schlechtestes Ergebnis seit 1945. Kernstück der Koalitionsvereinbarungen waren Einsparungen im Haushalt, die zum Abbau der Schuldenlast beitragen sollen.

Wahl: Bei den Bürgerschaftswahlen blieb die SPD zwar stärkste Partei, gefolgt von der CDU, die sich auf 30,7% der Wählerstimmen (1987: 23,4%) verbesserte, ist aber nach dem Verlust von 12 Prozentpunkten gegenüber der letzten Wahl auf die Koalitionspartner FDP (9,5%) und Grüne (11,4%) angewiesen. Die rechtsgerichtete Deutsche Volksunion (DVU; → Rechtsextremismus) errang 6,2% der Stimmen. Beobachter sahen in den Verlusten der SPD die Unzufriedenheit vieler Bürger mit der wirtschaftlichen und sozialen Situation in B. Vor allem SPD-Wähler votierten für die DVU, die die Asylproblematik zum Hauptthema im Wahlkampf gemacht hatte (→ Asylbewerber).

Regierung in Bremen

Ressort	Name (Partei)	Amts-antritt
Präsident des Senats, kirchliche Angelegenheiten	Bürgermeister Klaus Wedemeier (SPD)	1985
Wirtschaft, Mittelstand und Technologie, stellv. Senatspräsident	Bürgermeister Claus Jäger (FDP)	11. 12. 1991
Inneres und Sport	Friedrich van Nispen (FDP)	11. 12. 1991
Finanzen	Volker Kröning (SPD)	11. 12. 1991
Gesundheit, Jugend und Soziales	Irmgard Gaertner (SPD)	11. 12. 1991
Arbeit und Frauen	Sabine Uhl (SPD)	11. 12. 1991
Bildung und Wissenschaft, Justiz und Verfassung	Henning Scherf (SPD)	11. 12. 1991
Häfen, Schiffahrt und Außenhandel sowie Bundesangelegenheiten	Uwe Beckmeyer (SPD)	11. 12. 1991
Kultur und Ausländer-integration	Helga Trüpel (Grüne)	11. 12. 1991
Bauwesen	Eva-Maria Lemke-Schulte (SPD)	11. 12. 1991
Umweltschutz und Stadtentwicklung	Ralf Fücks (Grüne)	11. 12. 1991

Haushalt: Der Mitte 1992 vom Senat beschlossene Doppelhaushalt 1992/93 sah vor, die Gesamtausgaben 1992 um 2,3% auf 6,63 Mrd DM (1991: 6,48 Mrd DM) und 1993 um weitere 2,9% auf 6,82 Mrd DM anwachsen zu lassen. Nach Angaben des Finanzsenators gelten folgende Leitlinien für den Sparkurs:
▷ Alle Behörden müssen ihre Ausgaben um 3,8% (1992) bzw. 10,4% (1993) kürzen; davon ausgenommen bleibt lediglich ein Teil der Sozialhilfe
▷ Die Zahl der Personalstellen soll von 27 000 (1992) um jährlich 500 gesenkt werden.
Verschuldung: Die Gesamtverschuldung von B. lag 1992 bei rd. 16 Mrd DM. Fast ein Viertel seiner Steuereinnahmen (1992: 23,7%) mußte der Stadtstaat für Zinszahlungen aufwenden (Durchschnitt alte Länder: 11,1%). Nach Angaben des

Klaus Wedemeier, Präsident des Bremer Senats
* 12. 1. 1944 in Hof/Saale, deutscher Politiker (SPD). 1971 wurde Wedemeier als Abgeordneter der SPD in die Bremer Bürgerschaft gewählt. 1979 wählte ihn die SPD-Fraktion zum Vorsitzenden. Hans Koschnick benannte ihn 1985 zu seinem Nachfolger als Bürgermeister und Senatspräsident. Bei der Wahl 1987 errang die SPD unter Wedemeier die absolute Mehrheit. Nach den Wahlverlusten im September 1991 bildete er eine Koalition mit Grünen und FDP.

Senats kann B. seinen Haushalt nicht aus eigener Kraft sanieren. Als Ursachen für die hohe Verschuldung gelten der Abfluß eines Teils der Einkommensteuer ins niedersächsische Umland, wo viele in B. Beschäftigte wohnen, und anhaltend hohe Arbeitslosigkeit. Vom Bund fordert B. Zuweisungen in Höhe von 535 Mio DM im Rahmen des → Länderfinanzausgleichs, nachdem ein Urteil des Bundesverfassungsgerichts (BVG, Karlsruhe) vom Mai 1992 Bund und Länder zur Finanzhilfe verpflichtete, wenn sich ein Land in einer Haushaltsnotlage befindet. B. und drei weitere Länder hatten vor dem BVG geklagt, weil sie ihre Zuweisungen aus dem Länderfinanzausgleich für zu gering hielten.

Hamburg

Fläche	755 km² (Rang 15/D)	
Einw.	1,66 Mio (Rang 14/D)	
Arb.-los.	8,7% (1991)	
Inflation	3,5% (1991)	
Reg.-Chef	Henning Voscherau (SPD)	
Parlament	Bürgerschaft mit 121 für vier Jahre gewählten Abgeordneten; 61 Sitze für SPD, 44 für CDU, 9 für Grüne/GAL, 7 für FDP (nächste Wahl: 1995)	

Karte Seite 470, C 2

Die Freie und Hansestadt ist nach Berlin zweitgrößte Stadt Deutschlands. Sie wird seit der Bürgerschaftswahl vom Juni 1991 von einem SPD-Senat unter dem Ersten Bürgermeister Henning Voscherau regiert. Die FDP, die 1987–1991 eine Regierungskoalition mit den Sozialdemokraten gebildet hatte, lehnte das Angebot der SPD – sie hält die absolute Mehrheit – zu einer Fortsetzung der Koalition ab. Beherrschendes innenpolitisches Thema 1991/92 war ein Gesetz, das die Erhöhung der → Diäten vorsah und nach Bürgerprotesten zurückgenommen werden mußte. Im Juni 1992 beschloß die Bürgerschaft mit den Stimmen von SPD und CDU die Abschaffung eines Senatsgesetzes von 1987, das die Erhöhung der Ruhestandsbezüge der Senatoren beinhaltete und als Vorbild für die Diätenregelung von 1991 galt. Der Rechtsstreit um die besetzten Häuser in der Hafenstraße in St. Pauli dauerte 1992 an.
Diäten: Im September 1991 beschloß die Hamburger Bürgerschaft mit den Stimmen von SPD und CDU ein Gesetz, das u. a. vorsah, die Diäten von Parlamentspräsidenten und Fraktionsvorsitzenden von monatlich steuerfreien 5760 DM auf

19 500 DM (zu versteuernd) zu erhöhen. Außerdem sollten ihnen hohe Ruhestandsgehälter gewährt werden. Nach bundesweiter Kritik und Parteiaustritten bei SPD und CDU verhinderte der Senat Ende 1991 in der Bürgerschaft das Inkrafttreten des Gesetzes. Ein Anfang 1992 eingesetzter parlamentarischer → Untersuchungsausschuß, der prüfen sollte, wie es zu dem Senatsgesetz von 1987 gekommen war, vertrat im Juni 1992 in einem von SPD und CDU getragenen Bericht die Auffassung, daß das Gesetz rechtlich korrekt entstand. FDP und Grün-Alternative Liste hielten in ihren Minderheitsberichten das Gesetzgebungsverfahren für fehlerhaft, da der Gesetzentwurf 1987 erst kurz vor der Beschlußfassung durch die Bürgerschaft an die Abgeordneten verteilt worden war und für die Beratung nur wenige Minuten blieben. Eine Anfang 1992 gebildete Enquetekommission der Bürgerschaft, bestehend aus vier Parlamentariern und elf unabhängigen Experten, soll Vorschläge für ein neues hamburgisches Diätengesetz und zur Umwandlung des letzten sog. Feierabend- in ein Teilzeitparlament erarbeiten.

Hafenstraße: Die acht seit 1981 besetzten Häuser in der Hafenstraße im Stadtteil St. Pauli waren Mitte 1992 von den Mietern bewohnt; Gerichtsverfahren ergaben, daß deren Mietverträge rechtlich einwandfrei sind. Im Januar 1991 hatte das Hamburger Landgericht die im August 1990 von der in Stadtbesitz befindlichen Hafenrand

Henning Voscherau, Erster Bürgermeister der Stadt Hamburg
* 13. 8. 1941 in Hamburg, Dr. jur., deutscher Politiker (SPD). Voscherau wurde 1974 in die Hamburger Bürgerschaft gewählt und hatte 1982 den Vorsitz der SPD-Fraktion inne. 1988 löste er Klaus von Dohnanyi (SPD) als Ersten Bürgermeister ab. Unter Voscheraus Führung erzielte die SPD bei den Wahlen 1991 die absolute Mehrheit. Im Juni 1991 wurde Voscherau für weitere vier Jahre im Amt bestätigt.

GmbH als Eigentümer ausgesprochene Kündigung des Pachtvertrags mit dem Verein Hafenstraße (von November 1987) für rechtmäßig erklärt und den Verein zu einer Räumung der Miethäuser aufgefordert. Nach einem Urteil des Oberlandesgerichts Ende 1991 muß die Stadt die 106 Bewohner der betroffenen 35 Wohnungen, Untermieter des Vereins Hafenstraße, einzeln herausklagen. Bis Mitte 1992 waren zwölf Räumungsklagen vor dem Amtsgericht erfolgreich; 15 wurden zurückgewiesen. Berufungsverhandlungen vor dem Landgericht sollen im Herbst 1992 stattfinden.

Wirtschaft: Der auch 1992 im Bundesland H. anhaltende wirtschaftliche Aufschwung wurde auf Nachfrageerhöhungen und die Verbesserung der wirtschaftsgeographischen Lage als Folge der deutschen Einheit zurückgeführt. Das Wirtschaftswachstum 1991 betrug 4,1% (Durchschnitt alte Bundesländer: 3,4%). Die Arbeitslosenquote 1991 sank auf 8,7% (1990: 10,5%), lag aber über dem Durchschnitt der alten Bundesländer (7,2%). Der Haushalt von H. 1992 wies ein Volumen von 15,8 Mrd DM auf (Anstieg gegenüber dem Vorjahr: 5,5%).

Regierung in Hamburg

Ressort	Name (Partei)	Amtsantritt
Erster Bürgermeister	Henning Voscherau (SPD)	1988
Wirtschaft und Zweiter Bürgermeister	Hans-Jürgen Krupp (SPD)	1991
Inneres	Werner Hackmann (SPD)	1988
Finanzen	Wolfgang Curilla (SPD)	1991
Arbeit, Gesundheit und Soziales	Ortwin Runde (SPD)	1988
Justiz	Lore Maria Peschel-Gutzeit (SPD)	1991
Wissenschaft und Forschung	Leonhard Hajen (SPD)	1991
Kultur	Christina Weiss (parteilos)	1991
Schule, Jugend und Berufsbildung	Rosemarie Raab (SPD)	1987
Umwelt	Fritz Vahrenholt (SPD)	1991
Bauwesen	Eugen Wagner (SPD)	1983
Gleichstellung und Stadtentwicklung	Traute Müller (SPD)	1991
Bundesangelegenheiten	Peter Zumkley (SPD)	1991
Chef der Staatskanzlei	Thomas Mirow (SPD)	1991

Hessen

Fläche	21 114 km² (Rang 7/D)
Einw.	5,79 Mio (Rang 5/D)
Hauptst.	Wiesbaden
Arb.-los.	5,1% (1991)
Inflation	4,0% (1991)
Reg.-Chef	Hans Eichel (SPD)
Parlament	Landtag mit 110 für vier Jahre gewählten Abgeordneten; 46 Sitze für SPD, 46 für CDU, 10 für Grüne, 8 für FDP (nächste Wahl: 1995)

Karte Seite 470, B 6

Ministerpräsident Hans Eichel (SPD) bildete im April 1991 eine Koalition aus SPD und Grünen, die eine CDU/FDP-Regierung ablöste. Landesumweltminister Joschka Fischer (Die Grünen) ließ im Juni 1991 die Plutoniumverarbeitung im Hanauer Brennelementewerk der Firma Siemens wegen Sicherheitsmängeln schließen. Weitere Themen der Landespolitik waren der im Ländervergleich überdurchschnittliche → Truppenabbau von Alliierten und → Bundeswehr und die ab 1993 auf kommunaler Ebene erweiterten Wahlmöglichkeiten der Bürger.

Atomenergie: Wegen eines Störfalls legte die hessische Landesregierung die Herstellung von Mischoxid-Brennelementen aus Uran-Plutonium-Material still. Nach Sicherheitsproblemen wurde im Dezember 1991 auch die Uranverarbeitung des Werks auf Weisung des Umweltministeriums für zwei Wochen eingestellt. Wiederholten bundesaufsichtlichen Weisungen (zuletzt im Januar 1992) von Bundesumweltminister Klaus Töpfer (CDU), den Betrieb wieder zuzulassen, folgte Umweltminister Fischer wegen Sicherheitsbedenken nicht. Töpfer klagte daraufhin vor dem Bundesverfassungsgericht (→ Entsorgung).

Truppenabzug: Voraussichtlich 60 000 Soldaten sollen Mitte der 90er Jahre aus H. abgezogen werden. Etwa 50% der Bundeswehreinheiten (rd. 15 000 Soldaten) werden bis 1994 in H. aufgelöst. Die Regierung befürchtete den Verlust von Zivilarbeitsplätzen bei den Streitkräften und in der vom Militär abhängigen lokalen Wirtschaft.

Haushalt: Die Schaffung von 10 300 sozial geförderten Wohnungen, 750 Lehrer- sowie 150 Polizistenstellen waren Schwerpunkte des Haushalts für 1992. Die Gesamtausgaben belaufen sich auf 31,7 Mrd DM, 6% mehr als 1991. Die Personalausgaben (11,3 Mrd DM) nehmen rd. ein Drittel des Landesetats ein, die Steuereinnahmen steigen gegenüber dem Vorjahr um 7,8%.

Regierung in Hessen

Ressort	Name (Partei)	Amtsantritt
Ministerpräsident	Hans Eichel (SPD)	1991
Umwelt, Energie und Bundesangelegenheiten, stellv. Ministerpräsident	Joschka Fischer (Grüne)	1991
Inneres und Europa-angelegenheiten	Herbert Günther (SPD)	1991
Finanzen	Annette Fugmann-Heesing (SPD)	1991
Frauen, Arbeit und Sozialordnung	Heide Pfarr (SPD)	1991
Wirtschaft, Verkehr und Technologie	Ernst Welteke (SPD)	1991
Justiz	Christine Hohmann-Dennhardt (SPD)	1991
Wissenschaft und Kunst	Evelies Mayer (SPD)	1991
Kultur	Hartmut Holzapfel (SPD)	1991
Jugend, Familie und Gesundheit	Iris Blaul (Grüne)	1991
Landesentwicklung, Wohnen, Landwirtschaft, Forsten und Naturschutz	Jörg Jordan (SPD)	1991

Gemeindeordnung: Die Direktwahl von Bürgermeistern und Landräten durch die hessischen Bürger erfolgt erstmals bei der Kommunalwahl 1993; bis dahin wurden sie von Gemeindeparlamenten und Kreistagen bestimmt. Darüber hinaus soll es künftig auch kommunale Bürgerbegehren und Bürgerentscheide geben.

Mecklenburg-Vorpommern

Fläche	23 838 km² (Rang 6/D)
Einw.	1,90 Mio (Rang 13/D)
Hauptst.	Schwerin
Arb.-los.	12,5% (1991)
Inflation	14,2% (1991, Ø neue Länder)
Reg.-Chef	Berndt Seite (CDU)
Parlament	Landtag mit 66 für vier Jahre gewählten Abgeordneten; 29 Sitze für CDU, 21 für SPD, 12 für PDS, 4 für FDP (nächste Wahl: 1994)

Karte Seite 470, D 2

Hans Eichel, Ministerpräsident von Hessen
* 24. 12. 1941 in Kassel, deutscher Politiker (SPD). 1970 wurde Eichel Vorsitzender der SPD-Fraktion im Kasseler Stadtrat und 1975 Oberbürgermeister. Als erster Bürgermeister in der BRD erprobte er 1981 eine „punktuelle Zusammenarbeit" mit den Grünen. 1989 wurde Eichel zum Landesvorsitzenden der SPD gewählt. Im April 1991 löste er Walter Wallmann (CDU) als hessischen Ministerpräsident ab.

Das zweitgrößte neue Land entstand aus den ehemaligen DDR-Bezirken Schwerin, Rostock und Neubrandenburg. Nach dem Rücktritt des seit 1990 amtierenden Ministerpräsidenten Alfred Gomolka (CDU) wurde Berndt Seite (CDU) am 19. 3. 1992 zum neuen Regierungschef gewählt. Größtes Problem im landwirtschaftlich geprägten Küstenland war die Arbeitslosigkeit, die im Mai 1992 mit 16,7% die höchste aller Bundesländer

Regierung in Mecklenburg-Vorpommern

Ressort	Name (Partei)	Amts-antritt
Ministerpräsident	Berndt Seite (CDU)	19. 3. 1992
Arbeit, Gesundheit und Soziales, stellv. Minister-präsident	Klaus Gollert (FDP)	1990
Inneres	Lothar Kupfer (CDU)	31. 3. 1992
Finanzen	Bärbel Kleedehn (CDU)	1990
Wirtschaft, Technik, Ener-gie, Verkehr und Tourismus	Conrad-Michel Lehment (FDP)	1990
Justiz	Herbert Helmrich (CDU)	31. 3. 1992
Bildung, Wissenschaft, Kultur, Jugend und Sport	Steffie Schnoor (CDU)	31. 3. 1992
Ernährung, Landwirtschaft und Fischerei	Martin Brick (CDU)	1990
Natur und Umwelt	Petra Uhlmann (CDU)	1990

war. Ernteausfälle bis zu 80% bei Getreide und finanzielle Verluste der Agrarbetriebe von 800 Mio DM waren nach Angaben des Landwirtschaftsministeriums Mitte 1992 die Folgen der langanhaltenden Trockenheit. Wie die übrigen neuen Bundesländer war M. auf Finanzhilfe von Bund und alten Ländern angewiesen. Nur 23% der Einnahmen (2,8 Mrd DM) für den Landeshaushalt 1992 konnte es aus eigenen Steuermitteln aufbringen (alte Bundesländer: rd. 75%).

Regierungskrise: Ministerpräsident Gomolka trat zurück, nachdem er mit Zustimmung der FDP den Vorschlag der → Treuhandanstalt zur Lösung der → Werftenkrise durchsetzen konnte. Die CDU-Fraktion im Landtag stimmte dieser Lösung zwar zu, fühlte sich jedoch von Gomolka bei der Entscheidungsfindung übergangen und entzog ihm am 14. 3. 1992 in einem fraktionsinternen Mißtrauensvotum die Unterstützung.

Nach dem Treuhandkonzept werden die Meerestechnik-Werft (Wismar) sowie die Dieselmotorenwerke Rostock an die Bremer Vulkan AG und die Neptun-Warnow-Werft mit den Standorten Rostock und Warnemünde an den norwegischen Schiffbaukonzern Kvaerner A/S verkauft. Die Belegschaft der Werften und die SPD waren für den geschlossenen Verkauf der Unternehmen an die Bremer Vulkan AG eingetreten.

Wirtschaft: Die meisten landwirtschaftlichen Produktionsgenossenschaften wurden nach der deutschen Vereinigung aufgelöst; 1991 gingen rd. 50 000 von 200 000 Arbeitsplätzen verloren. Bis 1995 rechnete die Treuhandanstalt mit der Erhaltung von ca. 11 000 der 1990 rd. 54 000 Arbeitsplätze in der Werftindustrie.

Das Bundesland war mit etwa 1% an der industriellen Produktion in Deutschland beteiligt (zum Vergleich Nordrhein-Westfalen: 28%) und konnte bei der Ansiedlung von Unternehmen nicht wie etwa Sachsen an eine vorhandene industrielle Struktur anknüpfen. Gewerbegebiete müssen neu geschaffen werden, um Investitionsanreize zu bieten. Von 625 Mio DM → Regionalförderung des Bundes 1991 wurden 55% zur Errichtung von Gewerbegebieten und zum Ausbau der Infrastruktur ausgegeben.

Ernteschäden: Durch die Ernteausfälle nach über zweimonatiger Dürre waren nach Einschätzung der Landesregierung die Hälfte der landwirtschaftlichen Betriebe in M. vom Konkurs bedroht. Viele Landwirte hatten die Einnahmen aus der Ernte 1993 gegen Kredite zum Aufbau ihrer Höfe bereits verpfändet. Das Kabinett beschloß im Juli 1992 rd. 80 Mio DM finanzielle Hilfen für die Bauern, Bundeslandwirtschaftsminister Ignaz Kiechle (CSU) sagte Unterstützungen in derselben Höhe zu.

Haushalt: Der Haushaltsentwurf für 1992 sah Ausgaben von 12 Mrd DM vor (1991: 11,5 Mrd DM). 4 Mrd DM erhielt M. 1992 aus dem → Fonds Deutsche Einheit. Die Kreditaufnahme betrug 2,5 Mrd DM.

Niedersachsen

Berndt Seite, Ministerpräsident von Mecklenburg-Vorpommern
* 22. 4. 1944 in Hahnswalde (Schlesien), Dr. med. vet., deutscher Politiker (CDU). Seite wurde 1975 Mitglied der evangelischen Landessynode Mecklenburg. 1989 gehörte er zu den Mitbegründern einer Gruppe des Neuen Forums. 1990 wechselte er zur CDU. Im Mai 1990 wurde Seite zum Landrat im Kreis Röbel und im Oktober 1991 zum Generalsekretär der Landes-CDU gewählt. Am 19. 3. 1992 löste er Alfred Gomolka (CDU) als Ministerpräsident ab.

Fläche	47 351 km² (Rang 2/D)
Einw.	7,42 Mio (Rang 4/D)
Hauptst.	Hannover
Arb.-los.	8,1% (1991)
Inflation	10,7% (1991)
Reg.-Chef	Gerhard Schröder (SPD)
Parlament	Landtag mit 155 für vier Jahre gewählten Abgeordneten; 71 Sitze für SPD, 67 für CDU, 9 für FDP, 8 für Grüne (nächste Wahl: 1994)

Karte Seite 470, C 3

In N., dem zweitgrößten Flächenland der Bundesrepublik, setzte sich die seit 1990 regierende Koalition aus SPD und Grünen für das Zustandekommen der → Weltausstellung Expo 2000 in Hannover ein. Das Projekt blieb 1992 finanziell und ökologisch umstritten. Die Kommunalwahlen vom 6. 10. 1991 waren gekennzeichnet durch eine niedrige Wahlbeteiligung von 68,3%. Trotz eines Stimmenrückgangs von 2,9 Prozentpunkten gegenüber der Wahl von 1986 konnte sich die CDU mit durchschnittlich 43,1% der Stimmen als stärkste Partei behaupten. Sparmaßnahmen im Landeshaushalt 1992 sollen einen weiteren Anstieg der Schuldenlast verhindern.

Expo 2000: Mit einer Mehrheit von 51,5% der Stimmen sprachen sich die Bürger der Landeshauptstadt Hannover in einer Volksbefragung am 12. 6. 1992 für die Ausrichtung der Expo 2000 aus. Die Befragung war auf Betreiben der Grün-Alternativen Bürgerliste (GABL), die im Stadtrat mit der SPD die Regierungskoalition bildet, ausgeschrieben worden. Im Gegensatz zur niedersächsischen Landesregierung lehnten die GABL, die niedersächsischen Grünen und Umweltverbände das Projekt wegen ökologischer und sozialer Bedenken ab. Sie kritisieren vor allem, daß die Vernichtung von Freiflächen, der anfallende Müll und der erhöhte Wasserverbrauch während der Ausstellung bereits bestehende Probleme im Großraum Hannover verschärfen würden. Offen war Mitte 1992, ob sich der Bund an den auf 9,5 Mrd DM geschätzten Investitionen für die Weltausstellung beteiligen wird. Ohne finanzielle Be-

Gerhard Schröder, Ministerpräsident von Niedersachsen
* 7. 4. 1944 in Mossenberg (Westfalen), deutscher Politiker (SPD). Schröder war von 1978 bis 1980 Bundesvorsitzender der Jungsozialisten, von 1980 bis 1986 gehörte er dem Bundestag an. 1986 wurde er niedersächsischer Fraktionsvorsitzender der SPD. 1990 gewann Schröder als Spitzenkandidat der SPD die Landtagswahlen und löste Ernst Albrecht (CDU) als Ministerpräsident ab.

teiligung der Bundesregierung ist die Weltausstellung in Hannover nach Angaben von Ministerpräsident Gerhard Schröder (SPD) nicht finanzierbar.

Kommunalwahlen: Bei den niedersächsischen Kommunalwahlen mußte neben der CDU auch die SPD mit einem Ergebnis von durchschnittlich 40,2% der Stimmen Verluste hinnehmen (1986: 40,5%), während sich die Grünen um 0,9 Prozentpunkte auf 6,3% und die FDP um einen Prozentpunkt auf 5,9% verbessern konnten. Die nur in wenigen Landkreisen und kreisfreien Städten angetretenen Republikaner erhielten im Landesdurchschnitt 0,8% der Stimmen.

Haushalt: Der Haushalt für 1992 umfaßte rd. 36 Mrd DM, 5,4% mehr als 1991, und wurde mit 2,3 Mrd DM aus Krediten finanziert. Die Schuldenlast wird Ende 1992 rd. 45 Mrd DM betragen. Für Zinszahlungen müssen 1992 etwa 3,3 Mrd DM (9,2% der Einnahmen) aufgebracht werden. Im Februar 1992 verpflichtete Ministerpräsident Schröder seine Regierung zu Einsparungen von 40 Mio DM im laufenden Haushaltsjahr. Betroffen von diesen Beschlüssen waren vor allem Einstellungen und Beförderungen von Personal bei den Landesbehörden. Die Sparbeschlüsse waren nach Angaben der Landesregierung auch eine Reaktion auf den Wegfall von Mitteln des Bundes aus der sog. Strukturhilfe (→ Länderfinanzausgleich). Das Finanzministerium rechnete dadurch mit Mindereinnahmen von 650 Mio DM pro Jahr bis 1995.

Wirtschaft: Mit einem Wirtschaftswachstum von 3,9% lag N. 1991 deutlich über dem Durchschnitt der westdeutschen Bundesländer von 3,2%. 1991 waren etwa 100 000 Menschen mehr beschäftigt als im Jahr zuvor. Die Arbeitslosenquote ging im entsprechenden Zeitraum von 9,4% auf 8,1% zurück; das war der stärkste Rückgang der Erwerbslosigkeit in den Flächenländern der alten Bundesrepublik.

Regierung in Niedersachsen

Ressort	Name (Partei)	Amtsantritt
Ministerpräsident	Gerhard Schröder (SPD)	1990
Innenminister und stellv. Ministerpräsident	Gerhard Glogowski (SPD)	1990
Finanzen	Hinrich Swieter (SPD)	1990
Soziales	Walter Hiller (SPD)	1990
Wirtschaft, Technologie und Verkehr	Peter Fischer (SPD)	1990
Justiz	Heidi Alm-Merk (SPD)	1990
Wissenschaft und Kultur	Helga Schuchardt (parteilos, für SPD)	1990
Kultur	Rolf Wernstedt (SPD)	1990
Ernährung, Landwirtschaft und Forsten	Karl-Heinz Funke (SPD)	1990
Umwelt	Monika Griefahn (parteilos, für SPD)	1990
Frauen	Waltraut Schoppe (Grüne)	1990
Bundes- und Europaangelegenheiten	Jürgen Trittin (Grüne)	1990

Nordrhein-Westfalen

Fläche	34 070 km² (Rang 4/D)
Einw.	17,41 Mio (Rang 1/D)
Hauptst.	Düsseldorf
Arb.-los.	7,9% (1991)
Inflation	3,3% (1991)
Reg.-Chef	Johannes Rau (SPD)
Parlament	Landtag mit 237 für fünf Jahre gewählten Abgeordneten; 122 Sitze für SPD, 89 für CDU, 14 für FDP, 12 für Grüne (nächste Wahl: 1995)

Karte Seite 470, A 4

In N. setzte der Landtag auf Antrag der Oppositionsparteien CDU, FDP und Grüne am 24. 3. 1992 einen → Untersuchungsausschuß ein, der die Rolle von Finanzminister Heinz Schleußer (SPD) beim Kauf und Verkauf eines Grundstücks in Oberhausen überprüfen soll. Der anhaltende wirtschaftliche Aufschwung im bevölkerungsreichsten Bundesland bewirkte 1991 ein Absinken der Arbeitslosenquote auf 7,9% (1990: 9,0%).

Untersuchungsausschuß: Der Ausschuß soll klären, ob es zulässig war, daß Schleußer Ende 1991 für 20 Mio DM ein Grundstück in Oberhausen von der Thyssen AG (Duisburg) für das Land erwarb und zum selben Preis an die Grundstücks-Entwicklungsgesellschaft Oberhausen verkaufte. Die Opposition wirft dem Minister vor, den Landtag erst nachträglich über das Geschäft informiert zu haben. Außerdem soll der Ausschuß klären, ob Schleußer ohne Parlamentsgenehmigung Mittel für die Förderung eines medizinisch-technischen Forschungsinstituts in Bochum ausgegeben hat, und wie es zur Bewilligung von außerplanmäßigen 5 Mio DM für eine Anzeigenserie des Umweltministeriums zur Müllvermeidung kam. Letzteres hatte der Verfassungsge-

richtshof für das Land N. (Münster) im Januar 1992 als Verstoß gegen das Landeshaushaltsrecht bewertet.

Haushalt: Der Landeshaushalt 1993 hatte ein Volumen von 77,6 Mrd DM (Anstieg gegenüber 1992: 3,5%). Wie 1992 wurden 4,3 Mrd DM aus Krediten finanziert. Die Investitionsausgaben sanken im Vergleich zum Vorjahr um 2,8% auf 10,6 Mrd DM. Zur Senkung des Haushaltsdefizits will die Regierung Rau bis 1995 Personalkosten einsparen (keine Einrichtung zusätzlicher Personalstellen, freiwerdende Stellen sollen zwölf Monate lang nicht besetzt werden) und keine ausgabenwirksame Gesetze beschließen.

Wirtschaft: Das Wirtschaftswachstum 1991 entsprach mit 3,2% (1990: 4%) annähernd dem Durchschnitt der Bundesländer (3,4%), wovon auch der Arbeitsmarkt profitierte. Gegenüber dem Vorjahr verdoppelte sich 1991 die Zahl der neuen Arbeitsplätze auf 134 000. In N. werden bis 1997 rd. 30 000 Bergbauarbeitsplätze wegfallen, wovon das östliche Ruhrgebiet, die Emscher-Lippe-Region sowie Aachen/Heinsberg betroffen sind (→ Kohle). Zur Bewältigung des Strukturwandels wollen die Landesregierung sowie Bund und EG bis 1995 jeweils rd. 1 Mrd DM zur Verfügung stellen. Die Gelder werden u. a. für Qualifikation von Arbeitskräften, Bereitstellung von Gewerbeflächen, Technologie- und gewerbliche Förderung sowie Verkehrsinfrastruktur eingesetzt (→ Emscher Park).

Johannes Rau, Ministerpräsident von Nordrhein-Westfalen
* 16. 1. 1931 in Wuppertal, deutscher Politiker (SPD). Rau wurde 1958 in den Nordrhein-Westfälischen Landtag gewählt. 1965 wurde er Mitglied der Synode der Evangelischen Kirche im Rheinland. 1969/70 war er Oberbürgermeister von Wuppertal, ab 1977 Vorsitzender der SPD in Nordrhein-Westfalen. 1978 wurde Rau Ministerpräsident. Bei den Landtagswahlen 1985 und 1990 errang er mit der SPD die absolute Mehrheit.

Regierung in Nordrhein-Westfalen

Ressort	Name (Partei)	Amts-antritt
Ministerpräsident	Johannes Rau (SPD)	1978
Inneres und stellv. Ministerpräsident	Herbert Schnoor (SPD)	1980
Finanzen	Heinz Schleußer (SPD)	1988
Arbeit, Gesundheit und Soziales	Hermann Heinemann (SPD)	1985
Wirtschaft, Mittelstand und Technologie	Günther Einert (SPD)	1990
Justiz	Rolf Krumsiek (SPD)	1985
Wissenschaft und Forschung	Anke Brunn (SPD)	1985
Kultur	Hans Schwier (SPD)	1983
Umwelt, Raumordnung und Landwirtschaft	Klaus Matthiesen (SPD)	1985
Stadtentwicklung und Verkehr	Franz-Josef Kniola (SPD)	1990
Wohnen und Bauen	Ilse Brusis (SPD)	1990
Gleichstellung von Mann und Frau	Ilse Ridder-Melchers (SPD)	1990
Besondere Aufgaben und Chef der Staatskanzlei	Wolfgang Clement (SPD)	1990

Rheinland-Pfalz

Fläche	19 845 km² (Rang 9/D)
Einw.	3,79 Mio (Rang 7/D)
Hauptst.	Mainz
Arb.-los.	5,4% (1991)
Inflation	3,5% (1991)
Reg.-Chef	Rudolf Scharping (SPD)
Parlament	Landtag mit 101 für vier Jahre gewählten Abgeordneten; 47 Sitze für SPD, 40 für CDU, 7 für FDP, 7 für Grüne (nächste Wahl: 1995)

Karte Seite 470, B 6

Als erster Sozialdemokrat wurde der SPD-Landesvorsitzende Rudolf Scharping im Mai 1991 zum Ministerpräsidenten von R. gewählt. Er führt eine Koalition aus SPD und FDP, die eine CDU/FDP-Landesregierung ablöste. Wirtschaftliche Probleme verursachte 1992 der Abzug von NATO- und Bundeswehreinheiten aus R. Bis Mitte der 90er Jahre rechnete die Landesregierung mit dem Abzug von Soldaten und dem Verlust von Zivilarbeitsplätzen bei den Streitkräften in Höhe von etwa 90 000. Beim Wirtschaftswachstum konnte das Bundesland nicht in dem Maße von den Auswirkungen der deutschen Vereinigung profitieren wie andere alte Länder.

Truppenabbau: Mit der vollständigen Räumung des Standorts Zweibrücken durch die US-amerikanischen Streitkräfte im Oktober 1991 begann der → Truppenabbau in R. Die Landesregierung ging davon aus, daß bis Mitte der 90er Jahre etwa 49 000 US-amerikanische Soldaten und US-Zivilbeschäftigte abgezogen werden, was den Verlust von 13 000 deutschen Zivilarbeitsplätzen bei den Streitkräften bedeutete. Weitere 4000 Arbeitsplätze für deutsche Zivilisten entfallen mit dem Abzug von 16 700 französischen Soldaten

und der Reduzierung der → Bundeswehr in R. um 9100 Mann. Der Truppenabbau wird insbes. in strukturschwachen, von Militärpräsenz geprägten Regionen negative wirtschaftliche Folgen haben. Im Landkreis Kaiserslautern etwa besteht die Wohnbevölkerung zu 33% aus Soldaten und deren Angehörigen; hier trugen die Ausgaben der Streitkräfte mit 40% zum Volkseinkommen bei. Zusammen mit den übrigen Bundesländern erarbeitete R. ein Programm zur Bewältigung der Folgen des Truppenabbaus in Deutschland, für das die Bundesregierung statt der von den Ländern geforderten 5 Mrd DM Mitte 1992 rd. 500 Mio DM bereitstellen wollte.

Haushalt: Der Haushaltsentwurf für 1993 sah eine Ausgabensteigerung um 3,6% gegenüber 1992 auf 18,7 Mrd DM vor. Die Personalausgaben stiegen um 5,4%; ihr Anteil an den Gesamtausgaben betrug 41,2%. Landesweiten Widerstand von Eltern, Lehrern und Schülern erregte die vom Kultusministerium aus Kostengründen beschlossene Kürzung der Unterrichtsstunden an den 550 weiterführenden Schulen des Landes ab August 1992. In der Sekundarstufe 1 wurde die Zahl der Unterrichtsstunden von 32 auf 30 Pflichtstunden pro Woche gekürzt.

Wirtschaft: 1991 bildete R. mit einem Wirtschaftswachstum von 2,3% das Schlußlicht der westdeutschen Länder, die Zuwächse von durchschnittlich 3,4% verzeichneten. Die Arbeitslosenquote sank von 6,3% (1990) auf 5,4% und lag damit unter den 7,2% im Durchschnitt der alten Bundesländer.

Regierung in Rheinland-Pfalz

Ressort	Name (Partei)	Amts-antritt
Ministerpräsident	Rudolf Scharping (SPD)	1991
Wirtschaft und Verkehr, stellv. Ministerpräsident	Rainer Brüderle (FDP)	1991
Inneres und Sport	Walter Zuber (SPD)	1991
Finanzen	Edgar Meister (SPD)	1991
Arbeit, Soziales, Familie und Gesundheit	Ullrich Galle (SPD)	1991
Justiz	Peter Caesar (FDP)	1991
Bildung und Kultur	Rose Götte (SPD)	1991
Wissenschaft und Weiterbildung	Jürgen Zöllner (SPD)	1991
Landwirtschaft, Weinbau und Forsten	Karl Schneider (SPD)	1991
Umwelt	Klaudia Martini (SPD)	1991
Bundes- und Europa-angelegenheiten	Florian Gerster (SPD)	1991
Gleichstellung von Mann und Frau	Jeanette Rott (SPD)	1991

Rudolf Scharping, Ministerpräsident von Rheinland-Pfalz
* 2. 12. 1947 in Niederelbert (Westerwald), deutscher Politiker (SPD). Seit 1975 ist Scharping Mitglied des Rheinland-Pfälzischen Landtags. 1976 wurde er Geschäftsführer der rheinland-pfälzischen SPD und 1979 Parlamentarischer Geschäftsführer der SPD-Landtagsfraktion. 1985 löste er Hugo Brandt als Fraktions- und Landesvorsitzenden ab. Bei der Landtagswahl 1991 errang die SPD unter seiner Führung die Mehrheit der Mandate.

Saarland

Saarland	
Fläche	2 570 km² (Rang 13/D)
Einw.	1,08 Mio (Rang 15/D)
Hauptst.	Saarbrücken
Arb.-los.	8,6% (1991)
Inflation	3,4% (1991)
Reg.-Chef	Oskar Lafontaine (SPD)
Parlament	Landtag mit 51 für fünf Jahre gewählten Abgeordneten; 30 Sitze für SPD, 18 für CDU, 3 für FDP (nächste Wahl: 1995)

Karte Seite 470, A 6

Regierung im Saarland

Ressort	Name (Partei)	Amts-antritt
Ministerpräsident	Oskar Lafontaine (SPD)	1985
Finanzen und stellv. Ministerpräsident	Hans Kasper (SPD)	1985
Inneres	Friedel Läpple (SPD)	1985
Arbeit, Gesundheit und Soziales	Christiane Krajewski (SPD)	1990
Wirtschaft	Reinhold Kopp (SPD)	1991
Justiz	Arno Walter (SPD)	1985
Wissenschaft und Kultur	Diether Breitenbach (SPD)	1985
Bildung und Sport	Marianne Granz (SPD)	1990
Umwelt	Josef M. Leinen (SPD)	1985

Am 11. 6. 1992 scheiterte ein Mißtrauensvotum der Oppositionsparteien CDU und FDP im Landtag gegen den seit 1985 amtierenden Ministerpräsidenten Oskar Lafontaine (SPD) mit 21 gegen 29 Stimmen. CDU und FDP hatten ihm den Bezug ungerechtfertigter Ruhegeldzahlungen aus seiner Zeit als Saarbrücker Oberbürgermeister vorgeworfen. Wegen der hohen Neuverschuldung schätzte der Rechnungshof des S. den Haushalt 1991 als verfassungswidrig ein.

Regierungskrise: Die Opposition forderte den Rücktritt Lafontaines, weil dieser seit 1986 zusätzlich zu seinem Amtsgehalt als Ministerpräsident Ausgleichszahlungen in Höhe von etwa 220 000 DM erhalten hatte. Lafontaine betrachtete die Gewährung der Zahlungen auf Grundlage des saarländischen Ministergesetzes als technischen Fehler des Gesetzgebers. Den Betrag von 100 700 DM, den er netto erhalten habe, wolle er einem sozialen Zweck spenden.

Haushalt: 591 Mio DM standen im Etat 1992 (Gesamtumfang 5,63 Mrd DM) für Investitionen bereit, was einem Rückgang von 15,8% gegenüber 1991 entsprach. Die Neuverschuldung war mit 713 Mio DM gegenüber 1991 um 14,7% rückläufig. Der Haushalt 1991 wurde vom Rechnungshof

des S. zum vierten Mal nach 1988–1990 als verfassungswidrig eingestuft, weil die Kreditaufnahme von 836 Mio DM unzulässigerweise die im Haushalt veranschlagten Investitionen in Höhe von 703 Mio DM überstieg.

Verschuldung: Die Gesamtverschuldung des S. betrug 1992 rd. 13 Mrd DM; nach Bremen (16 Mrd DM) war das die höchste Verschuldung in den alten Bundesländern. Zum wiederholten Mal forderte Ministerpräsident Lafontaine im Februar 1992 die Bundesregierung auf, eine Teilentschuldung des S. in Höhe von 6 Mrd bis 8 Mrd DM zu übernehmen. Die hohe Verschuldung sei teilweise auf die Stützung der Krisenbranchen Steinkohlebergbau (→ Kohle) und Stahlindustrie (→ Subventionen) zurückzuführen, eine Aufgabe, die das kleinste deutsche Flächenland nicht allein bewältigen könne.

Wirtschaft: Im saarländischen Kohlebergbau sollen bis etwa 1997 rd. 4000 Arbeitsplätze abgebaut werden. Die Arbeitslosenquote erreichte 1991 mit 8,6% den höchsten Wert in den westdeutschen Flächenländern. Das Wirtschaftswachstum stieg von 1,9% (1990) auf 3,1%.

Sachsen	
Fläche	18 341 km² (Rang 10/D)
Einw.	4,76 Mio (Rang 6/D)
Hauptst.	Dresden
Arb.-los.	9,1% (1991)
Inflation	14,2% (1991, Ø neue Länder)
Reg.-Chef	Kurt Biedenkopf (CDU)
Parlament	Landtag mit 160 für vier Jahre gewählten Abgeordneten; 92 Sitze für CDU, 32 für SPD, 17 für PDS, 10 für Bündnis 90/Grüne, 9 für FDP (nächste Wahl: 1994)

Karte Seite 470, F 5

**Oskar Lafontaine,
Ministerpräsident des Saarlands**
* 16. 9. 1943 in Saarlouis, deutscher Politiker (SPD). 1976 bis 1985 war Lafontaine Bürgermeister von Saarbrücken, 1985 wurde er Ministerpräsident des Saarlands, 1987 stellvertretender Vorsitzender der Bundes-SPD. Bei der Wahl zum Bundestag im Dezember 1990 unterlag er als Kanzlerkandidat der SPD Bundeskanzler Helmut Kohl (CDU).

484

Das aus den ehemaligen DDR-Bezirken Dresden, Leipzig und Karl-Marx-Stadt (heute: Chemnitz) hervorgegangene Bundesland S. wird seit 1990 von einer CDU-Regierung unter Ministerpräsident Kurt Biedenkopf geführt. Als erstes östliches Bundesland arbeitete S. ab Mai 1992 mit der → Treuhandanstalt bei der Sanierung von Unternehmen zusammen, wobei S. Mittel aus der regionalen Wirtschaftsförderung und Kreditbürgschaften bereitstellt. Das Land war 1992 auf Unterstützung aus dem Westen angewiesen. Der größte Teil der Einnahmen des Landeshaushalts 1992 entstammte Zuweisungen von Bund und alten Ländern.

Wirtschaft: Etwa 120–180 Treuhandunternehmen sollen mit Landeshilfe saniert werden. Das Mitspracherecht der sächsischen Regierung bei der → Privatisierung von Unternehmen soll eine bessere Vertretung von regionalen Interessen gegenüber der Treuhandanstalt bewirken.

Aus Fördermitteln des Landes in Höhe von 2,4 Mrd DM waren 1991 in S. 47 000 Arbeitsplätze geschaffen und 34 000 gesichert worden. Mit 9,1% wies S. 1991 die niedrigste Arbeitslosenquote der neuen Länder auf (Durchschnitt: 10,8%). Bis Ende Mai 1992 stieg sie auf 13,2%. Ursache waren vor allem Entlassungen wegen fehlender Aufträge in den sächsischen Traditionsbranchen Textilindustrie (Anfang 1991: 75 000 Arbeitnehmer; Ende 1992: 25 000) und Maschinenbau (Anfang 1991: 80 000 Arbeitsplätze; Ende 1992: 20 000).

Handel: Anfang 1992 gingen die sächsischen Ausfuhren in die Staaten der GUS zurück, nachdem S. 1991 einen Handelsüberschuß von 1,2 Mrd DM erzielt hatte. Mit den GUS-Republiken wickelte die sächsische Industrie 1991 rd. 44% aller Ausfuhren und 24% der Einfuhren ab (→ Osthandel). S. importierte 1991 mehr Waren aus westlichen Industriestaaten als es dorthin lieferte (Saldo: 555 Mio DM).

Regierung in Sachsen

Ressort	Name (Partei)	Amtsantritt
Ministerpräsident	Kurt Biedenkopf (CDU)	1990
Inneres und stellv. Ministerpräsident	Heinz Eggert (CDU)	30. 9. 1991
Finanzen	Georg Milbradt (CDU)	1990
Soziales, Gesundheit und Familie	Hans Geisler (CDU)	1990
Wirtschaft und Arbeit	Kajo Schommer (CDU)	1990
Justiz	Steffen Heitmann (parteilos)	1990
Wissenschaft	Hans-Joachim Meyer (CDU)	1990
Schule, Jugend und Sport	Stefanie Rehm (CDU)	1990
Landwirtschaft	Rolf Jähnichen (CDU)	1990
Umwelt und Landesplanung	Arnold Vaatz (CDU)	1. 1. 1992
Staatsminister für besondere Aufgaben	Karl Weise (CDU)	1. 1. 1992

Haushalt: Weniger als ein Drittel der Ausgaben im Landeshaushalt 1992 (25,9 Mrd DM) waren durch Steuereinnahmen (7,1 Mrd DM) gedeckt. Das entsprach einer Steuerdeckungsquote von 27% (Durchschnitt alte Länder: rd. 75%). Die Kreditaufnahme betrug 3,5 Mrd DM. Aus dem → Fonds Deutsche Einheit erhielt S. 1992 rd. 10,2 Mrd DM, 5,2 Mrd DM entstammten sonstigen Zuweisungen etwa aus dem → Gemeinschaftswerk Aufschwung Ost oder der → Regionalförderung der EG.

Verfassung: Der Sächsische Landtag verabschiedete im Mai 1992 mit Zweidrittel-Mehrheit eine Landesverfassung, die eine Übergangsregelung von 1990 ablöste. Neben dem Recht auf Arbeit, angemessenen Wohnraum und Lebensunterhalt sowie soziale Sicherung und Bildung ist der → Umweltschutz als Staatsziel in der Verfassung festgeschrieben.

Sachsen-Anhalt

Fläche	20 444 km² (Rang 8/D)
Einw.	2,85 Mio (Rang 9/D)
Hauptst.	Magdeburg
Arb.-los.	10,3% (1991)
Inflation	14,2% (1991, Ø neue Länder)
Reg.-Chef	Werner Münch (CDU)
Parlament	Landtag mit 106 für vier Jahre gewählten Abgeordneten; 45 Sitze für CDU, 25 für SPD, 13 für FDP, 11 für PDS, 5 für Bündnis 90/Grüne, 5 für DSU, 2 Parteilose (nächste Wahl: 1994)

Karte Seite 470, D 4

Kurt Biedenkopf,
Ministerpräsident von Sachsen
* 28. 1. 1930 in Ludwigshafen, Prof. Dr. jur., deutscher Politiker (CDU). Biedenkopf arbeitete bis 1973 in Wissenschaft und Forschung sowie in der Industrie. 1973 bis 1977 war er Generalsekretär der CDU. 1977 übernahm er den Vorsitz des CDU-Landesverbandes Westfalen-Lippe, 1986 bis 1987 den der CDU Nordrhein-Westfalen. 1990 wurde er sächsischer Ministerpräsident, seit Dezember 1991 ist er auch Landesvorsitzender der CDU in Sachsen.

In S. verfügte die CDU/FDP-Regierungskoalition unter Führung von Ministerpräsident Werner Münch (CDU) Mitte 1992 trotz Parteiaustritten und Fraktionswechseln von Abgeordneten sowie der Gründung einer Fraktion der Deutschen Sozialen Union (DSU) weiterhin über eine Mehrheit von 58 der 106 Landtagssitze (Wahlergebnis 1990: 62 Sitze). Am 15. 7. 1992 wurde eine Verfassung für S. im Landtag mit den Stimmen der Koalitionsparteien und der SPD-Opposition verabschiedet. 1992 war das Bundesland auf Finanzhilfe von Bund und alten Ländern angewiesen (56% der Haushaltseinnahmen). Als Folge von Schließungen nicht mehr wettbewerbsfähiger Betriebe und Personalabbau aufgrund von Unternehmenssanierungen stieg die Arbeitslosenquote nach einem Jahresdurchschnitt von 10,3% 1991 auf 15,1% im Mai 1992.

Verfassung: Als Staatsziele wurden u. a. der Schutz der natürlichen Lebensgrundlagen und der besondere Schutz älterer Menschen und Menschen mit Behinderung festgeschrieben. Auch der Datenschutz wurde als Grundrecht verankert.

Haushalt: Der Landeshaushalt 1992 hatte einen Umfang von 17,9 Mrd DM (1991: 16,2 Mrd DM). Nur 25% der Einnahmen konnte S. aus Steuermitteln decken (alte Bundesländer: rd. 75%). 6,1 Mrd DM erhielt es aus dem → Fonds Deutsche Einheit, 3,5 Mrd DM aus anderen Quellen wie dem → Gemeinschaftswerk Aufschwung Ost.

Wirtschaft: Der südliche Teil von S., die Region um Halle, Merseburg und Bitterfeld, war das Zentrum der chemischen Industrie in der ehemaligen

Werner Münch, Ministerpräsident von Sachsen-Anhalt
* 25. 9. 1940 in Kirchhellen (Westfalen), Prof. Dr. phil., deutscher Politiker (CDU). Münch lehrte 1972–1990 Politologie an der Fachhochschule in Osnabrück. 1984–1990 war er Abgeordneter im Europäischen Parlament. Finanzminister von Sachsen-Anhalt wurde er 1990. Im Juli 1991 löste er Ministerpräsident Gerd Gies (CDU) ab. Im November 1991 wurde er zum CDU-Landesvorsitzenden gewählt.

DDR, des wichtigsten Erwerbszweigs in S. Anfang 1992 waren von ehemals 100 000 Arbeitnehmern bei den drei größten Firmen (Chemie AG, Filmfabrik Wolfen AG, Vereinigte Mitteldeutsche Braunkohlenwerke AG) noch 37 000 beschäftigt. Mitte 1992 verkaufte die → Treuhandanstalt Chemieunternehmen der Region (Teile der Minol AG, der Leuna Werke AG und das Hydrierwerk Zeitz GmbH) an ein deutsch-französisches Firmenkonsortium, das 5 Mrd DM in Modernisierung und Ausbau der Anlagen investieren will. Zur Sanierung der geschätzten 9000 → Altlasten und zur Errichtung von Kläranlagen (→ Wasserverschmutzung) im Gebiet Halle/Bitterfeld/Merseburg stellen das Bundesumweltministerium bis Ende 1992 ca. 200 Mio DM und das Land S. 638 Mio DM bereit. So sollen rd. 20 000 Arbeitsplätze geschaffen werden. Die Chemie-Industrie in dieser Region war hauptsächlicher Verursacher von hochgiftigen Emissionen (→ Luftverschmutzung) und Deponieabfällen, die nach Angaben des Umweltbundesamtes (Berlin) im Landkreis Bitterfeld Gesundheitsschäden (u. a. Bronchitis, Magen-Darm-Erkrankungen) vor allem bei Kindern hervorgerufen hätten.

Regierung in Sachsen-Anhalt

Ressort	Name (Partei)	Amtsantritt
Ministerpräsident	Werner Münch (CDU)	4. 7. 1991
Umwelt und Naturschutz, stellv. Ministerpräsident	Wolfgang Rauls (FDP)	1990
Inneres	Hartmut Perschau (CDU)	11. 7. 1991
Finanzen	Wolfgang Böhmer (CDU)	11. 7. 1991
Arbeit und Soziales	Werner Schreiber (CDU)	1990
Wirtschaft, Technologie und Verkehr	Horst Rehberger (FDP)	1990
Justiz	Walter Remmers (CDU)	1990
Wissenschaft und Forschung	Rolf Frick (FDP)	11. 7. 1991
Kultur	Werner Sobetzko (CDU)	11. 7. 1991
Ernährung, Landwirtschaft und Forsten	Petra Wernicke (CDU)	12. 9. 1991
Raumordnung, Städtebau und Wohnungswesen	Karl-Heinz Daehne (CDU)	12. 9. 1991
Bundes- und Europaangelegenheiten	Hans-Jürgen Kaesler (FDP)	12. 9. 1991

Schleswig-Holstein

Fläche	15 730 km² (Rang 12/D)
Einw.	2,63 Mio (Rang 10/D)
Hauptst.	Kiel
Arb.-los.	7,3% (1991)
Inflation	k. A.
Reg.-Chef	Björn Engholm (SPD)
Parlament	Landtag mit 89 für vier Jahre gewählten Abgeordneten; 45 Sitze für SPD, 32 für CDU, 6 für DVU, 5 für FDP, 1 für SSW (nächste Wahl: 1996)

Karte Seite 470, C 2

Regierung in Schleswig-Holstein

Ressort	Name (Partei)	Amtsantritt
Ministerpräsident	Björn Engholm (SPD)	1988
Arbeit und Soziales, Jugend, Gesundheit und Energie, stellv. Ministerpräsident	Günther Jansen (SPD)	1988
Inneres	Hans Peter Bull (SPD)	1988
Finanzen	Heide Simonis (SPD)	1988
Wirtschaft, Technik und Verkehr	Uwe Thomas (SPD)	5.5.1992
Justiz	Klaus Klingner (SPD)	1988
Bildung, Wissenschaft, Kultur und Sport	Marianne Tidick (SPD)	1990
Ernährung, Landwirtschaft, Forsten und Fischerei	Hans Wiesen (SPD)	1988
Natur, Umwelt und Landesentwicklung	Berndt Heydemann (parteilos)	1988
Frauen	Gisela Böhrk (SPD)	1988
Bundes- und Europaangelegenheiten	Gerd Walter (SPD)	5.5.1992

Björn Engholm, Ministerpräsident von Schleswig-Holstein
* 9. 11. 1939 in Lübeck, deutscher Politiker (SPD). Engholm war von 1969 bis 1982 Abgeordneter im Deutschen Bundestag, 1981–1982 Bundesminister für Bildung und Wissenschaft. 1983 wurde er Vorsitzender der schleswig-holsteinischen SPD. Im Mai 1991 übernahm er den SPD-Bundesvorsitz, im Januar 1992 wurde er zum SPD-Kanzlerkandidaten für die Bundestagswahl 1994 gewählt.

Bei den Landtagswahlen vom 5. 4. 1992 konnte die SPD-Regierung unter Ministerpräsident Björn Engholm ihre absolute Parlamentsmehrheit mit 46,2% der Stimmen und einem Mandat Vorsprung behaupten. Überraschend erzielte die rechtsgerichtete Deutsche Volksunion (DVU; → Rechtsextremismus) 6,3% der Stimmen und sechs Sitze im Landtag. Als Maßnahme zur Verringerung der Schulden beschloß die Regierung im März 1992 Einsparungen in Höhe von 130 Mio DM für den Haushalt 1992.

Wahl: Der Regierungspartei SPD stehen als Opposition im Landtag des nördlichsten Bundeslands die CDU (Stimmenanteil: 33,8%), die DVU (6,3%), die FDP (5,6%) und der Südschleswigsche Wählerverband (SSW 1,9%, von 5%-Klausel befreit) gegenüber. Der Einzug der Grünen ins Parlament scheiterte mit 4,9% der Stimmen an der 5%-Klausel. Ähnlich wie in Baden-Württemberg, wo die rechtsgerichteten Republikaner bei der Landtagswahl am selben Tag 10,9% der Wählerstimmen erhielten, galt vor allem die Unzufriedenheit der Wähler mit der Politik der etablierten Parteien als Ursache für das gute Abschneiden der DVU. Für Probleme wie → Wohnungsnot und → Arbeitslosigkeit machte die DVU im Wahlkampf erfolgreich → Asylbewerber und → Ausländer verantwortlich.

Haushalt: Der Landeshaushalt 1992 (Umfang: 14,9 Mrd DM) stieg gegenüber dem Vorjahr um 6%. Die Neuverschuldung betrug rd. 1,1 Mrd DM, bis 1995 soll sie schrittweise auf 650 000 DM gesenkt werden. Die Sparmaßnahmen beinhalteten die Streichung aller Verwaltungsneubauten und den Wegfall von 125 Personalstellen in der Landesverwaltung.

Wirtschaft: Das Wirtschaftswachstum 1991 lag in S. mit 3,1% unter dem Durchschnitt der alten Länder von 3,5%. Die Arbeitslosenquote sank von 8,7% (1990) auf 7,3% (Durchschnitt alte Länder: 7,2%). Verschiedene Maßnahmen sollen zur Verbesserung der wirtschaftlichen Struktur beitragen:
▷ Bau einer Brücke oder eines Tunnels über die Elbe bei Glückstadt; Erweiterung des Hamburger Elbtunnels von drei auf vier Röhren
▷ Elektrifizierung der Eisenbahnlinie zwischen Hamburg und Flensburg mit einem Abzweig nach Kiel
▷ Gründung des Vereins KERN (Abkürzung für Kiel, Eckernförde, Rendsburg, Neumünster) zur Förderung technologischer und wirtschaftlicher Zusammenarbeit in der Region.

An acht vom Abbau der Bundeswehr (→ Truppenabbau) betroffenen Standorten beabsichtigt die Landesregierung als Voraussetzung zur Schaffung neuer Arbeitsplätze Gewerbegebiete auszuweisen sowie Verkehrs- und Wohnungsbauvorhaben zu beschleunigen.

Thüringen

Fläche	16 251 km² (Rang 11/D)
Einw.	2,61 Mio (Rang 11/D)
Hauptst.	Erfurt
Arb.-los.	10,2% (1991)
Inflation	14,2% (1991, Ø neue Länder)
Reg.-Chef	Bernhard Vogel (CDU)
Parlament	Landtag mit 89 für vier Jahre gewählten Abgeordneten; 44 Sitze für CDU, 21 für SPD, 9 für PDS, 9 für FDP, 6 für Bündnis 90/Grüne (nächste Wahl: 1994)

Karte Seite 470, D 5

Bernhard Vogel,
Ministerpräsident von Thüringen
* 19. 12. 1932 in Göttingen, Dr. phil.,
deutscher Politiker (CDU). Von 1965
bis 1967 war Vogel Abgeordneter im
Deutschen Bundestag, 1967 bis 1976
Kultusminister von Rheinland-Pfalz.
1976 wurde Vogel als Nachfolger von
Helmut Kohl (CDU) Ministerpräsident
von Rheinland-Pfalz. 1988 wurde er
als Landesvorsitzender der CDU abgewählt. Am 5. 2. 1992 wurde er als
Nachfolger des zurückgetretenen
Josef Duchač (CDU) Ministerpräsident von Thüringen.

Eine mehrmonatige Regierungskrise wurde am 5. 2. 1992 mit der Wahl des früheren rheinland-pfälzischen Regierungschefs Bernhard Vogel (CDU) zum neuen Ministerpräsidenten von Thüringen beendet. Er löste den zurückgetretenen Josef Duchač (CDU) ab. Zu den ersten Entscheidungen der neuen Regierung gehörten Kürzungen im Landeshaushalt. 13 300 der 80 500 Mitarbeiter des öffentlichen Dienstes sollen durch natürliche Fluktuation abgebaut werden (1992: 3300). Trotz eines Wirtschaftsaufschwungs durch Neugründung von Unternehmen stieg die Arbeitslosenquote aufgrund von Betriebsschließungen von 10,2% im Jahresdurchschnitt 1991 auf 14,8% im Mai 1992. Für die Sanierung des radioaktiv verseuchten Uranbergbaubetriebs Wismut AG in Ronneburg bei Gera wurden 1991 rd. 1,1 Mrd DM Bundes- und Landesmittel eingesetzt.

Westdeutscher neuer Regierungschef: Der seit Ende 1990 amtierende Ministerpräsident Duchač hatte nach Vorwürfen wegen seiner politischen Vergangenheit in der CDU der ehemaligen DDR das Vertrauen seiner Partei verloren, die ihm überdies Führungsschwäche vorwarf. Neben Kurt Biedenkopf (CDU, Sachsen) und Werner Münch (CDU, Sachsen-Anhalt) war Vogel der dritte Ministerpräsident in den neuen Bundesländern, der aus Westdeutschland stammt.

Die CDU/FDP-Regierung will mit einer Gebiets- und Verwaltungsreform die Verwaltung effektiver gestalten. Die Zahl der 35 Landkreise soll halbiert, die der 1700 Kommunen verringert werden; nur Gemeinden mit mehr als 3000 Einwohnern bleiben selbständig.

Haushalt: Der Haushaltsentwurf 1992 sah ein Volumen von 15,2 Mrd DM vor, 3,7% mehr als 1991. T. brachte nur 27% der Einnahmen für den Landeshaushalt aus eigenen Steuermitteln auf. Das Budget wurde mit 5,5 Mrd DM aus dem → Fonds Deutsche Einheit und zu 20% durch Kre-

ditaufnahme (rd. 3 Mrd DM) finanziert. Der Wegfall von → Subventionen für → Mieten, Energie und den → öffentlichen Nahverkehr setzte Mittel frei, mit denen die Investitionen auf 35% (1991: 25%) der Gesamtausgaben erhöht werden konnten. Damit lag T. an erster Stelle der neuen Bundesländer (Durchschnitt: 28%).

Wirtschaft: T. profitierte 1991/92 von der verkehrsgünstigen Lage und einer mittelständischen Wirtschaftsstruktur. Von den 1100 mittelständischen Betrieben waren Anfang 1992 nach Angaben der → Treuhandanstalt ein Drittel privatisiert. Mehr als 455 Unternehmensgründungen bezuschußte das Land seit Ende 1990 mit 1,1 Mrd DM. Eine 1991 begonnene Sanierung der Optik-Industrie in Jena durch Treuhandanstalt, Land und das westdeutsche Unternehmen Zeiss (Oberkochen) soll mit 3,3 Mrd DM 10 000 Arbeitsplätze sichern. 2000 neue Arbeitsplätze entstehen, wenn die Adam Opel AG (Rüsselsheim) Ende 1992 ein Automobilwerk (150 000 PKW Jahreskapazität) in Eisenach in Betrieb nimmt.

Sanierung der Wismut AG: Während der 40jährigen Uranförderung (bis Anfang 1991) des seit 1991 im Bundesbesitz befindlichen Bergbaubetriebs Wismut waren nach Schätzungen etwa 400 000 Arbeitnehmer radioaktiv belastet worden (→ Strahlenbelastung). Zu den 5000 seit 1946 anerkannten Krebsfällen kommen nach Expertenschätzung jährlich 300 weitere Erkrankte. Eine Fläche von etwa 12 000 km² ist mit giftigen Rückständen verseucht (→ Altlasten). Die Sanierungskosten betragen rd. 13 Mrd DM.

Regierung in Thüringen

Ressort	Name (Partei)	Amts-antritt
Ministerpräsident	Bernhard Vogel (CDU)	5. 2. 1992
Wissenschaft und Kunst, stellv. Ministerpräsident	Ulrich Fickel (FDP)	1990
Inneres	Willibald Böck (CDU)	1990
Finanzen	Klaus Zeh (CDU)	1990
Soziales und Gesundheit	Hans-Henning Axthelm (CDU)	1990
Wirtschaft und Verkehr	Jürgen Bohn (FDP)	1. 11. 1991
Justiz	Hans-Joachim Rentsch (CDU)	1990
Kultur	Dieter Althans (CDU)	11. 2. 1992
Landwirtschaft und Forsten	Volker Sklenar (CDU)	1990
Umwelt- und Landesplanung	Hartmut Sieckmann (FDP)	1990
Bundes- und Europaangelegenheiten	Christine Lieberknecht (CDU)	11. 2. 1992
Staatskanzlei	Franz Schuster (CDU)	11. 2. 1992

Staaten der Welt

Der Länderteil enthält Informationen zu allen selbständigen Staaten der Erde. Erstmals sind auch die Nachfolgestaaten der ehemaligen Sowjetunion und Jugoslawiens vertreten. Die Angaben konzentrieren sich auf politische und wirtschaftliche Ereignisse im Berichtszeitraum von August 1991 bis Juli 1992. Eine einheitliche Übersicht enthält zu Beginn jedes Länderartikels die wichtigsten Standarddaten nach dem letztverfügbaren Stand. Für Größe und Einwohnerzahl wird in Klammern die Weltrangstelle innerhalb aller Staaten angegeben. In Einzelfällen sind keine Angaben (Kennzeichnung mit k. A.) erhältlich. Unter der Pilotkarte, die eine geographische Einordnung auf dem Kontinent ermöglicht, findet sich der Hinweis auf die detaillierte Karte.

Karten

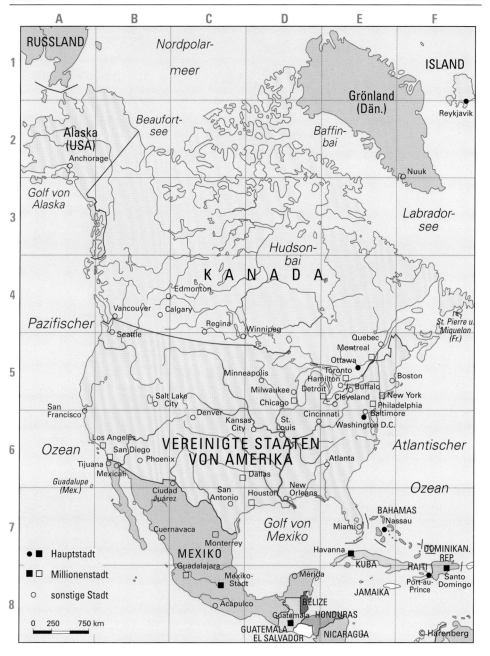

Staaten / Nordamerika

A B C D E F

1 RUSSLAND Nordpolar-meer ISLAND

Grönland (Dän.)

Reykjavik

2 Alaska (USA) Beaufort-see Baffin-bai

Anchorage Nuuk

Golf von Alaska

3 Pazifischer Labrador-see

Hudson-bai

4 KANADA

Edmonton

Vancouver Calgary St. Pierre u. Miquelon (Fr.)

Regina Winnipeg

Seattle Quebec Boston

Montreal

5 Minneapolis Ottawa Toronto Hamilton Buffalo New York Philadelphia

Milwaukee Detroit Cleveland

Chicago Baltimore

San Denver Cincinnati Washington D.C.

Francisco Kansas City St. Louis

6 Ozean Los Angeles San Diego VEREINIGTE STAATEN Atlantischer

Phoenix VON AMERIKA Atlanta

Tijuana Mexicali

Guadalupe (Mex.) Ciudad Juárez San Antonio Houston New Orleans Ozean

7 Golf von Mexiko BAHAMAS

Cuernavaca Miami Nassau

Monterrey Havanna DOMINIKAN. REP.

MEXIKO Guadalajara KUBA HAITI Santo Domingo

Mexiko-Stadt Mérida Port-au-Prince

JAMAIKA

8 Acapulco BELIZE HONDURAS

Guatemala

GUATEMALA NICARAGUA

EL SALVADOR © Harenberg

● ■ Hauptstadt

■ □ Millionenstadt

○ sonstige Stadt

0 250 750 km

491

Südamerika

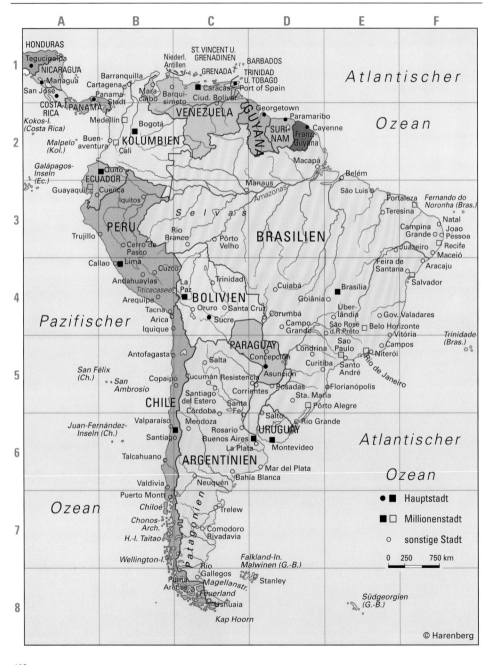

A B C D E F

HONDURAS
Tegucigalpa
NICARAGUA
Managua
San José
COSTA RICA
PANAMA
Kokos-I.
(Costa Rica)
Malpelo
(Kol.)
Galápagos-Inseln
(Ec.)

Barranquilla
Cartagena
Panama-Stadt
Medellín
Bogotá
Buen-aventura
KOLUMBIEN
Cali
Quito
ECUADOR
Guayaquil Cuenca
Iquitos
PERU
Trujillo
Cerro de Pasco
Callao Lima
Cuzco
Andahuaylas
Titicacasee
Arequipa
Tacna
Arica
Iquique

Niederl. Antillen
ST. VINCENT U. GRENADINEN
GRENADA
Maracaibo
Barqui-simeto
VENEZUELA
Bogotá

Mara-caibo
Ciud. Bolívar
Rio Branco
Pôrto Velho
La Paz
BOLIVIEN
Oruro Santa Cruz
Sucre
Corumbá

BARBADOS
TRINIDAD
U. TOBAGO
Port of Spain
Caracas
GUYANA
Georgetown
Paramaribo
SURI-NAM
Cayenne
Franz.-Guyana
Macapá
Belém
Manaus
Amazonas
Selvas
BRASILIEN
São Luis
Teresina
Cuiabá
Goiânia
Brasília
Uber-lândia
Campo Grande
São Rosé
d.R.Prêto
Londrina
São Paulo
Curitiba

Atlantischer
Ozean
Fortaleza Fernando do Noronha (Bras.)
Natal
Campina Joao
Grande Pessoa
Juazeiro Recife
Maceió
Feira de Aracaju
Santana Salvador
Gov. Valadares
Belo Horizonte
Vitória
Campos
Niterói
Trinidade (Bras.)

Pazifischer

Antofagasta
San Félix (Ch.)
San Ambrosio
Copaipo
Salta
Tucumán
Resistencia
Corrientes
Santiago del Estero
Córdoba
Santa Fe
PARAGUAY
Concepción
Asunción
Posadas
CHILE
Valparaíso
Mendoza
Rosario
Santiago
Buenos Aires
La Plata
Talcahuano
ARGENTINIEN

Concepción
Santo André
Florianópolis
Sta. Maria
Pôrto Alegre
Rio Grande
Salto
URUGUAY
Montevideo
Mar del Plata
Bahía Blanca

Rio de Janeiro

Atlantischer
Ozean

Valdivia
Neuquén
Puerto Montt
Chiloé
Trelew
Chonos-Arch.
H.-I. Taitao
Comodoro Rivadavia
Wellington-I.
Juan-Fernández-Inseln (Ch.)
Patagonien
Rio Gallegos
Punta Arenas
Magellanstr.
Feuerland
Ushuaia
Kap Hoorn

Ozean

Falkland-In. Malwinen (G.-B.)
Stanley
Südgeorgien (G.-B.)

● ■ Hauptstadt
■ □ Millionenstadt
○   sonstige Stadt

0   250   750 km

© Harenberg

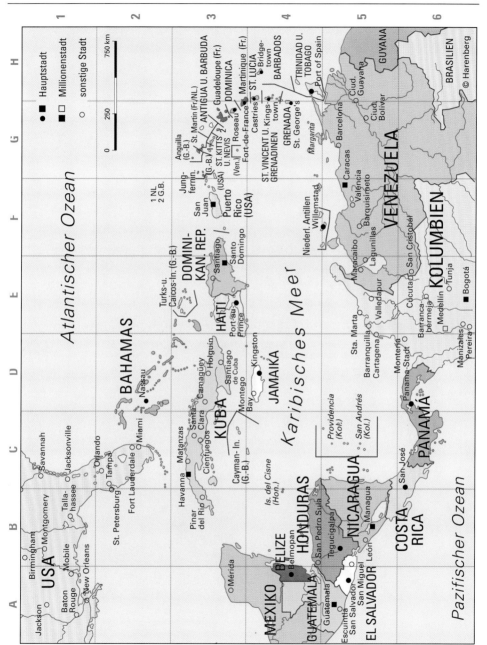

Staaten · Mittelamerika

Legende:
- ■ Hauptstadt
- □ Millionenstadt
- ● Millionenstadt
- ○ sonstige Stadt

Maßstab: 0 — 250 — 750 km

Atlantischer Ozean

USA: Jackson, Birmingham, Montgomery, Savannah, Baton Rouge, Mobile, Tallahassee, New Orleans, Jacksonville, Orlando, St. Petersburg, Tampa, Fort Lauderdale, Miami

BAHAMAS, Nassau

KUBA: Pinar del Río, Havanna, Matanzas, Santa Clara, Cienfuegos, Camagüey, Holguín, Santiago de Cuba

Cayman-In. (G.-B.)

Is. del Cisne (Hon.)

Turks-u. Caicos-In. (G.-B.)

DOMINI-KAN. REP.: Santiago, Santo Domingo

HAITI: Port-au-Prince

JAMAIKA: Montego Bay, Kingston

Karibisches Meer

Providencia (Kol.)
San Andrés (Kol.)

MÉXIKO: Mérida

GUATEMALA: Guatemala, Escuintla

BELIZE: Belmopan

EL SALVADOR: San Salvador, San Miguel

HONDURAS: San Pedro Sula, Tegucigalpa

NICARAGUA: León, Managua

COSTA RICA: San José

PANAMÁ: Panama-Stadt

Anguilla (G.-B.)
Jung-fern. (USA)
1 NL
2 G.B.
San Juan
Puerto Rico (USA)

St. Martin (Fr./NL.)
ANTIGUA U. BARBUDA
ST. KITTS U. NEVIS
Guadeloupe (Fr.)
DOMINICA, Roseau
Martinique (Fr.), Fort-de-France
ST. LUCIA, Castries
BARBADOS, Bridgetown
ST. VINCENT U. GRENADINEN, Kingstown
GRENADA, St. George's

TRINIDAD U. TOBAGO, Port of Spain

Niederl. Antillen
Willemstad
Margarita

VENEZUELA: Maracaibo, Lagunillas, Barquisimeto, Valencia, Caracas, Barcelona, San Cristóbal, Ciud. Bolívar, Ciud. Guayana

KOLUMBIEN: Barrancabermeja, Cúcuta, Tunja, Bogotá, Medellín, Manizales, Pereira, Valledupar, Sta. Marta, Barranquilla, Cartagena, Montería

GUYANA

BRASILIEN

Pazifischer Ozean

© Harenberg

493

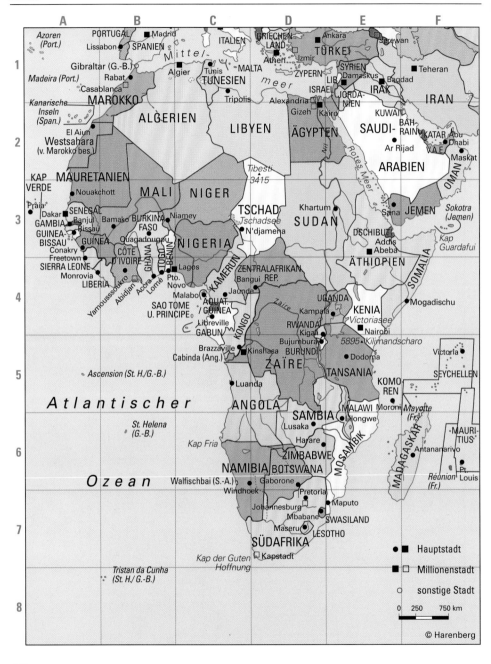

Azoren (Port.)
PORTUGAL
Madrid
Lissabon
SPANIEN
ITALIEN
GRIECHEN-
LAND
Ankara
Jerewan
Mittel-
Gibraltar (G.-B.)
Athen
Izmir
TÜRKEI
Madeira (Port.)
Rabat
Algier
Tunis
MALTA
ZYPERN
SYRIEN
Damaskus
Teheran
Casablanca
TUNESIEN
meer
LIB
ISRAEL
JORDA-
NIEN
Bagdad
IRAK
Kanarische
Inseln
(Span.)
MAROKKO
Tripolis
Alexandria
Gizeh
Kairo
KUWAIT
BAH-
RAIN
IRAN
El Aiun
ALGERIEN
LIBYEN
ÄGYPTEN
SAUDI-
KATAR
Abu
Dhabi
V.A.E.
Westsahara
(v. Marokko bes.)
Tibesti
3415
ARABIEN
Ar Rijad
Maskat
OMAN
KAP
VERDE
MAURETANIEN
Nouakchott
MALI
NIGER
TSCHAD
Khartum
Sana
JEMEN
Sokotra
(Jemen)
Praia
Dakar
SENEGAL
Niamey
Tschadsee
SUDAN
Sana
Kap
Guardafui
GAMBIA
Banjul
Bamako
BURKINA
FASO
N'djamena
DSCHIBUTI
Addis
Abeba
GUINEA-
BISSAU
Bissau
Ouagadougou
NIGERIA
ZENTRALAFRIKAN.
REP.
ÄTHIOPIEN
GUINEA
CÔTE
D'IVOIRE
GHANA
TOGO
BENIN
Lagos
Bangui
SOMALIA
Conakry
Freetown
SIERRA LEONE
Accra
Lomé
Pto.
Novo
KAMERUN
Jaunde
UGANDA
Mogadischu
Monrovia
LIBERIA
Yamoussoukro
Abidjan
SAO TOME
U. PRINCIPE
ÄQUAT.
/ GUINEA
Malabo
Libreville
KONGO
Kampala
Victoriasee
KENIA
Nairobi
GABUN
Brazzaville
RWANDA
Kigali
Bujumbura
5895 Kilimandscharo
Cabinda (Ang.)
Kinshasa
BURUNDI
Dodoma
Ascension (St. H./G.-B.)
ZAÏRE
TANSANIA
Victoria
SEYCHELLEN
Luanda
KOMO-
REN
Moroni
Mayotte
(Fr.)
Atlantischer
ANGOLA
MALAWI
Lilongwe
MAURI-
TIUS
St. Helena
(G.-B.)
SAMBIA
Lusaka
Antananarivo
Kap Fria
Harare
MADAGASKAR
Réunion
(Fr.)
Pt.
Louis
Ozean
ZIMBABWE
NAMIBIA
BOTSWANA
Walfischbai (S.-A.)
Gaborone
MOSAMBIK
Windhoek
Pretoria
Johannesburg
Maputo
Tristan da Cunha
(St. H./ G.-B.)
Mbabane
SWASILAND
Maseru
LESOTHO
SÜDAFRIKA
Kap der Guten
Hoffnung
Kapstadt

● ■ Hauptstadt
■ □ Millionenstadt
○ sonstige Stadt

0   250   750 km

© Harenberg

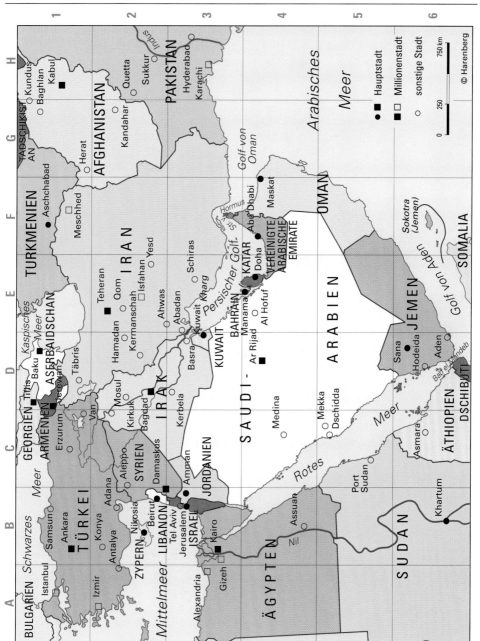

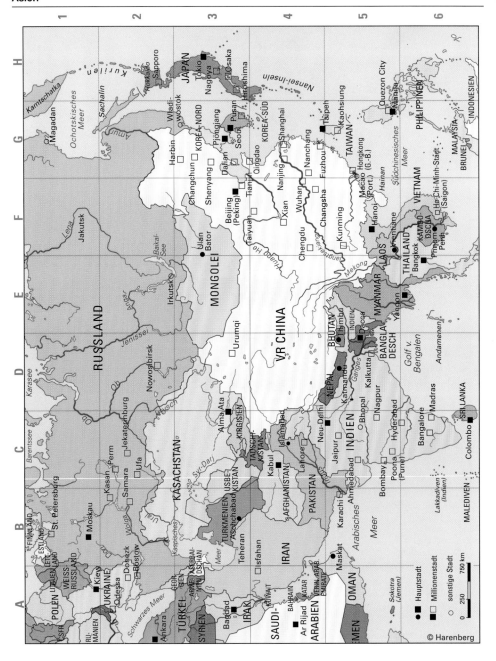

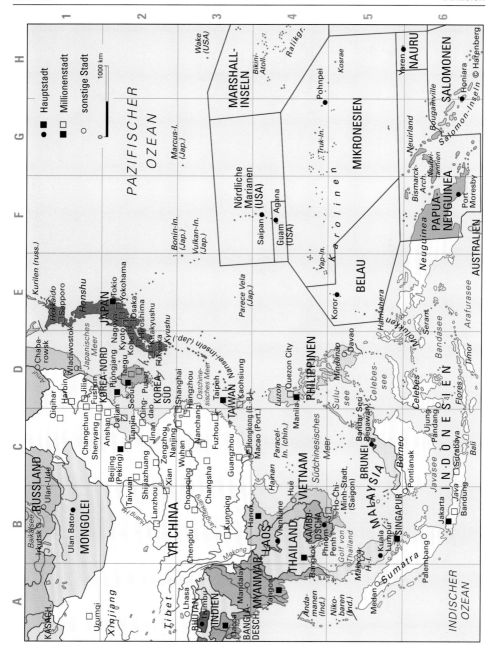

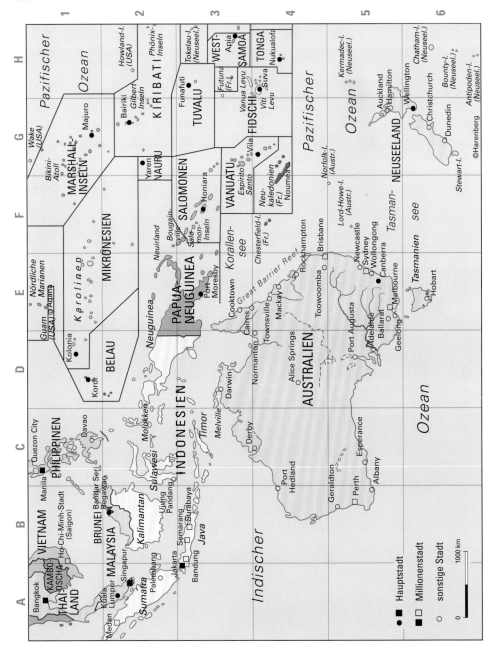

Pazifischer Ozean

Howland-I. (USA)

Phönix-Inseln

Tokelau-I. (Neuseel.)

WEST- Apia SAMOA

TONGA Nukualofa

Bikini-Atoll

Bairiki Gilbert Inseln

KIRIBATI

Futuna (Fr.)

Vana Levu Suva

Viti Levu

FIDSCHI

Kermadec-I. (Neuseel.)

Chatham-I. (Neuseel.)

Wake (USA)

Majuro

MARSHALL-INSELN

TUVALU

Funafuti

Pazifischer Ozean

Bounty-I. (Neuseel.)

Antipoden-I. (Neuseel.)

©Harenberg

MIKRONESIEN

Yaren NAURU

SALOMONEN

Honiara

VANUATU

Espiritu Santo

Neu-kaledonien (Fr.) Nouméa

Norfolk-I. (Austr.)

Auckland Hamilton

Wellington

Christchurch

Dunedin

Stewart-I.

NEUSEELAND

Nördliche Marianen

Guam (USA) Agana

Karolinen

BELAU

Kolonia

Koror

Neuguinea

Neuirland

Bougain-ville

Salo-mon-Inseln

Korallen-see

Chesterfield-I. (Fr.)

Rockhampton

Brisbane

Lord-Howe-I. (Austr.)

Newcastle

Sydney

Wollongong

Canberra

Melbourne

Tasman-see

Tasmanien

Hobart

PAPUA-NEUGUINEA

Port Moresby

Great Barrier Reef

Cooktown

Cairns

Townsville

Mackay

Toowoomba

Port Augusta

Adelaide

Ballarat

Geelong

Darwin

Melville

INDONESIEN

Timor

Normanton

Alice Springs

AUSTRALIEN

Indischer Ozean

Quezon City

PHILIPPINEN

Davao

Manila

VIETNAM

Ho-Chi-Minh-Stadt (Saigon)

KAMBO-DSCHA

Bangkok

THAI-LAND

BRUNEI Bandar Seri Begawan

MALAYSIA

Kuala Lumpur

Singapur

Medan

Sumatra

Palembang

Kalimantan

Ujung Pandang

Sulawesi

Molukken

Semarang

Surabaya

Jakarta

Bandung

Java

Derby

Port Hedland

Geraldton

Perth

Albany

Espérance

1000 km

0

Hauptstadt
● ■
Millionenstadt
□ ■
sonstige Stadt
○

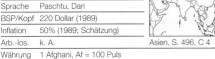

Afghanistan

Fläche	652 090 km² (Weltrang 41)
Einw.	15,6 Mio (Weltrang 52)
Hauptst.	Kabul (1,2 Mio Einw.)
Pkw.-Kz.	AFG
Sprache	Paschtu, Dari
BSP/Kopf	220 Dollar (1989)
Inflation	50% (1989; Schätzung)
Arb.-los.	k. A. Asien, S. 496, C 4
Währung	1 Afghani, Af = 100 Puls
Religion	Moslemisch (98%)
Reg.-Chef	Ustad Abdel Sabur Farid (seit Juni 1992)
Staatsob.	Burhanuddin Rabbani (seit Juni 1992)
Staatsf.	Islamische Republik
Parlament	nicht vorhanden; im zehnköpfigen, höchsten Führungsrat sind die Vorsitzenden der wichtigsten Guerillagruppen vertreten

Nach dem Sturz des kommunistischen Staatspräsidenten Mohammad Nadschibullah, der Einnahme der Hauptstadt Kabul durch moslemische Rebellenverbände und dem formellen Ende des 13jährigen Bürgerkriegs entwickelte sich in A. 1992 ein Machtkampf zwischen den verschiedenen Volksgruppen angehörenden Widerstandsorganisationen. Die mächtigsten Führer der → Mudschaheddin, der von den USA geförderte, fundamentalistische Gulbuddin Hekmatyar von der landesweit größten Volksgruppe der Paschtunen, der sich nicht an der neuen Regierung beteiligen wollte, und der als gemäßigt geltende Tadschike und neue Verteidigungsminister Ahmad Shah Massud vereinbarten Ende Mai 1992 einen Waffenstillstand. Der von Burhanuddin Rabbani Ende Juni abgelöste Interims-Staatschef Sibghatullah Mujaddidi bat nach dem offiziell verkündeten Ende des Bürgerkriegs den Westen um Hilfe zum Wiederaufbau des zerstörten Landes.

Ahmad Shah Massud, Verteidigungsminister von Afghanistan
* 1953. Der Sohn eines afghanischen Offiziers, der an der Polytechnischen Schule in Kabul studierte, kämpfte seit dem Einmarsch sowjetischer Truppen 1979 gegen die Besatzungstruppen. Massud, den seine Anhänger den „Löwen von Pandschir" nennen, wurde neben Gulbuddin Hekmatyar zum mächtigsten Rebellenführer. Der Tadschike, Führer der Djamiat-i-Islami, gehört der Übergangsregierung als Verteidigungsminister an.

Bürgerkrieg beendet: Am 1. 5. erklärte der islamische Rechtsgelehrte Mujaddidi, Vorsitzender des als Übergangsregierung amtierenden Mudschaheddin-Rates, den Bürgerkrieg in A. offiziell für beendet. Sechs Rebellengruppen hatten sich am 24. 4. im pakistanischen Peschawar auf die Bildung des 50köpfigen Rates geeinigt. Hekmatyar hatte eine Beteiligung an der Übergangsregierung abgelehnt und eine sofortige und vollständige Machtübernahme seiner Partei gefordert. Burhanuddin Rabbani, Chef der gemäßigten Djamiat-i-Islami, löste am 28. 6. Mujaddidi als Staatspräsident ab.

Präsident gestürzt: Am 16. 4. 1992 wurde der bis zum Zusammenbruch der UdSSR von Moskau gestützte, seit 1987 amtierende Staatschef Mohammad Nadschibullah gestürzt. Ein vier Mitglieder starker Rat der regierenden Partei unter Abdurrahim Hatif übernahm für kurze Zeit die Macht in A.

Nach der kampflosen Aufgabe der Regierungstruppen marschierten die Rebellenverbände am 25. 4. 1992 in die afghanische Hauptstadt ein. Zwischen rivalisierenden Mudschaheddin-Gruppen brachen im Kampf um die Kontrolle strategisch wichtiger Orte immer wieder heftige Gefechte aus.

Islamisierung: Am 8. 5. beschloß die Interimsregierung die Einführung islamischer Gesetze. Frauen wurden angewiesen, sich nach islamischer Art zu kleiden. Der Verkauf und Konsum alkoholischer Getränke wurde verboten.

Ägypten

Fläche	1 001 449 km² (Weltrang 29)
Einw.	57 Mio (Weltrang 17)
Hauptst.	Kairo (12 Mio Einw.)
Pkw.-Kz.	ET
Sprache	Arabisch
BSP/Kopf	600 Dollar (1990)
Inflation	40% (1990; Schätzung)
Arb.-los.	25% (1988/89) Afrika, S. 494, D 2
Währung	1 Ägyptisches Pfund = 100 Piasters = 1000 Milliemes
Religion	Moslemisch (94%), christlich
Reg.-Chef	Atef Sedki (seit 1986)
Staatsob.	Mohamed Hosni Mubarak (seit 1981)
Staatsf.	Präsidiale Republik
Parlament	Nationalversammlung mit 444 für fünf Jahre gewählten Abgeordneten, 348 Sitze für Nationaldemokratische Partei, 6 für Nationale Fortschrittsunion, 83 für Unabhängige, 7 werden in Nachwahlen vergeben (Wahl von 1990); Schura als Beratendes Organ

Islamische Fundamentalisten beeinflußten 1991/92 die Innenpolitik der regionalen Führungsmacht Ä. Außenpolitisch war die Wahl des stellvertretenden Ministerpräsidenten Butros Butros Ghali zum UNO-Generalsekretär das herausragende Ereignis. Die Menschenrechtsorganisation Amnesty International beschuldigte Ä. im Oktober 1991, Oppositionelle gefoltert zu haben. Wirtschaftlich steuerte die Regierung von Präsident Mohamed Hosni Mubarak mit Hilfe der Weltbank und des Internationalen Währungsfonds einen Kurs der Konsolidierung.

Fundamentalismus: Die Auseinandersetzung zwischen islamischen Fundamentalisten und Regierung in Algerien stärkte die radikalen Kräfte in Ä. Ein Umsturzversuch moslemischer Fundamentalisten konnte im März 1992 aufgedeckt werden. Die Verschwörer warfen Präsident Mubarak eine Kapitulation vor wirtschaftlichen und sozialen Reformforderungen des Westens vor. In besonderem Maße kritisierten die Fundamentalisten, die einen islamischen Gottesstaat am Nil fordern, den Abbau der hohen Subventionen von Grundnahrungsmitteln.

Mit einer Lockerung der Politik gegenüber den Radikalen zu Lasten u. a. der Meinungsfreiheit versuchte die Regierung, Unruhen vorzubeugen. Anfang 1992 verurteilte ein Gericht den Schriftsteller Alaa Hamed wegen Gotteslästerung zu acht Jahren Gefängnis.

Afrikaner führt UNO: Mit dem 69jährigen Völkerrechtler Butros Ghali wurde erstmals ein Afrikaner und Araber Generalsekretär der → UNO. Butros Ghali wurde im Januar 1992 Nachfolger von Javier Pérez de Cuéllar. Die Entwicklungsländer erhoffen sich von Butros Ghali eine wesentlich stärkere Vertretung ihrer Interessen in der Weltorganisation.

Grenzstreit: 1991/92 brach ein seit 1958 schwelender Grenzkonflikt zwischen Ä. und dem Sudan

auf. Ä. beansprucht ein Gebiet (25 000 km²) bei Halayik, für das sein Nachbarstaat Sudan, der die rohstoffreiche Zone am Roten Meer verwaltet, 1991 eine Erdölkonzession an eine kanadische Firma vergeben hatte. Ä. beruft sich auf ein Abkommen von 1899, nach dem die politische Grenze am 22. Breitengrad verläuft und damit das umstrittene Gebiet umschließt.

Menschenrechtsverletzungen: In ihrem Bericht vom Oktober 1991 kritisierte die Menschenrechtsorganisation Amnesty International systematische und brutale Folterungen von Oppositionellen und ihren Verwandten. Seit der Verhängung des Ausnahmezustands nach der Ermordung des ehemaligen Staatspräsidenten Anwar As Sadat 1981 hätten die Sicherheitskräfte Hunderte von Menschen mißhandelt. Im Mai 1992 erklärte sich die Regierung Mubarak mit der Eröffnung eines Amnesty-Büros in Kairo einverstanden, wenn die Menschenrechtsorganisation mit Gerechtigkeit und politisch unparteiisch vorgehe.

Wirtschaft im Umbruch: Nach den mit dem Internationalen Währungsfonds vereinbarten Spar- und Strukturprogramm zur Reformierung der Wirtschaft, das u. a. eine Preisliberalisierung und Investitionsförderung umfaßt, zeigten sich 1991 erste Erfolge. Das Bruttoinlandsprodukt, das im Finanzjahr 1990/91 noch um 1,5% schrumpfte, wird voraussichtlich ab Mitte 1992 um 2% ansteigen. 1993 rechneten Experten mit einem Zuwachs von 2,5%. Die Auslandsschulden betrugen 40 Mrd Dollar (61,1 Mrd DM).

Mohamed Hosni Mubarak, Staatspräsident von Ägypten
* 4. 5. 1928 in Kafr El Meselha/Ägypten. Der Berufsoffizier stieg bis zum Oberbefehlshaber der Luftwaffe (1972) auf. Als Vizepräsident (seit 1975) trat er 1981 die Nachfolge des ermordeten Staatsoberhaupts Anwar As Sadat an. Mit 97,1% der Stimmen wurde er im Oktober 1987 für sechs Jahre als Staatspräsident bestätigt.

♥ Albanien

Fläche	28 748 km² (Weltrang 138)
Einw.	3,3 Mio (Weltrang 120)
Hauptst.	Tirana (238 100 Einw.)
Pkw.-Kz.	AL
Sprache	Albanisch (Toskisch)
BSP/Kopf	200 Dollar (1991)
Inflation	k. A.
Arb.-los.	70 – 80% Mai 1992,
Währung	1 Lek = 100 Quindarka
Religion	Moslemisch, christlich
Reg.-Chef	Aleksander Meksi (seit April 1992)
Staatsob.	Salih Berisha (seit April 1992)
Staatsf.	Präsidiale Republik
Parlament	Volksversammlung mit 140 für vier Jahre gewählten Abgeordneten; 92 Sitze für Demokratische Partei, 38 Sitze für Sozialistische Partei, 7 Sitze für Sozialdemokraten, 2 Sitze für Omonia/VPM (griechische Minderheit),1 Sitz für Republikaner (Wahl vom März 1992)

Europa, S. 490, E 7

Mit dem klaren Wahlsieg der oppositionellen Demokratischen Partei (DP) und dem Rücktritt von Präsident Ramiz Alia endete die mehr als 45jährige Ära des Kommunismus in A. Der neue Staatspräsident Salih Berisha (DP) ernannte am 11. 4. 1992 Aleksander Meksi (DP) zum Ministerpräsidenten. Der ökonomische Zusammenbruch und die völlige Verarmung der Bevölkerung kennzeichneten bis Mitte 1992 die soziale und wirtschaftliche Situation.

Opposition gewinnt Wahlen: Bei den vorgezogenen Neuwahlen am 22. und 29. 3. 1992 errang die DP mit 62% der Stimmen 92 von 140 Mandaten im Parlament. Die aus der Kommunistischen Partei hervorgegangene Sozialistische Partei, die nach den Wahlen vom März 1991 noch über eine Zweidrittel-Mehrheit verfügte, erreichte nur 26% der Stimmen und 38 Sitze. Um seiner Abwahl zuvorzukommen, trat der sozialistische Staatspräsident Alia im April von seinem Amt zurück. Das neu zusammengetretene Parlament wählte Oppositionsführer Salih Berisha am 9. 4. 1992 zum Präsidenten. Die DP stellt 14 von 18 Ministern der Regierung Meksi, je ein Ministeramt ging an die Sozialdemokraten und die Republikaner. Die Ministerien für Bergbau und Justiz wurden mit parteilosen Fachleuten besetzt.

Regierungskrise: Im Dezember 1991 zogen die DP und die Republikaner ihre Minister wegen der

Salih Berisha,
Staatspräsident von Albanien
* 1. 8. 1944 in Tropoje/Albanien. Berisha, Mitglied der kommunistischen Partei Albaniens, studierte Medizin in Tirana und Paris. Der Herzspezialist und Universitätsprofessor war im Dezember 1990 Mitbegründer der Demokratischen Partei, die bei den ersten freien Wahlen im März 1991 38,7% der Stimmen erreichte und bei den Neuwahlen vom März 1992 die absolute Mehrheit gewann. Berisha steuert einen Kurs der nationalen Aussöhnung.

Aleksander Meksi,
Ministerpräsident von Albanien
* 1939 in Tirana/Albanien. Meksi studierte Bauingenieurwesen, bevor er ins Institut für Kulturdenkmäler und als Restaurator ins Institut für Archäologie wechselte. Der Mitbegründer der Demokratischen Partei wurde nach den Wahlen von 1991 zum Vizepräsidenten des von den ehemaligen Kommunisten dominierten Parlaments gewählt. Nach dem Wahlsieg der Demokraten wurde er im April 1992 zum Ministerpräsidenten berufen.

Regierung in Albanien

Letzte Wahl	März 1992
Präsident	Salih Berisha
Ministerpräsident	Aleksander Meksi
Auswärtige Angelegenheiten	Alfred Serreqi
Finanzen und Wirtschaft	Genc Ruli
Verteidigung	Safet Xhulali
Öffentliche Ordnung	Bashkim Kopliku
Landwirtschaft und Ernährung	Rexhep Uka
Generalsekretär des Ministerrates	Vullnet Ademi
Industrie, Bergbau, Energie	Abdyl Xhaja
Handel und wirtschaftliche Zusammenarbeit	Artan Htxha
Verkehr und Kommunikation	Fatos Bitincka
Bauten, Wohnungen und Regulierung	Ilire Manushi
Gesundheit und Umweltschutz	Tritan Shehu
Justiz	Kudet Cela
Bildung	Ylli Vejstu
Kultur, Jugend, Sport	Dhimiter Anagnosti
Tourismus	Osman Shehu
Arbeit, Emigration, Soziales und ehemalige politische Häftlinge	Dashamir Shehi
Vorsitzender des Komitees für Wissenschaft und Technologie	Maksim Konomi
Vorsitzender des Kontrollausschusses	Blerim Cela

katastrophalen Versorgungslage aus der von den Sozialisten geleiteten Regierung unter Yilli Bufi zurück. Der DP-Vorsitzende Berisha beschuldigte die Regierungspartei, die politische Lage bewußt zu destabilisieren. Präsident Alia ernannte den parteilosen früheren Ernährungsminister Vilson Ahmeti zum Regierungschef, der mit einem Expertenkabinett die Amtsgeschäfte bis zu den Neuwahlen weiterführte.

Hungerrevolten und Massenexodus: In A. kam es im Februar und März 1992 zu Plünderungen von Läden und Lebensmittellagern sowie zu Demonstrationen. Die Zusammenstöße forderten mindestens fünf Menschenleben. In den Hafenstädten Durres, Vlora und Shengjin versammelten sich Tausende Fluchtwillige. Im August 1991 flohen 10 000 Albaner vor der Not im eigenen Land auf einem gekaperten Frachtschiff ins süditalienische Bari. Insgesamt verließen zwischen März und August 1991 mehr als 30 000 Albaner ihr Land über die Adria.

Wirtschaftlicher Zusammenbruch: Im April 1992 kündigte Ministerpräsident Meksi radikale marktwirtschaftliche Reformen an. Meksi nannte die Freigabe der Preise, die Privatisierung von Ackerland, Fabriken und Wohnungen sowie die Schaffung von Anreizen für ausländische Inve-

Parlamentswahlen in Albanien am 22./29. 3. 1992

Partei	Stimmen-anteil (%)	Veränderung[1]	Sitze
Demokratische Partei	62,0	+ 24,0	92
Sozialistische Partei	25,7	− 30,3	38
Sozialdemokraten	4,3	+ 4,3	7
Omonia/VPM	2,9	+ 2,2	2
Republikaner	3,1	+ 1,4	1

1) Gegenüber 1991 in Prozentpunkten

storen. Von der Preisfreigabe schloß Meksi vorerst den Energiesektor, Ölprodukte und die Telekommunikation aus. Im ärmsten Land Europas hatten zum Zeitpunkt der Machtübernahme durch die Opposition von den 300 Kombinaten und Fabriken die Hälfte ihre Arbeit eingestellt. Die Industrieproduktion ging 1991 um rd. 60%, die Kohleproduktion um 70% zurück. Aus Mangel an Maschinen und Saatgut wurde im Herbst 1991 nur 40% des Ackerlandes bestellt. Das jährliche Pro-Kopf-Einkommen lag 1991/92 bei 300 DM.

Anschluß an Europa: Präsident Berisha betonte im April 1992 das Interesse von A. an einer Mitgliedschaft im westlichen Verteidigungsbündnis NATO. Deutschland wollte sich 1992 für einen Assoziierungsvertrag von A. mit der EG sowie für die albanische Mitgliedschaft im Nordatlantischen Kooperationsrat und im Internationalen Währungsfonds einsetzen. Im Winter 1991/92 leistete die EG Nahrungsmittelhilfe, monatlich wurden u. a. 50 000 t Weizen geliefert. Bis April 1992 gab Deutschland, nach Italien zweitgrößter Geldgeber von A., Finanzhilfen in Höhe von 75 Mio DM.

Algerien

Fläche	2 381 741 km² (Weltrang 11)
Einw.	26 Mio (Weltrang 34)
Hauptst.	Algier (3 Mio Einw.)
Pkw.-Kz.	DZ
Sprache	Arabisch
BSP/Kopf	2060 Dollar (1990)
Inflation	30% (1991)
Arb.-los.	30% (1991; Schätzung)
Währung	1 Algerischer Dinar, DA = 100 Centimes
Religion	Moslemisch (99%)
Reg.-Chef	Belaid Abdessalam (seit Juli 1992)
Staatsob.	Ali Kafi (seit Juni 1992)
Staatsf.	Republik
Parlament	Nationalversammlung mit 295 für fünf Jahre gewählten Abgeordneten; im Januar 1992 von Staatschef Chadli Bendjedid aufgelöst

Afrika, S. 494, C 1

Nach dem überwältigenden Sieg der fundamentalistischen Islamischen Heilsfront (FIS) im ersten Wahlgang der Parlamentswahl im Dezember 1991 übernahm das Militär Anfang 1992 die Macht, um einen von der FIS angestrebten islamischen Staat zu verhindern. Ein Staatsrat, der neben der Regierung eingerichtet wurde, ließ Tausende FIS-Anhänger verhaften, die Partei verbieten und verhängte nach blutigen Unruhen den Ausnahmezustand. Nachfolger des im Juni 1992 erschossenen Vorsitzenden des Staatsrats Mohammed Boudiaf wurde Ali Kafi. A. steckte 1991/92 in einer der schwersten Wirtschaftskrisen seit der Unabhängigkeit von Frankreich 1962.

Kalter Staatsstreich: Staatschef Chadli Bendjedid trat am 11. 1. 1992 unter dem Druck des Militärs zurück und gab die Auflösung des Parlaments bekannt. Ministerpräsident Sid Ahmed Ghozali ordnete die Stationierung von Soldaten an strategisch wichtigen Orten der Hauptstadt an. Ein Oberster Sicherheitsrat, der am 12. 1. 1992 die Macht übernahm, sagte den für den 16. 1. geplanten zweiten Gang der Parlamentswahl ab, bei der mit einer Zweidrittelmehrheit der oppositionellen FIS zu rechnen war. Im ersten Wahlgang am 26. 12. 1991 hatte die FIS mit 47,4% bereits 188 der 430 Parlamentssitze gewonnen, die regierende FLN lediglich 15.

Kollektivführung: Der Sicherheitsrat setzte einen fünfköpfigen Staatsrat ein, der voraussichtlich bis 1993 die Funktionen des Staatspräsidenten übernimmt und verfügte seine eigene Auflösung. Der Vorsitzende des Staatsrats, Boudiaf, wurde am 28. 6. erschossen. Er war am 16. 1. zusammen mit General Khaled Nezzar (Verteidigungsminister), Ali Kafi (Generalsekretär des Verbandes der früheren Widerstandskämpfer), Tedjini Haddam (Rektor der Moschee von Paris) und Ali Haroun (Minister für Menschenrechtsfragen) vereidigt worden. Die kollektive Führung hatte am 23. 2. 1992 eine Kabinettsumbildung verfügt. Wichtigste Neuerung war die Aufnahme von früheren Oppositionellen, unter ihnen ein ehemaliges Mitglied der FIS. Das Ministerium für Menschenrechte wurde aufgelöst. Ex-Minister Belaid Abdessalam löste im Juli 1992 Sid Ahmed Ghozali als Ministerpräsident von A. ab.

Unruhen: Ende Januar kam es zu ersten blutigen Auseinandersetzungen nach der Machtübernahme zwischen Sicherheitskräften und Demonstranten. Bei den Zusammenstößen, die sich an der Festnahme von zwei Imamen entzündeten, kamen in Bachjerah, einer Hochburg der FIS, eine Frau ums

Ali Kafi,
Staatspräsident von Algerien
* 1928. Der Bauernsohn stieg
während des Befreiungskrieges
1958–1962 gegen die Kolonialmacht
Frankreich zum Oberst auf. Im unabhängigen Algerien arbeitete er als
Diplomat in der arabischen Welt.
Zuletzt war er Vorsitzender der Vete-
ranen-Organisation. Im Juni 1992
wurde er als Nachfolger von
Mohammed Boudiaf Staatsoberhaupt von Algerien.

Belaid Abdessalam,
Ministerpräsident von Algerien
* 1928. Nach einem Medizinstudium
arbeitete Abdessalam als Lehrer,
ehe er in Regierungsdienste trat. Er
war von 1964 bis 1966 Präsident der
Erdölgesellschaft SONATRACH. Unter Präsident Houari Boumedienne
war Abdessalam von 1965 bis 1977
Minister für Industrie und Energie.
Mitte 1992 übernahm er das Amt
des Ministerpräsidenten.

radikalen FIS gilt die Arbeitslosigkeit von 30%
(Schätzung für 1991). Etwa zwei Drittel der
Erwerbslosen waren jünger als 30 Jahre. Die Bewilligung von Krediten zur Reformierung der
Wirtschaft in Höhe von 650 Mio Dollar (993 Mio
DM) machten der Internationale Währungsfonds
und die Weltbank von einer Abwertung der
Währung um 22%, die Ende September 1991 erfolgte, und der Preisfreigabe für Nahrungsmittel
abhängig. Die Inflation lag 1991 bei rd. 30%. 95%
der Deviseneinnahmen, die zu drei Vierteln für
den Schuldendienst verwendet werden müssen, erzielte A. mit Öl- und Gasausfuhren. Zwei Drittel
des Nahrungsmittelbedarfs importierte A.

Andorra

Fläche	466 km² (Weltrang 175)
Einw.	59 048 (Weltrang 181)
Hauptst.	Andorra la Vella (22 200 Einw.)
Pkw.-Kz.	AND
Sprache	Katalanisch, Span., Franz.
BSP/Kopf	1062 Dollar (1990)
Inflation	10% (1991)
Arb.-los.	0% (1991)
Währung	Franz. Franc u. span. Peseta
Religion	Katholisch (99%)
Reg.-Chef	Oscar Ribas Reig (seit 1990)
Staatsob.	Bischof von Urgel/Spanien; französischer Präsident
Staatsf.	Fürstentum (faktisch souveräne Republik)
Parlament	Generalrat mit 28 für vier Jahre gewählten Abgeordneten, keine politischen Parteien (letzte Wahl: 1992)

Europa, S. 490, B 6

Leben, sieben Personen wurden verletzt. Nach
Angaben der FIS wurden bei anhaltenden Unruhen im Februar 150 Menschen getötet, 700 verletzt und 30 000 festgenommen, die Regierung
bezifferte die Zahl der Toten mit 70, die Zahl der
Inhaftierten auf 5000. Nach Angaben der Algeri-
schen Liga für Menschenrechte richtete die Regierung in der Sahara fünf Internierungslager ein.
Am 9. 2. 1992 verhängte der Staatsrat den Ausnahmezustand, der für ein Jahr gelten soll.
FIS-Verbot: Am 3. 3. 1992 ordnete das Verwaltungsgericht von Algier die Auflösung der FIS an.
Der Staatsrat hatte das Verbot der fundamen-
talistischen Opposition mit der Begründung be-
antragt, sie stelle die öffentliche Ordnung und die
Institution des Staats in Frage. Im April rief die
FIS erstmals zum bewaffneten Kampf gegen die
Regierung auf. Im ersten Prozeß gegen islamische
Fundamentalisten verurteilte am 4. 5. ein Militär-
gericht 13 Angeklagte zum Tod. Die Führer der
FIS, Scheick Abassi Madani und Imam Ali Bel-
hadj, wurden am 15. 7. 1992 zu langjährigen
Haftstrafen verurteilt.
Wirtschaft: Die 1988 eingeleitete Liberalisierung
der Wirtschaft brachte für weite Teile der Bevöl-
kerung in A. Belastungen. Als eine Ursache für
die Hinwendung vor allem junger Menschen zur

Bei der Parlamentswahl am 5. 4. 1992 und im
zweiten Wahlgang am 12. 4. gewannen der Er-
neuerungsblock von Regierungschef Oscar Ribas
Reig mit 17 von 28 Sitzen die absolute Mehrheit.
Die Wahlbeteiligung lag bei 82% der 8500 Wahlberechtigten. Das Ergebnis wurde als Zustimmung zu Reigs Plänen gewertet, A. erstmals eine
Verfassung zu geben. Am 4. 5. wurde Reig zum
dritten Mal in seinem Amt bestätigt.
Die Befürworter der Regierungspolitik gewannen
bereits die Kommunalwahlen in den sieben Gemeinden des Pyrenäenstaates am 15. 12. 1991.
Unternehmer Reig, der bereits 1982–1984 A. regierte, tritt für eine vollständige Autonomie gegenüber Spanien und Frankreich sowie die internationale Anerkennung von A. als eigener Staat
ein. Staatsoberhaupt in A. sind formal der französische Staatspräsident und der Bischof des spa-

nischen Seo de Urgel. In A. gibt es keine Parteien, sondern nur Gruppierungen. Das Wahlrecht besteht seit 1970. A. ist international lediglich im Olympischen Komitee vertreten, die diplomatischen Beziehungen nimmt Frankreich wahr.

Rd. 50 Polizeibeamte sind für die innere Sicherheit des Landes, in dem es für Männer von 16 bis 60 Jahren eine Selbstbewaffnungspflicht gibt (Volksmiliz), verantwortlich. Die Bewachung der äußeren Landesgrenze übernehmen der spanische und französische Zoll bzw. die spanische und französische Polizei.

Da A. weder Mehrwert- noch Einkommensteuer erhebt, waren Finanzgeschäfte und Handel Anfang der 90er Jahre die wichtigsten Einnahmequellen. Jährlich besuchten rd. 12 Mio Touristen den in den östlichen Pyrenäen gelegenen Staat.

José Eduardo dos Santos, Staatspräsident von Angola
* 28. 8. 1942 in Luanda/Angola. Dos Santos wurde 1961 Mitglied der von der Sowjetunion unterstützten Befreiungsbewegung MPLA. Ab 1963 absolvierte er ein Ingenieurstudium in Moskau. Seit der Unabhängigkeit von Portugal 1975 gehört er der Regierung an. 1979 wurde er als Nachfolger des verstorbenen Präsidenten António Agostinho Neto Staats- und Parteichef.

Angola

Fläche	1 246 700 km² (Weltrang 22)
Einw.	9,7 Mio (Weltrang 70)
Hauptst.	Luanda (1,1 Mio Einw.)
Pkw.-Kz.	k. A.
Sprache	Portugiesisch
BSP/Kopf	610 Dollar (1989)
Inflation	k. A.
Arb.-los.	k. A.
Währung	1 Kwanza, Kz = 100 Lwei
Religion	Christlich (65%), animistisch
Reg.-Chef	Fernando José De Franca Dias Van-Dunem (seit 1991)
Staatsob.	José Eduardo dos Santos (seit 1979)
Staatsf.	Sozialistische Volksrepublik
Parlament	Volksversammlung mit 206 indirekt gewählten Mitgliedern; sämtliche Sitze für Einheitspartei Volksbewegung zur Befreiung Angolas – Partei der Arbeit (Wahl von 1986). Seit März 1991 Mehrparteiensystem, Wahlen für Herbst 1992 geplant

Afrika, S. 494, C 5

Die Vorbereitungen der ersten freien Parlaments- und Präsidentschaftswahlen, die im Herbst 1992 unter Aufsicht und Kontrolle der UNO stattfinden sollen, die schwierige Umstrukturierung von Armee und Rebellenverbänden sowie die Rückkehr der Guerillaführer nach jahrelangem Exil beherrschten 1991/92 die Innenpolitik von A. Im Mai 1991 hatten die regierende, von einer kommunistischen zu einer sozialdemokratischen Partei gewandelte MPLA (Volksbewegung zur Befreiung Angolas) und die rechtsgerichtete UNITA (Nationalunion für die völlige Unabhängigkeit Angolas) einen Friedensvertrag unterzeichnet.

Wahlkampf: Die Politisch-Militärische Kommission mit Vertretern der Ex-Sowjetunion und der USA als Beobachter und Portugals als Vermittler wacht mit den ehemaligen Bürgerkriegskontrahenten MPLA und UNITA über die Einhaltung des Friedensschlusses und die Vorbereitung der Wahlen. Mit der Rückkehr des 1975 vertriebenen UNITA-Führers Jonas Savimbi im September 1991 begann vier Monate nach dem Friedensabkommen der Wahlkampf. Hunderttausende begrüßten den UNITA-Chef, der zur nationalen Einheit, zum Wiederaufbau der zerstörten Wirtschaft und der Hauptstadt aufrief. In dem 16jährigen Bürgerkrieg, der nach der Unabhängigkeit von Portugal zwischen den Befreiungsbewegungen MPLA, UNITA und der Nationalen Front für die Befreiung Angolas (FNLA) ausbrach und sich zu einem Stellvertreterkrieg der Supermächte entwickelte, beherrschten die von den USA unterstützten Rebellen der UNITA die ländlichen Regionen des schwarzafrikanischen Landes, die von der ehemaligen Sowjetunion geförderte MPLA die Städte. Im August 1991 hatte Holden Roberto, nach A. zurückgekehrter Präsident der 1976 vernichtend geschlagenen Widerstandsorganisation FNLA, seine Kandidatur für die kommenden Wahlen bekanntgegeben.

UNITA im Wandel: Mit seiner Rückkehr nach A. leitete Savimbi, der dem bevölkerungsreichsten angolanischen Volk der Ovimbundu angehört, die Wandlung der einflußreichen UNITA von einer im Busch kämpfenden Guerilla zu einer politischen Partei ein. Am 10. 2. beantragte die Rebellenorganisation den Parteistatus. Machtkämpfe und Meinungsverschiedenheiten über die Zukunft der von Zaïre umschlossenen erdölreichen Exklave Cabinda prägten im März 1992 die UNITA. Die zwei wichtigsten Führer nach Savimbi, Miguel Nzau Puna und Tony da Costa Fernandes, die beide aus Cabinda stammen, erklärten ihren Austritt.

Unsicherheitsfaktor Armee: Die Entflechtung der militärischen Strukturen gilt in A. als eines der wichtigsten Vorhaben zur Schaffung demokratischer Verhältnisse. Im Herbst 1991 begann unter Aufsicht der 350 Mann starken → UNO-Friedenstruppe UNAVEM der Rückzug von Regierungsarmee und Guerilla in Sammellager. Bis März 1992 war die Entwaffnung der 50 000 UNITA- und 120 000 MPLA-Kämpfer noch nicht abgeschlossen. Gegenseitig beschuldigten sich die Armeen, den Austausch der Kriegsgefangenen zu verzögern. Ziel der Umstrukturierung ist der Aufbau einer Armee mit 40 000–50 000 Soldaten, die von ausländischen Offizieren ausgebildet werden sollen.

Wiederaufbau: Die Regierung schätzte den kurzfristigen Finanzbedarf zur Wiederherstellung von Strom- und Wasserzufuhr sowie zur notdürftigen Erneuerung des Eisenbahnnetzes auf rd. 1 Mrd DM. Die MPLA-Regierung verließ 1991/92 mit einer Abkehr von der Planwirtschaft nach sowjetischem Muster ihre ökonomische Leitlinie, die A. an den Rand des Ruins geführt hatte, und erhob das marktwirtschaftliche System zum Prinzip. Das südwestafrikanische, an Rohstoffen (Öl, Diamanten) reiche Land will durch Reformen ausländische Investoren anlocken. Die Freigabe von staatlich gestützten Preisen verschlechterte die Lebensbedingungen für die Bevölkerung. Ein Brot kostete Anfang 1992 rd. ein Zwölftel des monatlichen Mindestverdienstes. Die EG sagte A. bis Ende 1993 Finanzhilfen von rd. 400 Mio DM zu.

Antigua und Barbuda

Fläche	440 km² (Weltrang 176)	
Einw.	64 000 (Weltrang 180)	
Hauptst.	Saint Johns (36 000 Einw.)	
Pkw.-Kz.	k. A.	
Sprache	Englisch	
BSP/Kopf	4600 Dollar (1990)	
Inflation	7,1% (1988)	
Arb.-los.	5,0% (1988)	Mittelam., S. 493, G 3
Währung	1 Ostkaribischer Dollar, EC-$ = 100 Cents	
Religion	Anglikanisch (80%), katholisch	
Reg.-Chef	Vere Cornwall Bird (seit 1981)	
Staatsob.	Königin Elisabeth II.	
Staatsf.	Parlamentarische Monarchie im Commonwealth	
Parlament	Senat mit zehn ernannten und Repräsentantenhaus mit 17 gewählten Abgeordneten; 15 Sitze für konservative Antigua Labour Party, 1 für United National Democratic Party, 1 für Unabhängige (Wahl von 1989)	

In dem seit 1981 von Großbritannien unabhängigen Karibikstaat, der aus dem unbewohnten Vulkan-Eiland Rodonda (2 km²) sowie den Kalk-Inseln Antigua (280 km²) und Barbuda (161 km²) besteht, regierte 1991/92 der seit 1981 amtierende Premierminister Vere Cornwall Bird, Mitglied der konservativen Antigua Labour Party (ALP). Der wichtigste Wirtschaftszweig der Kleinen Antilleninseln war 1991/92 der Tourismus. Der Dienstleistungssektor trug 76% zum Bruttosozialprodukt bei, die Industrie, u. a. die Textilbranche, 19%, die Landwirtschaft 5%. Wichtigstes landwirtschaftliches Produkt war Baumwolle. Zudem wurden Obst und Gemüse angebaut.

Argentinien

Fläche	2 766 889 km² (Weltrang 8)	
Einw.	33,5 Mio (Weltrang 30)	
Hauptst.	Buenos Aires (2,9 Mio Einw.)	
Pkw.-Kz.	RA	
Sprache	Spanisch	
BSP/Kopf	2370 Dollar (1990)	
Inflation	91% (1991)	
Arb.-los.	6,5% (1991)	Südamerika, S. 492, D 6
Währung	1 Peso = 100 Centavos	
Religion	Katholisch (90%), protestantisch, jüdisch	
Reg.-Chef	Carlos Saul Menem (seit 1989)	
Staatsob.	Carlos Saul Menem (seit 1989)	
Staatsf.	Präsidiale Republik	
Parlament	Abgeordnetenhaus mit 254 und Senat mit 46 für vier Jahre gewählten Abgeordneten; im Abgeordnetenhaus 127 Sitze für peronistische Gerechtigkeitspartei, 93 für Radikale Bürgerunion, 34 für andere (Wahl von 1989)	

Die peronistische Regierungspartei unter Präsident Carlos Saul Menem gewann Ende 1991 die Gouverneurs- und Abgeordnetenwahlen und wurde damit in ihrem wirtschafts- und außenpolitischen Kurs bestätigt. Anfang 1992 wurden Geheimarchive über Nationalsozialisten, die nach dem Zweiten Weltkrieg in das Land am Rio de la Plata geflohen waren, der Öffentlichkeit zugänglich gemacht. Präsident Menem unterbreitete Anfang 1992 der EG einen Vorschlag, Aussiedler und Flüchtlinge aus Mittel- und Osteuropa in A. aufzunehmen. Der von Wirtschaftsminister Domingo Cavallo eingeleitete Reformplan führte 1991/92 zu einem Aufschwung der Wirtschaft. Ausdruck des finanzpolitischen Neubeginns war 1992 die Einführung einer neuen Währung, des Peso, der den seit 1985 gültigen Austral ersetzte.

Wahlerfolg für Menem: Mit der vierten und letzten Runde der Gouverneurs- und Abgeordnetenwahlen am 1. 12. 1991 in der Nordprovinz Catamarca und im südlichen Feuerland standen die Peronisten unter Präsident Menem, der aufgrund privater Affären umstritten war, als Sieger fest. Sie stellen 125 der 251 Abgeordneten im Bundesparlament und 14 von 22 neugewählten Provinzgouverneuren. Zweitstärkste Fraktion wurde die Radikale Bürgerunion (UCR) von Ex-Präsident Raúl Alfonsín, der wegen der schlechten Wahlergebnisse als Parteivorsitzender zurücktrat. Zur Wahl standen die Gouverneure und Provinzparlamente, Bürgermeister, Gemeindevertretungen sowie die Hälfte der Mandate des Abgeordnetenhauses.

Nazi-Akten freigegeben: Mit der Freigabe geheimer Dokumente über Nationalsozialisten löste Präsident Menem im Februar 1992 ein Versprechen ein, das er anläßlich seiner USA-Reise im November 1991 Vertretern des Jüdischen Weltkongresses gegeben hatte. Nach dem Ende des Zweiten Weltkriegs waren viele Nazis nach A. geflohen. Adolf Eichmann, Leiter des Judenreferats im Reichssicherheitshauptamt, und Josef Mengele, Arzt im Konzentrationslager Auschwitz, lebten in A., weitere Nazis wurden seit Jahren in dem südamerikanischen Land vermutet. Heinz Galinski († 19. 7. 1992), Vorsitzender des Zentralrats der Juden in Deutschland, kritisierte die Freigabe der Akten als verspätet. Das Material könne lediglich zur Aufklärung kommender Generationen dienen.

Kopfprämie für Einwanderer: Im Februar 1992 bekundete Menem vor dem Europäischen Parlament in Brüssel seinen Willen, in den kommenden drei Jahren rd. 300 000 Aussiedler aus Mittel- und Osteuropa in A. aufzunehmen, weil A. zukünftig Arbeitskräfte benötigen werde. Pro Einwanderer sollte die EG eine Gebühr von rd. 30 000 DM an A. zahlen. In erster Linie im besonders dünn besiedelten Süden von A., in Patagonien und Feuerland, sollten sich die europäischen Immigranten niederlassen.

Neue Währung: Zum Jahreswechsel 1991/92 führte die Regierung innerhalb von 22 Jahren zum fünften Mal eine neue Währung ein. Der Peso ersetzt den Mitte 1985 auf den Markt gebrachten Austral im Verhältnis 1:10 000. Die neue Währung ist mit einem Umtauschkurs von 1:1 paritätisch zum US-amerikanischen Dollar.

Wirtschaftsboom: Mitte 1991 brachte der im April begonnene Reformplan von Wirtschaftsminister Cavallo trotz sozialer Härten – die Verbraucherpreise stiegen um 16,2% – erste Erfolge. Ab Mitte 1991 fielen die monatlichen Inflationsraten, die im ersten Jahresquartal zwischen 10% und 20% schwankten, ständig auf unter 1% im November und Dezember 1991.

Nach der Bestätigung der Regierung Menem bei den Wahlen im Herbst 1991 wurde die Privatisierung der Wirtschaft, u. a. bei der Telefongesellschaft, vorangetrieben. Die Gläubigerbanken, bei denen A. mit 60 Mrd Dollar (92 Mrd DM) verschuldet ist, signalisierten ebenso wie die internationalen Börsen Anfang 1992 vorsichtige Anerkennung für den Konsolidierungskurs unter Cavallo, der A. 1991 ein Wirtschaftswachstum von 5% und eine Zunahme der Industrieproduktion um 21% bescherte. Am Rande der Jahrestagung der Interamerikanischen Entwicklungsbank in Santo Domingo akzeptierten die Gläubigerbanken von A. Anfang April 1992 einen Umschuldungsvorschlag, der einen Verzicht von 35% ihrer gesamten Forderungen in Höhe von rd. 23 Mrd Dollar (35 Mrd DM) umfaßt.

Carlos Saul Menem, Staatspräsident von Argentinien
* 2. 7. 1935 in Anillaco/Argentinien, Dr. jur. Menem war Mitglied der Bewegung des populistischen Präsidenten Juan Domingo Peron. Er wurde 1973 Gouverneur und saß während der Militärdiktatur (1976–1983) in Haft. Seit 1983 erneut Gouverneur, wurde er als Kandidat der Gerechtigkeitspartei im Mai 1989 mit 47,3% der Stimmen zum Präsidenten gewählt.

Armenien

Fläche	29 800 km² (Weltrang 136)
Einw.	3,4 Mio (Weltrang 119)
Hauptst.	Jerewan (1,3 Mio Einw.)
Pkw.-Kz.	k. A.
Sprache	Armenisch, Russisch, Kurdisch
BSP/Kopf	k. A.
Inflation	k. A.
Arb.-los.	k. A.
Währung	1 Rubel, Rbl = 100 Kopeken
Religion	Armenisch-orthodox (93%), moslemisch
Reg.-Chef	Garik Arutyunyan
Staatsob.	Lewon Ter-Petrosjan (seit Oktober1991)
Staatsf.	Republik

Asien, S. 496, A 3

Trotz internationaler Vermittlungsversuche verschärfte sich bis Mitte 1992 der bewaffnete Konflikt mit dem islamischen Nachbarn Aserbaidschan um die armenische Enklave Nagorny-Karabach. Im September 1991 erklärte sich A. nach einer Volksabstimmung für unabhängig. Das stark importabhängige Land rief im März 1992 aufgrund der aserbaidschanischen Blockade den Wirtschaftsnotstand aus.

Krieg um Nagorny-Karabach: Die umkämpfte Bergregion, die auf aserbaidschanischem Boden liegt, aber zu 75% von christlichen Armeniern bewohnt wird, kämpft um den Anschluß an A. Im Mai 1992 besetzten armenische Verbände die Stadt Schuscha, das letzte Bollwerk der Aserbaidschaner in Nagorny-Karabach. Außerdem eroberten armenische Einheiten die Stadt Latschin im Korridor zwischen Nagorny-Karabach und A. Die seit Monaten andauernden Kämpfe, bei denen Hunderte von Zivilisten und Soldaten starben, wurden teilweise von irregulären Verbänden geführt. Bei einer Gegenoffensive im Juni 1992, in deren Verlauf nach Angaben aus Baku 500 Armenier getötet wurden, eroberten aserbaidschanische Verbände mindestens 20 Dörfer sowie den Bezirk Schaumijan.

Vergebliche Friedensbemühungen: Frankreich kündigte im Juni 1992 an, den UNO-Sicherheitsrat anzurufen, um die Entsendung von UNO-Beobachtern zu prüfen. Unter Aufsicht der KSZE fanden in Rom vorbereitende Friedensgespräche für eine Karabach-Konferenz statt. Im Mai 1992 unterzeichneten Präsident Lewon Ter-Petrosjan und der aserbaidschanische Übergangspräsident Jakub Mamedow in Teheran ein vom Iran vermitteltes Abkommen über einen Waffenstillstand. Unter Vermittlung der Präsidenten von Rußland und Kasachstan, Boris Jelzin und Nursultan Nasarbajew, hatten sich Ter-Petrosjan und der aserbaidschanische Präsident Ajas Mutalibow im September 1991 auf den Beginn bilateraler Verhandlungen geeinigt. Nach dem Absturz eines Hubschraubers mit hohen aserbaidschanischen Regierungsbeamten, den Baku A. anlastete, wurden die Gespräche im November 1991 abgebrochen.

Unabhängigkeit erklärt: Nachdem bei einem Referendum über 94% der Wähler zugestimmt hatten, erklärte der Oberste Sowjet am 23. 9. 1991 die Unabhängigkeit der Kaukasus-Republik. Bei der ersten Präsidentenwahl wurde Ter-Petrosjan im Oktober 1991 mit 83,03% in das neu geschaffene Amt gewählt.

Wirtschaftsnotstand: Nach Angaben des armenischen Außenministeriums wurden im März 1992 in Aserbaidschan 100 000 t für A. bestimmtes Benzin und Heizöl aus Rußland festgehalten. Als Folge wurde in A. zweimal täglich der Strom für sechs Stunden abgeschaltet. A. kann nur rd. 40% seines Energiebedarfs selbst decken. Viele Lebensmittellieferungen, die über Georgien nach A. importiert wurden, waren aufgrund der politischen unsicheren Lage im Nachbarland ausgeblieben.

Maschinenbau dominiert: Die Schwerpunkte der verarbeitenden Industrie lagen zu Beginn der 90er Jahre im Maschinenbau, der fast 30% der Industrieproduktion abdeckte. Außerdem gab es chemische Industrie, Aluminiumproduktion und Textilindustrie. Wichtige Rohstoffe sind Kupfer, Bauxit, Zink, Molybdän, Marmor und Gold. Die Landwirtschaft produziert Wein, Gemüse und Tabak. Nach einer im Januar 1991 eingeleiteten Landreform befand sich bis Mitte 1992 rd. 80% des Bodens in privatem Besitz. Die Ernteerträge z. B. von Kartoffeln steigerten sich in diesem Zeitraum um 30%.

Lewon Ter-Petrosjan, Staatspräsident von Armenien
* 1945 in Aleppo/Syrien, Dr. phil. Der Orientalist studierte in Leningrad (heute: St. Petersburg) und arbeitete in der Bibliothek von Eriwan. 1988 engagierte er sich im Komitee von Nagorny-Karabach und verbüßte deshalb eine sechsmonatige Haftstrafe in Moskau. Im August 1989 wurde er in das armenische Parlament und zum Vorsitzenden der Armenischen Nationalbewegung gewählt, im Oktober 1991 zum ersten Präsidenten des unabhängigen Armenien.

Aserbaidschan

Fläche	86 600 km² (Weltrang 111)	
Einw.	7,2 Mio (Weltrang 88)	
Hauptst.	Baku (1,8 Mio Einw.)	
Pkw.-Kz.	k. A.	
Sprache	Aseri	
BSP/Kopf	k. A.	
Inflation	k. A.	
Arb.-los.	28% (1989)	Asien, S. 496, B 3
Währung	1 Rubel, Rbl = 100 Kopeken	
Religion	Moslemisch	
Reg.-Chef	Gasan Gasanov	
Staatsob.	Abulfas Eltschibej (seit Juni 1992)	
Staatsf.	Republik	

Unter dem Druck der oppositionellen Nationalen Front (NFA), die Staatschef Ajas Mutalibow die Schuld an militärischen Niederlagen in der umkämpften armenischen Enklave Nagorny-Karabach gab, trat der Präsident im März von seinem Amt zurück. Zu seinem Nachfolger wurde am 7. 6. 1992 der Kandidat der NFA, Abulfas Eltschibej, mit rd. 64% der Stimmen gewählt. Neben den zu Beginn der 90er Jahre nahezu erschöpften Ölvorkommen spielte der Anbau von Baumwolle eine wichtige Rolle.

Karabach-Konflikt eskaliert: Bis Mitte 1992 verschärften sich die Kampfhandlungen in der zu 75% von Armeniern bewohnten, aber zu A. gehörenden Enklave Nagorny-Karabach. Seit 1988 forderten die Kämpfe zwischen christlichen Armeniern und moslemischen Aserbaidschanern rd. 2000 Menschenleben. Im September 1991 hatte sich Nagorny-Karabach für unabhängig erklärt. Nach der Übernahme der Direktverwaltung über den größten Teil von Nagorny-Karabach begann im Januar 1992 eine Großoffensive der aserbaidschanischen Streitkräfte auf die Gebietshauptstadt Stepanakert. Bei der Einnahme der aserbaidschanischen Ortschaft Chodjali durch armenische Truppen wurden im Februar 1992 mindestens 200 Menschen erschossen.

Krisenherd Nachitschewan: Auch in der zu A. gehörenden, zwischen Armenien und der Türkei gelegenen Enklave Nachitschewan kam es zu Kampfhandlungen zwischen den verfeindeten Völkern. Nach andauerndem armenischem Beschuß war die hauptsächlich von Aserbaidschanern bewohnte Stadt Sadarak im Mai 1992 zu 50% zerstört. Die Grenztruppen der Gemeinschaft Unabhängiger Staaten (GUS) wurden in erhöhte Alarmbereitschaft versetzt. Außerdem verstärkte die Türkei, die aus einem Abkommen von 1921 ein Mitspracherecht in Nachitschewan ableitet, ihre Grenzposten.

Machtwechsel in Baku: Der im September 1991 mit rd. 90% der Stimmen zum Präsidenten gewählte ehemalige KP-Vorsitzende Mutalibow geriet unter Druck der nationalistischen Opposition, als A. im Februar 1992 militärische Rückschläge erlitt. Nach seinem von öffentlichen Protesten erzwungenen Rücktritt übernahm der ehemalige Parlamentspräsident Jakub Mamedow vorübergehend das Amt des Präsidenten. Im Mai scheiterte ein Putsch von Anhängern Mutalibows, der diesen für wenige Stunden zurück ins Amt brachte.

Nationaler Kurs: Eltschibej kündigte im Mai 1992 den Austritt der transkaukasischen Republik aus der → GUS an. Das aserbaidschanische Parlament hatte die am 30. 8. 1991 verkündete Unabhängigkeit der Republik mit der Billigung eines entsprechenden Gesetzes am 20. 10. 1991 formell in Kraft gesetzt. Im Oktober 1991 beschloß A. den Aufbau einer eigenen Armee.

Ölvorräte ausgebeutet: In der zu den ärmsten Gliedstaaten der ehemaligen Sowjetunion gehörenden Republik lebten 34% der Bevölkerung unterhalb der Armutsgrenze (Stand: 1989). Die Arbeitslosigkeit betrug 1989 rd. 28%, zwei Drittel aller Arbeitslosen waren Jugendliche. Die Wirtschaft des Landes stützt sich traditionell auf Schafzucht und Landwirtschaft. Außerdem bestritt A. 25% des Weintraubenanbaus und 9% der Baumwollernte der ehemaligen Sowjetunion. Die Schwerpunkte der verarbeitenden Industrie waren Eisen- und Stahlerzeugung, Petrochemie, Maschinenbau, Radio- und Fernmeldetechnik, Textil- und Nahrungsmittelindustrie. Die Ölvorräte waren zu Beginn der 90er Jahre nahezu erschöpft.

Abulfas Eltschibej, Staatspräsident von Aserbaidschan
* 7. 6. 1938 im Gebiet Nachitschewan/Aserbaidschan. Eltschibej lebte nach einem Studium der Orientalistik zwei Jahre als Übersetzer in Ägypten. An der Universität Baku lehrte er Geschichte der islamischen Kulturen. Eltschibej führte das 1988 gegründete nationalistische Oppositionsbündnis NFA seit 1989. Er wurde im Juni 1992 zum Staatschef gewählt.

Äthiopien	
Fläche	1 221 900 km² (Weltrang 24)
Einw.	51,7 Mio (Weltrang 23)
Hauptst.	Addis Abeba (1,4 Mio Einw.)
Pkw.-Kz.	ETH
Sprache	Amhara
BSP/Kopf	120 Dollar (1990)
Inflation	9,6% (1989)
Arb.-los.	k. A.
Währung	1 Birr, Br = 100 Cents
Religion	Christlich (45%), moslemisch (40%)
Reg.-Chef	Tamrat Layne (seit 1991)
Staatsob.	Meles Zenawi (seit 1991)
Staatsf.	Sozialistische Volksrepublik
Parlament	befindet sich im Übergang

Afrika, S. 494, E 3

Nach dem Sturz des linksgerichteten Militärregimes von Mengistu Haile Mariam im Mai 1991 und den ersten freien Wahlen in der Geschichte des Landes brach Mitte 1992 die Regierungskoalition unter Staatspräsident Meles Zenawi auseinander. Ä. stand vor einem Bürgerkrieg rivalisierender Rebellenorganisationen. Weitgehend unberührt vom Kampf um die Macht in Addis Abeba entwickelte sich die faktisch bereits unabhängige Provinz Eritrea. Aufgrund einer zweijährigen Dürre und der Zerstörungen im Bürgerkrieg waren Mitte 1992 Millionen in Ä. vom Hungertod bedroht.

Kampf um die Macht: Die aus dem Süden und Osten stammende Oromo-Befreiungsfront (OLF) zog im Juni 1992 ihre Minister aus der seit Mitte 1991 regierenden Koalition mit der in der Nordprovinz Tigre beheimateten Volksdemokratischen Revolutionsfront (EPRDF) zurück. Die OLF hatte die Regionalwahlen am 21. 6., die ersten freien Wahlen von Ä., boykottiert und der EPRDF vorgeworfen, den Wahlausgang zu manipulieren. Nach dem Ende der Regierungskoalition lieferten sich OLF- und EPRDF-Truppen blutige Kämpfe. Die OLF warf der EPRDF vor, ihre Anhänger zu verfolgen und die alleinige Macht in Ä. anzustreben. Nach Angaben der OLF sollen Regierungstruppen im April 1992 über 200 Menschen getötet haben. Die EPRDF ihrerseits beschuldigte die OLF, die in einem Abkommen vereinbarte militärische Verantwortung der EPRDF für ganz Ä. nicht anzuerkennen.

Eritrea: Mit der Einigung zwischen Ä. und Eritrea im Januar 1992 über die gemeinsame Nutzung des Hafens Assab am Roten Meer war ein Hindernis auf dem Weg zur Unabhängigkeit von Eritrea ausgeräumt. Mitte 1991 waren die äthiopischen Truppen aus dem Gebiet abgezogen. Die nach dem mit 30 Jahren längsten Krieg Afrikas von der Eritreischen Volksbefreiungsfront (EPLF) 1991 gebildete provisorische Regierung unter Issayas Afaworke will im April 1993 ein Referendum über die Unabhängigkeit der früheren italienischen Kolonie abhalten. Die Produktion in den 44 nahezu vollständig stillgelegten größeren Betrieben, u. a. Textil- und Zementfabriken, wurde wiederaufgenommen, Nahrungsmittelhilfe organisiert und die Wiedereingliederung der 500 000 im Ausland lebenden Flüchtlinge in die Wege geleitet. 2,8 Mio der 4 Mio Einwohner von Eritrea waren 1991 von Lebensmittelimporten abhängig.

Hungersnot: Mindestens 1000 Kinder verhungerten Mitte 1992 täglich in Ä. Im September 1991

Meles Zenawi,
Staatspräsident von Äthiopien
* 1955 in Adual/Äthiopien. Bevor er 1973 zum Medizinstudium zugelassen wurde, absolvierte er eine der besten Privatschulen von Addis Abeba. 1975 gründete er die maoistische Volksbefreiungsfront Tigres (TPLF). 1989 trat die TPLF der Volksdemokratischen Revolutionsfront EPRDF bei, die im Mai 1991 Präsident Mengistu Haile Mariam stürzte. Im gleichen Monat wurde Zenawi zum Staatspräsidenten gewählt.

kritisierte die Menschenrechtsorganisation Africa Watch die Lebensmittellieferungen der UNO und anderer Hilfsorganisationen. Ohne diese Unterstützung hätte der Bürgerkrieg keine 30 Jahre gedauert. Anfang 1992 erhielt das ostafrikanische Land u. a. von der Weltbank, der Bank für Afrikanische Entwicklung und der EG finanzielle Hilfszusagen in Höhe von 672 Mio Dollar (1 Mrd DM) für den Wiederaufbau des zerstörten Landes.

Australien

Fläche	7 686 848 km² (Weltrang 6)	
Einw.	17,3 Mio (Weltrang 48)	
Hauptst.	Canberra (286 000 Einw.)	
Pkw.-Kz.	AUS	
Sprache	Englisch	
BSP/Kopf	17 000 Dollar (1990)	
Inflation	1,5% (1991)	
Arb.-los.	9,6% (1991)	Ozeanien, S. 498, E 5
Währung	1 Australischer Dollar, $A = 100 Cents	
Religion	Anglikan. (26%), kathol. (26%), protestantisch	
Reg.-Chef	Paul Keating (seit Dezember 1991)	
Staatsob.	Königin Elisabeth II.	
Staatsf.	Parl. föderative Monarchie im Commonwealth	
Parlament	Senat mit 76 für sechs Jahre gewählten und Repräsentantenhaus mit 148 für drei Jahre gewählten Abgeordneten; im Senat 33 Sitze (Repräsentantenhaus: 78) für Labor Party, 34 (69) für Liberal Party und National Party, 7 (0) für Australian Democrats, 1 (0) für Antinuklear-Bewegung, 1 (1) für Unabhängige (Wahl von 1990)	

Nach neunjähriger Amtszeit wurde Premierminister Robert James Lee Hawke im Dezember 1991 wegen seiner umstrittenen Wirtschaftspolitik von der eigenen Labor-Partei gestürzt und durch seinen innerparteilichen Rivalen Paul Keating ersetzt. Ein Besuch von Staatsoberhaupt Königin Elisabeth II. im Februar 1992 führte zu einer heftigen politischen Kontroverse über das Verhältnis

**Paul Keating,
Premierminister von Australien**
* 18. 1. 1944 in Sydney/Australien.
Der ehemalige Gewerkschaftsange-
stellte wurde 1969 für die Labor-Partei ins Repräsentantenhaus gewählt.
1983–1991 war er Schatzmeister, seit
1990 Vize-Premier unter Bob Hawke.
Nach einer verlorenen Kampfabstimmung gegen Hawke trat Keating im
Juni 1991 zurück. Im Dezember 1991
wurde er als Nachfolger Hawkes zum
Premierminister gewählt.

Bahamas

Fläche	13 878 km² (Weltrang 152)
Einw.	249 000 (Weltrang 166)
Hauptst.	Nassau (169 000 Einw.)
Pkw.-Kz.	BS
Sprache	Englisch
BSP/Kopf	11 420 Dollar (1990)
Inflation	4,4% (1989)
Arb.-los.	11% (1988)
Währung	1 Bahama-Dollar, B $ = 100 Cents
Religion	Baptist. (29%), anglik. (23%), kath. (22%)
Reg.-Chef	Lynden O. Pindling (seit 1973)
Staatsob.	Königin Elisabeth II.
Staatsf.	Parlamentarische Monarchie im Commonwealth
Parlament	Senat mit 16 ernannten und Abgeordnetenhaus mit 49 gewählten Mitgliedern; 31 Sitze für Progressive Liberal Party, 16 für Free National Movement, 2 für Unabhängige (Wahl von 1987)

Mittelam., S. 493, D 2

zum Mutterland Großbritannien. Mit einem Konjunkturprogramm versuchte Keating im Februar
1992, der größten Depression seit den 30er Jahren
zu begegnen.
Hawke verliert Machtkampf: Nachdem Schatzkanzler Keating bereits im Juni 1991 vergeblich
versucht hatte, Hawke aus seinen Ämtern zu verdrängen, gewann er am 19. 12. 1991 eine Kampfabstimmung unter Labor-Abgeordneten um die
Parteiführung mit 56 zu 51 Stimmen. Die Parteiführung ist in A. mit dem Amt des Regierungschefs verknüpft. Neben der hohen Arbeitslosigkeit, von der über 900 000 Einheimische betroffen
sind, wurde Hawke vor allem Konzeptlosigkeit gegenüber einem von der liberal-konservativen Opposition vorgelegten Steuerpaket vorgeworfen.
Dieses sah u. a. die Einführung einer 15prozenti-
gen Mehrwertsteuer vor.
Gespanntes Verhältnis: Anläßlich des Staatsbesuchs von Königin Elisabeth II. verwies Premierminister Keating auf die seiner Meinung nach
überholte „Englandhörigkeit", u. a. der konservativen Opposition. Keating betonte, daß A. seine
Zukunft unabhängig gestalten müsse. A. wolle eine
engere Partnerschaft mit Ländern der Region anstreben und sich verstärkt nach Asien ausrichten.
Konjunkturprogramm für Arbeitsplätze: Mit Finanzmitteln in Höhe von 2,3 Mrd australischen
Dollar (2,6 Mrd DM) sah ein von Keating im Februar 1992 vorgelegter Vierjahresplan die Schaffung von 800 000 Arbeitsplätzen vor. Im Mittelpunkt der vorgesehenen Maßnahmen stehen In-
frastruktur-Projekte wie z. B. die Modernisierung
der Eisenbahnverbindungen zwischen Brisbane,
Melbourne und Perth. Das Ausgabenpaket trug
zur Erhöhung des Haushaltsdefizites auf 11,2 Mrd
australische Dollar (12,8 Mrd DM) bis Juni 1992
bei. Im Etatentwurf für 1991/92 war ein Minus
von 4,6 Mrd australischen Dollar (5,2 Mrd DM)
vorgesehen.

Mitte 1992 waren in der ehemaligen britischen
Kolonie in der Karibik, die seit der Unabhängigkeit 1973 von Premier Lynden Oscar Pindling
(Progressive Liberale Partei, PLP) regiert wird,
Parlamentswahlen geplant.
Die Wirtschaft auf den 22 bewohnten Inseln und
3000 kleinen Eilanden, Riffen und Klippen in der
Karibik wird vorrangig vom Tourismussektor bestimmt, der 70–80% des Bruttoinlandsprodukts
erwirtschaftet und 60% der Erwerbstätigen des
Landes beschäftigt. Darüber hinaus entwickelten
sich die B. aufgrund weitgehender Steuerfreiheit
und vorteilhaften Bankbestimmungen zu einem
der wichtigsten internationalen Finanzzentren.

Bahrain

Fläche	678 km² (Weltrang 171)
Einw.	520 000 (Weltrang 153)
Hauptst.	Manama (145 000 Einw.)
Pkw.-Kz.	BRN
Sprache	Arabisch
BSP/Kopf	6340 Dollar (1988)
Inflation	0,3% (1988)
Arb.-los.	9% (1989; Schätzung)
Währung	1 Bahrain-Dinar, BD = 1000 Fils
Religion	Moslemisch
Reg.-Chef	Scheich Chalifa Ibn Salman Al Chalifa (seit 1970)
Staatsob.	Scheich Isa Ibn Salman Al Chalifa (seit 1971)
Staatsf.	Emirat
Parlament	Seit 1975 aufgelöst, keine politischen Parteien

Nahost, S. 495, E 4

Das Emirat im Persischen Golf erholte sich 1991/92 unter der Führung von Scheich Isa Ibn Salman Al Chalifa nur langsam von den negativen Folgen des Golfkriegs auf Wirtschaft und Finanzwesen. Die Bemühungen von B., Mittler für Dienstleistungen, Handel und Finanzgeschäfte zwischen Europa und Asien zu werden, erhielten einen Rückschlag.

Kapital fließt ab: Das international schwindende Vertrauen in die Wirtschaft des 500 km von Kuwait entfernt gelegenen arabischen Staates führte vor allem bei den 51 Offshore-Banken, die Anlegern Steuervorteile bieten, zu einem Kapitalabfluß, so daß das Finanzvolumen im zweiten Quartal 1991 auf den niedrigsten Stand seit 1981 sank. Offshore-Banken können ohne Rücksicht auf nationale Beschränkungen internationale Geldgeschäfte tätigen und die Zinsen ausschließlich nach Angebot und Nachfrage festsetzen. Im Oktober 1991 gründete die Regierung von B. mit einer Einlage von 66,3 Mio Dollar (101,2 Mio DM) die Bahrain Development Bank (DBD) zur Koordinierung und Förderung neuer Investitionen.

Aufgrund erhöhter Versicherungsprämien für Fahrten und Frachten in den Golf stieg während des Konflikts um Kuwait Anfang 1991 das Preisniveau in dem aus 33 kleinen Inseln bestehenden Staat. Das konservative Land, Mitglied der Organisation der arabischen Erdöl exportierenden Staaten OAPEC, das über geringe Ölreserven verfügt, verdiente bei einer täglichen Förderung von 48 000 Faß Rohöl (7,6 Mio l) 1991 nur noch rd. 20% seines Volkseinkommens mit der Ölförderung.

Diversifizierung: B. bemühte sich, durch den Aufbau industrieller Fertigung die Abhängigkeit von der Erdölgewinnung zu verringern. Zu Beginn der 90er Jahre entstanden aus Saudi-Arabien mit Rohstoff belieferte Ölraffinerien und Gasverflüssigungsindustrien sowie eine Aluminiumhütte bei Alba. Geplant war, mit einem Kostenaufwand von 1,5 Mrd Dollar (2,3 Mrd DM) die Aluminiumverarbeitung auszubauen und die Jahreskapazität von 208 000 t (1991) auf 460 000 t (1993) zu erhöhen. Im Oktober 1992 soll eine Fabrik zur Fertigung von Kraftfahrzeugaluminiumfelgen die Produktion mit einer jährlichen Kapazität von 500 000 Felgen aufnehmen.

Nach einer Wirtschaftsnovelle der Regierung ist es ausländischen Investoren seit Mitte 1991 erlaubt, Firmenbeteiligungen bis zu 100% zu erwerben. Bis dahin hielten einheimische Anleger mindestens 51%.

●	**Bangladesch**	
Fläche	143 998 km² (Weltrang 91)	
Einw.	113 Mio (Weltrang 9)	
Hauptst.	Dacca (5,3 Mio Einw.)	
Pkw.-Kz.	BD	
Sprache	Bengali	
BSP/Kopf	170 Dollar (1991)	
Inflation	8–10% (1989)	
Arb.-los.	30% (1989; Schätzung)	Asien, S. 496, D 5
Währung	1 Taka, Tk = 100 Poisha	
Religion	Moslemisch (83%), hinduistisch (16%)	
Reg.-Chef	Khaleda Zia (seit 1991)	
Staatsob.	Abdur Rahman Bishwas (seit Oktober 1991)	
Staatsf.	Präsidiale Republik	
Parlament	Nationalversammlung mit 300 für fünf Jahre gewählten Abgeordneten; 139 Sitze für die Bengalische National-Partei, 84 für die Awami-Liga, 35 für die Jatiya-Partei, 18 für die Jamaat-i-Islam-Partei, 24 für übrige Parteien (Wahl von 1991)	

Mit der Abschaffung des seit 1975 bestehenden autoritären Präsidialsystems zugunsten einer Machterweiterung der demokratisch gewählten Regierung vollzog B. am 15. 9. 1991 den Übergang zu einer parlamentarischen Demokratie. Der im August 1991 verabschiedete Haushaltsplan enthielt industriefreundliche Maßnahmen zur Steigerung des Wirtschaftswachstums.

Absolute Mehrheit: Aufgrund gewonnener Nachwahlen errang die regierende National-Partei (BNP) unter Premierministerin Khaleda Zia im September 1991 die absolute Mehrheit im Parlament. Die BNP verfügt nun über 169 von insgesamt 330 Mandaten. Nach den Parlamentswahlen vom Februar 1991 stellte sie mit 139 Sitzen lediglich die stärkste Fraktion.

Übergangsperiode beendet: Mit rd. 80% der Stimmen votierten die Wahlberechtigten im September 1991 für eine Rückkehr zur parlamentarischen Demokratie. Kernpunkt des Volksentscheids war die Abschaffung des Präsidialregimes. Die neue Verfassung sieht die Ausübung der Exekutivgewalt durch das Kabinett und ein System parlamentarischer Kontrolle vor. Dem Staatsoberhaupt werden lediglich repräsentative Funktionen zugestanden. Mit der Wahl des Rechtsanwalts Abdur Rahman Bishwas zum Staatsoberhaupt wurde im Oktober 1991 die Übergangsperiode formal abgeschlossen.

Liberale Industrialisierungspolitik: In dem unter Überbevölkerung und regelmäßig wiederkehrenden Naturkatastrophen leidenden landwirt-

Barbados

**Khaleda Zia,
Premierministerin von Bangladesch**
* 15. 8. 1945 im Distrikt Dinajpur/
Bangladesch. Khaleda Zia übernahm
nach der Ermordung ihres Ehemannes und Staatspräsidenten Ziaur
Rahman (1981) die Führung der National-Partei in Opposition zum
Putschgeneral Hussain Mohammad
Ershad. Nach dem erzwungenen
Rücktritt Ershads 1990 und dem
Wahlsieg der National-Partei bei den
Parlamentswahlen wurde sie im März
1991 Regierungschefin.

schaftlich geprägten Entwicklungsland betrug
1991 das Pro-Kopf-Einkommen 170 Dollar (260
DM). Der industrielle Sektor trug nur zu 10% zum
Bruttosozialprodukt bei. Um den Ausbau der Industrie zu beschleunigen, erhöhte die Regierung
im August 1991 den erlaubten Auslandsanteil an
Industrieprojekten von 51% auf 100%. Weitere
Maßnahmen waren die Gewährung von Steuerfreiheit bis 1995, Investitionshilfen für ländliche
Gebiete und die Abschaffung von staatlichen Bewilligungsprozeduren.
Flüchtlingswelle: Bis Ende April 1992 flohen rd.
250 000 moslemische Flüchtlinge aus Myanmar in
das zu den ärmsten Ländern der Welt zählende B.,
in dem 55% der Bevölkerung unterernährt sind.
Das UNO-Flüchtlingshochkommissariat übernahm im Februar 1992 die Koordinierung der
Hilfeleistungen und stellte 6 Mio Dollar (9,2 Mio
DM) Soforthilfe zur Verfügung.

Barbados

Fläche	430 km² (Weltrang 177)
Einw.	262 700 (Weltrang 164)
Hauptst.	Bridgetown (10 000 Einw.)
Pkw.-Kz.	BDS
Sprache	Englisch
BSP/Kopf	6540 Dollar (1990)
Inflation	4,7% (1988)
Arb.-los.	20% (1990; Schätzung)
Währung	1 Barbados-Dollar, BDS-$ = 100 Cents
Religion	Anglikanisch (70%), methodistisch, katholisch
Reg.-Chef	Erskine Sandiford (seit 1987)
Staatsob.	Königin Elisabeth II.
Staatsf.	Parlamentarische Monarchie im Commonwealth
Parlament	Senat mit 21 vom Generalgouverneur ernannten und Volkskammer mit 28 für fünf Jahre gewählten Abgeordneten; 10 Sitze für Democratic Labour Party, 18 für Barbados Labour Party (Wahl von 1991)

Mittelam., S. 493, H 4

Premier Erskine Sandiford regierte 1991/92 nach
den gewonnenen Parlamentswahlen vom Januar
1991 die östlichste Insel der Kleinen Antillen. Der
Kleinstaat erwirtschaftete rd. 76% seines Bruttosozialprodukts von 2,3 Mrd DM im Dienstleistungssektor, 18% durch industrielle Fertigung
und 6% in der Landwirtschaft, vor allem durch
den – starken Preisschwankungen unterliegenden –
Zuckerrohranbau. Hauptgewerbe des Inselstaats
war die Tourismusbranche. Mehr als eine halbe
Million Besuche pro Jahr wurden in B. registriert.

Belau

Fläche	487 km² (Weltrang 174)
Einw.	15 000 (Weltrang 187)
Hauptst.	Koror (8000 Einw.)
Pkw.-Kz.	k. A.
Sprache	Mikron. Dialekte, Englisch
BSP/Kopf	k. A.
Inflation	k. A.
Arb.-los.	k. A.
Währung	US-Dollar
Religion	Protestantisch, katholisch
Reg.-Chef	Ngiratkel Etpison (seit 1989)
Staatsob.	Ngiratkel Etpison (seit 1989)
Staatsf.	Präsidiale Rep., unter US-amerik. Treuhandverwaltung
Parlament	Delegiertenhaus und Senat, keine Parteien

Ozeanien, S. 498, D 1

Die westpazifische Inselrepublik B., die 1947 von
der UNO zum US-amerikanischen Treuhandgebiet erklärt wurde, stand 1991/92 im Konflikt mit
ihrer Schutzmacht. 1978 hatte sich die aus 16 Dörfern bestehende Föderation geweigert, mit den
übrigen Inseln des Karolinenarchipels an der
Gründung von Mikronesien teilzunehmen. Eine
1979 ausgearbeitete Verfassung verbietet es US-Kriegsschiffen, die Nuklearwaffen an Bord haben,
B. anzulaufen. Auf der Suche nach einer Alternative zu dem philippinischen Stützpunkt Subic
Bay waren die US-Amerikaner an der Nutzung
des Hafens von Malakal interessiert. Seit 1982
wurde siebenmal über eine Änderung der betreffenden Verfassungsartikel abgestimmt. Washington bot der Inselrepublik B. für einen zehnjährigen
Nutzungsvertrag 1 Mrd Dollar (1,52 Mrd DM). B.
war bis Mitte 1992 von der Finanzhilfe der USA
und vom Tourismussektor abhängig. 1990 wurde
mit einem japanischen Firmenkonsortium ein Vertrag über ein Flugplatz- und Hotelprojekt in Höhe
von rd. 229 Mio DM abgeschlossen.

Belgien

Fläche	30 519 km² (Weltrang 134)
Einw.	9,9 Mio (Weltrang 69)
Hauptst.	Brüssel (990 000 Einw.)
Pkw.-Kz.	B
Sprache	Französisch, Niederl., Dt.
BSP/Kopf	15 540 Dollar (1990)
Inflation	3,2% (1991)
Arb.-los.	9,4% (1991)
Währung	1 Belgischer Franc, bfr = 100 Centimes
Religion	Katholisch (89%)
Reg.-Chef	Jean-Luc Dehaene (seit März 1992)
Staatsob.	König Baudouin I. (seit 1951)
Staatsf.	Parlamentarische Monarchie
Parlament	Senat mit 181 und Abgeordnetenhaus mit 212 für vier Jahre gewählten Abgeordneten; im Abgeordnetenhaus 39 Sitze für flämische, 18 für wallonische Christdemokraten, 28 für flämische, 35 für wallonische Sozialisten, 26 für flämische, 20 für wallonische Liberale, 7 für flämische, 10 für wallonische Grüne, 12 für Vlaams Blok, 10 für Volksunie, 7 für andere Parteien (Wahl vom November 1991)

Europa, S. 490, C 5

**Jean-Luc Dehaene,
Ministerpräsident von Belgien**
* 7. 8. 1940 in Montpellier/Frankreich. Der Jesuitenschüler studierte in Namur Rechts- und Wirtschaftswissenschaften. Ab 1972 war er als Mitglied der flämischen Christlichen Volkspartei Berater verschiedener Ministerien in Brüssel. 1981 wurde er Minister für Soziale Angelegenheiten und Verfassungsreform. Dehaene, der dem christlichen Gewerkschaftsflügel in seiner Partei angehört, wurde im März 1992 zum Premier gewählt.

Mit der Vereidigung einer Mitte-Links-Regierung unter dem 51jährigen Verfassungsexperten Jean-Luc Dehaene von der flämischen Christlichen Volkspartei (CVP) endete im März 1992 eine monatelange politische Krise. Bei den Parlamentswahlen am 24. 11. 1991 mußte die Mitte-Links-Regierung aus Sozialisten, Christdemokraten und Flämischer Volksunion erhebliche Stimmenverluste hinnehmen. Gewinner in dem vom Sprachenstreit zwischen Flamen und Wallonen gekennzeichneten B. waren Rechtsextreme und Ökologen. Das neue Kabinett verkündete im März 1992 eine drastische Sparpolitik.

Neue Regierung: Dehaene verkleinerte das Kabinett von 27 auf 16 Kabinettsmitglieder. Das Regierungsprogramm sah u. a. eine Sanierung des Haushalts und eine Senkung des Defizits auf 3% des Bruttoinlandsprodukts (1992: 6,3%) bis Ende 1996 vor, um die für den Beitritt zur Europäischen Währungsunion notwendige Vorgabe zu erfüllen. Dehaene löste Parteifreund und Mentor Wilfried Martens ab, der mit kurzer Unterbrechung seit 1979 Premierminister war. Mit der Bildung der 35. Nachkriegsregierung unter Dehaene gelang eine Neuauflage der Koalition aus Christsozialen und Sozialisten, die 1991 im Streit um größere Eigenständigkeit der Landesteile Flandern und Wallonien auseinandergebrochen war. Die Regierung hat mit 120 von 212 Parlamentssitzen keine für Verfassungsänderungen notwendige Zweidrittel-Mehrheit. Gewinner der Parlamentswahl war der rechtsextremistische Vlaams Blok, der zwölf statt zwei Abgeordnete in die Volksvertretung schickt und viertstärkste Fraktion wurde.

Dialog im Sprachenstreit: Am 6. 4. 1992 begann ein in den Koalitionsverhandlungen vereinbarter Dialog zwischen Flamen und Wallonen. Vertreter von neun Parteien, ausgenommen der rechtsextreme Vlaams Blok und die Anarchistische Partei von Jean-Pierre Van Rossem, nahmen an der Diskussion teil, die über eine Direktwahl der Regionalparlamente und Steuerkompetenzen der belgischen Regionen berät.

Regierung fährt Sparkurs: Haushaltsministerin Mieke Officiers-van de Wiele (CVP) kündigte Einsparungen im Haushalt 1992 von rd. 300 Mio DM an, u. a. sollen die Betriebskosten der Ministerien um 5% gesenkt und der Verteidigungsetat gekürzt werden. Finanzminister Philippe Maystadt

Regierung in Belgien

Letzte Wahl	November 1991
Staatsoberhaupt	König Baudouin I.
Premier	Jean-Luc Dehaene
Vize-Premiers	Guy Coeme, Willy Claes, Melchior Wathelet
Äußeres	Willy Claes
Finanzen	Philippe Maystadt
Verteidigung	Leo Delcroix
Innen	Louis Tobback
Justiz und Wirtschaft	Melchior Wathelet
Soziales	Philippe Moureaux
Wissenschaftspolitik	Jean-Marie Dehousse
Außenhandel und europäische Angelegenheiten	Robert Urbain
Pensionen	Freddy Willockx
Arbeit und Beschäftigung	Miet Smet
Landwirtschaft	André Bourgeois
Verkehrswesen	Guy Coeme
Gesundheitswesen, Umwelt und soziale Integration	Laurette Onckelinx
Haushalt	Mieke Officiers-van de Wiele

Parlamentswahlen in Belgien am 24. 11. 1991

Partei	Stimmen-anteil (%)	Verände-rung[1]	Sitze
Sozialisten	25,6	− 5	63
− Flamen (SP)	12	− 2,9	28
− Wallonen (PS)	13,6	− 2,1	35
Christdemokraten	24,5	− 3	57
− Flamen (CVP)	16,7	− 2,8	39
− Wallonen (PSC)	7,8	− 0,2	18
Liberale	20,1	− 1,1	46
− Flamen (PVV)	11,9	+ 0,4	26
− Wallonen (PRL)	8,2	− 1,5	20
Grüne	10	+ 2,9	17
− Flamen (AGALEV)	4,9	+ 0,4	7
− Wallonen (ECOLO)	5,1	+ 2,5	10
Vlaams Blok	6,6	+ 4,7	12
Volksunie	5,9	− 2,1	10
Demokratische Front der Wallonen	1,5	+ 0,3	3
Liste Van Rossem	3,2	−	3
Front National	1,1	−	1

1) Gegenüber 1987 in Prozentpunkten

von den wallonischen Christdemokraten (PSC) will durch eine Reformierung des Mehrwertsteuer- und Abgabensystems neue Einnahmequellen erschließen.

Belize

Fläche	22 965 km² (Weltrang 145)
Einw.	184 000 Mio (Weltrang 168)
Hauptst.	Belmopan (4000 Einw.)
Pkw.-Kz.	BH
Sprache	Englisch
BSP/Kopf	1990 Dollar (1990)
Inflation	1,5% (1988)
Arb.-los.	14% (1988)
	Mittelam., S. 493, A 4
Währung	1 Belize-Dollar, Bz-$ = 100 Cents
Religion	Kath. (65%), protest. (14%), anglik. (14%)
Reg.-Chef	George Price (seit 1989)
Staatsob.	Königin Elisabeth II.
Staatsf.	Parlamentarische Monarchie im Commonwealth
Parlament	Senat mit 8 ernannten und Repräsentantenhaus mit 28 für fünf Jahre gewählten Abgeordneten; 15 Sitze für People's United Party, 13 für United Democratic Party (Wahl von 1989)

Wichtigstes Ereignis in B. war 1991/92 die Aufnahme diplomatischer Beziehungen mit dem Nachbarstaat Guatemala, die das Ende eines jahrzehntealten Konflikts der beiden Länder markierte. Wirtschaftlich konnte der mittelamerikanische Staat 1991/92 einen Aufschwung verzeichnen.

Kontakt zum Nachbarn: Im September 1991 erkannte der guatemaltekische Präsident Jorge Serrano Elias die staatliche Existenz des früheren Britisch-Honduras, das dem Commonwealth angehört, an. Guatemala hatte das Territorium des Karibikstaates seit dem vergangenen Jahrhundert beansprucht. Mit der vollen Aufnahme diplomatischer Beziehungen setzte B. unter der Regierung von George Price die Grenze seiner Territorialgewässer im Süden bei drei Meilen fest, um Guatemala mit seinem Exporthafen Puerto Barrios den freien Zugang zum Atlantischen Ozean zu garantieren. Darüber hinaus vereinbarten B. und Guatemala Abkommen zum Warentransit und der Benutzung von Hafeneinrichtungen. B., das ethnisch und kulturell eher mit den englischsprachigen karibischen Staaten verwandt ist, kann sich nach der Normalisierung seines Verhältnisses zu Guatemala am mittelamerikanischen Integrationsprozeß, der u. a. die Schaffung einer Freihandelszone zum Ziel hat, beteiligen. 1991 wurde B. in die Organisation Amerikanischer Staaten (OAS) aufgenommen.

Wirtschaftsaufschwung: Die Wirtschaft wuchs 1988–1992 um jährlich 7–9%. Neben Zucker, Bananen und Edelhölzern bot B. verstärkt Zitrusfrüchte, Mangos, Fisch und Meeresfrüchte auf dem Weltmarkt an. Zudem siedelte sich in dem mittelamerikanischen Land eine exportorientierte Textilindustrie an.

Benin

Fläche	112 622 km² (Weltrang 99)
Einw.	4 ,8 Mio (Weltrang 102)
Hauptst.	Porto Novo (200 000 Einw.)
Pkw.-Kz.	R.B
Sprache	Französisch
BSP/Kopf	360 Dollar (1990)
Inflation	4,3% (1988)
Arb.-los.	k. A.
	Afrika, S. 494, B 4
Währung	CFA-Franc, FCFA = 100 Centimes
Religion	Animist. (60%), christl. (20%), moslem. (15%)
Reg.-Chef	Nicéphore Soglo (seit 1991)
Staatsob.	Nicéphore Soglo (seit 1991)
Staatsf.	Republik
Parlament	Nationalversammlung mit 64 Abgeordneten; 12 Sitze für Demokr. Union der Fortschrittskräfte (UDFP)/Union für Freiheit und Entwicklung (ULD), 9 für Nationalpartei für Demokr. und Entwicklung (PNDD)/Partei der Demokrat. Erneuerung (PRD), 8 für Sozialdemokraten (PSD)/Nationalunion für Solidarität und Fortschritt (UNSP), 35 für andere (Wahl von 1991)

Nicéphore Soglo, Präsident von Benin
* 29. 11. 1934 in Togo. Der Jurist und Absolvent der Pariser Eliteschule ENA war von 1985 bis 1990 bei der Weltbank (Washington) tätig. Nach der Abkehr seines Landes vom Sozialismus 1989/90 war der reformorientierte Politiker ab Februar 1990 Ministerpräsident. Nach den Präsidentschaftswahlen im März 1991 löste er den seit 20 Jahren diktatorisch regierenden Mathieu Kérékou ab.

Bhutan

Fläche	47 000 km² (Weltrang 126)
Einw.	1,47 Mio (Weltrang 124)
Hauptst.	Thimbu (20 000 Einw.)
Pkw.-Kz.	k. A.
Sprache	Dzongkha
BSP/Kopf	190 Dollar (1990)
Inflation	10% (1989)
Arb.-los.	10% (1988)
Währung	1 Ngultrum, NU = 100 Chetrum
Religion	Buddhistisch (75%), hinduistisch (25%)
Reg.-Chef	König Jigme Wangchuk (seit 1972)
Staatsob.	König Jigme Wangchuk (seit 1972)
Staatsf.	Monarchie
Parlament	Nationalversammlung (Tshogdu) mit 151 Mitgliedern; Ständeparlament aus Dorfältesten, vom König ernannten Staatsbeamten und Vertretern buddhistischer Klöster

Asien, S. 496, D 5

Die Hoffnung auf eine Verbesserung der Lebensumstände mit Hilfe der Industriestaaten, aber auch das Mißtrauen im Volk gegenüber der Reformbereitschaft der Regierung prägten 1991/92 das westafrikanische Land, das sich von einer marxistisch-leninistischen Einparteiendiktatur zu einer parlamentarischen Demokratie gewandelt hatte. Die Regierung von B., die Mitte 1991 eine Übergangsregierung ablöste, bemühte sich in erster Linie um eine Neuorganisation des politischen Lebens in B. und Ankurbelung der marktwirtschaftlich orientierten Wirtschaft.
Neue Regierung: Im Juli 1991 stellte der demokratisch gewählte Staatspräsident Nicéphore Soglo seine Regierungsmannschaft vor. Alle acht Parteien, die ihn während des Präsidentschaftswahlkampfes im März 1991 unterstützt hatten, sind im Kabinett vertreten. Kritiker bemängelten die Erhöhung der Ministerzahl von 15 auf 20. Sie befürchteten, daß eine zu große Regierungsmannschaft ähnlich ineffizient arbeitet wie die Bürokratie des Landes. Unter Soglos Vorgänger Mathieu Kérékou war die Verwaltung des Landes von 9000 auf 47 000 Mitarbeiter angewachsen. Die neue Regierung Soglo will bis 1994 rd. 8000 Beamte entlassen.
Wirtschaft im Wandel: B., das in Afrika trotz Kritik am aufgeblähten Verwaltungsapparat als Beispiel für einen gelungenen Übergang von einer Einparteienherrschaft zu einer pluralistischen, marktwirtschaftlich orientierten Regierungsform gilt, war 1991/92 auf die Hilfe der Industriestaaten und der Weltbank angewiesen. Ein Strukturanpassungsprogramm, das von der Weltbank mit 55 Mio Dollar (84 Mio DM), von Frankreich mit 27 Mio Dollar (41,2 Mio DM) und von Deutschland mit 28 Mio Dollar (42,8 Mio DM) finanziert wird, soll zur Privatisierung der Wirtschaft beitragen. 1991/92 verbesserte sich die ökonomische Lage vor allem in den Städten.

Das Königreich B. entwickelte sich 1991/92 zu einem neuen Unruheherd in Asien. Ethnische Konflikte zwischen bhutanesischen Buddhisten und eingewanderten, nepalesischen Hinduisten bestimmten die Innenpolitik des Himalajastaates, der seit 1972 unter König Jigme Wangchuk nahezu absolutistisch regiert wird. B. unterhält zu lediglich 18 Staaten offizielle diplomatische Beziehungen. Deutschland, das B. 1987–1991 mit 17 Mio DM Entwicklungshilfe unterstützte, bemühte sich im Februar 1992 um die Aufnahme offizieller Kontakte. Die Landwirtschaft des Pufferstaates zwischen Indien und China, die rd. 51% des Bruttosozialprodukts erwirtschaftet, wird vor allem vom Anbau von Mais, Reis, Hirse, Gerste, Kardamom und Hülsenfrüchten bestimmt.
Seit einer Volkszählung von 1988, nach der die alteingessenen bhutanesischen Buddhisten nur noch 48% der Bevölkerung stellen, die hindugläubigen Einwanderer aus Nepal 45%, eskalierten in dem kleinen Staat die ethnischen Konflikte. Im Rahmen einer sog. Politik der nationalen kulturellen Integration, die 1989 eingeleitet wurde, verfügte die Regierung, daß jeder das Land verlassen müsse, der nicht schon 1958 bhutanesischer Staatsangehöriger gewesen war. Die vorwiegend im fruchtbaren Süden von B. siedelnden Nepalesen, die sich der Anordnung widersetzten, waren scharfen Repressionen ausgesetzt. Das nepalesische Zentrum für die Opfer von Folter (CVICT) veröffentlichte im Januar 1992 einen Bericht über gefolterte und vergewaltigte Flüchtlinge. Bis Ende 1991 flohen mehr als 100 000 nepalesische Sied-

ler aus B. nach Indien und Nepal. Die Bhutanesische Volkspartei (BPP), die sich zum Sprecher der nepalesischen Siedler machte und vor allem Demokratie und den Schutz der Menschenrechte forderte, führte 1991/92 einen bewaffneten Untergrundkampf gegen die Monarchie. Die Regierung in Thimbu erklärte die südlichen Distrikte des Landes zu Unruheprovinzen und entsandte den überwiegenden Teil der 2000 Mann starken Polizeitruppe und der 8000 Soldaten umfassenden Armee in den Süden.

Jaime Paz Zamora,
Staatspräsident von Bolivien
* 15. 4. 1939 in Cochabamba/Bolivien. Paz Zamora war 1971 Mitbegründer der Bewegung der revolutionären Linken (MIR) in Bolivien. Während der Militärdiktatur (1971–1982) wurde er inhaftiert und lebte mehrere Jahre im Exil. 1982–1985 war er Vizepräsident in der vom Linksbündnis Demokratische Volkseinheit gestellten Regierung, seit 1989 ist er Staatspräsident.

Bolivien

Fläche	1 098 581 km² (Weltrang 27)
Einw.	7,1 Mio (Weltrang 89)
Hauptst.	Sucre (87 000 Einw.)
Reg.-Sitz	La Paz (990 000 Einw.)
Pkw.-Kz.	BOL
Sprache	Spanisch, Ketschua, Aimara
BSP/Kopf	630 Dollar (1990)
Inflation	14,7% (1991)
Arb.-los.	8,1% (1991)
Währung	1 Boliviano, Bs = 100 Centavos
Religion	Katholisch (93%)
Reg.-Chef	Jaime Paz Zamora (seit 1989)
Staatsob.	Jaime Paz Zamora (seit 1989)
Staatsf.	Präsidiale Republik
Parlament	Kongreß aus Abgeordnetenhaus mit 130 und Senat mit 27 für vier Jahre gewählten Abgeordneten; im Abgeordnetenhaus 40 (Senat: 9) Sitze für Nationalistisch Revolutionäre Bewegung, 38 (8) für Demokratisch-Nationalistische Aktion, 33 (8) für Bewegung der revolutionären Linken, 10 (1) für Gewissen des Vaterlandes, 10 (0) für Vereinigte Linke (Wahl von 1989)

Südamerika, S. 492, C 4

Im März 1992 bildete der sozialdemokratische Staats- und Regierungschef Jaime Paz Zamora seine Regierung um. Das südamerikanische Binnenland sicherte sich in einem Abkommen mit Peru einen Zugang zum Pazifischen Ozean. Der Koka-Anbau blieb ein wichtiger Wirtschaftsfaktor in dem Andenstaat, dessen ökonomische Verhältnisse sich 1991/92 stabilisierten.

Kabinettsumbildung: Staatschef Paz Zamora berief am 17. 3. 1992 angesehene Fachleute in seine Regierung, mit denen er bis zum Ende der Legislaturperiode im August 1993 arbeiten will. Die wichtigste Personalentscheidung war die Ernennung des Bürgermeisters von La Paz, Ronald McLean, von der konservativen Koalitionspartei Demokratisch-Nationalistische Aktion (ADN) zum Außenminister.

Zugang zum Meer: Im Januar 1992 schlossen B. und Peru ein zunächst 50 Jahre gültiges Abkommen, das B. den seit über 100 Jahren geforderten Zugang zum Pazifischen Ozean sichert. Peru räumte dem Nachbarn in der Hafenstadt Ilo eine Freihandelszone ein und gestattete B., einen 5 km langen Küstenstreifen als Fremdenverkehrszentrum auszubauen. Zudem soll B. der Fischfang in peruanischen Gewässern gestattet werden. B. hatte den Zugang zum Meer im Salpeterkrieg (1879–1883) gegen Chile verloren.

Wirtschaftsentwicklung: Das Wirtschaftswachstum 1991, das von der Regierung nur auf 3,5% veranschlagt worden war, stieg auf 4,1%. Die Produktion in der Landwirtschaft konnte um 7,2%, in der Industrie um 6,6% und im Bergbau um 6,4% gesteigert werden. B. wies 1991 mit 14,7% die geringste Teuerungsrate in Lateinamerika auf. Die offizielle Arbeitslosenquote lag 1991 bei 8,1%. Im Januar 1992 gelang B. in Verhandlungen mit den Gläubigern des Pariser Clubs eine Reduzierung der Schuldentilgung. Statt 216,8 Mio Dollar (331,1 Mio DM) muß das Land bis 1993 nur 31,7 Mio Dollar (48,4 Mio DM) zurückzahlen. Im April 1992 gewährte Spanien dem Andenstaat einen Kredit in Höhe von 100 Mio Dollar (152,7 Mio DM), u. a. für den Bau neuer Straßen.

Koka-Anbau: B. ist nach Peru zweitwichtigster Lieferant des Rohstoffs u. a. für die Droge Kokain. Im August 1991 sackte der Preis z. B. für getrocknete Kokablätter zum ersten Mal unter die Gewinnschwelle, so daß einem von der Regierung und ausländischen Experten für das Koka-Anbaugebiet Chapare entwickelten Programm zur Umstellung der Landwirtschaft größere Erfolgschancen eingeräumt wurden. Zunächst sollen auf 50 000 ha Kokapflanzungen Tee, Ananas, Zitrusfrüchte, Pfeffer und Vanille gepflanzt und Anlagen zur Weiterverarbeitung (Bananenmehl, ätherische Öle und Essenzen) gebaut werden.

	**Bosnien-Herzegowina**

Fläche	51 129 km² (Weltrang 123)
Einw.	4,3 Mio (Weltrang 107)
Hauptst.	Sarajevo (300 000 Einw.)
Pkw.-Kz.	k. A.
Sprache	Serbokroat., slow., serb.
BSP/Kopf	k. A.
Inflation	k. A.
Arb.-los.	k. A.
Währung	1 Dinar, Din = 100 Para
Religion	Moslemisch, serbisch-orthodox, kath.
Reg.-Chef	k. A.
Staatsob.	Alija Izetbegović (seit 1990)
Staatsf.	Republik

Europa, S. 490, E 6

Alija Izetbegović, Präsident von Bosnien-Herzegowina * 1925 in Samac/(heute: Bosnien-Herzegowina). Izetbegović ist Wirtschaftsjurist und gehört der muslimischen Bevölkerungsmehrheit in Bosnien-Herzegowina an. Der Antikommunist wurde 1983 für seine Veröffentlichungen (u. a. „Die islamische Deklaration") zu 14 Jahren Haft verurteilt, von denen er sechs Jahre verbüßte. Er ist Gründer und Vorsitzender der bei den ersten freien Wahlen 1990 siegreichen muslimischen Partei der Demokratischen Aktion.

Nach dreimonatigem Bürgerkrieg, in dem die serbische Bevölkerungsgruppe gegen eine Allianz aus Kroaten und Moslems kämpfte, stand B. Mitte 1992 vor der Auflösung seiner staatlichen Ordnung. Die Kämpfe forderten rd. 40 000 Tote. Etwa 1,4 Mio Zivilisten flüchteten aus der verwüsteten Republik. Die Friedensbemühungen der UNO und der EG, die B. unter Präsident Alija Izetbegović im April 1992 als unabhängigen Staat anerkannte, blieben erfolglos.

Serbische Abspaltung: Am 29. 2./1. 3. 1992 stimmten in einem Referendum 99,4% der Wähler für die Unabhängigkeit von B. Die Serben (Bevölkerungsanteil: 31%), boykottierten die Abstimmung, weil sie befürchteten, in einem unabhängigen B. in eine benachteiligte Minderheitenposition zu geraten. Die Moslems stellen 44%, die Kroaten 17% der Bevölkerung. Bereits im Januar 1992 hatten serbische Abgeordnete eine Serbische Republik B. ausgerufen, eine im März 1992 in Kraft gesetzte Verfassung zielte auf die Angliederung an das von Serbien dominierte Restjugoslawien. Die Anerkennung der Republik B. durch die EG am 6. 4. 1992 zog die Unabhängigkeitserklärung der Serben in B. nach sich. Für ihre Republik beanspruchten sie zwei Drittel des Territoriums von B.

Blutiger Bürgerkrieg: Mit der fast völligen Zerstörung der Hauptstadt Sarajevo durch serbische Raketen und Artilleriebeschuß erreichten die Kämpfe im Juni 1992 ihren vorläufigen Höhepunkt. Bis zu diesem Zeitpunkt eroberten die Serben aufgrund ihrer Überlegenheit an Waffen rd. 70% des Staatsgebietes. Die Schäden an öffentlichen Gebäuden und der Infrastruktur betrugen nach Angaben der Behörden 150 Mrd DM.

Etwa ein Drittel aller Wohnungen waren zerstört. Weltweite Empörung löste am 27. 5. 1992 der Granatenangriff auf zum Einkauf anstehende Zivilisten aus, der 22 Menschenleben und über 100 Verletzte forderte. Nachdem das jugoslawische Staatspräsidium im Mai 1992 auf internationalen Druck das Kommando über die in B. stationierten Truppen abgegeben hatte, gingen diese Einheiten in einer neugegründeten serbischen Armee auf. Auch die kroatische und muslimische Territorialverteidigung schloß sich mit Freischärlern und Milizen zu einer regulären Armee zusammen. Am 4. 4. 1992 ordnete das Präsidium von B. aufgrund der seit März 1992 andauernden Kämpfe eine Generalmobilmachung seiner Territorialstreitkräfte an. Die Angehörigen der serbischen Volksgruppe weigerten sich, dieser Anordnung Folge zu leisten.

Interessensphären festgelegt: Bei einem Geheimtreffen in Graz/Österreich verständigten sich Vertreter der Serben und Kroaten am 8. 5. 1992 auf eine Aufteilung von B. Während die Serben das von ihnen besetzte Territorium beanspruchten, erhielten die Kroaten mit der westlichen Herzegowina und Gebieten im nördlichen Bosnien rd. 20% der Republik zugesprochen.

Luftbrücke eingerichtet: Am 8. 6. 1992 erweiterte der UNO-Sicherheitsrat das Einsatzgebiet der in Kroatien stationierten → UNO-Friedenstruppen auf B. und billigte die Entsendung von 1100 Soldaten nach Sarajevo, um die Wiedereröffnung des Flughafens für humanitäre Zwecke zu ermöglichen. Nachdem ein kanadisches UN-Kontingent die Kontrolle über den Flughafen übernommen hatte, stellte die EG am 3. 7. 1992 eine Luftbrücke für Hilfslieferungen ein.

Friedensbemühungen erfolglos: Eine am 5. 6. 1992 zwischen UNO-Vertretern und den Bürgerkriegsparteien ausgehandelte Feuerpause wurde unmittelbar nach Inkrafttreten gebrochen. Im

April 1992 scheiterte ein von den EG-Abgesandten Lord Peter Alexander Carrington und João de Deus Pinheiro ausgehandelter Waffenstillstand. Unter Vermittlung der EG nahmen die Konfliktparteien am 15. 7. 1992 erneut Friedensgespräche auf. **Wirtschaft zerstört:** Der Bürgerkrieg brachte fast alle wirtschaftlichen Aktivitäten zum Erliegen. In den Kriegszonen, vor allem in der Hauptstadt Sarajevo, herrschte Hungersnot und Wassermangel. Der drittgrößte Gliedstaat des ehemaligen Jugoslawien ist reich an Bodenschätzen (Eisen, Kohle, Salz, Bauxit). Landwirtschaftliche Hauptanbauprodukte waren Mais, Weizen, Kartoffeln, Hanf, Tabak und Zuckerrüben. Außerdem gab es Rinder- und Schafhaltung.

Brasilien

Fläche	8 511 965 km² (Weltrang 5)	
Einw.	146 Mio (Weltrang 6)	
Hauptst.	Brasilia (1,8 Mio Einw.)	
Pkw.-Kz.	BR	
Sprache	Portugiesisch	
BSP/Kopf	2680 Dollar (1990)	
Inflation	480% (1991)	
Arb.-los.	5% (1991)	Südamerika, S. 492, E 4
Währung	1 Cruzeiro, Cr$ = 100 Centavos	
Religion	Katholisch (89%), protestantisch (8%)	
Reg.-Chef	Fernando Collor de Mello (seit 1990)	
Staatsob.	Fernando Collor de Mello (seit 1990)	
Staatsf.	Präsidiale Bundesrepublik	
Parlament	Kongreß aus Abgeordnetenhaus mit 503 und Senat mit 81 Abgeordneten; im Kongreß 133 Sitze für Demokratische Bewegung, 98 für Liberale Front, 52 für Demokratische Arbeiterpartei, 45 für Sozialdemokratische Partei, 44 für Partei des Nationalen Wiederaufbaus, 36 für Partei der Arbeiter, 12 für Sozialistische Partei, 164 für zwölf andere Parteien (Wahl von 1990)	

Botswana

Fläche	581 730 km² (Weltrang 46)	
Einw.	1,32 Mio (Weltrang 142)	
Hauptst.	Gaborone (95 000 Einw.)	
Pkw.-Kz.	RB	
Sprache	Tswana, Englisch	
BSP/Kopf	2040 Dollar (1990)	
Inflation	11,5% (1989)	
Arb.-los.	25% (1987)	Afrika, S. 494, D 6
Währung	1 Pula, P = 100 Thebe	
Religion	Christlich (51%), animistisch (49%)	
Reg.-Chef	Quett K. J. Masire (seit 1980)	
Staatsob.	Quett K. J. Masire (seit 1980)	
Staatsf.	Präsidiale Republik	
Parlament	Nationalversammlung mit 34 für fünf Jahre gewählten Abgeordneten sowie 4 später vom Parlament gewählten Mitgliedern; 31 Sitze für Botswana Democratic Party, 3 für Botswana National Front (Wahl von 1989); daneben 15köpfige beratende Häuptlingskammer	

Das afrikanische Binnenland, das im September 1991 den 25. Jahrestag seiner Unabhängigkeit von Großbritannien feierte, litt 1991/92 unter einer der schlimmsten Dürreperioden des Jahrhunderts. Etwa drei Viertel der Ernteerträge gingen nach Schätzungen von Experten verloren. Eine Hungerkatastrophe bedrohte rd. 17 Mio Menschen in B., das von dem als innenpolitischem Reformer geltenden Staatschef Quett Ketumile J. Masire regiert wurde, und den übrigen Staaten im Süden Afrikas. Etwa die Hälfte der Erwerbstätigen waren in B. in der Landwirtschaft, vor allem der Viehzucht, tätig. Zu den wichtigsten Exportgütern von B. gehörten Diamanten, die rd. zwei Drittel der Deviseneinnahmen erwirtschafteten.

Der aufgrund von Affären und einer erfolglosen Wirtschaftspolitik in die Kritik geratene Präsident Fernando Collor de Mello wechselte im März 1992 nahezu seine gesamte Regierungsmannschaft aus. Weltweites Aufsehen erregte Ende 1991 eine Demonstration, bei der die Morde von Killerkommandos an Straßenkindern angeprangert wurden. Im Juni 1992 fand in Rio de Janeiro die größte UNO-Umweltkonferenz seit 1982 statt. Die Wirtschaft des hochverschuldeten südamerikanischen Landes war 1991 durch das gleichzeitige Auftreten von Inflation und Rezession (Stagflation) gekennzeichnet.

Regierungsumbildung: Der seit 1990 amtierende Collor de Mello entließ am 30. 3. 1992 fast sein gesamtes Kabinett, das wegen zahlreicher Affären in die Schlagzeilen geraten war. Die Einbindung der oppositionellen Sozialdemokraten in die Regierungsverantwortung gelang ihm in den folgenden Verhandlungen nicht. Im April berief er unabhängige, eher konservative Fachleute in sein von 13 auf 16 Politiker vergrößertes Kabinett, in dem sechs neue Minister vertreten sind.

Straßenkinder: Laut dem Bericht einer Parlamentskommission vom Dezember 1991 leben in B. 7 Mio Kinder elternlos auf der Straße. 1991 fielen mehr als 500 dieser Kinder und Jugendliche den organisierten Banden, die sich vornehmlich aus Polizisten und Soldaten zusammensetzen, zum Opfer. Allein in Rio de Janeiro soll es 15 Mordkommandos geben. 10 000 Kinder und Jugendliche demonstrierten Ende 1991 gegen den Terror der Killerkommandos, die u. a. von Privatpersonen, die sich von den Kindern gestört und belästigt fühlten, beauftragt wurden.

UNO-Konferenz: Nach den Umwelt-Konferenzen von Stockholm (1972) und Nairobi (1982) war die Versammlung von Politikern aus mehr als 170 Ländern in Rio de Janeiro vom 3. 6. bis 14. 6. die größte ihrer Art. Die Delegierten verabschiedeten zum Abschluß eine Deklaration von Rio über grundsätzliche Leitlinien zum Umgang mit der Umwelt, die Agenda 21 über die Nutzung der natürlichen Ressourcen und eine Erklärung über die Erhaltung der Pflanzen und Wälder. Während des Gipfeltreffens unterzeichneten mehr als 140 Länder die völkerrechtlich bindenden Konventionen zum Schutz des Klimas und der Artenvielfalt (→ Klimaveränderung → Artenschutz).

Stagflation: Die Inflation betrug in B. 1991 rd. 25% im Monat. Anfang 1992 deutete sich mit einer Teuerungsrate von 25% im Januar, 22% im Februar und 21% im März ein Aufwärtstrend an. Zudem litt B. unter einer steigenden Arbeitslosigkeit (1991: 5%), Haushaltsdefiziten und einem geringen Bestand an Devisenreserven von 7,7 Mrd Dollar (11,8 Mrd DM; 1990: 8 Mrd Dollar, 12,2 Mrd DM).

Privatisierung: Mit dem Verkauf des Stahlwerks Usiminas begann im Oktober 1991 das von Präsident Collor de Mello auf den Weg gebrachte Privatisierungsprogramm für staatliche Unternehmen. Der Verkauf der Stahlwerk-Anteile an der Börse brachte dem Staat Einnahmen von 1,2 Mrd Dollar (1,8 Mrd DM).

Umschuldung: Im Februar 1992 einigte sich B., das mit rd. 120 Mrd Dollar (183 Mrd DM) größte Schuldnerland der sog. Dritten Welt, mit dem Pariser Club auf ein Umschuldungsabkommen für 14 Jahre über 10,2 Mrd Dollar (15,6 Mrd DM). Der Internationale Währungsfonds (IWF) ge-

währte B. einen Beistandskredit von 2,1 Mrd Dollar (3,2 Mrd DM), der zu einem Viertel zur Schuldentilgung genutzt wurde. Der IWF-Kredit war Voraussetzung für weitere Darlehen.

Brunei

Fläche	5765 km² (Weltrang 159)	
Einw.	372 000 (Weltrang 160)	
Hauptst.	Bandar Seri Begawan	
Pkw.-Kz.	BRU	
Sprache	Malaiisch	
BSP/Kopf	9600 Dollar (1989)	
Inflation	2,3% (1990)	
Arb.-los.	Vollbeschäftigung	Ozeanien, S. 498, B 2
Währung	1 Brunei-Dollar, BR$ = 100 Cents	
Religion	Moslem. (64%), buddhist. (14%), christl. (10%)	
Reg.-Chef	Sultan Muda Hassanal Bolkiah (seit 1967)	
Staatsob.	Sultan Muda Hassanal Bolkiah (seit 1967)	
Staatsf.	Absolute Monarchie (Sultanat)	
Parlament	Legislativrat mit 21 vom Sultan ernannten Mitgliedern; nur beratende Funktion	

Ende 1991 plante die Regierung unter dem seit 1967 herrschenden 29. Sultan Muda Hassanal Bolkiah einen Ausbau des Militärs. Bei einem Besuch des Sultans in Malaysia im Februar 1992 vereinbarten beiden Seiten eine stärkere militärische Zusammenarbeit. Soldaten der 4800 Mann starken Armee von B. sollen im Nachbarstaat ausgebildet werden und Flugzeuge aus B. den Luftraum von Malaysia nutzen dürfen.

1991 steigerte das absolutistisch regierte Sultanat aufgrund der weltweit gestiegenen Nachfrage seine Erdölförderung. B., das reiche Erdöl- und Erdgasvorkommen besitzt, erhöhte die Ölproduktion von täglich 150 000 Faß (1991) auf 163 000 Faß (1992). B. war 1992 nach Indonesien und Malaysia der drittgrößte Ölproduzent Südostasiens und gehörte zu den vier führenden Flüssiggasproduzenten der Welt. Der überwiegende Teil des Erdgases wurde nach Japan exportiert.

Der Öl- und Gasreichtum ermöglichte der Regierung eine großzügige Sozialpolitik. Rd. 30% des Haushalts wurden für Hausbau, Erziehung und Gesundheitswesen ausgegeben. Ein langfristiges Ziel für B. ist es, jedem Bürger ein eigenes Haus zur Verfügung zu stellen. Sultan Muda Hassanal Bolkiah gehörte nach Angaben der US-amerikanischen Zeitschrift Fortune vom September 1991 mit einem Vermögen von rd. 47,3 Mrd DM zu den reichsten Männern der Welt.

Fernando Collor de Mello, Staatspräsident von Brasilien
* 12. 8. 1949 in Rio de Janeiro/Brasilien. Collor de Mello wurde 1979 von der Militärregierung zum Bürgermeister von Maceio ernannt. 1982 wurde er für die Partido Democrático Social (PDS) ins Abgeordnetenhaus gewählt, 1986 wurde er Gouverneur von Alagoas. 1989 gründete er die Partei des Nationalen Wiederaufbaus (PRN), als deren Kandidat er im März 1990 als erster demokratisch gewählter Staatspräsident seit 1961 die Führung des Landes übernahm.

Bulgarien

Fläche	110 993 km² (Weltrang 102)
Einw.	8,9 Mio (Weltrang 76)
Hauptst.	Sofia (1,2 Mio Einw.)
Pkw.-Kz.	BG
Sprache	Bulgarisch
BSP/Kopf	2250 Dollar (1990)
Inflation	450% (1991; Schätzung)
Arb.-los.	11% (1991)
Währung	1 Lew, Lw = 100 Stotinki
Religion	Konfessionslos (60%), orthod. (30%), moslem.
Reg.-Chef	Philip Dimitrov (seit Oktober 1991)
Staatsob.	Schelju Schelew (seit 1990)
Staatsf.	Republik
Parlament	Volksversammlung mit 240 gewählten Abgeordneten; 110 Sitze für Union Demokratischer Kräfte, 106 für Sozialistische Partei Bulgariens, 24 für Bewegung für Rechte und Freiheiten (Wahl vom Oktober 1991)

Europa, S. 490, E 6

Die im Oktober 1991 gewählte Regierung unter Ministerpräsident Philip Dimitrov vom antikommunistischen Oppositionsbündnis UDK (Union Demokratischer Kräfte) beschleunigte bis Mitte 1992 den Demokratisierungsprozeß und den Übergang zur einer marktwirtschaftlichen Ordnung. Im Mai 1992 wurde B. in den Europarat aufgenommen. Der wirtschaftliche Umstellungsprozeß war begleitet von sozialen Krisensymptomen wie dem Anstieg der Arbeitslosenzahlen und erheblichen Kaufkraftverlusten.

Regierung in Bulgarien

Letzte Wahl	Oktober 1991
Präsident	Schelju Schelew
Ministerpräsident	Philip Dimitrov
Vertreter	Swetoslaw Lutschnikov, Nikolay Wassilev, Ilko Eskenasi, Nikola Wassilev
Äußeres	Stojan Ganev
Finanzen	Iwan Kostow
Verteidigung	Alexander Stalyski
Innen	Jordan Sokolov
Industrie	Rumen Bikov
Handel	Alexander Pramatarski
Landwirtschaft	Georgi Stojanov
Justiz	Swetoslaw Lutschnikov
Wissenschaft	Nikolay Wassilev
Gesundheit	Nikola Wassilev
Kultur	Elka Konstantinova
Umwelt	Valentin Wassilev
Wohnungsbau und Entwicklung	Nikola Karadimov
Arbeit und Soziales	Wekil Wanov
Transport	Alexander Alexandrov

Parlamentswahlen in Bulgarien am 31. 10. 1991

Partei	Stimmenanteil (%)	Veränderung[1]	Sitze
Union Demokratischer Kräfte	34,4	– 1,8	110
Sozialistische Partei Bulgariens	33,1	– 13,9	106
Bewegung für Rechte und Freiheiten	7,6	+ 1,6	24

1) Gegenüber 1990 in Prozentpunkten

Sieg für Oppositionsbündnis: Die UDK löste mit 110 von 240 Sitzen die aus der ehemaligen kommunistischen Partei hervorgegangene BSP (Sozialistische Partei Bulgariens), die 106 Mandate errang, als stärkste Fraktion im Parlament ab. Zusammen mit der Partei der türkischen Minderheit, der Bewegung für Rechte und Freiheiten (BRF), bildete der 36jährige Dimitrov im November 1991 eine Regierung, die sich auf 134 Mandate stützt. Alle übrigen Parteien scheiterten an der Vierprozenthürde.

Präsident erstmals frei gewählt: Im Januar 1992 setzte sich der amtierende Präsident Schelju Schelew in der Stichwahl mit 52,8% gegen seinen Kontrahenten Welko Walkanow (47,2%) durch, der von der BSP unterstützt wurde. Der ehemalige Dissident Schelew war im August 1990 vom Parlament als Kandidat der UDK zum Präsidenten bestimmt worden.

Privatisierung geregelt: Im April 1992 verabschiedete das Parlament ein Gesetz zur Privatisierung der Staatsunternehmen, die 95% aller Betriebe ausmachen. In Zukunft können Arbeiter der privatisierten Unternehmen 20% der Aktien zum halben Marktpreis erwerben. Ein Gesetz, das die Auflösung der von den Kommunisten gegründeten landwirtschaftlichen Kooperativen vorsieht, wurde im März 1992 beschlossen. Die Agrarflächen sollen an die ehemaligen Besitzer zurückgegeben werden. Die Bestimmung, nach der keine Familie mehr als 30 ha Land besitzen

Schelju Schelew, Staatspräsident von Bulgarien
* 3. 3. 1935 in Wesselinowo/Bulgarien, Dr. phil. Schelew wurde 1964 wegen antikommunistischer Äußerungen aus der KP Bulgariens ausgeschlossen. Der Schriftsteller wurde nach Amtsantritt des sowjetischen KP-Chefs Michail Gorbatschow 1985 in einem Klub zur Unterstützung der Perestroika aktiv. Im August 1990 wurde Schelew zum ersten nichtkommunistischen Staatsoberhaupt Bulgariens gewählt.

Philip Dimitrov, Ministerpräsident von Bulgarien
* 31. 3. 1955 in Sofia/Bulgarien. Der Jurist kam über die Mitarbeit in der 1990 neugegründeten Grünen Partei zum Parteienbündnis UDK. Nach Richtungskämpfen und dem Austritt der Sozialdemokraten, Liberalen und Grünen aus der UDK wurde die von ihm seit Dezember 1990 geführte Rest-UDK bei den Parlamentswahlen im Oktober 1991 knapp stärkste Fraktion.

darf, entfällt. Auch ausländische Gesellschaften wurde der Erwerb von Grund und Boden in B. zugestanden, jedoch nur in Form von Gemeinschaftsunternehmen mit bulgarischer Mehrheit.

Wirtschaftsprobleme: Stärker als andere ehemalige Ostblockländer litt B. unter der Auflösung des gemeinsamen Wirtschaftsbündnisses COMECON. 1990 gingen rd. 80% aller Exporte in die COMECON-Länder, davon wiederum 80% in die Sowjetunion. Der Zerfall dieser Absatzmärkte führte in B. 1991 zu einem Rückgang der Industrieproduktion um 30%.

Soziale Not: Als negative Folge der Wirtschaftsreform erhöhte sich die Zahl der Erwerbslosen innerhalb eines Jahres um das Sechsfache und lag im Januar 1992 bei rd. 440 000 (Arbeitslosenquote: 11%). Die Inflation stieg auf knapp 600% an. Das Einkommen von zwei Dritteln der Bevölkerung lag unterhalb des von den Gewerkschaften errechneten Existenzminimums.

Die Regierungspartei von Blaise Compaoré, der bei den Präsidentschaftswahlen im Dezember 1991 im Amt bestätigt wurde, gewann im Mai 1992 die ersten freien Parlamentswahlen nach 14 Jahren Militärdiktatur. Der Agrarsektor war 1992 die Grundlage der Wirtschaft in dem westafrikanischen Sahelland.

Wahlen: Die Organisation für Volksdemokratie/Arbeitsbewegung (ODP-MT) von Präsident Compaoré gewann mit 78 der 107 Sitze die absolute Mehrheit der Parlamentsmandate. Die Wahlbeteiligung lag bei 33,8%. Die Opposition warf der Regierung des früheren Obervolta Wahlbetrug vor. Im Juni gab Compaoré die Auflösung der im Februar 1992 gebildeten Übergangsregierung unter Oppositionsführer Yamageo bekannt und ernannte Youssouf Ouedraogo zum Regierungschef.

Präsident bestätigt: Nach der im Juni 1991 durch Volksabstimmung eingeführten Verfassung trat zu der Präsidentschaftswahl am 1. 12. 1991 lediglich Militärmachthaber Blaise Compaoré an, der B. seit einem Putsch 1987 beherrscht. Die Opposition hatte im Oktober 1991 auf eine Nominierung ihrer fünf Kandidaten verzichtet, weil die von ihr geforderte Nationalkonferenz zur Festlegung demokratischer Grundsätze nicht einberufen wurde. Bei einer Wahlbeteiligung von nur rd. 25% gewann der 40jährige Hauptmann Compaoré 86,6% der abgegebenen Stimmen.

Wirtschaftslage: Die Landwirtschaft von B., die 40% zum Bruttosozialprodukt beiträgt und 90% der gesamten Exporte ausmacht, bildet die ökonomische Grundlage in dem westafrikanischen Sahelstaat. Vor allem Baumwolle und Vieh wurden ausgeführt.

Burkina Faso

Fläche	274 200 km² (Weltrang 73)	
Einw.	9 Mio (Weltrang 75)	
Hauptst.	Ouagadougou (440 000 Einw.)	
Pkw.-Kz.	BF	
Sprache	Frz., More, Diula, Fulbe	
BSP/Kopf	330 Dollar (1990)	
Inflation	4,3% (1988)	
Arb.-los.	k. A.	Afrika, S. 494, B 3
Währung	1 CFA-Franc, FCFA = 100 Centimes	
Religion	Moslem. (50%), animist. (40%), christl.	
Reg.-Chef	Youssouf Ouedraogo (seit Juni 1992)	
Staatsob.	Blaise Compaoré (seit Putsch von 1987)	
Staatsf.	Präsidiale Republik, Militärregime	
Parlament	Volksvertretung mit 107 Abgeordneten; 78 Sitze für Organisation für Volksdemokratie/Arbeitsbewegung (ODP-MT), 29 für andere (Wahl vom Mai 1992)	

Burundi

Fläche	27 834 km² (Weltrang 140)	
Einw.	5,61 Mio (Weltrang 94)	
Hauptst.	Bujumbura (270 000 Einw.)	
Pkw.-Kz.	BU	
Sprache	Kirundi, Französisch	
BSP/Kopf	210 Dollar (1990)	
Inflation	4,4% (1988)	
Arb.-los.	k. A.	Afrika, S. 494, D 5
Währung	1 Burundi-Franc, F. Bu. = 100 Centimes	
Religion	Christlich (80%), animistisch (20%)	
Reg.-Chef	Adrien Sibomana (seit 1988)	
Staatsob.	Pierre Buyoya (seit Putsch von 1987)	
Staatsf.	Präsidiale Republik, Militärregime	
Parlament	Nationalversammlung seit Putsch von 1987 aufgelöst	

Nach einem Putschversuch im März 1992 bildete der seit 1987 amtierende Staatschef Pierre Buyoya die Regierung um. Mit der Annahme einer Verfassung in einem Referendum wurde die Einführung des Mehrparteiensystems beschlossen. Der ethnische Konflikt zwischen der regierenden Minderheit der Tutsis und der unterdrückten Mehrheit der Hutus (Bevölkerungsanteil: 85%) belastete 1991/92 den Weg zur Demokratisierung des zentralafrikanischen Berglandes. Die Wirtschaft von B. erholte sich nach dem Sturz des Kaffeepreises 1991 und entwickelte sich positiv.

Verfassungsreferendum: Am 4. 3. 1992, vier Tage vor der Volksabstimmung über die neue Verfassung, meuterten Unteroffiziere und Soldaten der Garnison von Muzinda. Nach dem Scheitern des Putschversuchs wurden 183 Personen festgenommen, unter ihnen Außenminister Cyprien Mbonimpa, dem die Regierung vorwarf, das Staatspräsidentenamt anzustreben. Buyoya bildete nach dem Umsturzversuch gegen das Referendum zur Einführung eines Mehrparteiensystems die Regierung um und vergab 14 der 24 Ministerposten an Hutus. Beim Referendum votierten rd. 90% der Bevölkerung für die Verfassung. Parteien, die sich auf ethnische, religiöse oder regionale Wurzeln berufen, werden nicht zugelassen. Die UNO-Menschenrechtskonvention wurde nahezu ungekürzt in die Verfassung aufgenommen. Die Oppositionsparteien lehnten die ohne ihre Mitwirkung erarbeitete Verfassung ab, weil die regierende Einheitspartei bevorzugt würde. 1993 sollen Parlamentswahlen stattfinden.

Hutus contra Tutsis: Der Konflikt zwischen den beiden Volksgruppen forderte 1991/92 mehrere tausend Tote. Regierungstruppen, in denen Tutsis die Mehrheit stellen, und paramilitärische Einheiten töteten Ende 1991 mindestens 3000 Menschen bei Zusammenstößen mit radikalen Hutus. Schwerpunkte der Unruhen waren die Hauptstadt Bujumbura und die Nordprovinzen des Landes. Bis Anfang 1992 flohen 50 000 Menschen nach Rwanda und Zaïre.

Leichter Wirtschaftsaufschwung: B. konnte 1991 durch Ausfuhren von Kaffee, mit einem Anteil von 80% das wichtigste Exportgut des Landes, 108 Mio DM erwirtschaften, 35 Mio DM mehr als 1990. Das Wirtschaftswachstum stieg 1990 auf 3,5% (1989: 1,5%). Der wenig entwickelte Industriebereich trug nur 16% zum Bruttoinlandsprodukt bei. Mit einem durchschnittlichen Pro-Kopf-Einkommen pro Jahr von 210 Dollar (321 DM) war B. einer der ärmsten Staaten der Welt.

Chile		
Fläche	756 945 km² (Weltrang 37)	
Einw.	12,9 Mio (Weltrang 57)	
Hauptst.	Santiago (4,3 Mio Einw.)	
Pkw.-Kz.	RCH	
Sprache	Spanisch	
BSP/Kopf	1940 Dollar (1990)	
Inflation	18,7% (1991)	
Arb.-los.	6,3% (1991)	Südam., S. 492, C 6
Währung	1 Chilenischer Peso, chil$ = 100 Centavos	
Religion	Katholisch (89%), protestantisch	
Reg.-Chef	Patricio Aylwin (seit 1990)	
Staatsob.	Patricio Aylwin (seit 1990)	
Staatsf.	Präsidiale Republik	
Parlament	Kongreß aus Senat mit 38 gewählten und neun ernannten Abgeordneten und Deputiertenkammer mit 120 für vier Jahre gewählten Abgeordneten; in der Deputiertenkammer 72 Sitze (Senat: 22) für das Parteienbündnis Concertacion (davon 39 bzw. 13 für Christdemokraten), 48 (16) für das Rechtsbündnis Demokratie und Fortschritt (Wahl von 1989)	

Die seit März 1990 amtierende christlich-demokratische Regierungskoalition von Präsident Patricio Aylwin gewann Ende Juni 1992 die ersten demokratischen Kommunalwahlen seit 21 Jahren. In einem Vertrag mit dem Nachbarn Argentinien beendete C. im August 1991 einen seit den 70er Jahren währenden Grenzstreit. Der Aufenthalt von Erich Honecker, Ex-Staats- und Parteichef der DDR, in der chilenischen Botschaft in Moskau führte 1991/92 zu Spannungen mit Deutschland. Ein wirtschaftlicher Aufschwung festigte 1992 die Stellung von Präsident Aylwin.

Kommunalwahl: Die Regierung wertete den Erfolg bei den Gemeindewahlen als Vertrauensbeweis für ihre Wirtschaftspolitik. Sie erhielt 53% der Stimmen. Die Unabhängigen Demokraten UDI, eine Parteienkoalition der rechten Mitte, erhielten 31% der Stimmen.

Abkommen mit Argentinien: Die Vereinbarung betrifft 22 umstrittene Flächen entlang der 5000 km langen gemeinsamen Grenze in den Anden. Der Besuch Aylwins zur Unterzeichnung des Vertrags in Argentinien war der erste Staatsbesuch eines chilenischen Präsidenten in dem Nachbarland seit 40 Jahren.

Wirtschaft wächst: Die marktwirtschaftlich orientierte Wirtschaft entwickelte sich seit dem Ende der Militärdiktatur 1989 und einer dirigistischen Politik zu einer der stabilsten in Lateinamerika. Seit 1984 wies der Andenstaat jährliche Wachstumsraten von rd. 5% auf (1991: 5,5%). Zu einem

Patricio Aylwin, Staatspräsident von Chile
* 26. 11. 1918 in Chile, Dr. jur. Der Christdemokrat begrüßte 1973 als Senatspräsident (1970–1973) zunächst den Sturz der sozialistischen Regierung. Ab Mitte der 70er Jahre wandte er sich jedoch gegen das Militärregime. In der Kampagne gegen eine Verlängerung der Amtszeit von Diktator Augusto Pinochet war er 1988 wesentlich am Zusammenschluß der Opposition beteiligt. Seit März 1990 ist er Staatspräsident.

bedeutenden Wirtschaftsbereich entwickelte sich 1991 die Fischerei, die mit rd. 1,1 Mrd Dollar (1,7 Mrd DM) eine wichtige Devisenquelle wurde. C. war 1991 die fünftgrößte Fischereination der Welt. C. wertete 1992 seine Währung um 5% auf. Die gesamten Auslandsschulden, die sich 1991 um 1 Mrd Dollar (1,5 Mrd DM) auf 16,4 Mrd Dollar (25 Mrd DM) verringerten, betrugen 1991/92 die Hälfte des Bruttoinlandsprodukts, 1989/90 hielten sich die Beträge die Waage.

Investitionsprogramm: Im September 1991 kündigte Aylwin an, in den kommenden drei Jahren 2,35 Mrd Dollar (3,59 Mrd DM) zur Verbesserung der Infrastruktur auszugeben. Die Investitionen sollen zu 80% den Provinzen zugute kommen. Beispielsweise soll die Eisenbahn saniert und die U-Bahn von Santiago erneuert werden.

China, Taiwan

Fläche	35 988 km² (Weltrang 132)
Einw.	20,2 Mio (Weltrang 42)
Hauptst.	Taipeh (2,7 Mio Einw.)
Pkw.-Kz.	RC
Sprache	Chinesisch
BSP/Kopf	8026 Dollar (1990)
Inflation	4,1% (1990)
Arb.-los.	1,7% (1990) — Ostasien, S. 497, D 3
Währung	Neuer Taiwan-Dollar, NT-$ = 100 Cents
Religion	Buddhist., konfuzian., taoist., christl.
Reg.-Chef	Hau Pei-tsun (seit 1990)
Staatsob.	Lee Teng-hui (seit 1988)
Staatsf.	Republik
Parlament	Drei zentrale Körperschaften, Nationalversammlung, Legislativ-Yüan und Kontroll-Yüan, gewählt 1948, seither nur Ersatzwahlen für freigewordene Sitze; bei der Wahl von 101 Abgeordneten für den Legislativ-Yüan 72 Sitze für Kuomintang, 21 für Demokratische Fortschrittspartei, 8 für unabhängige Kandidaten, 29 Abgeordnete vom Präsidenten ernannt (Wahl von 1989)

Mit der ersten freien Wahl zur Nationalversammlung seit 1947 begann in T. am 21. 12. 1991 die Erneuerung der politischen Strukturen. Die regierende Nationale Volkspartei Kuomintang (KMT), die auf der wohlhabenden Inselrepublik einen vorsichtigen Demokratisierungskurs einleitete, erhielt rd. 71% aller Stimmen. Das Wirtschaftswachstum von 7% für 1991 übertraf zwar das Ergebnis des Vorjahres (5,2%), konnte jedoch nicht an die jährlichen Zuwachsraten von rd. 10% während der 80er Jahre anknüpfen.

Hoher Wahlsieg für Kuomintang: Die seit 1949 regierenden Nationalisten der Kuomintang unter Ministerpräsident Hau Pei-tsun errangen mit 254 von 325 Sitzen eine Mehrheit, die zur Änderung der taiwanesischen Verfassung berechtigt. Anders als der Gesetzgebungs-Yüan (das Parlament), das im Dezember 1992 gewählt werden soll, entscheidet die Nationalversammlung über Verfassungsänderungen und die Wahl des Präsidenten. Stärkste Oppositionskraft wurde die Demokratisch-Progressive Partei (DPP) mit 24% der Stimmen und 66 Mandaten.

Wiedervereinigung umstritten: Während die Kuomintang-Partei unverändert auf dem Alleinvertretungsanspruch für Gesamtchina beharrte, beschloß die DPP im Oktober 1991 auf ihrem Parteitag, die bisher tabuisierte Unabhängigkeit der Insel von China und die Ausrufung einer „Republik Taiwan" zum zentralen Wahlkampfthema zu machen. Die taiwanesische Regierung löste im Januar 1992 die als Kostenfaktor innenpolitisch umstrittene sog. Geisterregierung auf, die nach der Wiedereroberung des Festlandes durch die Nationalchinesen dort amtieren sollte.

Wirtschaftslage: Das asiatische Schwellenland stand 1991 an 15. Stelle unter den Welthandelsnationen. Das verarbeitende Gewerbe als tragende Säule des Wirtschaftsbooms erwirtschaftete 1990 rd. 52% des Bruttosozialprodukts. Die wichtig-

Hau Pei-tsun, Regierungschef von Taiwan
* 24. 8. 1914 in der Provinz Kiangsu/Festlandchina. Hau durchlief eine militärische Laufbahn u. a. in den USA. 1965 wurde er Militärberater der taiwanesischen Regierung, 1978 Oberbefehlshaber der Streitkräfte. 1981–1989 war er Chef des Generalstabes, danach Verteidigungsminister. Im Juni 1990 wurde Hau Premierminister von Taiwan.

sten Zweige bildeten die Chemie, der Maschinenbau, die Elektronik sowie die Textilbranche. Zweitwichtigster Wirtschaftssektor war das Dienstleistungsgewerbe, das 42% zum BSP beisteuerte. Lediglich 6% entfielen auf die Landwirtschaft. Im Rahmen einer Privatisierungsinitiative plant die Regierung für das Fiskaljahr 1992/93 den Verkauf von Staatsunternehmen im Wert von 400 Mrd Dollar (611 Mrd DM).

Li Peng, Ministerpräsident der Volksrepublik China
* 1928 in Shanghai/China. Li Peng ist seit 1945 Mitglied der Kommunistischen Partei. Der während der Kulturrevolution (1966–1969) als Spion verdächtigte Li Peng wurde 1981 Minister für Elektrizitätswirtschaft, stieg 1982 ins Zentralkomitee und 1985 ins Politbüro auf. 1987 löste Li Peng den Reformpolitiker Zhao Ziyang als Ministerpräsident ab.

China, Volksrepublik

Fläche	9 560 779 km² (Weltrang 3)
Einw.	1,14 Mrd (Weltrang 1)
Hauptst.	Peking (10 Mio Einw.)
Pkw.-Kz.	TJ
Sprache	Chinesisch
BSP/Kopf	370 Dollar (1990)
Inflation	2,1% (1990)
Arb.-los.	2,5% (1991)
Währung	1 Renminbi Yuan, RMB.Y = 10 Jiao = 100 Fen
Religion	Buddhist., konfuzian., taoist., moslem., christl.
Reg.-Chef	Li Peng (seit 1987)
Staatsob.	Yang Shangkun (seit 1988)
Staatsf.	Sozialistische Volksrepublik
Parlament	Nationaler Volkskongreß mit rd. 3000 für fünf Jahre von den Provinzparlamenten gewählten Abgeordneten; sämtliche Sitze für die von der Kommunistischen Partei beherrschte Nationale Front

Asien, S. 496, F 3

Der 87jährige Deng Xiaoping, mächtigster Politiker in Peking, kündigte Anfang 1992 eine Liberalisierung der sozialistischen Wirtschaft an. C., das im März 1992 als vorletzte Atommacht (vor Frankreich) offiziell dem 1970 in Kraft getretenen Vertrag über die Nichtverbreitung von → Atomwaffen beitrat, bemühte sich 1991/92 um ein Ende der außenpolitischen Isolation. Die Gefangenenhilfsorganisation Amnesty International bezichtigte die Volksrepublik 1991/92 u. a. der Folter. Die ersten Wahlen im ab 1997 zu C. gehörenden Hongkong gewannen die Liberalen. Der Volkskongreß beschloß trotz Protesten und Gegenstimmen den Bau eines Staudamms in C., das Mitte 1991 unter einer schweren Flutkatastrophe litt. Die Wirtschaft des Landes expandierte 1991/92.
Reformappell von Deng: Bei einer Reise im Januar 1992 in die Sonderwirtschaftszonen Shenzhen und Zhuhai erklärte Deng Xiaoping, der seit März 1990 keine offizielle Position in der Regierung bekleidet, daß der Sozialismus vom Kapitalismus lernen müsse. Deng, der 1978 auf dem 3.

Plenum des 11. Zentralkomitees eine Politik der wirtschaftlichen Reformen eingeleitet hatte, plädierte für eine ökonomische Öffnung von C., ohne den Sozialismus aufzugeben. Parteichef Jiang Zemin unterstützte den Reformaufruf Dengs. Der als Reformgegner geltende Ministerpräsident Li Peng mußte auf dem Nationalen Volkskongreß, der vom 20. 3. bis zum 3. 4. stattfand, eine Niederlage hinnehmen. Im Vorfeld des im Herbst 1992 stattfindenden Parteikongresses wurde seine Regierungserklärung nur in stark revidierter Fassung vom Nationalen Volkskongreß gebilligt. Die Amtszeit von Li Peng endet 1993.
Diplomatie gegen Isolation: C. versöhnte sich mit dem wegen Grenzstreitigkeiten verfeindeten Nachbarn Vietnam und schloß im November 1991 zwei Abkommen über wirtschaftliche Zusammenarbeit. Im gleichen Monat nahm C. bei einem Forum für wirtschaftliche Zusammenarbeit in Asien und im Pazifik (→ APEC) erste Kontakte zu Korea-Süd auf. Jenseits überkommener Blockkonfrontation knüpfte C. Verbindungen zu westlichen Staaten, die C. seit der blutigen Niederschlagung der Demokratiebewegung 1989 diplomatisch weitgehend isolierten.
Menschenrechte: Nach anhaltendem Druck westlicher Staaten legte die chinesische Regierung am 1. 11. 1991 ein Weißbuch über → Menschenrechte in China vor. Demnach gebe es in C. keine politischen Gefangenen, konterrevolutionäre Verbrechen seien jedoch strafbar. Im Februar 1992 verurteilte ein chinesisches Gericht sieben Oppositionelle, die 1989 an der Demokratiebewegung beteiligt waren, wegen konterrevolutionärer Propaganda und Anstachelung zum Aufruhr. Amnesty kritisierte im März 1992 die anhaltenden Verstöße gegen die Menschenrechte in C. Allein 1991 seien 1646 Todesurteile u. a. wegen Delikten wie Diebstahl verhängt, über 1000, z. T. öffentlich, vollstreckt worden. Im von

C. beherrschten Tibet registrierte Amnesty rd. 1000 Verhaftungen von Mitgliedern der Unabhängigkeitsbewegung sowie Folterungen.

Wahlen in Hongkong: Im September 1991 fanden in der britischen Kronkolonie erstmals Teil-Parlamentswahlen statt (→ Hongkong-Vertrag). Die liberalen Kandidaten, die sich sowohl von Peking als auch von der Kolonialverwaltung distanzieren, feierten mit dem Gewinn von 16 der 18 Mandate im Gesetzgebungsrat einen Sieg.

Flutkatastrophe: 1319 Menschen fielen Mitte 1991 der seit Jahrzehnten schwersten Überschwemmung im Norden von C. zum Opfer, 15 000 wurden verletzt, Hunderttausende obdachlos. Auslöser der Katastrophe waren seit Mai andauernde Regenfälle.

Staudamm-Projekt: Mit ungewöhnlich vielen Gegenstimmen (177) und Enthaltungen (644) nahmen am 3. 4. die 2633 Abgeordneten des Nationalen Volkskongresses die Pläne zum Bau des → Drei-Schluchten-Damms am Oberlauf des Jangtsekiang an. Delegierte kritisierten die hohen Kosten von 20 Mrd DM (Schätzung) und die zu erwartenden Umweltschäden. 1 Mio Menschen müssen umgesiedelt werden.

Wirtschaft: Das als Entwicklungsland eingestufte C. verzeichnete 1991 in der Außenhandelsbilanz eine positive Entwicklung, der Überschuß belief sich auf 8,1 Mrd Dollar (12,4 Mrd DM). Die Industrieproduktion erhöhte sich im ersten Quartal 1992 um 18,2%. Das Haushaltsdefizit lag bei rd. 21 Mrd Yuan (7 Mrd DM).

Rafael Angel Calderón Fournier, Staatspräsident von Costa Rica
* 1949 in Diriamba/Nicaragua. Der Rechtsanwalt begann seine politische Karriere in der Parteijugend der von seinem Vater (1940–1944 Präsident) geführten Calderonisten. 1975 zog er ins Parlament ein, von 1978 bis 1982 war er Außenminister. Im Mai 1990 wurde er als Kandidat der von ihm gegründeten Christlich-Sozialen Einheitspartei zum Staatsoberhaupt gewählt.

Die mit der Weltbank und dem Internationalen Währungsfonds abgestimmte Wirtschafts- und Finanzpolitik, die eine Sanierung des Staatshaushalts durch Sparmaßnahmen zum Ziel hat, führte im November 1991 zu einer Regierungskrise. Der seit 1990 amtierende Staats- und Regierungschef Rafael Angel Calderón Fournier nahm das Rücktrittsgesuch von Finanzminister Thelmo Vargas an. Nachfolger wurde Rodolfo Méndez Mata. Die von Vargas eingeleiteten Sparmaßnahmen waren im Kabinett zwischen Befürwortern sozialer Ausgleichsmaßnahmen und Wirtschaftslobbyisten sowie in der Bevölkerung umstritten. Der Versuch, die Etats der Universitäten von C. zu kürzen, wurde nach heftigen Studentenprotesten aufgegeben. Einsparungen im öffentlichen Dienst des Landes sowie eine Initiative der Regierung zur Neuorganisation der Renten stießen in der Bevölkerung auf nachhaltige Kritik.

Die Wirtschaft von C. litt 1991/92 unter den niedrigsten Kaffeepreisen seit über 20 Jahren. Kaffee war mit einem Anteil von rd. einem Drittel wichtigste Devisenquelle des mittelamerikanischen Landes. Nachdem Mitte 1989 im Kaffeeabkommen zwischen Produzenten und Abnehmern keine Einigung über eine Quotenregelung erreicht werden konnte, sanken die Preise um die Hälfte. Erst ein Erfolg bei einer Verhandlungsrunde im Herbst 1992 in London, an der die 50 kaffeeproduzierenden und 23 kaffeekonsumierende Länder teilnehmen, könnte ein Ende des Preiseinbruchs bedeuten. Staatschef Calderón wollte C. zum Sprecher der mittelamerikanischen Staaten machen, um neue Vereinbarungen auf dem internationalen Kaffeemarkt durchzusetzen. Mitte Mai machte C. mit einem Exportstopp auf seine schwierige Lage und die Probleme der übrigen Kaffeeanbau-Länder aufmerksam. Fischerei und Bergbau, Wald- und Landwirtschaft trugen 1991 rd. 55% zu den Exporterträgen bei.

Costa Rica

Fläche	51 100 km² (Weltrang 124)
Einw.	3,1 Mio (Weltrang 123)
Hauptst.	San José (245 000 Einw.)
Pkw.-Kz.	CR
Sprache	Spanisch
BSP/Kopf	1900 Dollar (1990)
Inflation	10% (1989)
Arb.-los.	5,5% (1989)
Währung	1 Costa-Rica-Colón = 100 Céntimos
Religion	Katholisch (95%), protestantisch
Reg.-Chef	Rafael Angel Calderón Fournier (seit 1990)
Staatsob.	Rafael Angel Calderón Fournier (seit 1990)
Staatsf.	Präsidiale Republik
Parlament	Kongreß mit 57 für vier Jahre gewählten Abgeordneten; 29 Sitze für Christlich-Soziale Einheitspartei, 25 für Partei der nationalen Befreiung, 3 für andere Parteien (Wahl von 1990)

Mittelam., S. 493, C 6

Côte d' Ivoire

Fläche	322 463 km² (Weltrang 67)
Einw.	12,7 Mio (Weltrang 58)
Hauptst.	Yamoussoukro (200 000 Einw.)
Pkw.-Kz.	CI
Sprache	Französisch
BSP/Kopf	750 Dollar (1990)
Inflation	−0,7% (1990)
Arb.-los.	14% (1985)
Währung	1 CFA-Franc, FCFA = 100 Centimes
Religion	Animist. (60%), moslem. (20%), christl. (10%)
Reg.-Chef	Alassane Ouattara (seit 1990)
Staatsob.	Félix Houphouët-Boigny (seit 1960)
Staatsf.	Präsidiale Republik
Parlament	Nationalversammlung mit 175 für fünf Jahre gewählten Abgeordneten; 163 Sitze für Demokratische Partei der Elfenbeinküste (PDCI), 9 Sitze für Ivorische Volksfront (FPI), 2 Sitze für Unabhängige, 1 Sitz für Ivorische Arbeiterpartei (Wahl von 1990)

Afrika, S. 494, B 4

Nach gewalttätigen Demonstrationen, bei denen 100 Personen verhaftet wurden, verschärften sich Anfang 1992 die Gegensätze zwischen Regierung und Opposition. Die Wirtschaft des Landes, das seit 1960 von Staatspräsident Felix Houphouët-Boigny geführt wird, litt unter dem niedrigen Niveau der Kaffee- und Kakaopreise.

Krawalle: Mit einem Demonstrationsverbot reagierte die Regierung unter dem seit 1990 amtierenden Premier Alassane Ouattara auf Protestmärsche im Februar 1992, die sich gegen nicht geahndete Übergriffe der Armee auf ein Studentenwohnheim im Mai 1991 richteten. Eine Regierungskommission kam zu dem Ergebnis, daß Soldaten auf Befehl des Generalstabschefs der Armee, Robert Guei, in dem Heim gefoltert und vergewaltigt hatten. Nach den Unruhen nahm die Regierung die führenden Köpfe der linken Opposition, Laurent Gbago von der Ivorischen Volksfront (FPI) und Francis Wodie, Chef der Ivorischen Arbeiterpartei (PIT), fest. Sie beabsichtigte, die Politiker wegen der Unruhen, bei denen bewaffnete Demonstranten das Gerichtsgebäude von Abidjan gestürmt und 200 Autos in der Innenstadt demoliert hatten, zur Verantwortung zu ziehen. FPI und PIT waren die einzigen Parteien, die neben der regierenden Demokratischen Partei der C. (PDCI) im Parlament saßen.

Wirtschaftslage: Zur Verbesserung der wirtschaftlichen Lage in C., deren wichtigste Exportprodukte Kaffee und Kakao (1990: 35% der Ausfuhren) seit Mitte der 80er Jahre einem Preisverfall um rd. 50% ausgesetzt waren, soll nach Ansicht der Weltbank die Landwirtschaft ausgebaut werden. Eine der grundlegenden Aufgaben sei die Schaffung eines Bodenrechts. Bauern konnten 1991/92 kein Eigentum an dem von ihnen bearbeiteten Land erwerben. Die Wirtschaft schrumpfte 1990 um 4,6%.

Dänemark

Fläche	43 076 km² (Weltrang 128)
Einw.	5,1 Mio (Weltrang 99)
Hauptst.	Kopenhagen (622 000 Einw.)
Pkw.-Kz.	DK
Sprache	Dänisch
BSP/Kopf	22 080 Dollar (1990)
Inflation	2,7% (1991)
Arb.-los.	10,3% (1991)
Währung	1 Dänische Krone, dkr = 100 Öre
Religion	Evangelisch-lutherisch (98%)
Reg.-Chef	Poul Schlüter (seit 1982)
Staatsob.	Königin Margarete II. (seit 1972)
Staatsf.	Parlamentarische Monarchie
Parlament	Folketing mit 179 für vier Jahre gewählten Abgeordneten; 69 Sitze für Sozialdemokraten, 30 für Konservative Volkspartei, 29 für Liberale Venstre, 15 für Sozialistische Volkspartei, 12 für Fortschrittspartei, 9 für Zentrumsdemokraten, 7 für Radikale Venstre, 4 für Christliche Volkspartei, je zwei für Vertreter Grönlands und der Färöer-Inseln (Wahl von 1990)

Europa, S. 490, D 4

Am 2. 6. 1992 stimmten die Dänen gegen die im niederländischen Maastricht geschlossenen Verträge zur Bildung einer → Europäischen Union. Das Referendum wurde als Niederlage für Poul Schlüter von der Konservativen Volkspartei, Ministerpräsident einer Minderheitsregierung, gewertet. Die Sozialdemokraten, stärkste Fraktion im Parlament, aber nicht an der Regierung beteiligt, stürzten erstmals in ihrer 120jährigen Geschichte ihren Parteichef.

Nein zu Europa: Bei einer Wahlbeteiligung von 82,3% votierten 50,7% der Dänen gegen die Maastrichter Verträge, die nur bei Ratifizierung in allen Mitgliedstaaten in Kraft treten können. Die Regierung betonte jedoch, daß D. in der → EG bleiben wolle.

Kritik an Schlüter: Eine Justizaffäre um die Zusammenführung von Tamilen-Familien bedrohte 1991/92 die Position des seit 1982 amtierenden konservativen Regierungschefs. Ausgangspunkt des als Mini-Watergate bezeichneten Skandals war 1987 eine gegen dänischen Gesetze verstoßende Weisung des damaligen Justizministers Erik Ninn-Hansen an die Einwanderungsbehörde, Angehörige asylsuchender Tamilen nicht nach D. einreisen zu lassen. Eine vom Obersten Gerichtshof berufene Kommission, die voraussichtlich 1993 ihren Bericht vorlegen wird, untersucht u. a. die Rolle von Premier Schlüter in der Affäre.

Chef der Sozialdemokratie gestürzt: Auf einem außerordentlichen Parteitag der Sozialdemokratischen Partei am 11. 4. in Vejle löste der frühere Chefökonom des Gewerkschaftsbundes, Poul Nyrup Rasmussen, Svend Auken, der nach fünfjähriger Amtszeit zunehmender Kritik wegen Erfolgslosigkeit ausgesetzt war, als Parteichef ab. Der 48jährige wurde mit einer Zweidrittel-Mehrheit gewählt. Ex-Parteichef Auken wurde u. a. vorgeworfen, daß die Sozialdemokraten, die mit 69 Mandaten die mit Abstand stärkste Fraktion im Parlament (Folketing) bildeten, nicht an der Regierung beteiligt waren.

Konjunktur im Aufwind: Der von Schlüter 1986 eingeleitete Sparkurs führte 1991 zu einer Stabilisierung der Wirtschaft mit einem Wachstum von 1% und der mit 2,7% niedrigsten Inflationsrate innerhalb der EG. Die Organisation für wirtschaftliche Zusammenarbeit und Entwicklung OECD sagte D. für 1992 ein Wachstum von 2% voraus. Die Arbeitslosigkeit wird 1992 nach einer Prognose der Industrieverbände auf rd. 10% steigen.

Regierung in Dänemark

Letzte Wahl	1990
Staatsoberhaupt	Königin Margarete II.
Ministerpräsident	Poul Schlüter
Äußeres	Uffe Ellemann-Jensen
Finanzen	Henning Dyrmose
Verteidigung	Knud Enggaard
Innen und für Nordische Zusammenarbeit	Thor Pedersen
Wirtschaft und Steuern	Anders Fogh Rasmussen
Unterricht und Forschung	Bertel Haarder
Justiz	Hans Engell
Landwirtschaft	Laurits Tornæs
Kirchen und Kommunikation	Torben Rechendorff
Wohnungsbau	Svend Erik Hovmand
Fischerei	Kent Kirk
Arbeit	Knud Erik Kirkegaard
Industrie und Energie	Anne Birgitte Lundholt
Gesundheit	Ester Larsen
Verkehr	Kaj Ikast
Umweltschutz	Per Stig Møller
Sozialordnung	Else Winther Andersen
Kultur	Grethe Rostbøll

Deutschland

Fläche	356 910 km² (Weltrang 61)	
Einw.	79 Mio (Weltrang 12)	
Hauptst.	Berlin (3,3 Mio Einw.)	
Pkw.-Kz.	D	
Sprache	Deutsch	
BSP/Kopf	22 320 Dollar (1990)[1]	
Inflation	4,7% (1991)	
Arb.-los.	6,7% (1991)	Deutschland, S. 470
Währung	1 Deutsche Mark, DM = 100 Pfennig
Religion	Kath. (43%), protest. (42%), moslem. (3%)
Reg.-Chef	Helmut Kohl (seit 1982)
Staatsob.	Richard von Weizsäcker (seit 1984)
Staatsf.	Parlamentarische Bundesrepublik
Parlament	Bundestag mit 662 für vier Jahre gewählten und Bundesrat mit 68 von den Länderregierungen gestellten Mitgliedern; im Bundestag 268 Sitze für CDU, 239 für SPD, 79 für FDP, 51 für CSU, 17 für PDS, 8 für Bündnis 90/Grüne (Wahl von 1990)

1) Alte Bundesländer

Wirtschaftliche und gesellschaftliche Probleme bei der Bewältigung der deutschen Einheit und die Erfolge rechtsradikaler Parteien bei den Landtagswahlen prägten bis Mitte 1992 die Innenpolitik in D. Die Koalitionsvereinbarung zur→ Pflegeversicherung, die Neuregelung von → Schwangerschaftsabbruch und Asylrecht sowie die Diskussionen um die → Staatsverschuldung, → Parteienfinanzierung, den → Jäger 90 und die Mitwirkung der Bundeswehr bei UNO-Aktionen standen im Mittelpunkt politischer Debatten. Am 29. 7. 1992 kehrte der ehemalige DDR-Staatsratsvorsitzende Erich Honecker nach D. zurück und wurde u. a. wegen Totschlags inhaftiert. Der längste Tarifkonflikt im öffentlichen Dienst wurde nach elftägigem Streik am 7. 5. beigelegt. Im Dezember 1991 stimmte die CDU/CSU/FDP-Bundesregierung unter Bundeskanzler Helmut Kohl (CDU) der Gründung einer → Europäischen Union zu.

Schwierige Einheit: Knapp zwei Jahre nach der politischen Vollendung der deutschen Einheit litten in den ostdeutschen Ländern weite Teile der Bevölkerung nach der Schließung bzw. → Privatisierung vieler Betriebe durch die → Treuhandanstalt unter dem Verlust des Arbeitsplatzes und steigenden Lebenshaltungskosten (→ Arbeitslosigkeit → Inflation). 1991 betrug die Arbeitslosenrate in Ostdeutschland 11,3% (Westdeutschland: 5,5%), nach Prognosen wird sie 1992 18,1% betragen (Westdeutschland: 5,8%). Nach Berechnungen der Deutschen Bundesbank werden 1992 rd. 218 Mrd DM von den westdeutschen öffentlichen → Haushalten nach Ostdeutschland übertragen, u. a. durch die Bundesanstalt für Arbeit und den → Fonds Deutsche Einheit, der 1990–1994 rd. 146,3 Mrd DM für den wirtschaftlichen Aufbau Ostdeutschlands vorsieht. Ungeklärte → Eigentumsfragen behinderten einen schnellen wirtschaftlichen Aufbau in Ostdeutschland. Im Juli 1992 wurde ein Komitee für Gerechtigkeit gegründet, das als ostdeutsche Sammlungsbewegung die Interessen der Bürger wahrnehmen will.

Rechte Wahlgewinner: Bei den Landtagswahlen in Baden-Württemberg und Schleswig-Holstein am 5. 4. 1992 konnten die rechtsradikalen Parteien Erfolge verbuchen (→ Rechtsextremismus). In Baden-Württemberg verlor die CDU unter Erwin Teufel nach 20 Jahren die absolute Mehrheit. Die SPD in Schleswig-Holstein unter Kanzlerkandidat Björn Engholm büßte die absolute Mehrheit der Stimmen ein, konnte aber die Mehrheit der Sitze behaupten (→ Wahlen).

Kabinettsumbildung: Nach 23jähriger Zugehörigkeit zum Bundeskabinett gab Bundesaußenminister Hans-Dietrich Genscher (FDP) am 27. 4. seinen Rücktritt zum 17. 5. bekannt. Nach heftigen Auseinandersetzungen in der → FDP setzte sich Justizminister Klaus Kinkel als Nachfolger durch. Neue Justizministerin wurde Sabine Leutheusser-Schnarrenberger (FDP). Horst Seehofer (CSU) übernahm das Gesundheitsressort von Gerda Hasselfeldt (CSU). CDU-Generalsekretär Volker Rühe wurde am 2. 4. als Nachfolger von Verteidigungsminister Gerhard Stoltenberg (CDU) vereidigt. Im November 1991 übernahm Rudolf Seiters (CDU) das Innenministerium von Wolfgang Schäuble, der Chef der CDU-Fraktion wurde.

Gewerkschaftskonflikt: Arbeitgeber und die Gewerkschaft öffentliche Dienste, Transport und Verkehr (ÖTV) einigten sich auf eine Erhöhung der Löhne und Gehälter für die 2,3 Mio Arbeiter und Angestellten um durchschnittlich 5,4%. Rd. 400 000 Streikende waren zeitweise im Ausstand. In einer Urabstimmung am 14. 5. lehnten die ÖTV-Mitglieder den Tarifbeschluß ab. Die ÖTV-Vorsitzende Monika Wulf-Matthies, die trotz der Abstimmung die Vereinbarung am 25. 5. unterzeichnete und damit in Kraft setzte, wurde auf dem Gewerkschaftstag in Juni mit 68,5% der Stimmen im Amt bestätigt (→ Gewerkschaften).

Pflegeversicherung: Die Regierungskoalition beschloß am 30. 6. die Einführung einer Pflegesozialversicherung, die mit einem Beitragssatz von 1,7% je zur Hälfte von Arbeitnehmern und Arbeitgebern finanziert werden und 1996 in Kraft treten soll. Gegen die Einführung eines → Karenztages als finanzieller Ausgleich für die Arbeitgeber demonstrierten die Gewerkschaften.

Abtreibungsrecht: Mit 355 gegen 283 Stimmen votierte am 25. 6. 1992 der Bundestag mit Stimmen aus Regierung und Opposition für einen fraktionsübergreifenden Gruppenantrag, der den Schwangerschaftsabbruch im Rahmen einer Fristenlösung mit Beratungspflicht erlaubt. Im August gab das Bundesverfassungsgericht dem Antrag der Unionsparteien und Bayerns statt, mit einstweiliger Verfügung das Inkrafttreten der strafrechtlichen Bestimmungen der Fristenlösung zu verhindern.

Regierung in Deutschland

Letzte Wahl	1990
Präsident	Richard von Weizsäcker (CDU)
Kanzler	Helmut Kohl (CDU)
Äußeres	Klaus Kinkel (FDP)
Finanzen	Theo Waigel (CSU)
Verteidigung	Volker Rühe (CDU)
Innen	Rudolf Seiters (CDU)
Wirtschaft	Jürgen Möllemann (FDP)
Arbeit und Sozialordnung	Norbert Blüm (CDU)
Kanzleramt	Friedrich Bohl (CDU)
Ernährung, Landwirtschaft und Forsten	Ignaz Kiechle (CSU)
Gesundheit	Horst Seehofer (CSU)
Frauen und Jugend	Angela Merkel (CDU)
Familie und Senioren	Hannelore Rönsch (CDU)
Verkehr	Günther Krause (CDU)
Umwelt, Naturschutz und Reaktorsicherheit	Klaus Töpfer (CDU)
Post und Telekommunikation	Christian Schwarz-Schilling (CDU)
Raumordnung, Bauwesen und Städtebau	Irmgard Schwaetzer (FDP)
Forschung und Technologie	Heinz Riesenhuber (CDU)
Bildung und Wissenschaft	Rainer Ortleb (FDP)
Wirtschaftliche Zusammenarbeit	Carl-Dieter Spranger (CSU)
Justiz	Sabine Leutheusser-Schnarrenberger (FDP)

Helmut Kohl, Bundeskanzler der Bundesrepublik Deutschland
* 3. 4. 1930 in Ludwigshafen, Dr. phil.
Kohl war 1969–1976 Ministerpräsident von Rheinland-Pfalz, wurde 1973 Bundesvorsitzender der CDU und war 1976–1982 Vorsitzender der CDU/CSU-Fraktion im Bundestag. Seit 1982 steht Kohl an der Spitze einer Regierungskoalition aus CDU, CSU und FDP, die Ende 1990 die erste gesamtdeutsche Bundestagswahl gewann.

Jäger 90: Mitte 1992 sprach sich Bundesverteidigungsminister Rühe u. a. aus Kostengründen gegen den als internationales Projekt geplanten Bau des Kampfflugzeuges Jäger 90 aus. Als Ersatz soll ein leichteres und billigeres Jagdflugzeug angeschafft werden.

Asylrecht: Am 5. 6. beschloß der Bundestag mit den Stimmen der Regierung und der SPD ein Gesetz zur Beschleunigung der Asylverfahren zum 1. 7. Es soll den Zuzug von → Asylbewerbern begrenzen.

Parteienfinanzierung: Bundespräsident Richard von Weizsäcker (CDU) berief am 23. 6. eine Kommission unabhängiger Sachverständiger zur Neuregelung der Parteienfinanzierung. Das Bundesverfassungsgericht hatte am 9. 4. die geltenden Regelungen als verfassungswidrig bewertet.

UNO-Friedenstruppen: Mitte 1992 einigten sich Regierung und Opposition, den Einsatz der → Bundeswehr im Rahmen von → UNO-Friedenstruppen zu ermöglichen. Im Mai nahmen deutsche Sanitätssoldaten als erste Deutsche an einer sog. Blauhelm-Aktion der UNO in Kambodscha teil. Am 16. 7. beschloß die Regierung, daß sich die Bundesmarine an der Seepatrouille zur Überwachung des UNO-Embargos gegen Rest-Jugoslawien beteiligt.

Honecker in Haft: Nach seiner Abschiebung aus der chilenischen Botschaft in Moskau wurde Honecker in Berlin-Moabit in Untersuchungshaft genommen. Ende 1992 soll Honecker wegen des Schießbefehls an der innerdeutschen Grenze vor Gericht gestellt werden (→ Mauerschützenprozesse).

Stasi-Akten: Im November 1991 verabschiedete der Bundestag das Stasi-Unterlagengesetz. Jeder Deutsche erhielt das Recht, bei der Behörde zur Verwahrung der Akten des ehemaligen DDR-Staatssicherheitsdienstes anzufragen, ob die → Stasi-Akten über ihn geführt hat.

EG-Politik: D. stimmte am 11. 12. in Maastricht der bis dahin weitreichendsten Reform der → EG und dem Einstieg in eine Politische Union zu. Bis spätestens 1999 soll, bei solider Finanz- und Wirtschaftspolitik, die europäische Währungseinheit ECU als Zahlungsmittel in D. eingeführt werden (→ Europäische Währungsunion).

Dominica

Fläche	751 km² (Weltrang 168)
Einw.	84 900 (Weltrang 177)
Hauptst.	Roseau (18 000 Einw.)
Pkw.-Kz.	WD
Sprache	Englisch
BSP/Kopf	2210 Dollar (1990)
Inflation	1,7% (1988)
Arb.-los.	10% (1990) Mittelam., S. 493, G 3
Währung	1 Ostkaribischer Dollar, EC-$ = 100 Cents
Religion	Katholisch
Reg.-Chef	Mary Eugenia Charles (seit 1980)
Staatsob.	Clarence Augustus Seignoret (seit 1985)
Staatsf.	Parlamentarische Republik
Parlament	Abgeordnetenhaus mit 9 ernannten und 21 für fünf Jahre gewählten Mitgliedern; 11 Sitze für Dominica Freedom Party, 10 für andere (Wahl von 1990)

In dem von Regierungschefin Eugenia Charles in ihrer dritten Amtsperiode und Staatsoberhaupt Clarence Augustus Seignoret geführten Inselstaat im Bereich der Kleinen Antillen war 1991/92 der Agrarsektor der wichtigste Wirtschaftszweig. Mit dem Anbau von Bananen wurde ein Drittel des Bruttosozialprodukts erwirtschaftet. Sie trugen zu zwei Dritteln zum Gesamtexport bei. Der wichtigste Handelspartner für D. war die ehemalige Kolonialmacht Großbritannien, die die Abnahme von Bananen zu einem Vorzugspreis garantierte. Mit Einführung des EG-Binnenmarktes 1993 entfällt diese Vereinbarung, so daß D. mit anderen Ländern auf dem Weltmarkt konkurrieren muß. Die zu erwartenden Devisenausfälle sollen durch einen Ausbau des Tourismussektors kompensiert werden. Neben Bananen exportierte D. Zitrusfrüchte, Kokosnüsse und Vanille. Mit Ausnahme geringer Bimssteinvorkommen verfügte D. 1992 über keine nennenswerten Rohstoffe. D., das zur Selbstversorgung in geringem Umfang Fischerei und Viehzucht betrieb, war von Lebensmittelimporten abhängig. Die einheimische Industrie konzentrierte sich auf die Verarbeitung landwirtschaftlicher Produkte zu Speiseölen, Fruchtsäften und Rum.

Dominikanische Republik

Fläche	48 734 km² (Weltrang 125)
Einw.	7,3 Mio (Weltrang 87)
Hauptst.	Santo Domingo (1,6 Mio Einw.)
Pkw.-Kz.	DOM
Sprache	Spanisch
BSP/Kopf	830 Dollar (1990)
Inflation	54% (1991)
Arb.-los.	20% (1991; Schätzung)
Währung	1 Dominikanischer Peso, dom = 100 Centavos
Religion	Katholisch (95%)
Reg.-Chef	Joaquín Balaguer (seit 1986)
Staatsob.	Joaquín Balaguer (seit 1986)
Staatsf.	Präsidiale Republik
Parlament	Abgeordnetenhaus mit 120 und Senat mit 30 für vier Jahre gewählten Abgeordneten

Mittelam., S. 493, E 3

Das Sparprogramm der Regierung unter dem konservativen Präsidenten Joaquín Balaguer leitete 1991/92 einen ökonomischen Aufwärtstrend ein. Der Einnahmeausfall, den das karibische Land durch die Halbierung des Zuckerexports seit 1983 hinnehmen mußte, konnte teilweise durch Zuwächse im Tourismus ausgeglichen werden.

Sparprogramm erfolgreich: Kernstück eines auf Empfehlung des Internationalen Währungsfonds und der Weltbank im August 1990 eingeleiteten Sparpakets war die Streichung öffentlicher Ausgaben, z. B. Subventionen auf Nahrungsmittel und Elektrizität. Das Defizit des öffentlichen Sektors verringerte sich von 5,1% des Bruttoinlandsprodukts 1990 auf 0,1% im Jahr 1991.

Wachstumsbranche Tourismus: Der Produktionsrückgang des ehemaligen Hauptexportprodukts Zucker (1991: 628 269 t; 1983: 1 209 456 t) wurde durch den Verfall der Weltmarktpreise und hohe Produktionskosten begünstigt. Stetige Zuwachsraten verzeichnete der Fremdenverkehr.

Joaquín Balaguer y Ricardo, Präsident der Dominikanischen Republik
* 1. 9. 1907 in Villa Bisono/Dominikanische Republik, Dr. jur. Balaguer war als Lehrer und seit 1932 im diplomatischen Dienst tätig. Unter dem Diktator General Rafael Trujillo wurde Balaguer 1949 Erziehungs- und 1954 Außenminister. 1960–1962 sowie 1966–1978 war er Präsident. 1986 wurde er zum dritten Mal in dieses Amt gewählt.

1991 besuchten 1,32 Mio Touristen die D. (1990: 1,05 Mio). Mit rd. 50 000 Beschäftigten und Deviseneinnahmen in Höhe von 880 Mio Dollar (1,2 Mrd DM) wurden im Tourismus 10% des Bruttoinlandsprodukts erwirtschaftet. In den von der Regierung eingerichteten Freihandelszonen, wo Geschäfte steuerfrei abgewickelt werden, arbeiteten 1991 rd. 120 000 Menschen in der Textil- und Computerindustrie.

Dschibuti

Fläche	23 200 km² (Weltrang 144)
Einw.	411 400 (Weltrang 156)
Hauptst.	Dschibuti (65 000 Einw.)
Pkw.-Kz.	k. A.
Sprache	Arabisch, Französisch
BSP/Kopf	740 Dollar (1986)
Inflation	8% (1987)
Arb.-los.	über 50% (1987)
Währung	1 Dschibuti-Franc, FD = 100 Centimes
Religion	Moslemisch (94%), christlich (6%)
Reg.-Chef	Barkat Gourad Hamadou (seit 1978)
Staatsob.	Hassan Gouled Aptidon (seit 1977)
Staatsf.	Präsidiale Republik, Einparteiensystem
Parlament	Nationalversammlung mit 65 für fünf Jahre gewählten Abgeordneten; sämtliche Sitze für die Einheitspartei Volksbewegung für den Fortschritt (Wahl von 1987)

Afrika, S. 494, E 3

Ein Bürgerkrieg zwischen Rebellen des Afar-Stammes und der Regierung, die nach Ansicht der Aufständischen vom Issa-Stamm beherrscht wird, bestimmte bis Mitte 1992 die Innenpolitik im ostafrikanischen D. Nach Unruhen im Nordosten des Landes im November 1991 ordnete die Regierung unter dem zum Issa-Volk gehörenden Präsidenten Hassan Gouled Aptidon Mitte November 1991 die Mobilmachung der Streitkräfte an.

In der Armee dominierten die Issas, die zum Stamm der Somal gehören. Die Afar vom Volk der Danakil stellten in dem ostafrikanischen Kleinstaat 37% der Bevölkerung. Ende November hatten die Rebellen der Front für die Wiederherstellung der Einheit und der Demokratie FRUD alle kleinen Stützpunkte der Regierungstruppen im Norden eingenommen. Die Afar forderten die ehemalige Kolonialmacht Frankreich zu einer Vermittlung in dem Konflikt auf. Im Februar 1992 wurden 250 der in D. stationierten französischen Truppen in das Kriegsgebiet entsandt.

D., das zu 95% aus Sand- oder Steinwüsten sowie Dornbuschsteppe besteht, war 1991/92 von ausländischer Hilfe abhängig. Das strategisch wichtige Land am Zugang zum Roten Meer verfügte über nahezu keine natürlichen Ressourcen und wenig landwirtschaftlich nutzbare Fläche. Die Landwirtschaft diente ausschließlich der Selbstversorgung. Etwa drei Viertel des Bruttoinlandsprodukts erwirtschaftete D. im Dienstleistungssektor, u. a. durch Einkünfte der Eisenbahn, des Hafens und des Flughafens.

Ecuador

Fläche	283 561 km² (Weltrang 72)
Einw.	9,6 Mio (Weltrang 71)
Hauptst.	Quito (1,3 Mio Einw.)
Pkw.-Kz.	EC
Sprache	Spanisch
BSP/Kopf	980 Dollar (1990)
Inflation	49% (1991)
Arb.-los.	14,8% (1991)
Währung	1 Sucre, S/. = 100 Centavos
Religion	Katholisch (95%)
Reg.-Chef	Sixto Durán Ballén (seit August 1992)
Staatsob.	Sixto Durán Ballén (seit August 1992)
Staatsf.	Präsidiale Republik
Parlament	Repräsentantenhaus mit 72 für fünf Jahre gewählten Abgeordneten; 18 Sitze Christlich-Soziale Partei, 15 für Demokratische Linke, 11 für Sozialistische Partei, 28 für Sonstige (Wahl von 1990)

Südamerika, S. 492, B 2

Der konservative Sixto Durán Ballén gewann am 5. 7. 1992 die Stichwahl gegen Jaime Nebot Saadi mit rd. 58% und löste am 10. 8. den sozialdemokratischen Staatspräsidenten Rodrigo Borja Cevallos ab. Die Wirtschaft des südamerikanischen Landes verzeichnete vor allem in der Landwirtschaft und Fischerei einen Aufwärtstrend.

Konservative Wende: 4,2 Mio Wahlberechtigte (73%) votierten am 17. 5. 1992 für einen konser-

Sixto Durán Ballén, Staatspräsident von Ecuador
* 1922. Der Architekt Durán Ballén war Kunstprofessor an der katholischen Universität von Quito, später Bürgermeister von Quito sowie Chef der Partei für Wohnungsbau. Er setzte sich für eine Reformierung der Wirtschaft nach neoliberalen Grundsätzen ein. Im Juli 1992 wurde er für eine vierjährige Amtszeit, die er am 10. 8. antrat, zum Staatspräsidenten gewählt.

vativen Nachfolger von Präsident Borja Cevallos. Durán Ballén, Ex-Bürgermeister von Quito, gehörte der seit ihm gegründeten Christlich-Sozialen Partei (PSC) an, bis er 1991 die Republikanische Einheitspartei mit dem Ziel ins Leben rief, Präsident zu werden. Er kündigte Sparmaßnahmen im Haushalt und die Privatisierung öffentlicher Unternehmen an.

Wirtschaftslage: Das OPEC-Mitglied E. produzierte 1991 rd. 300 000 Faß Erdöl pro Tag (1990: 290 000 Faß/Tag) und exportierte im Durchschnitt 185 000 Faß/Tag. Die Ausfuhr von Erdöl und Erdölprodukten machte 1991 43% der Gesamtexporte aus (1990: 52%). Falls keine neuen Erdölvorkommen erschlossen werden können, werden die Reserven in rd. 15 Jahren erschöpft sein. Bis Mitte der 90er Jahre gibt es in der Ölindustrie einen Investitionsbedarf von rd. 10 Mrd Dollar (15,3 Mrd DM). Landwirtschaft und Fischfang entwickelten sich im Vergleich zur Industrie 1991/92 positiv und erreichten Produktionssteigerungen von rd. 6% (Industrie: 2,5%). Der Export von Bananen trug 20%, der Export von Felsengarnelen (Krevetten) 15% zur Gesamtausfuhr bei. Die ecuadorianische Außenschuld lag 1991 bei 12,3 Mrd Dollar (18,8 Mrd DM). Die Zinszahlungsrückstände beliefen sich auf zusätzlich 1,5 Mrd Dollar (2,3 Mrd DM). Der Staatshaushalt für 1992 sieht bei Ausgaben von insgesamt 2,4 Mrd Dollar (3,7 Mrd DM) ein Defizit in Höhe von 300 Mio Dollar (458 Mio DM). Dies entspricht mehr als 2% des Bruttoinlandsprodukts.

El Salvador

Fläche	21 041 km² (Weltrang 146)
Einw.	5,39 Mio (Weltrang 97)
Hauptst.	San Salvador (450 000 Einw.)
Pkw.-Kz.	ES
Sprache	Spanisch
BSP/Kopf	1110 Dollar (1990)
Inflation	14% (1991)
Arb.-los.	10% (1989)
Währung	1 El Savador-Colón, C = 100 Centavos
Religion	Katholisch (95%), protestantisch
Reg.-Chef	Alfredo Cristiani (seit 1989)
Staatsob.	Alfredo Cristiani (seit 1989)
Staatsf.	Präsidiale Republik
Parlament	Nationalversammlung mit 84 für drei Jahre gewählten Abgeordneten; 39 Sitze für Nationalistisch-Republikanische Allianz (ARENA), 26 für Christdemokraten, 9 für Nationale Versöhnungspartei, 8 für Demokratischen Zusammenschluß, 2 für andere (Wahl von 1991)

Mittelam., S. 493, A 5

Mit der Unterzeichnung eines Friedensvertrages zwischen der rechtsgerichteten Regierung unter Staats- und Regierungschef Alfredo Cristiani von der ARENA-Partei und den linksgerichteten Rebellen der Nationalen Befreiungsfront Farabundo Marti (FMLN) endete im Januar 1992 der zwölfjährige Bürgerkrieg. Insgesamt verloren bei den Kämpfen rd. 80 000 Menschen ihr Leben. Im Mai 1992 wandelte sich die FMLN in eine politische Partei um.

Umfassende Friedensregelungen: Der unter UN-Vermittlung in New York ausgehandelte und in Mexiko-Stadt unterzeichnete Friedensvertrag, der am 1. 2. 1992 in San Salvador mit einer Zeremonie gefeiert wurde, enthält Zeitpläne zur Demobilisierung der Guerilla und von Teilen der Armee. Bis Ende Oktober 1992 sollen die FMLN-Einheiten unter UN-Aufsicht entwaffnet und ihr Kriegsgerät zerstört werden. Die reguläre Armee ist zu einer Halbierung ihrer Truppenstärke auf 31 000 bis Ende 1993 verpflichtet. Unter Einschluß ehemaliger Rebellen soll eine Nationalpolizei mit ziviler Führung aufgebaut werden. Den Bauern in den von der FMLN besetzten Gebieten wird laut Friedensvertrag das von ihnen bearbeitete Land zugesprochen. Das den Großgrundbesitzern verbliebene Land von über 245 ha wird an Kleinbauern und Landarbeiter verteilt.

Demobilisierung verzögert: Die ehemaligen Bürgerkriegsparteien einigten sich im Juni 1992 auf neue Fristen zur Demobilisierung. Die Regierung löste bis Ende des Monats zwei paramilitärische Sicherheitsverbände auf, und die FMLN entwaffnete etwa 20% ihrer 7000 Soldaten. Bis Oktober sollen zu jedem Monatsende jeweils weitere 20% der Kämpfer ihre Waffen abgeben. Im April 1992 hatte FMLN-Führer Juan Ramon Medrano einen Aufschub der Entwaffnungsaktion angekündigt, da die Regierung ihre Zusagen nicht eingelöst habe. Nach Ansicht der FMLN wurden die

Nationalgarde und die Finanzpolizei nicht abgeschafft, sondern unter Wahrung ihrer Strukturen in die Streitkräfte integriert. Außerdem hatte sich die Landverteilung und die Eingliederung ehemaliger FMLN-Kämpfer in die Polizei verzögert.

Amnestiegesetz erlassen: Eine im Januar 1992 vom Parlament beschlossene Teilamnestie betraf alle Personen, die vor dem 31. 12. 1991 an politischen und gesellschaftlichen Verbrechen beteiligt waren. Sie soll der Wiedereingliederung der Guerilla dienen. Schwere Fälle von Menschenrechtsverletzungen untersucht die unter ausländischer Beteiligung zusammengestellte sog. Kommission der Wahrheit.

Wiederaufbauplan präsentiert: Ein Wiederaufbauplan der Regierung vom März 1992 bezifferte die Schäden des Bürgerkriegs auf 1,63 Mrd Dollar (2,49 Mrd DM). Insgesamt erfordert der Wiederaufbau nach Regierungsangaben über eine Periode von fünf Jahren 1,43 Mrd Dollar (2,18 Mrd DM). 417 Mio Dollar (637 Mio DM) wurden für den humanitären Bereich veranschlagt.

Wirtschaftslage aussichtsreich: Trotz der Behinderungen durch den Bürgerkrieg erreichte E. 1990 ein Wirtschaftswachstum von 4%, im ersten Halbjahr 1991 nach Angaben der Zentralbank von 8%. Höher noch als die 1991 rd. 785 Mio Dollar (1,2 Mrd DM) erreichenden Exporterträge veranschlagte die Zentralbank die Überweisungen der etwa 1 Mio Salvadorianer, die vor dem Bürgerkrieg nach Mexiko und in die USA geflüchtet sind. Da der Haushalt aufgrund dieser Deviseneinkünfte im Gleichgewicht gehalten werden konnte, lag die Inflation 1991 bei nur rd. 14%.

Alfredo Cristiani,
Staatspräsident von El Salvador
* 22. 11. 1947 in San Salvador/El Salvador. Cristiani studierte in Washington/USA Betriebswirtschaft und leitete anschließend das elterliche Unternehmen. Seit 1984 engagierte er sich in der rechtsextremen Nationalistisch-Republikanischen Allianz (ARENA) und wurde 1985 Mitglied des Parlaments. 1989 wurde er mit 53,8% der Stimmen zum Staats- und Regierungschef gewählt.

Estland	
Fläche	45 100 km² (Weltrang 127)
Einw.	1,6 Mio. (Weltrang 138)
Hauptst.	Tallinn (482 300 Einw.)
Pkw.-Kz.	k. A.
Sprache	Estnisch
BSP/Kopf	k. A.
Inflation	k. A.
Arb.-los.	k. A.
	Europa, S. 490, E 3
Währung	1 Kroon = 100 Cents
Religion	Evangelisch (92%)
Reg.-Chef	Tiit Vähi (seit Januar 1992)
Staatsob.	Arnold Rüütel (seit 1990)
Staatsf.	Republik
Parlament	Wahlen vor dem 27. 9. 1992 geplant

In der nördlichsten der drei Baltenrepubliken stimmten 92% der Bevölkerung am 28. 6. für eine demokratische Verfassung und gegen das Wahlrecht für Bürger russischer Abstammung (Bevölkerungsanteil: rd. 30%), die vor dem 5. 6. 1992 die estnische Staatsbürgerschaft beantragt haben. Im Februar verabschiedete das Parlament grundsätzliche Kriterien zur Erlangung der estnischen Staatsbürgerschaft. E., das 1988 seine Souveränität und am 30. 3. 1990 die Unabhängigkeit von der Sowjetunion erklärte, wurde am 6. 9. 1991 von Moskau als unabhängiger Staat anerkannt. Am 17. 9. 1992 nahm die UNO E. auf. Nach dem Rücktritt der Regierung von Edgar Savisaar im Januar 1992 bildete Tiit Vähi von den Konservativen ein neues Kabinett. Wegen der schlechten Wirtschafts- und Versorgungslage rief die Regierung, die Mitte 1992 die neue Währung Kroon einführte, im Januar 1992 den Notstand aus.

Neue Verfassung: Die Verfassung sieht Präsidentschafts- und Parlamentswahlen vor dem 27. 9. 1992 vor. Der Präsident soll direkt vom Volk gewählt werden, im Parlament von E. sollen 101 Volksvertreter sitzen.

Staatsbürgerschaft: Die Staatsbürgerschaft ist Bedingung für die Teilnahme an Volksabstimmungen und Parlamentswahlen. Frühestens im Frühjahr 1993 können Antragsteller die Staatsbürgerschaft und damit das Wahlrecht erhalten. Sie müssen seit dem 30. 3. 1990 länger als zwei aufeinanderfolgende Jahre in E. gelebt haben, estnische Sprachkenntnisse nachweisen und eine Treueerklärung für den Staat abgeben. Ehemalige Mitglieder des KGB oder der sowjetischen Armee können nicht die estnische Staatsbürgerschaft erlangen. Alle Bürger, die vor 1940 ihren Wohnsitz in E. hatten und deren Nachkommen erhalten automatisch die Staatsbürgerschaft von E.

Regierungskrise: Ministerpräsident Savisaar erklärte am 23. 1. 1992 seinen Rücktritt. Dem

Arnold Rüütel,
Staatspräsident von Estland
* 10. 5. 1928. Der Absolvent der Estnischen Landwirtschaftsakademie, der 1977 Vollmitglied des Zentralkomitees der Estnischen Kommunistischen Partei wurde, löste 1984 den Präsidenten des Obersten Sowjets von Estland, Johannes Käbin, ab. Nach den Parlamentswahlen am 18. 3. 1990 wurde Rüütel als Parlamentspräsident zugleich Staatsoberhaupt von Estland.

Regierung in Estland

Letzte Wahl	1990
Staatsoberhaupt	Arnold Rüütel
Ministerpräsident	Tiit Vähi
Äußeres	Jan Manitski
Finanzen	Rein Miller
Inneres	Robert Närska
Wirtschaft	Heido Vitsur
Staatsangelegenheiten	Uno Veering
Umwelt	Tonis Kaasik
Volksbildung	Rein Loik
Bauwesen	Olari Taal
Binnenhandel	Aleksander Sikkal
Gesundheit	Andres Kork
Industrie- und Energiewirtschaft	Aksel Treimann
Justiz	Märt Rask
Kultur	Märt Kubo
Transport- und Fernmeldewesen	Enn Sarap
Arbeit und Soziales	Arvo Kuddo
Sozialfürsorge	Tonu Karu

41jährigen Premier, der im April 1990 als Kompromißkandidat zwischen der Unabhängigkeitsbewegung und den Kommunisten Regierungschef geworden war, hatten alle Parteien, außer den Delegierten der russischen Minderheit, das Vertrauen entzogen. Savisaar war wegen der ungelösten Wirtschaftsprobleme in die Kritik geraten. Zudem hatte er sich für liberale Prinzipien bei der Vergabe der Staatsbürgerschaft an die russische Bevölkerung eingesetzt. Am 30. 1. 1992 bestätigte das Parlament die von Premier Vähi gebildete Regierung mit 52 Stimmen bei 24 Enthaltungen. Sechs der 16 Kabinettsmitglieder gehörten der Regierung Savisaar an.

Versorgungskrise: Grundnahrungsmittel, z. B. Brot, Milch und Butter, waren 1991/92 kaum in den Ladengeschäften zu bekommen, Lebensmittelkarten wurden eingeführt. E. war abhängig von Rohstoff- und Energieimporten vor allem aus Rußland, das billig Öl geliefert hatte. 1991/92 senkte Rußland die Lieferquoten und verlangte Weltmarktpreise für Erdöl in Devisen. E. wickelte 97% des Außenhandels mit den ehemaligen sowjetischen Republiken ab.

Als erste ehemalige Sowjetrepublik schaffte E. Mitte 1992 den Rubel ab und führte eine eigene Währung, die estnische Krone (Kroon), ein. Sie soll frei konvertierbar sein und sich an der Deutschen Mark als Leitwährung orientieren. E. spielte in der ehemaligen Sowjetunion eine führende Rolle in der Elektronikindustrie und förderte 80% des sowjetischen Ölschiefers.

🏴 ✚ Fidschi

Fläche	18 272 km² (Weltrang 149)
Einw.	759 570 (Weltrang 151)
Hauptst.	Suva (69 000 Einw.)
Pkw.-Kz.	FJI
Sprache	Englisch, Fidschi
BSP/Kopf	1780 Dollar (1990)
Inflation	11,8% (1988)
Arb.-los.	11,0% (1988)

Ozeanien, S. 498, H 4

Währung	1 Fidschi-Dollar, $F = 100 Cents
Religion	Christl. (42%), hinduist. (38%), moslem. (8%)
Reg.-Chef	Sitiveni Rabuka (seit Juni 1992)
Staatsob.	Ratu Sir Penaia Ganilau (seit 1987)
Staatsf.	Republik
Parlament	Repräsentantenhaus mit 70 gewählten Abgeordneten; 30 Sitze für Politische Partei von Fidschi (FPP), 14 für nationale Föderationspartei (NFP), 13 für Labour-Partei (FLP), 13 für andere (Wahl vom Mai 1992)

✚ Finnland

Fläche	338 127 km² (Weltrang 63)
Einw.	5 Mio (Weltrang 100)
Hauptst.	Helsinki (487 000 Einw.)
Pkw.-Kz.	SF
Sprache	Finnisch, Schwedisch
BSP/Kopf	26 040 Dollar (1990)
Inflation	4,4% (1991)
Arb.-los.	7,7% (1991)

Europa, S. 490, E 3

Währung	1 Finnmark, Fmk = 100 Penniä
Religion	Evangelisch-lutherisch (90%)
Reg.-Chef	Esko Aho (seit 1991)
Staatsob.	Mauno Koivisto (seit 1982)
Staatsf.	Parlamentarische Republik
Parlament	Reichstag mit 200 für vier Jahre gewählten Abgeordneten; 55 Sitze für Zentrumspartei, 48 für Sozialdemokraten, 40 für Nationale Sammlungspartei, 19 für Linksbund (Volksdemokratische Union und Demokratische Alternative), 12 für Schwedische Volkspartei, 10 für Grüne, 8 für Christliche Union, 7 für Landvolkpartei, 1 für Liberale Partei (Wahl von 1991)

Die am 30. 5. 1992 beendeten ersten freien Wahlen nach der Parlamentsauflösung 1987 entschied die Politische Partei von F. (FPP) mit 30 der 70 Sitze in der Abgeordnetenkammer für sich. Parteichef Sitiveni Rabuka, ehemaliger Armeekommandant, wurde als Regierungschef vereidigt und von Präsident Ratu Sir Penaia Ganilau mit der Regierungsbildung beauftragt. Die FPP koalierte mit der Allgemeinen Wähler-Partei (GVP) und zwei unabhängigen Abgeordneten. Die Wahl beruhte auf der 1990 eingeführten umstrittenen Verfassung, nach der 37 Parlamentssitze den Ureinwohnern vorbehalten bleiben.

Das aus 300 Inseln bestehende ehemalige Commonwealth-Mitglied hatte 1991/92 mit wirtschaftlichen Problemen zu kämpfen. Die Zuckerindustrie, mit 60% der Exporterlöse die größte Devisenquelle von F., verzeichnete u. a. wegen der schlechten Witterung und eines veralteten Maschinenparks einen Produktionsrückgang von 470 000 t auf 400 000 t Zucker. Die Tourismusbranche entwickelte sich zu einem wichtigen Wirtschaftszweig.

Im Herbst 1991 gab die Regierung von Sitiveni Rabuka bekannt, daß F. in der Zukunft kein Erdöl mehr von Australien beziehen werde. Statt dessen schloß die staatliche Energieagentur Finapeco mit Malaysia ein bilaterales Abkommen ab, das ihr ein Importmonopol garantiert. Die privaten Erdöllieferanten durften nach der Vereinbarung ihren Bedarf nicht mehr auf dem freien Markt decken, sondern waren gezwungen, Erdöl beim staatlichen Zwischenhändler zu kaufen.

Im 75. Jahr seiner Unabhängigkeit befand sich F. 1991/92 in der schwersten Wirtschaftskrise seit den Depressionen der 20er und 30er Jahre. Die bürgerliche Koalitionsregierung unter Ministerpräsident Esko Aho beantragte im März 1992 die Mitgliedschaft in der EG.

EG-Beitritt geplant: Der Beitrittsbeschluß enthielt den Wunsch nach Sonderrechten in bezug auf die Beibehaltung der finnischen Neutralität und nach EG-Unterstützung für den strukturschwachen Norden des skandinavischen Landes. Am 18. 3. stimmte der Reichstag mit 108 gegen 55 Stimmen bei 32 Enthaltungen dem Regierungsvorschlag zu, der mit einem Vertrauensvotum für die Mitte-Rechts-Regierung verknüpft war. Über das Ergebnis der Beitrittsverhandlungen, deren Beginn für 1993 geplant ist, sollen die finnischen Wähler in einem Referendum abstim-

Esko Tapani Aho,
Ministerpräsident von Finnland
* 20. 5. 1954 in Veteli/Finnland. Aho war 1974–1980 Chef des Jugendverbandes der liberalen Zentrumspartei und 1979/80 persönlicher Referent des damaligen Außenministers Paavo Väyrynen. 1983 wurde Aho in den Reichstag gewählt, 1990 als Nachfolger Väyrynens Vorsitzender der Zentrumspartei. Nach deren Sieg bei den Wahlen im März 1991 wurde Aho Regierungschef.

men. Im Juni 1992 erhielt F. als erstes neutrales Land einen Beobachterstatus bei Ministertagungen des → Nordatlantischen Kooperationsrats.

Wirtschaft auf Talfahrt: Der Handel mit dem ehemals wichtigsten Handelspartner Sowjetunion, der 1982 noch 25% des finnischen Exportvolumens ausmachte, schrumpfte bis 1991 auf lediglich 5%. Nach Angaben des Statistischen Zentralbüros von F. sank das Bruttoinlandsprodukt 1991 gegenüber dem Vorjahr um 6,1%, die privaten Einkommen um 4,6% und die private Nachfrage um 8%. Die Staatsausgaben waren um 14% gestiegen, und die Arbeitslosigkeit erreichte im Dezember 1991 mit 13,6% den höchsten Stand seit Kriegsende (Dezember 1990: 5,8%). Um die Exportindustrie anzukurbeln, beschloß die finnische Reichsbank im November 1991 eine Abwertung der Finnmark um 12,3%. Gleichzeitig räumte Ministerpräsident Esko Aho ein, daß seine Wirtschaftspolitik, die vor allem auf eine Senkung der Löhne und Gehälter sowie auf eine drastische Eindämmung der öffentlichen Ausgaben zielte, gescheitert sei.

Proteste gegen Sparprogramm: Ein im April 1992 von der Regierung angekündigtes Sparprogramm, das die öffentlichen Ausgaben um 3,5 Mrd DM kürzen soll, führte zum Rücktritt der Zentrumspolitikerin und Sozialministerin Eeava Kuuskoski. Rd. 200 000 Arbeiter und Angestellte streikten vor allem in Mittelfinnland und in der Hauptstadt Helsinki einen Tag lang gegen die geplante Kürzung von Kinderbeihilfen, Arbeitslosengelder und Pensionen.

Regierung in Finnland

Letzte Wahl	1991
Präsident	Mauno Koivisto
Premier	Esko Tapani Aho
Äußeres	Paavo Väyrynen
Finanzen	Iiro Viinanen
Verteidigung	Elisabeth Rehn
Innen	Mauri Pekkarinen
Justiz	Hannele Pokka
Handel und Industrie	Pekka Tuomisto
Land und Forstwirtschaft	Martti Pura
Kommunikation und Verkehr	Ole Norrback
Erziehung	Riitta Uosukainen (Tytti Isohookana-Asunmaa)
Umwelt	Sirpa Pietikäinen
Außenhandel	Pertti Salolainen
Arbeit	Iikka Kanerva
Soziales und Gesundheit	Jorma Huuhtanen
Wohnungsbau	Pirjo Rusanen
Wirtschaftliche Zusammenarbeit	Toimo Kankaanniemi

Frankreich

Fläche	551 500 km² (Weltrang 48)
Einw.	56,6 Mio (Weltrang 18)
Hauptst.	Paris (8,7 Mio Einw.)
Pkw.-Kz.	F
Sprache	Französisch
BSP/Kopf	19 860 Dollar (1990)
Inflation	3% (1991)
Arb.-los.	9,8% (1991) Europa, S. 490, C 5
Währung	1 Französischer Franc, FF = 100 Centimes
Religion	Kath. (90%), moslem. (5%), protest., jüd.
Reg.-Chef	Pierre Bérégovoy (seit April 1992)
Staatsob.	François Mitterrand (seit 1981)
Staatsf.	Parlamentarische Republik
Parlament	Senat mit 319 für neun Jahre und Nationalversammlung mit 577 für fünf Jahre gewählten Abgeordneten; in der Nationalversammlung 260 Sitze für Sozialisten, 129 für Union für die Demokratie (UDF), 126 für gaullistische Sammlungsbewegung für die Republik (RPR), 27 für Kommunisten, 35 für andere (Wahl von 1988)

Nach der Niederlage der regierenden Sozialisten bei den Regional- und Kantonalwahlen und der Affäre um den in Paris im Krankenhaus behandelten Palästinenserführer Georges Habasch löste Anfang 1992 Pierre Bérégovoy Edith Cresson als Premierminister ab. Sein Kabinett wollte vor allem die wirtschaftliche Stabilitätspolitik weiterführen. Mitte 1992 demonstrierten LKW-Fahrer mit Blockaden von Autobahnen und Nationalstraßen gegen die Einführung eines Strafpunktesystems für Verkehrssünder.

Wahldebakel für Regierung: Die Wahl in den 22 Regionen (26 Regionen mit Übersee) am 22. 3. 1992 fand zusammen mit dem ersten Durchgang der Kantonalwahlen statt, bei denen über die Neubesetzung der Hälfte der Mandate in den Volksvertretungen (Generalräte) der 95 Departements entschieden wurde. Die Sozialisten verloren rd. 10 Prozentpunkte und fünf der 27 bislang von ihnen beherrschten Departements. Sie verbuchten mit durchschnittlich 18,3% der Stimmen das schlechteste Ergebnis seit 20 Jahren. Die Bürgerlichen mußten gegenüber der Regionalwahl von 1986 ebenfalls Einbußen hinnehmen, blieben jedoch mit einem Stimmenanteil von rd. 34% stärkste Kraft. Gewinner waren die rechtsextreme Nationale Front unter Jean-Marie Le Pen mit 13,9% und die beiden Umweltschutzparteien, die zusammen 13,9% der Stimmen erhielten.

Das schlechte Ergebnis wurde als Votum gegen das Kabinett Cresson und Niederlage für den so-

Gabun

**François Mitterrand,
Staatspräsident von Frankreich**
* 26. 10. 1916 in Jarnac/Frankreich.
Mitterrand bemühte sich seit der
Gründung der Fünften Republik
(1958) um eine Sammlung der Links-
kräfte in Frankreich. Er war von 1971
bis 1981 Vorsitzender der Sozialistischen Partei, löste im Mai 1981
Valéry Giscard d'Estaing als Staatspräsident ab und wurde 1988 in diesem Amt bestätigt

**Pierre Eugène Bérégovoy,
Ministerpräsident von Frankreich**
* 23. 12. 1925 in Deville-les-
Rouen/Frankreich. Der Sohn ukrainischer Einwanderer trat nach dem
Zweiten Weltkrieg in die Sozialistische Partei SFIO ein. 1969 gehörte er
zur Führungsmannschaft der neuen
Sozialistischen Partei (PS),
1973–1975 war er Nationalsekretär
für soziale Fragen. 1982 wurde Bérégovoy Minister für soziale Fragen,
1984 Wirtschafts- und Finanzminister.
Im Kabinett Cresson war er auch zuständig für Industrie, Außenhandel,
Post und Telekommunikation.

Regierung in Frankreich

Letzte Wahl	1988
Präsident	François Mitterrand
Premier	Pierre Bérégovoy
Äußeres	Roland Dumas
Wirtschaft und Finanzen	Michel Sapin
Verteidigung	Pierre Joxe
Innen	Paul Quiles
Land- und Forstwirtschaft	Louis Mermaz
Bildung und Kultur	Jack Lang
Jugend und Sport	Frédérique Bredin
Umwelt	Segolène Royal
Justiz	Michel Vauzelle
Öffentlicher Dienst und und Verwaltungsreform	Michel Delebarre
Budget, Wohnungsbau, Transport	Michel Charasse
Infrastruktur	Jean-Louis Bianco
Industrie und Außenhandel	Dominique Strauss-Kahn
Arbeit, Berufsbildung und Beschäftigung	Martine Aubry
Soziales	René Teulade
Gesundheit und humanitäre Angelegenheiten	Bernard Kouchner
Überseegebiete	Louis Le Pensec
Forschung und Raumfahrt	Hubert Curien
Post- und Telekommunikation	Emile Zuccarelli

zialistischen Staatspräsidenten François Mitterrand gewertet, der die Leitlinien der Politik bestimmt. Zudem galt die Wahl als wichtiger Test
für die Abstimmung zur Nationalversammlung im
März 1993. Premierministerin Cresson, erste Frau
im Amt des Regierungschefs in F., trat am 2. 4.
1992 nach der mit zehn Monaten kürzesten Amtszeit in der V. Republik zurück. Dem Kabinett des
vormaligen Wirtschafts- und Finanzministers
Bérégovoy gehören fünf Frauen an. Zu seinen
wichtigsten Zielen erklärte er die Bekämpfung der
Arbeitslosigkeit (1991: 9,8%) und die Ratifizierung der Maastrichter Verträge zur → Europäischen Union. Am 19. 6. verabschiedete die Nationalversammlung eine Verfassungsänderung, nach
der eine europäische Währung und eine gemeinsame Visapolitik eingeführt werden kann.
Affäre Habasch: Der Aufenthalt des 67jährigen
Habasch in Paris, dem als Chef der terroristischen
Volksfront für die Befreiung Palästinas Geiselnah-
men und Anschläge vorgeworfen werden, führte
im Februar 1992 zu einer Regierungskrise. Hohe
Regierungsfunktionäre wurden entlassen. Der
Gegner der Nahost-Friedensgespräche, der als
Drahtzieher von Attentaten in F. gilt, wurde nach
seiner Festnahme und der vom Gericht attestierten
Vernehmungsunfähigkeit ausgewiesen.

Wirtschaftslage: Die Wirtschaft wuchs 1991 um
1,4%, die OECD prognostizierte für 1992 ein
Wachstum von 2,1%. Wirtschaftsminister Michel
Sapin kündigte Mitte 1992 an, die Privatisierung
von Staatsunternehmen, die 1988 gestoppt worden
war, 1993 wieder aufzunehmen, der Anteil privater Anleger könne dabei 50% überschreiten.

Gabun

Fläche	267 667 km² (Weltrang 75)
Einw.	1,2 Mio (Weltrang 145)
Hauptst.	Libreville (350 000 Einw.)
Pkw.-Kz.	k. A.
Sprache	Französisch
BSP/Kopf	3330 Dollar (1990)
Inflation	8,6% (1990)
Arb.-los.	13% (1991; Schätzung)
Währung	1 CFA-Franc, FCFA = 100 Centimes
Religion	Christl. (80%), animist. (15%), moslem (1%)
Reg.-Chef	Casimir Oye-Mba (seit 1990)
Staatsob.	Omar Bongo (seit 1967)
Staatsf.	Präsidiale Republik
Parlament	Nationalversammlung mit 120 für fünf Jahre gewählten Abgeordneten, 62 Sitze für Gabunische Demokratische Partei (Wahl von 1990)

Afrika, S. 494, C 4

Die Regierung von Premier Casimir Oye-Mba, die nach der ersten Mehrparteienwahl 1990 gebildet wurde, wurde Mitte 1991 von Präsident Omar Bongo, Chef der ehemaligen Einheitspartei Gabunische Demokratische Partei (PDG), entlassen. Grund war der Vorwurf der Opposition, die Prinzipien der Verfassung würden nicht eingehalten. Oye-Mba wurde erneut mit der Regierungsbildung beauftragt.

Das westafrikanische Land, das aufgrund seiner Ölvorkommen zu den wohlhabenderen Ländern des Kontinents gehört, konnte 1991/92 die Abhängigkeit der Wirtschaft vom Erdölsektor (Anteil am Bruttoinlandsprodukt 1991: 45%) nicht verringern. Die Ölförderung betrug mit täglich 300 000 Barrel (engl.; Faß, 159 l) 0,5% der gesamten Förderung der Organisation Erdöl exportierender Länder OPEC. Mit dem Anstieg der Rohölpreise nach dem Golfkrieg verbesserte sich die wirtschaftliche Situation in G. wieder. Die Wirtschaft wuchs um 1,5% (1991, Schätzung). Der Internationale Währungsfonds förderte seit 1989 eine Reformierung der von Staatsbetrieben beherrschten Wirtschaft. 1991/92 drängte er auf eine Liberalisierung des Handels. Im Inland gefertigte Produkte waren durch hohe Einfuhrzölle von ausländischer Konkurrenz abgeschirmt.

mentswahlen gewann die regierende People's Progressive Party (PPP) 29 der 36 Sitze im Repräsentantenhaus, die sozialistische Gambia People's Party (GPP) schickt vier Abgeordnete ins Parlament, Unabhängige erhielten drei Mandate.

Die Wirtschaft von G. war gekennzeichnet durch landwirtschaftliche Monokultur. Der Anteil der Erdnußausfuhr am Gesamtexport betrug 1991 rd. 90%. Trotz Reis-, Hirse-, Mais- und Maniokanbau, der etwa 80% zur Selbstversorgung beitrug, war G. 1991/92 von Lebensmittelimporten abhängig. Die Entwicklung der Industrie wurde durch Fachkräfte- und Kapitalmangel sowie einen begrenzten Binnenmarkt erschwert. Mit Hilfe des Internationalen Währungsfonds begann G. mit der Umsetzung eines Strukturanpassungsprogramms.

Gambia

Fläche	11 295 km² (Weltrang 155)
Einw.	850 000 (Weltrang 148)
Hauptst.	Banjul (45 000 Einw.)
Pkw.-Kz.	WAG
Sprache	Englisch
BSP/Kopf	260 Dollar (1990)
Inflation	8,0% (1989)
Arb.-los.	k. A.
Währung	1 Dalasi, D = 100 Bututs
Religion	Moslemisch (90%), christlich (9%)
Reg.-Chef	Sir Dawda Kairaba Jawara (seit 1962)
Staatsob.	Sir Dawda Kairaba Jawara (seit 1970)
Staatsf.	Präsidiale Republik
Parlament	Repräsentantenhaus mit 36 für vier Jahre gewählten und 14 ernannten Abgeordneten; 29 Sitze für Progressive People's Party, 4 für Gambia People's Party, 3 für Unabhängige (Wahl vom April 1992)

Afrika, S. 494, A 3

Bei den Präsidentschaftswahlen Ende April 1992 wurde Dawda Kairaba Jawara, der seit 1970 das Land führt, mit 60% der Stimmen im Amt bestätigt. Bei den gleichzeitig stattfindenden Parla-

Georgien

Fläche	69 700 km² (Weltrang 117)
Einw.	5,6 Mio (Weltrang 95)
Hauptst.	Tiflis (1,3 Mio Einw.)
Pkw.-Kz.	k. A.
Sprache	Georgisch
BSP/Kopf	k. A.
Inflation	k. A.
Arb.-los.	k. A.
Währung	1 Rubel, Rbl = 100 Kopeken
Religion	Christlich, moslemisch
Reg.-Chef	Tengiz Sigua (seit Januar 1992)
Staatsob.	Eduard Schewardnadse (seit März 1992)
Staatsf.	Republik

Asien, S. 496, A 3

In der ehemals sowjetischen Unionsrepublik, die sich am 9. 3. 1990 für souverän und am 9. 4. 1991 für unabhängig erklärte, übernahm im März 1992 ein Staatsrat unter Führung von Ex-UdSSR-Außenminister Eduard Schewardnadse die Macht. Der erste frei gewählte, aber umstrittene Präsident Swiad Gamsachurdia war nach blutigen Unruhen gestürzt worden. Der → Nationalitäten-Konflikt in Südossetien bedrohte 1991/92 die innere Stabilität von G., das sich nach dem Zerfall der Sowjetunion nicht der Gemeinschaft Unabhängiger Staaten (→ GUS) anschloß.

Demokratisierung: Am 10. 3. 1992 wurde Schewardnadse zum Vorsitzenden eines neugeschaffenen Staatsrats gewählt, der höchstes legislatives und exekutives Gremium von G. ist. Der Staatsrat, in dem alle Parteien des Landes vertreten sein sollen, löste den Militärrat ab, der nach dem Sturz

Eduard Schewardnadse, Staatsoberhaupt von Georgien
* 28. 1. 1928 in Mamati/UdSSR (heute: Georgien). Schewardnadse war seit 1948 Mitglied der KPdSU. 1985 wurde der Historiker Nachfolger von Andrej Gromyko als Außenminister der UdSSR. 1990 erklärte seinen Rücktritt. Ende 1991 übernahm er in der zerfallenden UdSSR nochmals für wenige Wochen das Amt des Außenministers. Seit März 1992 als Vorsitzender des Staatsrats Staatsoberhaupt von Georgien.

★	Ghana	
Fläche	238 537 km² (Weltrang 79)	
Einw.	15,2 Mio (Weltrang 53)	
Hauptst.	Accra (1,1 Mio Einw.)	
Pkw.-Kz.	GH	
Sprache	Englisch	
BSP/Kopf	390 Dollar (1990)	
Inflation	18% (1991)	
Arb.-los.	26% (1987)	
Währung	1 Cedi, C = 100 Pesewas	Afrika, S. 494, B 4
Religion	Christl. (52%), animist. (30%), moslem. (13%)	
Reg.-Chef	Jerry John Rawlings (seit Putsch von 1981)	
Staatsob.	Jerry John Rawlings (seit Putsch von 1981)	
Staatsf.	Präsiale Republik, Militärregime	
Parlament	Parlament nach Putsch von 1981 aufgelöst, Parteien verboten (Wahlen Ende 1992 geplant)	

von Ex-Staatschef Gamsachurdia im Januar 1992 gebildet wurde.

Bürgerkrieg: Nach dem Sieg des antikommunistischen Koalitionsbündnisses bei den Parlamentswahlen im Oktober 1990 wurde der Bürgerrechtler Gamsachurdia bei den ersten direkten Wahlen im Mai 1991 mit rd. 87% der Stimmen zum Staatspräsidenten gewählt. Die Opposition gegen die diktatorische Präsidialherrschaft von Gamsachurdia wurde Ende 1991 stärker. Im Dezember 1991 begannen in Tiflis blutige Auseinandersetzungen zwischen regierungstreuen und oppositionellen Kräften, am 2. 1. 1992 bildete die Opposition eine Gegenregierung. Vier Tage später flüchtete Gamsachurdia.

Nationalitäten-Konflikt: Im Mai 1992 vereinbarten Schewardnadse und der Präsident des südossetischen Parlaments, Thores Kulubegow, nach blutigen Kämpfen zwischen Südosseten und Regierungstruppen, bei denen seit Januar 1991 mehrere hundert Menschen ums Leben kamen, einen Waffenstillstand und Vorbereitungsgespräche für Friedensverhandlungen zwischen Südossetien und G. 99% der Südosseten, die unter der Verwaltung von G. stehen, bestätigten im Januar 1992 einen Parlamentsbeschluß vom September 1991 und erklärten sich für unabhängig. Südossetien strebte einen Zusammenschluß mit dem auf russischem Gebiet liegenden Nordossetien an. Mitte 1992 flammten die Kämpfe erneut auf.

Wirtschaftslage: Die Entwicklungschancen von G., das fast so groß ist wie die Republik Irland, wurden aufgrund des ausbaufähigen Tourismus- und Kurbetriebs an der Schwarzmeerküste, des Rohstoffreichtums (Kohle, Mangan), der vorhandenen, wenn auch veralteten Industrie (Nahrungs- und Genußmittel, Hüttenwerke, Schiffbau, Autoproduktion) und der relativ leistungsfähigen Landwirtschaft (Tee, Zitrusfrüchte, Obst, Wein, Gemüse) als günstig eingeschätzt.

1992 prägten Ansätze zur Demokratisierung die ehemalige Kolonie Goldküste, die seit 1981 von Staats- und Regierungschef Jerry John Rawlings mit diktatorischer Gewalt beherrscht wird. Das westafrikanische Land, das 1957 von Großbritannien unabhängig wurde, wurde 1992 vom Vorläufigen Nationalen Verteidigungsrat (PNDC) dem aus vier Offizieren und vier Zivilisten bestehenden Herrschaftsinstrument Rawlings, regiert. In der auf niedrigem Stand stabilisierten Wirtschaft haben Goldexport und Landwirtschaft die größte Bedeutung.

Reform in Raten: Im Mai 1992 hob das Militär ein seit zehn Jahren bestehendes Verbot für politische Parteien auf und ließ sie zur Registrierung für die zum Jahresende 1992 geplanten Parlaments- und Präsidentschaftswahlen zu. Politiker der Opposition legten Beschwerde ein, weil die Parteien nicht ihre alten Namen benutzen dürfen und dadurch benachteiligt seien.

Verfassungsreferendum: In einer Volksabstimmung am 28. 4. 1992 votierten unter internationaler Beobachtung rd. 90% der Wahlberechtigten für die neue Verfassung, die der Nationale Verteidigungsrat vorgelegt hatte. Der Entwurf, der im Januar 1993 in Kraft treten soll, sieht ein Mehrparteiensystem, eine freie Presse und die Einhaltung der Menschenrechte vor.

Wirtschaftslage: Das Wirtschaftswachstum betrug 1991 nach Schätzungen von Experten 5,5% (1990: 2,5%). In der Landwirtschaft wurden 44% des Bruttosozialprodukts von G. erwirtschaftet. Wichtigstes Exportgut des Landes war mit 41% aller Ausfuhren Kakao.

Grenada

Fläche	344 km² (Weltrang 179)
Einw.	94 000 (Weltrang 176)
Hauptst.	St. George's (10 000 Einw.)
Pkw.-Kz.	WG
Sprache	Englisch
BSP/Kopf	2190 Dollar (1990)
Inflation	5% (1989)
Arb.-los.	26% (1990, Schätzung) Mittelam., S. 493, G 4
Währung	1 Ostkaribischer Dollar, EC$ = 100 Cents
Religion	Katholisch (64%), anglikanisch (22%)
Reg.-Chef	Nicholas Braithwaite (seit März 1990)
Staatsob.	Königin Elisabeth II.
Staatsf.	Konstitutionelle Monarchie im Commonwealth
Parlament	Senat mit 13 ernannten und Repräsentantenhaus mit 15 für fünf Jahre gewählten Abgeordneten; 7 Sitze für National Democratic Congress, 2 für New National Party, 6 für andere (Wahl von 1990)

Am 14. 8. 1991 hob Premier Nicholas Braithwaite die am 12. 7. 1991 vom Berufungsgericht bestätigten Todesurteile gegen 14 Personen auf, die wegen Mordes u. a. an Ex-Premier Maurice Bishop verurteilt worden waren. Die Urteile, u. a. gegen den ehemaligen stellvertretenden Premier Bernard Coard, wurden in Haftstrafen umgewandelt. Der Inselkleinstaat erwirtschaftete 1991/92 rd. 67% des Bruttosozialprodukts im Dienstleistungssektor.

Griechenland

Fläche	131 990 km² (Weltrang 94)
Einw.	10,26 Mio (Weltrang 67)
Hauptst.	Athen (3 Mio Einw.)
Pkw.-Kz.	GR
Sprache	Neugriechisch
BSP/Kopf	5990 Dollar (1990)
Inflation	18,3% (1991)
Arb.-los.	8,6% (1991) Europa, S. 490, E 7
Währung	1 Drachme, Dr = 100 Lepta
Religion	Griechisch-orthodox (98%), moslemisch
Reg.-Chef	Konstantin Mitsotakis (seit 1990)
Staatsob.	Konstantin Karamanlis (seit 1990)
Staatsf.	Parlamentarische Republik
Parlament	Ein-Kammer-Parlament mit 300 für vier Jahre gewählten Abgeordneten; 150 Sitze für Neue Demokratie, 123 für Panhellenische Sozialistische Bewegung, 19 für Vereinigte Linke, 4 für als Unabhängige kandidierende Sozialisten und für kommunistische Kandidaten, 2 für moslemische Kandidaten, 1 für Grüne, 1 für Demokratische Erneuerung (Wahl von 1990)

Regierung in Griechenland

Letzte Wahl	1990
Präsident	Konstantin Karamanlis
Ministerpräsident	Konstantin Mitsotakis
Stellvertreter	Tzannis Tzannetakis
Minister des Premiers	Sotiris Kouvelas
Ägäis	Konstantin Mitsotakis
Äußeres	Konstantin Mitsotakis
Finanzen	Ioannis Paleokrassas
Verteidigung	Ioannis Varvitsiotis
Innen	Nikolaos Kleitos
Wirtschaft	Stefanos Manos
Landwirtschaft	Sotiris Hatzigakis
Transport und Kommunikation	Nikolaos Gelestatkis
Kultur	Anna Psarouda-Benaki
Umwelt, Raumordnung und öffentliche Arbeiten	Achileas Karamanlis
Gesundheit, Sozialhilfe und Sozialversicherung	Georgios Sourlas
Industrie, Energie, Technologie und Handel	Andreas Andreanopoulos
Justiz	Michalis Papakonstantinou
Arbeit	Aristidis Kalatzakos
Mazedonien und Thrazien	Panayotis Hauzinikulaou
Handelsmarine	Aristotelis Pavlidis
Erziehung und Religion	Georgios Souflias
Öffentliche Ordnung	Theodoros Anagnostopoulos

Beherrschende politische Streitfrage war bis Mitte 1992 das Problem der völkerrechtlichen Anerkennung der ehemals jugoslawischen Nachbarrepublik Makedonien. Politiker aller Parteien sperrten sich gegen die Anerkennung Makedoniens durch die EG, da sie territoriale Ansprüche gegen die griechische Nordprovinz gleichen Namens befürchteten. Die wirtschaftliche Stabilisierungspolitik der im April 1990 gewählten konservativen Regierung unter Konstantin Mitsotakis brachte keinen Fortschritt.

Konfliktfall Makedonien: Auf dem Brüsseler EG-Gipfeltreffen im Dezember 1991 erreichte der damalige Außenminister Antonis Samaras eine Sonderregelung für die Anerkennung Makedoniens durch die EG. Da nach Auffassung von G. nationalistische makedonische Kreise expansionistische Forderungen gegenüber griechischen Gebieten hegen, muß Makedonien vor einer Anerkennung auf alle Gebietsansprüche verzichten. Außerdem darf es keinen Namen führen, aus dem sich territoriale Ansprüche ableiten lassen. Die Vorsitzenden der vier großen Parteien bekräftigten unter Vorsitz von Staatspräsident Konstantin Karamanlis im April 1992, die ehemalige jugoslawische Republik nur dann anzuerkennen, wenn sie nicht den Namen Makedonien führt.

Konstantin Mitsotakis, Ministerpräsident von Griechenland
* 18. 10. 1918 in Kanea (Kreta)/Griechenland. Der Rechtsanwalt und Widerstandskämpfer vertrat 1946–1967 die Liberalen bzw. die Zentrumsunion im Parlament. Während der Militärdiktatur (1967–1974) lebte er zeitweise im Exil. Mitsotakis wurde 1984 Vorsitzender der konservativen Neuen Demokratie. Im April 1990 wurde er Ministerpräsident.

Freispruch für Papandreou: Der Korruptionsprozeß gegen den ehemaligen Ministerpräsidenten Andreas Papandreou endete im Januar 1992 mit einem Freispruch in allen Punkten der Anklage. Nach Auffassung des Sondergerichts konnte Papandreou nicht ausreichend nachgewiesen werden, von dem Bankier Giorgios Koskotas Bestechungsgelder angenommen zu haben.

Hohe Inflationsrate: Im April 1992 bezeichnete die Brüsseler EG-Kommission in einem Bericht die hohe Inflationsrate von 18,3% für 1991, die fast viermal so hoch wie der Durchschnitt in der EG war, als das Hauptproblem der griechischen Wirtschaft. Allein zur Bedienung der Auslandsschulden muß G. 1992 rd. 4,3 Mrd Dollar (6,6 Mrd DM) aufbringen. Das Wirtschaftswachstum lag 1991 bei knapp 1%.

Die Konservativen erreichten bei den Unterhauswahlen im April 1992 zum vierten Mal in Folge die absolute Mehrheit. Premierminister John Major stellte ein verjüngtes Kabinett vor, das sich vor allem um Wirtschaftsprobleme kümmern will. Der unterlegene Labour-Chef Neil Kinnock trat zurück, Nachfolger wurde John Smith. Neuer Parlamentsvorsitzender im Unterhaus („Speaker") wurde erstmals eine Frau. Der → Nordirland-Konflikt blieb 1991/92 ungelöst, ein Terroranschlag der Irisch-Republikanischen Armee nach den Parlamentswahlen verwüstete einen Straßenzug in London. Im Oktober 1991 beschloß das Parlament eine umfassende Reform der Armee. G. einigte sich 1991/92 mit China über den Bau eines der weltweit größten Flughäfen in der bis 1997 zu G. gehörenden Kronkolonie Hongkong (→ Hongkong-Vertrag). Erste Anzeichen für ein Ende der Rezession wurden 1992 sichtbar.

Wahlsieg der Tories: Die Konservativen gewannen am 9. 4. 1992 mit 42,3% der Stimmen die absolute Mehrheit der Sitze. Die Labourpartei unter Kinnock errang 34,7% der Stimmen, die Liberaldemokraten unter Paddy Ashdown 18,1%. Die Wahlbeteiligung lag bei rd. 77%. Bei den Kommunalwahlen im Mai untermauerten die Konservativen mit dem besten Ergebnis seit 15 Jahren auf lokaler Ebene ihren Sieg. Sie erhielten durchschnittlich 47% der Stimmen, Labour 32%.

Neues Kabinett: Mit einem Durchschnittsalter von 51 Jahren war das im April von Premier Major ernannte Kabinett das bislang jüngste dieses Jahrhunderts. Mit Virginia Bottomley (Gesundheit) und Gillian Shepard (Arbeit) waren erstmals Frauen im Ministerrang in der konservativen Regierung vertreten. Der bisherige Umweltminister Michael Heseltine erhielt das mit größeren Kompetenzen ausgestattete Wirtschaftsministerium. Major, der 14 Ressorts um- oder neubesetzte, signalisierte mit der Ernennung der im Amt verbleibenden Douglas Hurd (Außen) und Norman Lamont (Schatzkanzler) in zentralen Politikbereichen Kontinuität. Neuer Parteichef der Konservativen wurde im Mai 1992 Norman Fowler, der

Großbritannien und Nordirland

Fläche	244 100 km² (Weltrang 77)
Einw.	57,4 Mio (Weltrang 16)
Hauptst.	London (6,8 Mio Einw.)
Pkw.-Kz.	GB
Sprache	Englisch
BSP/Kopf	16 100 Dollar (1990)
Inflation	6,2% (1991)
Arb.-los.	8,1% (1991)
Währung	1 Britisches Pfund, 1 £ = 100 New Pence
Religion	Anglik. (57%), kath. (13%), presbyt. (7%)
Reg.-Chef	John Major (seit 1990)
Staatsob.	Königin Elisabeth II. (seit 1952)
Staatsf.	Parlamentarische Monarchie
Parlament	Oberhaus mit 1177 Lords (Mitgliedschaft per Erbfolge oder durch Ernennung auf Lebenszeit) und Unterhaus mit 651 für fünf Jahre gewählten Abgeordneten; 336 Sitze für Conservative Party, 271 für Labour Party, 20 für Liberal und Social Democrats, 24 für andere (meist regionale und nationalistische Parteien; Wahl von 1992, ohne Nachwahlen)

Europa, S. 490, B 4

Parlamentswahlen in Großbritannien am 9. 4. 1992

Partei	Stimmenanteil (%)	Veränderung[1]	Sitze
Konservative Partei	42,3	0	336
Labour-Partei	34,7	+ 3,9	271
Liberale Partei	18,1	– 4,5	20
Andere	4,9	+ 0,6	24

1) Gegenüber 1987 in Prozentpunkten

Regierung in Großbritannien

Letzte Wahl	April 1992
Staatsoberhaupt	Königin Elisabeth II.
Premier	John Major
Lordkanzler (Justiz)	Lord Mackay of Clashfern
Äußeres	Douglas Hurd
Finanzen	Norman Lamont
Verteidigung	Malcolm Rifkind
Innen	Kenneth Clarke
Handel und Industrie	Michael Heseltine
Arbeit	Gillian Shephard
Soziales	Peter Lilley
Gesundheit	Virginia Bottomley
Erziehung	John Platten
Verkehr	John MacGregor
Landwirtschaft, Fischerei und Ernährung	John Gummer
Umwelt	Michael Howard
Schottland	Ian Lang
Nordirland	Sir Patrick Mayhew
Wales	David Hunt
Lordsiegelbewahrer und Führer des Oberhauses	John Wakeham
Lord-Präsident und Führer des Unterhauses	Tony Newton
Kanzler des Herzogtums Lancaster und Minister für die Bürger-Charta	William Waldegrave
Minister für das Nationale Erbe	David Mellor
Schatzamt	Michael Portillo

John Major, Premierminister von Großbritannien
* 29. 3. 1943 in Merton/Großbritannien. 1979 wurde Major für die Konservativen ins Unterhaus gewählt. Im Kabinett von Margaret Thatcher war er 1986/87 Sozialminister und von 1987 bis 1989 Schatzamtsminister. 1989 wurde Major Schatzkanzler, im November 1990 Nachfolger von Margaret Thatcher als Partei- und Regierungschef. Unter seiner Führung gewannen die Konservativen 1992 die Parlamentswahlen.

Chris Patten, den zukünftigen Gouverneur der Kronkolonie Hongkong, ablöste.

Labour-Chef am Ende: Nach der zweiten Wahlniederlage gab Labour-Chef Kinnock, der die Partei seit 1983 führte, am 13. 4. 1992 seinen Rücktritt bekannt. Auf einem Sonderparteitag am 18. 7. in London wurde der ehemalige Handelsminister John Smith, ein Vertreter des rechten Parteiflügels, zum Parteichef gewählt.

„Madame Speaker": Zum ersten Mal in 734 Jahren wählten die Parlamentarier eine Frau zum Speaker. Die 62jährige Labour-Abgeordnete Betty Boothroyd setzte sich am 29. 4. 1992 mit 372 Stimmen gegen den ehemaligen Nord-Irland-Minister Peter Brooke durch. „Madame Speaker" war zur Parlamentseröffnung am 6. 5. erstmals Vorsitzende des Unterhauses. Sie steht in der Rangordnung des Königreichs an sechster Stelle und soll sich in weitgehend repräsentativer Funktion überparteilich verhalten. Bei Unterhausdebatten übt der Speaker jedoch auch politischen Einfluß aus, weil er mit der Festlegung der Rednerliste die Struktur der Diskussionen bestimmt und bei Disputen schlichtend eingreift.

Terroranschlag: Die Explosion einer 100-kg-Bombe verwüstete am 10. 4. 1992 das Finanzviertel der Londoner Innenstadt. Drei Menschen wurden getötet, 90 verletzt. Der Sachschaden wurde auf 600 Mio DM geschätzt. Die → IRA bezichtigte sich des Anschlags. Nach einer Zunahme der Anschläge katholischer und protestantischer Untergrundorganisationen in Nordirland schickte die Regierung im Februar 1992 ein zusätzliches Bataillon von 600 Mann in die Krisenregion. Im Juli trafen sich in London zum ersten Mal seit der Teilung Irlands vor 70 Jahren Repräsentanten aller Strömungen der nordirischen Protestanten, der nationalistischen Katholiken, der irischen und der britischen Regierung, um über eine Lösung des Nordirland-Konflikts zu beraten. Die Sinn Fein, der politische Arm der IRA, war zu den Gesprächen nicht eingeladen.

Armee-Reform: Im Oktober 1991 billigte das Unterhaus mit 324 gegen 66 Stimmen die umstrittenen Regierungspläne zur Verkleinerung der Armee von 160 000 auf 116 000 Mann. Verteidigungsminister Tom King erklärte die Initiative mit der geänderten weltpolitischen Lage. Eine Verkleinerung der Armee sei wegen des verminderten Engagements in Deutschland, eines baldigen Abzugs aus Hongkong und der grundlegenden Veränderungen in der ehemaligen Sowjetunion möglich (→ Truppenabbau).

Rezessionsende in Sicht: Der Internationale Währungsfonds IWF prognostizierte dem Land 1993 ein Wachstum von 3,1% (1992: 0,8%). Das unabhängige National Institute of Economic and Social Research (NIESR) ging von einem Wirtschaftswachstum von 1,3% für 1992 aus. Indizien für eine Belebung der Konjunktur waren ein Anstieg der Industrieproduktion im Februar 1992 um 1,1% zum Vormonat und ein relativ geringer Anstieg der Arbeitslosenzahl um 7000 auf 2,7 Mio (Arbeitslosenquote: 9,5%).

Guatemala

Fläche	108 889 km² (Weltrang 104)
Einw.	9,1 Mio (Weltrang 74)
Hauptst.	Guatemala (1,8 Mio Einw.)
Pkw.-Kz.	GCA
Sprache	Spanisch
BSP/Kopf	900 Dollar (1990)
Inflation	10% (1991)
Arb.-los.	14% (1990)
Währung	1 Quetzal, Q = 100 Centavos
Religion	Katholisch (96%), protestantisch
Reg.-Chef	Jorge Serrano Elias (seit 1991)
Staatsob.	Jorge Serrano Elias (seit 1991)
Staatsf.	Präsidiale Republik
Parlament	Kongreß mit 116 für fünf Jahre gewählten Abgeordneten; 41 Sitze für Nationale Zentrumsunion, 27 für Christdemokraten, 18 für Bewegung der solidarischen Aktion, 12 für Partei der Nationalen Aktion, 1 für Sozialdemokraten, 17 für andere (Wahl von 1990)

Mittelam., S. 493, A 5

Jorge Serrano Elias, Staatspräsident von Guatemala
* 26. 4. 1945, Dr.-Ing. Serrano war nach dem Erdbeben in Guatemala von 1976 in Wiederaufbauprojekten tätig. Der strenggläubige Protestant wurde 1982, nach einjährigem Exil in den USA, Chef des Staatsrats unter dem Putschgeneral Rios Montt. Serrano wurde im Januar 1991 der erste nichtkatholische Präsident eines lateinamerikanischen Landes.

Zur Verbesserung der Menschenrechtssituation in G. stellte Präsident Jorge Serrano Elias im Januar 1992 die Unterordnung der Streitkräfte unter sein Mandat sowie die Zusammenarbeit mit internationalen Menschenrechtsbehörden in Aussicht. Die Verhandlungen mit den seit 1961 aktiven linksgerichteten Guerillagruppen führten bis Mitte 1992 zu keinem konkreten Erfolg.

Menschenrechte verletzt: Nach Angaben von Menschenrechtsorganisationen forderte die Welle der Gewalt, die von der Armee und der Guerilla ausging, seit 1989 rd. 150 000 Tote. 50 000 Menschen blieben verschwunden, 500 000 wurden aus ihrer Heimat vertrieben. Ein im Januar 1992 erschienener Bericht der Anwaltschaft für Menschenrechte registrierte für das abgelaufene Jahr 553 Anzeigen wegen außergerichtlicher Tötung. Nach dem Bericht blieben die staatlichen Sicherheitskräfte von der Strafverfolgung weitgehend ausgeschlossen. Die Opfer waren Politiker, Gewerkschafter, Unternehmer, Bauern, Studenten, Journalisten und Straßenkinder. Die Bevölkerungsgruppe der eingeborenen Indios (Indigenas) hatte am meisten unter den Menschenrechtsverletzungen zu leiden. Seit 1960 fielen mehr als 100 000 Indigenas der z. T. systematischen Ausrottung durch die herrschende Latino-Oberschicht zum Opfer.

Stockende Friedensgespräche: Im Juli 1991 unterzeichnete die Regierung und der linksgerichtete Guerilla-Dachverband Nationale Revolutionäre Einheit Guatemalas (URNG) eine Erklärung zur Stärkung einer funktionsfähigen und partizipativen Demokratie. Sie beinhaltete den Aufbau eines Rechtsstaats, soziale Gerechtigkeit, die Anerkennung der Rechte der indianischen Völker und die uneingeschränkte Beachtung der Menschenrechte. Bis Mitte 1992 gab es bei Gesprächen der Konfliktparteien über die Einhaltung der Menschenrechte keine weiteren Fortschritte.

Freihandelsabkommen abgeschlossen: Zusammen mit dem bilateralen Freihandelsabkommen wurde zwischen G. und El Salvador ein Abkommen über die Bildung einer Zollunion innerhalb von zwei Jahren abgeschlossen. Von dem Freihandelsabkommen ausgenommen sind die Hauptexportgüter Kaffee und Zucker sowie Weizen, Mehl und Erdölderivate. Die Inflationsrate sank von 59,8% (1990) auf 10% (1991).

Guinea

Fläche	245 857 km² (Weltrang 76)
Einw.	7 Mio (Weltrang 90)
Hauptst.	Conakry (800 000 Einw.)
Pkw.-Kz.	k. A.
Sprache	Französisch
BSP/Kopf	440 Dollar (1990)
Inflation	26% (1990)
Arb.-los.	k. A.
Währung	1 Guinea-Franc, FG = 100 Centimes
Religion	Moslemisch (70%), animistisch, christlich
Reg.-Chef	Lansana Conté (seit Putsch von 1984)
Staatsob.	Lansana Conté (seit Putsch von 1984)
Staatsf.	Präsidiale Republik, Militärregime
Parlament	Nationalversammlung nach Putsch 1984 aufgelöst, Parteien verboten

Afrika, S. 494, A 3

Im Dezember 1991 wurden auf Grundlage der 1990 in einem Referendum angenommenen demokratischen Verfassung 17 Gesetze verkündet, die u. a. die Zulassung politischer Parteien, die Wiedereinführung der Pressefreiheit und die Unabhängigkeit der Justiz regeln. Die am 6. 2. 1992 umgebildete Regierung unter dem seit 1984 amtierenden Staats- und Regierungschef Lansana Conté wollte den Übergang zu einem Mehrparteiensystem bis 1995 mit Parlaments- und Präsidentschaftswahlen abschließen.

Das Wirtschaftswachstum des westafrikanischen, seit 1958 von Frankreich unabhängigen Landes betrug 4,3% (1990). Mit einem Anteil von 47,1% an den Ausfuhren war Bauxit wichtigstes Exportprodukt von G. Die Auslandsverschuldung betrug 1990 rd. 2,25 Mrd Dollar (3,43 Mrd DM).

Guinea, Äquatorial-

Fläche	28 051 km² (Weltrang 139)
Einw.	407 000 (Weltrang 158)
Hauptst.	Malabo (38 000 Einw.)
Pkw.-Kz.	k. A.
Sprache	Spanisch
BSP/Kopf	330 Dollar (1990)
Inflation	6% (1988)
Arb.-los.	k. A. Afrika, S. 494, C 4
Währung	1 CFA-Franc, FCFA = 100 Centimes
Religion	Katholisch (80%), protestantisch, animistisch
Reg.-Chef	Christino Seriche Bioko Malabo (seit 1982)
Staatsob.	Teodoro Obiang Nguema Mbasogo (seit 1979)
Staatsf.	Präsidiale Republik, Einparteiensystem
Parlament	Repräsentantenhaus mit 41 für fünf Jahre gewählten Mitgliedern; sämtliche Kandidaten vom Präsidenten vorgeschlagen

Mit über 90% der Stimmen votierte die Bevölkerung des westafrikanischen Staates im November 1991 für eine neue Verfassung, die Präsident Teodoro Obiang Nguema Mbasogo im Dezember in Kraft setzte. Damit wurde die Einparteienherrschaft beendet und die Schaffung pluralistischer Strukturen vereinbart. Zudem sollen in der ehemaligen spanischen Kolonie, die aus den Inseln Bioko, Pagalu und dem Festland Mbini besteht, das Streikrecht, die Bildung von Gewerkschaften und eine freie Presse garantiert werden. Obiang stellte Ende 1991 die Bildung einer neuen Regierung in Aussicht. Im Januar 1992 erließ er eine Generalamnestie für Straftaten, die vor dem 2. 12. 1991 begangen wurden.

Der nur gering bevölkerte Staat erwirtschaftete sein Bruttosozialprodukt zu 59% (1990) in der Landwirtschaft.

Guinea-Bissau

Fläche	36 125 km² (Weltrang 131)
Einw.	1 Mio (Weltrang 147)
Hauptst.	Bissau (110 000 Einw.)
Pkw.-Kz.	k. A.
Sprache	Portugiesisch
BSP/Kopf	180 Dollar (1990)
Inflation	k. A.
Arb.-los.	k. A. Afrika, S. 494, A 3
Währung	1 Guinea-Peso, PG = 100 Centavos
Religion	Animist. (65%), moslem. (30%), christl. (4%)
Reg.-Chef	Vieira Carlos Correira (seit Dezember 1991)
Staatsob.	João Bernardo Vieira (seit 1984)
Staatsf.	Präsidiale Republik
Parlament	Nationalversammlung mit 150 erstmals 1984 von den acht Regionalräten gewählten Abgeordneten; sämtliche Sitze für die Afrikanische Partei für die Unabhängigkeit von Guinea-Bissau und den Kapverdischen Inseln (Wahl von 1989)

G. befand sich 1991/92 als letzte der fünf ehemaligen portugiesischen Kolonien in Afrika auf dem Weg zu einer demokratischen Ordnung. Nachdem die dominierende Rolle der Afrikanischen Partei der Unabhängigkeit Guineas und der Kapverden (PAIGC) im Mai 1991 abgeschafft wurde, begann sich die Opposition zu formieren. Die Regierung unter Präsident João Bernardo Vieira kündigte für Dezember 1992 Parlamentswahlen an. Im Dezember 1991 ernannte Vieira Carlos Correira zum Premierminister.

Guyana

Fläche	214 969 km² (Weltrang 82)
Einw.	796 000 (Weltrang 149)
Hauptst.	Georgetown (170 000 Einw.)
Pkw.-Kz.	GUY
Sprache	Englisch
BSP/Kopf	330 Dollar (1990)
Inflation	21% (1989)
Arb.-los.	29,9% (1986) Südamerika, S. 492, D 2
Währung	1 Guyana-Dollar, G$ = 100 Cents
Religion	Christl. (57%), hinduist. (34%), moslem.
Reg.-Chef	Hamilton Green (seit 1985)
Staatsob.	Hugh Desmond Hoyte (seit 1985)
Staatsf.	Präsidiale Republik
Parlament	Nationalversammlung mit 53 für fünf Jahre gewählten und 12 ernannten Abgeordneten; 42 Sitze für People's National Congress, 8 für People's Progressive Party, 2 für United Force, 1 für Working People's Alliance (Wahl von 1985; Wahl 1992 geplant)

Am 28. 11. 1991 verhängte der seit 1985 amtierende Staatschef Hugh Desmond Hoyte wegen Unstimmigkeiten bei die Erstellung von Wahllisten den Ausnahmezustand über G., um die für den 16. 12. geplanten Parlamentswahlen um drei bis sechs Monate verschieben zu können. Die Nationalversammlung war am 28. 9. 1991 aufgelöst worden. Nach drei Monaten hätte eine neue Volksvertretung gewählt werden müssen. Die 13 Oppositionsparteien sowie verschiedene Kirchen- und Bürgergruppen hatten Hoyte bereits bei der Registrierung der Wahlberechtigten Manipulation vorgeworfen. Sie kritisierten, daß im Wahlregister nur 50% der Wahlberechtigten verzeichnet sei. Die ethnische Gruppen repräsentierenden sozialistisch ausgerichteten Parteien People's National Congress (PNC) und People's Progressive Party (PPP) dominierten das politische Leben.

Die Wirtschaft des einzigen englischsprachigen Staates in Südamerika war 1991/92 wegen der Abhängigkeit von wenigen Produkten in einer schwierigen Lage. Wichtigste Devisenquelle war der Export von Bauxit, dessen Preis auf dem Weltmarkt seit 1975 kontinuierlich sank.

Haiti	
Fläche	27 750 km² (Weltrang 141)
Einw.	6,4 Mio (Weltrang 92)
Hauptst.	Port-au-Prince
Pkw.-Kz.	RH
Sprache	Französisch, Kreolisch
BSP/Kopf	370 Dollar (1990)
Inflation	5,8% (1988)
Arb.-los.	60% (1989; inoffiziell) — Mittelam., S. 493, E 3
Währung	1 Gourde, Gde. = 100 Centimes
Religion	Katholisch (80%), protestantisch (10%)
Reg.-Chef	Marc Bazin (seit Juni 1992)
Staatsob.	Joseph Norette (im Juni 1992 zurückgetreten)
Staatsf.	Präsidiale Republik
Parlament	Senat mit 27 und Abgeordnetenhaus mit 83 für vier Jahre gewählten Mitgliedern; im Senat 13 (Abgeordnetenhaus 27) Sitze für Bewegung zur Wiederherstellung der Demokratie, 6 (17) für Nationale Allianz für Demokratie und Fortschritt, 8 (39) für andere (Wahl vom Dezember 1990)

Am 30. 9. 1991 entmachtete das Militär den ersten demokratisch gewählten Präsidenten von H., Jean Bertrand Aristide, nach achtmonatiger Amtszeit. Zehntausende Flüchtlinge, die nach dem Staatsstreich in die USA einreisten, wurden 1992 unter Zwang zurück nach H. gebracht. Die Wirtschaftslage in dem ärmsten Land der westlichen Hemisphäre spitzte sich nach dem erneuten Umschwung und einem Handelsembargo zu.

Ringen um Demokratie: Im Juni 1992 nahm die Abgeordnetenkammer den bereits vom Senat gebilligten Vorschlag der Militärs an und wählte mit 44 zu vier Stimmen den 60jährigen konservativen Politiker Marc Bazin zum Ministerpräsidenten. Parlamentarier der Linken, die eine Wiedereinsetzung von Aristide forderten, boykottierten die Wahl. Bazin, der unter Ex-Diktator Jean-Claude Duvalier (1971–1986) kurzzeitig Wirtschaftsminister war, soll eine Regierung der nationalen Einheit bilden. Staatschef Joseph Norette trat im Juni 1992 zurück. Das Amt des Staatsoberhauptes soll bis zu Neuwahlen vakant bleiben. Die Organisation Amerikanischer Staaten (OAS) forderte die Rückkehr von Aristide, der sich gegen Neuwahlen in H. aussprach.

Militärputsch: Die Putschisten unter Raoul Cedras nahmen nach dem Staatsstreich den linksgerichteten Aristide kurzzeitig in Haft. Am 2. 10. konnte der Armenpriester über Venezuela nach Frankreich ausreisen. Das Ausland verurteilte einmütig den Putsch. Am 9. 10. erzwang das Militär die Wahl von Norette zum Interimspräsidenten, der Jean Jacques Honorat als Premier einer Marionettenregierung einsetzte. Die OAS erklärte die neue Regierung des Inselstaats für illegal und verhängte Sanktionen.

Unterdrückung: Die Gefangenenhilfsorganisation Amnesty International beschuldigte im Januar 1992 die Militärs schwerer Menschenrechtsverletzungen. Mehrere hundert Menschen seien getötet, gefoltert und verhaftet worden. Unter dem Terror von Militär und Polizei hätten vor allem die Armen zu leiden, die zu den Sympathisanten des gestürzten Präsidenten und Befreiungstheologen Aristide gehörten.

Fluchtwelle: Seit dem Sturz Aristides flohen Tausende auf dem Seeweg aus H., u. a. zum US-amerikanischen Militärstützpunkt Guantánamo auf Kuba. Bis Ende Juni 1992 nahm die US-amerikanische Küstenwache 37 000 Bootsflüchtlinge auf. Ein Drittel erhielt nach einer vorläufigen Prüfung politisches Asyl, die übrigen wurden nach H. zurückgebracht. Flüchtlingsorganisationen kritisierten den Zwangs-Rücktransport als Verletzung der Menschenrechte.

Wirtschaftschaos: Die wirtschaftlich desolate Situation von H. verschärfte sich nach dem Militärputsch u. a. durch das Handelsembargo der OAS. Treibstoff wurde knapp, die Preise für Grundnahrungsmittel stiegen.

Honduras

Fläche	112 088 km² (Weltrang 100)
Einw.	5,26 Mio (Weltrang 98)
Hauptst.	Tegucigalpa (596 000 Einw.)
Pkw.-Kz.	k. A.
Sprache	Spanisch
BSP/Kopf	590 Dollar (1990)
Inflation	11% (1989)
Arb.-los.	12% (1990)
Währung	1 Lempira, L = 100 Centavos
Religion	Katholisch (97%), protestantisch
Reg.-Chef	Rafael Leonardo Callejas Romero (seit 1990)
Staatsob.	Rafael Leonardo Callejas Romero (seit 1990)
Staatsf.	Präsidiale Republik
Parlament	Nationalversammlung mit 128 für vier Jahre gewählten Abgeordneten; 71 Sitze für Nationalpartei, 55 für Liberale Partei, 2 für Partei für Nationale Erneuerung und Einheit (Wahl von 1989)

(Mittelam., S. 493, B 5)

Putschdrohungen junger Offiziere gefährdeten Ende Februar 1992 die liberalkonservative Regierung des seit 1990 amtierenden Präsidenten Rafael Leonardo Callejas Romero. In offenen Briefen beschuldigten sie Armee- und Staatsführung der Bestechlichkeit und Vetternwirtschaft. Die Wirtschaft von H., das zu den ärmsten Ländern in Mittelamerika zählt, basierte auf dem Agrarsektor, der 65% der Exporte erwirtschaftete.

Indien

Fläche	3 287 590 km² (Weltrang 7)
Einw.	844 Mio (Weltrang 2)
Hauptst.	Neu-Delhi (6,2 Mio Einw.)
Pkw.-Kz.	IND
Sprache	Hindi, Englisch
BSP/Kopf	350 Dollar (1990)
Inflation	15% (1991)
Arb.-los.	rd. 20% (1990)
Währung	1 indische Rupie, iR = 100 Paise
Religion	Hinduist. (83%), moslem. (11%), christl. Sikhs
Reg.-Chef	Narasimha Rao (seit 1991)
Staatsob.	Shankar Dayal Sharma (seit Juli 1992)
Staatsf.	Parlamentarische Bundesrepublik
Parlament	Oberhaus (Rajya Sabha) mit 232 von den Parlamenten der Bundesstaaten für sechs Jahre gewählten und 12 ernannten Abgeordneten und Unterhaus (Lok Sabha) mit 545 für fünf Jahre gewählten und drei ernannten Abgeordneten; im Unterhaus 233 Sitze für Indian National Congress (Kongreßpartei), 111 für Bharatiya Janata Party, 61 für Janata Dal Party, 35 für Kommunisten, 14 für andere; in 34 Wahlkreisen wurde wegen politischer Unruhen nicht gewählt (vorgezogene Neuwahlen von 1991)

(Asien, S. 496, C 5)

Bis Mitte 1992 verschärften sich die Unabhängigkeitsbestrebungen in den durch ethnische und religiöse Konflikte gespaltenen nördlichen Bundesstaaten Jammu und Kaschmir, Punjab sowie im nordöstlichen Assam. Der seit Juni 1991 als Chef einer Minderheitsregierung amtierende Premierminister Narasimha Rao leitete die Abkehr von der staatlich gelenkten Wirtschaftspolitik in I. ein. Im Juli 1992 wurde Vizepräsident Shankar Dayal Sharma mit 64,8% der Stimmen zum Staatspräsidenten gewählt.

Kaschmir-Konflikt verschärft: Der Aufstand der mehrheitlich moslemischen Kaschmiri, die die Unabhängigkeit von Neu-Delhi verlangten, forderte 1991 nach Regierungsangaben 1883 Menschenleben. Ein Vereinigungsmarsch, der von der pakistanischen Seite Kaschmirs zur Demarkationslinie führen sollte, wurde im Februar 1992 von Behörden und Sicherheitskräften beider Länder verhindert.

Armee gegen Assam-Separatisten: Im September 1991 ging die indische Armee mit 40 000 Mann zum Großangriff gegen die Separatisten der Vereinigten Befreiungsfront von Assam (ULFA) über. Die ULFA lehnt die Herrschaft der Zentralregierung als koloniale Ausbeutung ab.

Wahlen im Punjab: Bei den Wahlen im nordindischen Teilstaat Punjab, die unter strengsten Sicherheitsvorkehrungen stattfanden, errang die Kongreßpartei von Narasimha Rao am 19. 2. zwölf der 13 Wahlkreise für das nationale Parlament und rd. 75% der Sitze für das Provinzparlament in Chandigarh. Aufgrund massiver Einschüchterung der Bevölkerung durch terroristische Sikh-Extremisten, die einen von Neu-Delhi unabhängigen Staat verlangen und zum Wahlboykott aufforderten, lag die Wahlbeteiligung bei nur 28%. In dem zehnjährigen Unabhängigkeitskampf der → Sikhs kamen bis Ende 1991 rd. 7500 Menschen ums Leben.

**Narasimha Rao,
Ministerpräsident von Indien**
* 18. 6. 1921 in Karimnagar/Indien. Der Jurist und Literat gehörte ab 1957 als Kandidat der Kongreßpartei dem Parlament des Bundesstaates Andhra Pradesch an. 1967 arbeitete der Gefolgsmann der Nehru-Gandhi-Dynastie im Bundesparlament in Neu-Delhi. Nach der Ermordung Rajiv Gandhis wurde er Vorsitzender der Kongreßpartei und im Juni 1991 Chef einer Minderheitsregierung.

Marktwirtschaftlicher Reformkurs: Premierminister Rao gewann im März 1992 mit 262 gegen 210 Stimmen eine Kampfabstimmung über seine im Juni 1991 eingeleitete wirtschaftliche Reformpolitik. Beschleunigt wurde der Reformprozeß durch die drohende Zahlungsunfähigkeit im Sommer 1991, als die Schulden auf 71 Mrd Dollar (108 Mrd DM) angewachsen waren. Unter dem Druck des Internationalen Währungsfonds, der Milliardenkredite zur Verfügung stellte, verpflichtete sich die Regierung zur Abwertung der Rupie um durchschnittlich 18% und zur Öffnung des Inlandsmarkts für ausländische Produzenten. In 34 Wirtschaftszweigen wurden Mehrheitsbeteiligungen ausländischer Partner von 51% ohne Genehmigung zugelassen. Durch die Drosselung der Staatsausgaben gelang es Finanzminister Manmohan Singh bis Mitte 1992, die Verpflichtung zur Verringerung des Haushaltsdefizits von 8,5% auf unter 6,5% des Bruttoinlandsprodukts einzuhalten.

Soziale Krise verschärft: Bei gleichen Einkommen erhöhten sich 1992 die Preise für Grundnahrungsmittel gegenüber 1991 um 30–60%. Mitte 1992 lebten 225 Mio der rd. 850 Mio Inder unterhalb der Armutsgrenze. Rd. 70 Mio Personen waren arbeitslos. Die Opposition befürchtete durch den angekündigten Rückzug des Staates aus unrentablen Betrieben den Verlust von 12 Mio Arbeitsplätzen bis 1995. An einem Generalstreik gegen die Wirtschaftspolitik beteiligten sich im Juni 1992 rd. 12 Mio Inder.

Suharto,
Staatspräsident von Indonesien
* 8. 6. 1921 in Kemusu (Java)/Indonesien. Suharto nahm als Angehöriger der Armee am Unabhängigkeitskampf 1945–1949 teil und stieg bis 1960 zum Stabschef auf. Seit der Entmachtung des Staatsgründers Achmed Sukarno war er seit 1966 praktisch Regierungschef. 1967 wurde Suharto zum ersten Mal zum Präsidenten gewählt.

Bei den Parlamentswahlen am 9. 6. 1992 konnte die Regierungspartei unter dem seit 25 Jahren amtierenden Staatspräsidenten Suharto trotz leichter Verluste ihre deutliche Mehrheit behaupten. Nach einem Massaker der Regierungstruppen in Osttimor wuchs Ende 1991 der internationale Druck auf I. Die Wirtschaft des Landes entwickelte sich 1991/92 weitgehend positiv.

Wahlsieg der Regierung: Die alleinregierende Golkar-Partei errang mit 68,1% der Stimmen 4 Prozentpunkte weniger als bei den letzten Wahlen 1987 und erhielt 282 der 400 Parlamentssitze. Die moslemisch orientierte Vereinigte Entwicklungspartei (PPP) erhielt rd. 17% der Stimmen, die christlich-nationale Indonesische Demokratische Partei (PDI), die im Wahlkampf erstmals den Präsidenten kritisierte und auf das soziale Gefälle in I. hingewiesen hatte, 14,9%. Die Opposition warf der Regierung Wahlfälschung vor.

Massaker in Osttimor: Angehörige der Streitkräfte erschossen am 12. 11. 1991 in der osttimoranischen Hauptstadt Dili mehr als 100 Menschen, die bei einer Trauerfeier für einen erschossenen Demonstranten gegen die indonesische Regierung protestierten. Nach Einsetzung einer Untersuchungskommission wurden erstmals seit der Unabhängigkeit 1949 hochrangige Angehörige der Streitkräfte suspendiert und Armeeangehörige zu Haftstrafen verurteilt. Mehrere Staaten, u. a. die ehemalige Kolonialmacht Niederlande, stellten die Entwicklungshilfe ein.

Solide Wirtschaft: Am 14. 4. 1992 verfügte Präsident Suharto, daß 100prozentige Auslandsbeteiligungen bei Unternehmen möglich sind. Die Industrieexporte, die 52,8% aller Ausfuhren ausmachten, stiegen 1991 um rd. 27%. Das Wirtschaftswachstum von I. lag 1990 bei 7,4%. Die Weltbank räumte I. 1992 gute Chancen ein, bis zum Jahr 2000 das Pro-Kopf-Einkommen auf 1000 Dollar (1527 DM) zu erhöhen.

Indonesien

Fläche	1 904 569 km² (Weltrang 15)
Einw.	190 Mio (Weltrang 4)
Hauptst.	Jakarta (7,3 Mio Einw.)
Pkw.-Kz.	RI
Sprache	Bahasa Indonesia
BSP/Kopf	570 Dollar (1990)
Inflation	8% (1991; Schätzung)
Arb.-los.	12% (1990; Schätzung)
Währung	1 Rupiah, Rp. = 100 Sen
Religion	Moslem. (88%), protest. (6%), kath. (3%)
Reg.-Chef	Suharto (seit 1966)
Staatsob.	Suharto (seit 1967)
Staatsf.	Präsidiale Republik
Parlament	Repräsentantenhaus mit 400 für fünf Jahre gewählten und 100 vom Präsidenten aus Reihen des Militärs ernannten Abgeordneten; 282 Sitze für Golkar-Partei, 112 für Vereinigte Entwicklungspartei und 40 für Demokratische Partei (Wahl vom Juni 1992)

Ostasien, S. 497, B 6

Irak

Fläche	438 317 km² (Weltrang 57)
Einw.	18,8 Mio (Weltrang 46)
Hauptst.	Bagdad (3,8 Mio Einw.)
Pkw.-Kz.	IRQ
Sprache	Arabisch
BSP/Kopf	1940 Dollar (1989)
Inflation	30% (1989; Schätzung)
Arb.-los.	5% (1990; Schätzung)
Währung	1 Irak-Dinar, ID = 100 Fils
Religion	Moslemisch (95%), christlich
Reg.-Chef	Muhammad Hamza al-Zubaydi (seit September 1991)
Staatsob.	Saddam Hussein (seit 1979)
Staatsf.	Präsidiale Republik; faktisch Einparteiensystem
Parlament	Nationalrat mit 250 für vier Jahre gewählten Abgeordneten; sämtliche Sitze für die Bath-Partei und unabhängige Kandidaten, oppositionelle Gruppierungen nicht zugelassen (Wahl von 1989)

Nahost, S. 495, D 2

Saddam Hussein, Staatspräsident des Irak
* 28. 4. 1937 in Tikrit/Irak. Hussein wurde 1957 Mitglied der sozialistisch orientierten Bath-Partei. Bis zu ihrer Machtübernahme 1968 lebte er im Untergrund und im Exil und war zeitweise inhaftiert. 1969 stieg er zum stellvertretenden Vorsitzenden des Kommandorates der Revolution auf. Als Staats-, Regierungs- und Parteichef (seit 1979) führte er sein Land 1991 in den Golfkrieg gegen die UN-Koalition. 1991 trat er als Regierungschef zurück.

Nach hinhaltendem Widerstand kam der I. bis Mitte 1992 in Teilbereichen den Auflagen des Waffenstillstands zur Offenlegung und Beseitigung seiner Massenvernichtungsmittel nach. Die Bevölkerung litt unter den Folgen des Golfkriegs und des UN-Embargos. Zu zügigen Aufbauleistungen kam es vor allem auf dem Erdölsektor. Im Norden und im Süden des Landes setzte Staatspräsident Saddam Hussein seinen Krieg gegen Kurden und Schiiten fort.

UN-Inspektionen: Kurzzeitig verweigerte der I. im Juli 1992 UNO-Inspektoren den Zutritt zum Landwirtschaftsministerium. Im Mai 1992 ließ Bagdad die Zerstörung der Atomanlage Al Atheer durch UN-Teams zu. Das Werk war nach Auffassung der Internationalen Atomenergie-Agentur (IAEA) das Zentrum des irakischen Atomwaffenprogramms. Eine UN-Expertengruppe überwachte seit Juni 1992 die Zerstörung von chemischen Kampfstoffen und von Maschinen, die der Herstellung von Chemiewaffen dienen. Außerdem wurden im April 436 Raketen mit chemischen Sprengköpfen unschädlich gemacht und 62 Scud-Raketen zerstört. Der UNO-Sicherheitsrat hatte im Oktober 1991 beschlossen, die irakische Rüstungsindustrie einer ständigen internationalen Kontrolle zu unterstellen und dem I. jede Nuklearforschung zu untersagen. Irakische Sicherheitskräfte hatten im September 1991 eine 44köpfige Gruppe von UN-Inspektoren vier Tage lang festgehalten, da diese im Besitz beschlagnahmter Atomdokumente waren. Aus den Unterlagen ging hervor, daß der I. kurz vor dem Bau einer Atom-

bombe stand und auch an der Entwicklung einer Wasserstoffbombe gearbeitet hatte.

Krieg gegen Schiiten: Bis Mai 1992 starteten Regierungstruppen mehrere Offensiven gegen die schiitischen Aufständischen im südirakischen Sumpfland von El Amara nahe der iranischen Grenze. Der Schiitenführer Ayatollah Bakr al-Hakim sprach von 7000 Todesopfern innerhalb von acht Wochen.

Wahlen in Kurdistan: Im irakischen Teil Kurdistans fanden am 19. 5. 1992 die ersten freien Wahlen statt, die Saddam Hussein für illegal erklärte. Die Kurdische Demokratische Partei (KDP) von Massud Barsani und die Patriotische Union Kurdistans (PUK) unter Führung von Dschalai Talabani erreichten jeweils 50 Sitze im 105 Abgeordnete zählenden Parlament. Fünf Mandate gingen an Vertreter der assyrischen Christen. Während die PUK Gesprächen mit Bagdad über eine Autonomie der → Kurden ablehnend gegenüberstand, trat die KDP für eine Verhandlungslösung ein. Unter der Leitung von Ministerpräsident Fuad Maassum (PUK) wurde im Juli 1992 eine Regierung gebildet, die sich vor allem dem Wiederaufbau der Wirtschaft widmen will. Im März konzentrierten sich heftige Kämpfe zwischen Regierungstruppen und kurdischen Einheiten auf das Gebiet zwischen den Städten Kirkuk und Suleimaniyah.

Stockender Wiederaufbau: Bis Mitte 1992 lähmten die Folgen des Golfkriegs den wirtschaftlichen Wiederaufbau. Eine flächendeckende Stromversorgung war nicht wiederhergestellt. Rd. 2,5 Mio Menschen waren ohne Trinkwasser, 14,5 Mio Menschen erhielten lediglich ein Viertel der vor dem Krieg üblichen Wassermenge. Da die Reparaturen an den Ölförderanlagen mit Priorität vorangetrieben wurden, verfügte der I. bereits im März 1992 wieder über seine Vorkriegskapazität von 3,5 Mio Barrel (engl.; Faß mit 159 l) täglich. Der

Iran

Ölexport des Landes wurde nach der Invasion in Kuwait im August 1990 aufgrund eines UNO-Embargos stillgelegt.

Notleidende Bevölkerung: Die Bevölkerung litt 1991/92 unter schweren Versorgungsproblemen, insbes. mit Nahrungsmitteln und Medikamenten. Nach eigenen Angaben konnte der I. lebenswichtige Importe aufgrund des UN-Handelsembargos nicht bezahlen. Auf das Angebot der UNO, zur Deckung der humanitären Bedürfnisse den Export von Öl im Wert von 2,6 Mrd DM unter strengen Auflagen zu erlauben, ging der I. bis Mitte 1992 nicht ein, da er eine Verletzung seiner Souveränität beanstandete.

Ali Akbar Haschemi Rafsandschani, Staatspräsident des Iran
* 1934 in Rafsandschan/Iran. Rafsandschani, ein Lehrer des Islam (sog. Hojatoleslam), war während der Herrschaft von Schah Mohammed Resa Pahlawi drei Jahre inhaftiert. Nach dem Sturz des Schah 1979 wurde er 1980 Parlamentspräsident und 1989 Staatspräsident. 1993 finden die nächsten Präsidentschaftswahlen statt.

Iran	
Fläche	1 648 000 km² (Weltrang 17)
Einw.	56,3 Mio (Weltrang 21)
Hauptst.	Teheran (6 Mio Einw.)
Pkw.-Kz.	IR
Sprache	Persisch (Farsi)
BSP/Kopf	2490 Dollar (1990)
Inflation	60% (1990; Schätzung)
Arb.-los.	50% (1991; Schätzung)
Währung	1 Rial, RI. = 100 Dinar
Religion	Moslemisch (99%)
Reg.-Chef	Ali Akbar Haschemi Rafsandschani (seit 1989)
Staatsob.	Ali Akbar Haschemi Rafsandschani (seit 1989)
Staatsf.	Islamische präsidiale Republik
Parlament	Islamischer Rat mit 270 gewählten Abgeordneten; Parteien nicht zugelassen (Wahl vom April 1992)

Nahost, S. 495, E 2

Bei den Parlamentswahlen am 10. 4. 1992 gewannen die als gemäßigt geltenden Anhänger von Präsident Ali Akbar Haschemi Rafsandschani gegen die bislang dominierenden Fundamentalisten und Radikalen. Der seit 1989 von Rafsandschani regierte I. versuchte 1991/92 ebenso wie die Türkei das durch den Zerfall des Kommunismus entstandene Machtvakuum zu nutzen und Einfluß in den islamischen GUS-Republiken zu bekommen. Im Rahmen der Organisation für wirtschaftliche Zusammenarbeit (ECO) stellte der I. mit der Ankündigung eines gemeinsamen Marktes moslemischer Staaten seinen Führungsanspruch in der islamischen Welt unter Beweis. Nach Erkenntnissen von Oppositionspolitikern und der USA betrieb die Islamische Republik 1991/92 ein massives Aufrüstungsprogramm. Der UNO-Sicherheitsrat kritisierte die Regierung in Teheran wegen Menschen-

rechtsverletzungen. Die Wirtschaft entwickelte sich weitgehend positiv.

Parlamentswahl: Zum ersten Mal seit dem Tod von Ayatollah Khomeini 1989 wählten die Iraner 270 Delegierte für das Parlament Madjles-e Islami. Auf die Vereinigung der religiösen Kämpfer des als reformorientiert geltenden Rafsandschani entfiel mit 200 Mandaten die absolute Mehrheit. Sie vergrößerte den Vorsprung auf die radikale Vereinigung des kämpfenden Klerus von Ali Akbar Mohtaschemi.

Islamische Allianz: Im Februar 1992 fand in Teheran ein zweitägiges Treffen der ECO statt, die 1964 von der Türkei, dem I. und Pakistan gegründet wurde. Die ehemaligen sowjetischen Republiken Zentralasiens und des Kaukasus mit überwiegend moslemischer Bevölkerung, Aserbaidschan, Turkmenien und Usbekistan, wurden in die ECO aufgenommen. Wenn sich, wie von Teheran angestrebt, auch Afghanistan der Gemeinschaft anschließt, wird die ECO mit 300 Mio Einwohnern die weltweit größte moslemische Staatengemeinschaft.

Aufrüstung: Nach Informationen der US-Regierung und der iranischen Opposition betrieb die Teheraner Regierung 1991/92 eine umfangreiche Aufrüstung, um die vorherrschende Militärmacht in der Golfregion zu werden. Waffen, z. B. Jagdbomber SU 24, Jäger MiG 29 und Panzer T 72, wurden u. a. aus Rußland, Korea-Nord und Argentinien importiert. Zudem verfügte Teheran noch über 146 irakische Militärmaschinen, die während des Golfkriegs in den I. in Sicherheit gebracht wurden. Im August 1991 warf ein führender Funktionär der oppositionellen Volksmudschaheddin der iranischen Regierung vor, Forschung und Entwicklung atomarer und chemischer Waffen zu betreiben.

Menschenrechtsverletzung: In einem Bericht der UNO wird I. u. a. beschuldigt, immer häufiger die Todesstrafe zu verhängen. 1991 sei mit 844 vollstreckten Todesurteilen die Zahl der Vorjahre deutlich übertroffen worden. Im März 1992 verbot die Führung in Teheran dem Internationalen Komitee vom Roten Kreuz (IKRK) vorläufig die Arbeit, weil, so die Vermutung von Experten, die IKRK-Delegierten Einfluß auf den UNO-Bericht über Menschenrechtsverletzungen im I. genommen haben könnten. Von offizieller iranischer Seite wurde die Qualifikation der IKRK-Mitarbeiter angezweifelt, die Presse warf ihnen Spionage vor. Einen Schock unter den im Exil lebenden Oppositionellen löste im Herbst 1991 der Mord am letzten Premierminister unter dem Schah, Schapur Bahtiar, in seinem Exil in Paris aus. Bei Demonstrationen gegen die Regierung kam es Mitte 1992 nach Angaben von Oppositionellen zu blutigen Auseinandersetzungen. Hunderte seien festgenommen, zahlreiche hingerichtet worden.

Wirtschaftslage: Erdöl, Erdölprodukte und Erdgas trugen 1991/92 rd. 93% zu den Exporterlösen bei. Das Bruttoinlandsprodukt wuchs 1991/92 um 10,5%. Die Auslandsverschuldung des Golfstaats betrug 1991 rd. 10 Mrd Dollar (15,3 Mrd DM). Präsident Haschemi Rafsandschani kündigte bei der Eröffnung der Legislaturperiode am 28. 5. vor dem Parlament einen Fünf-Jahres-Plan zur Reformierung der Wirtschaft an, der u. a. 100prozentige Auslandsbeteiligungen an Unternehmen im I. möglich macht.

Irland

Fläche	70 284 km² (Weltrang 116)
Einw.	3,5 Mio (Weltrang 117)
Hauptst.	Dublin (1,1 Mio Einw.)
Pkw.-Kz.	IRL
Sprache	Irisch, Englisch
BSP/Kopf	10 600 Dollar (1990)
Inflation	3,6% (1991)
Arb.-los.	19,8% (1991)
Währung	1 Irisches Pfund, Ir£ = 100 New Pence
Religion	Katholisch (94%), anglikanisch (3%)
Reg.-Chef	Albert Reynolds (seit Februar 1992)
Staatsob.	Mary Robinson (seit 1990)
Staatsf.	Parlamentarisch-demokratische Republik
Parlament	Kammer mit 166 für fünf Jahre gewählten Abgeordneten und Senat mit 11 vom Premierminister ernannten sowie 6 von den Universitäten und 43 von den Standesvertretungen gewählten Abgeordneten; in der Kammer 77 Sitze für Fianna Fail, 55 für Fine Gail, 15 für Labour Party, 7 für Worker's Party, 6 für Progressive Democrats, 6 für andere Parteien und Unabhängige (Wahl von 1989)

Europa, S. 452, B 4

Regierung in Irland

Letzte Wahl	1989
Präsidentin	Mary Robinson
Premier	Albert Reynolds
Vertreter	John P. Wilson
Äußeres	David Andrews
Finanzen	Bertie Ahern
Verteidigung	John P. Wilson
Landwirtschaft	Joe Walsh
Industrie und Handel	Desmond O'Malley
Tourismus, Verkehr und Kommunikation	Maire Geoghegan-Quinn
Erziehung	Seamus Brennan
Energie	Robert Molloy
Umwelt	Michael Smith
Gesundheit	John O'Connell
Justiz	Padraig Flynn
Arbeit	Brian Cowen
Marine	Michael Woods
Soziales	Charlie McCreevy

Der irische Regierungschef Charles Haughey trat nach Bekanntwerden seiner Verstrickung in einen Abhörskandal im Februar 1992 zurück. Neuer Parteiführer der regierenden konservativ-liberalen Fianna-Fail-Partei und Ministerpräsident wurde der ehemalige Finanzminister Albert Reynolds. Im Juni 1992 stimmten rd. 65% der Iren für die Annahme der Maastrichter Verträge zur → Europäischen Union. Das abnehmende Wirtschaftswachstum in I. führte zu einer im EG-Vergleich hohen Arbeitslosenquote.

Abhörskandal: Im Januar 1991 drohte der kleinere Koalitionspartner, die Progressiven Demokraten, mit der Aufkündigung des Regierungsbündnisses. Der frühere Justizminister Sean Doherty hatte dem Regierungschef die Verstrickung in eine ungesetzliche Abhöraktion gegen zwei Journalisten 1982 vorgeworfen. Haughey, der jede Beteiligung an dem Abhörskandal leugnete, war ab Mitte September 1991 mit einer Serie von Finanz- und Spekulationsskandalen in der irischen Wirtschaft in Verbindung gebracht worden. Der mit 84 zu 78 Stimmen gewählte neue Regierungschef Reynolds tauschte acht von 14 Kabinettsmitgliedern aus und besetzte drei Ministerien um. Reynolds hatte bereits im November 1991 einen Mißtrauensantrag gegen Haughey erzwungen, der mit 55 von 77 Stimmen innerhalb der Fianna-Fail-Partei abgelehnt wurde.

Diskussion um Abtreibungsverbot: Im Februar 1992 hob der oberste irische Gerichtshof das von einem Dubliner Gericht verhängte Ausreiseverbot für ein 14jähriges Mädchen auf, das nach einer

**Mary Robinson,
Staatspräsidentin von Irland**
* 21. 5. 1944 in Ballina/Republik
Irland. Die Juristin und Romanistin
wurde 1969 jüngste Professorin am
Trinity College in der Hauptstadt
Dublin. Als Präsidentin der Women's
Political Association kämpfte sie u. a.
gegen das Verfassungsverbot der
Ehescheidung. Als unabhängige Kandidatin wurde sie im November 1990
als erste Frau in das Amt des Staatspräsidenten gewählt.

**Albert Reynolds,
Premierminister von Irland**
* 3. 11. 1935 in Rooskey/Irland.
Reynolds wurde 1977 Abgeordneter
der Fianna Fail. 1979 wurde er Post-
und Verkehrsminister, 1982 Energie-
und Industrieminister, 1987 Minister
für Industrie und Handel und ab 1989
für Finanzen. Nachdem er eine
Mißtrauensdebatte gegen Premierminister Haughey erzwang, wurde er
1991 aus dem Kabinett entlassen.
Seit Februar 1992 ist er Partei- und
Regierungschef.

Island

Fläche	103 000 km² (Weltrang 105)	
Einw.	260 000 (Weltrang 165)	
Hauptst.	Reykjavik (100 000 Einw.)	
Pkw.-Kz.	IS	
Sprache	Isländisch	
BSP/Kopf	24 400 Dollar (1990)	
Inflation	7,2% (1991)	
Arb.-los.	1,8% (1989)	Europa, S. 490, B 1
Währung	1 Isländische Krone, ikr = 100 Aurar	
Religion	Evang.-luth. (95%), kath. (1%)	
Reg.-Chef	David Oddsson (seit 1991)	
Staatsob.	Vigdis Finnbogadottir (seit 1980)	
Staatsf.	Parlamentarisch-demokratische Republik	
Parlament	Althing mit 63 für vier Jahre gewählten Abgeordneten; 26 Sitze für Unabhängigkeitspartei, 13 für Fortschrittspartei, 10 für Sozialdemokraten, 9 für Volksallianz, 5 für Frauenliste (Wahl von 1991)	

Nach zähen Verhandlungen u. a. über europaweite Nutzungsrechte der isländischen Fischereigründe und einer grundsätzlichen Einigung im Oktober 1991 unterzeichnete I. am 2. 5. 1992 gemeinsam mit den übrigen EFTA- und EG-Staaten den Vertrag über die Bildung eines gemeinsamen Europäischen Wirtschaftsraumes (→ EWR). Die Regierung hatte sich erst unter dem seit 1991 amtierenden Ministerpräsidenten David Oddsson von der konservativen Unabhängigkeitspartei wieder an den EWR-Verhandlungen beteiligt.
Die Wirtschaft der Insel im Nordatlantik basierte 1991/92 auf der Fischerei, die drei Viertel zum Exporterlös beisteuerte. Etwa die Hälfte aller Einnahmen stammt aus dem Fang von Kabeljau (Exportwert: rd. 600 Mio Dollar; 916 Mio DM). Die wichtigsten Handelspartner des mit 260 000 Einwohnern dünn besiedelten Landes waren Deutschland, die USA und Großbritannien.

Vergewaltigung schwanger geworden war und in Großbritannien eine Abtreibung vornehmen lassen wollte. Der Fall hatte im katholischen I. und international Aufsehen erregt. Seit einem Referendum von 1983 hat das Abtreibungsverbot Verfassungsrang. Ein Schwangerschaftsabbruch ist lediglich bei Gefahr für das Leben der Schwangeren erlaubt. Ein Referendum über die Abtreibungsfrage wurde auf November 1992 terminiert.
Erste Nordirland-Gespräche: Zum ersten Mal seit der Teilung der Insel 1922 trafen sich im Juli 1992 in London Repräsentanten von I. und Nordirland sowie der britischen Regierung, um über eine friedliche Beilegung des → Nordirland-Konflikts zu beraten.
Arbeitslosigkeit: Nach Jahren eines Exportbooms und hoher Wachstumsraten betrug das Wirtschaftswachstum, das 1990 bei 7,5% lag, 1991 nur rd. 2%. Die Staatsverschuldung belief sich auf 70 Mrd DM. Mit einer Quote von 19,8% lag die Arbeitslosigkeit doppelt so hoch wie im EG-Durchschnitt. Vor allem die wirtschaftliche Krise in den traditionellen Auswanderländern, Großbritannien und USA, belastete den Arbeitsmarkt. Die landwirtschaftliche Produktion stieg 1991 um 0,75%. Die Landwirte mußten einen Rückgang ihres Realeinkommens um 13% hinnehmen.

Regierung in Island

Letzte Wahl	1991
Präsidentin	Vigdis Finnbogadottir
Premier	David Oddsson
Äußeres	John Baldvin Hannibalsson
Finanzen	Fridrik Sophusson
Fischerei, Justiz und kirchliche Angelegenheiten	Thorsteinn Palsson
Landwirtschaft und Transportwesen	Halldór Blöndal
Handel und Industrie	Jón Sigurdsson
Kultur und Erziehung	Olafur G. Einarsson
Umwelt	Eidur Gudnason
Gesundheit und Versicherungswesen	Sighvatur Björgvinsson
Soziale Angelegenheiten	Jóhanna Sigurdardottir

David Oddsson,
Ministerpräsident von Island
* 17. 1. 1948 in Reykjavik/Island.
Nach dem Jurastudium arbeitete
Oddsson als Journalist und Schriftsteller. Ab 1982 war er Bürgermeister
von Reykjavik. Im März 1991 wurde
er zum Präsidenten der konservativen
Unabhängigkeitspartei gewählt. Nach
deren Sieg bei den Parlamentswahlen
im April 1991 wurde Oddsson Nachfolger von Steingrimur Hermansson
als Ministerpräsident.

Yitzhak Rabin,
Ministerpräsident von Israel
* 1. 3. 1922 in Jerusalem/Palästina
(heute: Israel). Rabin trat 1940 der jüdischen Selbstschutzeinheit Palmach
bei und wurde 1947 deren Befehlsha-
ber. 1948/49 war er Brigadekomman-
deur im ersten israelisch-arabischen
Krieg, 1964–1968 Generalstabschef.
1974–1977 war der Vorsitzende der
Arbeitspartei Ministerpräsident,
1984–1990 Verteidigungsminister.
Im Juli 1992 wurde er erneut Regierungschef.

✡ Israel

Fläche	20 770 km² (Weltrang 147)
Einw.	4,82 Mio (Weltrang 101)
Hauptst.	Jerusalem (500 000 Einw.)
Pkw.-Kz.	IL
Sprache	Neu-Hebräisch (Iwrith)
BSP/Kopf	10 920 Dollar (1990)
Inflation	17% (Jan.–Sept. 1991)
Arb.-los.	ca. 10% (1990) Nahost, S. 495, B 3
Währung	1 Neuer Israelischer Schekel, NIS = 100 Agorot
Religion	Jüdisch (82%), moslemisch (14%), christlich (2%)
Reg.-Chef	Yitzhak Rabin (seit Juli 1992)
Staatsob.	Chaim Herzog (seit 1983)
Staatsf.	Parlamentarische Republik
Parlament	Knesset mit 120 für vier Jahre gewählten Abgeordneten; 44 Sitze für Arbeitspartei, 32 für Likud-Block,12 für linkes Parteienbündnis Meretz, 11 für Zomet und Moledet, 16 für religiöse, 5 für arabische Parteien (Wahl vom Juni 1992)

Die oppositionelle Arbeitspartei unter Yitzhak
Rabin und die übrigen Linksparteien gewannen im
Juni 1992 die Mehrheit bei den Parlamentswahlen.
Im Oktober 1991 begann die → Nahost-Konferenz, die den seit 40 Jahren bestehenden Konflikt
zwischen Israel und den arabischen Nachbarn bei-
legen soll. Die israelische Armee rückte im Februar 1992 kurzzeitig in den Süden des Nach-
barstaats Libanon ein.
Parlamentswahl: Der seit 1977 regierende konservative Likud-Block unter Yitzhak Schamir verlor bei den vorgezogenen Wahlen am 23. 6. acht
Mandate und verfügt nun über 32 Sitze, während
die Arbeitspartei ihre Abgeordnetenzahl um fünf
auf 44 Sitze steigerte. Rabin vereinbarte mit dem
linken Parteienbündnis Meretz (zwölf Mandate)
und der orthodoxen Partei der Sephardischen
Torah-Hüter Schas (sechs Mandate) eine Koalition, die in der 13. Knesset über 62 der 120 Sitze
verfügt. Zudem kann er mit der Unterstützung von

fünf Abgeordneten der zwei arabischen Listen
rechnen. Die Anhebung der Sperrklausel auf 1,5%
führte dazu, daß nur zehn der 25 kandidierenden
Parteien den Sprung ins Parlament schafften.
Wahlsieger Rabin, der bereits von 1974 bis 1976
Ministerpräsident war, versprach, den ins Stocken
geratenen Friedensprozeß im Nahen Osten voranzutreiben und keine weiteren Gelder für Siedlungen in den besetzten Gebieten Gaza und Westjordanland bereitzustellen.
Nahost-Konferenz: Am 30. 10. 1991 trafen sich
Juden und Araber erstmals zu offiziellen Friedensgesprächen. Die wichtigsten Probleme waren
u. a. die israelische Siedlungspolitik, die Forderung der Palästinenser nach einem eigenen Staat
und die Zukunft Jerusalems, die beide Seiten als
Hauptstadt fordern. Die USA und die UdSSR
übernahmen die Schirmherrschaft. Bis Mitte 1992
führte I. mit seinen arabischen Nachbarn bilaterale und multilaterale Gespräche u. a. zu terri-
torialen Fragen sowie zu den Themenbereichen
Wasserrechte und Rüstungs- und Umweltfragen.
Angriffe gegen Libanon: Am 20. 2. 1992 begann
eine Bodenoffensive der israelischen Armee gegen proiranische Freischärler der → Hisbollah im
Südlibanon nördlich der von I. beanspruchten
Sicherheitszone. UNO-Generalsekretär Butros
Butros Ghali verurteilte den Vorstoß und verlangte den sofortigen Rückzug. I. begründete die Offensive mit der Suche nach Raketenwerfern, die
für Angriffe auf Ziele in der Sicherheitszone und
in Israel benutzt worden seien.
Wirtschaftslage: Die Wirtschaft wuchs 1991 um
rd. 5,5%, für 1992 wurde eine Steigerung um
6,5% prognostiziert. In der Landwirtschaft
(+12,9%) und der Bauwirtschaft (+10,8%) wurden die höchsten Steigerungsraten erzielt. I. war
1991 mit rd. 32 Mrd Dollar (48,9 Mrd DM) im
Ausland verschuldet. Die Inflationsrate stagnierte
1991 bei rd. 17%.

Italien

Fläche	301 268 km² (Weltrang 70)
Einw.	57,7 Mio (Weltrang 15)
Hauptst.	Rom (2,8 Mio Einw.)
Pkw.-Kz.	I
Sprache	Italienisch
BSP/Kopf	16 830 Dollar (1990)
Inflation	6,4% (1991)
Arb.-los.	10,9% (1991)
Währung	Italienische Lira, Lit
Religion	Katholisch (99,6%)
Reg.-Chef	Giuliano Amato (seit Juni 1992)
Staatsob.	Luigi Scalfaro (seit Mai 1992)
Staatsf.	Parlamentarische Republik
Parlament	Abgeordnetenkammer mit 630 und Senat mit 315 für fünf Jahre gewählten Abgeordneten; in der Abgeordnetenkammer 206 Sitze für Christdemokraten, 107 für Partei der Linken, 92 für Sozialisten, 55 für Liga Nord, 35 für Orthodoxe Kommunisten, 34 für Neofaschisten, 27 für Republikaner, 16 für Grüne, 17 für Liberale, 16 für Sozialdemokraten, 12 für La Rete, 13 für andere (Wahl vom April 1992)

Europa, S. 490, D 6

Eine schwere politische Krise lähmte I., nachdem die Regierungskoalition unter dem Christdemokraten Giulio Andreotti bei den Parlamentswahlen im April 1992 die absolute Mehrheit der Stimmen verlor und zurücktrat. Nach dem Rücktritt von Staatspräsident Francesco Cossiga war I. bis zur Wahl von Luigi Scalfaro und der Regierungsbildung unter Giuliano Amato mehrere Wochen ohne politische Führung. Der jahrzehntelange Streit um die Autonomie Südtirols konnte Mitte 1992 beigelegt werden. Nach dem Mord an Richter Giovanni Falcone durch die Mafia kündigte die Regierung strengere Gesetze gegen das organisierte Verbrechen an. Die italienische Wirtschaft litt vor allem unter der Schuldenlast.

Staatsoberhaupt vereidigt: Nach dem Rücktritt des mit der politischen Entwicklung unzufriedenen Staatspräsidenten Francesco Cossiga kurz vor dem Ende seiner Amtsperiode (3. 7. 1992) und 16 Versuchen, einen Nachfolger zu wählen, wurde der 73jährige Christdemokrat Luigi Scalfaro am 26. 5. neunter Präsident der Republik. Er beauftragte den Sozialisten und ehemaligen Finanzminister Giuliano Amato mit der Bildung der 51. Nachkriegsregierung.

Neue Regierung: Am 28. 6. 1992 vereidigte Präsident Scalfaro das Kabinett von Premier Amato. 21 Minister der alten Regierung wurden nicht mehr berücksichtigt, u. a. Ex-Premier Giulio Andreotti, der die Nachkriegspolitik von I. mitge-

prägt hat. Die Neuauflage der Vier-Parteien-Koalition aus Christdemokraten, Sozialisten, Sozialdemokraten und Liberalen verfügte in der Abgeordnetenkammer über eine Mehrheit von 16 Sitzen, im Senat von fünf Sitzen.

Parlamentswahl: Die seit Kriegsende regierende Democrazia Cristiana (DC) und ihre Koalitionspartner erhielten bei der Parlamentswahl am 5./6. 4. nur 48,3% der Stimmen (1987: 53,6%). Das Regierungsbündnis aus DC, Sozialisten, Sozialdemokraten und Liberalen verfügt im Senat mit 163 von 315 Sitzen und in der Abgeordnetenkammer mit 331 von 630 Mandaten über eine Mehrheit der Sitze. Wahlgewinner waren kleinere Gruppierungen wie die rechtsgerichtete Liga Nord.

Südtirol: Mit der formellen Anerkennung Österreichs am 11. 6., daß I. die im sog. Südtirol-Paket festgeschriebenen Durchführungsbestimmungen als Voraussetzung für die Autonomie geschaffen hat, wurde der Konflikt um das zu I. gehörende Südtirol beigelegt. Südtirol war 1919 von Österreich abgetrennt und I. zugeordnet worden. Österreich und I. stritten um die Erfüllung eines Ab-

Regierung in Italien

Letzte Wahl	April 1992
Präsident	Luigi Scalfaro
Ministerpräsident	Giuliano Amato
Äußeres	Emilio Colombo
Finanzen	Giovanni Goria
Verteidigung	Salvo Andò
Innen	Nicola Mancino
Landwirtschaft	Gianni Fontana
Justiz	Claudio Martelli
Haushalt und Süditalien	Franco Reviglio
Zivilschutz	Ferdinando Facchiano
EG-Politik	Raffaele Costa
Kulturgüter und Denkmalschutz	Alberto Ronchey
Bildung	Rosa Russo Jervolino
Umwelt	Carlo Ripa di Meana
Außenhandel	Claudio Vitalone
Gesundheit	Francesco De Lorenzo
Industrie	Giuseppe Guarino
Arbeit	Nino Christofori
Transport und Handelsmarine	Giancarlo Tesini
Post	Maurizio Pagani
Schatzamt und öffentliche Verwaltung	Piero Barucci
Öffentliche Arbeiten	Francesco Merloni
Universitäten und Forschung	Alessandro Fontana
Soziales	Adriano Bompiani
Tourismus	Margherita Boniver
Städte	Carmelo Conte

Parlamentswahlen in Italien am 5./6. 4. 1992

Partei	Stimmen-anteil (%)	Verände-rung[1]	Sitze
Christdemokraten	29,7	– 4,6	206
Partei der Linken	16,1	– 10,5	107
Sozialisten	13,6	– 0,7	92
Liga Nord	8,7	+ 8,2	55
Orth. Kommunisten	5,6	+ 5,6	35
Neofaschisten	5,4	– 0,5	34
Republikaner	4,4	+ 0,7	27
Grüne	2,8	+ 0,3	16
Liberale	2,8	– 0,7	17
Sozialdemokraten	2,7	– 0,3	16
La Rete	1,9	+ 1,9	12
Andere	6,3	– 0,8	13

1) Gegenüber 1987 in Prozentpunkten

kommens von 1946, in dem die autonome regionale Gesetzgebungs- und Vollzugsgewalt vereinbart und Österreich als Schutzmacht anerkannt wurde. Die Auseinandersetzungen führten 1969 zur Unterzeichnung des Südtirol-Pakets, das 1972 in Kraft trat und I. verpflichtete, in 137 Durchführungsbestimmungen die gesetzlichen Voraussetzungen für die Autonomie zu schaffen. Die Südtiroler Volkspartei (SVP) hatte auf einer Sonderversammlung Ende Mai einem Abschluß der Verhandlungen zugestimmt, die u. a. die Sprach-

und Kulturautonomie für die deutsch- und ladinischsprachige Bevölkerung regeln.

Mafia-Morde: Ende Mai wurden der 53jährige Richter Falcone, Symbolfigur für den Kampf gegen die Mafia, sowie seine Frau und drei Leibwächter auf der Autobahn bei Palermo von einer 1000-kg-Bombe getötet. Im Juli starben der Staatsanwalt Paolo Borsellino und fünf Polizisten ebenfalls durch eine ferngezündete Autobombe. Bereits im März 1992 hatte ein Killerkommando den christdemokratischen Europa-Abgeordneten Salvo Lima getötet. 1991 starben insgesamt 718 Menschen bei Mafia-Morden. Anfang Juni kündigte die Regierung eine Reihe von Gesetzen zur Bekämpfung der organisierten Kriminalität an, u. a. einen verstärkten Schutz für Kronzeugen. Mit der Entsendung von 7000 Soldaten nach Sizilien versuchte die italienische Regierung im Juli, die Mordwelle der Mafia zu brechen.

Wirtschaftsprobleme: I. litt 1991/92 unter hoher Schuldenlast. 1992 betrug die Neuverschuldung 170 Mrd DM. 200 Mrd DM mußte I. 1992 für die Zinsen auf die Staatsschulden zahlen. Das Wirtschaftswachstum ging 1991 auf 1% zurück (1990: 2%, 1989: 3%). Erst für 1993 erwartete die Industrie einen Wirtschaftsaufschwung.

Oscar Luigi Scalfaro, Staatspräsident von Italien
* 9. 9. 1918 in Novara/Italien. Scalfaro kämpfte 1943 bis 1945 im Widerstand gegen das faschistische Regime. Nach seinem Studium an der Mailänder Heilig-Kreuz-Universität arbeitete er als Staatsanwalt. Seit 1946 vertrat er die Democrazia Cristiana im Parlament. 1954 wurde er Staatssekretär im Arbeitsministerium, 1976–1983 war er Vizepräsident in der Abgeordnetenkammer und 1983–1987 Innenminister. 1987 scheiterte er mit einer Regierungsbildung.

Giuliano Amato, Ministerpräsident von Italien
* 13. 5. 1938 in Turin/Italien, Dr. jur. Der stellvertretende Sekretär der Sozialistischen Partei (PSI) und Professor für Verfassungsrecht trat 1958 der PSI bei. Unter dem ersten sozialistischen Regierungschef Bettino Craxi (1983–1987) arbeitete er als Staatssekretär. In den Kabinetten der Christdemokraten Giovanni Goria und Ciriaco De Mita (1987–1989) war er Schatzminister. Mitte 1992 wurde er als Regierungschef vereidigt.

Jamaika

Fläche	10 990 km² (Weltrang 156)	
Einw.	2,5 Mio (Weltrang 130)	
Hauptst.	Kingston (104 000 Einw.)	
Pkw.-Kz.	JA	
Sprache	Englisch	
BSP/Kopf	1500 Dollar (1990)	
Inflation	15% (1989)	
Arb.-los.	17% (1990)	Mittelam., S. 493, D 4
Währung	1 Jamaika Dollar, J$ = 100 Cent	
Religion	Protest. (70%), kath., jüd., hinduist., moslem.	
Reg.-Chef	Percival James Patterson (seit März 1992)	
Staatsob.	Königin Elisabeth II. (seit 1989)	
Staatsf.	Parlamentarische Monarchie im Commonwealth	
Parlament	Senat mit 21 ernannten und Repräsentantenhaus mit 60 für fünf Jahre gewählten Abgeordneten; 43 Sitze für Peoples National Party, 17 für Jamaica Labour Party (Wahl von 1989)	

Die Nationale Volkspartei (PNP) wählte im März 1992 den ehemaligen Finanzminister Percival J. Patterson zu ihrem Vorsitzenden und damit zum neuen Regierungschef. Zuvor hatte der sozialdemokratisch orientierte Ministerpräsident

**Percival J. Patterson,
Regierungschef von Jamaika**
* 1936. Der aus dem Parteiapparat
der Nationalen Volkspartei PNP
stammende Rechtsanwalt und engste
Mitarbeiter seines Amtsvorgängers
Michael Manley war seit 1972 Minister
für Industrie und Tourismus.
Außerdem war er Handelsminister
und Außenminister (seit 1977). Nach
der Oppositionszeit der PNP
(1980–1989) wurde er Vizepremier
und Minister für Planung, Entwicklung
und Produktion.

Michael Manley sein vorzeitiges Ausscheiden mit Gesundheitsproblemen begründet.

Regierungskrise: Im Dezember 1991 trat das Kabinett vorübergehend zurück, da die PNP wegen ihrer Wirtschaftspolitik in der Öffentlichkeit kritisiert worden war. Finanzminister Patterson hatte der Ölgesellschaft Shell den Einfuhrzoll erlassen. Dem im Januar 1992 vorgestellten neuen Kabinett gehörte Patterson nicht mehr an.

Hohe Inflationsrate: Ein von der Weltbank verordnetes Sanierungsprogramm, das den Abbau der Staatsverschuldung und die Einführung einer Mehrwertsteuer vorsah, ließ die Inflationsrate 1991 auf 80% ansteigen (1989: 15%). Haupteinnahmequelle von J. war der Tourismus und der Bauxitexport. Die Staatsverschuldung lag 1992 bei 4 Mrd Dollar (6,1 Mrd DM).

Japan

Fläche	377 801 km² (Weltrang 60)	
Einw.	124 Mio (Weltrang 7)	
Hauptst.	Tokio (11,5 Mio Einw.)	
Pkw.-Kz.	J	
Sprache	Japanisch	
BSP/Kopf	25 430 Dollar (1990)	
Inflation	3,1% (1991; Schätzung)	
Arb.-los.	2,2% (1991)	Ostasien, S. 497, E 2
Währung	1 Yen, Y = 100 Sen	
Religion	Buddistisch, shintoistisch	
Reg.-Chef	Kiichi Miyazawa (seit Dezember 1991)	
Staatsob.	Kaiser Akihito Tsuyu No Mija (seit 1989)	
Staatsf.	Parlamentarische Monarchie	
Parlament	Oberhaus mit 252 alle drei Jahre zur Hälfte gewählten und Unterhaus mit 512 für vier Jahre gewählten Abgeordneten; im Unterhaus 286 (Oberhaus 109) Sitze für Liberaldemokratische Partei, 140 (73) für Sozialisten, 46 (21) für buddhistische Komei-Partei, 16 (14) für Kommunisten, 14 (10) für Demokratische Sozialisten, 0 (12) für Gewerkschaftsverband Rengo, 10 (13) für andere (Unterhauswahlen von 1990, Oberhauswahlen von 1989)	

Mitte 1992 verabschiedete das Parlament ein umstrittenes Gesetz über die Beteiligung japanischer Truppen an → UNO-Friedenstruppen. Die Amtszeit des im November 1991 zum Ministerpräsidenten gewählten Kiichi Miyazawa von der Liberaldemokratischen Partei (LDP) wurde 1992 von Korruptionsfällen überschattet. Im Streit mit Rußland um die Kurilen-Inseln verhärteten sich Mitte 1992 die Fronten, nachdem J. alle Hilfsprogramme für die GUS aussetzte.

Blauhelme: Gegen die Stimmen der Gewerkschaften, der Sozialdemokraten und der Kommunisten beschloß das Oberhaus im Juni 1992, daß zunächst eine 2000 Mann starke Truppe der japanischen Selbstverteidigungskräfte an UN-Friedensmissionen teilnehmen darf. Die Soldaten dürfen sich jedoch nicht an militärischen Aktionen beteiligen, sondern nur beim Wiederaufbau und der medizinischen Versorgung helfen. Erster Einsatzort soll das südostasiatische Land Kambodscha sein. Gegner des ab 1990 diskutierten Gesetzes hielten die Entsendung von japanischen Streitkräften ins Ausland für verfassungswidrig. Bei einem ersten Abstimmungsversuch kam es im Parlament zu Handgreiflichkeiten. Mit 17 Gegenstimmen verabschiedete auch das Unterhaus das Blauhelm-Gesetz.

Neue Regierung: Das Parlament wählte am 5. 11. 1991 Miyazawa als Nachfolger von Toshiki Kaifu zum Ministerpräsidenten. Kaifu, dem die größte der innerparteilichen Fraktionen die Unterstützung entzogen hatte, war nach zweijähriger Amtszeit im Oktober 1991 nicht mehr als Vorsitzender der alleinregierenden LDP und damit als Premier angetreten. Partei- und Regierungschef Miyazawa, der Ende 1988 wegen Verwicklungen in den Recruit-Finanz- und Bestechungsskandal als Finanzminister zurücktreten mußte, benannte der Korruption verdächtige Minister.

Korruptionsaffären: Einer der größten Finanzskandale der japanischen Geschichte um die Transportfirma Sagawa-Kyubin sowie Korruptionsaffären um die bankrotte Stahlfirma Kyowa und den Konzern Recruit lähmten 1992 die Innenpolitik. Die Opposition reagierte mit einem zweiwöchigen Sitzungsboykott, um die Vernehmung von belasteten Politikern und Vertrauten des Ministerpräsidenten u. a. durch das Parlament durchzusetzen.

Das zum zweitgrößten Paketdienst des Inselstaates aufgestiegene Sagawa-Transportunternehmen stand 1992 in dem Verdacht, Bestechungsgelder an Politiker gezahlt zu haben. Im Februar 1992

Kiichi Miyazawa, Ministerpräsident von Japan
* 8. 10. 1919 in Tokio/Japan. Miyazawa schloß 1941 in Tokio ein Jurastudium ab und trat ins Finanzministerium ein. Von 1953 bis 1965 gehörte Miyazawa dem Oberhaus an, seit 1967 ist er Mitglied im Unterhaus. LDP-Chef Miyazawa (seit 1991) gilt als Fachmann in Wirtschafts- und Finanzfragen. 13mal war er Minister, bevor er im Dezember 1991 Regierungschef wurde.

wurden vier Manager, unter ihnen der Chef von Sagawa-Kyubin, verhaftet. Auf der Bestechungsliste sollen die Namen von 200 Politikern stehen. In der Kyowa-Affäre wurde am 13. 1. ein ehemaliger LDP-Politiker, früherer Staatsminister und enger Vertrauter von Ministerpräsident Miyazawa, wegen des Verdachts der passiven Bestechung verhaftet und angeklagt.

Das Tokioter Landgericht verurteilte am 24. 3. einen ehemaligen japanischen Vizeminister wegen Verwicklung in eine Korruptionsaffäre um das Unternehmen Recruit zu zwei Jahren Haft mit Bewährung und einer Geldstrafe. Recruit hatte Politikern Vorzugsaktien außerhalb des Börsenhandels verkauft. Die Affäre führte 1989 zum Sturz der Regierung Noboru Takeshita.

Kurilen: Regierungssprecher Koichi Kato erklärte am 20. 4. 1992, daß J. auch eine schrittweise Rückgabe der vier nordpazifischen Eilande, die zum Ende des Zweiten Weltkriegs von sowjetischen Truppen besetzt worden waren, akzeptieren werde. Bedingung sei, daß Rußland die Kurilen als japanisches Territorium anerkenne.

Begrenzung für Auto-Export: Die Regierung beschloß im April 1992 eine Senkung der Ausfuhren von Autos in die USA. Nach Spannungen mit den USA wegen der Exportquoten hatte sich J. zur freiwilligen Beschränkung bereit erklärt. Handelsminister Koto Watanabe erklärte, daß ab 1. 4. die jährlichen Ausfuhren von 2,3 Mio auf 1,65 Mio Wagen gesenkt werden sollen. Die Regierung vereinbarte im April mit der EG, die Ausfuhren an PKW und Nutzfahrzeugen nach Europa 1992 um 6% gegenüber 1991 zu drosseln. → Auto-Branche

Wachstum verlangsamt: 1991/92 gingen in J. die Gewinne in der Elektronik- und Autoindustrie zurück, für das Finanzjahr 1992/93 wurden im produzierenden Gewerbe Investitionsrückgänge zwischen 5% und 11% erwartet, und die Aktienkurse sackten 1992 auf die Hälfte des Standes von

1989. Bei einer Teuerungsrate unter 3%, niedrigeren Zinsen als in den meisten Industriestaaten und nahezu Vollbeschäftigung verzeichnete die Wirtschaft keine echte Rezession. Die Agentur für Wirtschaftsplanung gab im März 1992 bekannt, daß das Bruttosozialprodukt 1991 real um 4,5% wuchs (1990: 5,3%).

Jemen

Fläche	527 968 km² (Weltrang 49)
Einw.	11,6 Mio (Weltrang 62)
Hauptst.	Sana (430 000 Einw.)
Pkw.-Kz.	k. A.
Sprache	Arabisch
BSP/Kopf	640 Dollar (1989)
Inflation	k. A.
Arb.-los.	25% (1991; Schätzung) Nahost, S. 495, D 6
Währung	1 J.-Rial, Y.RI = 1000 Fils, 1 J.-Dinar = 100 Fils
Religion	Moslemisch (über 95%)
Reg.-Chef	Haidar Abu Bakr Al Attas (seit 1990)
Staatsob.	Ali Abdullah Saleh (seit 1990)
Staatsf.	Republik
Parlament	Provisorisches Parlament mit den bisherigen 270 Abgeordneten des Nordens und Südens sowie 31 ernannten Mitgliedern

Im 1990 vereinigten, von Präsident Ali Abdullah Saleh und Ministerpräsident Haidar Abu Bakr Al Attas regierten J. verschärfte sich 1991/92 die wirtschaftliche Lage. Die enttäuschte Bevölkerung wandte sich von den großen Parteien ab und dem Islam zu. Nach Demonstrationen gegen die Regierung im November 1991 wurden nach offiziellen Angaben neun Menschen erschossen. Mitte 1991 nahm der J. 3000 Flüchtlinge aus Somalia auf. Ein Grenzkonflikt zwischen Saudi-Arabien und J. um die Provinzen Maarib, al-Jauf und Hadramaut blieb bis Mitte 1992 ungelöst.

Hinwendung zum Islam: Die religiöse Islah-Partei war 1992 die stärkste islamische Opposition im J. Sie akzeptierte die demokratische Verfassung nicht, weil sie sich nicht auf das islamische Recht stützt und lehnte Demokratie nach westlichem Muster ab, weil Pluralismus die Einheit der islamischen Gemeinde bedrohe.

Flüchtlingstragödie: 50 000 Flüchtlinge aus dem vom Bürgerkrieg verwüsteten Somalia lebten 1992 in J. Am 5. 6. brachten 3000 Menschen in der somalischen Hauptstadt Mogadischu ein Schiff in ihre Gewalt und zwangen den Kapitän, nachdem die jemenitischen Behörden ein Anlegen untersagt hatte, die „Gob Wein" vor der Küste Adens auf Grund zu setzen.

Wirtschaftsprobleme: J. erhielt 1991/92 wegen der Unterstützung des Irak im Golfkrieg von Saudi-Arabien und Kuwait keine finanzielle Unterstützung mehr, so daß u. a. aus Kapitalmangel die Ölraffinerien nicht modernisiert werden konnten. Die Massenrückkehr von rd. 900 000 Arbeitern, die wegend der proirakischen Haltung des J. aus Saudi-Arabien und anderen Golfstaaten ausgewiesen wurden, erhöhte die Arbeitslosigkeit auf rd. 25% (1991; Schätzung). Die Überweisungen der Gastarbeiter brachten bis 1990 rd. 20% der Deviseneinnahmen von J.

Hussein II.,
König von Jordanien
* 14. 11. 1935 in Amman/Jordanien. Der vorwiegend an britischen Schulen erzogene Hussein wurde 1952 als Nachfolger seines Vaters Talal zum König erklärt und 1953 gekrönt. Er zerschlug 1970/71 die radikale Palästinenserorganisationen in Jordanien. Hussein verurteilt im August 1990 den Einmarsch des Irak in Kuwait, beteiligte sich aber nicht an der UN-Koalition gegen Saddam Hussein.

Jordanien

Fläche	92 300 km² (Weltrang 110)
Einw.	3,28 Mio (Weltrang 121)
Hauptst.	Amman (1,05 Mio Einw.)
Pkw.-Kz.	JOR
Sprache	Arabisch
BSP/Kopf	1640 Dollar (1989)
Inflation	35% (1989)
Arb.-los.	30% (1991)
Währung	1 Jordan-Dinar, JD = 1000 Fils
Religion	Moslemisch (95%), christlich
Reg.-Chef	Zaid Ibn Schakir (seit November 1991)
Staatsob.	König Hussein II. (seit 1952)
Staatsf.	Konstitutionelle Monarchie
Parlament	Senat mit 40 vom König ernannten und Abgeordnetenhaus mit 80 gewählten Abgeordneten (Wahl von 1989)

Nahost, S. 495, B 3

Hauptproblem des von König Hussein II. regierten Wüstenstaats war bis Mitte 1992 die Bewältigung der sozialen Krisensituation, die sich durch Flüchtlingsströme aus Kuwait verschärfte. Auch nach dem Regierungswechsel im November 1991 verfolgte J. im Nahost-Friedensprozeß eine gemäßigte Politik. Verheerende Unwetter und eine Kältewelle führten im März 1992 zu Schäden in Höhe von 50 Mio DM.

Flüchtlingsproblem: Rd. 385 000 Palästinenser, die während und nach der Kuwait-Krise aus den Golfemiraten ausgewiesen wurden, und 40 000 vor Saddam Hussein Zuflucht suchende Iraker verschärften die soziale Situation. Gegenüber dem Vorjahr stieg die Arbeitslosigkeit 1991 um 10% auf 30% Die Wohnraumverknappung führte zu einem Mietpreisanstieg von 60%. Außerdem verlor J. die jährlichen Rücküberweisungen der jorda-

nischen und palästinensischen Gastarbeiter in Höhe von 600 Mio Dollar (916 Mio DM). Bis Ende 1992 rechnen Experten mit geringeren Deviseneinnahmen etwa in Höhe von 1,5 Mrd Dollar (2,3 Mrd DM).

Regierungswechsel: Im November 1991 ernannte König Hussein II. seinen Vetter Zaid Ibn Schakir zum Ministerpräsidenten. Zuvor war der seit Juni 1991 amtierende Taher el Masri zurückgetreten, nachdem sich 49 der 80 Abgeordneten gegen ihn ausgesprochen hatten. Ihm wurde vorgeworfen, den wachsenden wirtschaftlichen Schwierigkeiten nicht gewachsen zu sein.

Nahost-Politik: Gegen den Willen der islamischen Fundamentalisten im jordanischen Parlament bemühte sich König Hussein II. um eine Verhandlungslösung bei der → Nahost-Konferenz. Als einzige der vier am Friedensprozeß beteiligten arabischen Parteien (J., Syrien, Libanon, Palästinenser) nahm J. im Januar 1992 an der dritten Runde der Konferenz in Moskau teil. Die jordanischen Vertreter bemühten sich um die von Israel abgelehnte Aufnahme von Palästinensern aus Ostjerusalem in die gemeinsame jordanisch-palästinensische Delegation.

Hohe Verschuldung: Angesichts der sozialen Krisensymptome und einer Staatsverschuldung von 8,2 Mrd Dollar (12,5 Mrd DM) wies König Hussein II. seine Regierung im September 1991 an, der Wirtschaftssanierung absoluten Vorrang einzuräumen. Durch Einsparungen im Wehretat sollen Investitionen zur Wirtschaftsankurbelung finanziert werden. Da sich König Hussein II. nicht an der UN-Koalition gegen Saddam Hussein beteiligte, mußte J. 1991 auf westliche und arabische Wirtschafts- und Finanzhilfe verzichten. Ein Umschuldungsabkommen mit den Hauptgläubigerländern vom März 1992 sah einen Zinserlaß von 1,3 Mrd Dollar (2 Mrd DM) auf 700 Mio Dollar (1,1 Mrd DM) vor.

Jugoslawien

Fläche	102 173 km² (Weltrang 106)
Einw.	10,2 Mio (Weltrang 68)
Hauptst.	Belgrad (1,4 Mio Einw.)
Pkw.-Kz.	YU
Sprache	Serbokr., slow., mazed., serb.
BSP/Kopf	2920 Dollar (1989)
Inflation	k. A.
Arb.-los.	20% (Mitte 1992; Schätzung)
Währung	1 Dinar, Din = 100 Para
Religion	Serb.-orthod. (44%), kath. (31%), moslem. (12%)
Reg.-Chef	Milan Panić (seit Juli 1992)
Staatsob.	Dobrica Cosić (seit Juni 1992)
Staatsf.	Sozialistische Bundesrepublik

Europa, S. 490, E 6

Slobodan Milošević,
Präsident von Serbien
* 29. 8. 1941 in Pozarevač/Jugosla-
wien. Miloěvić trat 1959 in die Kommunistische Partei ein und absolvierte
ein Jurastudium. Er war Generaldirektor der Firma Technogas und Präsident der Beogradska Banka. Im September 1987 wurde Milošević zum Ersten Sekretär der KP Serbiens gewählt, im Dezember 1990 zum Präsidenten der Republik. Seine Kriegspo-
litik führte zur Isolierung Restjugosla-
wiens durch UN-Beschlüsse.

Als Reaktion auf seine aggressive Eroberungspolitik in Kroatien und Bosnien-Herzegowina wurde
das serbisch dominierte Restjugoslawien international isoliert. Die Konferenz für Sicherheit und
Zusammenarbeit in Europa (KSZE) kündigte am
8. 7. 1992 die Mitgliedschaft von J. zunächst bis
zum 14. 10. 1992. Mit dem Anspruch auf völker-
rechtliche Nachfolge des alten J. hatten die Republiken Serbien und Montenegro am 27. 4. 1992
die Bundesrepublik J. (SRJ) gegründet. Das unabhängige Makedonien war aufgrund griechischen
Widerstands bis Mitte 1992 von der EG nicht anerkannt. Mitte 1992 demonstrierten Hunderttausende für den Rücktritt des serbischen Präsidenten
Slobodan Milošević.

Eroberungspolitik: Die von serbischen Milizen
verstärkte jugoslawische Bundesarmee eroberte
bis Juli 1992 rd. 30% des kroatischen und 70%
des bosnischen Territoriums. Im Oktober 1991 zogen die Serben einen Belagerungsring um die süd-
kroatische Hafenstadt Dubrovnik. Am 18. 11.
1991 eroberten serbische Freischärler und die
Bundesarmee das seit 87 Tagen belagerte und zu
90% zerstörte ostslawonische Vukovar. Die bos-
nische Hauptstadt Sarajevo wurde im April 1992
von Serben eingeschlossen. Im Juli 1992 richteten
die Verteidiger der belagerten bosnischen Stadt
Gorazde einen Hilferuf an die Weltöffentlichkeit.
In allen eroberten Gebieten wurden die Bewohner
anderer Nationalität oder anderen Glaubens aus
ihrem Besitz vertrieben. Ziel der Eroberungspolitik war es, ethnisch gemischte Gebiete in allein von Serben bewohnte Territorien umzuwandeln. Im Juni 1991 hatte sich der → Nationalitäten-Konflikt des ehemaligen Vielvölkerstaates J.
in offenen Bürgerkrieg verwandelt.

Sanktionen verhängt: Am 10. 7. 1992 beschlossen die NATO und die Westeuropäische Union
(WEU) die Entsendung von Kriegsschiffen zur
Überwachung der Sanktionen, die der UNO-
Sicherheitsrat wegen des anhaltenden Blutver-
gießens in Bosnien-Herzegowina am 30. 5. 1992
gegen J. verhängt hatte. Im einzelnen wurden ein
Verbot aller Aus- und Einfuhren, die Unterbin-
dung des Flugverkehrs, das Einfrieren von Aus-
landsguthaben und die Suspendierung wissenschaftlichen, technischen, kulturellen und sportli-
chen Austausches beschlossen. Das Handelsembargo schließt das kriegswichtige Erdöl mit ein,
die Lieferung von Lebensmitteln und Medikamenten jedoch ausdrücklich aus. Im November
1991 hatte die EG Handelssanktionen gegen ganz
J. in Kraft gesetzt, die im Dezember auf Serbien
und Montenegro beschränkt wurden, denen die
Hauptschuld für den Bürgerkrieg zugewiesen
wurde. Zu den Sanktionen gehörte u. a. die Aufkündigung von Handels- und Kooperationsabkommen. Am 25. 9. 1991 hatte der UNO-Sicherheitsrat ein Waffenembargo verhängt.

Boykottierte Wahl: Die in Serbien allein regierende Sozialistische Partei ging aus den Parlamentswahlen vom 31. 5. 1992 als Sieger hervor.
Die ehemaligen Kommunisten errangen mit
70,6% der Stimmen 73 der 108 Mandate. Die Opposition boykottierte die Wahlen (Stimmbeteili-
gung: 57%). Im Juni 1992 wurde der Schriftsteller
Dobrica Cosić vom Parlament zum Präsidenten
der Bundesrepublik J. gewählt. Milan Panić, ein in
den USA lebender Geschäftsmann, trat im Juli das
Amt des Ministerpräsidenten an.

Industrieproduktion sackt ab: Die Industrieproduktion ging 1991 gegenüber dem Vorjahr um
real 18% zurück. Im ersten Quartal 1992 fiel die
Industrieproduktion erneut um 8,4%. Das UNO-
Embargo beeinträchtigte in erster Linie die Energieversorgung des Landes. Der Jahresbedarf an

Erdöl von 6 Mio t kann aus eigenen Quellen nur zu maximal 25% gedeckt werden. Die monatliche Inflationsrate betrug im Mai 1992 rd. 80%. Im Vergleich zum Vorjahresmonat waren die Preise um 1915,7% gestiegen. Vor dem Krieg war Serbien das Zentrum der Bergbauindustrie (Braunkohle, Blei, Kupfer). Das landwirtschaftlich geprägte Montenegro war die unterentwickeltste der ehemaligen jugoslawischen Republiken.

Makedonien nicht anerkannt: Die ehemals jugoslawische Teilrepublik Makedonien, die sich am 18. 9. 1991 unabhängig erklärte, konstituierte sich im November 1991 mit der Einsetzung einer neuen Verfassung als selbständiger Staat. Haupthindernis war die Haltung Griechenlands, das sich gegen eine Republik Makedonien unter diesem Namen aussprach. Aus einer Republik Makedonien, die an die griechische Nordprovinz gleichen Namens angrenzt, fürchtete Athen ethnisch-nationalistische Ansprüche.

Makedonien (Fläche: 25 713 km², Weltrang 143; Einwohner: 2 Mio, Weltrang 134) führte im April 1992 mit dem Denar eine eigene Währung ein, weil die Inflation des jugoslawischen Dinar auf jährlich 5000% angestiegen war. Die Industrie umfaßt Metallverarbeitung sowie Nahrungsmittel- und Textilproduktion. An Bodenschätzen gibt es Zink, Chrom, Eisenerze, Braunkohle und Asbest. Das wichtigste Agrarprodukt ist Weizen. Darüber hinaus werden Mais, Roggen, Tabak, Kartoffeln, Zuckerrüben und Baumwolle angebaut. Die Arbeitslosigkeit im Gebirgsland Makedonien lag Mitte 1992 bei rd. 30%.

Prinz Norodom Sihanuk, Staatspräsident in Kambodscha
* 31. 10. 1922 in Phnom Penh/Indochina (heute: Kambodscha). Sihanuk war seit 1941 König, dankte 1955 zugunsten seines Vaters ab, wurde 1955 Regierungschef und 1960 Staatspräsident. 1970 wurde er vom Militär abgesetzt und ging ins Exil. Seit Ende der 70er Jahre war er einer der Führer der Widerstandsbewegung gegen die von Vietnam eingesetzte sozialistische Regierung. Nach seiner Rückkehr am 14. 11. 1991 wurde er faktisch Staatsoberhaupt.

Nach der Unterzeichnung eines Waffenstillstandsabkommens im Oktober 1991, der Rückkehr des Ex-Staatsoberhaupts Prinz Norodom Sihanuk und dem Eintreffen von UNO-Truppen geriet der Friedensplan Mitte 1992 in Gefahr, weil sich die kommunistischen Roten Khmer gegen ihre Entwaffnung wehrten. Die Wirtschaft von K. litt unter dem seit dem Einmarsch der vietnamesischen Truppen 1979 währenden Bürgerkrieg.

Frieden in Gefahr: Im Juni 1992 weigerte sich die auf 30 000 Mann geschätzte Guerilla-Truppe der Roten Khmer, unter Aufsicht der UNO-Übergangsbehörde UNTAC ihre Waffen abzugeben und sich in festgelegte Hoheitsgebiete zurückzuziehen. Regierungstruppen und Khmer lieferten sich heftige Kämpfe. Die Khmer, unter deren Terrorregime zwischen 1975 und 1979 rd. 1,5 Mio Menschen umkamen, forderten Garantien für den Abzug aller vietnamesischen Truppen.

Waffenstillstand: Am 23. 10. 1991 unterzeichnete die Opposition, bestehend aus Roten Khmer sowie den Widerstandsgruppen von Norodom Sihanuk und des prowestlichen ehemaligen Ministerpräsidenten Son Sann mit der provietnamesischen Regierung von K. in Paris ein Abkommen, das einen von der UNO kontrollierten Waffenstillstand vorsieht. K., das entsprechend diesem Friedensabkommen unter UNO-Protektorat gestellt wurde, wird von einem als Übergangsregierung amtierenden Obersten Nationalrat (CNS) verwaltet. Im CNS sind sechs Politiker der Regierung von K. und je zwei der übrigen drei Bürgerkriegsparteien vertreten. Die Ministerien für Äußeres, Inneres, Verteidigung, Finanzen und Information stehen unter direkter Kontrolle der UNTAC. Bis zu den Wahlen zu einer verfassunggebenden Versammlung mit 120 Abgeordneten, die im Frühjahr 1993 unter der Kontrolle von UNTAC stattfinden soll, bleibt die bisherige Nationalversammlung mit 123 Parlamentariern im Amt. Alle Mandatsträger

Kambodscha

Fläche	181 035 km² (Weltrang 82)
Einw.	8,6 Mio (Weltrang 72)
Hauptst.	Phnom Penh (650 000 Einw.)
Pkw.-Kz.	K
Sprache	Khmer
BSP/Kopf	130 Dollar (1989; Schätzung)
Inflation	200–250% (1989; Schätzung)
Arb.-los.	k. A.
Währung	1 Riel, J = 100 Sen
Religion	Buddhist. (95%)
Reg.-Chef	Hun Sen (seit 1985)
Staatsob.	Heng Samrin (seit 1979)
Staatsf.	Sozialistische Volksrepublik
Parlament	Nationalversammlung mit 123 gewählten Abgeordneten; sämtliche Sitze für die Revolutionäre Volkspartei Kambodschas (Wahl von 1981, Neuwahl 1986 um fünf Jahre, 1991 um ein Jahr verschoben)

Ostasien, S. 459, C 8

gehören der früheren Einheitspartei Revolutionäre Volkspartei an.

UNO-Aktion: An der UNO-Friedensmission nehmen 16 000 Blauhelme und 6000 Zivilisten mit einem Etat von 2 Mrd Dollar (3,1 Mrd DM) teil. Im März trafen die ersten → UNO-Friedenstruppen in K. ein. Neben der Demobilisierung der Bürgerkriegsparteien soll die UNTAC u. a. die Überwachung ausländischer Militärhilfe und freie Wahlen organisieren.

Wirtschaftsnot: K., ein ausgeprägtes Agrarland, in dem rd. 90% der Bevölkerung von der Landwirtschaft, vor allem vom Reisanbau, leben, litt 1991/92 unter den Schäden, die der Bürgerkrieg und das Pol-Pot-Regime der Roten Khmer hinterlassen haben. Nach dem Zusammenbruch der Sowjetunion wurde die Wirtschaftshilfe aus Moskau eingestellt. Eine Konferenz über den Wiederaufbau von K., an der 33 Länder und 13 multilaterale Organisationen teilnahmen, beschloß im Juni 1992 Finanzhilfen für rd. 880 Mio Dollar (1,34 Mrd DM). Die wichtigsten Ausfuhrgüter waren Kautschuk, Tropenhölzer und Sojabohnen.

Parteien zugelassen: Die vorwiegend englischsprachigen Oppositionsparteien hatten die Bevölkerung zum Boykott aufgerufen und keine Kandidaten aufgestellt. Staatspräsident Biya, der das zentralafrikanische Land seit 1982 autoritär regiert, lehnte die von der Opposition geforderte Nationalkonferenz ab und hatte erst nach monatelangen Unruhen im Dezember 1990 andere Parteien zugelassen. Laut offiziellen Angaben lag die Wahlbeteiligung bei 61%, die Opposition sprach hingegen von 15%. Im April 1992 ernannte Biya Simon Achidi Achu zum Ministerpräsidenten.

Umschuldung gewährt: Für kommerzielle Verbindlichkeiten wurden mit dem Pariser Klub, dem Verhandlungsgremium westlicher Regierungsgläubiger, Rückzahlungsfristen von 15 Jahren, für Entwicklungskredite von 20 Jahren vereinbart. Die gesamte Außenschuld des Landes belief sich Mitte 1992 auf rd. 6 Mrd Dollar (9,2 Mrd DM). Das wichtigste Exportgut war 1990 Erdöl (43%), vor Industriegütern (11%), Kaffee (9,2%), Kakao (8,5%) und Holz (5,8%). Die Analphabetenrate lag bei 65%.

⭐	**Kamerun**	
Fläche	475 442 km² (Weltrang 53)	
Einw.	12,23 Mio (Weltrang 60)	
Hauptst.	Jaunde (700 000 Einw.)	
Pkw.-Kz.	CAM	
Sprache	Französisch, Englisch	
BSP/Kopf	960 Dollar (1990)	
Inflation	0,1% (1989/90)	
Arb.-los.	rd. 6% (1986)	Afrika, S. 494, C 4
Währung	1 CFA-Franc, FCFA = 100 Centimes	
Religion	Animist. (50%), christl. 30%, moslem. (20%)	
Reg.-Chef	Simon Achidi Achu (seit April 1992)	
Staatsob.	Paul Biya (seit 1982)	
Staatsf.	Präsidiale Republik	
Parlament	Nationalversammlung mit 180 für fünf Jahre gewählten Abgeordneten, 88 Sitze für Demokratische Sammlung des Volkes von Kamerun, 68 für Nationalunion für Demokratie und Fortschritt, 18 für Union des kamerunischen Volkes, 6 für die Demokratische Bewegung für die Verteidigung der Republik (Wahl vom März 1992)	

🍁	**Kanada**	
Fläche	9 970 610 km² (Weltrang 2)	
Einw.	27,3 Mio (Weltrang 33)	
Hauptst.	Ottawa (819 000 Einw.)	
Pkw.-Kz.	CDN	
Sprache	Englisch, Französisch	
BSP/Kopf	20 470 Dollar (1990)	
Inflation	4,8% (1990)	
Arb.-los.	8,1% (1990)	Nordam., S. 491, E 5
Währung	1 Kanadischer Dollar, kan$ = 100 Cents	
Religion	Katholisch (46%), protestantisch (41%)	
Reg.-Chef	Brian Mulroney (seit 1984)	
Staatsob.	Königin Elisabeth II.	
Staatsf.	Parlamentarische Monarchie im Commonwealth	
Parlament	Senat mit 104 auf Vorschlag des Premierministers ernannten und Unterhaus mit 295 für fünf Jahre gewählten Abgeordneten; 170 Sitze für Fortschrittlich Konservative Partei; 82 für Liberale Partei, 43 für Neue Demokratische Partei (Wahl von 1988)	

Die regierende Einheitspartei Demokratische Sammlung des Volkes von K. (RDPC) unter Staatspräsident Paul Biya verlor im März 1992 bei den ersten freien Wahlen die absolute Mehrheit. Ein Umschuldungsabkommen der 13 wichtigsten Gläubigerstaaten räumte K. im Januar 1992 für Verbindlichkeiten in Höhe von 1,1 Mrd Dollar (1,7 Mrd DM) längere Rückzahlungsfristen ein.

Ein Verfassungsstreit um die Abspaltung Quebecs von K. und mehr Kompetenzen für alle zehn Provinzen gegenüber der Bundesregierung bestimmte 1991/92 die Innenpolitik. Bei Parlamentswahlen in zwei Provinzen siegten die Sozialdemokraten. Mit einem Sparhaushalt versuchte die Regierung des seit 1984 amtierenden konservativen Premiers Brian Mulroney, die Wirtschaft anzukurbeln.

**Brian Mulroney,
Premierminister von Kanada**
* 20. 3. 1939 in Baie Comeau/Kanada. Mulroney machte nach dem Studium Karriere als Rechtsanwalt. Von 1976 bis 1983 war er Präsident einer Bergwerksgesellschaft. 1980 wurde er zum Vorsitzenden der Fortschrittlich Konservativen Partei gewählt, für die er 1983 ins Parlament einzog. Nach dem Wahlsieg der Konservativen wurde er 1984 Regierungschef.

Kap Verde		
Fläche	4033 km² (Weltrang 161)	
Einw.	361 000 (Weltrang 161)	
Hauptst.	Praia (40 000 Einw.)	
Pkw.-Kz.	k. A.	
Sprache	Portugiesisch	
BSP/Kopf	890 Dollar (1990)	
Inflation	3,8% (1987)	
Arb.-los.	50% (1990)	Afrika, S. 494, A 3
Währung	1 Kap-Verde-Escudo, KEsc = 100 Centavos	
Religion	Katholisch (98%), animistisch	
Reg.-Chef	Carlos Alberto Carvalho Veiga (seit 1991)	
Staatsob.	Antonio Mascarenhas Monteiro (seit 1991)	
Staatsf.	Republik	
Parlament	Nationale Volksversammlung mit 79 für fünf Jahre gewählten Abgeordneten; 56 Sitze für Bewegung für die Demokratie, 23 für Afrikanische Partei für die Unabhängigkeit der Kapverden (Wahl von 1991)	

Verfassungsstreit: Am 1. 3. 1992 präsentierte ein Sonderausschuß des kanadischen Parlaments Pläne für eine Verfassungsreform, die den Provinzen mehr Kompetenzen einräumen soll, ohne eine starke Bundesregierung aufzugeben. Ziel war es, im 125. Jahr nach der Staatsgründung die Einheit zu wahren und vor allem die Abspaltung des einzigen mehrheitlich französischsprachigen Landes, Quebec, zu verhindern. Die Ostprovinz von K., die eine Ratifizierung der Verfassung verweigert hatte, will am 26. 10. 1992 ein Referendum über die Unabhängigkeit abhalten. Am 7. 7. vereinbarten die Bundesregierung und die Ministerpräsidenten der neun englischsprachigen Provinzen, Quebec einen Sonderstatus zu gewähren. Quebec wird als eigenständige Gesellschaft anerkannt und erhält ein Vetorecht bei der Reform von Bundesinstitutionen.

Wahlsieg für Sozialdemokraten: Am 21. 10. 1991 siegte die Neue Demokratische Partei mit 51% der Stimmen bei den Parlamentswahlen in der Provinz Saskatchewan. Am 17. 10. hatten die Sozialdemokraten bereits in British Columbia die konservative Landesregierung abgelöst. Nach ihrem Wahlsieg in Ontario im September 1990 regierten sie Mitte 1992 in drei Provinzen mit insgesamt mehr als 50% der Landesbevölkerung.

Wirtschaftslage: Die größten Einsparungen sah die Regierung im Etat für Verteidigung vor, der um 2,2 Mrd kanadische Dollar (2,8 Mrd DM) gekürzt werden sollte. Die Budgets aller Ministerien wurden um 3% verringert. Zudem sollten Steuern gesenkt werden, u. a. eine Ergänzungsabgabe auf die Einkommensteuer von 5 auf 4% und als Investitionsanreiz, ein spezieller Steuersatz für das verarbeitende Gewerbe von 23 auf 22%. Nach dem Entwurf des Bundeshaushalts wird sich die Neuverschuldung 1992 von 31,4 Mrd (40 Mrd DM) auf 27,5 Mrd kanadische Dollar (35,1 Mrd DM) reduzieren.

Mit Wirkung vom 1. 1. 1992 übernahm K. für die Dauer von zwei Jahren einen Sitz als nichtständiges Mitglied im Weltsicherheitsrat der Vereinten Nationen. Seit Januar 1991 stellt die westlich orientierte Bewegung für Demokratie (MPD) die absolute Mehrheit im Parlament. Die Wirtschaft des seit 1975 von Portugal unabhängigen Landes war 1991/92 abhängig von Entwicklungshilfe und von Überweisungen der rd. 700 000 Exil-Kapverdianern. Wichtigster Wirtschaftszweig war zu Beginn der 90er Jahre die Landwirtschaft. Angebaut werden zur Eigenversorgung Mais, Süßkartoffeln, Maniok und Hülsenfrüchte, zum Export Kaffee. Das Bruttosozialprodukt der zehn bewohnten und fünf unbewohnten Inseln stieg von 368 Mio DM (1988) auf 411 Mio DM (1990).

Kasachstan		
Fläche	2 717 300 km² (Weltrang 9)	
Einw.	17 Mio (Weltrang 15)	
Hauptst.	Alma-Ata (1,2 Mio Einw.)	
Pkw.-Kz.	k. A.	
Sprache	Kasachisch	
BSP/Kopf	k. A.	
Inflation	k. A.	
Arb.-los.	k. A.	Asien, S. 496, C 3
Währung	1 Rubel, Rbl. = 100 Kopeken	
Religion	russisch-orthodox	
Reg.-Chef	Sergej Tereschtschenko	
Staatsob.	Nursultan Nasarbajew (seit 1990)	
Staatsf.	Republik	

Nursultan Nasarbajew, der im Dezember 1991 bei der ersten Direktwahl als Präsident der zentralasiatischen Republik bestätigt wurde, bekundete im Mai 1992 einen Nuklearwaffen-Verzicht der ehemaligen Sowjetrepublik, die am 21. 12. der Gemeinschaft Unabhängiger Staaten (→ GUS) beigetreten war. Der rohstoffreiche, an China grenzende Vielvölkerstaat, in dem neben Kasachen (42%) und Russen (38%) auch Rußlanddeutsche (6,1%), Ukrainer (5,4%) und Tataren (2%) leben, vereinbarte Mitte 1992 ein umfangreiches → Joint Venture mit einem US-amerikanischen Unternehmen zur Ausbeutung der Ölvorkommen.

Nuklearwaffen: K. verfügte Mitte 1992 über rd. 1400 Atomsprengköpfe. Bei einem Treffen mit US-Präsident George Bush Ende Mai 1992 in Washington bekräftigte Nasarbajew, daß K. auf → Atomwaffen verzichten und den Vertrag über die Nichtverbreitung von Nuklearwaffen unterzeichnen wolle.

Präsidentenwahl: Bei der ersten direkten Präsidentschaftswahl in K. am 1. 12. 1991 bestätigten die Wähler den einzigen Kandidaten Nasarbajew mit 98,8% der Stimmen. 88,2% der 9,7 Mio Wahlberechtigten gaben ihre Stimme ab. Der ehemalige kommunistische Spitzenfunktionär betonte im Wahlkampf den eigenständigen Kurs seines Landes gegenüber dem Nachbarn Rußland. Nasarbajew war im April 1990 vom Parlament zum Präsidenten gewählt worden.

Joint Venture: Nach mehr als zweijährigen Verhandlungen schlossen Mitte 1992 K. und der US-amerikanische Mineralölkonzern Chevron ein 40 Jahre gültiges Abkommen zur Nutzung zweier Ölfelder in der GUS-Republik. Bis 1995 sollen rd. 1,5 Mrd DM in Erschließung und Produktionsanlagen der 1979 und 1991 entdeckten Tengiz- und Korole-Ölfelder an der Nordostküste des Kaspischen Meeres investiert werden. Die Öl-

reserven wurden auf rd. 25 Mrd Barrel (engl.; Faß mit 159 l) geschätzt. Die Fördererträge sollen einschließlich Fördersteuern und Lizenzgebühren zu 80% K., zu 20% Chevron zufließen. Das Joint Venture galt als bis dahin größter Partnerschaftsvertrag zwischen einem US-amerikanischen Unternehmen und einer GUS-Republik.

Freie Preise: Die Regierung, die im März 1992 den Wunsch nach Beitritt zur → EG bekundete, hob Anfang Januar die Preisbindung für die meisten Waren und Dienstleistungen auf. Die Preise stiegen im Durchschnitt um das Vier- bis Fünffache. Für Lebensmittel führte die Regierung 1992 Coupons ein.

Neue Wirtschaftsstruktur: Das zentralasiatische Land verfügte 1992 über reiche Vorkommen an Kohle, Eisenerz, Nickel, Chrom, Kupfer, Blei, Zink, Gold, Silber und Mangan und eine eigene Grundstoffindustrie. Ziel der Regierung war der Aufbau einer Konsumgüterindustrie und der Ausbau des verarbeitenden Gewerbes. Ein Fünftel der landwirtschaftlich nutzbaren Fläche der UdSSR lagen in K., das mit 13% an der Getreideproduktion der Sowjetunion, mit 7% an der Fleisch- und mit 23% an der Wollproduktion beteiligt war. Das radioaktiv verseuchte Gelände für Atomtests in Semipalatinsk galt als ökologische Krisenregion.

Katar

Fläche	11 437 km² (Weltrang 154)
Einw.	486 000 (Weltrang 154)
Hauptst.	Ad Doha (217 000 Einw.)
Pkw.-Kz.	Q
Sprache	Arabisch
BSP/Kopf	15 860 Dollar (1990)
Inflation	3,9% (1989; Schätzung)
Arb.-los.	k. A.
Währung	1 Katar-Riyal, QR = 100 Dirham
Religion	Moslemisch (95%)
Reg.-Chef	Emir Scheich Chalifa Ben Hamad Ath-Thani (seit 1972)
Staatsob.	Emir Scheich Chalifa Ben Hamad Ath-Thani (seit 1972)
Staatsf.	Absolute Monarchie, Emirat
Parlament	Beratende Versammlung mit 30 Mitgliedern, keine politischen Parteien

Nahost, S. 495, E 4

Nursultan Nasarbajew,
Staatspräsident von Kasachstan
* 6. 7. 1940 bei Alma-Ata/UdSSR (heute: Kasachstan). Der gelernte Metallingenieur begann 1962 eine kommunistische Parteikarriere. 1984 wurde er Vorsitzender des Ministerrats der Republik. Er übernahm 1989 den Vorsitz der kasachischen KP, 1990 wählte ihn das Parlament zum Präsidenten. Nach dem Putsch orthodoxkommunistischer Kräfte in Moskau im August 1991 trat Nasarbajew aus der KPdSU aus.

Der seit 1972 autokratisch regierende Emir Scheich Chalifa Ben Hamad Ath-Thani entzündete am 16. 4. 1992 einen seit Jahren schwelenden Grenzkonflikt mit Bahrain, als er die Gewässerhoheit auf die auch vom Nachbarland beanspruchten Hawar-Inseln ausdehnte. Bahrain, das im Juni 1992 einen Verteidigungspakt mit den USA abschloß, legte scharfen Protest ein.

Im Januar 1992 vereinbarte die Regierung mit dem Iran den Bau einer Pipeline, die das trinkwasserarme K. mit Süßwasser versorgen soll. 560 km der 770 km langen Leitung werden über Land, 210 km unter Wasser verlegt. Das Emirat war trotz relativ geringer Erdölreserven (1990: 4,5 Mrd Barrel, engl.; Faß mit 159 l) zum großen Teil von der 1976 verstaatlichten Erdölwirtschaft abhängig. Knapp 70% der Exporterlöse stammten aus dem Ölsektor, der jedoch nur noch rd. ein Viertel zum Bruttoinlandsprodukt beitrug. Von steigender Bedeutung war der Erdgassektor in K., das mit den im Northfield lagernden 100 Millionen Kubikfuß (1 Fuß = 0,3048 m) über das größte erschlossene Erdgasfeld der Welt verfügt.

Daniel Arap Moi,
Staatspräsident von Kenia
* September 1924 in Sacho/Kenia.
Während der britischen Kolonialherrschaft (bis 1963) gehörte der Lehrer Moi von 1957 bis 1963 dem sog. Legislativrat an, der die Unabhängigkeit vorbereitete. 1961 trat er in die Regierung ein und stieg 1967 zum Vizepräsidenten auf. Nach dem Tod von Staatsgründer Jomo Kenyatta wurde er 1978 Staats- und Regierungschef.

Kenia	
Fläche	580 367 km² (Weltrang 47)
Einw.	25,1 Mio (Weltrang 36)
Hauptst.	Nairobi (1,5 Mio Einw.)
Pkw.-Kz.	EAK
Sprache	Swahili
BSP/Kopf	370 Dollar (1990)
Inflation	10,4% (1989)
Arb.-los.	35–40% (1990)
Währung	1 Kenia-Schilling, K.Sh. = 100 Cents
Religion	Protest. (38%), kath. (26%), moslem. (6%), animist.
Reg.-Chef	Daniel Arap Moi (seit 1978)
Staatsob.	Daniel Arap Moi (seit 1978)
Staatsf.	Präsidiale Republik, Einparteiensystem
Parlament	Einkammerparlament mit 12 ernannten und 188 gewählten Abgeordneten; sämtliche Sitze für Kandidaten der Einheitspartei Afrikanische Nationalunion Kenias (Wahl von 1988)

Afrika, S. 494, E 4

Mit der Ankündigung demokratischer Wahlen und der Zulassung von Parteien änderte Staatspräsident Daniel Arap Moi unter dem Druck der Opposition und des Auslands seinen streng autokratischen Kurs. Die Regierung Arap Moi stand 1991/92 im Mittelpunkt von Korruptionsaffären. Im Westen des Landes starben bis Mitte 1992 Hunderte von Menschen bei politisch motivierten Stammesfehden.

Mehrparteiensystem zugelassen: Neun Jahre nach Einführung des Einparteiensystems strich die Einheitspartei Afrikanische Nationalunion KANU im Dezember 1991 ihr Machtmonopol aus der Verfassung. Vorausgegangen waren mo-

natelange Auseinandersetzungen mit der Opposition. Am Silvestertag ließ sich die wichtigste Oppositionsgruppe Forum für die Wiederherstellung der Demokratie FORD des früheren Vizepräsidenten Oginga Odinga offiziell als Partei registrieren. Im März 1992 schlug Präsident Moi einen Verfassungsentwurf vor, der die Amtszeit des Präsidenten künftig auf zwei Perioden von je fünf Jahren beschränkt. Wahlen sollen bis spätestens März 1993 stattfinden.

Korruptionsvorwurf bestätigt: Im Januar 1992 gab die Regierung erstmals zu, daß Gelder aus der Entwicklungshilfe veruntreut wurden. Im Rahmen der Untersuchungen über den im Februar 1990 verübten Mord an dem früheren Außenminister Robert Ouko wurde bekannt, daß bei Investitionen Schmiergeldzahlungen von bis zu einem Viertel der Gesamtsumme an den zuständigen Minister flossen. Ouko plante, vor seinem Tod die Korruption in den höchsten Regierungsämtern offenzulegen. Unter dem Vorwurf, in den Mord verwickelt zu sein, wurden im November 1991 der frühere Sicherheitschef und Staatssekretär Hezekiah Oyugi sowie der ehemalige Energieminister Nicholas Biwott verhaftet.

Stammeskonflikte eskalieren: Ein im Westen des Landes seit Jahrzehnten schwelender Konflikt um Landrechte zwischen Angehörigen des Kalenjin-Stammes und zugewanderten Luo und Kikuyu forderte zwischen November 1991 und April 1992 Hunderte Menschenleben. Die Kalenjin fürchteten bei einem Sturz des zu ihrem Stamm gehörenden Präsidenten Moi um ihren politischen und ökonomischen Besitzstand. Die vorwiegend im FORD organisierten Neusiedler warfen der Regierung im März 1992 vor, die Unruhen zu schüren, um den beginnenden Demokratisierungsprozeß zu behindern.

Unsicherheit schwächt Wirtschaft: Die verworrene politische Lage und die Korruption schadeten

1991/92 der Wirtschaft des ostafrikanischen Landes. Das Handelsbilanzdefizit stieg von 904 Mio Dollar (1,38 Mrd DM; Stand: 1988) auf 1,27 Mrd Dollar (1,93 Mrd DM; Stand: 1990). Der Tourismussektor als wichtigster Devisenbringer erlitt Einbußen, als sich zwischen November 1991 und Februar 1992 im Wildpark Masai Mara an der Grenze zu Tansania Überfälle von Banditen auf ausländische Urlauber häuften. Insgesamt verflachte das Wirtschaftswachstum 1991 auf 2,2% (1990: 4,3%). Im Juni 1992 befanden sich rd. 260 000 Flüchtlinge in K., die vor den Bürgerkriegen in Äthiopien, Somalia und dem Sudan geflohen waren. Die EG stellte im Juni 1992 eine Soforthilfe in Höhe von rd. 6 Mio DM bereit.

Druck der Geberländer: Die wichtigsten westlichen Geberländer, der sog. Pariser Klub, suspendierte im November 1991 die Entwicklungshilfe für ein halbes Jahr und machte die Wiederaufnahme von demokratischen Fortschritten abhängig. Bis Mitte 1992 wurden keine neuen Verhandlungen vereinbart. Nach dem Haushaltsentwurf 1992/93 sollen 20% der Gesamtausgaben in Höhe von 5,6 Mrd DM durch ausländische Zuschüsse finanziert werden.

Askar Akajew,
Staatsoberhaupt von Kirgisien
* 1944. Anfang 1991 wählte der Oberste Sowjet den Physiker und früheren Präsidenten der kirgisischen Akademie der Wissenschaften zum Präsidenten. Akajew, der einen antikommunistischen, liberalen Kurs vertrat, löste nach dem gescheiterten Moskauer Putsch im August 1991 die Kommunistische Partei auf. Bei den ersten direkten Präsidentschaftswahlen im Oktober 1991 wurde Akajew mit 95% der Stimmen im Amt bestätigt.

Kirgisien

Fläche	198 500 km² (Weltrang 84)
Einw.	4,5 Mio (Weltrang 104)
Hauptst.	Bischkek (630 000 Einw.)
Pkw.-Kz.	k. A.
Sprache	Kirgisisch
BSP/Kopf	k. A.
Inflation	k. A.
Arb.-los.	k. A.
Währung	1 Rubel, Rbl. = 100 Kopeken
Religion	Moslemisch
Reg.-Chef	Askar Akajew (seit 1991)
Staatsob.	Askar Akajew (seit 1991)
Staatsf.	Republik

Asien, S. 496, C 3

Die an China grenzende ehemalige Sowjetrepublik unter dem 1991 im Amt bestätigten Staatspräsidenten Askar Akajew erklärte 1991 ihre Unabhängigkeit von der Sowjetunion. Das zu 70% aus Hochgebirge bestehende, verkehrstechnisch unzureichend erschlossene K. litt wie die übrigen Staaten der Gemeinschaft Unabhängiger Staaten (→ GUS) an gesunkenen Produktionszahlen in Industrie und Landwirtschaft sowie unter dem Wegfall

wirtschaftlicher Kontakte innerhalb der ehemaligen UdSSR und zu den Mitgliedern des 1991 aufgelösten Wirtschaftsbündnisses COMECON.

Unabhängigkeit: Nach dem gescheiterten Putschversuch kommunistisch-orthodoxer Politiker und Militärs in Moskau erklärte K. am 31. 8. 1991 seine Unabhängigkeit und bestätigte im Oktober in der ersten direkten Präsidentschaftswahl Akajew mit 95% der Stimmen im Amt. Trotz einer kommunistischen Mehrheit im Parlament trat Akajew, der keinen Gegenkandidaten hatte, für eine liberale, nichtkommunistische Politik ein, die eine Demokratisierung der Gesellschaft zum Ziel hat, in der latente Nationalitäten-Konflikte zwischen Kirgisen (52% der Bevölkerung), Russen (21,5%), Usbeken (13%), Ukrainern (3%), Deutschen (2%) und Tataren (2%) schwelten.

Wirtschaftslage: Im Juli 1992 beschloß das Parlament zur Stabilisierung der kirgisischen Wirtschaft radikale Reformen, die eine strikte Kontrolle der Staatsausgaben und des Bankensystems vorsehen. Lediglich 7% des Landes waren 1992 besiedelt und konnten landwirtschaftlich genutzt werden. Vor allem Baumwolle, Seide, Hanf, Futterpflanzen, Kartoffeln, Gemüse, Tabak und Obst wurden angebaut. Den Schwerpunkt im Agrarsektor bildete die Viehzucht. Auf dem 8,5 Mio ha großen Weideland wurden vor allem zur Produktion von Wolle Schafe, Ziegen, im Hochgebirge auch Yaks, gehalten. Mehr als 70% des Landes bestehen aus Hochgebirge.

K. förderte Anfang der 90er Jahre Erdöl, Erdgas, Kohle und Gold. Es besaß einige besonders zukunftsträchtige Metallvorkommen, u. a. die größten Quecksilber- und Antimonvorkommen der Sowjetunion. Das Metall Antimon wird vorrangig als härtender Bestandteil in Legierungen verwendet. Lediglich von regionaler Bedeutung war bis Mitte 1992 der Tourismus in einigen Luftkurorten mit mineralhaltigen Quellen.

Kiribati

Fläche	822 km² (Weltrang 167)
Einw.	71 298 (Weltrang 178)
Hauptst.	Bairiki (22 000 Einw.)
Pkw.-Kz.	k. A.
Sprache	Kiribati, Englisch
BSP/Kopf	760 Dollar (1990)
Inflation	4,8% (1990)
Arb.-los.	2% (1985)
Währung	1 Australischer Dollar, $A = 100 Cents
Religion	Protestantisch (48%), katholisch (48%)
Reg.-Chef	Teatao Teannaki (seit 1991)
Staatsob.	Teatao Teannaki (seit 1991)
Staatsf.	Präsidiale Republik
Parlament	Abgeordnetenhaus mit 36 alle vier Jahre gewählten und einem ernannten Abgeordneten (Wahl von 1991)

Ozeanien, S. 498, G 2

Im Anschluß an die Wahlen vom Mai 1991 und als Nachfolger des seit 1979 amtierenden Jeremia Tabai wurde Mitte 1991 Teatao Teannaki zum Staats- und Regierungschef gewählt. Teannaki übernahm auf der aus 33 Koralleninseln bestehenden Inselgruppe im westlichen Südpazifik auch das Außenministerium. Außer der 1985 gegründeten Christlich-Demokratischen Partei bestanden in der Republik im britischen Commonwealth keine Parteien im westlichen Sinn. Die zu 80% aus Mikronesiern bestehende Bevölkerung lebte 1991/92 von der Landwirtschaft, die in erster Linie der Selbstversorgung diente.

Kolumbien

Fläche	1 138 914 km² (Weltrang 26)
Einw.	33 Mio (Weltrang 31)
Hauptst.	Bogotá (4,6 Mio Einw.)
Pkw.-Kz.	CO
Sprache	Spanisch
BSP/Kopf	1260 Dollar (1990)
Inflation	27% (1991)
Arb.-los.	9,6% (1991)
Währung	1 Kolumbian. Peso, kol$ = 100 Centavos
Religion	Katholisch (90%), protestantisch
Reg.-Chef	César Gavíria Trujillo (seit 1990)
Staatsob.	César Gavíria Trujillo (seit 1990)
Staatsf.	Präsidiale Republik
Parlament	Abgeordnetenhaus mit 161 und Senat mit 102 Abgeordneten; im Abgeordnetenhaus 86 Sitze (Senat: 56) für Liberale, 14 (15) konservative MSN 17 (10) für Neue Demokratische Kraft, 18 (9) für M-19, 12 (12) für andere (Wahl vom Oktober 1991)

Südamerika, S. 492, B 2

Mit einem Sieg bei den Parlaments- und Gouverneurswahlen festigten die Liberalen unter Präsident César Gavíria Trujillo im Oktober 1991 ihre Position. Mitte 1992 flammten die Kämpfe zwischen Regierungstruppen und zwei linksgerichteten Guerilla-Verbänden erneut auf. Im Juli 1992 floh der seit Juni 1991 inhaftierte Drogenboß Pablo Escobar aus dem Gefängnis in Engavida. Die Wirtschaft des Landes wuchs 1991 geringfügig.

Wahlen: Die regierende Liberale Partei von Staatspräsident Gavíria gewann die Parlaments- und Gouverneurswahlen am 27. 10. 1991. Sie konnte sich sowohl gegen die etablierten Konservativen und die neugegründete konservative Neue Demokratische Kraft als auch gegen die aus der ehemaligen linksgerichteten Guerillabewegung hervorgegangene Demokratische Allianz/M-19 durchsetzen. Die Liberalen behaupteten in beiden Kammern, dem Senat und dem Abgeordnetenhaus, die absolute Mehrheit und stellten 18 der 27 Provinzgouverneure, die bislang vom Präsidenten bestimmt wurden. Die Beteiligung an der Wahl, die unter strengsten Sicherheitsvorkehrungen stattfand, lag bei rd. 30%. In der im November gebildeten Koalitionsregierung gingen neun Kabinettsposten an die Liberalen, zwei an die Konservative Partei, zwei an kleinere Parteien und einer an die Demokratische Allianz/M-19. Bei den Kommunalwahlen im März 1992 konnten sich die Liberalen zwar als stärkste Partei behaupten, verloren aber die Bürgermeisterposten in drei der vier wichtigsten kolumbianischen Städte. 12 000 Bürgermeister-, Stadtrats- und Gemeinderatsmandate standen zur Wahl.

Guerillakrieg: Mitte 1992 kamen bei Kämpfen zwischen Regierungstruppen und linksgerichteten Guerilla-Truppen nach offiziellen Angaben 60 Menschen ums Leben, davon 40 Rebellen der marxistischen Revolutionären Bewaffneten Kräfte (FARC). Die FARC und die Nationale Befreiungsarmee (ELN) waren die letzten der fünf großen Guerillatruppen, die bis Mitte 1992 an ihrem bewaffneten Kampf festhielten. Drei Rebellenorganisationen hatten 1991 ihren Kampf eingestellt. Im September 1991 hatte in Caracas/Venezuela die ergebnislose zweite Runde der Friedensgespräche zwischen Regierung und FARC sowie ELN stattgefunden.

Anfang Januar 1992 wurde der Anführer der rechtsradikalen Todesschwadrone, Ariel Oteron, erschossen. Otero hatte im November 1991 die Auflösung der 700 Mann starken Rebellenorganisation bekannt gegeben. Die Todesschwadrone

César Gavíría Trujillo, Präsident von Kolumbien
* 31. 3. 1947 in Pereira/Kolumbien. Der Wirtschaftswissenschaftler wurde 1978 unter Präsident Virgilio Barco Vargas zum Finanzminister ernannt. Von 1987 bis 1989 war er Kabinettsminister. Im Mai 1990 wurde er als jüngster Staatschef von Kolumbien zum Präsidenten gewählt. Zu seinen wichtigsten Aufgaben zählte der Politiker der Liberalen Partei den Kampf gegen die Drogenkartelle.

töteten nach offiziellen Erkenntnissen u. a. im Auftrag der Drogenmafia.

Wirtschaftslage: Das Bruttoinlandsprodukt stieg 1991 um 2,2%. Der Industriesektor wuchs um 1,2%, die Bauwirtschaft um 2%. In der Landwirtschaft verbuchte K. eine Steigerung von 4%, vor allem beim Anbau von Kaffee, der mit einem Anteil von 21% an der Gesamtausfuhr (1990) zu den wichtigsten Devisenquellen gehörte. Die Produktion von Kaffee stieg 1991 um 13,6%. Das südamerikanische Wirtschaftsblatt La Republica vermutete im Februar 1992, daß ein großer Teil der in der Dienstleistungsbilanz für 1991 ausgewiesenen 2,8 Mrd Dollar (4,3 Mrd DM) aus dem Drogenhandel stammt.

Komoren

Fläche	2235 km² (Weltrang 164)	
Einw.	463 000 (Weltrang 155)	
Hauptst.	Moroni (28 000 Einw.)	
Pkw.-Kz.	k. A.	
Sprache	Französisch, Komorisch	
BSP/Kopf	480 Dollar (1990)	
Inflation	8,3% (1986)	
Arb.-los.	36% (1987)	Afrika, S. 494, E 5
Währung	1 Komoren-Franc, FC = 100 Centimes	
Religion	Moslemisch (97%), christlich	
Reg.-Chef	Mohammed Taki Abdoulkarim (seit Januar 1992)	
Staatsob.	Said Mohammed Djohar (seit 1990)	
Staatsf.	Präsidiale föderative islamische Republik	
Parlament	Bundesversammlung mit 42 für fünf Jahre gewählten Abgeordneten; sämtliche Sitze für Komorische Fortschrittsunion (Wahl von 1987)	

Ein Versuch der Opposition, den Staatspräsidenten Said Mohammed Djohar von der Komorischen Fortschrittsunion UCP abzusetzen, scheiterte im August 1991. Die UCP versteht sich als Partei des demokratischen Sozialismus und beruft sich auf den Islam. Der Vorsitzende des Obersten Gerichtshofs, Ibrahim Ahmed Halidi, hatte sich zum Übergangspräsidenten ausgerufen, ehe er von loyalen Sicherheitskräften festgenommen wurde. Zudem wollte sich die Insel Moheli, die sich politisch ungenügend vertreten fühlte, 1991 von den K. lossagen. Im November 1991 einigten sich Regierung und Opposition auf die Bildung einer Regierung, in der alle politischen Kräfte vertreten sind. Neuer Regierungschef des Übergangskabinetts wurde Oppositionsführer Mohammed Taki Abdoulkarim. Hauptexportprodukte der Inselrepublik waren Anfang der 90er Jahre Vanille, Gewürznelken, Parfümöle, Kopra und Textilien.

Kongo

Fläche	342 000 km² (Weltrang 62)	
Einw.	2,6 Mio (Weltrang 129)	
Hauptst.	Brazzaville (600 000 Einw.)	
Pkw.-Kz.	RCB	
Sprache	Französisch	
BSP/Kopf	1010 Dollar (1990)	
Inflation	2% (1990; Schätzung)	
Arb.-los.	25% (1990; Schätzung)	Afrika, S. 494, C 5
Währung	1 CFA-Franc, FCFA = 100 Centimes	
Religion	Kath. (54%), protest. (24%), animist. (19%), moslem.	
Reg.-Chef	André Milongo (seit 1991)	
Staatsob.	Denis Sassou-Nguesso (seit 1979)	
Staatsf.	Sozialistische Volksrepublik	
Parlament	Volksvertretung mit 123 Sitzen (Wahl vom Juni 1992)	

Am 24. 6. 1992 fanden die ersten freien Parlamentswahlen nach über 20jähriger Militärherrschaft statt. Durch einen Putschversuch Anfang 1992 unterbrach das Militär den Mitte 1991 begonnenen Prozeß der Demokratisierung in der sozialistischen Volksrepublik. Im März 1992 votierte die Mehrheit der Bevölkerung für eine demokratische Verfassung des Landes. Die Wirtschaft befand sich 1991/92 in einer Krise.

Parlamentswahlen: Rd. 1700 Kandidaten bewarben sich um die 123 Sitze in der Nationalversammlung des Landes. 1,28 Mio Wahlberechtigte waren aufgerufen an der Wahl teilzunehmen, die unter strengen Sicherheitsvorkehrungen stattfand. Ergebnisse wurden bis Mitte 1992 nicht bekanntgegeben.

Militär gegen Milongo: Am 20. 1. erklärte die Militärführung Regierungschef André Milongo für abgesetzt und forderte das Übergangsparlament auf, den Obersten Rat der Regierung, einen neuen Regierungschef zu benennen. Milongo, der einen Rücktritt ablehnte, konnte sich mit den Militärs auf einen Kompromiß einigen. Am 26. 1. übergab er das bislang von ihm besetzte Verteidigungsministerium an den früheren Amtsinhaber General Damas Ngollo und verkleinerte sein Regierungskabinett von 25 auf 18 Minister. Milongo, der Oberbefehlshaber der Streitkräfte blieb, stimmte der von der Armee geforderten Entlassung von Michel Gangouo, Staatssekretär im Verteidigungsministerium, zu.

Votum für Demokratie: Die Bevölkerung stimmte mit rd. 80% für eine neue demokratische Verfassung, die ein Mehrparteiensystem und eine unabhängige Justiz vorsieht. In der ehemaligen Kolonie Frankreichs, die seit der Unabhängigkeit 1960 ein marxistischer Einparteienstaat war, soll ein Zweikammer-Parlament eingerichtet werden.

Wirtschaftskrise: Die Wirtschaft des K. wuchs 1990 um 0,5% (1989: 3,1%). 80% der Exporterlöse stammten aus dem Erdölsektor, der starken Preisschwankungen ausgesetzt war. Die Landwirtschaft, die zugunsten der Industrie in den 80er Jahren vernachlässigt worden war, trug rd. 14% zum Bruttoinlandsprodukt bei.

⊛	**Korea-Nord**	
Fläche	120 538 km² (Weltrang 97)	
Einw.	22,9 Mio (Weltrang 39)	
Hauptst.	Pjöngjang (1,7 Mio Einw.)	
Sprache	Koreanisch	
BSP/Kopf	1240 Dollar (1989)	
Inflation	k. A.	
Arb.-los.	k. A.	
Währung	1 Won, W = 100 Chon	Ostasien, S. 497, D 2
Religion	Buddhistisch, konfuzianisch	
Reg.-Chef	Yon Hyong Muk (seit 1988)	
Staatsob.	Kim Il Sung (seit 1972)	
Staatsf.	Kommunistische Volksrepublik	
Parlament	Oberste Volksversammlung mit 687 für vier Jahre gewählten Abgeordneten; sämtliche Sitze für die Kandidaten der von der kommunistischen Partei der Arbeit beherrschten Einheitsliste des Nationalen Blocks (Wahl von 1990)	

Das orthodox-kommunistische K. schwenkte mit der Unterzeichnung eines Nichtangriffspakts am 13. 12. 1991 und der Öffnung seiner Atomanlagen gegenüber dem prowestlichen Süden auf Verständigungskurs ein. Der 80jährige Diktator Kim Il Sung leitete durch die Abgabe von Ämtern an

seinen Sohn Kim Jong Il seinen Rückzug ein. Im März 1992 kündigte die Regierung die Zulassung ausländischer Unternehmensbeteiligungen an.

Wiedervereinigung in Sicht: Die im September 1990 aufgenommenen Gespräche führten nach fünf Verhandlungsrunden zur Unterzeichnung des Nichtangriffsvertrags in der südkoreanischen Hauptstadt Seoul. K. hatte zuvor seine Forderung nach Errichtung einer atomwaffenfreien Zone in Gesamtkorea zurückgestellt. Beide Länder verpflichteten sich zu militärischer Entspannung. Der Vertrag zwischen den ehemals kriegführenden und ideologisch verfeindeten Ländern, der als erster Schritt zu einer Wiedervereinigung galt, wurde im Februar 1992, bei der sechsten Verhandlungsrunde in Pjöngjang, ratifiziert. Beim siebten Zusammentreffen des nordkoreanischen Regierungschefs Yon Hyong Muk und seines südkoreanischen Amtskollegen Chung Won Shik im Mai 1992 wurde ein Rahmenabkommen über Familienzusammenführung unterzeichnet. Ein Zwischenfall vom Mai 1992, bei dem drei nordkoreanische Soldaten nach einem unerlaubten Grenzübertritt von südkoreanischen Patrouillesoldaten erschossen wurden, belastete die Annäherung der beiden Staaten.

Atomanlagen geöffnet: Im Mai 1992 trafen Mitarbeiter der Internationalen Atomenergie-Agentur (IAEA, Wien) in K. ein, um die geheimgehaltenen Atomanlagen zu inspizieren. Zuvor hatte die kommunistische Regierung erstmals zugegeben, im Rahmen ihres Nuklearprogramms auch Plutonium herzustellen. Das radioaktive Plutoniumisotop 239 dient zur Herstellung von Kernwaffen. Das Parlament hatte im April das im Januar 1992 unterzeichnete internationale Inspektionsabkommen mit der IAEA ratifiziert, zu dem K. seit seinem Beitritt zum Atomwaffensperrvertrag 1985 verpflichtet war. Im Februar 1992 ratifizierten K. und Korea-Süd eine Erklärung, nach der die koreanische Halbinsel atomwaffenfrei werden soll (→ Atomwaffen).

Erbfolge geregelt: Kim Jong Il wurde im Dezember 1991 von seinem Vater zum Oberbefehlshaber der Streitkräfte bestimmt. Dieses Amt war bisher traditionell dem Staatschef vorbehalten. Im April 1992 übernahm Kim Jong Il, der nach Aussage seines Vaters bereits die politischen Alltagsgeschäfte führt, von Kim Il Sung das Amt des Marschalls der Streitkräfte.

UNO-Mitgliedschaft: K. wurde, zusammen mit Korea-Süd, im September 1991 in die UNO aufgenommen. Die Regierung in Pjöngjang hatte sich zunächst für einen gemeinsamen Sitz der beiden koreanischen Staaten ausgesprochen. Erst nachdem Korea-Süd im Alleingang um seinen Beitritt nachsuchte, stimmte K. der getrennten UNO-Mitgliedschaft zu.

Wirtschaftslage: Der Zusammenbruch des Handels mit den Ländern des ehemaligen Ostblocks, mit denen K. den größten Teil seines Handels abwickelte, führte im Winter 1991/92 zu einer schwierigen Versorgungslage. Die täglichen Reisrationen lagen bei 300–400 g pro Kopf. Konsumgüter waren rationiert, Strom- und Wasserzuteilungen gab es in den Haushalten außerhalb Pjöngjangs nur wenige Stunden täglich. Im März 1992 kündigte K. die Zulassung von ausländischen Unternehmen in Sonderwirtschaftszonen an. Für die dort tätigen Unternehmen waren Steuervergünstigungen vorgesehen, z. T. befristete Steuerbefreiungen. Zudem gewährte K. Garantien zum Transfer der erwirtschafteten Gewinne.

Korea-Süd		
Fläche	99 262 km² (Weltrang 107)	
Einw.	42,8 Mio (Weltrang 24)	
Hauptst.	Seoul (10,6 Mio Einw.)	
Pkw.-Kz.	ROK	
Sprache	Koreanisch	
BSP/Kopf	6265 Dollar (1991)	
Inflation	9,5% (1991)	
Arb.-los.	2,5% (1990)	Ostasien, S. 497, D 2
Währung	1 Won, W = 100 Chon	
Religion	Buddh. (40%), prot. (23%), konfuz. (17%), kath. (4%)	
Reg.-Chef	Chung Won Shik (seit 1991)	
Staatsob.	Roh Tae Woo (seit 1988)	
Staatsf.	Präsidiale Republik	
Parlament	Nationalversammlung mit 299 gewählten Mitgliedern; 149 Sitze für Demokratisch-Liberale Partei (Zusammenschluß der Demokratischen Gerechtigkeitspartei, Demokratischen Wiedervereinigungspartei und Neuen Demokratisch-Republikanischen Partei), 97 für Demokratische Partei, 31 für Nationale Einheitspartei, 22 für andere (Wahl vom März 1992)	

Bis Mitte 1992 stand die Politik in K. im Zeichen der Verhandlungen mit den kommunistischen Nachbarn und ehemaligen Kriegsgegner Korea-Nord. Bei den Parlamentswahlen vom März 1992 stärkte die Opposition ihre Stellung, obwohl die Demokratisch-Liberale Partei (DLP) eine Parlamentsmehrheit behaupten konnte. Die Wirtschaft litt 1991/92 unter einer Verschlechterung ihrer internationalen Wettbewerbsfähigkeit.

Historischer Nichtangriffspakt: Am 13. 12. 1991 unterzeichneten Ministerpräsident Chung Won Shik und sein nordkoreanischer Amtskollege Yon Hyong Muk in Seoul nach 15monatigen Verhandlungen ein als historisch bezeichnetes Abkommen über Aussöhnung, Nichtangriff, Austausch und Kooperation. In Zukunft wollen beide Staaten wirtschaftlich kooperieren und Familienangehörige zusammenführen. Beide Seiten erklärten außerdem ihre Bereitschaft, den seit 38 Jahren herrschenden Waffenstillstand durch einen formellen Friedensvertrag zu ersetzen.

Atomwaffenfreie Zone: Von der Vereinbarung ausgeklammert blieb die von beiden Parteien befürwortete atomwaffenfreie Zone auf der koreanischen Halbinsel. K. beschuldigte Korea-Nord, an der Herstellung einer Atombombe zu arbeiten und forderte Inspektionen der Internationalen Atomenergie-Agentur (IAEA,Wien). Nachdem K. ankündigte, seine Manöver mit US-Truppen einzustellen, trat am 19. 2. 1992 ein Abkommen in Kraft, das den beiderseitigen Verzicht auf Bau und Besitz von → Atomwaffen zum Inhalt hat. Außerdem hatte Staatspräsident Roh Tae Woo im Dezember 1991 versichert, daß nach dem Abzug der Kernwaffen durch die USA keine Atomwaffen mehr in K. befinden.

Erfolge für Opposition: Bei den Parlamentswahlen vom 24. 3. 1992 verfehlte die regierende Demokratisch-Liberale Partei (DLP) mit 39% der Stimmen und 149 von 299 Mandaten ihre bis dahin mit 215 Sitzen gehaltene absolute Mehrheit. Die Demokratische Partei (DP) des Oppositionspolitikers Kim Dae Jung, die 29% der Stimmen erhielt, baute ihre Position als stärkste Oppositionspartei aus und verbesserte sich von 63 auf 97 Abgeordnete. Die im Februar 1992 gegründete Nationale Einheitspartei (UNP) zog mit 31 Sitzen ins Parlament ein. Der Übertritt von zwei der insgesamt 22 unabhängigen Abgeordneten ins Lager der DLP sicherte der Regierung unter Chung Won Shik am 26. 4. 1992 die Parlamentsmehrheit.

Wirtschaftslage: Trotz eines realen Wachstums von 8,4% für 1991 geriet die Wirtschaft des Landes durch die hohe Inflationsrate von 9,5% und der 7,1 Mrd Dollar (10,8 Mrd DM) defizitären Handelsbilanz in Bedrängnis. 1988 wurde noch ein Überschuß von 11,4 Mrd Dollar (17,4 Mrd DM) ausgewiesen. Im gleichen Zeitraum stiegen die Lohnkosten um mehr als 80%, während der Produktivitätszuwachs der Industrie bei rd. 20% lag. Bis Mitte 1992 entwickelte sich S. nach Japan zum teuersten Produktionsstandort in Asien.

Kroatien

Fläche	56 538 km² (Weltrang 122)
Einw.	4,7 Mio (Weltrang 103)
Hauptst.	Zagreb (1,2 Mio Einw.)
Pkw.-Kz.	k. A.
Sprache	Kroatisch
BSP/Kopf	1200 Dollar (1989)
Inflation	k. A.
Arb.-los.	k. A.
Währung	1 kroatischer Dinar, Din = 100 Para
Religion	katholisch
Reg.-Chef	Franjo Gregurić (seit 1991)
Staatsob.	Franjo Tudjman (seit 1990)
Staatsf.	Republik
Parlament	Drei-Kammern-Parlament (Sabor) mit insgesamt 349 Sitzen; 205 für die Kroatische Demokratische Gemeinschaft HDZ, 73 für Partei der Demokratischen Veränderung SDP, 71 für andere (Wahl von 1990; Neuwahl am 2. 8. 1992)

Europa, S. 490, D 6

Franjo Tudjman,
Präsident von Kroatien
* 14. 5. 1922 in Veliko Trgovisce/
Jugoslawien, Dr. Tudjman war seit
1941 Mitglied der Partisanenstreit-
kräfte unter Josip Broz Tito. In den
50er Jahren wurde er General der jugoslawischen Armee. Im Zivilleben
(ab 1961) stand der Geschichtswis-
senschaftler an der Spitze der kroatischen Autonomiebewegung. Im Februar 1989 gründete Tudjman die
Kroatische Demokratische Gemeinschaft (HDZ), die die Parlamentswahlen vom April/Mai 1990 gewann.

Ungeachtet internationaler Friedensbemühungen und der Stationierung von → UNO-Friedenstruppen im März 1992 hielten die Angriffe serbischer Freischärler und der ehemaligen jugoslawischen Bundesarmee bis Mitte 1992 an. Der Krieg in K. forderte etwa 10 000 Tote und zwang rd. 550 000 Menschen zur Flucht. Im Januar 1991 erkannte die EG K. völkerrechtlich an.

Serben erobern Terrain: Mit Unterstützung extremistischer serbischer Freischärler, sog. Tschetniks, eroberte die serbisch geführte jugoslawische Bundesarmee bis zu dem von der UNO für den 3. 1. 1992 vermittelten 15. Waffenstillstand rd. ein Drittel des kroatischen Territoriums. Die Bundesarmee zog im Oktober 1991 einen Belagerungsring um die Hafenstadt Dubrovnik und eroberte am 18. 11. 1991 das zu 90% zerstörte ostslawonische Vukovar. Aus den serbisch besetzten Gebieten in Slawonien und der Krajina flohen Hunderttausende ins Hinterland oder ins benachbarte Ungarn. Aufgrund des vom UN-Sonderbeauftragten Cyrus Vance ausgehandelten Friedensvertrages, dessen Waffenstillstandsvereinbarung mehrfach gebrochen wurde, bezogen 14 000 Mann der UN-Schutztruppen in Ostslawonien, Westslawonien und der Krajina Stellung, um den Abzug der jugoslawischen Bundesarmee zu überwachen. Dennoch dauerten bis Mitte 1992 die Gefechte in Ostslawonien und um Dubrovnik an.

Anerkennung durch EG: Am 15. 1. 1992 erkannte die EG K. und Slowenien als eigenständige Staaten an. Eine EG-Schiedskommission aus fünf Verfassungsrechtlern war zu dem Ergebnis gekommen, daß K. die Verpflichtung zu Demokratie und Rechtsstaatlichkeit, die Einhaltung der Menschenrechte, die Unverletzlichkeit der Grenzen sowie die Übernahme der KSZE-Verpflichtungen erfüllt. Deutschland erkannte K. formal bereits am 23. 12. 1991 an, vollzog den völkerrechtlichen Schritt aber zeitgleich mit den EG-Partnern.

Produktionsrückgang: Etwa ein Fünftel der Bevölkerung des ehemaligen Jugoslawien erwirtschaftete 1990 ein Viertel des jugoslawischen Bruttosozialprodukts. Kriegsbedingte Schäden führten in K. 1991 zu einem Rückgang der Industrieproduktion um 40%. K. bezifferte seine Kriegsschäden auf 18,7 Mrd Dollar (28,6 Mrd

Regierung in Kroatien

Letzte Wahl	1990
Staatsoberhaupt	Franjo Tudjman
Ministerpräsident	Franjo Gregurić
Stellvertreter	Milan Ramljak, Mate Granić, Zdravko Tomac, Jurica Pavelić
Äußeres	Zvonimir Šeparović
Finanzen	Jozo Martinović
Verteidigung	Zdenko Skrabalo
Inneres	Ivan Vekić
Handel	Petar Kriste
Justiz und Verwaltung	Ivan Milas
Energie und Industrie	Enzo Tirelli
Transport und Kommunikation	Josip Božičević
Meeresfragen	Davorin Rudolf
Landwirtschaft, Forsten, Wasser	Ivan Tarnaj
Umwelt und Bauwesen	Ivan Cifrić
Tourismus	Anton Marčelo Popović
Erziehung und Kultur	Vladimir Pavletić
Arbeit und Soziales	Bernardo Jurlina
Gesundheit	Andrija Hebrang
Information	Branko Salaj
Wissenschaft und Technologie	Ante Čović
Auswanderung	Zdravko Sančević
Wiederaufbau	Slavko Dekoricija
Wirtschaftsentwicklung	Stjepan Zdunić

DM). Die Tourismuseinnahmen, die 1990 noch 2,2 Mrd Dollar (3,4 Mrd DM) betrugen, entfielen 1991. In der Landwirtschaft, dem wichtigsten Wirtschaftszweig, wurden Mais, Weizen, Kartoffeln und Zuckerrüben angebaut, an der Küste wachsen Zitrusfrüchte und Wein.

Neue Währung: Im Dezember 1991 führte die Regierung den kroatischen Dinar als Übergangswährung ein, weil K. durch die Regierung in Belgrad von der Geldversorgung abgeschnitten wurde. Später ist die kroatische Krone vorgesehen.

Fidel Castro Ruz, Staatspräsident von Kuba
* 13. 8. 1927 in Mayari/Kuba. Castro nahm 1953 den Kampf gegen Diktator Fulgenico Batista y Zaldivar auf. Nach dessen Sturz 1959 wandelte Castro Kuba in ein sozialistisches Land um und übernahm das Amt des Ministerpräsidenten. Castro wurde 1965 Generalsekretär der Kommunistischen Partei und 1976 Staatsratsvorsitzender.

Kuba

Fläche	110 861 km² (Weltrang 103)
Einw.	10,6 Mio (Weltrang 63)
Hauptst.	Havanna (2 Mio Einw.)
Pkw.-Kz.	C
Sprache	Spanisch
BSP/Kopf	2000 Dollar (1989)
Inflation	k. A.
Arb.-los.	6–10% (1989; Schätzung)
Währung	1 Kuban. Peso, kub$ = 100 Centavos
Religion	Konfessionslos (50%), kath. (42%)
Reg.-Chef	Fidel Castro Ruz (seit 1959)
Staatsob.	Fidel Castro Ruz (seit 1959)
Staatsf.	Sozialistische Republik
Parlament	Nationalversammlung mit 499 von den Stadtversammlungen delegierten Abgeordneten; sämtliche Sitze für die Einheitspartei PCC (Kommunistische Partei Kubas)

Mittelam., S. 493, C 3

Trotz Verfassungsänderungen bei der Wahlgesetzgebung und in der Wirtschaftspolitik durch den Volkskongreß im Juli 1992 hielt Staats- und Parteichef Fidel Castro am sozialistischen Kurs auf dem karibischen Inselstaat fest. Der Ausfall von Hilfslieferungen aus der Sowjetunion bzw. ihren Nachfolgestaaten führte zu drastischen Versorgungsengpässen, insbes. bei Treibstoff und Konsumgütern. Die Regierung begegnete der Wirtschaftskrise mit Notprogrammen.

Verfassungsänderungen: Der Volkskongreß beschloß direkte Wahlen und garantierte erstmals seit der Revolution von 1959 Religionsfreiheit. Nach der in 76 Punkten abgeänderten Verfassung kann das bisherige Volkseigentum künftig auch Privatpersonen oder juristischen Personen übergeben werden. Außerdem wurde die Machtfülle des Präsidenten Castro gestärkt. Er kann als Regierungschef im Falle äußerer Bedrohungen oder innerer Unruhen den Notstand verhängen. Im Dezember 1991 hatte die Nationalversammlung

eine Empfehlung des IV. Parteikongresses vom Oktober gebilligt, die Volksvertreter direkt vom Volk wählen zu lassen. Bis dahin wählte die Bevölkerung auf lokaler Ebene 150 Regionalversammlungen, welche die Mitglieder der 14 Regionalparlamente bestimmte. Aus deren Reihen wurden die 499 Abgeordneten der Nationalversammlung ernannt. Am Einparteiensystem hielt Präsident Castro ausdrücklich fest. Der Kongreß leitete zudem die Öffnung der KP für Gläubige aller Konfessionen ein.

Rußland verringert Öllieferungen: Im Zeichen der Perestroika und des Zusammenbruchs des Kommunismus stoppte die zerfallende Sowjetunion – mit der K. 70% des Außenhandels abwickelte – die Belieferung der Karibikinsel mit verbilligtem Rohöl. Die Liefermenge schrumpfte von 13 Mio t (1989) auf 8,6 Mio t (1991), für 1992 werden 3,2 Mio t erwartet. Zum Jahreswechsel 1991/92 bestand der russische Präsident Boris Jelzin auf einer Bezahlung zu Weltmarktpreisen. Im Februar 1992 begann K., Rußland im Austausch gegen 900 000 t Rohöl mit 500 000 t Rohzucker zu beliefern. Nach offiziellen Angaben schrumpften 1991 die Getreideeinfuhren aus der Sowjetunion um 45%, die Fleischlieferungen um 18%.

Notprogramme: Aufgrund des Treibstoffmangels konnte 1991 nur 67% der Ackerfläche bebaut werden. In Havanna wurden zum Jahreswechsel 1991/92 die Busrouten von 169 auf 88 reduziert. Im Dezember 1991 bekanntgegebene staatliche Notprogramme sahen zur Einbringung der Ernte den verstärkten Einsatz von menschlicher und tierischer Arbeitskraft vor.

Embargo ausgeweitet: Im April 1992 verschärfte US-Präsident George Bush das 1961 gegen K. verhängte Handelsembargo. Alle Schiffe, die am Handel mit K. beteiligt sind, dürfen US-amerikanische Häfen nur noch mit Ausnahmegenehmigungen des US-Finanzministeriums anlaufen.

Kuwait

Fläche	17 818 km² (Weltrang 150)
Einw.	1,3 Mio (Weltrang 143)
Hauptst.	Kuwait (170 000 Einw.)
Pkw.-Kz.	KT
Sprache	Arabisch
BSP/Kopf	16 150 Dollar (1989)
Inflation	1,5% (1988)
Arb.-los.	0% (1990)
Währung	1 Kuwait-Dinar, KD = 1000 Fils
Religion	Moslemisch (91%), christlich (6%)
Reg.-Chef	Sad Abd Allah Salim As Sabah (seit 1978)
Staatsob.	Dschabir Al Ahmad Al Dschabir As Sabah (seit 1978)
Staatsf.	Emirat
Parlament	Als Übergangsparlament eingesetzter Nationalrat mit 50 gewählten und 25 vom Emir ernannten Abgeordneten; 35 Sitze für regierungsnahe Kandidaten, 9 für Oppositionelle, 6 für schiitische Minderheit, politische Parteien nicht zugelassen (Wahl von 1990)

Nahost, S. 495, D 3

Nach den Zerstörungen des Golfkriegs Anfang 1991 galt das Hauptaugenmerk der Regierung unter Emir Dschabir Al Ahmad Al Dschabir As Sabah 1991/92 der Wiederherstellung der Ölförderindustrie. Die während des Krieges gegebenen Demokratisierungsversprechen des Emirs wurden nicht eingelöst, Wahlen jedoch für Oktober 1992 angekündigt. Durch die Ausweisung der in K. lebenden Palästinenser will die Regierung erreichen, daß die rd. 700 000 Kuwaitis künftig die Bevölkerungsmehrheit stellen.

Förderkapazität erhöht: Das Golfemirat, in dem nach der Befreiung rd. 700 Ölquellen in Flammen standen und dessen petrochemische Anlagen zu 60% zerstört waren, förderte im Oktober 1991 wieder 400 000 Barrel (engl.; Faß mit 159 l) Öl täglich. Im März 1992 lag die Fördermenge bei 700 000 Barrel, Mitte des Jahres bei rd. 1 Mio Barrel täglich. Die Wiederherstellung der Vor-

Dschabir Al Ahmad Al Dschabir As Sabah, Emir von Kuwait
* 29. 6. 1926 in Kuwait. Dschabir war 1965–1976 Ministerpräsident. Er wurde 1966 zum Thronfolger ernannt und 1978, nach dem Tod seines Onkels, 13. Emir von Kuwait. Nach dem Einmarsch Iraks im August 1990 wurde er abgesetzt, verließ Kuwait und kehrte nach der Befreiung seines Landes durch die UN-Streitkräfte im März 1991 zurück.

kriegskapazität (1,6 Mio Barrel/Tag) plante K. für Ende 1992 (→ OPEC).

US-Firmen stark beteiligt: Der größte Anteil der Aufträge zum Wiederaufbau, dessen Kosten bis 1995 auf rd. 20 Mrd Dollar (31 Mrd DM) geschätzt wurden, ging an US-amerikanische Firmen. Zwischen März 1991 und Februar 1992 wurden Verträge in einem Umfang von 2 Mrd Dollar (3,1 Mrd DM) abgeschlossen. Ein im September 1991 auf zehn Jahre abgeschlossenes Abkommen zwischen K. und den USA sieht gemeinsame Manöver und die Nutzung kuwaitischer Häfen durch die US-Marine vor.

Ausländer ausgewiesen: Mit dem 15. 2. 1992 lief für alle in K. ansässigen Fremden die Aufenthaltsgenehmigung ab. Die Maßnahme richtete sich in erster Linie gegen die 30 000 im Lande verbliebenen Palästinenser, die pauschal der Kollaboration mit den irakischen Besatzern während des Golfkriegs verdächtigt wurden. Vor Kriegsbeginn lebten 400 000 Palästinenser in K.

Umstrittene Grenzkorrektur: Der UNO-Sicherheitsrat billigte im April 1992 den Vorschlag einer Sonderkommission, der einen neuen Grenzverlauf zwischen Irak und K. festschreibt. K. erhielt ein 120 km² großes, ölreiches Gebiet, das zum Irak gehörte. Außerdem sprach die Kommission K. gegen den Protest Iraks Teile des irakischen Hafens Umm Kasr und des umstrittenen Ölfeldes Rumaila zu. Die Verteidigungsausgaben von K. im Haushalt 1991/92 waren mit 9,1 Mrd Dollar (13,9 Mrd DM) fünfmal so hoch wie vor dem Krieg.

Laos

Fläche	236 800 km² (Weltrang 81)
Einw.	4,1 Mio (Weltrang 111)
Hauptst.	Vientiane (377 000 Einw.)
Pkw.-Kz.	LAO
Sprache	Lao
BSP/Kopf	200 Dollar (1990)
Inflation	35% (1989)
Arb.-los.	15% (1989)
Währung	1 Kip, K = 100 AT
Religion	Buddhist. (58%), animist. (34%), christlich (2%)
Reg.-Chef	Khamtay Siphandone (seit Oktober 1991)
Staatsob.	Kaysone Phomvihan (seit Oktober 1991)
Staatsf.	Volksrepublik
Parlament	Volksversammlung mit 79 Abgeordneten, davon etwa zwei Drittel Mitglieder der Revolutionären Volkspartei, ein Drittel für Nichtkommunisten, erstmals gewählt 1989

Ostasien, S. 497, B 4

Die Volksversammlung von L. verabschiedete am 14. 8. 1991 die erste Verfassung seit der Machtübernahme der Kommunisten 1975. Die Führungsrolle der Revolutionären Volkspartei (LPRP) wurde festgeschrieben, der Sozialismus als Staatsziel nicht mehr genannt. Ein buddhistisches Symbol soll in die Nationalflagge aufgenommen werden. Die Verfassung verpflichtet die Regierung, die Reformen zur Schaffung eines marktwirtschaftlichen Systems fortzusetzen. Neuer Präsident wurde der bisherige Regierungschef und LPRP-Vorsitzende Kaysone Phomvihan.

Lesotho

Fläche	30 355 km² (Weltrang 135)	
Einw.	1,76 Mio (Weltrang 137)	
Hauptst.	Maseru (220 000 Einw.)	
Pkw.-Kz.	LS	
Sprache	Se Sotho, Englisch	
BSP/Kopf	530 Dollar (1990)	
Inflation	15% (1989)	
Arb.-los.	23% (1988)	Afrika, S. 494, D 7
Währung	1 Loti, M = 100 Lisente	
Religion	Kath. (44%), protest. 30%, anglik. (12%), mosl., anim.	
Reg.-Chef	Elias Phitsoane Ramaema (seit 1991)	
Staatsob.	König Letsie III. (seit 1990)	
Staatsf.	Konstitutionelle Monarchie, Militärregime *	
Parlament	Senat und Nationalversammlung unter Militärregierung aufgelöst	

Die Militärregierung unter dem seit März 1991 amtierenden Elias Phitsoane Ramaeme verschleppte die bis Mitte 1992 angekündigte Einsetzung einer Zivilregierung und die für Juni vorgesehenen Parlamentswahlen. Der 1990 entmachtete und des Landes verwiesene König Motlotlehi Moshoeshoe II., der gegen die Militärregierung protestiert hatte, verschob im Mai 1992 die Rückkehr nach L., weil der Militärrat eine Einreise als normalem Bürger zustimmen wollte, der König jedoch als konstitutioneller Monarch in das von Südafrika umschlossene Land zurückkehren wollte. Die Militärregierung verhinderte mit nächtlichen Ausgangssperren und Straßenblockaden Sympathiekundgebungen für den König. Mit rd. 46% stellten die Überweisungen der 126 000 in Südafrika arbeitenden Bergleute den größten Teil des Bruttosozialprodukts von L. Wichtige Wirtschaftszweige waren die Landwirtschaft und der Bausektor, die 18% bzw. 17% (1989) zum Bruttoinlandsprodukt beitrugen.

Lettland

Fläche	64 500 km² (Weltrang 120)	
Einw.	2,7 Mio (Weltrang 128)	
Hauptst.	Riga (916 500 Einw.)	
Pkw.-Kz.	k. A.	
Sprache	Lettisch	
BSP/Kopf	k. A.	
Inflation	k. A.	
Arb.-los.	k. A.	Europa, S. 490, E 7
Währung	1 Lettischer Rubel,	
Religion	Protestantisch, katholisch	
Reg.-Chef	Ivars Godmanis (seit 1990)	
Staatsob.	Anatolis Gorbunovs (seit 1988)	
Staatsf.	Republik	
Parlament	Oberster Rat mit 201 Abgeordneten, 138 Sitze für Lettische Volksfront, 63 für andere (Wahl von 1990)	

Die baltische Republik unter dem seit 1990 amtierenden Regierungschef Ivars Godmanis, die am 21. 8. 1991 ihre Unabhängigkeit erklärte, wurde am 6. 9. von Moskau offiziell als eigenständiger Staat anerkannt. Am 17. 9. nahm die UNO L. auf. Das Parlament beschloß Ende 1991 Bedingungen zur Erlangung der Staatsbürgerschaft, die u. a. Angehörige der Roten Armee ausschließen. Das Land an der Ostsee war eng mit der russischen Wirtschaft verbunden und befand sich bis Mitte 1992 in einem schwierigen Prozeß der Umstrukturierung von der Plan- zur Marktwirtschaft. Im Juli 1992 führte L. eine eigene Währung ein und schaffte den russischen Rubel ab.

Staatsbürgerschaft: Am 15. 10. 1991 beschloß das Parlament ein Einbürgerungsgesetz, nach dem die vor der russischen Invasion 1940 in L. lebenden Menschen und deren Nachkommen Letten sind. Personen, vor allem Russen, die später zuwanderten, müssen über Lettischkenntnisse verfügen, um die für die Teilnahme an Wahlen notwen-

Anatolis Gorbunovs, Staatsoberhaupt von Lettland
* 10. 2. 1942 im Gebiet von Daugavpils/UdSSR (heute: Lettland). Der Lette trat 1966 in die KPdSU ein und arbeitete bis 1984 als Sekretär des Stadtkomitees der KP in Riga. 1985 bis 1988 war er Sekretär des ZK der KP. 1988 wurde er Vorsitzender des Obersten Rates, des lettischen Parlaments. Da bis Mitte 1992 kein Präsidentenamt geschaffen war, übernahm der Parlamentspräsident die Funktion des Staatsoberhaupts.

571

Regierung in Lettland

Letzte Wahl	1990
Vorsitzender des Obersten Rates	Anatolis Gorbunovs
Ministerpräsident	Ivars Godmanis
Staatsminister	Jànis Dinevičs
Äußeres	Jànis Jurkàns
Finanzen	Elmàrs Siliņs
Verteidigung	Tàlavs Jundzis
Innen	Ziedonis Cevers
Wirtschaftsreformen	Arnis Kalniņš
Außenwirtschaft	Edgars Zausajevs
Industrie und Energie	Aivars Millers
Gesundheit und Soziales	Teodors Eniņš
Forsten	Kazimirs Šļakota
Fischerei und Schiffahrt	Andrejs Danzbergs
Justiz	Viktors Skudra
Bildung	Andris Piebalgs
Landwirtschaft	Dainis Ģēģers
Kultur	Raimonds Pauls
Architektur und Bauwesen	Aivars Prùsis

🌲 Libanon

Fläche	10 400 km² (Weltrang 157)
Einw.	2,74 Mio (Weltrang 125)
Hauptst.	Beirut (1,2 Einw.)
Pkw.-Kz.	RL
Sprache	Arabisch
BSP/Kopf	700 Dollar (1989)
Inflation	40% (1989; Schätzung)
Arb.-los.	33% (1990; Schätzung)
Währung	1 Libanes. Pfund, L£ = 100 Piastres
Religion	Moslemisch (55%), christlich (45%)
Reg.-Chef	Raschid Solh (seit Mai 1992)
Staatsob.	Elias Hrawi (seit 1989)
Staatsf.	Parlamentarische Republik
Parlament	Nationalversammlung mit 99 letztmals 1972 gewählten Abgeordneten, Aufstockung auf 108 Abgeordnete geplant; Mitte 1992 waren 94 Mandate besetzt

Nahost, S. 495, B 2

dige Staatsbürgerschaft erhalten zu können. Wer Lette werden will, muß andere Staatsbürgerschaften aufgeben. Letten stellen in ihrem Land 52% der Bevölkerung, die Russen als zweitgrößte Bevölkerungsgruppe 34%.

Wirtschaft im Umbruch: Im Februar 1992 schloß L., das mit Riga und Ventspils an der Ostsee über zwei ganzjährig eisfreie Häfen verfügt, mit der EG ein Handels- und Kooperationsabkommen, das dem baltischen Staat den Zugang zum europäischen Markt öffnen soll. Auch nach der Unabhängigkeit blieb die Republik bis Mitte 1992 von Osteuropa, vor allem von Rußland abhängig, u. a. von Rohstoff- und Energielieferungen.

In L., der am stärksten industrialisierten Baltenrepublik, wurden rd. 45% des Volkseinkommens in der Industrie, 25% in der Landwirtschaft und 14% durch Handel erwirtschaftet. Ende 1991 arbeiteten bereits 15% der Beschäftigten in der Privatwirtschaft. Anfang 1992 gab es 15 000 private Landwirte. Bis 1996 soll die staatliche Bauindustrie, die Anfang der 90er Jahre 8% zum Volkseinkommen beitrug, privatisiert sein.

Neue Währung: Im Juli 1992 schaffte L. als zweites baltisches Land (nach Estland) den russischen Rubel ab und ersetzte ihn durch den lettischen Rubel. Als Grund wurde vom lettischen Komitee für Geldreform der durch die Rubelschwemme ausgelöste inflationäre Schub genannt. Von der Ersetzung des Rubels versprach sich L. eine bessere Ausgangsposition für die Verhandlungen mit Rußland über die Verrechnungen der Aktiva und Passiva zwischen den beiden Staaten.

Nach Massenprotesten gegen den Anstieg der Lebenshaltungskosten erklärte Ministerpräsident Omar Karamé am 6. 5. 1992 den Rücktritt seiner Regierung. Als Nachfolger ernannte der christliche Präsident Elias Hrawi den gemäßigt konservativen sunnitischen Politiker Raschid Solh. Im Südlibanon kam es im Februar 1992 zu schweren Gefechten zwischen Kämpfern der fundamentalistisch-islamischen Hisbollah und Soldaten der israelischen Armee. Im Mai 1991 war der 16jährige Bürgerkrieg zwischen Christen und Moslems beendet worden.

Regierung stürzt über soziale Not: Karamé trat am zweiten Tag eines Generalstreiks zurück. Ende Februar 1992 hatte die Zentralbank die Stützung des libanesischen Pfunds eingestellt, weil die Währungsreserven auf rd. 800 Mio Dollar (1,2 Mrd DM) geschrumpft waren. Bis Mai fiel der Kurs des Pfundes gegenüber dem Dollar von 880 auf 2200 Pfund. Da der L. 85% seiner Konsumgüter importiert, stiegen die Preise von Fleisch, Brot und Benzin im gleichen Zeitraum um 50%. Der gesetzlich festgelegte Mindestlohn sank von 250 Dollar (382 DM) auf 97 Dollar (148 DM) im Monat. Das Kabinett des durch konfessionelle Konflikte gespaltenen Landes besteht aus 24 Ministern, die je zur Hälfte christlichen und moslemischen Glaubens sind.

Einmarsch israelischer Truppen: Bei einem israelischen Hubschrauberangriff auf einen Fahrzeugkonvoi wurde am 16. 2. 1992 der Generalsekretär der radikalen schiitischen Organisation → Hisbollah, Scheich Abbas Mussawi, getötet.

Die Israelis bezeichneten den Schlag als Vergeltungsaktion für einen Angriff arabischer Terroristen auf ein Ausbildungslager der israelischen Armee. Am 20. 2. drangen israelische Verbände in den Südlibanon vor und besetzten mehrere Dörfer. Nach Angaben des damaligen israelischen Ministerpräsidenten Yitzhak Shamir hatten die Truppen den Auftrag, die sich seit dem Attentat auf Mussawi verstärkenden Raketenangriffe der Hisbollah auf den Norden Israels zu unterbinden. Am 21. 2. zogen sich die israelischen Truppen wieder aus dem L. zurück.

Verteidigungspakt mit Syrien: Im September 1991 unterzeichneten Syrien und der L. ein Sicherheitsabkommen, das die Vertragspartner zu gegenseitigem militärischem Schutz verpflichtet. Zu diesem Zweck sollen Geheimdienstinformationen zwischen den Staaten ausgetauscht werden. Die hauptsächlich christlichen Kritiker des Vertrags warnten vor der Dominanz Syriens, das nach dem Einmarsch seiner Truppen in Beirut im Februar 1987 seinen Einfluß ausdehnte.

Wirtschaftssituation: Für 1992 wurden die Ausgaben im Staatshaushalt nur zu 40% von den Einnahmen gedeckt. Dennoch verzeichnete die Wirtschaft vor dem Hintergrund des niedrigen Ausgangsniveaus nach Beendigung des Bürgerkriegs im Mai 1991 hohe Zuwachsraten. Nach Angaben der libanesischen Handelskammer stieg das Bruttoinlandsprodukt 1991 um 37% auf 3,2 Mrd Dollar (4,9 Mrd DM) und soll 1992 um weitere 15% zulegen. Der Warenexport erhöhte sich um 71%. Die Auslandsschulden beliefen sich 1991 auf 1,9 Mrd Dollar (2,9 Mrd DM).

Bei einem westafrikanischen Gipfeltreffen einigten sich im April 1992 der liberianische Interimspräsident Amos Sawyer und der Chef der Rebellenorganisation Nationale Patriotische Front (NPFL), Charles Taylor, auf eine Friedensinitiative zur Beendigung des 1989 vor dem Hintergrund von Stammeskonflikten ausgebrochenen Bürgerkriegs. Westafrikanische Friedenstruppen errichteten im Mai 1992 eine Pufferzone zwischen rivalisierenden Rebellengruppen.

Neuer Friedensversuch: Auf dem Gipfeltreffen in Genf wurden Vertragspunkte des im Oktober 1991 geschlossenen Friedensvertrages bekräftigt, die bis dahin nicht erfüllt worden waren. Dazu gehörte eine allgemeine Entwaffnung sowie eine Pufferzone zwischen Sierra Leone und L., die von einer westafrikanischen Friedenstruppe, der ECOMOG, kontrolliert werden soll. Das im Oktober 1991 in Yamoussoukro, der Hauptstadt von Côte d'Ivoire, geschlossene erste Friedensabkommen sah u. a. die militärische Übernahme des gesamten Landes durch die ECOMOG vor. Im April 1992 zog Taylor seinen Widerspruch gegen die Stationierung der ECOMOG zurück.

Kämpfe gehen weiter: Im August 1991 verließ der Rebellenchef Prince Johnson mit seiner Unabhängigen Nationalpatriotischen Front Liberias (INPFL) die Übergangsregierung unter Amos Sawyer. Er warf Sawyer Versagen bei der Bewahrung der Einheit von L. vor. Über 300 Tote forderten im März und April 1992 Kämpfe an der Grenze zu Sierra Leone, als NPLF-Rebellen und Anhänger des 1990 getöteten Ex-Präsidenten Samuel Doe aufeinandertrafen.

Liberia	
Fläche	111 369 km² (Weltrang 101)
Einw.	2,7 Mio (Weltrang 127)
Hauptst.	Monrovia (465 000 Einw.)
Pkw.-Kz.	LB
Sprache	Englisch
BSP/Kopf	395 Dollar (1988)
Inflation	rd. 20% (1990; Schätzung)
Arb.-los.	40% (1990; in den Städten) — Afrika, S. 494, B 4
Währung	1 Liber. Dollar, Lib$ = 100 Cents
Religion	Christlich (68%), moslemisch (18%), animistisch
Reg.-Chef	Amos Sawyer (seit 1990)
Staatsob.	Amos Sawyer (seit 1990)
Staatsf.	Präsidiale Republik
Parlament	Mitte 1990 nach Militärputsch aufgelöst, Wahlen für 1992 geplant

Libyen	
Fläche	1 759 540 km² (Weltrang 16)
Einw.	4,21 Mio (Weltrang 110)
Hauptst.	Tripolis (1 Mio Einw.)
Pkw.-Kz.	LAR
Sprache	Arabisch
BSP/Kopf	5 310 Dollar (1989)
Inflation	10% (1989)
Arb.-los.	unter 1% (1989) — Afrika, S. 494, C 1
Währung	1 Libyscher Dinar, LD. = 1000 Dirhams
Religion	Moslemisch (97%)
Reg.-Chef	Abu Said Omar Durda (seit 1991)
Staatsob.	Mufta Al-Usta Omar (seit 1984, de facto Gaddhafi)
Staatsf.	Volksrepublik auf islamischer Grundlage
Parlament	Allgemeiner Volkskongreß mit 980 von sog. Volkskomitees und Volkskongressen delegierten Mitgliedern

Muammar al Gaddhafi, Präsident des libyschen Revolutionsrates
* September 1942 in Sirte/Libyen. Gaddhafi war 1969 führend am Sturz von König Idris durch eine Gruppe junger Offiziere beteiligt. 1979 gab er das Amt des Staatsoberhaupts offiziell ab, blieb aber der einflußreichste Politiker des Landes. Er vertritt einen militanten arabischen Nationalismus und gilt im Westen als Förderer des internationalen Terrorismus.

Nach Ablauf eines Ultimatums zur Auslieferung von zwei libyschen Agenten, denen das Bombenattentat auf ein US-Flugzeug über dem schottischen Lockerbie 1988 zur Last gelegt wurde, verhängte der UNO-Sicherheitsrat am 15. 4. 1992 Sanktionen gegen L. Im Mai 1992 sagte sich die libysche Regierung von allen terroristischen Aktivitäten los.

Auslieferung verweigert: Im Dezember 1988 hatten bei dem Anschlag 270 Menschen den Tod gefunden. Mit den am 31. 3. beschlossenen Sanktionen wollte der UNO-Sicherheitsrat die Auslieferung an Großbritannien und die USA erzwingen. Frankreich verlangte außerdem die Auslieferung von vier Libyern, die für den Anschlag auf ein französisches Verkehrsflugzeug über Niger 1989 verantwortlich gemacht wurden. Im März 1992 hatte L. die Auslieferung der Geheimdienstmitarbeiter an die in der Krise vermittelnde Arabische Liga verweigert.

Sanktionen: Kernpunkte der UN-Sanktionen waren ein Luftverkehrsembargo, die Einstellung von Waffenlieferungen und eine Verringerung von libyschem Botschaftspersonal. Der Ölsektor blieb von den Sanktionen ausgeschlossen. Um einem möglichen Einfrieren der Finanzmittel vorzubeugen, leitete L. bis März 1992 mit rd. 5 Mrd DM mehr als ein Drittel seiner Bankeinlagen aus Europa und den USA auf Banken im Nahen Osten um. Mit Ausnahme des Irak und des Sudan schlossen sich die arabischen Nachbarländer von L. den Sanktionen an.

Absage an Terror: Das libysche Außenministerium erklärte sich im Mai 1992 bereit, die UNO-Resolution 731 anzunehmen, die zur Zusammenarbeit im Kampf gegen den Terrorismus verpflichtet. L. verpflichtete sich außerdem, überführte Terroristen auszuweisen und Beziehungen zu Organisationen, die an terroristischen Aktivitäten beteiligt sind, einzuschränken.

Selbstversorgung geplant: Im August 1991 weihte der libysche Revolutionsführer Muammar al Gaddhafi eine 1900 km lange Pipeline als ersten Teil eines Netzwerks ein, das Grundwasser aus einem Reservoir unterhalb der Sahara in die unfruchtbare Küstenregion pumpt. Das Projekt (Kosten: 25 Mrd Dollar, 38,2 Mrd DM) soll L. unabhängig von Nahrungsmittelimporten machen. Der künstliche Fluß soll ab 1995 die landwirtschaftliche Nutzfläche des Landes von 327 000 ha (1991) um 180 000 ha erhöhen.

Abhängigkeit vom Erdölexport: L. hatte 1991 einen Anteil von 2% an der weltweiten Rohölversorgung. Es bezog 90% seiner Einkünfte aus dem Ölexport. Täglich förderte L. 1,5 Mio Barrel (engl.; Faß mit 159 l) Rohöl, von denen 1,2 Mio Barrel in den Export gingen.

Liechtenstein

Fläche	160 km² (Weltrang 185)
Einw.	28 800 (Weltrang 185)
Hauptst.	Vaduz (4900 Einw.)
Pkw.-Kz.	FL
Sprache	Deutsch
BSP/Kopf	21 000 Dollar (1987)
Inflation	1,5% (1987)
Arb.-los.	0,1% (1989)
Währung	1 Schweizer Franken, sfr = 100 Rappen
Religion	Katholisch (87%), protestantisch (8%)
Reg.-Chef	Hans Brunhart (seit 1978)
Staatsob.	Fürst Hans Adam II. (seit 1989)
Staatsf.	Parlamentarische Monarchie
Parlament	Landtag mit 25 für vier Jahre gewählten Abgeordneten; 13 Sitze für Vaterländische Union, 12 für Fortschrittliche Bürgerpartei (Wahl von 1989)

Europa, S. 490, D 5

Das Fürstentum vertrat 1991/92 in der Frage eines EG-Beitritts eine zurückhaltende Politik. Im März 1992 sicherten die Bürger des Fürstentums per Volksentscheid mit 71,4% der Stimmen ein Mitspracherecht bei Staatsverträgen. Die Wahlberechtigten lehnten im Juni 1992 eine Verfassungsänderung zur Herabsetzung des Stimm- und Wahlrechtsalters von 20 auf 18 Jahre mit 56,3% der Stimmen ab.

Vorerst keine EG-Mitgliedschaft: Ein Referendum über den Beitritt zum für 1993 geplanten Europäischen Wirtschaftsraum (EWR) soll erst nach Klärung der schweizerischen Haltung zur EG durchgeführt werden. L. ist seit 1923 mit der Schweiz durch eine Zollunion verbunden.

Regierung in Liechtenstein

Letzte Wahl	1989
Staatsoberhaupt	Fürst Hans Adam II.
Regierungschef und Äußeres, Finanzen, Bauwesen, Bildungswesen	Hans Brunhart
Vertreter und Inneres, Umwelt, Land- und Waldwirtschaft, Kultur, Jugend und Sport sowie Justiz	Herbert Wille
Wirtschaft	René Ritter
Sozial- und Gesundheitswesen	Peter Wolff
Verkehr	Wilfried Büchel

Mitspracherecht: Zwischenstaatliche Verträge, die der Monarch und die Regierung abschließen, können durch ein Referendum zu Fall gebracht werden. Voraussetzung ist ein Parlamentsbeschluß oder eine Unterschriftenaktion von 1500 Stimmberechtigten, die sich gegen einen Parlamentsbeschluß richtet.

Streit um Ländereien: Im März 1992 drohte L., das für Sommer 1992 geplante Freihandelsabkommen der Europäischen Freihandelszone (EFTA) mit der Tschechoslowakei nicht zu ratifizieren. Streitgegenstand sind Ländereien, die nach dem Ersten Weltkrieg aus dem Besitz der Fürsten von L. verstaatlicht wurden. Die Ländereien befinden sich auf dem Gebiet der heutigen Tschechoslowakei und sind zehnmal größer als L.

Realer Exportrückgang: Hauptexportgüter des industriell hochentwickelten Landes waren Erzeugnisse des Maschinen- und Werkzeugbaus. Die Exportsumme der Industrie stieg 1991 um 1,5%. Das Finanzgewerbe erwirtschaftete 1991 mehr als die Hälfte des Bruttoinlandsprodukts und trug knapp 50% zu den Staatseinnahmen bei.

Litauen

Fläche	65 200 km² (Weltrang 119)
Einw.	3,7 Mio (Weltrang 113)
Hauptst.	Vilnius (592 000 Einw.)
Pkw.-Kz.	k. A.
Sprache	Litauisch
BSP/Kopf	k. A.
Inflation	k. A.
Arb.-los.	k. A.
Währung	1 Rubel, Rbl. = 100 Kopeken
Religion	Katholisch
Reg.-Chef	Aleksandras Abisala (seit Juli 1992)
Staatsob.	Vytautas Landsbergis (seit 1990)
Staatsf.	Republik
Parlament	Oberster Rat mit 141 direkt gewählten Abgeordneten (Wahl von 1990)

Europa, S. 490, E 4

L. geriet 1992 nach dem Sturz des seit Januar 1991 amtierenden Ministerpräsidenten Gediminas Vagnorius und der Abstimmungsniederlage für Präsident Vytautas Landsbergis über eine Ausweitung seiner Befugnisse in eine politische Krise. Die Baltenrepublik, die im Hitler-Stalin-Pakt von 1939 der Sowjetunion zugeschlagen worden war, litt auch nach der Unabhängigkeitserklärung 1990 unter der wirtschaftlichen Abhängigkeit von ihrem Nachbarn Rußland.

Regierung gestürzt: 69 der 120 Abgeordneten unterstützten am 13. 7. den Mißtrauensantrag gegen die Regierung Vagnorius, die die Wirtschaft der Republik ruiniert habe. Bereits im Mai hatte Vagnorius seinen Rücktritt angekündigt. Nachfolger von Vagnorius wurde Ende Juli Aleksandras Abisala, der bis zu den Parlamentswahlen am 25. 10. amtieren soll.

Abzug der Sowjets: Knapp 90% der Wähler befürworteten in einem Referendum im Juni 1992, daß die Soldaten der russischen Armee, die als Besatzungstruppen angesehen werden, noch 1992 L. verlassen müssen.

Weg in die Unabhängigkeit: Mit einer Militäraktion, bei der 15 Menschen ums Leben kamen, versuchte die sowjetische Regierung im Januar 1991 vergeblich, mit militärischen Mitteln ihren Anspruch auf L. zu festigen. Nach dem gescheiterten Putsch orthodox-kommunistischer Kräfte in Moskau wurde Litauen Ende August 1991 international als unabhängiger Staat anerkannt. Am 6. 9. akzeptierte die UdSSR die Unabhängigkeit.

Wirtschaft im Umbruch: Die Freigabe der Preise Anfang 1992 führte zu Preissteigerungen von bis zu 200%. Zur Lösung der Probleme bei der Umstellung der Plan- auf eine Marktwirtschaft bildete die Regierung im Januar eine Kommission für den wirtschaftlichen Notstand. Größtes Problem waren ausbleibende Rohstofflieferungen aus Rußland, die zu zahlreichen Fabrikschließungen führten.

Vytautas Landsbergis, Staatspräsident von Litauen
* 18. 10. 1932 in Kaunas/UdSSR (heute: Litauen). Der Musikwissenschaftler arbeitete bis 1990 als Professor am Staatlichen Konservatorium in Vilnius. Von 1989 bis 1991 war der Pianist Deputierter des Volkskongresses der UdSSR, von 1990 bis 1991 Mitglied des Föderationsrates der UdSSR. Im März 1990 wurde er Führer der Volksbewegung Sajudis und als Vorsitzender des Obersten Rates Staatsoberhaupt in Litauen.

Luxemburg

Regierung in Litauen

Letzte Wahl	1990
Staatsoberhaupt	Vytautas Landsbergis
Premierminister	Aleksandras Abisala
Stellvertreter	Zigmas Vaisvila, Vytautas Pakalniskis, Algis Dobrovolskas
Äußeres	Algirdas Saudargas
Finanzen	Elvira Kuneviciene
Verteidigung	Audrius Butkevicius
Inneres	Marijonas Misiukonis
Wirtschaft	Vytas Navickas
Handel	Albertas Sinevicius
Außenwirtschaftsbeziehungen	Vytenis Aleskaitis
Bauwesen und Stadtplanung	Algimantas Nasvytis
Forstwirtschaft	Vaidotas Antanaitis
Gesundheit	Juozas Olekas
Industrie	Rimvydas Jasinevicius
Justiz	Pranas Kuris
Kultur	Darius Kuolys
Landwirtschaft	Rimvydas Survila
Materielle Ressourcen	Vilius Zidonis
Öl- und Energiewirtschaft	Leonas Asmantas
Post- und Fernmeldewesen	Kostas Birulis
Sozialfürsorge	Algis Dobrovolskas

L. unterzeichnete im März 1992 mit Moskau Abkommen über gegenseitige Versorgung mit wichtigen Gütern. In der Ostseerepublik, die Anfang der 90er Jahre 80% des Außenhandels mit Staaten der Ex-UdSSR abwickelte, lag das Bruttoinlandsprodukt um 15% höher als im sowjetischen Durchschnitt. Der Agrarsektor trug rd. ein Drittel zum Volkseinkommen bei.

Luxemburg

Fläche	2586 km² (Weltrang 163)
Einw.	377 000 (Weltrang 159)
Hauptst.	Luxemburg (86 000 Einw.)
Pkw.-Kz.	L
Sprache	Franz., Letzebuergesch, Dt.
BSP/Kopf	28 730 Dollar (1990)
Inflation	2,6% (1991)
Arb.-los.	1,4% (1991)
	Europa, S. 490, C 5
Währung	1 Luxemburg. Franc, lfr = 100 Centimes
Religion	Katholisch (95%), protestantisch (8%)
Reg.-Chef	Jacques Santer (seit 1984)
Staatsob.	Großherzog Jean (seit 1984)
Staatsf.	Parlamentarische Monarchie
Parlament	Abgeordnetenkammer mit 60 für fünf Jahre gewählten Abgeordneten; 22 Sitze für Christlich-Soziale Volkspartei, 18 für Sozialistische Arbeiterpartei, 11 für Demokratische Partei, 4 für Partei der Privatbeamten, 4 für Grün-Alternative, 1 für Kommunistische Partei (Wahl von 1989)

Ministerpräsident Jacques Santer forderte 1992 den Sitz der künftigen → Europäischen Zentralbank für die Hauptstadt des Großherzogtums. Er erhoffte sich bei einem Zuschlag der EG eine Erweiterung des Finanzplatzes L., das mit etwa 187 Banken und einem Bilanzvolumen von 650 Mio DM das siebtgrößte Finanz- und Bankenzentrum der Welt ist. Nach einem EG-Beschluß von 1965 soll L. Sitz aller juristischen und finanziellen EG-Institutionen bleiben. Eine Entscheidung über den Standort des Geldinstituts soll beim Treffen der EG-Staats- und Regierungschefs im Dezember 1992 fallen. Im Juli 1992 ratifizierte das Parlament den Vertrag von Maastricht und stimmte damit als erstes EG-Land dem Abkommen über die Wirtschafts- und Währungsunion zu.

Aufregung löste im März 1992 der Plan des US-amerikanischen Architekten Ieoh Ming Pei aus, innerhalb der Wälle der Festung Thungen in der

Regierung in Luxemburg

Letzte Wahl	1989
Staatsoberhaupt	Großherzog Jean
Premier	Jacques Santer
Vize-Premier	Jacques F. Poos
Finanzen	Jean-Claude Juncker
Innen	Jean Spautz
Wirtschaft	Robert Goebbels
Landwirtschaft und Weinbau	René Steichen
Öffentlicher Dienst	Marc Fischbach
Energie	Alex Bodry
Familie und Soziales	Fernand Boden
Soziale Sicherheit	Johny Lahure
Äußeres	Jacques F. Poos
Verteidigung	Jacques F. Poos
Haushalt	Jean-Claude Juncker
Kultur	Jacques Santer
Erziehung	Marc Fischbach
Umwelt	Alex Bodry
Außenhandel	Jacques F. Poos
Justiz	Marc Fischbach
Arbeit	Jean-Claude Juncker
Angelegenheiten der Mittelklasse	Fernand Boden
Nationale und regionale Entwicklung	Alex Bodry
Post	Alex Bodry
Öffentlicher Dienst	Marc Fischbach
Solidarität	Fernand Boden
Sport	Johny Lahure
Frauen und Rentner	Fernand Boden
Tourismus	Fernand Boden
Verkehr	Robert Goebbels
Schatzkammer	Jacques Santer
Jugend	Johny Lahure
Wohnungs- und Städtebau	Jean Spautz

Jacques Santer,
Ministerpräsident von Luxemburg
* 18. 5. 1937 in Wasserbillig/Luxemburg, Dr. jur. Santer trat 1966 als parlamentarischer Sekretär der Kammerfraktion der Christlich-Sozialen Volkspartei (CSV) bei, bevor er 1972 deren Generalsekretär wurde. 1975 bis 1979 war er einer der Vizepräsidenten des Europäischen Parlaments. 1979 wurde Santer Minister für Finanzen, Arbeit und Soziales und 1984 Regierungschef.

Hauptstadt ein Museum für moderne Kunst aus Glas und Beton zu bauen. Premier Santer unterstützte das auf 250 Mio DM veranschlagte Projekt des chinesischstämmigen Architekten, der durch den Bau der Glaspyramide am Pariser Louvre weltweites Aufsehen erregte.

Die Wirtschaft des Großherzogtums wuchs 1991 um 3%. Die Inflationsrate konnte von 5,2% (1989) und 3,5% (1990) auf 2,6% (1991) gesenkt werden. Die Arbeitslosenquote erreichte wie in den vorangegangenen Jahren 1,4%.

Madagaskar

Fläche	587 041 km² (Weltrang 45)
Einw.	12,3 Mio (Weltrang 59)
Hauptst.	Antananarivo (1 Mio Einw.)
Pkw.-Kz.	RM
Sprache	Franz., Malagassi
BSP/Kopf	230 Dollar (1990)
Inflation	11,8% (1990)
Arb.-los.	10–15% (1990) Afrika, S. 494, F 6
Währung	1 Madagaskar-Franc, FMG = 100 Centimes
Religion	Animist. (52%), christl. (41%), moslem. (5%)
Reg.-Chef	Guy Willy Razanamasy (seit August 1991)
Staatsob.	Didier Ratsiraka (seit 1975)
Staatsf.	Sozialistische Republik
Parlament	Nationale Volksversammlung im Oktober 1991 aufgelöst; Neuwahlen für 1992 geplant

Die Massenproteste gegen den sozialistischen Präsidenten Didier Ratsiraka führten bis Mitte 1992 zu einer schrittweisen Beteiligung der Opposition an der Regierung. Oppositionsführer Albert Zafy beabsichtigte, die politische Krise bis Ende 1992 durch eine neue Verfassung und demokratische Wahlen zu beenden.
Opposition setzt sich durch: Als Nachfolger des im Juli 1991 entlassenen Regierungschefs Victor

Ramahatra ernannte Präsident Ratsiraka im August Guy Willy Razanamasy. Razanamasy bildete eine provisorische Regierung, in der erstmals kleinere Oppositionsparteien vertreten waren. Die im Komitee der starken Kräfte organisierte größte Oppositionsbewegung verweigerte eine Beteiligung. Die von der Opposition organisierten Protest- und Streikaktionen erreichten Ende September ihren Höhepunkt, als rd. 500 000 Menschen gegen Ratsiraka demonstrierten. Im Oktober einigten sich Regierung und Opposition auf die Auflösung des Parlaments. Eine Regierung unter Ministerpräsident Razanamasy, die zur Hälfte aus Mitgliedern des Komitees der starken Kräfte besteht, nahm im Dezember 1991 ihre Arbeit auf.
Schwieriger Demokratisierungsprozeß: Ein überstaatliches Gremium, der sog. Hohe Rat, dessen Vorsitz im November 1991 der Oppositionsführer Albert Zafy übernahm, soll den demokratischen Wandel überwachen. Präsident Ratsiraka soll unter Beschneidung seiner Befugnisse nur noch bis zu Neuwahlen im Amt verbleiben. Im Juli 1992 scheiterte ein Putsch unter Führung der Politikerin Liva Ramahozomanana.
Wirtschaft geschädigt: Die von Juni bis Oktober 1991 andauernden Streikaktionen der Opposition, die von Staatsbediensteten und Geschäftsleuten getragen wurden, verursachten einen finanziellen Ausfall von rd. 150 Mio Dollar (229 Mio DM). Die Inlandsproduktion ging 1991 um 6% zurück. Hauptausfuhrgüter waren Kaffee (24,3%), Vanille (13,4%) und Gewürznelken (5,6%, Stand: 1989).

Malawi

Fläche	118 484 km² (Weltrang 98)
Einw.	9,19 Mio (Weltrang 73)
Hauptst.	Lilongwe (175 000 Einw.)
Pkw.-Kz.	MW
Sprache	Englisch, Chichewa
BSP/Kopf	200 Dollar (1990)
Inflation	31,5% (1988)
Arb.-los.	k. A. Afrika, S. 494, E 6
Währung	1 Malawi-Kwacha, MK = 100 Tambala
Religion	Christl. (57%), animist. (19%), moslem. (16%)
Reg.-Chef	Hastings Kamuzu Banda (seit 1966)
Staatsob.	Hastings Kamuzu Banda (seit 1966)
Staatsf.	Präsidiale Republik, Einparteiensystem
Parlament	Nationalversammlung mit 107 für fünf Jahre gewählten und vom Präsidenten ernannten Abgeordneten; sämtliche Sitze für die Einheitspartei Malawi Congress Party (Wahl vom Juni 1992)

Mit Unnachgiebigkeit und Menschenrechtsverletzungen beantwortete der diktatorisch herrschende Hastings Kamuzu Banda die bis Mitte 1992 stetig anwachsende Kritik an den politischen und sozialen Zuständen in M. Einzig zugelassene Partei war die 1959 gegründete Malawische Kongreßpartei (MCP), die nach den Parlamentswahlen vom Juni 1992 erneut alle Sitze in der Nationalversammlung vereinnahmte.

Repression: Im März 1992 wurden die sechs katholischen Bischöfe des Landes vorübergehend festgenommen, nachdem sie sich in einem Hirtenbrief kritisch mit dem Einparteienregime auseinandergesetzt hatten. Der im Exil lebende Oppositionelle Chakufwa Chihana wurde im April 1992 bei seiner Rückkehr verhaftet. Bei Demonstrationen für seine Freilassung wurden im Mai rd. 38 Menschen von Sicherheitskräften erschossen.

Finanzhilfen gestrichen: Die wichtigsten westlichen Geberländer beschlossen im Mai 1992, die Finanzhilfe für M. in Höhe von 113 Mio DM an demokratische Fortschritte innerhalb einer Frist von sechs Monaten zu knüpfen. Wichtigster Erwerbszweig des Landes war 1991/92 die Landwirtschaft. Zu den Hauptexportprodukten zählten Tabak (Anteil an Ausfuhr: 52%) und Tee (15%). Mit einem Pro-Kopf-Einkommen von 305 DM (Stand: 1990) gehörte M. zu den ärmsten Ländern der Welt. Außerdem lebten Mitte 1992 rd. 960 000 Hilfesuchende in M., die vor dem Bürgerkrieg im benachbarten Mosambik geflohen waren.

Datuk Seri Mahathir bin Mohamad, Ministerpräsident von Malaysia
* 20. 12. 1925 in Alor Star/Malaysia, Dr. med. Mahathir war Leiter einer Privatklinik und 1964–1969 und ab 1974 Parlamentsabgeordneter der Regierungspartei UMNO. Er übernahm 1974 das Amt des Erziehungs- und 1978 des Handels- und Industrieministers. 1981 wurde er zum Vorsitzenden der UMNO und zum Ministerpräsidenten gewählt. Mahathir gewann die Wahlen 1982, 1986 und 1990.

Mit einem industriellen Wachstum von 15% – bei einer gesamtwirtschaftlichen Zuwachsrate von 8,6% (Stand: 1991) – näherte sich die Regierung unter dem seit 1981 amtierenden Ministerpräsidenten Datuk Seri Mahathir bin Mohamad ihrem Ziel, bis zum Jahr 2020 zum Kreis der Industrienationen zu gehören (→ Schwellenländer). Als Folge von Waldbränden, Brandrodung und Industrieabgasen litt M. unter Umweltproblemen.

Hauptziel Wirtschaftswachstum: Mit dem im Juni 1991 in Kraft getretenen Fünfjahresplan soll bis 1995 eine durchschnittliche reale Wachstumsrate von 7,5% erreicht werden und der Anteil der exportorientierten Industrien am Bruttoinlandsprodukt auf 32% (1990: 27%) ansteigen. Außerdem endete die Steuerbefreiung für exportfördernde Investitionen, die seit 1985 galt. Das Budget für 1992 (Fiskaljahr: April 1991 bis März 1992) sah eine Steigerung der Staatsausgaben um 18% bei einer Einnahmeplus von lediglich 6% vor. Das an natürlichen Ressourcen reiche Land war 1991 einer der größten Gummi- und Kakaoproduzenten der Welt und verfügte mit einer Produktion von über 7 Mio t Rohpalmöl weltweit über die größte Palmölindustrie. Außerdem gab es reiche Erdöl-, Erdgas- und Zinnvorkommen.

Umweltprobleme: Vom August bis zum Monsunregen im November 1991 überzog gesundheitsschädlicher Rauch das südostasiatische Land. Ursache waren Waldbrände, die in Kalimantan, dem indonesischen Teil Borneos, ausgebrochen waren, sowie Brandrodungen in der gesamten Region. Außerdem entwichen ungefilterte Schadstoffe aus den Raffinerien und Anlagen der chemischen Industrie an der malayischen Ostküste, vor der Ölvorkommen erschlossen werden. Das zu rd. 60% mit Wald bestandene M. deckte 1991 rd. 75% des Weltbedarfs an tropischen Rundhölzern (→ Tropenwälder). Große Flächen Urwald wurden gerodet, um Palmölplantagen anzulegen.

Malaysia

Fläche	329 758 km² (Weltrang 65)
Einw.	17,8 Mio (Weltrang 47)
Hauptst.	Kuala Lumpur (1 Mio Einw.)
Pkw.-Kz.	MAL
Sprache	Malaiisch (Bahasa)
BSP/Kopf	2320 Dollar (1990)
Inflation	3,2% (1990)
Arb.-los.	6,3% (1990) Ostasien, S. 497, B 5
Währung	1 Malaysischer Ringgit, M$ = 100 Sen
Religion	Moslem. (53%), buddhist. (17%), hinduist., christl.
Reg.-Chef	Datuk Seri Mahathir bin Mohamad (seit 1981)
Staatsob.	Raja Azlan Schah (seit 1989)
Staatsf.	Parlamentarisch-demokratische Wahlmonarchie
Parlament	Abgeordnetenhaus mit 180 für fünf Jahre gewählten Abgeordneten; 127 Sitze für die aus 13 Parteien bestehende Regierungskoalition Nationale Front, 48 für Oppositionsallianz, 5 für Unabhängige (vorgezogene Neuwahlen von 1990)

Malediven

Fläche	298 km² (Weltrang 181)
Einw.	214 000 (Weltrang 167)
Hauptst.	Malé (46 000 Einw.)
Pkw.-Kz.	k. A.
Sprache	Maledivisch (Divehi)
BSP/Kopf	450 Dollar (1990)
Inflation	14% (1988; Schätzung)
Arb.-los.	k. A. Asien, S. 496, C 6
Währung	1 Rufiyaa, Rf = 100 Laari
Religion	Moslemisch
Reg.-Chef	Maumoon Abdul Gayoom (seit 1978)
Staatsob.	Maumoon Abdul Gayoom (seit 1978)
Staatsf.	Präsidiale Republik
Parlament	Majilis mit 40 für fünf Jahre gewählten und acht vom Präsidenten ernannten Abgeordneten, keine politischen Parteien

Bis Mitte 1992 waren von den rd. 1200 Koralleninseln im Indischen Ozean, die administrativ in 19 Atolle eingeteilt sind, 202 bewohnt. Die Inselchefs (Island Chiefs) werden von Repräsentanten der Bewohner ausgewählt und vom Präsidenten ernannt. Jedes Atoll wird von einem Atollchef (Atoll Chief) verwaltet, der vom Präsidenten bestimmt wird. Die Wahl ins Präsidentenamt, das seit 1978 Maumoon Abdul Gayoom innehat, erfolgt alle fünf Jahre. Neben dem auf etwa 70 Inseln zugelassenen Tourismus (1989 etwa 159 000 Besucher, 1985: 115 000), war der Fischfang die Haupteinnahmequelle der Einwohner.

Der nach dem Militärputsch vom April 1991 in Aussicht gestellte Übergang zur Demokratie fand mit den ersten freien Präsidentenwahlen ihren Abschluß, die der ehemalige Kulturminister Alpha Oumar Konare im April 1992 für sich entschied.

Demokratisierung: Mit 71% der Stimmen gewann Konare, Vorsitzender der Allianz für Demokratie (Adéma), die Stichwahl gegen Tieoule Konate (Wahlbeteiligung: 16%). Konare löste als Staatsoberhaupt Amadou Toumani Touré ab, der 1991 den Diktator Moussa Traoré gestürzt und demokratische Reformen eingeleitet hatte. Im März 1992 ließ Touré Parlamentswahlen durchführen, aus der die Allianz für Demokratie mit absoluter Mehrheit als Sieger hervorging. Konare ernannte im Juni 1992 den ehemaligen Präsidenten der malischen Zentralbank, Younoussi Toure, zum Ministerpräsidenten.

Friedensschluß in Gefahr: Trotz eines am 11. 4. 1992 unterzeichneten Friedensvertrages töteten Regierungstruppen im Juni 1992 68 Tuareg. Der Vertrag hatte dem Nomadenstamm regionale Selbstverwaltung zugesprochen. Insgesamt starben in dem seit Frühjahr 1990 dauernden Krieg bis Mitte 1992 mehrere hundert Menschen.

Landwirtschaft dominiert: Rd. 80% der ökonomisch aktiven Bevölkerung war zu Beginn der 90er Jahre in der vorwiegend selbstversorgenden Landwirtschaft tätig. Das industriell unterentwickelte Land ohne Zugang zum Meer verfügt über wenig erschlossene Bodenschätze, vor allem Uran, Erdöl, Gold, Diamanten, Mangan, Bauxit und Phosphate.

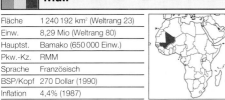

Mali

Fläche	1 240 192 km² (Weltrang 23)
Einw.	8,29 Mio (Weltrang 80)
Hauptst.	Bamako (650 000 Einw.)
Pkw.-Kz.	RMM
Sprache	Französisch
BSP/Kopf	270 Dollar (1990)
Inflation	4,4% (1987)
Arb.-los.	k. A. Afrika, S. 494, B 3
Währung	1 CFA-Franc, FCFA = 100 Centimes
Religion	Moslemisch (90%), christlich, animistisch
Reg.-Chef	Younoussi Toure (seit Juni 1992)
Staatsob.	Alpha Oumar Konare (seit April 1992)
Staatsf.	Präsidiale Republik
Parlament	Nationalversammlung mit 116 Abgeordneten; 74 Sitze für Adéma, 9 für Nationalkongreß der demokratischen Initiative, 8 für Sudanesische Union RDA, 25 für andere (Wahl vom März 1992)

Malta

Fläche	316 km² (Weltrang 180)
Einw.	300 000 (Weltrang 162)
Hauptst.	Valletta (14 000 Einw.)
Pkw.-Kz.	M
Sprache	Maltesisch, Englisch
BSP/Kopf	6610 Dollar (1990)
Inflation	2,4% (1991)
Arb.-los.	3,6% (1991) Europa, S. 490, D 8
Währung	1 Maltesische Lira, Lm = 100 Cents = 1000 Mils
Religion	Katholisch (98%)
Reg.-Chef	Edward Fenech Adami (seit 1987)
Staatsob.	Vincent Tabone (seit 1989)
Staatsf.	Parlamentarische Republik
Parlament	Repräsentantenhaus mit 65 für fünf Jahre gewählten Abgeordneten; 34 Sitze für Nationalist Party, 31 für Labour Party (Wahl vom Februar 1992)

Mit der absoluten Mehrheit an Stimmen und Mandaten gewann die regierende Nationalistische Partei des christdemokratischen Regierungschefs Edward Fenech Adami im Februar 1992 die Parlamentswahlen. Hauptziel der zweiten Regierung Fenech Adami ist der Beitritt des zwischen Sizilien und Libyen liegenden Inselstaates zur EG.

Wahlsieg der Europabefürworter: Mit 51,8% der Stimmen und 34 Mandaten setzte sich die Nationalistische Partei gegen die oppositionelle Labour Party durch, die 46,5% und 31 Mandate errang (Wahlbeteiligung: 96%). Hauptgegenstand der Wahlauseinandersetzung war die umstrittene Frage eines EG-Beitritts. M. hatte im Juli 1990 einen Aufnahmeantrag gestellt. Im Gegensatz zu Fenech Adami lehnte die Labour Party, die zwischen 1971 und 1987 in Valletta regierte, einen Beitritt zur EG ab.

Wirtschaftslage: 1991 wickelte M. mit der EG 80% seines Außenhandels ab. Neben der Tourismusförderung liegt das Hauptziel der Regierung im Ausbau der hochtechnisierten Industrie. Etwa 900 000 Touristen gaben 1991 auf der Mittelmeerinsel 500 Mio Dollar (764 Mio DM) aus.

**Hasan II.,
König von Marokko**
* 9. 7. 1929 in Rabat/Marokko. Der Jurist wurde 1961 marokkanischer König. 1961–1963 und 1965–1967 war er auch Ministerpräsident. Seit Ende der 80er Jahre sah sich König Hasan II. zunehmend mit islamischen Fundamentalisten konfrontiert, die sich für die Abschaffung der Monarchie in Marokko einsetzten.

Jahre eingeleiteten Reformen, die internationale Unterstützung und eine Rekordernte verbesserten 1991/92 die wirtschaftliche Lage von M.

Westsahara: Am 6. 9. 1991 trat ein von der UNO initiierter Waffenstillstand zwischen der marokkanischen Armee und der von Algerien unterstützten Befreiungsbewegung Frente Polisario in Kraft. Die für Januar 1992 geplante Volksabstimmung über die Unabhängigkeit der Westsahara wurde wegen umstrittener Wahllisten verschoben. UNO-Generalsekretär Butros Butros Ghali setzte M. und der Polisario unter Mohammed Abdelaziz eine Frist bis Mitte 1992, um die Bedingungen für eine Verwirklichung des Referendums in dem phosphatreichen Wüstengebiet in Nordwestafrika zu schaffen. Nach dem UN-Friedensplan sollen nur die nach der Volkszählung von 1974 registrierten 74 000 Saharauis stimmberechtigt sein. König Hasan will auch die nach 1974 von ihm in die Westsahara geschickten Marokkaner an dem Referendum beteiligen, um einen Anschluß an M. zu sichern.

Wirtschaftslage: 1991 stieg das Bruttoinlandsprodukt, u. a. wegen einer Rekordweizenernte, um 5% (1990: 2,6%). 1992 rechnete die Regierung wegen der anhaltenden Dürre und der zu erwartenden schlechten Ernte mit einem Null-Wachstum. Wichtigste Devisenquelle waren die Überweisungen der 1,6 Mio Gastarbeiter (775 000 in Frankreich) von 1,95 Mrd Dollar (2,97 Mrd DM). Die Auslandsinvestitionen stiegen 1991 um 70%. Die Auslandsschulden von M., das im Februar 1992 mit den im Pariser Club vereinten Gläubigern ein Umschuldungsabkommen vereinbarte, betrugen 22 Mrd Dollar (33,6 Mrd DM). Die Weltbank gewährte dem nordafrikanischen Staat einen Umstrukturierungskredit von 275 Mio Dollar (420 Mio DM), die Afrikanische Entwicklungsbank räumte M. Kredite in Höhe von 410 Mio Dollar (626 Mio DM) ein.

Marokko

Fläche	712 550 km² (Weltrang 39)
Einw.	25,7 Mio (Weltrang 35)
Hauptst.	Rabat-Salé (1 Mio Einw.)
Pkw.-Kz.	MA
Sprache	Arabisch
BSP/Kopf	950 Dollar (1990)
Inflation	8,2% (1991)
Arb.-los.	25% (1990)
Währung	1 Dirham, DH = 100 Centimes
Religion	Moslemisch (99%)
Reg.-Chef	Azzedine Laraki (seit 1986)
Staatsob.	König Hasan II. (seit 1961)
Staatsf.	Konstitutionelle Monarchie
Parlament	Nationalversammlung aus 306 für sechs Jahre gewählten Abgeordneten, davon 204 in direkter Wahl, 102 durch Vertreter der Gemeinden und Berufskammern; 168 Sitze für Regierungsparteien (Verfassungsunion: 83, Nationale Sammlung der Unabhängigen: 61, Nationaldemokraten: 24), 39 für Sozialistische Union der Volkskräfte, 43 für Istiklal-Partei, 47 für Volksbewegung, 9 für andere (Wahl von 1984, nächste Wahl auf Ende 1992 verschoben)

Afrika, S. 494, B 1

Der Konflikt um die politische Zukunft der von M. besetzten Westsahara bestimmte 1991/92 die Politik von König Hasan II., der seit 1961 über den Maghreb-Staat herrscht. Die Anfang der 90er

Marshall-Inseln

Fläche	181 km² (Weltrang 184)
Einw.	43 000 (Weltrang 183)
Hauptst.	Uliga (7600 Einw.)
Pkw.-Kz.	k. A.
Sprache	Englisch, mikrones. Dialekte
BSP/Kopf	1500 Dollar (1989)
Inflation	k. A.
Arb.-los.	k. A.
Währung	1 US-Dollar, US-$ = 100 Cents
Religion	Katholisch, protestantisch
Reg.-Chef	Amata Kabua (seit 1986)
Staatsob.	Amata Kabua (seit 1986)
Staatsf.	Republik
Parlament	Nitjela mit 33 Abgeordneten und beratende Versammlung mit Stammesführern

Ozeanien, S. 498, G 1

Die aus zwei Atollketten bestehende Inselgruppe im westlichen Pazifik wurde im September 1991 als Vollmitglied in die UNO aufgenommen. Ende der 80er Jahre finanzierten die Vereinigten Staaten, deren seit 1947 währende Treuhandschaft über die M. von der UNO im Dezember 1990 aufgehoben wurde, rd. 70% des Staatshaushaltes. Die Hauptausfuhrgüter waren zu Beginn der 90er Jahre Kopra, Kokosöl und Fisch, importiert wurden Nahrungsmittel, Industrieprodukte und Treibstoffe. Die östliche Ratakgruppe besteht aus 16, die westliche Ralikgruppe aus 18 Atollen, darunter die durch Atombombenversuche bekanntgewordenen Atolle Bikini und Eniwetok.

Mauretanien

Fläche	1 030 000 km² (Weltrang 28)
Einw.	2,05 Mio (Weltrang 133)
Hauptst.	Nouakchott (600 000 Einw.)
Pkw.-Kz.	RIM
Sprache	Arabisch, Französisch
BSP/Kopf	500 Dollar (1990)
Inflation	1,4% (1988)
Arb.-los.	50% (1988)
Währung	1 Ouguiya, UM = 5 Khoums
Religion	Moslemisch (99%)
Reg.-Chef	Maaouya Ould Sid' Ahmed Taya (seit 1984)
Staatsob.	Maaouya Ould Sid' Ahmed Taya (seit 1984)
Staatsf.	Präsidiale Republik, Militärregime
Parlament	Nationalversammlung mit 79 Abgeordneten; 67 Sitze für Demokratisch-Soziale Partei der Republik (PRDS), 12 für andere (Wahl vom März 1992)

Afrika, S. 494, A 3

Nach dem Beginn einer demokratischen Umgestaltung und einem Verfassungsreferendum im Juli 1991 fanden in M. am 6. 3. 1992 Parlamentswahlen statt, die die Demokratisch-Soziale Partei der Republik (PRDS) mit absoluter Mehrheit gewann. Der seit 1984 diktatorisch regierende Oberst Maaouya Ould Sid' Ahmed Taya wurde bei den ersten freien Präsidentschaftswahlen seit der Unabhängigkeit von Frankreich im Jahre 1960 am 24. 1. 1992 mit 63% der Stimmen im Amt bestätigt.

Parlamentswahl: Die PRDS errang 67 der 79 Mandate, zehn Sitze gingen an unabhängige Kandidaten, die dem Staats- und Regierungschef politisch nahestanden. Die Opposition boykottierte die Abstimmung. Ende April 1992 demonstrierten Zehntausende gegen die Regierung.

Präsidentschaftswahl: Der Oppositionspolitiker Ahmed Ould Daddah von den Vereinigten Demokratischen Kräften, auf die 33% der Stimmen entfielen, kündigte eine Anfechtung der Wahl vor dem Obersten Gerichtshof an, weil es zu Wahlbetrug gekommen sei. Ausländische Beobachter bestätigten Zwischenfälle während der Wahl.

Wirtschaftslage: Mit dem Abbau von Eisenerzen wurden 1991 rd. 12% des Bruttoinlandsprodukts erwirtschaftet. Hauptabnehmer waren europäische Länder und Japan. Landwirtschaft und Fischfang trugen knapp ein Drittel zum Bruttoinlandsprodukt bei. Zur wichtigsten Devisenquelle entwickelte sich die industrielle Fischerei. M. war 1991/92 auf Lebensmittelhilfe angewiesen.

Mauritius

Fläche	2040 km² (Weltrang 165)
Einw.	1,1 Mio (Weltrang 146)
Hauptst.	Port Louis (155 000 Einw.)
Pkw.-Kz.	MS
Sprache	Englisch
BSP/Kopf	2250 Dollar (1990)
Inflation	13,5% (1990)
Arb.-los.	3,6% (1988)
Währung	1 Mauritius-Rupie, MR = 100 Cents
Religion	Hinduist. (34%), kath. (26%), moslem. (17%)
Reg.-Chef	Anerood Jugnauth (seit 1982)
Staatsob.	Cassam Uteem Veerasamy Ringadoo (seit März 1992)
Staatsf.	Republik im Commonwealth
Parlament	Gesetzgebende Versammlung mit 70 für fünf Jahre gewählten Abgeordneten; 57 Sitze für Mauritianische Sozialistische Bewegung (MSM, Allianz aus drei Parteien) und Mauritianische Militante Bewegung (MMM), 2 für Rodrigues Volksorganisation, 11 für andere (Wahl von 1991)

Afrika, S. 494, F 6

Die am 15. 9. 1991 im Amt bestätigte Regierung unter Anerood Jugnauth proklamierte am 12. 3. 1992 die Republik M. Die britische Königin Elisabeth II. wurde als Staatsoberhaupt von Sir Cassam Uteen Veerasamy Ringadoo abgelöst, jedoch bleibt die wirtschaftlich erfolgreiche Demokratie Teil des Commonwealth. Bei den Parlamentswahlen errang die Regierungskoalition der aus drei Parteien bestehenden MSM und der MMM 57 der 62 in Direktwahl zu vergebenden Sitze.

Der Devisenbestand des Landes konnte innerhalb eines Jahres von 194 Mio Dollar (296 Mio DM) auf 825 Mio Dollar (1,3 Mrd DM; Stand: 1991) gesteigert werden. Bei abnehmender Bedeutung dominierte 1991 die Zuckerproduktion mit rd. 13% des Bruttoinlandsprodukts die einheimische Wirtschaft (1982: 19%). Ihren wirtschaftlichen Boom verdankte die an der Schwelle zum Industriestaat stehende Insel den 1970 gegründeten Freiexportzonen (EPZ), die mit Billiglöhnen, Steuererleichterungen und Zollfreiheit ausländische Investoren anlockten. Nachdem bis 1990 Textil- und Bekleidungsbetriebe überwogen, verstärkte die Regierung 1991/92 die Förderung für die Elektronik- und Informatikbranche sowie für feinmechanische Produktionsstätten.

Carlos Salinas de Gortari, Staatspräsident von Mexiko
* 3. 4. 1928 in Mexiko-Stadt/Mexiko. Dr. Salinas studierte in Mexiko und an der Harvard-Universität in den USA Wirtschaftswissenschaften. Er gehört seit 1966 der Regierungspartei PRI an und trat 1979 ins Haushalts- und Planungsministerium ein, dessen Leitung er 1982 übernahm. Im Juli 1988 wurde er mit 50,36% zum Präsidenten gewählt. Die Opposition warf der PRI Wahlbetrug vor.

Mexiko	
Fläche	1 958 201 km² (Weltrang 14)
Einw.	81,1 (Weltrang 11)
Hauptst.	Mexiko-Stadt (19,4 Mio Einw.)
Pkw.-Kz.	MEX
Sprache	Spanisch
BSP/Kopf	2490 Dollar (1990)
Inflation	18,8% (1991)
Arb.-los.	16% (1990)
Währung	1 Mexikanischer Peso, mex$ = 100 Centavos
Religion	Katholisch (92%), protestantisch
Reg.-Chef	Carlos Salinas de Gortari (seit 1988)
Staatsob.	Carlos Salinas de Gortari (seit 1988)
Staatsf.	Präsidiale Bundesrepublik
Parlament	Kongreß aus Abgeordnetenhaus mit 500 für drei Jahre gewählten und Senat mit 64 für sechs Jahre gewählten Abgeordneten; 320 Sitze (Senat: 61) für Partei der Institutionalisierten Revolution, 89 (1) für Partei der Nationalen Aktion, 41 (2) für Partei der Demokratischen Revolution, 50 für andere (Wahl vom August 1991)

Nordam., S. 491, C 8

Bei den Parlamentswahlen am 18. 8. 1991 errang die Partei der Institutionalisierten Revolution (PRI) von Staats- und Regierungschef Carlos Salinas de Gortari mit 61,4% der Stimmen einen von

Betrugsvorwürfen überschatteten Wahlsieg. Die Wirtschaft des von Umweltproblemen betroffenen mittelamerikanischen Landes profitierte bis Mitte 1992 von der Sanierungspolitik der seit 1988 amtierenden Regierung und verzeichnete hohe Wachstumsraten (1991: 4,7%).

Absolute Mehrheit für PRI: Bei den Wahlen zu dem aus zwei Kammern bestehenden Bundesparlament von M. wurden die 500 Delegierten des Abgeordnetenhauses sowie die Hälfte der 64 Senatoren gewählt. Die seit 1929 regierende PRI erhielt 320 der 500 Mandate im Abgeordnetenhaus und 61 von 64 Sitzen im Senat. Mit 17,7% der Stimmen wurde die konservative Partei der Nationalen Aktion (PAN) zweitstärkste Partei. Sie errang 89 Parlamentssitze und stellte einen Senator. Die Mitte-Links-Gruppierung Partei der Demokratischen Revolution (PRD) errang mit 8,3% der Stimmen 41 Mandate im Parlament und zwei Sitze im Senat.

Opposition beklagt Wahlbetrug: Wahlbeobachter meldeten Unregelmäßigkeiten aus rd. 50% aller Wahllokale im Land. Die Vorsitzenden von PAN und PRD, Luis Alvarez und Cuauhtemoc Cardenas, erhoben Vorwürfe über gefälschte Wahllisten und die Verwendung von Steuergeldern für die PRI-Kampagne. Außerdem seien Urnen vor dem Wahlgang bereits gefüllt gewesen, und es sei Druck auf die Wähler ausgeübt worden. Ebenfalls umstritten war das Ergebnis von zwei der sechs gleichzeitig stattfindenden Gouverneurswahlen. Die Kandidaten der Opposition in den Bundesstaaten San Luis Potosi und Guanajuato reklamierten, entgegen den veröffentlichten Ergebnissen, den Sieg für sich. Die Wahl im nördlichen mexikanischen Bundesstaat Chihuahua entschied im Juli 1992 der Kandidat der PAN, Barrio Terrazas, für sich.

Explosionskatastrophe: Nach einer Serie von Explosionen im Abwassersystem von Guadalajara starben im April 1992 mehr als 200 Menschen, rd. 1400 Personen wurden verletzt. Aus einer Anlage der staatlichen Erdölgesellschaft Pemex, des fünftgrößten Erdölkonzerns der Welt, waren mehrere tausend Liter Benzin in die Kanalisation geflossen und explodiert.

Umweltprobleme: Im März 1992 wurde in Mexiko-Stadt erstmals Stufe zwei des Katastrophenalarmplans ausgelöst. Die Giftstoffkonzentration in der Luft hatte auf einer 500-Punkte-Skala den Rekordwert von 398 Punkten erreicht. 2000 Schulen wurden geschlossen, und 223 umweltgefährdende Betriebe mußten ihre Produktion um 50%, teilweise um 75% drosseln. Das bestehende eintägige Fahrverbot wurde auf zwei Tage ausgedehnt. Der Autoverkehr verursacht 75% aller Emissionen. Der toxische Gehalt vieler Industrieemissionen (8%) ist bis zu zehnmal so hoch wie jener der Autoabgase. Insgesamt gelangen 4,5 Mio t Schadstoffe pro Jahr in die Luft der Hauptstadt.

Sanierung erfolgreich: Zu den von Präsident Salinas vorangetriebenen Reformen gehörte die Verkleinerung des unrentablen öffentlichen Sektors. Die Zahl der in öffentlichem Besitz stehenden Unternehmen ging zwischen 1982 und Mitte 1992 von über 1185 auf 150 zurück. Die Pemex bleibt von der Privatisierung ausgeschlossen. Zwischen 1988 und 1991 konnte die Inflation von 160% auf 18,8% verringert werden. Der 1991 mit 100,7 Mrd Dollar (153,8 Mrd DM) nach den USA und Brasilien drittgrößte Schuldner der Welt konnte seine öffentliche Auslandsschuld bis Mitte 1992 um rd. 7,2 Mrd Dollar (11 Mrd DM) auf 73,6 Mrd Dollar (112,4 Mrd DM) abbauen.

Mikronesien

Fläche	721 km² (Weltrang 170)	
Einw.	104 937 (Weltrang 174)	
Hauptst.	Kolonia (5500 Einw.)	
Pkw.-Kz.	FSM	
Sprache	Englisch, mikrones. Dialekte	
BSP/Kopf	1500 Dollar (1989)	
Inflation	k. A.	
Arb.-los.	80% (1990)	Ozeanien, S. 498, E 1
Währung	1 US-Dollar, US-$ = 100 Cents	
Religion	Katholisch, protestantisch	
Reg.-Chef	Bailey Olter (seit 1991)	
Staatsob.	Bailey Olter (seit 1991)	
Staatsf.	Republik, formell UNO-Treuhandgebiet	
Parlament	Kongreß, erstmals 1979 gewählt	

Die seit 1986 formell unabhängige Inselgruppe im Pazifischen Ozean, für deren Außen- und Verteidigungspolitik aufgrund eines Assoziationsvertrages offiziell die Vereinigten Staaten von Amerika zuständig sind, wurde im September 1991 in die UNO aufgenommen. In seiner Antrittsrede vor der UNO-Generalversammlung drängte der im März 1991 zum Präsidenten gewählte Bailey Olter die Industrienationen zum Verzicht auf die Versenkung chemischen und radioaktiven Mülls in der Nähe der südpazifischen Inseln. Die 2 Mrd Dollar (3,1 Mrd DM) Hilfszahlungen, die die USA zwischen 1986 und 2001 leisten wollen, sind mit der Auflage verbunden, 40% dieser Gelder für die Verbesserung der Infrastruktur zu verwenden. Andere Einnahmequellen sind der zur Selbstversorgung dienende Fischfang und ein sich seit 1987 langsam entwickelnder Tourismussektor. 1989 besuchten 45 000 Urlauber die Inseln. Obwohl der Boden fruchtbar ist, zählen Früchte und Gemüse zu den Importgütern.

Moldawien

Fläche	33 700 km² (Weltrang 133)	
Einw.	4,5 Mio (Weltrang 104)	
Hauptst.	Chisinau (565 000 Einw.)	
Pkw.-Kz.	k. A.	
Sprache	Moldawisch (rumänisch)	
BSP/Kopf	k. A.	
Inflation	k. A.	
Arb.-los.	k. A.	Europa, S. 490, F 5
Währung	1 Rubel, Rbl. = 100 Kopeken	
Religion	Russisch-orthodox	
Reg.-Chef	Valerin Muravsky (Rücktritt am 9. 6., geschäftsführend im Amt)	
Staatsob.	Mircea Ion Snegur (seit 1990)	
Staatsf.	Republik	

Trotz eines Friedensplans, den das Parlament am 16. 6. 1992 beschloß, weitete sich Mitte 1992 der Konflikt um die nach Unabhängigkeit strebende Dnjestr-Region zu einem Bürgerkrieg zwischen Separatisten und Regierungstruppen aus. Unklar war die Rolle der in der Dnjestr-Region stationierten 14. GUS-Armee, die russischem Befehl unterstand und vom Parlament von M. der Aggression bezichtigt wurde. Das russische Verteidigungsministerium bezeichnete die 14. Armee als neutral. In dem Gebiet östlich des Dnjestr-Flusses begann die mehrheitlich russische und ukrainische Bevölkerung Ende 1991 einen Kampf gegen eine Vereinigung von M., dessen Bevölkerung überwiegend rumänischer Abstammung ist (Anteil: 65%), mit Rumänien. 14% der Bewohner in M. waren Ukrainer, 13% Russen und 4% türkischstämmige Gagausen. Wegen der innenpolitischen und wirtschaftlichen Schwierigkeiten trat das Kabinett unter Premier Valeriu Muravsky am 9. 6. zurück, blieb aber bis zur Ernennung eines neuen Ministerpräsidenten im Amt. Die ehemalige Sowjetrepublik hatte am 27. 8. 1991 ihre Unabhängigkeit erklärt.

Bürgerkrieg: Trotz eines Waffenstillstands, den Staatspräsident Mircea Snegur mit dem russischen Präsidenten Boris Jelzin vereinbarte, hielten die Kämpfe zwischen Regierungstruppen und Einheiten der Dnjestr-Separatisten an. Bei Granaten-Angriffen und Kämpfen u. a. um die Städte Dubossary und Bendery kamen Dutzende Menschen ums Leben.

Friedensplan: Das Parlament in M. stimmte im Juni einem 13-Punkte-Plan zur Beendigung des Konflikts mit der russischen Minderheit in der Dnjestr-Region zu. In der Resolution wurde eine Waffenruhe, die Entwaffnung der Bürgerwehren, Neuwahlen in M. und die Bildung einer Regierung der nationalen Versöhnung vorgeschlagen. Zuvor hatte das Parlament der Dnjestr-Region Au-

Mircea Ion Snegur,
Staatspräsident von Moldawien
* 17. 1. 1940 in Trifeneschtj im Kreis Floreschty/UdSSR (heute: Moldawien). Snegur arbeitete ab 1978 als Direktor eines Forschungsinstituts und ab 1985 als ZK-Sekretär. Im Juli 1989 wurde Snegur Vorsitzender des Präsidiums des Obersten Sowjets der Republik, im April 1990 Vorsitzender des Obersten Sowjets. Am 3. 9. 1990 übernahm er den neu geschaffenen Posten des Staatspräsidenten. Im Dezember 1991 wurde er bei Wahlen im Amt bestätigt.

tonomie zugesichert. Die Führung der Dnjestr-Region lehnte den Plan ab. Im März hatte Präsident Snegur den Ausnahmezustand über die Republik verhängt und die Separatisten der Dnjestr-Republik aufgefordert, die Waffen niederzulegen.

Präsidentschaftswahl: In der ersten Präsidentschaftswahl nach der Unabhängigkeit am 8. 12. 1991 wurde der einzige Kandidat Snegur mit 98,2% der Stimmen zum Staatspräsidenten gewählt. Am 1. 12. 1991 hatten die russischsprachigen Einwohner des Dnjestr-Gebiets und die seit August 1990 nach Unabhängigkeit strebenden Gagausen im Süden von M. ihre eigenen Präsidenten gewählt.

Wirtschaftslage: Die ökonomische Basis von M. war 1992 die Landwirtschaft. Wichtigste Anbauprodukte waren Wein, Obst und Gemüse. Ein Viertel des Weinbaugebiets der alten UdSSR lag in M. Von industrieller Bedeutung sind lediglich einige Konservenfabriken und Kellereien.

Regierung in Moldawien

Letzte Wahl	1991
Staatsoberhaupt	Mircea Ion Snegur
Ministerpräsident	Valeriu Tudor Muravschi
1. Stellvertreter	Constantin Oboroc, Andrei Sangheli
Stellvertreter	Gheorghe Efros, Constantin Tampiza
Äußeres	Nicolae Tiu
Finanzen	Gheorghe Luchian
Verteidigung	Ion Costas
Innen	Constantin Antoci
Landwirtschaft	Andrei Sangheli
Bauwesen	Gheorghe Calugaru
Kultur und Religion	Ion Ungureanu
Handel	Valeriu Bobutac
Gesundheit	Gheorghe Ghidirim
Industrie und Energie	Alexandru Barbu
Information	Timotei Andros
Justiz	Alecsei Babineagra
Sozialwesen	Gheorghe Spinei
Rohstoffe	Constantin Iavorschi
Wirtschaft	Constantin Tampiza
Innere Sicherheit	Anatol Plugaru
Wissenschaft und Erziehung	Nicolae Matcas
Transportwesen	Valerii Grigorévich Kozlov
Staatsminister	Gheorghe Gusac

Monaco

Fläche	1,95 km² (Weltrang 189)
Einw.	29 300 (Weltrang 184)
Hauptst.	Monaco-Ville (1200 Einw.)
Pkw.-Kz.	MC
Sprache	Französisch
BSP/Kopf	k. A.
Inflation	k. A.
Arb.-los.	Vollbeschäftigung
Währung	1 Französischer Franc, FF = 100 Centimes
Religion	Katholisch (90%), protestantisch
Reg.-Chef	Jacques Dupont (seit 1991)
Staatsob.	Fürst Rainier III. (seit 1949)
Staatsf.	Konstitutionelle Monarchie
Parlament	Nationalrat mit 18 für fünf Jahre gewählten Abgeordneten; sämtliche Sitze für Nationale und Demokratische Union (Wahl von 1988)

Europa, S. 490, C 6

Regierung in Monaco

Letzte Wahl	1988
Staatsoberhaupt	Fürst Rainier III.
Staatsminister	Jacques Dupont
Finanzen und Wirtschaft	Jean Pastorelli
Innen	Michel Eon
Öffentlicher Dienst und Soziales	Bernard Fautrier

In der 1,95 km² kleinen konstitutionellen Erb-
monarchie an der Côte d'Azur übernahm Jacques
Dupont im Februar 1991 das Amt des Staatsmi-
nisters. Der Staatsminister, der unter der Autorität
von Fürst Rainier III. die Exekutivgewalt ausübt,
wird von der französischen Regierung vorgeschlagen. Das Recht zur Gesetzesinitiative hat der
Monarch. Wichtigste Partei ist die monarchi-
stisch-konservative Nationale und Demokratische
Union, die bei den Wahlen von 1988 alle 18 Parlamentssitze gewann.
Der Tourismus war 1991/92 der wichtigste Wirtschaftszweig des mit Frankreich in einer Wirt-
schafts-, Zoll- und Währungsunion verbundenen
Landes. Die verarbeitende Industrie (Chemie,
Feinmechanik, Nahrungsmittel, Druckereien) bestand aus etwa 500 Mittel- und Kleinbetrieben.

Mongolei

Fläche	1 566 500 km² (Weltrang 18)
Einw.	2,2 Mio (Weltrang 132)
Hauptst.	Ulan Bator (480 000 Einw.)
Pkw.-Kz.	k. A.
Sprache	Mongolisch
BSP/Kopf	660 Dollar (1988)
Inflation	k. A.
Arb.-los.	7–10% (1990: Schätzung) Asien, S. 496, E 4
Währung	1 Tugrik, Tug. = 100 Mongo
Religion	Lamaistisch-buddhistisch
Reg.-Chef	Puntsagiin Jasray (seit Juli 1992)
Staatsob.	Punsalmaagiyn Otschirbat (seit 1990)
Staatsf.	Republik
Parlament	Großer Volkschural mit 76 für vier Jahre gewählten Abge-ordneten; 71 Sitze für Mongolisch-Revolutionäre Volks-partei (MRVP), 4 für Demokratische Koalition (Wahl vom Juni 1992, vorl. Ergebnis)

In dem zentralasiatischen Steppenland wurde am
28. 6. 1992 zum zweiten Mal innerhalb von zwei
Jahren ein neues Parlament gewählt. Der Urnen-
gang war nach der am 12. 2. in Kraft gesetzten
neuen Verfassung notwendig geworden. Seit dem
Zusammenbruch der Sowjetunion, die die M. qua-
si als 16. Republik behandelte, stand die Wirtschaft des Landes vor dem Zusammenbruch. Die
M. wickelte rd. 90% ihres Außenhandels mit Moskau ab. Bis August 1992 sollen die letzten militärischen Einheiten Rußlands die M. verlassen.
Parlamentswahlen: Die regierende ehemals kommunistische Mongolisch-Revolutionäre Volkspartei (MRVP), die sich auf ihrem 21. Parteikongreß
Anfang März vom Marxismus-Leninismus ab-
wandte, gewann nach vorläufigen Angaben 71 der
76 Abgeordnetensitze. Die größte Oppositionspartei, die Demokratische Koalition, schickte vier
Abgeordnete in den Volkschural. Premier wurde
der Wirtschaftsfachmann Puntsagiin Jasray.
Neue Verfassung: Das bislang zweigliedrige Parlament aus Großem und Kleinem Volkschural
wird nach der aus 70 Artikeln bestehenden Verfassung aufgelöst und in ein Ein-Kammer-System
umgewandelt. 76 Abgeordnete aus 26 Wahlkreisen werden in einer Mischung aus Mehrheits- und
Verhältniswahlrecht für eine Legislaturperiode
von vier Jahren bestimmt. Nach 70 Jahren kommunistischer Herrschaft war die M., die die Bezeichnung Volksrepublik im Januar 1992 ablegte
und den kommunistischen Stern von der Nationalflagge entfernte, auf dem Weg zur Demokratie.
Wirtschaftschaos: Anfang März 1992 gab die
Regierung nach mehr als 30 Jahren staatlicher
Kontrolle die Preise für Lebensmittel frei. Das
Bruttoinlandsprodukt ging 1991 um 12% zurück,
die heimische, mehrfach abgewertete Währung
Tugrik wurde im Zahlungsverkehr kaum noch akzeptiert und vom Dollar verdrängt. Hauptzweig
der Landwirtschaft war die Rinderzucht.

Mosambik

Fläche	801 590 km² (Weltrang 35)
Einw.	14,7 Mio (Weltrang 55)
Hauptst.	Maputo (900 000 Einw.)
Pkw.-Kz.	k. A.
Sprache	Portugiesisch
BSP/Kopf	80 Dollar (1990)
Inflation	40% (1989)
Arb.-los.	40% (1988) Afrika, S. 494, E 7
Währung	1 Metical, MT = 100 Centavos
Religion	Animist. (60%), christl. (30%), moslem. (10%)
Reg.-Chef	Mário da Graça Machungo (seit 1986)
Staatsob.	Joaquim Alberto Chissano (seit 1986)
Staatsf.	Sozialistische Volksrepublik
Parlament	Volksversammlung mit 210 Abgeordneten; sämtliche Sitze für Kandidaten der Einheitspartei Front für die Nationale Befreiung Mosambiks (Wahl von 1986)

Der Führer der rechtsgerichteten Renamo-Rebellen, Afonso Dhlakama, erklärte sich im Juli 1992 zum sofortigen Waffenstillstand in dem 15jährigen Bürgerkrieg bereit, falls seinen Kämpfern Straffreiheit gewährt werde. Die von der ehemals marxistisch orientierten Frelimo-Regierung geplante Umwandlung des sozialistischen Wirtschaftssystems in eine marktwirtschaftliche Ordnung wurde durch die Zulassung privater Banken im Dezember 1991 vorangetrieben.

Hoffnung auf Frieden: Ein erster Erfolg der Friedensverhandlungen im Oktober 1991 führte zu der grundsätzlichen Einigung, den Bürgerkrieg zu beenden und zur Zusage der Nationalen Widerstandsbewegung (Renamo), die Autorität der Regierung anzuerkennen. Die Regierung unter Staatspräsident Joaquim Alberto Chissano verpflichtete sich, keine Gesetze über strittige Fragen – wie etwa den Wahlmodus – zu verabschieden.

Verheerender Bürgerkrieg: Nach Schätzungen sollen etwa 500 000 Menschen bei dem seit 1977 andauernden Bürgerkrieg umgekommen sein. Zu Beginn des Jahres 1992 standen 100 000 Angehörigen der Streitkräfte mindestens 20 000 Renamo-Rebellen und rd. 10 000 bewaffnete Banditen gegenüber, die mit lokalen Milizen und Privatarmeen zusammenarbeiten.

Armut und Hunger: In dem verwüsteten Land lebten laut einer UNO-Studie 90% der Bevölkerung in Armut, rd. ein Drittel hatte ihr angestammtes Gebiet verlassen müssen. Im Mai 1992 warnte die Regierung wegen der Dürre vor dem Hungertod von 3 Mio Menschen.

Myanmar

Fläche	676 552 km² (Weltrang 40)
Einw.	41,68 Mio (Weltrang 25)
Hauptst.	Yangon (2,5 Mio Einw.)
Pkw.-Kz.	k. A.
Sprache	Birmanisch
BSP/Kopf	250 Dollar (1987/88)
Inflation	35% (1991; Schätzung)
Arb.-los.	k. A.
Währung	1 Kyat, K = 100 Pyas
Religion	Buddhist. (85%), moslem., hinduist.
Reg.-Chef	Than Shwe (seit April 1992)
Staatsob.	Than Shwe (seit April 1992)
Staatsf.	Sozialistische Republik, Militärregime
Parlament	Volksversammlung mit 485 für vier Jahre gewählten Abgeordneten; 397 Sitze für Nationale Liga für Demokratie (Wahl von 1990, vom Militärregime nicht anerkannt)

Ostasien, S. 497, A 4

Am 23. 4. 1992 löste General Than Shwe General Saw Maung als Chef der Militärjunta ab. Die Oppositionspolitikerin von der Nationalen Liga für Demokratie (NLD) und Wahlsiegerin vom Mai 1990, Aung San Suu Kyi, die im Oktober 1991 für ihren gewaltlosen Einsatz für die Demokratie mit dem Friedensnobelpreis ausgezeichnet wurde, stand bis Mitte 1992 unter Hausarrest. Mit der Vertreibung von 250 000 Moslems nach Bangladesch versuchte das Regime, sich des Problems ethnisch-religiöser Minderheiten zu entledigen.

Neuer Militärmachthaber: Der Armeechef und bisherige Verteidigungsminister Than Shwe übernahm, nachdem Saw Maung aus gesundheitlichen Gründen zurückgetreten war, die Führung der Junta SLORC (Rat für die Wiederherstellung von Recht und Ordnung). Als starker Mann im Hintergrund galt der 80jährige Ne Win, der seine politischen Ämter 1988 abgegeben hatte. Ein von den Militärs im April 1992 vorgelegter Zeitplan sah die Freilassung aller politischen Häftlinge und die Einberufung einer verfassunggebenden Versammlung innerhalb von sechs Monaten vor. Bis Mai 1992 ließen die Militärs 102 Regimegegner frei.

Brutale Vertreibung: Im Nordwesten des Landes führte die Vertreibung der moslemischen Rohingyas aus dem Grenzdistrikt Arakan bis April 1992 zu einem Hunderttausende Menschen umfassenden Flüchtlingsstrom ins benachbarte Bangladesch. Die Flüchtlinge berichteten von Greueltaten der mehrheitlich buddhistischen Armee, die mehr als 250 Todesopfer forderten. Nach internationalen Protesten genehmigte die Regierung eine Rückkehr der Vertriebenen.

Krieg gegen Karen-Stamm: Im Dezember 1991 brachen an der Grenze zu Thailand schwere Kämpfe aus, als die Armee versuchte, das Hauptquartier des Bergstammes der Karen, Manerplaw, einzunehmen. Die Rebellen der Karen-Union (KNU) begannen 1949 mit einem Kampf für mehr Autonomie und unterstützten die Demokratiebewegung in M.

Ausgebeutetes Land: Das zu den zehn ärmsten Ländern der Welt zählende M. litt 1991/92 unter dem Ausverkauf seiner Reichtümer durch die Militärs. Das südostasiatische Land, das über die größten Teakholzreserven der Welt verfügt und der größte Heroinproduzent Südostasiens ist, bezahlte seine militärische Aufrüstung mit dem Verkauf von Ausbeutungsrechten an ausländische Firmen. Etwa 30% der Kinder galten als unterernährt. Die Zahl der Frauen, die an einer Abtreibung starben, war die höchste in der Dritten Welt.

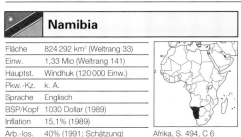

Namibia

Fläche	824 292 km² (Weltrang 33)
Einw.	1,33 Mio (Weltrang 141)
Hauptst.	Windhuk (120 000 Einw.)
Pkw.-Kz.	k. A.
Sprache	Englisch
BSP/Kopf	1030 Dollar (1989)
Inflation	15,1% (1989)
Arb.-los.	40% (1991; Schätzung)
Währung	1 Südafrikanischer Rand
Religion	Christl. (über 80%), animist.
Reg.-Chef	Sam Nujoma (seit 1990)
Staatsob.	Sam Nujoma (seit 1990)
Staatsf.	Präsidiale Republik
Parlament	Verfassunggebende Versammlung mit 72 Mitgliedern; 41 Sitze für Südwestafrikanische Volksunion, 21 für Demokratische Turnhallen-Allianz, 4 für United Democratic Front, 3 für Action Christian National, je 1 für National Patriotic Front, Namibia National Front und Federal Convention of Namibia (Wahl von 1989)

Afrika, S. 494, C 6

Auf ihrem ersten Kongreß nach der Unabhängigkeit wandelte sich die ehemalige Rebellenbewegung Südwestafrikanische Volksorganisation SWAPO im Dezember 1991 in eine Partei um. Mit Südafrika einigte sich N. im September 1991 auf eine gemeinsame Verwaltung für die südafrikanische Küstenenklave Walfischbucht (Walvis Bay). Trotz der Ernteausfälle durch die anhaltende Dürre verzeichnete N. 1991 ein Wirtschaftswachstum von 5,1%.

Parteikongreß: Die in Windhuk verabschiedeten Statuten verpflichteten die SWAPO im Hinblick auf die für November 1992 geplanten Regional- und Kommunalwahlen zur Demokratie, Freiheit und zur sozialen Gerechtigkeit. Die Arbeitslosenquote lag Mitte 1992 bei rd. 40%, das jährliche Bevölkerungswachstum bei 3,4%. Um ehemaligen SWAPO-Kämpfern eine Existenz zu sichern, soll die Armee von 5000 auf 40 000 Mann aufgestockt werden. Regierungschef Sam Nujoma wurde als Parteipräsident bestätigt. Die Demokratische Turnhallen-Allianz (DTA), ein Zusammenschluß politisch gemäßigter Gruppierungen, ist größte Oppositionspartei.

Lösung für Walfischbucht: Südafrika und N. verwalten das 11 000 km² große Gebiet, das den einzigen Tiefseehafen an der namibischen Küste einschließt, bis zu einer endgültigen Regelung gemeinsam. Südafrika hatte nach der Unabhängigkeit von N. 1990 die Kontrolle über die Walfischbucht behalten.

Wirtschaftssituation: Während der Kupfer- und Uranbergbau um 20% zurückging, nahm die Diamantenförderung 1991 um 56% zu. Insgesamt entfielen auf den Bergbausektor 75% der Deviseneinnahmen. Der Umsatz der Fischindustrie wuchs gegenüber 1990 um 80%. Die anhaltende Dürre vernichtete bis März 1992 rd. 80% der für den Handel bestimmten Maisernte.

Sam Nujoma,
Staatspräsident von Namibia
* 12. 5. 1929 in Ongandjera/Südwestafrika (heute: Namibia). Nujoma gründete 1959 die sozialistisch orientierte Befreiungsorganisation SWAPO, die seit den 60er Jahren einen Guerilakrieg für die Unabhängigkeit Namibias führte. Der SWAPO-Führer, der 1960–1989 mit einer kurzen Unterbrechung im Exil lebte, wurde im Februar 1990 zum ersten Präsidenten des unabhängigen Namibia gewählt.

Nauru

Fläche	21 km² (Weltrang 188)
Einw.	8100 (Weltrang 189)
Hauptst.	Yaren (4000 Einw.)
Pkw.-Kz.	k. A.
Sprache	Englisch, Nauruisch
BSP/Kopf	10 000 Dollar (1989)
Inflation	k. A.
Arb.-los.	Vollbeschäftigung (1990)
Währung	1 Australischer Dollar, $A = 100 Cents
Religion	Protestantisch (60%), katholisch (30%)
Reg.-Chef	Bernard Dowiyogo (seit 1989)
Staatsob.	Bernard Dowiyogo (seit 1989)
Staatsf.	Parlamentarische Republik
Parlament	Gesetzgebender Rat mit 18 für drei Jahre gewählten Abgeordneten, keine politischen Parteien

Ozeanien, S. 498, G 2

Als erster ausländischer Staatschef unterschrieb Bernard Dowiyogo beim Umweltgipfel in Rio de Janeiro/Brasilien im Juni 1992 die Konvention zum Schutz des Weltklimas. Die Bewohner von N. fürchten, daß sich ihre Küstengebiete verkleinern, wenn der → Treibhauseffekt zum Anstieg des Meeresspiegels führt. Einziger Wirtschaftszweig ist der Phosphatabbau, an dessen Ertrag die Bewohner beteiligt sind. Mit einem Pro-Kopf-Einkommen von rd. 15 000 DM gehörte N. zu Beginn der 90er Jahre zu den relativ wohlhabenden Entwicklungsländern.

Nepal

Fläche	140 797 km² (Weltrang 93)
Einw.	18,9 Mio (Weltrang 45)
Hauptst.	Katmandu (422 000 Einw.)
Pkw.-Kz.	k. A.
Sprache	Nepali
BSP/Kopf	170 Dollar (1990)
Inflation	8,1% (1989)
Arb.-los.	5% (1989) — Asien, S. 496, D 5
Währung	1 Nepalesische Rupie, NR = 100 Paisa
Religion	Hinduist. (90%), buddhist. (5%), moslem. (3%)
Reg.-Chef	Girija Prasad Koirala (seit 1991)
Staatsob.	König Birendra Bir Bikram Schah (seit 1972)
Staatsf.	Konstitutionelle Monarchie
Parlament	Unterhaus mit 205 Abgeordneten; 109 Sitze für Kongreß-partei, 69 für Vereinigte marxistisch-leninistische Partei, 13 für andere kommunistische Gruppierungen, 4 für königs-treue Parteien, 10 u. a. für Unabhängige (Wahl von 1991); Zweite Kammer mit Delegierten der einzelnen Regionen, der religiösen und kulturellen Organisationen sowie Vertretern des Königs

Steigende Preise, Geldentwertung und die hohe Arbeitslosenrate führten im April 1992 in Katmandu zu gewalttätigen Unruhen linksgerichteter Demonstranten. Die Ausschreitungen richteten sich gegen die liberale Kongreßpartei unter Premierminister Girija Prasad Koirala, die für die soziale Not der Bevölkerung verantwortlich gemacht wurde. Mit einem Bruttosozialprodukt von 170 Dollar (260 DM) pro Kopf gehörte N. 1990 zu den ärmsten Ländern der Welt. In der Landwirtschaft wird Reis, Hirse, Jute und Ingwer angebaut.

Neuseeland

Fläche	270 986 km² (Weltrang 74)
Einw.	3,43 Mio (Weltrang 118)
Hauptst.	Wellington (398 000 Einw.)
Pkw.-Kz.	NZ
Sprache	Englisch, Maori
BSP/Kopf	12 680 Dollar (1990)
Inflation	3,3% (1991)
Arb.-los.	10,5% (1991) — Ozeanien, S. 498, G 6
Währung	1 Neuseeland-Dollar, NZ$ = 100 Cents
Religion	Anglik. (25%), presbyterian. (18%), kath. (15,5%)
Reg.-Chef	James Brendan Bolger (seit 1990)
Staatsob.	Königin Elisabeth II.
Staatsf.	Parlamentarische Monarchie im Commonwealth
Parlament	Repräsentantenhaus mit 97 Abgeordneten; 68 Sitze für Nationalpartei, 28 für Labour-Partei, 1 für Neue Labour-Partei (Wahl von 1990)

James Brendan Bolger, Premierminister von Neuseeland
* 1935 in Taranaki/Neuseeland. Der Schaf- und Rinderzüchter Bolger gehört seit 1972 als Abgeordneter der konservativen Nationalpartei dem Parlament an. 1977 wurde er Fischereiminister, ab 1978 war er Ressortchef für Arbeit und Einwanderung. 1990 gewann die Nationalpartei die Parlamentswahlen, und Bolger folgte Geoffrey Palmer (Labour-Partei) als Regierungschef.

Bis Mitte 1992 stand N. im Zeichen des Sparkurses der seit Oktober 1990 amtierenden konservativen Regierung unter Ministerpräsident James Brendan Bolger. Die Außenverschuldung des von einer Exportkrise betroffenen Landes lag bei rd. 50 Mrd DM. Außenpolitisch umstritten war die Sicherheitspolitik, weil Teile der regierenden Nationalpartei (NP) eine Revision der antinuklearen Haltung des Landes forderten.

Drastischer Sparkurs: Das Budget für das Finanzjahr 1991/92 sah einschneidende Kürzungen der Sozialausgaben vor. Das Bezugsalter für Renten soll bis zum Jahr 2001 von 60 auf 65 Jahre erhöht werden. Ab 1993 werden die Renten auf der Höhe von 1992 eingefroren. Etwa zwei Drittel der Bevölkerung verloren ihren Anspruch auf kostenlose Krankenhausbehandlung. Alleinstehende Personen mit einem jährlichen Mindesteinkommen von 16 870 DM und Ehepaare mit zwei Kindern und Bezügen von 43 400 DM müssen Behandlungskosten künftig selbst bezahlen.

Antinuklearpolitik umstritten: Im August 1991 rief Außenminister Don McKinnon dazu auf, die in N. populäre Antinuklearpolitik zu ändern, um das angespannte Verhältnis zu den USA zu verbessern. Aufgrund eines von der Labour-Regierung 1984 eingeführten Gesetzes durften US-amerikanische Kriegsschiffe keine neuseeländischen Häfen mehr anlaufen, wenn sie sich weigerten, Auskunft über ihre atomare Bestückung zu geben. N. war deshalb 1986 aus dem Verteidigungspakt ANZUS ausgeschlossen worden.

Exportkrise: Der Hauptexportsektor Landwirtschaft (Molkereiprodukte, Lammfleisch, Wolle, Obst) verzeichnete 1991 einen Gewinnrückgang von 12%. Der Anteil der Exporte nach Europa, die zu Beginn der 70er Jahre noch 49% aller Ausfuhren ausmachte, schrumpfte bis 1991 auf 18%. Im gleichen Zeitraum stieg der Anteil der Exporte nach Asien von 12% auf 36%.

Nicaragua

Fläche	130 000 km² (Weltrang 95)
Einw.	3,9 Mio (Weltrang 112)
Hauptst.	Managua (1 Mio Einw.)
Pkw.-Kz.	NIC
Sprache	Spanisch
BSP/Kopf	400 Dollar (1991)
Inflation	10% (1991)
Arb.-los.	60% (1991)
Währung	1 Córdoba = 100 Centavos
Religion	Katholisch (90%), protestantisch
Reg.-Chef	Violeta Chamorro (seit 1990)
Staatsob.	Violeta Chamorro (seit 1990)
Staatsf.	Präsidiale Republik
Parlament	Nationalversammlung mit 92 gewählten Abgeordneten; 51 Sitze für Nationale Oppositionsunion, 39 für Sandinistische Front der Nationalen Befreiung, 2 für andere (Wahl von 1990)

Mittelam., S. 493, B 5

Die punktuelle Zusammenarbeit der konservativen Präsidentin Violeta Chamorro mit den im Februar 1990 abgewählten linksgerichteten Sandinisten führte bis Mitte 1992 u. a. zur weitgehenden Demobilisierung der ehemaligen Bürgerkriegsparteien. Wegen des andauernden Einflusses der Sandinisten in Armee und Verwaltung setzten die USA im Juni 1992 ihre Wirtschaftshilfe von jährlich 229 Mio DM aus.

Angespannter Friede: Das fast 100 000 Mann starke ehemalige sandinistische Volksheer wurde bis zum Februar 1992 auf weniger als 20 000 Soldaten reduziert und soll in Zukunft nur noch 10 000 Kämpfer umfassen. Auch fast alle antisandinistischen sog. Contras hatten nach langwierigen Verhandlungen ihre Waffen abgegeben. Aus Enttäuschung über die angeblich zögerliche Landzuteilung und mangelnde Wiedereingliederungshilfen der Regierung griffen im Mai 1991 mehrere hundert rechtsgerichtete Rebellen erneut

**Violeta Chamorro,
Staatspräsidentin von Nicaragua**
* 18. 10. 1929 in Rivas/Nicaragua.
Chamorro war mit dem 1978 von Anhängern des Diktators Anastasio Somoza ermordeten Chefredakteur der Zeitung La Prensa verheiratet. Nach dem Sturz Somozas (1979) gehörte sie der sandinistischen Regierungsjunta an, wurde jedoch bald deren Gegnerin. 1990 gewann sie die Präsidentschaftswahlen gegen den sandinistischen Staatschef Daniel Ortega.

zu den Waffen. Im Januar 1992 stimmten sie nach Verhandlungen mit Innenminister Carlos Hutardo ihrer Entwaffnung zu. Etwa 450 Recontras verließen daraufhin die Berge im Norden.

Kreditwürdigkeit wiederhergestellt: Im September 1991 beglich die nicaraguanische Regierung die seit Jahren bei der Weltbank und der Interamerikanischen Entwicklungsbank überfälligen Kredite und Zinsen in Höhe von 327 Mio Dollar (499 Mio DM). Insgesamt beliefen sich die Auslandsschulden von N. im Herbst 1991 auf 7 Mrd Dollar (10,7 Mrd DM).

Niederlande

Fläche	41 864 km² (Weltrang 129)
Einw.	15 Mio (Weltrang 54)
Hauptst.	Amsterdam (696 000 Einw.)
Reg.-Sitz	Den Haag (444 000 Einw.)
Pkw.-Kz.	NL
Sprache	Niederländisch
BSP/Kopf	17 320 Dollar (1990)
Inflation	3,4% (1991)
Arb.-los.	6,1% (1991)
Währung	1 Holländischer Gulden, hfl = 100 Cent
Religion	Katholisch (40%), protestantisch (31%)
Reg.-Chef	Ruud Lubbers (seit 1982)
Staatsob.	Königin Beatrix (seit 1980)
Staatsf.	Parlamentarische Monarchie
Parlament	Generalstaaten; erste Kammer mit 75 von den Provinzparlamenten entsandten Abgeordneten; zweite Kammer mit für vier Jahre gewählten 150 Abgeordneten; 54 Sitze für Christlich Demokratischen Appell, 49 für Partei der Arbeit, 22 für Volkspartei für Freiheit und Demokratie, 12 für Demokraten '66, 6 für Grün-Links, 7 für vier andere Parteien (Wahl von 1989)

Europa, S. 490, C 4

Meinungsverschiedenheiten über die Einkommenspolitik zwischen dem sozialdemokratischen und dem christlichen Koalitionspartner PvdA und CDA lösten Mitte 1992 in der Mitte-Links-Regierung unter dem seit 1982 amtierenden Ruud Lubbers (CDA) eine Krise aus. Auseinandersetzungen mit den Gewerkschaften um Kürzungen der Sozialleistungen bestimmten 1991/92 die Innenpolitik in N. Aufsehen erregte ein Beschluß zur Legalisierung der Prostitution. Die Konjunktur schwächte sich 1991 ab.

Regierungskrise: Mitte 1992 brach in der Regierung ein Streit um die Einkommenspolitik aus. Die CDA-Fraktion billigte einen Kabinettsplan, nach dem die Mindesteinkommen aus Sozialhilfe und Arbeitslosengeld nicht mehr automatisch an

**Ruud Frans Marie Lubbers,
Ministerpräsident der Niederlande**
* 7. 5. 1939 in Rotterdam/Niederlande. Der Fabrikantensohn trat nach einem Studium der Wirtschaftswissenschaften in die elterliche Baufirma ein und engagierte sich in christlichen Arbeitgeberverbänden. 1979 wurde der Christdemokrat, der von 1973 bis 1977 Wirtschaftsminister war, Fraktionsvorsitzender. 1989 wählte ihn das Parlament zum dritten Mal zum Regierungschef.

Lohnerhöhungen gekoppelt sein und 1% an Kaufkraft einbüßen sollen. Die PvdA lehnte Umverteilungen zu Lasten Schwächerer ab. Bis Mitte 1992 verständigten sich die Regierungsparteien auf einen Kompromiß.

Sozialkonflikt: Im Oktober 1991 demonstrierten in Den Haag 250 000 Menschen auf einer von allen Gewerkschaften organisierten Kundgebung gegen den im August 1991 von der Koalitionsregierung beschlossenen Abbau sozialer Errungenschaften. Im Zentrum der Kritik stand eine Verminderung der Zahlungen bei Arbeitsunfähigkeit, von der sich die Regierung einen Rückgang der Zahl von rd. 900 000 für arbeitsunfähig erklärten Personen und Einsparungen von rd. 4 Mrd DM erhoffte. Die Gewerkschaften kritisierten außerdem den Plan der niederländischen Regierung, das Krankengeld zu reduzieren.

Prostitution erlaubt: Das Parlament beschloß am 26. 5. 1992 die Legalisierung der Prostitution ab 1993. Es sieht die Registrierung der 30 000 Prostituierten vor, die Steuern und Sozialabgaben zah-

Regierung der Niederlande

Letzte Wahl	1989
Staatsoberhaupt	Königin Beatrix
Premier	Ruud Lubbers
Vize-Premier	Wim Kok
Äußeres	Hans van den Broek
Finanzen	Wim Kok
Verteidigung	Relus Ter Beek
Innen	Catherine Isabella Dales
Wirtschaft	Jacobus Andriessen
Justiz	Ernst Hirsch Ballin
Landwirtschaft und Fischerei	Piet Bukman
Entwicklung	Jan Pronk
Erziehung und Wissenschaft	Jozef Marie Mathies Ritzen
Wohnungsbau, Planung und Umwelt	Hans Alders
Soziales	Bert de Vries
Öffentlicher Dienst und Verkehr	Johanna Maij-Weggen
Wohlfahrt, Gesundheit und Kultur	Hedy d'Ancona

len sollen, so daß sie Anspruch auf Rente und Krankengeld haben.

Konjunkturabschwächung: Das Wirtschaftswachstum lag 1991 mit 2,2% um 1,7% unter dem Anstieg von 1990. Die Industrieproduktion verzeichnete mit einem Anstieg von lediglich 1,5% (1991) ein geringeres Wachstum als 1990 (4%).

Niger

Fläche	1 267 000 km² (Weltrang 21)
Einw.	8,02 Mio (Weltrang 82)
Hauptst.	Niamey (600 000 Einw.)
Pkw.-Kz.	RN
Sprache	Französisch
BSP/Kopf	310 Dollar (1990)
Inflation	k. A.
Arb.-los.	k. A.
Währung	1 CFA-Franc, FCFA = 100 Centimes
Religion	Moslemisch (95%), animistisch
Reg.-Chef	Amadou Cheiffou (seit Oktober 1991)
Staatsob.	Ali Seibou (seit 1987)
Staatsf.	Präsidiale Republik
Parlament	Parlament und Parteien seit Militärputsch 1974 aufgelöst, 1991 durch Nationalversammlung mit 1200 oppositionellen Delegierten ersetzt

Afrika, S. 494, B 3

Der Übergang von einem rechtsgerichteten Militärregime zu demokratischen Verhältnissen wurde 1991/92 durch revoltierende Soldaten und den Aufstand der Tuareg im Norden des Landes behindert. Aufgrund der anhaltenden Wirtschaftsprobleme entließ der von einer Nationalkonferenz im Oktober 1991 zum Ministerpräsidenten gewählte Amadou Cheiffou im März 1992 sein Kabinett.

Demokratisierung: Im September 1991 erklärte sich die aus 1200 oppositionellen Delegierten bestehende Nationalversammlung für souverän und setzte die Regierung unter Aliou Mahamidou und die Armeeführung ab. Cheiffou soll bis zu den für Januar 1993 geplanten demokratischen Wahlen im Amt bleiben.

Soldatenrevolte: Dreimal innerhalb von 36 Stunden besetzten Soldaten im Februar und März 1992 den Rundfunksender in Niamey und forderten die Auszahlung ihres ausstehenden Soldes sowie Umbesetzungen in der Armeespitze. Bei einem Generalstreik verlangten Parteien und Gewerkschaften die Nichteinmischung der Armee in den Demokratisierungsprozeß.

Aufstand der Tuareg: Im Januar 1992 erklärte sich die Übergangsregierung zu Verhandlungen mit der bewaffneten Tuareg-Rebellenbewegung Befreiungsfront von Air und Azaouad (FLAA) bereit. Bei Überfällen der FLAA-Kämpfer auf fünf Ortschaften waren zuvor neun Soldaten und Polizisten getötet worden. Die Tuareg forderten Hoheitsrechte für den an Bodenschätzen reichen Norden des Sahelstaates.

Leere Staatskasse: Neben dem Sold für die Soldaten konnten seit Dezember 1991 auch die Gehälter der rd. 40 000 Beamten nicht mehr ausbezahlt werden. Die Stipendien für Schüler und Studenten wurden eingestellt. Die Hauptexportgüter des afrikanischen Landes waren Uranerz, Erdnüsse, Rinder, Schafe und Ziegen.

Innere Unruhen: Im Oktober 1991 kam es in der nordnigerianischen Stadt Kano zu blutigen Auseinandersetzungen zwischen Christen und Moslems. Nach Angaben vom Februar 1992 waren bei ethnischen Konflikten seit Oktober 1991 rd. 2000 Personen getötet worden.

Verschuldung: Bei einer Förderung von etwa 1,9 Mio Barrel (engl.; Faß mit 159 l) täglich bestritt das OPEC-Land 1992 rd. 95% seines Staatshaushalts mit Einkünften aus dem Ölgeschäft. Trotz des Ölbooms gehörte N. mit einem Pro-Kopf-Einkommen von 290 Dollar (382 DM, Stand: 1990) zu den 13 ärmsten Ländern der Erde. Mit einer Auslandsverschuldung von 35 Mrd Dollar (53,4 Mrd DM) war N. 1992 nahezu zahlungsunfähig.

Nigeria

Fläche	923 768 km² (Weltrang 31)
Einw.	88,5 Mio (Weltrang 10)
Hauptst.	Lagos (1,2 Mio Einw.)
Pkw.-Kz.	WAN
Sprache	Englisch
BSP/Kopf	290 Dollar (1990)
Inflation	20% (1991; Schätzung)
Arb.-los.	4,8% (1990; Städte) — Afrika, S. 494, C 4
Währung	1 Naira, N = 100 Kobo
Religion	Moslemisch (50%), christlich (50%)
Reg.-Chef	Ibrahim Babangida (seit 1985)
Staatsob.	Ibrahim Babangida (seit 1985)
Staatsf.	Präsidiale Bundesrepublik, Militärregime
Parlament	Nationalversammlung mit 2 Kammern; im Repräsentantenhaus 314 Sitze für Sozialdemokratische Partei (Senat: 52), 275 für Republikanisch-Nationale Konvention (37), 4 Sitze im Repräsentantenhaus und 2 im Senat unbesetzt (Wahl vom Juli 1992, ohne Nachwahlen)

Norwegen

Fläche	323 895 km² (Weltrang 66)
Einw.	4,25 Mio (Weltrang 109)
Hauptst.	Oslo (450 000 Einw.)
Pkw.-Kz.	N
Sprache	Norwegisch
BSP/Kopf	23 120 Dollar (1990)
Inflation	2,9% (1991)
Arb.-los.	4,6% (1991) — Europa, S. 490, D 3
Währung	1 Norwegische Krone, nKr = 100 Øre
Religion	Evangelisch-lutherisch (90%)
Reg.-Chef	Gro Harlem Brundtland (seit 1990)
Staatsob.	König Harald V. (seit 1991)
Staatsf.	Parlamentarische Monarchie
Parlament	Storting mit 165 für vier Jahre gewählten Abgeordneten; 63 Sitze für Arbeiterpartei, 37 für konservative Hoyre, 22 für Fortschrittspartei, 17 für Sozialistische Linkspartei, 14 für Christliche Volkspartei, 11 für Zentrum, 1 für Finnmark-Liste (Wahl von 1989)

Die ersten Parlamentswahlen seit der Machtübernahme der Militärs von 1983 gewann am 5. 7. 1992 die linksgerichtete Sozialdemokratische Partei (SDP). In dem volkreichsten Staat Afrikas, in dem 434 ethnische Gruppen leben, kam es zu Kämpfen zwischen Moslems und Christen.

Eingeschränkte Demokratie: Im Dezember 1992 soll ein von Präsident Ibrahim Babangida verkündetes Programm der Rückkehr zur zivilen Herrschaft mit Präsidentschaftswahlen abgeschlossen werden. Bei der in nicht geheimer Abstimmung durchgeführten Parlamentswahl waren mit der SDP und der rechtsgerichteten Republikanisch-Nationalen Konvention (NRC) lediglich zwei von den Militärs gegründete Parteien zugelassen. Nach den offiziellen Ergebnissen errang die SDP 314, die NRC 275 Sitze.

Gro Harlem Brundtland, sozialdemokratische Ministerpräsidentin einer Minderheitsregierung, sprach sich nach jahrelangen Disputen über die Europapolitik im April 1992 zum ersten Mal offiziell für einen EG-Beitritt ihres Landes aus. Die Wirtschaft des skandinavischen Staates entwickelte sich weitgehend positiv.

Ja zur EG: Im Herbst 1992 will das EFTA-Land N. die EG-Mitgliedschaft offiziell beantragen. N. hoffte, gemeinsam mit den EG-Anwärtern Österreich, Schweden und Finnland die Verhandlungen mit Brüssel führen zu können. Differenzen über die europäische Integrationspolitik hatten 1990 zum Sturz der konservativen Minderheitsregierung geführt. Die Meinung der Bevölkerung zur EG-Mitgliedschaft war geteilt. Nach einer

Gro Harlem Brundtland, Ministerpräsidentin von Norwegen
* 20. 4. 1939 in Oslo/Norwegen. Nach einem Studium der Medizin trat sie 1966 in den staatlichen Gesundheitsdienst. 1974–1979 war die Sozialdemokratin Ministerin für Umweltschutz und 1981 für sechs Monate als erste Frau in Norwegen Regierungschefin. Von 1986 bis 1989 war sie erneut Ministerpräsidentin. Nach dem Rücktritt des konservativen Premiers Jan Peder Syse wurde sie 1990 an die Spitze des Kabinetts gewählt.

Oman

Fläche	312 000 km² (Weltrang 69)	
Einw.	1,5 Mio (Weltrang 139)	
Hauptst.	Maskat (30 000 Einw.)	
Pkw.-Kz.	O	
Sprache	Arabisch	
BSP/Kopf	5220 Dollar (1989)	
Inflation	2% (1989)	
Arb.-los.	k. A.	Nahost, S. 495, F 4
Währung	1 Rial Omani, R. O. = 1000 Baizas	
Religion	Moslemisch	
Reg.-Chef	Sultan Quabus bin Said bin Al-Said (seit 1972)	
Staatsob.	Sultan Quabus bin Said bin Al-Said (seit 1970)	
Staatsf.	Sultanat	
Parlament	Kein Parlament und keine politischen Parteien	

Umfrage vom April 1992 waren je 43% EG-Gegner und -Befürworter. Über das Ergebnis der Beitrittsverhandlungen wird in einem Referendum abgestimmt werden. 1972 hatte die Bevölkerung einen von den Parteien empfohlenen Beitritt zur damaligen Europäischen Wirtschaftsgemeinschaft abgelehnt. Die Kommunal- und Regionalwahlen von September 1991, bei der alle EG-Befürworter Verluste hinnehmen mußten, galten als Votum gegen die EG. Sieger wurden die Linkssozialisten und die Zentrumspartei, die sich gegen jede Annäherung von N. an die EG aussprach.

Wirtschaftslage: N. konnte 1991/92 dank gesteigerter Erdöl- und Erdgasausfuhren einen Exportanstieg um 7% vorweisen. Das Wirtschaftswachstum stieg von 1,8% (1990) auf 4,1% (1991). Die OECD erwartete 1992 ein Wachstum um 2%.

Regierung in Norwegen

Letzte Wahl	1989
Staatsoberhaupt	König Harald V.
Ministerpräsidentin	Gro Harlem Brundtland
Äußeres	Thorvald Stoltenberg
Finanzen	Sigbjørn Johnsen
Verteidigung	Johan Jørgen Holst
Erdöl und Energie	Finn Kristensen
Wirtschaft	Ole Knapp
Kommunalwesen	Kjell Borgen
Gesundheit und Soziales	Tove Veierørd
Kultur	Åse Kleveland
Entwicklung und wirtschaftliche Zusammenarbeit	Grete Faremo
Verkehr, Post und Kommunikation	Kjell Opseth
Landwirtschaft	Gunhild Øyangen
Kinder und Familie	Grete Berget
Kirche, Bildung und Forschung	Gudmund Hernes
Justiz	Kari Gjesteby
Umwelt und Naturschutz	Torbjørn Berntsen
Fischerei	Oddrunn Pettersen
Handel und Schiffahrt	Bjørn Tore Godal
Arbeit und Staatsverwaltung	Tove Strand Gerhardsen

Der absolutistisch herrschende Staats- und Regierungschef Sultan Quabus bin Said bin Al-Said, der ohne Verfassung und parlamentarische Kontrolle regiert, ließ Ende 1991 erstmals eine Beratende Versammlung auf Regierungsebene zu, die allerdings keine gesetzgebende Funktion hat. Die 59 Abgesandten für die Beratende Versammlung amtieren drei Jahre. Der starken Preisschwankungen unterworfene Rohstoff Erdöl war 1991/92 das Hauptexportprodukt. 80% der Deviseneinkünfte wurden vom Erdölsektor erwirtschaftet, der 50% zum Bruttoinlandsprodukt beitrug. O. verfügte 1991 über 4,3 Mrd Barrel (engl.; Faß mit 159 l) Erdölreserven.

Österreich

Fläche	83 853 km² (Weltrang 112)	
Einw.	7,8 Mio (Weltrang 83)	
Hauptst.	Wien (1,5 Mio Einw.)	
Pkw.-Kz.	A	
Sprache	Deutsch	
BSP/Kopf	19 060 Dollar (1990)	
Inflation	3,3% (1991)	
Arb.-los.	5,8% (1991)	Europa, S. 490, D 5
Währung	1 Österreichischer Schilling, öS = 100 Groschen	
Religion	Katholisch (84%), protestantisch (6%)	
Reg.-Chef	Franz Vranitzky (seit 1986)	
Staatsob.	Thomas Klestil (seit Juli 1992)	
Staatsf.	Parlamentarisch-demokratische Bundesrepublik	
Parlament	Nationalrat mit 183 für vier Jahre gewählten und Bundesrat mit 63 von den Landtagen entsandten Abgeordneten; im Nationalrat 80 Sitze für Sozialdemokratische Partei, 60 für Volkspartei, 33 für Freiheitliche Partei, 10 für Grüne Alternative (Wahl von 1990)	

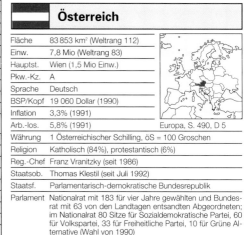

Regierung in Österreich

Letzte Wahl	1990
Präsident	Thomas Klestil
Kanzler	Franz Vranitzky
Vizekanzler	Jürgen Weiss
Äußeres	Alois Mock
Finanzen	Ferdinand Lacina
Verteidigung	Werner Fasslabend
Innen	Franz Löschnak
Wirtschaft	Wolfgang Schüssel
Land- und Forstwirtschaft	Franz Fischler
Unterricht und Kunst	Rudolf Scholten
Umwelt, Jugend und Familie	Ruth Feldgrill-Zankel
Justiz	Nikolaus Michalek
Wissenschaft und Forschung	Erhard Busek
Öffentliche Wirtschaft und Verkehr	Viktor Klima
Bundesministerin im Bundes-kanzleramt (Frauenangelegenheiten)	Johanna Dohnal
Gesundheit, Konsumentenschutz und Sport	Michael Außerwinkler
Arbeit und Soziales	Josef Hesoun

**Thomas Klestil,
Bundespräsident von Österreich**
* 4. 11. 1932 in Wien/Österreich, Dr. rer. pol. Der Diplomkaufmann und Berufsdiplomat absolvierte die Wiener Wirtschaftsuniversität und arbeitete im Bundeskanzleramt. 1974 wurde das ÖVP-Mitglied Leiter der Abteilung internationale Organisationen im österreichischen Außenministerium. 1978–1982 vertrat er Österreich bei der UNO, danach war er Botschafter in Washington. Seit 1987 arbeitete Klestil als Generalsekretär im Wiener Außenamt.

Zum neuen Bundespräsidenten wurde im Mai 1992 der ÖVP-Politiker Thomas Klestil gewählt. Bei den Landtagswahlen in Oberösterreich und der Steiermark 1991 steigerte die nationalliberale FPÖ unter Jörg Haider ihren Stimmenanteil auf Kosten der beiden Regierungsparteien SPÖ und ÖVP. Das Wirtschaftswachstum, das sich bis Mitte 1992 verlangsamte, lag 1991 bei 3%.

Klestil Bundespräsident: Klestil löste am 8. 7. 1992 als siebter Bundespräsident der österreichischen Nachkriegsgeschichte den wegen seiner NS-Vergangenheit international isolierten Kurt Waldheim (parteilos) ab. Bei den Stichwahlen vom 24. 5. 1992 setzte sich Klestil mit 56,9% der Stimmen gegen den SPÖ-Kandidaten Rudolf Streicher (43,1%) durch.

FPÖ legt zu: Im November 1991 verdrängte die FPÖ im Wiener Landtag mit einem Zugewinn von 15 Sitzen und insgesamt 23 Abgeordneten in der 100 Sitze zählenden Volksvertretung die ÖVP als zweitstärkste Fraktion. Die ÖVP verlor zwölf ihrer 30, die SPÖ zehn ihrer 62 Mandate. Bei den Landtagswahlen in Oberösterreich legte die FPÖ im Oktober 1991 um 12,7 Prozentpunkte auf 17,7% der Stimmen zu.

EG-Beitritt: Bundeskanzler Franz Vranitzky (SPÖ) kündigte im Februar 1992 Verhandlungen über einen Beitritt seines Landes zur EG für Anfang 1993 an. Das EFTA-Land Ö. hatte die EG-Mitgliedschaft bereits 1989 beantragt. Vranitzky stellte außerdem die Neutralität von Ö. in einem europäischen Sicherheitssystem zur Disposition.

Südtirol-Konflikt beendet: Ö. erkannte am 11. 6. 1992 formell an, daß Italien das Autonomiepaket für Südtirol aus dem Jahr 1969 erfüllt hat. Der seit 1959 vor der UNO anhängige Streit mit Italien entzündete sich am Schutz der deutsch- und ladinischsprachigen Minderheiten in Südtirol.

Wirtschaftssituation: Die für die Konjunktur wichtigsten Bereiche, Bau und Tourismus, verzeichneten 1991 Zuwächse. Die Bauproduktion wuchs um 6% (Prognose für 1992: 5%). Die Zahl der Übernachtungen stieg gegenüber 1990 um 5,2% auf die Rekordmarke von rd. 130 Mio.

Pakistan

Fläche	803 943 km² (Weltrang 34)
Einw.	114 Mio (Weltrang 8)
Hauptst.	Islamabad (236 000 Einw.)
Pkw.-Kz.	PAK
Sprache	Urdu, Englisch
BSP/Kopf	380 Dollar (1990)
Inflation	12,3% (1991)
Arb.-los.	3,1% (1990/91; Schätzung)
Währung	1 Pakistanische Rupie, pR = 100 Paisa
Religion	Moslem. (97%), christlich, hinduist.
Reg.-Chef	Nawaz Sharif (seit 1990)
Staatsob.	Ghulam Ishaq Khan (seit 1988)
Staatsf.	Föderative Republik
Parlament	Senat mit 87 für sechs Jahre und Nationalversammlung mit 217 für fünf Jahre gewählten Abgeordneten (10 Sitze für Vertreter der Hindus und Christen, 20 Sitze für Frauen reserviert); bei der Nationalversammlung 105 Sitze für islamische Demokratische Allianz, 45 für Pakistanische Volkspartei, 67 für unabhängige Kandidaten und andere Parteien (Wahl von 1990)

Asien, S. 496, C 4

Das moslemische Land stand bis Mitte 1992 im Zeichen schwindender politischer und wirtschaftlicher Stabilität. Der Krisenherd Kaschmir führte erneut zu schweren Grenzkonflikten mit dem verfeindeten Nachbarn Indien. Erstmals gab P. im Februar 1992 zu, die Möglichkeit zum Bau von → Atomwaffen zu besitzen.

Kaschmir-Konflikt: Im Februar 1992 versuchten rd. 15 000 Aktivisten der Befreiungsfront für Jammu und Kaschmir (JKLF), von der pakistanischen Seite aus in den indischen Teil Kaschmirs zu marschieren, um für ein unabhängiges Kaschmir zu demonstrieren. Im Grenzgebiet wurden sie von pakistanischen Armee- und Polizeikräften mit Waffengewalt gestoppt, wobei mindestens zehn Menschen getötet und 50 verletzt wurden. Ministerpräsident Nawaz Sharif forderte Indien zu Verhandlungen über die umstrittene Region auf. Indien lehnt die Unabhängigkeitsbestrebungen von Kaschmir ab. P. und das überwiegend hinduistische Indien führten um die geteilte Provinz drei Kriege (1947, 1965, 1971).

Armutsrevolte: Bis Mitte 1992 kam es in der Provinz Sindh, einer Hochburg der Pakistanischen Volkspartei (PPP), mehrfach zu Armutsrevolten und Überfällen von Räuberbanden, die sich gegen die Großgrundbesitzer bzw. gegen die Regierung in Islamabad richteten. Im Juni 1992 übernahm die Armee alle polizeilichen Funktionen und hob teilweise die zivile Justizgewalt auf.

Wirtschaftskrise: Im ersten Halbjahr 1991 wuchs das Handelsbilanzdefizit um die Rekordmarke von 35%. Hauptausfuhrgüter waren Baumwollgarn und Bekleidung. Die unsichere politische Lage, vor allem aber ein Gesetz über die Abschaffung der Zinserhebung, das im November 1991 vom obersten islamischen Gericht beschlossen wurde, verminderte die Investitionsbereitschaft internationaler Finanzinstitutionen. Die von Sharif zur Besänftigung der Fundamentalisten eingeführte islamische Scharia-Gesetzgebung setzte das Zinsverbotsgesetz Mitte 1992 in Kraft. Die Verteidigungsausgaben belasteten das Staatsbudget 1991/92 mit knapp 50%.

Nawaz Sharif,
Premierminister von Pakistan
* 1948 in Lahore/Pakistan. Nach einem Jurastudium leitete Sharif das Familienunternehmen Itefaq Industries. 1981 wurde er Berater des Militärdiktators Zia ul-Haq und Finanzminister der Provinz Punjab, 1985 Ministerpräsident. Der vom Militär und von konservativen Kreisen unterstützte Sharif gewann nach der Absetzung von Benazir Bhutto die Wahlen vom Oktober 1990.

★ ★	**Panama**	
Fläche	77 082 km² (Weltrang 114)	
Einw.	2,4 Mio (Weltrang 131)	
Hauptst.	Panama-Stadt (440 000 Einw.)	
Pkw.-Kz.	PA	
Sprache	Spanisch	
BSP/Kopf	1830 Dollar (1990)	
Inflation	2,9% (1991)	
Arb.-los.	15,1% (1991)	Mittelam., S. 493, D 6
Währung	1 Balboa, B/. = 100 Centésimos	
Religion	Katholisch (92%), protestantisch (6%)	
Reg.-Chef	Guillermo Endara (seit 1989)	
Staatsob.	Guillermo Endara (seit 1989)	
Staatsf.	Präsidiale Republik	
Parlament	Nationalversammlung mit 67 für fünf Jahre gewählten Abgeordneten; 28 Sitze für Christdemokraten, 16 für Nationalistisch Liberal-Republikanische Bewegung, 10 für Revolutionäre Demokratische Partei, 7 für Arnulfisten, 4 für Authentische Liberale Partei, 1 für Liberale, 1 für Arbeitspartei (Wahl von 1989)	

Im Juni 1992 beschloß das Parlament eine Verfassungsreform, die u. a. die endgültige Abschaffung der Armee zum Ziel hat. Ein US-amerikanisches Gericht verurteilte im Juli 1992 den ehemaligen Diktator Manuel Noriega wegen Drogenhandels zu 40 Jahren Haft. Unter der Regierung von Staatspräsident Guillermo Endara verschärften sich soziale Probleme.

Armee abgeschafft: Mit 50 gegen zwölf Stimmen billigte das Parlament den Entwurf, der bei einem Referendum im November 1992 von den Wählern bestätigt werden muß. Die 15 000 Mann starke Armee war nach der US-Invasion im Dezember 1989 aufgelöst worden.

Stabilität gefährdet: Die Regierung von Guillermo Endara verzeichnete 1991/92 wirtschaftliche Erfolge. Nachdem 1989 das Bruttoinlandsprodukt des Landes um 17% geschrumpft war, wuchs es 1990 um 4,6% und 1991 um 9,3%. Im April 1992 warnte die Interamerikanische Entwicklungsbank vor zunehmender Verarmung. Der Anteil der Armen nahm in P. zwischen 1988 und 1992 von 44% auf 54% zu.

Fortschritt beim Schuldenabbau: Im Januar 1992 beglich P. alle Zahlungsrückstände mit internationalen Organisationen in Höhe von 650 Mio Dollar (993 Mio DM). Nach der Rückzahlung weiterer 220 Mio Dollar (336 Mio DM) an die Weltbank im Februar 1992 hatte das mittelamerikanische Land seine internationale Kreditwürdigkeit wiederhergestellt. Die Weltbank hatte die Kreditvergabe an P. 1987 unterbrochen.

Papua-Neuguinea

Fläche	462 840 km² (Weltrang 54)
Einw.	3,52 Mio (Weltrang 116)
Hauptst.	Port Moresby (152 000 Einw.)
Pkw.-Kz.	PNG
Sprache	Englisch
BSP/Kopf	860 Dollar (1990)
Inflation	5% (1988)
Arb.-los.	5% (1988)
Währung	1 Kina, K = 100 Toea
Religion	Christlich (65%), animistisch
Reg.-Chef	Paias Wingti (seit Juli 1992)
Staatsob.	Königin Elisabeth II. (seit 1987)
Staatsf.	Parlamentarische Monarchie im Commonwealth
Parlament	Abgeordnetenhaus mit 109 für fünf Jahre gewählten Abgeordneten; 26 Sitze für Pangu Pati, 17 für People's Democratic Movement, 12 für National Party, 6 für People's Action Party (PAP), 22 für Unabhängige, 23 für andere Parteien, 3 Mandate vakant (Wahl von 1987; Ergebnis der Wahlen vom Juni 1992 Mitte 1992 unbekannt)

Ozeanien, S. 498, E 3

Vom 13. bis 27. 6. 1992 fanden in P. Parlamentswahlen statt. Seit Juli 1992 amtiert Paias Wingti als Ministerpräsident. Ende 1991 erschütterte eine politische Krise den seit 1975 unabhängigen Pazifikstaat und endete mit der Absetzung des Generalgouverneurs. Das Parlament führte im August 1991 die Todesstrafe für Gewaltverbrechen ein. Separatisten kämpften trotz eines Waffenstillstands für die Unabhängigkeit der zu P. gehörenden Insel Bougainville.

Parlamentswahlen: 1653 ausschließlich männliche Kandidaten bewarben sich um die 109 Parlamentssitze. Ergebnisse der Abstimmung lagen Mitte 1992 nicht vor.

Absetzung des Gouverneurs: Generalgouverneur Vincent Serei Eri kam mit der Ankündigung seines Rücktritts im September 1991 der vom Kabinett eingeleiteten Bitte um Entlassung zuvor. Parlamentspräsident Dennis Young übernahm kurzzeitig dessen Aufgaben, ehe Wiwa Korowi am 12. 11. 1991 zum Generalgouverneur gewählt wurde. Die Regierung erreichte damit ein schnelles Ende der Verfassungskrise und einen Sieg gegen die Korruption. Der Gouverneur hatte sich geweigert, den stellvertretenden Regierungschef Ted Diro, der ebenso wie Eri der People's Action Party (PAP) angehört, zu entlassen. Ein Gericht hatte Diro der Korruption für schuldig befunden.

Wirtschaftslage: Die Wirtschaft wuchs in dem an Rohstoffen reichen Land (Kupfer, Gold, Silber) 1991 um rd. 9%. Für 1992 rechnete die Regierung mit einem Anstieg um 6%.

Paraguay

Fläche	406 752 km² (Weltrang 58)
Einw.	4,39 Mio (Weltrang 106)
Hauptst.	Asunción (513 000 Einw.)
Pkw.-Kz.	FPY
Sprache	Spanisch, Guarani
BSP/Kopf	1110 Dollar (1990)
Inflation	14% (1991)
Arb.-los.	12% (1990; Schätzung)
Währung	1 Guarani, G = 100 Céntimos
Religion	Katholisch (90%)
Reg.-Chef	Andrés Rodriguez (seit 1989)
Staatsob.	Andrés Rodriguez (seit 1989)
Staatsf.	Präsidiale Republik
Parlament	Senat mit 36 und Abgeordnetenhaus mit 72 Abgeordneten; jeweils zwei Drittel der Sitze für die stimmenstärkste Partei (Colorado-Partei) in jeder Kammer (Wahl von 1989)

Südamerika, S. 492, D 5

Bei den Wahlen zur verfassunggebenden Versammlung siegte am 1. 12. 1991 die seit 30 Jahren herrschende rechtsgerichtete Colorado-Partei von Präsident Andrés Rodriguez. Sie erhielt 58% der Stimmen und 123 von 198 Mandaten. Die Authentische Radikal-Liberale Partei schickte mit 29% der Stimmen 57 Delegierte in das Gremium, das bis Mitte 1992 die erste demokratische Verfassung des Landes erarbeiten soll. Die Wirtschaft wies 1991 wie 1990 ein Wachstum von rd. 3% auf. Die Inflationsrate, die 1990 noch 44% betrug, konnte 1991 auf 14% gesenkt werden. Wichtige Ausfuhrgüter waren Baumwolle und Sojabohnen.

Peru

Fläche	1 285 216 km² (Weltrang 19)
Einw.	22,3 Mio (Weltrang 40)
Hauptst.	Lima (5,3 Mio Einw.)
Pkw.-Kz.	PE
Sprache	Spanisch, Quechua
BSP/Kopf	1160 Dollar (1990)
Inflation	140% (1991)
Arb.-los.	25% (1990)
Währung	1 Inti, I = 100 Céntimos
Religion	Katholisch (90%), protestantisch, animistisch
Reg.-Chef	Oscar de la Puente (seit April 1992)
Staatsob.	Alberto Kenya Fujimori (seit 1990)
Staatsf.	Präsidiale Republik
Parlament	Kongreß aus Abgeordnetenhaus mit 180 und Senat mit 60 für fünf Jahre gewählten Abgeordneten; im April 1992 aufgelöst

Südamerika, S. 492, B 4

**Alberto Kenya Fujimori,
Staatspräsident von Peru**
* 28. 7. 1938 in Lima/Peru. Fujimori,
Sohn japanischer Einwanderer, studierte u. a. an den Universitäten von
Wisconsin/USA und Straßburg/Frank-
reich Agrarwissenschaften. Er war vor
seiner Wahl zum Staatspräsidenten
im Juli 1990 Rektor der Landwirtschaftlichen Universität La Molina in
Lima und leitete zeitweise die Rektorenkonferenz der Universitäten.

Philippinen

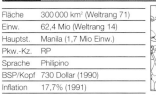

Fläche	300 000 km² (Weltrang 71)
Einw.	62,4 Mio (Weltrang 14)
Hauptst.	Manila (1,7 Mio Einw.)
Pkw.-Kz.	RP
Sprache	Philipino
BSP/Kopf	730 Dollar (1990)
Inflation	17,7% (1991)
Arb.-los.	15% (1991)
Währung	1 Philipp. Peso, P = 100 Centavos
Religion	Kath. (83%), protest. (9%), moslem. (5%)
Reg.-Chef	Fidel Ramos (seit Juni 1992)
Staatsob.	Fidel Ramos (seit Juni 1992)
Staatsf.	Präsidiale Republik
Parlament	Repräsentantenhaus mit bis zu 200 für fünf Jahre gewähl-ten Abgeordneten und bis zu 50 ernannten, Senat: 24; im Repräsentantenhaus 87 (Senat:16) für LDP, 48 (5) für NPC, 31 (2) für NUCD, 13 (1) für LP-PDP, 6 für NP, 2 für KBL, 11 für Unabhängige (Wahl vom Mai 1992)

Ostasien, S. 497, D 4

Mit der Begründung, die Korruption im Parlament und im Staatswesen nehme überhand, löste Präsident Alberto Kenya Fujimori am 5. 4. 1992 das Parlament auf und suspendierte die Verfassung. Die maoistische Guerrillaorganisation Sendero Luminoso (Leuchtender Pfad) verstärkte Mitte 1992 ihre Terroraktivität. Seit 1980 forderte der Bürgerkrieg etwa 25 000 Menschenleben und ver-ursachte einen wirtschaftlichen Schaden in Höhe von rd. 30 Mrd DM.

Staatsstreich von oben: Der vom Militär und der Öffentlichkeit unterstützte Staatsstreich führte zur Verhaftung von rd. 30 Oppositionspolitikern und zur Entlassung von 138 Richtern, darunter über die Hälfte der Richter am Obersten Gericht des Landes. Die Presse wurde der Zensur unterstellt. Fujimori setzte ein Notstandskabinett ein und ver-sprach die Verschärfung des Kampfes gegen den Terror und die Drogenmafia sowie die Rückkehr zur Demokratie.

Guerillakampf ausgeweitet: Der Sendero Lumi-noso verlegte 1991/92 seine Aktivitäten vom An-denhochland und dem Amazonasbecken nach Li-ma. Nach im Januar 1992 vorgelegten Zahlen wurden 1991 in P. 1656 Attentate verübt, die 3180 Tote und 774 Verletzte forderten.

Aufschwung gefährdet: Die im August 1990 nach der Amtsübernahme Fujimoris begonnene und im September 1991 vom Internationalen Währungsfonds gebilligte Stabilisierungspolitik geriet nach dem Staatsstreich in Gefahr. Mitte 1992 rieten internationale Vermögensanlage-agenturen von Investitionen in P. ab. Die Sanie-rung des Budgets im Haushaltsjahr 1991 hatte zu einer Senkung der Inflationsrate auf 140% (1990: 7650%) geführt. Nachdem das Bruttoinlandspro-dukt 1990 ein Minus von 4,9% verzeichnete, stieg es 1991 auf 2,4%. Zwei Drittel der Bevölkerung des südamerikanischen Landes lebten am oder un-terhalb des Existenzminimums.

Am 30. 6. 1992 übernahm der frühere Verteidi-gungsminister Fidel Ramos nach von Betrugs-vorwürfen überschatteten Wahlen das Präsiden-tenamt von Corazon Aquino. Ramos kündigte Wirtschaftsreformen an. Naturkatastrophen und die Schließung der US-Stützpunkte verursachten wirtschaftliche und soziale Probleme.

Ramos gewinnt Wahlen: Mit 23,5% der 25 Mio abgegebenen Stimmen und einem Vorsprung von rd. 700 000 Stimmen vor der Richterin Miriam Santiago entschied General Ramos die Präsident-schaftswahlen vom 11. 5. 1992 für sich. Beobach-ter vermeldeten Wahlmanipulationen. Die Parla-mentswahlen im Mai gewann die regierende LDP.

Abzug der USA: Zum Jahreswechsel 1991/92 for-derten die P. die USA zum Abzug aller Streitkräfte aus der Marinebasis Subic Bay, dem letzten Stütz-punkt der USA auf den P., bis zum 31. 12. 1992 auf. Im November 1991 hatten die US-Amerika-ner die Luftwaffenbasis Clark an die P. zurückge-geben. Der Stützpunkt war seit dem Ausbruch des Vulkans Pinatubo im Juni 1991 nicht mehr be-nutzbar. Mit der Schließung der beiden Stütz-punkte verliert die Wirtschaft der P. an Pachtzins, Arbeitsplätzen und privaten Ausgaben der Mi-litärangehörigen rd. 1,5 Mrd DM jährlich.

Naturkatastrophen: Nach dem Ausbruch des Vulkans Pinatubo starben bis Oktober 1991 in den überfüllten Flüchtlingslagern Hunderte von Men-schen an Fieber, Masern, Tuberkulose und Lungenentzündung. Insgesamt meldeten die Be-hörden 772 Vulkanopfer. Im November 1991 for-

Fidel Ramos,
Staatspräsident der Philippinen
* 1928. Ramos besuchte u. a. die US-
Militärakademie Westpoint. Der Gefolgsmann des Diktators Ferdinand
Marcos stellte sich nach den Präsidentenwahlen von 1986 gegen den
Diktator und unterstützte die spätere
Präsidentin Corazon Aquino. Als Verteidigungsminister im Kabinett Aquino
half er, sieben Putsche zu verhindern.
Ramos trat im Juli 1991 zurück, um
für das Präsidentenamt zu kandidieren, das er im Juni 1992 übernahm.

Regierung in Polen

Letzte Wahl	1991
Präsident	Lech Walesa
Premier	Hanna Suchocka
Vertreter	Henryk Goryszewski Pawel Laczowski
Äußeres	Krzysztof Skubiszewski
Finanzen	Jerzy Osiatyński
Verteidigung	Janusz Onyszkiewicz
Innen	Andrzej Milczanowski
Kommunikation	Krzysztof Kilian
Verkehr	Zbigniew Jaworski
Industrie und Binnenhandel	Waclaw Niewiarowski
Wohnungsbau	Andrzej Bratkowski
Privatisierung	Janusz Lewandowski
Außenhandel	Andrzej Arendarski
Landwirtschaft	Gabriel Janowski
Gesundheit und Wohlfahrt	Andrzej Wojtyla
Umwelt	Zygmunt Hortmanowicz
Arbeit und Soziales	Jacek Kuron
Kultur	Jan Bleszynski
Erziehung	Zdobyslaw Flisowski
Justiz	Zbigniew Dyka
Zentrales Planungsbüro	Jerzy Kropiwnichi
Büro des Ministerrats	Jan Maria Rokita
Ohne Portefeuille	Jan Krzysztof Bielecki Zbigniew Ejsmont Jerzy Kaminski

derte der Taifun Thelma auf der Insel Leyte zwischen 3000 und 6000 Menschenleben.
Industrieproduktion rückläufig: Während das
Bruttosozialprodukt um 0,5% anstieg, sank die Industrieproduktion 1991 gegenüber dem Vorjahr
um rd. 3%. Die Auslandsverschuldung erreichte
bis Mitte 1992 29,2 Mrd Dollar (44,6 Mrd DM)
und erforderte für Zinsen und Tilgung 30% der
Exporterlöse. Die Arbeitslosigkeit lag 1991 nach
offiziellen Angaben bei 15%, Schätzungen gingen
jedoch von bis zu 30% aus.

Polen

Fläche	312 677 km² (Weltrang 68)
Einw.	38,2 Mio (Weltrang 27)
Hauptst.	Warschau (1,6 Mio Einw.)
Pkw.-Kz.	PL
Sprache	Polnisch
BSP/Kopf	1693 Dollar (1991)
Inflation	70,3% (1991)
Arb.-los.	11,4% (1991)
Währung	1 Zloty, Zl = 100 Groszy
Religion	Katholisch (94%)
Reg.-Chef	Hanna Suchocka (seit Juli 1992)
Staatsob.	Lech Walesa (seit 1990)
Staatsf.	Republik
Parlament	Sejm mit 460 und Senat mit 100 gewählten Abgeordne-ten; im Sejm 62 Sitze für Demokratische Union, 60 für Bündnis der Demokratischen Linken, 49 für Katholische Wahlaktion, 48 für Polnischer Bauernverband, 46 für Kon-föderation Unabhängiges Zentrum, 44 für Bürgerverstän-digung Zentrum, 151 für andere (Wahl vom Oktober 1991)

Europa, S. 490, E 5

Nach einer mehrwöchigen Regierungskrise erhielt
P. mit der Bestätigung des Kabinetts der liberalen
Ministerpräsidentin Hanna Suchocka von der Demokratischen Union (UD) im Juli 1992 eine hand-
lungsfähige Regierung. An ihr beteiligt sind sieben Parteien, die aus der Gewerkschaft Solidarität

hervorgegangen sind. Die ersten freien Parlamentswahlen am 27. 10. 1991 hatten keine klaren
Mehrheitsverhältnisse erbracht. Im Parlament
sind 29 politische Gruppierungen vertreten. Als
Folge der wirtschaftlichen Sanierungspolitik
schrumpfte 1991 das Bruttosozialprodukt um 9%.
Regierungskrise: Das Koalitionskabinett Suchocka wurde am 11. 7. 1992 mit 226 gegen 124
Stimmen bei 38 Enthaltungen vom Parlament bestätigt. Am Tag zuvor gab Waldemar Pawlak, Vorsitzender des Bauernverbandes (PSL), das Amt
des Ministerpräsidenten ab, nachdem er fünf Wochen lang vergeblich versucht hatte, eine mehr-
heitsfähige Koalition zu bilden. Vor der Wahl
Pawlaks hatte das Parlament im Juni 1992 dem
seit Dezember 1991 regierenden Ministerpräsidenten Jan Olszewski von der Zentrumsallianz
(PC) auf Antrag von Lech Walesa das Vertrauen
entzogen. Walesa warf der Regierung vor, durch
die Veröffentlichung einer Liste von Politikern,
die Agenten der kommunistischen Geheimpolizei
gewesen sein sollen, den Weg für politische Erpressung freigemacht zu haben. Olszewski hatte
im Dezember 1991 nach vierwöchigen Koalitionsverhandlungen den Ökonomen Jan Krzysztof
Bielecki als Ministerpräsident abgelöst.

Portugal

**Hanna Suchocka,
Ministerpräsidentin von Polen**
* 3. 4. 1946 in Pleszew/Polen, Dr. jur.
Suchocka lehrte ab 1972 an der Universität Posen und an der katholischen Universität Lublin. Sie war 1980–1985 Abgeordnete der mit den Kommunisten verbündeten Demokratischen Partei im Sejm. 1982 stimmte sie gegen das Kriegsrecht und gegen das Verbot der Solidarität und trat 1984 aus ihrer Partei aus. 1989 wurde sie auf der Liste der Solidarität abermals ins Parlament gewählt.

 Portugal

Fläche	92 389 km² (Weltrang 109)	
Einw.	10,39 Mio (Weltrang 65)	
Hauptst.	Lissabon (830 000 Einw.)	
Pkw.-Kz.	P	
Sprache	Portugiesisch	
BSP/Kopf	4900 Dollar (1990)	
Inflation	14,3% (1991)	
Arb.-los.	3,9% (1991)	Europa, S. 490, A 6
Währung	1 Escudi, Esc = 100 Centavos	
Religion	Katholisch (97%)	
Reg.-Chef	Anibal Cavaco Silva (seit 1985)	
Staatsob.	Mario Alberto Soares (seit 1986)	
Staatsf.	Parlamentarische Republik	
Parlament	Versammlung der Republik mit 230 für vier Jahre gewählten Abgeordneten; 132 Sitze für Sozialdemokraten, 70 für Sozialisten, 17 für Linksbündnis, 5 für Demokratisch Soziales Zentrum, 1 für Partei der Nationalen Solidarität (Wahl vom Oktober 1991)	

Wirtschaftskurs: Olszewski, der eine Drosselung der radikalen marktwirtschaftlichen Wirtschaftsreformen seines Vorgängers Bielecki (Januar bis Dezember 1991) angekündigt hatte, scheiterte im März 1992 mit seinem Wirtschaftsplan im Parlament. Der Plan sah eine höhere Staatsverschuldung und eine Vergrößerung der Geldmenge vor. Außerdem waren Investitionen für eine Umstrukturierung der Staatsbetriebe und Preisgarantien für landwirtschaftliche Produkte geplant.

Anpassungskrise: Der Übergang zu marktwirtschaftlichen Strukturen führte 1991/92 zu einer Anpassungskrise, die sich vor allem im Produktionsrückgang und hohen Arbeitslosenzahlen ausdrückte. Die landwirtschaftliche Produktion schrumpfte 1991 gegenüber dem Vorjahr um 2%, die Industrieproduktion sank um 14,2%. Die Arbeitslosenzahl stieg 1991 auf 2,16 Mio (11,4%). Ursachen für den Niedergang waren in erster Linie der Wegfall der Absatzmärkte in Osteuropa nach der Auflösung des Wirtschaftsbündnisses COMECON sowie die schwache Nachfrage von privaten und staatlichen Kunden. Der Export nahm in P. um 6,5% ab, während der Import um 34,4% anstieg. Rd. 40% aller staatlichen Betriebe arbeiteten defizitär. Bis Ende 1991 waren 15% der vorher staatlichen Unternehmen privatisiert.

Bei den Parlamentswahlen am 6. 10. 1991 bauten die politisch rechts der Mitte angesiedelten Sozialdemokraten (PSD) von Ministerpräsident Anibal Cavaco Silva ihre absolute Mehrheit aus. Die Regierung versuchte, Inflationsrate und Staatsverschuldung zu senken.

Wahlerfolg für Regierung: Die Regierungspartei von Cavaco Silva konnte ihr Wahlergebnis von 1987 (Stimmenanteil: 50,1%) mit 50,4% noch steigern. Sie stellt 132 der 230 Abgeordneten. Der Erfolg der PSD wurde als persönlicher Triumph von Cavaco Silva und dessen erfolgreicher Wirtschaftspolitik gewertet. Am 28. 10. 1991 stellte der 52jährige Wirtschaftswissenschaftler sein neues, wenig verändertes Kabinett vor. Die wichtigste Umbesetzung erfolgte im bis dahin von Miguel Beleza geführten Finanzministerium, das der Bankfachmann Jorge Braga de Macedo übernahm. Die Sozialisten wählten im Februar 1992

Parlamentswahlen in Polen am 27. 10. 1991

Partei	Stimmen-anteil[1] (%)	Sitze
Demokratische Union (UD)	12,3	62
Bündnis der Demokratischen Linken (SLD)	12,0	60
Katholische Wahlaktion (WAK)	8,7	49
Polnischer Bauernverband (PSL)	8,7	48
Konföderation Unabhängiges Zentrum (KPN)	7,5	46
Bürgerverständigung Zentrum (POC)	8,7	44
Liberal-Demokratischer Kongreß (KLD)	7,5	37
Bauernverständigung (PL)	5,5	28

1) Wahlergebnisse der stimmenstärksten Parteien

Parlamentswahlen in Portugal am 6. 10. 1991

Partei	Stimmen-anteil (%)	Verände-rung[1]	Sitze[2]
Sozialdemokratische Partei (PSD)	50,4	+ 0,2	132
Sozialistische Partei (PS)	29,3	+ 7,1	70
Vereinigte Volksallianz (Kommunisten)	8,8	− 3,3	17
Demokratisch Soziales Zentrum (CDS)	4,4	0,0	5
Partei der Nationalen Solidarität (PSN)	1,7	+ 1,7	1

1) Gegenüber 1987 in Prozentpunkten; 2) aus den Überseegebieten drei Mandate an die PSD und zwei Mandate an die PS

als Folge der Wahlniederlage António Guterres zum neuen Generalsekretär.

Wirtschaft auf EG-Kurs: Nach einem überraschenden Antrag der Regierung, den Beitritt des Escudo zum Europäischen Währungssystem (EWS) zu beantragen, gehört die portugiesische Währung seit 6. 4. 1992 zu den elf EWS-Währungen. Die Wirtschaft des Landes, die seit dem EG-Beitritt 1986 im Aufwind ist, befand sich 1991 in einer schwierigen Phase, weil vor allem die Inflationsrate von 14,3% das Wachstum bremste. Anfang 1992 sank die Teuerungsrate wieder auf rd. 8%. Anfang der 90er Jahre wies P. mit rd. 4% die im EG-Vergleich höchsten Wachstumsraten und eine niedrige Arbeitslosenrate auf. Mit Hilfe von Auslandsinvestitionen und EG-Zuschüssen konnte das ehemalige „Armenhaus Europas" Griechenland im wirtschaftlichen Vergleich hinter sich lassen. Ziel der neuen Regierung Cavaco Silva war 1991/92 mittelfristig, die wirtschafts- und finanzpolitischen Bedingungen zur Integration in die künftige Europäische Wirtschafts- und Währungsunion zu erfüllen.

Regierung in Portugal

Letzte Wahl	Oktober 1991
Präsident	Mario Alberto Soares
Premier	Aníbal Cavaco Silva
Äußeres	João de Deus Rogado Salvador Pinheiro
Finanzen	Jorge Braga de Macedo
Verteidigung	Joaquim Fernando Nogueira
Innen	Manuel Dias Loureiro
Landwirtschaft	Arlindo Marques da Cunha
Industrie und Energie	Luís Fernando Mira Amaral
Justiz	Álvaro José Brilhante Laborinho Lucio
Handel und Tourismus	Fernando Manuel Barbosa Faria de Oliveira
Arbeit und Sozialordnung	José Albino da Silva Peneda
Gesundheit	Arlindo Gomes de Carvalho
Parlamentarische Fragen	António Fernando Couto dos Santos
Öffentliche Bauten, Transport und Verkehr	Joaquim Martins Ferreira do Amaral
Planung und Verwaltung	Luis Francisco Valente de Oliveira
Bildung	Diamantino Freitas Gomes Durão
Umwelt	Carlos Alberto Diogo Soares Borrego
Meer	Eduardo Eugénio Castro de Azevedo Soares

Rumänien

Fläche	237 500 km² (Weltrang 80)	
Einw.	23,3 Mio (Weltrang 38)	
Hauptst.	Bukarest (2,2 Mio Einw.)	
Pkw.-Kz.	R	
Sprache	Rumänisch	
BSP/Kopf	1640 Dollar (1990)	
Inflation	344,5% (1991)	
Arb.-los.	5,7% (März 1992)	Europa, S. 490, F 6
Währung	1 Leu, l = 100 Bani	
Religion	Rumänisch-orthodox (80%), katholisch (6%), protestant.	
Reg.-Chef	Theodor Stolojan (seit Oktober 1991)	
Staatsob.	Ion Iliescu (seit 1989)	
Staatsf.	Republik	
Parlament	Abgeordnetenhaus mit 387 und Senat mit 119 für zweieinhalb Jahre gewählten Abgeordneten; im Abgeordnetenhaus 233 Sitze (Senat: 92) für Front zur nationalen Rettung, 29 (12) für Demokratische Union der Ungarn, 29 (9) für Nationalliberale Partei, 12 (1) für Nationale Bauernpartei, 43 (5) für andere Parteien, 32 (0) für unabhängige Kandidaten, 9 (0) für Vertreter Nationaler Minderheiten (Wahl von 1990)	

Nachdem demonstrierende Bergarbeiter im September 1991 den Rücktritt von Ministerpräsident Petre Roman erzwungen hatten, führte der parteilose Wirtschaftsexperte Theodor Stolojan die Regierungsgeschäfte. Die Rumänen billigten im Dezember 1991 per Volksabstimmung eine demokratische Verfassung, die ein Präsidialsystem mit politischem Pluralismus und die Marktwirtschaft festschreibt. In dem von sozialen Krisen erschütterten Land sank die Industrieproduktion 1991 um 22%.

Regierungswechsel: Nach viertägigen Demonstrationen und Ausschreitungen der Bergleute, die höhere Löhne und einen Preisstopp forderten, trat Ministerpräsident Roman von der Nationalen Rettungsfront (FSN) am 26. 9. 1991 zurück. Im Oktober berief Präsident Ion Iliescu (FSN) Stolojan,

Ion Iliescu,
Staatspräsident von Rumänien
* 3. 3. 1930 in Oltenita/Rumänien. Iliescu wurde nach einem Ingenieurstudium in Bukarest und Moskau kommunistischer Jugend- und Parteifunktionär. 1971 wurde er ZK-Sekretär für Propaganda und Erziehung. Wegen Differenzen mit Parteichef Nicolae Ceaușescu wurde er schrittweise entmachtet. Nach Ceaușescus Sturz trat er 1989 an die Spitze der Front der Nationalen Rettung.

nachdem die FSN ihren Anspruch aufgegeben hatte, den Ministerpräsidenten zu stellen. Zum ersten Mal gingen mit dem Wirtschafts-, Finanz- und Justizressort wichtige Ministerposten an die vormals oppositionelle Nationalliberale Partei.

Neue Verfassung: 77,3% der Wahlberechtigten stimmten für die neue Verfassung, die das Parlament im November mit 414 gegen 95 Stimmen angenommen hatte. Der Text garantiert den demokratischen und sozialen Rechtsstaat sowie Parteienpluralismus. Privateigentum wurde per Gesetz geschützt.

Integration Moldawiens angestrebt: Im Mai 1992 sprach sich Präsident Iliescu für eine Wiedervereinigung mit der ehemaligen Sowjetrepublik Moldawien aus, dem früheren rumänischen Bessarabien. Geplant wurde außerdem die Bildung einer Freihandelszone und einer gemeinsamen Wirtschaftszone im Grenzgebiet.

Wirtschaftliche Schrumpfung: Der Rückgang der industriellen Produktion in R. war insbes. auf den Mangel an Rohstoffen und Energie zurückzuführen. Die Förderung von Steinkohle schrumpfte 1991 um 25%, die Produktion von Erdöl um 16% gegenüber 1990. Im Mai 1992 führte eine drastische Kürzung der Subventionen für Brot, Milch und Butter zu einer Verdoppelung der Preise. Die Ausgleichserhöhung der Löhne, Gehälter, Renten und Kindergelder um 17,4% konnte die Teuerung nicht kompensieren.

Regierung in Rumänien

Letzte Wahl	1990
Präsident	Ion Iliescu
Premier	Theodor Stolojan
Äußeres	Adrian Nastase
Wirtschaft und Finanzen	George Danielescu
Verteidigung	Constantin Nicolae Spiroiu
Innen	Victor Babiuc
Landwirtschaft und Ernährung	Petre Márculescu
Kommunikation	Andrei Chirica
Kultur	Ludovic Spiess
Unterricht und Wissenschaft	Mihail Golu
Umwelt	Marcian Bleahu
Gesundheit	Mircea Maiorescu
Justiz	Mircea Ionescu-Quint
Arbeit und sozialer Schutz	Dan Mircea Popescu
Öffentliche Arbeiten und Raumordnung	Dan Nicolae
Handel und Tourismus	Constantin Fota
Jugend und Sport	Ioan Moldouan
Beziehungen zum Parlament	Ion Aurel Stoica
Industrie	Dan Constantinescu
Verkehr	Traian Basescu
Budgetfragen	Florian Bercea

Fläche	17 075 000 km² (Weltrang 1)
Einw.	150 Mio (Weltrang 5)
Hauptst.	Moskau (8,97 Mio Einw.)
Pkw.-Kz.	k. A.
Sprache	Russisch
BSP/Kopf	k. A.
Inflation	k. A.
Arb.-los.	k. A.
Währung	1 Rubel, Rbl. = 100 Kopeken
Religion	Russ.-orthod., ukrain. unierte Kirche, evang. Kirchen
Reg.-Chef	Boris Jelzin, Jegor Gaidar (geschäftsführend)
Staatsob.	Boris Jelzin (seit 1991)
Staatsf.	Republik

Asien, S. 496, B 1

Der russische Vielvölkerstaat, der im April 1992 den offiziellen Namen „Russische Föderation – Rußland" annahm, vereinbarte im März 1992 einen neuen Föderationsvertrag. Nach dem Putsch orthodox-kommunistischer Politiker und Militärs im August 1991 hatte Präsident Boris Jelzin die Auflösung der UdSSR, das Verbot der kommunistischen Partei und den Rücktritt von Staatschef Michail Gorbatschow maßgeblich betrieben. Der Volkskongreß billigte im April 1992 die radikalen Reformen zum Umbau der zentral gelenkten Planin eine Marktwirtschaft.

Föderationsvertrag: Der Föderationsvertrag, der das Verhältnis zwischen R. und den autonomen Gebieten und Republiken auf eine neue rechtliche Grundlage stellt, grenzt die Vollmachten zwischen Moskau und den Behörden der Verwaltungsgebiete ab. Die Tatarische Autonome Republik und Tschetscheno-Inguschien traten dem Abkommen nicht bei. Tatarstan hatte am 22. 3. in einer Volksabstimmung für die Unabhängigkeit des Landes gestimmt.

Nationalitäten-Konflikte: Mitte 1992 verhängte das Parlament der zu R. gehörenden Republik Nordossetien wegen des anhaltenden Zustroms südossetischer Flüchtlinge aus Georgien über mehrere Gebiete den Ausnahmezustand. Südossetien kämpfte gegen Georgien um den Anschluß an Nordossetien.

Zerfall der UdSSR: Das Scheitern des Putsches reformfeindlicher Militärs und Politiker im August 1991, einen Tag vor der geplanten Unterzeichnung eines neuen Unionsvertrags, nutzte der russische Präsident Jelzin, der den Widerstand gegen die Putschisten anführte, zur Demontage Gorbatschows. Jelzin gehörte als Mitbegründer der

Gemeinschaft Unabhängiger Staaten (→ GUS) am 21. 12. zu den treibenden Kräften des neuen Staatenbundes.

Militärpolitik: Beim ersten russisch-US-amerikanischen Gipfeltreffen im Juni 1992 in Washington vereinbarten Jelzin und US-Präsident George Bush die Verringerung der → Strategischen Waffen auf ein Drittel des Bestandes. Bis 2003 sollen u. a. alle landgestützten ballistischen Raketen vernichtet werden.

Wirtschaftsreform: Trotz der Entscheidung des Obersten Sowjets am 1. 11. 1991, den radikalen Übergang zur Marktwirtschaft einzuleiten, war die Aussicht auf kurzfristige Besserung schlecht. Der IWF prognostizierte R. für 1992 einen Rückgang der Wirtschaftsleistung um 15–20%. Die russische Zentralbank gab zum 1. 7. die Wechselkurse für den Rubel frei. Der Eröffnungskurs betrug 125,26 Rubel für 1 Dollar (→ Osteuropa).

Boris Nikolajewitsch Jelzin, Staatspräsident von Rußland * 1. 2. 1931 in Butka (Sibirien)/ UdSSR. Der Bauernsohn wurde 1961 Mitglied der KPdSU. Nach Kritik aus dem Parteiapparat an seinem Reformkurs als Moskauer KP-Chef verlor er 1987 alle hohen Parteiämter, wurde 1989 aber gegen den offiziellen kommunistischen Kandidaten in den Deputiertenkongreß gewählt. 1990 verließ der als Populist geltende Gegenspieler von Gorbatschow die KP. 1991 wurde er zum Präsidenten gewählt.

Regierung in Rußland

Letzte Wahl	1991
Staatspräsident	Boris Jelzin
Vizepräsident	Alexander Ruzkoj
Parlamentsvorsitzender	Ruslan Chasbulatow
Ministerpräsident – geschäftsführend	Boris Jelzin Jegor Gaidar
Erster Stellvertreter	Gennadij Burbulis
Stellvertreter	Sergej Schachraj Walerij Macharadse Jewgenij Arefjew Michail Poltoranin Michail Malkow Alexander Schochin
Äußeres	Andrej Kosyrew
Finanzen	Wassilij Bartschuk
Verteidigung	Boris Jelzin
Inneres	Wiktor Jerin
Wirtschaft	Andrej Netschajew
Justiz	Nikolaj Fjodorow
Presse und Massenmedien	Michail Poltoranin
Architektur und Bauwesen	Boris Furmanow
Bildung	Eduard Dneprow
Brennstoffe und Energiewesen	Wladimir Lopuchin
Gesundheitswesen	Andrej Worobjow
Handel	Stanislaw Anissimow
Industrie	Alexander Titkin
Kommunikation	Wladimir Bulgak
Kultur	Jewgenij Sidorow
Landwirtschaft und Ernährung	Wiktor Chlystun
Sozialschutz der Bevölkerung	Ella Pamfilowa
Transport	Witalij Jefimow
Eisenbahnwesen	Gennadij Fadejew
Umwelt und Naturnutzung	Wiktor Danilow-Danieljan
Außenwirtschaftsbeziehungen	Peter Awen
Wissenschaft und Technologie	Boris Saltykow

R | Rwanda

Fläche	26 338 km² (Weltrang 142)
Einw.	7,49 Mio (Weltrang 86)
Hauptst.	Kigali (300 000 Einw.)
Pkw.-Kz.	RWA
Sprache	Kinyarwanda, Französisch
BSP/Kopf	310 Dollar (1990)
Inflation	1% (1989)
Arb.-los.	k. A.
Währung	1 Rwanda-Franc, F. Rw. = 100 Centimes
Religion	Kath. (56%), protest. (12%), animist. (23%), moslem.
Reg.-Chef	Dismas Nsengiyaremye (seit April 1992)
Staatsob.	Juvénal Habyarimana (seit Putsch von 1973)
Staatsf.	Präsidiale Republik, Einparteiensystem
Parlament	Nationalrat mit 70 gewählten Abgeordneten; sämtliche Sitze für die Einheitspartei Nationale Revolutionsbewegung für die Entwicklung (MRND)

Afrika, S. 494, D 5

Die kriegerischen Auseinandersetzungen zwischen dem Stamm der Tutsi, organisiert in der Rwandischen Patriotischen Front (RPF), und der Hutu-Mehrheit, die in dem ostafrikanischen Land Armee, Wirtschaft und Verwaltung dominiert, prägte 1991/92 die Innenpolitik von R. Im März 1992 unterzeichneten die seit dem Militärputsch von 1973 in dem Einparteienstaat herrschende Regierung und Oppositionsparteien ein Abkommen als Voraussetzung für Friedensverhandlungen und Einführung des bereits 1991 in Aussicht gestellten Mehrparteiensystems. Die ökonomische Lage verbesserte sich 1991/92.

Bürgerkrieg: Bei Stammesunruhen zwischen Hutus und Tutsis kamen 1991/92 mehrere Hundert Menschen ums Leben. Die ehemals zur Oberschicht gehörenden Tutsi waren 1959 nach einer Rebellion der Hutu-Mehrheit vertrieben worden. Seit Oktober 1990 kämpfen die Tutsi-Rebellen gegen Regierungstruppen. Im Juni 1992 verständigten sich Regierung und Rebellen auf eine Verhandlungslösung für den Bürgerkrieg. Erstmals wurde das Prinzip direkter Gespräche anerkannt.

Demokratische Öffnung: Präsident Juvénal Habyarimana und Vertreter der wichtigsten oppositionellen Parteien unterzeichneten im März 1992 ein Abkommen, das die Bildung einer Koalitionsregierung und damit den Weg zur pluralistischen Demokratie ebnete. Anfang April ernannte er mit Dismas Nsengiyaremye einen Politiker der oppositionellen Demokratisch-Republikanischen Bewegung zum Premier. Im Oktober 1991 hatte ohne Rücksprache mit der Opposition Sylvestre Nsanzimana das Amt übernommen. Im April bildeten vier Oppositionsparteien mit der bisherigen Staatspartei MRND ein Übergangskabinett.

Wirtschaft leicht erholt: Trotz 25% Produktionsrückgang bei Kaffee, mit 80% wichtigste Devisenquelle, lag das Wirtschaftswachstum 1991 bei 1% (1990: −2%). Die Teeproduktion nahm um 12% zu.

Saint Kitts und Nevis

Fläche	261 km² (Weltrang 183)
Einw.	44 100 (Weltrang 182)
Hauptst.	Basseterre (16 000 Einw.)
Pkw.-Kz.	SCN
Sprache	Englisch
BSP/Kopf	3330 Dollar (1990)
Inflation	5% (1989)
Arb.-los.	15% (1989)
	Mittelam., S. 493, G 3
Währung	1 Ostkaribischer Dollar, EC$ = 100 Cents
Religion	Protestantisch (76%)
Reg.-Chef	Kennedy Alphonse Simmonds (seit 1980)
Staatsob.	Königin Elisabeth II.
Staatsf.	Parl. föderative Monarchie im Commonwealth
Parlament	Nationalversammlung mit 11 für fünf Jahre gewählten Abgeordneten; 5 Sitze für People's Action Movement, 3 für Nevis Reformation Party, 3 für Labour Party (Wahl von 1989)

Das seit 1983 unabhängige S. ist eine konstitutionelle Monarchie mit föderativer Struktur im Rahmen des Commonwealth. Die Teilinsel Nevis erhielt gleichzeitig den Status eines Bundesstaates mit dem Recht auf spätere Unabhängigkeit. Die Einnahmen aus dem staatlich geförderten Tourismus, die 1987 erstmals den Zuckerexport übertrafen, waren Anfang der 90er Jahre wichtigster Devisenbringer des Landes. Neben Zuckerrohr wurden Baumwolle und Bananen angebaut. Die wenigen Industriebetriebe von S. produzieren Erfrischungsgetränke, Schuhe und Fernsehgeräte.

Saint Lucia

Fläche	622 km² (Weltrang 173)
Einw.	151 000 (Weltrang 171)
Hauptst.	Castries (52 000 Einw.)
Pkw.-Kz.	STL
Sprache	Englisch
BSP/Kopf	1900 Dollar (1990)
Inflation	4,4% (1989)
Arb.-los.	13% (1990)
	Mittelam., S. 493, H 4
Währung	1 Ostkaribischer Dollar, EC$ = 100 Cents
Religion	Katholisch (90%), protestantisch
Reg.-Chef	John Compton (seit 1982)
Staatsob.	Königin Elisabeth II.
Staatsf.	Parlamentarische Monarchie im Commonwealth
Parlament	Senat mit 11 ernannten und Abgeordnetenhaus mit 17 für fünf Jahre gewählten Mitgliedern; 9 Sitze für konservative United Workers Party, 8 für sozialistische St. Lucia Labour Party (Wahl von 1987)

Die gebirgige Antilleninsel, die 1991/92 von John George Melvin Compton von der konservativen United Workers Party (UWP) regiert wurde, erwirtschaftete rd. 63% des Bruttosozialprodukts im Dienstleistungssektor, vor allem in der Tourismusbranche (30% des BSP). 20% trug die Industrie, 17% die Landwirtschaft bei. S. exportierte Bananen, Kakao, Textilien und Papierprodukte. Stellvertreter des Staatsoberhaupts, der britischen Königin Elisabeth II., auf der seit 1979 unabhängigen Insel war 1991/92 Generalgouverneur Stanislaus Anthony James. Der Generalgouverneur wird auf Rat des Premierministers ernannt.

Saint Vincent/Grenadinen

Fläche	388 km² (Weltrang 178)
Einw.	115 000 (Weltrang 173)
Hauptst.	Kingstown (34 000 Einw.)
Pkw.-Kz.	WV
Sprache	Englisch
BSP/Kopf	1720 Dollar (1990)
Inflation	2,3% (1991)
Arb.-los.	30% (1990)
	Mittelam., S. 493, G 4
Währung	1 Ostkaribischer Dollar, EC$ = 100 Cents
Religion	Anglikanisch (47%), methodistisch (28%), katholisch (15%)
Reg.-Chef	James Mitchell (seit 1984)
Staatsob.	Königin Elisabeth II.
Staatsf.	Parlamentarische Monarchie im Commonwealth
Parlament	Senat mit 6 ernannten und Abgeordnetenhaus mit 15 für fünf Jahre gewählten Abgeordneten; sämtliche Sitze für New Democratic Party (Wahl von 1989)

Die Regierungspartei New Democratic Party (NDP) hält seit den Wahlen vom Mai 1989 alle 15 Parlamentssitze. Nach Angaben der Regierung unter James Mitchell wurde die Inflationsrate von 9,1% (1990) auf 2,3% (1991) gesenkt. Mit rd. 20% des erwirtschafteten Bruttoinlandsprodukts war die Landwirtschaft der wichtigste Wirtschaftszweig. Hauptexportgüter der seit 1979 von Großbritannien unabhängigen Antilleninseln waren zu Beginn der 90er Jahre Bananen, Mehl, Süßkartoffeln und Kopra. Weitere Agrarprodukte waren Kokosnüsse sowie Rinder, Schweine und Schafe. Die Industrieproduktion beschränkte sich insbes. auf Mehl, Zigaretten und Rum. Einzige Rohstoffe waren Sand und Kies. Die Tourismuseinnahmen lagen 1988 bei 69 Mio DM. 30% der Bewohner waren Anfang der 90er Jahre arbeitslos.

Sambia

Fläche	752 618 km² (Weltrang 38)
Einw.	8,44 Mio (Weltrang 79)
Hauptst.	Lusaka (540 000 Einw.)
Pkw.-Kz.	Z
Sprache	Englisch
BSP/Kopf	420 Dollar (1990)
Inflation	100% (1991)
Arb.-los.	17,4% (1987)
Währung	1 Kwacha, K = 100 Ngwee
Religion	Animistisch (60%), christlich (30%)
Reg.-Chef	Levy Mwanawasa (seit November 1991)
Staatsob.	Frederick Chiluba (seit November 1991)
Staatsf.	Präsidiale Republik
Parlament	Nationalversammlung mit 150 für fünf Jahre gewählten Abgeordneten; 116 Sitze für Bewegung für eine Mehrparteiendemokratie, 25 für Vereinigte Nationale Unabhängigkeitspartei, 9 für andere (Wahl vom Oktober 1991)

Afrika, S. 494, D 6

Salomonen

Fläche	28 896 km² (Weltrang 137)
Einw.	319 000 (Weltrang 163)
Hauptst.	Honiara (30 000 Einw.)
Pkw.-Kz.	k. A.
Sprache	Englisch
BSP/Kopf	590 Dollar (1990)
Inflation	11,2% (1989)
Arb.-los.	k. A.
Währung	1 Salomonen-Dollar, SI$ = 100 Cents
Religion	Protestantisch (42%), anglikanisch (34%), katholisch (19%)
Reg.-Chef	Solomon Mamaloni (seit 1989)
Staatsob.	Königin Elisabeth II.
Staatsf.	Parlamentarische Monarchie im Commonwealth
Parlament	Nationalparlament mit 38 gewählten Mitgliedern; 13 Sitze für Solomon Islands United Party, 12 für People's Alliance Party, 13 für zwei andere Parteien und unabhängige Kandidaten (Wahl von 1984)

Ozeanien, S. 498, F 3

Für die 1450 km lange doppelte Inselkette im Westpazifik, die 1978 von Großbritannien unabhängig wurde, aber Mitglied des Commonwealth ist, strebte Premierminister Solomon Mamaloni eine republikanische Staatsform an. Bis Mitte 1992 vertrat Generalgouverneur Sir George Lepping die britische Königin Elisabeth II. als Staatsoberhaupt. Haupterwerbszweig der S. war die Landwirtschaft, die Mitte der 80er Jahre rd. ein Drittel aller Arbeitskräfte beschäftigte und 65% des Bruttosozialprodukts erbrachte. Die wichtigsten Anbauprodukte waren Kokosnüsse, Süßkartoffeln, Kopra und Palmöl. Hauptausfuhrgüter waren Kopra, Kakao, Holz und Fische.

Nach den ersten freien Mehrparteienwahlen löste Frederick Chiluba vom Oppositionsbündnis Bewegung für eine Mehrparteiendemokratie (MMD) im November 1991 den seit 1964 amtierenden Staatspräsidenten Kenneth Kaunda von der Einheitspartei Vereinigte Nationale Unabhängigkeitspartei (UNIP) ab. Chiluba bemühte sich bis Mitte 1992 vor allem um den Abbau der Staatsverschuldung, die bei 7,8 Mrd Dollar (11,9 Mrd DM) lag. **Friedlicher Machtwechsel:** Chiluba erreichte bei den Präsidentenwahlen im Oktober 1991 rd. 80% der Stimmen. Erstmals in der Geschichte Schwarzafrikas wurde mit Kaunda ein Staatsgründer in demokratischen Wahlen seines Amtes enthoben. Bei den gleichzeitig stattfindenden Parlamentswahlen errang die MMD 116 und die UNIP 25 von 150 Sitzen. Kaunda und der UNIP wurden Machtmißbrauch, Korruption und Mißwirtschaft vorgeworfen. Die Wahlbeteiligung lag bei 40%. Im Januar 1992 trat Kaunda als Vorsitzender der UNIP zurück. **Privatisierung:** Für Mitte 1992 kündigte Präsident Chiluba den Auftakt zur Privatisierung der ineffizient arbeitenden Staatsbetriebe an, die 1991 rd. 80% des formellen Wirtschaftssektors beherrschten. Außerdem soll der Verwaltungsapparat des Staates von rd. 70 000 auf 40 000 Beamte verkleinert werden. **Sparpolitik:** Auf Druck des Internationalen Währungsfonds und im Hinblick auf neue Kreditwünsche ergriff die Regierung, die bis 1993 die Staatsfinanzen saniert haben will, Maßnahmen zur Entlastung des Staatshaushalts. Zwischen De-

Frederick Chiluba, Staatspräsident von Sambia
* 30. 4. 1943 in der Provinz Luapala/ Nordrhodesien (heute: Sambia). Chiluba wurde 1974 Vorsitzender des Dachverbandes der sambischen Gewerkschaften (ZCTU). Nach Ablehnung eines Ministerpostens wurde er 1981 zeitweilig verhaftet. Chiluba trat 1990 vom ZCTU-Vorsitz zurück und wurde Vorsitzender des Oppositionsbündnisses MMD. Im November 1991 löste er Kenneth Kaunda als Präsident Sambias ab.

zember 1991 und April 1992 führte die Streichung der Subventionen zu einer Verdreifachung des Preises für Maismehl. Gleichzeitig verdoppelte sich der Benzinpreis. Die einheimische Währung, der Kwacha, wurde um 25% abgewertet. Im Januar 1992 überwies die Weltbank eine erste Kreditrate von 79 Mio Dollar (121 Mio DM). Insgesamt wurden für 1992 finanzielle Zusagen in Höhe von 1,5 Mrd Dollar (2,3 Mrd DM) gegeben. Aufgrund der anhaltenden Dürre im Frühjahr 1992 rechneten Experten für die Maisernte mit 500 000 t Ertrag. Für die für 1992 angestrebte Eigenversorgung wären 1,5 Mio t nötig gewesen. Die Inflationsrate lag 1991 bei rd. 100%.

Samoa-West

Fläche	2831 km² (Weltrang 162)	
Einw.	165 000 (Weltrang 169)	
Hauptst.	Apia (36 000 Einw.)	
Pkw.-Kz.	WS	
Sprache	Samoanisch, Englisch	
BSP/Kopf	730 Dollar (1990)	
Inflation	25% (1991)	
Arb.-los.	k. A.	Ozeanien, S. 498, H 3
Währung	1 Tala, WS$ = 100 Sene	
Religion	Protestantisch (70%), katholisch (20%)	
Reg.-Chef	Tofilau Eti Alesana (seit 1988)	
Staatsob.	Malietoa Tanumafili II. (seit 1962)	
Staatsf.	Parlamentarische Demokratie	
Parlament	Gesetzgebende Versammlung mit 47 für drei Jahre gewählten Mitgliedern; 26 Sitze für Human Rights Protection, 18 für Samoan National Development, 3 für Unabhängige (Wahl von 1991)	

Ein mit 240 km/h über den westpazifischen Inselstaat fegender Wirbelsturm, der im Dezember 1991 rd. 95% der Häuser verwüstete, forderte mindestens 13 Todesopfer. Die gesamte Ernte und

etwa 80% aller medizinischen Einrichtungen des Landes wurden zerstört. Vordringliche Aufgabe der Regierung unter Tofilau Eti Alesana war die Instandsetzung der dabei zu 90% beschädigten Inselstraßen.

Zudem soll der Tourismussektor ausgebaut werden. Zunächst war geplant, die Unterbringungskapazität von 350 (1991) auf 1000 Betten zu erhöhen. Ausländische Investoren sollen zehn Jahre lang steuerfrei tätig sein können. Da die Exporterlöse, die zu rd. 50% mit Kopra und Kopraprodukten bestritten werden, nur etwa 20% der Importkosten decken, war S. zu Beginn der 90er Jahre auf Entwicklungshilfe angewiesen (aus Japan, Australien, Neuseeland). Die Rücküberweisungen der 90 000 im Ausland lebenden Samoaner entsprachen 1991 rd. 90% des Bruttosozialprodukts.

San Marino

Fläche	61 km² (Weltrang 186)	
Einw.	23 000 (Weltrang 186)	
Hauptst.	San Marino (4400 Einw.)	
Pkw.-Kz.	RSM	
Sprache	Italienisch	
BSP/Kopf	8590 Dollar (1987)	
Inflation	6% (1990)	
Arb.-los.	4,7% (1986)	Europa, S. 490, D 6
Währung	Italienische Lira, Lit	
Religion	Katholisch (95%)	
Reg.-Chef	Staatsrat	
Staatsob.	Zwei sog. reg. Kapitäne (Wechsel alle sechs Monate)	
Staatsf.	Parlamentarische Republik	
Parlament	Großer und allgemeiner Rat mit 60 für fünf Jahre gewählten Mitgliedern; 27 Sitze für Christdemokraten, 18 für Kommunisten, 8 für Einheitssozialisten, 7 für Sozialisten (Wahl von 1988)	

In dem von Italien umschlossenen Kleinstaat kündigten im Februar 1992 die Christdemokraten die seit 1986 bestehende Koalition mit der Nachfolgeorganisation der Kommunisten, den Linksdemokraten, auf. Die mit 27 Sitzen im Parlament, dem Großen und allgemeinen Rat, vertretene Democrazia Cristiana strebte eine Zusammenarbeit mit der Sozialistischen Partei an.

Die Wirtschaft stützte sich 1991/92 vor allem auf den Verkauf von Briefmarken, die in Italien und der Schweiz gedruckt werden, und den Fremdenverkehr. In der Landwirtschaft wurden Wein, Olivenöl und Käse produziert, handwerkliche Betriebe stellten u. a. Keramikwaren her.

★ ★ Sao Tomé und Principe

Fläche	964 km² (Weltrang 166)
Einw.	121 000 (Weltrang 172)
Hauptst.	São Tomé (25 000 Einw.)
Pkw.-Kz.	STP
Sprache	Portugiesisch
BSP/Kopf	400 Dollar (1990)
Inflation	k. A.
Arb.-los.	k. A.
Währung	1 Dobra, Db = 100 Céntimos
Religion	Christlich (80%), animistisch
Reg.-Chef	Daniel Daio (im April 1992 entlassen)
Staatsob.	Miguel Trovoada (seit 1991)
Staatsf.	Präsidiale Republik
Parlament	Nationalversammlung mit 55 Abgeordneten; 31 Sitze für Demokratische Annäherungspartei, 21 Sitze für Bewegung für die Befreiung von São Tomé, 3 Sitze für Demokratische Koalition und Christlich-demokratische Front (Wahl von 1991)

Afrika, S. 494, C 5

Ende April 1992 entließ der von der regierenden Demokratischen Annäherungspartei (PCD) unterstützte Staatschef Miguel Trovoada das Kabinett von Premier Daniel Daio. Hintergrund der Regierungskrise, die bis Mitte 1992 nicht gelöst werden konnte, war ein Verfassungsstreit um Machtbefugnisse.

90% der Exporterlöse erwirtschaftete der Inselstaat vor der Westküste Afrikas 1992 mit Kakao. Der Preisverfall auf dem internationalen Markt führte zu hohen Auslandsschulden (1989: 91 Mio Dollar, 139 Mio DM). Ein Drittel des Staatshaushalts mußte für Zinsen aufgebracht werden.

Saudi-Arabien

Fläche	2 250 000 km² (Weltrang 13)
Einw.	14,13 Mio (Weltrang 56)
Hauptst.	Ar Rijad (1,3 Mio Einw.)
Pkw.-Kz.	S.-A.
Sprache	Arabisch
BSP/Kopf	7050 Dollar (1990)
Inflation	0,5% (1989)
Arb.-los.	k. A.
Währung	1 Saudi-Riyal, S. Rl. = 100 Hallalas
Religion	Moslemisch (99%)
Reg.-Chef	König Fahd Ibn Abd Al Asis (seit 1982)
Staatsob.	König Fahd Ibn Abd Al Asis (seit 1982)
Staatsf.	Absolute Monarchie
Parlament	Kein Parlament, Parteien verboten

Nahost, S. 495, D 4

Der absolutistisch regierende König Fahd Ibn Abd Al Asis bot im März 1992 erstmals einer beratenden Versammlung aus 60 für vier Jahre ernannten Volksvertretern beschränkte Mitspracherechte an. Trotz der Ausgaben für den Golfkrieg, die sich 1990 und 1991 auf rd. 76,4 Mrd DM beliefen, befand sich die Wirtschaft bis Mitte 1992 auf Expansionskurs.

Politische Reformen: König Fahd kündigte die Einführung einer Verfassung auf der Grundlage des islamischen Rechts an. Ein vom König berufener Konsultativrat, dessen Einrichtung als die wichtigste innenpolitische Veränderung seit Jahrzehnten gilt, hat beratende Funktion. Er hat das Recht, Mitglieder der Regierung zu befragen und Kabinettsvorlagen zurückzuweisen. Alle Regierungsentscheidungen, die die beratende Versammlung nicht bestätigt, werden dem Monarchen zur Entscheidung vorgelegt.

Wirtschaft wächst: Nach Schätzungen der Handelskammer in Rijad wuchs das Bruttosozialprodukt 1991 um 3,5%. Die kriegsbedingten Ausgaben bewirkten in der privaten Wirtschaft, insbes. in der Transport-, Nahrungsmittel- und Baubranche, einen Investitionsschub. Von den rd. 600 gebilligten Investitionsprojekten der Staaten des → Golf-Kooperationsrats (Saudi-Arabien, Bahrain, Katar, Kuwait, Oman, Vereinigte Arabische Emirate) im Gesamtwert von 6,1 Mrd DM entfielen auf S. etwa 3,8 Mrd DM.

Diversifizierung erfolgreich: Der Wüstenstaat, der mit geschätzten 250 Mrd Barrel (engl.; Faß mit 159 l) Anfang der 90er Jahre über die weltweit größten Erdölreserven verfügte, bestritt zwei Drittel seiner Staatseinnahmen aus Ölerlösen. Erfolge verzeichnete S. in der angestrebten Verringerung der Abhängigkeit vom Ölsektor. Die Nicht-Ölwirtschaft, die doppelt so schnell wie die Ölindustrie und Petrochemie wuchs, trug 1991 rd. 50% zum Bruttosozialprodukt bei.

**Fahd Ibn Abd Al Asis,
König von Saudi-Arabien**
* 1920 in Ar Rijad/Saudi-Arabien. Der jüngere Bruder des 1975 ermordeten Königs Faisal wurde 1963 Innenminister und war ab 1964 zugleich zweiter stellvertretender Ministerpräsident. 1975 wurde er von König Chalid zum Kronprinzen ernannt und übte als erster stellvertretender Ministerpräsident die eigentliche Regierungsgewalt aus. Seit Juni 1982 amtiert Fahd als König von Saudi-Arabien.

Schweden

Fläche	440 945 km² (Weltrang 56)
Einw.	8,6 Mio (Weltrang 78)
Hauptst.	Stockholm (660 000 Einw.)
Pkw.-Kz.	S
Sprache	Schwedisch
BSP/Kopf	23 660 Dollar (1990)
Inflation	10% (1991)
Arb.-los.	2,7% (1991)
Währung	1 Schwedische Krone, skr = 100 Öre
Religion	Evangelisch-Lutherisch (95%), katholisch
Reg.-Chef	Carl Bildt (seit Oktober 1991)
Staatsob.	König Carl XVI. Gustav (seit 1973)
Staatsf.	Parlamentarische Monarchie
Parlament	Reichstag mit 349 für drei Jahre gewählten Mitgliedern; 138 Sitze für Sozialdemokratische Arbeiterpartei, 80 für Konservative, 33 für Liberale Volkspartei, 31 für Zentrumspartei, 26 für Christdemokraten, 25 für Neue Demokratie, 16 für Linke (Wahl vom September 1991)

Europa, S. 490, E 3

Die bürgerlich-konservative Minderheitsregierung unter Ministerpräsident Carl Bildt, die nach den Parlamentswahlen die sozialdemokratische Ära im Oktober 1991 beendete, nahm Einschnitte am staatlichen Wohlfahrtssystem vor. In dem von einer Wirtschaftskrise betroffenen skandinavischen Land wuchs bis Mitte 1992 der Widerstand gegen die für 1995 avisierte Vollmitgliedschaft in der EG. Im Mai 1992 beschloß der schwedische Reichstag eine Abkehr von der traditionellen Neutralitätspolitik.

Regierungswechsel: Bei den Parlamentswahlen am 15. 9. 1991 erlitten die Sozialdemokraten unter Minsterpräsident Ingvar Carlsson mit dem Verlust von mehr als 5 Prozentpunkten gegenüber 1988 und knapp 38% der Stimmen eine Niederlage. Bildt führt eine Koalition aus Konservativen, Liberalen, Zentrum und Christdemokraten, die über 171 der 349 Mandate verfügt. Bildt kün-

digte in seiner Regierungserklärung Steuersenkungen, Privatisierungen und den Abbau von Sozialleistungen an. Im April 1992 erlitt die Regierungspolitik einen Rückschlag, als Bildt mit seinem Plan scheiterte, den vorzeitigen Ruhestand zu erschweren. Bei der Abstimmung im Reichstag stimmte die rechtsorientierte Neue Demokratie, auf deren Unterstützung die Minderheitsregierung angewiesen ist, mit der oppositionellen Sozialdemokratischen Arbeiterpartei.

EG-Integration umstritten: Bis Mitte 1992 war noch nicht abzusehen, wann die Verhandlungen über eine EG-Mitgliedschaft von S. beginnen. Seit dem Beitrittsgesuch von S. im Juli 1991 nahm die Zustimmung der schwedischen Bevölkerung zu einem EG-Beitritt ab. Während die Zahl der Ja-Stimmen bis April 1992 von 48% auf 44% schrumpfte, nahm die Zahl der entschiedenen EG-Gegner von 24% auf 36% zu.

Neutralitätspolitik aufgegeben: Nach einer im Mai 1990 vom Reichstag angenommenen Grundsatzerklärung gab S. das traditionelle Prinzip der Allianzfreiheit und seine Neutralitätspolitik auf. Die Außenpolitik soll jedoch weiterhin mit dem Ziel betrieben werden, im Kriegsfall neutral bleiben zu können. Politische Beobachter werteten den Beschluß als eine Forcierung der schwedischen EG-Integrationspolitik. Das skandinavische Land will sich in Zukunft an einer gemeinsamen europäischen Außen- und Sicherheitspolitik beteiligen. S. hatte sein EG-Beitrittsgesuch bereits oh-

Regierung in Schweden

Letzte Wahl	1991
Staatsoberhaupt	König Carl XVI. Gustav
Ministerpräsident	Carl Bildt
Stellvertreter	Bengt Westerberg
Äußeres	Margaretha af Ugglas
Finanzen	Anne Wibble
Verteidigung	Anders Björck
Europafragen und Außenhandel	Ulf Dinkelspiel
Gesundheit und Soziales	Bengt Westerberg
Wirtschaft	Per Westerberg
Verkehr	Mats Odell
Entwicklungspolitik und Menschenrechtsfragen	Alf Svensson
Bildung	Per Unckel
Umwelt und Naturschätze	Olof Johansson
Einwandererfragen und Kultur	Birgit Friggebo
Justiz	Gun Hellsvik
Rechtsberaterin im Ministerrang	Reidunn Laurén
Arbeit	Börje Hörnlund
Öffentliche Verwaltung	Inger Davidsson
Ernährung, Landwirtschaft und Forsten	Karl Erik Olsson

Carl Bildt,
Ministerpräsident von Schweden
* 15. 7. 1949 in Halmstad/Schweden. Bildt studierte Philosophie und Staatswissenschaften in Stockholm und wurde 1973 Redakteur der Zeitschrift Svensk Linje und Vorsitzender des konservativen Studentenverbandes. 1979 wurde er in den Reichstag gewählt, 1986 übernahm er den Vorsitz der Konservativen Partei. Nach den Parlamentswahlen vom September 1991 bildete er eine bürgerlich-konservative Minderheitsregierung.

Parlamentswahlen in Schweden am 15. 9. 1991

Partei	Stimmen-anteil (%)	Verände-rung[1]	Sitze
Sozialdemokraten	37,6	− 6,9	138
Konservative Partei	21,9	+ 3,6	80
Liberale Volkspartei	9,1	− 3,2	33
Zentrum	8,5	− 2,9	31
Christdemokraten	7,1	+ 7,1	26
Neue Demokratie	6,7	+ 6,7	25
Linke	4,5	− 1,4	16

1) Gegenüber 1988 in Prozentpunkten

René Felber,
Bundespräsident der Schweiz
* 14. 3. 1933 in Biel/Schweiz. Der Sohn eines Uhrenarbeiters und gelernte Grundschullehrer trat 1958 der Sozialdemokratischen Partei bei. 1960 wurde er Mitglied des Generalrats, seit 1967 arbeitet er im Schweizer Nationalrat. Seit 1988 amtiert Felber als Außenminister. Bei der Wahl zum Bundespräsidenten Ende 1991 erhielt er 158 von 233 Stimmen.

ne Neutralitätsvorbehalt abgegeben. Neben der Türkei ist S. das einzige europäische Land, das seine Militärausgaben erhöhen will. Bis 1997 plante die Koalitionsregierung eine Steigerung um rd. 2,5 Mrd DM ein.

Schwere Wirtschaftskrise: Mit einer Abnahme der Industrieproduktion gegenüber 1990 um 8,6% und einem realen Minus des Bruttosozialprodukts von 1,2% befand sich S. 1991 in der schwersten Wirtschaftskrise seit Ende des Zweiten Weltkriegs. Die Arbeitslosenrate stieg von 1,4% (1989) auf 2,7% (1991) und wird nach einer Prognose der Industrieverbände 1992 die 5%-Grenze überschreiten. Die Bundesrepublik Deutschland, aus der 19,8% aller Importe bezogen wurden, war 1991 für das skandinavische Land der wichtigste Handelspartner. Umgekehrt waren 14,2% aller Exporte für den deutschen Markt bestimmt.

 Schweiz

Fläche	41 293 km² (Weltrang 130)
Einw.	6,8 Mio (Weltrang 91)
Hauptst.	Bern (136 000 Einw.)
Pkw.-Kz.	CH
Sprache	Dt., Frz., Ital., Rätorom.
BSP/Kopf	32 680 Dollar (1990)
Inflation	5,8% (1991)
Arb.-los.	1,2% (1991) Europa, S. 490, C 5
Währung	1 Schweizer Franken, sfr = 100 Rappen
Religion	Katholisch (49%), protestantisch (48%)
Reg.-Chef	Bundesrat aus sieben gleichberechtigten Mitgliedern
Staatsob.	René Felber (seit Dezember 1991)
Staatsf.	Parlamentarische Bundesrepublik
Parlament	Nationalrat mit 200 und Ständerat mit 46 für vier Jahre gewählten Abgeordneten; im Nationalrat 44 Sitze (Ständerat: 14) für Freisinnig-Demokratische Partei, 43 (5) für Sozialdemokratische Partei, 36 (19) für Christlich-Demokratische Volkspartei, 25 (4) für Schweizerische Volkspartei, 14 (0) für Grüne Partei und Freie Liste, 13 (1) für Liberal-Demokratische Partei, 8 (0) für Autopartei, 6 (1) für Landesring der Unabhängigen, 14 für andere (Wahl Oktober 1991)

Mitte 1992 beantragte das EFTA-Land S. die Aufnahme in die EG. In dem im Oktober 1991 geschlossenen Vertrag über einen Europäischen Wirtschaftsraum (→ EWR) waren der S. Übergangsfristen zustanden worden. Im Mai 1992 billigten die Eidgenossen den Beitritt zum → Internationalen Währungsfonds und zur Weltbank. Bei den Parlamentswahlen 1991 mußte die Regierungskoalition Verluste hinnehmen. Innenpolitisch zentrales Thema war die Reform der Armee. Kritik löste das Vorhaben der Regierung aus, 34 Kampfjets zu kaufen. Die wirtschaftliche Situation verschlechterte sich 1991/92.

Ja zu Europa: Mit dem Beitrittsgesuch war die S. erstmals bereit, Teile ihrer staatlichen Souveränität abzutreten. 1993 werden voraussichtlich die Beitrittsverhandlungen beginnen.

Denkzettel für Regierung: Die seit 1959 regierende Vier-Parteien-Koalition aus Freisinnig-Demokratischer Partei (FDP), Christlich-Demokratischer Volkspartei (CVP), Sozialdemokratischer Partei (SPS) und Schweizerischer Volkspartei (SVP) war Verliererin der Parlamentswahlen vom 20. 10. 1991, rechtskonservative Splitterparteien und Grüne die Gewinner. Die Regierungskoalition konnte jedoch mit 147 Abgeordneten ihre absolute Mehrheit im 200köpfigen Parlament (National-

Regierung in der Schweiz

Letzte Wahl	Oktober 1991
Bundespräsident (jährlich wechselnd)	René Felber (1992) Adolf Ogi (1993)
Vize-Präsident des Bundesrates	Adolf Ogi (1992)
Äußeres	René Felber
Finanzen	Otto Stich
Verteidigung	Kaspar Villiger
Innen	Flavio Cotti
Wirtschaft	Jean-Pascal Delamuraz
Justiz und Polizei	Arnold Koller
Verkehr, Kommunikation und Energie	Adolf Ogi

Senegal

Parlamentswahlen in der Schweiz am 20. 10. 1991

Partei	Stimmen-anteil (%)	Veränderung[1]	Sitze
Freisinnig-Demokratische Partei (FDP)	20,9	– 2,0	44
Sozialdemokratische Partei (SPS)	19,0	+ 0,6	43
Christlich-Demokratische Volkspartei (CVP)	17,8	– 2,2	36
Schweizerische Volks-partei (SVP)	11,8	+ 0,8	25
Grüne (GPS)	6,4	+ 1,4	14
Liberal-Demokratische Partei (LDP)	3,0	+ 0,3	10
Autopartei (APS)	5,1	+ 2,5	8
Landesring der Unabhängigen (LdU)	2,7	– 1,5	6
Schweizer Demokraten	2,8	– 0,4	5
Evangelische Volks-partei (EVP)	1,9	0,0	3
Übrige	8,6	+ 6,8	6

1) Gegenüber 1987 in Prozentpunkten

★ Senegal

Fläche	196 722 km² (Weltrang 85)
Einw.	7,5 Mio (Weltrang 85)
Hauptst.	Dakar (1,2 Mio Einw.)
Pkw.-Kz.	SN
Sprache	Französisch
BSP/Kopf	710 Dollar (1990)
Inflation	0,4% (1989)
Arb.-los.	3,5% (1987)
Währung	1 CFA-Franc, FCFA = 100 Centimes
Religion	Moslemisch (92%), christlich
Reg.-Chef	Abdou Diouf (seit 1983)
Staatsob.	Abdou Diouf (seit 1981)
Staatsf.	Präsidiale Republik
Parlament	Nationalversammlung mit 120 für fünf Jahre gewählten Abgeordneten; 103 Sitze für Sozialistische Partei, 17 für Demokratische Partei (Wahl von 1988)

Afrika, S. 494, A 3

rat) behaupten. Alle Bundesminister, die die Regierung bilden, wurden in ihren Ämtern bestätigt.
Armeereform: Im Februar 1992 präsentierte Verteidigungsminister Kaspar Villiger (Freisinnig-Demokratische Partei, FDP) das Leitbild Armee 95, das ab dem 1. 1. 1995 schrittweise realisiert werden soll. Danach wird die um ein Drittel von 600 000 auf 400 000 Männer und Frauen reduzierte Armee auch Aufgaben der Katastrophenhilfe übernehmen.
Streit um Kampfflugzeuge: Die Entscheidung des Ständerats im März und des Nationalrats im Juni 1992, 34 US-amerikanische Kampfjets des Typs F/A-18 Hornet (Hornisse) zu kaufen, löste in der Bevölkerung Kritik aus. Gegen das umstrittene Geschäft in Höhe von 3,5 Mrd sfr (3,9 Mrd DM) und für ein Referendum sammelte die Gruppe Schweiz ohne Armee (GSoA) 500 000 Unterschriften.
Zivildienst: Seit 1992 können erstmals in der Geschichte der S. im Rahmen einer Übergangslösung Kriegsdienstverweigerer einen Arbeitsdienst leisten und müssen keine Gefängnisstrafe abbüßen. Nach einer Gesetzesreform von 1991 können Männer den Dienst an der Waffe aus ethischen oder religiösen Gründen verweigern.
Wirtschaftsflaute: Die S. blieb 1991 trotz einer leichten Rezession – das Sozialprodukt schrumpfte real um 0,8% – mit einem Bruttosozialprodukt pro Kopf von rd. 30 000 Dollar (45 810 DM) eines der reichsten Länder der Welt. Der Bundesrat prognostizierte für 1992 ein gesamtwirtschaftliches Wachstum von 1%.

Anläßlich eines Staatsbesuchs des seit 1981 amtierenden Staatschefs Abdou Diouf in den Vereinigten Staaten von Amerika erließ US-Präsident George Bush dem S. im September 1991 Schulden in Höhe von 42 Mio Dollar (64,1 Mio DM). Ein Sanierungsprogramm sah u. a. eine Erhöhung der Mehrwertsteuer vor. Trotz Diversifikationsbemühungen (Nahrungsmittel und Textilindustrie, Düngemittel, Erdölraffinerien) stellten Fisch und Erdnüsse 1990 rd. 40% des Exporterlöses. Auf 40% des kultivierbaren Bodens wurden Erdnüsse angebaut, darüber hinaus Reis, Mais, Zuckerrohr, und Baumwolle.

▬ Seychellen

Fläche	280 km² (Weltrang 182)
Einw.	68 700 (Weltrang 179)
Hauptst.	Victoria (23 000 Einw.)
Pkw.-Kz.	SY
Sprache	Kreolisch, Englisch, Franz.
BSP/Kopf	4670 Dollar (1990)
Inflation	1,5% (1989)
Arb.-los.	9% (1987)
Währung	1 Seychellen-Rupie, SR = 100 Cents
Religion	Katholisch (90%), anglikanisch (8%)
Reg.-Chef	France-Albert René (seit 1976)
Staatsob.	France-Albert René (seit 1977)
Staatsf.	Präsidiale Republik, sozialistisches Einparteiensystem
Parlament	Nationalversammlung mit 23 für fünf Jahre gewählten und zwei vom Präsidenten ernannten Abgeordneten; sämtliche Sitze für die sozialistische Einheitspartei Seychelles People's Progressive Front (Wahlen Ende 1992 geplant)

Afrika, S. 494, F 5

Im April 1992 kehrte der Oppositionspolitiker James Mancham, Vorsitzender der Demokratischen Partei, der 1977 aus dem Präsidentenamt geputscht wurde, auf die seit 1976 von Großbritannien unabhängigen S. zurück. Ende Juli 1992 gewann der marxistische Diktator France-Albert René die Wahl zu einer verfassunggebenden Versammlung. Seine sozialistische Einheitspartei erhielt 58,4% der Stimmen und elf der 20 Sitze. Die Demokratische Partei schickte acht Delegierte in die Versammlung, die bis Ende 1992 eine neue Verfassung ausarbeiten soll. Das Staatsoberhaupt, gleichzeitig auch Verteidigungs-, Justiz-, Industrie- und Umweltminister, kündigte Parlamentswahlen bis Ende 1992 an. Die Tourismusbranche gehörte Anfang der 90er Jahre zu den bedeutendsten Wirtschaftszweigen auf den S.

ten des Rebellenführers Charles Taylor als Vorwand für die Verzögerung der in Aussicht gestellten Wahlen zu benutzen. Strasser, der die Ämter des Staatspräsidenten, des Regierungschefs und des Verteidigungsministers übernahm, stellte Verhandlungen mit den Rebellen in Aussicht. Einzelne Gebiete im Osten des westafrikanischen Landes wurden 1991/92 vom Rest des Landes abgeschnitten und von den Rebellen kontrolliert.

Wirtschaftslage: Wichtigstes Exportgut von S. waren Bergbauprodukte (Diamanten, Rutil, Bauxit), die Anfang der 90er Jahre zu 80% am Exporterlös beteiligt waren. In S. befindet sich eine der weltgrößten Lagerstätten des Titanerzes Rutil. Exportprodukte waren Kaffee und Kakao. Außerdem wurden zur Selbstversorgung Hirse, Maniok und Süßkartoffeln angebaut.

Sierra Leone

Fläche	71 740 km² (Weltrang 115)
Einw.	4,26 Mio (Weltrang 108)
Hauptst.	Freetown (500 000 Einw.)
Pkw.-Kz.	WAL
Sprache	Englisch
BSP/Kopf	240 Dollar (1990)
Inflation	42% (1988)
Arb.-los.	k. A.	Afrika, S. 494, A 4
Währung	1 Leone, Le = 100 Cents
Religion	Moslemisch (39%), christlich (8%), animistisch
Reg.-Chef	Valentine Strasser (seit April 1992)
Staatsob.	Valentine Strasser (seit April 1992)
Staatsf.	Präsidiale Republik
Parlament	Repräsentantenhaus mit 85 für fünf Jahre gewählten und 20 von der Einheitspartei All People's Congress (APC) ernannten Abgeordneten; sämtliche Sitze für APC (Wahl von 1986)

Singapur

Fläche	633 km² (Weltrang 172)
Einw.	2,7 Mio (Weltrang 126)
Hauptst.	Singapur (2,56 Mio Einw.)
Pkw.-Kz.	SGP
Sprache	Englisch, Malaiisch
BSP/Kopf	11 160 Dollar (1990)
Inflation	3,4% (1990)
Arb.-los.	1,7% (1990)	Ostasien, S. 497, B 5
Währung	1 Singapur-Dollar, S$ = 100 Cents
Religion	Taoistisch (29%), buddhistisch (27%), moslemisch (16%)
Reg.-Chef	Goh Chok Tong (seit 1990)
Staatsob.	Wee Kim Wee (seit 1985)
Staatsf.	Parlamentarische Republik
Parlament	Abgeordnetenhaus mit 81 gewählten Mitgliedern; 77 Sitze für People's Action Party, 3 Sitze für Singapore Democratic Party, 1 für Workers Party (Wahl vom August 1991)

Eine Gruppe Militärs unter Valentine Strasser stürzte im April 1992 Staats- und Regierungschef Joseph Saidu Momoh. Sie begründete ihren Putsch u. a. mit dem anhaltenden Guerillakrieg an der Grenze zu Liberia. Momoh hatte im Oktober 1991 eine Verfassung unterzeichnet, die das Machtmonopol der Staatspartei All People's Congress (APC) abschafft.

Militärputsch: Aus Unzufriedenheit über ihre mangelhafte Ausrüstung über ihren Sold besetzten meuternde Soldaten am 29. 4. den Amtssitz von Momoh und zwangen ihn zur Flucht. Die Putschisten warfen Momoh außerdem vor, den Krieg mit den aus Liberia eingedrungenen Solda-

Bei vorgezogenen Neuwahlen am 31. 8. 1991 errang die regierende Volksaktions-Partei (PAP) mit 77 der 81 Mandate eine klare Mehrheit. Dennoch verbuchte die PAP unter Regierungschef Goh Chok Tong in dem autoritär geführten, wohlhabenden Stadtstaat mit 61% der Stimmen einen Tiefstand in der Wählergunst. Das verlangsamte Wirtschaftswachstum 1991 führte das Ministerium für Handel und Industrie auf die Rezession bei den Haupthandelspartnern USA und Europa sowie das langsame Wachstum in Japan zurück.

Wahlsieg vorprogrammiert: Premierminister Goh Chok Tong, der sein Amt im November 1990 von dem seit 1959 diktatorisch regierenden Lee Kuan Yew übernommen hatte, wollte seinen vorsichtigen Liberalisierungskurs vom Volk bestätigen lassen. Statt dessen errang die Opposition fast 40% der Stimmen, konnte wegen des Mehrheitswahlrechts die Zahl ihrer Mandate jedoch nur von eins auf vier erhöhen. Drei Mandate fielen an die Singapore Democratic Party, eines an die Workers Party. Außerdem erhielt das Regierungslager 41 Mandate, weil die schwach organisierten Oppositionsparteien nicht überall Kandidaten aufstellen konnten.

Wachstum gebremst: Das Wirtschaftswachstum verlangsamte sich 1991 nach Angaben des Handelsministeriums mit 6,7% auf hohem Niveau (1989: 9,2%, 1990: 8,3%). Vor allem der Kapitalsektor, S. ist ein bedeutendes, regionales Bankenzentrum, wuchs nur noch um 2,9% (Dienstleistungen: 7,6%). Die Industrieunternehmen, die 430 000 Arbeitsplätze stellten, erzeugten 1991 27% des Bruttoinlandsprodukts und 66% des Exportwerts. Überdurchschnittlich starken Zuwachs verzeichnete mit 21% vor allem die Bauindustrie. Außerdem war S. 1991/92 weltweit führend in der Informationstechnologie (z. B. Fertigung von Diskettenlaufwerken, Halbleiterproduktion). Die rd. 10 000 einheimischen Experten sollen bis zum Jahr 2000 um weitere 20 000 ausländische Fachleute verstärkt werden.

Regierung in Slowenien

Premierminister	Janez Drnovšek
Stellvertreter	Joze Pucnik, Herman Rigelnik, Viktor Zakelij
Äußeres	Dimitrij Rupel
Finanzen	Janez Kopač
Verteidigung	Janez Jansa
Inneres	Igor Bavcar
Handel	Jozef Jeraj
Energie	Franc Avbersek
Planung	Davorin Kracun
Umweltschutz und Raumordnung	Miha Jazbinsek
Gesetzgebung	Lojze Janko
Schule und Sport	Slavko Gaber
Information	Jelko Kacin
Justiz und Verwaltung	Miha Kozinč
Verkehr und Telekommunikation	Marjan Krajnč
Krieger und Kriegsinvalide	Ana Ostrman
Landwirtschaft, Forstwesen und Nahrung	Joze Protner
Nationalitäten	Janko Prunk
Arbeit	Jozica Puhar
Fremdenverkehr und Gastwirtschaft	Janez Sirse
Industrie und Bauwesen	Dusan Sesok
Kultur	Borut Suklje
Kleinwirtschaft	Maks Tajnikar
Wissenschaft und Technologie	Peter Tancig
Gesundheit, Familie und soziale Sicherheit	Bozidar Valjč

Slowenien

Fläche	20 000 km² (Weltrang 148)	
Einw.	2 Mio (Weltrang 134)	
Hauptst.	Ljubljana (305 000 Einw.)	
Pkw.-Kz.	k. A.	
Sprache	Slowenisch	
BSP/Kopf	k. A.	
Inflation	110% (1991; Schätzung)	
Arb.-los.	12% (1991)	
Währung	Tolar	Europa, S. 490, D 6
Religion	Katholisch	
Reg.-Chef	Janez Drnovšek (seit April 1992)	
Staatsob.	Milan Kučan (seit 1990)	
Staatsf.	Republik	

Die Anerkennung der Republik S. durch die EG und die Aufnahme diplomatischer Beziehungen am 15. 1. 1992 krönte den Unabhängigkeitsprozeß der ehemals nördlichsten Teilrepublik im zerfallenen Jugoslawien. Nach einem Mißtrauensvotum gegen den konservativen Ministerpräsidenten Lojze Peterle übernahm der Vorsitzende der Liberaldemokratischen Partei, Janez Drnovšek, im April 1992 die Regierung.

Unabhängigkeit anerkannt: Die am 26. 6. 1991 verkündete Unabhängigkeitserklärung wurde am 7. 10. 1991 in Kraft gesetzt. An der Grenze zu Kroatien wurden 34 Zollposten eröffnet und eine neue Landeswährung, der Tolar, eingeführt. Am 26. 10. 1991 zogen die letzten Truppen der jugoslawischen Bundesarmee ab. S. ist ein demokratischer Mehrparteienstaat. Eine zum Jahresende beschlossene Verfassung orientiert sich an westeuropäischen Demokratien. Im Juni 1992 bekundete S. seine Absicht zum EG-Beitritt.

Regierungskrise: Ministerpräsident Peterle, Parteivorsitzender der Christdemokraten, regierte seit Mai 1990 auf der Basis des Parteienbündnisses Demos, eines Zusammenschlusses von sechs ehemaligen Oppositionsparteien. Das politisch heterogene Bündnis zerbrach im Dezember 1991 infolge innerer Spannungen zwischen Außenminister Dimitrij Rupel und Peterle. Im April 1992 stimmten 126 der 240 Abgeordneten für die Annahme des dritten Mißtrauensvotums innerhalb

Milan Kučan,
Staatspräsident von Slowenien
* 14. 1. 1941 in Križevčí/Jugoslawien.
Der Jurist trat 1958 in die KP ein,
wurde 1968 Chef des Jugendverbandes und war 1969–1973 ZK-Mitglied
der slowenischen KP. 1978–1982 war
er Parlamentspräsident, ab 1986 Parteichef in Slowenien. Kučan, der sich
für Demokratisierung und ein Mehrparteiensystem einsetzte, wurde im
April 1990 zum Präsidenten gewählt.
Gleichzeitig trat er aus der KP aus.

☆	**Somalia**	
Fläche	637 657 km² (Weltrang 42)	
Einw.	7,6 Mio (Weltrang 84)	
Hauptst.	Mogadischu (700 000 Einw.)	
Pkw.-Kz.	SP	
Sprache	Somali	
BSP/Kopf	120 Dollar (1990)	
Inflation	300% (in Mogadischu; 1990)	
Arb.-los.	k. A.	Afrika, S. 494, F 4
Währung	1 Somalia-Schilling, So.Sh. = 100 Centesimi	
Religion	Moslemisch (99%)	
Reg.-Chef	Omar Arte Ghaleb (seit 1991)	
Staatsob.	Ali Mahdi Mohammed (seit 1991)	
Staatsf.	Präsidiale Republik	
Parlament	Freie Wahlen für 1992 angekündigt	

weniger Wochen. Regierungschef Drnovšek stellte im Mai 1992 sein 27 Minister umfassendes Kabinett vor. Neun Minister aus der vorigen Regierung, darunter Außenminister Rupel, wurden
übernommen. Drnovšek soll die Regierungsgeschäfte bis zur vorgezogenen Neuwahlen im Herbst
1992 weiterführen.

Privatisierung geplant: Im Kernbereich des ökonomischen Reformprozesses, der Privatisierung
von Staatsunternehmen, erreichte der Privatisie-
rungsausschuß des Parlaments im März 1992
einen parteiübergreifenden Kompromiß. Danach
sollen die Betriebe in Aktiengesellschaften umgewandelt werden. 20% des Kapitals erhalten die
Arbeitnehmer der Betriebe, die Hälfte davon um-
sonst. Weitere 20% werden an die Bevölkerung
ausgegeben und von Investmentfonds verwaltet.
Jeweils 10% der Aktien sollen einem staatlichen
Fonds zur Finanzierung der Altersrenten gehören
bzw. die Entschädigung der von den Kommunisten enteigneten Alteigentümer finanzieren. 40%
der Aktien verbleiben dem freien Kapitalmarkt.

Wirtschaftsprobleme wachsen: Die Wirtschaft
der reichsten Region des ehemaligen Jugoslawien
mußte 1991 einen Produktionsrückgang von rd.
11% hinnehmen. Industrie und Bergbau steuerten
mit 56% den Hauptanteil zum Sozialprodukt bei.
Zu den wichtigen Branchen gehörten Textil
(13%), Chemie (12%), Dienstleistungen (8,3%)
und Nahrungsmittel (8%). Die Industrie, die in
den 80er Jahren ein Drittel ihrer Produkte auf dem
heimischen Markt abgesetzt hatte, ein Drittel in
die jugoslawischen Nachbarrepubliken und ein
Drittel ins Ausland exportiert hatte, litt unter dem
Kaufkraftschwund (Inflation 1991: rd. 1100%) und
unter den wegen des Bürgerkriegs gekappten
Transportwegen. Die Touristikbranche registrierte
in der Sommersaison 1991 Verluste in Höhe von
916 Mio DM. Die Preise für den täglichen Grund-
bedarf erhöhten sich um 263%.

Schwere Kämpfe zwischen rivalisierenden Clan-
führern um die Nachfolge des 1991 gestürzten
Diktators Siad Barre forderten bis Mitte 1992
mehr als 40 000 Menschenleben und führten zu
chaotischen Machtverhältnissen. Im April 1992
scheiterte ein Versuch Barres, mit ihm ergebenen
Truppen Mogadischu zurückzuerobern.

Machtkämpfe zwischen Clans: Im September
1991 brachen Kämpfe zwischen zwei verfeindeten
Sippen des regierenden Vereinigten Somalischen
Kongresses (USC) aus. Die zum Stamm der Ha-
wiye gehörenden Kriegsparteien stehen unter dem
Kommando des amtierenden Präsidenten Ali
Mahdi Mohammed und des USC-Parteichefs General Mohammed Aidid, die beide Anspruch auf
die nationale Führerrolle erhoben. Bis Dezember
1991 wurden bei den Gefechten 70% der Hauptstadt Mogadischu zerstört und mehr als 20 000
Menschen getötet. Ein von der UNO am 3. 3. 1992
vermittelter Waffenstillstand führte zum Abflauen
der Kämpfe.

Ex-Diktator zurückgeschlagen: Bis auf eine Ent-
fernung von 25 km waren Barres Truppen im
April 1992 von Westen aus auf Mogadischu
vorgestoßen, ehe sie von Einheiten General
Aidids zurückgeschlagen wurden. Der ehemalige
Diktator Barre, der aus den Rivalitäten der neuen
Machthaber Kapital schlagen wollte, flüchtete ins
benachbarte Kenia.

Somaliland zerfällt: Das international nicht anerkannte Somaliland, das sich im Mai 1991 im
Norden des Landes von S. abspaltete, zerfiel seit
März 1992 in Einflußzonen rivalisierender Fami-
lienclans. An der Verbindung zwischen den beiden Städten Hargeisa und Berbera bekämpften

sich Einheiten der herrschenden Somalischen Nationalbewegung (SNM). Im März 1992 zog sich die UNO-Flüchtlingshilfe aus Somaliland zurück, da Plünderungen und Banditentum weitere Hilfe unmöglich machten.

Verzweifelte Ernährungslage: In dem zu den ärmsten Ländern der Welt zählenden S. waren 1991/92 mehr als 4,5 Mio Menschen auf internationale Nahrungsmittelhilfe angewiesen. Bis Mitte 1992 starben in dem afrikanischen Land monatlich mehr als 8000 Kinder an Hunger und Krankheit. Im Mai 1992 nahm die UNO die Lieferungen von Lebensmitteln in die Hauptstadt Mogadischu wieder auf, die nach der Ermordung eines Delegierten des Internationalen Komitees vom Roten Kreuz im Dezember 1991 und eines UN-Arztes im Januar 1992 eingestellt worden waren.

Spanien

Fläche	504 782 km² (Weltrang 51)
Einw.	39,2 Mio (Weltrang 26)
Hauptst.	Madrid (3,2 Mio Einw.)
Pkw.-Kz.	E
Sprache	Spanisch
BSP/Kopf	11 020 Dollar (1990)
Inflation	6,8% (1991)
Arb.-los.	16% (1991)
Währung	1 Peseta, Pta = 100 Céntimos
Religion	Katholisch (99%)
Reg.-Chef	Felipe Gonzáles Marquez (seit 1982)
Staatsob.	König Juan Carlos I. (seit 1975)
Staatsf.	Parlamentarische Monarchie
Parlament	Cortes aus Abgeordnetenhaus mit 350 und Senat mit 208 für vier Jahre gewählten Abgeordneten; im Abgeordnetenhaus 175 Sitze für Sozialistische Arbeiterpartei, 107 für konservative Volkspartei, 18 für katalanische CIU, 17 für Vereinigte Linke, 14 für Soziales und Demokratisches Zentrum, 19 für acht Regionalparteien (Wahl von 1989)

Europa, S. 490, A 6

Die Weltausstellung Expo '92 in Sevilla, die Olympischen Sommerspiele in Barcelona, Madrid als Kulturhauptstadt Europas und das 500jährige Jubiläum der Ankunft des in spanischen Diensten stehenden Christoph Kolumbus in Amerika rückten S. 1992 ins Blickfeld der internationalen Öffentlichkeit. Bei Wahlen in der autonomen Region Katalonien verteidigte die liberale regionalistische Partei die absolute Mehrheit. Mit einem wirtschaftlichen Reformprogramm versuchte die Regierung des seit 1982 amtierenden sozialistischen Ministerpräsidenten Felipe Gonzáles die Bedingungen der EG für eine Teilnahme an der in Maastricht vereinbarten Wirtschafts- und Währungsunion zu erfüllen.

Expo '92: König Juan Carlos eröffnete am 20. 4. 1992 in Sevilla mit der Expo '92 die bis dahin größte → Weltausstellung in diesem Jahrhundert. 110 Staaten aus fünf Kontinenten und 23 internationale Organisationen beteiligten sich an der Wissenschafts-, Technologie- und Kulturschau, die unter dem Motto „Das Zeitalter der Entdeckungen" stand. 18 Mio Besucher wurden bis zum Ende der Expo am 12. 10. 1992 auf der 215 ha großen Ausstellungsinsel La Cartuja im Guadalquivir erwartet. S. wollte sich mit der 8 Mrd DM teuren Expo als modernes Industrieland präsentieren, das organisatorisch und technologisch im internationalen Wettbewerb bestehen kann.

Olympia: Am 25. 7. wurden die XXV. Olympischen Sommerspiele (bis 9. 8.) in der katalanischen Hauptstadt Barcelona eröffnet. S. investierte seit der Entscheidung des Internationalen Olympischen Komitees für den Olympiastandort Barcelona 1986 rd. 16 Mrd DM in die Verbesserung der städtischen Infrastruktur. Zwei neue 110 km lange Stadtautobahnen, ein grundsanierter Flughafen, drei olympische Dörfer für 25 000 Menschen, ein Olympiastadion sowie die modernste Mehrzweckhalle der Welt mit 15 000 Sitzplätzen, Hotels, Kultur- und Kommunikationszentren wurden gebaut. Das Budget des Organisationskomitees betrug 3 Mrd DM. Mit dem Verkauf der Fernsehrechte für 700 Mio Dollar (1,07 Mrd DM), dem Verkauf der Rechte am Olympia-Emblem Cobi sowie durch Spenden der Sponsoren und dem Verkauf der Eintrittskarten wollen die Organisatoren der Spiele einen Gewinn von 500 Mio Dollar (764 Mio DM) erwirtschaften.

Wahl in Katalonien: Im März 1992 gewann die liberale Convergencia i Unió (CiU) mit Regierungschef Jordi Pujol zum dritten Mal in Folge die absolute Mehrheit der Mandate und stellt 71 statt

Felipe Gonzáles Marquez, Ministerpräsident von Spanien
* 5. 3. 1942 in Sevilla/Spanien. Gonzáles war als Anwalt tätig und lehrte an der Universität Sevilla. Er arbeitete seit 1964 in der damals noch illegalen Sozialistischen Arbeiterpartei, war mehrfach inhaftiert und wurde 1979 Generalsekretär der Sozialisten. 1982 wurde er Regierungschef. In dieser Funktion rückte er von radikalen Forderungen ab und verfolgt eine marktwirtschaftlich orientierte Politik.

Regierung in Spanien

Letzte Wahl	1989
Staatsoberhaupt	König Juan Carlos I.
Premier	Felipe González Marquez
Vertreter	Narcís Serra y Serra
Äußeres	Francisco Fernández Ordónez
Finanzen, Wirtschaft und Handel	Carlos Solchaga Catalán
Verteidigung	Julián Garcia Vargas
Innen	José Luis Corcuera
Industrie, Energie und Tourismus	Claudio Aranzadi
Arbeit	Luis Martínez Noval
Landwirtschaft, Fischerei und Lebensmittel	Pedro Solbes
Kultur	Jordi Solé Tura
Erziehung und Wissenschaft	Javier Solana Madariaga
Gesundheit	José Antonio Griñán
Justiz	Tomás de la Quadra-Salcedo
Öffentl. Verwaltung	Juan Manuel Eguiagaray
Öffentl. Arbeiten/Verkehr	José Borrell
Soziales	Matilde Fernández
Parlamentar. Angelegenheiten	Virgilio Zapatero
Ministerium des Regierungssprechers	Rosa Conde Gutiérrez del Alamo

Sri Lanka

Fläche	65 610 km² (Weltrang 118)
Einw.	17,2 Mio (Weltrang 49)
Hauptst.	Colombo (664 000 Einw.)
Pkw.-Kz.	CL
Sprache	Singhalesisch, Tamilisch
BSP/Kopf	470 Dollar (1990)
Inflation	10% (1991)
Arb.-los.	20–30% (1990; Schätzung) Asien, S. 496, C 6
Währung	1 Sri-Lanka-Rupie, S. L. Re. = 100 Sri-Lanka-Cents
Religion	Buddh. (69%), hind. (15%), christl. (8%), mosl. (7%)
Reg.-Chef	Dingiri Banda Wijetunga (seit 1989)
Staatsob.	Ranasinghe Premadasa (seit 1989)
Staatsf.	Präsidiale Republik
Parlament	Nationalversammlung mit 225 für sechs Jahre gewählten Abgeordneten; 125 Sitze für United National Party, 67 Sitze für Sri Lanka Freedom Party, 20 für fünf andere Parteien (Wahl von 1989)

bislang 69 der 135 Abgeordnete. Die Sozialisten (PSC) unter ihrem Vorsitzenden Raimon Obiols verloren drei ihrer 42 Sitze. Die Exquerra Republicana (ERC) konnte sich von sechs auf elf Mandate verbessern. Die ERC tritt für eine staatliche Unabhängigkeit Kataloniens von S. ein. Pujol forderte mehr Kompetenzen für Katalonien, aber nicht die Loslösung von S. Die Wahlbeteiligung lag bei rd. 55%.

Generalstreik: Mit einem halbtägigen Streik am 28. 5. protestierten die Gewerkschaften gegen eine Einschränkung der Arbeitslosenunterstützung. Regierungschef González will mit der Maßnahme das Haushaltsdefizit verringern, um die Bedingungen für einen Beitritt zur Europäischen Wirtschaftsunion zu erfüllen.

EG-Binnenmarkt: S., das nach seinem EG-Beitritt 1986 einen Wirtschaftsboom verzeichnete, bemühte sich 1992 um eine Konsolidierung der Wirtschaft. Nach Prognosen der OECD für 1992 wird das Wirtschaftswachstum 2,8% betragen (1991: 2,5%). Die Inflationsrate betrug im Mai 1992 gegenüber dem Mai 1991 rd. 6,5%. Das von 16,5 Mrd Dollar (25,2 Mrd DM; 1991) auf 16,25 Mrd Dollar (24,8 Mrd DM; 1992) gesunkene Defizit im Außenhandel wurde auf die Wirtschaftsfaktoren Expo und Olympia zurückgeführt. Die OECD prognostizierte für 1992 eine Arbeitslosenquote von rd. 15,2% (1991: 16%).

Trotz eines militärischen Rückschlags der tamilischen Rebellen im umkämpften Nordosten des Inselstaates war ein Ende des neun Jahre dauernden Bürgerkriegs, der bis Mitte 1992 mehr als 17 000 Opfer forderte, nicht abzusehen. Der innenpolitisch umstrittene Staatspräsident Ranasinghe Premadasa konnte auf ein steigendes Wirtschaftswachstum und Erfolge in der Inflationsbekämpfung verweisen.

Erfolg der Armee: Die Rebellenorganisation Befreiungstiger für Tamil Eelam (LTTE) kämpfte ab 1983 für einen eigenen Staat Eelam im nördlichen und östlichen Teil von S., weil sich die hinduistischen → Tamilen von der singhalesisch-buddhistischen Bevölkerungsmehrheit religiös und kulturell unterdrückt fühlen. Nach wochenlangen Gefechten durchbrachen srilankische Truppen im August 1991 den Belagerungsring der Rebellen um den Armeestützpunkt beim Elefantenpaß. Dabei starben nach Regierungsangaben über 2000 Menschen. Die Eroberung des Passes hätte der Rebellenorganisation die Kontrolle über die südlich liegenden Distrikte gesichert.

Premadasa bleibt im Amt: Ein Antrag auf Amtsenthebung von Präsident Premadasa wurde im Oktober 1991 vom Parlamentspräsidenten Mohamed Haniffa Mohamed abgelehnt. Sowohl Mitglieder der Opposition als auch Abgeordnete aus Premadasas Vereinigter Nationalpartei warfen dem Staatspräsidenten Amtsmißbrauch, Vetternwirtschaft und Korruption vor.

Wirtschaft floriert: Das erfolgreiche Wirtschaftsprogramm der Regierung unter Dingiri Banda

Wijetunga veranlaßten die Weltbank im Februar 1992, Kredite in Höhe von 825 Mio Dollar (1,3 Mrd DM) zuzusichern. Kernstück des Programms waren Privatisierungen im öffentlichen Dienst. Das Wirtschaftswachstum lag bei 5%.

Südafrika

Fläche	1 221 037 km² (Weltrang 25)
Einw.	35,3 Mio (Weltrang 29)
Hauptst.	Pretoria (740 000 Einw.)
Pkw.-Kz.	ZA
Sprache	Afrikaans, Englisch
BSP/Kopf	2530 Dollar (1990)
Inflation	15,3% (1991)
Arb.-los.	22% (1988)
Währung	1 Rand, R = 100 Cents
Religion	Christlich (80%), animistisch, hinduistisch
Reg.-Chef	Frederik Willem de Klerk (seit 1989)
Staatsob.	Frederik Willem de Klerk (seit 1989)
Staatsf.	Parlamentarische Bundesrepublik, Präsidialsystem
Parlament	Drei getrennte Kammern für Weiße (Abgeordnetenkammer, 178 Mitglieder), Indischstämmige (Delegiertenkammer, 45), Mischlinge (Repräsentantenkammer, 85); in der Abgeordnetenkammer 104 Sitze für National Party, 41 für Conservative Party, 32 für Democratic Party, 1 Mandat offen (Wahl von 1989, Stand: Juni 1991 nach mehreren Nachwahlen)

Afrika, S. 494, D 7

Nach einem Massaker in der Siedlung Boipatong, für das die Schwarzenbewegung Afrikanischer Nationalkongreß (ANC) die Regierung mitverantwortlich machte, setzte der ANC im Juni 1992 die Verfassungsgespräche mit der weißen Minderheitsregierung aus. Im März 1992 unterstützten 68,7% der Weißen die Reformpolitik von Staatspräsident Frederik Willem de Klerk. Die Bergbaukrise, Massenarmut und eine Dürrekatastrophe kennzeichneten die Wirtschaftsentwicklung.

Gewalt unter Schwarzen: Augenzeugen berichteten, daß der Überfall am 17. 6. 1992, bei dem 48 Menschen getötet wurden, von Anhängern der mit dem → ANC konkurrierenden Zulupartei → Inkatha begangen wurde, die von Mannschaftswagen der Polizei an- und abtransportiert wurden. Die Sicherheitskräfte dementierten jede Beteiligung. Nach Veröffentlichungen der unabhängigen Menschenrechtskommission (HRC) wurden zwischen Januar und Juni 1992 bei Auseinandersetzungen in Schwarzensiedlungen 1137 Morde verübt. In dem seit 1984 schwelenden Konflikt zwischen der Inkatha-Freiheitspartei und dem ANC kamen mehr als 13 000 Schwarze ums Le-

ben. Am 14. 9. 1991 hatten de Klerk, ANC-Führer Nelson Mandela, der Inkatha-Vorsitzende Mangosuthu Buthelezi und Vertreter von 26 weiteren südafrikanischen Organisationen ein Gewaltverzichtsabkommen unterzeichnet.

Verfassungsgespräche ausgesetzt: Der 19 Parteien umfassende Konvent für ein demokratisches S. (CODESA) trat erstmals am 20. 12. 1991 zusammen. Im Mai 1992 einigten sich die Teilnehmer auf die Wiedereingliederung der vier nominell unabhängigen Homelands Transkei, Bophuthatswana, Venda und Ciskei. Nachdem die Verhandlungen zu keinem Durchbruch führten, forderte der ANC im Mai 1992 ultimativ die Bildung einer Übergangsregierung und organisierte im August einen zweitägigen Generalstreik.

Erfolg für de Klerks Kurs: Bei dem Volksentscheid am 13. 3. 1992 sprachen die 3,2 Mio weißen Wähler dem Reformkurs von Staatspräsident de Klerk mit 68,7% der Stimmen ihr Vertrauen aus. De Klerk will die Rassentrennungspolitik (→ Apartheid) abschaffen und S. in einen demokratischen Rechtsstaat mit Wahlberechtigung für alle Südafrikaner umwandeln.

Dürre verschärft Rezession: Der fallende Weltmarktpreis für Gold führte seit 1990 zum Abbau von 80 000 Arbeitsplätzen in den Goldminen. Der Export von Mineralien erbrachte zu Beginn der 90er Jahre etwa die Hälfte am Gesamtexporterlös, davon Barrengold rd. zwei Drittel. Seit 1984 fiel die Produktion in den Bergwerken um 23%. In anderen Wirtschaftszweigen gingen 1991 weitere 144 000 Arbeitsplätze verloren. Das Bruttosozialprodukt schrumpfte 1991 um 0,6%. Mehr als 45% aller Einwohner, darunter in zunehmendem Maße Weiße, lebten Mitte 1992 unterhalb der Armutsgrenze. Die Dürre vernichtete 1992 rd. 70% der Getreideernte und verringerte die landwirtschaftliche Produktion im ersten Quartal 1992 um 16%.

Frederik Willem de Klerk, Staatspräsident von Südafrika
* 18. 3. 1936 in Johannesburg/Südafrika. De Klerk war nach seinem Jurastudium als Anwalt in Transvaal tätig. Er vertrat die Nationale Partei (NP) ab 1972 im Parlament und gehörte seit 1978 der Regierung an. Als Nachfolger von Pieter W. Botha wurde er 1989 Vorsitzender der NP und Staatspräsident. De Klerk leitete die Abkehr von der Apartheidpolitik ein.

Sudan

Fläche	2 505 813 km² (Weltrang 10)
Einw.	29,1 Mio (Weltrang 32)
Hauptst.	Khartum (1,6 Mio Einw.)
Pkw.-Kz.	SUDAN
Sprache	Arabisch
BSP/Kopf	480 Dollar (1988)
Inflation	70% (1989)
Arb.-los.	k. A.
Währung	1 Sudanesisches Pfund, sud£ = 100 Piastres
Religion	Moslemisch (70%), christlich, animistisch
Reg.-Chef	Oman Hassan Ahmad al Baschir (seit 1989)
Staatsob.	Oman Hassan Ahmad al Baschir (seit 1989)
Staatsf.	Republik, Militärregime
Parlament	Verfassunggebende Versammlung seit Putsch vom Juni 1989 aufgelöst

Afrika, S. 494, E 3

Mit einer großangelegten Offensive ging die islamische Militärregierung unter Omar Hassan Ahmad al Baschir 1992 gegen die durch interne Konflikte geschwächte Sudanesische Volksbefreiungsarmee (SPLA) vor, die für eine Vorherrschaft im christlich-animistischen Süden kämpfte. Die Bevölkerung im größten Land Afrikas litt unter dem Bürgerkrieg und einer Dürreperiode. Mit Reformen bemühte sich die Regierung um eine Belebung der Wirtschaft.

Militär-Offensive: Ab dem 3. 3. 1992 rückte die auf 90 000 Mann geschätzte Armee der Regierung, die der Iran mit militärischem Gerät und vermutlich auch mit Soldaten unterstützte, in den von der SPLA beherrschten Süden des Landes vor. Am 8. 3. nahmen sie die Stadt Pochalla an der äthiopischen Grenze ein. Das SPLA-Hauptquartier Kapoeta wurde am 13. 3. aus der Luft angegriffen, die strategisch wichtige Stadt Bor am Weißen Nil fiel am 7. 4. Friedensgespräche zwischen der Regierung und den SPLA-Rebellen verliefen ergebnislos.

SPLA-Spaltung: Im August 1991 spaltete sich die auf 40 000 Mann geschätzte SPLA nach einem gescheiterten Putsch junger Offiziere gegen SPLA-Führer John Garang, dem sie einen diktatorischen Führungsstil vorwarfen. In der Folgezeit brachen alte Stammesrivalitäten auf, die Ende 1991 in Bor zu einem Massaker mit mehr als 1000 Toten führten.

Hungersnot: Nach der militärischen Offensive gegen die SPLA verbot die Regierung im März 1992 Hilfsflüge der UNO für Hungernde im Süden des Landes. Der umkämpfte Teil des S. entwickelte sich wegen Dürre und anhaltendem Bürgerkrieg zu Afrikas größtem Hungergebiet. Im Mai 1992 verkaufte die Regierung 50 000 t Hirse an Libyen, um nach Angaben von Diplomaten Waffen zu kaufen. Den Machthabern wurde vorgeworfen, den Hunger gezielt zur Unterwerfung der Aufständischen im Süden zu fördern.

Menschenrechtsverletzung: Die Gefangenenhilfsorganisation Amnesty International warf der Militärregierung im April 1992 vor, jede Form der Opposition rücksichtslos mit Gewalt zu unterdrücken. Politische Gefangene, deren Existenz von der Regierung bestritten wurde, würden ohne rechtliche Grundlage hinter Gitter gebracht und gefoltert.

Wirtschaftslage: Mit einer Liberalisierung der Wirtschaft kam der S. 1991/92 Auflagen des Internationalen Währungsfonds nach. Im Oktober 1991 wertete die Regierung die Währung um 70% ab, was eine Verteuerung von Importen und eine Verbilligung der Exporte zur Folge hat.

Surinam

Fläche	163 265 km² (Weltrang 90)
Einw.	411 000 (Weltrang 157)
Hauptst.	Paramaribo (180 000 Einw.)
Pkw.-Kz.	SME
Sprache	Niederländisch
BSP/Kopf	3050 Dollar (1990)
Inflation	50% (1988)
Arb.-los.	27% (1988)
Währung	1 Surinam-Gulden, Sf = 100 Cents
Religion	Hinduist. (27%), christl. (25%), moslem. (23%)
Reg.-Chef	Jules Ajodhia (seit September 1991)
Staatsob.	Ronald R. Venetiaan (seit September 1991)
Staatsf.	Präsidiale Republik
Parlament	Nationalversammlung mit 51 für fünf Jahre gewählten Abgeordneten; 30 Sitze für die Front für Demokratie und Entwicklung, 13 für Nationaldemokratische Partei, 8 für andere (vorgezogene Neuwahlen von 1991)

Südamerika, S. 492, D 2

Im Mai 1992 unterzeichneten die Regierung und die beiden wichtigsten Guerillagruppen in S., das Buschkommando und das Tucajana Amazonas, in der Bergbaustadt Moengo ein Friedensabkommen. Die Rebellen des Buschkommandos hatten sich 1986 unter der Führung von Ronny Brunswick gegen das Militärregime unter Desi Bouterse erhoben, der bis 1988 herrschte. Beide Rebellengruppen wollen den bewaffneten Kampf einstellen und die demokratisch gewählte Regierung unter Ronald Venetiaan unterstützen. Das Buschkommando war vor allem im Osten und zum Teil im Süden des Landes aktiv, während sich die Hochburg von Tucajana Amazonas im Westen von S. befand.

Im September 1991 wählte die Nationalversammlung den Vorsitzenden der Neuen Demokratischen Front zum Staatspräsidenten. Venetiaan setzte sich mit 645 Stimmen gegen Jules Wijdenbosch, Regierungschef seit Januar 1991 und Kandidat der Militärs, durch. In der Nationalversammlung verfügen die demokratischen Parteien seit den Parlamentswahlen vom Mai 1991 über 30 der 51 Sitze. Regierungschef wurde Kraft seines Amtes als Vizepräsident Jules Ajodhia. Aufgrund der eingeleiteten Demokratisierung stellten die Niederlande als ehemalige Kolonialmacht im November 1991 die Wiederaufnahme der 1982 eingestellten Entwicklungshilfe in Höhe von 706 Mio Dollar (1,1 Mrd DM) in Aussicht. Außer reichen Bauxitvorkommen verfügte das südamerikanische Land 1991/92 über keine nennenswerten Bodenschätze. Landwirtschaftliche Hauptanbauprodukte waren vor allem Reis, Zucker, Bananen, Baumwolle, Kaffee und Kakao. Die Bevölkerung des Landes besteht zu 32% aus Kreolen, 35% Indern, 15% Indonesiern, 10% Schwarzen und 3% Indianern.

tergrund tätige oppositionelle Vereinigte Demokratische Volksbewegung auf einem Kongreß in Soweto bei Johannesburg/Südafrika, künftig das Parteienverbot zu ignorieren und in der Öffentlichkeit zu operieren. Außerdem verlangte sie die Einsetzung einer Interimsregierung bis zu freien Wahlen. S., das in einer Zoll- und Währungsunion mit Südafrika verbunden ist, verzeichnete 1990 ein Wirtschaftswachstum von 4%. Mit 496 438 t wurde 1990/91 eine Rekordernte für das wichtigste Exportgut Zucker erzielt (1989: 474 000 t).

★★ Syrien

Fläche	185 180 km² (Weltrang 86)	
Einw.	12,1 Mio (Weltrang 61)	
Hauptst.	Damaskus (2,3 Mio Einw.)	
Pkw.-Kz.	SYR	
Sprache	Arabisch	
BSP/Kopf	1000 Dollar (1990)	
Inflation	40% (1990)	
Arb.-los.	15% (1991)	Nahost, S. 495, C 2
Währung	1 syrisches Pfund, syr£ = 100 Piastres	
Religion	Moslemisch (85%), christlich (15%)	
Reg.-Chef	Mahmud Al Subi (seit 1987)	
Staatsob.	Hafis Assad (seit 1971)	
Staatsf.	Präsidiale sozialistische Republik	
Parlament	Volksversammlung mit 250 für vier Jahre gewählten Abgeordneten; 166 für die von der regierenden Baath-Partei dominierte Nationale Front, 84 für unabhängige Kandidaten (Wahl von 1990)	

◆ Swasiland

Fläche	17 364 km² (Weltrang 151)	
Einw.	761 000 (Weltrang 150)	
Hauptst.	Mbabane (23 000 Einw.)	
Pkw.-Kz.	SD	
Sprache	Si-Swati (Isi-Zulu)	
BSP/Kopf	810 Dollar (1990)	
Inflation	17% (1989)	
Arb.-los.	k. A.	Afrika, S. 494, D 7
Währung	1 Lilangeni, E = 100 Cents	
Religion	Christlich (57%), animistisch	
Reg.-Chef	Obed Mfanyana Dlamini (seit 1989)	
Staatsob.	König Mswati III. (seit 1986)	
Staatsf.	Monarchie	
Parlament	Nationalversammlung mit 40 gewählten und 10 vom König ernannten, Senat mit 10 gewählten und 10 vom König ernannten Abgeordneten; nur beratende Funktion, politische Parteien verboten	

Die von König Mswati III. absolutistisch regierte südostafrikanische Monarchie sah sich 1991/92 mit Forderungen nach Demokratisierung konfrontiert. Im Februar 1992 beschloß die im Un-

Im März 1992 trat der autoritär regierende Staatspräsident Hafis Assad nach seiner Wiederwahl im Dezember 1991 seine vierte Amtsperiode an. S. forderte bei der → Nahost-Konferenz die Rückgabe der von Israel besetzten Golanhöhen. Privatisierungsmaßnahmen führten 1991 zu einem realen Wirtschaftswachstum von 5%.

Klare Wiederwahl: Mit nach offiziellen Angaben 99,98% aller Stimmen wurde der Staatspräsident für weitere sieben Jahre in seinem Amt bestätigt. Der 61jährige Assad war der einzige Kandidat. In einer Grundsatzrede zu seinem Amtsantritt bekräftigte er die alleinige Führungsrolle der von Assads Baath-Partei dominierten Nationalen Progressiven Front, die eine Koalition aus fünf Parteien darstellt. Eine Übernahme westlicher Demokratiemodelle lehnte Assad ab.

Gebietsansprüche: Bei der im Oktober 1991 in Madrid begonnenen Nahost-Konferenz konzentrierten sich die syrischen Forderungen auf die

Hafis Assad,
Staatspräsident von Syrien
* 6. 10. 1930 in Kardaha/Syrien. Der ehemalige Oberbefehlshaber der Luftwaffe und Verteidigungsminister (1966–1970) wurde nach einem Militärputsch gegen die orthodox-marxistische Fraktion des Baath (Sozialistische Partei der Arabischen Wiedergeburt) 1970 Regierungs- und 1971 Staatschef. Als Angehöriger des rechten, pragmatischen Parteiflügels wurde er 1978, 1985 und 1992 als Staatsoberhaupt wiedergewählt.

Rückgabe der 1967 von Israel eroberten und 1981 annektierten strategisch wichtigen Golanhöhen. Im Dezember 1991 kam es in Washington anläßlich der zweiten Runde der Nahost-Konferenz zu ersten bilateralen Verhandlungen der syrischen Delegation mit Israel. Im Mittelpunkt standen zunächst Verfahrensfragen. Im April 1992 hob Assad das Ausreiseverbot für die in S. lebende jüdische Minderheit auf.

Wirtschaftsentwicklung: Die 1987 zur Ankurbelung der Wirtschaft zugelassene Ausweitung des privaten Sektors führte bis Ende 1991 zu einer Steigerung der Exporte aus privaten Produktionsstätten von 19% auf 52%. Als Belohnung für die aktive Teilnahme am Golfkrieg an der Seite der UN-Koalition überwiesen Saudi-Arabien und die Golfemirate 1991 Finanzhilfen in Höhe von rd. 2,1 Mrd Dollar (3,2 Mrd DM). Problematisch war 1991 die hohe Auslandsverschuldung von 16,5 Mrd Dollar (25,2 Mrd DM) und die Belastung des Haushalts durch Rüstungsausgaben mit einem Anteil von 55%.

Nach wochenlangen Unruhen in der zentralasiatischen Republik, die am 9. 9. 1991 ihre Unabhängigkeit erklärte, einigten sich Mitte 1992 die kommunistische Regierung von Rachman Nabijew und die islamisch-demokratische Opposition auf die Bildung einer Übergangsregierung. Die moslemischen Tadschiken stellen mit 62% in der südlichsten Republik der 1991 neugegründeten Gemeinschaft Unabhängiger Staaten (→ GUS) wie auch im benachbarten Afghanistan die Bevölkerungsmehrheit. Das Hochgebirgsland mit seiner persischsprachigen Bevölkerung, die als einziges Volk Mittelasiens nicht dem türkischen Sprach- und Kulturraum angehört, war trotz reicher Uranvorkommen die ärmste Region der ehemaligen UdSSR.

Machtkampf in Duschanbe: Bei den Auseinandersetzungen in Duschanbe kamen nach offiziellen Angaben 108 Menschen ums Leben. Die Regierung verhängte den Ausnahmezustand. Präsident Nabijew und die Opposition, bestehend aus der nationalistischen Volksbewegung Rastoches, der Demokratischen Partei und der Islamischen Partei der Wiedergeburt, einigten sich Mitte Mai 1992 auf die Bildung einer Koalitionsregierung. Acht der 24 Ministerposten, u. a. die Ressorts Verteidigung und Bildung, wurden der Opposition zugestanden. In weiteren Verhandlungen einigten sich Nabijew und die Opposition auf die Bildung einer Nationalversammlung, die bis zu Neuwahlen amtieren soll. Dem Übergangsparlament sollten 70 Abgeordnete angehören, 35 Sitze wurden der Opposition zugesprochen.

Kommunist gewählt: Präsident Kachar Machkamow trat nach seiner zweideutigen Haltung gegenüber den orthodox-kommunistischen Putschisten gegen den sowjetischen Staatschef Michail Gorbatschow im Herbst 1991 zurück. Nachfolger Kadreddin Aslonow, der die Kommunistische Partei verbieten wollte, wurde vom kommunistischen

Tadschikistan

Fläche	143 100 km² (Weltrang 92)
Einw.	5,4 Mio (Weltrang 96)
Hauptst.	Duschanbe (595 000 Einw.)
Pkw.-Kz.	k. A.
Sprache	Tadschikisch
BSP/Kopf	k. A.
Inflation	k. A.
Arb.-los.	k. A.
Währung	1 Rubel, Rbl. = 100 Kopeken
Religion	Moslemisch
Reg.-Chef	Rachman Nabijew (seit 1991)
Staatsob.	Rachman Nabijew (seit 1991)
Staatsf.	Republik

Asien, S. 496, C 4

Rachman Nabijew,
Staatspräsident von Tadschikistan
* 1930. Der Agraringenieur war in den 60er Jahren im Zentralkomitee der tadschikischen KP für Landwirtschaft zuständig, 1971 wurde er Agrarminister, 1973 Regierungschef der Republik. Ende 1985 wurde Nabijew im Zuge der Perestroika-Politik des sowjetischen Staatspräsidenten Michail Gorbatschow als KP-Parteichef von Tadschikistan (seit 1982) entlassen. 1991 wurde Nabijew zum Staatspräsidenten gewählt.

Parlament am 22. 9. entmachtet und am 23. 9. durch den Altkommunisten Nabijew ersetzt, der bereits 1982–1985 T. geführt hatte. Der ehemalige Parteichef wurde bei den ersten freien Präsidentschaftswahlen im Amt bestätigt.
Wirtschaftslage: T. verfügte über reiche Uranvorkommen. Saudi-Arabien, Iran, Irak, Türkei und Pakistan signalisierten Anfang 1992 ihr Interesse an dem Rohstoff. Darüber hinaus förderte T. rd. 1% der sowjetischen Goldproduktion. Nur 6% der Bodenfläche in T. waren landwirtschaftlich nutzbar. Sie wurden vor allem für die Viehhaltung (Schafe, Rinder, Yaks) genutzt.

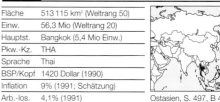

Thailand

Fläche	513 115 km² (Weltrang 50)
Einw.	56,3 Mio (Weltrang 20)
Hauptst.	Bangkok (5,4 Mio Einw.)
Pkw.-Kz.	THA
Sprache	Thai
BSP/Kopf	1420 Dollar (1990)
Inflation	9% (1991; Schätzung)
Arb.-los.	4,1% (1991) Ostasien, S. 497, B 4
Währung	1 Baht, B = 100 Stangs
Religion	Buddhistisch (95%), moslemisch (4%)
Reg.-Chef	Anand Panyarachun (seit Juni 1992)
Staatsob.	König Rama IX. Bhumibol Adulayedej (seit 1946)
Staatsf.	Konstitutionelle Monarchie
Parlament	Repräsentantenhaus mit 360 Abgeordneten; 79 Sitze für Samakki Tham, 74 für Chart Thai, 72 für New Aspiration Party, 44 für Democrat Party, 41 für Palang Dharma, 31 für Social Action Party, 7 für Prachakom Thai Party, 12 für andere (Wahl vom März 1992)

Tansania

Fläche	945 087 km² (Weltrang 30)
Einw.	24,4 Mio (Weltrang 37)
Hauptst.	Dodoma (540 000 Einw.)
Pkw.-Kz.	EAT
Sprache	Swahili
BSP/Kopf	110 Dollar (1990)
Inflation	24,4% (1990)
Arb.-los.	30–40% Afrika, S. 494, E 5
Währung	1 Tansania-Schilling, T. Sh = 100 Cents
Religion	Christlich (34%), moslemisch (33%), animistisch (33%)
Reg.-Chef	Ali Hassan Mwinyi (seit 1985)
Staatsob.	Ali Hassan Mwinyi (seit 1985)
Staatsf.	Präsidiale föderative Republik, Einparteiensystem
Parlament	Nationalversammlung mit 169 für fünf Jahre gewählten und 75 nach verschiedenen Verfahren ernannten Abgeordneten; sämtliche per Wahl vergebene Sitze für Einheitspartei Revolutionäre Staatspartei (Wahl von 1990)

Mit der angekündigten Zulassung weiterer Parteien stellte Präsident Ali Hassan Mwinyi im Februar 1992 auf dem nationalen Kongreß der Revolutionären Einheitspartei (CCM) die Weichen zur Einführung der pluralistischen Demokratie. Nach dem Willen der Regierung soll die wirtschaftliche Öffnung des ehemals sozialistischen, auf Selbstversorgung zielenden Landes durch die Privatisierung unwirtschaftlicher Staatsfirmen beschleunigt werden. Die etwa 400 Betriebe mit 700 000 Beschäftigten schlossen 1990 mit rd. 10 Mio Dollar (15,2 Mio DM) Verlusten ab.
Die wirtschaftliche Entwicklung der mit T. durch einen Unionsvertrag verbundenen Insel Sansibar litt 1991/92 unter der Abhängigkeit vom Gewürznelkenexport. Der Weltmarktpreis der getrockneten Blütenknospen fiel auf 1400 Dollar/t (2137 DM, 1982: 9000 Dollar, 13 743 DM).

Blutige Übergriffe der Armee forderten im Mai 1992 mehrere hundert Todesopfer unter prodemokratischen Demonstranten und führten zum Rücktritt des vom Militär gestützten Ministerpräsident General Suchinda Kraprayoon. Der als Vermittler agierende König Bhumibol ernannte im Juni 1992 den Zivilisten Anand Panyarachun zum Ministerpräsidenten.
Protest der Opposition: Die von unbewaffneten Studenten, Akademikern und Gewerkschaftern angeführten Protestdemonstrationen, die vom 17. bis zum 20. 5. ihren Höhepunkt erreichten, richteten sich gegen Ministerpräsident Suchinda. Der ehemalige Armeechef regierte ohne Parlamentsmandat. Eine Koalition aus fünf der Militärjunta nahestehenden Parteien hatte sich im April 1992 auf ihn als Kandidaten geeinigt.
König vermittelt: Auf persönliche Vermittlung von König Bhumibol, der am 20. 5. Ministerpräsident Suchinda Kraprayoon und den Oppositionspolitiker Chamlong Srimuang zu einem Krisengespräch einlud, entspannte sich die Situation. Bhumibol unterstützte die im Juni 1992 durch eine Verfassungsänderung eingelöste Forderung der Oppositionsparteien, daß der Ministerpräsident des Landes künftig auch im Parlament vertreten sein muß.
Wahlen: Bei Parlamentswahlen erreichten im März 1992 fünf den Militärs nahestehenden Parteien zusammen 195 der 360 Mandate. Die drei wichtigsten Oppositionsparteien erhielten insgesamt 157 der 360 Parlamentssitze.

Rama IX. Bhumibol Adulayedej, König von Thailand
* 5. 12. 1927 in Cambridge/USA. Nach der Ermordung seines Bruders Ananda Mahidol wurde Bhumibol 1946 König von Thailand. Seine Ausbildung (u. a. Jurastudium) absolvierte er in der Schweiz. Ohne politische Rechte, aber mit seiner über den Interessengegensätzen stehenden Autorität nahm Bhumibol mehrfach Einfluß auf die Innenpolitik.

Wirtschaftsaufschwung gebremst: Die von hohen Zuwachsraten (1991: 7,9%) gekennzeichnete Wirtschaft litt unter der politischen Instabilität. Nach Schätzungen werden die Tourismuseinnahmen, die 5% zum Bruttoinlandsprodukt beitragen, 1992 um 30% schrumpfen. Im ersten Quartal 1992 gingen die Auslandsinvestitionen um 57% zurück.

Togo

Fläche	56 785 km² (Weltrang 121)
Einw.	3,59 Mio (Weltrang 115)
Hauptst.	Lomé (400 000 Einw.)
Pkw.-Kz.	TG
Sprache	Französisch
BSP/Kopf	410 Dollar (1990)
Inflation	k. A.
Arb.-los.	k. A.
Währung	1 CFA-Franc, FCFA = 100 Centimes
Religion	Animistisch (60%), christlich (30%), moslemisch (10%)
Reg.-Chef	Joseph Kokou Koffigoh (seit August 1991)
Staatsob.	Gnassingbé Eyadéma (seit 1969)
Staatsf.	Präsidiale Republik
Parlament	Nationalversammlung wurde durch einen Hohen Rat der Republik ersetzt, der während der Übergangszeit gesetzgebende Funktion hat

Afrika, S. 494, B 4

Nach einem Putschversuch der Armee und seiner zeitweiligen Entmachtung verschob Ministerpräsident Joseph Kokou Koffigoh im Mai 1992 die für 1992 geplanten demokratischen Wahlen. Im August 1991 hatte eine Nationalkonferenz den seit 1967 amtierenden Staatschef und Militärmachthaber Gnassingbé Eyadéma weitgehend seiner Befugnisse enthoben.
Armeerevolte: Im Dezember 1991 erstürmten Präsident Eyadéma ergebene Armee-Einheiten das Regierungsgebäude in Lomé und nahmen Ministerpräsident Koffigoh gefangen. Anlaß des

vierten Putsches seit August 1991 war das Verbot der früheren Einheitspartei Sammlungsbewegung des Togoischen Volkes (RPT). Außerdem verlangten die Soldaten, deren Aktion mindestens 17 Menschenleben gefordert hatte, die Wiedereinsetzung von Eyadéma. In der Ende Dezember 1991 vorgestellten Übergangsregierung übernahm die RPT das Ministerium für Territorialverwaltung.
Hauptexportgut Phosphat: Das zu den am wenigsten entwickelten Ländern der Welt zählende T. litt zu Beginn der 90er Jahre unter dem Verfall des Weltmarktpreises für das wichtigste Exportgut Phosphat. In der Landwirtschaft wurden in erster Linie für den Export Baumwolle, Kaffee und Kakao, für den Eigenbedarf Maniok, Mais, Hirse und Reis angebaut.

Tonga

Fläche	750 km² (Weltrang 169)
Einw.	101 000 (Weltrang 175)
Hauptst.	Nukualofa (29 000 Einw.)
Pkw.-Kz.	k. A.
Sprache	Tonga, Englisch
BSP/Kopf	1010 Dollar (1990)
Inflation	8,2% (1987)
Arb.-los.	25% (1989)
Währung	1 Pa'anga, T$ = 100 Seniti
Religion	Protestantisch (79%), katholisch (14%)
Reg.-Chef	Prinz Fatafehi Tu'ipelahake (seit 1965)
Staatsob.	König Taufa'ahau Tupou IV. (seit 1965)
Staatsf.	Monarchie
Parlament	Gesetzgebende Versammlung mit 9 (letztmals im Februar 1990) gewählten Abgeordneten, 9 Vertretern des Adels und 12 vom König ernannten Mitgliedern

Ozeanien, S. 498, H 4

Der seit 1965 als Staatsoberhaupt amtierende König Taufa'ahau Tupou IV. regierte Mitte 1992 die aus 36 bewohnten und 134 unbewohnten Inseln bestehende Monarchie im Südwesten Polynesiens. Der jüngere Bruder des Königs, Prinz Fatafehi Tu'ipelahake, führte die Regierung.
Die Basis der ökonomischen Entwicklung des Landes war 1991/92 der Landwirtschaftssektor, der rd. 41% zum Bruttosozialprodukt beitrug und den überwiegenden Teil der Devisen erwirtschaftete. Die wichtigsten Ausfuhrgüter von T. waren Kopra, Bananen, Kokosnußprodukte und Vanille. Der Wert der notwendigen Grundnahrungsmittel-Importe überstieg die Erlöse aus den Exporten um das Zweifache, so daß die Handelsbilanz 1991 defizitär war.

Trinidad und Tobago

Fläche	5128 km² (Weltrang 160)
Einw.	1,24 Mio (Weltrang 144)
Hauptst.	Port of Spain (300 000 Einw.)
Pkw.-Kz.	TT
Sprache	Englisch
BSP/Kopf	3610 Dollar (1990)
Inflation	15% (1989)
Arb.-los.	20% (1990) Mittelam., S. 493, H 4
Währung	1 Trinidad-und-Tobago-Dollar, TT$ = 100 Cents
Religion	Kath. (32%), prot. (29%), hind. (25%), moslem. (6%)
Reg.-Chef	Patrick Augustus Manning (seit Dezember 1991)
Staatsob.	Noor Mohamed Hassanali (seit 1987)
Staatsf.	Präsidiale Republik
Parlament	Senat mit 31 vom Präsidenten ernannten und Repräsentantenhaus mit 36 für fünf Jahre gewählten Abgeordneten; 21 Sitze für Nationale Bewegung des Volkes, 13 für Vereinigter Nationalkongreß, 2 für Allianz für den Nationalen Wiederaufbau (Wahl vom Dezember 1991)

Tschad

Fläche	1 284 000 km² (Weltrang 20)
Einw.	5,7 Mio (Weltrang 93)
Hauptst.	N'djamena (400 000 Einw.)
Pkw.-Kz.	k. A.
Sprache	Französisch, Arabisch
BSP/Kopf	190 Dollar (1990)
Inflation	−4,9% (1989)
Arb.-los.	k. A. Afrika, S. 494, C 3
Währung	1 CFA-Franc, FCFA = 100 Centimes
Religion	Moslemisch (44%), christlich (33), animistisch (23%)
Reg.-Chef	Joseph Yodoyman (seit Mai 1992)
Staatsob.	Idriss Déby (seit 1990)
Staatsf.	Präsidiale Republik
Parlament	im Übergang; Wahlen für 1993 angekündigt

Nach ihrem Wahlsieg im Dezember 1991 kehrte die sozialdemokratische Nationale Bewegung des Volkes (PNM) unter Patrick Augustus Manning mit der absoluten Mehrheit der Mandate an die Macht zurück. Die Allianz für den Nationalen Wiederaufbau (NAR) unter dem bisherigen Premier Arthur Robinson scheiterte an der ihr zur Last gelegten schlechten Wirtschaftssituation.

Machtwechsel: Die PNM, die bereits von 1956 bis 1986 regierte, erreichte mit Unterstützung hauptsächlich der schwarzen Bevölkerungsmehrheit 45% der Stimmen und erhöhte ihre Mandatszahl von drei auf 21 der 36 Sitze im Parlament. Die NAR, die als Regierungspartei über 33 Mandate verfügte, stellt nur noch zwei Abgeordnete. 13 Sitze gingen an den Vereinigten Nationalkongreß (UNC), einer Allianz-Abspaltung.

Wirtschaftsmisere: Die wegen ihres Ölreichtums ehemals wohlhabendste Insel in der Gruppe der Kleinen Antillen litt unter dem Verfall der Erdölpreise in den 70er Jahren. Das Pro-Kopf-Einkommen, das Anfang der 80er Jahre 7000 Dollar (10 689 DM) betrug, sank bis 1990 auf 3610 Dollar (5497 DM). Eine vom Internationalen Währungsfonds (IWF) mit 141 Mio Dollar (215 Mio DM) unterstützte Strukturanpassungspolitik, die die Arbeitslosenrate auf über 20% ansteigen ließ, führte bis Mitte 1992 nicht zu dem erhofften wirtschaftlichen Aufschwung des Landes. Das Bruttoinlandsprodukt von T. stieg 1990 lediglich um 0,7%, für 1991 lagen die Schätzungen von Experten bei 0,2%.

Ein Umsturzversuch verzögerte im Januar 1992 den von Präsident Idriss Déby nach seinem Putsch gegen den Diktator Hissen Habré im Dezember 1990 angekündigten Übergang zu demokratischen Verhältnissen in T. Die Unruhen verschärften die desolate Wirtschaftslage des zentralafrikanischen Landes.

Rebellen zurückgeschlagen: Nach viertägigen schweren Kämpfen, die über 400 Menschenleben forderten, besiegten Regierungstruppen mit französischer Unterstützung die rd. 3000 Mann starke Rebellengruppe im Westen des T. Nach Aussagen von Zeugen handelte es sich bei den Rebellen um Söldner des Ex-Diktators Habré, in dessen Regierungszeit (1982–1990) nach Angaben der Internationalen Vereinigung für Menschenrechte (FIDH) 10 000 Menschen zu Tode gefoltert oder hingerichtet wurden.

Demokratisierung: Gemäß der von Präsident Déby versprochenen Demokratisierung wurden im März 1992 erstmals seit 1972 zwei Oppositionsparteien zugelassen. Im Mai 1992 ernannte Präsident Déby den ehemaligen Planungsminister Joseph Yodoyman zum Premierminister.

Einnahmeverluste: Die Kämpfe beeinträchtigten 1991/92 die Produktion von Baumwolle, mit der rd. 70% der Ausfuhrerlöse erwirtschaftet werden. Ein weiteres wichtiges Exportgut ist Vieh. Insgesamt steuerte die Landwirtschaft 60% zum Bruttosozialprodukt bei. Die Einnahmeverluste aus dem landwirtschaftlichen Export und das Mißmanagement der Staatsbetriebe führten 1992 zu einem Staatshaushalt, in dem Ausgaben von 300 Mio DM erwarteten Einnahmen von 90 Mio DM gegenüberstehen.

Tschechoslowakei

Fläche	127 876 km² (Weltrang 96)
Einw.	15,7 Mio (Weltrang 51)
Hauptst.	Prag (1,2 Mio Einw.)
Pkw.-Kz.	CS
Sprache	Tschechisch, Slowakisch
BSP/Kopf	3140 Dollar (1990)
Inflation	54–58% (1991)
Arb.-los.	6,6% (1991; Schätzung)
Währung	1 Tschechoslowakische Krone, Kčs = 100 Haleru
Religion	Katholisch (50%), protestantisch (20%)
Reg.-Chef	Marián Čalfa (seit 1989)
Staatsob.	Václav Havel (seit 1989, am 20. 7. 1992 zurückgetreten)
Staatsf.	Föderative Republik
Parlament	Bundesversammlung aus Volks- und Nationenkammer mit je 150 Abgeordneten; in der Volkskammer 48 Sitze (Nationenkammer: 37) für ODS/KDS, 24 (33) für HZDS, 19 (15) für LB, 10 (6) für CSSD, 10 (13) für SDL, 8 (6) für SPR/RSC, 7 (6) für KDU, 7 (5) für LSU, 6 (9) für SNS, 6 (8) für KDH, 5 (7) für MKDH, – (5) für SDSS

(Europa, S. 490, D 5)

Vladimir Meciar,
Ministerpräsident der Slowakei
* 26. 7. 1942 in Zvolen/Tschechoslowakei. Meciar wurde nach dem Ende des Prager Frühlings aus der Kommunistischen Partei ausgeschlossen. Er schloß sich der 1989 gegründeten oppositionellen Formation Bewegung gegen Gewalt an, wurde im Januar 1990 Innenminister und im Juni Ministerpräsident der slowakischen Landesregierung. Nach seiner Abberufung 1991 und der Gründung der HZDS wurde Meciar im Juni 1992 erneut Ministerpräsident der Slowakei.

Václav Klaus,
Ministerpräsident der Tschechei
* 19. 6. 1941 in Prag/Tschechoslowakei. Klaus gehörte ab 1963 dem Wirtschaftsforschungsinstitut der Akademie der Wissenschaften an, das er nach dem Ende des Prager Frühlings 1968 verlassen mußte. 1989 wurde er Mitglied im Koordinierungszentrum des oppositionellen Bürgerforums. Klaus wurde im ersten Kabinett mit einer nicht-kommunistischen Mehrheit seit 1948 unter Marián Čalfa Finanzminister. 1992 wurde er Ministerpräsident der Tschechei.

Nach den Parlamentswahlen Mitte 1992 und der Bildung einer Übergangsregierung stand die Auflösung der 1918 gegründeten Föderation von Tschechischer und Slowakischer Republik bevor. Die in der Slowakei dominierende Bewegung für eine Demokratie der Slowakei (HZDS) unter Vladimir Meciar trat für die Errichtung einer Konföderation selbständiger Staaten ein. Die stärkste Partei in der Tschechei, die konservative Demokratische Bürgerpartei (ODS) unter Václav Klaus plädierte für eine Föderation. Anfang 1992 unterzeichneten die T. und Deutschland einen Freundschaftsvertrag.
Vor der Spaltung: Nach den Wahlen am 5./6. 6. zum Bundesparlament und zu den Länderparlamenten beauftragte Präsident Václav Havel ODS-

Regierung in der Tschechoslowakei

Letzte Wahl	1992
Präsident	Václav Havel (bis 20. 7.)
Premier	Jan Strasky
Stellvertreter	Rudolf Filkus, Miroslav Macek, Milan Cic, Antonin Bandys
Äußeres	Josef Moravcik
Wirtschaft	Jaroslav Kubecka
Finanzen	Jan Klak
Verteidigung	Imrich Andrejeak
Innen	Petr Cermak
Soziales und Umwelt	Miroslav Macek
Verkehr	Antonin Bandys

Chef Klaus mit der Regierungsbildung. Am 17. 6. einigten sich Meciar und Klaus auf die Einsetzung eines Übergangskabinetts, das die Amtsgeschäfte bis zu den Abstimmungen der beiden Republikparlamente über die Auflösung der T. (bis 30. 9.) führt. Die Bundesregierung unter Jan Strasky (ODS) wurde am 2. 7. vereidigt. Tschechischer Ministerpräsident wurde am 2. 7. Václav Klaus. Am 24. 6. hatte das Präsidium des Slowakischen Landesparlaments Meciar zum Ministerpräsidenten der Slowakei ernannt. Der Präsident der T. Václav Havel, der am 3. 7. in den ersten beiden Wahlgängen nicht wiedergewählt wurde, trat am 20. 7. zurück.
Wirtschaftslage: Die Schwerindustrie der T., vor allem die Rüstungsgüterproduktion, war in der Slowakei konzentriert. Die Arbeitslosenrate in der 5,3 Mio-Einwohner-Republik (32% der T.) betrug im Mai 1992 rd. 11,2%, die Inflationsrate 59,3% (1991). Experten sagten einem eigenständigen Staat u. a. aufgrund von veralteten Produktionsanlagen schwere Wirtschafts- und Finanzprobleme voraus. In Böhmen und Mähren, Hauptstandorte für die Schwer- und Maschinenbauindustrie in der Tschechei, betrug die Arbeitslosenquote im Mai 1992 rd. 3,7%. Die Inflationsrate in der 10,3 Mio-Einwohner-Republik (68%

Tunesien

Wahlen in der Tschechoslowakei am 5./6. 6. 1992

Partei	Volkskammer Stimmenanteil (%)	Sitze	Nationenkammer Stimmenanteil (%)	Sitze
Tschechei				
ODS/KDS	33,9	48	33,3	37
LB	14,2	19	14,5	15
CSSD	7,7	10	6,9	6
SPR/RSC	6,5	8	6,4	6
KDU	6,0	7	6,1	6
LSU	5,8	7	6,1	5
Slowakei				
HZDS	33,4	24	33,8	33
SDL	14,4	10	14,0	13
SNS	9,4	6	9,4	9
KDH	8,9	6	8,8	8
MKDH	7,3	5	7,4	7
SDSS	–	–	6,1	5

Partei	Tschechischer Nationalrat Stimmenanteil (%)	Sitze	Partei	Slowakischer Nationalrat Stimmenanteil (%)	Sitze
ODS/KDS	29,7	76	HZDS	37,3	74
LB	14,0	35	SDL	14,7	29
CSSD	6,5	16	KDH	8,9	18
LSU	6,5	16	SNS	7,9	15
KDU/CSL	6,3	15	MKDH	7,4	14
SPR/RSC	6,0	14			
HDS/SMS	5,9	14			
ODA	5,9	14			

ODS/KDS = Demokratische Bürgerpartei und Christliche-Demokratische Partei; LB = Linksblock mit ehemaligen Kommunisten; CSSD = Tschechische Sozialdemokraten; SPR/RSC = Republikaner; KDU/CSL = Christlich-Demokratische Union; LSU = Liberal.-Soziale Union; HDS/SMS = Mährisch-Schlesische Partei; ODA = Christdemokratische Allianz; HZDS = Bewegung für eine demokratische Slowakei; SDL = Partei der Demokratische Linken; SNS = Slowakische Nationalpartei; KDH = Christlich-Demokratische Bewegung; MKHD = Ungarische Christdemokraten; SDSS = Slowakische Sozialdemokraten

Das nordafrikanische Land stand 1991/92 im Zeichen innenpolitischer Auseinandersetzungen zwischen der von Staatspräsident Zine el Abidine Ben Ali geführten Regierungspartei Demokratische Verfassungsbewegung (RCD) und islamisch orientierten Oppositionsparteien. Wirtschaftliche Erfolge verzeichnete T. im Exportgeschäft.

Opposition beschuldigt: Im Oktober 1991 gab die Regierung bekannt, ein Komplott der verbotenen proiranisch-muslimischen Oppositionsbewegung El Nahda (arabisch; Wiedergeburt) zur Ermordung von Präsident Ben Ali und mehrerer Regierungsmitglieder aufgedeckt zu haben. Die Opposition dementierte jede Beteiligung. Nach Angaben der Menschenrechtsorganisation Amnesty International vom März 1992 wurden in den vorangegangenen 18 Monaten rd. 8000 El-Nahda-Mitglieder festgenommen.

Außenwirtschaft erfolgreich: Die Wirtschaftsleistung wuchs 1991 um 3,2%. Eine Rekordgetreideernte von 2,5 Mio t und eine mit 48% überdurchschnittliche Ausfuhrsteigerung von mechanischen und elektrischen Erzeugnissen ermöglichte einen Exportzuwachs von 11,1%.

Türkei

Fläche	779 452 km² (Weltrang 36)
Einw.	56,4 Mio (Weltrang 19)
Hauptst.	Ankara (3,4 Mio Einw.)
Pkw.-Kz.	TR
Sprache	Türkisch
BSP/Kopf	1630 Dollar (1990)
Inflation	68% (1991)
Arb.-los.	11,5% (1991) Nahost, S. 495, B 1
Währung	1 Türkisches Pfund (Lira), TL. = 100 Kuruş
Religion	Moslemisch (98%)
Reg.-Chef	Süleyman Demirel (seit Oktober 1991)
Staatsob.	Turgut Özal (seit 1989)
Staatsf.	Parlamentarische Republik
Parlament	Große Nationalversammlung mit 450 für fünf Jahre gewählten Abgeordneten; 178 Sitze für Partei des Rechten Weges 115 für Mutterlandspartei, 88 für Sozialdemokratische Volkspartei, 62 für Wohlfahrtspartei, 7 für Demokratische Linkspartei (Wahl vom Oktober 1991)

Tunesien

Fläche	163 610 km² (Weltrang 89)
Einw.	8,3 Mio (Weltrang 81)
Hauptst.	Tunis (1 Mio Einw.)
Pkw.-Kz.	TN
Sprache	Arabisch
BSP/Kopf	1440 Dollar (1990)
Inflation	4,5% (1990)
Arb.-los.	15,3% (1990) Afrika, S. 494, C 1
Währung	1 Tunesischer Dinar, tD = 1000 Millimes
Religion	Moslemisch (99%)
Reg.-Chef	Hamed Karoui (seit 1989)
Staatsob.	Zine el Abidine Ben Ali (seit 1987)
Staatsf.	Präsidiale Republik
Parlament	Nationalversammlung mit 141 für fünf Jahre gewählten Abgeordneten; sämtliche Sitze für Demokratische Verfassungsbewegung (Wahl von 1989)

Bei den Parlamentswahlen im Oktober 1991 siegte die konservative Partei des Rechten Weges (DYP) von Süleyman Demirel, der als Nachfolger von Mesut Yilmaz Ministerpräsident wurde. Nach dem Zusammenbruch der Sowjetunion konkurrierte das NATO-Land T. mit dem Iran um die

Regierung in der Türkei

Letzte Wahl	Oktober 1991
Staatsoberhaupt	Turgut Özal
Ministerpräsident	Süleyman Demirel
Staatsminister	Akin Gönen, Gökberk Ergenekon, Orhan Kilercioglu, Mehmet Kahraman, Ömer Barutcu, M. Ali Yilmaz, Erman Sahin, Serif Ercan, Mehmet Batalli
Äußeres	Hikmet Cetin
Finanzen und Zölle	Sümer Oral
Verteidigung	Nevzat Ayaz
Inneres	Ismet Sezgin
Industrie und Handel	Tahir Köse
Justiz	Seyfi Oktay
Erziehung	Köksal Toptan
Bau und Siedlung	Onur Kumbaracabasi
Gesundheit	Yildirim Aktuna
Verkehr	Yasar Topcu
Landwirtschaft und Dorfangelegenheiten	Necmettin Cevheri
Arbeit und soziale Sicherheit	Mehmet Mogultay
Energie und Bodenschätze	Ersin Faralyali
Kultur	Fikri Saglar
Fremdenverkehr	Abdulkadir Ates
Umwelt	Bedrettin Dogancan Akyurek
Forstwesen	Vefa Tanir

Süleyman Demirel, Ministerpräsident der Türkei
* 6. 10. 1924 in Islamköy/Türkei. Der Bauernsohn studierte in Istanbul Wasserbau und übernahm den Vorsitz der staatlichen Wasserwerke. Nach einem Militärputsch trat er 1960 in die Gerechtigkeitspartei ein, deren Vorsitzender er 1964 wurde. Bereits 1965–1971, 1975–1977, 1977/78, 1979/1980 war er Ministerpräsident. 1991 übernahm er erneut das Amt des Regierungschefs.

Kampf gegen Kurden: Der Lieferstopp von Rüstungsgütern, den die deutsche Regierung wegen heftiger Kämpfe zwischen türkischen Regierungstruppen und → Kurden im März 1992 verhängte, belastete das Verhältnis beider Länder. Özal warf der Bundesregierung die Unterstützung von Terroristen vor. Im April bombardierte die türkische Luftwaffe verstärkt Stellungen und Lager der PKK im Nordirak.

Menschenrechtsverletzungen: Die Gefangenenhilfsorganisation warf den türkischen Sicherheitskräften im Mai Folterungen und Überfälle vor. Seit Juni 1991 seien 50 politische Gegner vor allem im Südosten von sog. Todesschwadronen getötet worden.

Wirtschaftsreform angekündigt: Durch Privatisierung der 40 Staatsbetriebe und Preiserhöhungen u. a. für Strom und Benzin um rd. 25% und Zigaretten um 20% will die Regierung 1992 die Staatsverschuldung, deren Anteil 12,6% am Bruttosozialprodukt (1991) betrug, auf 8,8% senken und die Wirtschaft ankurbeln.

Führungsrolle für die islamischen Turkvölker der Ex-UdSSR. Die eskalierenden Auseinandersetzungen zwischen Regierungstruppen und der militanten kurdischen Arbeiterpartei (PKK) führten 1992 zu einem Stopp der deutschen Waffenlieferungen. Die Menschenrechtsorganisation Amnesty International beschuldigte die T. Mitte 1992, politische Gegner ermorden zu lassen. Eins der wichtigsten wirtschaftspolitischen Ziele der Regierung Demirel war die Senkung der Inflation.
Wahlen: Aus der Parlamentswahl vom 20. 10. 1991 ging die DYP mit 27% der Stimmen als die stärkste Kraft hervor. Sie bildete mit der Sozialdemokratischen Volkspartei (SHP), die 20,8% der Stimmen gewann, am 21. 11. 1991 eine Koalition.

Parlamentswahlen in der Türkei am 20. 10. 1991

Partei	Stimmenanteil (%)	Veränderung[1]	Sitze
Partei der Rechten Weges (DYP)	27	+ 7,7	178
Mutterlandspartei (ANAP)	23,9	– 12,9	115
Sozialdemokratische Volkspartei (SHP)	20,8	– 3,8	88
Wohlfahrtspartei	16,9	+ 9,8	62
Demokratische Linkspartei	10,8	+ 2,3	7

1) Gegenüber 1987 in Prozentpunkten

Turkmenien

Fläche	488 100 km² (Weltrang 52)
Einw.	3,7 Mio (Weltrang 113)
Hauptst.	Aschchabad (398 000 Einw.)
Pkw.-Kz.	k. A.
Sprache	Turkmenisch
BSP/Kopf	k. A.
Inflation	k. A.
Arb.-los.	k. A.
Währung	1 Rubel, Rbl. = 100 Kopeken
Religion	Moslemisch
Reg.-Chef	Separmurad Nijasow (seit 1991)
Staatsob.	Separmurad Nijasow (seit 1991)
Staatsf.	Republik

Asien, S. 496, B 3

In dem vom → Islam geprägten T., das am Kaspischen Meer liegt und an den Iran, Kasachstan, Usbekistan und Afghanistan grenzt, erklärte das Parlament im Oktober 1991 nach einem Referendum seine Unabhängigkeit von der UdSSR. In gleicher Abstimmung billigte die Bevölkerung mit 93,5% der Stimmen die Politik des Altkommunisten und Staatspräsidenten Separmurad Nijasow, der Ende Juni mit 99,5% der Stimmen in seinem Amt bestätigt wurde. Die Wirtschaft wurde vom Baumwollanbau beherrscht, der rd. 15% zur UdSSR-Gesamtproduktion beitrug.

Besinnung auf Islam: Islamische Traditionen sind bei den Nachkommen der Oghusen-Türken stark verwurzelt. Die Verfassung, die der Oberste Sowjet am 18. 5. 1992 verabschiedete, sieht eine Umbenennung des Parlaments in Islamische Versammlung vor. Im Februar 1992 wurde der Antrag von T. auf Mitgliedschaft in der 1985 von Iran, Pakistan und der Türkei gegründeten asiatischen Organisation für wirtschaftliche Zusammenarbeit (ECO) begrüßt.

Wirtschaftslage: Die Karakorum-Wüste bedeckt rd. vier Fünftel des Gebietes von T. Nur 2% der Oberfläche sind für die Landwirtschaft nutzbar. Vor allem Baumwolle, Obst, Mais und Gemüse wurden angebaut.

Tuvalu

Fläche	26 km² (Weltrang 187)
Einw.	9100 (Weltrang 188)
Hauptst.	Funafuti (2800 Einw.)
Pkw.-Kz.	k. A.
Sprache	Tuvalu, Englisch
BSP/Kopf	530 Dollar (1989)
Inflation	k. A.
Arb.-los.	k. A.
	Ozeanien, S. 498, H 3
Währung	1 Australischer Dollar, A$ = 100 Cents
Religion	Protestantisch
Reg.-Chef	Bikenibeu Paeniu (seit 1989)
Staatsob.	Königin Elisabeth II.
Staatsf.	Konstitutionelle Monarchie im Commonwealth
Parlament	Einkammerparlament mit 12 gewählten Abgeordneten, keine politischen Parteien

Die unabhängigen, zum britischen Commonwealth gehörenden neun Atolle im Südpazifik wurden 1992 von Premierminister Bikenibeu Paeniu regiert. Außerdem bestimmte ein parlamentarischer Ältestenrat aus zwölf gewählten Vertre-

tern die Geschicke der Vulkaninseln. Die Bewohner leben traditionell vom Kopraexport, Fischfang und Briefmarkenverkauf. Die wichtigste Einnahmequelle bestand aus den Einkünften tuvaluischer Seeleute, die auf einer mit internationaler Hilfe gegründeten Marineschule ausgebildet wurden.

Uganda

Fläche	239 000 km² (Weltrang 78)
Einw.	19,6 Mio (Weltrang 44)
Hauptst.	Kampala (700 000 Einw.)
Pkw.-Kz.	EAU
Sprache	Swahili, Englisch
BSP/Kopf	220 Dollar (1990)
Inflation	30% (1990; Schätzung)
Arb.-los.	k. A.
	Afrika, S. 494, E 4
Währung	1 Uganda-Schilling, U.Sh. = 100 Cents
Religion	Christlich (63%), animistisch (30%), moslemisch
Reg.-Chef	George Cosmas Adyebo (seit Januar 1992)
Staatsob.	Yoweri Museveni (seit 1986)
Staatsf.	Präsidiale Republik (Verfassung außer Kraft)
Parlament	Nationalversammlung seit 1985 aufgelöst; seit 1989 provisorisches Parlament mit 98 Mitgliedern

Die Wirtschaft des ostafrikanischen Landes litt 1991/92 unter der einseitigen Abhängigkeit vom Kaffee-Export und dem Anstieg der Rohölpreise nach dem Ende des Golfkriegs. Die Gefangenenhilfsorganisation Amnesty International kritisierte Menschenrechtsverletzungen in dem seit 1986 von Yoweri Museveni, Chef der Nationalen Widerstandsbewegung (NRM), autoritär regierten U. Vor allem im Norden des Landes, wo Regierungstruppen gegen Rebellen kämpfen, sei es zu Folterungen, Morden, Vergewaltigungen und Massakern an der Zivilbevölkerung und Gefangenen gekommen.

Seit das internationale Kaffeeabkommen 1986 zusammenbrach und die Preise drastisch sanken, geriet die ehemalige „Perle Ostafrikas" in schwere wirtschaftliche Bedrängnis. 98% der Exporterlöse wurden Anfang der 90er mit der Ausfuhr der Robusta-Kaffeesorte erwirtschaftet. Die Produktion fiel von 3,1 Mio Säcken zu je 60 kg 1988/89 auf 2,3 Mio Säcke 1990/91. Das vom Internationalen Währungsfonds (IWF) ausgearbeitete Sparprogramm garantierte U. 1991/92 die Fortsetzung der internationalen finanziellen Unterstützung.

Finanzminister Crispus Kiyonga kündigte bei der Vorlage des Haushalts 1991/92, der ein Rekorddefizit von 600 Mio Dollar (916 Mio DM) aufweist, u. a. eine Erhöhung der Benzinpreise an. 60 000 der 140 000 Stellen im ineffizient arbeitenden öffentlichen Dienst sollen auf Druck des Internationalen Währungsfonds gestrichen werden. Die Industrieproduktion, die nur 4% zum Bruttosozialprodukt beisteuert, soll gefördert werden.

Ukraine

Fläche	603 700 km² (Weltrang 44)
Einw.	52,2 Mio (Weltrang 22)
Hauptst.	Kiew (2,59 Mio Einw.)
Pkw.-Kz.	k. A.
Sprache	Ukrainisch
BSP/Kopf	k. A.
Inflation	k. A.
Arb.-los.	k. A.

Europa, S. 490, E 5

Währung	1 Rubel, Rbl. = 100 Kopeken, Karbowanez
Religion	Russ.-orth,. ukr.-orth., ukr.-kath.
Reg.-Chef	Witold Fokin (seit 1990)
Staatsob.	Leonid Krawtschuk (seit Dezember 1991)
Staatsf.	Republik

Die U., die am 8. 12. 1991 in einem Abkommen mit Rußland und Weißrußland den Grundstein zur Gemeinschaft Unabhängiger Staaten, → GUS, legte, hatte am 24. 8. 1991 ihre Unabhängigkeit erklärt. Die Bevölkerung bestätigte im Dezember 1991 den Beschluß mit 90% der Stimmen und wählte Leonid Krawtschuk zum ersten Staatspräsidenten. Mit dem Nachbarn Rußland stritt die U. um die Schwarzmeerflotte und um die Zukunft der Halbinsel Krim, die ursprünglich zu Rußland gehörte, 1954 aber der U. zugeschlagen wurde. Die Wirtschaft der Republik war gemessen am Bruttoinlandsprodukt die zweitstärkste der ehemaligen UdSSR.

Schwarzmeerflotte: Am 3. 8. 1992 kam es zwischen Präsident Krawtschuk und seinem russischen Amtskollegen Boris Jelzin zu einer grundsätzlichen Einigung im Konflikt über die Aufteilung der Schwarzmeerflotte. Die Nachbarstaaten verpflichteten sich, für eine Übergangszeit (bis 1995) ein gemeinsames Oberkommando über die 380 Kriegsschiffe auszuüben. Der Streit um die Befehlsgewalt war Ende Juli erneut aufgeflammt. Anfang April 1992 hatten kurzzeitig sowohl Rußland als auch die U. die Flotte ihrem Oberbefehl unterstellt.

Krim: Im Mai 1992 verurteilte das Parlament der U. die am 5. 5. proklamierte Unabhängigkeit der

Regierung in der Ukraine

Letzte Wahl	1990
Staatsoberhaupt	Leonid Krawtschuk
Ministerpräsident	Witold Pavlovich Fokin
Erster Stellverteter	Konstantin Massik
Stellvertreter	Viktor P. Sytnyk, Wladimir T. Lanowyj, Oleg I. Slepitschew
Äußeres	Anatolij Slenko
Finanzen	Hryhori Pjataschenko
Verteidigung	Konstantin Morosow
Inneres	Andrej Wassilischin
Wirtschaft	Wladimir Lanowoj
Außenwirtschaftsbeziehungen	Anatolij Woronkow
Energiewirtschaft und Elektrifizierung	Witalij Skijarow
Privatisierung des Staatseigentums	Roman Schpek
Arbeit	Witalij Wassiltschenko
Forstwirtschaft	Walerij Samoplawskij
Gesundheit	Jurij Spischenko
Industrie	Wiktor Gladusch
Investitionen und Aufbau	Wladimir Borisowskij
Jugend und Sport	Walerij Borsow
Justiz	Wolodymyr Kampo
Kultur	Larissa Chorolez
Landwirtschaft und Ernährung	Wassilij Tkatschuk
Maschinenbau und Konversion	Wiktor Antonow
Schutz der Bevölkerung vor den Folgen der Tschernobyl-Katastrophe	Hryhorii Hotowtschyz
Sozialfürsorge	Arkadij Jerschow
Staatsressourcen	Anatolij Mintschenko
Statistik	Nikolaj Borissenko
Umweltschutz	Jurij Schtscherbak
Transportwesen	Orest Klimpusch

Krim und erklärte sie für verfassungswidrig. Die Volksvertreter der Krim widerriefen ihre Unabhängigkeitserklärung und setzten ein geplantes Referendum über die politische Zukunft der Schwarzmeer-Halbinsel aus. Mitte 1992 protestierte die U. gegen eine Erklärung des russischen Parlaments, daß die Übereignung der Krim an die U. illegal sei.

Atomwaffen: Anfang Mai 1992 war nach Informationen des Innenministeriums der Abtransport sämtlicher in der U. stationierten 2600 atomaren Kurzstreckenwaffen nach Rußland abgeschlossen, wo sie bis zum Jahr 2000 zerstört werden sollen (→ Atomwaffen). Die strategischen Atomwaffen (176 Trägersysteme mit 1240 Sprengköpfen) sollen bis 1994 nach Rußland gebracht werden (→ Strategische Waffen).

Wirtschaft auf Reformkurs: Mitte 1992 gab die Regierung die Preise für Nahrungsmittel, u. a. für Milch und Butter, frei. Sie kündigte die Einführung der eigenen, in Kanada gedruckten Währung

Leonid Makarowitsch Krawtschuk, Staatspräsident der Ukraine
* 10. 1. 1934 in Welikij Schitin/Polen (heute: Ukraine). Der Lehrer Krawtschuk trat 1958 in die KPdSU ein. Er wurde 1990 stellvertretender ukrainischer Parteichef und war bis August 1991 Politbüro-Mitglied. Mitte 1990 gab Krawtschuk sein Parteiamt auf und wurde Vorsitzender des Obersten Sowjets der Ukraine und damit Staatsoberhaupt. Im Dezember 1991 wurde er zum Präsidenten gewählt.

Regierung in Ungarn

Letzte Wahl	1990
Präsident	Arpád Göncz
Ministerpräsident	József Antall
Äußeres	Géza Jeszenszky
Finanzen	Mihály Kupa
Verteidigung	Lajos Für
Innen	Péter Boross
Landwirtschaft	Elemér Gergátz
Kultur und Bildungswesen	Bertalan Andrásfalvy
Umweltschutz und Raumordnung	Sándor Keresztes
Industrie und Handel	Iván Szabó
Internationale Wirtschaftsbeziehungen	Béla Kádár
Justiz	István Balsai
Arbeitswesen	Gyula Kiss
Wohlfahrt	László Surján
Verkehrswesen, Telekommunikation und Wasserwirtschaft	Csaba Siklós
Ohne Geschäftsbereich	Tamás Szabó András Gálszécsy Balazs Horváth Ferenc Mádl Ferenc József Nagy Ernö Pungor

Griwna für den Jahreswechsel 1992/93 an. Im Januar wurde die Übergangswährung Karbowanez eingeführt, die parallel zum Rubel galt. Am 7. 2. wurde ein Gesetz verabschiedet, das Privateigentum erlaubt. Im Januar vereinbarte die U. mit Weißrußland einen gemeinsamen Wirtschaftsraum.

Ungarn

Fläche	93 032 km² (Weltrang 108)
Einw.	10,4 Mio (Weltrang 64)
Hauptst.	Budapest (2,1 Mio Einw.)
Pkw.-Kz.	H
Sprache	Ungarisch
BSP/Kopf	2780 Dollar (1990)
Inflation	35% (1991)
Arb.-los.	8,5% (1991)
Währung	1 Forint, Ft = 100 Filler
Religion	Katholisch (67%), protestantisch (25%)
Reg.-Chef	József Antall (seit 1990)
Staatsob.	Arpád Göncz (seit 1990)
Staatsf.	Parlamentarische Republik
Parlament	Nationalversammlung mit 386 Abgeordneten; 164 Sitze für Demokratisches Forum, 92 für Bund Freier Demokraten, 44 für Partei der Kleinen Landwirte, 33 für Sozialistische Partei, 21 für Bund Junger Demokraten, 21 für Christlich Demokratische Volkspartei, 11 für sonstige (Wahl von 1990)

Europa, S. 490, E 6

Die Spaltung der Koalitionspartei der Kleinlandwirte erschütterte 1991/92 die seit 1990 unter József Antall amtierende Regierung. Einen Disput löste ein Urteil des Verfassungsgerichts aus, das einen Parlamentsbeschluß über die Aufhebung der Verjährung für politische Verbrechen für rechtswidrig erklärte. In dem im Februar 1992 mit Deutschland geschlossenen Freundschaftsvertrag wurden die bilateralen Beziehungen vertraglich fixiert. Grenzzwischenfälle belasteten das Verhältnis zum ehemaligen Jugoslawien, Tausende

flüchteten aus den umkämpften Gebieten nach U. Ein umstrittenes Staudamm-Projekt trübte die Beziehungen zur ČSFR. Die Wirtschaftsreformen brachten in dem ehemaligen Ostblockland, das bereits in der früheren sozialistischen Wirtschaftsgemeinschaft COMECON eine Vorreiterrolle spielte, erste Erfolge.
Regierungskrise: Dem Schritt von József Torgyan, Vorsitzender der zweitstärksten Partei der Koalition, das Regierungsbündnis zu verlassen, schlossen sich nur zwölf Abgeordnete an. Die Mehrheit von 33 Parlamentariern unterstützte weiterhin das Kabinett. Torgyan hatte u. a. größeren Einfluß auf die Regierungspolitik gefordert.
Keine Verjährung: Das Verfassungsgericht erklärte im März 1992 ein im November vom Parlament verabschiedetes, vorab umstrittenes Gesetz über die Aufhebung der Verjährung für politisch motivierte Morde sowie für Landesverrat zwischen 1944 und 1990 für verfassungswidrig. Die Parlamentsentscheidung hätte u. a. die Verfolgung der Verantwortlichen für die Niederschlagung des Volksaufstandes von 1956 zur Folge. Das Gericht vertrat den Standpunkt, daß bereits verjährte Straftaten nicht strafrechtlich verfolgt werden dürfen. Organisationen ehemaliger politischer Gefangener kritisierten den Gerichtsentscheid, der dazu führe, daß Verbrechen während der 45jährigen kommunistischen Herrschaft ungesühnt blieben. Im Mai verabschiedete

Arpád Göncz,
Staatspräsident von Ungarn
* 10. 2. 1922 in Budapest/Ungarn.
Der Jurist wurde nach seiner Beteiligung am Volksaufstand 1956 zu lebenslanger Haft verurteilt, 1963 jedoch amnestiert. Er arbeitete als Jurist, Publizist und Schriftsteller und war 1988 Gründungsmitglied des Bundes Freier Demokraten. 1990 wurde er Parlamentsabgeordneter, im Mai 1990 Staatspräsident.

Uruguay

Fläche	177 414 km² (Weltrang 88)
Einw.	3,11 Mio (Weltrang 122)
Hauptst.	Montevideo (1,3 Mio Einw.)
Pkw.-Kz.	U
Sprache	Spanisch
BSP/Kopf	2560 Dollar (1990)
Inflation	85,5% (Nov. 1991)
Arb.-los.	9,2% (1991; Schätzung) Südamerika, S. 492, D 6
Währung	1 Urug. Neuer Peso, urugN$ = 100 Centésimos
Religion	Katholisch (90%)
Reg.-Chef	Luis Alberto Lacalle (seit März 1990)
Staatsob.	Luis Alberto Lacalle (seit März 1990)
Staatsf.	Präsidiale Republik
Parlament	Senat mit 30 und Abgeordnetenhaus mit 99 für fünf Jahre gewählten Abgeordneten; im Abgeordnetenhaus 41 Sitze (Senat: 12) für Blancos, 28 (10) für Colorados, 22 (6) für Frente Amplio, 8 (2) für Nuevo Espacio (Wahl von 1989)

das Parlament ein Entschädigungsgesetz für Verfolgte, die zwischen 1939 und 1989 aus politischen, rassischen oder religiösen Gründen inhaftiert, ihres Eigentums beraubt oder getötet wurden, und für ihre nächsten Angehörigen.

Grenzzwischenfälle: 1991/92 kam es wegen des Bürgerkriegs in Jugoslawien zu Grenzverletzungen. Die Baranja, ein von serbischen Freischärlern und der Bundesarmee okkupiertes Dreieck zwischen Donau, Drau und der Grenze von U., in dem vor dem Krieg überwiegend Kroaten und Ungarn lebten, stand im Zentrum der Zwischenfälle. Im August 1991 überflogen mehrere jugoslawische Kampfflugzeuge die Grenze. Mehrmals gingen Geschosse auf ungarischem Gebiet nieder. Im April 1992 befanden sich 50 000 Flüchtlinge aus dem ehemaligen Jugoslawien, vor allem aus der Baranja, in U.

Streit um Staudamm: Die Regierung Antall kündigte mit Wirkung vom 25. 5. 1992 den umstrittenen ungarisch-tschechoslowakischen Vertrag zum Bau eines Wasserkraftwerkssystems. Das 1977 geschlossene Abkommen zwischen Prag und Budapest über den Donaustaudamm Gabcikovo-Nagymaros sieht u. a. die Umleitung des Donauflußbettes auf slowakischem Gebiet vor. Eine Umlenkung würde internationale Rechtsprobleme schaffen, weil die Donau auf diesem Stück Grenzfluß zwischen U. und der ČSFR ist.

Wirtschaft im Umbruch: Béla Kádár, Minister für Wirtschaftsbeziehungen, rechnete mit einem leichten Aufschwung in der zweiten Jahreshälfte 1992. 1991 erzielte das Land, das nach dem im März 1992 in Kraft getretenen Assoziierungsabkommen mit der EG auf eine Voll-Mitgliedschaft in der Gemeinschaft hofft, einen Leistungsbilanzüberschuß von 267 Mio Dollar (408 Mio DM). Die Nettoverschuldung wurde bis Ende 1991 von 16 Mrd auf 14,5 Mrd Dollar (24,4 Mrd bzw. 22,1 Mrd DM) gedrückt.

Das südamerikanische Land mit einem ehemals hochentwickelten Wohlfahrtssystem stand 1991/92 im Zeichen der von Präsident Luis Alberto Lacalle vorangetriebenen wirtschaftlichen Umstrukturierungspolitik. Im September 1991 verabschiedete das Parlament gegen den Widerstand der Arbeitnehmer ein Gesetz zur Privatisierung verlustbringender Staatsbetriebe.

Aufhebung der Staatsmonopole: Das im September 1991 verabschiedete Gesetz soll erstmals privatem Kapital den Zugang zu gewerkschaftlich kontrollierten Unternehmen erlauben. Der liberalkonservative Präsident Lacalle versprach sich von der Einbindung privaten Kapitals einen Rationalisierungseffekt. In U. lagen die zentralen Bereiche des öffentlichen Lebens, die Energie- und Transportwirtschaft, das Nachrichtenwesen und der Versicherungssektor per Gesetz in der alleinigen unternehmerischen Verantwortung des Staates. Aufgrund ausufernder Bürokratie und mangelnder Effizienz wurden in den meisten Bereichen Defizite erwirtschaftet.

Gewerkschaftsproteste: Im Dezember 1991 und erneut im Mai 1992 organisierten die kommunistisch orientierten Gewerkschaften 36stündige Generalstreiks, die sich gegen die niedrigen Löhne und Renten sowie gegen die Privatisierungspolitik der Regierung Lacalle richteten. Die Inflationsrate von rd. 85% (1990: 128 %) drückte den staatlichen Mindestlohn auf 83 Dollar (127 DM). Nach dem Abbau der Staatsmonopole befürchteten die Gewerkschaften den Verlust von Arbeitsplätzen (Arbeitslosenquote 1991: rd. 9%).

Usbekistan

Fläche	447 400 km² (Weltrang 55)
Einw.	20,6 Mio (Weltrang 41)
Hauptst.	Taschkent (2,1 Mio Einw.)
Pkw.-Kz.	k. A.
Sprache	Usbekisch
BSP/Kopf	k. A.
Inflation	k. A.
Arb.-los.	k. A.
Währung	1 Rubel, Rbl. = 100 Kopeken
Religion	Moslemisch
Reg.-Chef	Abdulkasehim Mutalow
Staatsob.	Islam Karimow (seit Dezember 1991)
Staatsf.	Republik

Asien, S. 496, C 3

Bei den ersten direkten Präsidentschaftswahlen wurde im Dezember 1991 Islam Karimow als Präsident bestätigt. Im Januar 1992 kam es wegen der Freigabe der Preise zu Studentenunruhen. Die Wirtschaft litt unter den rückläufigen Erträgen der Baumwollmonokulturen.

Amtsinhaber bestätigt: Mit knapp 86% der Stimmen setzte sich der amtierende Präsident und ehemalige Sekretär der usbekischen Kommunistischen Partei Karimow gegen den Kandidaten der Opposition, Muhammed Salich, durch (Stimmenanteil: 12,4%). Der Oppositionsführer bezichtigte die Demokratische Volkspartei Karimows, die aus der usbekischen KP hervorging, der Wahlmanipulation.

Unabhängigkeitskurs: Bei einem gleichzeitig stattfindenden Referendum votierten rd. 98% der Wähler für die Unabhängigkeit der mittelasiatischen Republik. Am 31. 8. 1991 hatte sich U. für unabhängig erklärt. Das Parlament ratifizierte im Januar 1992 das Gründungsprotokoll der Gemeinschaft Unabhängiger Staaten (→ GUS).

Abhängige Wirtschaft: U. ist das drittgrößte Baumwollanbaugebiet und das siebtgrößte Goldförderland der Welt. Haupteinnahmequelle war bis Mitte 1992 der Baumwollexport. Die jahrzehntelange Monokultur sowie der bedenkenlose Einsatz von Pestiziden führte zu rückläufigen Erträgen und zu einer Vergiftung des Grundwassers. Da lediglich auf 9% des bebaubaren Bodens Obst und Getreide angepflanzt wurden, war U. auf den Import von Nahrungsmitteln aus den GUS-Staaten angewiesen. Im März 1992 wurden erstmals Ölvorkommen entdeckt. U. verfügt außerdem über bedeutende Erdgasvorkommen, eine chemische Industrie und Firmen für den Landmaschinenbau.

Vanuatu

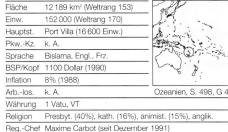

Fläche	12 189 km² (Weltrang 153)
Einw.	152 000 (Weltrang 170)
Hauptst.	Port Villa (16 600 Einw.)
Pkw.-Kz.	k. A.
Sprache	Bislama, Engl., Frz.
BSP/Kopf	1100 Dollar (1990)
Inflation	8% (1988)
Arb.-los.	k. A.
Währung	1 Vatu, VT
Religion	Presbyt. (40%), kath. (16%), animist. (15%), anglik.
Reg.-Chef	Maxime Carbot (seit Dezember 1991)
Staatsob.	Fred Timakata (seit 1989)
Staatsf.	Parlamentarische Republik
Parlament	Einkammerparlament mit 46 für vier Jahre gewählten Abgeordneten; 20 Sitze für Union des partis modérés (UPM), 10 für Vanuaaku Pati (VAP), 9 für National United Party (NUP), 4 für Parti progressiste mélasien, 1 für Tan Union, 2 noch offen (Wahl vom Dezember 1991)

Ozeanien, S. 498, G 4

Die frankophone Union des partis modérés (UPM), ein Zusammenschluß kleinerer Oppositionsgruppen, ging im Dezember 1991 als Sieger aus den Parlamentswahlen hervor. Mit der National United Party (NUP) des im September 1991 abgewählten Premiers Walter Lini, bildete die UPM unter Maxime Carlot eine Regierung.

Parlament stürzt Premier: Unter dem Vorwurf, einen autokratischen Führungsstil zu pflegen, stürzte das Parlament mit 24 gegen 21 Stimmen den seit 1979 regierenden Lini. Nachfolger wurde vorübergehend der Ex-Außenminister Donald Kalpokas.

Tourismus wächst: Der Inselstaat verzeichnete zwischen 1985 und 1989 jährlich ein Wirtschaftswachstum von 1%. Aufgrund des zunehmenden Tourismus (Besucherzahl 1990: 35 000) stieg die Wachstumsrate 1990 auf 4%. Hauptexportgüter sind Kopra, Fleisch, Kakao, Muscheln und Holz.

Vatikanstadt

Fläche	0,44 km² (Weltrang 190)
Einw.	774 (Weltrang 190)
Pkw.-Kz.	SCV
Sprache	Lateinisch, Italienisch
Währung	1 Italienische Lira, Lit
Religion	Katholisch
Reg.-Chef	Angelo Sodano
Staatsob.	Papst Johannes Paul II.
Staatsf.	Wahlmonarchie

Europa, S. 490, D 6

Mit einem Sparkurs wollten Kardinal Edmund Casimir Szoka, Präsident der Präfektur für Wirtschaftsfragen, und Kardinal Rosalio Castillo-Lara, Präsident der Vermögensverwaltung, das Haushaltsdefizit des Heiligen Stuhls 1992 senken. Der Anstieg des Defizits um nominell 2,1% gegenüber 1991 war angesichts der italienischen Inflation von mehr als 6% ein realer Rückgang. Zur Deckung des Defizits sollen die weltweit durchgeführte Kollekte des Peterspfennigs sowie die Erträge der vatikanischen Unternehmen, wie Post, Telefon und Museen, verwendet werden.

Venezuela

Fläche	912 050 km² (Weltrang 32)	
Einw.	19,7 Mio. (Weltrang 43)	
Hauptst.	Caracas (4,5 Mio Einw.)	
Pkw.-Kz.	YV	
Sprache	Spanisch	
BSP/Kopf	2560 Dollar (1990)	
Inflation	32,7% (1991)	
Arb.-los.	8,8% (1991)	Südamerika, S. 492, C 1
Währung	1 Bolivar, Bs = 100 Céntimos	
Religion	Katholisch (96%), protestantisch	
Reg.-Chef	Carlos Andrés Pérez Rodriguez (seit 1989)	
Staatsob.	Carlos Andrés Pérez Rodriguez (seit 1989)	
Staatsf.	Präsidiale Bundesrepublik	
Parlament	Senat mit 44 Vertretern der Bundesstaaten und den ehemaligen Präsidenten sowie Abgeordnetenkammer mit 199 für fünf Jahre gewählten Abgeordneten; 97 Sitze für Demokratische Aktion, 67 für Christdemokraten, 18 für Bewegung für den Sozialismus, 17 für andere (Wahl von 1988)	

Im Juni 1992 verließen die erst seit März der Regierung angehörenden Christdemokraten nach einer Abstimmungsniederlage im Senat die Koalition und verschärften damit die Krise seit dem Putschversuch, der im Februar 1992 die älteste Demokratie in Lateinamerika erschüttert hatte. Mit einer Kabinettsumbildung und einer geplanten Verfassungsreform hatte der seit 1989 regierende sozialdemokratische Ministerpräsident Carlos Andrés Pérez Rodriguez versucht, die Vertrauenskrise in seine Wirtschafts- und Sozialpolitik zu überwinden. Angesichts des zunehmenden Drucks aus der Bevölkerung rückte er Anfang 1992 von seinem Liberalisierungskurs ab. **Koalition zerbrochen:** Die christdemokratische Partei COPEI (Partido Social Cristiano) verließ die Regierungskoalition, weil sie angesichts innenpolitischer Schwierigkeiten eine Reise von

Präsident Pérez zum Umweltgipfel nach Rio de Janeiro/Brasilien ablehnte, bei einer Abstimmung über einen entsprechenden Antrag im Senat jedoch von der Demokratischen Union und einem unabhängigen Politiker überstimmt wurde.
Putsch scheitert: Am 4. 2. 1992 versuchten hochrangige Offiziere aus fünf Armee-Einheiten, die Macht in V. zu übernehmen. Sie ließen Elitetruppen von Fallschirmjägern und eines Panzerbataillons aufmarschieren, besetzten den Flughafen der Hauptstadt Caracas und umstellten die Residenz des Staatschefs sowie den Regierungssitz Miraflores. Bei Schießereien zwischen den Aufständischen und loyalen Truppen kamen nach amtlichen Angaben 19 Soldaten ums Leben, 51 wurden verletzt. Nach einigen Stunden gelang es den Regierungstruppen, den Aufstand niederzuschlagen. Dem Putschversuch waren gewalttätige Demonstrationen gegen die Wirtschaftspolitik vorausgegangen. Nach der Niederschlagung des Aufstands kündigte Präsident Carlos Andrés Pérez politische und wirtschaftliche Reformen an, u. a. soll ein Referendum über die Bildung einer verfassunggebenden Versammlung entscheiden.
Sozialabbau: Der radikale Liberalisierungskurs führte in V. seit 1989 zu Armut in der Bevölkerung. Der Unmut über die Wirtschaftsreformen, die u. a. eine rigorose Streichung der Sozialprogramme brachte, entlud sich seit 1989 mehrmals in Unruhen gegen die Regierung. Das Wirtschaftswachstum lag im Jahr 1991 bei 4%. Die Erdölindustrie blieb die tragende Säule des ökonomischen Aufschwungs.

Vereinigte Arabische Emirate

Fläche	83 600 km² (Weltrang 113)	
Einw.	1,69 Mio (Weltrang 136)	
Hauptst.	Abu Dhabi (240 000 Einw.)	
Pkw.-Kz.	UAE	
Sprache	Arabisch	
BSP/Kopf	19 860 Dollar (1990)	
Inflation	5–6% (1988)	
Arb.-los.	k. A.	Nahost, S. 495, F 4
Währung	1 Dirham, DH = 100 Fils	
Religion	Moslemisch (95%)	
Reg.-Chef	Scheich Raschid Bin Said Al Maktum (seit 1979)	
Staatsob.	Scheich Said Bin Sultan Al Nahajan (seit 1971)	
Staatsf.	Föderation von sieben Emiraten	
Parlament	Föderative Nationalversammlung mit 40 gewählten Mitgliedern, nur beratende Funktion, keine Parteien	

Die während des Golfkriegs entstandenen Sonderausgaben in Höhe von 5,5 Mrd Dollar (8,4 Mrd DM) finanzierten die V. durch eine Steigerung der Ölfördermenge. Bis Mitte 1992 waren in den sieben Emiraten keine politischen Parteien zugelassen. Wichtigster Wirtschaftssektor war die Erdöl- und Erdgasförderung.

Einnahmen aus Ölexporten: Den Kosten zur Mitfinanzierung des Golfkriegs standen 1991 Einnahmen aus Ölexporten von 13,9 Mrd Dollar (21,2 Mrd DM) gegenüber. Die tägliche Ölfördermenge, die im Vorjahr noch bei 2,06 Mio Barrel (engl.; Faß mit 159 l) lag, stieg auf 2,39 Mio Barrel. Im Februar 1992 beschränkte die Organisation Erdöl exportierender Staaten → OPEC die tägliche Höchstfördermenge der V. auf 2,2 Mio Barrel. Der Staatshaushalt für 1992 sah eine Erhöhung der Ausgaben um 5,4% auf 4,71 Mrd Dollar (7,2 Mrd DM) vor.

Langfristige Investitionen: Abu Dhabi, in dem 75% der Öleinnahmen erwirtschaftet wurden, verfügte 1992 über 92 Mrd Barrel Erdöl- und Erdgasreserven. Bis 1994 wurde für den Ausbau der Förderkapazitäten auf den Bab-Ölfeldern und den Upper-Zakum-Feldern ein Investitionsbedarf von bis zu 5 Mrd Dollar (7,6 Mrd DM) erwartet. Für die Erschließung von Gasfeldern wurden weitere 1,4 Mrd Dollar (2,1 Mrd DM) veranschlagt. Im Emirat Dubai, dessen Ölreserven Anfang des kommenden Jahrhunderts zu Ende gehen, hatte der Ausbau des Dienstleistungssektors und der Industrie Vorrang.

Vereinigte Staaten von Amerika

Fläche	9 372 614 km² (Weltrang 4)
Einw.	253,6 Mio (Weltrang 3)
Hauptst.	Washington (626 000 Einw.)
Pkw.-Kz.	USA
Sprache	Englisch
BSP/Kopf	21 790 Dollar (1990)
Inflation	5,3% (1991)
Arb.-los.	6,7% (1991)
Währung	1 US-Dollar, US-$ = 100 Cents
Religion	Protest. (33%), kath. (22%), jüd. (4%)
Reg.-Chef	George Bush (seit 1989)
Staatsob.	George Bush (seit 1989)
Staatsf.	Präsidiale Bundesrepublik
Parlament	Kongreß aus Senat mit 100 für sechs Jahre und Repräsentantenhaus mit 435 für zwei Jahre gewählten Abgeordneten; im Senat 56 Sitze (Repräsentantenhaus: 267) für Demokraten, 44 (167) für Republikaner, 0 (1) für Sozialisten (Wahl von 1990)

Nordam., S. 491, E 6

Der Präsidentschaftswahlkampf in den V. stand bis Mitte 1992 im Zeichen innenpolitischer Probleme. Als Herausforderer von Präsident George Bush trat der Demokrat Bill Clinton an. Mit dem russischen Präsidenten Boris Jelzin vereinbarte Präsident Bush eine Kürzung der Nukleararsenale. Bei Rassenunruhen in Los Angeles starben im Mai 1992 über 50 Menschen. Die V. verdrängten Deutschland 1991 als größte Exportnation, litten aber unter dem Haushaltsdefizit von 268 Mrd Dollar (409 Mrd DM).

Bush gegen Clinton: Präsident Bush überschritt bei den seit Februar 1992 andauernden Vorwahlen im April die erforderliche Mehrheit von 1105 Delegiertenstimmen für den Nominierungsparteitag der Republikaner im August 1992. Auf dem Parteitag der Demokraten wurde im Juli 1992 Gouverneur von Arkansas, Bill Clinton, zum Kandidaten für die Präsidentschaftswahlen im November 1992 gewählt.

Rassenkrawalle: Im April und Mai 1992 starben in Los Angeles (Kalifornien) bei dreitägigen schweren Krawallen der sozial benachteiligten schwarzen und spanischsprechenden Bevölkerung 58 Menschen. Mehr als 2300 Personen wurden verletzt, rd. 10 000 Ladengeschäfte wurden zerstört oder ausgeraubt. Vorausgegangen war den Unruhen ein Freispruch für vier weiße Polizisten, die einen Schwarzen bei der Festnahme im März 1991 zusammengeschlagen hatten. Die Plünderungen und Gewaltausbrüche betrafen vor allem die Geschäfte asiatischer Einwanderer, aber auch weißer Bewohner.

Regierungsprogramme gegen Armut: Gegen die Spirale von Armut und Gewalt beschloß der US-Senat im Mai 1992 ein Programm in Höhe von 2 Mrd Dollar (3,1 Mrd DM). Die Mittel sollen neue Arbeitsplätze und Bildungsmöglichkeiten schaffen sowie dem Wiederaufbau von Los Angeles zugute kommen.

Nukleare Abrüstung: Auf ihrem ersten Gipfeltreffen unterzeichneten Präsident Bush und sein russischer Amtskollege Jelzin im Juni 1992 in Washington ein Abkommen, das die bisher größte Abrüstung im nuklearen Zeitalter zum Inhalt hat. Bis zum Jahr 2003 soll die Zahl der Nuklearsprengköpfe → Strategischer Waffen auf jeweils 3000 bis 3500 Stück verringert werden, ein Drittel des Standes von 1992.

Umweltpolitik kritisiert: Auf der im Juni 1992 stattfindenden Weltkonferenz über Umwelt und Entwicklung (UNCED) in Rio de Janeiro/Brasilien gerieten die V. aufgrund ihrer Bremserfunk-

George Herbert Walker Bush, Präsident der USA
* 12. 6. 1924 in Milton (Massachusetts)/USA. Bush wurde 1966 als Kandidat der Republikaner ins Repräsentantenhaus gewählt. Er leitete 1974/75 das US-Verbindungsbüro in China, war 1976/77 Direktor des Geheimdienstes CIA und amtierte während der Präsidentschaft von Ronald Reagan (1981–1989) als Vizepräsident. 1989 wurde er zu dessen Nachfolger gewählt.

tion ins Kreuzfeuer der Kritik. Die V. weigerten sich, sowohl die Klimakonvention mit konkreten Vorgaben zum Abbau von → Kohlendioxid zu versehen als auch ein globales Abkommen zum → Artenschutz zu unterzeichnen.

Rekordverschuldung: Das Rekorddefizit des Haushaltsjahres 1991 wird nach Ansicht des Haushaltsbüros des Kongresses 1992 noch um rd. 100 Mrd Dollar (153 Mrd DM) übertroffen werden. Die Zinszahlungen waren 1991/92 nach dem Sozial- und Rüstungsetat der drittgrößte Ausgabenposten. Mit dem Anstieg der Exporte um 7% auf 416,5 Mrd Dollar (636 Mrd DM) lösten die V. Deutschland 1991 als größte Exportnation (403 Mrd Dollar, 615 Mrd DM) ab. Das Defizit der US-Handelsbilanz belief sich 1991 auf 74 Mrd Dollar (113 Mrd DM). In der Zahlungsbilanz verringerte sich das Minus von 92,1 Mrd Dollar (141 Mrd DM) 1990 auf 8,6 Mrd Dollar (13 Mrd DM).

★ Vietnam

Fläche	331 689 km² (Weltrang 64)
Einw.	66,7 Mio (Weltrang 13)
Hauptst.	Hanoi (2,9 Mio Einw.)
Pkw.-Kz.	VN
Sprache	Vietnamesisch
BSP/Kopf	215 Dollar (1989)
Inflation	70% (1990)
Arb.-los.	rd. 10 % (Mitte 1991)
Währung	1 Dong, D = 10 Hào = 100 Xu
Religion	Buddhistisch, konfuzianistisch, taoistisch, christlich
Reg.-Chef	Vo Van Kiet (seit August 1991)
Staatsob.	Vo Chi Cong (seit 1987)
Staatsf.	Sozialistische Republik
Parlament	Nationalversammlung mit 496 für fünf Jahre gewählten Abgeordneten; sämtliche Sitze für Kandidaten der von der Kommunistischen Partei und Massenorganisationen dominierten Einheitsliste (Wahl von 1987)

Ostasien, S. 497, B 4

Nach jahrelanger Feindschaft besiegelten China und V. 1991 in mehreren Abkommen die Normalisierung ihrer Beziehungen. Im Rahmen einer Regierungsumbildung im August 1991 übernahmen Wirtschaftsreformer wichtige Kabinettsposten. Im April 1992 verabschiedete die Nationalversammlung einstimmig eine neue Verfassung, die eine Liberalisierung der Wirtschaft zum Ziel hat. Das Machtmonopol der Kommunistischen Partei wird jedoch beibehalten, am Sozialismus wird grundsätzlich festgehalten.

Verständigung mit China: Beim ersten Besuch einer vietnamesischen Delegation in Peking seit 1977 vereinbarten die Partei- und Regierungschefs im November 1991 eine Normalisierung ihrer Beziehungen. Das Verhältnis der beiden Nachbarstaaten hatte sich nach der Invasion von V. in Kambodscha 1978 verschlechtert. China, die in Kambodscha gegen V. kämpfenden Roten Khmer unterstützte, griff 1979 nach Grenzstreitigkeiten V. an. Mit der Unterzeichnung des Kambodscha-Friedensvertrags 1991, der unter Beteiligung von China zustande kam, war das größte Hindernis zur Versöhnung beseitigt. Im Februar 1992 unterzeichneten China und V. ein Abkommen über wirtschaftliche Kooperation und die Aufhebung der Visumpflicht für Diplomaten. Im März einigten sie sich auf die Wiederherstellung der seit 13 Jahren unterbrochenen Verkehrs- und Nachrichtenverbindungen.

Neuer Premier: Vo Van Kiet löste im August 1991 Do Muoi als Regierungschef ab, der KP-Generalsekretär wurde. Auch Vo Nguyen Giap, wegen des Sieges 1954 bei Dien Bien Phu gegen die Franzosen berühmter General und einer der letzten Weggefährten Ho Chi Minhs, trat als stellvertretender Ministerpräsident von der politischen Bühne ab.

Blockade hemmt Wachstum: Die USA hielt 1991/92 an ihrer seit der Niederlage im V.-Krieg 1975 geltenden wirtschaftlichen Blockade-Politik fest, die eine Entwicklung der Wirtschaft hemmte und Auslandsinvestitionen verhinderte. Das Embargo blockierte auch Kredite des Internationalen Währungsfonds (IWF). Der Zerfall der Sowjetunion beeinflußte die wirtschaftliche Entwicklung ebenfalls negativ. Die UdSSR hatte den Partner in Südostasien zum Vorzugspreis mit Rohstoffen und Maschinen beliefert. Seit der politischen Normalisierung der Beziehungen zwischen China und V. drängten chinesische Händler und Unternehmer auf den Markt. Eines der größten Wirtschaftsprobleme waren die Auslandsschulden von 16,4 Mrd Dollar (25 Mrd DM).

Weißrußland

Fläche	207 600 km² (Weltrang 83)
Einw.	10,3 Mio (Weltrang 66)
Hauptst.	Minsk (1,59 Mio Einw.)
Pkw.-Kz.	k. A.
Sprache	Weißrussisch
BSP/Kopf	k. A.
Inflation	k. A.
Arb.-los.	k. A.
Währung	1 Rubel, Rbl. = 100 Kopeken
Religion	Russ.-orth., ukrain.-orth., ukrain.-uniert
Reg.-Chef	Wyatschaslau Kebitsch
Staatsob.	Stanislaw Schuschkjewitsch (seit September 1991)
Staatsf.	Republik

Europa, S. 490, F 4

Regierung in Weißrußland

Letzte Wahl	1990
Staatsoberhaupt	Stanislaw Schuschkjewitsch
Ministerpräsident	Wyatschaslau Kebitsch
1. Stellvertreter	Mikhail Myasnikovitsch
Stellvertreter	Stanislau Bryl, Mikhail Dzemtschuk, Iwan Kenik, Mikalai Koschtschikau
Äußeres	Pyotr Krautschanka
Finanzen	Schtschyapan Yantschuk
Verteidigung	Pawel Kazlouski
Innen	Uladzimir Yahorau
Landwirtschaft	Fyodar Miratschytski
Kommunikation	Iwan Hrytsuk
Bauwesen	Anatol Maiseewitsch
Kultur	Yauhen Waitowitsch
Erziehung	Wiktar Haisyonak
Energie	Walentsin Herasimau
Forstwirtschaft	Heorhi Markouski
Gesundheit	Wasil Kazakou
Weizen/Brot	Mikalai Yakushau
Justiz	Leanid Daschuk
Rohstoffe	Uladzimier Schepel
Wohnungs- und Stadtentwicklung	Barys Batura
Information	Anatol Butewitsch
Straßenbau	Stanislau Yatsuta
Handel	Walentsin Baidak
Transportwesen	Uladzimier Baroditsch
Wasserwirtschaft	Adam Basyukewitsch
Sonderbauwesen	Yazep Antanowitsch
Soziale Sicherheit	Tamara Krutautsova

Nach dem Scheitern des Moskauer Putsches reformfeindlicher Politiker gegen den sowjetischen Staats- und Parteichef Michail Gorbatschow erklärte die kommunistisch regierte Sowjetrepublik im August 1991 ihre Unabhängigkeit. W., das sich im September 1991 den Namen Byelarus gab, wurde durch den Zerfall der UdSSR zu einer neuen Atommacht. Unter der Führung des seit September 1991 als Staatsoberhaupt amtierenden Parlamentspräsidenten Stanislaw Schuschkjewitsch gehörte das Land zu den Gründern der Gemeinschaft Unabhängiger Staaten (→ GUS). Die Freigabe der Preise und die Möglichkeit ausländischer Investitionen sollten 1992 zur Sanierung der Wirtschaft beitragen.

Unabhängigkeit: Am 28. 8. 1991 rief W., das nach den Parlamentswahlen 1990 mit einer kommunistischen Regierungs- und Parlamentsmehrheit zu den konservativsten Sowjetrepubliken gehörte, seine Unabhängigkeit aus. Das Parlament hatte am 24. 8. die Kommunistische Partei verboten. Am 8. 12. 1991 gründete W. mit Rußland und der Ukraine die GUS.

Atomwaffenpotential: Auf dem Gebiet des an Polen grenzenden W. waren Mitte 1992 u. a. 1120 taktische Nuklearwaffen stationiert. W. sicherte 1992 zu, alle taktischen → Atomwaffen bis Mitte 1992 nach Rußland zur Vernichtung zu transportieren. Ende Mai übernahm u. a. W. die 1991 im START-Vertrag zwischen den USA und der UdSSR vereinbarten Verpflichtungen zur Reduzierung der → Strategischen Waffen. W. verpflichtete sich, dem Atomwaffensperrvertrag beizutreten und die im START-Vertrag genannten Atomwaffen innerhalb von sieben Jahren zu zerstören oder nach Rußland zu transportieren. Mit anderen GUS-Staaten übernahm W. die mit der UdSSR im Vertrag über konventionelle Abrüstung in Europa vereinbarten Abrüstungsvorschläge. Das Parlament beschloß die Aufstellung eigener Streitkräfte.

Parlamentswahlen: Parlamentspräsident Stanislaw Schuschkjewitsch will voraussichtlich im Herbst eine Volksabstimmung über vorgezogene Parlamentswahlen durchführen. Die Opposition sammelte für ihre Forderung nach Neuwahlen mehr als 400 000 Unterschriften.

Wirtschaftspolitik: Am 3. 1. 1992 gab W. die Preise für einige Grundnahrungsmittel und die Fahrpreise für öffentliche Verkehrsmittel frei, die um das Drei- bis Fünffache stiegen. Das rohstoffarme Land, das durch die Atomreaktorkatastrophe von Tschernobyl (1986) unter hohen Umweltbelastungen litt (→ Strahlenbelastung), lieferte vor allem Getreide, Kartoffeln, Fleisch, Elektrizität, Autos, Landmaschinen und chemische Produkte in die ehemaligen Sowjetrepubliken. W. war mit 4,2% an der Nettogüterproduktion der Ex-UdSSR beteiligt.

Zaïre

Fläche	2 345 095 km² (Weltrang 12)
Einw.	35,6 Mio (Weltrang 28)
Hauptst.	Kinshasa (2,8 Mio Einw.)
Pkw.-Kz.	ZR
Sprache	Französisch
BSP/Kopf	220 Dollar (1990)
Inflation	250% (1991)
Arb.-los.	20–30% (1989; Schätzung) Afrika, S. 494, D 5
Währung	1 Zaïre, Z = 100 Makuta = 10 000 Sengi
Religion	Christlich (70%), moslemisch (10%), animistisch
Reg.-Chef	Jean Nguza Karl I. Bond (seit November 1991)
Staatsob.	Mobutu Sésé-Séko (seit 1965)
Staatsf.	Präsidiale Republik
Parlament	Nationaler Gesetzgebungsrat mit 310 für fünf Jahre gewählten Abgeordneten; sämtliche Sitze für Kandidaten der Einheitspartei Revolutionäre Volksbewegung (Wahl von 1987)

In Z., dem ehemaligen Belgisch-Kongo, kam es 1991/92 zu einer Machtprobe zwischen der Nationalkonferenz, die den Weg zur Demokratie ebnen soll, und dem seit 1965 herrschenden Mobuto Sésé-Séko, die ein Ende des diktatorischen Regimes ankündigte. Mehrere Regierungswechsel, blutige Unruhen und Flüchtlingsströme nach Uganda erschütterten 1991/92 das zentralafrikanische Land. Die wirtschaftliche Situation des an Bodenschätzen reichen Z. war 1991/92 schlecht.

Konferenz für Demokratie: Im Mai 1992 erklärte sich die Nationalkonferenz, in der alle politischen Kräfte des Landes vertreten sind, zum obersten und unabhängigen Entscheidungsgremium in Z. Die Regierung wertete den ersten formellen Beschluß des Gremiums, das im August 1991 erstmals tagte, als Staatsstreich.

Ringen um die Macht: Im Juli 1991 setzte Mobuto den kurz zuvor entlassenen Premier Mulumba Lukoji wieder als Regierungschef ein. Nach schweren Ausschreitungen beauftragte er im September Etienne Tshisekedi, Chef der größten Oppositionspartei, mit der Bildung einer Regierung. Nach heftigem Streit setzte Mobuto im Oktober 1991 Tshisekedi wieder ab. Auf die Ernennung von Bernardin Mungul Diaka zum Premier reagierte die Opposition mit der Einsetzung einer Gegenregierung unter Tshisekedi. Im November 1991 ernannte Mobuto Jean Nguza Karl I. Bond, der nach seiner Bereitschaft zur Regierungsbeteiligung aus der Heiligen Union ausgeschlossen worden war, zum Premier. Keines der 28 Ressorts ging an die Heilige Union.

Zentralafrikanische Republik

Fläche	622 984 km² (Weltrang 43)
Einw.	3 Mio (Weltrang 124)
Hauptst.	Bangui (470 000 Einw.)
Pkw.-Kz.	RCA
Sprache	Französisch
BSP/Kopf	390 Dollar (1990)
Inflation	–4,2% (1988)
Arb.-los.	k. A. Afrika, S. 494, D 4
Währung	1 CFA-Franc, FCFA = 100 Centimes
Religion	Animistisch (57%), christlich (35%), moslemisch (8%)
Reg.-Chef	André Kolingba (seit 1981)
Staatsob.	André Kolingba (seit 1981)
Staatsf.	Präsidiale Republik
Parlament	Nationalversammlung mit 52 für fünf Jahre gewählten Abgeordneten; sämtliche Sitze für Einheitspartei Zentralafrikanische Demokratische Sammlungspartei (Wahl von 1987)

In der von Staats- und Regierungschef André Kolingba regierten Z. machte bis Mitte 1992 die im Vorjahr angekündigte Demokratisierung des Einparteienregimes keine Fortschritte. 1991 hatte Kolingba nach Unruhen erklärt, daß die 1986 angenommene Verfassung in einem nicht näher bestimmten Zeitraum revidiert und Grundlage einer Mehrparteiendemokratie werden soll. Die Wirtschaft des Binnenlandes wurde bis Mitte 1992 vorrangig vom Agrarsektor, in dem rd. 90% der Erwerbstätigen arbeiteten, bestimmt. Die Landwirtschaft erwirtschaftete rd. 40% des Bruttoinlandsprodukts.

Zimbabwe

Fläche	390 580 km² (Weltrang 59)
Einw.	9,5 Mio (Weltrang 72)
Hauptst.	Harare (730 000 Einw.)
Pkw.-Kz.	ZW
Sprache	Englisch
BSP/Kopf	640 Dollar (1990)
Inflation	20% (1990; Schätzung)
Arb.-los.	27% (1990; Schätzung) Afrika, S. 494, D 6
Währung	1 Zimbabwe-Dollar, Z.$ = 100 Cents
Religion	Animistisch, christlich
Reg.-Chef	Robert Gabriel Mugabe (seit 1980)
Staatsob.	Robert Gabriel Mugabe (seit 1987)
Staatsf.	Präsidiale Republik
Parlament	Abgeordnetenhaus mit 30 ernannten und 120 für fünf Jahre gewählten Abgeordneten; unter den gewählten Mitgliedern 116 Sitze für Zimbabwe African National Union, 2 für Zimbabwe Unity Movement, 1 für Zanu-Ndonga, 1 nicht besetzt (Wahl von 1990)

Die schlimmste Dürre des Jahrhunderts bedrohte 1992 die relativ gut entwickelte Wirtschaft von Z., das seit 1980 von dem in der Bevölkerung umstrittenen Robert Mugabe regiert wird. Das Parlament des ehemaligen Rhodesiens beschloß eine Reform zur Verstaatlichung von Großplantagen.

Jahrhundert-Dürre: Die Trockenheit, die u. a. den Maisanbau, die Zuckerplantagen und die Milchwirtschaft schädigte, gefährdete 1991/92 das Reformprogramm von Bernard Chidzero, Minister für Staatsfinanzen, Wirtschaftsplanung und Entwicklungsprobleme. Wegen der schlechten Ernte 1992 mußten die Devisen zum Kauf von Lebensmitteln verwendet werden.

Bodenreform: Im April 1992 beschloß das Parlament in Harare, daß die überwiegend weißen Großfarmer die Hälfte ihres Landes an die Regierung verkaufen müssen. Mit diesem Beschluß soll die zu Beginn des Jahrhunderts durchgesetzte Landverteilung korrigiert werden. 4500 Großgrundbesitzer bewirtschafteten 1992 rd. 11,2 Mio ha guten Bodens, während sich rd. 1 Mio Kleinbauern mit 16,3 Mio ha vorwiegend schlechten Bodens zufrieden geben müssen.

Wirtschaftslage: S., das zu den wirtschaftlich erfolgreicheren Ländern Afrikas gehört, hat einen relativ gut entwickelten industriellen Sektor und eine breite Palette von Rohstoffvorkommen, u. a. Platin, Diamanten, Kohle, Kobalt, Mangan und Wolfram. 90% der Weltreserven an Silizium und 60% an Chromerzen lagern in Z.

Trotz verstärkter Vermittlungsversuche der UNO konnte der Konflikt um das geteilte Z. bis Mitte 1992 nicht beigelegt werden. Lediglich grundsätzlich stimmten Griechenland und die Türkei einer Konferenz über die seit der türkischen Invasion von 1974 in einen türkischen Nord- und einen griechischen Südteil getrennte Mittelmeerinsel zu. Z., das nach Israel den höchsten Lebensstandard im Nahen Osten vorweisen konnte, strebte die EG-Mitgliedschaft an.

Konfliktlösung angekündigt: Im Dezember rief der UNO-Sicherheitsrat alle Beteiligten zur Teilnahme an einer internationalen Tagung auf. Ein genauer Termin stand Mitte 1992 nicht fest. Der Dialog soll unter Regie der UNO stattfinden, die im Mai 1992 Sonderbeauftragte nach Z. schickte und das Mandat der → UNO-Friedenstruppen bis zum 15. 12. 1992 verlängerte. Im Juni führte UN-Generalsekretär Butros Butros Ghali mit beiden Seiten Vermittlungsgespräche. Rauf Denktash, Präsident der 1983 ausgerufenen, aber nur von der Türkei völkerrechtlich anerkannten Türkischen Republik Nordzypern, sicherte ebenso wie Georgios Vassiliou, Staatspräsident von Z., seine Teilnahme an einer Konferenz zu, forderte aber, daß die griechische Bevölkerung, die rd. 80% der Inselbevölkerung stellt, die Gemeinschaft der türkischen Einwohner als gleichwertig anerkennt.

Kommunalwahl: Bei den Kommunalwahlen im Dezember 1991 behauptete die prokommunistische Wiederaufbaupartei des arbeitenden Volkes (AKEL) ihre Vorherrschaft. Verlierer der Wahl im Süden der Insel war die konservative Demokratische Sammlungsbewegung (DISY), die mit der zentristischen Demokratischen Partei (DIKO) eine Allianz eingegangen war. In Nikosia gewann der von der AKEL unterstützte Bürgermeister Lellos Dimitriadis mit 57,6% der Stimmen.

Wirtschaftslage: Die Inselrepublik ist seit 1973 mit der EG assoziiert, 1988 trat ein Vertrag über eine gemeinsame Zollunion in Kraft. Mitte Juni legte die Zentralbank den Kurs der Landeswährung gegenüber der europäischen Einheit ECU fest. Ökonomische Standbeine sind eine diversifizierte Landwirtschaft, die Südfrüchte und Gemüse produziert, sowie der Tourismus. Die Wirtschaft entwickelte sich im Norden von Z., das sich auf Hilfe der Türkei stützen kann, schlechter als im Süden. Das geschätzte Pro-Kopf-Einkommen lag nur bei rd. einem Drittel des Pro-Kopf-Einkommens im Süden von Z. Tabakanbau und Zitrusfruchtplantagen beherrschten die Landwirtschaft im türkischen Inselteil.

Zypern

Fläche	9251 km² (Weltrang 158)
Einw.	700 000 (Weltrang 152)
Hauptst.	Nikosia (164 000 Einw.)
Pkw.-Kz.	CY
Sprache	Griechisch, französisch
BSP/Kopf	8020 Dollar (1990)
Inflation	5% (1990)
Arb.-los.	2,3% (1990)
	Nahost, S. 495, B 2
Währung	1 Zypern-Pfund, Z£ = 100 Cents
Religion	Griechisch-orthodox (77%), moslemisch (18%),
Reg.-Chef	Georgios Vassiliou (seit 1988)
Staatsob.	Georgios Vassiliou (seit 1988)
Staatsf.	Präsidiale Republik
Parlament	Repräsentantenhaus mit 80 für fünf Jahre gewählten Abgeordneten; 20 Sitze für Demokratische Sammlung, 18 für kommunistische Fortschrittspartei des werktätigen Volkes, 11 für Demokratische Partei, 7 für sozialistische Demokratische Union, 24 für türkische Zyprioten reservierte Sitze unbesetzt (Wahl von 1991)

Anhang

Der Anhang enthält aktuelle Übersichten aus den Bereichen Politik, Wirtschaft, Kultur und Sport. Der Schwerpunkt liegt auf Ranglisten und neuesten Angaben, die in herkömmlichen Werken noch nicht erfaßt sind.

Unternehmen

Die größten deutschen Industrie-Unternehmen 1991 (Konzernergebnisse)

Rang		Unternehmen	Sitz	Vorstands-vorsitzender	Branche	Umsatz (Mrd DM)		Jahresüberschuß (Mio DM)		Beschäftigte (Zahl)	
1991	1990					1991	1990	1991	1990	1991	1990
1	1	Daimler-Benz	Stuttgart	Edzard Reuter	Fahrz./Elekro	95,0	85,5	1942	1795	379300	376800
2	2	Volkswagen	Wolfsburg	Carl Hahn[1]	Auto	76,3	68,1	1114	1086	260100	261000
3	3	Siemens	München/ Berlin	Karlheinz Kaske[2]	Elektro	73,0	63,2	1792	1668	402000	373000
4	4	Veba	Düsseldorf	Klaus Piltz	Energie/Chemie	59,5	54,6	1223	1209	117000	106900
5	7	RWE	Essen	Friedhelm Gieske	Energie	49,9	44,2	1145	1186	102200	97600
6	6	Hoechst	Frankfurt/M.	Wolfgang Hilger	Chemie	47,2	44,9	1357	1696	179300	172900
7	5	BASF	Ludwigshafen	Jürgen Strube	Chemie	46,6	46,6	1039	1107	129400	134600
8	8	Bayer	Leverkusen	Hermann Josef Strenger[3]	Chemie	42,4	41,6	1853	1903	164200	171000
9	9	Thyssen	Duisburg	Heinz Kriwet	Stahl/Maschinen/Handel	36,6	36,2	520	690	148600	149600
10	10	Bosch	Stuttgart	Marcus Bierich	Elektro	33,6	31,8	540	560	181500	179600
11	11	BMW	München	Eberhard von Kuenheim	Auto	29,8	27,2	783	696	74400	70900
12	13	Opel	Rüsselsheim	Louis R. Hughes[4]	Auto	27,1	23,7	1075	1327	56800	57500
13	18	Preussag	Hannover	Ernst Pieper	Metall/Energie/Maschinen	25,5	19,0	425	350	71700	72300
14	14	Ruhrkohle	Essen	Heinz Horn	Bergbau	24,7	22,9	83	171	122500	119500
15	12	Mannesmann	Düsseldorf	Werner H. Dieter	Maschinen	24,3	23,9	263	464	125200	124000
16	17	VIAG	Berlin/Bonn	Alfred Pfeiffer	Alum./Energie/Dienstleist.	23,6	19,4	405	336	74100	55800
17	15	Ford	Köln	John E. Hardiman	Auto	22,4	20,8	142	270	48200	50100
18	16	Metallgesellschaft	Frankfurt/M.	Heinz Schimmelbusch	Metall/Anlagen	21,2	19,8	179	262	38200	32200
19	19	MAN	München	Klaus Götte	Maschinen	19,0	18,9	406	328	64200	65900
20	26	Ruhrgas	Essen	Klaus Liesen	Energie	15,3	12,2	789	664	10100	9200
21	20	Krupp	Essen	Gerhard Cromme	Stahl/Masch.	15,1	15,6	305	217	53100	54400
22	22	IBM Deutschland	Stuttgart[5]	Hans-Olaf Henkel	Computer	14,8	13,3	473	692	31500	31800
23	23	Bertelsmann	Gütersloh	Mark Wössner	Medien	14,5	13,3	540	510	45100	45500
24	24	Deutsche Shell	Hamburg	Hans-Georg Pohl[6]	Mineralöl	13,7	12,8	547	358	3300	3300
25	21	Degussa	Frankfurt/M.	Gert Becker	Edelmetall/Chemie/Pharma	13,4	13,9	99	147	34500	35000

1) Nachfolger 1993: Ferdinand Piëch; 2) Nachfolger 1992: Heinrich von Pierer; 3) Nachfolger 1992: Manfred Schneider; 4) Nachfolger 1992: David Herman; 5) ab 1993: Berlin; 6) Nachfolger 1992: Peter J. Duncan; Quelle: Aktuell-Recherche

Die größten deutschen Einzelhandels-Unternehmen 1991

Rang	Unternehmen[1]	Sitz	Umsatz (Mrd DM)	Rang	Unternehmen[1]	Sitz	Umsatz (Mrd DM)
1	Metro	Düsseldorf	35,9	11	Allkauf	Mönchengladbach	6,1
2	Rewe	Köln	32,9	12	AVA	Bielefeld	5,2
3	Aldi	Essen/Mülheim	25,0	13	Horten	Düsseldorf	3,6
4	Edeka	Hamburg	23,1	14	Mann	Karlsruhe	3,3
5	Tengelmann	Mülheim	20,4	15	Konsumgenossenschaft Dortmund-Kassel	Dortmund	3,3
6	Asko	Saarbrücken	19,0	16	Schlecker	Ehingen	3,1
7	Karstadt	Essen	18,6	17	Nanz	Stuttgart	3,0
8	Spar	Schenefeld	13,4	18	Douglas	Hagen	2,7
9	Lidl & Schwarz	Neckarsulm	8,1	19	Rewe Dortmund	Dortmund	2,5
10	Hertie	Frankfurt/M.	7,2	20	Globus	St. Wendel	2,4

1) Lebensmittelhandel; Quelle: Lebensmittelzeitung, Februar 1992

Die größten Industrie-Unternehmen der USA 1991 (Konzern-Ergebnisse)

Rang 1991	Rang 1990	Unternehmen	Sitz	Umsatz Erlös (Mio Dollar)	Umsatz Veränderung[1] (%)	Gewinn JÜ[2] (Mio Dollar)	Gewinn Rang	Gewinn Veränderung[1] (%)	Vermögen Aktiva (Mio Dollar)	Vermögen Rang
1	1	General Motors	Detroit	123 780,1	−1,1	−4 452,8	474	–	184 325,5	1
2	2	Exxon	Irving, Texas	103 242,0	−2,5	5 600,0	1	11,8	87 560,0	5
3	3	Ford Motor	Dearborn, Mich.	88 962,8	−9,5	−2 258,0	472	−362,5	174 429,4	2
4	4	Intl. Business Machines	Armonk, N.Y.	64 792,0	−6,1	−2 827,0	473	−147,0	92 473,0	4
5	6	General Elektric	Fairfield, Conn.	60 236,0	3,1	2 636,0	3	−38,7	168 259,0	3
6	5	Mobil	Fairfax, Va.	56 910,0	−3,2	1 920,0	6	−0,5	42 187,0	8
7	7	Philip Morris	New York	48 109,0	8,5	3 006,0	2	−15,1	47 384,0	6
8	9	E. I. Du Pont de Nemours	Wilmington, Del.	38 031,0	−4,5	1 403,0	12	−39,3	36 117,0	9
9	8	Texaco	White Plains, N. Y.	37 551,0	−8,9	1 294,0	15	−10,8	26 182,0	15
10	10	Chevron	San Francisco	36 795,0	−6,3	1 293,0	16	−40,1	34 636,0	10
11	11	Chrysler	Highland Park, Mich.	29 370,0	−4,9	−795,0	468	−1269,1	43 076,0	7
12	13	Boeing	Seattle	29 314,0	6,2	1 567,0	9	13,1	15 784,0	27
13	15	Procter & Gamble	Cincinnati	27 406,0	12,4	1 773,0	7	10,7	20 468,0	19
14	12	Amoco	Chicago	25 604,0	−9,5	1 484,0	10	−22,4	30 510,0	13
15	14	Shell Oil	Houston	22 201,0	−9,1	20,0	322	−98,1	27 998,0	14
16	17	United Technologies	Hartford	21 262,0	−2,4	−1 021,0	469	−236,0	15 985,0	26
17	23	Pepsico	Purchase, N. Y.	19 771,2	11,1	1 080,2	19	0,3	18 775,1	21
18	20	Eastman Kodak	Rochester, N. Y.	19 649,0	3,0	17,0	329	−97,6	24 170,0	18
19	25	Conagra	Omaha	19 504,7	25,7	311,2	61	34,3	9 420,3	52
20	18	Dow Chemical	Midland, Mich.	19 305,0	−3,5	942,0	20	−31,9	24 727,0	16
21	24	McDonnell Douglas	St. Louis	18 718,0	14,5	423,0	48	38,2	14 841,0	31
22	22	Xerox	Stamford, Conn.	17 830,0	−3,0	454,0	45	86,8	31 658,0	12
23	21	Atlantic Richfield	Los Angeles	17 683,0	−6,0	709,0	26	−64,7	24 492,0	17
24	19	USX	Pittsburgh	17 163,0	−11,8	−578,0	462	−170,7	17 039,0	23
25	28	RJR Nabisco Holdings	New York	14 989,0	8,0	368,0	53	–	32 131,0	11
26	29	Hewlett–Packard	Palo Alto, Calif.	14 541,0	9,9	755,0	24	2,2	11 973,0	35
27	26	Tenneco	Houston	14 035,0	−5,8	−732,0	465	−230,5	18 696,0	22
28	30	Digital Equipment	Maynard, Mass.	14 024,2	7,2	−617,4	463	−930,0	11 874,7	36
29	31	Minnesota Mining & MFG.	St. Paul	13 340,0	2,4	1 154,0	17	−11,8	11 083,0	40
30	33	Westinghouse Electric	Pittsburgh	12 794,0	−0,9	−1 086,0	470	−505,2	20 159,0	20
31	32	International Paper	Purchase, N. Y.	12 703,0	−2,0	184,0	88	−67,7	14 941,0	30
32	27	Phillips Petroleum	Bartlesville, Okla.	12 604,0	−9,6	258,0	73	−66,9	11 473,0	38
33	38	Sara Lee	Chicago	12 456,3	6,9	535,0	38	13,8	8 122,0	63
34	41	Johnson & Johnson	New Brunswick, N. J.	12 447,0	10,8	1 461,0	11	27,8	10 513,0	42
35	36	Rockwell International	Seal Beach, Calif.	12 027,9	−3,3	600,5	32	−3,8	9 478,9	51
36	36	Allied–Signal	Morristown, N. J.	11 882,0	−4,1	−273,0	453	−159,1	10 382,0	43
37	47	Coca-Cola	Atlanta	11 571,6	11,2	1 618,0	8	17,1	10 222,4	44
38	34	Georgia–Pacific	Atlanta	11 524,0	−9,0	−142,0	442	−138,9	10 622,0	41
39	42	Motorola	Schaumburg, Ill.	11 341,0	4,2	454,0	44	−9,0	9 375,0	54
40	46	Bristol-Myers Squibb	New York	11 298,0	7,5	2 056,0	5	17,6	9 416,0	53
41	40	Goodyear Tire & Rubber	Akron	11 046,1	−3,6	96,6	144	–	8 510,5	60
42	44	Anheuser-Busch	St. Louis	10 996,3	2,3	939,8	21	11,6	9 986,5	46
43	16	Occidental Petroleum	Los Angeles	10 304,8	−53,0	459,9	43	–	16 114,6	25
44	37	Sun	Philadelphia	10 246,0	−14,0	−387,0	459	−269,0	7 143,0	66
45	39	Caterpillar	Peoria, Ill.	10 182,0	−11,8	−404,0	460	−292,4	12 042,0	34
46	43	Aluminium Co. of America	Pittsburgh	9 981,2	−8,1	62,7	204	−78,8	11 178,4	37
47	50	Lockheed	Calabasas, Calif.	9 809,0	−1,7	308,0	63	−8,1	6 617,0	73
48	45	Unocal	Los Angeles	9 780,0	−8,9	73,0	187	−81,8	9 836,0	47
49	51	Coastal	Houston	9 602,8	0,1	96,3	145	−57,3	9 487,3	50
50	48	General Dynamics	Falls Church, Va.	9 548,0	−6,2	505,0	40	–	6 207,0	82

1) Zu 1990; 2) Jahresüberschuß; Quelle: Fortune, 20. 4. 1992

Die größten Industrie-Unternehmen der Welt 1991 (Konzern-Ergebnisse)

Rang 1990	Rang 1991	Unternehmen	Sitz	Umsatz (Mio Dollar)	Gewinn (Mio Dollar)	Rang	Vermögen (Mio Dollar)	Rang	Beschäftigte (Zahl)	Rang
1	1	General Motors	USA	123 780,1	– 4452,8	490	184 325,5	1	756 300	1
2	2	Royal Dutch/Shell Group	GB/NL	103 834,8	4249,3	2	105 307,7	4	133 000	41
3	3	Exxon	USA	103 242,0	5600,0	1	87 560,0	6	101 000	64
4	4	Ford Motor	USA	88 962,8	– 2258,0	488	174 429,4	2	332 700	8
5	6	Toyota Motor	Japan	78 061,3	3143,2	3	65 178,7	8	102 423	62
6	5	Intl. Business Machines	USA	65 394,0	– 2827,0	489	92 473,0	5	344 553	6
7	7	IRI	Italien	64 095,5	– 254,1	459	k. A.	–	407 169	3
8	10	General Electric	USA	60 236,0	2636,0	5	168 259,0	3	284 000	12
9	8	British Petroleum	GB	58 355,0	802,8	55	59 323,9	11	111 900	54
10	11	Daimler-Benz	Deutschland	57 321,3	1129,4	30	49 811,8	13	379 252	5
11	9	Mobil	USA	56 910,0	1920,0	8	42 187,0	22	67 500	99
12	12	Hitachi	Japan	56 053,3	1629,2	16	60 641,0	10	309 757	9
13	17	Matsushita Electric Industrial	Japan	48 595,0	1832,5	10	62 312,5	9	210 848	17
14	15	Philip Morris	USA	48 109,0	3006,0	4	47 384,0	14	166 000	25
15	13	FIAT	Italien	46 812,0	898,7	46	69 736,4	7	287 957	11
16	16	Volkswagen	Deutschland	46 042,2	665,5	65	46 111,8	16	265 566	13
17	24	Siemens	Deutschland	44 859,2	1135,2	29	41 785,0	23	402 000	4
18	14	Samsung Group	Korea-Süd	43 701,9	347,3	126	43 290,3	19	187 377	20
19	20	Nissan Motor	Japan	42 905,7	340,9	128	45 916,4	17	138 326	37
20	21	Unilever	GB/NL	41 262,3	1842,6	9	25 340,3	43	298 000	10
21	18	ENI	Italien	41 047,3	872,0	48	k. A.	–	k. A.	–
22	22	E.I. Du Pont de Nemours	USA	38 031,0	1403,0	22	36 117,0	26	133 000	40
23	19	Texaco	USA	37 551,0	1294,0	26	26 182,0	41	40 181	186
24	23	Chevron	USA	36 795,0	1293,0	27	34 636,0	27	55 123	128
25	26	ELF Aquitaine	Frankreich	36 315,8	1737,1	12	46 539,7	15	86 900	77
26	25	Nestlé	Schweiz	35 583,7	1722,3	14	28 732,3	37	201 139	18
27	29	Toshiba	Japan	33 232,5	855,4	49	39 334,1	25	162 000	27
28	38	Honda Motor	Japan	30 567,3	539,8	83	21 005,2	55	85 500	78
29	28	Philips Electronics	Niederlande	30 217,6	642,8	70	29 087,4	35	240 000	14
30	30	Renault	Frankreich	29 432,4	545,8	82	41 375,4	24	147 195	32
31	27	Chrysler	USA	29 370,0	– 795,0	483	43 076,0	20	126 500	44
32	36	Boeing	USA	29 314,0	1567,0	18	15 784,0	86	159 100	28
33	35	ABB Asea Brown Boveri	Schweiz	28 883,0	587,0	78	30 745,0	33	214 399	15
34	34	Hoechst	Deutschland	28 468,2	661,8	67	23 498,0	50	179 332	22
35	31	Peugeot	Frankreich	28 403,3	979,9	39	23 466,6	51	156 800	29
36	38	Alcatel Alsthom	Frankreich	28 390,7	1095,9	33	44 485,1	18	213 100	16
37	32	BASF	Deutschland	28 130,4	627,0	73	24 652,8	46	129 434	42
38	41	Procter & Gamble	USA	27 406,0	1773,0	11	20 468,0	58	94 000	70
39	40	NEC	Japan	26 675,4	384,9	113	27 948,3	38	117 994	51
40	51	Sony	Japan	26 581,4	825,1	52	32 734,7	29	112 900	53
41	33	Amoco	USA	25 604,0	1484,0	20	30 510,0	34	54 120	131
42	39	Bayer	Deutschland	25 581,3	1100,5	32	24 945,4	44	164 200	26
43	45	Daewoo	Korea-Süd	25 362,6	k. A.	–	k. A.	–	81 607	82
44	42	Total	Frankreich	25 361,7	1030,3	38	21 954,8	53	56 156	124
45	43	PDVSA	Venezuela	24 000,0	k. A.	–	14 000,0	102	52 000	145
46	49	Mitsubishi Electric	Japan	23 976,3	564,5	81	23 599,3	49	97 002	69
47	50	Nippon Steel	Japan	23 141,6	641,8	71	31 358,0	32	54 062	132
48	48	Thyssen	Deutschland	22 465,0	294,1	158	14 327,1	100	148 557	31
49	44	Imperial Chemical Industries	GB	22 339,4	958,4	42	20 554,0	57	128 600	43
50	47	United Technologies	USA	21 262,0	– 1021,0	485	15 985,0	83	185 100	21

Quelle: Fortune, 27. 7. 1992

Die größten Medienkonzerne der Welt

Rang	Firma (Gründung)	Umsatz 1990 (Mio DM)	Gewinn 1990 (Mio DM)	Mitarbeiter
1	Time Warner Inc., New York (1923)	19 950,0	−160,0	30 000
2	Bertelsmann, Gütersloh (1835)	14 500,0	540,0	45 100
3	News Corporation Worldwide, Sydney – London – New York (1952)	14 123,9	−505,9	27 300
4	Hachette, Paris (1926)	8 917,9	145,7	31 210
5	Capital Cities/ABC Inc., New York (American Broadcasting Corporation, 1954)	8 704,3	772,5	18 800
6	Sony, Tokio (1946)	8 179,2	1 307,6	19 000
7	Dai Nippon, Tokio (1876)	8 075,1	659,1	12 633
8	Toppan, Tokio (1900)	7 722,0	384,7	16 162
9	ARD, Frankfurt/Main (1950)	7 005,5	k. A.	23 850
10	Paramount Communications, New York (1958)	6 252,7	418,7	19 700
11	Nippon Hoso Kyokai (NHK), Tokio (1926)	6 069,3	k. A.	18 500
12	Times Mirror, Los Angeles (1881)	5 871,3	290,9	29 121
13	Thomson Corporation, Toronto (1952)	5 601,9	k. A.	k. A.
14	Gannett, Arlington/Virginia (1906)	5 561,9	609,3	36 600
15	CBS Inc., New York (Columbia Broadcasting System, 1927)	5 270,4	181,0	7 080
16	NBC, New York (National Brodcasting Company, 1926)	5 229,7	k. A.	9 500
17	Advances Publications, Newark (1924)	4 912,3	k. A.	k. A.
18	Dun & Bradstreet, New York (1933)	4 827,6	k. A.	k. A.
19	RAI, Rom (1924)	4 766,9	−116,3	13 365
20	Tele-Communikation Inc., Denver (1968)	4 754,6	−463,8	11 500
21	Havas, Paris (1832)	4 655,9	k. A.	k. A.
22	MCA, Universal City/Kalifornien (Music Corporation of Amerika, 1924)	4 630,1	k. A.	k. A.
23	Polygram, Baarn (1972)	4 615,3	523,7	8 300
24	Walt Disney Company, Burbank (1922)	4 563,9	k. A.	k. A.
25	Reed International, London (1903)	4 545,7	638,7	19 000
26	Fininvest, Mailand (1978)	4 486,1	k. A.	k. A.
27	Asahi Shimbun Inc., Tokio (1879)	4 460,5	49,9	8 278
28	Reuters Holdings, London (1851)	3 938,6	920,9	10 810
29	Tribune Company, Chicago (1847)	3 802,7	−103,4	16 100
30	Reader's Digest, New York (1922)	3 789,9	337,9	7 400
31	Knight-Ridder Newspaper, Miami (1937/1926)	3 725,1	240,8	21 127
32	BBC, London (British Broadcasting Corporation, 1927)	3 710,0	131,2	25 146
33	Axel Springer Verlag AG, Berlin (1945)	3 534,3	64,9	12 112
34	Hearst Corporation, New York (1887)	3 454,6	k. A.	11 700
35	Yomiuri Shimbun Inc., Tokio (1874)	3 290,7	k. A.	8 000
36	RCS Rizzoli, Mailand (1909)	3 288,5	105,1	6 893
37	R. R. Donnelley, Chicago (1864)	3 278,8	k. A.	k. A.
38	Fujisankei Communication Group, Tokio	3 150,0	k. A.	k. A.
39	Mondadori, Mailand (1907)	3 139,8	74,4	8 277
40	McGraw-Hill, New York (1888)	3 133,6	277,9	13 868
41	Pearson, London (1890)	3 005,9	450,5	16 133
42	Thorn-EMI, London (1937/1931)	2 923,6	321,4	8 005
43	New York Times Company, New York (1851)	2 871,5	104,7	10 400
44	Maxwell Communication, Oxford (1948)	2 868,1	418,6	21 000
45	Quebecor Incorporation, Montreal	2 789,3	43,8	13 100
46	Dow Jones & Company, New York (1882)	2 779,7	172,9	9 679
47	Nikkei Group, Tokio (1876)	2 769,3	100,6	4 540
48	Cox Enterprises, Atlanta/Georgia (1892)	2 764,9	k. A.	8 000
49	Southam Incorporation, Ottawa	2 664,8	139,9	16 598
50	Viacom International, New York (1970)	2 585,8	−145,4	4 500

1) Stand: Ende 1991; Quelle: Buchreport 13/1992

Die größten Rüstungsfirmen der Welt

Rang[1]	Firma	Land	Waffenhandel (Mio Dollar) 1990	1989	Anteil am Gesamtumsatz (%)	Beschäftigte
1	McDonnell Douglas	USA	9 020	8 890	55	121 200
2	General Dynamics	USA	8 300	8 400	82	98 100
3	British Aerospace	Großbritannien	7 520	6 300	40	127 900
4	Lockheed	USA	7 500	7 400	75	73 000
5	General Motors	USA	7 380	7 050	6	761 400
	Hughes Electronics (General Motors)	USA	6 700	6 380	57	96 000
7	General Electric	USA	6 450	6 250	11	298 000
8	Raytheon	USA	5 500	5 330	57	76 700
	Thomson-CSF (Thomson S.A.)	Frankreich	5 250	4 120	77	46 900
10	Thomson S.A.	Frankreich	5 250	4 320	38	105 500
11	Boeing	USA	5 100	4 900	18	161 700
12	Northrop	USA	4 700	4 700	86	38 200
13	Martin Marietta	USA	4 600	4 350	75	62 000
14	GEC	Großbritannien	4 280	2 880	25	118 529
15	United Technologies	USA	4 100	4 100	19	192 600
16	Rockwell International	USA	4 100	4 500	33	101 900
17	Daimler-Benz	Deutschland	4 020	4 260	8	376 800
18	Direction des Constructions Navales	Frankreich	3 830	3 000	100	30 500
	DASA (Daimler-Benz)	Deutschland	3 720	3 930	48	61 276
20	Mitsubishi Heavy Industries	Japan	3 040	2 640	17	44 272
21	Litton Industries	USA	3 000	3 000	58	50 600
22	TRW	USA	3 000	2 900	37	75 600
23	Grumman	USA	2 900	2 850	72	26 100
24	Aérospatiale	Frankreich	2 860	2 190	44	37 691
25	IRI	Italien	2 670	2 230	36	366 697
	Pratt & Whitney (United Technologies)	USA	2 500	2 500	34	41 300
27	Westinghouse Electric	USA	2 330	2 270	18	115 774
28	Dassault Aviation	Frankreich	2 260	2 200	65	14 900
29	Texas Instruments	USA	2 120	2 160	32	70 300
30	Tenneco	USA	2 110	1 950	15	92 000
	Newport News (Tenneco)	USA	2 110	1 950	100	29 000
32	Unisys	USA	2 000	2 300	20	75 000
33	Loral	USA	1 920	1 150	90	12 700
34	Textron	USA	1 900	1 400	24	54 000
	Alenia (IRI)	Italien	1 840	0	60	21 981
36	Rolls-Royce	Großbritannien	1 830	1 220	28	65 900
37	CEA Industrie	Frankreich	1 810	1 560	33	37 800
38	EFIM	Italien	1 710	1 510	79	37 097
39	ITT	USA	1 610	1 580	8	114 000
40	IBM	USA	1 600	1 600	2	373 816
41	INI	Spanien	1 560	1 290	9	146 625
42	LTV	USA	1 490	1 580	24	35 300
43	SNECMA Groupe	Frankreich	1 490	1 260	34	27 616
44	GIAT Industries	Frankreich	1 430	1 020	97	15 000
45	Ordnance Factories	Indien	1 430	1 400	97	k. A.
	MBB (DASA)	Deutschland	1 420	1 840	50	23 229
47	E-Systems	USA	1 350	1 250	75	18 435
48	Armscor	Südafrika	1 330	1 460	80	18 900
49	Allied Signal	USA	1 300	1 500	11	105 800
50	GTE	USA	1 250	1 250	7	154 000

1) Stand: Ende 1990; Quelle: SIPRI-Yearbook 1992, Anthony/Courades Allebeck/Hagmeyer-Gaverus/Miggiano/Sköns/Wulf, The 100 largest arms-producing companies, 1990

Organisationen und Institutionen

Aufgenommen wurden internationale Organisationen, darunter vollständig die Sonder- und Unterorganisationen der UNO, die wichtigsten Staatsorgane und Tarifpartner in Deutschland sowie wichtige Umwelt- und Hilfe-Organisationen.

Name	Gründungsjahr Sitz Mitglieder (Stand: Mitte 1992)	Vorsitz (Stand: Mitte 1992)	Ziel
Afrikanische Entwicklungsbank (AfDB, African Development Bank, engl.)	1964 Abidjan/Côte d'Ivoire 75 Staaten	Barbacar N'Diaye/Senegal (Präsident) 1990–1995	Entwicklungshilfe-Organisation für Afrika
Amnesty International (ai)	1961 London 700 000	Pierre Sane/Frankreich (Generalsekretär) seit 1992	Verein zur Unterstützung politischer Gefangener und zum Schutz der Menschenrechte
Arabische Liga	1945 Tunis/Tunesien 20 arabische Staaten und die PLO	Esmat Abdel Meguid/Ägypten (Generalsekretär) seit 1991	Politische, wirtschaftliche und kulturelle Zusammenarbeit der Mitglieder
ASEAN (Association of South East Asian Nations, engl.; Verband südostasiatischer Nationen)	1967 Jakarta/Indonesien Brunei, Indonesien, Philippinen, Malaysia, Singapur, Thailand	Rusli Nooa/Indonesien (Generalsekretär) 1989–1992	Wirtschaftliche, soziale und politische Zusammenarbeit Südostasiens
Asiatische Entwicklungsbank (ADB, Asian Development Bank, engl.)	1966 Manila/Philippinen 52 Staaten	Kimimasa Tarumizu/Japan (Präsident)	Entwicklungshilfe-Organisation für den asiatisch-pazifischen Raum
Bank für internationalen Zahlungsausgleich (BIZ)	1930 Basel/Schweiz 31 Zentralbanken	Alexandre Lamfalussy/Schweiz (Generaldirektor)	Förderung der Zusammenarbeit der Mitglieds-Zentralbanken
BDA (Bundesvereinigung der Deutschen Arbeitgeberverbände)	1949 Köln 15 Landesverbände, 46 Fachspitzenverbände	Klaus Murmann (Präsident) seit 1986	Wahrung von gemeinschaftlichen sozialpolitischen Belangen der privaten Unternehmen in Deutschland, die über den Bereich eines Wirtschaftszweiges hinausgehen
Blockfreie Staaten	1955 Jakarta/Indonesien 100 bündnisfreie Staaten sowie SWAPO und PLO	Nana Sutristna/Indonesien (Sprecher) 1992–1995	Interessenvertretung der Entwicklungsländer
BUND (Bund für Umwelt und Naturschutz Deutschland e. V.)	1975 Bonn 210 000	Hubert Weinzierl (1. Vorsitzender)	Umwelt- und Naturschutz in allen Bereichen
Bundesanstalt für Arbeit	1927 Nürnberg –	Heinrich Franke (Präsident) seit 1984	Arbeitsvermittlung, Abwicklung der Arbeitslosenversicherung, Berufsberatung, Förderung der beruflichen Bildung
Bundesarbeitsgericht	1953 Kassel –	Otto Rudolf Kissel (Präsident) seit 1980	Oberstes Bundesgericht in Deutschland auf dem Gebiet des Arbeitsrechts
Bundesbank, Deutsche	1957 Frankfurt/M. –	Helmut Schlesinger (Präsident) 1991–1993	Oberste Bundesbehörde Deutschlands zur Sicherung einer stabilen Währung
Bundesfinanzhof	1950 München –	Franz Klein (Präsident) seit 1983	Oberstes Bundesgericht in Deutschland auf dem Gebiet des Finanzrechts
Bundesgerichtshof	1950 Karlsruhe –	Walter Odersky (Präsident) seit 1988	Oberstes Bundesgericht in Deutschland in Zivil- und Strafsachen
Bundespräsident, Deutscher	1949 Bonn/Berlin –	Richard von Weizsäcker seit 1984	Oberstes Bundesorgan der vollziehenden Gewalt in Deutschland
Bundesrat, Deutscher	1949 Bonn 16 Bundesländer	Oskar Lafontaine (Präsident) 1992–1993 (jährlicher Wechsel jeweils im November)	Oberstes Bundesorgan der Gesetzgebung in Deutschland
Bundesregierung, Deutsche	1949 Bonn Bundeskanzler und 19 Minister	Helmut Kohl (Bundeskanzler) seit 1982	Oberstes Bundesorgan der vollziehenden Gewalt in Deutschland

Organisationen und Institutionen

Name	Gründungsjahr Sitz Mitglieder (Stand: Mitte 1992)	Vorsitz (Stand: Mitte 1992)	Ziel
Bundessozialgericht	1953 Kassel –	Heinrich Reiter (Präsident) seit 1984	Oberstes Bundesgericht in Deutschland auf dem Gebiet des Sozialrechts
Bundestag, Deutscher	1949 Bonn 662 Abgeordnete	Rita Süssmuth (Präsidentin) seit 1988	Oberstes Bundesorgan der Gesetzgebung in Deutschland
Bundesverfassungs- gericht	1951 Karlsruhe –	Roman Herzog (Präsident) seit 1987	Oberstes Bundesorgan der Rechtsprechung in Deutschland
Bundesverwaltungsgericht	1952 Berlin –	Everhardt Franßen (Präsident) seit 1991	Oberstes Bundesorgan in Deutschland auf dem Gebiet des Verwaltungsrechts
CERN (Conseil Européen pour la Recherche Nucléaire, franz.; Euro- päischer Rat für Kern- forschung)	1952 Genf/Schweiz 14 europäische Staaten	Sir Witham Mitchell/ Großbritannien (Präsident) 1992	Zusammenarbeit auf dem Gebiet der Kern-, Hochenergie- und Teilchenphysik
CGB (Christlicher Gewerk- schaftsbund Deutschlands)	1959 Bonn 311 000	Peter Konstroffer (Vorsitzender) seit 1981	Vertretung christlich-sozialer Ordnungsvor- stellungen mit dem Ziel einer Gesellschafts- ordnung auf christlichen Grundwerten
CoCom (Coordinating Committee for Multilateral Strategic Export Controls, engl.; Koordinationsaus- schuß für mehrseitige stra- tegische Ausfuhrkontrollen)	1950 Paris 17 Staaten (NATO ohne Island sowie Japan und Australien)	–	Regelung der Ausfuhr militärisch verwertbarer Waren aus den westlichen Industriestaaten
DAG (Deutsche Angestell- ten-Gewerkschaft)	1949 Hamburg 600 000	Roland Issen (Vorsitzender) seit 1987	Zusammenschluß aller Angestellten in Deutschland auf demokratischer Grundlage
DARA (Deutsche Agentur für Raumfahrtangelegenhei- ten)	1989 Bonn –	Wolfgang Wild (Generaldirektor) seit 1989	Förderung und Koordination der Raumfahrt in Deutschland
DBB (Deutscher Beamten- bund)	1918 (Neugründung 1949) Bonn 1 000 000	Werner Hagedorn (Vorsitzender) seit 1987	Vertretung und Förderung berufsbedingter politischer, rechtlicher und sozialer Belange der Einzelmitglieder der Mitgliedsverbände
DGB (Deutscher Gewerk- schaftsbund)	1949 Düsseldorf 11 000 000	Heinz-Werner Meyer (Vorsitzender) seit 1990	Dachorganisation für 16 Einzelgewerk- schaften
EFTA (European Free Trade Association, engl.; Europäische Freihandels- assoziation)	1960 Genf/Schweiz Finnland, Island, Liechten- stein, Norwegen, Öster- reich, Schweden, Schweiz	Georg Reisch/Österreich (Generalsekretär) seit 1988	Freier Handel zwischen den Mitgliedstaaten
ESA (European Space Agency, engl.; Europäische Weltraumbehörde)	1975 Paris 13 europäische Staaten	Jean-Marie Luton/ Frankreich (Generalsekretär) 1990–1994	Private Organisation zur Förderung und Koordination der europäischen Raumfahrt
EUREKA (European Research Coordination Agency, engl.; Europäische Agentur zur Koordination der Forschung)	1985 Brüssel/Belgien 20 europäische Staaten	Hubert Curien/Frankreich (Vorsitzender) 1992/93 (jährlicher Wechsel jeweils im August)	Forschungs- und Technologieförderung
Europäische Entwick- lungsbank (EBRD, European Bank for Recon- struction and Development, engl.; Osteuropa-Bank)	1990 London 55 Staaten	Jacques Attali/Frankreich (Präsident) 1991–1995	Entwicklungshilfe-Organisation für Osteuropa
Europäische Gemeinschaft (EG)	1967 (Fusionsvertrag) Arbeitsorte: Brüssel/ Belgien, Luxemburg, Straßburg/Frankreich 12 westeuropäische Staaten	–	Einheitlicher Wirtschaftsraum der Mitglied- staaten (Europäischer Binnenmarkt) Politischer Zusammenschluß (Europäische Union)

Name	Gründungsjahr Sitz Mitglieder (Stand: Mitte 1992)	Vorsitz (Stand: Mitte 1992)	Ziel
Europäische Investitionsbank (EIB)	1958 Luxemburg 12 EG-Staaten	Ernst-Günther Bröder (Präsident)	EG-Institution für die Entwicklung wirtschaftlich schwächerer Regionen in Europa
Europäische Kommission (EG-Kommission)	1967 Brüssel/Belgien 17 Kommissare	Jacques Delors/Frankreich (Präsident) 1985–1994	Ausführendes Organ der EG
Europäischer Gerichtshof (EuGH)	1953 Luxemburg 13 Richter/6 Generalanwälte	Ole Due/Dänemark (Präsident) 1988–1994	Rechtsprechendes Organ der EG
Europäischer Ministerrat (EG-Ministerrat, Rat)	1967 Arbeitsorte: Brüssel/ Belgien, Luxemburg Fachminister der 12 Mitgliedstaaten	7–12/1992: Großbritannien 1–6/1993: Belgien 7–12/1993: Dänemark	Beschlußfassendes Organ der EG
Europäischer Rat	1974 Arbeitsorte: Brüssel/ Belgien, Luxemburg Staats-/Regierungschefs der 12 Mitgliedstaaten	7–12/1992: Großbritannien 1–6/1993: Belgien 7–12/1993: Dänemark	Inoffizielles höchstes beschlußfassendes Organ der EG
Europäisches Parlament	1958 Arbeitsorte: Brüssel/ Belgien, Luxemburg, Straßburg/Frankreich 518 Abgeordnete	Egon Klepsch/ Deutschland (Präsident) 1991–1994	Vertreter der Völker in der EG
Europarat	1949 Straßburg/Frankreich 27 europäische Staaten	Catherine Lalumière/ Frankreich (Generalsekretärin) 1989–1994	Wirtschaftliche, soziale, kulturelle und wissenschaftliche Zusammenarbeit der Mitgliedstaaten
FAO (Food and Agriculture Organization, engl.; Ernährungs- und Landwirtschaftsorganisation)	1945 Rom 158 Staaten	Edouard Saouma/ Libanon (Generaldirektor) 1975–1992	Sonderorganisation der UNO zur Verbesserung der Ernährungslage in der Welt, vor allem durch Förderung der Landwirtschaft
GATT (General Agreement on Tariffs and Trade, engl.; Allgemeines Zoll- und Handelsabkommen)	1947 Genf/Schweiz 108 Staaten	Arthur Dunkel/Schweiz (Generaldirektor) 1980–1993	Sonderorganisation der UNO für den Abbau von Handelshemmnissen und die Schlichtung von Handelskonflikten
Golf-Kooperationsrat (engl.: Gulf Cooperation Council, GCC)	1981 Riad/Saudi-Arabien Bahrain, Katar, Kuwait, Oman, Saudi-Arabien, Ver-	Abdullah Yacoub Bishara/ Kuwait (Generalsekretär)	Politische, militärische und wirtschaftliche Zusammenarbeit sowie Friedenssicherung in der Golfregion
Greenpeace e. V.	1970 Amsterdam 2 Mio (Mitgliedsverbände in 25 Staaten)	Matti Wuori/Finnland (Vorstandsvorsitzender) seit 1992	Aktiver Schutz von Natur und Umwelt
IAEA (International Atomic Energy Agency, engl.; Internationale Atomenergie-Agentur)	1956 Wien 113 Staaten	Hans Blix/Schweden (Generalsekretär) seit 1981	Sonderorganisation der UNO zur weltweiten Kontrolle kerntechnischer Anlagen und des Atomwaffensperrvertrags; Förderung der friedlichen Nutzung der Kernenergie
ICAO (International Civil Aviation Organization, engl.; Internationale Zivilluftfahrtorganisation)	1947 Montreal/Kanada 162 Staaten	Shivinder Singh Sidhu/ Indien (Generalsekretär)	Sonderorganisation der UNO zur Förderung der internationalen zivilen Luftfahrt
IDA (International Development Association, engl.; Internationale Entwicklungsassoziation)	1960 Washington/USA 137 Staaten	Lewis Preston/USA (Präsident der Weltbank) 1991–1996	Sonderorganisation der UNO (Tochtergesellschaft der Weltbank) zur Förderung der wirtschaftlichen Entwicklung der ärmsten Mitgliedsländer
IEA (Internationale Energieagentur)	1974 Paris 21 Staaten der OECD	R. Priddle/ Großbritannien (Vorsitzender des Verwaltungsrates)	Organisation im Rahmen der OECD zur Sicherung der Energieversorgung in den Mitgliedstaaten

Name	Gründungsjahr Sitz Mitglieder (Stand: Mitte 1992)	Vorsitz (Stand: Mitte 1992)	Ziel
IFAD (International Fund for Agricultural Development, engl.; Internationaler Agrarentwicklungsfonds)	1974 Rom 143 Staaten	Idriss Jazairy/Algerien (Präsident)	Sonderorganisation der UNO zur Verbesserung der Nahrungsmittelversorgung vor allem in Entwicklungsländern
IFC (International Finance Corporation, engl.; Internationale Finanzgesellschaft)	1956 Washington/USA 133 Staaten	Lewis Preston/USA (Präsident der Weltbank) 1991–1996	Sonderorganisation der UNO (Tochtergesellschaft der Weltbank) zur Förderung privater Investitionen in Entwicklungsländern
ILO (International Labour Organisation, engl.; Internationale Arbeits-Organisation)	1919 (Neugründung 1946) Genf/Schweiz 150 Staaten	Michel Hansenne/Belgien (Generaldirektor) 1988–1994	Sonderorganisation der UNO zur Verbesserung der Lebens- und Arbeitsbedingungen der Arbeiter
IMO (Intergovernmental Maritime Organization, engl.; Internationale Seeschiffahrts-Organisation)	1948 London 135 Staaten	C. P. Srivastava/Indien (Generalsekretär) seit 1974	Sonderorganisation der UNO zur internationalen Beratung in Schiffahrtsfragen (Seesicherheit, Umweltschutz)
Interamerikanische Entwicklungsbank (IDB, Inter-American Development Bank, engl.)	1959 Washington/USA 44 Staaten	Enrique V. Iglesias/ Uruguay (Präsident) seit 1988	Entwicklungshilfe-Organisation für Lateinamerika
Internationaler Gerichtshof (engl.: International Court of Justice, ICJ)	1945 Den Haag/Niederlande 15 Richter	Sir Robert Jennings/ Großbritannien (Präsident) bis 1993	Unterorganisation der UNO, Hauptrechtsprechungsorgan der UNO
ITU (International Telecommunication Union, engl.; Internationale Fernmeldeunion)	1865 (Neugründung 1947) Genf/Schweiz 164 Staaten	Pekka Tarjanne/Finnland (Generalsekretär)	Sonderorganisation der UNO zur Förderung des internationalen Telegraphen-, Telefon- und Funkwesens inkl. Frequenzzuteilung und Satellitenfunk
IWF (Internationaler Währungsfonds, engl.; International Monetary Fund, IMF)	1944 Washington/USA 165 Staaten	Michel Camdessus/ Frankreich (Geschäftsführender Direktor) 1987–1997	Sonderorganisation der UNO zur Überwachung des internationalen Währungssystems und zur Entwicklungshilfe
KSZE (Konferenz für Sicherheit und Zusammenarbeit in Europa)	1975 – 52 Staaten	1992: ČSFR 1993: Schweden	Gesprächsforum für zwischenstaatliche Integration, Durchsetzung der Menschenrechte, Herstellung vertrauensbildender Maßnahmen auf militärischem Gebiet, Konfliktverhütung
NASA (National Aeronautics and Space Administration, engl.; Nationale Luft- und Raumfahrtbehörde)	1958 Washington/USA –	Daniel Goldin/USA (Direktor) seit 1992	Private Organisation zur Förderung und Koordination der US-amerikanischen Luft- und Raumfahrt
NATO (North Atlantic Treaty Organization, engl.; Organisation des Nordatlantik-Vertrags)	1949 Brüssel/Belgien 14 europäische Staaten sowie USA und Kanada	Manfred Wörner/ Deutschland (Generalsekretär) 1988–1993	Bündnis zur gemeinsamen Verteidigung Westeuropas, Sicherung von Frieden und Freiheit
OAS (Organization of American States, engl.; Organisation amerikanischer Staaten)	1948 Washington/USA 34 Staaten Nord-, Mittel- und Südamerikas	João Clemente Baena Soares/Brasilien (Generalsekretär)	Gemeinsame militärische Sicherung, friedliche Konfliktregelung unter den Mitgliedern
OAU (Organization for African Unity, engl.; Organisation für afrikanische Einheit)	1963 Addis Abeba/Äthiopien 51 afrikanische Staaten	Yoweri Museveni/Uganda (Präsident) seit 1990	Kooperation der afrikanischen Staaten in Politik, Kultur, Wirtschaft und Wissenschaft
OECD (Organization for Economic Cooperation and Development, engl.; Organisation für wirtschaftliche Zusammenarbeit und Entwicklung)	1961 Paris 24 westliche Industriestaaten	Jean-Claude Paye/ Frankreich (Generalsekretär) 1986–1994	Koordination der Wirtschafts- und Entwicklungspolitik der Mitgliedstaaten
OPEC (Organization of Petroleum Exporting Countries, engl.; Organisation Erdöl exportierender Länder)	1960 Wien 13 erdölexportierende Staaten	Subroto/Indonesien (Generalsekretär) seit 1991	Kartell zur Koordination der Erdölpolitik der Mitgliedsländer
Rotes Kreuz, Internationales	1863 Genf/Schweiz Nationale Gesellschaften in 148 Staaten	Cornelio Sommuraga/ Schweiz (Präsident des Internationalen Komitees) seit 1987	Freiwillige Hilfe-Organisation

Name	Gründungsjahr / Sitz / Mitglieder (Stand: Mitte 1992)	Vorsitz (Stand: Mitte 1992)	Ziel
UNCHS/Habitat (United Nations Centre for Human Settlement, engl.; Zentrum der Vereinten Nationen für Wohn-/Siedlungswesen)	1978 Nairobi/Kenia 58 Staaten	Arcot Ramachandran/ Indien (Exekutivdirektor)	Unterorganisation der UNO für die Wohn- und Siedlungspolitik vor allem in den Entwicklungsländern
UNCTAD (United Nations Conference on Trade and Development, engl.; Handels- und Entwicklungskonferenz der Vereinten Nationen)	1964 Genf/Schweiz 168 Staaten	Kenneth S. Dazie/Ghana (Generalsekretär)	Unterorganisation der UNO zur Förderung des internationalen Handels, insbes. mit den Entwicklungsländern
UNDP (United Nations Development Programme, engl.; Entwicklungsprogramm der Vereinten Nationen)	1965 New York –	William H. Draper/USA (Direktor) seit 1986	Unterorganisation der UNO für die Koordination der technischen Zusammenarbeit des UNO-Systems
UNDRO (United Nations Disaster Relief Coordinator, engl.; Koordinator für Katastrophenhilfe der Vereinten Nationen)	1971 Genf/Schweiz –	Mohammed Essaafi (Direktor)	Unterorganisation der UNO zur Koordination der Hilfe bei Katastrophen
UNEP (United Nations Environmental Programme, engl.; Umweltprogramm der Vereinten Nationen)	1972 Nairobi/Kenia 58 von der UN-Generalversammlung gewählte Staaten	Mostafa Kamal Tolba/ Ägypten (Exekutivdirektor)	Unterorganisation der UNO zur Koordination der Umweltschutzmaßnahmen der Vereinten Nationen
UNESCO (United Nations Educational, Scientific and Cultural Organization, engl.; Organisation der Vereinten Nationen für Erziehung, Wissenschaft und Kultur)	1945 Paris 162 Staaten	Federico Mayor Zaragoza/ Spanien (Generaldirektor) 1987–1992	Sonderorganisation der UNO zur Förderung der internationalen Zusammenarbeit bei Erziehung, Wissenschaft, Information, des Zugangs aller Menschen zu Bildung und Kultur
UNHCR (United Nations High Commissioner for Refugees, engl.; Hoher Flüchtlingskommissar der Vereinten Nationen)	1949 Genf/Schweiz –	Sadako Ogata/Japan (Hochkommissarin) 1991–1994	Unterorganisation der UNO zur Hilfe für Flüchtlinge in aller Welt
UNICEF (United Nations International Childrens's Emergency Fund, engl.; Internationales Kinderhilfswerk der Vereinten Nationen)	1946 New York 159 Staaten	James P. Grant/USA (Exekutivdirektor) seit 1980	Unterorganisation der UNO zur Versorgung von Kindern und Müttern mit Nahrungsmitteln, Kleidern, Medikamenten und medizinischer Betreuung
UNIDCP (United Nations International Drug Control Programme, engl.; Internationales Drogenbekämpfungsprogramm)	1991 Genf/Schweiz –	Giorgio Giacomelli/Italien (Vorsitzender)	Unterorganisation der UNO zur Koordination der internationalen Drogenbekämpfung
UNIDO (United Nations Industrial Development Organization, engl.; Organisation der Vereinten Nationen für industrielle Entwicklung)	1966 Wien 160 Staaten	Domingo L. Siazon/ Philippinen (Generaldirektor) seit 1985	Sonderorganisation der UNO zur Förderung der industriellen Entwicklung vor allem in Entwicklungsländern
UNITAR (United Nations Institute for Teaching and Research, engl.; Institut der Vereinten Nationen für Ausbildung und Forschung)	1965 New York –	Michel Doo Kingué/ Kamerun (Exekutivdirektor)	Unterorganisation der UNO zur Durchführung von Ausbildungs- und Studienprogrammen für Verwaltungsexperten
UNO (United Nations Organization, engl.; Organisation der Vereinten Nationen)	1945 New York 179 Staaten	Butros Butros Ghali/ Ägypten (Generalsekretär) seit 1992	Sicherung des Weltfriedens
UNPO (Unrepresented Nations and Peoples Organization, engl.; Organisation Nichtrepräsentierter Nationen und Völker	1991 Den Haag/Niederlande 26 Völker	Michael van Walt van Praag/Niederlande (Vorsitzender) 1991–1994	Interessenvertretung von Völkern, die in der UNO nicht oder unzureichend vertreten sind

Organisationen und Institutionen

Name	Gründungsjahr Sitz Mitglieder (Stand: Mitte 1992)	Vorsitz (Stand: Mitte 1992)	Ziel
UNRWA (United Nations Institute and Works Agency for Palestine Refugees in the Near East, engl.; Palä-stina-Flüchtlings-Hilfswerk der Vereinten Nationen)	1949 Wien Beratender Ausschuß aus 10 Mitgliedern	Ilter Turkmen/Türkei (Generalkommissar)	Unterorganisation der UNO zur Betreuung heimatlos gewordener Palästinenser
UNU (United Nations University, engl.; Universität der Vereinten Nationen)	1973 Tokio/Japan –	Heitor Gurgulino de Souza/Brasilien (Rektor) seit 1987	Einrichtung der UNO zur Ausbildung von wissenschaftlichem Nachwuchs vor allem aus den Entwicklungsländern
UPU (Universal Postal Union, engl.; Weltpostverein)	1874 (Neugründung 1948) Bern/Schweiz 170 Staaten	Adwaldo Cardoso Botto de Barros/Brasilien (Generaldirektor) seit 1985	Sonderorganisation der UNO zur Vervoll-kommnung der internationalen Postdienste
Weltbank (International Bank for Reconstruction and Development, IBRD, engl.; Internationale Bank für Wie-deraufbau und Entwicklung)	1944 Washington/USA 161 Staaten	Lewis Preston/USA (Präsident) 1991–1996	Sonderorganisation der UNO zur Förderung der wirtschaftlichen Entwicklung in den Mit-gliedsländern
WEU (Western European Union, engl.; Westeuropäi-sche Union)	1954 Brüssel/Belgien BRD, Frankreich, Großbri-tannien, Italien, Belgien, Niederlande, Luxemburg, Portugal, Spanien	Willem van Eekelen/Niederlande (Generalsekretär)	Bündnis für Europäische Integration, militäri-schen Beistand untereinander
WFP (World Food Pro-gramme, engl.; Welt-ernährungsprogramm)	1963 Rom –	J. Ch. Ingram/Australien (Exekutivdirektor)	Unterorganisation der UNO u. a. für Not-standshilfe bei Hunger-Katastrophen
WHO (World Health Organi-zation, engl.; Weltgesund-heitsorganisation)	1948 Genf/Schweiz 168 Staaten	Hiroshi Nakajima/Japan (Generaldirektor) seit 1988	Sonderorganisation der UNO u. a. zur Be-kämpfung von Seuchen und Epidemien sowie zur Verbesserung der Gesundheitsversorgung
WIPO (World Intellectual Property Organization, engl.; Weltorganisation für geistiges Eigentum)	1967 Genf/Schweiz 123 Staaten	Arpad Bogsch/USA (Generaldirektor)	Sonderorganisation der UNO zur Förderung des gewerblichen Rechtsschutzes sowie des Urheberrechtsschutzes
WMO (World Meteorologi-cal Organization, engl.; Weltorganisation für Meteorologie)	1951 Genf/Schweiz 160 Staaten	G. Obasi/Nigeria (Generalsekretär)	aSonderorganisation der UNO für die weltwei-te Kooperation bei der Errichtung von Sta-tionsnetzen und meteorologischen Meßstellen, allgemeiner Informationsaustausch
WWF (World Wide Fund for Nature; bis 1987: World Wildlife Fund)	1961 Gland/Schweiz Mitgliedsverbände in 23 Staaten	Prinz Philip von Großbri-tannien und Nordirland (Präsident)	Bewahrung der natürlichen Lebensgrundlagen, Förderung grenzüberschreitender Projekte, Schutz natürlicher Lebensräume und ihrer Tier- und Pflanzenarten

Internationale Verträge

Aufgenommen wurden die wichtigsten 1992 gültigen internationalen Abkommen, Konventionen und Übereinkommen aus den Bereichen Politik, Wirtschaft, Soziales, Militär und Abrüstung, Umwelt- und Naturschutz, Menschenrechte und Forschung.

Name	Vertrags-abschluß	Vertragsstaaten (Stand: Mitte 1992)[1]	Ziel
ABM-Vertrag	1972	UdSSR, USA	Begrenzung von Raketenabwehrsystemen
Alpenkonvention	1991	6 (Alpenanrainer)	Schutz der Alpen als Lebens-, Wirtschafts-, Kultur- und Erholungsgebiet
Alpentransit-Abkommen	1992	EG, Schweiz, Österreich	Verringerung der Umweltbelastung in den Alpen, z. B. durch Höchstgrenzen für die Anzahl der Transitfahrten
Antarktisvertrag	1961	15	Förderung der wissenschaftlichen Forschung im Südpolargebiet und Nutzung der Region für friedliche Zwecke
Washingtoner Artenschutz-Abkommen	1973	114	Schutz von ca. 50 000 vom Aussterben bedrohter Tier- und Pflanzenarten; 1992 erweitert
Atomteststoppabkommen	1963	119	Keine Durchführung von Atomwaffentests in der Atmosphäre, im Weltraum, unter Wasser
	1976	UdSSR, USA	Keine Durchführung von unterirdischen Atomtests mit einer Sprengkraft über 150 kt TNT
Atomwaffensperrvertrag	1968	147	Verpflichtung auf die Nichtverbreitung von Atomwaffentechnologie
Konvention über biologische Waffen	1972	111	Verbot von Herstellung, Verbreitung, Lagerung biologischer Waffen
EG-Vertrag	1992 (Fortschreibung)	12	Gemeinsamer Markt und Währungsunion der Mitgliedstaaten
Einheitliche Europäische Akte	1986	12	Europäischer Binnenmarkt, Europäische Währungsunion, Regionalförderung, Forschungs- und Technologieförderung, Sozialer Zusammenhalt, Umweltschutz
Einigungsvertrag	1990	BRD, DDR	Herstellung der staatlichen Einheit Deutschlands
Vertrag über die Europäische Union	1992	12	Politischer Zusammenschluß, Europäische Währungsunion, gemeinsame Außen- und Sicherheitspolitik
Genfer Abkommen über die Rechtsstellung von Flüchtlingen	1951	165	Regelung des Status von Flüchtlingen, Schutz der Rechte von Flüchtlingen
Baseler Übereinkommen über die Kontrolle von Giftmüllexporten	1989	104	Beschränkung von Giftmüllexporten in Entwicklungsländer und Staaten Osteuropas
INF-Vertrag	1987	UdSSR, USA	Abbau landgestützter Mittelstreckenraketen
Konvention über inhumane Waffen	1981	32	Verbot oder Beschränkung des Einsatzes konventioneller Waffen, die übermäßige Verletzungen verursachen
UNO-Konvention über Kinderrechte	1989	60	Schutz von Kindern vor Mißhandlung; Festlegung der Rechte von Kindern
KSE-Verträge (Konventionelle Streitkräfte in Europa)	1990/1992	29	Abrüstung konventioneller Streitkräfte in Europa, Festlegung von Obergrenzen für Land- und Luftstreitkräfte
Lomé-Abkommen	IV: 1989	69 AKP-Staaten 12 EG-Staaten	Entwicklungshilfe für die ärmsten Länder in Afrika, in der Karibik und im Pazifik (sog. AKP-Staaten)
Europäische Menschenrechts-Konvention	1950	27 (Europarat)	Garantie der Menschenrechte, Kontrolle der Einhaltung durch den Europäischen Gerichtshof für Menschenrechte
Vertrag über den Offenen Himmel	1992	25 KSZE-Staaten	Zulassung militärischer Überwachungsflüge
Europäisches Patentübereinkommen (EPÜ)	1973	14 (10 EG-Staaten, Liechtenstein, Österreich, Schweiz, Schweden)	Einheitlicher Patentschutz
Schengener Abkommen	1985 (Zusatzabkommen 1990)	8 EG-Staaten	Abschaffung der Grenzkontrollen, im Gegenzug Zusammenarbeit bei der Verbrechensbekämpfung und Einreisekontrollen
Europäische Sozialcharta	1989	EG ohne Großbritannien	Schutz der sozialen Grundrechte der Arbeitnehmer; Grundlage für EG-Richtlinien und Verordnungen
START-Vertrag	1991	UdSSR, USA	Reduzierung strategischer Waffen
Zwei-plus-Vier-Vertrag	1990	BRD, DDR, Frankreich, Großbritannien, UdSSR, USA	Völkerrechtliche Herstellung der Souveränität Deutschlands

1) Von der UdSSR unterzeichnete Verträge wurden teilweise von deren Nachfolgestaaten übernommen bzw. neu abgeschlossen

Die größten deutschen Städte

Rang	Stadt	Land	Stadtoberhaupt[1]	Einwohner[2]	Telefon-vorwahl[3]	Postleit-zahl[4]	Auto-kenn-zeichen
1	Berlin	Berlin	Eberhard Diepgen (CDU)	3 418 900	030	W-1000	B
2	Hamburg	Hamburg	Henning Voscherau (SPD)	1 626 220	040	W-2000	HH
3	München	Bayern	Georg Kronawitter (SPD)	1 206 683	089	W-8000	M
4	Köln	Nordrhein-Westfalen	Norbert Burger, MdL (SPD)	946 280	0221	W-5000	K
5	Frankfurt/M.	Hessen	Andreas von Schoeler (SPD)	635 151	069	W-6000	F
6	Essen	Nordrhein-Westfalen	Annette Jäger (SPD)	624 445	0201	W-4300	E
7	Dortmund	Nordrhein-Westfalen	Günter Samtlebe (SPD)	594 058	0231	W-4600	DO
8	Düsseldorf	Nordrhein-Westfalen	Klaus Bungert (SPD)	574 022	0211	W-4000	D
9	Stuttgart	Baden-Württemberg	Manfred Rommel (CDU)	570 699	0711	W-7000	S
10	Bremen	Bremen	Klaus Wedemeier (SPD)	544 327	0421	W-2800	HB
11	Duisburg	Nordrhein-Westfalen	Josef Krings (SPD)	532 152	0203	W-4100	DU
12	Leipzig	Sachsen	Hinrich Lehmann-Grube (SPD)	530 010	0341	O-7010	L
13	Hannover	Niedersachsen	Herbert Schmalstieg, MdL (SPD)	505 872	0511	W-3000	H
14	Dresden	Sachsen	Herbert Wagner (CDU)	501 417	0351	O-8010	DD
15	Nürnberg	Bayern	Peter Schönlein (SPD)	485 717	0911	W-8500	N
16	Bochum	Nordrhein-Westfalen	Heinz Eikelbeck (SPD)	393 053	0234	W-4630	BO
17	Wuppertal	Nordrhein-Westfalen	Ursula Kraus (SPD)	378 312	0202	W-5600	W
18	Halle	Sachsen-Anhalt	Klaus Peter Rauen (CDU)	321 684	0345	O-4090	HAL
19	Bielefeld	Nordrhein-Westfalen	Eberhard David (SPD)	315 096	0521	W-4800	BI
20	Mannheim	Baden-Württemberg	Gerhard Widder (SPD)	305 974	0621	W-6800	MA
21	Chemnitz	Sachsen	Joachim Pilz (CDU)	301 918	0371	O-9010	C
22	Gelsenkirchen	Nordrhein-Westfalen	Kurt Bartlewski (SPD)	289 791	0209	W-4650	GE
23	Magdeburg	Sachsen-Anhalt	Wilhelm Polte (SPD)	288 355	0391	O-3000	MD
24	Bonn	Nordrhein-Westfalen	Hans Daniels (CDU)	287 117	0228	W-5300	BN
25	Karlsruhe	Baden-Württemberg	Gerhard Seiler (CDU)	270 659	0721	W-7500	KA
26	Wiesbaden	Hessen	Joachim Exner (SPD)	256 885	0611	W-6200	WI
27	Braunschweig	Niedersachsen	Werner Steffens (SPD)	256 323	0531	W-3300	BS
28	Mönchengladbach	Nordrhein-Westfalen	Heinz Feldhege (CDU)	255 905	02161	W-4050	MG
29	Münster	Nordrhein-Westfalen	Jörg Twenhöven, MdL (CDU)	253 123	0251	W-4400	MS
30	Rostock	Mecklenburg-Vorpommern	Manfred-Klaus Kilimann (SPD)	252 956	0381	O-2500	HRO
31	Augsburg	Bayern	Peter Menacher (CSU)	250 197	0821	W-8900	A
32	Kiel	Schleswig-Holstein	Karl Heinz Luckhardt (SPD)	243 579	0431	W-2300	KI
33	Krefeld	Nordrhein-Westfalen	Willi Wahl (SPD)	240 208	02151	W-4150	KR
34	Aachen	Nordrhein-Westfalen	Jürgen Linden (SPD)	236 987	0241	W-5100	AC
35	Oberhausen	Nordrhein-Westfalen	Friedhelm van den Mond (SPD)	222 419	0208	W-4200	OB
36	Erfurt	Thüringen	Manfred Ruge (CDU)	217 035	0361	O-5020	EF
37	Lübeck	Schleswig-Holstein	Michael Bouteiller (SPD)	212 932	0451	W-2400	HL
38	Hagen	Nordrhein-Westfalen	Dietmar Thieser (SPD)	212 460	02331	W-5800	HA
39	Kassel	Hessen	Wolfram Bremeier (SPD)	191 598	0561	W-3500	KS
40	Saarbrücken	Saarland	Hans-Joachim Hoffmann (SPD)	190 466	0681	W-6600	SB
41	Freiburg/Br.	Baden-Württemberg	Rolf Böhmel (SPD)	187 767	0761	W-7800	FR
42	Hamm	Nordrhein-Westfalen	Sabine Zech (SPD)	179 109	02381	W-4700	HAM
43	Mainz	Rheinland-Pfalz	Herman-Hartmut Weyel (SPD)	177 062	06131	W-6500	MZ
44	Herne	Nordrhein-Westfalen	Willi Pohlmann (SPD)	176 472	02323	W-4690	HER
45	Mülheim a. d. Ruhr	Nordrhein-Westfalen	Eleonore Güllenstern (SPD)	176 149	0208	W-4330	MH
46	Solingen	Nordrhein-Westfalen	Gerd Kaimer (SPD)	162 928	0212	W-5650	SG
47	Osnabrück	Niedersachsen	Hans-Jürgen Fip (SPD)	161 317	0541	W-4500	OS
48	Ludwigshafen	Rheinland-Pfalz	Werner Ludwig (SPD)	159 561	0621	W-6700	LU
49	Leverkusen	Nordrhein-Westfalen	Horst Henning, MdL (SPD)	159 325	0214	W-5090	LEV
50	Neuss	Nordrhein-Westfalen	Bertold Reinartz, MdB (CDU)	145 665	02101	W-4040	NE

1) Stand: 20. 5. 1992; 2) Stand: 1. 1. 1990; 3) gelten ab 1992 beim Telefonieren von West- nach Ostdeutschland, innerhalb von Ostdeutschland ab Ende 1993; 4) werden zum 1. 1. 1993 geändert; Quellen: Deutscher Städtetag, Fernmeldetechnisches Zentralamt

Die größten Städte der Welt

Rang	Stadt	Land	Bevölkerung[1] (Mio Einwohner)			Jährliches Wachstum (%) 1990–1995	Fläche (km²)	Bevölkerungs-dichte (Einwohner pro km²)
			1990	1995[2]	2000[2]			
1	Tokio	Japan	26,952	28,447	29,971	1,08	2820	9557
2	Mexiko-Stadt	Mexiko	20,207	23,913	27,872	3,37	1352	14946
3	São Paulo	Brasilien	18,052	21,539	25,354	3,53	1168	15455
4	Seoul	Südkorea	16,268	19,065	21,976	3,17	886	18361
5	New York	USA	14,622	14,638	14,648	0,02	3299	4432
6	Osaka-Kobe-Kioto	Japan	13,826	14,060	14,287	0,34	1282	10785
7	Bombay	Indien	11,777	13,532	15,357	2,78	246	47874
8	Kalkutta	Indien	11,663	12,885	14,088	1,99	541	21558
9	Buenos Aires	Argentinien	11,518	12,232	12,911	1,20	1386	8310
10	Rio de Janeiro	Brasilien	11,428	12,768	14,169	2,25	673	16981
11	Moskau	Rußland	10,367	10,769	11,121	0,76	982	10557
12	Los Angeles	USA	10,060	10,414	10,714	0,69	2875	3499
13	Manila	Philippinen	9,880	11,342	12,846	2,76	487	20287
14	Kairo	Ägypten	9,851	11,155	12,512	2,49	269	36621
15	Jakarta	Indonesien	9,588	11,151	12,804	3,02	197	48670
16	Teheran	Iran	9,354	11,681	14,251	4,44	290	32255
17	London	Großbritannien	9,170	8,897	8,574	−0,60	2263	4052
18	Paris	Frankreich	8,709	8,764	8,803	0,13	1119	7783
19	Delhi	Indien	8,475	10,105	11,849	3,52	357	23739
20	Karatschi	Pakistan	7,711	9,350	11,299	3,85	492	15673
21	Lagos	Nigeria	7,602	9,799	12,528	5,08	145	52428
22	DU-E-DO[3]	Deutschland	7,474	7,364	7,239	−0,30	1823	4100
23	Schanghai	China	6,873	7,194	7,540	0,91	202	34025
24	Lima	Peru	6,578	7,853	9,241	3,54	311	21151
25	Chicago	USA	6,526	6,541	6,568	0,05	1974	3306
26	Taipeh	Taiwan	6,513	7,477	8,516	2,76	357	18244
27	Istanbul	Türkei	6,461	7,624	8,875	3,31	427	15131
28	Bangkok	Thailand	5,791	6,657	7,587	2,79	264	21936
29	Madras	Indien	5,743	6,550	7,384	2,63	298	19272
30	Peking	China	5,736	5,865	5,993	0,44	391	14670
31	Bogotá	Kolumbien	5,710	6,801	7,935	3,50	205	27854
32	Hongkong	Hongkong	5,656	5,841	5,956	0,64	60	94266
33	Santiago	Chile	5,275	5,812	6,294	1,94	332	15889
34	Pusan	Südkorea	4,838	5,748	6,700	3,45	140	34543
35	Tianjin	China	4,804	5,041	5,298	0,96	127	37827
36	Mailand	Italien	4,738	4,795	4,839	0,24	891	5318
37	Nagoya	Japan	4,736	5,017	5,303	1,15	795	5957
38	St. Petersburg	Rußland	4,667	4,694	4,738	0,12	360	12964
39	Bangalore	Indien	4,612	5,644	6,764	4,04	129	35752
40	Madrid	Spanien	4,451	4,772	5,104	1,39	171	26029
41	Shenyang	China	4,248	4,457	4,684	0,96	101	42049
42	Lahore	Pakistan	4,236	4,986	5,864	3,26	148	28622
43	Dacca	Bangladesch	4,224	5,296	6,492	4,52	83	50892
44	Barcelona	Spanien	4,163	4,492	4,834	1,52	225	18502
45	Manchester	Großbritannien	4,050	3,949	3,827	−0,50	925	4377
46	Philadelphia	USA	4,007	3,988	3,979	−0,10	1220	3284
47	San Francisco	USA	3,958	4,104	4,214	0,72	1109	3569
48	Bagdad	Iran	3,941	4,566	5,239	2,94	251	15701
49	Belo Horizonte	Brasilien	3,683	4,373	5,125	3,43	205	17966
50	Ho-Chi-Minh-Stadt	Vietnam	3,645	4,064	4,481	2,18	80	45562

1) Schätzungen des U.S. Bureau of the Census (Washington, D.C.); Differenzen zum Länderteil können sich aus unterschiedlichen Berechnungen ergeben; 2) Prognosen; 3) Duisburg-Essen-Dortmund; Quelle: U.S. Bureau of the Census

Kultur

Nobelpreise 1981–1991

Seit 1901 jährlich in Stockholm/Schweden und Oslo/Norwegen (Friedensnobelpreis) verliehene Auszeichnung für herausragende Leistungen auf den Gebieten Physik, Chemie, Physiologie und Medizin, Literatur sowie Völkerfrieden, seit 1968 auch für Wirtschaftswissenschaften. Der Preis wird aus den Zinsen der Nobelstiftung (ein aus dem hinterlassenen Vermögen des schwedischen Industriellen Alfred Nobel, 1833–1896, gebildeter Fonds) zu gleichen Teilen an die Preisträger verteilt.

Jahr	Preisträger (Land)
Chemie	
1981	Kenidschi Fukui (Japan) Roald Hoffmann (USA)
1982	Aaron Klug (Großbritannien)
1983	Henry Taube (USA)
1984	Robert Bruce Merrifield (USA)
1985	Herbert Hauptmann (USA) Jerome Karle (USA)
1986	Dudley Robert Herschbach (USA) Yuan Tse Lee (USA) John Charles Polanyi (USA)
1987	Donald Cram (USA) / Charles Pedersen (USA) Jean-Marie Lehn (Frankreich)
1988	Johann Deisenhofer (D) / Robert Huber (D) Hartmut Michel (D)
1989	Sidney Altmann (Kanada) Thomas Cech (USA)
1990	Elias J. Corey (USA)
1991	Richard Ernst (Schweiz)
Physik	
1981	Nicolaas Bloembergen (USA) Arthur Leonard Schawlow (USA) Kai Manne Siegbahn (Schweden)
1982	Kenneth Geddes Wilson (USA)
1983	Subrahmanyan Chandrasekhar (USA) William A. Fowler (USA)
1984	Carlo Rubbia (Italien) Simon van der Meer (Niederlande)
1985	Klaus von Klitzing (D)
1986	Gerd Binnig (D) / Ernst Ruska (D) Heinrich Rohrer (Schweiz)
1987	Johannes Georg Bednorz (D) / Karl Alex Müller (Schweiz)
1988	Leon Ledermann (USA) / Melvin Schwartz (USA) Jack Steinberger (USA)
1989	Wolfgang Paul (D) / Hans G. Dehmelt (USA) Norman F. Ramsey (USA)
1990	Jerome I. Friedman (USA) / Henry W. Kendall (USA) Richard E. Taylor (Kanada)
1991	Pierre-Gilles de Gennes (Frankreich)
Literatur	
1981	Elias Canetti (Bulgarien/Großbritannien)
1982	Gabriel García Márquez (Kolumbien)
1983	William Gerald Golding (Großbritannien)
1984	Jaroslav Seifert (Tschechoslowakei)
1985	Claude Simon (Frankreich)
1986	Wole Soyinka (Nigeria)
1987	Joseph Brodsky (USA)
1988	Nagib Mahfuz (Ägypten)
1989	Camilo José Cela (Spanien)
1990	Octavio Paz (Mexiko)
1991	Nadine Gordimer (Südafrika)

Jahr	Preisträger (Land)
Wirtschaftswissenschaften	
1981	James Tobin (USA)
1982	George Joseph Stigler (USA)
1983	Gerard Debreu (USA)
1984	Richard Stone (Großbritannien)
1985	Franco Modigliani (USA)
1986	James M. Buchanan (USA)
1987	Robert M. Solow (USA)
1988	Maurice Allais (Frankreich)
1989	Trygve Haavelmo (Norwegen)
1990	Harry Markowitz (USA) / Merton MIller (USA) William Sharpe (USA)
1991	Ronald H. Coase (Großbritannien)
Physiologie/Medizin	
1981	David H. Hubel (USA) / Roger W. Sperry (USA) Torsten Nils Wiesel (Schweden)
1982	Sune Karl Bergström (Schweden) Bengt Ingemar Samuelson (Schweden) John Robert Vane (Großbritannien)
1983	Barbara McClintock (USA)
1984	Niels K. Jerne (Großbritannien) Georges J. F. Köhler (D) César Milstein (Argentinien)
1985	Michael S. Brown (USA) Joseph L. Goldstein (USA)
1986	Rita Levi-Montalcini (Italien) Stanley Cohen (USA)
1987	Susumu Tonegawa (Japan)
1988	James Black (Großbritannien) / Gertrude B. Elion (USA) George H. Hitchings (USA)
1989	J. Michael Bishop (USA) Harold E. Varmus (USA)
1990	Joseph E. Murray (USA) E. Donnall Thomas (USA)
1991	Erwin Neher (D) Bert Sakmann (D)
Frieden	
1981	Büro des UNO-Hochkommissars für Flüchtlinge (Leiter: Poul Hartling)
1982	Alva Myrdal (Schweden) Alfonso Garcia Robles (Mexiko)
1983	Lech Walesa (Polen)
1984	Desmond Mpilo Tutu (Südafrika)
1985	Internationale Ärzte zur Verhinderung eines Atomkriegs
1986	Elie Wiesel (USA)
1987	Oscar Arias Sanchez (Costa Rica)
1988	Friedenstruppen der Vereinten Nationen
1989	Dalai-Lama (Autonome Region Tibet/China)
1990	Michail Gorbatschow (Sowjetunion)
1991	Aung San Suu Kyi (Myanmar)

Allgemeine Kulturpreise

Karlspreis
Gestiftet von der Stadt Aachen; Auszeichnung für besondere Verdienste um die europäische Einigung (5000 DM); seit 1950 i. d. R. jährlich vergeben

Jahr	Preisträger	Geburtsdatum
1981	Simone Veil	13. 7. 1927
1982	König Juan Carlos I. von Spanien	5. 1. 1938
1984	Karl Carstens	14. 12. 1914 († 29. 5. 1992)
1986	Das luxemburgische Volk	
1987	Henry A. Kissinger	27. 5. 1923
1988	François Mitterrand	26. 10. 1916
	Helmut Kohl	3. 4. 1930
1989	Frère Roger	12. 5. 1915
1990	Gyula Horn	5. 7. 1932
1991	Václav Havel	5. 10. 1936
1992	Jacques Delors	20. 7. 1925

Goethepreis der Stadt Frankfurt/M.
Gestiftet von der Stadt Frankfurt/M.; Auszeichnung eines Lebenswerks im Bereich Kultur (50 000 DM); 1927–1949 jährlich, seit 1952 unregelmäßig, seit 1962 alle drei Jahre vergeben

Jahr	Preisträger	Geburtsdatum
1967	Carlo Schmid	3. 12. 1896 († 11. 12. 1979)
1970	Georg Lukács	13. 4. 1885 († 4. 6. 1971)
1973	Arno Schmidt	18. 1. 1914 († 3. 6. 1979)
1976	Ingmar Bergman	14. 7. 1918
1979	Raymond Aron	14. 3. 1905 († 17. 10. 1983)
1982	Ernst Jünger	29. 3. 1895
1985	Golo Mann	27. 3. 1909
1988	Peter Stein	1. 10. 1937
1991	Wistawa Szymborska	2. 7. 1923

Theodor-W.-Adorno-Preis der Stadt Frankfurt/M.
Gestiftet von der Stadt Frankfurt am Main; Auszeichnung eines Lebenswerks in den Bereichen Philosophie, Musik, Theater, Film (50 000 DM); seit 1977 alle drei Jahre vergeben

Jahr	Preisträger	Geburtsdatum
1977	Norbert Elias	22. 6. 1897 († 1. 8. 1990)
1980	Jürgen Habermas	18. 6. 1929
1983	Günther Anders	12. 7. 1902
1986	Michael Gielen	20. 7. 1927
1989	Leo Löwenthal	3. 11. 1900

Schillerpreis der Stadt Mannheim
Gestiftet von der Stadt Mannheim; Auszeichnung für ein Lebenswerk oder ein einzelnes Werk im Bereich Kultur (25 000 DM); seit 1974 alle vier Jahre vergeben

Jahr	Preisträger	Geburtsdatum
1974	Horst Janssen	14. 11. 1929
1978	Peter Stein	1. 10. 1937
1982	Leonie Ossowski	15. 8. 1925
1986	Dieter Hildebrandt	1. 7. 1932
1990	Lea Rosh	1. 10. 1936

Ernst-von-Siemens-Musikpreis
Gestiftet von Ernst von Siemens und der Ernst-von-Siemens-Stiftung; Auszeichnung für ein Lebenswerk oder Spitzenleistungen im Bereich Musik (150 000 DM); seit 1973 jährlich vergeben

Jahr	Preisträger	Geburtsdatum
1983	Witold Lutoslawski	25. 1. 1913
1984	Yehudi Menuhin	22. 4. 1916
1985	Andrés Segovia	21. 2. 1893
1986	Karlheinz Stockhausen	22. 8. 1928
1987	Leonard Bernstein	25. 8. 1918
1988	Peter Schreier	29. 7. 1935
1989	Luciano Berio	24. 10. 1925
1990	Hans Werner Henze	1. 7. 1926
1991	Heinz Holliger	21. 5. 1939
1992	H. C. Robbins Landon	6. 3. 1926

Pritzker-Preis für Architektur
Jährlich vergebene Auszeichnung, die von der Hyatt-Stiftung (Chicago/USA) zur Anerkennung des Werks eines lebenden Architekten gestiftet wird (100 000 Dollar)

Jahr	Name	Nationalität
1985	Hans Hollein	Österreich
1986	Gottfried Böhm	Deutschland
1987	Kenzo Tange	Japan
1989	Frank O. Gehry	USA
1990	Aldo Rossi	Italien
1991	Robert Venturi	USA
1992	Alvaro Siza	Portugal

Kultur

Literaturpreise

Heinrich-Mann-Preis
Gestiftet von der Deutschen Akademie der Künste Berlin/Ost; Auszeichnung des Gesamtwerks oder eines Einzelwerks von ostdeutschen Autoren (bis 1990: 18 000 Mark der DDR)

Jahr	Preisträger	Geburtsdatum
1982	Christoph Hein	8. 4. 1944
	Werner Liersch	k. A.
1983	Friedrich Dieckmann	k. A.
	Helmut H. Schulz	26. 4. 1931
1984	Heinz Czechowski	7. 2. 1925
1985	Nicht vergeben	–
1986	Helga Schubert	7. 1. 1940
1987	Luise Rinser	30. 4. 1911
1988	Fritz Mierau	1934
1989	Wulf Kirsten	21. 6. 1934
1990	Elke Erb	18. 2. 1938
	Adolf Endler	10. 9. 1930
1991	Peter Gosse	1938
	Kito Lorenc	1930

Heinrich-Böll-Preis
Gestiftet von der Stadt Köln; Auszeichnung des Gesamtwerks eines deutschsprachigen Autors (25 000 DM); seit 1980 jährlich vergeben

Jahr	Preisträger	Geburtsdatum
1982	Wolfdietrich Schnurre	22. 8. 1920 († 9. 6. 1989)
1983	Uwe Johnson	20. 7. 1934 († 23. 2. 1984)
1984	Helmut Heissenbüttel	21. 6. 1921
1985	Hans Magnus Enzensberger	11. 11. 1929
1986	Elfriede Jelinek	20. 10. 1946
1987	Ludwig Harig	18. 7. 1927
1988	Dieter Wellershoff	3. 11. 1925
1989	Brigitte Kronauer	29. 12. 1940
1990	Günter de Bruyn	1. 11. 1926
1991	Rainald Goetz	24. 5. 1954
1992	Hans Joachim Schädlich	8. 10. 1935

Ingeborg-Bachmann-Preis
Gestiftet von der Stadt Klagenfurt und dem Österreichischen Rundfunk; Auszeichnung eines Prosawerkes eines deutschsprachigen Autors (150 000 öS); seit 1977 jährlich im Sommer vergeben

Jahr	Preisträger	Geburtsdatum
1982	Jürg Amann	2. 7. 1947
1983	Friederike Roth	6. 4. 1948
1984	Erica Pedretti	25. 2. 1930
1985	Hermann Burger	10. 7. 1942 († 28. 2. 1989)
1986	Katja Lange-Müller	13. 2. 1951
1987	Uwe Saeger	1948
1988	Angela Krauß	1950
1989	Wolfgang Hilbig	31. 8. 1941
1990	Birgit Vanderbeke	1956
1991	Emine Sevgi Özdamar	1946
1992	Alissa Walser	1961

Geschwister-Scholl-Preis
Gestiftet von der Stadt München, Verband Bayerischer Verlage und Buchhandlungen; Auszeichnung eines Werkes in deutscher Sprache (20 000 DM); seit 1980 jährlich im November vergeben

Jahr	Preisträger	Geburtsdatum
1982	Franz Fühmann	15. 1. 1922 († 8. 7. 1984)
1983	Walter Dirks	8. 1. 1901 († 30. 5. 1991)
1984	A. Rosmus-Wenninger	1960
1985	Jürgen Habermas	18. 6. 1929
1986	Cordelia Edvardson	1929
1987	Christa Wolf	18. 3. 1929
1988	Grete Weil	18. 7. 1906
1989	Helmuth James von Moltke	13. 3. 1907 († 23. 1. 1945)
1990	Lea Rosh	1. 10. 1936
	Eberhard Jaeckel	29. 6. 1929
1991	George Arthur Goldschmidt	k. A.

Kleist-Preis
Gegründet 1912 von einer privaten Stiftung; 1985 von der Kleist-Gesellschaft wiedergegründet, 1985–1990 vor allem von Verlegern, seit 1991 vom Bundesinnenministerium finanziert; Auszeichnung von Werken in deutscher Sprache (25 000 DM); seit 1985 jährlich verliehen

Jahr	Preisträger	Geburtsdatum
1985	Alexander Kluge	14. 2. 1932
1986	Diana Kempff	1945
1987	Thomas Brasch	1945
1988	Ulrich Horstmann	1949
1989	Ernst Augustin	31. 10. 1927
1990	Heiner Müller	9. 1. 1929
1991	Gaston Salvatore	19. 9. 1941
1992	Monika Maron	3. 6. 1941

Brüder-Grimm-Preis der Stadt Hanau
Gestiftet von der Stadt Hanau; Auszeichnung für ein literarisches Werk in deutscher Sprache aus dem Gebiet der Prosa, Lyrik oder Dramatik (10 000 DM); seit 1983 alle zwei Jahre vergeben

Jahr	Preisträger	Geburtsdatum
1983	Wolfgang Hilbig	31. 8. 1941
1985	Waltraud Anna Mitgutsch	1948
1987	Wilhelm Bartsch	1950
1989	Natascha Wodin	1945
1991	Monika Maron	3. 6. 1941

Georg-Büchner-Preis
Gestiftet von der Deutschen Akademie für Sprache und Dichtung, Darmstadt; Auszeichnung des Gesamtwerks eines deutschsprachigen Autors (30 000 DM); seit 1951 jährlich vergeben

Jahr	Preisträger	Geburtsdatum
1982	Peter Weiss	8. 11. 1916 († 10. 5. 1982)
1983	Wolfdietrich Schnurre	22. 8. 1920 († 9. 6. 1989)
1984	Ernst Jandl	1. 8. 1925
1985	Heiner Müller	9. 1. 1929
1986	Friedrich Dürrenmatt	5. 1. 1921 († 14. 12. 1990)
1987	Erich Fried	6. 5. 1921 († 22. 11. 1988)
1988	Albert Drach	17. 12. 1902
1989	Botho Strauß	2. 12. 1944
1990	Tankred Dorst	19. 12. 1925
1991	Wolf Biermann	15. 11. 1936
1992	George Tabori	24. 5. 1914

Friedenspreis des Deutschen Buchhandels
Gestiftet von 15 deutschen Verlegern; 1951 als Stiftung vom Börsenverein des Deutschen Buchhandels übernommen; Auszeichnung (25 000 DM) einer Person oder Organisation, die zur Verwirklichung des Friedensgedankens beigetragen hat; seit 1950 jährlich während der Frankfurter Buchmesse vergeben

Jahr	Preisträger	Geburtsdatum
1981	Lew Kopelew	9. 4. 1912
1982	George F. Kennan	16. 2. 1904
1983	Manès Sperber	17. 12. 1905 († 5. 2. 1984)
1984	Octavio Paz	31. 3. 1914
1985	Teddy Kollek	27. 5. 1910
1986	Wladyslaw Bartoszewski	19. 2. 1922
1987	Hans Jonas	10. 5. 1903
1988	Siegfried Lenz	17. 3. 1926
1989	Václav Havel	5. 10. 1936
1990	Karl Dedecius	20. 5. 1921
1991	György Konrád	2. 4. 1933
1992	Amos Oz	4. 5. 1939

Schauspieler des Jahres
Jährlich von Kritikern der Zeitschrift Theater heute gewählt

Jahr	Schauspieler	Geburtsdatum	Schauspielerin	Geburtsdatum
1985	Josef Bierbichler	1948	Ilse Ritter	20. 6. 1944
1986	Ulrich Tukur	29. 7. 1957	Angelica Domröse	4. 4. 1941
1987	Gert Voss	10. 10. 1941	Jeanne Moreau / Gisela Stein	23. 1. 1928 / 2. 10. 1935
1988	Ulrich Wildgruber / Helmut Lohner	18. 11. 1937 / 24. 4. 1933	Jutta Lampe / Susanne Lothar	13. 12. 1943 / 1962
1989	Hans Christian Rudolph	k. A.	Libgart Schwarz	1941
1990	Gert Voss	10. 10. 1941	Jutta Lampe	13. 12. 1943
1991	Udo Samel / Norbert Schwientek	25. 6. 1953 / k. A.	Steffi Kühnert	19. 12. 1963

Adolf-Grimme-Preis
Jährlich im März vom Deutschen Volkshochschul-Verband verliehener Fernsehpreis

Jahr/Kategorie	Name	Titel	Sender
1983			
Fernsehspiel (Gold)	Fritz Lehner	Schöne Tage	SFB
	Werner Masten	Das Glück beim Händewaschen	ZDF
Information (Gold)	Michael Lentz	Wie in alten Zeiten	WDR
Unterhaltung (Gold)	Alfred Biolek	Bio's Bahnhof	WDR
Spielserien (Gold)	Leo Lehmann, Franz Peter Wirth, Dana Vavrova	Ein Stück Himmel	WDR
1984			
Fernsehspiel (Gold)	Egon Monk	Die Geschwister Oppermann	ZDF
	Horst Königstein, Joop Admiraal	Du bist meine Mutter	NDR
Information (Gold)	Peter Krebs	Kinder in Vietnam	NDR
Unterhaltung (Silber)	Otto Waalkes	Hilfe, Otto kommt!	ZDF
1985			
Fernsehspiel (Gold)	Edgar Reitz, Peter Steinbach, Gernot Roll	Heimat: Hermännchen	WDR SFB
Information (Silber)	Gordian Troeller, Elmar Hügler	Die Saat des Fortschritts oder das Ende der Entwicklung	RB
	Lea Rosh, Eberhard Kruppa	Vernichtung durch Arbeit	SFB
Kultur (Silber)	Peter Hajek	Heinwein	ZDF

Kultur

Jahr/Kategorie	Name	Titel	Sender
1986			
Information (Gold)	Hans-Dieter Grabe	Lebenserfahrungen: Hiroshima–Nagasaki	ZDF
	Rolf Schübel	Nachruf auf eine Bestie	ZDF
Unterhaltung (Gold)	Dieter Hildebrandt	Scheibenwischer	SFB
Spielserien (Gold)	Edgar Reitz, Peter Steinbach, Gernot Roll	Heimat	SFB WDR
1987			
Fernsehspiel (Gold)	Axel Corti, Georg Stefan Troller, Gernot Roll	Wohin und zurück: Santa Fe	ZDF
	Fritz Lehner, Gernot Roll, Udo Samel	Mit meinen heißen Tränen	ZDF
Information (Gold)	Gert Monheim	Gesucht wird . . . Eine Todesursache	WDR
Unterhaltung (Gold)	Jurek Becker, Heinz Schirk, Manfred Krug	Liebling–Kreuzberg	SFB
1988			
Fernsehspiel (Gold)	Bernhard Wicki, Cornelia Schmaus	Sansibar oder der letzte Grund	WDR
	Karl Fruchtmann	Ein einfacher Mensch	NDR
Information (Gold)	Hartmut Schoen, Carl-Franz Hutterer, Dieter Zimmer	Die Reportage: Phantom-Fieber	ZDF
	Nikolaus Brender, Florian Pfeiffer	Lebend verbrannt	SWF
Spielserien (Gold)	Helmut Dietl, Jörn Klamroth	Kir Royal	WDR
	Reinhard Baumgartner, Peter Beauvais (posthum), Herbert Grönemeyer, Katja Riemann	Sommer in Lesmona	RB
1989			
Fernsehspiel (Gold)	Hilde Lermann-Klante	Das Winterhaus	RB
Information (Gold)	Birgit Kienzle	Opfer–Täter – Täter–Opfer: Frauen gegen die Mafia	SWF
Unterhaltung (Gold)	Hajo Gies, Eberhard Feik, Götz George	Tatort: Moltke	WDR
Spielserien (Silber)	Gert Steinheimer	Atlantis darf nicht untergehen	SWF
1990			
Fernsehspiel (Silber)	Adolf Winkelmann	Der Leibwächter	WDR
Information (Gold)	Christian Berg, Cordt Schnibben	Unter deutschen Dächern: Die Erben des Dr. Barschel	RB
Spielserien (Silber)	Renan Demirkan, Klaus Emmerich, Jürgen Holtz, Walter Kreye, Hans Noever	Reporter	WDR
1991			
Fernsehspiel (Silber)	Bernd Schadewald, Christian Redl, Ulrike Kriener	Der Hammermörder	ZDF
	Jürgen Flimm, Cordt Schnibben, Claudia Rohde, Martin Wiebel, Dirk Dautzenberg, Hans-Christian Blech	Wer zu spät kommt . . . Das Politbüro	WDR
Information (Gold)	Marcel Ophuls	Novembertage	BBC/ RTL plus/ DFF
Unterhaltung (Silber)	Volker Anding	Donnerstag Bei Kanal 4	Kanal 4/ RTL plus/ SAT 1
	Hape Kerkeling	Total Normal	RB
1992			
Fernsehspiel und Unterhaltung (Gold)	Heinrich Breloer, Monika Bednarz-Rauschenbach, Rainer Hunold	Kollege Otto – Die Co-op-Affäre	WDR NDR
Information und Kultur (Gold)	Alexander Kluge	Das goldene Vlies und die Catchpenny-Drucke aus Blei	dctp
Spielserien und Mehrteiler (Gold)	Jörg Hube, Willy Purucker, Christine Neubacher, Rainer Wolffhardt	Löwengrube	BR

Filmpreise

Oscar
Jährlich im März von der Academy of Motion Picture Arts and Sciences (USA) im Shrine Auditorium in Los Angeles (Kalifornien)/USA verliehene Preise

Jahr/Kategorie	Name	Film
1981		
Bester Film	–	Eine ganz normale Familie
Regie	Robert Redford	Eine ganz normale Familie
Hauptdarstellerin	Sissy Spacek	Nashville-Lady
Hauptdarsteller	Robert de Niro	Wie ein wilder Stier
Bester Auslandsfilm	Wladimir Menshow	Moskau glaubt den Tränen nicht (UdSSR)
1982		
Bester Film	–	Die Stunde des Siegers
Regie	Warren Beatty	Reds
Hauptdarstellerin	Katharine Hepburn	Am goldenen See
Hauptdarsteller	Henry Fonda	Am goldenen See
Bester Auslandsfilm	István Szabó	Mephisto (Ungarn/BRD)
1983		
Bester Film	–	Gandhi
Regie	Richard Attenborough	Gandhi
Hauptdarstellerin	Meryl Streep	Sophies Entscheidung
Hauptdarsteller	Ben Kingsley	Gandhi
Bester Auslandsfilm	José Luis Garcia	Volver a empezar (Spanien)
1984		
Bester Film	–	Zeit der Zärtlichkeit
Regie	James L. Brooks	Zeit der Zärtlichkeit
Hauptdarstellerin	Shirley MacLaine	Zeit der Zärtlichkeit
Hauptdarsteller	Robert Duvall	Tender Mercies
Bester Auslandsfilm	Ingmar Bergman	Fanny und Alexander
1985		
Bester Film	–	Amadeus
Regie	Miloš Forman	Amadeus
Hauptdarstellerin	Sally Field	Ein Platz im Herzen
Hauptdarsteller	F. Murray Abraham	Amadeus
Bester Auslandsfilm	Richard Dembo	Duell ohne Grenzen (Schweiz)
1986		
Bester Film	–	Jenseits von Afrika
Regie	Sydney Pollack	Jenseits von Afrika
Hauptdarstellerin	Geraldine Page	The Trip to Bountiful
Hauptdarsteller	William Hurt	Der Kuß der Spinnenfrau
Bester Auslandsfilm	Luis Puenzo	Die offizielle Geschichte (Argentinien)
1987		
Bester Film	–	Platoon
Regie	Oliver Stone	Platoon
Hauptdarstellerin	Marlee Matlin	Gottes vergessene Kinder
Hauptdarsteller	Paul Newman	Die Farbe des Geldes
Bester Auslandsfilm	Fons Rademakers	Der Anschlag
1988		
Bester Film	–	Der letzte Kaiser
Regie	Bernardo Bertolucci	Der letzte Kaiser
Hauptdarstellerin	Cher	Mondsüchtig
Hauptdarsteller	Michael Douglas	Wallstreet
Bester Auslandsfilm	Gabriel Axel	Babettes Gastmahl (Dänemark)

Kultur

Jahr/Kategorie	Name	Film
1989		
Bester Film	–	Rain Man
Regie	Barry Levinson	Rain Man
Hauptdarstellerin	Jodie Foster	Angeklagt
Hauptdarsteller	Dustin Hoffman	Rain Man
Bester Auslandsfilm	Bille August	Pelle, der Eroberer (Dänemark)
1990		
Bester Film	–	Miss Daisy und ihr Chauffeur
Regie	Oliver Stone	Geboren am 4. Juli
Hauptdarstellerin	Jessica Tandy	Miss Daisy und ihr Chauffeur
Hauptdarsteller	Daniel Day-Lewis	Mein linker Fuß
Bester Auslandsfilm	Giuseppe Tornatore	Cinema Paradiso (Italien)
1991		
Bester Film	–	Der mit dem Wolf tanzt
Regie	Kevin Costner	Der mit dem Wolf tanzt
Hauptdarstellerin	Kathy Bates	Misery
Hauptdarsteller	Jeremy Irons	Die Affaire der Sunny von B.
Bester Auslandsfilm	Xavier Koller	Reise der Hoffnung (Schweiz)
1992		
Bester Film	–	Das Schweigen der Lämmer
Regie	Jonathan Demme	Das Schweigen der Lämmer
Hauptdarstellerin	Jodie Foster	Das Schweigen der Lämmer
Hauptdarsteller	Anthony Hopkins	Das Schweigen der Lämmer
Bester Auslandsfilm	Gabriele Salvatore	Mediterraneo (Italien)

Europäischer Filmpreis
Seit 1988 jährlich im Dezember von der European Film Academy verliehene Auszeichnung

Jahr/Kategorie	Name	Film
1988		
Bester Film	–	Krotzki Film O Zabianiu (Polen)
Bester junger Film	–	Frauen am Rande des Nervenzusammen-bruchs (Spanien)
Regie	Wim Wenders	Der Himmel über Berlin (Deutschland)
Hauptdarstellerin	Carmen Maura	Frauen am Rande des Nervenzusammen-bruchs (Spanien)
Hauptdarsteller	Max von Sydow	Pelle, der Eroberer (Dänemark)
1989		
Bester Film	–	Topio Stin Omichli (Griechenland)
Bester junger Film	–	300 Mil Do Nieba (Polen)
Regie	Geza Beremenyi	Eldorado (Ungarn)
Hauptdarstellerin	Ruth Sheen	High Hopes (Großbritannien)
Hauptdarsteller	Philippe Noiret	La vie et rien d'autre (Frankreich)
1990		
Bester Film	–	Porte Aperte (Italien)
Bester junger Film	–	Henry V (Großbritannien)
Hauptdarstellerin	Carmen Maura	!Ay Carmela! (Spanien)
Hauptdarsteller	Kenneth Branagh	Henry V (Großbritannien)
1991		
Bester Film	–	Riff-Raff (Großbritannien)
Bester junger Film	–	Toto Le Heros (Belgien)
Hauptdarstellerin	Clotilde Courau	Le Petit Criminel (Frankreich)
Hauptdarsteller	Michel Bouquet	Toto Le Heros (Belgien)

Goldener Bär
Jährlich im Frühjahr bei den Internationalen Filmfestspielen in Berlin (seit 1951) vergebener Hauptpreis

Preisträger 1980–1992

Jahr	Regisseur	Film (Land)
1980	Richard Pearce	Heartland (USA)
	Werner Schroeter	Palermo oder Wolfsburg (BRD)
1981	Carlos Saura	Los, Tempo (Spanien)
1982	Rainer Werner Fassbinder	Die Sehnsucht der Veronika Voss (BRD)
1983	Edward Bennett	Belfast 1920 (Großbritannien)
	Mario Camús	Der Bienenkorb (Spanien)
1984	John Cassavetes	Love Streams (USA)
1985	David Hare	Wetherby (Großbritannien)
	Rainer Simon	Die Frau und der Fremde (DDR)
1986	Reinhard Hauff	Stammheim (BRD)
1987	Gleb Panfilow	Das Thema (Sowjetunion)
1988	Zhang Yimou	Rotes Kornfeld (Volksrepublik China)
1989	Barry Levinson	Rain Man (USA)
1990	Constantin Costa-Gavras	Music Box (USA)
	Jiři Menzel	Lerchen am Faden (ČSFR)
1991	Marco Ferreri	Das Haus des Lächelns (Italien)
1992	Lawrence Kasdan	Grand Canyon (USA)

Goldene Palme
Jährlich im Mai bei den Festspielen in Cannes (seit 1946) verliehener Hauptpreis

Preisträger 1980–1992

Jahr	Regisseur	Film (Land)
1980	Akira Kurosawa	Kagemusha – Der Schatten des Kriegers (Japan)
	Bob Fosse	All That Jazz – Hinter dem Rampenlicht (USA)
1981	Andrzej Wajda	Der Mann aus Eisen (Polen)
1982	Constantin Costa-Gavras	Vermißt (USA)
	Yilmaz Güney	Yol – Der Weg (Türkei)
1983	Shohei Imamura	Die Ballade von Narayama (Japan)
1984	Wim Wenders	Paris, Texas (USA)
1985	Emir Kusturica	Papa ist auf Dienstreise (Jugoslawien)
1986	Roland Joffe	The Mission (Großbritannien)
1987	Maurice Pialat	Sous le soleil de Satan (Frankreich)
1988	Bille August	Pelle, der Eroberer (Dänemark)
1989	Steven Soderbergh	Sex, Lies and Videotape (USA)
1990	David Lynch	Wild at Heart (USA)
1991	Joel und Ethan Coen	Barton Fink (USA)
1992	Bille August	Der gute Wille (Dänemark)

Deutscher Filmpreis (Filmband in Gold)
Jährlich im Juni vom Bundesinnenminister verliehene Auszeichnung für deutsche Produktionen

Preisträger 1981–1992

Jahr	Regisseur	Film
1981	Nicht vergeben	–
1982	Margarethe v. Trotta	Die bleierne Zeit
1983	Wim Wenders	Der Stand der Dinge
1984	Werner Herzog	Wo die grünen Ameisen träumen
1985	István Szabó	Oberst Redl
1986	Margarethe v. Trotta	Rosa Luxemburg
1987	Nicht vergeben	–
1988	Wim Wenders	Der Himmel über Berlin
1989	Hark Bohm	Yasemin
1990	Uli Edel	Letzte Ausfahrt Brooklyn
1991	Werner Schroeter	Malina
1992	Helmut Dietl	Schtonk

Goldener Löwe
Jährlich im Herbst bei den Filmfestspielen in Venedig (seit 1932) vergebener Hauptpreis

Preisträger 1981–1991

Jahr	Regisseur	Film (Land)
1981	Margarethe v. Trotta	Die bleierne Zeit (BRD)
1982	Wim Wenders	Der Stand der Dinge (BRD)
1983	Jean-Luc Godard	Vorname: Carmen (Frankreich)
1984	Krysztof Zanussi	D. Jahr d. ruhigen Sonne (Polen)
1985	Agnès Varda	Vogelfrei (Frankreich)
1986	Eric Rohmer	Der grüne Strahl (Frankreich)
1987	Louis Malle	Auf Wiedersehen Kinder (Frankr.)
1988	Ermanno Olmi	Die Legende vom heiligen Trinker (Italien)
1989	Hou Hsiao-Hsien	Stadt der Trauer (Taiwan)
1990	Tom Stoppard	Güldenstern und Rosenkranz sind tot (Großbritannien)
1991	Nikita Michalkow	Urga (Rußland)

Sport

Fußball-EM vom 10. 6. bis 26. 6. 1992 in Schweden

Vorrunde:

Gruppe 1			Gruppe 2		
Schweden – Frankreich		1:1	Niederlande – Schottland		1:0
Dänemark – England		0:0	GUS – Deutschland		1:1
Frankreich – England		0:0	Schottland – Deutschland		0:2
Schweden – Dänemark		1:0	Niederlande – GUS		0:0
Schweden – England		2:1	Niederlande – Deutschland		3:1
Frankreich – Dänemark		1:2	Schottland – GUS		3:0
1. Schweden	3 4:2	5-1	1. Niederlande	3 4:1	5-1
2. Dänemark	3 2:2	3-3	2. Deutschland	3 4:4	3-3
3. Frankreich	3 2:3	2-4	3. Schottland	3 3:3	2-4
4. England	3 1:2	2-4	4. GUS	3 1:4	2-4

Halbfinale:	Schweden – Deutschland	2:3
	Niederlande – Dänemark	n.V. 2:2 (Elfm. 4:5)
Endspiel:	Deutschland – Dänemark	0:2

Europäische Fußball-Ligen 1991/92

In dieser Übersicht sind die wichtigsten westeuropäischen Fußball-Ligen zusammengestellt. Die Einträge unter der Rubrik Punkte richten sich nach der Zählweise des jeweiligen Landesfußball-Verbands. Üblich ist die Angabe von Gewinn- als auch von Verlustpunkten. In Ausnahmefällen (z. B. England) wertet der Verband lediglich die gewonnenen Punkte.

Deutschland

Rang	Verein	Spiele	Tore	Punkte
1	VfB Stuttgart	38	62:32	52:24
2	Borussia Dortmund	38	66:47	52:24
3	Eintracht Frankfurt	38	76:41	50:26
4	1. FC Köln	38	58:41	44:32
5	1. FC Kaiserslautern	38	58:42	44:32
6	Bayer Leverkusen	38	53:39	43:33
7	1. FC Nürnberg	38	54:51	43:33
8	Karlsruher SC	38	48:50	41:35
9	Werder Bremen	38	44:45	38:38
10	Bayern München	38	59:61	36:40
11	Schalke 04	38	45:45	34:32
12	Hamburger SV	38	32:43	34:42
13	Borussia Mönchengladbach	38	37:49	34:42
14	Dynamo Dresden	38	34:50	34:42
15	VfL Bochum	38	38:55	33:43
16	Wattenscheid 09	38	50:60	32:44
17	Stuttgarter Kickers	38	53:64	31:45
18	Hansa Rostock	38	43:55	31:45
19	MSV Duisburg	38	43:55	30:46
20	Fortuna Düsseldorf	38	41:69	24:52

Aufsteiger: Bayer Uerdingen, 1. FC Saarbrücken

England

Rang	Verein	Spiele	Tore	Punkte
1	Leeds	42	74:37	82
2	Manchester Utd.	42	63:33	78
3	Sheffield Wed.	42	62:49	75
4	Arsenal London	42	81:46	72
5	Manchester City	42	61:48	70
6	Liverpool	42	47:40	64
7	Aston Villa	42	48:44	60
8	Nottingham	42	60:58	59
9	Crystal Palace	42	53:61	57
10	Sheffield Utd.	42	65:63	57
11	QP Rangers	42	48:47	54
12	Everton	42	52:51	53
13	Wimbledon	42	53:53	53
14	Chelsea	42	50:60	53
15	Southampton	42	39:55	52
16	Tottenham	42	58:63	52
17	Oldham	42	63:67	51
18	Norwich	42	47:63	45
19	Coventry	42	35:44	44
20	Luton	42	38:71	42
21	Notts County	42	40:62	40
22	West Ham	42	37:59	38

Italien

Rang	Verein	Spiele	Tore	Punkte
1	AC Mailand	34	74:21	56-12
2	Juventus Turin	34	45:22	48-20
3	AC Turin	34	42:20	43-25
4	Neapel	34	56:40	42-26
5	AS Rom	34	37:31	40-28
6	Sampdoria Genua	34	38:31	38-30
7	Parma	34	32:28	38-30
8	Inter Mailand	34	28:28	37-31
9	Foggia	34	58:58	35-33
10	Lazio Rom	34	43:40	34-34
11	Atalanta Bergamo	34	31:33	34-34
12	Florenz	34	44:41	32-36
13	Cagliari	34	30:34	29-39
14	Genua 93	34	35:47	29-39
15	AS Bari	34	26:47	22-46
16	Verona	34	21:47	21-47
17	Cremonese	34	27:49	20-48
18	Ascoli	34	25:68	14-54

Spanien

Rang	Verein	Spiele	Tore	Punkte
1	Barcelona	38	87:37	55-21
2	Real Madrid	38	78:32	54-22
3	Atl. Madrid	38	67:35	53-23
4	Valencia	38	63:42	47-29
5	S. Sebastian	38	44:38	44-32
6	Saragossa	38	40:41	41-35
7	Albacete	38	45:47	40-36
8	Gijon	38	37:43	38-38
9	Burgos	38	40:43	37-39
10	Oviedo	38	41:46	36-40
11	Logrones	38	36:51	36-40
12	Sevilla	38	48:45	34-42
13	Teneriffa	38	46:50	34-42
14	Osasuna	38	30:40	33-43
15	Bilbao	38	38:58	33-43
16	Español	38	43:60	32-44
17	La Coruña	38	37:48	31-45
18	Cadiz	38	32:55	28-48
19	Mallorca	38	30:49	27-49
20	Valladolid	38	31:53	27-49

Frankreich

Rang	Verein	Spiele	Tore	Punkte
1	Marseille	38	67:21	58-18
2	Monaco	38	55:33	52-24
3	Paris SG	38	43:27	47-29
4	Auxerre	38	55:32	44-32
5	SM Caen	38	46:45	44-32
6	Montpellier	38	40:32	42-34
7	Le Havre	38	35:32	42-34
8	RC Lens	38	36:30	39-37
9	Nantes	38	37:39	38-38
10	St. Etienne	38	42:37	37-39
11	Toulouse	38	33:40	36-40
12	FC Metz	38	42:43	35-41
13	OSC Lille	38	31:34	35-41
14	Toulon	38	41:55	32-44
15	Nîmes	38	31:50	32-44
16	Ol. Lyon	38	25:39	31-45
17	Sochaux	38	35:50	31-45
18	Rennes	38	25:42	29-47
19	Cannes	38	34:48	28-48
20	Nancy	38	43:67	28-48

Belgien

Rang	Verein	Spiele	Tore	Punkte
1	FC Brügge	34	68:29	53-15
2	Anderlecht	34	65:26	49-19
3	Standard Lüttich	34	59:28	46-22
4	KV Mechelen	34	47:23	43-25
5	AA Gent	34	54:44	41-27
6	Antwerpen	34	47:39	41-27
7	Ekeren	34	55:45	37-31
8	Lierse	34	52:50	37-31
9	CS Brügge	34	57:56	34-34
10	Waregem	34	47:55	30-38
11	Beveren	34	42:52	29-39
12	Molenbeek	34	37:48	29-39
13	Charleroi	34	32:43	27-41
14	Lokeren	34	38:51	27-41
15	FC Lüttich	34	33:47	27-41
16	RC Genk	34	32:44	26-42
17	Kortrijk	34	31:72	20-48
18	Aaist	34	18:62	16-52

Niederlande

Rang	Verein	Spiele	Tore	Punkte
1	Eindhoven	34	82:24	58-10
2	Ajax Amsterdam	34	83:24	55-13
3	Feyenoord Rotterdam	34	54:19	49-19
4	Arnheim	34	47:33	40-28
5	Groningen	34	44:37	39-29
6	Twente	34	53:49	35-33
7	Maastricht	34	42:44	35-33
8	Sparta Rotterdam	34	50:53	35-33
9	Roda JC	34	41:45	35-33
10	Waalwijk	34	50:49	34-34
11	Utrecht	34	37:39	33-35
12	Willem II	34	44:45	31-37
13	Volendam	34	34:50	28-40
14	Sittard	34	36:50	25-43
15	Dordrecht	34	38:64	25-43
16	Den Haag	34	35:63	22-46
17	De Graafschap	34	29:59	21-47
18	Venlo	34	32:84	12-56

Österreich

Rang	Verein	Spiele	Tore	Punkte
1	Austria Wien	36	73:36	33
2	Salzburg	36	62:37	33
3	FC Tirol	36	69:49	33
4	Admira/Wacker	36	57:42	30
5	Rapid Wien	36	58:40	28
6	Stahl Linz	36	47:45	25
7	Steyr	36	47:48	21
8	St. Pölten	36	38:59	18

Schweiz

Rang	Verein	Spiele	Tore	Punkte
1	FC Sion	14	23:16	33
2	Xamax Neuchâtel	14	27:16	31
3	Grasshopper Zürich	14	18:14	30
4	Young Boys Bern	14	24:16	28
5	Servette Genf	14	23:22	27
6	Lausanne	14	11:22	23
7	FC Zürich	14	17:27	22
8	St. Gallen	14	18:28	20

Deutsche Bundesligen 1991/92

Basketball
1. Bundesliga Herren
Finale
TSV Bayer Leverkusen – Alba Berlin 3:0 (82:49; 81:80; 84:76)

Abschlußtabellen Hauptrunde
Gruppe Nord

Rang	Verein	Punkte
1	TSV Bayer 04 Leverkusen	56:08
2	ALBA Berlin	44:20
3	Brandt Hagen	34:30
4	TVG Basketball Trier	26:38
5	TuS Bramsche	24:40
6	SG FT/MTV Braunschweig	18:46

Gruppe Süd

Rang	Verein	Punkte
1	BG Stuttgart/Ludwigsburg	44:20
2	TTL Basketball Bamberg	42:22
3	MTV 1846 Gießen	32:32
4	SSV Ulm 1846	30:34
5	TV 1862 Langen	18:46
6	Steiner Bayreuth	16:48

Eishockey
Finale
Düsseldorfer EG – SG Rosenheim 3:0 (3:1; 6:3; 6:2)

Abschlußtabelle Doppelrunde

Rang	Verein	Punkte
1	Düsseldorfer EG	74:14
2	Rosenheim	67:21
3	Kölner EC	61:27
4	BSC Preußen	56:32
5	Freiburg	39:49
6	Mannheim	39:49
7	Krefelder EC	38:50
8	Schwenningen	37:51
9	Hedos München	35:53
10	Kaufbeuren	32:56
11	EV Landshut	26:62
12	Weißwasser	24:64

Handball
1. Bundesliga Herren
Finale
SG Wallau-Massenheim – SG Leutershausen 24:17; 16:18

Abschlußtabelle Vorrunde
Gruppe Nord

Rang	Verein	Punkte
1	TUSEM Essen	40:12
2	THW Kiel	39:13
3	SC Magdeburg	36:16
4	SG/VfL/BHW Hameln	35:17
5	TBV Lemgo	33:19
6	VfL Fredenbeck	31:21
7	TSV Bayer Dormagen	28:24
8	HSG TURU Düsseldorf	25:27
9	VfL Bad Schwartau	24:28
10	HCE Rostock	22:30
11	BW Spandau I	21:31
12	BFV Frankfurt	16:36
13	SV Post Schwerin	11:41
14	BSV Stahl Brandenburg	3:49

Gruppe Süd

Rang	Verein	Punkte
1	SG Wallau-Massenheim	44:8
2	SG Leutershausen	39:13
3	TSV München-Milbertshofen	38:14
4	TuS Schutterwald	35:17
5	TV Niederwürzbach	35:17
6	VfL Gummersbach	33:19
7	TV Großwallstadt	28:24
8	TV Eitra	25:27
9	SC Leipzig	24:28
10	Thüringer SV Eisenach	18:34
11	HSV Suhl	13:39
12	Dessauer SV	12:40
13	SC Cottbus	11:41
14	EHV Aue	9:43

Tennis-Weltranglisten
Herren

Rang	Name (Land)	Punkte
1	Jim Courier (USA)	3848
2	Stefan Edberg (Schweden)	3165
3	Pete Sampras (USA)	3028
4	Goran Ivanisevic (Kroatien)	2326
5	Petr Korda (ČSFR)	2209
6	Boris Becker (Deutschland)	2114
7	Michael Chang (USA)	2071
8	Michael Stich (Deutschland)	1948
9	Andre Agassi (USA)	1813
10	Guy Forget (Frankreich)	1813

Stand: 6. 7. 1992

Damen

Rang	Name (Land)	Punkte
1	Monica Seles (Serbien)	279
2	Steffi Graf (Deutschland)	251
3	Gabriela Sabatini (Argentinien)	189
4	Martina Navratilova (USA)	177
5	Arantxa Sánchez (Spanien)	152
6	Jennifer Capriati (USA)	139
7	Mary Joe Fernandez (USA)	104
8	Conchita Martinez (Spanien)	100
9	Manuela Maleeva-Fragniere (Schweiz)	80
10	Anke Huber (Deutschland)	78

Stand: 13. 7. 1992

Schulferien 1993

Deutschland

Land	Weihnachten 92/93	Winter	Ostern	Pfingsten	Sommer	Herbst	Weihnachten 93/94
Baden–Württemberg	23. 12.–9. 1.	–	5. 4.–17. 4.	1. 6.– 4. 6.	1. 7.–14. 8.	2. 11.– 5. 11.	23. 12.– 7. 1.
Bayern	23. 12.–9. 1.	–	5. 4.–17. 4.	1. 6.–12. 6.	22. 7 – 6. 9.	1. 11.	23. 12.– 8. 1.
Berlin	23. 12.–6. 1.	–	3. 4.–17. 4.	–	24. 6.– 7. 8.	2. 10.– 9. 10.	23. 12.– 3. 1.
Brandenburg	23. 12.–6. 1.	11. 2.–24. 2.	9. 4.–17. 4.	29. 5.– 1. 6.	24. 6.– 7. 8.	2. 10.– 9. 10.	23. 12.– 4. 1.
Bremen	23. 12.–6. 1.	–	29. 3.–17. 4.	–	18. 6.–31. 7.	23. 9.– 2. 10.	23. 12.– 8. 1.
Hamburg	21. 12.–2. 1.	–	8. 3.–20. 3.	17. 5.–22. 5.	5. 7.–14. 8.	11. 10.–23. 10.	23. 12.– 4. 1.
Hessen	23. 12.–8. 1.	–	5. 4.–23. 4.	–	26. 7.– 3. 9.	25. 10.–29. 10.	23. 12.–14. 1.
Mecklenburg-Vorpommern	23. 12.–2. 1.	15. 2.–27. 2.	7. 4.–14. 4.	28. 5.– 1. 6.	1. 7.–14. 8.	4. 10.– 9. 10.	23. 12.– 3. 1.
Niedersachsen	23. 12.–6. 1.	–	27. 3.–17. 4.	29. 5.– 1. 6.	18. 6.–31. 7.	24. 9.– 2. 10.	23. 12.– 8. 1.
Nordrhein–Westfalen	23. 12.–6. 1.	–	29. 3.–17. 4.	1. 6.	8. 7.–21. 8.	11. 10.–16. 10.	24. 12.– 6. 1.
Rheinland Pfalz	23. 12.–9. 1.	–	29. 3.–16. 4.	1. 6.	15. 7.–24. 8.	18. 10.–23. 10.	23. 12.– 8. 1.
Saarland	21. 12.–6. 1.	–	1. 4.–19. 4.	–	15. 7.–28. 8.	25. 10.–30. 10.	22. 12.– 5. 1.
Sachsen	23. 12.–6. 1.	15. 2.–23. 2.	8. 4.–17. 4.	28. 5.– 1. 6.	15. 7.–25. 8.	18. 10.–26. 10.	23. 12.– 4. 1.
Sachsen–Anhalt	22. 12.–5. 1.	15. 2.–23. 2.	6. 4.–20. 4.	26. 5.– 1. 6.	15. 7.–25. 8.	18. 10.–22. 10.	23. 12.– 4. 1.
Schleswig–Holstein	23. 12.–7. 1.	–	5. 4.–17. 4.	–	2. 7.–14. 8.	11. 10.–23. 10.	23. 12.– 8. 1.
Thüringen	23. 12.–2. 1.	8. 2.–13. 2.	5. 4.–17. 4.	28. 5.– 1. 6.	29. 7.–11. 9.	25. 10.–30. 10.	23. 12.– 5. 1.

Quelle: Ständige Konferenz der Kultusminister

Österreich

Land	Weihnachten 92/93	Semesterferien	Ostern	Pfingsten	Sommer	Weihnachten 93/94
Wien	24. 12.–6. 1.	1. 2.– 5. 2.	4. 4.–13. 4.	29. 5.–1. 6.	5. 7.– 3. 9.	24. 12.–6. 1.
Niederösterreich	24. 12.–6. 1.	1. 2.– 5. 2.	4. 4.–13. 4.	29. 5.–1. 6.	5. 7.– 3. 9.	24. 12.–6. 1.
Burgenland	24. 12.–6. 1.	1. 2.– 5. 2.	4. 4.–13. 4.	29. 5.–1. 6.	5. 7.– 3. 9.	24. 12.–6. 1.
Kärnten	24. 12.–6. 1.	8. 2.–12. 2.	4. 4.–13. 4.	29. 5.–1. 6.	12. 7.–10. 9.	24. 12.–6. 1.
Oberösterreich	24. 12.–6. 1.	8. 2.–12. 2.	4. 4.–13. 4.	29. 5.–1. 6.	12. 7.–10. 9.	24. 12.–6. 1.
Salzburg	24. 12.–6. 1.	8. 2.–12. 2.	4. 4.–13. 4.	29. 5.–1. 6.	12. 7.–10. 9.	24. 12.–6. 1.
Steiermark	24. 12.–6. 1.	8. 2.–12. 2.	4. 4.–13. 4.	29. 5.–1. 6.	12. 7.–10. 9.	24. 12.–6. 1.
Tirol	24. 12.–6. 1.	8. 2.–12. 2.	4. 4.–13. 4.	29. 5.–1. 6.	12. 7.–10. 9.	24. 12.–6. 1.
Vorarlberg	24. 12.–6. 1.	8. 2.–12. 2.	4. 4.–13. 4.	29. 5.–1. 6.	12. 7.–10. 9.	24. 12.–6. 1.

Quelle: Bundesministerium für Unterricht, Kunst und Sport in Österreich

Schweiz

Kanton	Weihnachten 92/93	Sportwoche	Frühling	Sommer	Herbst	Weihnachten 93/94
Aargau	25. 12.–3. 1.	[1]	10. 4.–24. 4.	17. 7.– 7. 8.	2. 10.–16. 10.	25. 12.–2. 1.
Appenzell A. Rh	24. 12.–2. 1.	[1]	8. 4.–24. 4.	10. 7.–14. 8.	–[2]	–[2]
Appenzell I. Rh[3]	23. 12.–9. 1. (19. 12.–1. 1.)	19. 2.–28. 2. (18. 2.)	9. 4.–25. 4. (3. 4.–21. 4.)	4. 7.–15. 8. (2. 7.– 5. 9.)	–[2]	–[2]
Basel-Landschaft	25. 12.–4. 1.	27. 2.– 6. 3.	8. 4.–17. 4.	26. 6.– 7. 8.	25. 9.– 9. 10.	25. 12.–1. 1.
Basel-Stadt	23. 12.–4. 1.	27. 2.– 6. 3.	3. 4.–17. 4.	26. 6.– 7. 8.	25. 9.– 9. 10.	24. 12.–1. 1.
Bern[3]	21. 12.–4. 1. (20. 12.–6. 1.)	6. 2.–13. 2. (28. 2.)	3. 4.–24. 4. (2. 4.–26. 4.)	3. 7.–14. 8. (2. 7.–16. 8.)	–[2]	–[2]
Fribourg	23. 12.–3. 1.	22. 2.–26. 2.	5. 4.–16. 4.	5. 7.–27. 8.	–[2]	–[2]
Geneve	21. 12.–4. 1.	13. 2.–20. 2.	8. 4.–17. 4.	5. 7.–28. 8.	–[2]	–[2]
Glarus	24. 12.–2. 1.	30. 1.– 7. 2.	9. 4.–25. 4.	26. 6.– 8. 8.	–[2]	–[2]
Graubünden	23. 12.–4. 1.	28. 2.– 7. 3.	17. 4.– 2. 5.	26. 6.–15. 8.	–[2]	–[2]
Jura[3]	23. 12.–4. 1.	15. 2.–20. 2. (27. 2.)	29. 3.–17. 4.	5. 7.–14. 8.	–[2]	–[2]

Schulferien

Kanton	Weihnachten 92/93	Sportwoche	Frühling	Sommer	Herbst	Weihnachten 93/94
Luzern	25. 12.–5. 1.	13. 2.–27. 2.	26. 3.–17. 4.	10. 7.–21. 8.	2. 10.–16. 10.	25. 12.–2. 1.
Neuchâtel	23. 12.–4. 1.	2. 3.– 5. 3.	5. 4.–20. 4.	5. 7.–13. 8.	11. 10.–22. 10.	23. 12.–7. 1.
Nidwalden	25. 12.–4. 1. (2. 1.)	13. 2.–27. 2.	9. 4.–24. 4.	10. 7.–21. 8.	2. 10.–16. 10.	25. 12.–1. 1.
Obwalden	24. 12.–2. 1.	13. 2.–27. 2. (18. 2.–24. 2.)	3. 4.–17. 4. (5. 4.–23. 4.)	3. 7. (Beginn)	–[2]	–[2]
St. Gallen	23. 12.–5. 1. (25. 12.–1. 1.)	30. 1.– 6. 2.	27. 3.–17. 4. (3. 4.)	10. 7.–14. 8.	2. 10.–16. 10. (25. 9.)	24. 12.–1. 1. (7. 1.)
Schaffhausen	25. 12.–2. 1.	30. 1.–13. 2.	17. 4.– 1. 5.	10. 7.–14. 8.	2. 10.–23. 10.	24. 12.–2. 1.
Schwyz[3]	22. 12.–6. 1.	13. 2.–23. 2. (19. 2.–27. 2.)	9. 4.–24. 4. (8. 4.–26. 4.)	3. 7.–14. 8. (2. 7.–7. 8.)	25. 9.–16. 10.	24. 12.–1. 1.
Solothurn[3]	25. 12.–4. 1. (24. 12.)	8. 2.–20. 2. (1. 2.)	12. 4.–24. 4. (5. 4.) (25. 4.)	12. 7.–14. 8. (10. 7.–15. 8.)	4. 10.–23. 10. (2. 9.–24. 9.)	25. 12.–1. 1. (24. 12.–2. 1.)
Thurgau[3]	23. 12.–2. 1.	30. 1.– 7. 2.	9. 4.–25. 4.	10. 7.–15. 8.	4. 10.–16. 10.	24. 12.–1. 1.
Ticino	21. 12.–6. 1.	20. 2.–28. 2.	9. 4.–18. 4.	19. 6. (Beginn)	–[2]	–[2]
Uri	23. 12.–6. 1.	–[2]	–[2]	–[2]	–[2]	–[2]
Vaud	21. 12.–4. 1.	18. 2.–27. 2.	3. 4.–17. 4.	3. 7.–14. 8.	9. 10.–23. 10.	24. 12.–8. 1.
Wallis	20. 12.–6. 1.	20. 2.–24. 2.	7. 4.–17. 4.	26. 6.–21. 8.	23. 10.– 1. 11.	23. 12.–5. 1.
Zug	24. 12.–6. 1.	–[2]	–[2]	–[2]	–[2]	–[2]
Zürich[3]	23. 12.–4. 1.	13. 2.–27. 2.	24. 4.– 8. 5. (26. 4.)	17. 7.–21. 8. (19. 7.–28. 8.)	9. 10.–23. 10. (5. 10)	24. 12.–1. 1. (23. 12.)

1) Von Schule zu Schule unterschiedlich; 2) Bei Redaktionsschluß lagen noch keine Angaben vor; 3) Da die Ferientermine innerhalb der Kantone nicht immer einheitlich sind und von Stadt zu Stadt und Schule zu Schule schwanken können, wurde in diesen Fällen der gesamte Ferienzeitraum genannt. Die Angaben in Klammern nennen die verschiedenen möglichen Ferienanfänge bzw. -enden; Quelle: Schweizerische Dokumentationsstelle für Schul- und Bildungsfragen

Sach- und Personenregister

Das Sachregister nennt alle Stichwörter, die im Lexikon zu finden sind. Auch wichtige Begriffe, die nur im Zusammenhang behandelt werden, sind mit der entsprechenden Seitenzahl genannt. Das Personenregister enthält alle Namen, die im Lexikon auftauchen. Bei Sach- und Personenartikeln mit einem eigenen Eintrag sind die Seitenzahlen kursiv gesetzt, bei Übersichtsartikeln erscheint die Seitenzahl **halbfett**.

Sachregister

A

Aachen 50
Aachener und Münchener 19, 439
ABC 298
ABC-Waffen *9*, 302, 307
Abfallabgabe *9*, 10, 22
Abfallbeseitigung *9*, 51, 134, 242, 260, 348, 438
Abfallgesetz 200
Abfallkonten 10
Abfalltourismus → Giftmüllexport
Abgasgrenzwerte *10*, 11, 52, 236, 273, 275, 436
Abgassonderuntersuchung *11*, 235
Abgeordnetenbezüge 112
Abitur *11*, 43, 63, 216, 271, 309, 375
ABM → Arbeitsbeschaffungsmaßnahmen
ABM-Vertrag 378, 647
Aborigines 432
Abrüstung *12*, 44, 87, 193, 255, 302, 421, 630
ABS 311
Abschreibungen 399, 430
Absolute Armut 35
Abstandswaffe 263
Abtreibung → Schwangerschaftsabbruch
Abtreibungspille *12*
Abwasser 242, 450
Abwasserkanäle 233
Access 252
ACE 318
Acetylcholin 23
ADAC 439
ADB 641

ADFC 167
ADN 284
Adolf-Grimme-Preis 653
Adoptionen 239, 467
Advanced Computing Environment 318
Aerosole 324
Aerospatiale 17, 187
AfDB 641
Affenleber 317
Afghanistan 228, 295, *499*
Afrika 14, 35, 145, 219, 373
Afrikanische Entwicklungsbank 641
Afrikanischer Nationalkongreß → ANC
AFTA 40
AG 155, 223
Agenda 21 425, 519
Agrarabschöpfungen 124
Agrarfabriken 13
Agrarfonds 351
Agrarpolitik *13*, 123, 189, 220, 266, 275, 299, 330, 343, 404
Ägypten 300, *499*
AI → Amnesty International
Aids *14*, 69, 215, 378
Air France 24, 435
Airbus *16*, 343, 404
Airodium 70
Akademie für Sozialhygiene 79
Akademien der Wissenschaften 206, 216
Akademikerschwemme 216
AKP-Staaten → Lome-Abkommen
Akteneinsicht 396
Aktien → Börse
Albanien 319, 375, *500*
Albertville 314
Aldi 636
Algerien 228, 279, *502*
Alkali-Dal 380

Alkohol 119, 341, 437
Alkoholismus *17*, 310
Alleinerziehende 36, 428
Allergie *17*, 24
Allergiker- und Asthmatikerbund 18
Allfinanz-Unternehmen *18*, 54, 439
Allgemeine Verbrauchsteuer → Mehrwertsteuer
Allgemeiner Deutscher Fahrrad-Club 167
Allgemeines Zoll- und Handelsabkommen → GATT
Allianz 19, 187, 437, 439
Alliierte 365, 421
Allkauf 636
Alpen *18*, 20, 207, 314
Alpen-Schutzkonferenz 19
Alpenkonvention 19, 647
Alpentransit-Abkommen 647
Alpentransitverkehr 19, *20*, 202, 273, 371
Altbauwohnungen 463
Altenhilfe 21
Altenpflege 331
Alter *20*, 39, 62, 332
Alternative Bank der Schweiz 311
Alternative Vereinte Nationen → UNPO
Alterspflegschaft 60
Altersstruktur 62
Altersteilzeit 442, 443
Altersübergangsgeld *21*, 32, 443
Altersvorsorge 466
Altglas 18
Altlasten *9*, *21*, 70, 74, 365, 366, 417, 422
Altpapier 10, *22*, 348
Altstoffe 93
Alzheimersche Krankheit *23*
Amadeus *24*

Amal 214
Amalgam *24*
Amanda 305
Amazonas 420, 432
Amazonas-Vertrag 287
American Airlines 435
American Express 252
Ammoniak 447
Amnesty International *25*, 286, 641
Amsterdam 50, 203
Amtssprachen 109
Amyloid-Vorläufer-Protein 23
Analog/Digitalwandler 115
Analphabetismus *25*, 97, 145
ANC *25*, 27, 221, 614
Andenpakt *26*, 145, 287
Andorra *503*
Angola *504*
Anitra Medienprojekte 327
Anlageinvestitionen 224
Anleihen 73
Anschnallpflicht 437
Antarktis 26, 305
Antarktisvertrag *26*, 647
Anti-Blockier-System 95
Antibabypille 332
Antibiotika 97
Antigua und Barbuda *505*
Antillen 505, 529, 602
Antisemitismus *27*
Antwerpen 258
AOK 197, 250
Apartheid 25, *27*, 221, 306, 459, 614
APEC *28*
Apotheken 38
Apple Computers 329
Approbation 39
Arabische Liga 28, *29*, 641
Aralsee 108
Arbeitnehmerüberlassung 272
Arbeitsbeschaffungsmaßnahmen *29*, 32, 59, 79

663

Bildquellenverzeichnis

Archiv Bilderberg, München (1)
Associated Press, Frankfurt/Main (12)
BASF, Ludwigshafen (1)
Bayer AG, Leverkusen (1)
Bettmann Archive, New York/USA (1)
BMW AG, München (1)
Botschaft des Staates Kuwait, Bonn (1)
Wolfgang von Brauchitsch, Bonn (1)
Sportpressephoto Bongarts, Hamburg (2)
Cinetext/Ulla Reimer, Frankfurt/Main (1)
Chilenische Botschaft, Bonn (1)
Commission of the European Communities, Brüssel/B (7)
CVP, Bern/CH (1)
CVRJA, Luxemburg/L (1)
Dänisches Außenministerium, Kopenhagen/DK (1)
DARA GmbH, Bonn (1)
Deutsche Bank AG, Frankfurt/Main (1)
Deutsche Bundesbank, Frankfurt/Main (2)
Deutsche Forschungsanstalt für Luft- und Raumfahrt e. V.,
    Operpfaffenhofen (2)
Deutsche Presse Agentur, Frankfurt/Main (44)
Deutscher Bundestag, Presse- und Informationszentrum,
    Bonn (2)
documenta IX/Pressebüro, Kassel (1)
EFTA, Genf/CH (1)
ESA, Paris/F (2)
Estec Public Relations Office, Nordwijk/NL (1)
Gesellschaft für Biotechnologische Forschung, Braunschweig (1)
Greenpeace/Goldblatt, Hamburg (1)
H-Bahn Gesellschaft, Dortmund (1)
Harenberg Kommunikation, Dortmund (90)
Hessischer Rundfunk, Frankfurt/Main (1)
Hoechst AG, Frankfurt/Main (1)
Horstmüller, Düsseldorf (4)
IBM, Böblingen (3)
Intel, München (1)
Irakische Botschaft, Bonn (1)
Manfred Kage, Lauterstein (1)
Andreas Laible, Hamburg (1)
Thomas Lansky, München (1)
Renate Lehning, Kassel (1)
Lufthansa – Bildarchiv, Köln (1)
Macrotron, München (1)
Max-Planck-Institut für Kernphysik, Heidelberg (1)
Mercedes-Benz AG, Stuttgart (1)
Ministerium für Umwelt, Düsseldorf (1)
MVP, München (1)

NATO, Brüssel/B (1)
Werner H. Neumann, Heidelberg (1)
Niederländische Botschaft, Bonn (1)
Norwegische Botschaft, Bonn (1)
Presse- und Informationsamt der Bundesregierung, Bonn (18)
Pressestelle Mecklenburg-Vorpommern, Schwerin (1)
Pressestelle Münchner Flughafen (1)
Pressestelle des Saarlandes, Saarbrücken (1)
Fotostudio Querbach, Wesseling (1)
Robert Bosch GmbH, Stuttgart (1)
Ruhrkohle AG, Essen (1)
Siemens AG, München (1)
Siemens-Pressebild, München (1)
Sipa Press, Paris/F (39)
Sepp Spiegl, Bonn (1)
UNHCR, Bonn (1)
Inge Werth, Frankfurt (1)
Wostok Verlag, Köln (8)
Zentralbild, Berlin (1)

© Karten und Grafiken
ADAC, München (1)
Bayernwerk AG, München (1)
Bild der Wissenschaft 9/1991, Stuttgart (1)
Büchner/Harenberg Kommunikation, Dortmund (1)
Bundesforschungsanstalt für Naturschutz und Landschafts-
    ökologie, Bonn (1)
Globus/Harenberg Kommunikation, Dortmund (2)
Harenberg Kommunikation, Dortmund (46)
Der Spiegel, Hamburg (2)
Stromthemen 3/91, Frankfurt (1)
Süddeutsche Zeitung, München (1)
VDI-Nachrichten/Mattern, Düsseldorf (2)
Wirtschaftswoche/International Data Corporation,
    Düsseldorf (1)
Wirtschaftswoche/Dataquest/Funkschau, Düsseldorf (1)
Wostok Verlag, Köln (11)
Die Zeit, Hamburg (1)
Die Zeit/Wolfgang Sischke, Hamburg (1)

Trotz größter Sorgfalt konnten die Urheber des Bildmaterials
nicht in allen Fällen ermittelt werden. Es wird gegebenenfalls um
Mitteilung gebeten.